临清年鉴

LINQING YEARBOOK

（2013—2015）

临清市人民政府 主办

临清市地方史志编纂委员会办公室 编

方志出版社

Publishing House of Local Records

图书在版编目（CIP）数据

临清年鉴. 2013—2015 / 临清市地方史志编纂委员会办公室编. --北京：方志出版社，2018.1
ISBN 978-7-5144-2964-0

Ⅰ. ①临… Ⅱ. ①临… Ⅲ. ①临清—2013-2015—年鉴 Ⅳ. ①Z525.24

中国版本图书馆CIP数据核字（2018）第027799号

临清年鉴（2013—2015）

编　　者：临清市地方史志编纂委员会办公室
责任编辑：王　品

出 版 人：冀祥德
出 版 者：方志出版社
地址　北京市朝阳区潘家园东里9号（国家方志馆4层）
邮编　100021
网址　http://www.fzph.org
发　　行：方志出版社图书经销中心
电话（010）67110500
经　　销：各地新华书店
印　　刷：济南黄氏印务有限公司

开　　本：889×1194　1/16
印　　张：39.25印张
字　　数：971千字
版　　次：2018年1月第1版　2018年1月第1次印刷
印　　数：0001～500册

ISBN 978-7-5144-2964-0　定　价：500.00元

临清市地方史志编纂委员会

（2017 年）

名 誉 主 任：何宪卓

主　　　任：祁学兰

第一副主任：周志雯

副　主　任：李怀国　谷传利　张容元　田长志

吕召猛　窦云飞　方玉群

委　　　员：王　峰　赵子辉　张　帆　王兴刚

宋子亮　张新杰　李传兴　胡志勇

李子健　尹建军　温之勇　刘玉杰

王建民　朱荣光　朱　峰　于红丽

《临清年鉴（2013—2015）》编审人员

主　　审：何宪卓　祁学兰

副 主 审：周志雯

主　　编：方玉群

副 主 编：张　英　李星火

编　　辑：宁柳云　常鑫磊

摄　　影：徐延林　徐振华　张春燕

编辑说明

一、坚持以马克思列宁主义、毛泽东思想、邓小平理论、“三个代表”重要思想、科学发展观为指导，贯彻习近平总书记系列重要讲话精神和治国理政新理念新思想新战略，坚持辩证唯物主义和历史唯物主义的立场、观点和方法，坚持围绕中心、服务大局、服务现实，充分发挥“资政、存史、教化”作用。

二、《临清年鉴（2013—2015）》是由临清市人民政府主办、临清市地方史志编纂委员会领导、临清市地方史志编纂委员会办公室组织编纂的具有政府公报性质的地方性综合年鉴。它全面、系统、翔实地汇辑临清市政治、经济、文化、社会等领域的信息资料，是为各级领导干部提供决策依据及为各界人士提供信息资料的案头必备资料性工具书，并为国内外各界人士认识、了解、研究临清提供窗口和媒介。

三、《临清年鉴（2013—2015）》为《临清年鉴（1999—2012）》的续修版，其上限起于2013年1月1日，与《临清年鉴（1991—1998）》下限衔接，下限定为2015年12月31日，部分条目适当下延。

四、《临清年鉴（2013—2015）》与上卷在栏目设置上有所调整，正文共设有21个栏目：特载、专记、大事记、临清概况、中国共产党临清市委员会、临清市人民代表大会、临清市人民政府、中国人民政治协商会议临清市委员会、社会团体、军事、法治、经济管理、农业、工业、交通•邮电、建设•环保、财税•金融•保险、商业•贸易、科技•教育、卫生与计划生育•体育、文化•旅游、社会生活、镇（街道）•园区概况、人物。

五、《临清年鉴（2013—2015）》编纂过程中实行目标责任制，组稿、编辑、校对均由征稿人员按分工完成。

六、《临清年鉴（2013—2015）》采用分类法编辑，框架结构为栏目、分目、条目三级排列，条目是信息的主要载体。个别分目下不设条目，正文中条目以黑体字加【】号表示。

七、《临清年鉴（2013—2015）》稿件资料由各部门、各单位提供，单位主要负责人审签，为示负责，在条目、文章或资料后署撰稿人姓名。全书由临清市地方史志编纂委员会办公室总纂合成。

八、《临清年鉴（2013—2015）》的编辑出版，得到临清市市委、市人民政府和全市各单位、社会各界的大力支持与帮助以及撰稿人的鼎力支持，谨此致谢并请不吝赐教。由于编辑人员经验、水平所限，加之时紧任重，难免存在疏漏不当之处，敬请广大读者批评指正，以进一步改进我们的编辑工作。

2015 年 3 月 31 日，副省长王随莲一行到临清检查指导工作

2015 年 3 月 9 日，副省长赵润田到临清指导畜牧业工作

2013 年 4 月 10 日，山东省军区副司令员吴建初等到临清考察

2013 年 3 月 23 日，聊城市委书记、市人大常委会主任林峰海到临清调研

2015 年 2 月 2 日，聊城市委副书记、市长王忠林到临清检查工作

2015 年 10 月 29 日，聊城市委副书记、代市长宋军继带领市直有关部门负责同志到临清调研经济和社会发展情况

2015年2月13日，聊城市政协主席金维民、副市长白志坚带领市民政局负责同志到临清市进行走访慰问

2014年10月15日，聊城市委副书记陈平到临清调研轴承产业发展情况

2015年4月10日，聊城市委常委、宣传部长赵庆忠到临清市调研小城镇改貌工程

2015年2月4日，聊城市委常委、副市长张旋宇一行到临清慰问台资、外资、侨资企业及侨眷

2013 年 4 月 26 日，聊城市委常委、市直机关工委书记蔡同民到临清调研奥博特

2014 年 9 月 17 日，时任市委书记、市长王建鹏赴上海参加 2014 中国国际轴承展览会

2015 年 9 月 23 日，润林羊业大会在临清召开

“三严三实”专题党课

鸟瞰临清城

从左至右依次为：常鑫磊　尚　晓　宁柳云　张　英　方玉群　周志雯　李怀国　权　磊　曾昭文　曹善辉　张　伟

临清市地方史志编纂委员会办公室工作人员　左起：常鑫磊　张　英　方玉群　李星火　宁柳云

目 录

特 载

专 记

大事记

全市概况

中国共产党临清市委员会

临清市人民代表大会

临清市人民政府

中国人民政治协商会议临清市委员会

中国共产党临清市纪律检查委员会

社会团体

军 事

法 治

经济管理

农 业

工　业

交通 邮电

建设 环保

财税　金融　保险

商业　贸易

科技 教育

卫生　计划生育　体育

文化　旅游

社会生活

镇（街道）　园区概况

人 物

特　载

2013年政府工作报告

——2013年1月15日在临清市第十七届人民代表大会第二次会议上

临清市市长　李新阁

各位代表：

现在，我代表市人民政府，向大会作工作报告，请予审议，并请市政协委员和其他列席的同志提出意见。

2012年工作回顾

刚刚过去的2012年，是近年来形势最为严峻、情况最为复杂的一年，也是全市上下在克服困难中加快发展、在应对危机中实现跨越的一年。一年来，在中共临清市委的坚强领导下，在市人大、市政协的监督支持下，我们紧紧依靠全市人民，坚持以科学发展观为统领，大力开展“争先进位年”活动，深入实施工业化、城镇化和农业现代化战略，解放思想，迎难而上，抢抓机遇，奋力争先，较好地完成了市十七届人大一次会议确定的目标任务。

——综合实力显著增强。预计全市生产总值实现291.7亿元，同比增长12%；公共财政总收入完成18.5亿元，增长6.7%；地方公共财政收入突破10亿元，完成10.64亿元，增长20%；固定资产投资完成175.1亿元，其中工业投入131.6亿元，分别增长19.2%和18.6%；社会消费品零售总额实现109.6亿元，增长18%；实现外贸出口3.3亿美元，实际利用外资600万美元；金融机构各项存款余额达到184.2亿元，其中居民储蓄余额139.9亿元，分别较年初增加30.9亿元和23亿元；各项贷款余额达到175.3亿元（含辖外28.6亿元），较年初增加20亿元。我市被评为全国农村集体经济“三资”管理先进市、全国平安农机示范市、全省双拥模范城、平安山东建设先进市、省级药品安全示范市、全省民族团结进步创建活动示范市、全省粮食生产先进市。

——结构调整步伐不断加快。三次产业结构调整为6.8∶63.4∶29.8。农业基础更加牢固，粮食总产达到69万吨，实现“十连增”，小麦高产创建万亩示范方单产达到620公斤以上，均创历史最高纪录。工业经济运行平稳，预计规模以上工业企业发展到400家，主营业务收入、利税分别突破千亿、百亿大关，达到1220亿元和126亿元。服务业发展水平不断提高，限额以上企业达到208家，实现增加值86.8亿元，占比提高1.3个百分点。

——经济发展方式有效转变。全市高新技术产业产值完成288.5亿元，占规模以上工业总产值的比重达到24%，比上年提高2.5个百分点；节能减排取得新成绩，全市万元GDP能耗下降3.75%，化学需氧量比2010年下降7.33%，圆满完成了上级下达的目标任务。

——城乡环境面貌明显改观。“东扩南展”战略深入实施，南部新区和经济开发区建设全面启动，城中村改造速度加快，小城镇建设稳步推进，城乡环境面貌明显改观。

——人民生活水平稳步提高。社会事业全面进步，保障体系不断完善，新农保和新农合基本实现全覆盖，人民群众在发展中得到更多实惠。城镇居民人均可支配收入达到20072元，增长14.3%；农民人均纯收入8950元，增长17%。城镇登记失业率为2.8%。

一年来，我们着力扩投入、上项目，不断增强发展后劲。

扎实推进重点项目。严格落实项目帮包和督导机制，着力解决实际困难和问题。大力开展土地挖潜利用，并积极向上级部门争取，新增建设用地指标1610亩，完善企业用地手续1828亩，有效保障了重点项目用地需求。全市130个重点项目完成投资141亿元，比上年多完成46.8亿元，其中21个聊城市重点项目完成投资77亿元。中色奥博特年产10万吨铜管、三和纺织集团高档色织面料及气流纺、德能金玉米年产20万吨结晶糖一期等49个项目竣工投产，发展后劲进一步增强。切实加大向上争取力度，全年共争取各类专项资金5.3亿元，大唐临清2×350MW级热电联产项目正式获国家发改委能源局批复。

积极加强金融创新。大力推进股权融资，华泰机械、恒圆精工部件、鲁润轴承、哈鲁轴承、哈大地轴承、鲁丰种业6家企业在齐鲁股交中心成功挂牌，挂牌企业总数达到7家，实现直接融资4000万元。我市股权融资工作的做法被齐鲁股交中心概括为“临清模式”，并在全省推广，《大众日报》《齐鲁股权》、中国经济网等媒体进行了专题报道。丁马生物与中科招商、中金国科签订了战略合作协议，上市工作正式启动。临清沪农商村镇银行成立运营，盛祥担保公司规模不断扩大。“金贝壳”业务成功破题，助保金贷款、城乡创业小额贷款等业务扎实开展。组织了高规格、大规模的银企洽谈会，签约资金68.9亿元，有效保障了企业资金需求。

大力开展招商引资。全力打好招商引资百日会战，积极承接发达地区的产业、技术和资本转移，参加了北京央企对接会、香港山东周、武汉科技经济合作洽谈会等重大招商活动，举办了临清投资环境说明会，成功签约建设了广东广弘集团投资30亿元的轴承市场升级改造、中色集团投资13亿元的1万吨压延铜箔、浙江顾家实业投资10亿元的顾家·欧亚达国际商贸城等一批大项目。全年共签约合同项目123个，实际到位资金70亿元，增长27%。

一年来，我们着力转方式、调结构，不断提高发展质量。

切实做大工业经济。深入实施“53266”工程，狠抓传统产业升级改造，大力培育战略性新兴产业。组织参加了2012上海·中国国际轴承展，成功举办了2012临清·中国轴承产业高层论坛和轴承、配套件及轴承装备展，编制了轴承、纺织产业发展规划，成立了轴承、纺织行业协会。全市利税过千万元企业发展到91家，过亿元的14家，中色奥博特、中冶银河、三和纺织突破10亿元。大力开展全民创业，再掀民营经济发展新高潮，全市中小企业达到2400家，个体工商户1.39万户。民营经济税收完成9.7亿元。工业园区更名为“山东临清经济开发区”，被认定为第二批山东省高端装备制造产业园区，并增设“烟店轴承产业园”；经济开发区与新华办事处实现了“区镇合一”。烟店轴承产业园和中色奥博特有色金属产业园被列入聊城市十大重点产业园区。

大力发展现代农业。蔬菜、林果、畜牧、水产四大特色产业不断壮大，瓜菜菌面积达到36万亩，完成造林3.6万亩，建设农田林网10

万亩，林木覆盖率达到30.8%，新建规模养殖小区480个，水产总利用面积扩大到1.5万亩。全市农业产业化龙头企业达到53家，其中国家级1家、省级4家；农民专业合作社发展到712个。累计建设标准化生产基地37.2万亩，绿色食品增加到25个。全市机耕率、小麦联合机收率、玉米免耕播种率均达到99%以上，粮食作物生产基本实现机械化。南水北调工程进展顺利。实施了裕民渠、十三支渠、王坊分干渠综合治理等工程，全年建设各类水利工程2476项，新增、改善灌溉面积18.7万亩。新建农村户用沼气池1000个。实施村级公益事业一事一议财政奖补项目126个，惠及112个村、12万人。全年发放各类惠农补贴1.3亿元。

*加快提升现代服务业。*全年服务业税收完成3.8亿元，增长35.7%。顾家·欧亚达国际商贸城、烟店轴承博览城、桑树园综合批发市场等一批服务业项目进展顺利，“万村千乡市场工程”信息化建设扎实推进。物流企业发展到45家、运力5.4万吨，通达、千千佳、泰和三大物流园区辐射带动作用日益增强。中华海棠园、三和文化景区等文化旅游项目进展顺利，成功举办了第四届中华海棠园赏花节、椹果采摘文化周等活动，全市共接待游客32.6万人次，旅游综合收入1.8亿元。临清文博贡砖技艺传承基地被评为聊城市文化产业示范基地。

*着力开展自主创新。*深化产学研合作，与西安、武汉等地高校达成科技合作56项，与省农科院签订了全面合作协议。加强研发能力建设，新创建省级企业技术中心1家、聊城市级企业技术中心7家、工程技术研究中心5家、“一企一技术”中心1家。有11项科技成果通过省级鉴定，其中4项达到国际先进水平，争取省自主创新成果转化重大专项等项目5项。中瑞轴承参与了“CC型冲压保持器”国家标准制定。申请专利230件，授权专利125件。大力加强品牌建设，新增驰名商标1个，实现了我市驰名商标“零”的突破，新增著名商标1个、山东名牌2个，获市长质量奖1个。

*扎实推进节能减排。*严把准入门槛，狠抓节能执法监察。大力推广节能环保产品及技术，实施节能技改项目8个，推广节能灯7.2万支。扩建220千伏变电站1座，新建110千伏变电站2座，建成新农村电气化村30个。我省首个中德能效审计项目——中冶银河能效项目正式签署节能服务战略合作协议。积极推进污染防治，扎实做好海河流域水污染防治核查迎检准备工作，污水处理一期改造及再生水回用等11项工程建成启用，废水、废气均实现了达标排放，生态环境得到有效改善。

一年来，我们着力抓建设、强管理，不断改善城乡面貌。

*努力健全规划体系。*新一轮城市总体规划（2011—2030年）报省待批，开发区分区规划、西南三镇统筹发展规划形成初步成果，部分重点区域控制性、修建性详规，以及南部新区、古城区地下排水管网、道路等一批专项规划编制完成，为高标准建设城市奠定了基础。

*切实加大建设力度。*从改善群众居住条件出发，实施了歇马亭、沙窝屯、市医院东等7个片区的拆迁，拆迁面积30万平方米。进一步加大建设力度，建设了一批配套完善的商住小区、回迁楼和保障性住房，竣工面积50万平方米，新开工建筑面积60万平方米。

*着力完善基础设施。*高临高速竣工通车。实施了临博路、临莘路升级改造工程，开工建设了曙光路南段、温泉路东段等10条道路，搭建了“两区”发展框架。新建排水管网20公里、供热管网11公里。济津河滨河公园一期景观初步成型，城区新增绿化面积18万平方米。

*不断提升管理水平。*开展了以治理脏乱差为主要内容的环境整治百日会战、城区非法营运三轮车集中整治、桃园街经营秩序整治等活动，加大了门前五包落实力度，城市环境有了较大改善。

一年来，我们着力惠民生、促和谐，不断

加强公共服务。

全力办好惠民实事。城南水库建设顺利推进，主体土方工程已竣工。农村饮水安全工程稳步实施，解决了22个村2万余人的饮水安全问题。小型农田水利重点县项目、农村环境连片综合整治示范项目及校舍安全工程年度任务已全部完成，14个污水处理站和生活垃圾收集转运站均已竣工。建设农村公路125公里，桥梁8座。火车站广场改造工程进展顺利。铺设青年路、红星路、大众路、先锋路人行道18万平方米，10条小街巷硬化全部完工，元运河改造工程稳步实施，建设古城区排水管网13公里。大力开发就业岗位，新增城镇就业1.5万人。174所村卫生室实施基本药物零差率销售，对2011年累计花费5000元以上的参合住院病人发放大病补偿金2151万元，为60岁以上参合农民免费健康查体6.3万人。

不断完善社会保障体系。加大社会保险扩面征缴力度，全年征缴五险社会保险费6.5亿元，向上争取企业养老保险调剂金1.83亿元，确保了各项保险待遇的按时足额支付。城镇居民医疗保险成年居民住院报销比例比上年提高5个百分点，未成年居民年度内医保最高支付限额提高到12万元，成年居民提高到10万元。16个镇办人力资源和社会保障基层服务平台全部建成并通过验收。城乡低保和五保供养标准进一步提高，全年发放低保金4726万元、五保供养金593万元。“阳光家园”贫困残疾人机构托养和居家托养工程全面开展，4所中心敬老院全部达到省级养老服务机构标准。

全面发展社会事业。大力发展教育事业。深入实施素质教育，教学水平显著提高，本科录取突破2000人大关，录取率继续保持聊城市第一位。积极推进农村中小学“211”工程，城乡办学条件不断改善。各镇办均创建为聊城市教育示范乡镇。大力发展学前教育和职业教育，洛阳轴承高级技校临清分校挂牌成立。积极发展卫生事业。医改工作稳步推进，基层医疗机构进一步完善，市、镇、村三级公共卫生网络初步形成。新农合大病报销工作顺利启动，总额预付制度扎实推进，“先诊疗、后付费”制度在市医院启动实施，受益人次和保障水平不断提高。职业病、传染病等得到有效防控。繁荣发展文化事业。新建农家书屋162个、文化大院66个。成功举办了元宵节社火展演、消夏文化艺术节、农村文艺调演等活动。对钞关内古建筑遗址进行了调查清理，公布了临清市非物质文化遗产13项。切实抓好人口计生工作。深入开展计划生育专项集中活动，全年人口出生率为9.95‰，自然增长率为4.32‰，合法生育率为92.64%，出生人口性别比控制在正常范围。

全民健身运动扎实开展，体育设施进一步完善。双拥共建和优抚安置工作扎实推进，广电、史志、妇女儿童、慈善、残疾人、老龄等事业持续发展，气象、人防、防震减灾、民族宗教、外事侨务、对台、民兵预备役等工作取得了新的成绩。

努力构建和谐社会。扎实开展“安全生产基层基础强化年”和“打非治违”专项行动，安全生产形势持续稳定。继续实行领导干部接访和包案制度，认真开展“信访积案化解年”活动，强化虚拟社会管控和社会矛盾纠纷排查调处，及时化解各种不和谐因素。扎实开展社区矫正、普法依法治理和法律服务，“法治临清”建设进程不断加快。文明创建取得明显成效。加大食品药品安全监管，有效保障了群众饮食用药安全。健全完善应急管理体系，预防和应对突发事件能力进一步提高。大力开展社会管理创新，加强社会管理综合治理，积极开展“打霸治痞”等专项行动，社会更加和谐稳定。

一年来，我们着力转作风、提效能，不断强化自身建设。

积极推进行政审批制度改革，大力精简审批事项，取消审批项目13项。不断完善行政服务中心功能和运转机制，新增进厅项目24项，达到162项，建成镇办便民服务中心7个。在29个部门和单位开展了“我承诺，我落实”公开承诺活动，行政效能大幅提升。切实推进法治政府建设，不断完善科学民主决策机制。自觉接受市人大及其常委会的监督，积极支持人民政协履行职能，人大代表建议、政协委员提案办结率达到100%。深入开展“行政程序年”活动，认真落实规范性文件“三统一”，行政管理水平大幅提升。不断强化政务公开，认真办好市长公开电话，畅通民情反馈渠道，保障群众的表达权、知情权、参与权和监督权。坚持勤俭节约，严格控制“三公”经费支出。认真落实廉政建设责任制，严肃查处违法违纪案件，切实做到为民、务实、清廉。

各位代表，回首过去，发展使人振奋，成绩令人鼓舞。这些成绩的取得，是上级党委、政府和市委正确领导的结果，是人大监督支持、政协参政议政的结果，是全市上下同心同德、社会各界顽强拼搏的结果。在此，我代表市政府，向辛勤工作在全市各条战线上的建设者，向给予政府工作大力支持的人大代表、政协委员，向各民主党派、工商联、人民团体，向离退休的老同志，向驻临部队、武警官兵和驻临单位，致以崇高的敬意！向所有关心、支持和参与临清发展的社会各界人士，表示衷心的感谢！

在肯定成绩的同时，我们也清醒地看到，经济社会发展中还存在不少困难和问题。主要表现在：经济总量小与结构不合理并存，转方式调结构的任务相当艰巨；招商引资力度还不够；城市基础设施不完善，发展承载力不强；环境、土地约束不断强化，节能减排压力较大；保障改善民生的长效机制不够健全，一些民生问题还没有得到很好的解决，群众对我们的工作还有很多不满意的地方；部分干部的作风需要继续加强，等等。对此，我们将高度重视，切实强化措施，认真加以解决。

2013年经济社会发展的目标任务

2013年是全面贯彻落实党的十八大精神的开局之年，是实施“十二五”规划承前启后的关键一年，也是为全面建成小康社会奠定坚实基础的重要一年。做好今年的政府工作，对于夯实发展基础、加快转型升级、提升综合实力、保障改善民生具有十分重要的意义。

综观今年的经济社会发展形势，既面临着科学发展、跨越发展的重大机遇，也面临着前所未有的竞争和挑战，但总体上仍是机遇大于挑战。当前，国际经济形势依然错综复杂，金融危机的影响呈现长期化趋势，世界经济已由危机前的快速发展期进入深度转调期，低速增长态势仍将延续。我国投资增速逐步放缓，出口形势依然严峻，国内需求增长乏力，经济增长面临较大下行压力。

但是，危机中也蕴藏着很多重大机遇。发展环境日趋好转。经济全球化趋势不可逆转，产业转移步伐不断加快。我国持续深化经济体制改革，发展模式正从寻求“量”的增长转变为追求“质”的提升，科学、稳健、可持续将成为经济发展的新内涵。宏观调控政策更加灵活有力，发展方式不断转变，我国经济将继续保持平稳健康发展。发展机遇不容错过。综观国际、国内大势，我国发展仍处于可以大有作为的重要战略机遇期。党的十八大胜利召开，构建了经济、政治、文化、社会、生态文明“五位一体”的中国特色社会主义新布局，提出了全面建成小康社会的新目标。中央经济工作会议提出了经济工作的总体要求和主要任务，为今后发展指明了方向。省委、省政府着力推动县域科学发展整体提升综合实力，加快实施省会城市群经济圈和西部地区新的经济隆起带发展战略。聊城正式加入中原经济区，国家将在产业升级、投资引导、统筹城乡发展等方面给予政策支持，这些都为我市发展带来了重大历史机遇。发展基础更加牢固。我市正处于工业化、城镇化快速发展时期，内需市场优势明显，民间投资潜力巨大，支撑保障能力不断增强。各级各部门应对严峻形势冲击的经验日益丰富，广大企业适应市场变化的能力不断提高，为加快发展提供了坚强保障。

各位代表，面对新的形势，我们要冷静分析、沉着应对面临的矛盾和问题，深刻理解、抓住用好重要战略机遇期，主动适应国内外环境和自身发展阶段变化，增强机遇意识和忧患意识，因势利导，顺势而为，努力开创经济社会发展的新局面！

2013年，政府工作的总体思路是：全面贯彻党的十八大精神，以邓小平理论、“三个代表”重要思想、科学发展观为指导，以科学发展为主题，以转变发展方式为主线，以提高经济增长质量和效益为中心，以加快推进“四个基地”建设为抓手，积极实施工业化、信息化、城镇化和农业现代化战略，着力扩大经济总量、提高发展质量，着力深化改革创新、增创发展优势，着力推进城乡建设、优化人居环境，着力保障改善民生、促进社会和谐，全面提升产业竞争力、基础承载力、科技创新力和城市软实力，努力打造生态宜居美丽临清、和谐秀美幸福家园。

经济社会发展的主要预期目标：生产总值增长12%；地方公共财政收入增长16%；固定资产投资增长22%；社会消费品零售总额增长15%；城镇居民人均可支配收入增长13%；农民人均纯收入增长15%；城镇登记失业率控制在3%以内；人口自然增长率控制在7‰以内；圆满完成节能减排任务目标。

各位代表，只要我们明确目标不动摇，坚定信心不懈怠，顽强拼搏，艰苦奋斗，我们的发展目标就一定能够实现，我们的经济社会就一定不断进步，我们的生活就一定更加美好！

2013年的主要工作措施

为了圆满完成2013年经济社会发展的各项任务目标，工作中，我们将坚持八个“更加注重”，力求在八个方面实现新突破：

一、更加注重投资拉动，强化项目建设，在增强发展后劲上实现新突破

把扩大投资作为经济发展的第一引擎，加大力度，优化结构，以优质增量带动存量调整，提高发展质量，增强发展后劲。

推进重点项目建设。2013年，初步筛选了141个投资过2000万元的重点项目，计划总投资424.6亿元，其中过亿元项目79个，过10亿元项目12个，工业项目98个，服务业及其他项目43个，投资总量不断提升，项目结构更加优化。对这些项目，特别是大唐临清2×350MW级热电联产、中色奥博特铜精加工、中冶银河30万吨轻型胶版印刷纸、华兴纺织50万锭高新紧密纺及气流纺等重大项目，继续实行“四位一体”的帮包机制，严格落实周现场办公、月调度通报、季观摩评比、年终考核奖惩的工作机制，确保项目建设顺利进行。

提升招商引资质量。突出招商重点。坚持承接产业转移与推进产业结构优化调整相结合，以优势产业为依托，加大与行业龙头企业的合作，拉长产业链条。以长三角、珠三角等地区为重点，积极开展招商引资推介活动。以国内外500强和知名企业为重点，引进和实施一批重大项目。改进招商方式。采取集中推介与小团组登门招商相结合、蹲点招商与重点项目高层推进相结合、有重点的“走出去”推介与有选择的“请进来”考察相结合，开展多种形式的招商活动。做好现有外来投资企业服务工作，发挥示范效应，实行以商招商；加强与各级商会和行业协会的联系，抓好委托代理招商；对于好项目、大项目，组织专门力量，实施攻坚招商。拓展招商领域。坚持工业项目招商与其他项目招商相结合，大力引进城乡建设、服务业等方面的项目。2013年，力争实际到位市外资金88亿元，增长25%。

破解发展瓶颈制约。着力解决融资难。用足用好上级金融政策，大力推广“金贝壳”、助保金贷款等新业务，积极吸引辖外资金，千方百计扩大信贷投放，新增贷款20亿元。进一步加强银企合作，积极组织银企融资洽谈会。大力引进辖外金融机构，加快农信社改制为农村商业银行步伐。深入开展股权挂牌工作，新增股权挂牌企业3—5家。加快推进丁马生物上市步伐。严厉打击非法融资，保障金融安全。积极解决落地难。努力向上争取土地指标，深入开展土地挖潜，加大窑厂复垦、增减挂钩推进力度，置换更多的建设用地指标。坚持集约节约用地，严格执行土地亩投资强度标准，提高土地利用效率。

争取项目资金支持。密切关注上级政策变化，以产业发展、技术改造、节能减排、科技创新、农田水利、改善民生等领域为重点，最大限度地争取上级资金、项目支持。积极抓好张官屯水库等已上报国家、省发改委项目的争取工作。

二、更加注重提质增效，加快转型升级，在提升工业发展质量上实现新突破

按照“传统产业高端化、新兴产业规模化、骨干企业集群化、发展空间集聚化”的思路，以打造先进制造业基地为目标，以“53266”工程为抓手，大力实施工业化和信息化战略，推动工业转型升级，提升发展质量和效益。2013年，力争规模以上工业企业达到430家，实现主营业务收入、利税均增长25%以上。

改造提升优势产业。加大对装备制造、有色金属加工、纺织及服装、造纸及纸制品、食品及医药、能源电力6大产业的扶持力度，引导骨干企业实施技术改造推动存量优化，加大投入力度强化增量带动，通过更新高端装备，引进先进技术，提高产业层次和产品附加值，促进产业做大做强做优，打造特色鲜明、优势突出、竞争力强、全国知名的先进制造业基地。

加快发展战略性新兴产业。大力实施总量提升工程，制定产业发展规划，强化政策扶持，确保增幅高于全市工业发展速度。高端装备制造业重点发展高档专用车、数控机床、精密轴承等产品；生物医药业大力发展甲鱼深加工、现代中药、多功能糖等产品；新材料和电子信息业积极发展铜箔、铜合金板带等产品；节能环保业突出发展风能、太阳能等清洁能源及新能源汽车等产品。

培植壮大骨干企业。深入实施“53266”百强重点企业提升工程，支持企业加大投入、膨胀规模，领军企业、骨干企业、成长性企业年度投资分别不低于5亿元、5000万元和2000万元，力争有一批企业跨入省百强、行业全国百强行列。大力实施企业家素质提升工程，与高等院校合作开展重点骨干企业家培训，全面提升其综合素质。2013年，力争利税过千万元的企业突破100家，其中过亿元的15家。

积极发展民营经济。大力发动全民创业，形成“群众创家业，干部创事业，能人创企业”的浓厚氛围。继续实施中小企业培植工程，认真落实各级扶持政策，以主营业务收入、上缴税金及发展潜力为标准，重点培植一批有特色、有发展潜力的中小微企业。积极发展“一村一品”“一乡一业”等特色经济，制定轴承、纺织产业发展规划实施细则，进一步壮大特色产业。2013年，力争民营经济税收完成11.6亿元，增长20%。

推进“两化”深度融合。深化信息技术在工业企业中的应用，使其渗透到工业产品研发设计、流程控制、企业管理等环节，推动生产过程智能化、生产装备数字化、经营管理网络化、能源利用效率最大化。积极开展“两化融合助企行动”，实施一批骨干企业信息化改造示范项目，推动工业企业生产技术提档升级。

打造千亿产业园区。按照要素集中、资源共享、布局合理、集聚发展的思路，着力打造有色金属、机械电子、纺织服装、能源电力、现代物流、旅游度假六大产业园。严格落实大项目进园区政策，确保一批大项目落户开发区，使之成为全市产业转型升级的先行区和示范区。加快推进烟店轴承产业园和中色奥博特有色金属产业园规划建设，引导资源向园区集中，项目向园区聚集，努力打造中国优质轴承生产基地、中国轴承贸易之都、中国有色金属产业基地。

三、更加注重“三农”工作，增强综合能力，

在推进农业现代化上实现新突破

以农村发展、农业增效、农民增收为核心，加快产业结构调整，扶持壮大龙头企业，努力构建现代农业体系。

推进农业经营产业化。在稳定粮食面积的基础上，加强农业科技创新，积极推广新品种、新技术，提升农机化作业水平，提高种植产出效益。大力抓好林业生产，实施南水北调及境内干渠道路堤岸绿化、高临高速两侧经济林建设和村庄绿化工程，全年植树126.5万株，造林1.8万亩，建设林网10万亩。继续扩大畜牧、林果、蔬菜、水产等特色产业规模，新建特色农产品生产基地5万亩，新增绿色食品认证10个以上、聊城市级以上龙头企业6家，农民经济合作组织200个。

完善农业基础设施。大兴农田水利，抓好小型农田水利重点县项目，建设旱涝保收农田3.2万亩。实施农业综合开发项目，建设魏湾镇高标准农田示范区1万亩。抓好高效节水灌溉项目，新增节水灌溉面积2.4万亩。推进农村饮用水安全工程，解决21个村、2.1万人饮水安全问题。加快推进张官屯水库建设，力争9月份开工。

强化农村经济管理。规范农村土地流转市场，推行农村集体“三资”平台化管理，严查各类损害农民权益的违规违纪行为。认真落实农村集体土地征地安置补偿及各项惠农政策，确保各类补偿资金及时足额发放。

四、更加注重优化结构，提高三产比重，在做大现代服务业上实现新突破

以“扩总量、优结构、强素质、提层次”为重点，大力实施“8633”载体建设工程，不断提升现代服务业发展水平。2013年，力争服务业增加值占GDP比重提高1.5个百分点。

培育现代物流业。大力抓好通达、千千佳、泰和三大物流园区建设，加快实施和引进一批现代物流项目，引导运输企业转型升级，积极培育物流龙头企业，进一步发展壮大第三方物流。大力发展铁路物流，扎实推进临清国家粮食储备库铁路物流专运线项目。全面拓展交通物流公共信息服务平台功能，重点抓好烟店轴承电子商务平台建设。

壮大商贸流通业。推进城乡现代流通体系建设，鼓励大家庭、华泰等骨干流通企业跨地区、跨行业开展连锁经营、超市下乡。加快商业网点规划实施，优化网点布局。加强烟店轴承博览城、顾家·欧亚达国际商贸城、桑树园综合市场等专业市场建设改造，提升市场规模和辐射力。

繁荣文化旅游业。以打造文化旅游休闲目的地为目标，加大资源开发整合力度，培育精品旅游品牌，即以中洲古城区和美食小吃为代表的运河文化旅游品牌，以黄河故道地质森林公园、古沙洲森林公园、中华海棠园为代表的生态旅游品牌。加快推进三和文化景区、济津河景观带等重点项目建设，继续办好中华海棠园赏花节等活动。加强贡砖、流动舞台车、济美酱菜等特色文化产业基地建设，加快培育壮大文化产业。

抓好新兴服务业。加快电子商务、农村信息等公共信息服务平台建设，尽快培植和引进咨询、创意、广告、会展等一批有影响力的商务服务业，鼓励发展家政、社区、中介等服务业。

五、更加注重生态文明，改善生态环境，在建设美丽临清上实现新突破

坚持把生态文明建设放在突出位置，融入经济社会建设各方面和全过程，加快生态临清建设步伐，展现美丽临清新形象。

增强生态意识。加大宣传力度，倡树尊重自然、顺应自然、保护自然的生态文明理念，增强全民节约意识、环保意识、生态意识，形成全社会支持生态文明建设的良好氛围，教育引导全市上下认真贯彻有关法律法规，建立健全生态建设长效机制，着力推进绿色发展、循环发展、低碳发展，努力建设资源节约型、环境友好型社会。

提高资源节约水平。严把准入关，严控高耗能、高排放和产能过剩行业的新上项目。加快节能技术改造，在纺织、造纸等行业实施节能改造示范项目，淘汰落后产能。深入推进公共机构和重点领域节能，抓好重点行业、企业的能源审计和节能监察。大力发展循环经济，新增资源综合利用企业1家，通过清洁生产审核企业2家。

改善生态环境。巩固提高流域治污成果，健全完善“治用保”污染防控体系，构建废水循环利用系统，突出抓好裕民渠人工湿地、重点企业综合减排等海河流域水污染防治重点工程建设，确保顺利通过国家核查验收。以镇办为主体，大力抓好农村环境连片整治竣工项目的正常运行。严格环境执法监管，加强大气、土壤等污染防治。

六、更加注重城乡统筹，优化人居环境，在打造幸福家园上实现新突破

以“提升城市品质”为核心，以城乡统筹发展为原则，科学规划，分步实施，大力构建城区、小城镇、农村新居建设协调推进的新型城镇化格局，全面提高城市的竞争力、带动力和可持续发展能力，努力打造和谐秀美幸福家园。

强化规划引领。坚持以高水平规划引领新型城镇化。大力抓好新一轮城市总体规划（2011—2030年）的修编评审和报批工作，特别是老城区、南部新区、经济开发区改造建设详规编制，以及城市供排水、供热、水系、亮化、绿地系统等专项规划的编制。着力做好镇总体规划修编及小城镇驻地、农村新居建设规划，完善规划体系。严格执行规划评审、公示制度，坚决查处违法违规建设行为，切实维护规划的权威性和严肃性。

加快城区建设。城区是全市城镇化的龙头。全力实施城区建设提升工程，按照“新区抓骨架、园区抓配套、老城抓改造”的总体思路，完善基础设施，提升载体功能。在道路方面，加大省道和县乡道路建设改造力度，推进德商高速公路建设，构筑公路网格化发展格局。在南部新区，重点抓好文化路、经一路（文化路—温泉路）、纬十路、纬十一路、曙光路南段及桥梁建设，拓展城市发展空间；在经济开发区，重点抓好解放路（东二环—东三环）、经四路、经八路、纬六路、工业路建设；在老城区，重点抓好站前路、曙光路等建设改造，全面提升通行能力。在亮化方面，重点抓好东三环路、南环路及新建路段的亮化，对主要道路建筑物实施立体亮化，方便群众出行，打造靓丽的城市夜景。在绿化方面，完成济津河滨河公园一期、火车站广场改造，抓好南部新区主干道路绿化，提升城市品位。同时，稳步推进城中村、棚户区拆迁改造，加快各片区回迁安置楼建设，让群众早迁新居。

统筹城乡发展。大力实施小城镇建设重点突破工程。小城镇是加快新型城镇化的重要支撑。以产业发展为基础，以加大投入为手段，积极推进小城镇建设，努力提升公共服务、承载发展以及吸纳就业的能力。突出抓好烟店省级、康庄聊城市级小城镇建设示范镇的规划建设，同时以点带面，促进其他镇办加快小城镇建设步伐。积极实施农村新居建设推进工程。以建设农村新型社区为重点，按照实事求是的原则，在尊重农民意愿的前提下，鼓励有条件的城郊村、镇驻地村、产业强村以及有意愿的企业，共同推进农村新居建设，让越来越多的农民兄弟住进宽敞明亮的新居，过上更加幸福的生活！

提升管理水平。坚持城乡建设与管理并重。健全完善管理体系，明晰管理职责，全面推进门前五包责任制，积极探索“网格化”城市管理模式。大力开展城乡环境综合整治活动，突出抓好城区非法营运三轮车、城市经营、交通秩序及省道、县乡道路路域环境整治，强化新华路、温泉路示范街建设和镇村环境治理，全面提升城乡管理水平。

七、更加注重创新驱动，深化改革开放，

在催生发展动力上实现新突破

深入实施创新驱动发展战略，大力推进重点领域改革，全面提高开放型经济水平，聚集内外资源和要素，增强经济发展活力。

强化自主创新。进一步完善以企业为主体、市场为导向、产学研相结合的技术创新体系，提高原始创新、集成创新和引进消化吸收再创新能力，积极争创省级可持续发展实验区。引导企业加大科研投入，加强与科研院所的合作，加快企业技术中心、研发中心及轴承检测中心建设。进一步加强科技信息服务平台建设，加快科技成果转化，提高产品的科技含量。大力发展高新技术产业，产值占规模以上工业的比重提高1个百分点。着力实施品牌和标准化战略，积极培育中国名牌、驰名商标，鼓励企业参与行业标准、国家标准制订。2013年，力争新增地理标志商标1个、著名商标2个、山东名牌1个、国家级“守合同重信用”企业1家、聊城市级以上企业技术中心4家、“一企一技术”中心2家。

推进各项改革。深化行政审批制度改革，规范审批行为，提升行政效能。强化基层服务中心建设，完善便民服务体系。依托行政服务中心，全面启动公共资源交易工作，着力构建统一、开放、透明、规范的公共资源交易平台。密切关注国家财税体制改革动向，认真做好营业税改征增值税的前期准备工作。推进完善基层水利服务体系建设。继续深化医药卫生领域改革，提高医疗救助和公共卫生服务水平。

促进外贸增长。在巩固现有份额的基础上，积极调整进出口结构，加快转变外贸发展方式，培育新的出口增长点。依托轴承出口基地和纺织面料出口转型升级基地，扩大轴承、纺织等特色产业出口规模。引导企业加大先进技术设备、关键零部件和原辅材料进口力度，降低成本，增强核心竞争力。

八、更加注重以人为本，加强管理创新，在构建和谐社会上实现新突破

健全基本公共服务体系，强化社会管理创新，解决好人民群众最关心、最直接、最现实的利益问题，在学有所教、劳有所得、病有所医、老有所养、住有所居上取得新进展，促进社会和谐。

完善社会保障体系。认真落实就业扶持政策，引导高校毕业生转变就业观念，实现多渠道、多方式就业。加大《社会保险法》等法律法规的宣传力度，进一步增强全民社会保障意识，促进各类用人单位特别是民营企业自觉依法参加各项社会保险，加快推进社会保障全覆盖。加大劳动保障监察执法力度，推动落实五险“一票征缴”，确保各项社会保险安全协调平稳运行。进一步规范城乡低保、农村五保等救助制度，有效保障城乡困难群体、特殊群体的基本生活。加快推进残疾人社会保障体系和服务体系建设，对0—6岁残疾儿童实施免费抢救性康复。进一步提高敬老院规范化水平，逐步建立社会化养老服务体系。

发展社会各项事业。优先发展教育事业。深入实施素质教育，丰富社会实践活动，实现德智体美全面发展。深化教学改革，提升教育教学水平。积极开展校园周边环境和接送学生车辆集中整治，加强安全教育和应急演练，建设平安和谐校园。积极发展职业教育，建立行业、企业、学校共同参与的职教办学机制。大力发展卫生事业。加强基层医疗卫生机构规范化建设，完善公共卫生服务体系。加快推进聊城二院华美医院建设。进一步提高新农合住院报销比例，扩大重大疾病保障范围。落实国家基本药物制度，减轻群众看病负担。突出发展文化事业。扎实开展钞关、鳌头矶、城区元运河、明运河4个遗产点段的环境整治，对境内现存文物实施有效保护。健全完善镇、社区和村级文化设施，大力开展精品创作评选活动，备战第十届中国艺术节。积极举办消夏文化艺术节等活动，继续开展送戏、送电影、送图书下乡，丰富群众文化生活。积极抓好人口计生工作。以提高出生人口素质、城市及流动人口管理、违法婚育治理、性别比控制、社会抚养费征收为重点，强化宣传教育，完善利益导向机制，加大集中整治力度，促进人口计生工作长期均衡发展。

扎实做好双拥共建和优抚安置工作，全面落实优抚群体的优待抚恤政策。继续做好防震减灾、外事侨务、民族宗教、妇女儿童、广电、人防、老龄、档案、史志、体育、民兵预备役等工作。

加强社会管理创新。创新管理理念。坚持以人为本、服务为先，寓管理于服务之中，在服务中实施管理，在管理中寻求创新，不断提升社会管理整体水平。创新管理格局。进一步落实和完善"党委领导、政府负责、社会协同、公众参与、法治保障"的社会管理体制，大力发展和规范社会组织，充分发挥公众参与社会管理的基础作用。创新管理机制。积极探索建立多元化的矛盾化解机制、维护群众权益机制、群众利益诉求表达机制、重大项目社会稳定风险评估机制，着力解决影响社会和谐稳定的源头性、根本性、基础性问题，从根本上防范和减少矛盾。创新管理方式。综合运用行政、经济、法律、教育以及现代科技、信息化技术等多种方式提升社会管理水平。

维护社会和谐稳定。继续加大文明创建工作力度，切实提升城市整体文明程度和市民文明素质。强化法制宣传教育，提高公民法律意识。加强社会管理综合治理，深入开展严打整治行动，强化治安防控体系建设，增强社会面管控能力，不断提升群众安全感和满意度。深入开展市级领导大接访、大走访和大下访活动，进一步畅通并规范群众诉求表达渠道，切实维护群众切身利益。夯实安全生产基层基础工作，强化安全生产责任，加大联合执法检查力度，确保安全生产形势持续稳定。深入开展食品药品安全专项整治，确保广大人民群众饮食用药安全。推进应急管理工作规范化建设，健全应急救援体系，全面提升应急救援能力。

加强政府自身建设

面对新的形势和任务，我们必须严格落实"八项规定"和省委、省政府"十条办法"，改进作风，提升效能，以良好的政风带动民风，真正赢得群众信任和拥护，切实增强政府公信力和执行力。

始终坚持执政为民。牢记政府一切权力来自人民，视群众呼声为第一信号、群众需求为第一选择、群众满意为第一标准，作决策充分尊重民意，办实事充分体现民需，抓发展充分保障民利。始终牢记群众利益无小事，密切联系群众，多到困难和矛盾集中、群众意见多的地方去，了解真实情况，为群众诚心诚意办实事，尽心竭力解难事，坚持不懈做好事。

始终坚持务实高效。坚持干实在事、说实在话、做实在人，精简会议活动，改进会风文风，开短会、讲短话、发短文，深入调查研究，轻车简从，减少陪同，简化接待，把精力更多地用于帮助基层化解难题、推动发展上。坚持雷厉风行抓落实，对定下来的事情立说立行、办就办好。坚持不懈地推进"治庸问责"，改进政府绩效管理，以发展论英雄，凭实绩定优劣，让实干者无悔，让开拓者无忧。始终保持昂扬向上的朝气、敢于创新的勇气、争创一流的锐气，自觉提高标准，层层传递压力，形成你追我赶、竞相发展的生动局面。

始终坚持依法行政。严格按照法定权限和程序履行职责，认真执行进企业检查备案制度，严肃查处行政不作为和乱作为，坚决纠正损害群众利益的不正之风。着力完善集体决策、公示听证、风险评估和责任追究机制，健全规范性文件合法性审查制度，提高行政决策的科学化、民主化、法治化水平。自觉接受市人大及其常委会的监督，认真落实各项决议、决定并定期报告工作。积极支持人民政协履行政治协商、民主监督、参政议政职能，充分听取各民主党派、工商联、无党派人士以及各人民团体的意见和建议。认真办理好人大代表建议和政协委员提案。全面推进政府信息公开，加强电子政务建设，办好政府网站和市长公开电话，增强政府工作的透明度，保障人民群众的表达权、知情权、参与权和监督权。

始终坚持廉洁从政。严格落实党风廉政建设责任制，积极构建教育、制度、监督并重的惩治和预防腐败体系。切实强化行政监察、经济责任审计等监督制约机制，加强对政府投资项目资金使用、工程招投标和政府采购等方面的监督，坚决查处违法违纪案件。厉行勤俭节约，严格遵守廉洁从政有关规定，认真执行住房、车辆配备等有关工作和生活待遇的规定，严格控制一般性支出，加强“三公”经费管理，着力打造廉洁政府。

各位代表，全心全意为人民服务是政府工作的根本宗旨。今年，我们将下更大气力发展民生事业，继续全力办好惠民十件实事：一是抓好2013年度农村环境连片整治示范项目建设，新建生活污水处理站、垃圾收集转运站各9个。二是抓好北环路、曙光路以及南部新区、经济开发区道路排水设施建设，构建较为完善通畅的城区排水体系。三是抓好保障性住房建设，建设50套廉租房、120套经适房、450套公租房，新增廉租住房租赁补贴50户，进一步缓解中低收入家庭住房困难。四是实施临博路、临莘路升级改造，带动乡村公路路网建设140公里；抓好西环路建设，改善城区西部通行条件；加快漳卫河大桥改造，确保上半年通车。五是继续实施中小学校舍安全工程，新建改建校舍2.2万平方米，建设镇办事处中心幼儿园7处。六是新增城镇就业1.5万人，开展各类技能培训6000人，开发公益性岗位安置就业困难人员100人。七是实施放心餐饮、放心药品工程，创建放心餐馆、饭店100家、放心药店100家。八是投资1200万元，实施村级公益事业一事一议项目60个。九是加快城南水库建设，确保上半年正常供水；建设高标准节水灌溉农田2.5万亩。十是积极开展健康服务行动，为符合政策计划怀孕的6600名农村育龄妇女（含流动人口）实施孕前免费健康查体，为60岁以上参合农民进行免费健康查体。

各位代表！时代赋予重托，奋斗铸就辉煌。让我们更加紧密地团结在以习近平同志为总书记的党中央周围，在中共临清市委的坚强领导下，高举中国特色社会主义伟大旗帜，深入贯彻落实党的十八大精神，解放思想，凝心聚力，攻坚克难，团结奋进，努力推动经济社会又好又快发展，为打造生态宜居美丽临清、和谐秀美幸福家园，早日全面建成小康社会而努力奋斗！

《政府工作报告》词语注释

1. 争先进位年：聊城市委、市政府将2012年确定为“争先进位年”，要求各级各部门在全市、全省乃至全国争先进位。

2. 农村集体经济“三资”：即资产、资金、资源。

3. “金贝壳”：即无抵押无担保小额贷款保证保险业务，目前由财险公司承保、齐鲁银行承贷。

4. “53266”工程:“5”是指到“十二五”末，全市规模以上工业企业达到500家；“3”是指规模以上工业企业主营业务收入达到3000亿元；“2”是指主营业务收入过千亿元的优势产业达到2个；第一个“6”是指主营业务收入过百亿元的龙头企业达到6家；第二个“6”是指形成装备制造、有色金属加工、纺织及服装、造纸及纸制品、食品及医药、能源电力6大产业基地，打造千亿工业园区，逐步形成优势产业引领、新兴产业突破、园区经济支撑的工业发展新格局。

5. 农村中小学211工程：即 “两热（热水、热饭）一暖（取暖）一改（改厕）”，是山东省政府针对部分农村中小学没有饮水、食堂、取暖设施，还在普遍使用旱厕的情况，实施的一大试点工程。

6. 打非治违：即打击非法违法生产，治理违规违章作业。

7. 规范性文件“三统一”：政府法制机构对政府部门制定的规范性文件，在公布前进行合法性审查，并统一登记、统一编号、统一公布的法律服务制度。

8. 四个基地：即全国知名的先进装备制造业基地、辐射周边的现代商贸物流基地、文化旅游休闲度假基地、现代农业示范基地。

9. 两化融合助企行动：系省政府开展的为企业提供信息化管理培训、咨询等方面服务的活动。

10.“8633”工程：“8”是指集中发展8个服务业重点城镇，“6”是指培育壮大6个服务业重点集聚区（园区），第一个“3”指做大做强30个服务业重点企业，第二个“3”指每年建设实施30个服务业重点项目。

11.“治用保”污染防控体系：省环保厅在南水北调治污实践中探索出的小流域污染综合治理技术。“治”即狠抓治理不放松；“用”即中水回用节资源；“保”即保护生态促和谐。

2014年政府工作报告

——2014年1月4日在临清市第十七届人民代表大会第三次会议上

临清市市长　李新阁

各位代表：

现在，我代表市人民政府，向大会作工作报告，请予审议，并请市政协委员和其他列席的同志提出意见。

2013年工作回顾

刚刚过去的2013年，是我市认真贯彻落实党的十八大和十八届三中全会精神以及市委十二届四次全会部署，抢抓“一区一圈一带”战略机遇，全力打响“东融西借、跨越赶超”三年攻坚战的开局之年，也是积极应对国内外复杂经济形势，加快建设生态宜居美丽临清、和谐秀美幸福家园，经济社会发展取得丰硕成果的一年。一年来，在市委的坚强领导下，在市人大、市政协的监督支持下，我们坚持以科学发展观为指导，解放思想，真抓实干，着力提内力、借外力、激活力，最大限度地凝聚起推动跨越赶超的强大正能量，较好地完成了市十七届人大二次会议和市委十二届四次全会确定的任务目标。预计生产总值实现316.7亿元，增长11%。公共财政总收入完成21亿元，地方公共财政收入完成13.5亿元，增长18.1%。预计固定资产投资完成213亿元，增长22%；社会消费品零售总额达到128亿元，增长15%；实现进出口5.4亿美元；金融机构各项存、贷款余额分别达到201亿元、169亿元；城镇居民人均可支配收入、农民人均纯收入分别达到23082元、10158元，分别增长15%、16%。我市被评（授）为中国轴承贸易之都、全国法治县创建活动先进单位、全国“一事一议”规范管理县、全国计划生育优质服务先进县、全国农机安全监理“为民服务创先争优”示范窗口、全省信访工作先进单位、省级文化生态保护实验区。

一年来，我们以提高经济增长质量和效益为中心，以“四个基地”建设为抓手，大力实施“四化”同步发展战略，积极创新工作机制，有力推动了经济社会科学发展、跨越赶超。

这是投资规模大幅提升的一年，我们着力加快项目建设，发展动力更加强劲

重点项目建设进展顺利。深入开展大项目突破年活动，对投资过10亿元的重点项目设置了联络员和警务室，严格落实项目帮包督导和协调推进机制，在全市形成了凝神聚力抓项目、齐心协力促跨越的良好局面。144个重点项目完成投资176亿元，较上年增加35亿元，其中22个聊城市重点项目完成投资101亿元。中色奥博特年产10万吨铜管、三和纺织技改、华兴纺织50万锭紧密纺、秋华纺织气流纺二期等45个项目已竣工；中色奥博特年产2万吨压延铜箔、德能金玉米年产30万吨糖及糖醇、迅力特种汽车年产2万辆电动清扫车及轻量化专用车等项目扎实推进，大唐临清2×350兆瓦级热电联产项目环评手续已报国家环保部审批。抢抓政策机遇，共争取各类资金13.4亿元。

招商引资成效显著。实施开放带动战略，建立任职代理等制度，构建起领导干部带头、全社会参与的大招商格局，扎实开展团组招商、产业招商、以商招商，引导大项目入园区。组织参加了京津唐招商月、聊城（上海、福州）发展恳谈会等系列招商活动。与新兴重工、华润三九医药等央企和上市大企业实现了战略合作。共签约合同项目110个，实际到位资金88.2亿元，增长26.9%。投资30亿元的广弘集团烟店轴承市场升级改造、投资16亿元的正乾复合材料年产200万吨高科技表面处理材料等一批大项目开工建设，其中7个项目落户经济开发区；签约了中谷产业控股集团投资100亿元的中谷产业园、西安西蓝集团投资11亿元的4万吨LNG储备站、北京桑德环境资源投资10亿元的年处理30万吨生活垃圾发电等一批过亿元的大项目、好项目。

要素保障更加有力。大力推进政金企合作，加强“富保贷”“金诚信”等业务创新，在聊城率先开展了中小企业信用体系试验区建设，辖外贷款余额达30亿元。金融组织体系不断完善，新增小额贷款公司1家，盛祥担保实现再增资，沪农商村镇银行获批设立支行。直接融资取得新突破，在齐鲁股交中心挂牌企业新增4家，达到11家，数量居聊城第一、全省第二，其中4家企业实现私募融资5200万元，股权质押融资成功破题，聊城市第一单挂牌企业债券哈鲁轴承2013私募债成功发行，3家企业启动“新三板”市场挂牌，丁马生物上市股份制改造稳步推进，2.4亿元的中小企业集合债即将发行，设备融资租赁达到12亿元。土地保障更坚实。大力推进土地增减挂钩工作，烟店镇堤口、拳厂村项目正在实施，全市新筛选增减挂钩村庄17个；启动了经济开发区合村并点；复垦窑厂1340亩，盘活闲置土地1342亩，争取新增用地指标260亩，有效保障了项目用地需求。顺利通过了国家土地例行督察检查验收。

这是转型升级迈出坚实步伐的一年，我们着力加快“转调创”进程，产业水平明显提高

工业综合竞争力进一步增强。实施工业倍增工程，扎实开展“扩容增效年”和“二次创业”活动，坚持传统产业高端化和新兴产业规模化“双轮驱动”，推进工业化和信息化深度融合。规模以上企业预计新增40家，达到441家，主营业务收入、利税分别增长20.4%和20.6%，利税过千万元的企业新增19家，达到110家，过亿元的新增1家，达到15家；生物医药等新兴产业规模进一步膨胀。大力发展民营经济，省级中小企业创业辅导基地实现零的突破。全市中小企业达到2840家，个体工商户达到1.62万户，分别新增370家、2100户，民营经济税收完成13亿元。拥有自营进出口权的企业达到110家，争取棉花进口关税配额5万吨。

现代服务业快速发展。实施服务业倍增工程，服务业增加值占GDP的比重达到32.3%，实现服务业地税收入4.9亿元，增长30.4%。烟店轴承商贸物流等6大服务业集聚区被列入聊城市服务业倍增战略支撑项目。以城南通达物流园区、城北千千佳物流园区，城东铁临、盛荣物流中心，烟店轴承物流园区为主要节点的现代物流框架体系初步形成。顾家•欧亚达商贸城、烟店轴承市场升级改造等项目加快推进。“万村千乡市场工程”深入开展，建设农家店350家，信息化改造100家，城乡一体化市场体系不断完善。三和民族文化园等项目进展顺利。举办了中华海棠园赏花节、黄河故道地质森林公园椹果采摘节、运河文化胡同游等活动，共接待游客34.3万人次。

现代农业水平大幅提升。农业现代化水平跻身聊城前列。康庄、戴湾和魏湾小麦万亩示范片产量再创新高，百亩示范方单产达到740公斤。蔬菜、林果、畜禽、水产快速发展。蔬菜面积达到40万亩，绿色食品认证总数41个，“临清大蒜”获批“国家地理标志证明商标”；造林2.1万亩；新建标准化养殖小区60个，农产品标准化生产基地发展到38.2万亩。丁马生物建成全国最大的甲鱼基地，润林牧业湖羊养殖规模居全省首位。南水北调工程实现通水试运行，张官屯水库稳步推进。36个村的土地承包经营权确权登记颁证试点工作全部完成，工作经验在全省推广。流转土地13万亩。松林镇亢庙村被农业部确定为全国“美丽乡村”创建试点乡村。

经济发展方式有效转变。全市经济由临清制造向临清创造、由产品竞争向品牌竞争转变的步伐日益加快。企业自主创新能力不断增强。与山东大学、中南大学等高校签订了合作协议，新增国家级博士后科研工作站1家，省级高新技术企业1家、“一企一技术”创新企业2家、企业技术中心1家，聊城市级各类技术中心及重点实验室10家。申请发明专利55项，有8项科技成果和2项产品通过省级鉴定，2项产品被列入省高端技术装备新产品推广目录。中色奥博特主持制定了2项行业标准，凯美瑞轴承、宇捷轴承主持制定了2项国家标准。中色奥博特、润源实业、合众正源分别有1项关键技术项目被列入国家级火炬计划和星火计划项目。迅力特种汽车电动清扫车项目获“第六届中国技术市场协会金桥奖”。预计全市高新技术产业产值完成375.9亿元，占规模以上工业总产值的比重达到26.9%，比上年提高2.5个百分点；新增著名商标3个、山东名牌1个。节能减排成效明显。资源综合利用企业达到6家，9家企业通过清洁生产审核，建设220千伏、110千伏输变电站工程各1处，电气化村72个。淘汰落后设备1560余台（套），关闭小企业4家，18家重点用能企业预计实现节能量3.1万吨标煤，公共机构能源资源消耗下降5%，万元GDP能耗下降3.72%。废水、大气污染治理不断深入，裕民渠人工湿地等一批治污工程建成投用，顺利通过了海河流域水污染防治核查。

这是新型城镇化加快推进的一年，我们着力加大拆迁建设力度，发展承载力更加坚实

规划体系日益完善。新一轮城市总体规划（2013—2030年）报省待批，编制了开发区功能分区规划、部分城中村改造规划以及城市道路排水管网规划等，城区详规覆盖率达到98%；编制了临清市城镇化发展规划和烟店、潘庄、唐园三镇统筹发展规划，完成了烟店、康庄总体规划修编，镇驻地总规覆盖率达到100%、详规覆盖率达到70%，市区、镇、村的规模布局和发展方向进一步明确。

城乡建设步伐加快。新建改造南部新区、经济开发区和老城区11条道路，总长度35公里，配建雨污管网75公里。德商高速动工建设。实施了火车站广场改造和城市主干道及省道绿化工程，城区新增绿化面积105万平方米。南部新区建设全面推进。在建小区达到8个。济津河公园一期南岸工程已基本完工，曙光路跨济津河桥梁建成启用，信用社营业楼、华美医院开工建设，新城框架初步形成。老城区改造快速推进。实施了南门、杨桥、车营等14个城中村、棚户区和重点项目房屋征收工作，完成拆迁面积135万平方米；桑树园、古楼、黑庄等片区群众顺利回迁。古城区保护成效明显。实施了元明运河环境整治工程，对钞关、古桥闸进行了保护性修缮，恢复了运河原始风貌，改善了沿岸人居环境。小城镇建设扎实推进。烟店省级、康庄聊城市级示范镇建设进展顺利，全市小城镇建设全面启动，烟店镇张寨联村等13个新型农村社区建设稳步推进。

管理水平稳步提高。深入开展城乡环境综合整治活动。新购置5辆路面洗扫车，提高了机械化清扫率。实施了道路硬化、绿化和亮化“三大工程”和垃圾清除、公共设施维护、拆违清障等“五大行动”及治超等活动。加强城区道路交通秩序管理，提升了市民文明出行意识。扎实推进农村环境连片整治示范工程和城区三轮车非法营运治理，落实门前五包制度，城乡环境更加整洁有序。

这是人民生活更加幸福的一年，我们着力提升公共服务水平，社会发展更加和谐

惠民工程成效明显。城南水库实现供水，城区32万人饮用水品质得到提升。小农水重点县项目年度任务圆满完成，建设高标准节水灌溉农田2.5万亩。农村饮水安全工程建成投用，解决了3.1万人的饮水安全问题。临博路、临莘路升级改造工程已完工，建设乡村公路140公里。卫运河大桥顺利通车。西环路改造已完成，城区西部通行条件明显改善。新建成镇办生活污水处理站、垃圾收集转运站9个。60套廉租房、120套经适房正在加紧施工，450套公租房建设进展顺利，新增廉租房租金补贴50户。新改建校舍11处，面积2.2万平方米，建成镇办中心幼儿园7处。创建了100家放心餐馆、饭店，100家放心药店。新增城镇就业1.5万人，开展各类技能培训6000余人次，开发公益性岗位安置就业困难人员100人，城镇登记失业率控制在3%以内。发放各类惠农补贴1.3亿元，农业政策性保险赔付玉米受灾资金4000余万元，投资1203万元实施村级公益事业“一事一议”项目63个。对7239对农村夫妇进行了免费孕前优生健康检查，为6万余名60岁以上参合农民进行了免费健康查体。

社会事业协调发展。社会保障工作扎实推进。共征缴社会保险费7.2亿元，各项社会保险待遇实现了按时足额支付。连续第9年提高企业离退休人员基本养老金待遇，月人均增加201元。4所中心敬老院均创建为聊城市“幸福敬老院”，管理经验在全国推广。建设老年公寓2处、城市社区日间照料中心4处、农村幸福院27处。发放城乡低保、农村五保及医疗救助金6024万元。为124名残疾儿童实施了免费抢救性康复。双拥优抚安置政策全面落实。教育事业健康发展。在聊城市政府教育工作综合督导中，我市列第一名。本科录取率蝉联聊城市首位。新招聘农村中小学及幼儿教师164名。13所学校被评为聊城市平安和谐校园。洛阳轴承高级技工学校临清分校实现首届招生。文体事业成效明显。国际专家对大运河申遗临清段进行了现场考察评估。新增省级文保单位14处、非物质文化遗产1项。1人荣获第十届中国艺术节“群文之星”称号。举办了消夏文化艺术节等活动，开展送电影、送戏下乡5000余场。全民健身运动扎实开展，竞技体育水平显著提高，在聊城市第二届运动会上，我市团体总分、奖牌数均名列第二。卫生医疗服务水平进一步提升。新农合门诊报销比例提高至50%，为参合农民购买了20类大病保险。刘垓子镇和老赵庄镇卫生院国医堂投入使用。积极开展传染病疫情监测和防控工作，建设数字化接种门诊5家，为适龄儿童接种免费疫苗43.9万支，各类传染病保持了低发水平。人口计生工作扎实开展。低生育水平持续稳定，全年人口出生率为8.8‰，自然增长率为3.5‰。

社会保持和谐稳定。加强信访标准化建设，开展矛盾纠纷排查，妥善化解社会矛盾。扎实开展“六五”普法依法治理工作。在全省率先推行人民调解网格化管理模式。依法实施社区矫正，创新特殊人群管理。强化食药监管，有效保障了群众饮食用药安全。深入开展“基层基础提升年”活动，安全生产形势保持了持续稳定好转。加强治安防控体系建设，开展严打整治活动。健全应急管理体制机制，推进社会管理创新和综合治理，社会更加和谐稳定。

民族宗教、外事侨务、妇女儿童、广电、史志、档案、民兵预备役、人防、老龄、地震、气象、消防等工作也取得了新成绩。

这是政府自身建设取得明显成效的一年，我们着力改进作风，政府职能进一步转变

大力推进行政审批改革，取消、合并审批事项269项，精简率达62.3%，取消收费项目73项，免征14项，加强中介机构管理，最大限度地为企业松绑减负，营造良好的发展环境。积极推进政务公开，全力办好市长公开电话和政务网站。认真贯彻落实各级关于改进工作作风、密切联系群众的有关要求，大力整治“庸懒散”现象，强化对执法执纪部门的监管，认真落实廉政建设责任制，规范“三公经费”管理，强化审计、行政监督，狠刹婚丧喜庆事宜大操大办歪风，政府机关作风明显改进。全面开展集中行政复议，严格落实规范性文件“三统一”审查制度。自觉接受市人大和市政协监督，共办理人大建议和政协提案206件，满意率达到98%。加强了与各民主党派、工商联和无党派人士、人民团体的联系。

各位代表，这些成绩的取得，是上级党委、政府和市委正确领导的结果，是市人大监督支持、市政协参政议政的结果，是全市上下同心同德、社会各界顽强拼搏的结果。在此，我代表市政府，向所有为临清建设和发展作出贡献的同志们、朋友们，表示衷心的感谢并致以崇高的敬意！

在肯定成绩的同时，我们也清醒地看到，经济社会发展中还存在许多矛盾和问题。主要表现在：经济总量依然偏小、人均占有水平低，经济结构不够优化，资金、土地、环保等要素制约日益明显，节能减排的压力依然很大，新型城镇化步伐仍不够快，城乡差距依然较大，镇办发展不平衡，民生保障水平有待进一步提高等。对此，我们将高度重视，切实强化措施，认真加以解决。

2014年发展目标及总体要求

各位代表，2014年是贯彻落实党的十八届三中全会精神全面深化改革的开局之年，是实施十二五规划的关键之年，也是我市抢抓机遇，奋勇争先，全力打好跨越赶超第二战役的攻坚之年，做好今年工作意义重大。

综观全局，2014年，世界经济形势仍然错综复杂，存在很多不稳定不确定因素。我国经济运行下行压力依然存在，部分行业产能过剩问题严重，结构性就业矛盾突出，生态环保压力加大。

在看到不利条件的同时，我们更面临着诸多难得的发展机遇和有利条件。对做好今年的政府工作，我们充满信心。信心来自于日趋向好的发展环境。世界经济仍将延续缓慢复苏态势。我国致力于加快经济转型升级步伐，努力提升发展质量和效益，大力推行简政放权，经济总体呈现企稳向好、稳中求进的发展态势。特别是，随着十八届三中全会各项改革政策的深化落实，发展的强大动力和内需的巨大潜力将得到进一步释放。信心来自于千载难逢的发展机遇。我市处于“一区一圈一带”三大发展战略的叠加区，随着战略的深入实施和济聊一体化步伐的加快，叠加优势将会日益凸显。信心来自于日益坚实的发展基础。近年来，我们坚持不懈地抓招商、上项目，优势产业快速发展，基础设施更趋完善，发展承载力明显提升。同时，广大干部群众和企业家在应对金融危机和推动跨越赶超的实践中得到了锻炼，积累了经验。信心来自于更加浓厚的发展氛围。随着“东融西借、跨越赶超”战略的实施，全市上下已凝聚起一心一意谋发展、全力以赴促跨越的强大正能量。我们坚信，只要全市上下同心同德、扎实苦干，就一定能够战胜困难，打好攻坚战，夺取新胜利！

2014 年，政府工作的总体要求是：全面贯彻党的十八大、十八届三中全会及各级经济工作会议精神，紧紧围绕市委十二届四次、五次全会部署要求，以科学发展观为指导，以提高发展质量效益为中心，以改革创新为抓手，加快建设“四个基地”，着力激发市场活力，促进市场在资源配置中起决定性作用；着力扩大高效投入，增强持续发展动力；着力推动全民创业，加快转调创步伐；着力加快新型城镇化进程，提升发展承载力；着力改善民生，促进发展成果更多更公平惠及人民群众，推动经济健康发展、社会和谐稳定。

主要预期目标是：生产总值增长 11%；地方公共财政收入增长 20%；固定资产投资增长 25%；社会消费品零售总额增长 16%；进出口总额增长 13%；城镇居民人均可支配收入增长 15%；农民人均纯收入增长 16%；城镇登记失业率控制在 3% 以内；人口自然增长率控制在 9‰ 以内；全面完成节能减排任务。

各位代表，目标催人奋进，机遇前所未有。我们一定坚定信心、凝聚共识、统筹谋划，以时不我待的紧迫感、勇于担当的责任感，解放思想、开拓创新，以辛勤的劳动和汗水，推动全市经济社会科学发展、跨越赶超！

2014 年政府工作任务

为圆满完成 2014 年经济社会发展的各项任务目标，我们将突出抓好以下几方面工作：

一、突出抓好重点项目建设，实现投资水平的新跨越

坚持将重点项目建设作为推动跨越赶超的第一抓手，着力扩规模、提质量、增效益，以投资水平的新跨越推动经济社会大发展。

全力推进项目建设。继续开展大项目突破年活动，上马建设一批符合国家产业政策，规模大、质量高、效益好，引领跨越赶超，推动转型升级的大项目、好项目。2014 年，初步确定了 100 个投资过 3000 万元的市级重点项目，其中，过亿元的 60 个，过 10 亿元的 12 个，总投资 425 亿元，年度计划投资 197 亿元。中色奥博特铜合金材料及年产 2 万吨压延铜箔、三和工业园、德能金玉米年产 30 万吨糖及糖醇、正乾复合材料年产 200 万吨高科技表面处理材料等 23 个大项目申报列入聊城市重点项目。对这些重点项目，全面落实市级领导、部门、镇办和项目单位“四位一体”的帮包制度，严格实行周督导、月通报、半年观摩、年终考核的工作推进机制，充分发挥重点项目警务室和专家咨询办公室的作用，更加重视项目前期工作的完善，更加重视投资强度和产出贡献，更加重视对项目进度的督促管理，全力推动项目早开工、早投产、早达效。认真研究上级政策，积极做好项目资金争取工作。

全力推动项目集聚。把经济开发区作为项目建设的主战场，进一步加大投入、完善设施、优化服务、严格考核，引导大项目落户园区，每个镇办每年至少输送 1 个过亿元的大项目，逐步实现投资集中、产业集聚、要素集约，将其打造成为创业创新的引领区、转型升级的示范区、跨越发展的先行区。加强经济开发区道路、管网等基础设施建设，全面提高交通、供水、排水、供电、燃气、通信、污水处理等保障能力。严格实施经济开发区分区规划，引导项目有序建设，加快形成有色金属加工和高端装备制造、纺织及服装等主业突出、特色鲜明、布局科学的专业化产业园区。

全力抓好项目引进。强化大招商责任，组建镇办招商专员，完善任职代理、招商考核奖惩等机制，有效激发各级各部门和广大群众的招商积极性。开展大招商活动，通过产业招商、企业招商、在经济发达城市选聘招商代表等方式，多渠道开展招商工作，积极承接国际和国内发达地区的产业、技术和资本转移，进一步延伸产业链条。突出大招商重点，瞄准国内外500强、行业龙头和上市企业，抓好招大引强，完善落实重大项目全程跟踪服务机制，争取签约落地一批大项目、好项目。提升大招商质量，大力引进投资大、税收高、能耗低、污染少，促进传统产业转型升级的高端项目或新兴产业项目。力争实际到位市外资金112亿元，增长27%。

全力破解发展瓶颈。破解资金瓶颈。制定加快金融业发展的政策措施。在发挥银行主渠道作用的同时，加大推进直接融资力度。深化政金企合作，鼓励银行开展金融创新，扩大抵（质）押物范围，争取新增间接融资20亿元。完善金融体系，吸引各类金融机构来我市设立分支机构，力争引进股份制银行1—2家。拓宽直接融资渠道，重点做好股权、债权再融资，用好政府融资平台，探索设立股权投资基金，力争丁马生物上市提报省证监局辅导备案，新增区域性股权市场及“新三板”挂牌企业5家，争取直接融资超过20亿元。开展优化金融生态环境年活动，及时防范化解金融风险。破解土地瓶颈。全力推进土地增减挂钩，力争实现新增建设用地指标3000亩。积极开展经济开发区合村并点，力争腾出建设用地1000亩。加快窑厂复垦进度，完成复垦1500亩以上。积极争取建设用地指标和单独选址项目。深入开展土地挖潜，努力盘活闲置厂房，完成1250亩以上挖潜任务。提高建设用地利用效率，依法严格清理闲置和低效利用土地。严格执行节约集约用地标准，鼓励引导建设多层厂房，加快推进建设标准化厂房。

二、突出抓好创业创新，实现工业转型升级的新跨越

以高端高质高效为方向，以企业二次创业为抓手，以创新为动力，着力培育大企业、打造大产业、建设大园区，提升工业经济的综合实力和核心竞争力。

积极培育创业创新主体。创业创新政府要引导，主体在企业，核心在龙头企业。全面落实创业创新政策，激发创业创新热情。力促骨干企业做大做强。以创业创新力度和现有规模为主要标准，筛选“53266”百强企业，鼓励领军企业、骨干企业、成长性企业以全国行业龙头为标杆，带头二次创业，加大投入，并在技术、设备、管理等方面实现创新，在全市形成由百强企业引领干事创业、竞相赶超的良好格局。推动小微企业做活做精。发动全民创业，加大对中小企业服务力度，坚持“发展一批、培育一批、壮大一批”的工作思路，推进个体工商户转为企业、小微企业转为规模以上企业。力争全市规模以上企业达到470家，主营业务收入、利税均增长20%以上；新增个体工商户2400户、中小企业420家；实现民营经济税收16亿元，增长25%。

大力强化创业创新支撑。加快装备制造等六大产业升级步伐，支持企业加快应用先进装备技术，淘汰落后设备工艺，提高两化融合水平，提高最终产品和绿色产品比重，提升产业层次和产品附加值。扶持高端装备制造、生物医药等战略性新兴产业扩大规模，尽快发展成为支柱产业；大力发展高新技术产业，产值占规模以上工业的比重提高2个百分点。加快烟店轴承和中色奥博特有色金属两大聊城市重点产业园区建设步伐。抓好轴承、纺织等产业规划落实；培植液压件、内燃机零部件、电机等特色产业。举办临清·中国轴承产业高层论坛和展览会，打响中国轴承贸易之都品牌。

全面提升创业创新实力。把科技创新和品牌建设放在发展全局的重要位置，持续推动由临清制造向临清创造、临清设计、临清标准的转变，持续推动由产品竞争向品牌竞争的转变。发挥上级政策和我市研发投入资助资金的引导作用，促进企业加大研发投入，加强技术中心等平台建设，注重人才培养和引进，深入开展

与高校、科研院所合作，加大研发和专利发明申请力度，推进科研投入成果化、科技成果产业化。支持企业参与或主持制定行业和国家标准。实施品牌战略，培育一批国内外知名品牌。力争新增聊城市级以上企业技术中心4家，省级以上名牌1个、著名商标3个，驰名商标1个。

努力提高创业创新质量。坚持绿色发展、循环发展、低碳发展理念，着力打造高效生态工业。严把能评准入关口，加强节能执法。培育循环经济园区，开展清洁生产和资源综合利用，力争新增资源综合利用企业1家，6家企业通过清洁生产审核。推进重点领域节能。加强生态文明建设。加大环境监管执法力度，抓好企业污水处理、燃煤电厂烟气脱硫设施正常运转和卫运河人工湿地、裕民渠湿地的运行管理，实施市污水处理厂4万吨扩建和污泥处置工程，启动开发区4万吨污水处理厂建设，确保达标排放。

三、突出抓好龙头带动，实现农业现代化水平的新跨越

小康不小康，关键看老乡。我们将深入贯彻落实中央农村工作会议精神，围绕“农业要强、农民要富、农村要美”的总要求，探索走出一条龙头企业带动、生产技术先进、市场竞争力强、生态环境可持续的特色农业现代化道路。

积极推进现代农业发展。大力发展高产粮棉、绿色蔬菜、优质畜禽、生态林果、特种渔业等优势产业。加快实施粮食、棉花高产创建等农技推广示范项目，促进粮食总产稳定增长。重点推动丁马生物、润林牧业、明越养殖、鲁壮集团等企业加快发展步伐，促其成为全省乃至全国行业龙头，带动产业发展、农民致富。新建标准化养殖基地、种植基地各50个。培育农民合作社、家庭农场等新型农村经营主体，农民合作社达到1300家，建成150亩以上的家庭农场20家，力争实现20%的耕地向种植大户、示范基地、家庭农场流转。新增国家地理标志证明商标1个，“三品”认证品种10个。

加快实施现代水利建设。投资3.2亿元加快实施位山三干渠引黄入卫河段改道、王庄中型灌区、车庄沟工程、农业综合开发、小农水重点县等一批现代水利建设项目。推进城南水库农村饮水安全净水厂一期建设，使西南部30万农村居民率先实现城乡供水一体化。以德商高速公路建设为契机，统筹抓好张官屯水库建设，努力实现双建共赢。

构建林业生态产业体系。狠抓林业生态建设，在邢临高速公路两侧80米、临博路和聊临路等省道两侧60米范围内，流转土地造林绿化；完成水系造林3000亩、林网植树20万株和80个围村林建设任务，共造林3.8万亩，植树230万株。狠抓特色林业产业发展，扩大海棠种植面积3000亩，建成全国品种最全、品质最高、规模最大的海棠园；扩大银杏种植面积5000亩，打造银杏种植和深加工基地；建设果品基地16处。

全力保障农民合法权益。严格落实强农惠农政策，确保各项补贴及时发放到位。规范村级公益事业“一事一议”项目建设管理。全面铺开农村土地承包经营权确权登记颁证工作，依法解决土地承包纠纷，确保农民家庭土地承包关系长久稳定。加强农村集体“三资”管理，严查违规违纪行为，保障农民权益。

四、突出抓好提档升级，实现现代服务业发展的新跨越

坚持把发展服务业作为转方式调结构的战略举措，以打造辐射周边的现代商贸物流基地和具有运河文化特色的旅游休闲度假基地为目标，抓住用好各级扶持政策，着力促进现代服务业繁荣发展。新增限额以上企业30家，力争服务业增加值占生产总值的比重提高2个百分点。

壮大发展现代物流业。着力抓好铁临物流中心、盛荣物流中心、润源物流园等重点项目建设。发展壮大千千佳、通达、泰和等物流园区。整合现有物流资源，优化要素配置，加大引进力度，加强现代物流技术应用，努力打造与我市工业发展水平相适应的第三方大型物流企业

集团。加快物流业规模化、集约化、智能化发展步伐，着力将物流业发展成为战略支柱产业。

改造提升商贸流通业。大力改造传统商贸业，加快建设一批现代商业集聚区，着力构建结构优化、布局合理的现代商业网络体系。重点抓好顾家·欧亚达商贸城等重点项目建设。加快烟店轴承市场升级改造、潘庄沃克比精品轴承广场等专业市场建设。坚持扶优培强、招大引强，发展壮大一批重点商贸企业。提升“万村千乡市场工程”建设质量，加快实现农村商业服务连锁化、网络化、信息化，促进城乡经济协调发展。

积极发展文化旅游业。高水平编制乡村旅游规划。发挥资源优势，做活做好文化旅游文章。依托大运河临清段遗产、文化园林、地热温泉、生态农业等资源，着力抓好三和民族文化园、松林三和休闲度假区、黄河故道地质森林公园、中华海棠园、古沙洲森林公园等文化旅游项目建设，积极培育运河文化体验、临清美食、休闲度假、生态观光等特色旅游品牌。加大营销力度，打造精品旅游线路。

培育发展新兴服务业。依托企业技术中心等平台，大力发展研发设计、信息与科技服务业；依托烟店轴承市场等专业化市场，积极发展会展、电子商务服务业；依托华美医院、市医院医养型养老中心等项目，大力发展养老、医疗保健服务业；推动法律咨询、服务外包、金融保险及社区家政等新兴服务业加快发展。

五、突出抓好城乡一体化，实现新型城镇化建设的新跨越

顺应临清人民的新期盼，坚持城市人口增长与建成区面积相适应原则，以建设“双五十”区域性中心城市为目标，按照“城乡一体，产城互动”的思路，坚持高起点规划，高标准建设，高效能管理，着力构建主城区、小城镇和新型农村社区合理分工、功能互补、协同发展的新型城镇化格局。城镇化率提高3个百分点。

坚持城乡规划同步推进。进一步健全规划体系，强化规划间的统筹衔接，以高水平规划引领高标准建设。高标准编制古城区保护规划，张官屯水库、南部新区广场、龙山公园景观规划，绿地系统、水系、综合交通等专项规划，以及城中村、棚户区改造和市政基础设施建设规划设计。开展镇总体规划修编，做好小城镇及新型农村社区建设规划编制。加强规划监督和批后管理，维护规划的严肃性和权威性。

坚持城乡基础设施同步提升。实施大交通工程。以大投入、大建设，高标准构建城乡一体的现代交通网络。加快推进德商高速公路建设；争取实施聊夏路、临高路改建工程；继续加大南部新区、老城区和开发区道路新建和改建力度，进一步拉开城市框架；大力抓好市镇、镇镇、镇村等县乡道路建设，加快实施村级公路网化示范县项目，建设村级公路217公里，改建县乡公路99.8公里，让城乡居民享受到更加便捷、安全、优质的交通出行环境。实施大绿化工程。围绕打造美丽城镇、美丽乡村，加快推进南部新区文化路、曙光路南段、纬十一路、纬十路、经一路，开发区解放路、纬六路、经八路和古城区元运河绿化提升工程，城区新增绿化面积100万平方米以上，同步推进省道及农村公路和镇驻地、村庄绿化。实施大亮化工程。进一步完善古城区和老城区街巷亮化设施，完成南部新区、开发区新建道路及运河沿岸亮化工程，对城区重要节点和建筑物实施高标准亮化，打造靓丽的城市夜景。积极推进镇驻地、村庄亮化工作。

坚持城乡建设同步提速。按照“建设新城、改造老城、保护古城”的思路，加快实施东扩南展战略，着力打造环境优美、设施完善、功能齐全的宜居宜业宜游城市。提速新区建设。加快济津河滨河公园二期建设，高标准实施沿岸景观工程，将其打造为连接新老城区的生态长廊、城市客厅。抓好城市综合体和居民小区建设。加快推进南部新区广场、医院、中小学和开发区道路管网等公共设施建设。提速城中村改造。坚持依法征收，实施东关、法院东、元仓街、元运河北、更道街、三里堡、市医院东二期、刘顶坟、柳坟等城中村、棚户区改造，改善人居环境。全年完成拆迁1万户、面积150万平方米。加快推进各片区回迁楼建设，使群众早日搬入新居。扎实做好古城区规划设计和保护工作，延续城市历史文脉。提速小城镇和农村新居建设。以烟店省级、康庄聊城市级示范镇建设为引领，全面推进镇驻地建设，加快改造步伐，完善基础设施，增强服务能力，建设环境好、功能全的宜居宜业小城镇。同时，按照科学规划、群众自愿的原则，积极稳妥推进农村新居建设，努力打造一批整洁、靓丽、宜居的农村新型社区。

坚持城乡环境同步治理。统筹抓好治污设施、专项活动整治和长效机制的完善。加强城乡污水和垃圾处理设施的建设、运行和管理，稳步提升城镇和农村污染防治水平。按照“道路平、街巷明、节点绿、环境美、水面清、空气净、秩序好”的要求，以垃圾清理，户外广告、牌匾标识专项整治，大气污染防治，建筑工地、路面扬尘治理，重要节点、镇驻地、村庄、路域环境和交通秩序整顿为重点，细化落实责任，健全长效机制，推进城乡环境明显改善。

六、突出抓好改革开放，实现提升发展活力的新跨越

实践发展永无止境、改革开放永无止境。面对科学发展、跨越赶超的新要求，我们坚决贯彻落实党的十八届三中全会和各级经济工作会议精神，扎实推进各项领域的改革，扩大对外开放，让发展成果更多更公平惠及人民群众。

深化经济领域改革。推进经济体制改革。推进简政放权，坚持权利平等、机会平等、规则平等，支持民间资本进入基础设施和社会事业等领域。扎实推进工商商事登记制度改革。规范完善公开透明的预算管理制度，落实促进企业创新的税收政策。推进金融改革，组建农村商业银行，设立民间资本管理公司和民间融资登记服务机构，推进民间融资阳光化、规范化。加大科技创新引导激励力度，建立健全鼓励原始创新、集成创新、引进消化吸收再创新的体制机制和产学研协同创新机制。推进家庭经营、集体经营、企业经营等共同发展的农业经营方式创新。扎实推进城市建设管理创新，通过多种方式拓宽融资渠道。

推进其他领域改革。深化行政执法体制改革，加强食品药品、安全生产、环境保护、劳动保障监察等重点领域执法力量。加快户籍制度改革，促进城镇常住人口市民化。推进生态文明制度改革，实行资源有偿使用、源头保护、损害赔偿、责任追究制度，完善环境治理和生态修复制度。推进文化体制机制创新，构建现代市场文化体系和公共文化体系，增强文化软实力。扎实推进教育、卫生、就业、社会保障等领域改革，为社会提供多样化服务，更好地满足人民需求。

努力扩大对外开放。积极开展境外合作与交流。大力发展对外贸易，鼓励企业申办自营进出口权。支持企业培育出口品牌，完善国际营销网络，深入拓展欧美、日本、俄罗斯等出口市场。巩固轴承、纺织等传统商品竞争优势，扩大高技术含量、高附加值商品出口。扩大先进技术、设备和重要原材料进口。积极申报第三批国家外贸转型升级专业型示范基地。

推动区域经济融合发展。抢抓“一区一圈一带”重大历史性机遇，最大限度地分享政策红利。成立专门组织协调机构，建立实施推动融合发展的具体意见，加大对扶持政策和项目资金的争取力度，加快推进与济南等城市的战略合作，搞好产业、规划、机制等方面的对接，全面融入省会城市群经济圈，积极推动一体化发展，努力在山东西部经济隆起带率先崛起。

七、突出抓好各项社会事业，实现民生保障的新跨越

民生连着民心。我们坚持做大“蛋糕”和分好“蛋糕”并举，努力在人尽其才、劳有所得、病有所医、老有所养、住有所居上持续取得新进展，让全市父老乡亲生活得更加幸福美好。

稳步提高就业和社会保障水平。大力实施就业优先战略，完善扶持创业优惠政策，继续扩大小额担保贷款规模，强化就业公共服务，促进高校毕业生和农村转移劳动力、城镇就业困难人员、退役军人和残疾人就业。认真落实用人单位劳动保障诚信等级评价制度，加大劳动监察执法力度，切实构建和谐劳动人事关系，大力推进五险“一票征缴”，扩大社会保险覆盖面，提升社会保障能力，确保各项社会保险待遇按时足额发放。进一步提高社会救助水平，认真落实双拥优抚安置政策。

全面发展社会事业。优先发展教育事业。坚持立德树人，实施素质教育。合理配置教育资源，逐步缩小城乡、校际差距。加快普及学前教育，均衡发展义务教育，着力抓好高中阶段教育。开展校园周边环境整治。加快发展现代职业教育。大力推进卫生事业。扎实做好新农合参合农民服务工作，开展20类重大疾病保障工作。探索支付方式改革，控制医药费用不合理增长。突出发展文体事业。扎实推进元明运河、钞关环境整治二期工程和钞关布展工作，对清真寺、张自忠故居等文物进行保护修缮；全面开展我市第一次全国可移动文物普查；积极争取上级文化遗产保护专项资金。加强镇、社区和村级文化设施的建设、管理和使用。积极办好消夏文化艺术节、送戏、送电影、送图书下乡等活动，丰富群众文化生活。进一步完善体育场地设施，深入开展全民健身运动。扎实推进人口计生事业。稳定低生育水平，综合治理出生人口性别比，落实人口计生政策，提升计生依法行政和优质服务水平。

进一步做好民族宗教、外事侨务、妇女儿童、广电、史志、档案、民兵预备役、人防、老龄、地震、气象、消防等工作。

努力构建和谐社会。改进社会治理方式，加强系统治理，不断提高社会治理水平。加大重点人群管控力度，推进社区矫正工作法制化、规范化建设。全面推进法治城市建设。落实重大决策社会稳定风险评估机制。创新有效预防和化解社会矛盾体制机制。完善人民调解、行政调解、司法调解联动工作体系，推进涉法涉诉信访依法终结制度建设。健全覆盖全过程的监管制度、原产地可追溯制度和质量标识制度，完善食药监管体制，保障食品药品安全。落实安全生产主体责任，加大监管力度，建立隐患排查治理体系和安全预防控制体系，坚决防范安全生产事故发生。完善立体化社会治安防控体系，依法严密防范和惩治各类违法犯罪活动。抓好应急队伍、装备建设，完善应急预案、加强应急演练，提高预防和处置突发事件能力。

努力建设人民满意的政府

以人民满意为出发点和落脚点，着力建设为民、法治、高效、廉洁的政府，不断提升服务发展的能力和水平。

加快转变政府职能。深化行政体制改革，进一步精简审批事项，推进政企、政事、政资、政府与市场中介组织分开，理顺政府与市场、政府与社会的关系，把工作重心和主要精力更多地转向创造良好发展环境、提供优质公共服务和维护社会公平正义上来。对保留的行政审批事项进一步规范管理、提高效率。扎实做好政务公开、市长公开电话和政务网站工作，加强电子政务建设，创新和改进服务方式。

推进法治政府建设。严格依照法定权限和程序，运用法治思维和法治方式，行使权力、履行职责。完善规范性文件、重大决策合法性审查机制，健全民主决策机制和行政复议案件审理机制，严格行政问责。认真办理人大建议和政协提案，贯彻落实人大及其常委会的决议决定，依法接受其法律监督和工作监督，主动接受人民政协的民主监督，支持政协参政议政。认真听取各民主党派、工商联、无党派人士和各人民团体意见。

进一步改进干部作风。贯彻落实中央“八项规定”等有关要求，健全领导干部带头改进作风、深入基层调研机制，完善直接联系和服务群众制度。进一步精简会议、文件，改进会风文风。全面开展“为民务实清廉”为主题的群众路线教育实践活动，坚决反对“四风”，严格治理“庸懒散”。加强政府绩效管理，推进效能政府建设。

强化权力制约监督。坚持用制度管权管事管人，构建决策科学、执行坚决、监督有力的权力运行体系。认真落实廉政建设责任制，强化行政监察、审计监督和财政评审机制，加大行政审批、政府采购、文教卫生等重点领域的监管。开展反腐倡廉教育，筑牢拒腐防变的思想道德防线。厉行勤俭节约，控制“三公”经费支出，禁止楼堂馆所建设。健全“花钱必问效，无效必问责”机制。对违规公款消费等问题严厉查处，努力实现干部清正、政府清廉。

各位代表，保障改善民生是人民政府的根本职责。今年，我们将重点实施五大惠民工程建设，着力办好人民期盼的15件实事：一是道路畅通工程。1. 抓好永青路、曙光路中段及南段、工业路、经四路、经八路改造，配建供水及雨污管网工程。2. 分步改造建设新华路和温泉路跨古运河、经一路跨济津河桥梁。二是农田水利工程。3. 投资2700万元，实施小农水重点县项目，改良土壤1.2万亩，新增、改善灌溉面积3.7万亩。4. 投资998.4万元，实施镇办农田水利基本建设，清淤疏浚沟渠403.9公里，维修新建管涵179座，解决东部低洼地段内涝及西南部高亢地段灌溉难题。三是保障安居工程。5. 实施南部新区供水、供热工程建设，铺设管网38千米。6. 新增廉租住房租赁补贴50户，建设廉租房、经适房、公租房共2000套，限价商品房1000套，实施棚户区改造4000户，进一步缓解中低收入家庭住房困难。四是电气改造工程。7. 投资1.5亿元，全面建设南部新区电网，建设改造城乡中低压配网417千米；投资6858万元，建成投运110千伏肖寨变电站。8. 新建市区及新农村燃气配套管网21千米，新增用户4000户，新建加气站2座。五是社会事业工程。9. 新增城镇就业1.5万人。10. 推进农村中小学校舍标准化建设，投资3620万元，新建校舍17处，面积3万余平方米。11. 为7万名60岁以上参合农民进行免费健康查体。12. 继续提高城乡低保、农村五保供养标准，将符合条件的贫困重度残疾人全部纳入低保，加快残疾人康复中心和社区康复示范点建设。13. 新建镇办生活污水处理站8个、垃圾收集转运站9个、畜禽养殖污染治理项目3个。14. 为符合政策计划怀孕的9600名农村育龄妇女（含流动人口）实施孕前免费健康查体。15. 规划建设市人民医院医养型养老中心等养老服务设施，提高养老服务机构规范化水平。

各位代表，各位委员，同志们！回顾过去，我们负重奋进、扎实有为；展望未来，我们信念坚定、豪情万丈。让我们紧密团结在以习近平同志为总书记的党中央周围，在市委的坚强领导下，紧紧依靠全市人民，以更加开阔的视野、更加有效的举措、更加务实的作风，全面打好跨越赶超攻坚战第二战役，努力创造无愧于岗位、无愧于历史、无愧于人民的崭新业绩，为建设富裕生态、和谐文明、美丽幸福的新临清而努力奋斗！

《政府工作报告》词语注释

1. “一区一圈一带”：“一区”指中原经济区，“一圈”指省会城市群经济圈，“一带”指山东西部新的经济隆起带。

2. 四个基地：即全国知名的先进装备制造业基地、辐射周边的现代商贸物流基地、文化旅游休闲度假基地、现代农业示范基地。

3. “金诚信”“富保贷”：“金诚信”即由齐鲁股交中心与银行及担保公司合作，针对托管、挂牌企业推出的中小企业集合贷款计划；“富保贷”即富登融保公司与中行推出的，无需企业联保，银行发放贷款的抵押担保业务。

4．“新三板”市场：属于我国多层次资本市场体系中的一部分，是一个有别于主板、中小板和创业板的新资本市场。

5．规范性文件“三统一”：即统一登记、统一编号、统一公布。

6．“53266”工程:“5”是指到“十二五”末，规模以上企业达到500家；“3”是指规模以上主营业务收入达到3000亿元；“2”是指主营业务收入过千亿元的优势产业达到2个;第一个“6”是指主营业务收入过百亿元的龙头企业达到6家；第二个“6”是指形成装备制造、有色金属加工、纺织及服装、造纸及纸制品、食品及医药、能源电力6大产业基地。

7．“双五十”：城市建成区面积达到50平方千米、城区常住人口达到50万人。

8．五险“一票征缴”：养老、医疗、失业、工伤、生育五项社会保险实行一票征缴。

2015年政府工作报告

——2015年3月8日在临清市第十七届人民代表大会第四次会议上

临清市市长　李新阁

各位代表：

现在，我代表市人民政府向大会报告工作，请予审议，并请各位政协委员和其他列席人员提出意见。

2014年工作回顾

2014年，在上级党委、政府和中共临清市委的坚强领导下，我们紧紧依靠全市人民，开拓创新，真抓实干，圆满完成了市十七届人大三次会议确定的目标任务。全市生产总值完成357.3亿元，增长9.6%，分别列聊城市第2位、第1位。地方公共财政收入完成15.6亿元，列聊城市第3位，增长15.6%，其中税收收入完成11.2亿元，增长18.5%，发展质量明显提升。固定资产投资完成234.6亿元，增长16.2%；社会消费品零售总额实现137.3亿元，增长12.3%；出口3.7亿美元；实际利用外资2331.5万美元，投资、消费、出口和利用外资总额均列聊城市第2位。城镇居民人均可支配收入和农民人均纯收入分别达到24170元、11093元，分别增长9.2%、11.5%。会通河临清段、临清运河钞关列入世界遗产名录。我市被评为山东省新型工业化产业示范基地、山东省节能环保产业基地、山东省社会文化先进县、山东省大运河申遗工作先进集体等。

一年来，我们主要在六个方面聚焦发力，取得了明显成效。

（一）积极作为，稳中求进，跨越发展的步伐更稳。全面落实稳增长举措。兑现发展扶持资金、贴息、行政事业性收费减负、结构性减税共计3.8亿元，向上争取各类资金14.3亿元、棉花和小麦进口关税配额4.7万吨。深入推进改革开放。烟店镇成功列入全省经济发达镇行政管理体制改革试点范围。承接上级下放行政审批事项11项、取消9项、下放试点镇56项，把113项工商登记前置审批事项改为后置审批，在全省率先推行商事登记制度改革，进一步激发了市场活力，新增注册企业1343家、个体工商户8238户，各类市场主体突破3万户。“营改增”试点改革顺利实施。市商务局被商务部批准为新获权对外贸易经营者备案登记机关，新增自营进出口权企业28家。鲁西地区首列集装箱专列“临清号”开通运行。倾力推动创业创新。规模以上工业企业新增46家，达到451家。民营经济税收完成14.7亿元。三和纺织、德能金玉米等一大批龙头骨干企业加快了二次创业步伐。与西安交大、山东大学、洛轴所等高校和科研机构的合作不断深化，中色奥博特被认定为国家技术创新示范企业，新增省“一企一技术”创新企业5家；新创建省级示范工程技术研究中心、企业技术中心、工业设计中心、院士工作站各1家；2项国家火炬计划获批，2个项目获中国机械工业科学技术奖三等奖，16项国家发明专利获授权，1个项目获省科技进步三等奖。

（二）狠抓项目，扩大投入，持续发展的后劲更足。项目建设扎实推进。100个市级重点项目完成投资180亿元。德能金玉米年产30万吨糖及糖醇、秋华纺织年产2亿米人棉印花面料等60个项目竣工投产，三和纺织工业园项目部分已投产，中色奥博特年产2万吨压延铜箔项目正在安装调试设备。招商引资成果丰硕。组织参加了对接百家央企和全国工商联直属行业商会等大型招商活动10余次，成功引进了齐鲁三农产业园、新兴重工新能源工业园、豪翰商贸城等一批规模大、前景好的项目，全市实际到位资金112亿元，增长27.3%。境外招商实现重大突破，丁马生物与香港御泉投资实现战略合作，引进外资2314.5万美元。要素保障不断强化。向上争取土地指标415亩，挖潜土地1241亩。贷款余额较年初增加17.4亿元。挂牌企业达到17家，数量居全省首位；成功设立国内首支区域市场普惠种子基金。直接融资新增9.6亿元，占社会融资规模比重达29.7%。新增银行金融机构2家、民间融资机构4家。

（三）优化结构，加快转型，经济发展的质量更优。三产比例调整为6.8∶58.6∶34.6。工业加快转型升级。规模以上工业企业实现主营业务收入1232.4亿元、利税120.5亿元，分别增长17.8%、12.7%。新增国家级守合同重信用公示企业1家、著名商标2件、聊城市市长质量奖1个。实施技改项目54个，淘汰落后设备1869台（套），取缔各类土小企业60余家，重点用能企业实现节能量3.1万吨标煤。开工建设了市碧水污水处理厂4万吨扩建工程，减排化学需氧量340.4吨、氨氮24.4吨。成功入选山东省首批信息消费试点县，7个项目列入省两化深度融合重点规划项目。传统产业水平不断提升，链条进一步拉伸。成功举办了临清·中国轴承产业高层论坛暨轴承装备展览会，积极组织企业参加国内外重点展会，对外影响力实现了新提升。生物医药等战略性新兴产业健康发展。预计高新技术产业产值占规模以上工业总产值比重较上年提高2个百分点。农业现代化水平进一步提升。粮食生产喜获丰收，突破80万吨，建成农业部粮食高产创建万亩示范片3个。新建林果示范基地16个，建成各类养殖小区4300个、省级休闲渔业园区1个。新增国家地理标志证明商标3件、有机食品认证1个、无公害产品2个、绿色食品认证35个。丁马生物甲鱼和润林牧业湖羊养殖规模居全国首位，肉驴养殖和奶牛养殖规模跃居全省前列。聊城市级以上农业产业化龙头企业达到60家。农村土地承包经营权确权登记颁证工作进展顺利，土地流转面积达18.5万亩。完成年度农田水利基本建设、高效节水灌溉和车庄沟等渠道治理任务，农业生产条件得到改善。服务业实现提速提质发展。新增规模以上企业23家，服务业增加值占比提高1.8个百分点，服务业地税收入占全市地税收入的比重达到52.6%。顾家商业中心、烟店轴承市场升级改造以及铁临、润源、新通达等物流园项目扎实推进。《乡村旅游发展总体规划》《电子商务发展规划》编制完成。健康养老等新兴服务业稳步发展。

（四）统筹城乡，建管并重，生态宜居的环境更美。城镇化水平达到53.13%。发展蓝图更加清晰。编制了一批城区道路、社区建设及10个乡镇专项规划和龙山公园等5个重点项目规划，规划体系进一步完善。城乡建设步伐加快。在城区，实施了道路和桥梁新建改造、配套雨污管网等工程，新增绿化面积80万平方米，安装路灯800余盏，南新区水电燃气及小学等公用设施建设顺利推进；棚户区改造项目进展平稳，各拆迁片区1.55万套回迁安置楼全部开工建设，已回迁3244套，7341套主体已基本完工；新实施了东关等6个棚户区征迁改造，房屋征收面积81万平方米。在农村，德商高速建设进展顺利，省道聊夏路改造完成；投资1.8亿元高标准改造了13条县乡道路、91条村级公路，总里程310公里；对聊临路、临博路临清段全线进行了高标准绿化。积极推进小城镇建设，在建农村社区达到16个，面积90万平方米，完成农村危房改造2250户，农村群众的出行和居住条件得到进一步改善。管理水平显著提升。通过了省级卫生城市复审。全面推进城乡环卫一体化，自去年9月份以来，组织开展存量垃圾清理整治，投资1.3亿元为镇办配备了环卫设施，全市593个村居均配备了保洁员，“户集、村收、镇运、市处理”的环卫长效模式逐步建立，基本解决了垃圾围村围路埋河等问题；创建国家级、省级生态乡镇各4个，城乡环境更加干净整洁，群众满意度大幅提升。

（五）改善民生，增进福祉，群众共享的成果更多。用于民生的财政支出达18.5亿元，占总支出的68.1%。惠民工程成效明显。完成了温泉路等7条城区道路新建改造工程；新增雨污管网27千米；启秀桥、龙运桥建成通车。发放各类涉农补贴1.3亿元；小型农田水利重点县项目获省级优秀等次，改善灌溉面积3万亩，解决了农村13.3万人的饮水安全问题；清淤疏浚沟渠538公里，维修新建管涵179座，解决了部分东部低洼地段内涝及西南部高亢地段灌溉难题。城区新建改造供水管网11.8千米。3000套保障性住房和纳入上级计划的4350户棚户区改造全部开工。南新区电网建成投用，建设改造城乡中低压配网417千米；新建燃气管网43.8千米，新增用户4400户，建设加气站4座。新增城镇就业1.5万人，城镇登记失业率控制在3%以内。新建校舍17处，面积近3万平方米；投资7500余万元配置了教育教学设施设备。为7万余名60周岁以上农民进行了免费健康查体。城市低保标准提高至每人每月360元，农村低保标准提高至每人每年2400元；大力推进“阳光低保”，实现了动态管理下的应保尽保，将符合条件的1927名贫困重度残疾人纳入低保；建设残疾人社区康复示范点10个，为124名贫困残疾儿童实施了免费康复救助。新建镇办生活污水处理站9个、垃圾收集转运站8个、畜禽养殖污染治理项目3个。为9600名农村育龄妇女实施了孕前免费健康查体。华美医院和市医院医养结合项目加快推进，新增农村幸福院7处、老年日间照料中心5处，八岔路中心敬老院被民政部评为“全国农村五保供养工作先进单位”。社会事业健康发展。城镇居民医疗保险和新农合顺利整合，连续第10年提高企业离退休人员基本养老金待遇，人均月增长240元，各项社会保险待遇支出13.8亿元，实现了按时足额支付。本科录取率蝉联聊城市首位，重点文理本科录取创历史最好成绩。中洲运河历史文化街区被公布为全省第一批历史文化街区，新增聊城市级文保单位6处、非物质文化遗产项目7项，修缮了清真东寺等文保单位；举办了消夏文化艺术节等活动，送戏下乡100场、送电影下乡5700场；2处贡砖基地被评为聊城市文化产业示范基地。新建改建农村体育健身广场206个。公立医院试点改革稳步推进，市医院和中医院实现基本药物零差价销售。落实“单独二孩”政策，狠抓出生人口性别比治理，人口自然增长率为8.6‰，低生育水平持续稳定。及时足额发放优抚对象抚恤补助金，义务兵家庭优待金标准提高至9946元。社会治理有效加强。人民调解“网格化”管理模式在全省推广，社区矫正工作不断规范。桑树园社区创建为全国民主法治示范社区，全省司法行政系统平安和谐发展现场观摩会在我市召开。食品药品监管、安全生产工作进一步加强。应急管理体制机制不断完善。大力提升社会治安管控水平，全面实施科技创安全覆盖工程，开展了“打霸治痞、打黑除恶”和打击农民合作社非法集资等专项行动，社会大局持续和谐稳定。三和纺织集团被国务院授予“全国民族团结进步模范集体”荣誉称号。民兵预备役、外事侨务、妇女儿童、防震减灾、慈善、广电、史志、档案、老龄、气象、消防等工作都取得了新进展。

（六）转变作风，依法行政，执政为民的形象更佳。作风建设成效显著。认真开展党的群众路线教育实践活动，坚决落实中央八项规定精神，严格治理“庸懒散”,“四风”问题得到有效解决。全市“三公”经费支出下降了21.6%。市政府班子成员带头腾退超标办公用房230平方米，市政府文件、会议分别减少了18.4%、34.7%。严格落实党风廉政建设责任制，坚决惩治腐败，全市纪检监察机关立案查处各类案件196件，党纪政纪处分283人。依法行政扎实推进。主动接受市人大及其常委会的法律监督、工作监督和市政协的民主监督，人大代表建议、政协委员提案办理满意度达到98%。政务公开广度和深度不断拓展。规范性文件“三统一”及相对集中行政复议有效开展，政府法律顾问制度更加健全，行政处罚自由裁量权进一步规范，重大行政处罚案件备案制度有效落实。政府职能深入转变。对现有的10类行政权力进行全面梳理，并将权力清单予以公示，切实让权力在阳光下运行。顺利完成食品药品监管、卫生计生、市场监管机构改革，启动了事业单位分类改革，行政管理体制机制进一步优化。

各位代表，面对错综复杂的宏观经济形势，成绩来之不易。这是上级党委、政府和临清市委正确领导的结果，是市人大、市政协和社会各界监督支持的结果，是全市人民共同奋斗的结果。在此，我谨代表市人民政府，向全市各族人民和各界人士，向驻临部队、武警官兵和各级驻临单位，致以崇高的敬意和衷心的感谢！

各位代表，在看到成绩的同时，我们也清醒地认识到，我市经济总量依然偏小，经济下行压力较大；投入的质量和效益不高，结构调整和转型升级步伐不快，节能减排和生态环境建设任务艰巨；基础设施建设仍然滞后，城乡环卫一体化长效机制有待完善；公共服务和社会保障水平仍然偏低；干部队伍作风建设仍需加强，发展环境有待进一步优化。对这些问题，我们将高度重视，采取有效措施，认真加以解决。

2015年政府工作总体要求及发展目标

2015年，是全面深化改革的关键之年，是全面推进依法治国的开局之年，是全面完成“十二五”规划的收官之年。做好今年政府各项工作，必须把思想统一到中央关于我国经济进入新常态的战略判断上来，积极作为，顽强拼搏，努力与全省同步在全面建成小康社会历史进程中走在前列。

今年，政府工作的总体要求是：深入贯彻党的十八大、十八届三中、四中全会和习近平总书记系列重要讲话精神，积极适应新常态、抢抓新机遇、展现新作为，更加注重转型升级，提质增效；更加注重创新驱动，增强动力；更加注重改革开放，激发活力；更加注重城乡统筹，一体发展；更加注重生态建设，改善环境；更加注重人民福祉，促进和谐。主要预期目标是：生产总值增长10%左右，地方公共财政收入增长11%左右，固定资产投资增长18%左右，社会消费品零售总额增长13%左右，出口增长7%左右，城镇居民人均可支配收入、农民人均纯收入分别增长10%和11%左右，城镇登记失业率、人口自然增长率、节能减排等全面完成上级下达的目标任务。

各位代表，面对经济发展新常态，我们将继续坚持把发展作为第一要务，把提高发展质量和效益放在更加重要的位置，充分发挥投资、出口和消费的拉动作用，进一步深化改革开放，改进作风，攻坚克难，确保圆满完成各项目标任务！

2015年政府工作任务

新的一年，我们将重点做好以下八个方面的工作：

（一）坚持提升内力与借助外力并举，着力推动又好又快发展。毫不动摇地抓好项目建设，在有效投资上精准发力，努力做到量增质更优，不断增强经济发展动力，奏响科学发展的最强音。

*加快建设一批。*鼓励企业实施二次创业，初步筛选了100个投资过3000万元的重点项目，其中过亿元的75个、过50亿元的4个、过百亿元的1个，总投资775亿元，年度计划投资212.8亿元；列入聊城市重点项目64个。对这些重点项目，特别是三和纺织工业园、大唐临清2×350MW热电联产、中色奥博特铜箔及铜合金材料、德能金玉米年产10万吨糖及糖醇等优质高效项目，我们将强化机制保障，严格落实项目帮包、调度督导和考核奖惩机制，严厉打击各种影响项目建设的不法行为，保障项目建设顺利实施；强化资金保障，深化政金企合作，加大金融创新力度，力争间接融资新增20亿元，直接融资实现大的突破；强化土地保障，严格执行集约节约用地原则和亩均最低投资标准，鼓励企业实施“零增地”技改、建设多层标准厂房，清理闲置和低效利用土地，盘活存量土地。完成堤口村和水城屯西村增减挂钩项目验收，做好新项目申报工作，拓展用地空间。

*全力引进一批。*力争实际到位资金140亿元。坚持境内招商和境外招商相结合。在境内，积极对接长三角、珠三角等沿海发达地区；在境外，瞄准欧美、日韩等国家，力争利用外资实现新突破。坚持招大引强与招精引优相结合。着力推进招商引资向择商选资转变，围绕产业“伸链强链”、资源综合深度开发、新产业“无中生有”、特色园区打造，积极开展与国内外500强、央企、行业龙头以及知名民企的合作，引进优质高效的好项目。坚持主动招商与以商招商相结合。强化政府招商主导作用和企业主体作用，完善目标责任考核机制，激发全民招商热情。积极参加上级组织的系列招商活动，适时举办有实效的专题招商。转变招商方式，更加注重通过搭建创业平台和营造良好的经商环境吸引外资。

（二）坚持转方式与调结构并举，着力推动优质高效发展。坚持以发展促转型、以转型谋发展，协调推动一二三产业向中高端迈进，切实提升发展的质量和效益，全面打造经济发展升级版。

*加快工业转型升级步伐。*实施“工业强市”战略，着力在培植骨干企业、做优特色产业、建设工业园区上实现新突破。培植骨干企业。继续实施“百家企业提升工程”，引导企业扩量提质，巩固领军企业、骨干企业、成长性企业梯次发展的良好格局。重点抓好三和纺织、中色奥博特、德能金玉米、华兴纺织等骨干企业的转型升级，进而带动全市工业健康发展。做优特色产业。推进传统产业高端化。引导企业采用物联网、机械手等新技术、新装备，推动装备制造、纺织及服装、食品及医药等传统产业提档升级。同步推进信息技术在研发、采购、库存、营销等环节的应用，加快两化深度融合。推动新兴产业规模化，高新技术产业产值占规模以上工业总产值的比重较上年提高2个百分点。建设工业园区。完善开发区道路、供排水、污水处理等配套设施，强化空间管控，推动项

目集中、产业集聚，努力打造布局合理、设施完备、环境优美的现代产业园区。每个镇办至少引进1个过亿元项目落户开发区。支持企业退城进园，转型升级。加快中色奥博特有色金属产业园、烟店轴承产业园发展，努力实现在聊城市十大特色产业园考核中名次前移。

*推动农业发展方式转变。*大力发展精致农业，走产出高效、产品安全、资源节约、环境友好的现代农业道路。不断提升农业基础设施水平。实施农田水利基本建设、王庄中型灌区和薛王刘灌区改造、小型农田水利重点县项目等工程，改善灌溉面积22.3万亩。扎实推进张官屯水库建设。按照“整合项目、聚集资源、综合示范、成方连片”的思路，开展涉水涉地资金整合，集中建设高标准农田。认真落实小麦直补、粮食良种补贴等强农惠农政策。实施粮食、棉花高产创建等示范项目，粮食播种面积稳定在140万亩以上，巩固“吨粮田”成果。不断延伸农业产业链条。注重运用现代设施、技术和管理改造提升传统农业，大力发展农产品加工和农业服务业，加快形成一二三产联动、产供销加互促的完整产业体系。深入实施“农业龙头带动”战略，推进中华海棠园万亩珍稀苗木项目建设；培植丁马生物、润林牧业、明越养殖、临康养殖、乳泰牧业等龙头企业做大做强，筹办好全国畜牧业大会和全国羊业大会，打造全国甲鱼和湖羊产业第一县、全省知名的奶牛和肉驴养殖基地，同步推进向精深加工方向发展。强化基层农技推广服务，鼓励组建农业服务中介组织、专业协会和作业服务队，围绕农业生产的产前、产中、产后环节，开展跨村跨乡跨区服务。积极推进农业与文化旅游业融合发展，拓展农业功能。不断推进农业精细化管理与经营。实施新型职业农民培育工程，培养稳定的、高素质的职业化农民队伍。推动家庭农场、专业大户、合作社规范发展。组织开展农科对接、农金对接、农超对接、农社对接活动。推行“龙头企业+专业合作社+基地+农户”的产业经营模式。基本完成农村土地承包经营权确权登记颁证工作。推动农村土地有序流转，稳妥推进适度规模经营。培育农产品批发市场，健全农产品质量安全监管和可追溯体系，新增“三品一标”产品10个。

*提升服务业发展水平。*力争服务业增加值占比提高2个百分点。加快传统服务业提档升级。落实商业网点规划，推进商业综合体建设，突出抓好顾家商业中心、豪翰商贸城、齐鲁三农产业园、烟店轴承市场升级改造等项目建设。规范建设服装、电子、美食、五金、汽车销售及维修等特色商业街区。鼓励商贸流通企业开展兼并联合、连锁经营、超市下乡。引进知名商家落户临清。做大做精“临清小吃”，做响做亮美食品牌。积极培育新消费业态和新商业模式，引导个性化、多元化消费。推动现代服务业集聚发展。加快发展现代物流业，引导发展多式联运，推进铁临、润源、新通达等现代物流项目建设。支持物流企业整合资源，组建现代物流集团，推进物流业向规模化、信息化迈进。大力发展文化旅游业，打响世界遗产城市品牌，依托大运河临清段遗产、生态农业、特色餐饮等优势资源，推出运河文化体验、农业观光、临清美食等旅游路线；着力抓好乡村旅游工作。培育新兴服务业做大规模。做好信息消费试点工作，培育电子商务产业，筹建电子商务产业园。发展健康养老服务业，抓好华美医院、市医院医养结合项目建设。积极发展现代金融业，鼓励辖外银行、证券、保险、信托来我市设立分支机构，力争新增各类金融机构3家。培育楼宇经济，让南新区成为企业总部入驻的首选之地。积极发展家庭服务、文化创意等新兴服务业，培植新的经济增长点。

（三）坚持创新驱动与改革开放并举，着力推动健康可持续发展。把创新驱动和改革开放作为推动科学发展的重要支撑，加快提升企业核心竞争力，进一步激发市场活力。

*深入实施创新驱动战略。*营造创新浓厚氛

围。健全落实支持创新的财税、金融等政策，加大宣传力度，在全社会进一步营造激励创新、重视人才的良好环境，让一切想创新的人有机会、能创新的人有舞台。完善技术创新体系。加快建立以企业为主体、市场为导向、产学研结合的技术创新体系。引导企业积极开展与高校、科研院所的合作，联建科技创新平台，加大研发投入，推进高端科技成果的引进和转化，主导或参与制订国家和行业标准。争创聊城市级以上“一企一技术”创新企业或研发中心5家、企业技术中心4家，获授权国家专利力争实现新突破。大力培养和引进人才。实施企业家素质提升工程，强化职工技能培训。积极发展职业教育，努力创建山东省中等职业教育规范化学校。鼓励企业健全股权、期权及分红等激励机制，加大高层次创新人才和高端技能人才的培养和引进力度，切实做到高端人才引得来、留得住、用得好。

加快重点领域改革步伐。深化行政体制改革。推进政府机构改革和事业单位分类改革，抓好烟店镇行政管理体制改革试点工作。扎实推进财税体制改革。严格落实《预算法》，规范预算编制，强化预算执行动态监控，做好预决算公开工作。稳妥推进公车改革。认真落实税制改革政策。深化金融改革。大力推进企业直接融资，基本完成丁马生物上市股份制改造，力争新增股权挂牌企业3家，“新三板”实现“零”的突破。支持发展社区类银行金融机构。完成信用社商行改制工作，鼓励民间资本参与村镇银行改革发展。健全地方金融监管体制，严厉打击非法集资等违法行为，防范和化解金融风险。加快投融资体制改革。强化企业投资主体地位，引导民间投资通过合资合作、特许经营、资产并购等方式，参与投资建设、运营基础设施和养老、医疗等公益性事业项目。深化农村改革。开展农村集体资产产权制度改革，推进农村产权综合交易平台建设。依法推进户籍制度、医疗体制、社会保障等其他领域改革。

努力提升对外开放水平。积极培育外贸出口增长点，引导企业增强开放意识，参加各种涉外展会，巩固传统市场，开拓新兴市场。支持企业“走出去”建立分支机构，布局产业链条。加强轴承、纺织两大省级外贸出口基地建设，提升产品质量和附加值，提升国际市场竞争力。争取设立保税仓储区。加强外贸人才培养和引进，完善自营出口体制机制。鼓励企业引进国际先进技术和关键装备，开展技术交流与合作。

（四）坚持扩大总量与提升质量并举，着力推动民营经济快速发展。全面落实加快民营经济发展的扶持政策，再掀大众创业热潮，打造各类市场主体竞相发展新格局。

在培育创业主体上实现新突破。围绕让群众想创业，强化宣传引导，在商事登记、税收减负、创业补贴、资金扶持等方面予以支持，鼓励企业家二次创业，发动全民创业。围绕让群众会创业，加强中小企业服务中心、创业基地、技工学校建设，推进中介服务市场化，为创业者提供多类型的技能培训和项目开发、小额贷款、政策咨询等“一条龙”服务。围绕让群众创成业，精简审批事项，坚持非禁即入，把该放的放到位；强化事中事后监管，把该管的管到位；严厉惩处“三乱”等问题，把该治的治到位，打造有效的市场和有为的政府。新增各类市场主体5000户。

在壮大产业集群上迈出新步伐。依托资源优势和轴承、纺织、内燃机零部件等产业基础，推动产业集群化发展。引导发展“一村一品、一镇一业”的块状经济，打造特色产业集聚区。围绕丰富产业集群内涵，横向拓展产业宽度，纵向拉伸产业链条，引导企业向产业链两端延伸，密切上下游协作配套，扶持发展高档面料及服装、精密轴承、内燃机等产业，形成更加完整、更加集中、更加融合的产业集群。

在推进品牌建设上取得新成效。引导企业积极注册商标品牌，支持有实力的企业加强品牌建设，着力打造一批在全国有较高知名度和影响力的优势品牌。依托轴承、纺织、内燃机零部件等特色产业，推进专业品牌基地建设，形成品牌集群效应。支持企业在境外注册商标品牌。加强第三方质量检验检测机构建设，完善产品质量监督抽查、质量问题追溯等制度，引导企业提升产品质量。倡树“厚道鲁商”品牌，打造诚信临清。力争新增山东名牌或市长质量奖1个、著名商标2件。

（五）坚持建设与管理并举，着力推动城乡一体化发展。顺应群众期盼，推动城乡同步发展、融合发展，让全市人民共享新型城镇化发展成果。

推进城乡规划一体化。着眼缩小城乡差距，对城镇体系、产业布局、基础设施以及生态环境建设进行整体谋划，建立城乡一体的规划体系。严格按照《城市总体规划》和《城镇化发展规划》，高起点做好各片区改造、城乡基础设施和公共服务设施建设等规划编制工作，统筹编制《农村新型社区和新村布局规划》《小城镇改貌规划》《美丽村庄连片整治规划》，确保城乡规划相互衔接、有机统一。

推进城乡基础设施一体化。健全城乡一体化交通体系。加大高速、省道、县乡及村级道路建设和改造力度，进一步提升城区和农村道路的通畅性。德商高速年底建成通车，争取临高路大修改造和聊临路罩面工程列入省建设计划，新建、改造部分城区道路，完成村级公路网化示范县项目建设。实施城乡一体化绿化。在城区，实施曙光路、沙河路等绿化工程，对元运河北岸进行绿化整治，新增绿化面积60万平方米。在农村，高标准完成32个绿化示范村建设，实施南水北调、车庄沟等河渠堤岸绿化，新增造林面积2.05万亩。推进城乡一体化公用事业建设。逐步实现供水、供气、供电、公共交通一体化。实施农村饮水安全工程，解决东部部分镇村饮水安全问题。铺设燃气管道30千米，新增用户6000户。加强城乡电网建设。加快公共交通向农村延伸。

推进城乡建设一体化。坚持以城带镇、以镇带村，构筑城乡一体化格局。做美主城区，优化功能布局，适度有序开发，提升城市品质。加快建设南新区，配套公共服务设施建设，实施济津河公园二期、人民广场、供暖等工程，确保新建小学竣工投用；发挥顾家商业中心、豪翰商贸城带动作用，走开产城一体的路子，激发新城区活力。稳步改造老城区，扎实推进在建小区建设，坚持回迁房安置优先，确保2013年征迁工程回迁楼年底前交付使用，2014年征迁工程回迁楼完成主体建设。保护提升古城区，传承历史文脉。推进生态文明乡村建设。以烟店、康庄、唐园为重点，加快推进小城镇改貌工程，烟店省级示范镇集中供暖、供气率分别达到60%、50%，稳步推进农村新型社区建设，着力打造环境整洁、设施配套的小城镇和新型农村社区。

推进城乡环境管理一体化。深入推进城乡环卫一体化，探索建立“市场化运作、一体化管理”模式，巩固全覆盖成果。开展美丽村庄连片整治活动，以示范村创建为着力点，以中心村为重点，联动周边村，努力打造一批有特色的精品村。扎实推进大辛庄办事处“乡村连片治理”试点项目。开展城乡道路综合整治活动，高标准抓好道路硬化、绿化、净化、美化；实施城区部分主干道路弱电入地工程，加快清除空中“蜘蛛网”；大力整治交通环境，让群众出行更安全、行车更畅通、乘车更方便。

（六）坚持治理与引导并举，着力推动生态发展。牢固树立“既要金山银山，又要碧水蓝天”的理念，狠抓节能减排，加大生态保护与治理力度，使临清的天更蓝、水更清、空气更清新。

大力发展低碳经济。坚持绿色循环低碳发展，加快构建资源节约、环境友好的生产方式。认真执行新《环境保护法》，严格实施建设项目环境影响评价和能耗审核制度，严把重污染、高能耗项目准入关。加大淘汰落后产能力度，全年淘汰落后设备1800台（套）。实施电机系统节能、余热余压利用、能量系统优化等节能技术改造工程，完善常态化节能预警调控机制。大力抓好既有建筑节能改造。建设循环经济园区，培育3—5家省级循环经济示范企业。以高能耗、高排放和资源消耗型行业为重点，加快推进清洁生产。

*全力推进污染防治。*围绕大气污染防治，集中开展工业废气、扬尘污染、黄标车淘汰、秸秆露天焚烧、油品升级和油气回收等治理行动，推进燃煤企业按新标准进行脱硫脱硝和除尘升级，改善空气质量。围绕水污染治理，建成启用市碧水污水处理厂4万吨扩建工程，实施胡姚河人工湿地等工程，确保完成减排任务；实行最严格的水资源管理制度，扎实开展地下水超采治理，从严控制新开采地下水，逐步关停城区自备井，规划实施地下水补水工程。加强农业面源污染治理，科学划定禁养区，鼓励养殖企业发展循环经济；积极探索秸秆综合利用；引导农民科学用药、合理施肥。加大环境执法力度，严厉打击偷排偷放等违法行为，关停取缔土小违法企业。

（七）坚持传承与利用并举，着力推动文化事业文化产业繁荣发展。我市是千年古县，运河文化、齐鲁文化、黄河文化等多种文化碰撞融合，形成了底蕴深厚的临清文化。我们必须坚持有扬弃的继承，为推动改革发展稳定提供强大精神力量。

*挖掘阐发优秀传统文化资源。*加强对临清优秀传统文化特别是运河文化的研究，发掘、弘扬其精髓，强化干部群众的开放意识、重商思想、和谐理念以及爱国精神，激发创业创新热情，涵养社会主义核心价值观。依托钞关等文化遗产以及博物馆、张自忠将军纪念馆、季羡林先生纪念馆等，打造一批优秀传统文化传播基地。完成钞关布展工作，对部分钞关附属建筑及古民居、月径桥、二闸等文物进行修缮。在博物馆增设非遗展厅，传承临清时调等非遗项目，实施活态保护。

*抓好文化惠民工程和文化产业。*加强文化信息资源共享工程和公共电子阅览室建设。做好公共文化服务单位免费开放工作。推进基层公共文化服务标准化、均等化建设，对农家书屋、农村文化大院进行优化升级。办好京剧票友艺术节、送戏下乡和送电影下乡等活动。推进文化与经济融合发展，重点培育贡砖、济美酱菜、流动舞台车等产业，扩大品牌效应。抓好文艺创作，推出更多弘扬主旋律、为广大群众所喜爱的精品力作。

（八）坚持惠民生与强治理并举，着力推动和谐发展。更加注重保障基本民生，更加关注低收入群众生活，努力实现学有优教、劳有多得、病有良医、老有善养、住有宜居。

*稳步提升社会保障水平。*认真落实就业创业扶持政策，推进镇、街道人力资源社会保障服务平台规范化建设，增强公共就业服务能力，新增城镇就业1.5万人。依法推进民营企业社会保险费扩面征缴工作，不断提高基金支付能力，确保各项社保待遇按时足额支付。加大劳动保障监察执法力度，维护劳动者合法权益。做好精准扶贫工作，打造阳光低保，确保公平公正。推进康复机构建设，实现0—9周岁残疾儿童接受免费抢救性康复全覆盖。

*全面推进社会事业发展。*优先发展教育事业。实施第二期学前教育三年行动计划，改善农村学校办学条件，积极创建全国义务教育发展基本均衡县，推进普通高中教学改革，让孩子们快乐学习、成人成才。积极发展卫生计生事业。促进国家基本公共卫生服务逐步均等化，加大优质资源向农村延伸拓展，做好重大疾病防控和突发公共卫生事件应急工作。创新人口服务与管理机制，稳定适度低生育水平，综合治理出生人口性别比，促进人口长期均衡发展。统筹发展其他社会事业。完善体育场地设施，开展全民健身运动。落实优抚安置政策，将双拥工作推向新水平。实施“百千万残疾人就业创业扶贫工程”，带动残疾人共同奔小康。

切实加强社会治理创新。加快政府治理体系和治理能力现代化建设。严格落实安全生产责任制，全力抓好安全隐患排查治理，严惩非法违法行为，有效预防重特大安全事故发生，实现安全生产形势稳定好转。完善市、镇、村三级食品药品监管网络，全面提升食品、食用农产品安全保障水平。降低法律援助门槛，落实国家机关“谁执法、谁普法”责任制，强化基层民主法治建设，进一步推进社区矫正工作法制化、规范化。推进平安临清建设，健全立体化社会治安防控体系；抓好矛盾纠纷排查，以法治方式做好信访工作；完善应急预案，加强应急演练，提高应急处置水平。继续做好民兵预备役、民族宗教、外事侨务、妇女儿童、防震减灾、慈善、广电、老龄、史志、档案、气象、消防等工作。

加强政府自身建设

加强政府自身建设是永恒的主题，我们必须恪守“为民、务实、清廉”和“三严三实”的要求，加快建设“法治型、责任型、效能型、廉洁型”的人民满意政府，尽心竭力把职责履行得更好。

（一）加快推进法治型政府建设。提高运用法治思维和方式深化改革、推动发展、维护稳定的能力。严格执行行政审批目录清单，加快制定行政权力清单、政府责任清单、市场准入负面清单，向社会公开并接受监督。推进综合执法，强化行政执法监督，规范公正文明执法。认真执行市人大及其常委会决议决定，自觉接受法律和工作监督，主动接受市政协和各民主党派的民主监督，不断提高建议和提案办理质量。严格公众参与、专家论证、风险评估、合法性审查、集体讨论决定等重大行政决策法定程序。推进决策公开、执行公开、管理公开、服务公开、结果公开。

（二）务实推进责任型政府建设。政府工作贵在落实。我们必须强化担当意识，勇挑发展重任，提高驾驭经济工作的能力水平，加强对重大经济问题的研究谋划，在经济发展主战场砥砺品质、提高本领。必须发扬“钉钉子”精神，咬定青山不放松，一心一意谋发展，集中力量谋大事、办实事，对确定的重点工作层层分解责任，层层传导压力，确保取得实效。必须坚持问题导向，了解群众疾苦，倾听群众呼声，做好群众来信来访和市长公开电话工作，全力办好民生实事，用我们的“辛苦指数”换取群众的“幸福指数”，切实做到守土有责、守土尽责。

（三）着力推进效能型政府建设。深入转变政府职能，强化公共服务、市场监管、社会管理、环境保护职责，创造更良好的发展环境，提供更优质的公共服务，维护社会公平正义。继续简政放权，缩短审批时限，完善并联审批等政务服务制度，提升“一站式”服务水平。加快电子政务建设，推进网上审批。进一步精简会议和文件。加大督查力度，推动工作落实。积极推进政府绩效管理，激励广大干部用心想事、用力干事。巩固和拓展教育实践活动成果，持续推进作风建设，扎实开展“三严三实”学习教育活动，深化“庸懒散”专项治理，坚决纠正懒政、怠政、为官不为等现象，推动政务服务提速、提质、提效。

（四）积极推进廉洁型政府建设。严格执行廉政准则、领导干部经济责任审计和述廉制度，认真落实党风廉政建设责任制，切实履行好政府党组的主体责任、主要负责人第一责任，抓牢班子成员“一岗双责”，深入推进政府系统党风廉政建设和反腐败工作。坚持用制度管权、管事、管人，坚决纠正损害群众和国家利益的不正之风。认真执行《党政机关厉行节约反对浪费条例》和国务院“约法三章”，严控“三公”经费和一般性支出，把有限的财力用到发展最需要、群众最受益的地方，用简朴的政府取信于民、造福于民。

各位代表，围绕保障改善民生，今年，我

们将全力做好10件惠民实事：一是推进中小学校舍标准化工程，投资4200万元建设校舍15处，面积3.5万平方米。二是进一步提高城乡低保和农村五保救助标准，推动养老服务体系建设，每千名老人拥有机构养老床位达到30张。三是新建公共租赁住房1488套，改造农村危房400套。四是改造兴临路，新建育新路（永青路至曙光路段）、启秀路（温泉路至青年路段）等城区道路，改造县乡村公路105公里。五是实施兴临路（临高路至温泉路段）、东环路（红旗路至临博路段）等道路高标准亮化工程，新安装路灯480盏；统筹抓好镇村主干道路亮化。六是实施110千伏肖寨输变电工程和110千伏龙庄站扩建工程建设，投资7500万元建设改造城乡中低压配网257千米。七是优化城乡公交线路，推进公交车辆新能源更新改造，新增节能型公交车30部，倡导绿色出行。八是建设金融便利店、自助银行228处，为城乡居民提供更加便捷的金融服务。九是为符合政策计划怀孕的1.12万名农村育龄群众实施孕前免费健康查体；为7.5万名60周岁以上农民进行免费健康查体；为35—64周岁农村妇女开展“两癌”免费筛查。十是抓好农村公益事业一事一议财政奖补政策的实施，重点建设农民需求最迫切、受益最直接的民生项目。

各位代表，百舸争流，破浪者领航；千帆竞发，奋勇者争先！让我们紧密团结在以习近平同志为总书记的党中央周围，在市委的坚强领导下，发扬“团结一心、奋勇争先、务实为民、敢于担当”的新时期聊城精神，进一步解放思想，改革创新，克难奋进，为加快建设富裕生态、和谐文明、美丽幸福新临清，实现富民强市新跨越、再创运河名城新辉煌而努力奋斗！

《政府工作报告》词语注释

1．“临清号”：指我市直达青岛港的集装箱班列，目前每周对开6列。

2．企业荣誉：①省“一企一技术”创新企业5家：指弘发兴凯实业公司、齐亚机械公司、丰和日利农业科技公司、红星轴承科技公司、金圣起重机械公司。②国家级守合同重信用公示企业1家：指恒圆精工部件公司。

3．科技创新：①省级示范工程技术研究中心1家：指中色奥博特铜铝业公司“山东省高精铜加工工程技术研究中心”。②省级企业技术中心1家：指宇捷轴承制造公司技术中心。③省级工业设计中心1家：指凯美瑞轴承科技公司工业设计中心。④省级院士工作站1家：指绿泽园林科技院士工作站。⑤国家火炬计划2项：指中色奥博特铜铝业公司“年产1万吨高端引线框架铜带”项目和润源实业公司“秸秆粉碎式摘穗辊智能化玉米联合收割机”项目。⑥中国机械工业科学技术奖2项：指凯美瑞轴承科技公司的EAE4加强型双列球面滚子轴承的研制和矿山振动机械用调心球面滚子轴承的研制。⑦省科技进步三等奖1项：指中色奥博特铜铝业公司“Φ5系列高精度无缝内螺纹铜管产业化生产新技术”。

4．金融：①国内首支区域市场普惠种子基金：指由临清市政府与齐鲁股权交易中心、挂牌企业共同出资设立的股权回购基金，作为股权质押贷款的信用保证。②新增银行金融机构2家：指临清沪农商村镇银行新华支行和恒丰银行临清支行。③民间融资机构4家：指弘发、金信发、中融、中兴民间资本管理公司。④“新三板”市场：指在我国多层次资本市场体系中，有别于主板、中小板和创业板的新资本市场。⑤金融便利店：指自助特色服务终端，主要为广大农民群众办理存取款、转账、余额查询等业务。

5．商标品牌：①新增著名商标2件：指中冶纸业银河公司“银河瑞雪”、八岔路万瑞达轴承公司“SWRD”。②国家地理标志证明商标3件：指大尾寒羊、临清狮猫、丁马甲鱼。③有机食品认证1个：指丁马甲鱼。④无公害产品2个：指刘垓子汇川养殖合作社的鲢鱼、金郝庄海鑫休闲渔业园的草鱼。

6．镇村荣誉：①国家级生态乡镇4个：指新华、烟店、金郝庄和老赵庄。②省级生态乡镇4个：指大辛庄、戴湾、唐园和八岔路。

7．规范性文件“三统一”：指统一登记、统一编号、统一公布。

8．多式联运：指公路运输、铁路运输、公铁联运等多种方式联合的运输方式。

9．基础设施：①道路：沙河路，指位于开发区迅力公司西侧的原经八路；兴临路，指位于开发区的原工业路；启秀路，指位于盛世嘉苑小区东侧的原经一路；东环路，指原东三环路。②桥梁：启秀桥，指启秀路跨济津河桥。③广场：人民广场，指南新区广场。

专　记

党的群众路线教育实践活动

2014年3月8日开始，临清市1473个党组织、31115名党员参加第二批党的群众路线教育实践活动。临清市各级党组织深入学习贯彻习近平总书记系列重要讲话精神，全面落实“照镜子、正衣冠、洗洗澡、治治病”的总要求，紧紧围绕“为民务实清廉”主题，始终瞄准“四风”焦点，以问题整改开局亮相、以问题整改注入动力，以问题整改回应群众，高起点开局、高标准开展、高质量推进，扎实做好教育实践活动各项工作。四大班子带头先行，坚持严字当头、实字为本，立说立行、即知即改，充分发挥示范带动作用。各单位“一把手”强化责任、履职尽责、层层示范，广大党员干部冲在一线、勇于担当、为民服务，全市教育实践活动形成以上率下、整体推进的良好局面，取得扎实有效、全面深入的重要阶段性成果。

【教育实践活动的主要做法】 开展“四学一检验”活动，抓实学习教育。把学习教育贯穿活动始终，深入开展“四学一检验”活动。“四学”即集体学、辅导学、现场学、讨论学；“一检验”，即利用理论知识测试、问卷调查、知识竞赛、优秀学习心得评选等方式，检验学习成效。集体学。坚持原汁原味、原原本本，采取轮流领读、发言讨论的方式，系统学习必读书目，提升理论素养。在此基础上，建立长效机制，每周半天集中原汁原味学习理论知识，作为长期制度固定下去。活动中，市级四大班子分别组织集中学习14次，达到7个学习日。辅导学。落实好上党课、作辅导、巡回宣讲活动，市级党员领导干部带头到联系点上党课17次，邀请省委党校文史教研部副主任张文珍等专家讲师、先模人物作报告7场，市委“联系服务群众”宣讲团到镇街道巡回开展辅导宣讲16场。在基层，利用群众喜闻乐见的方式，开展群众路线文艺巡回演出和红色电影下乡放映主题宣传“双百”活动，在每个村居利用村级广播分早中晚三次滚动播放必读书目，编排弘扬共产党员革命斗争精神的京剧《党的女儿》，组织全市党员分批观看。现场学。先后组织各级领导干部赴聊城孔繁森同志纪念馆等红色基地进行现场教学，观看《苏联亡党亡国二十年祭》等革命教育专题片，在临清大剧院循环播放《周恩来的四个昼夜》等，每周一部影片，分期分批组织全市广大党员干部观看，从党的光辉历史和优良传统中汲取营养。讨论学。组织开展马克思主义群众观点和党的群众路线专题研讨及“践行群众路线在身边”大讨论活动，市级班子及基层单位通过召开党委（党组）扩大会、讲评会等465场次，加强思想交流，提高思想认识，增强党员干部思想自觉和行动自觉。抓检验。在各单位进行理论测试的基础上，以竞赛促学习，在全市范围内组织开展知识竞赛和演讲比赛182场，各基层党支部积极参与，组织党员观看；在3月份、4月份分两批，开展优秀学习心得集中展评活动，全市共评选出优秀心得23篇。为确保学习效果，制定下发严肃学习纪律的文件，对集中学习、请销假、领导带头、严格问责等七项纪律作出明确规定。出台进一步巩固深化集中学习制度的意见，建立各级党组织每周半天原汁原味学原著等各项长效机制。

开展“立体式”征求问题活动，抓实意见征询。为保证征求意见的全面真实，在发放调查问卷、设立意见箱、召开座谈会等“面对面”“背对背”征求意见方式的基础上，重点深入开展“下基层、听民声、解民忧、结亲情”蹲点调研活动，所有县级干部集中调研时间5天以上，其中在村级吃住蹲点3天以上，在企业、学校、部门蹲点2天以上。集中蹲点调研结束后，及时建立长效机制，将全市县级领导干部、市直部门正科级和镇街副科级以上党员干部全部纳入范围，从6月份开始，每人每月蹲点驻村吃住1天以上，下基层接地气，发现问题马上办理，实现党员领导干部全市所有村居的蹲点全覆盖。通过“立体式”意见征询，全市各级收集各类问题和意见建议4195条，归纳梳理“四风”问题2301条，确定即知即改事项470件。市委常委会通过各种方式征集到问题和意见建议395条，其中“四风”问题162条，关系群众切身利益的问题233条。

开展问题查摆活动，抓实民主生活会和组织生活会各项工作。精心组织召开专题民主生活会，对照“四面镜子”和“三严三实”要求，查找“四风”问题具体表现，在认真学习讨论上级要求和关于严肃党内政治生活的规定基础上，切实解决“怕”“浅”“泛”的问题，杜绝“蒙混过关”心态，克服“闯关”思想，积极做好民主生活会各项工作。部分市委常委的对照检查材料和所有市委常委的相互批评意见通过中央活动办审查。全方位广覆盖召开组织生活会，制定方案流程。制定全市基层党组织专题组织生活会工作方案，分门别类制定机关事业、“两新”组织和村级党组织的工作细则，分别制定工作流程图。从程序的操作，到会议召开议程，以及会议的主持词、点评讲话等都制定出详细的指导意见和参考样式，尽可能地细化，做到有章可循、有据可依，防止基层变形走样。召开专题培训会议，对基层党组织召开专题组织生活会、开展民主评议党员工作进行全面安排部署。随后，分三批采取“小课堂”的方式对业务骨干进行培训，让基层干部充分学深学透流程和程序；分党委培训到党支部书记，让各级党组织负责人和具体操作者成为这项工作的“明白人”和“行家”。市乡共组织骨干培训145期次，培训人员2200多人次。

分类排序、稳步推进。本着“先易后难”的原则，统筹推进基层党组织专题组织生活会，重点做好村级专题组织生活会和民主评议党员工作。搞好分类定级。把全市600个村居按班子和党员队伍状况进行一、二、三类划分，分类确定先后召开专题民主生活会和民主评议党员的时间顺序。全市共确定一类村245个，二类村267个，三类村88个，压茬进行，全市先期确定3个试点村，先行试点召开，作出样板，随后在面上推开。加大力度整顿后进班子，为开好组织生活会奠定基础。开展后进班子整顿“回头看”活动，由市委督导组和党委书记一同进村入户，对前期整顿工作进行一次全面的评估，摸清前期整顿的进展情况和存在的问题现状，原汁原味地搞好调查摸底，并进一步修订完善整顿措施，确保后进班子得到有效整顿，在此基础上召开组织生活会。做实扎实细致的思想工作。以党委为单位，全面广泛地做好宣传发动，进一步提高基层党员群众对召开组织生活会和民主评议党员的认识，在此基础上，将每个村的党员队伍状况都进行详细分析，广泛深入地组织党员互相之间进行谈心，存在问题矛盾的村，由指导员、包村副科级干部与党员面对面谈心交心，对难点村、矛盾尖锐村的党员，由党委书记亲自谈话，化解矛盾，疏通思想，为组织生活会打好基础。抓好外出流动党员的对照检查。与外出流动党员全部取得联系，并撰写对照检查材料，由所在单位或党支部签署鉴定意见寄回，外出就近的党员动员其返乡参加专题组织生活会。加强领导和督导。全市所有市级党员领导干部、市直部门正科级党员干部和镇街道副科级党员干部，全部分别联系指导1个农村基层党组织的专题组织生活会，加强有效指导，保证每个村有1名党员干部帮包联系。19个市委督导（指导）组全部沉到基层，加强工作督促指导，对所督导镇街道所有村居逐个走访，进行解剖式调研，给予现场指导。全市16个镇（街道）174个驻村指导组627名指导员全部驻村指导，全程参与活动开展。

开展“抓整改、重长效”活动，抓实整改落实和建章立制工作。市委常委会带头，从四大班子做起，针对活动中查摆出的问题，组织全市各级党组织和党员干部开展好整改落实和建章立制工作。针对存在的突出问题，认真研究制定整改方案。各级党组织通过召开专门会议集体讨论的方式，制定整改方案，并明确责任主体、整改措施、责任人和完成时限。班子成员制定个人整改措施，普通党员列出整改提纲，做到“四个回应”，即回应征求到的群众意见，回应对照检查材料查摆的突出问题，回应专题民主生活会和专题组织生活会上提出的批评意见，回应上级党组织和督导组点明的问题。坚持开门整改，向群众做出公开承诺。各级党组织班子整改方案在起草过程中充分开展集体讨论，并征求党员干部群众意见。整改方案形成后，以适当的方式向党员、群众公布，公开作出整改承诺，主动接受群众监督。制定制度建设计划，做好“废改立”工作。按照“于法周延、于事简便、有效管用”的目标要求，对当前各项工作制度和办法进行全面梳理，对不适用的制度予以废除，对需要修改的制度进行完善，对缺失的制度予以补充建立，确保用制度管人、用制度管事、让制度管用。

开展系列专项整治活动，抓实即知即改．坚持边学边查边改，不贪大求全，坚持动态推进，针对群众反映集中的、影响面比较大的突出问题，研究成熟一项，确定一项。大力开展省委确定的专项整治活动。按照省委要求，部署开展“阳光低保”专项行动、医疗门诊“三增一禁”便民正风行动、村级事务公开、规范殡葬服务、推动教育资源规范化7个专项整治活动，切实让群众看到活动带来的新变化。在“阳光低保”行动中，民政干部全部签订承诺书，认真纠正错保、漏保、骗保等问题。对全市所有村居的低保户进行复核，共调出1856人，新纳入1195人，并全部进行长期公示。在全市二级医院门诊推行“三增一禁”便民正风行动，在全年无节假日门诊的基础上，增设错时门诊、夏季夜间门诊，1090名医务人员签订《医务人员不带熟人插队加塞、不挂人情号承诺书》；利用临清电台滚动播出宣传医疗门诊“三增一禁”便民正风行动，设立宣传栏和温馨提示标语20余个，坚持卫生部门明察暗访，推动便民正风行动的有序开展。全市村居事务公开得到全面规范。在村级事务公开工作中，全市600个村居的资金资产资源状况、群众关注的征地补偿等重大事项、公示财务收支和债权债务情况进行3轮集中公示，并建立长效机制，实现公开内容具体化、公开形式多样化、公开程序规范化、公开时间制度化，既“还干部一个清白”，又“给群众一个明白”。在规范殡葬服务专项行动中，积极推行殡葬惠民政策，对城乡低保对象、农村五保对象、城市“三无”人员等群体，实行部分收费项目减免；充分发挥村居红白理事会在殡葬改革中的作用，遏制婚丧嫁娶大操大办、铺张浪费等问题。

大力开展贯彻落实中央“八项规定”专项整治。坚持把作风建设紧紧抓在手上，认真贯彻落实中央八项规定和省委实施办法，制定市委常委会改进工作作风密切联系群众十项规定、临清市严肃工作纪律转变工作作风规定以及《临清市党政机关国内公务接待管理办法》《临清市市直机关会议费管理办法》《临清市党政机关厉行节约反对浪费管理办法》等制度，有效推动各级干部转作风、接地气。比如，市级领导班子成员带头腾退超标办公用房422平方米；通过严厉查处杜绝公车私用问题；在办文办会上，大力精简会议，除上级安排的会议、临清重大工作性会议外，原则上安排在周六、周日或晚上召开；在公务接待上，坚持勤俭节约，禁止铺张浪费，2013年全市公务接待支出比2012年降低49.47%。进一步做好“三公”经费公开工作，临清市被列为聊城市唯一的山东推行“三公”经费公开试点县（市），36个政府组成部门及办事机构向社会公开2013年“三公”经费预算及实际执行情况。同时，认真做好县级政府公务接待经费公开试点工作，56个行政事业单位已于4月底前将公务接待经费预算按规定进行公开，公开率达到100%。

大力开展“庸懒散”专项整治。围绕提升行政服务效能、提高群众满意度，在全市党政机关深入开展“庸懒散”专项治理活动，并将其与解决“四风”问题相结合，做到同步推进，有效解决门难进、脸难看、事难办等一系列群众反映强烈的问题。2014年共查处作风散漫、迟到早退、效率低下、打扑克玩游戏等庸懒散典型问题6起，给予通报批评7人。大力精简审批项目，由432项精简为163项，精简率达62.3%，年可减少收费700万元以上。优化审批流程，实行并联审批，绝大部分审批事项办理时限已压缩到5个工作日以内，共压缩435个工作日。严格实行执法评议、涉软投诉一次查实调离岗位并降职制，大力开展“三乱”治理活动，营造宽松的发展环境。

大力开展信访积案化解专项整治。对上级交办和市排查出的28起信访积案，按照“五个一”工作机制，即一名包案领导、一个工作班子、一套化解方案、一份会议纪要、一套稳控措施，全部落实市级党政班子成员牵头包案，镇（街道）和市直有关部门“一把手”为直接责任人，认真细致地做好化解处置工作，解决群众诉求，维护群众利益。化解13起，其他的合理诉求已全部解决到位，正在做思想转化工作。同时，落实公开接待群众来访制度，由市级干部工作日期间轮流在信访局接待上访群众，帮助解决事关群众切身利益的突出问题，并从中反思和查找工作中的不足，深刻剖析“四风”根源，切实改进工作作风。市级干部共接待群众来访96起，化解77起，转交司法机关6起，其余13起正在积极协调解决。

大力开展民生服务不到位专项整治。对征集到的农村路、水、电等基础设施问题进行汇总整理，由市委常委会集体审议，选出4项民生问题进行专项整治，切实解决关系群众切身利益的实际问题。针对群众反映的有些干部官僚主义、环境脏乱差迟迟得不到有效解决的问题，在全市广泛开展环境卫生综合整治，在各镇都成立城乡环境综合治理工作办公室，配备城管队伍和清扫保洁、垃圾清运人员，并制定财政补贴、集体自筹、居民共建的经费保障机制，以及卫生整治村规民约、垃圾中转点配套建设等一整套机制，使环境卫生得到有效改善；2014年城区绿化面积达到230万平方米，造林3.5万亩、植树214万株。针对群众反映的自来水水质差的问题，在城区南部规划建设总库容580万立方米的城南水库，采用黄河水作为水源；深入开展农村饮水安全专项治理工作，累计解决6个镇（街道）、30个村、3.1万人的饮水安全问题。针对农田水利设施不完善、有的镇办涝灾严重的实际，投资998.4万元实施农田水利基本建设工程，建立功能完善、排水顺畅的农田排水工程体系，切实有效解决群众反映的排涝问题，夯实农业农村发展基础。清淤疏浚沟渠215.5公里，新建维修桥涵100余座，完成全年任务的71.8%。针对群众反映的行路难问题，投资1.68亿元，新建、改建农村道路292.8公里，其中县乡公路71.6公里、村级公路221.2公里，占全市农村公路里程的1/6。

大力开展联系群众不到位专项整治。广泛开展市级领导干部密切联系群众“五个一”、党员干部联系困难家庭等活动，着力解决困难群众生产生活中存在的实际问题，进一步转变干部作风、密切党群干群关系。建立困难党员救助制度，筹集党内帮扶资金74万元。2014年以来共为117名城乡特困党员发放党内帮扶资金10.05万元。

大力开展婚丧嫁娶大操大办专项整治。针对群众反映的婚丧嫁娶大操大办问题，严格规范党和国家工作人员操办婚丧嫁娶事宜，从严控制规模，对借机敛财的党和国家工作人员，视情节轻重，给予党政纪处分，营造良好社会风尚，有效遏制不正之风。截至2014年年底，共查处3起，给予处分3人。

大力开展软弱涣散班子专项整治。活动初期，共排查出67个软弱涣散村居，由市级四大班子、镇街道党政领导班子成员挂帅帮包，23名市级党员领导干部都确定各自联系村，对后进班子联合会审，拿出有力整治措施。坚持一村一策，分类施治。67个村居有明显转化，已全部消除没有支部书记和支部班子不健全的村，充实调整支部书记17人，选优配强支部委员43人，还有24个村由镇街道机关干部兼任村支部书记。

坚持“四个到位”，提供坚强保障。领导带头到位。活动中，提出“十个带头”即带头参加学习、带头深入群众、带头听取意见、带头查找问题、带头开展谈心、带头开展批评和自我批评、带头进行整改、带头加强对联系点的指导、带头正风肃纪、带头促进工作，要求各级领导干部严格遵守执行，做到以身作则、以上率下。建立市级班子党员领导干部联系点制度，每人联系1个镇街、1个市直部门、1个村（社区）、1个非公企业、1所学校，跟踪指导教育实践活动开展。全员参与到位。摸清党员底数，确保每个党员都能参加活动。积极做好党员信息核实，以支部为单位对党员进行摸底排查，对党员的十二项基本信息逐一核查，做到底子清、情况明，并建立完善党员信息台账。进一步排查流动党员情况，认真开展“组织找党员、党员找组织”工作，向704名流出党员和流入地党组织邮寄《致外出流动党员和致流入地党组织的一封信》，并逐一进行电话联系，邮寄学习资料；对已确认流入的73名党员，全部落实参加活动的党组织。发挥3个在外流动党员党支部（大连、瓦房店、杭州）的作用，辐射指导在外党员参加活动，驻杭州市流动党支部积极与所在区委组织部门搞好对接，统筹抓好驻杭州流动党员党支部的教育实践活动，得到当地党组织的高度重视和大力支持，杭州市拱墅区委常委、组织部长李炜亲自参加流动支部的专题学习讨论，并在所在街道专门为临清建立流动党支部活动场所。支部为8名流动党员建立管理档案，并定期组织集中学习，开展活动，有4名在外务工人员递交入党申请书。

加强班子建设，确保每个支部活动健康开展。规范组织设置。全面加强市直和村级功能型党小组建设，规范“三会一课”制度，努力使党的基层组织功能更加完善。全市100个市直部门和600个村居全部按服务功能重新划分和组建党小组，在村级共组建科技致富、扶贫帮困、参政议政、村容管理、维稳调解、文明新风等功能型党小组2474个。加强队伍培训。分类制定村居党员、机关事业单位党员、村居党组织书记、非公有制经济组织和社会组织党组织书记等四个类别的培训工作方案，并于4月13日至16日，举办村居、城市社区、非公有制经济组织和社会组织党组织书记群众路线教育实践活动专题培训班，给全体党员上一堂题为《身体力行、率先垂范，做密切联系群众的模范》的党课，纪委书记、组织部长也分别作辅导，另外，安排知名专家教授作报告、优秀基层党组织书记现身说法等课程，增强培训的实效性和针对性。同时，各基层党委抓好普通党员的轮训，开设农村党员教育大课堂，市委活动办公室送教上门。共举办培训班213期，培训党员32352人，全市所有党员已经轮训一遍。解决村级“无钱服务”问题。市级财政投入资金587万元，结合聊城补贴总共投入893万元，对全市368个村集体收入3万元以下的村予以补助，3月10日前已拨付到位。专门制定专项经费管理办法，确定申报审核、公示公开、复核监督等工作制度，确保资金落实到位并规范使用。有279个村按规定程序申报使用运转经费451.2万元。

强化督导到位。强化驻点指导。19个市委督导组在所督导镇（街道）、部门确定集中办公地点，周一到周四吃住在镇村，全部与原单位脱钩。镇（街道）174个驻村指导组确定一个中心村集中办公，627名指导员驻村指导、吃住在村，全程参与活动开展。市委各督导组对所督导镇街道所有村居逐个走访，进行解剖式调研，发现真实情况，给予现场指导。强化在活动中考察识别干部。强化市委督导组在指导活动开展中考察识别干部的作用，深入开展“三查三看”活动，即在学习教育、听取意见环节，查集体学习参学情况、理论中心组学习制度执行情况、学习纪律遵守情况和意见征询情况，看学习态度和学习效果；在查摆问题、开展批评环节，查“四风”问题查找是否到位、对照检查是否认真、批评和自我批评是否深刻，看干部觉悟和胸襟；在整改落实、建章立制环节，查整改措施制定情况、专项整治情况、解决涉及群众利益突出问题情况、正风肃纪情况、加强基层基础建设情况及制度机制执行落实情况，看干部责任担当和工作能力，根据日常表现，对副科级以上干部进行考察排名，名次不并列，确定每位干部的综合现实表现，作为干部考核使用的重要依据。

“回头看”开展到位。在全市各级开展教育实践活动“十查十看、十不放过”的“回头看”活动，在第二环节基本结束时，重点围绕专题组织生活会开展“六看”活动。通过各单位自查、市委督导（指导）组普查和市委活动办抽查的方式，全面推进“回头看”活动。在各镇（街道）、各部门自查并写出自查报告的基础上，市委督导组深入到镇（街道）和市直部门进行普查，把检查中发现的217个问题分为10类，逐项提出具体整改要求，向督导单位进行反馈，全部整改完毕。市委活动办公室继续深入开展巡回检查，建立“回头看”工作的经常化机制。

【教育实践活动取得的成效】 全市教育实践活动扎实推进，带来许多新变化、新气象，取得良好效果，赢得群众的普遍赞扬和拥护。事实证明，党的群众路线教育实践活动是在新的历史条件下，弘扬党的光荣传统和优良作风的生动实践，是新时期严格党内政治生活的生动实践，具有重大现实意义和深远历史影响。

认真开展学习教育，深学细照，洗涤灵魂，广大党员干部的世界观、人生观、价值观这个“总开关”更加拧紧。坚持把加强学习教育作为首要任务，贯穿活动始终，深入开展 “四学一检验”活动。在认真学习习近平总书记系列重要讲话精神、研读党章和中央规定书目的基础上，邀请蔡同民书记、全国十大杰出检察官白云、聊城市纪委副书记张玉峰等作辅导报告；组织各级领导干部赴聊城孔繁森同志纪念馆等红色基地进行现场教学，从党的光辉历史和优良传统中汲取营养；组建“联系服务群众”宣讲团、编排弘扬共产党员革命斗争精神的京剧《党的女儿》、开展全市广大农村组织群众路线主题文艺巡回演出100场，组织群众路线主题红色电影下乡放映100场，以群众喜闻乐见的方式增强学习效果。开展“组织找党员、党员找组织”工作，摸清党员底数，发挥在外流动党员党支部作用，抓实外出党员参与活动，新华网山东频道头条对临清市的这一做法予以报道。制定下发严肃学习纪律、巩固深化集中学习制度等文件，对集中学习缺课的24名科级干部由市活动办分4个专题进行集中补课，进一步建立各级党组织每周半天原汁原味学原著等各项长效机制。通过以上举措，广大党员干部受到马克思主义群众观点和党的群众路线的深刻教育，思想上醒脑、作风上提神、精神上补“钙”，群众观点得以强化，宗旨意识更加牢固。

坚持开门搞活动，听真话纳诤言，查摆问题真整改，广大党员干部纪律意识更加增强、工作作风明显转变。为保证征求意见的全面真实，在发放调查问卷、设立意见箱、召开座谈会等“面对面”“背对背”征求意见方式的基础上，深入开展“下基层、听民声、解民忧、结亲情”蹲点调研活动，县级领导干部、市直部门正科级和镇街副科级以上党员干部，每人每月蹲点驻村吃住1天以上，下基层接地气，发现问题马上办理。通过“立体式”意见征询，市委确定了21项专项整治任务，做到立说立行，真查实改。活动开展以来，市级领导班子成员带头腾退超标办公用房422平方米；“三公”经费同比减少23.6%，公务接待费用同比减少42.2%；群众反映强烈的城乡环境卫生、农田水利设施建设、农村道路建设等一大批突出问题正逐步得到解决，有些已取得明显成效。全面复核低保对象，共调出1856人，新纳入1195人；清淤疏浚沟渠215.5公里，新建维修桥涵100余座，新建、改建农村道路292.8公里，农村基础设施大幅改善。围绕提升服务效能，深入开展“庸懒散”专项治理活动，共查处作风散漫、迟到早退、效率低下、打扑克玩游戏等庸懒散典型问题6起，给予通报批评7人。

深挖思想根源，严肃开展批评和自我批评，党内生活的原则性和战斗性得到切实提高。全市各级党组织把召开高质量的专题民主生活会和组织生活会作为关键，真正拿起批评和自我批评武器，以整风精神开展积极健康的思想斗争。在认真学习讨论上级要求和关于严肃党内政治生活的规定基础上，按照“四必谈、五个谈透”的要求，开展各个层面的谈心谈话工作。在谈心交心过程中，大家敞开心扉，以诚相见，彻底谈开谈透，解决“怕”“浅”“泛”的问题，杜绝“蒙混过关”心态，克服“闯关”思想。全市党员领导干部亲自撰写对照检查材料，做到查摆问题开门见山，分析原因深入透彻，问诊症结细致入微。各级各部门各单位普遍采取“一人读、众人评、逐条审议”的方式，集中讨论修改对照检查材料和三个问题清单，材料普遍修改10遍以上。市委常委的对照检查材料、相互批评意见通过中央活动办审查。市委研究制定民主生活会材料评定标准和审核办法，实行ABCD评级管理，只有全部达到A级标准才能召开民主生活会，保证会议质量。民主生活会上，坚持做到不评功摆好、不避重就轻、不隔靴搔痒，集中谈问题、谈差距、谈不足，自我批评勇于揭短亮丑，相互批评敢于一针见血。

扎紧制度篱笆，及时巩固教育实践活动成效，作风建设新常态逐步形成。按照“于法周延、于事简便、有效管用”的目标要求，以贯彻落实中央八项规定、省委常委会实施办法和聊城市委五项规定为切入点，紧扣解决“四风”突出问题，对当前各项工作制度和办法进行了全面梳理，对不适用的制度予以废除，对需要修改的制度进行完善，对缺失的制度予以补充建立，确保用制度管人、用制度管事、让制度管用。市级四大班子重点围绕改进作风建设、促进勤政廉政、维护群众利益、加强基层基础、厉行节约、反对浪费等方面，修订制度13项，新建制度24项。全市各部门各单位按照“精而管用”要求，认真抓好制度的研究论证，有针对性地做好“废改立”工作，防止制度建设上的形式主义，共新建制度360项、修订制度380项，废止制度45项。一项项务实制度、一条条有效举措，把规则“红线”越织越密、制度“笼子”越扎越紧，促进为民务实清廉常态化、长效化。

同时，加大制度执行力度，开展经常性的监督检查，对违反制度规定的，发现一起、查处一起，对顶风违纪的，从严从快处理。

坚持重心下移，夯实基层基础，联系服务群众“最后一公里”得到进一步打通。在教育实践活动中，开展市级领导干部密切联系群众“五个一”、党员干部联系困难家庭等活动，着力解决困难群众生产生活中存在的实际问题，进一步转变干部作风、密切党群干群关系。建立困难党员救助制度，筹集党内帮扶资金74万元，为117名城乡特困党员发放党内帮扶资金10万元。将全市600名教育实践活动驻村指导员明确为便民服务代办员，在全程指导村级活动开展的同时，做好为民服务事项的宣传、解释和代办等工作，真正把教育实践活动的成效落实到联系服务群众的实际行动中。着力加强党的基层组织建设，对排查出的67个软弱涣散村居，由市级四大班子、镇（街道）党政领导班子成员挂帅帮包。市级财政投入资金587万元，结合聊城补贴总共投入893万元，对全市368个村集体收入3万元以下的村予以补助。同时，全面落实镇（街道）机关干部的工作补贴，“有人办事、有钱办事”的问题得到初步解决，基层党组织推动发展、服务群众的能力得到增强。

（郝秀楠）

“三严三实”专题教育

聊城市“三严三实”专题教育启动以来，临清市坚持提前谋划，高标准筹备，抓实关键节点，推动全市专题教育扎实开局、稳步推进。精心筹备，认真谋划部署。深入查找不严不实问题。坚持问题导向，坚持调研在先，谋划在前，各部门各单位深入基层，通过驻村蹲点、走访座谈、与干部群众约谈等多种方式，开展意见征询活动。全市副县级以上领导干部、科级领导干部，结合群众路线教育实践活动中建立的领导干部“下基层、听民声、解民忧、结亲情”长效机制，普遍集中开展1次下基层蹲点调研活动，同时广泛听取干部群众的意见建议，深入查找领导班子和领导干部“不严不实”的具体表现。在此基础上，研究制定出台《关于在全市领导干部中开展“三严三实”专题教育的工作方案》，市级四大班子、各级各部门单位也在认真查找自身不严不实问题的基础上，制定切实可行的工作方案，并分别报市委组织部和市委宣传部审查备案，确保规定动作不走样、自选动作有特色。认真开展教育实践活动“回头看”。全面梳理教育实践活动整改落实情况，对整改成效进行客观评估，对执行政治纪律和政治规矩、公车使用管理等16个方面问题开展全面深入地“大检查”“回头看”，对发现的问题进行认真分析，逐项明确责任、逐项落实措施、逐项跟踪推进。对中央21项、省10项、聊城市10项、临清市10项专项整治任务，逐一明确牵头部门，落实职责要求。以市委的名义印发《关于深化“四风”整治巩固和拓展党的群众路线教育实践活动成果的指导意见》，从持续抓好整改落实、健全制度机制、严肃党内政治生活等7个方面提出21项具体要求。建立督查机制，专门成立6个专项督查组，开展对各方面问题整治落实情况的督办检查，严格责任追究。

5月21日，市委书记王建鹏以《认真践行“三严三实”要求，以优良的作风创造实实在在的业绩》为题上一堂主题鲜明、内涵丰富、思想深刻的专题党课，全面启动全市“三严三实”专题教育。随后，各级各部门各单位迅速部署专题教育工作。截至5月25日，各级各部门各单位全面启动“三严三实”专题教育，5月底前，全市37名副县级以上党员领导干部和16个镇（街道）党委书记、55个市直部门党委（党组）书记结合各自分管领域、工作联系点或所在单位，全部带头讲“三严三实”专题党课。各单位党委（党组）成员也分别在分管领域、联系点讲专题党课。在学习研讨中，将习近平总书记系列重要讲话精神和必读书目列为专题学习研讨计划的重要内容。在此基础上，及时将上级出台的《中国共产党党组工作条例（试行）》、聊城市委书记徐景颜同志在全市各级党组织书记管党职责培训班上的讲话、聊城、临清两级出台的4个层面党组织书记管党职责文件等最新内容纳入学习范围。市委常委会坚持高标准、严要求，深入开展学习研讨，建立每周半天的学习制度，原汁原味学原著和必读书目。市委常委会带头召开三个主题的集中研讨，全市形成上级为下级作表率、班长为成员作表率，上行下效、上率下行的良好局面。同时，每名市委常委确定1个镇（街道）和市直部门（单位）作为联系点，参加联系点的集中研讨和专题民主生活会，并负责全程跟踪指导。强化理论中心组进行集中学习。各部门各单位坚持原汁原味、原原本本，采取轮流领读、发言讨论的方式，集中学习必读书目，提升理论素养。利用运河名城大讲堂进行辅导学习。通过临清运河名城大讲堂这一平台，邀请专家学者进行高端学习培训。6月12日，邀请国家行政学院原副院长、教授、博士生导师周文彰同志为全市领导干部作题为《“三严三实”的内涵和意义》的专题辅导，使全市各级领导干部进一步加深对“三严三实”的理解，进一步增强从严从实的行动自觉。通过临清党建频道进行展播学习。精心挑选30部专题片，开展“三严三实”先模人物展播活动，组织广大党员干部学习。

全市各基层单位精心组织，集中时间，集中力量，坚持敞开大门、畅通渠道，全面排查、深入查找，不留死角、不留盲区，切实回应群众关切。各常委结合工作分工和岗位职责，通过召开不同层面人员座谈会、到贫困村蹲点调研、“五个一”帮包走访、参与“惠民强基促和谐”活动等形式，广泛征求群众意见建议。市委常委分别召开专题座谈会11场次，走访党员群众350人次，征求意见建议327条。每个单位和每名参与专题教育的领导干部都列出问题清单，制定整改措施和工作计划，各级领导班子查找“不严不实”问题651个，领导干部查找“不严不实”问题3900多条。开展专项整治。工作中，在找准、找实突出问题的基础上，坚持边查边改、即知即改，针对群众反映集中的、影响面比较大的突出问题，研究成熟一项，确定一项，市级层面确定并开展4个方面的即知即改项目，各部门各单位共确定即知即改项目270多项，在全市开展不担当不作为问题专项整治和不作为乱作为等损害群众利益问题专项整治，对不作为、乱作为、贪腐谋私和执法不公等四类问题进行集中整治。并制定整改方案，明确责任单位，确定整改目标、阶段性任务、完成时限和责任人。市委抽调专门力量，摸底排查，尤其是对群众来信来访问题一一调查核实处理。市纪委对9个单位开展党风廉政建设巡查，将“不作为、慢作为、乱作为”等问题列入重点巡查内容。市委组织开展党员家庭（岗位）挂牌活动，统一设计“为民服务先锋”样式，为农村党员家庭、党组织服务活动场所统一挂牌，机关企事业单位党员摆放桌牌，主动亮明身份，增强政治责任感。截至2015年11月底，全市纪检监察机关共查摆基层干部不作为问题43起，给予处分43人，查摆基层干部“贪腐问题”114起，给予处分174人，共处理217人，有效解决“四风”问题反弹和不严不实的问题。

对照检查，严格开展批评和自我批评。对照“三严三实”要求，查找“不严不实”问题具体表现，认真查摆剖析，撰写党性分析材料，精心做好召开专题民主生活会各项准备工作。深入谈心谈话。按照“四必谈、五个谈透”的要求，从12月10日开始，开展各个层面的谈心谈话工作。在谈心交心过程中，大家敞开心扉，以诚相见，彻底谈开谈透。市委常委之间普遍谈2遍以上，与基层干部也有重点地谈多次。通过以上率下，促使各级干部坦诚认真地对待剖析活动，进而敢于揭短亮丑，实现重塑自我的决心。坚持集体审议。对市委常委会的对照检查材料及市委常委的党性分析和相互批评意见，坚持市委常委会集体讨论，汇聚集体智慧，特别是对班子的“不严不实”问题集体会诊，确定“不严不实”问题8大项、25个方面。通过集体讨论，累计提出有针对性的修改意见70多条。严格指导审查。坚持率先垂范，发挥各级党委（党组）审核把关的主导作用，在市委常委班子成员亲自撰写、多次修改的基础上，市委书记与他们进行单独约谈、交流意见，把关他们的党性分析材料，提出修改要求。对批评意见，也做到严格审核、严格把关。坚持抓好市级其他班子和基层党委（党组）各项准备工作的同步进行，严格把关审核对照检查材料、党性分析材料和民主生活会材料，积极统筹推进。市委常委每人参加和指导1个镇（街道）和市直部门的民主生活会，并专门听取1次所联系单位的专题教育汇报，其他单位由市纪委、市委组织部和市直机关工委领导同志参加和指导召开，实现基层单位指导的全覆盖，确保民主生活会的高质量和严肃性。

丰富载体，开展“惠民强基促和谐”活动。为扎实推进“三严三实”专题教育，着力解决群众关心的热点、难点问题，在全市广泛开展“惠民强基促和谐”活动，共分明确任务、征求意见、汇总分类、问题整改、督查反馈五个步骤，进一步建立健全干部进村入户访民生、惠民服务解难题、回访督办促落实的工作机制。全市16个镇（街道）的机关干部、第一书记、市直部门所有党员干部确定联系村，帮包困难问题最多的群众，并逐村逐户走访调研、面对面征求群众意见，倾听群众呼声，真正把群众最关注、最关心的热点、难点、焦点问题摸清楚、摸真实，特别是对教育、医疗、治安、宜居环境、文化生活、干部作风6个方面工作的评价和意见建议。对征求到的意见，建立市、镇、村三级联动机制，根据职责权限，及时分解、分头办理。成立6个专门督查组，建立定期回访制度，对群众反映问题办理情况进行回访督查，促进干部作风转变、群众满意度提升。成立临清市社情民意调查中心，投入20余万元，购置拥有20个座席的电话调查专业设备，每月对各镇（街道）和市直部门包村联户开展电话访问满意度测评，对活动收集到的民生问题办理情况进行回访。走访过程中，逐户逐人登记电话号码，为群众发放包村干部“服务群众联系卡”，每村设置干部信息公开栏，建立日常直接联系群众的沟通机制，以实际行动践行“三严三实”。全市6253名镇村党员干部、“第一书记”与困难群众结成联系对子7022个，共走访群众15.4万户，登记联系电话17.9个，征求意见建议1.3万余条，办结8500余件，基层基础更加和谐稳定。

强化保障，做到求真务实。强化组织协调。为确保“三严三实”专题教育工作扎实推进，明确由市委副书记祁学兰同志总协调，市委办公室、市纪委、市委组织部、市委宣传部、市直机关工委等相关部门共同参与，牵头抓好组织工作，对关键节点严格把关，对专题教育全程指导，对不严不实问题及时查处。日常工作中，定期召开会议，调度工作进展情况，研究解决存在问题，强化督促指导。同时，每个单位明确1名联络员，负责联络本单位的专题教育工作，确保各项工作落到实处。加强工作指导。由组织部门牵头，采取巡回检查、专项调研、随机抽查等多种形式进行督促指导，重点指导上好党课、制定专题教育方案和学习研讨计划及召开民主生活会情况。对各镇（街道）、各部门单位开展“三严三实”专题教育情况专项督查2次，确保专题教育工作质量。同时，把专题教育开展情况和干部日常考察考核结合起来，注重在开展专题教育过程中识别干部、考察干部，调动各级领导干部参与专题教育的积极性。开展全方位、立体式宣传。依托临清电视台、临清周讯、临清党建网等新闻媒体，开辟专栏，广泛宣传“三严三实”工作进展、先进典型和反面案例，营造浓厚氛围。刊发报道各类工作信息530多条，引导广大党员干部充分认识学习贯彻“三严三实”的重大意义，深刻理解“三严三实”的丰富内涵，推动“三严三实”要求入脑入心，做到内化于心、外化于行。统筹兼顾，做到“两手抓、两不误”。在专题教育工作中，坚持把“三严三实”专题教育与群众路线教育实践活动后续整改落实工作相结合，与做好当前改革发展稳定各项工作相结合，做到专题教育与日常工作的有机融合，有效促进新常态下经济社会发展。

（组织部　郝秀楠）

大事记

2013年

1月4日 三和纺织集团2013年迎新春银企联谊会隆重举行。临清市领导王建鹏、李新阁、王晓华、祁学兰、韩德振、李汝山、刘占海、宋加利、宛秋生、王保粮，市级领导刘明峰应邀出席。

1月4日至5日 市领导王建鹏、李新阁、汪保远、王晓华、祁学兰等市几大班子领导带领各镇、街道党政负责人，部分市直部门和金融部门负责人，对各镇、街道部分重点项目建设情况进行观摩。

1月5日 临清市组织召开全市重点项目建设观摩总结会议，深入贯彻落实党的十八大以及中央、省和聊城市经济工作会议精神，回顾总结2012年项目建设和经济运行情况，分析当前经济形势，研究部署2013年全市经济社会发展的目标任务，动员全市上下进一步统一思想，加压奋进，顽强拼搏，取得更好的成绩，全力促进临清市经济社会持续健康发展。王建鹏、李新阁、汪保远、王晓华、韩德振、李汝山、张子明、秦生春、冯子峰、衣述光、韩青等市级领导出席会议。市委书记、市人大常委会主任王建鹏主持会议并作重要讲话。

△ 全市2012年度民主评议政风行风会议召开。王建鹏、李新阁、汪保远、王晓华、韩德振、李汝山、张子明、秦生春、冯子峰、衣述光、韩青等市几大班子领导出席会议。

1月6日 市政协召开十三届四次常委会议。市政协主席汪保远，副主席王俊山，副主席、党组副书记、统战部长许朝生，副主席贾艳华，党组副书记赵金栋，副主席宛秋生、徐宝福、王保粮出席会议。

1月7日至12日 聊城市第十六届人民代表大会第二次会议在聊城市隆重召开。临清市57名人大代表肩负全市人民的重托，在市领导王建鹏、李新阁、王晓华、祁学兰等的带领下，出席会议。

1月7日至9日 中国诚通控股集团有限公司全资子公司中国纸业投资总公司总经理童来明一行到临清市进行考察，中共临清市委副书记、市长李新阁，市委常委、副市长韩德振陪同活动。

1月14日 临清市第十七届人民代表大会第二次会议召开代表团团长会议。市领导王建鹏、李新阁、汪保远、王晓华、祁学兰出席会议。

△ 临清市第十七届人民代表大会第二次会议预备会议召开，市十七届人大常委会领导王建鹏、王晓华、刘占海、李凤义、赵孝洪、孙玉璞、宋加利、张学庚在主席台上就座。

△ 全体党员代表会议之后，临清市第十七届人民代表大会第二次会议召开主席团第一次会议。会议由市委书记、市人大常委会主任王建鹏主持。市领导李新阁、汪保远、王晓华、祁学兰等主席团成员出席会议。

△ 中国人民政治协商会议临清市第十三届委员会第二次会议隆重开幕，大会常务主席

汪保远、王俊山、许朝生、贾艳华、宛秋生、徐宝福、王保粮、张颖在主席台前排就座，市领导王建鹏、李新阁、王晓华、祁学兰、韩德振、李汝山、张子明、秦生春、冯子峰、衣述光、韩青、马培虎，市政协原主席唐峰伟等在主席台就座。

1月15日 市委副书记、市长李新阁，市委常委、组织部部长秦生春参加青年路街道和魏湾镇代表团审议，与代表们共同审议市《政府工作报告》。

△ 市委书记、市人大常委会主任王建鹏先后到新华路街道和烟店镇代表团讨论现场，与代表们共同审议《政府工作报告》。王建鹏强调，要学习好报告、讨论好报告，进一步统一思想，凝聚力量，把精力和重点放在发展上，推动临清经济社会又好又快发展。

△ 市人大常委会党组书记、第一副主任王晓华，市委副书记祁学兰参加新华路街道审议。市人大常委党组副书记刘占海，市运河经济开发区管委会主任、新华路街道党委书记刘明峰一同参加审议讨论。

1月16日 聊城市委常委、政法委书记刘强，副市长白志坚率领观摩团对临清市社会管理综合治理工作进行现场观摩。中共临清市委书记、市人大常委会主任王建鹏，市委副书记、市长李新阁，市委副书记祁学兰，市委常委、政法委书记韩青，市运河经济开发区管委会主任、新华路街道党委书记刘明峰，市人民法院院长马国栋，副市级干部、市公安局局长王志刚，聊城市公安局副调研员、临清市公安局政委魏禄建等陪同活动。

△ 临清市第十七届人大二次会议在临清剧院举行第二次全体会议。大会听取市人大常委会第一副主任王晓华作的临清市人民代表大会常务委员会工作报告，听取市人民法院院长马国栋所作的临清市人民法院工作报告和市人民检察院检察长杨青所作的临清市人民检察院工作报告。

△ 政协临清市第十三届委员会第二次会议举行建言献策座谈会。市委书记、市人大常委会主任王建鹏，市委副书记、市长李新阁，市政协主席汪保远，市委副书记祁学兰，市委常委、副市长韩德振，市委常委、办公室主任李汝山，市委常委、纪委书记张子明等参加座谈会。

△ 临清市设分会场组织有关部门和单位负责人收看全市审计工作电视会议。市委副书记、市长李新阁，副市长王磊出席分会场会议。

1月17日 临清市第十七届人民代表大会第二次会议召开主席团第二次会议。市领导李新阁、汪保远、王晓华、祁学兰等主席团成员出席会议。会议由市人大常委会第一副主任王晓华主持。

△ 聊城市委常委、副市长侯军带领督导组到临清市检查指导海河流域水污染防治工作。中共临清市委副书记、市长李新阁，市委常委、副市长冯子峰，市人大常委会党组副书记刘占海陪同活动。

△ 临清市组织收听收看全国安全生产电视电话会议，市委副书记、市长李新阁，市政府党组副书记、经济开发区党工委书记李衍博出席分会场会议。

△ 市政协十三届五次常委会议举行。市政协主席汪保远主持会议，市政协副主席王俊山、许朝生、贾艳华、宛秋生、徐宝福、王保粮，市政协秘书长张颖出席会议。

△ 政协临清市第十三届委员会第二次会议隆重举行闭幕式。大会常务主席汪保远、王俊山、许朝生、贾艳华、宛秋生、徐宝福、王保粮、张颖在主席台前排就座，市领导王建鹏、王晓华、韩德振、李汝山、张子明、秦生春、衣述光，市政协原主席唐峰伟等在主席台就座。

1月19日 全市教育工作会议召开。市委副书记祁学兰，市委常委、宣传部长衣述光，市人大常委会副主任张学庚，副市长周志雯，市政协副主席贾艳华出席会议。

1月21日 临清市2012年度综合考核会

议召开，聊城市委考核组对临清市2012年度科学发展情况进行综合考核。聊城市委综合考核组组长、市委组织部常务副部长马保杰出席会议并讲话，中共临清市委书记、市人大常委会主任王建鹏主持会议并作《临清市科学发展情况报告》。市领导李新阁、汪保远、王晓华、祁学兰、韩德振、张子明、秦生春、冯子峰、衣述光、韩青、马培虎等出席会议。

1月22日 市委宣传部学习贯彻市“两会”精神暨机关建设工作会议召开，市委常委、宣传部长衣述光出席并作重要讲话。会议传达了临清市第十七届人民代表大会第二次会议精神和政协临清市第十三届委员会第二次会议精神，认真学习了市委书记、市人大常委会主任王建鹏在政协临清市第十三届委员会第二次会议上的重要讲话，和市委副书记、市长李新阁在临清市第十七届人民代表大会第二次会议上所作的政府工作报告。

1月24日 聊城市副市长任晓旺组成的海河流域考核组到临清市检查指导工作。聊城市环保局党组书记、局长马荣锁，中共临清市委书记、市人大常委会主任王建鹏，市委常委、副市长冯子峰陪同活动。

1月25日 聊城市委学习贯彻党的十八大精神宣讲团成员、聊城市委讲师团副团长、教授杨士武在临清宾馆会议室作党的十八大精神宣讲报告，对党的十八大精神进行详细阐述和讲解。市委常委、宣传部长衣述光主持报告会。

1月28日 聊城市委副书记王忠林带领市直有关部门负责同志到临清市走访慰问敬老院的老人、优抚对象、困难群众、老党员，为他们送去慰问品和慰问金，并送上新春的温馨祝福。聊城市委常委、政法委书记刘强，中共临清市委书记、市人大常委会主任王建鹏，市委副书记祁学兰，市委常委、办公室主任李汝山，市委常委、组织部长秦生春，副市长秦荣菊陪参加走访慰问。

1月29日 聊城市暨临清市“三下乡”启动仪式在临清市刘垓子镇举行。聊城市委常委、宣传部长赵庆忠，市政协副主席姜之厚，原市政府咨询张延安，市委宣传部常务副部长、文明办主任杜泽华，市文广新局局长杨达，中共临清市委书记、市人大常委会主任王建鹏，市委副书记祁学兰，市委常委、宣传部长衣述光，市人大常委会副主任张学庚，副市长周志雯，市政协副主席贾艳华出席启动仪式。杜泽华主持启动仪式。

△ 市委副书记祁学兰、副市长周志雯，市政协副主席、党组副书记、统战部长许朝生带领市民宗局、市民政局等部门工作人员，深入临清市部分街道、镇，看望慰问部分少数民族特困户，为他们送去党和政府的温暖。市运河经济开发区管委会主任、新华路街道党委书记刘明峰陪同活动。

1月30日 临清市举行国家级非物质文化遗产——临清肘捶传承收徒仪式。聊城市文广新局党组成员、工会主任刘兴元，聊城市体育局副局长、临清市肘捶研究会顾问张宏图，临清市领导袁磊、张学庚、周志雯、徐宝福、王保粮、张守群，政协原副主席、市肘捶研究会名誉主席张由军等出席仪式。

2月3日 市领导王建鹏、李新阁、汪保远、王晓华、祁学兰、李汝山、张子明、秦生春等走访慰问临清市地厅级老干部胡雷、倪峻岭、王兴刚、马清辰、陈少波、邵长珠。

△ 市委副书记、市长李新阁，市人大常委会副主任宋加利，副市长秦荣菊，市政协副主席徐宝福看望慰问大辛庄敬老院的孤寡老人，代表市委、市政府向老人们致以亲切的问候和新春的祝福，并送去慰问金和慰问品。

2月4日 临清市召开各界人士迎新春茶话会。各族各界人士代表欢聚一堂，喜迎新春，畅叙友情，共商发展，共话未来。市领导汪保远、王晓华、祁学兰、秦生春、许朝生等出席茶话会。

△ 临清市召开2013年春节老干部情况通报会，通报临清市2012年经济社会发展情况以

及2013年的工作打算，认真听取老干部的宝贵意见和建议，努力推动临清市经济社会又好又快发展。市领导王建鹏、李新阁、汪保远、王晓华、祁学兰、李汝山、张子明、秦生春出席会议。临清市离退休老干部参加通报会。

2月5日 市委副书记、市长李新阁，市委副书记祁学兰，市委常委、副市长冯子峰，副市长秦荣菊带着市委、市政府和全市人民的深情厚谊，亲切看望慰问驻临官兵，向他们送去新春的祝福，共话军政一家亲，共叙军民鱼水情。

△ 临清市领导王建鹏、李新阁、祁学兰、李汝山、秦荣菊及相关部门负责同志，带着全市人民的深情厚谊，赴聊城军分区进行走访慰问，为驻聊官兵送去慰问品和慰问金，并致以节日的问候。聊城军分区司令员刘述明等军分区首长与临清市领导进行亲切座谈。

△ 临清市举行“盛世中国 魅力临清”2013春节文艺晚会，汪保远、王晓华、祁学兰、韩德振、张子明、衣述光、韩青等市几大班子领导共同观看春节文艺晚会。

2月6日 市委副书记祁学兰，市委常委、市纪委书记张子明，市委特邀顾问袁磊，市人大常委会副主任孙玉璞，市政协党组副书记、副主席、统战部部长许朝生到临清市全国劳模、先进工作者和部分困难职工家中慰问，向他们致以节日的祝福。

2月8日 王建鹏、李新阁、汪保远、王晓华、祁学兰、韩德振、李汝山、张子明、秦生春、冯子峰、衣述光、韩青等市级几大班子领导看望慰问节日值班干部职工，向节日期间坚守在工作一线的干部职工，致以新春的祝福和诚挚的问候。

2月15日 市委副书记、市长李新阁主持召开市政府常务会议，安排部署今年重点工作，动员全市上下进一步集中精力，振奋精神，转变作风，狠抓落实，全力开创各项工作新局面。

2月16日 市委副书记、市长李新阁，市委常委、副市长韩德振在有关部门负责同志的陪同下深入企业调研，了解生产经营情况。

2月17日 临清市设分会场组织收听收看全省维护稳定工作电视电话会议，市委副书记祁学兰，市委常委、办公室主任李汝山，市委常委、副市长冯子峰，市委常委、政法委书记韩青，副市长秦荣菊，市经济开发区管委会主任、新华路街道党委书记刘明峰，副市级领导干部、市公安局局长王志刚出席会议。

2月19日 临清市组织收听收看全省安全生产工作电视电话会议，市委副书记、市长李新阁，市政府党组副书记、市经济开发区党工委书记李衍博出席会议。

2月20日 全市股权融资工作推进会召开。市委常委、副市长韩德振出席会议。齐鲁股权托管交易中心挂牌业务部经理杨雪华对与会人员进行股权融资业务培训。

2月22日 临清市设分会场收看全国、省、聊城市未成年人思想道德建设工作电视电话会议。市委副书记祁学兰，市委常委、宣传部长衣述光，副市长周志雯出席分会场会议。

2月25日 中国建设银行聊城分行行长荣卫民到临清市调研。中共临清市委书记、市人大常委会主任王建鹏，市委常委、副市长韩德振，市政协副主席宛秋生陪同活动。

2月26日 临清市召开农村工作会议，学习贯彻落实党的十八大和中央、省及聊城市农村工作会议精神，总结去年全市农业农村工作，分析形势，交流经验，安排部署2013年农业农村工作。市委副书记祁学兰，市人大常委会党组副书记李凤义，市政协副主席王保粮出席会议。

2月27日 临清市第十七届人大常委会第八次会议在临清宾馆贵宾三楼会议室召开。市人大常委会党组书记、第一副主任王晓华，市人大常委会党组副书记刘占海、李凤义，副主任赵孝洪、孙玉璞、宋加利、张学庚及委员出席会议。副市长周志雯，市检察院检察长杨青列席会议。

2月28日 聊城市副市长任晓旺到临清市调度临博路和临冠路建设情况。中共临清市委书记、市人大常委会主任王建鹏，市委副书记、市长李新阁陪同活动。

△ 聊城市委副书记王忠林，市委常委、政法委书记刘强，副市长白志坚，市政府党组成员、公安局局长任奎军一行到临清市查检指导全国“两会”安保工作。中共临清市委书记、市人大常委会主任王建鹏，市委副书记、市长李新阁，市委副书记祁学兰，市委常委、政法委书记韩青，副市级领导干部、市公安局局长王志刚，聊城市公安局副调研员、市公安局政委魏禄建陪同活动。

3月1日 临清市召开工业工作会议。市委书记、市人大常委会主任王建鹏，市委副书记、市长李新阁，市政协主席汪保远，市人大常委会党组书记、第一副主任王晓华，市委副书记祁学兰，市委常委、副市长韩德振，市人大常委会党组副书记刘占海，副市长王磊，市政府党组副书记、市经济开发区党工委书记李衍博，市经济开发区管委会主任、新华路街道党委书记刘明峰出席会议。

3月5日 民政部社会救助司副司长徐华一行到临清市视察指导敬老院建设和管理工作。省民政厅副厅长杨丽丽，聊城市副市长白志坚，中共临清市委副书记、市长李新阁，副市长秦荣菊陪同活动。

3月6日 市妇联、市工商局联合举办女性心理健康知识讲座。市委机关女干部，各镇（街道）、市直各部门妇女干部，部分妇代会主任和妇女群众代表共计200余人参加讲座。市政府副市长秦荣菊、周志雯，市政协副主席贾艳华，市关工委常务副主任王鹤琴也参加讲座。

△ 聊城市财政局投资公司捐资助学仪式在松林镇举行，聊城市财政局投资公司向松林镇捐助20万元，用于该镇教育事业发展。聊城市财政局党组成员、投资公司总经理魏铁汉，副局长刘奎忠，中共临清市委常委、组织部长秦生春，副市长周志雯出席仪式。

3月7日至8日 临清市广大农村妇女身穿节日盛装，伴着欢乐的音乐载歌载舞，在家门口自办文艺演出，过了一个快乐的节日。市领导王晓华、衣述光、韩青、袁磊、周志雯、贾艳华，市人大常委会原副主任、市关工委常务副主任王鹤琴共同观看演出。

3月8日 聊城市统战部长会议在临清召开。聊城市政协副主席、市委统战部部长张传玄，市委统战部常务副部长徐启山，副部长殷立森、邢跃隽、李超雪，中共临清市委副书记祁学兰，市政协副主席、市委统战部部长许朝生出席会议。

3月12日 市纪委召开十二届四次全体会议，深入学习贯彻十八届中央纪委二次全会、省纪委十届三次全会和聊城市纪委十二届三次全会精神，总结2012年工作，部署2013年全市党风廉政建设和反腐败工作任务。市委书记、市人大常委会主任王建鹏出席会议并讲话，市政协主席汪保远，市人大常委会第一副主任王晓华，市委副书记祁学兰以及其他在家的市级领导出席会议。市委常委、市纪委书记张子明作工作报告。

△ 值全国第35个植树节到来之际，市委书记、市人大常委会主任王建鹏，市政协主席汪保远，市人大常委会第一副主任王晓华，市委副书记祁学兰等市几大班子领导与干部群众一起参加义务植树活动。

3月13日 原省委常委、省军区政委何法祥一行在聊城市人大常委会原副主任李芳林等陪同下，到临清市考察运河文化。临清市市人大常委会第一副主任王晓华、副主任宋加利、张学庚等陪同活动。

△ 省轻工业协会会长李伟鸣一行到临清市考察。市委常委、副市长韩德振，市政府党组副书记、市经济开发党工委书记李衍博陪同活动。

△ 临清市举办“运河名城大讲堂”2013年第一讲。广州大学公法研究中心执行副主任王达教授应邀作题为《科学方案、协议拆迁、奖惩结合、尝到正气、正当程序、形成合力、依法征收、构建和谐》的讲座，秦生春、冯子峰、衣述光等市领导聆听讲座。

3月14日 临清市烟店镇（2012—2030）总体规划专家评审会召开。市人大常委会副主任赵孝洪，副市长王磊参加评审会。

3月19日 省环保厅副厅长葛为砚在聊城市环保局局长马荣锁的陪同下到临清市察看裕民渠综合治理工程。中共临清市委副书记、市长李新阁，市委常委、副市长冯子峰陪同活动。

△ 聊城市委常委、政法委书记刘强在聊城市人民检察院检察长王学军的陪同下到临清市调研检察工作。临清市领导王建鹏、王晓华、祁学兰、韩青、刘占海，市人民检察院检察长杨青陪同活动。

△ 山东省民委副主任、省宗教局副局长刘爱民在聊城市民宗局局长王维峰的陪同下到临清市调研民族宗教基层基础工作情况。临清市副市长周志雯，市民宗局负责同志等陪同活动。

3月20日 市政协十三届六次常委会议召开，市政协主席汪保远，副主席王俊山，副主席、党组副书记、统战部长许朝生，副主席贾艳华、宛秋生、徐宝福、王保粮出席会议。

3月21日 聊城市文联主席赵安民一行到临清市调研文联工作。市委常委、宣传部长衣述光陪同活动。

3月22日 上海农商银行副行长李晋等人到临清市调研。市委书记、市人大常委会主任王建鹏，市人大常委会第一副主任王晓华，市政府党组副书记、市经济开发区党工委书记李衍博陪同活动。

3月26日 临清市组织收听收看国务院第一次廉政工作电视电话会议。市委副书记、市长李新阁，市政府党组副书记、市经济开发区党工委书记李衍博出席会议。

3月28日 省国土资源厅副厅长王桂鹏一行到临清市对国土资源系统党风廉政建设示范所进行检查验收。聊城市政府办公室副主任魏天山，中共临清市委副书记、市长李新阁，市委常委、副市长冯子峰，市经济开发区管委会主任、新华路街道党委书记刘明峰等陪同活动。

3月31日 全市《社会保险法》专题培训暨劳动保障监察集中执法活动动员会举行，邀请省人社厅法规处副处长褚国良为企业家们作题为《社会保障法》的专题讲座。临清市副市长王磊出席会议。

4月1日 聊城市委常委、常务副市长李希信带领聊城市直有关部门、部分县（市、区）长到临清市检查指导重点项目工作。中共临清市委书记、市人大常委会主任王建鹏，市委副书记、市长李新阁，市委副书记祁学兰，市委常委、办公室主任李汝山，市委常委、副市长冯子峰，市人大常委会党组副书记刘占海陪同活动。

4月3日 全市政协委员提案交办工作会议召开。市政协主席汪保远，市委常委、办公室主任李汝山，副市长秦荣菊，市政协副主席王俊山、许朝生、贾艳华、徐宝福、王保粮出席会议。

△ 临清市设会场组织有关部门和单位负责人收看聊城市“我承诺，我清廉”工作推进电视会议。市委常委、纪委书记张子明，市委常委、组织部长秦生春，市运河经济开发区管委会主任、新华路街道党委书记刘明峰出席分会场会议。

4月7日 临清市组织收听收看省政府廉政工作电视电话会议。市委副书记、市长李新阁，副市长秦荣菊出席分会场会议。

△ 省人口计生委副主任于富军一行，在聊城市人口计生委党组书记、主任张树奎的陪同下到临清市调研。中共临清市委副书记祁学兰，副市长秦荣菊，市经济开发区管委会主任、

新华路街道党委书记刘明峰陪同活动。

4月9日 聊城市统计局局长张同奇到临清市调研基层统计工作。中共临清市委副书记、市长李新阁，副市长王磊陪同活动。

△ 聊城市委常委、纪委书记万志博到临清市调研基层组织建设及党风廉政建设工作。中共临清市委常委、纪委书记张子明陪同活动。

4月10日 临清市召开2012年度经济和社会工作总结表彰大会，隆重表彰在过去一年做出突出成绩的先进单位和先进个人。市委书记、市人大常委会主任王建鹏在会上作重要讲话，市委副书记、市长李新阁主持会议。

△ 山东省军区副司令员吴建初等到临清市考察。中共临清市委副书记祁学兰，市委常委、人武部政委马培虎等陪同活动。

4月11日 中国工商银行山东省分行副行长徐光林在聊城支行行长杨峰的陪同下到临清市考察。中共临清市委副书记、市长李新阁，市人大常委会第一副主任王晓华，市人大常委会党组副书记刘占海，市政协副主席宛秋生陪同活动。

△ 市委书记、市人大常委会主任王建鹏，市委副书记祁学兰，市委常委、人武部政委马培虎走访慰问聊城市民兵训练中心官兵并送上慰问品。

4月13日 山东大学和山东润源实业有限公司举行产学研合作签约仪式。山东大学机械工程学院院长黄传真，中共临清市委常委、副市长韩德振等出席签约仪式。

4月16日 临清市举行市委理论学习中心组集中学习报告会，会议邀请山东师范大学党委书记商志晓同志作题为《全面推进中国特色社会主义事业发展的政治宣言和行动纲领》的专题报告。市委副书记祁学兰主持报告会并讲话。

△ 乌鲁木齐市米东区区委副书记韩枫、新疆质监局执法稽查局局长林春杰带领联合学习调研组在山东省质监局稽查局副局长王景涛和聊城市质监局有关领导的陪同下，到临清市考察轴承业发展和“质量兴市”工作情况。临清市副市长王磊陪同活动。

4月17日 省委常委、省军区政委刘从良在聊城市委常委、军分区政委王勇的陪同下到临清市调研。中共临清市委副书记、市长李新阁，市委常委、人武部政委马培虎陪同活动。

4月18日 省司法厅党委委员、副厅长，省劳教（戒毒）局党委书记马灵喜到临清市调研基层司法行政工作。聊城市司法局局长哈宝泉，中共临清市委常委、政法委书记韩青陪同活动。

4月20日 临清市与西安市西蓝集团4万吨LNG项目合作签约仪式举行，西安市西蓝集团董事长姬秦安一行，中共临清市委书记、市人大常委会主任王建鹏，市委副书记、市长李新阁，市委常委、办公室主任李汝山，副市长王磊，市经济开发区管委会主任、新华路街道党委书记刘明峰及相关部门负责同志出席仪式。

4月22日 临清市组织收听收看全省人口和计划生育工作电视电话会议。市委副书记、市长李新阁，副市长秦荣菊出席临清分会场会议。

4月24日 省环保厅副厅长葛为砚带领出席全省流域水污染防治工作会议人员到临清市进行观摩。聊城市委常委、副市长侯军，中共临清市委书记、市人大常委会主任王建鹏，市委常委、副市长冯子峰陪同活动。

4月25日 聊城市副市长马丽红到临清市调研运河文化申遗工作，聊城市文广新局局长杨达，中共临清市委常委、副市长冯子峰陪同活动。

△ 省政协常委、社会法制委员会主任高存山一行到临清市调研农村生态环境依法治理工作。聊城市政协副主席姜之厚，临清市政协主席汪保远，市政府党组副书记王庆瑞，市政协副主席、党组副书记、统战部部长许朝生等陪同活动。

4月26日 市委书记、市人大常委会主任王建鹏率队赴郓城县、巨野县进行考察学习。市委常委、办公室主任李汝山，市委常委、纪委书记张子明，副市长王磊，市政府党组副书记、市经济开发区党工委书记李衍博，临清市经济、城建部门及部分企业负责人参加活动。

△ 民政部社会救助司司长王治坤带领全国部分省民政厅（局）分管厅（局）长、各省业务处长和民政部有关司局同志到临清市观摩。省民政厅副厅长周云平，聊城市副市长白志坚，中共临清市委副书记、市长李新阁，副市长秦荣菊等陪同活动。

4月27日 第五次公共图书馆省评估定级专家组到临清，就临清市图书馆评估定级初评工作进行实地评估。副市长王明红陪同活动。

△ 临清市第十七届人大常委会第九次会议在临清宾馆贵宾三楼会议室召开。市人大常委会党组书记、第一副主任王晓华，市人大常委会党组副书记李凤义，副主任赵孝洪、孙玉璞、宋加利、张学庚及委员出席会议。副市长秦荣菊、市法院院长马国栋、市检察院检察长杨青列席会议。

5月5日 全市2012年度人口和计划生育责任目标执行情况奖惩兑现大会召开，市领导祁学兰、李汝山、张子明、张学庚、秦荣菊、贾艳华、刘明峰出席会议。

5月8日 济南军区副参谋长蒋建军在聊城军分区司令员刘述明等的陪同下，到临清市人武部检查指导工作。中共临清市委副书记、市长李新阁，市委常委、市人武部政委马培虎陪同活动。

△ 聊城市副市长白志坚到临清市调研民政工作。中共临清市委副书记、市长李新阁，副市长秦荣菊陪同活动。

5月9日 临清市与北京桑德环境资源股份有限公司年处理30万吨生活垃圾发电项目签约仪式举行。北京桑德环境资源股份有限公司总裁胡新灵一行，中共临清市委书记、市人大常委会主任王建鹏，市委常委、办公室主任李汝山，市委常委、副市长冯子峰，市经济开发区管委会主任、新华路街道党委书记刘明峰出席仪式。

5月11日 全市经信暨民营经济工作会议召开。市委副书记、市长李新阁，市委常委、副市长韩德振，市人大党组副书记刘占海、市政府党组副书记、运河经济开发区党工委书记李衍博，市政协副主席王保粮，市经济开发区管委会主任、新华路街道党委书记刘明峰出席会议。

△ 临清市举办宪法知识讲座。市人大常委会第一副主任王晓华，市委常委、纪委书记张子明，市委常委、组织部长秦生春，市人大常委会党组副书记李凤义，市人大常委会副主任赵孝洪、孙玉璞、宋加利、副市级干部、市公安局局长王志刚听取讲座。讲座由王晓华主持，特邀原山东政法学院院长赵喜臣教授主讲。

5月12日 市委副书记、市长李新阁主持召开市长办公会议，听取市政府领导班子成员近期工作情况汇报，并就当前重点工作进行安排部署。市委常委、副市长韩德振、冯子峰，副市长秦荣菊、周志雯、王明红，市政府党组副书记王庆瑞，市政府党组副书记、市经济开发区党工委书记李衍博，副市级领导、市公安局局长王志刚出席会议。

5月14日 省人防办副主任高国峰带领调研组到临清市调研人民防空工作。聊城市人防办主任王子章，中共临清市委常委、副市长冯子峰陪同活动。

5月16日 市政协主席汪保远，市政协副主席王俊山，市政协副主席、党组副书记、统战部长许朝生，市政协副主席徐宝福、王保粮带领市政协委员考察临清市人力资源和社会保障工作。

△ 聊城市委书记、市人大常委会主任林峰海，聊城市委常委、秘书长秦传滨到临清调研。中共临清市委书记、市人大常委会主任王建鹏，

市政协主席汪保远，市人大常委会第一副主任王晓华，市委副书记祁学兰，市委常委、办公室主任李汝山，市委常委、副市长冯子峰陪同活动。

5月16日、17日 临清市分别在辽宁省大连市和瓦房店市举行外出流动党员党总支、党支部成立揭牌仪式。大连市保税区党工委、瓦房店市委组织部有关负责同志、中共临清市委常委、组织部长秦生春出席活动。

5月17日 山东省浙江商会执行会长兼秘书长叶蕲萩一行到临清市进行考察。中共临清市委书记、市人大常委会主任王建鹏，副市长王磊，市政府党组副书记、市经济开发区党工委书记李衍博，市经济开发区管委会主任、新华路街道党委书记刘明峰陪同活动。

5月21日 台湾客商尤正贤一行到临清考察。聊城市委常委、市直机关工委书记蔡同民，中共临清市委副书记祁学兰陪同活动。

△ 市委副书记、市长李新阁到民营企业走访调研，详细了解重点培植企业运行及发展规划。市政府党组副书记、经济开发区党工委书记李衍博陪同活动。

5月22日 临清市组织收看山东省、聊城市营改增试点工作电视会议。市政府党组副书记、运河经济开发区党工委书记李衍博出席临清市分会场会议。

5月23日 2013年临清市第三届全民健身运动会开幕式暨全民健身月活动启动仪式举行。市委常委、宣传部长衣述光，市委特邀顾问、市总工会主席袁磊，市人大常委会副主任张学庚，副市长周志雯，市政协副主席徐宝福，全国劳动模范、市体育总会主席尹承桐出席仪式。

5月24日 聊城市村（居）老年活动场所建设现场会在临清市举行。山东省老龄委办公室副主任王照奎，聊城市副市长、市老龄委主任白志坚，中共临清市委副书记、市长李新阁，市委副书记、市老龄委主任祁学兰，副市长、市老龄委常务副主任周志雯等出席活动。

5月26日 临清市人民调解工作者协会成立大会举行。市委常委、政法委书记韩青，市政协副主席、统战部长许朝生出席大会并为协会成立揭牌。

5月27日 临清市设分会场组织有关部门和单位负责人收看了全国、省纪检监察系统开展会员卡专项清退活动电视会议。市委常委、纪委书记张子明出席分会场会议。

5月29日至30日 临清市举办2013年选派基层党组织“第一书记”培训班，对市乡两级选派的340名“第一书记”进行集中培训。市委常委、组织部长秦生春出席开班仪式。

5月29日 市委副书记、市长李新阁深入部分城建重点项目建设现场，对项目进展情况进行视察。市委常委、副市长冯子峰，市运河经济开发区管委会主任、新华路街道党委书记刘明峰参加活动。

5月30日 省政协民宗委主任李民一行到临清市调研少数民族民营企业发展情况。聊城市副市长马丽红，中共临清市委书记王建鹏，副市长周志雯，市政协副主席、党组副书记、市委统战部长许朝生，市政协副主席徐宝福陪同活动。

5月31日 省台办副主任庄卫平一行到临清市检查指导工作。聊城台办主任朱正林，中共临清市委副书记祁学兰陪同活动。

△ 全市迎接省级卫生城市复审工作会议召开。市委常委、副市长冯子峰出席会议并讲话。

6月1日—2日 中央人民广播电台山东站站长沈剑华，中央人民广播电台山西站站长康维佳、中央人民广播电台内蒙站站长刘源源、聊城市广播电视总台副台长玄志刚到临清市就“运河文化的今与昔”进行深入专题采访。中共临清市委常委、宣传部长衣述光陪同活动。

6月5日 2013年临清市普通高校招生考试工作汇报会召开。省检查组组长、泰山医学院化工学院党总支副书记赵传华，聊城市检查组组长、聊城市教育局副县级督学王保祥，临清市副市长王磊出席会议。

△ 临清市组织收听收看全国食品药品安全和监管体制改革工作电视电话会议。市委副书记、市长李新阁，市政府党组副书记王庆瑞出席分会场会议。

△ 临清市举行革命老区建设促进会成立大会暨揭牌仪式。会议分两个阶段举行，第一阶段召开首届会员大会，市委副书记祁学兰主持会议。

6月6日 临清市召开普通高校招生考试动员暨培训会。泰山医学院化工学院党总支副书记赵传华，聊城市教育局副县级督学王保祥以及东昌府区教育局有关领导，临清市副市长周志雯出席会议。

6月8日 临清市在鳌头矶广场举办庆祝中国第八个“文化遗产日”宣传活动，展示临清市非物质文化遗产保护成果，提高全社会保护文化遗产的意识。副市长周志雯出席活动，并向群众发放宣传单。

6月15日 省海洋与渔业厅厅长王守信带领调研组到临清市调研现代渔业发展情况。中共聊城市市委常委、副市长侯军，中共临清市委书记、市人大常委会主任王建鹏陪同活动。

6月16日 青岛即发集团控股有限公司总经理杨为东到临清市考察。市委书记、市人大常委会主任王建鹏，副市长王磊，市经济开发区管委会主任、新华路街道党委书记刘明峰陪同活动。

6月18日 市委副书记、市长李新阁带领经信局、中小企业局等有关部门负责同志深入到部分轴承企业进行调研。

△ 临清市召开迎接省级文明市精神文明建设重点工作测评调度会议。市委副书记祁学兰，市委常委、宣传部长衣述光，市经济开发区管委会主任、新华路街道党委书记刘明峰出席会议。

6月19日 聊城市委常委、宣传部部长赵庆忠一行到临清市检查督导省级文明市测评迎检准备工作。中共临清市委副书记祁学兰，市委常委、宣传部长衣述光陪同活动。

△ 临清市举行“全国民主法治示范村”授牌仪式，聊城市委常委、政法委书记刘强，聊城市司法局局长哈宝泉，中共临清市委副书记、市长李新阁、副市长秦荣菊出席仪式。

△ 国家文物局世界遗产处黄晓帆、中国文化遗产研究院张谨等领导、专家一行，在省文物局文保处处长倪国胜、聊城市文广新局局长杨达的陪同下，到临清市就大运河临清段申遗准备工作进行检查督导。中共临清市委常委、副市长冯子峰陪同活动。

△ 临清市举行“全国民主法治示范村”授牌仪式，聊城市委常委、政法委书记刘强，聊城市司法局局长哈宝泉，中共临清市委副书记、市长李新阁、副市长秦荣菊出席仪式。仪式上，刘强、李新阁共同为荣获“全国民主法治示范村”的丁马村揭牌。哈宝泉就聊城市创建“全国民主法治示范村”工作讲意见。聊城市民政部门有关负责同志宣读司法部、民政部的表彰决定。秦荣菊介绍临清市民主法治示范村创建情况。丁马村党支部书记介绍丁马村工作情况。

6月20日 省民委纪检组长、监察专员马凤增一行到临清市检查指导少数民族发展资金管理和使用情况。中共临清市委常委、宣传部长衣述光陪同活动。

6月22日 全市城区防汛工作会议召开。市委常委、副市长冯子峰出席会议。

6月23日 临清市召开重点项目暨招商引资工作推进会议，市委书记、市人大常委会主任王建鹏，市委副书记、市长李新阁，市政协主席汪保远，市人大常委会第一副主任王晓华，市委副书记祁学兰出席会议并在主席台就座。全体市级干部，各镇（街道）党政正职，全市有招商引资任务单位的主要负责人参加会议。

6月24日 市委副书记、市长李新阁，市委常委、副市长韩德振带领经信局、中小企业局等有关部门负责同志深入到金郝庄、老赵庄部分企业进行走访调研。

6月26日 市委副书记、市长李新阁，副市长周志雯，对临清市大运河临清段申遗准备工作进行现场督导调度。

△ 市委副书记、市长李新阁对临清市部分老党员和困难群众进行慰问，将市委、市政府的关心送到他们心中，并给他们送去慰问品和慰问金。

△ “讲道德、重诚信、比赶超、促跨越”临清市庆祝建党92周年“我与中国梦”百姓宣讲比赛举行。市委副书记祁学兰，市委常委、宣传部长衣述光，市人大常委会副主任张学庚，市政协副主席徐宝福出席活动。

△ 临清市第十七届人大常委会召开第十次会议。市人大常委会党组书记、第一副主任王晓华，市人大常委会党组副书记刘占海、李凤义，市人大常委会副主任赵孝洪、孙玉璞、张学庚及委员出席会议。市法院院长马国栋，副市级干部、市公安局局长王志刚列席会议。

△ 聊城市经信局长座谈会在临清市召开。聊城市经信委党组书记、主任许世水，中共临清市委副书记、市长李新阁，市委常委、副市长韩德振，市政府党组副书记、市经济开发区党工委书记李衍博出席。

△ 市人民检察院“全国青年文明号”揭牌仪式举行。共青团山东省委书记张涛，省人民检察院党组成员、政治部主任宋文娟，聊城市委常委、政法委书记刘强，聊城市人民检察院党组书记、检察长王学军，共青团聊城市委书记彭志国，聊城市人民检察院党组成员、副检察长宋晓磊；中共临清市委书记、市人大常委会主任王建鹏，市委副书记祁学兰，市委常委、市委办公室主任李汝山，市委常委、政法委书记韩青，市委特邀顾问、市总工会主席袁磊，市人民检察院党组书记、检察长杨青出席仪式。

6月27日 临清市政协委员企业家联谊会成立大会召开，市政协主席汪保远，市委常委、副市长韩德振，市政协副主席王俊山、贾艳华、宛秋生、徐宝福、王保粮出席会议。

6月28日 讲道德、重诚信、比赶超、促跨越——临清市庆祝建党92周年暨“我与中国梦”书画展开展，市委常委、宣传部长衣述光，市委特约顾问、市总工会主席袁磊，市人大常委会副主任张学庚，副市长周志雯，市政协副主席贾艳华，市人大常委会原副主任王秀璞出席开展仪式。

6月29日 市委书记、市人大常委会主任王建鹏，市委常委、市委办公室主任李汝山，市运河经济开发区管委会主任、新华路街道党委书记刘明峰到新华路街道走访慰问部分老党员、困难党员，代表市委、市政府和全市人民向他们送上亲切问候和崇高敬意，感谢老党员们为党的事业和临清发展作出的贡献。

△ 临清市举行庆“七一”优秀共产党员先进事迹报告会。市委副书记祁学兰，市委常委、组织部长秦生春、市委常委、宣传部长衣述光，市人大常委会党组副书记李凤义，副市长秦荣菊，市政协副主席徐宝福出席会议。

6月29日 临清市召开2013年重点项目调度会。市委常委、副市长韩德振，副市长王磊出席会议。

7月1日 新修订的《中华人民共和国老年人权益保障法》正式实施。市老龄办在大众公园南门举办宣传活动。市人大常委会副主任孙玉璞、副市长周志雯、市政协副主席贾艳华等出席活动并向过往群众发放宣传册和明白纸。

7月2日 市委副书记、市长李新阁主持召开市长办公会议，安排部署当前重点工作。市委常委、副市长韩德振、冯子峰，副市长王磊、秦荣菊、周志雯，市政府党组副书记、临清经济开发区党工委书记李衍博，副市级干部、市公安局局长、党委书记王志刚出席会议。

7月3日 临清市设分会场收听收看山东省党的群众路线教育实践活动动员会议。李新阁、王晓华、韩德振、张子明、秦生春、冯子峰、韩青等市领导出席会议。

7月4日 省水利厅副厅长刘建良在聊城市副市长洪玉振的陪同下，到临清市检查引黄穿卫枢纽工程，中共临清市委书记、市人大常委会主任王建鹏陪同活动。

7月5日 烟店国际轴承商贸城开工奠基仪式举行。聊城市政协副主席、统战部长张传玄，中共临清市委常委、副市长韩德振，市人大常委会副主任赵孝洪，副市长王磊，市政协副主席、党组副书记、统战部长许朝生，运河经济开发区管委会主任、新华路街道党委书记刘明峰出席仪式。

7月9日 环保部2013年总量减排半年核查组成员到临清市进行检查。中共临清市委书记、市人大常委会主任王建鹏，市委常委、副市长韩德振，副市长周志雯陪同活动。

7月10日 中色奥博特铜铝业有限公司一万吨压延铜箔项目正式开工。聊城市副市长任晓旺，聊城市政协副主席姜之厚应邀出席项目开工仪式。

7月11日 省地震局局长晁洪太带领省各市地震局负责同志，到临清市进行参观考察。中共临清市委副书记、市长李新阁，市委常委、副市长冯子峰陪同活动。

△ 7月11日是季羡林先生逝世四周年的日子。季羡林先生憩园在小雨中格外的庄严肃穆，“季羡林先生永远活在家乡人心中”的字幅也深深地寄托着人们的哀思。社会各界代表在这里深切缅怀季羡林先生的辉煌成就和崇高风范，表达对先生的无限敬爱和怀念之情。市委常委、宣传部长衣述光，市人大常委会副主任张学庚，副市长周志雯，市政协副主席徐宝福，市人大常委会原副主任马景瑞、匙永春参加季羡林先生逝世四周年纪念活动。

7月13日 临清市与齐鲁证券有限公司战略合作签约仪式暨创新企业融资模式宣讲会举行。市委副书记、市长李新阁，市委常委、副市长韩德振，市人大常委会副主任孙玉璞，市政府常组副书记、运河经济开发区党工委书记李衍博，市政协副主席王保粮。齐鲁证券有限公司副总裁钟金龙出席签约仪式。

△ 临清市特聘苏州大学东吴商学院沈健教授到运河名城大讲堂举办《提高农民收入的新思路、新方法》的专题讲座。市人大常委会第一副主任王晓华、市人大常委会副主任张学庚、政协副主席贾艳华，市委党校常务副校长、党委书记张守群等莅临听课。

△ 临清市召开全市人才工作推进会，主要任务是认真贯彻市委十二届四次全体（扩大）会议精神，总结成绩，交流经验，研究部署当前及今后一个时期临清市人才工作。市委副书记祁学兰，市委常委、组织部长秦生春，市人大副主任宋加利，副市长王磊，市政协副主席徐宝福出席会议。

7月16日 2013临清市“沪农商银行”杯消夏文化艺术节在临清市大剧院前拉开帷幕。市委常委、宣传部长衣述光，市人大常委会副主任宋加利，副市长王磊，市政协副主席贾艳华出席开幕式，与千余名群众共同观看演出。

7月16日 山东润源实业有限公司与中信证券“新三板”业务签约仪式举行。市委常委、副市长韩德振，市人大常委会副主任宋加利，市政协副主席王保粮，中信证券股份有限公司副总裁李祎及北京兴华会计师事务所、北京市竞天公诚律师事务所高级合伙人出席签约仪式。

7月18日 临清市召开土地增减挂钩和窑场复垦工作调度会。市委书记、市人大常委会主任王建鹏，市委副书记、市长李新阁，市委常委、副市长冯子峰，市运河经济开发区管委会主任、新华路街道党委书记刘明峰出席会议。

7月23日 民政部副司级巡视员周萍一行，在省民政厅纪检组长唐晓军陪同下到临清市督导检查“百名处长进百家敬老院服务”活动。副市长秦荣菊陪同活动。

△ 市委书记、市人大常委会主任王建鹏，市委常委、市委办公室主任李汝山，带领市直

有关部门和市农信社负责同志深入烟店、潘庄等镇，就镇域经济特别是新项目建设及轴承产业发展情况进行调研。

7月25日 聊城市人大常委会副主任刘新东带领聊城市人大农业委员会有关同志到临清市，就畜牧业发展情况进行调研。中共临清市委副书记祁学兰、市人大常委会党组副书记李凤义、市人大常委会副主任孙玉璞，政协副主席宛秋生等陪同活动。

△ 临清市人大常委会联系代表座谈会召开。市委书记、市人大常委会主任王建鹏，市委常委、市委办公室主任李汝山，市人大常委会党组副书记刘占海，市人大常委会副主任宋加利，市运河经济开发区管委会主任、新华路街道党委书记刘明峰出席座谈会。

7月27日 聊城市漳卫南运河（临清段）防汛抢险实战演习在临清市举行。聊城市委副书记、市长王忠林，聊城军分区司令员刘述明，聊城市委常委耿涛，聊城市政府秘书长马骏，临清市领导王建鹏、李新阁、汪保远、祁学兰、冯子峰等出席并观看演习。

7月27至28日 中组部组织局原副局长、北京市城建工委原书记刘凤岐一行，在山东政法学院党委副书记、聊城市原副市长刘继恩，聊城市委组织部常务副部长马保杰的陪同下，到临清市进行参观考察。中共临清市委书记、市人大常委会主任王建鹏，市委副书记祁学兰，市委常委、市委办公室主任李汝山，市委常委、组织部长秦生春陪同活动。

7月28日 中共临清市委书记、市人大常委会主任王建鹏，市委副书记、市长李新阁，市委常委、办公室主任李汝山，副市长秦荣菊等领导走访慰问聊城市军分区、聊城市武警支队、聊城市消防支队、路航团等单位，为聊城驻地官兵送去节日的问候和祝福，并送上慰问品和慰问金。

△ 临清市召开2013年“慈心一日捐”活动动员会议。市委副书记祁学兰，市人大常委会副主任孙玉璞，副市长秦荣菊，市政协副主席王保粮出席会议。

7月29日 全市城建工作会议召开。市委副书记、市长李新阁，市委常委、副市长冯子峰，市运河经济开发区管委会主任、新华路街道党委书记刘明峰出席会议。

7月31日 德州市政府考察团在市委常委、常务副市长翟长生，市政协副主席杨光来的带领下到临清市就水污染防治核查工作进行考察。聊城市副市长洪玉振，市政协副主席潘延红，中共临清市委书记、市人大常委会主任王建鹏，市委常委、副市长冯子峰陪同活动。

△ 市政协召开市三届七次会议。市政协主席汪保远，副市长周志雯，市政协副主席王俊山，市政协副主席、党组副书记、统战部长许朝生，副主席贾艳华、宛秋生、徐宝福、王保粮等出席会议。

△ 市委书记、市人大常委会主任王建鹏先后到华兴纺织有限公司、迅力集团、秋华纺织有限公司、中色奥博特铜铝业有限公司等企业，对重点项目建设推进情况进行现场检查督导。市委副书记祁学兰，市委常委、副市长韩德振，市委常委、办公室主任李汝山，市委常委、副市长冯子峰，市人大常委会党组副书记刘占海，市政协副主席宛秋生，运河经济开发区管委会主任、新华路街道党委书记刘明峰参加活动。

8月1日 聊城市大督查落实委员会第五督查室主任耿军到临清市对大督查工作及小额担保公司建设情况进行调研。市委副书记祁学兰，市委常委、副市长韩德振，市委常委、纪委书记张子明，市委常委、组织部长秦生春陪同活动。

8月2日 省文物局副局长由少平到临清市督导大运河临清段申遗工作。聊城市文广新局局长杨达、临清市副市长周志雯陪同活动。

8月5日 临清市在市委办公楼前开展市级机关“慈心一日捐”活动。市委书记、市人大常委会主任王建鹏，市委副书记、市长李新阁，市政协主席汪保远，市人大常委会第一副主任王晓华，市委副书记祁学兰等市级领导和机关干部职工一起现场捐款，为慈善事业献上一份爱心。副市长秦荣菊主持活动仪式。

8月6日 聊城市发改委主任葛敬方到临清市视察重点项目建设。中共临清市委书记、市人大常委会主任王建鹏，市委常委、副市长韩德振，市委常委、办公室主任李汝山，市人大常委会党组副书记刘占海，市政协副主席宛秋生，市运河经济开发区管委会主任、新华路街道党委书记刘明峰陪同活动。

8月7、8日 市委书记、市人大常委会主任王建鹏，市委副书记、市长李新阁，市政协主席汪保远，市人大常委会第一副主任王晓华，市委副书记祁学兰带领市几大班子领导、各镇办事处党政正职、部分市直部门、驻临单位主要负责人，对2013年上半年全市各镇（街道）经济发展情况进行实地观摩。

8月8日 临清市召开上半年经济观摩总结会议，总结上半年工作，分析当前形势，安排部署下步工作，动员全市各级各部门进一步明确思路，坚定信心，加压奋进，转轨提速，狠抓落实，确保圆满完成今年跨越赶超目标任务。王建鹏、李新阁、汪保远、王晓华、祁学兰、韩德振、李汝山、张子明、秦生春、冯子峰、衣述光、韩青等市级领导出席会议。

8月11日 聊城市委常委，市直机关工委书记蔡同民到临清市调研，中共临清市委书记、市人大常委会主任王建鹏，市委副书记、市长李新阁，市委副书记祁学兰，市委常委、副市长韩德振，市委常委、办公室主任李汝山，市人大常委会党组副书记刘占海，市政协副主席宛秋生，市运河经济开发区管委会主任、新华路街道党委书记刘明峰陪同活动。

8月12日 临清市组织收看全省党员干部联系困难家庭工作电视会议。市委书记、市人大常委会主任王建鹏，市委常委、组织部长秦生春，副市长秦荣菊，市运河经济开发区管委会主任、新华路街道党委书记刘明峰出席会议。

8月16日 中共聊城市委常委、常务副市长李希信到临清市视察重点项目建设。中共临清市委书记、市人大常委会主任王建鹏，市委副书记、市长李新阁，市委常委、副市长韩德振，市委常委、市委办公室主任李汝山等陪同活动。

8月17日 财政部国库司副司长杨瑞金一行到临清参观访问，市委副书记、市长李新阁陪同活动。

8月20日 省水利厅副厅长曹金萍到临清市检查水库安全生产工作。聊城市委副秘书长、农工办主任许兰岭，聊城市水利局局长栾居军，中共临清市委副书记、市长李新阁陪同活动。

△ 中共聊城市委常委、副市长耿涛到临清市检查指导农村土地承包经营权登记试点工作。市委书记、市人大常委会主任王建鹏陪同活动。

△ 山东省水利厅副厅长马承新一行在中共聊城市委常委、副市长耿涛的陪同下到临清市就水库建设工作进行实地调研。中共临清市委书记、市人大常委会主任王建鹏陪同活动。

8月27日 省政府副秘书长李娥，省旅游局局长于冲，省文物局副局长由少平等到临清市调研运河申遗工作。中共聊城市委书记、市人大常委会主任林峰海，副市长马丽红，中共临清市委书记、市人大常委会主任王建鹏，市委副书记、市长李新阁，市委常委、办公室主任李汝山，副市长周志雯陪同调研。

8月28日 临清市召开领导干部会议。王建鹏、李新阁、汪保远、王晓华、祁学兰等市几大班子领导出席会议。市委书记、市人大常委会主任王建鹏传达聊城市委理论学习中心组读书会暨重点项目观摩总结会精神，并做重要讲话。

8月29日 山东省水利厅副厅长曹金萍，聊城市人大常委会副主任孙菁等部分驻鲁全国人大代表，到临清市调研水污染综合防治情况。

聊临两市领导张同村、张旋宇、王建鹏、王晓华、冯子峰、赵孝洪等陪同活动。

8月31日 邯郸新兴能源装备股份有限公司董事长汪宇到临清视察指导工作。中共临清市委书记、市人大常委会主任王建鹏，市人大常委会第一副主任王晓华，市委副书记祁学兰，市委常委、市委办公室主任李汝山陪同活动。

9月1日 全市人口和计划生育形势分析会议召开，市委书记、市人大常委会主任王建鹏，市委副书记祁学兰，副市长秦荣菊，市运河经济开发区管委会主任、新华路街道党委书记刘明峰出席会议。

9月2日 聊城市副市长洪玉振带领聊城市工业重点项目观摩团，到临清市对今年以来新上市级工业重点项目建设进展情况进行现场观摩。中共临清市委书记、市人大常委会主任王建鹏，市委副书记、市长李新阁，市委常委、副市长韩德振，市委常委、办公室主任李汝山，市人大常委会党组副书记刘占海，市政府党组副书记、市经济开发区党工委书记李衍博，市经济开发区管委会主任、新华路街道党委书记刘明峰陪同活动。

△ 市委书记、市人大常委会主任王建鹏先后到山东正乾复合材料有限公司、顺佳机械设备有限公司、盛荣物流有限公司、齐亚机械有限公司等处，对重点项目建设推进情况进行现场检查督导。市委常委、办公室主任李汝山，市委常委、宣传部长衣述光，副市长王磊，市经济技术开发区管委会主任、新华路街道党委书记刘明峰参加活动。

9月3日 市委副书记、市长李新阁，挂职副市长戴建华带领财政、发改、规划、国土、经信等部门负责同志深入到烟店镇、潘庄镇就镇域经济和社会发展情况进行调研。

△ 市人大常委会第一副主任王晓华，市人大常委会党组副书记李凤义，市人大常委会副主任孙玉璞、宋加利、张学庚，在副市长周志雯陪同下到临清市部分学校和幼儿园，亲切看望师生员工，向全体教师和教育工作者送去节日的祝福和问候。

9月4日 在第二十九个教师节即将来临之际，市委书记、市人大常委会主任王建鹏深入到临清市部分中小学、幼儿园，实地视察教育工作。市委常委、市委办公室主任李汝山，市委常委、纪委书记张子明，市委常委、宣传部长衣述光陪同活动。

9月5日 市政协领导汪保远、王俊山、贾艳华、徐宝福、王保粮带领部分政协委员到临清市部分中小学和幼儿园，就教育工作进行考察。

9月6日至7日 山东省文化强省建设先进县（市、区）考评组在省统计局社科处副处长杨红康的带领下到临清市检查验收相关工作，聊城市委常委、宣传部长赵庆忠，中共临清市委书记、市人大常委会主任王建鹏，市委常委、宣传部长衣述光陪同活动。

9月7日 临清市隆重举行庆祝第29个教师节大会，对全市优秀教师、优秀班主任、优秀教育工作者和尊师重教先进集体、先进个人进行表彰，动员全市上下进一步统一思想、振奋精神，拼搏进取、扎实工作，努力推动临清市教育事业更好更快发展。市领导李新阁、汪保远、王晓华、李汝山、张子明、秦生春、衣述光、张学庚、周志雯、徐宝福，市经济开发区管委会主任、新华路街道党委书记刘明峰等出席会议。

9月8日 临清市邀请王达博士及其团队到临清市举办房屋征收拆迁工作法制讲座，市委副书记、市长李新阁主持讲座并讲话。韩德振、张子明、秦生春、衣述光、韩青、李凤义、秦荣菊、周志雯等领导与全市各镇（街道）党政主要负责人、市直各部门主要负责人共同收听讲座。

9月10日 是我国第29个教师节。副市长秦荣菊带领市民政、教育部门有关负责同志走访慰问部分特困教师，为他们送上“烛光工程”慈善救助金和节日祝福。

9月11日 聊城市人大常委会副主任刘新东带领聊城市人大农业与农村委员会领导到临清市视察《农业机械化促进法》贯彻落实情况。临清市人大常委会党组副书记李凤义，人大常委会副主任赵孝洪，副市长秦荣菊陪同活动。

9月12日 市委副书记、市长李新阁主持召开市长办公会议。市委常委、副市长韩德振、冯子峰，副市长秦荣菊、周志雯，挂职副市长王明红、戴建华，副市级干部、市公安局局长、党委书记王志刚参加会议。

9月13日 聊城市副市长任晓旺带领相关部门负责人到临清市视察公路建设工作。中共临清市委副书记、市长李新阁陪同活动。

△ 临清市召开专题会议，对第三次经济普查工作进行研究部署。市委常委、副市长韩德振出席会议并讲话。

9月15日 临清市召开志愿者联合会成立大会暨第一次会员代表大会。市委副书记祁学兰，市委常委、宣传部长衣述光出席会议。

9月22日 聊城市委常委、常务副市长李希信到临清市视察重点项目建设工作。中共临清市委书记、市人大常委会主任王建鹏，市委常委、市委办公室主任李汝山，运河经济开发区管委会主任、新华路街道党委书记刘明峰陪同活动。

△ 中国有色集团总经理罗涛一行到临清市指导工作。聊城市委书记、市人大常委会主任林峰海，聊城市委常委、副市长李希信，聊城市委常委、市委秘书长李吉增，聊城市政协副主席姜之厚，中共临清市委书记、市人大常委会主任王建鹏，市人大常委会第一副主任王晓华，市委常委、办公室主任李汝山，市人大常委会党组副书记、中色奥博特铜铝业有限公司董事长刘占海陪同活动。

△ 新兴重工公司与山东迅力集团就项目合作举行洽谈会。新兴重工高级顾问赵子建、新兴重工天津科技总经理张相相，市人大常委会党组书记、第一副主任王晓华出席活动。

9月23日 中色奥博特铜铝业有限公司博士后科研工作站揭牌仪式举行。中国有色集团总经理罗涛，聊城市委常委、政法委书记刘强，中共临清市委书记、市人大常委会主任王建鹏，市人大常委会第一副主任王晓华，市委常委、市委办公室主任李汝山，市委常委、政法委书记韩青，市人大常委会党组副书记刘占海出席仪式。

9月26日 聊城市委常委、纪委书记万志博到临清市就党的群众路线教育实践活动进行调研。市委常委、纪委书记张子明陪同活动。

9月29日 全市企业“实施二次创业、贡献跨越赶超”动员大会召开。市委书记、市人大常委会主任王建鹏，市政协主席汪保远，市人大常委会第一副主任王晓华，市委常委、副市长韩德振，市委常委、组织部长秦生春，市委常委、宣传部长衣述光，市人大常委会党组副书记刘占海，副市长王磊，市政协副主席宛秋生，市经济开发区管委会主任、新华路街道党委书记刘明峰出席会议。

9月30日 新兴能源装备股份有限公司、临清市人民政府、山东迅力特种汽车有限公司战略合作签约仪式举行。聊城市委常委、机关工委书记蔡同民，副市长张旋宇，新兴重工集团常务副总经理、新兴能源装备股份有限公司董事长汪宇，新兴重工集团高级顾问赵子建，临清市王建鹏、汪保远、王晓华、韩德振、王磊、刘明峰等领导参加签约仪式。

10月1日 聊城市副市长冯艺东在聊城市金融办主任马广朋陪同下到临清市调研企业发展、上市融资等工作。中共临清市委副书记祁学兰。市委常委、副市长韩德振，市人大常委会党组副书记刘占海，市政协副主席宛秋生陪同活动。

10月4日 市委书记、市人大常委会主任王建鹏，市委常委、市委办公室主任李汝山带领市农业、农机、水务等有关部门负责同志深入田间地头，就当前“三秋”生产进行视察。

10月7日 市委书记、市人大常委会主任王建鹏，市委副书记、市长李新阁，市政协主席汪保远，市委常委、办公室主任李汝山，市委常委、副市长冯子峰，市委常委、宣传部长衣述光，市人大常委会副主任赵孝洪，市政协副主席徐宝福带队视察临清市城乡建设工作。

10月12日 市委书记、市人大常委会主任王建鹏，市政协主席汪保远，市人大常委会第一副主任王晓华，市委常委、组织部长秦生春走访慰问临清市地厅级老干部胡雷、倪峻岭、马清辰、王兴刚、陈少波、邵长珠，感谢他们长期以来对临清发展的关心、支持，祝愿他们健康长寿、快乐幸福。

10月13日 聊城市实施"农业龙头带动"战略观摩团在聊城市委副书记、市长王忠林的带领下到临清市观摩农业龙头项目。中共临清市委书记、市人大常委会主任王建鹏，市委副书记、市长李新阁，市委副书记祁学兰，市委常委、副市长韩德振，市委常委、市委办公室主任李汝山，市委常委、组织部长秦生春，市政协副主席宛秋生陪同活动。

10月14日 省安监局副局长张增盛率检查组到临清市检查消防安全工作。中共临清市委副书记、市长李新阁，市政府党组副书记、经济技术开发区党工委书记李衍博，市级领导、公安局长王志刚陪同活动。

10月18日 市委副书记、市长李新阁主持召开市长办公会议，对当前及下步重点工作进行全面安排部署。市委常委、副市长韩德振、冯子峰，副市长王磊、秦荣菊、周志雯，市政府党组副书记、市经济开发区党工委书记李衍博出席会议。

10月23日 聊城市委常委、副市长耿涛带队到临清市督导南水北调通水试运行工作。聊城市委副秘书长、市农工办主任许兰岭，聊城市水利局局长栾居军，中共临清市委书记、市人大常委会主任王建鹏，市委副书记、市长李新阁陪同活动。

10月25日 聊城市副市长洪玉振带领市环保、安监、民营经济、金融办、经信委、人行等部门负责人，到临清市就深入开展企业"实施二次创业，贡献跨越赶超"活动进行专题调研。中共临清市委书记、市人大常委会主任王建鹏，市委副书记、市长李新阁，市委常委、市委办公室主任李汝山，副市长王磊陪同活动。

△ 中商星光天地文化商业广场项目签约仪式在临清市举行。省政府节能办综合处处长朱峰，北京中商星光商业管理有限公司总经理芦宗富，中共临清市委书记、市人大常委会主任王建鹏，市委常委、市委办公室主任李汝山，市委常委、副市长冯子峰，副市长周志雯出席签约仪式。

10月30日 市委副书记、市长李新阁带领农林水利部门负责人视察临清市道路三化及水利工作。

11月1日 国务院地方政府职能转变和机构改革工作电视电话会议召开，临清市设分会场组织收听收看。市委副书记、市长李新阁，挂职副市长戴建华，市政府党组副书记、市经济开发区党工委书记李衍博出席分会场会议。

11月2日 市委书记、市人大常委会主任王建鹏调研临清市重点项目建设工作。市委副书记祁学兰，市委常委、市委办公室主任李汝山陪同活动。

△ 临清市挂职副市长戴建华作"提高运用法治思维与法治方式处理问题的能力，加快推进法治政府建设"的专题讲座。市领导李新阁、王晓华、李凤义、孙玉璞、宋加利、周志雯、李衍博，市人大部分常委、市直相关部门负责同志听取讲座。

11月3日 临清市召开今冬明春林业生产、农田水利基本建设暨依法治理车辆超载超限工作会议。市委副书记、市长李新阁，市委副书记祁学兰，市委常委、副市长冯子峰，副市级干部、市公安局局长王志刚出席会议。

11月4日 临清市设分会场收听收看全省、

聊城市加快服务业发展电视电话会议。市委副书记、市长李新阁，市委常委、副市长韩德振、冯子峰，副市长王磊、秦荣菊、王明红，市政府党组副书记王庆瑞，市政府党组副书记、市运河经济开发区党工委书记李衍博出席分会场会议。

11月5日　市畜牧兽医局成立座谈会举行。省畜牧兽医局副局长唐建俊，聊城市畜牧兽医局局长王鲁，中共临清市委副书记、市长李新阁，市委常委、组织部长秦生春等出席会议。

11月6日　聊城市委书记、市人大常委会主任林峰海在东昌宾馆会见中国有色集团党委书记张克利一行。中共聊城市委常委、秘书长李吉增，副市长洪玉振，中共临清市委书记、市人大常委会主任王建鹏，市委副书记、市长李新阁，市人大常委会第一副主任王晓华，市委常委、办公室主任李汝山，市人大常委会党组副书记、中色奥博特铜铝业有限公司董事长刘占海参加会见。

11月7日　在第14个记者节来临之际，临清市召开新闻工作者座谈会。市委常委、宣传部长衣述光出席会议。

△　临清市设分会场收看收听全省创业创新工作电视电话会议。中共临清市委副书记、市长李新阁，副市长王磊、秦荣菊，市政府党组副书记王庆瑞，市政府党组副书记、运河经济开发区党工委书记李衍博出席会议。

△　晋城市人大常委会副主任廖军一行，在聊城市人大常委会副主任张同村的陪同下到临清市就城乡一体化工作进行调研。临清市人大常委会第一副主任王晓华，市委常委、副市长冯子峰，市人大常委会副主任赵孝洪、宋加利陪同活动。

11月8日　临清市召开志愿者联合会冬季活动部署会。市委常委、宣传部长衣述光出席会议。

11月10日　聊城市委书记、市人大常委会主任林峰海，市委副书记、市长王忠林带领城建观摩团到临清市对城建工作进行观摩。中共临清市委书记、市人大常委会主任王建鹏，市委副书记、市长李新阁，市政协主席汪保远，市委副书记祁学兰，市委常委、市委办公室主任李汝山，市委常委、副市长冯子峰陪同活动。

11月13日　省国土资源厅副厅长王玉志率检查组对临清市2013年度土地例行督察发现问题整改情况进行验收，对维护被征地农民合法权益专项清查整改情况进行督察，并召开座谈会。聊城市副市长张旋宇，中共临清市委副书记、市长李新阁，市委常委、副市长冯子峰陪同活动。

11月14日　省政协副主席王新陆带领省政协公共文化服务体系建设视察组一行到临清市进行视察，聊城市政协主席金维民，副主席姜之厚，中共临清市委副书记、市长李新阁，副市长周志雯，政协副主席贾艳华、徐宝福陪同活动。

△　聊城市委常委、高唐县委书记刘春华，县委副书记、县长张颖带领城建观摩团到临清市对城建工作进行观摩。中共临清市委副书记、市长李新阁，市委常委、市委办公室主任李汝山，市委常委、纪委书记张子明，市委常委、组织部长秦生春，市政协副主席徐宝福陪同活动。

△　省民政厅副厅长周云平带领省政府重点民生工作督导组一行，到临清市督导重点民生工作。聊城市委常委、副市长耿涛，中共临清市委常委、副市长韩德振，副市长秦荣菊陪同活动。

11月15日　莘县县委书记、县人大常委会主任朱加云，县委副书记张俊之带领有关部门负责同志和各街道、镇党委书记等30余人到临清市参观考察城建工作。中共临清市委副书记、市长李新阁，市人大常委会副主任赵孝洪陪同活动。

11月18日　东阿县委书记、县人大常委会主任刘国强，县委副书记申强率团到临清市对城建工作进行考察。中共临清市委副书记、市长李新阁，市委常委、副市长冯子峰陪同活动。

11月19日 聊城市城乡道路综合整治工作现场会在临清市召开。聊城市委常委、副市长耿涛，中共临清市委副书记、市长李新阁出席会议。

11月21日 全市加快推进新型城镇化工作动员大会召开。市委副书记、市长李新阁，市政协主席汪保远，市委常委、副市长冯子峰，市人大常委会副主任赵孝洪，市政协副主席徐宝福，市人民法院院长马国栋，副市级干部、市公安局局长、党委书记王志刚出席会议。

△ 经济日报社社长徐如俊和农民日报社有关负责同志一行到临清市调研，山东省委宣传部常务副部长姜铁军，聊城市委常委、宣传部长赵庆忠，临清市领导王晓华、张子明、衣述光、刘占海、宛秋生等陪同活动。

11月22日 聊城市委常委、市直机关工委书记蔡同民到临清市就进一步贯彻落实聊城市委十二届四次全会精神，开展企业“二次创业”、加快城镇化建设、加大招商引资力度、加强重点项目建设等工作进行调研。中共临清市委副书记、市长李新阁，市委常委、副市长韩德振陪同活动。

△ 山东省司法厅正厅级巡视员程滨在聊城市司法局局长常书彦的陪同下，到临清市视察指导县域司法行政工作。中共临清市委副书记、市长李新阁，副市长秦荣菊陪同活动。

11月23日 临清市设分会场收听收看十八届三中全会精神宣讲报告会。市领导李新阁、汪保远、祁学兰、韩德振、李汝山、张子明、秦生春、冯子峰、袁磊等出席会议。

11月24日 聊城市副市长任晓旺到临清市视察德商高速工程进展情况。中共临清市委书记、市人大常委会主任王建鹏，市委副书记、市长李新阁陪同活动。

11月26日 市委副书记、市长李新阁深入到烟店镇，就曹张寨安置区项目建设工作进行调研。聊城市市政公用事业管理局原局长刘勇参加活动。

11月27日 聊城市委常委、副市长耿涛到临清市调研人口计生工作，中共临清市委书记、市人大常委会主任王建鹏，副市长秦荣菊，市经济开发区管委会主任、新华路街道党委书记刘明峰陪同活动。

11月28日 市委书记、市人大常委会主任王建鹏深入到临清市部分企业检查督导重点项目建设工作。市委常委、市委办公室主任李汝山，运河经济开发区管委会主任、新华路街道党委书记刘明峰等陪同活动。

△ 市委书记、市人大常委会主任王建鹏主持召开市委常委会议，学习贯彻党的十八届三中全会精神。市委副书记、市长李新阁，市委常委、副市长韩德振，市委常委、市委办公室主任李汝山，市委常委、纪委书记张子明，市委常委、副市长冯子峰，市委常委、宣传部长衣述光，市委常委、政法委书记韩青，市委常委、人武部政委马培虎参加会议。

11月29日 市委副书记、市长李新阁主持召开全市重点工作推进会。市委常委、组织部长秦生春，市委常委、副市长冯子峰，副市长王磊，市政府党组副书记、开发区党工委书记李衍博，开发区管委会主任、新华路街道党委书记刘明峰出席会议。

△ 省妇联副主席郭翠芬一行到临清市督导调研各镇办妇联经费落实情况及“妇女之家”和妇女儿童家园建设情况。市委特邀顾问袁磊陪同活动。

11月30日 临清市设分会场收看全省节约集约用地工作电视电话会议。中共临清市委副书记、市长李新阁，市委常委、副市长冯子峰出席分会场会议。

△ 全市学习贯彻党的十八届三中全会精神宣教干部培训班开班。市委副书记祁学兰，市委常委、宣传部长衣述光出席开班仪式。

12月3日 临清市组织收看全省安全生产电视会议。市委副书记、市长李新阁，市政府党组副书记、运河经济开发区党工委书记李衍博出席会议。

12月9日 临清市举行学习贯彻党的十八届三中全会精神报告会。会议邀请国家行政学院教授、博士生导师许正中作党的十八届三中全会精神解读专题辅导报告。市领导汪保远、王晓华、韩德振、张子明、秦生春、冯子峰等，全市各镇（街道）、市直部门等近800余人参加。

12月9日 临清市召开动员会议，启动第一次全国可移动文物普查工作。副市长周志雯出席动员会。

12月9日 山东省食品药品监督管理局认证组一行深入到临清市华威药业有限公司，对该公司新改造车间进行GMP认证。聊城市食品药品监督管理局副调研员高卫胜，临清市政府党组副书记王庆瑞陪同活动。

12月11日 聊城市委副书记、市长王忠林参加中共临清市委常委民主生活会。临清市领导王建鹏、李新阁、汪保远、王晓华、祁学兰、韩德振、李汝山、张子明、秦生春、冯子峰、衣述光、韩青、马培虎、许朝生等参加会议。

△ 省人大常委会研究室主任，机关党组成员杨思诚，省人大教科文卫委员会副主任委员申长海，聊城军分区司令员刘述明，聊城市人大常委会副主任、农工民主党聊城市工委主委孙菁等驻聊部分全国、省人大代表到临清市视察经济社会发展情况。聊城市政府副市长张旋宇，临清市领导王建鹏、李新阁、王晓华、冯子峰、刘占海、赵孝洪、孙玉璞、宋加利、宛秋生陪同活动。

12月12日 聊城市委常委、市直机关工委书记蔡同民带领聊城市相关部门负责人，深入到临清市德商高速公路项目进行现场办公，并对项目建设提出明确要求。中共临清市委书记、市人大常委会主任王建鹏陪同活动。

12月13日 大辛庄街道召开党政班子民主生活会。市委副书记、市长李新阁参加会议。

12月14日 临清市举办领导干部廉政教育专题报告会，邀请省检察院职务犯罪预防处处长田中庆作专题报告。中共临清市委书记、市人大常委会主任王建鹏主持会议并讲话。聊城市检察院党组副书记、副检察长田超英，临清市市政协主席汪保远、市人大常委会第一副主任王晓华、市委副书记祁学兰等市几大班子领导出席会议。

12月16日 中共临清市委书记、市人大常委会主任王建鹏，市委副书记、市长李新阁等市领导对临清市重点项目建设情况进行观摩督导。

12月17日 市委副书记、市长李新阁参加财政局党政班子民主生活会，围绕为民务实清廉这一主题，以反对“四风”、服务群众为重点，与财政系统党政班子成员相互交流，并就下一步工作提出要求。

△ 市政府召开会议，审议《政府工作报告》（征求意见稿）。市委副书记、市长李新阁出席会议并讲话。市委常委、副市长韩德振、冯子峰，副市长王磊、秦荣菊、周志雯，市政府党组副书记、运河经济开发区党工委书记李衍博出席会议。

12月19日 中共青海省刚察县委副书记、县长晁世海，县人大常委会主任秦士福，县政协主席鲍进财率领党政考察团到临清市参观考察。聊城市副市长马丽红，临清市市人大常委会副主任宋加利、副市长周志雯、政协副主席王保粮陪同活动。

12月25日 聊城市委书记、市人大常委会主任林峰海，市委副书记、市长王忠林带领聊城市重点项目建设观摩团到临清市观摩指导重点项目建设工作。中共临清市委书记、市人大常委会主任王建鹏，市委副书记、市长李新阁等市领导陪同活动。

12月26日 济南军区装备部综合计划部副部长闫小虎一行到临清市，就申军民通用装备动员中心企业进行调研。聊城军分区参谋长董智奎，中共临清市委副书记、市长李新阁，市人大常委会党组书记、第一副主任王晓华，市委常委、武装部政委马培虎，副市长王磊，市武装部部长宋继刚陪同活动。

12月27日 临清市第十七届人大常委会召开第十四次会议。市人大常委会党组书记、第一副主任王晓华，市人大常委会党组副书记刘占海、李凤义，副主任赵孝洪、孙玉璞、宋加利、张学庚及委员出席会议。副市长周志雯，市法院院长马国栋，市检察院检察长杨青列席会议。会议由王晓华主持。

12月29日 临清市在城南水库举行供水仪式，庆祝水库实现供水。市领导王建鹏、李新阁、汪保远、王晓华、李汝山、张子明、秦生春、韩青等市几大班子领导出席仪式。

△ 中国城市规划设计研究院院长李晓江带队的新型城镇化规划编制调研组在省住房城乡建设厅副厅长耿庆海的陪同下到临清市调研。聊城市住房和城乡建设委员会主任张连臣，中共临清市委副书记、市长李新阁，市委常委、副市长冯子峰陪同活动。

2014年

1月3日 中国人民政治协商会议临清市第十三届委员会第三次会议隆重开幕，大会常务主席汪保远、王俊山、许朝生、贾艳华、宛秋生、徐宝福、王保粮、张颖在主席台前排就座。

△ 临清市第十七届人民代表大会第三次会议预备会议召开。市十七届人大常委会领导王建鹏、王晓华、刘占海、李凤义、赵孝洪、孙玉璞、宋加利、张学庚在主席台就座。李新阁、汪保远、祁学兰、张子明、秦生春等领导出席会议。

△ 市十七届人大三次会议召开。党员代表、委员大会，市委书记、市人大常委会主任王建鹏，市委副书记、市长李新阁在主席台就座。市领导汪保远、王晓华、祁学兰、张子明、秦生春、刘占海、李凤义、赵孝洪、孙玉璞、宋加利等出席会议。王建鹏作重要讲话。

△ 临清市第十七届人民代表大会第三次会议召开代表团团长会议。市领导王建鹏、李新阁、汪保远、王晓华、祁学兰、张子明、秦生春、刘占海、李凤义、赵孝洪、孙玉璞、宋加利、张学庚等出席会议。

△ 临清市第十七届人民代表大会第三次会议召开主席团第一次会议。会议由市委书记、市人大常委会主任王建鹏主持。市领导李新阁、汪保远、王晓华、祁学兰、张子明、秦生春、刘占海、李凤义、赵孝洪、孙玉璞、宋加利、张学庚等主席团成员出席会议。

△ 潍坊银行聊城分行行长冯怀春带领银行领导班子一行到临清市就支持企业发展于部分企业负责同志进行深入座谈，表示将于近期在临清市选取20家企业，提供融资1.5亿元，为企业发展注入活力。中共临清市委副书记、市长李新阁，市委常委、副市长韩德振，副市长戴建华出席座谈会。

1月4日 临清市第十七届人民代表大会第三次会议在临清剧院隆重开幕。来自全市各行各业、各条战线的人大代表肩负全市人民的重托，齐聚一堂，共绘全面打好跨越赶超攻坚战第二战役，建设富裕生态、和谐文明、美丽幸福新临清的宏伟蓝图。大会执行主席王建鹏、王晓华、刘占海、李凤义、赵孝洪、孙玉璞、宋加利、张学庚在主席台前排就座。

△ 市政协主席汪保远参加政协临清市第十三届委员会第三次会议经济组讨论。

1月5日 临清市第十七届人大三次会议在临清剧院举行第二次全体会议。大会听取市人大常委会第一副主任王晓华所作的临清市人民代表大会常务委员会工作报告，听取市人民法院院长马国栋所作的临清市人民法院工作报告和市人民检察院检察长杨青所作的临清市人民检察院工作报告。

△ 政协临清市第十三届委员会第三次会议举行建言献策座谈会。王建鹏、李新阁、汪

保远、韩德振、李汝山、张子明、秦生春等市领导出席座谈会。

△ 临清市第十七届人大三次会议在临清剧院举行第二次全体会议。大会听取市人大常委会第一副主任王晓华所作的临清市人民代表大会常务委员会工作报告，听取市人民法院院长马国栋所作的临清市人民法院工作报告和市人民检察院检察长杨青所作的临清市人民检察院工作报告。

1月5日 市委副书记、市长李新阁主持召开市长办公会。市委常委、副市长韩德振、冯子峰，副市长王磊、秦荣菊、周志雯，挂职副市长戴建华，市政府党组副书记王庆瑞，市政府党组副书记、运河经济开发区党工委书记李衍博出席会议。

1月6日 政协临清市第十三届委员会第三次会议隆重举行闭幕式。大会常务主席汪保远、王俊山、许朝生、贾艳华、宛秋生、徐宝福、王保粮、张颖在主席台前排就座，市领导王建鹏、李新阁、王晓华、韩德振、李汝山、张子明、秦生春、冯子峰、衣述光，市政协原主席唐峰伟等在主席台就座。

△ 临清市第十七届人民代表大会第三次会议圆满完成各项议程，在临清剧院胜利闭幕。大会执行主席王建鹏、王晓华、刘占海、李凤义、赵孝洪、孙玉璞、宋加利、张学庚在主席台前排就座。主席台成员、市领导李新阁、汪保远、张子明、秦生春，市人大老领导和主席团其他成员在主席台就座。

1月8日 聊城市第十六届人民代表大会第四次会议隆重召开。临清市58名人大代表肩负着全市人民的重托，在代表团团长王建鹏，副团长李新阁、王晓华、祁学兰的带领下出席此次大会。

△ 全省农村工作会议在济南召开。临清市设分会场收看会议实况，市委常委、组织部长秦生春出席分会场会议。

1月13日 省侨联副主席李兴钰到临清市走访慰问归侨侨眷，为侨胞送上党和政府的关心和新春问候。聊城市外侨办副主任、市侨联主席鲁亚真，临清市副市长王磊陪同活动。

1月14日 临清市召开2013年度下半年经济观摩总结会议，总结2013年下半年工作，对2014年打好跨越赶超第二战役的各项工作进行安排部署，动员全市上下坚定信心，加压奋进，狠抓落实，确保圆满完成跨越赶超目标。

1月15日 由聊城市食品药品监督管理局副局长于永辉任组长的2013年度人口和计划生育工作党政线考评组到临清市检查指导工作。市委书记、市人大常委会主任王建鹏，市委副书记祁学兰，副市长秦荣菊陪同活动。

1月16日 市委常委、宣传部长、市志愿者联合会常务副会长衣述光带领来自市文明办、市教育局、市邮政局、市国税局、市地税局等部门的志愿者到尚店镇，将前期志愿者联合会募捐到价值近5万元的图书和学习生活用品捐赠给那里的贫困学生，让他们感受社会大家庭的关怀和温暖。

1月18日 聊城市委副书记陈平到临清市就开展“东融西借、跨越赶超”工作进行调研。中共临清市委书记、市人大常委会主任王建鹏、市委副书记祁学兰，市委常委、市委办公室主任李汝山，市委常委、副市长冯子峰，市政协副主席宛秋生陪同活动。

1月20日 临清市设分会场组织收听收看党的群众路线教育实践活动第一批总结暨第二批部署会议。市领导王建鹏、汪保远、王晓华、祁学兰、韩德振、李汝山、张子明、冯子峰、衣述光、韩青等出席分会场会议。

1月21日 临清市召开市委常委会议，传达学习习近平总书记在党的群众路线教育实践活动第一批总结暨第二批部署会议上的重要讲话，领会精神实质。市委书记、市人大常委会主任王建鹏主持会议并讲话。市领导汪保远、王晓华、祁学兰、韩德振、李汝山、张子明、冯子峰、衣述光、韩青、马培虎、许朝生出席会议。

△ 新春佳节即将到来之际，临清市领导王建鹏、祁学兰、李汝山、马培虎、秦荣菊等赴聊城军分区慰问驻聊官兵，感谢他们为地方建设作出的贡献，向他们致以新春的祝福。

1月22日 市委副书记祁学兰，副市长周志雯，市政协副主席、党组副书记、市委统战部长许朝生走访慰问临清市少数民族困难户。

△ 省地税局副局长李亚到临清市走访慰问地税系统干部职工。聊城市地税局副局长、党组副书记郝晓伟，中共临清市委常委、副市长韩德振陪同活动。

1月23日 市委书记、市人大常委会主任王建鹏，市政府党组副书记、市经济开发区党工委书记李衍博带领市公安、安监、经信、质检、消防等部门和单位负责同志，实地检查鑫祥烟花爆竹批发公司、弘发兴凯实业有限公司、汽车站等单位的安全生产工作，详细了解节日期间安全保障措施落实等情况。

△ 市委副书记、市长李新阁，市政府党组副书记、经济开发区党工委书记李衍博，带领市安监、公安、商务、经信、质检、消防等部门负责同志，深入临清市部分重要场所就做好节前安全生产工作进行检查指导。

△ 临清市2014年文化科技卫生“三下乡”活动启动仪式举行。市委副书记祁学兰，市委常委、宣传部长衣述光，市人大常委会副主任张学庚，市政协副主席贾艳华出席仪式。

1月24日 聊城市市委常委、纪委书记万志博，副市长马丽红到临清市走访慰问老党员、优抚对象、困难户和敬老院，为他们送去党和政府的关怀与温暖。市领导王建鹏、李汝山、周志雯、刘明峰陪同活动。

△ 市委书记、市人大常委会主任王建鹏，市委常委、市委办公室主任李汝山，市委常委、宣传部长衣述光，副市长周志雯，政协副主席王俊山带领市直有关部门负责同志，对部分困难群众、优抚对象、老党员、困难企业职工、敬老院等进行慰问，并送去慰问金和慰问品，祝他们春节愉快。

1月25日 临清市设分会场收看全省党的群众路线教育实践活动第一批总结暨第二批部署电视会议。王建鹏、李新阁、汪保远、王晓华、祁学兰、韩德振、李汝山、张子明、冯子峰、衣述光等市几大领导班子参加分会场会议。

1月27日 临清市召开2014年各界人士迎新春茶话会。市委副书记祁学兰，市委常委、副市长韩德振，市委常委、组织部长秦生春，市人大常委会副主任张学庚，市政协副主席、党组副书记、统战部长许朝生出席会议。会议由许朝生主持。

1月30日 市领导王建鹏、李新阁、汪保远、王晓华、祁学兰、韩德振、李汝山、张子明、秦生春、冯子峰、衣述光、韩青、袁磊、刘占海、李凤义、赵孝洪、孙玉璞、宋加利、王磊、秦荣菊、周志雯、姚德利、王庆瑞、李衍博、王俊山、许朝生、贾艳华、宛秋生、徐宝福、王保粮等市领导到市公安、交警等政法部门、电力部门和部分工业企业，向节日期间仍坚守在一线的干部职工致以诚挚的问候和新春的祝福。

2月8日 临清市设分会场组织收听收看聊城市东融西借跨越赶超三年攻坚战第二战役动员大会。王建鹏、李新阁等党政领导班子成员，以及各镇办党委书记，有关企业主要负责人在聊城主会场参加会议。汪保远、王晓华等市人大、市政协领导班子，其他县级干部，以及有关部门和单位的负责人参加分会场会议。

2月9日 聊城市委常委、组织部长杜昌伟到临清市调研基层党建工作。市委书记、市人大常委会主任王建鹏，市委副书记、市长李新阁，副书记祁学兰，市委常委、市委办公室主任李汝山，市委常委、组织部长秦生春陪同活动。

△ 聊城市副市长郭建民一行到临清市调研农业工作。中共临清市委副书记、市长李新阁陪同活动。

2月10日 省、聊城市培育和践行社会主义核心价值观深入推进四德工程建设电视电话会议召开，临清市设分会场组织收听收看。市委常委、宣传部部长衣述光出席分会场会议并讲话。

△ 全市安全生产工作会议召开。市领导李新阁、韩德振、冯子峰、王磊、秦荣菊、周志雯、姚德利、王庆瑞、李衍博出席会议。

2月11日 临清市设分会场组织收听收看国务院第二次廉政工作电视会议，市委副书记、市长李新阁，市政府党组副书记、经济开发区党工委书记李衍博参加会议。

2月12日 副省长赵润田到临清市调研春季农业生产工作。省农业厅厅长王金宝，省农业厅巡视员林建华，中共聊城市委书记、市人大常委会主任林峰海，市委副书记、市长王忠林，市委副书记陈平，市委常委、秘书长李吉增，副市长郭建民等随同。中共临清市委书记、市人大常委会主任王建鹏，市委副书记、市长李新阁，市委副书记祁学兰，市委常委、办公室主任李汝山陪同活动。

△ 农业部总农艺师孙中华一行，在省农业厅厅长王金宝，省农业厅巡视员林建华的陪同下到临清市就农村土地承包经营权确权登记颁证工作进行调研。中共聊城市委书记、市人大常委会主任林峰海，市委副书记、市长王忠林，市委副书记陈平，市委常委、秘书长李吉增，副市长郭建民，中共临清市委书记、市人大常委会主任王建鹏，市委副书记、市长李新阁，市委副书记祁学兰，市委常委、办公室主任李汝山陪同活动。

2月14日 市委副书记、市长李新阁主持召开市长办公会，对当前重点工作进行安排部署。市委常委、副市长韩德振、冯子峰，副市长王磊、秦荣菊、周志雯，挂职副市长姚德利，市政府党组副书记王庆瑞，市政府党组副书记、运河经济开发区党工委书记李衍博，副市级干部、公安局长、党委书记王志刚出席会议。

2月15日 汶上县政协主席闫波，副县长田利国率领考察团到临清市就农村土地承包经营权确权登记颁证工作进行考察学习。临清市政协主席汪保远，政协副主席徐宝福陪同活动。

2月17日 全市东融西借跨越赶超三年攻坚战第二战役动员大会召开。王建鹏、李新阁、汪保远、王晓华、祁学兰、韩德振、李汝山、张子明、秦生春、衣述光、韩青、马培虎等市领导出席会议。

2月18日 临清市设分会场收看全国、省、聊城市未成年人思想道德建设工作电视电话会议。市委副书记祁学兰，市委常委、宣传部长衣述光出席分会场会议。

2月19日 省经信委总工程师赵树岭带领调研组到临清市调研一季度经济运行情况。聊城市经信委副主任张政，中共临清市委副书记、市长李新阁，市委副书记祁学兰，市委常委、副市长韩德振，市运河经济开发区管委会主任、新华路街道党委书记刘明峰陪同调研。

△ 市委副书记、市长李新阁，副市长戴建华一行深入部分工业企业进行调研，了解企业2014年以来生产经营情况，现场协调解决企业遇到的困难及制约发展的问题，并就下一步工作提出指导性意见。

△ 聊城市委常委，市直机关工委书记蔡同民到临清市就重点项目建设工作进行现场调研。中共临清市委副书记、市长李新阁，市委副书记祁学兰，市委常委、副市长韩德振陪同活动。

2月20日 全市重点项目和招商引资工作会议召开。市委副书记、市长李新阁，市委常委、副市长韩德振，副市长王磊出席会议。

2月21日 聊城市安全生产工作会议召开。市领导韩德振、王磊、周志雯、姚德利、王庆瑞在临清分会场出席会议。

2月24日 临清市召开中谷装备产业园项目现场办公会议，就加快推进项目建设，对需要着力解决的问题进行深入研究安排。市委常委、副市长韩德振，副市长王磊出席会议。

2月25日 市委副书记、市长李新阁主持召开市长办公会议。市委常委、副市长韩德振、冯子峰，副市长王磊、秦荣菊、周志雯、姚德利，市政府党组副书记王庆瑞，市政府党组副书记、运河经济开发区党工委书记李衍博，副市级干部、公安局长、党委书记王志刚出席会议。

△ 临清市召开城建重点项目工作调度会，调度全市城建重点项目进展情况，安排部署下一步工作。市委副书记、市长李新阁，市委常委、副市长冯子峰出席会议。

2月27日 临清市设分会场组织收听收看山东省政府和聊城市政府第二次廉政工作会议。市委副书记、市长李新阁，市人大常委会副主任张学庚，市政府党组副书记、运河经济开发区党工委书记李衍博，市政协副主席王保粮出席会议。

△ 市政府与山东黑马集团举行刘顶坟片区改造项目签约仪式。山东黑马集团董事长刘玉江，中共临清市委副书记、市长李新阁，市委常委、副市长冯子峰，挂职副市长姚德利出席签约仪式。

2月28日 临清市召开市纪委第十二届五次全会，深入学习贯彻党的十八届中央纪委三次全会、省纪委十届四次全会和聊城市纪委十二届四次全会的部署和要求，回顾总结临清市2013年党风廉政建设和反腐工作，研究部署2014年工作任务。王建鹏、李新阁、汪保远、王晓华、祁学兰、韩德振、李汝山、张子明、秦生春、冯子峰、衣述光、韩青、马培虎等市级领导出席会议。

3月2日 临清市人民政府、中国建设银行聊城分行“助力东融西借跨越赶超第二战役”政银企合作推进会在临清宾馆召开。建行聊城分行行长荣卫民，中共临清市委副书记、市长李新阁，市委常委、副市长韩德振，市政府党组副书记、运河经济开发区党工委书记李衍博出席会议。

3月3日 市政府召开全体（扩大）会议，贯彻落实各级会议精神，结合临清实际，对2014年的政府工作进行安排部署，动员政府系统广大干部职工，进一步认清形势，明确目标，落实责任，再加压力，再增动力，坚决打好跨越赶超第二战役。市领导李新阁、韩德振、冯子峰、秦荣菊、周志雯、王庆瑞、李衍博、姚德利、李华飙出席会议。

3月4日 市委书记、市人大常委会主任王建鹏到松林镇调研党的群众路线教育实践活动开展情况，同镇村党员干部、企业家代表等亲切座谈，听取他们对市委常委会及对市委书记本人的意见建议等。市委常委、市委办公室主任李汝山陪同活动。

△ 市委副书记、市长李新阁深入新华路街道调研党的群众路线教育实践活动开展情况，同办事处、社区党员干部和企业家代表等亲切座谈，听取他们对市政府党组、市长本人及政府各部门的意见建议。

3月5日 聊城市委副书记陈平到临清市调研党的群众路线教育实践活动。临清市领导王建鹏、李新阁、汪保远、王晓华、祁学兰、李汝山、张子明、秦生春、衣述光参加座谈。

3月6日 全市组织宣传思想工作会议召开。市委书记、市人大常委会主任王建鹏，市委副书记祁学兰，市委常委、市委办公室主任李汝山，市委常委、纪委书记张子明，市委常委、组织部长秦生春，市委常委、宣传部长衣述光出席会议。

3月7日 全市2013年度综合表彰大会在临清剧院隆重召开。市领导王建鹏、李新阁、汪保远、祁学兰、李汝山、张子明、秦生春、冯子峰、衣述光、马培虎等出席会议。会议由市委副书记、市长李新阁主持。

△ 聊城市副市长冯艺东到临清市就轴承产业发展情况进行调研。中共临清市委副书记、市长李新阁，市委常委、副市长韩德振陪同活动。

3月8日 临清市召开党的群众路线教育

实践活动动员大会。党的群众路线教育实践活动驻临联合督导组组长、省科技厅副厅长于书良，聊城市委常委、市直机关工委书记蔡同民，聊城市委组织部副部长吴广连、滨州学院党委组织部副部长刘宝民，中共临清市委书记、市人大常委会主任王建鹏在主席台就座。联合督导组成员孙庶华、梁建光、刘志刚、张克、周涛，临清市几大领导班子出席会议。

3月9日 全市党的群众路线教育实践活动工作骨干培训会议召开。市委副书记祁学兰，市委常委、组织部长秦生春出席会议。

△ 市委召开常委会议，带头开展党的群众路线教育实践活动专题集体活动，学习《党的群众路线教育实践活动学习文件选编》一书。市委书记、市委党的群众路线教育实践活动领导小组组长王建鹏主持会议，市领导李新阁、汪保远、王晓华、祁学兰、韩德振、李汝山、张子明、秦生春、冯子峰、衣述光、韩青、许朝生参加会议。

3月11日 副省长孙绍骋带领省民政厅、国土资源厅、住房城乡建设厅、省公安厅等部门领导到临清市就推进新型城镇化、社会养老服务体系建设及国土资源管理等项工作进行调研。聊城市委副书记、市长王忠林，市委副书记陈平，市委常委、副市长张旋宇，副市长任晓旺等陪同。临清市领导王建鹏、李新阁、冯子峰、秦荣菊、刘明峰、王志刚陪同活动并参加座谈。

△ 临清市召开春季林业生产现场会，部署今春林业生产工作，动员全市上下抢抓当前有利时机，全民动手，全员参与，迅速掀起春季造林绿化的新高潮。市委副书记祁学兰出席会议。

△ 市领导王建鹏、李新阁、汪保远、王晓华、祁学兰等集中观看《苏联亡党亡国20年祭：俄罗斯人在诉说》党内警示教育专题片。

3月12日 临清市举办党的群众路线教育实践活动报告会，聊城市委常委、市直机关工委书记蔡同民作题为《共产党人一定要有崇高的信仰和坚定的信念》的专题报告，省委、聊城市委驻临清联合督导组组长省科技厅副厅长于书良，临清市领导王建鹏、李新阁、汪保远、王晓华、祁学兰等出席报告会。

△ 山东省统计局副调研员傅相国带领检查组，在聊城市统计局局长孙峰的陪同下，到临清市就经济普查登记数据质量进行检查指导。中共临清市委副书记、市长李新阁，市委常委、副市长韩德振，市政府党组副书记王庆瑞陪同活动。

△ 值全国第36个植树节到来之际，市领导王建鹏、李新阁、汪保远、王晓华、祁学兰带领市级几大班子领导到南部新区参加义务植树活动，身体力行绿化家园，为建设生态临清再添一抹新绿，以实际行动迅速掀起全市春季植树造林的高潮。

3月14日 市政府党组暨市政府办公室党的群众路线教育实践活动动员会议召开。党的群众路线教育实践活动驻临联合督导组成员孙庶华，中共临清市委副书记、市长李新阁，市委常委、副市长韩德振、冯子峰，副市长王磊、秦荣菊，市政府党组副书记王庆瑞，市政府党组副书记、经济技术开发区党工委书记李衍博，市级领导、市公安局长王志刚出席会议。

3月15日 市财政局召开党的群众路线教育实践活动动员会议。市委书记、市人大常委会主任王建鹏出席会议。市委常委、市委办公室主任李汝山陪同活动。

△ 中共聊城市委常委、副市长张旋宇到临清市检查指导大气污染防治工作。中共临清市委书记、市人大常委会主任王建鹏，市委副书记、市长李新阁，市委常委、市委办公室主任李汝山，市委常委、副市长冯子峰陪同活动。

△ 市审计局召开党的群众路线教育实践活动动员会，对教育实践活动进行全面部署。市委副书记、市长李新阁出席会议。

3月16日 市委召开常委会议，带头开展党的群众路线教育实践活动专题集体学习活动，学习《党的群众路线教育实践活动学习文件选编》和《论群众路线重要论述摘编》。省委、聊城市委驻临清联合督导组副组长、聊城市委组织部副部长吴广连出席会议，市委书记、市委党的群众路线教育实践活动领导小组组长王建鹏主持会议，市领导李新阁、王晓华、祁学兰、韩德振、李汝山、张子明、秦生春、冯子峰、衣述光、许朝生参加了会议。

3月17日 临清剧院内座无虚席，为深入开展党的群众路线教育实践活动，丰富学习内容，临清市组织党员干部集中观看革命历史题材影片《周恩来的四个昼夜》。王建鹏、李新阁、汪保远、王晓华、祁学兰等市几大班子领导一同观看影片。

3月17日至18日 省文化厅副厅长李国琳到临清市调研检查公共文化服务体系建设工作。中共临清市委书记、市人大常委会主任王建鹏，市委副书记、市长李新阁，市委常委、办公室主任李汝山，副市长周志雯陪同活动。

3月18日 市委书记、市人大常委会主任王建鹏在全市2013年度人口和计划生育责任目标执行情况奖惩兑现大会上强调，要增强忧患意识和人口安全意识，真正把人口计生工作放在全市跨越赶超大局中来考虑，放在可持续发展的战略高度来把握，常抓不懈，抓紧抓好，为经济社会又好又快发展提供持久动力、创造良好环境。

△ 市委召开常委会议，开展党的群众路线教育实践活动集体学习。省市驻临清联合督导组副组长、滨州学院党委组织部副部长刘宝民出席会议，中共临清市委书记、市人大常委会主任、市委党的群众路线教育实践活动领导小组组长王建鹏主持会议，市领导李新阁、汪保远、王晓华、祁学兰、韩德振、李汝山、张子明、秦生春、冯子峰、衣述光、韩青、许朝生参加了会议。

△ 全市城乡环境综合整治现场会议召开。市委副书记、市长李新阁，市委常委、副市长冯子峰，市运河经济开发区管委会主任、新华路街道党委书记刘明峰出席会议。

3月20日 省科技厅厅长刘为民、副厅长李储林等一行到临清市中色奥博特铜铝业有限公司进行考察调研。聊城市委副书记陈平，副市长郭建民，临清市领导王晓华、祁学兰、刘占海、王磊等陪同考察。

3月22日 市委召开常委会议，组织开展党的群众路线教育实践活动第四次集中学习，并观看了专题片。省委、聊城市委驻临清联合督导组副组长、聊城市委组织部副部长吴广连出席会议。中共临清市委书记、市人大常委会主任、市委党的群众路线教育实践活动领导小组组长王建鹏主持会议，市领导李新阁、汪保远、韩德振、李汝山、张子明、秦生春、冯子峰、衣述光、许朝生参加了集中学习。

3月23日 临清市召开人力资源和社会保障工作会议。市委副书记、市长李新阁，副市长王磊出席会议。

3月25日 市委副书记、市长李新阁到联系点新华路街道，参加党的群众路线教育实践活动动员大会。他指出，第二批教育实践活动在聚焦解决“四风”问题的同时，要积极回应群众关切的问题，真正让群众受益。

3月26日 市委书记、市人大常委会主任王建鹏，市委常委、市委办公室主任李汝山等领导先后到三和纺织有限公司新上和扩建项目、山东正乾复合材料有限公司、年产6万吨钢构件生产线建设项目、鹏飞高科机械有限公司、秋华纺织有限公司、迅力特种汽车有限公司对重点项目建设推进情况进行现场检查督导。

△ 王建鹏、汪保远、王晓华、祁学兰、李汝山、张子明、秦生春、衣述光等市领导集中观看党的群众路线教育片《力量》。

△ 市委副书记、市长李新阁到党的群众路线教育实践活动联系点新华路街道东陶村开展调研。市运河经济开发区管委会主任、新华

路街道党委书记刘明峰陪同活动。

3月27日 临清市召开党的群众路线教育实践活动镇、街道党委书记培训会议。市委副书记祁学兰，市委常委、组织部长秦生春出席会议。

△ 青年路街道党的群众路线教育实践活动动员大会召开。市委副书记祁学兰、市人大常委会副主任孙玉璞到其教育实践活动联系点，参加青年路街道党的群众路线教育实践活动动员大会。

3月28日 市人大常委会第一副主任王晓华、副主任赵孝洪到期教育实践活动联系点先锋路街道参加党的群众路线教育实践活动动员大会。

△ 市政协十三届十一次常委会议召开。市政协主席汪保远，副主席王俊山，副主席、党组副书记、统战部长许朝生，副主席贾艳华、宛秋生、徐宝福、王保粮等出席会议。

3月29日 市政协主席汪保远在市委派驻督导组的陪同下，深入潘庄镇调研群众路线教育实践活动开展情况。

3月30日 市委副书记祁学兰、市人大常委会副主任孙玉璞到其教育实践活动联系点青年路街道就党的群众路线教育实践活动进行调研。

△ 市政协主席汪保远到联系点潘庄镇，参加该镇党的群众路线教育实践活动动员会议。

△ 市委书记、市人大常委会主任王建鹏到党的群众路线教育实践活动联系点松林镇进行调研。

4月1日 市委书记、市人大常委会主任、市委党的群众路线教育实践活动领导小组组长王建鹏，深入到部分镇调研指导教育实践活动，并在康庄镇召开部分镇党委书记教育实践活动座谈会。市委常委、办公室主任、市委党的群众路线教育实践活动领导小组副组长李汝山陪同活动。

4月2日 聊城市委常委、市直机关工委书记蔡同民到临清市联系点松林镇，参加党的群众路线教育实践活动动员会议。中共临清市委书记、市人大常委会主任王建鹏，市人大常委会副主任宋加利出席会议。

△ 省发展改革委总工程师郭登宇一行在聊城市副市长郭建民的陪同下，到临清市调研南水北调续建配套工程建设情况，中共临清市委书记、市人大常委会主任王建鹏陪同活动。

△ 山东省气象局副局长魏彩英到临清市调研。聊城市副市长郭建民。聊城市气象局局长柳林，中共临清市委副书记祁学兰陪同活动。

4月3日 市委书记、市人大常委会主任王建鹏率队赴莘县鲁西抗日爱国党性教育基地参观学习，瞻仰红色革命圣地，缅怀革命先烈，接受群众路线教育。汪保远、王晓华、韩德振、李汝山、张子明、冯子峰、韩青等市级几大班子领导参加活动。莘县县委常委、副县长贾相云陪同活动。

△ 全市金融工作座谈会在临清宾馆召开。市委书记、市人大常委会主任王建鹏出席会议并讲话，市委常委、副市长韩德振主持会议。

4月4日 临清市在季羡林先生纪念馆隆重举行“中国民主同盟传统教育基地”授牌仪式。山东省人大常委、民盟山东省委驻会副主委仪平策，山东省政协常委、副秘书长、民盟山东省委驻会副主委董利忠，中共临清市委副书记祁学兰，市委常委、宣传部长衣述光，副市长周志雯，市政协副主席、党组副书记、统战部长许朝生等人出席授牌仪式。

△ 聊城市副市长洪玉振到临清市调研全市经济运行情况，中共临清市委常委、副市长韩德振陪同活动。

4月8日 市委副书记、市长李新阁主持召开市长办公会议。市委常委、副市长韩德振、冯子峰，副市长王磊、秦荣菊、周志雯、李华飙，市政府党组副书记王庆瑞出席会议。

4月9日 李新阁、汪保远、王晓华、祁学兰等市级几大班子领导干部共同收看了反腐倡廉纪录片。

4月10日 市委召开常委会议，组织开展党的群众路线教育实践活动第七次集中学习。省委、聊城市委驻临清联合督导组成员梁建光出席会议。市领导李新阁、汪保远、王晓华、祁学兰、韩德振、张子明、秦生春、冯子峰、韩青、许朝生参加了集中学习。

△ 市人大常委会党组书记、第一副主任王晓华带领部分市人大常委会委员，对临清市工业经济运行情况进行视察。市委常委高雪明、市人大常委会党组副书记李凤义、市人大常委会副主任赵孝洪、孙玉璞、宋加利、张学庚参加活动。

△ 中共临清市委、市政府、市政协联合召开提案交办工作会议，虎胥总结去年政协委员提案办理情况，安排部署今年的提案办理工作。市政协主席汪保远，市委常委、市委办公室主任李汝山，市委常委、副市长冯子峰，市政协副主席王俊山、徐宝福、王保粮等出席会议。

4月9日至12日 山东电视台新闻中心副主任卞文阳、《今日报道》制片人王德成一行，就传承优秀传统文化、还有社会主义核心价值观到临清市进行采风。中共临清市委书记、市人大常委会主任王建鹏接受专题采访，聊城广播电视台总编辑、副台长朱国方，新闻中心主任杜林强，中共临清市委常委、宣传部长衣述光陪同活动。

4月13日至16日 在临清剧院举办为期4天的全市基层党组织书记党的群众路线教育实践活动专题培训班。培训班于13日举行开班仪式。市委书记、市人大常委会主任王建鹏，市委常委、组织部长秦生春出席开班仪式。

4月16日 “山东省特种车辆动员中心”授牌仪式在山东迅力特种汽车有限公司举行。山东省发改委巡视员赵金星，聊城市副市长白志坚，中共临清市委常委、副市长韩德振出席仪式。

△ 山东电视台副台长李昌文在聊城市委常委、宣传部长赵庆忠的陪同下到临调研。临清市领导王建鹏、祁学兰、李汝山、衣述光、刘明峰陪同活动。

4月18日 市委召开常委会议，组织开展党的群众路线教育实践活动集中学习。省委、聊城市委驻临清联合督导组副组长、聊城市委组织部副部长吴广连出席会议。市领导王建鹏、李新阁、汪保远、王晓华、祁学兰、韩德振、李汝山、张子明、秦生春、冯子峰、衣述光、韩青、马培虎、高雪明参加集中学习。

4月20日 阳谷县委副书记、县长何宪卓，县委常委、常务副县长丁洁清率团到临清市参观考察。临清市领导王建鹏、祁学兰、韩德振、李汝山、张子明、冯子峰、王庆瑞、李衍博、宛秋生陪同活动。

4月21日 临清市组织党员干部在临清剧院集中观看电影《第一书记》。市领导王晓华、韩德振、衣述光、韩青等一同观看电影。

4月22日 市委召开常委会议，组织开展党的群众路线教育实践活动集中学习。省市驻临清联合督导组成员、聊城市纪委案件审理室副主任刘志刚出席会议。市领导王建鹏、李新阁、汪保远、王晓华、祁学兰、韩德振、李汝山、张子明、秦生春、冯子峰、衣述光、韩青、马培虎、许朝生参加集中学习。

4月23日 全市镇街道党的群众路线教育实践活动调度会召开，市委书记、市人大常委会主任王建鹏，市委副书记祁学兰，市委常委、组织部长秦生春，运河经济开发区管委会主任、新华路街道党委书记刘明峰出席会议。

4月24日 临清市市级领导班子成员集中观看《苦难辉煌》教育片，推动党的群众路线教育实践活动深入开展。汪保远、秦生春、衣述光、马培虎等市几大班子领导参加。

△ 农业部绿色食品发展中心主任王运浩一行到临清市考察绿色食品发展情况。聊城市副市长郭建民，中共临清市委书记、市人大常委会主任王建鹏陪同活动。

4月26日 阳谷县常委、副县长王同章、副县长李超率考察团到临清市参观考察，中共临清市委书记、市人大常委会主任王建鹏等陪同活动。

4月27日 市委政法工作暨平安临清建设表彰大会召开。王建鹏、李新阁、汪保远、王晓华、祁学兰、韩青、刘明峰、马国栋、杨青、王志刚、魏禄建等领导出席大会。

4月29日 临清市举行"劳动光荣，创造伟大"庆五一职工艺术作品展。市委常委、宣传部长衣述光，市委常委、人武部政委马培虎，市委特约顾问、市总工会主席、党组书记袁磊，市政协副主席贾艳华出席开展仪式。

△ 临清市第十七届人大常委会召开第十八次会议。市人大常委会党组书记、第一副主任王晓华，市人大常委会党组副书记李凤义，副主任赵孝洪、孙玉璞、宋加利、张学庚暨委员出席会议。副市长周志雯、市检察院检察长杨青列席会议。

△ 临清市纪念"五四运动"95周年暨建团92周年表彰大会召开。市委副书记祁学兰，市委特邀顾问袁磊，市政协副主席贾艳华出席会议。

4月30日 松林镇举办党的群众路线教育实践活动报告会。聊城市委常委、市直机关工委书记蔡同民做题为《共产党人一定要有崇高的信仰和坚定的信念》的专题报告，省市驻临联合督导组副组长、聊城市委组织部副部长吴广连，中共临清市委书记、市人大常委会主任王建鹏，市人大副主任宋加利出席报告会。

5月5日 聊城市委常委、副市长耿涛到临清市调研重点项目进展情况。中共临清市委书副书记、市长李新阁，市委常委、副市长韩德振陪同活动。

△ 省民委主任、宗教局局长马文艺到临清市调研民族宗教工作。聊城市政协副主席张广霞、万庆阳，中共临清市委副书记、市长李新阁，市政协主席汪保远，副市长周志雯，政协副主席徐宝福、王保粮陪同活动。

5月6日 2014临清·中国轴承产业高层论坛暨轴承零配件及专用装备展览会隆重开幕。中国轴承工业协会秘书长周宇，中国机电产品流通协会会长尹鲁章，聊城市副市长洪玉振，洛阳轴研所总工程师叶军，河南科技大学机电学院副院长、博士生导师邱明，洛阳高级轴承技工学校校长刘辉，山东省轴承紧固件协会秘书长鹿路，中机十院国际工程有限公司总经理余保民等轴承行业领导、专家、学者和企业家出席开幕式。中共临清市委书记、市人大常委会主任王建鹏，市委副书记、市长李新阁，市委常委、副市长韩德振，市人大常委会副主任宋加利，副市长王磊，市政府党组副书记、经济开发区党工委书记李衍博，政协副主席徐宝福出席开幕式。韩德振主持开幕式。

△ 临清市在烟店镇隆重举办2014临清·中国轴承产业高层论坛。这是临清市继2009、2010、2012年以来，第四次举办轴承论坛。本次论坛以"提升·提速·提效"为主题，旨在推动轴承产业发展档次提升、步伐提速、质量提效，实现轴承产业转型升级、健康快速可持续发展。中共临清市委副书记、市长李新阁在论坛上作《提升水平、提高效益，全力推动轴承产业健康快速可持续发展》的主旨报告。中国轴承工业协会副秘书长牛辉、中机十院国际工程有限公司总经理余保民、洛阳轴研所总工程师叶军及广弘集团总裁助理窦扬珉分别作《当前轴承行业经济运行形势及前景展望》《跨国轴承公司轴承制造特点、优势和中国轴承企业转型升级对策》《洛阳轴研所科技成果发布及技术服务对接》及《产业大变局、轴承大未来》的主题讲座。市委常委、副市长韩德振主持论坛。

△ 聊城市副市长洪玉振到临清市部分轴承企业调研，中共临清市委书记、市人大常委会主任王建鹏，市政府党组副书记、经济开发区党工委书记李衍博陪同活动。

5月7日 市委副书记、市长李新阁主持召开市长办公会，听取市政府领导班子关于当前各项工作情况的汇报，安排部署下一阶段工作任务。市委常委、副市长冯子峰、高雪明、副市长秦荣菊、姚德利、李华飙，市政府党组副书记王庆瑞，市政府党组副书记、运河经济开发区党工委书记李衍博出席会议。

△ 市委召开常委会议，组织开展党的群众路线教育实践活动第十次专题集体学习。聊城市旅游局办公室主任、省市驻临清联合督导组成员张克出席会议。市领导王建鹏、李新阁、汪保远、王晓华、祁学兰、韩德振、李汝山、张子明、秦生春、衣述光、马培虎参加集中学习。

5月8日 北京银行济南分行行长王淑梅，山东省再担保集团有限公司董事长安郁杰等一行到临洽谈银企合作事宜。中共临清市委书记、市人大常委会主任王建鹏，市委常委、副市长韩德振出席座谈会。

△ 市领导汪保远、王晓华、韩德振、秦生春、冯子峰、衣述光、马培虎等集中观看了历史文献专题片《苦难辉煌》。

5月10日 全市党政领导班子联席会议召开。市领导王建鹏、李新阁、祁学兰、韩德振、李汝山、秦生春、冯子峰、衣述光、高雪明、王磊、秦荣菊、姚德利、李衍博、王志刚出席会议。

5月13至14日 中国有色集团总经理罗涛、党委书记张克利陪同中国有色金属工业协会名誉会长吴建常同志到临清市中色奥博特铜铝业有限公司调研。聊城市委常委、政法委书记刘强，聊城市副市长洪玉振，中共临清市委书记、市人大常委会主任王建鹏，市委副书记、市长李新阁，市人大常委会第一副主任王晓华，市委常委、市委办公室主任李汝山陪同活动。

5月14日 聊城市副市长郭建民一行到临清市调研农业工作。中共临清市委副书记祁学兰陪同活动。

△ 临清市举办“心系群众跟党走”党的群众路线教育实践活动演讲比赛决赛。省、市赴临清联合督导组第一副组长，聊城市委组织部副部长吴广连，临清市委副书记祁学兰，市委常委、组织部部长秦生春，市委常委、宣传部部长衣述光出席决赛现场。

△ 聊城市大督查落实委员会第五督查室主任耿军一行到临清市就回迁安置房建设工作进行调研。市委常委、副市长冯子峰陪同活动。

5月15日 临清市召开企业主辅分离工作会议。市委副书记、市长李新阁，市委常委、副市长韩德振，市运河经济开发区管委会主任、新华路街道党委书记刘明峰出席会议。

△ 市领导汪保远、王晓华、祁学兰、韩德振、秦生春、冯子峰、衣述光、马培虎等集中观看了大型历史文献纪录片《苦难辉煌》。

△ 市委副书记、市长李新阁深入党的群众路线教育实践活动联系点新华路街道，以《深化认识增强党性　自觉践行党的群众路线》为题，给该街道全体基层党员干部上一堂内涵丰富、寓教于理的生动党课。

5月18日 全市迎接省级卫生城市复审工作动员会召开。市委副书记、市长李新阁，市委常委、副市长冯子峰，市政府党组副书记王庆瑞出席会议。

5月19日 临清市组织收听收看山东省防汛抗旱总指挥部全体（扩大）会议，市委副书记、市长李新阁出席临清分会场会议。

5月20日 临清市设分会场组织收看全省、聊城市第二批党的群众路线教育实践活动视频会议。中共临清市委书记、市人大常委会主任王建鹏，省市赴临清联合督导组副组长、聊城市委组织部副部长吴广连，省市赴临清联合督导组副组长、滨州学院党委组织部副部长刘宝民，临清市政协主席汪保远，市委副书记祁学兰等几大班子领导出席分会场会议。

△ 临清市召开纪念毛主席在延安文艺座谈会上讲话发表72周年暨全市文联工作座谈会。市委常委、宣传部长衣述光出席会议，市政协原主席、楹联协会主席蒋保江作典型发言。

5月23日 临清市召开重点工作调度会，

分析当前经济形势，围绕双过半的任务目标，研究解决存在的困难、问题，安排部署下一步工作。市委书记、市人大常委会主任王建鹏，市政协主席汪保远，市人大常委会第一副主任王晓华，市委副书记祁学兰，市委常委、副市长韩德振，市委常委、办公室主任李汝山，市政府党组副书记、运河经济开发区党工委书记李衍博出席会议。

5月26日 临清市与新兴重工（天津）科技发展有限公司就天然气非管网科技生态产业园项目举行签约仪式。聊城市委常委、市直机关工委书记蔡同民，中通汽车工业集团有限公司董事长李树朋，新兴重工集团有限公司副董事长宁春林，新兴重工集团有限公司副总经理、新兴重工（天津）科技发展有限公司董事长汪宇，新兴重工集团高级顾问赵子建，临清市领导王建鹏、汪保远、王晓华、祁学兰、韩德振、李汝山、高雪明、孙玉璞、王磊、刘明峰参加签约仪式。

5月30日 临清市召开市委常委扩大会议。省科技厅副厅长、省市赴临清联合督导组组长于书良，聊城市委常委、市直机关工委书记蔡同民，临清市领导王建鹏、李新阁、汪保远、王晓华、祁学兰、韩德振、李汝山、张子明、秦生春、冯子峰、衣述光、韩青、马培虎等出席会议。

6月3日 临清市召开市委常委会议，传达全省、聊城市第二批教育实践活动督导工作座谈会精神，对市委常委会存在的“四风”问题进行集体“会诊”，集体研究市委常委会的对照检查材料，征求各位市委常委对王建鹏同志个人“四风”问题清单的意见，为下一步开好民主生活会打下良好基础。

6月4日 临清市召开普通高校招生考试工作调度会、对临清市高考工作进行再动员、在落实和再部署。副市长周志雯出席会议。

6月5日 临清市设分会场组织收看全省史志工作电视会议。副市长李华飙出席临清市分会场会议。

6月6日 省卫生计生委党组成员、驻委纪检组组长、监察专员黄沂民带领督导组到临清市，检查指导开展纠正医药购销和办医行医中不正之风专项整治及医疗门诊“三增一禁”工作情况。聊城市副市长马丽红，中共临清市委副书记、市长李新阁，市委副书记祁学兰，副市长秦荣菊陪同活动。

6月9日 市委书记、市人大常委会主任王建鹏，市委常委、市委办公室主任李汝山在农业、农机、水利等部门负责人的陪同下，先后到潘庄镇潘西村、八岔路镇艾寨村等处，实地察看临清市“三夏”麦收、夏种情况。

6月10日 市委副书记、市长李新阁在农业、农机、水利等部门负责人的陪同下，视察临清市三夏麦收情况。

6月11日 中国有色集团第四届职工技能竞赛隆重开幕。中国有色集团党委书记、副总经理张克利，国务院国资委群工局副局长郭保民，中国有色金属工业协会副会长丁学全，中国有色集团党委副书记、工会主席许树森，中国机冶建材工会有色金属工作部长马华，中国有色集团工会副主席、直属机关工会主席程静，中共临清市委书记、市人大常委会主任王建鹏，中色奥博特董事长、党委书记刘占海等领导出席会议。

△ 聊城市副市长郭建民到临清市查看麦收灾情、调研扶贫开发精准识别工作。中共临清市委副书记、市长李新阁陪同活动。

6月12日 市委召开常委会议，组织召开党的群众路线教育实践活动第十三次专题集中学习。省委、聊城市委赴临清联合督导组副组长、聊城市委组织部副部长吴广连出席会议。中共临清市委书记、市人大常委会主任、市委党的群众路线教育实践活动领导小组组长王建鹏主持会议，市领导李新阁、王晓华、祁学兰、韩德振、李汝山、秦生春、冯子峰、衣述光、韩青、马培虎参加集中学习。

△ 市人大常委会党组书记、第一副主任王晓华，市人大常委会党组副书记李凤义，市人大常委会副主任赵孝洪、孙玉璞、宋加利、张学庚等，在市委常委、副市长韩德振陪同下对临清市部分重点项目进社工作进行视察。

6月13日 临清市召开党的群众路线教育实践活动报告会。聊城市纪委副书记张玉峰应邀作专题报告。省市赴临清联合督导组副组长、聊城市委组织部副部长吴广连，督导组成员、聊城市纪委案件审理室副主任刘志刚，临清市领导汪保远、王晓华、祁学兰、韩德振、李汝山、张子明、秦生春、冯子峰、衣述光等市级领导干部出席报告会。

6月13日 市委副书记、市长李新阁主持召开市长办公会。市委常委、副市长韩德振、冯子峰，副市长秦荣菊、姚德利、李华飙、市政府党组副书记王庆瑞，副市级干部、公安局长、党委书记王志刚出席会议。

6月14日 临清市在运河文化广场举办“让文化遗产活起来”为主题的庆祝中国第九个“文化遗产日”宣传活动暨民间收藏精品展，展示临清市非物质文化遗产的保护成果，提高全社会对文化遗产的保护意识。市领导汪保远、衣述光、张学庚、周志雯、贾艳华、宛秋生出席活动。

△ 临清市召开城区防汛工作会议，研究部署城区防汛工作措施，确保城区汛期安全。市委常委、副市长冯子峰出席会议并讲话。

6月16日 市委副书记、市长李新阁，带领交通、水务、经信、金融办、企业局等部门负责同志深入东部乡镇就镇域经济和社会发展情况进行调研。

△ 按照市委党的群众路线教育实践活动领导小组统一安排部署，市政府党组扩大会议召开。各位市政府党组成员围绕“为民务实清廉”主题，联系自身思想、作风和工作实际，交流前段时间的学习体会，进一步深化对马克思主义群众观点和党的群众路线的认识，不断增强践行党的群众路线的自觉性和坚定性。省委、聊城市委派驻临清市联合督导组成员、聊城市委远程教育中心副主任梁建光，市委副书记、市长李新阁，市委常委、副市长韩德振，市委常委、副市长冯子峰，副市长王磊、秦荣菊、周志雯，市政府党组成员、公安局长王志刚出席会议。

△ 浙江省嘉兴市政协副主席、九三学社嘉兴市委主委马玉华一行到临清市考察学习运河文化保护工作。聊城市政协副秘书长、综合六处处长李源尘，临清市政协主席汪保远，副主席王保粮陪同活动。

6月17日 以省发改委副巡视员王广利为组长的省环保专项行动检查组一行到临清市检查开展整治违法排污企业保障群众健康环保专项行动情况。聊城市副市长洪玉振，聊城市发改委主任葛敬方，中共临清市委副书记、市长李新阁，副市长王磊陪同活动。

△ 市委副书记、市长李新阁带队考察临清市城建项目建设工作，市委常委、副市长冯子峰，市运河经济开发区管委会主任、新华路街道党委书记刘明峰陪同活动。市住建局、财政局、国土局以及部分镇办主要负责同志参加考察。

6月18日 山东省贸促会副会长王立来一行到临清市调研特色产业及开放型经济发展情况。聊城市委常委、副市长张旋宇，中共临清市委书记、市人大常委会主任王建鹏，副市长王磊陪同活动。

△ 聊城市委常委、副市长张旋宇等一行深入到临清市调研大气污染防治等工作。中共临清市委书记、市人大常委会主任王建鹏，市委常委、办公室主任李汝山，市委常委、副市长冯子峰等陪同活动。

6月19日 市委书记、市人大常委会主任、市委党的群众路线教育实践活动领导小组组长王建鹏、市人大常委会副主任宋加利出席松林党委扩大会议。

6月20日 市委副书记、市长李新阁在市经信局、中小企业局、水利局、交通局等部门负责人的陪同下，深入到八岔路镇、尚店镇、刘垓子镇、戴湾镇，察看企业在建项目进展情况，详细了解项目建设中遇到的困难和问题。

6月24日 临清市设分会场组织收听收看聊城市征兵工作电视电话会议。市委副书记、市长李新阁，市委常委、人武部政委马培虎，副市长王磊，市人武部部长宋继刚出席分会场会议。

6月26日 聊城市委常委、统战部长、市直机关工委书记蔡同民到临清市调研教育实践活动开展情况。省市派驻临清市联合督导组副组长、聊城市委组织部副部长吴广连，中共临清市委书记、市人大常委会主任王建鹏，市委副书记祁学兰，市委常委、组织部长秦生春，市政协副主席、统战部长许朝生陪同活动。

△ 来自聊城各县（市、区）民政局、慈善总会的有关负责同志参加在临清市举行的聊城市基层慈善组织网络建设现场会，总结交流工作，继续完善基层慈善组织网络建设，推动慈善事业健康发展。聊城市副市长、聊城市慈善总会会长白志坚，中共临清市委副书记、市长李新阁，副市长、市慈善总会会长秦荣菊等出席活动。

△ 山东省人民检察院党组成员、副检察长张振中到临清市调研基层检察工作，聊城市人民检察院党组书记、检察长王学军，中共临清市委副书记、市长李新阁，市委常委、政法委书记韩青，市检察院检察长杨青陪同调研。

6月27日 省高级人民法院副院长李方民在聊城市中级人民法院院长黄伟东陪同下到临清就审判管理和司法公开工作进行实地调研。市委书记、市人大常委会主任王建鹏，市委常委、市委办公室主任李汝山，市委常委、政法委书记韩青，市人民法院院长马国栋陪同活动。

6月30日 临清市第十七届人大常委会召开第二十次会议。市人大常委会党组书记、第一副主任王晓华，市人大常委会党组副书记李凤义，副主任赵孝洪、孙玉璞、宋加利、张学庚及委员出席会议。市法院院长马国栋，市检察院检察杨青列席会议。

△ 临清市举办庆“七一”党的群众路线教育实践活动知识竞赛。省市派驻临清市联合督导组副组长、聊城市委组织部副部长吴广连，市委副书记祁学兰，市委常委、组织部长秦生春，市委常委、宣传部长衣述光观看竞赛并为获奖选手颁奖。

7月1日 在临清剧院举办庆“七一”党的群众路线教育实践活动京剧专场演出。省委、聊城市委驻临清联合督导组副组长、聊城市委组织部副部长吴广连，临清市领导祁学兰、秦生春、王庆瑞、贾艳华、徐宝福、王保粮，副市级干部魏禄建、张守群等观看演出。

7月3日 山东水务发展有限公司董事长王振钦到临清市调研水库建设和供水情况，聊城市水务局局长栾居军，中共临清市委副书记、市长李新阁陪同活动。

7月4日 临清市组织有关单位和部门的主要负责同志收听收看全省民营经济工作视频会议。市领导王建鹏、汪保远、祁学兰、韩德振、秦生春、冯子峰、衣述光、高雪明、王磊、秦荣菊、姚德利等出席临清市分会场会议。

7月9日 省公路局局长李洪修一行到临清市调度德商高速公路项目建设工作。聊城市副市长任晓旺，中共临清市委书记、市人大常委会主任王建鹏陪同活动。

△ 山东省金融办主任、党组书记李永健在聊城市副市长冯艺东，市金融办主任马广朋的陪同下到临清市调研企业，市委副书记、市长李新阁，市委常委、副市长韩德振陪同活动。

7月13日 临清市召开电子商务产业发展座谈会，商讨建设电子商务平台的有关工作。省政府参事室主任邵靖，聊城市委常委、统战部长、市直机关工委书记蔡同民，中共临清市委副书记、市长李新阁，市委副书记祁学兰，市经济开发区管委会主任、新华路街道办事处党委书记刘明峰出席会议。

△ 全市金融支持实体经济发展座谈会召开。市领导李新阁、韩德振、高雪明、李衍博、刘明峰出席会议。

7月15日 聊城市民营经济发展局局长李光路率领2014年上半年聊城市民营经济考核组到临清观摩。中共临清市委副书记、市长李新阁，市政府党组副书记、市经济开发区党工委书记李衍博陪同活动。

7月17日 省委督查室督查专员李晓光一行到临清市督查党外代表人士队伍建设工作和工商联工作。聊城市委常委、市委统战部部长、市直机关工委书记蔡同民，中共临清市委副书记、市长李新阁，市政协副主席、市委统战部部长许朝生，市政协副主席、工商联主席宛秋生陪同活动。

△ 市政府与聊城大学合作对接座谈会举行。聊城大学服务社会处处长于会山，中共临清市委副书记、市长李新阁，副市长姚德利出席会议。

7月21日 聊城军分区参谋长董智奎到临清市视察征兵工作。市委副书记、市长李新阁，市委常委、人武部政委马培虎，副市长王磊，市人武部部长宋继刚陪同活动。

7月22日 全市征兵工作调度会议召开。市委副书记、市长李新阁，副市长王磊，市人武部部长宋继刚，市运河经济开发区管委会主任、新华路街道党委书记刘明峰出席会议。

7月23日 全市党的群众路线教育实践活动工作推进会召开。市委副书记祁学兰，市委常委、组织部长秦生春，市运河经济开发区管委会主任、新华路街道党委书记刘明峰出席会议。

△ 市政协十三届十二次常委会议召开。市政协主席汪保远，政协副主席王俊山，副主席、党组副书记、统战部长许朝生，副主席贾艳华、宛秋生、徐宝福、王保粮出席会议。市委常委、副市长韩德振列席会议。

7月25日 在穆斯林群众传统节日——开斋节来临之际，市委书记、市人大常委会主任王建鹏，市委副书记、市长李新阁，市委常委、市委办公室主任李汝山，市人大常委会副主任宋加利，副市长周志雯，市政协副主席、市委统战部长许朝生，市政协副主席宛秋生以及市民宗局负责同志深入到城区清真北寺、清真东寺、黑庄清真寺等处，送去慰问金和油、面粉等慰问品，向穆斯林群众送去节日的祝福。

7月28日 省畜牧局局长冯继康到临清市调研，聊城市副市长郭建民，中共临清市委副书记、市长李新阁陪同活动。

△ 市委副书记、市长李新阁带领市经信局负责同志深入部分工业企业进行调研，详细了解企业今年上半年生产运营情况，就做好企业下半年工作提出指导意见。

7月29日 中国人民解放军第87个建军节即将到来之际，市领导王建鹏、李新阁、祁学兰、马培虎、秦荣菊，对聊城军分区进行走访慰问，代表市委、市政府等几大班子和全市人民向他们致以节日祝贺和诚挚的问候。

7月30日 临清市召开迎接省级卫生城市复审工作推进会，对迎检工作进行再安排、再部署，动员全市上下各级各有关部门迅速行动起来，强化措施，狠抓落实，确保顺利通过验收。市领导王建鹏、李新阁、冯子峰、赵孝洪、王庆瑞、徐宝福，市级领导刘明峰等出席会议。

8月4日 聊城市副市长郭建民一行到临清市就农业生产工作进行调研。市委书记、市人大常委会主任王建鹏陪同调研。

8月6日 外交部驻泰国宋卡总领事张晋熊一行，在聊城市政协副主席万庆阳的陪同下到临清市考察运河文化。中共临清市委书记、市人大常委会主任王建鹏，市政协主席汪保远，市委常委、市委办公室主任李汝山，市政协副主席王保粮陪同活动。

8月7日 省人大常委会委员、农业与农村委员会主任委员战树毅一行到临清市视察企业技术进步和自主创新工作情况。聊城市副市长洪玉振，中共临清市委书记、市人大常委会主任王建鹏，市人大常委会第一副主任王晓华，市委常委、副市长韩德振，市委常委、市委办公室主任李汝山，市人大常委会副主任宋加利陪同活动。

△　市委召开常委班子专题民主生活会情况通报会，通报市委常委班子专题民主生活会情况，并就教育实践活动下步工作进行安排部署。省市赴临清联合督导组副组长、聊城市委组织部副部长吴广连出席会议并讲话；市委书记、市人大常委会主任王建鹏主持会议并通报有关情况，督导组成员梁建光、张克，临清市委副书记、市长李新阁，市政协主席汪保远，市人大常委会第一副主任王晓华，市委副书记祁学兰等市级领导干部出席会议。

8月8日　为积极响应临清市创建省级卫生城市的号召，市志愿者联合会充分发挥志愿服务作用，组织临清市各大医院医疗专家志愿者们纷纷参与到义诊活动中，为广大群众送去专业、优质的医疗服务。中共临清市委常委、宣传部长衣述光看望并慰问烈日下为群众热情服务的志愿者们。

8月11日　市委书记、市人大常委会主任王建鹏，市委常委、副市长冯子峰、市人大常委会副主任赵孝洪，市政协副主席徐宝福带领相关部门负责人就临清市迎接省级卫生城市复审准备工作，进行实地督导检查。

8月13日　临清市设分会场组织收看全省、聊城市第二批教育实践活动视频会议。省市赴临清联合督导组副组长、聊城市委组织部副部长吴广连，督导组副组长、滨州学院党委组织部副部长刘宝民以及督导组其他成员，中共临清市委书记、市人大常委会主任王建鹏，市委副书记、市长李新阁，市政协主席汪保远，市人大常委会第一副主任王晓华，市委副书记祁学兰等在分会场收看会议。

△　市政协党组召开专题民主生活会情况通报会。市政协主席汪保远主持会议，并代表市政协党组通报党组专题民主生活会有关情况。

8月14日　松林镇召开领导班子专题民主生活会。聊城市委常委、统战部长、市直机关工委书记蔡同民，省市赴临清联合督导组第一副组长、聊城市委组织部副部长吴广连参加指导。中共临清市委书记、市人大常委会主任王建鹏主持。市人大常委会副主任宋加利，市委第一督导组成员到会指导。

△　新华路街道班子召开专题民主生活会。市委副书记、市长李新阁参加指导，办事处党委书记、运河经济开发区管委会主任刘明峰主持会议。市委派驻市直第三督导组成员到会指导。

8月16日　聊城市委副书记、市长王忠林带领市委理论学习中心组读书会暨市委工作会议观摩团对临清市2013年新上、目前已基本建成的聊城市级重点项目建设进展情况进行现场观摩检查。聊城市政协主席金维民、市人大常委会第一副主任汪文耀等市领导，以及各县（市区）、市直有关部门和全市重点企业主要负责人参加观摩检查。中共临清市委书记、市人大常委会主任王建鹏，市委副书记、市长李新阁，市政协主席汪保远，市人大常委会第一副主任王晓华，市委副书记祁学兰，市委常委、副市长韩德振，市委常委、市委办公室主任李汝山等领导陪同活动。

8月19日　临清市组织党员干部在临清剧院观看聊城市豫剧院创排的现代豫剧《焦裕禄》。市领导汪保远、袁磊、李凤义、张学庚、王磊、李华飙、李衍博、贾艳华、徐宝福、王保粮、杨青、王志刚、魏禄建等出席并观看演出。

8月20日　市审计局召开领导班子专题民主生活会。市委副书记、市长李新阁出席指导。市委第十五督导组成员到会指导。

△　市财政局党组班子专题民主生活会召开。市委书记、市人大常委会主任王建鹏参加

指导，市委第三督导组成员到会指导。

8月21日 全市党政班子联席会召开。市领导王建鹏、李新阁、汪保远、祁学兰、韩德振、李汝山、张子明、秦生春、冯子峰、衣述光、秦荣菊、姚德利、王庆瑞、李衍博出席联席会。

8月22日 “运河与区域社会研究”国际学术研讨会在临清市召开，来自国内及韩国等的专家学者出席会议。市委书记、市人大常委会主任王建鹏出席研讨会并致辞。聊城大学运河学研究院院长、教授李泉主持研讨会。中共临清市委常委、宣传部长衣述光，副市长周志雯出席。

△ 临清市开展市级机关“慈心一日捐”活动。市委书记、市人大常委会主任王建鹏，市委常委、市委办公室主任李汝山，市委常委、纪委书记张子明，市委常委、宣传部长衣述光等参加现场捐助。

8月24日 全国人大常委会原副委员长、民革中央原主席何鲁丽到临清市视察运河文化。民革中央秘书长、全国人大内务司司法委委员李惠东，山东省人大常委会原副主任莫振奎，聊城市委副书记、市长王忠林，聊城市人大常委会副主任孙菁，聊城市政协副主席、民革聊城市主委马亮宽，聊城市政府秘书长马骏，中共临清市委书记、市人大常委会主任王建鹏，市人大常委会第一副主任王晓华，市委常委、市委办公室主任李汝山等陪同活动。

8月25日 莘县县委书记、县人大常委会主任朱加云率考察团到临清考察学习。中共临清市委书记、市人大常委会主任王建鹏，市委副书记、市长李新阁，市委常委、副市长韩德振，市委常委、副市长冯子峰，市政协副主席徐宝福陪同活动。

△ 临清市召开市委工作会议，贯彻落实聊城市委理论学习中心组读书会暨市委工作会议精神，总结工作，分析形势，对下一步工作进行安排部署，动员全市上下进一步坚定信心，加压奋进，拼搏实干，狠抓落实，确保圆满完成跨越赶超攻坚战第二战役的目标任务。王建鹏、李新阁、汪保远、王晓华、祁学兰、韩德振、李汝山、张子明、秦生春、冯子峰、衣述光、韩青等市级领导出席会议。

8月26日 阳谷县考察团在县委书记、县人大常委会主任田中俊，县委副书记、县长何宪卓的带领下到临清市考察学习。中共临清市委书记、市人大常委会主任王建鹏，市政协主席汪保远，市人大常委会第一副主任王晓华，市委常委、副市长韩德振，市委常委、市委办公室主任李汝山，市委常委、纪委书记张子明，市政协副主席宛秋生陪同活动。

△ 中科院网络信息中心党委书记陈浩到临清市考察工作。

8月27日 山东省检察院检察长吴鹏飞在聊城市委副书记、市长王忠林、聊城市检察院检察长王学军的陪同下，到临清市进行调研，中共临清市委书记王建鹏、市长李新阁全程陪同调研。

△ 松林镇由集村党支部召开专题组织生活会，聊城市委常委、统战部长、市直机关工委书记蔡同民，省市赴临清联合督导组第一副组长、聊城市委组织部副部长吴广连参加指导。中共临清市委常委、组织部长秦生春到会指导。

△ 潘庄镇潘西村党支部召开专题组织生活会。市政协主席、党组书记汪保远出席指导。

8月29日 临清市政府与昊昇三农实业有限公司举行昊昇山东农机机电产业城项目签约仪式。中国农机流通协会副秘书长邓志红，昊昇三农实业有限公司董事长王得志等，临清市领导王建鹏、李新阁、宋加利、王磊、王庆瑞、王保粮、刘明峰出席仪式。仪式由市委副书记、市长李新阁主持。

△ 新华路街道东陶居党支部召开专题组织生活会。市委副书记、市长李新阁全程出席指导，运河经济开发区管委会主任、新华路街道党委书记刘明峰主次会议。

9月1日 市委副书记、市长李新阁率考察团赴高唐县就重点项目、招商引资、城市建设等工作进行参观考察。市委常委、副市长韩德振，冯子峰，市政府党组副书记、经济开发区党工委书记李衍博，市经济开发区管委会主任、新华路街道党委书记刘明峰参加活动。

9月2日 农业部畜牧业司副司长王俊勋一行到临清市进行调研。市委副书记、市长李新阁陪同活动。

9月3日 聊城市副市长白志坚到临清市调研社会养老服务体系建设工作。中共临清市委副书记、市长李新阁，副市长秦荣菊，市运河经济开发区管委会主任、新华路街道党委书记刘明峰陪同活动。

9月4日 临清市组织召开招商引资工作会议，回顾总结今年以来的招商引资工作，分析当前形势，查找差距不足，剖析原因，研究对策，动员全市各级各部门进一步强化责任，提振精神，创新思路，真抓实干，把教育实践活动激发出的活力投入到工作中去，全力以赴打好招商引资攻坚战。市委书记、市人大常委会主任王建鹏，市委副书记、市长李新阁，市政协主席汪保远，市人大常委会第一副主任王晓华，副市长王磊，市运河经济开发区管委会主任、新华路街道党委书记刘明峰出席会议。

9月5日 第30个教师节来临之际，市委书记、市人大常委会主任王建鹏，市委副书记、市长李新阁，市政协主席汪保远，市人大常委会第一副主任王晓华，市委副书记祁学兰，市委常委、市委办公室主任李汝山，市委常委、宣传部长衣述光，副市长周志雯等深入部分中小学及幼儿园，亲切看望慰问一线教师，向他们送去节日的问候。

△ 聊城市委常委、统战部长、市直机关工委书记蔡同民到临清市就党外代表人士队伍建设工作进行督导检查。中共临清市委副书记祁学兰，市政协党组副书记、副主席、统战部长许朝生陪同活动。

9月9日 市委副书记、市长李新阁带领国土、经信、发改、规划等部门负责同志到烟店、潘庄、唐园就镇域发展工作进行调研。

△ 市委副书记、市长李新阁主持召开市长办公会，市委常委、副市长韩德振、冯子峰，副市长王磊、秦荣菊、周志雯，市政府党组副书记王庆瑞，市政府党组副书记、运河经济开发区党工委书记李衍博出席会议。

9月10日 在第30个教师节来临之际，临清市隆重召开教师节庆祝大会，表彰奖励模范先进，共商教育发展大计，动员全市各级和广大教师、教育工作者进一步解放思想，改革创新，拼搏奋进，全面开创临清教育事业崭新局面。市领导李新阁、祁学兰、衣述光、张学庚、周志雯、贾艳华，市级领导刘明峰等出席会议。

9月11日 聊城市副市长郭建民到临清市检查指导畜牧业发展工作，中共临清市委副书记、市长李新阁陪同活动。

△ 市委副书记、市长李新阁主持召开市长办公会。市委常委、副市长韩德振、冯子峰、王延国，副市长王磊、秦荣菊、周志雯、姚德利，市政府党组副书记王庆瑞，市政府党组副书记、运河经济开发区党工委书记李衍博，运河经济开发区管委会主任、新华路街道党委书记刘明峰出席会议。

△ 全市财政收入形势分析暨民营经济工作会议召开，会议回顾总结今年以来财税和民营经济工作情况，深入查摆问题，找准差距，分析原因，动员各级各有关部门进一步提高认识，明确目标，强化措施，加压奋进，确保圆满完成全年跨越赶超的各项任务，确保实现争先进位。市委书记、市人大常委会主任王建鹏主持会议，市委常委、副市长韩德振，市委常委、办公室主任李汝山，市政府党组副书记、经济开发区党工委书记李衍博，经济开发区管委会主任、新华路街道党委书记刘明峰参加会议。

9月12日 临清市召开会议，深入贯彻落实聊城市城乡环卫一体化工作会议精神，全面部署临清市城乡环卫一体化工作。市委书记、市人大常委会主任王建鹏，市委副书记、市长李新阁，市委常委、副市长冯子峰，市运河经济开发区管委会主任、新华路街道党委书记刘明峰出席会议。

9月13日 聊城市委副书记陈平带领农业相关部门负责同志，到临清市就现代农业发展情况进行调研。中共临清市委书记、市人大常委会主任王建鹏，市委副书记祁学兰陪同活动。

9月16日 国家开发银行山东省分行副行长池勇一行，在聊城市副市长冯艺东的陪同下到临清市考察重点项目建设情况。中共临清市委副书记、市长李新阁，市委常委、副市长韩德振，市委常委、纪委书记张子明陪同活动。

9月17日 聊城市文明办副主任姚清昌带领新闻媒体记者组成的乡村文明行动城乡环卫一体化媒体行记者团到临清市集中采访。中共临清市委副书记、市长李新阁，市委常委、副市长冯子峰，市委常委、宣传部长衣述光陪同活动。

9月19日 临清市召开庆祝人民政协成立65周年座谈会。市政协主席汪保远，市委副书记祁学兰，副市长周志雯，市政协副主席王俊山、徐朝生、贾艳华，市老领导蒋保江、唐峰伟、韪永春、张由军、赵金栋出席座谈会。

9月20日 省发改委副主任赵东，济南市委常委、政法委书记李占国一行，在聊城市发改委主任葛敬方的陪同下到临清市参观考察。中共临清市委书记、市人大常委会主任王建鹏，市委副书记、市长李新阁，市委副书记祁学兰，市委常委、市委办公室主任李汝山，市政协副主席宛秋生，市运河经济开发区管委会主任、新华路街道党委书记刘明峰陪同活动。

9月22日 省科技厅厅长刘为民、副厅长于书良到临清市调研科技工作。聊城市委副书记、市长王忠林，副市长马丽红，中共临清市委副书记、市长李新阁，市委副书记祁学兰、副市长王磊陪同活动。

9月24日 临清市举行庆祝建国六十五周年暨临清市老年大学建校二十五周年书画展。市委常委、宣传部长衣述光，市人大常委会副主任孙玉璞，市政协副主席贾艳华，人大原主任孙景山，人大原副主任马景瑞，人大原副主任王秀璞，以及市委老干部局全体同志，老年大学全体学员、老年书画研究会和农民书画研究会的全体成员出席书画展。

9月25日 在聊城参加中原经济区六市民族宗教工作协作会议的各地市领导，在聊城市委统战部、市民族宗教事务局负责人的陪同下，到临清市宗教活动场所进行参观考察。中共临清市委副书记祁学兰，市政协副主席、党组副书记、统战部长许朝生陪同活动。

9月26日 在重阳节到来之际，聊城市委常委、统战部长、市直机关工委书记蔡同民到临清市慰问敬老院老人和百岁老人。中共临清市委书记、市人大常委会主任王建鹏，市委副书记祁学兰，市政协副主席、统战部长许朝生陪同活动。

9月26日至27日 省政协副主席许立全带领部分省政协委员到临清市调研“弘扬优秀传统文化，建设山东道德高地”工作情况。聊城市政协主席金维民，聊城市委副书记陈平，聊城市政协秘书长路仕佼，中共临清市委书记、市人大常委会主任王建鹏，市政协主席汪保远，市委副书记祁学兰，市委常委、市委办公室主任李汝山，市委常委、宣传部长衣述光，市政协副主席王保粮陪同活动。茌平县政协主席徐莹，茌平县委常委、宣传部长鲍世利出席座谈会。

9月27日 聊城市政协主席金维民在有关部门负责人的陪同下到临清市慰问烈军属。中共临清市委书记、市人大常委会主任王建鹏，市政协主席汪保远，市委副书记祁学兰，市委常委、市委办公室主任李汝山，副市长秦荣菊等陪同慰问。

9月28日 在第一个全国烈士纪念日和重阳节到来之际，市委副书记祁学兰在市老龄办和民政部门负责同志的陪同下，走访慰问了临清市敬老院老人和部分百岁老人，给他们带去慰问品和慰问金，并祝福老人们节日快乐。

9月29日 聊城市政协副主席张传玄带领聊城市政协祖国统一联谊委员会委员到临清市调研港澳台侨投资企业发展情况。临清市政协主席汪保远，市委副书记祁学兰，副市长王磊，政协副主席、党组副书记、统战部长许朝生等陪同活动。

△ 在第一个全国烈士纪念日和重阳节到来之际，市委副书记、市长李新阁在市老龄办和民政部门负责同志的陪同下，走访慰问临清市部分军烈属、大辛庄中心敬老院和部分百岁老人，并送去慰问金和慰问品。

△ 临清市组织收听收看全省村、城市社区"两委"换届选举工作视频会议。市委书记、市人大常委会主任王建鹏，市委副书记祁学兰，市委常委、纪委书记张子明，市委常委、组织部长秦生春，市人大常委会副主任孙玉璞，副市长王磊，市经济开发区管委会主任、新华路街道党委书记刘明峰出席临清分会场会议。

9月30日 首个烈士纪念日之际，临清市在革命烈士陵园隆重举行烈士公祭仪式，缅怀革命先烈的丰功伟绩，颂扬烈士们的革命精神，寄托后人的无限哀思，表达为创造临清美好明天而共同奋斗的坚定决心。市委书记、市人大常委会主任王建鹏，市委副书记、市长李新阁，市政协主席汪保远，市人大常委会第一副主任王晓华，市委副书记祁学兰等几大班子领导，临清市市直各部门主要负责同志，驻临武警、消防官兵、烈士家属、老战士代表以及师生代表等近千人一同瞻仰革命烈士纪念堂、祭扫烈士墓。市委副书记、市长李新阁主持祭仪式。

△ 临清市召开老干部情况通报会。市委副书记、市长李新阁向老领导、老同志通报临清市2014年三季度经济社会发展和深化改革情况。

10月1日 为庆祝伟大祖国65周年华诞，市委机关各单位干部职工身着正装，在市委办公楼前列队，隆重举行庄严的升国旗仪式。王建鹏、汪保远、王晓华、祁学兰等几大班子领导及工作人员矗立在国旗杆前，与全国人民一道庆祝祖国生日。

10月5日 聊城市实施"农业龙头带动"战略检查观摩团到临清市观摩，聊城市领导耿涛、刘新东、郭建民、哈斯巴图、姜之厚以及全市各县区政府主要负责人参加观摩，临清市领导王建鹏、李新阁、祁学兰、韩德振、李汝山陪同活动。

10月8日 临清市组织收听收看党的群众路线教育实践活动总结大会。省市赴临清联合督导组副组长、聊城市委组织部副部长吴广连，聊城市远程教育中心副主任梁建光，聊城市纪委案件审理室副主任刘志刚、聊城市旅游局办公室主任张克，中共临清市委书记、市人大常委会主任王建鹏，市委副书记、市长李新阁，市政协主席汪保远，市人大常委会第一副主任王晓华，市委副书记祁学兰等几大班子领导出席临清分会场会议。

10月9日 聊城市委常委、副市长张旋宇一行深入到临清市调研大气污染防治、扬尘治理、增减挂钩、保税物流中心建设等工作。中共临清市委副书记、市长李新阁，市委常委、副市长冯子峰，市政府党组副书记王庆瑞陪同活动。

10月10日 市委书记、市人大常委会主任王建鹏在金郝庄镇召开镇街道党委书记座谈会，听取部分镇党委书记对全市整体推进村级换届选举工作的意见建议，指导开展做好下一步工作。市委常委、组织部长秦生春出席会议。

10月11日 中共临清市委十二届六次全体会议召开。市领导王建鹏、李新阁、汪保远、王晓华、韩德振、李汝山、张子明、韩青、马培虎、王延国出席会议。

10月15日 全省司法行政系统平安和谐发展（聊城）现场观摩会在临清市召开。省司法厅厅长王本群，聊城市委副书记陈平，市委常委、政法委书记刘强，副市长白志坚，中共临清市委书记、市人大常委会主任王建鹏，市委副书记祁学兰，副市长秦荣菊参加活动。

10月15日 聊城市委副书记陈平到临清市调研轴承产业发展情况。中共临清市委副书记、市长李新阁，市委副书记祁学兰陪同活动。

10月16日 市委书记、市人大常委会主任王建鹏视察临清市城乡环卫一体化工作。市委常委、市委办公室主任李汝山，市委常委、副市长冯子峰，市委常委、宣传部长衣述光陪同活动。

10月20日 临清市党的群众路线教育实践活动总结大会在临清剧院隆重召开。会议的主要任务是认真贯彻中央、省委和聊城市委党的群众路线教育实践活动总结大会精神，深入学习领会习近平总书记重要讲话精神，认真总结全市教育实践活动情况，对巩固和拓展教育实践活动成果、加强党的作风建设、落实从严治党要求进行安排部署。省市赴临清联合督导组组长、省科技厅副厅长于书良，联系临清市的聊城市委常委、统战部长、市直机关工委书记蔡同民，赴临清联合督导组副组长、聊城市委组织部副部长吴广连，滨州学院党委组织部副部长刘宝民，中共临清市委书记、市人大常委会主任王建鹏，市委副书记、市长李新阁，市政协主席汪保远，市人大常委会党组书记、第一副主任王晓华，市委副书记祁学兰在主席台就座。督导组全体同志，临清市现职市级领导干部，部分市级及以上老干部出席会议。

10月22日 全市村、城市社区“两委”换届选举工作会议召开。市委书记、市人大常委会主任王建鹏，市委副书记、市长李新阁，市委副书记祁学兰，市委常委、组织部长秦生春，市人大常委会副主任孙玉璞，副市长王磊，市运河经济开发区管委会主任、新华路街道党委书记刘明峰出席会议。

10月25日 全市计划生育迎检工作会议召开。市委书记、市人大常委会主任王建鹏，市委副书记祁学兰，市人大常委会副主任张学庚，副市长秦荣菊，市政协副主席贾艳华，市运河经济开发区管委会主任、新华路街道党委书记刘明峰出席会议。

10月27日 松林镇组织全体党员召开党的群众路线教育实践活动总结大会，对全镇党的群众路线教育实践活动进行总结，进一步巩固和拓展教育实践活动成果、加强党的作风建设、全面推进从严治党等。聊城市委常委、统战部长、市直机关工委书记蔡同民，中共临清市委书记、市人大常委会主任王建鹏以及市委派驻市直第一督导组组长和成员等出席会议。

△ 聊城市委常委、统战部长、市直机关工委书记蔡同民，人大常委会副主任刘新东，政协副主席贾少勇等到临清市调研村、城市社区“两委”换届选举工作。临清市领导王建鹏、祁学兰、张子明、秦生春、孙玉璞，市级领导刘明峰及聊城市村、城市社区“两委”换届选举第六督导组陪同活动。

△ 聊城市委副书记陈平，副市长郭建民一行到临清市调研畜牧业发展情况。中共临清市委副书记、市长李新阁，市委副书记祁学兰陪同活动。

△ 青年路街道党的群众路线教育实践活动总结会议召开，办事处副科级以上领导、中层、农村48居两委干部、各站所负责同志参加会议，市委副书记祁学兰、市委第十一督导组负责人出席办事处党的群众路线教育实践活动总结会议，祁学兰就街道做好下一步工作提出要求。

10月28日 全市城乡环卫一体化暨环境综合整治观摩推进会议召开。市委书记、市人大常委会主任王建鹏，市委副书记、市长李新阁，市委副书记祁学兰，市委常委、市委办公室主任李汝山，市委常委、副市长冯子峰，市委常委、宣传部长衣述光，市运河经济开发区管委会主任、新华路街道党委书记刘明峰出席推进会。

10月30日 临清市召开市委常委会议，传达学习党的十八届四中全会精神。市委书记、市人大常委会主任王建鹏主持会议。市领导汪保远、王晓华、祁学兰、韩德振、张子明、秦生春、冯子峰、衣述光、韩青、许朝生参加会议。

△ 市委副书记、市长李新阁主持召开市长办公会，组织学习十八届四中全会作出的《中共中央关于全面推进依法治国若干重大问题的决定》。市委常委、副市长韩德振、冯子峰，副市长王磊、周志雯，姚德利、裴援业，市政府党组副书记王庆瑞，副市级干部、公安局长、党委书记王志刚等出席会议。

10月30日 省作家协会副主席左建明在原聊城市委常委、秘书长赵立银的陪同下到临清市调研。中共临清市委常委、市委办公室主任李汝山陪同活动。

10月31日 省文明办副主任王少杰一行，在聊城市委常委、宣传部长赵庆忠的陪同下到临清市调研指导乡村文明行动开展工作。中共临清市委书记、市人大常委会主任王建鹏，市委常委、副市长冯子峰，市委常委、宣传部长衣述光，市运河经济开发区管委会主任、新华路街道党委书记刘明峰陪同活动。

△ 省双拥办副主任刘军带领省双拥检查考评组，对临清市双拥模范城创建工作进行全面检查验收。聊城市副市长白志坚，中共临清市委副书记、市长李新阁，市委副书记祁学兰，副市长王磊，市人武部长宋继刚参加活动。

△ 省民委主任马文艺在聊城市副市长白志坚的陪同下到临清市调研民族宗教工作。副市长周志雯陪同活动。

11月4日 由聊城市广播电视总台副台长玄志刚带队的《美丽乡村行》大型采访团到临清市采访城乡环卫一体化工作。中共临清市委书记、市人大常委会主任王建鹏接受专访，市委常委、宣传部长衣述光陪同活动。

△ 聊城市委常委、宣传部长赵庆忠带领聊城市教育局、财政局、行政执法局等有关负责同志到临清市调研小城镇改貌工程。中共临清市委副书记、市长李新阁，市委副书记祁学兰，市委常委、宣传部长衣述光陪同活动。

11月5日 山东省委召开学习贯彻党的十八届四中全会精神宣讲报告会，邀请全会文件起草人、司法部党组成员、副部长赵大程作辅导报告。市委书记、市人大常委会主任王建鹏，市委副书记、市长李新阁，市政协主席汪保远，市人大常委会第一副主任王晓华，市委副书记祁学兰等市领导及有关部门负责同志在临清分会场收听收看报告会实况。

11月6日 在中共聊城市委常委、宣传部长赵庆忠，聊城市政协副主席姜之厚的带领下，聊城市各县市区有关负责同志深入到临清市临博路道路综合整治现场，对临清市城乡道路综合整治工程进行现场观摩。临清市领导王建鹏、李新阁、祁学兰、衣述光等陪同活动。

△ 市政协召开十三届十三次常委会议。市政协主席汪保远、副主席贾艳华、宛秋生、徐宝福出席会议。

△ 聊城市委常委、市纪委书记张宝泉一行到临清市调研纪检监察工作。中共临清市委常委、纪检委书记张子明陪同活动。

11月7日 聊城市委常委、常务副市长耿涛就义务教育均衡发展县创建工作到临清市进行实地调研指导。中共临清市委副书记、市长李新阁，副市长周志雯陪同活动。

△ 聊城市财税工作调度会议在临清市举行。聊城市委常委、副市长耿涛，市政府办公室调研员杨连柱，中共临清市委副书记、市长李新阁，市委常委、副市长韩德振出席会议。

△ 在全国第15个记者节即将来临之际，市委常委、宣传部长衣述光深入到市广电中心和《临清周讯》编辑部看望慰问全体新闻工作者，向他们致以节日的祝福和诚挚的问候，并送去慰问品。

11月8日 临清市召开村、城市社区“两委”换届选举工作现场会，就做好全市村、城市社区“两委”换届选举下一步工作进行安排部署。市委副书记祁学兰，市委常委、组织部长秦生春，临清经济开发区管委会主任、新华路街道党委书记刘明峰出席会议。

△ 站前路育新路贯通暨沙窝屯片区改造工程回迁入住启动仪式在“星光星悦城”小区举行，至此，沙窝屯片区拆迁居民喜回“新家”。市委副书记、市长李新阁，市委常委、副市长冯子峰出席仪式。

11月9日 山东省关工委副主任王维新等在聊城市关工委常务副主任董金刚的陪同下，深入临清市检查指导关工委工作。中共临清市委常委、组织部长秦生春，市人大常委会原副主任、市关工委常务副主任王鹤琴等陪同活动。

11月12日 省社科联副主席、党组成员张宏明一行，就县（市、区）社科联组织建设工作到临清市进行考察调研，并召开部分县（市、区）座谈会，相互交流工作经验和探讨问题。聊城市社科联副主席张利军、王志强，中共临清市委副书记祁学兰，市委常委、宣传部长衣述光参加活动。

11月13日 临清市组织商务局、发改局、经信局、教育局等相关部门负责同志召开电子商务发展规划编制工作座谈会。中国国际电子商务中心渠道部副总经理刘渊等专家组成员，临清市市政府党组副书记、运河经济开发区党工委书记李衍博等出席会议。

11月17日 聊城市政协副主席张广霞、万庆阳一行到临清市调研工业企业发展情况。中共临清市委书记王建鹏、市政协主席汪保远，市委常委、副市长韩德振，市政协副主席王保粮陪同活动

11月18日 省水利厅副厅长刘建良带领督导组到临清市检查督导农村饮水安全工程建设情况。聊城市副市长郭建民，中共临清市委副书记、市长李新阁陪同活动。

△ 河南省长葛市市委副书记王明坤带队到临清市考察城中村改造工作。中共临清市委副书记祁学兰，副市长姚德利，市经济开发区管委会主任、新华路街道党委书记刘明峰陪同活动。

11月20日 临清市召开全市村、城市社区“两委”换届选举工作推进会，学习传达聊城市村、社区“两委”换届选举工作推进会议精神，查找问题、分析形势，安排部署下一步工作任务，推动全市村、城市社区“两委”换届选举工作扎实有效、平稳有序进行。市委书记、市人大常委会主任、市“两委”换届选举工作领导小组组长王建鹏，市委副书记祁学兰，市委常委、组织部长秦生春，副市长王磊，市经济开发区管委会主任、新华路街道党委书记刘明峰出席会议。

△ 农业部畜牧业司副司长王宗礼一行到临清市进行调研。省畜牧兽医局局长冯继康，聊城市副市长郭建民，中共临清市委书记、市人大常委会主任王建鹏陪同活动。

11月21日 国家统计局投资司司长贾海一行到临清市考察。山东统计局副局长于涛，聊城市委常委、常务副市长耿涛，临清市委书记王建鹏等陪同活动。

△ 润源实业玉柴专用线挂牌仪式举行，市委常委、副市长韩德振，出席仪式并揭牌。

△ 聊城市人大常委会副主任孙菁带领市人大教科文卫调研组，到临清市就职业教育发展情况进行调研。中共临清市委书记、市人大常委会主任王建鹏，市人大常委会党组书记、第一副主任王晓华，市人大常委会副主任张学庚，副市长周志雯陪同活动。

11月25日 临清市志愿者联合会会员代表大会暨一届一次理事会议召开。市委常委、宣传部长、市文明委副主任、市志愿者联合会常务副会长衣述光出席并讲话。

11月26日 临清市“民情直通”暨代表联系选民活动建议答复会召开，临清市领导王晓华、袁磊、李凤义、赵孝洪、孙玉璞、宋加利、张学庚、秦荣菊出席会议。

11月28日 临清市举行践行习近平总书记文艺座谈会讲话精神——“梦想就在前方”书

画篆刻精品展。市委常委、宣传部长衣述光，市人大常委会党组副书记袁磊，市政协副主席宛秋生、王保粮，市人大常委会原副主任王秀璞，市政协原副主席赵金栋出席活动仪式。

12月1日 临清市召开市委教育实践活动办公室、市委督导组工作总结会议。市委副书记祁学兰，市委常委、纪委书记张子明，市委常委、组织部长秦生春出席会议。

12月4日 省农业厅副巡视员褚瑞云一行，到临清市调研农村土地承包经营权确权登记颁证工作。市政府党组副书记王庆瑞陪同活动。

12月5日 聊城市实施“双百大城市”战略观摩推进会与会人员到临清市，对今年以来临清市实施“双百大城市”第二战役成果的重点项目进行观摩检查。聊城市政协主席金维民，市委副书记陈平等领导以及各县（市区）、市直有关部门主要负责同志，省、市级示范镇党委书记参加观摩。我市市委书记、市人大常委会主任王建鹏，市委副书记、市长李新阁，市人大常委会第一副主任王晓华，市委副书记祁学兰，市委常委、市委办公室主任李汝山，市委常委、副市长冯子峰等领导陪同观摩。

△ 临清市组织收看全国劳动密集型企业消防安全专项治理工作视频会议，市委副书记、市长李新阁，市委常委、副市长冯子峰，市政府党组副书记、市经济开发区党工委书记李衍博出席临清分会场会议。

12月5日 由市委宣传部牵头，市文明办、市志愿者联合会组织开展“12.5国际志愿者日”大型志愿服务活动。市委常委、宣传部长、市文明委副主任、市志愿者联合会常务副会长衣述光，市人大常委会副主任张学庚，市政协副主席贾艳华到活动现场，对志愿者们表示慰问，并参与到志愿者服务活动中来。

12月9日 市委书记、市人大常委会主任王建鹏，市委常委、市委办公室主任李汝山，市人大常委会副主任孙玉璞深入松林镇调研村级换届选举工作，并召开部分镇街道党委书记座谈会，就做好下一步工作提出要求。市运河经济开发区管委会主任、新华路街道党委书记刘明峰参加座谈会。

△ 全市学习宣传《习近平谈治国理政》会议召开。会议对学习、宣传、发行好《习近平谈治国理政》作出安排。市委常委、宣传部长衣述光出席会议并讲话。

12月10日 市人大常委会党组书记、第一副主任王晓华、袁磊，副主任赵孝洪、孙玉璞、宋加利、张学庚视察大运河申遗临清段暨临清市文物保护工作。副市长周志雯等陪同视察。

12月11日 市委副书记、市长李新阁主持召开市长办公会。市委常委、副市长韩德振、冯子峰，副市长王磊、秦荣菊、周志雯、姚德利、李华飙、裴援业，市政府党组副书记、运河经济开发区党工委书记李衍博，副市级干部、公安局长、党委书记王志刚出席会议。

12月15日 临清市召开会议对当前安全生产工作进行安排部署。市委副书记、市长李新阁，市委常委、副市长韩德振，市委常委、副市长冯子峰，副市长王磊、秦荣菊、周志雯，市政府党组副书记王庆瑞，市政府党组书记、运河经济开发区党工委书记李衍博，市运河经济开发区管委会主任，新华路街道党委书记刘明峰出席会议。

12月17日 第十届全国人大常委、农业与农村委员会主任委员、内蒙古自治区委原书记刘明祖等人到临清市调研农业工作。省委办公厅副巡视员王建梅，聊城市委副书记陈平，聊城市人大常委会副主任刘新东，中共临清市委书记、市人大常委会主任王建鹏，市委副书记祁学兰，市委常委、市委办公室主任李汝山，市人大常委会副主任孙玉璞陪同活动。

12月19日 聊城市委副书记陈平，市委常委、宣传部长赵庆忠，带领相关部门负责人到临清市检查指导小城镇改貌工作。中共临清市委书记、市人大常委会主任王建鹏，市委副书记、市长李新阁，市委副书记祁学兰，市委常委、宣传部长衣述光陪同活动。

△ 中共临清市委十二届七次全体会议召开。市领导王建鹏、李新阁、汪保远、王晓华、祁学兰、韩德振、李汝山、张子明、秦生春、冯子峰、衣述光、韩青、马培虎、王延国等出席会议。

△ 全国、省、聊城市机关事业单位“吃空饷”问题治理工作电视电话会议召开。市委副书记、市长李新阁，副市长王磊，市运河经济开发区管委会主任、新华路街道党委书记刘明峰以及临清市有关单位和部门主要负责同志在临清市分会场收听收看会议。

2015年

1月4日 临清市组织市直有关部门和各镇办负责同志对城乡环卫一体化工作进行现场观摩。市委书记，市人大常委会主任王建鹏，市委副书记祁学兰，市委常委、市委办公室主任李汝山，市委常委、组织部长秦生春，市委常委、副市长冯子峰，市委常委、宣传部长衣述光，市运河经济开发区管委会主任、新华路街道党委书记刘明峰等参加活动。

1月5日 全市村（居）党支部书记、村（居）委会主任培训班开班仪式举行，聊城市委常委、统战部长、市直机关工委书记蔡同民出席开班仪式并作专题培训。中共临清市委书记、市人大常委会主任王建鹏、市委常委、组织部长秦生春出席开班仪式。

△ 聊城市副市长洪玉振到临清市检查指导安全生产工作，中共临清市委书记、市人大常委会主任王建鹏，市委副书记、市长李新阁，市委常委、副市长韩德振，市政府党组副书记、市运河经济开发区党工委书记李衍博，市运河经济开发区管委会主任、新华街道党委书记刘明峰，聊城市公安局副调研员、临清市公安局政委魏禄建陪同活动。

1月6日 临清市设分会场收听收看全国、全省、聊城市安全生产电视电话会议。市委书记、市人大常委会主任王建鹏，市委副书记、市长李新阁，市委常委、副市长冯子峰、王延国，副市长王磊、秦荣菊、周志雯、姚德利、裴援业，市政府党组副书记王庆瑞，市政府党组副书记、市运河经济开发区党工委书记李衍博出席分会场会议。

1月7日 聊城市委常委、宣传部长赵庆忠到临清市检查指导城乡环卫一体化工作。中共临清市委书记、市人大常委会主任王建鹏，市委常委、宣传部长衣述光，市经济开发区管委会主任、新华路街道党委书记刘明峰陪同活动。

△ 聊城市委常委、宣传部长赵庆忠带领第四届省级文明市测评组到临清市复查。临清市委书记、市人大常委会主任王建鹏，市委常委、宣传部长衣述光陪同活动。

△ 国家环保部西北督查中心主任赵浩明带队到临清市就环境保护工作进行调研。省环保厅副厅长谢峰，聊城市副市长洪玉振，中共临清市委副书记、市长李新阁，市委常委、副市长冯子峰。

1月9日 组织召开临清市人民政府职能转变和机构改革工作会议。市委副书记、市长李新阁，市委常委、组织部部长秦生春，副市长王磊出席会议。

△ 市政府召开全体会议，审议《政府工作报告》（讨论稿）。市委副书记、市长李新阁出席会议并讲话。市委常委、副市长韩德振、冯子峰，副市长王磊、秦荣菊、周志雯、姚德利、裴援业，市政府党组副书记王庆瑞，市政府党组副书记、运河经济开发区党工委书记李衍博出席会议。

1月13日 聊城市委农工办副主任张义革带领聊城市专家评审组，对临清市烟店镇、唐园镇和康庄镇的小城镇改貌规划进行论证评审。市委副书记祁学兰，市委常委、副市长冯子峰，市委常委、宣传部长衣述光出席评审会。

1月14日 山东丁马生物科技有限公司与香港御泉投资有限公司战略投资合作签约暨丁马甲鱼有机食品揭牌仪式在临清市举行。聊城市副市长郭建民，中共临清市委书记、市人大常委会主任王建鹏，市委副书记、市长李新阁，市政协主席汪保远，市人大常委会第一副主任王晓华，市委常委、副市长韩德振等出席仪式。韩德振主持仪式。

1月15日 临清市召开全市教育工作会议，回顾总结去年全市教育工作情况，安排部署下一步工作任务，动员全市广大教职工进一步统一思想，加压鼓劲，改革创新，努力开创全市教育工作新局面。市委副书记祁学兰，市委常委、宣传部长衣述光，市人大常委会副主任张学庚，副市长周志雯，市政协副主席贾艳华出席会议。

1月16日 临清市召开农村妇女“两癌”检查项目工作会议，安排部署临清市农村妇女“两癌”检查项目实施工作，推进农村妇女“两癌”筛查和贫困“两癌”妇女救助工作落实。市委副书记祁学兰，副市长秦荣菊出席会议。

1月18日 全市经济工作会议召开，深入学习贯彻中央、省和聊城市经济工作会议精神，分析当前形势，总结2014年经济工作，部署2015年经济工作，动员全市上下进一步坚定信心，真抓实干，坚决打赢第三战役，努力夺取跨越赶超的全面胜利。市委书记、市人大常委会主任王建鹏作重要讲话，对贯彻中央、省和聊城市经济工作会议精神、做好新常态下临清市经济工作提出明确要求，深入分析当前临清市经济形势，提出了明年经济社会发展的总体要求和重点工作，并就加强领导、改进作风提出四个方面的要求。市委副书记、市长李新阁主持会议并对今年经济工作作出具体部署。市领导汪保远、王晓华、祁学兰、韩德振、李汝山、张子明、秦生春、冯子峰、衣述光、韩青等出席会议。

1月22日 聊城市委书记、市人大常委会主任林峰海带领全市科学发展现场观摩团对临清市2014年新上、目前已有重要进展的市级重点建设项目和招商引资项目进行现场观摩检查。聊城市政协主席金维民，市委副书记陈平等领导，以及各县（市区）党委书记、县（市区）长，市属开发区党工委书记、副书记；市直有关部门主要负责人；地方财政贡献纳税50强企业主要负责人等参加观摩。中共临清市委书记、市人大常委会主任王建鹏，市委副书记、市长李新阁，市政协主席汪保远，市人大常委会第一副主任王晓华，市委副书记祁学兰，市委常委、副市长韩德振，市委常委、市委办公室主任李汝山，市委常委、副市长冯子峰等领导陪同活动。

1月23日 临清市召开全市城乡环卫一体化推进工作会议，对环卫一体化工作进行再安排、再督促、再落实。市委书记、市人大常委会主任王建鹏，市委副书记、市长李新阁，市委副书记祁学兰，市委常委、副市长冯子峰，市委常委、宣传部长衣述光，市经济开发区管委会主任、新华路街道党委书记刘明峰出席会议。

1月24日—25日 聊城市委副书记陈平到临清市调研。中共临清市委书记、市人大常委会主任王建鹏，市委副书记祁学兰，市委常委、副市长韩德振等陪同活动。

1月27日 聊城市基层组织建设观摩团在聊城市委组织部常务副部长马保杰的带领下到临清市观摩。中共临清市委书记、市人大常委会主任王建鹏，市委副书记祁学兰，市委常委、组织部长秦生春，市运河经济开发区管委会主任、新华路街道党委书记刘明峰陪同活动。

1月27—28日 聊城市2014年度人口和计划生育目标管理责任制年终考核组成员，在聊城市卫计委副主任郭长兴的带领下到临清市进行考核。中共临清市委书记、市人大常委会主任王建鹏，市委副书记祁学兰，副市长秦荣菊陪同活动。

2月2日 聊城市委副书记、市长王忠林在临清市检查安全生产工作时强调，要下决心抓好安全生产、信访稳定、“八项规定”的贯彻落实，扎实推进各项工作，确保社会持续和谐稳定。中共临清市委书记、市人大常委会主任王建鹏，市委副书记、市长李新阁，市委常委、市委办公室主任李汝山，市政府党组副书记、市运河经济开发区党工委书记李衍博，市运河经济开发区管委会主任、新华路街道党委书记刘明峰等陪同活动。

2月3日 临清市2014年镇（街道）党委书记抓基层党建工作述职评议会议召开。省委第八巡回督导组成员、山东政法学院副处级组织员支剑，聊城市委常委、统战部长、市直机关工委书记蔡同民，聊城市委组织部副部长吴广连，聊城市委远程教育中心副主任梁建光到会指导。中共临清市委书记、市人大常委会主任王建鹏，市委副书记祁学兰，市委常委、副市长韩德振，市委常委、办公室主任李汝山，市委常委、组织部部长秦生春，市委常委、副市长冯子峰，市委常委、宣传部部长衣述光，市委常委、人武部政委马培虎，市委党校常务副校长、党委书记张守群出席会议。

2月4日 聊城市委常委、副市长张旋宇一行到临慰问台资、外资、侨资企业及侨眷。中共临清市委书记、市人大常委会主任王建鹏，市委副书记、市长李新阁，市委副书记祁学兰，市委常委、办公室主任李汝山，副市长王磊，市运河经济开发区管委会主任、新华路街道党委书记刘明峰陪同活动。

2月6日 省总工会党组成员、纪检组长贺余德一行到临清市走访慰问困难职工。中共临清市委副书记祁学兰陪同活动。

△ 市委副书记祁学兰，市委常委、纪委书记张子明，市人大常委会副主任孙玉璞，副市长秦荣菊，市政协副主席贾艳华，代表市委、市政府深入到全国劳模家中向他们致以节日的问候和亲切的慰问。

△ 市慈善总会2015年特困教师暨特困高中生救助金发放仪式举行。副市长、市慈善总会会长王磊出席会议并讲话。

2月9日 全省信访维稳工作电视电话会议在济南召开。临清市设分会场收看会议，市委书记、市人大常委会主任王建鹏，市委副书记祁学兰，市委常委、市委办公室主任李汝山，副市长秦荣菊，市运河经济开发区管委会主任、新华路街道党委书记刘明峰出席分会场会议。

△ 临清市召开2015年春节老干部情况通报会，通报2014年重点工作情况及2015年工作计划。市委书记、市人大常委会主任王建鹏，市委副书记、市长李新阁，市政协主席汪保远，市人大常委会党组书记、市人大常委会第一副主任王晓华，市委常委、纪委书记张子明，市委常委、组织部长秦生春出席会议。

△ 临清市第十七届人大常委会召开第二十四次会议。市委书记、市人大常委会主任王建鹏，市人大常委会党组书记、第一副主任王晓华，市人大常委会党组副书记李凤义，副主任赵孝洪、孙玉璞、宋加利、张学庚及委员出席了会议。市人大常委会党组副书记袁磊列席了会议。

△ 济南铁路局副局长冯定清一行到临清市调研铁路物流园区规划工作中共临清市委副书记、市长李新阁，副市长王磊陪同活动。

△ 临清市组织收听收看国务院第三次廉政工作电视电话会议。市委副书记、市长李新阁出席临清市分会场会议。

△ 临清市召开各界人士迎新春茶话会。市委副书记祁学兰，市委常委、副市长韩德振，市委常委、组织部长秦生春，市人大常委会副主任张学庚，市政协副主席、民建临清市支部主委王俊山，市政协副主席、党组副书记、统战部长许朝生，市政协副主席、市工商联主席、三和集团董事长宛秋生等领导出席茶话会。

2月11日 市领导王建鹏、祁学兰、李汝山、马培虎、王磊带着全市人民的深情厚谊，赴聊城军分区进行走访慰问，为驻聊官兵送去慰问品和慰问金，并致以节日的问候。聊城军分区司令员刘述明等军分区首长与临清市领导进行亲切座谈。

△ 聊城市委书记徐景颜深入临清市部分困难党员、困难家庭、优抚对象家中进行走访慰问，为他们带去慰问品和慰问金，送上党和政府的温暖和关心。聊城市委常委、秘书长李吉增，中共临清市委书记、市人大常委会主任王建鹏，市委副书记，市长李新阁，市委常委、市委办公室主任李汝山，市运河开发区管委会主任、新华路街道党委书记刘明峰陪同活动。

2月12日 临清市举行结对助残扶贫工程项目启动资金发放仪式，进一步深化党的群众路线教育实践活动成果。切实帮助贫困残疾人家庭脱贫致富。市委常委、组织部长秦生春，副市长王磊出席仪式。

2月13日 市委书记、市人大常委会主任王建鹏，市委常委、市委办公室主任李汝山，市委常委、宣传部长衣述光，市政协副主席王俊山带领市直有关部门负责同志，对部分困难群众、优抚对象、老党员、困难职工、敬老院五保老人等进行慰问，并送去慰问金和慰问品，祝他们春节愉快。

△ 聊城市政协主席金维民、副市长白志坚带领市民政局负责同志到临清市进行走访慰问。中共临清市委书记、市人大常委会主任王建鹏，市政协主席汪保远，市委常委、办公室主任李汝山陪同活动。

2月15日 市委副书记、市长李新阁主持召开市长办公会。市委常委、副市长韩德振、冯子峰，副市长王磊、秦荣菊、周志雯、姚德利，市政府党组副书记王庆瑞，市政府党组副书记、运河经济开发区党工委书记李衍博出席会议。

△ 全市组织各镇办、有关单位和部门负责同志召开安全生产工作会议，总结2014年全市安全生产工作，对2015年工作进行部署。市领导李新阁、韩德振、冯子峰、王磊、秦荣菊、周志雯、王庆瑞、李衍博出席会议。

2月16日 为期5天的聊城市第十六届人民代表大会第五次会议在聊城市隆重召开。临清代表团团长、市委书记、市人大常委会主任王建鹏率领临清代表团成员出席会议。

2月17日 市领导王建鹏、李汝山、韩青、李凤义、王磊、许朝生到到市公安、交警等政法部门、电力部门和部分工业企业，向节日期间仍坚守在一线的干部职工致以诚挚的问候和新春的祝福。

2月23日 市委书记、市人大常委会主任王建鹏在市委常委、市委办公室主任李汝山的陪同下深入临清市部分镇村，深入田间地头，现场察看春灌和农业生产工作，强调要切实抓住农时，认真组织、积极行动，把做好当前农田灌溉和春季麦田管理作为突出工作抓紧、抓实，为今年夏粮丰收打下基础。

2月25日 临清市召开市政府全体（扩大）会议，贯彻落实上级精神，对今年的重点工作进行安排部署。市领导李新阁、韩德振、冯子峰、王延国、王磊、秦荣菊、周志雯、姚德利、王庆瑞、李衍博、王志刚出席会议。

2月27日 临清市组织各镇办、市直有关单位和部门负责同志收听收看省政府第三次廉政工作会议暨省政府全体会议。市领导韩德振、张学庚、徐宝福出席临清市分会场会议。

△ 聊城市2015年“春风行动”启动仪式和春季企业用工招聘会在临清市烟店镇举行。聊城市政府办公室调研员杨连柱，人社局党组书记、副局长刘婧，临清市副市长王磊出席仪式。

3月3日 省畜牧兽医局局长冯继康一行到临清市调研现代畜牧业发展情况。中共临清市委副书记、市长李新阁，市委副书记祁学兰陪同活动。

△ 省人力资源社会保障厅副厅长李伯平在聊城市市委常委、副市长耿涛的陪同下到临清市指导工作。中共临清市委副书记、市长李新阁，副市长王磊陪同活动。

3月4日 全省外贸工作调度会西部片区会议在聊城召开，调度西部各式各市外贸工作情况，听取意见建议，推进外贸稳定增长、转型升级。会前，副省长夏耕在聊城市委副书记、市长王忠林，市委常委、副市长张旋宇的陪同下深入临清市进行调研。中共临清市委副书记、市长李新阁，市政府党组副书记王庆瑞等陪同活动。

△　聊城市副市长洪玉振到临清市调研工业经济运行情况。中共临清市委副书记、市长李新阁，市委常委、副市长韩德振陪同活动。

3月5日　临清市召开党的群众路线教育实践活动“回头看”工作会议。市领导李新阁、汪保远、王晓华、祁学兰、韩德振、李汝山、张子明、秦生春、冯子峰、衣述光、韩青、马培虎等出席会议。

△　聊城市公安局长任奎军一行到临清市检查指导全国两会期间安保工作和元宵节安保工作。中共临清市委副书记、市长李新阁，市委常委、副市长冯子峰，市委常委、政法委书记韩青，副市级干部、市公安局局长、党委书记王志刚陪同活动。

3月6日　聊城市委农工办副主任张义革带领聊城市专家评审组，对临清市康庄镇小城镇改貌规划进行论证评审。中共临清市委副书记祁学兰，市委常委、宣传部长衣述光出席评审会。

3月7日　临清市第十七届人民代表大会第四次会议预备会议召开。市十七届人大常委会领导王建鹏、王晓华、刘占海、李凤义、赵孝洪、孙玉璞、宋加利、张学庚在主席台就座。李新阁、汪保远、祁学兰、张子明、秦生春等领导出席会议。

△　中国人民政治协商会议临清市第十三届委员会第四次会议隆重开幕，大会常务主席汪保远、王俊山、许朝生、贾艳华、徐宝福、王保粮、张颖在主席台前排就座。

3月8日　临清市第十七届人民代表大会第四次会议在临清剧院隆重开幕。到自全市各界的全市人大代表，肩负人民重托出席会议，集聚一堂，共商发展大计，同绘美好蓝图，众志成城为建设富裕生态、和谐文明、美丽幸福新临清而努力。会场简朴整洁，主席台国徽高悬、红旗鲜艳，会议气氛隆重、庄严、热烈。大会常务主席王建鹏、王晓华、秦生春、刘占海、袁磊、李凤义、赵孝洪、孙玉璞、宋加利、张学庚在主席台前排就座。

3月9日　临清市第十七届人民代表大会第四次会议召开主席团第二次会议。市领导王晓华、张子明、秦生春、刘占海、袁磊、李凤义、赵孝洪、孙玉璞、宋加利、张学庚及其他主席团成员出席会议。会议由大会常务主席、市人大常委会党组书记、第一副主任王晓华主持。

△　临清市第十七届人民代表大会第四次会议在临清剧院召开第二次全体会议。大会听取市人大常委会第一副主任王晓华作的临清市人大常委会工作报告；表决市十七届人大四次会议选举办法；听取市人民法院院长马国栋作的市人民法院工作报告和市人民检察院检察长杨青作的市人民检察院工作报告。

△　副省长赵润田到临清市指导畜牧业工作。聊城市委副书记、市长王忠林，市委副书记陈平，副市长郭建民，中共临清市委副书记、市长李新阁，市委副书记祁学兰陪同活动。

3月10日　政协临清市第十三届委员会第四次会议圆满完成各项议程胜利闭幕。

△　市十七届人大四次会议主席团第三次会议召开。市领导李新阁、汪保远、王晓华、祁学兰、张子明、秦生春、刘占海、袁磊、李凤义、赵孝洪、孙玉璞、宋加利、张学庚等出席会议。

△　临清市第十七届人民代表大会第四次会议圆满完成各项议程，在临清剧院胜利闭幕。

△　市委副书记、市长李新阁主持召开市长办公会议，研究部署当前路域环境治理、项目建设等重点工作。

3月12日　上午，李新阁、汪保远、王晓华、祁学兰等市几大班子领导到东三环路东侧邢临高速路入口附近，带头参加义务植树活动，拉开临清市春季绿化造林和义务植树活动序幕。

3月15日 市委书记、市人大常委会主任王建鹏，市委常委、市委办公室主任李汝山深入到部分企业进行走访调研。

3月17日 《临清市乡村旅游发展总体规划》评审会召开，山东财经大学教授王旭科，山东大学教授许峰、山东财经大学教授庞晶，聊城市旅游局局长刘光辉等作为评审组专家参加会议。省旅游职业学院党委书记、省旅游规划设计研究院院长陈国忠，中共临清市委副书记、市长李新阁，副市长周志雯出席会议。

3月18日 武开章的子女在中共临清市委副书记祁学兰，副市长周志雯等的陪同下，到大辛庄街道后八里居，追寻父亲当年在临工作生活的足迹，搜集当年一些生活资料，以纪念父亲诞辰110周年。

3月19日 省委第五巡视组专项巡视临清市工作动员会召开，省委第五巡视组组长黄希俭就开展巡视工作作动员讲话，市委书记王建鹏主持会议并作表态发言。

3月20日 省海洋与渔业厅副厅长王伟杰一行到临清市开展现代渔业调研和重点项目对接活动。聊城副市长郭建民，中共临清市委副书记、市长李新阁，市委副书记祁学兰陪同。

3月26日 聊城市委常委、市委统战部长、市直机关工委书记蔡同民在市委统战部常务副部长谭学国等的陪同下到临清市调研党外代表人士挂职工作。中共临清市委副书记、市长李新阁，市政协党组副书记、副主席、统战部长许朝生陪同活动。

3月27日 全市农村工作会议召开。市委副书记祁学兰，市人大常委会党组副书记李凤义，市政协副主席王保粮出席会议。

3月29日 聊城市委常委、副市长耿涛带领市财政、国税、地税等部门负责同志到临清市就财税工作进行调研。中共临清市委副书记、市长李新阁，市委常委、副市长韩德振陪同活动。

△ 山东大学机械工程学院党委书记仇道斌一行到临清市调研，以进一步推进校企之间的合作。临清市政府党组副书记、市运河开发区党工委书记李衍博陪同活动。

3月31日 副省长王随莲一行到临检查指导工作。聊城市副市长马丽红，中共临清市委副书记、市长李新阁，副市长王磊陪同活动。

4月3日 中共聊城市委副书记陈平，副市长郭建民一行到临清市检查指导畜牧业工作。中共临清市委副书记、市长李新阁，市委副书记祁学兰陪同活动。

4月4日 市委副书记、市长李新阁主持召开市长办公会议，专题审议临清市农信社商行改制工作和部分企业中存在的授信风险问题。市委常委、副市长韩德振，副市长王磊、秦荣菊、周志雯，市政府党组副书记王庆瑞，市政府党组副书记、运河经济开发区党工委书记李衍博出席会议。

4月6日 临清市组织召开2015年第一季度经济运行分析会，分析当前经济形势，研究部署下一阶段工作，动员全市上下进一步统一思想认识，坚定发展信心，长志气、树形象、谋发展，努力实现新常态下经济社会工作的新突破。市领导王建鹏、李新阁、祁学兰、韩德振、李汝山、王庆瑞、李衍博、刘明峰出席会议。

4月7日 农业部副部长于康震一行到临调研现代畜牧业发展情况。副省长赵润田，聊城市委副书记、市长王忠林，市委副书记陈平，副市长郭建民，中共临清市委副书记、市长李新阁，市委副书记祁学兰，市政协副主席宛秋生陪同活动。

4月10日 省侨联主席梁波一行到临清市调研。聊城市委常委、副市长张旋宇，中共临清市委常委、副市长韩德振，副市长王磊陪同活动

△ 聊城市委常委、宣传部长赵庆忠到临清市调研小城镇改貌工程。中共临清市委副书记祁学兰，市委常委、副市长冯子峰，市委常委、

宣传部长衣述光陪同活动。

4月11日 聊城市委副书记陈平到临清市调研春季林业生产工作。中共临清市委副书记、市长李新阁陪同活动。

4月14日 省海洋与渔业厅厅长王守信带领调研组到临清市调研现代渔业发展情况。聊城市副市长郭建民，中共临清市委副书记、市长李新阁，副市长秦荣菊陪同活动。

4月15日 市人大常委会党组书第一副主任王晓华，市委常委、副市长王延国等领导带领临清市人大常委会部分常委，对临清市工业经济运行情况进行视察。

4月16日 聊城市委副书记、市长王忠林一行到临清市调研工业经济发展情况，他强调，要强化工业强市的理念，强化保障，真诚服务，切实为工业发展提供强力支持，营造工业发展的良好环境和条件。中共临清市委副书记、市长李新阁，市委常委、副市长韩德振陪同活动。

△ 聊城市委副书记、市长王忠林到烟店镇冯圈村看望慰问孤儿小宇，给孩子送去关爱和温暖。中共临清市委副书记、市长李新阁，副市长王磊陪同活动。

4月19日 临清市组织召开全市工业工作会议，贯彻落实聊城市工业工作会议等有关会议精神，总结2014年临清市工业发展以及重点项目、招商引资、民营经济、环境保护、国土管理等重点工作取得的成绩，分析存在问题和当前形势，对今年工业发展以及重点项目等工作进行安排部署。市领导李新阁、韩德振、冯子峰、王延国、刘占海、袁磊、王庆瑞、李衍博、宛秋生、王保粮、刘明峰出席会议。

4月20日 市人大常委会党组书记、第一副主任王晓华，副主任宋加利带领人大部分常委、代表对临清市金融工作进行视察。市委常委、副市长韩德振陪同活动。

△ 中国民主同盟临清市第五次代表大会召开，选举产生新一届民盟临清总支部委员会。聊城市委、统战部调研员李超雪，民盟聊城市委主委郝光华，中共临清市委副书记祁学兰，副市长周志雯，政协副主席、民建临清支部主委王俊山，政协副主席、党组副书记、统战部部长许朝生，市老领导匙永春出席会议。

4月21日 临西县政协主席李金行、副主席付秀峰带领政协机关工作人员和部分轴承企业负责人到临清市进行考察。临清市政协主席汪保远、副主席徐宝福陪同活动。

4月22日 全省和聊城市先后召开贯彻实施行政诉讼法深入推进依法行政工作电视会议，临清市设分会场收看会议实况。市领导李新阁、韩德振、冯子峰、王延国、王磊、秦荣菊、王庆瑞、李衍博，副市级干部王志刚出席分会场会议。

△ 全市政协委员提案交办工作会议召开。市政协主席汪保远，市委常委、副市长韩德振，市委常委、市委办公室主任李汝山，市政协副主席王俊山、许朝生、贾艳华、王保粮，副市级干部、市公安局长、党组书记王志刚出席活动。

4月25日 临清市召开纪念“五四运动”96周年暨青年先模表彰大会，隆重表彰第十三届“临清市十大杰出青年”、五四先进集体和先进个人。市委副书记祁学兰，市人大常委会副主任张学庚，副市长秦荣菊，政协副主席贾艳华出席会议。

△ 临清市在文化馆多功能厅举办全面推进依法行政加快建设法治政府讲座。市委常委、副市长冯子峰，副市长王磊，市政府党组副书记王庆瑞，副市级干部、市公安局局长、党组书记王志刚，与各镇（街道）及市直各部门主要负责人、分管负责人等共同聆听讲座。

4月28日 聊城市委副书记、市长王忠林，市委副书记陈平，副市长郭建民一行到临调研现代畜牧业发展情况。中共临清市委副书记、市长李新阁，市委副书记祁学兰陪同活动。

4月29日 临清市设分会场收听收看全国2015年深化医药卫生体制改革工作电视电话会议，会议旨在回顾总结去年医改工作，分析研究当前形势，安排部署今年工作任务。市委副书记、市长李新阁，副市长王磊、秦荣菊出席会议。

△　聊城市政协副主席孟广武一行到临清市调研构建公共法律服务体系工作。临清市政协主席汪保远，副市长秦荣菊，政协副主席徐宝福，检察院检察长杨青陪同活动。

4月30日　省委在济南召开“三严三实”专题教育党课。临清市设分会场收听收看党课，市领导王建鹏、李新阁、汪保远、王晓华等市几大班子领导出席分会场会议。

5月1日　聊城市副市长冯艺东带领聊城市农委、金融办、人行、供销社等相关部门负责人到临清市调研新型农村合作金融工作。中共临清市委副书记、市长李新阁陪同活动。

5月5日　临清市召开城乡环卫一体化市场化运作推进会议，动员全市上下进一步统一思想，明确任务，真抓实干，攻坚克难，全面巩固提升城乡环卫一体化成果，努力构建城乡环卫“全方位覆盖、无缝隙对接、市场化运作、一体化管理”新格局，打造整洁优美宜居的城乡人居环境。市委书记、市人大常委会主任王建鹏作重要讲话，市领导汪保远、王晓华、祁学兰、韩德振、李汝山、张子明、秦生春、冯子峰、衣述光、韩青等出席会议。

△　市委书记、市人大常委会主任王建鹏，市委常委、副市长韩德振，市委常委、市委办公室主任李汝山，市经济开发区管委会主任、新华路街道党委书记刘明峰在有关部门负责同志的陪同下对临清市工业重点项目进行调研。

5月6日　国家发改委农经司巡视员胡恒洋带领由国家发改委、农业部、水利部、财政部、国土资源部等五部委组成的调研组，到临调研高标准农田建设及涉水涉地资金整合试点工作。座谈会由省发改委总工程师郭登宇主持，聊城市委常委、副市长张旋宇对调研组一行到聊调研表示欢迎，介绍了聊城、临清概况。中共临清市委副书记、市长李新阁汇报临清市涉水涉地资金整合试点工作开展情况。市委副书记祁学兰，副市长王磊参加活动。

5月7日　临清市设分会场组织收看2015年全国、全省、聊城市普通高校招生安全工作电视电话会议。副市长周志雯出席会议。

△　聊城市委常委、宣传部长赵庆忠到临清市调研小城镇提升工程。中共临清市委书记、市人大常委会主任王建鹏，市委常委、宣传部长衣述光陪同活动。

5月8日　市委副书记、市长李新阁到新华路街道走访调研部分企业的生产经营情况，并查看部分村居城乡环卫一体化工作的进展情况。市经济开发区管委会主任、新华路街道党委书记刘明峰陪同活动。

5月11日　全国禁毒工作电视电话会议召开，总结近年到禁毒工作取得的成绩，分析当前禁毒形势，研究部署当前和今后一个时期的禁毒工作。临清市设分会场收看会议实况，市委常委、副市长冯子峰，副市级干部、市公安局局长、党委书记王志刚出席临清市分会场会议。

5月12日　临清市设分会场组织收听收看全国推进简政放权放管结合职能转变工作电视电话会议。市委副书记、市长李新阁，市委常委、副市长韩德振、冯子峰、王延国，副市长王磊、秦荣菊、周志雯，副市级干部、市公安局局长、党委书记王志刚，市直各部门单位负责同志出席会议。

△　聊城市政协副主席、党组成员万庆阳，市政协经济委员会主任、市技师学院党委书记李友渔一行到临清市视察轴承产业发展情况。中共临清市委书记、市人大常委会主任王建鹏，市政协主席汪保远，市委常委、市委办公室主任李汝山，市政协副主席徐宝福陪同活动。

△　全国有色金属行业班组长岗位管理技能提升培训班在临举办。中国机械冶金建材工会副主席毛迎春，中国有色集团党委副书记许树森，山东省冶金工会主席许增森，中共临清市委书记、市人大常委会主任王建鹏，市政协

副主席、市总工会主席王保粮出席开班仪式。

5月13日 聊城市委书记、市人大常委会主任徐景颜在临清市调研时强调，要积极适应经济发展新常态，坚持质量兴市战略，以提高产品质量为抓手，加快产业转型升级，提高经济发展的质量和效益，努力实现科学发展、跨越发展。聊城市委常委、秘书长李吉增，中共临清市委书记、市人大常委会主任王建鹏，市委副书记、市长李新阁陪同活动。

5月14日 由聊城市政协副主席张广霞带队的视察组一行，到临清市专题视察公共文化服务体系建设情况。临清市政协主席汪保远、市政府副市长周志雯、市政协副主席贾艳华陪同活动。

5月15日 聊城市委副书记陈平、副市长郭建民一行到临清市润林牧业有限公司进行调研。中共临清市委书记、市人大常委会主任王建鹏，市委副书记祁学兰陪同活动。

△ 临清市举办庆祝第25个助残日暨残疾人帮扶资金发放仪式。市人大常委会副主任孙玉璞，副市长王磊，市政协副主席徐宝福出席会议。

5月21日 临清市举办“三严三实”专题党课。市委书记、市人大常委会主任王建鹏以“认真践行‘三严三实’要求，以优良的作风创造实实在在的业绩”为题，给参会的各级领导干部上一堂主题鲜明、内涵丰富、思想深刻的专题党课。

△ 全市“三严三实”专题教育工作座谈会召开，深入学习贯彻中央、省委、聊城市委有关精神，对临清市“三严三实”专题教育工作进行具体安排部署。市委书记、市人大常委会主任王建鹏，市委常委、办公室主任李汝山，市委常委、纪委书记张子明，市委常委、组织部长秦生春，市委常委、宣传部长衣述光，市运河经济开发区管委会主任、新华路街道党委书记刘明峰出席会议。

△ 聊城市委副书记陈平，市人大常委会副主任、莘县县委书记、县人大常委会主任朱加云，副市长郭建民，市政协副主席张广霞带领市直有关部门、各县市区分管负责人到临清市就春季造林绿化工作进行督导检查。中共临清市委书记、市人大常委会主任王建鹏，市委副书记、市长李新阁，市委副书记祁学兰陪同活动。

△ 市委副书记、市长李新阁为市政府系统领导干部上一堂题为“践行‘三严三实’要求，做忠诚干净担当好干部”的专题党课。市委常委、副市长韩德振主持会议，市领导冯子峰、王磊、秦荣菊、周志雯、王庆瑞、李衍博、王志刚出席会议。

5月22日 市政协主席汪保远讲一堂题为“切实增强践行三严三实要求的思想自觉和行动”的专题党课，同时对市政协“三严三实”专题教育进行动员和部署。市政协副主席王俊山、许朝生、贾艳华、徐宝福、王保粮出席专题党课。

△ 市人大常委会及机关举办“三严三实”专题教育党课，正式启动“三严三实”专题教育活动。市人大常委会第一副主任王晓华围绕践行三严三实，推动人大工作创新发展这一主题讲党课，市人大常委会党组副书记袁磊主持专题党课，市人大常委会党组副书记李凤义，副主任赵孝洪、孙玉璞、宋加利、张学庚出席。

5月25日 中国传统文化促进会京剧票友艺术交流委员会成立大会暨首届中国京剧票友艺术节开幕式在大剧院隆重举行。到自京、津、冀、赣等地的数十名京剧名家与名票齐聚临清，探讨京剧艺术，并与临清的京剧票友共同上演一场精彩的国粹盛宴。市领导李新阁、汪保远、王晓华、祁学兰、秦生春、马培虎、张学庚、秦荣菊、周志雯、王庆瑞、贾艳华、魏禄建、张守群出席开幕式。

△ 市委副书记祁学兰到青年路街道，为青年路街道领导干部、机关党员、辖区内市直各部门负责人以及村居支部书记，作一堂题为

“自觉践行‘三严三实’、持之以恒改进作风”的专题党课。

5月27日 山东省农村信用社联合社副主任于富海到临清市调研临清联社银行化改革情况。中共临清市委书记、市人大常委会主任王建鹏，市委常委、副市长韩德振，副市长王磊陪同活动。

5月29日 农业部办公厅副主任、巡视员陶怀颖一行在省畜牧兽医局副局长唐建俊等陪同下，到临清市视察现代畜牧业发展情况。聊城市委副书记陈平，副市长郭建民，中共临清市委副书记祁学兰陪同活动。

△ 聊城市政协副主席张传玄率领市政协祖国统一联谊委员会到临清市就维护港澳台侨合法权益情况和进行专题调研。临清市政协主席汪保远，副市长王磊，市政协副主席、党组副书记、市委统战部长许朝生陪同活动。

5月31日 临清市召开2014年度总结表彰大会，总结工作、表彰先进、鼓舞士气，动员全市上下进一步振奋精神、开拓进取、扎实苦干，奋力开创全市科学发展新局面。市委书记、市人大常委会主任王建鹏出席会议并作重要讲话。市委副书记、市长李新阁主持会议。市政协主席汪保远，市人大常委会第一副主任王晓华，市委副书记祁学兰，市委常委、副市长韩德振，市委常委、市委办公室主任李汝山，市委常委、纪委书记张子明，市委常委、组织部长秦生春，市委常委、副市长冯子峰，市委常委、宣传部长衣述光，市委常委、政法委书记韩青，市委常委、人武部政委马培虎等市级几大班子领导出席会议。

6月1日 “六一”国际儿童节当天，市委书记、市人大常委会主任王建鹏，市委副书记、市长李新阁，市委副书记祁学兰，市委常委、市委办公室主任李汝山，市委常委、宣传部长衣述光，市人大常委会副主任张学庚，副市长周志雯，市政协副主席、市总工会主席王保粮等深入到临清市部分学校看望慰问小朋友，为他们送去玩具、书包等节日礼物，并代表市委、市政府向全市少年儿童表示节日的祝贺。

△ 市委书记、市人大常委会主任王建鹏带头看望孤儿小云祖，给孩子送去关爱和温暖。

6月2日 《临清市电子商务发展规划》评审会召开。北京无线电协会会长、商务部电子商务咨询委员会委员王元京教授，北京交通大学交通运输学院汪晓霞教授等作为评审组专家参加会议。中共临清市委副书记、市长李新阁，市委常委、副市长韩德振、王延国，副市长秦荣菊，市政府党组副书记、运河经济开发区党工委书记李衍博出席会议。

△ 人社部劳动科学研究所所长郑东亮一行在聊城市有关领导的陪同下到临清市调研农民工返乡创业情况。中共临清市委副书记、市长李新阁，市政府党组副书记王庆瑞等陪同活动。

△ 省政协常委、省社会科学界联合会副主席刘德龙，省政协常委、民进山东省副主委兼秘书长郭永军，省文物局副局长由少平等一行到临清市考察大运河山东段保护与利用工作。聊城市副市长马丽红，中共临清市委书记、市人大常委会主任王建鹏，市委副书记祁学兰，副市长周志雯陪同活动。

6月3日 聊城市委副书记陈平带领小城镇提升工程观摩检查团到临清市检查指导工作。聊城市委常委、宣传部长赵庆忠，聊城市副市长郭建民等领导参加调研。中共临清市委书记、市人大常委会主任王建鹏，市委副书记祁学兰，市委常委、副市长冯子峰，市委常委、宣传部长衣述光陪同活动。

6月4日 省财政厅副厅长姜凝、省海河局党委书记张忠带领省防总第二综合检查组到临清市检查指导防汛工作。聊城市副市长郭建民，中共临清市委书记、市人大常委会主任王建鹏陪同活动。

6月5日 全市人口计生目标管理责任奖惩兑现暨卫生计生工作会议召开。市委书记、市人大常委会主任王建鹏作重要讲话，强调全市上下要进一步统一思想，明确责任，狠抓落实，确保圆满完成2015年人口计生工作目标任务，为促进经济社会持续健康发展提供强有力的人口保障。

6月6日 市委书记、市人大常委会主任王建鹏，市委常委、市委办公室主任李汝山，深入到临清市部分重点项目建设现场进行视察。

6月7日 市委副书记、市长李新阁主持召开市长办公会议。市委常委、副市长韩德振、冯子峰，副市长秦荣菊、周志雯，市政府党组副书记王庆瑞，市政府党组副书记、市运河经济开发区党工委书记李衍博，副市级干部、市公安局局长、党委书记王志刚出席会议。

6月9日 临清市组织各镇（街道）和财政、税务、人社等部门主要负责同志召开财税、社保、招商引资、麦收等工作调度会。市委副书记、市长李新阁，市委常委、副市长韩德振，副市长王磊，市政府党组副书记王庆瑞，市运河经济开发区管委会主任、新华路街道党委书记刘明峰等出席会议。

6月10日 省委第五巡视组组长黄希俭、副组长郝建祥向临清市委书记王建鹏反馈专项巡视情况。随后，黄希俭同志代表巡视组向临清市领导干部进行反馈，聊城市委常委、纪委书记张宝泉就落实巡视反馈意见提出要求，王建鹏同志主持会议并作表态发言。

6月11日 聊城市委副书记、市长王忠林，副市长郭建民到临清市调研现代畜牧业发展工作。中共临清市委书记、市人大常委会主任王建鹏，市委副书记、市长李新阁，市委副书记祁学兰，市政协副主席宛秋生陪同活动。

△ 聊城市人大工作评议座谈会召开。聊城市人大常委会副主任、工作评议调研组成员，临清市人大常委会党组书记、第一副主任王晓华，市人大常委会党组副书记袁磊、李凤义，市人大常委会副主任赵孝洪、孙玉璞、宋加利、张学庚出席会议。

6月12日 全市“三严三实”专题教育报告会召开。市委书记、市人大常委会主任王建鹏，市政协主席汪保远，市人大常委会第一副主任王晓华，市委副书记祁学兰，市委常委、市委办公室主任李汝山，市委常委、组织部长秦生春，市委常委、副市长冯子峰等市级几大班子领导出席报告会。

△ 省农业厅副厅长王登启一行到临清市实地视察小麦、棉花受灾情况，聊城市副市长郭建民，中共临清市委书记、市人大常委会主任王建鹏陪同活动。

6月13日 临清市在运河文化广场举办全市第25个节能宣传周启动仪式。市委常委、副市长韩德振出席活动仪式并讲话。全市节能减排领导小组成员单位、16个镇（街道）、全市18家重点用能企业代表等参加宣传周启动仪式。

6月15日 到聊参加全国现代畜牧业建设工作会议的农业部、省政府领导，以及全国各地的众多领导、专家，分别在农业部副部长于康震，农业部畜牧业司司长王智才的带领下，分组到临清市润林牧业有限公司实地观摩现代畜牧业建设工作。副省长赵润田，聊城市委副书记、市长王忠林，市委副书记陈平，副市长郭建民，中共临清市委书记、市人大常委会主任王建鹏，市委副书记、市长李新阁，市委副书记祁学兰，市政协副主席宛秋生陪同活动。

△ 全国政协委员、原国家质监总局副局长魏传忠一行到临清市考察运河文化。聊城市委常委、政法委书记刘强，中共临清市委书记、市人大常委会主任王建鹏，市委常委、市委办公室主任李汝山，市委常委、政法委书记韩青，市政协副主席宛秋生、徐宝福陪同活动。

6月18日 市委常委会进行“三严三实”专题教育集体学习。市委书记、市人大常委会主任王建鹏主持集体学习，市委副书记、市长李新阁，市政协主席汪保远，市人大常委会第一副主任王晓华，市委副书记祁学兰，市委常委、市委办公室主任李汝山，市委常委、纪委书记张子明，市委常委、组织部长秦生春，市委常委、副市长冯子峰，市委常委、宣传部长衣述光，市委常委、政法委书记韩青，市政协副主席、党组副书记、统战部长许朝生参加集体学习。

6月19日 市委书记、市人大常委会主任王建鹏主持召开财税工作座谈会议，强调要对财税工作再安排再部署，创新思路，强化举措，确保全市财税工作时间、任务“双过半”，为完成全年目标打下基础。市委副书记、市长李新阁，市委常委、副市长韩德振，市运河经济开发区管委会主任、新华路街道党委书记刘明峰出席会议。

△ 临清市设分会场收看全国征兵工作电视电话会议，市委常委、人武部政委马培虎，副市长王磊出席分会场会议。

6月26日 中共聊城市市委常委、宣传部长赵庆忠一行到临清市督导检查小城镇提升工程。中共临清市委书记、市人大常委会主任王建鹏，市委副书记、市长李新阁，市委常委、宣传部长衣述光陪同活动。

△ 市委副书记、市长李新阁对魏湾镇海棠园项目进行考察。

△ 聊城市大督查落实委员会第五督查室主任赵继渠带领督查调研组对临清市聊城市级城建重点项目、棚户区改造安置房建设和公共租赁住房建设进展情况进行实地督查。中共临清市委常委、副市长冯子峰陪同活动。

△ 市委副书记、市长李新阁，市委副书记祁学兰对康庄镇小城镇提升工程进展情况进行考察，实地察看康庄镇沿街建筑、环境卫生等情况，听取镇政府相关负责同志的工作汇报。

△ 临清市第十七届人大常委会召开第二十七次会议。市人大常委会党组书记、第一副主任王晓华主持会议。市政府副市长王磊，市法院、检察院副主任列席会议。

6月27日 聊城市副市长洪玉振一行到临清市调研。市委书记、市人大常委会主任王建鹏，市委常委、副市长冯子峰陪同活动。

6月28日 大辛庄街道中周店居委会党支部大院里热闹非凡，聊城市财政局、临清市财政局、大辛庄街道及中周店居委会“手牵手庆七一共发展”双联共建活动在这里拉开帷幕。聊城市财政局党组副书记、副局长张春华，中共临清市委副书记、市长李新阁，市委副书记祁学兰，市委常委、副市长韩德振出席活动。

6月29日 市委副书记、市长李新阁，市政府党组副书记、市运河经济开发区党工委书记李衍博，市运河经济开发区管委会主任、新华路街道党委书记刘明峰等领导对临清市重点电商项目进行考察。

6月30日 临清市水利劳模创新工作室授牌仪式举行，省农林水工会主席马玉珊，省农林水工会调研员孔祥贞、宫瑞峰，聊城市水利局党组成员、工会主席姜莉政协副主席、总工会主席王保粮等领导出席活动。

7月1日 临清市召开“三严三实”专题教育工作协调推进会。市委副书记祁学兰，市委常委、组织部长秦生春出席会议。

7月2日 市委副书记、市长李新阁，市委副书记祁学兰，市委常委、副市长韩德振，副市长秦荣菊，市运河经济开发区管委会主任、新华路街道党委书记刘明峰等领导深入到临清市部分重点项目建设现场进行考察。

7月3日 市委副书记祁学兰深入到临清市部分乡镇对农村土地承包经营权确权登记颁证工作进行调研。

7月6日 市委书记、市人大常委会主任王建鹏，市委副书记祁学兰，市委常委、副市长韩德振，市运河经济开发区管委会主任、新华路街道党委书记刘明峰等领导深入到临清市部分重点项目建设现场进行考察。

7月7日 市委副书记、市长李新阁主持召开市长办公会议。市委常委、副市长韩德振、冯子峰，副市长王磊、秦荣菊、周志雯，市政府党组副书记王庆瑞，市政府党组副书记、市运河经济开发区党工委书记李衍博出席会议。

△ 临清市召开践行“三严三实”，开展“惠民强基促和谐”活动部署会议。市领导王建鹏、李新阁、祁学兰、李汝山、张子明、秦生春、冯子峰、衣述光、韩青、秦荣菊、刘明峰、王志刚出席会议。

7月8日 全市征兵工作会议召开，市委副书记、市长李新阁，副市长王磊，市运河经济开发区管委会主任、新华路街道党委书记刘明峰，市人武部部长付培俊出席会议。

7月9日 临清市隆重举行2015年义务兵家庭优待金集中发放仪式。聊城军分区司令员刘述明，中共临清市委书记、市人大常委会主任王建鹏，市委常委、市人武部政委马培虎，副市长王磊出席活动仪式。

7月10日 在穆斯林群众传统节日——开斋节到临之际，市委书记、市人大常委会主任王建鹏，市委副书记、市长李新阁，市委副书记祁学兰，市委常委、办公室主任李汝山，市人大常委会副主任宋加利，市政协副主席、党组副书记、统战部长许朝生，市政协副主席宛秋生一同到到清真寺，亲切看望慰问穆斯林群众，向广大穆斯林群众致以节日的问候，祝福他们节日快乐。

△ 隆重举办纪念季羡林先生逝世六周年追思会、座谈会、书画展和媒体宣传等系列活动，通过不同形式纪念季老，深切表达对国学泰斗的无限哀思。市委常委、宣传部长衣述光、市人大副主任张学庚、市政协副主席徐宝福、市人大原副主任马景瑞出席活动。

7月11日 聊城市发改委主任葛敬方到临清市考察重点项目建设。中共临清市委书记、市人大常委会主任王建鹏，市政协副主席宛秋生陪同活动。

7月15日 聊城市经济合作局局长崔岩率2015年重点招商项目观摩团到临检查指导工作。中共临清市委副书记、市长李新阁，市政府党组副书记王庆瑞，市运河经济开发区管委会主任、新华路街道党委书记刘明峰陪同活动。

△ 聊城市农村土地确权登记颁证工作现场会在临清市召开。聊城市委副书记陈平，副市长郭建民，中共临清市委书记、市人大常委会主任王建鹏，市委副书记祁学兰出席会议。

△ 省人防办副主任仲晋带领调研督导组一行，深入到临清市督导调研人防工作。中共临清市委副书记、市长李新阁，副市长秦荣菊陪同活动。

7月16日 临清市轴承电子商务服务中心暨临清轴承精品展在烟店镇拉开帷幕。中国轴承协会副秘书长卢刚，市政府党组副书记王庆瑞出席开幕仪式。

△ 聊城市企业上市挂牌工作座谈会在临清市召开。聊城市副市长冯艺东，齐鲁股权交易中心有限公司总裁李雪，中共临清市委常委、副市长韩德振、王延国出席座谈会。

7月21日 省住房和城乡建设厅副巡视员卢晓栋带领省城乡规划督察调研组一行深入临清市进行调研。中共临清市委副书记、市长李新阁，市委常委、副市长冯子峰等陪同活动。

7月22日 聊城市大督查落实委员会督察六室主任刘国华带领验收组成员，到临清市就挖掘土地潜力工作进行验收。中共临清市委常委、副市长冯子峰陪同活动。

7月23日 市人大领导王晓华、赵孝洪、张学庚率部分人大常委会委员视察临清市《食品安全法》贯彻落实情况。市政府党组副书记王庆瑞陪同活动。

△ 全市“慈心一日捐”动员大会暨现场救助仪式举行。市委副书记祁学兰，市人大常委会副主任宋加利，副市长王磊，市政协副主席王保粮出席会议。

7月24日 市委理论学习中心组集中研讨“三严三实”专题教育第一专题。聊城市委常委、市委统战部部长蔡同民，临清市领导王建鹏、李新阁、汪保远、王晓华、祁学兰、韩德振、李汝山、张子明、秦生春、冯子峰、衣述光、韩青、马培虎参加会议。

7月25日 临清市组织召开企业发展暨质量强市工作会议，总结全市企业发展、质量强市等工作情况，安排部署下步工作任务，动员全市各级各部门和广大企业坚定信心、攻坚克难、创新创业，为全市科学发展、跨越发展作出新的更大贡献。市领导王建鹏、李新阁、汪保远、王晓华、祁学兰、韩德振、李汝山、王庆瑞、李衍博、刘明峰出席会议。

7月28日 市委副书记、市长李新阁主持召开市长办公会议。市委常委、副市长韩德振、冯子峰，副市长王磊、秦荣菊、周志雯，市政府党组副书记、市经济开发区党工委书记李衍博出席会议。

△ 市政府党组“三严三实”专题教育第一专题集中研讨会召开。市委副书记、市长李新阁，市委常委、副市长韩德振、冯子峰，副市长王磊、秦荣菊，市政府党组副书记、市经济开发区党工委书记李衍博等出席会议。

△ 市政协党组“三严三实”专题教育第一专题集中研讨会召开。市政协主席汪保远，市政协党组副书记、副主席、统战部长许朝生，市政协副主席徐宝福，市政协副主席、市总工会主席王保粮出席会议。

7月29日 市政协召开十三届十七次常委会议。市政协主席汪保远，市委常委、副市长韩德振，政协副主席王俊山，政协党组副书记、副主席、统战部长许朝生，政协副主席贾艳华、徐宝福、政协副主席、市总工会王保粮出席会议。

△ 值中国人民解放军第88个建军节到来之际，市委书记、市人大常委会主任王建鹏，市委副书记、市长李新阁，市委常委、市委办公室主任李汝山，副市长王磊等对聊城军分区进行走访慰问，代表市委、市政府等几大班子和全市人民向他们致以节日祝贺和诚挚的问候。

△ 省林业厅副厅长吴庆刚等在聊城市副市长郭建民的陪同下深入临清市调研林木种苗花卉产业发展情况。中共临清市委副书记、市长李新阁陪同活动。

7月30日 省交通运输厅副厅长于洪亮一行到临清市督导城乡环卫一体化公路沿线环境专项治理工作，市委副书记祁学兰陪同活动。

△ 市人大常委会党组召开“三严三实”专题教育第一专题集中研讨会。会议由市人大常委会党组书记、第一副主任王晓华主持。市人大常委会党组副书记袁磊、李凤义，市人大常务会副主任赵孝洪、孙玉璞、宋加利等领导出席会议。

△ 聊城市委书记、市人大常委会主任徐景颜，市委副书记、代市长宋军继，市政协主席金维民带领聊城市科学发展现场观摩团，到临清市现场观摩2014年新上、2015年基本建成的“六百工程”聊城市级重点项目。中共临清市委书记、市人大常委会主任王建鹏，市委副书记、市长李新阁，市政协主席汪保远，市人大常委会第一副主任王晓华，市委副书记祁学兰，市委常委、副市长韩德振，市委常委、市委办公室主任李汝山，市委常委、副市长冯子峰等陪同活动。

7月31日 聊城军分区司令员刘述明到临清市视察征兵工作。市委副书记祁学兰，副市长秦荣菊，市人武部部长付培俊陪同活动。

8月3日 全市城乡建设工作调度会议召开。市委书记、市人大常委会主任王建鹏，市委副书记、市长李新阁，市委常委、市委办公室主任李汝山，市委常委、副市长冯子峰，市运河经济开发区管委会主任、新华路街道党委书记刘明峰出席会议。

8月4日 市委书记、市人大常委会主任王建鹏主持召开市委常委会议，传达学习聊城市委书记、市人大常委会主任徐景颜在聊城市委十二届八次全体会议暨市委理论学习中心组读书会上的讲话精神。市领导李新阁、汪保远、王晓华、祁学兰、韩德振、李汝山、张子明、秦生春、衣述光、韩青、马培虎、许朝生出席会议。

△ 省人力资源和社会保障厅副厅长夏鲁

青在聊城市委常委、副市长耿涛的陪同下到临清市调研。中共临清市委书记、市人大常委会主任王建鹏，市委常委、市委办公室主任李汝山，副市长王磊陪同活动。

8月5日 市委副书记、市长李新阁主持召开市长办公会，对当前重点工作进行了安排部署。市委常委、副市长韩德振、王延国，副市长王磊、秦荣菊、周志雯，市政府党组副书记王庆瑞，市政府党组副书记、市运河经济开发区党工委书记李衍博，挂职副市长郑忠才，副市级干部、公安局长、党委书记王志刚出席会议。

△ 全市政府部门责任清单落实工作会议召开。市委副书记、市长李新阁，市委常委、副市长韩德振，副市长王磊、秦荣菊、周志雯，市政府党组副书记王庆瑞，市政府党组副书记、市经济开发区党工委书记李衍博，副市级干部、公安局长、党委书记王志刚出席会议。

△ 市人大常委会“双联”活动座谈会召开。市委书记、市人大常委会主任王建鹏，市人大常委会党组书记、第一副主任王晓华，市委副书记祁学兰，市委常委、办公室主任李汝山，市运河经济开发区管委会主任、新华路街道党委书记刘明峰出席会议。

8月6日 全市落实党风廉政建设主体责任工作推进会召开。市委书记、市人大常委会主任王建鹏，市委副书记、市长李新阁，副书记祁学兰，市委常委、市委办公室主任李汝山，市委常委、纪委书记张子明，市委常委、组织部长秦生春，市运河经济开发区管委会主任、新华路街道党委书记刘明峰出席会议。

△ 市人大常委会委员、法制工作委员会主任温守信一行到临清，授牌三和纺织集团为山东省人大常委会地方立法联系点。临清市人大常委会党组书记、第一副主任王晓华，市委副书记祁学兰，市人大常委会副主任孙玉璞，市政协副主席、三和纺织集团董事长宛秋生出席授牌仪式。

8月7日 聊城市委书记、市人大常委会主任徐景颜，市委副书记、代市长宋军继率队到临清市考察运河文化传承和旅游开发工作。聊城市委副书记陈平，副市长郭建民，中共临清市委书记、市人大常委会主任王建鹏，市委副书记、市长李新阁，市委副书记祁学兰，市委常委、市委办公室主任李汝山，副市长周志雯陪同活动。

8月8日 市委书记、市人大常委会主任王建鹏利用周六时间与部分企业负责人进行座谈交流，帮助企业解决发展中遇到的困难和问题。市委常委、副市长韩德振，市委常委、办公室主任李汝山，市运河经济开发区管委会主任、新华路街道党委书记刘明峰出席座谈。

△ 市委副书记、市长李新阁，市政府党组副书记王庆瑞，带领市直有关部门负责人深入到烟店镇，就镇域经济特别是轴承产业发展情况进行了实地调研。

8月9日 聊城市委常委、聊城军分区政委宋铁平，副市长任晓旺一行到临清市检查指导征兵工作，中共临清市委副书记、市长李新阁，副市长王磊，市人武部部长付培俊陪同活动。

8月10日 市委书记、市人大常委会主任王建鹏参加松林镇党委理论学习中心组“三严三实”专题教育第一专题集中研讨。市人大常委会副主任宋加利，副市级干部、公安局局长、党委书记王志刚出席会议。

△ 临清市举办纪念抗日战争胜利暨临清解放、建市70周年演讲比赛预赛。此次活动拉开临清市纪念中国人民抗日战争、世界反法西斯战争胜利暨临清解放建市70周年系列纪念活动的序幕。市委常委、宣传部长衣述光、市政协副主席王保粮出席活动。

8月11日 市委副书记、市长李新阁主持召开城建工作调度会，对临清市加快城镇化建设工作进行调度。

8月12日 聊城市人大常委会副主任、党组副书记白志坚在临清市主持召开了“三严三实”征求意见座谈会，征求意见建议，查找工作中“不严不实”问题，推动“三严三实”专题教育深入开展。聊城市人大常委会副主任张同村，中共临清市委书记、市人大常委会主任王建鹏，市人大常委会党组书记、第一副主任王晓华，市人大常委会副主任赵孝洪、宋加利、张学庚等出席会议。

8月12—13日 临清市举行2015年度上半年科学发展现场观摩活动，对各镇、街道2014年以来新上和改扩建重点项目建设情况进行现场观摩。市委书记、市人大常委会主任王建鹏，市委副书记、市长李新阁，市政协主席汪保远，市人大常委会党组书记、第一副主任王晓华等市级领导，各镇（街道）党政正职，部分市直部门和驻临单位主要负责人参加观摩。

8月14日 中共临清市委十二届八次全体会议召开。市领导王建鹏、李新阁、汪保远、王晓华、韩德振、李汝山、秦生春、衣述光、韩青、王延国、张继尧等出席会议。

8月15日 临清市召开星期六企业工作日座谈会。市委副书记祁学兰，市委常委、宣传部长衣述光，市政府党组副书记、市运河经济开发区党工委书记李衍博出席会议，与部分农口企业负责人进行座谈交流，帮助企业解决发展中遇到的困难和问题。

8月17—19日 省委党校经济学部主任杨珍教授带领省委党校临清“十三五”规划编写组到临清调研，市委常委、副市长韩德振、冯子峰，副市长王磊、周志雯、秦荣菊，市政府党组副书记王庆瑞、李衍博分别出席了相关专场座谈会，市直有关部门、部分镇（街道）主要负责人和分管负责人，部分企业相关负责人参加座谈会。

8月18日 临清市隆重举办纪念抗日战争胜利暨临清解放建市70周年演讲比赛。市委副书记祁学兰，市委常委、宣传部长衣述光，市政府党组副书记王庆瑞，市政协副主席徐宝福，市政协副主席、市总工会主席王保粮出席活动，并为获奖选手颁奖。

△ 市委常委会开展“三严三实”第二专题集中学习，市委书记、市人大常委会主任王建鹏主持集中学习，市委副书记、市长李新阁，市政协主席汪保远，市人大常委会第一副主任王晓华，市委常委、副市长韩德振，市委常委、市委办公室主任李汝山，市委常委、纪委书记张子明，市委常委、组织部长秦生春，市委常委、副市长冯子峰，市委常委、宣传部长衣述光，市委常委，人武部政委马培虎参加集中学习。

8月19日 临清市召开会议，全面动员部署农产品质量安全市创建工作。市委副书记祁学兰出席会议。

8月20日 市农业系统召开“三严三实”专题教育征求意见座谈会，征求农业系统代表对市委、市政府工作的意见建议，查找“不严不实”问题，推动“三严三实”专题教育深入开展。市委副书祁学兰出席会议并讲话。

△ 市委副书记、市长李新阁主持召开市长办公会议。市委常委、副市长韩德振、冯子峰，副市长王磊、秦荣菊、周志雯，市政府党组副书记王庆瑞，市政府党组副书记、市经济开发区党工委书记李衍博，挂职副市长郑忠才出席会议。

8月22日 临清市召开“星期六企业工作日”座谈会，针对有关企业在“新三板”挂牌上市中遇到的困难和问题，面对面与企业家研究对策，力推企业尽早实现上市。市委副书记、市长李新阁，市委常委、副市长韩德振，副市长秦荣菊等出席会议。

△ 临清市召开安全生产工作会议，学习贯彻习近平总书记、李克强总理等中央领导同志关于切实做好安全生产工作的重要指示精神，以及全国、山东省、聊城市安全生产工作会议精神，分析安全生产形势，对下一步安全生产工作进行再安排、再部署。市领导王建鹏、李新阁、祁学兰、韩德振、李汝山、冯子峰、韩青等出席会议。

8月24日 临清市组织收听收看全省、聊城市安全生产工作紧急视频会议。市委书记、市人大常委会主任王建鹏，市委副书记、市长李新阁，市政协党组副书记、运河经济开发区党工委书记李衍博出席临清市分会场会议。

△ 临清市召开危险化学品企业主要负责人安全生产约谈会，进一步加强危化品企业安全监管，强化企业安全生产主体责任落实，努力实现临清市危化品领域安全生产形势持续稳定。市委副书记、市长李新阁，市政府党组副书记、经济开发区党工委书记李衍博出席会议。

8月25日 市委书记、市人大常委会主任王建鹏带领市安监、经信、消防、市场监管等部门负责同志深入部分企业、镇进行安全生产工作检查并提出要求。市委常委、市委办公室主任李汝山，市政府党组副书记、市经济开发区党工委书记李衍博陪同检查。

△ 中国灌溉排水发展中心总工韩振中一行到临清市督导检查农村水利工作，省水利厅副厅长曹金萍，聊城市副市长洪玉振，中共临清市委书记、市人大常委会主任王建鹏，市委常委、副市长韩德振陪同活动。

△ 第22届国际历史科学大会聊城卫星会议与会学者专家一行到临清市考察运河文化。市委副书记祁学兰、副市长周志雯陪同活动。

△ 临清市纪念抗日战争、世界反法西斯战争胜利暨临清解放建市70周年书画摄影精品展开展仪式在张彦青艺术馆举行。市委副书记祁学兰，市委常委、宣传部长衣述光，副市长郑中才，市政协副主席徐宝福，市人大常委会原副主任王秀璞出席开展仪式。衣述光主持仪式。

8月26日 市委副书记、市长李新阁，市政府党组副书记、市经济开发区党工委书记李衍博带领市政府办、安监局、公安局、消防队等市直有关部门负责同志检查危险化学品企业的安全生产工作。

8月27日 山东省委召开全省基层党建工作视频会议，临清市设分会场收听收看会议实况。市委书记、市人大常委会主任王建鹏，市委副书记祁学兰，市委常委、组织部长秦生春，市运河经济开发区管委会主任、新华路街道党委书记刘明峰出席分会场会议。

8月28日 聊城市委常委、副市长张旋宇到临检查空气质量保障工作。中共临清市委书记、市人大常委会主任王建鹏，市委常委、副市长冯子峰陪同活动。

8月31日 临清市举办纪念抗战胜利暨临清解放建市70周年文献史料展。市委常委、宣传部长衣述光，市人大常委会副主任张学庚，副市长周志雯，市政协副主席徐宝福，聊城市公安局副调研员、市公安局政委魏禄建出席开展仪式。

△ 临清市召开空气质量保障紧急工作会议，安排部署“中国人民抗日战争暨世界反法西斯战争胜利70周年纪念活动”期间的空气质量保障工作会议。市委常委、副市长冯子峰出席会议并讲话。

9月1日 市委召开常委会议，集中学习研讨“三严三实”专题教育第二专题。市委书记、市人大常委会主任王建鹏主持会议并作重要讲话。市委副书记、市长李新阁，市政协主席汪保远，市人大常委会党组书记、第一副主任王晓华，市委副书记祁学兰，以及韩德振、李汝山、张子明、秦生春、冯子峰、衣述光、韩青、张继尧等领导出席会议。

△ 纪念抗日战争、世界反法西斯战争胜利暨临清解放建市70周年大型成果展在市文化艺术交流中心隆重举办。王建鹏、汪保远、王晓华、韩德振、张子明、秦生春、冯子峰、衣述光、张继尧等几大班子领导出席开展仪式。

9月8日 第31个教师节来临之际，市委副书记祁学兰，市委常委、宣传部长衣述光，市人大常委会副主任张学庚，副市长周志雯，市政协副主席王俊山等，深入部分中小学校看望慰问一线教师，为他们送去亲切的问候和节日的祝福。

△　聊城市环保局党组书记、局长马荣锁带队到临清市海河迎检现场进行督导检查。中共临清市委副书记、市长李新阁，市委常委、副市长冯子峰陪同活动。

△　恒丰银行聊城临清支行开业暨临清市政银企合作签约仪式隆重举行，这是恒丰银行聊城分行设立的首家县域支行。恒丰银行济南分行副行长李静与中共临清市委书记、市人大常委会主任王建鹏共同为临清分行揭牌。聊城市政府金融办主任、地方金融监管局局长马广朋，临清市领导李新阁、汪保远、王晓华、韩德振、李衍博，以及各级各部门、各金融机构、有关企业的主要负责人出席活动。

△　山东力诺集团临清50兆瓦分布式屋顶电站项目签约仪式举行。市委书记、市人大常委会主任王建鹏，市委常委、副市长韩德振，政协副主席王保粮，市运河经济开发区管委会主任、新华路街道党委书记刘明峰，山东力诺集团党委书记孙庆法，副总经理王全军出席仪式。韩德振主持签约仪式。

9月9日　市委书记、市人大常委会主任王建鹏主持召开党委常委会，进一步学习贯彻全省基层党建工作会议精神。市领导李新阁、汪保远、王晓华、祁学兰、韩德振、李汝山、张子明、秦生春、冯子峰、衣述光、张继尧参加会议。

△　临清市召开教师节庆祝大会。市领导王建鹏、李新阁、汪保远、王晓华、祁学兰、李汝山、张子明、秦生春、衣述光、周志雯、刘明峰出席会议。

9月10日　寿光市委书记朱兰玺带领考察团到临清市参观考察。中共临清市委书记、市人大常委会主任王建鹏，市委常委、市委办公室主任李汝山陪同活动。

9月11日　临清市隆重召开第一届非公有制经济人士优秀中国特色社会主义事业建设者表彰大会，大力表彰为临清市经济社会发展作出突出贡献的非公有制经济人士，倡树典型，鼓舞士气，共商发展大计，全力促进临清市非公有制经济健康快速发展。

9月14日　第十二届中国羊业发展大会筹备工作会议召开，安排部署第十二届中国羊业发展大会各项前期筹备工作，动员全市上下进一步统一思想，提高认识，明确任务，强化措施，举全市之力抓筹备、促落实，确保羊业发展大会各项活动取得圆满成功。市委副书记祁学兰，市委常委、副市长冯子峰，市委常委、宣传部长衣述光，市运河经济开发区管委会主任、新华路街道党委书记刘明峰，副市级干部、市公安局局长、党委书记王志刚出席会议。

9月15日　全省农村电商“百县万人”暨临清市青年电商“百千万”工程创业培训会在临清宾馆召开。市委常委张继尧，市政府党组副书记、市经济开发区党工委书记李衍博出席培训会。

△　省委政研室副主任王侠一行到临清市调研优化营商环境工作。市委常委、副市长韩德振，市委常委、办公室主任李汝山等陪同活动。

△　市委理论学习中心组“三严三实”专题教育第二专题第二次集中学习研讨会召开。市委书记、市人大常委会主任王建鹏主持集中学习并讲话。市委副书记、市长李新阁，市政协主席汪保远，市委副书记祁学兰，以及张子明、秦生春、冯子峰、衣述光、张继尧等领导出席会议。

△　市委副书记、市长李新阁主持召开市政府党组“三严三实”专题教育第二专题第二次集中学习研讨会。市委常委、副市长冯子峰，副市长王磊，秦荣菊，市政府党组副书记王庆瑞，市政府党组副书记、市经济开发区党工委书记李衍博，副市级干部、市公安局局长、党委书记王志刚参加会议。

9月16日　省工商局副局长向维凯带领督查组到临清市检查安全生产工作。市委书记、市人大常委会主任王建鹏，市委常委、市委办公室主任李汝山，市政府党组副书记、市运河经济开发区党工委书记李衍博陪同活动。

9月17日 淮安市政协副主席朱友冬一行到临清市调研抗战资料整理保护工作。市政协主席汪保远、副主席徐宝福陪同活动。

9月19日 聊城市推进“全面改薄”工作现场会在临清市举行。聊城市教育局党组书记、局长哈宝泉，中共临清市委副书记、市长李新阁，副市长秦荣菊出席会议。

9月21日 市委理论学习中心组召开“三严三实”专题教育辅导报告会。聊城市纪委副书记张玉峰出席会议。市委书记、市人大常委会主任王建鹏主持会议。市领导李新阁、王晓华、韩德振、李汝山、张子明、衣述光等参加。

9月22日 第十二届（2015）中国羊业发展大会在临清市举行。全国畜牧总站党委书记、中国畜牧业协会秘书长何新天，省畜牧兽医局副局长唐建俊，聊城市副市长郭建民，中共临清市委副书记、市长李新阁，副书记祁学兰、市人大常委会党组副书记李凤义、市政协副主席、市总工会主席王保粮，市政协副主席宛秋生参加开幕式。

△ 聊城市人大常委会副主任张同村带领检查组到临清市检查验收“六五”普法依法治理工作。中共临清市委副书记祁学兰，市人大常委会主任孙玉璞，副市长秦荣菊陪同活动。

9月28日 聊城市委副书记陈平带领小城镇提升工程观摩检查团到临清市观摩指导小城镇提升工程。聊城市委常委、宣传部长赵庆忠，市人大常委会副主任张同村，市政协副主席张广霞等参加活动。在中共临清市委书记、市人大常委会主任王建鹏，市委副书记祁学兰，市委常委、副市长冯子峰，市委常委、宣传部长衣述光等领导的陪同下，观摩团一行先后到到临清市康庄镇、唐园镇和烟店镇工程建设现场进行实地观摩，听取相关负责人的工作汇报。

9月30日 临清市隆重举行党政军机关公祭烈士活动。王建鹏、李新阁、汪保远、王晓华、李汝山、张子明、秦生春等几大班子领导与各界代表，怀着无比崇敬的心情，祭奠烈士，寄托哀思。

10月3日 市委副书记、市长李新阁到部分工业企业进行视察。市委常委、副市长韩德振，市政府党组副书记王庆瑞，市运河经济开发区管委会主任、新华路街道党委书记刘明峰陪同活动。

10月4—5日 市委副书记、市长李新阁利用两天时间，对新华路街道下属的各个行政村居进行调研，市经济开发区管委会主任、新华路街道党委书记刘明峰陪同活动。

10月6日 市委书记、市人大常委会主任王建鹏，市委常委、市委办公室主任李汝山在有关部门负责人的陪同下，深入大辛庄街道现场督查农村环境综合整治工作。

10月7日 市委书记、市人大常委会主任王建鹏，市委常委、市委办公室主任李汝山一行，带领市农业局、农机局等部门负责同志深入部分镇村，就当前“三秋”生产工作进行视察。

10月8日 全市小城镇提升工程第一批总结暨第二批动员会议召开。会议对全市小城镇提升工程第一批推进镇（街道）进行观摩总结，对第二批推进镇办进行动员部署，进一步加快小城镇提升工程步伐，全面提升全市小城镇建设管理水平。市委副书记、市长李新阁，市委副书记祁学兰，市委常委、副市长冯子峰，市委常委、宣传部部长衣述光，市政协副主席徐宝福，经济开发区管委会主任、新华路街道党委书记刘明峰出席会议。

10月9日 省全民普法依法治理工作领导小组副组长王军民，省委办公厅副主任李超群，省维稳办专职副主任刘灿河，省司法厅党委书记、厅长王本群，省司法厅副巡视员刘淼等领导到临清市检查全民普法依法治理工作。聊城市委书记、市人大常委会主任徐景颜，市委副书记、代市长宋军继，市委常委、政法委书记刘强，中共临清市委书记、市人大常委会主任王建鹏，市委副书记、市长李新阁，市委副书记祁学兰，市委常委、市委办公室主任李汝山，副市长秦荣菊，市运河经济开发区管委会主任、新华路街道党委书记刘明峰陪同活动。

10月12日 全市民主党派领导班子成员座谈会召开。市委常委、组织部长、统战部长秦生春，民盟临清总支主委、市政府副市长周志雯，民建聊城市委副主委、民建临清支部主委、市政协副主席王俊山出席会议。

10月15日 聊城市委常委、宣传部长赵庆忠一行到临清市督导路域环境提升工作，市委书记、市人大常委会主任王建鹏，市委副书记祁学兰，市委常委、宣传部长衣述光陪同活动。

△ 市政协召开第十三届十八次常委会议。市政协主席汪保远，副市长秦荣菊，市政协副主席王俊山，市政协副主席、党组副书记许朝生、市政协副主席贾艳华、徐宝福、王保粮出席会议。

Δ 山东省财政厅副厅长王慎民带领督导组到临清市督导财税工作。聊城市委常委、副市长耿涛，聊城市财政局党组书记、局长李志华，中共临清市委副书记、市长李新阁，市委常委、副市长韩德振陪同活动。

10月16日 聊城市政协副主席、民建聊城市委主委张广霞带队到临清调研民族团结进步创建工作。中共临清市委副书记、市长李新阁，市政协主席汪保远，副市长周志雯，市政协副主席、党组副书记许朝生，市政协副主席徐宝福陪同活动。

△ 省十二届人大代表解放军代表在济南军区装备部原副部长尹家铜的带领下到临视察。聊城军分区司令员刘述明，聊城市人大常委会副主任张同村，中共临清市委书记、市人大常委会主任王建鹏，市人大常委会党组书记、市人大常委会第一副主任王晓华，副市长王磊，市政协副主席宛秋生，市人武部部长付培俊陪同活动。

△ 河北省永年县党政考察团在县委书记杜树杰，县委副书记、代县长张荷红的带领下到临清市进行参观考察。中共临清市委副书记、市长李新阁，市人大党组副书记袁磊，市政协副主席徐宝福，市运河经济开发区管委会主任、新华路街道党委书记刘明峰陪同活动。

10月17日 临清市市级以上老干部对临清市工业经济发展进行考察。市委副书记祁学兰，市委常委、副市长韩德振，市委常委、组织部长、统战部长秦生春，市政协副主席宛秋生陪同考察。

10月19日 重阳节来临之际，聊城市政协主席金维民到临清市走访慰问敬老院老人和百岁老人，为他们送去慰问品和节日的祝福。中共临清市委书记、市人大常委会主任王建鹏，市委副书记、市长李新阁，市政协主席汪保远，市委副书记祁学兰，市委常委、市委办公室主任李汝山，副市长周志雯陪同活动。

△ 市委副书记、市长李新阁主持召开市长办公会议。市委常委、副市长韩德振、冯子峰，副市长王磊、秦荣菊、周志雯、郑忠才，市政府党组副书记王庆瑞，副市级干部、市公安局局长、党委书记王志刚出席会议。

10月20日 市委副书记、市长李新阁，副市长王磊、周志雯，市政协副主席贾艳华一行带着慰问品和慰问金，到大辛庄中心敬老院走访慰问敬老院老人并看望百岁老人。

△ 市委书记、市人大常委会主任王建鹏，市政协主席汪保远，市人大常委会党组书记、第一副主任王晓华等市级几大班子领导，各镇（街道）主要负责同志共同在孔繁森同志纪念馆参观展览。

10月21日 临清市人民政府·中国银行聊城分行政金企恳谈会隆重举行，聊城中行行长纪忠，市委副书记、市长李新阁，市委常委、副市长韩德振，市政府党组副书记、经济开发区党工委书记李衍博参加会议。

△ 市人大常委会党组书记、第一副主任王晓华，副主任张学庚带领部分驻临聊城市人大代表就临清市非物质文化遗产保护和利用工作进行调研。副市长周志雯陪同活动。

10月27日 全国政协委员、文史和学习委员会副主任，浙江省政协原主席周国富带领全国政协文史和学习委员会调研组一行在省政协副主席郭爱玲，中共聊城市委书记、市人大常委会主任徐景颜，聊城市政协党组书记、主席金维民等领导的陪同下，深入临清市就大运河申遗成功后的保护和利用工作进行专题调研。中共临清市委书记、市人大常委会主任王建鹏，市委副书记、市长李新阁，市政协党组书记、主席汪保远，副市长周志雯，市政协副主席徐宝福等陪同活动。

△ 聊城市市级离退休老领导在聊城市委组织部、市老干部局有关负责人的陪同下到临清市观摩指导工作。中共临清市委书记、市人大常委会主任王建鹏，市政协主席汪保远，市人大常委会党组书记、第一副主任王晓华，市委副书记祁学兰，市委常委、组织部长、统战部长秦生春，市运河经济开发区管委会主任、新华路街道党委书记刘明峰陪同活动。

10月28日 临清市第十七届人大常委会召开第三十次会议。市人大常委会党组书记、第一副主任王晓华主持会议。副市长秦荣菊，市法院院长马国栋，市检察院检察长杨青，副市级干部、市公安局局长、党委书记王志刚列席会议。

10月29日 聊城市副市级干部、市政府党组成员、市公安局局长、党委书记仁奎军带领督导组到临清市督导政法综治重点工作。市委副书记祁学兰，市运河经济开发区管委会主任、新华路街道党委书记刘明峰，市人民法院院长马国栋，副市级干部、市公安局局长、党委书记王志刚陪同活动。

△ 聊城市委副书记、代市长宋军继带领市直有关部门负责同志到临清市调研经济和社会发展情况，市政府秘书长马骏一同到临。中共临清市委书记、市人大常委会主任王建鹏，市委副书记、市长李新阁，市委副书记祁学兰，市委常委、副市长韩德振、冯子峰，市政协副主席宛秋生，市运河经济开发区管委会主任、新华路街道党委书记刘明峰陪同活动。

10月30日 全市路域环境提升工程现场会召开。聊城市委副书记陈平，市委常委、宣传部长赵庆忠，市人大常委会副主任张同村，中共临清市委书记、市人大常委会主任王建鹏，市委副书记、市长李新阁，市委副书记祁学兰，市委常委、副市长冯子峰，市委常委、宣传部部长衣述光，市运河经济开发区管委会主任、新华路街道党委书记刘明峰等聊城各县市区有关领导出席会议。

11月4日 教育部督导办专项督导处处长杨宇、省教育厅副巡视员刘凤山率队到临就全面改善薄弱学校办学条件开展督导调研。聊城市委常委、副市长耿涛，中共临清市委书记、市人大常委会主任王建鹏、副市长周志雯陪同活动。

△ 市委统战工作会议召开。会议深入学习贯彻中央、省委和聊城市委统战工作会议精神，全面部署临清市统战工作，动员各级各部门进一步统一思想，提高认识，强化措施，提升统战工作水平，为落实中央“四个全面”战略布局，推动临清经济社会科学发展，夺取全面建成小康社会的胜利凝聚智慧和力量。市领导王建鹏、李新阁、汪保远、王晓华、祁学兰、李汝山、张子明、秦生春、冯子峰、衣述光出席会议。

△ 临清市召开第三季度重点项目建设现场观摩会议，市委副书记、市长李新阁强调，要进一步解放思想、振奋精神、勇于担当、团结实干，全力加快推进重点项目建设和其他重点工作，确保完成全年目标任务。市委常委、副市长韩德振，市人大党组副书记袁磊，副市长王磊，市政府党组副书记、运河经济开发区党工委书记李衍博，市政协副主席、总工会主席王保粮出席会议。

11月5日 临清市召开政协工作会议，贯彻落实上级会议精神，总结近年到临清市政协工作取得的成绩和经验，就进一步加强和改进党的政协工作、更好地发挥政协作用进行安排部署。王建鹏、汪保远、王晓华、祁学兰、韩德振、李汝山、张子明、秦生春、冯子峰、衣述光、张继尧等市级领导出席会议。

11月7日 中央宣讲团党的十八届五中全会精神报告会在济南举行。省委书记、省人大常委会主任姜异康主持报告会。中央宣讲团成员，省委副书记、省长郭树清作宣讲报告。临清市设分会场组织收听收看报告会，市委书记、市人大常委会主任王建鹏，市政协主席汪保远，市人大常委会党组书记、第一副主任王晓华等市几大班子领导出席分会场会议。

11月11日 聊城市委常委、宣传部长赵庆忠到临清市调研小城镇提升工作。中共临清市委书记、市人大常委会主任王建鹏，市委副书记祁学兰，市委常委、副市长冯子峰，市委常委、宣传部长衣述光陪同活动。

△ 临清市组织收听收看全省经济责任审计工作电视会议。市委副书记、市长李新阁，市委常委、纪委书记张子明，市委常委、组织部长秦生春出席临清市分会场会议。

11月13日 临清市设分会场收听收看省、聊城市安全生产工作电视电话会议。市领导王建鹏、汪保远、韩德振、李汝山、秦生春、冯子峰、王磊、秦荣菊、王庆瑞、王保粮、王志刚、刘明峰出席会议。

11月17日 临清市组织召开市委常委扩大会议，传达学习党的十八届五中全会精神，动员全市各级迅速掀起学习宣传贯彻全会精神的热潮，以更加昂扬向上的精神状态、更加扎实有力的工作，全面落实好全会精神，推动临清市经济社会平稳健康发展。市领导王建鹏、李新阁、汪保远、王晓华、韩德振、李汝山、张子明、秦生春、张继尧等出席会议。

△ 市委理论学习中心组举行“三严三实”专题教育第三专题第一次集中研讨。市委书记、市人大常委会主任王建鹏主持会议。市领导李新阁、汪保远、王晓华、韩德振、李汝山、张子明、衣述光参加学习研讨。

△ 市委、市政府组织召开临清市全国义务教育发展基本均衡县迎检工作会议。市委副书记、市长李新阁，副市长周志雯出席会议。

11月18日 市人大常委会党组“三严三实”专题教育第三专题第一次集中学习研讨会召开。市人大常委会党组书记、第一副主任王晓华主持集中学习并讲话，市人大常委会党组副书记袁磊、李凤义，副主任孙玉璞、宋加利参加会议。

△ 聊城市副市长郭建民带队到临清市调研南水北调续建配套工程建设情况。中共临清市委副书记、市长李新阁陪同活动。

△ 市政府党组举行“三严三实”专题教育第三专题第一次集中研讨。市领导李新阁、韩德振、冯子峰、王磊、秦荣菊、王庆瑞、李衍博、王志刚参加学习研讨。

11月21日 聊城市委副书记陈平带领有关单位负责同志对临清市农产品质量安全等工作进行了调研。中共临清市委书记、市人大常委会主任王建鹏、市委副书记、市长李新阁、市委副书记祁学兰陪同活动。

11月25日 全市安全生产委员会召开全体（扩大）会议，贯彻落实习近平总书记关于安全生产的重要指示精神以及全省、聊城市安全生产工作会议精神，分析当前安全生产形势，安排部署当前和今后一个时期安全生产工作，动员全市上下迅速行动起来，坚决遏制各类安全生产事故发生，确保临清市安全生产形势持续稳定好转，确保人民群众生命财产安全。市领导王建鹏、李新阁、李汝山、张子明、秦生春、韩青、周志雯、李衍博、刘明峰出席会议。

11月26日 临清市举办党的十八届五中全会精神专题报告会，邀请聊城市宣讲团成员、市科技局局长刘淼作专题报告。王建鹏、李新阁、汪保远、王晓华、祁学兰等市级领导出席报告会。

12月2日 临清市召开社会组织联合会成立暨一届一次会员大会。中共临清市委常委、组织部长、统战部长秦生春出席会议并讲话。

市政协副主席、市工商联主席宛秋生代表各民主党派、市工商联和有关人民团体致贺词。

12月3日 临清市举办《山东省信访条例》知识竞赛。市委常委、市委办公室主任李汝山，市人大常委会党组副书记袁磊，副市长秦荣菊，市政协副主席许朝生等观看了比赛。

12月4日 市委副书记、市长李新阁主持召开市长办公会议。市委常委、副市长韩德振、冯子峰，副市长王磊、秦荣菊、周志雯，市政府党组副书记王庆瑞，市政府党组副书记、市运河经济开发区党工委书记李衍博，副市级干部、市公安局局长、党委书记王志刚出席会议。

△ 市委副书记、市长李新阁督导检查临清市部分企业安全生产工作，市政府党组副书记、经济开发区党工委书记李衍博，市经济开发区管委会主任、新华路街道党委书记刘明峰陪同活动。

△ 市人大常委会“双联”活动建议答复会召开。市人大常委会党组书记、第一副主任王晓华出席会议并讲话。市人大常委会组成人员，市政府及承办单位负责人，各镇（街道）人大和市人大常委会委室负责人，部分市人大代表和选民出席会议。市人大副主任赵孝洪主持会议。

12月5日 聊城市委常委、统战部长蔡同民利用周六时间，到临清市参加星期六群众工作日活动，与群众代表、基层单位负责同志座谈交流，集中梳理解决群众关心的热点难点问题。聊城市信访局、住建局有关负责同志陪同。中共临清市委书记、市人大常委会主任王建鹏，市委副书记祁学兰，市委常委、市委办公室主任李汝山，市委常委、副市长冯子峰，副市长秦荣菊陪同活动。

12月9日 国家民委经济发展司司长乐长虹带队到临清市调研民品企业。聊城市委常委、统战部长蔡同民，中共临清市委书记、市人大常委会主任王建鹏，副市长周志雯，市政协副主席宛秋生陪同活动。

△ 聊城市委组织部常务副部长马保杰带领全市基层组织建设现场观摩团到临清市检查指导工作，中共临清市委书记、市人大常委会主任王建鹏，市委副书记祁学兰陪同活动。

△ 市人大常委会党组书记、第一副主任王晓华，副主任孙玉璞一行到市人民法院专题视察人民陪审员工作。市委常委、政法委书记韩青，市人民法院马国栋陪同视察。

12月9—10日 市政协副主席贾艳华带领提案委员会委员、政府督查室负责人和有关提案委员，对市政协十三届四次会议以来的部分提案办理情况进行集中督查。

12月10日 受聊城市人大常委会委托，市人大常委会组织驻临清市部分省人大代表和聊城市人大代表进行集中视察，深入了解临清市经济社会发展情况，为代表参加代表大会，审议“十三五”规划纲要（草案）和各项报告，提出各项议案和建议做准备。市人大常委会党组书记、第一副主任王晓华，副主任赵孝洪，副市长王磊等参加活动。

12月11日 市委书记、市人大常委会主任王建鹏，市委副书记祁学兰等领导对临清市路域环境整治工作进行专项检查。

12月14日 中共河北省南宫市委书记赵增华一行到临清市华美医院考察学习。中共临清市委副书记、市长李新阁陪同活动。

12月15日 临清市召开安全生产隐患大排查快整治严执法集中行动联席会议，听取前一阶段集中行动进展情况，分析当前安全生产形势，安排部署下一步工作。市委副书记、市长李新阁作重要讲话，市委副书记祁学兰主持会议。市领导李汝山、张子明、冯子峰、衣述光、韩青、王磊、秦荣菊、李衍博，副市级干部、公安局局长王志刚出席会议。

12月16日 聊城市人大常委会副主任朱加云带领视察组对临清市发展精致农业、农民专业合作社和农产品质量安全工作情况进行视察并召开座谈会。市委副书记、市长李新阁，市人大常委会党组书记、第一副主任王晓华，市委副书记祁学兰，市人大常委会党组副书记李凤义，市人大常委会副主任宋加利参加活动。

△ 江苏省淮安市清浦区政协党组书记纪从德一行到临清市考察运河文化。临清市政协主席汪保远、副主席徐宝福陪同活动。

12月17日 市政协主席汪保远，市人大党组书记、第一副主任王晓华，市委副书记祁学兰等市几大班子领导一同到市人民检察院“法治暨廉政教育基地”进行参观，接受一次党风廉政教育的心灵洗礼。

12月20日 临清市组织召开迎接海河流域水污染防治考核工作动员会，贯彻落实聊城市有关会议精神，认真分析当前面临的严峻形势，对海河迎检工作进行再安排、再部署，动员全市各级各部门各企业进一步增强责任感、紧迫感，集中时间、集中精力、集中攻坚，切实做好水污染防治工作。市委书记、市人大常委会主任王建鹏，市委副书记、市长李新阁，市委副书记祁学兰，市委常委、副市长冯子峰出席会议。

12月22日 聊城市召开扶贫开发工作会议，临清市设分会场收看会议实况。中共临清市委书记、市人大常委会主任王建鹏，市委副书记、市长李新阁在聊城主会场出席会议，并代表临清市委、市政府与聊城市签订《脱贫攻坚责任书》。

12月24日 市委书记、市人大常委会主任王建鹏带队督查全市安全生产工作。王建鹏强调，要以人为本，时刻绷紧安全生产这根弦，齐心协力、各负其责，切实把安全工作抓紧抓实，确保安全生产形势平稳。市委常委、市委办公室主任李汝山，市政府党组副书记、经济开发区党工委书记李衍博及安监、市场监管、公安消防大队等单位主要负责人参加活动。

△ 山东省政府节能办综合协调处调研员朱峰带领审核组到临清市进行山东省节能环保产业示范县（市、区）和公共服务平台现场审核工作。聊城市经信委副主任陈玉庚，聊城市节能办副主任吴明启，中共临清市委副书记、市长李新阁，市政府党组副书记、市经济开发区党工委书记李衍博参加活动。

12月25日 贵阳市国资委监事会主席罗进带领考察团到临清市考察，就贵阳轴承厂落户临清事宜进行前期商谈。中共临清市委书记、市人大常委会主任王建鹏，市政府党组副书记王庆瑞陪同活动。

△ 省委党校副校长袁永新教授到临清市作党的十八届五中全会精神报告。汪保远、祁学兰、韩德振、冯子峰、秦生春、韩青等市几大班子领导参加培训。

12月28日 临清市组织集体观看《学习贯彻〈准则〉和〈条例〉专题辅导报告》视频。市委书记、市人大常委会主任王建鹏，市委副书记、市长李新阁，市政协主席汪保远，市人大常委会第一副主任王晓华等市领导参加观看。

△ 市委副书记、市长李新阁带队督查临清市部分企业安全生产工作，市经济开发区管委会主任、新华路街道党委书记刘明峰陪同活动。

12月29日 聊城市纪委第二派驻纪检组组长张建军带领检查组到临清市检查指导2015年度党风廉政建设责任制落实情况。王建鹏、李新阁、祁学兰、韩德振、李汝山、张子明、冯子峰、衣述光、韩青、王磊、秦荣菊等临清市党政班子领导参加座谈会。

△ 市委副书记、市长李新阁主持召开市长办公会议。市委常委、副市长韩德振、冯子峰，副市长王磊、秦荣菊、周志雯，市政府党组副书记、市经济开发区党工委书记李衍博，副市级干部、市公安局局长王志刚出席会议。

△ 聊城市水利局党组书记、局长任永胜到临清市调研水利工作。中共临清市委副书记、市长李新阁陪同活动。

△ 为全面做好海河迎检工作，市委书记、市人大常委会主任王建鹏，市委副书记、市长

李新阁，市委副书记祁学兰，市委常委、副市长冯子峰带领相关部门负责人一同深入部分企业和项目建设现场查看海河治污情况。

△ 临清市第十七届人大常委会召开第三十二次会议。市人大常委会党组书记、第一副主任王晓华主持会议。市政府副市长周志雯、聊城市公安局副调研员、临清市公安局政委魏禄建列席会议。

12月31日 临清市组织召开全市扶贫开发工作会议，深入贯彻落实上级扶贫开发工作会议精神，研究部署当前和今后一个时期脱贫攻坚的目标任务。王建鹏、李新阁、汪保远、王晓华、祁学兰、韩德振、李汝山、张子明、冯子峰、韩青等市级领导出席会议。

临清概况

【区位面积】 临清市位于北纬 36°39′～36°55′、东经 115°27′～116°02′。地处山东省西北部，东与高唐县、茌平县为邻，南与东昌府区、冠县接壤，西与河北省临西县隔卫运河相望，北与德州市夏津县毗连。东起康庄镇大油坊村，西至烟店镇魏厂村直线距离 46.73 公里。南起魏湾镇辛道庄，北至松林镇中梁庄直线距离 25.28 公里。面积 960 平方千米。市人民政府驻临清市青年路街道龙华街 5 号，电话区号 0635，邮政编码 252600。

（民政局　崔雪君）

【建置沿革】 西汉初，始建清渊县，先隶巨鹿郡，后属魏郡，三国魏、晋属冀州阳平郡。

十六国后赵，于建平元年（330）改清渊置临清县，属司州建兴郡。临清县名始于此，后废。

北魏太和二十一年（497）析清渊县西地域复置临清县，属司州阳平郡（《中国历史地图集》载为相州阳平郡）。北齐废。

隋开皇六年（586）复置临清县，属清河郡。十年后析临清西部置沙丘县，隋大业二年（606）废沙丘入临清。隋大业八年（612），临清、清渊均隶清河郡。

唐武德四年（621）又析境西置沙丘县，唐贞观元年（627）再废沙丘入临清，废清水县为镇入冠氏县（今冠县），北境析入临清。唐大历七年（772）析临清南部置永济县，宋熙宁五年（1072）废为镇复归临清。临清、沙丘初隶毛州。后州废，临清、永济又隶瀛州、贝州。五代时期，临清先后隶属大名府、兴唐府、广晋府、大名府。

北宋政和元年（1111）临清、清平属河北东路大名府。金大定二十九年（1189）临清属大名府路恩州，清平为大名府路大名府辖。元至顺元年（1330）临清属中书省濮州。

明洪武二年（1369）临清属山东省布政使司东昌府。弘治二年（1489）临清升为州，辖馆陶、邱县，属东昌府。

清顺治元年（1644）临清州不领县，隶山东省东昌府。清乾隆四十一年（1776）临清升为直隶州，隶属山东省，辖武城、夏津、邱县。

民国元年（1912）临清降为县，属山东省济西道。民国 3 年（1914）改属东临道。民国 15 年（1926）隶属德临道。民国 17 年（1928）废道制后，直属山东省政府。民国 25 年（1936）省下设专员公署，临清属山东省第四专署，专署机关驻临清。

民国 27 年（1938）中国共产党在临清西北部十八村（今威县境）一带，建立临清县战委会。次年，在修子堌成立临清县抗日民主政府，属鲁西北行政委员会。民国 31 年（1942）由临清县的第二、第三区和馆陶县的第二、第三区组建卫东县。1945 年 9 月临清解放后，县、市分设，隶冀南行署第一专署。1946 年 3 月，卫东县撤销。1948 年 5 月临清市升为专级市。翌年 3 月复降为县级市。

新中国成立后，临清仍县、市分治，隶属河北省邯郸专署。1949 年 11 月改市为镇（县级）。1952 年 11 月划归山东省德州专署，12 月改属聊城专署。1954 年改镇为市。1956 年清平县撤销，第二区、第三区、第四区、第五区划入临清县。1958年县、市合并，置临清市，隶属聊城专署。1963年撤市复临清县。1964年将卫运河以西的尖冢、童村、下堡寺、吕寨、老官寨5个区划出，置临西县隶属河北省。馆陶县在卫运河以东的潘庄、八岔路两区划入临清县。1983年撤县复市。

（史志办）

【行政区划】 1984年临清市建14个乡、5个镇、3个街道，即杨桥乡、朱庄乡、唐园乡、烟店乡、路庄乡、康盛庄乡、肖寨乡、金郝庄乡、老赵庄乡、魏湾乡、石槽乡、戴湾乡、尚店乡、大辛庄乡；潘庄镇、刘垓子镇、胡里庄镇、康庄镇、松林镇；新华路街道、青年路街道、先锋路街道。

1994年路庄乡更名为八岔路乡。撤销魏湾乡、烟店乡、设立魏湾镇、烟店镇。撤销杨桥乡，设立临东镇。1996年撤销大辛庄乡、老赵庄乡，设立大辛庄镇、老赵庄镇。1999年撤销八岔路乡设立八岔路镇。

2001年根据山东省政府的部署，进行临清市行政区划调整。撤销石槽乡，将其行政区域划归先锋路街道管辖；撤销胡里庄镇，将其行政区域划归新华路街道管辖；撤销朱庄乡，将其行政区域划归青年路街道管辖；撤销康盛庄乡，将其行政区域并入康庄镇；撤销肖寨乡，将其行政区域并入金郝庄乡。撤销临东镇，将原临东镇的李庄村、徐庄村、胡八里村、唐尧村、五里庄村5个村划归先锋路街道管辖，将沙窝屯村、桑树园村、油坊村、韦付庄村、朱杨乔村、周三里村、杨桥村、陈坟村、黑庄村、蔡家胡同村10个村划归新华路街道管辖，将大三里村、土桥村、河洼村、三里堡村、小三里村、胡家湾村、北关村、于林头村、西旧县村、东旧县村、西屯村、东屯村、吴刘庄村13个村划归青年街路街道管辖。2001年全市辖4个街道、9个镇、3个乡，即新华路街道、青年路街道、先锋路街道、大辛庄街道、唐园镇、烟店镇、潘庄镇、八岔路镇、刘垓子镇、魏湾镇、康庄镇、老赵庄镇、松林镇、尚店乡、戴湾乡、金郝庄乡。

2010年，临清撤销金郝庄乡设立金郝庄镇、撤销尚店乡设立尚店镇、撤销戴湾乡设立戴湾镇，撤乡设镇后，行政区域和镇政府驻地不变。

2015年，临清市辖青年路、新华路、先锋路、大辛庄4个街道，松林镇、老赵庄镇、康庄镇、魏湾镇、刘垓子镇、八岔路镇、潘庄镇、烟店镇、唐园镇、金郝庄镇、戴湾镇、尚店镇12个镇。

（民政局　崔雪君）

自然环境

【地质】 地层。本区及周边区域地表被第四系覆盖，据邻近钻孔资料揭示，地层由老至新有：新太古代泰山岩群或基底结晶岩系、寒武系—奥陶系、石炭系—二叠系、侏罗系—白垩系、古近系（下第三系）、新近系（上第三系）和第四系。

构造。临清市所处的大地构造单元包括临濮块陷临南断块馆陶凸起、冠县凹陷、堂邑凸起。

临清地区构造单元基本要素表

	编号	名称	面积 km^2	走向	最大残留厚度（m）			基本性质
					Q+N	E	Mz	
分区	Ⅱ5	馆陶凸起	1150	北北东	1530	360	2000	新生代为主的断凸
	Ⅱ6	冠县凹陷	1550	北北东	1800	4000	4000	中、新生代断陷
	Ⅱ7	堂邑凸起	1250	北东—北北东	1400	200	1200	新生代为主的断凸

本区已发现、查明对中、新生代沉积、构造特征起着明显控制作用的大型断裂有三条。

临清地区主要断层要素表

序号	断裂名称	性质	走向	倾向	长度（km）	断距		可靠程度
						地质层位	落差（m）	
1	临清	正断层	北东	南东	72	Pz1 侵蚀面	2700	较落实
2	冠县	正断层	北东	北西	100	Pz1 侵蚀面	1800	落实
3	堂邑	正断层	北东	南东	50	Pz1 侵蚀面	4000	落实

（史志办）

【地貌】 地貌特征。境内为鲁西北平原，属黄河下游冲积平原。地势平坦，起伏较小，地势西南高，东北低，地面高 38.29 米（黄海），沿黄河故道流向，自西南向东北倾斜。地面坡降为1/7000左右。海拔高程一般在29—39米之间。

地貌类型。境内属黄泛平原，地形和地貌受黄河改道和决口泛滥的影响。至今尚存黄河故道 5 万余亩。主要经过八岔路、朱庄、古楼、石槽、松林 5 个乡镇。由于历次决口改道，主河道的迁移及流速的改变，携带的泥沙深沉的速度和数量不一样，所以在本市形成不同的地貌类型。主要的地貌有河滩高地、背河槽状洼地、沙质河槽地、缓平坡地、决口扇形地、河间浅平洼地。主要是河滩高地占总面积的 58%。地貌类型，成土母质，沉积层次，潜水位的变化同土壤类型有密切的关系。

地貌分类面积统计表

单位：万亩

河滩高地	缓平坡地	决口扇形地	背河槽状洼地	河间浅平洼地	沙质河槽地
66.3	17.9	1.4	14.4	6.1	9.0

（史志办）

【河流】 临清市属海河流域，境内现有 3 条过境河流，卫运河自西南向东北，沿西部边境而过，境内长 44.18 千米，流域面积 247.7 平方千米；小运河自东南向西北，从中部穿过，至城区汇入卫运河，境内长 34.5 千米；马颊河自西南向东北，沿东部边境而去，境内长 13.33 千米，流域面积 702.4 平方千米。位山引黄三干渠，自南向北穿过，与尚潘渠、友谊渠、胡姚河、裕民渠、德王河等 17 条干支渠形成纵横交错的排灌网络。在卫运河先锋桥设有临清市水文站，负责水文监测和水文调查工作。

临清市境内流域面积 100 平方千米以上的河道 11 条，分别为：尚潘渠（21 千米）、德王东支临清段（3.48 千米）、德王河临清段（15.11 千米）、裕民渠（31 千米）、胡姚河（25 千米）、长顺渠临清段（15.1 千米）、友谊渠（19.08 千米）、车庄沟（17.59 千米）、王坊分干（34 千米）、位山引黄三干渠临清段（14.37 千米）和卫运河临清段（39.42 千米），属海河流域。河段总长度 235.15 千米，有防洪任务的河段长度 235.15 千米，大于等于 20 年小于等于 30 年一遇的为 195.73 千米，大于等于 50 年小于等于百年一遇的为 44.18 千米，上述 239.91 千米河段均在 20 世纪 60 年代进行过治理。

境内河流情况表

河道名称	汇入下级河道	河道长度（km）	设计行洪标准
裕民渠	马颊河	31.0	大于等于 20 年小于等于 30 年一遇，61 年雨型
德王河临清段	马颊河	15.11	大于等于 20 年小于等于 30 年一遇，61 年雨型
德王东支临清段	马颊河	3.48	大于等于 20 年小于等于 30 年一遇，61 年雨型
长顺渠临清段	卫运河	15.1	大于等于 20 年小于等于 30 年一遇，61 年雨型
车庄沟	卫运河	17.59	大于等于 20 年小于等于 30 年一遇，61 年雨型
胡姚河	裕民渠	25	大于等于 20 年小于等于 30 年一遇，61 年雨型
尚潘渠	三干渠	21.0	大于等于 20 年小于等于 30 年一遇，61 年雨型
友谊渠	卫运河	19.08	大于等于 20 年小于等于 30 年一遇，61 年雨型
王坊分干	马颊河	34.0	大于等于 20 年小于等于 30 年一遇，61 年雨型
位山引黄三干渠临清段	引位济德干渠	14.37	大于等于 20 年小于等于 30 年一遇，61 年雨型
卫运河临清段		44.184	大于等于 50 年小于等于百年一遇
总计		239.914	

（水务局　王文博）

【自然灾害】 2013 年 5 月 26 日至 27 日，临清市出现雷雨天气，造成部分镇（街道）的农作物受灾，此次降水过程全市平均降雨量 36.2 毫米，最大降雨量出现在尚店镇，过程降雨量 52.5 毫米，据临清市民政局统计，此次降雨造成全市 1722 公顷农作物（主要是小麦）倒伏，受灾人口 25000 人，造成农业直接经济损失 681 万元；7 月 22 日至 23 日，全市普降大到暴雨，全市平均降雨量 45.6 毫米，最大降雨量出现在戴湾 60.4 毫米，全市共有 11 个镇（街道）受大雨影响，其中魏湾、戴湾、刘垓子、康庄、金郝庄受灾较为严重重，受灾人口 5.5 万人，造成玉米受灾面积 3800 公顷，成灾面积 2200 公顷，房屋倒塌 12 间，造成直接经济损失 2737.8 万元；7 月 25—29 日，全市再次出现连续性降雨，全市平均降雨量为 105.0 毫米，最大降雨量出现在松林 159.8 毫米。此次降雨造成农田严重积水，农作物减产，其中魏湾镇、戴湾镇、康庄镇、刘垓子镇、金郝庄镇等农作物受损严重，受灾面积达 13000 公顷，成灾面积 6740 公顷，绝收面积 2420 公顷，受灾人口 161600 人，房屋倒塌 68 间，严重损毁 78 间，造成直接经济损失 10470 万元。8 月 12—13 日，16 个镇（街道）遭遇强降雨及大风灾害天气。全市平均降水量 110.1 毫米，最大降雨量出现在戴湾，过程降雨量为 216.8 毫米。此次降雨造成全市 24625.0 公顷农作物（主要是玉米、棉花）遭受涝灾，绝收面积 13833.0 公顷，受灾人口 24.62 万人，倒塌房屋 465 间，一般损坏房屋 2 间，严重损坏房屋 455 间，造成直接经济损失 33401.0 万元。

2013 年共出现 8 天大雾天气，最小能见度为50米，给交通运输和人们出行造成一定的影响；1月全月有19天全天无日照，较常年明显偏少，低温寡照对大棚蔬菜的生长造成不利影响。2月出现14天的积雪和5天的大雾天气，给交通运输和人们出行带来不利影响。

2015年8月22日16时08分—18时11分金郝庄、老赵庄、康庄、戴湾、刘垓子、魏湾等镇出现大风冰雹天气。最大降水量出现在戴湾镇34.4毫米，此次降水造成全市4266公顷农作物（主要是玉米）受到灾害，成灾面积3905公顷，受灾人口2.1万人，造成直接经济损失3026万元。8月29日21时31分至24时大部分镇（街道）出现雷雨大风天气，雷雨时风力7～8级，最大降水量出现在尚店29.6毫米。松林、老赵庄、康庄、刘垓子、尚店、八岔路、青年路街道、先锋路街道、大辛庄街道、新华路街道10个镇（街道）出现农作物倒伏，受灾面积1132公顷，成灾面积802公顷，受灾人口8800人，造成直接经济损失1010万元。

（气象局　刘艳荣）

自然资源

【土地资源】 临清市地处鲁西北平原，境内地势平坦。土地利用率、土地垦殖率较高。全市土地总面积95078.01公顷。由于受地形、地貌、气候等因素的影响，市内形成3大土壤类型，即潮土、盐土、风沙土。其中，潮土土类可利用面积74278.4公顷，占全市可利用总面积的96.73%，全市均有分布；盐土面积172.6公顷，占可利用面积的0.2%，主要分布在临清东南；风沙土类面积2334.8公顷，占可利用面积的3.07%，主要分布在沙质河槽地。据1982年临清市第二次土壤普查结果表明，临清市土壤有机质含量少且不平衡，有机质平均含量为0.829%。氮、磷元素含量偏少，钾元素较高。

（国土局　赵　良）

【水资源】 全市平均年当地水资源总量15616万立方米。水资源总量占降水总量的29.8%，平均每平方千米产水16.3万立方米。1999年以来平均年水资源总量27201万立方米。黄河水作为临清市的主要客水资源，由于流域水量的统一分配，给临清市的分配指标仅9100万立方米。引江水量指标也只有3700万立方米。卫运河、马颊河为季节性河流，只有汛期水位较高时沿河才可短期引用和补给地下水。在全市水资源量中客水资源占近一半，因此临清市是一个资源性重度缺水区，所面临的水资源供需矛盾十分严峻。

2013年以来平均年浅层地下水埋深8米，平均年地下水位降落漏斗面积581平方千米，占全市总面积的60.7%。由于临清市水资源时空分布不均，特别是城区不得不靠超采浅层地下水和深层地下水来满足经济社会发展的用水需要，形成以城区为中心的大面积地下水漏斗区。

（水务局　王文博）

【生物资源】 野生动物　境内野生动物有野兔、刺猬、蝙蝠、仓鼠、锦鼠、蛇、蜥蜴、黄鼬、獾、地狗、狐狸、大山雀、画眉、燕子、麻雀、乌鸦、碧玉、灰喜鹊、喜鹊、戴胜、黄鹂、啄木鸟、白翎、鹌鹑、雕、猫头鹰等。但因狩猎、捕杀、药害等原因，有些种类数量有所减少，特别是獾、地狗等已濒临绝迹。

植物　境内拥有能露地越冬的木本植物，包括乔木、灌木、木质藤本植物共37科67属126种，其中包括21个变种和6个变型。裸子植物4科6属11种，被子植物33科61属115种。主要树种有银杏、油松、雪松、水杉、侧柏、圆柏、龙柏、扫帚柏、铅笔柏、鹿角桧、塔松、毛白杨、银白杨、加拿大杨、箭杆杨、小叶杨、旱柳、垂柳、杞柳、簸箕柳、龙爪柳、核桃、山核桃、大叶垂榆、构树、白榆、桑树、无花果、柘树、牡丹、杜仲、悬铃木、麻叶锈线菊、珍珠梅、山楂、木瓜、贴梗海棠、西府海棠、苹果、山定子、白梨、秋子梨、砂梨、褐梨、西洋梨、鸭梨、多花蔷薇、月季、玫瑰、黄刺梅、李树、红叶李、樱花、日本晚樱、毛樱花、樱桃、蟠桃、碧桃、中华寿桃、榆叶梅、合欢、皂角、紫荆、国槐、龙爪槐、五花槐、紫穗槐、刺槐、紫藤、花椒、臭椿、苦楝、香椿、火炬树、华北卫茅、大叶黄杨、小叶黄杨、金心黄杨、五角枫、复叶槭、文冠果、酸刺、枣树、龙爪枣、冻枣、磨盘枣、英不落枣、葡萄、爬山虎、紫椴、木槿、重瓣白花木槿、重瓣紫花木槿、梧桐、紫薇、石榴、黄石榴、重瓣白（红）石榴、车梁木、柿树、甜柿、君迁子、连翘、紫丁香、白丁香、白蜡、女贞、水蜡、迎春、荆条、海洲常山、枸杞、兰考泡桐、楸叶泡桐、梓树、西洋接骨木、金银木、金银花、毛竹、淡竹、芦竹等。

境内的古树多为国槐，主要分布在田间地头、村庄庭院和市区内，珍稀树种及竹类多分布在大众公园内，少数分布于乡村及企事业单位驻地。

池塘生物资源 1998年、2009年两次由山东省淡水研究所和丁马生物科技有限公司监测结果表明，临清市各镇（街道）池塘水生生物含量相差无几。年均池塘浮游植物含量为0.78～10.55mg/L，浮游动物生物量为0.62～7.9mg/L。近年来，临清市池塘养殖普遍采用“八字精养法”，池塘生物量有增加的趋势，同时，水生维管束植物及底栖动物等资源也相应增加。

河流干渠生物资源 相对而言，临清市河流和干渠水域生物资源较贫乏，鱼类资源无论从数量还是种类都较少。2009年监测表明，浮游植物生物量为0.13～0.78mg/L，浮游动物生物量为0.03～0.46mg/L。

小型水库生物资源 临清市3100亩小型水库中，绝大部分是近年来修建京九铁路和临高、德商高速公路施工取土形成的水面，其特点是水深，生物含量极低，经监测，浮游植物含量为0.01～0.23mg/L，浮游动物生物含量为0.01～0.18mg/L。

（史志办）

【矿产资源】 临清市境内矿产资源相对较少，探明的矿产资源主要为地热，有一定成矿远景的是石油和天然气。地热资源丰富，含热储层达20多层以上，厚度大、水温高、水量大，单井涌水量每小时100立方米以上，属氯化钠型水，含有多种对人体有益的元素，有较好的医疗保健价值。

全境位于临清—夏津地热成矿远景区（Ⅴ—84）内，东部松林、老赵庄、金郝庄、戴湾、魏湾地区位于临清坳陷东部石油、天然气成矿远景区内（Ⅴ—80）。

地热 临清地热田位于山东省西部，大致为冠县凹陷的范围，呈北东向延伸，以临清断裂为西边界，冠县断裂为东边界，总面积约1550平方千米，北端与德州地热田相接。该地热田范围广大，处于凹陷区内，地热成矿地质条件有利，具备寻找较高温度较大水量地热田的条件。

该地热田可供开采的热储层有4个：新近纪明化镇组下段热储层、馆陶组下部热储层、古近纪东营组热储层、沙河街组热储层。它们各有特点，最有开发利用价值的是馆陶组热储层，热储类型均为层状孔隙型。

石油、天然气 辖区的石油、天然气勘查工作，主要是在1980—1981年完成的，现国家仍在该区进行石油、天然气勘查工作，但到目前为止还未发现可供开采的油气井。地质勘查成果表明，该区的生油层位为古近纪孔店组二段、沙河街组三段及一段，其中沙河街组三段为较好的生油层，沙河街组二段为良好的区域性储集层，沙河街组一段为区域性覆盖层，三者构成一套完整的区域性生储盖组合。

制砖黏土 临清市的另一种矿产资源是制砖黏土，临清地处黄河下游，又是京杭大运河的必经之路，自黄土高原流失下来的黏土，经过千里浪淘淤以后，已经变得质纯无沙、细腻无比、土质优良丰厚，临清市的青砖明清时为“贡砖”，以专供故宫和长城之用而闻名，以“不碱

不蚀，击之有声，断之无孔”享誉四海内。

（国土局　赵　良）

人口　民族

【人口】 2015年常住人口802183人，其中城镇人口371556人，占总人口的46.32%，农村人口430627人，占总人口的53.68%。

截至2015年年底，临清市户籍人口802183人，总户数257748户，户籍人口中，城镇人口371556人，城镇化率46.32%，全市共迁入2302人，迁出2795人。

2015年户籍出生人口27493人，出生率为3.47%，户籍死亡人口为4262人，死亡率为0.53%，自然增长率为2.94%。

（公安局　丰秋芝）

【民族】 2015年年底，全市共有32个民族，有回族、蒙古族、满族、彝族等31个少数民族，总人口1.8437万人，其中回族17528人。

（民宗局　白益军　刘　东）

中国共产党临清市委员会

【综述】 2013年以来，在上级党委、政府的坚强领导下，临清市认真贯彻党的十八大和十八届三中、四中、五中全会精神，深入落实习总书记系列重要讲话精神，主动适应新常态，抢抓新机遇，应对新挑战，全面推进经济建设、政治建设、文化建设、社会建设、生态文明建设和党的建设，全市上下呈现出政通人和、风清气正、心齐劲足的良好局面。2015年，全市生产总值完成369.8亿元，同比增长9%；一般公共预算收入完成17.6亿元，增长12.7%；固定资产投资完成269亿元，增长15.1%；城镇居民人均可支配收入达到20710元，农民人均纯收入达到10370元，分别增长7.9%和8.8%，实现“十二五”圆满收官。临清市被评为中国轴承贸易之都、全国法治县创建活动先进单位、全国“一事一议”规范管理县、全国计划生育优质服务先进县。

着力加大优质高效投入，科学发展后劲明显增强。紧紧抓住项目建设这一“牛鼻子”，千方百计上好项目大项目，培育新的经济增长点，以增量优化促存量调整。狠抓重点项目。坚持每年实施一批重点项目，三年来实施重点项目344个，完成投资558亿元，中色奥博特压延铜箔、德能金玉米年产30万吨糖及糖醇、华兴纺织50万锭紧密纺等一批大项目竣工投产。狠抓招商引资。坚持领导干部带头招商、全民招商，引进诚通集团、大唐发电集团、新兴际华等一批央企和知名大企业集团，三年来签约招商引资合同项目306个，实际到位资金340.4亿元。狠抓瓶颈破解。拓宽融资渠道，设立国内首支区域市场普惠种子基金，恒丰银行落户临清，农信社改制为农商行；区域股权挂牌企业达到20家，稳居全省前列；大宇纺织“新三板”挂牌上市成功获批。深入推进城乡建设用地增减挂、土地挖潜、窑厂复垦等工作，保障用地需求。

着力加快经济转型升级，发展质量效益明显提升。坚持以高端高质高效为方向，加快转调创步伐，截至2015年年底三次产业比例调整为6.6∶58.7∶34.7，三产比重较2012年年底提高3.9个百分点。推进工业提质增效。实施工业倍增工程，加快新型工业化进程。截至2015年年底，规模以上工业企业达到454家，实现主营业务收入1369.9亿元、利税125.3亿元。深入推进大众创业、万众创新，各类市场主体达到近3.8万户；高新技术产业产值占比达到32%，国家和省级企业技术中心达到13家、省级工程技术研究中心达到4家，临清被命名为中国纺织产业集群创新发展示范地区。狠抓生态环保，较好完成上级下达的节能减排任务。临清成功入选“山东省节能环保产业示范县（市、区）创建名单”。推进服务业扩量提质。大力发展商贸物流业，以铁临、青港国际、新通达等物流园区为载体的现代物流产业集群正加速形成，顾家商业中心等大型商业综合体建成投用，鲁西地区首列集装箱专列“临清号”开通运行。编制《乡村旅游发展总体规划》《电子商务发展规划》，会通河临清段、临清运河钞关被列入世界文化遗产名录，举办中华海棠园赏花节、黄河故道地质森林公园椹果采摘节等活动；建设电子商务产业园和轴承电子商务服务基地，京东商城等知名电商入驻临清。大力发展现代农业。2015年，粮食总产达到82.9万吨。蔬菜、畜牧、林果、水产四大特色产业进一步壮大，聊城市级以上龙头企业达到60家，“三品一标”认证总数达到90个，丁马生物甲鱼和润林牧业湖羊养殖规模居全国首位，肉驴养殖和奶牛养殖规模跃居全省前列，承办全国现代畜牧业建设工作会议临清现场观摩活动和第十二届中国羊业发展大会。完善农田水利基础设施，全面落实强农惠农富农政策，农业生产条件不断改善。

着力推进新型城镇化，城乡面貌焕然一新。坚持规划引领、监管并重，加快以人为核心的新型城镇化进程。截至2015年年底，城镇化率达到54.4%，较2012年提高4.1个百分点。完善城镇规划。高标准编制新一轮城市总体规划、临清市城镇化发展规划及一批专项规划，12个镇均编制小城镇总体规划。加快城镇建设。着力推进“南展东扩”，南部新区快速崛起，经济开发区功能不断完善。对部分省道及城区主次干道进行建设改造，实施雨污管网建设、绿化、亮化等工程，城南水库建成投用，城市综合承载力不断提升。开展东关、南门、杨桥、车营等城中村及棚户区征迁改造，实施小城镇提升和农村新居建设工程，城乡居民生活环境明显改善。强化城镇管理。强化城市环境整治，严格落实“门前五包”责任制，开展生态文明乡村行动和路域环境提升工程，城乡环境更加整洁有序。大力推进城乡环卫一体化，构建起市场化运作长效机制，一次性通过省城乡环卫一体化全覆盖首批认定。

着力推进改革开放，发展活力充分激发。坚持全面深化改革与对外开放同步推进，破除体制机制障碍，努力形成全方位、多层次的改革开放格局。全面深化改革。大幅度精简行政审批项目，全面取消非行政许可审批，开展网上审批、并联审批，承诺时限内办结率、服务评价满意率均达到100%。烟店镇成功列入全省经济发达镇行政管理体制改革试点范围。在全省率先推行商事登记制度改革，进一步激发市场活力。编制并公布实施行政审批事项目录清单、权力清单和政府责任清单。加快推进农村产权制度改革，建立市级农村综合产权交易中心，在聊城率先完成土地确权登记颁证工作。深化公立医院综合改革，在市医院、中医院取消药品加成，实行“零差率”销售。大力发展对外贸易。成功创建轴承、纺织两大省级外贸出口基地，设立外贸综合服务中心，自营进出口权企业达到163家，越来越多的中小企业通过参加国际知名展会走向世界。2015年实现进出口3.85亿美元，其中出口3.35亿美元。

着力推进保障改善民生，社会大局和谐稳定。坚持以人为本、民生优先，不断加大民生投入力度，筛选实施一批惠民工程，着力解决群众反映的热点难点问题，让广大群众享受更多的改革发展成果。解决民生突出问题。落实好就业扶持政策，拓宽就业创业渠道，城镇登记失业率控制在3%以内。基本建立起覆盖城乡各类群体的社保体系，不断加大扩面征缴和向上争取调剂金力度，保障各项社会保险费用足额支付。城镇居民医疗保险和新农合顺利整合，连年提高企业离退休人员基本养老金待遇，城乡低保和农村五保救助标准进一步提高，优抚对象抚恤和补助金及时足额发放。全面发展社会事业。高考本科录取率蝉联聊城首位，城乡办学条件明显改善，在聊城率先创建为全国义务教育发展基本均衡县。对运河钞关、会通闸、清真东寺等进行修缮，中洲运河历史文化街区被评为全省第一批历史文化街区。开展纪念抗日战争胜利70周年、“三下乡”等活动，举办首届中国京剧票友艺术节，丰富广大人民群众的精神文化生活。狠抓出生人口性别比治理，出生人口质量明显提高。深入开展平安临清建设。强化社会治安综合治理，人民调解“网格化”

管理模式在全省推广。桑树园社区创建为全国民主法治示范社区。全面推进信访服务标准化建设，扎实做好食品药品监管和安全生产工作，促进社会和谐稳定。

着力推进全面从严治党，党的基础更加夯实。坚持党要管党、从严治党，牢牢把握加强党的执政能力建设、先进性和纯洁性建设这条主线，不断提升党建科学化水平。扎实开展专题教育。认真组织开展党的群众路线教育实践活动、“三严三实”专题教育，组织召开专题民主生活会，进行严肃认真的批评与自我批评，高质量高标准完成各阶段各环节的任务，党员干部的群众观念、实干意识和纪律意识明显增强。教育实践活动得到中央活动办、省市联合督导组的高度评价。抓好领导班子和干部队伍建设。坚持“好干部”用人标准，创新选人用人机制，把好民主推荐、考察和任用等关口，增强选人用人公信度。完善双向约谈、干部选拔任用全程纪实等制度，严格执行领导干部因公、因私出国（境）、报告个人有关事项等制度，开展提前离岗、吃空饷、党政领导干部在企业任职兼职等专项整治，提高干部管理规范化水平。加强基层党组织建设。圆满完成村、社区“两委”换届选举工作，配齐配强基层领导班子。推进服务型党组织建设，深入开展第一书记“双联共建”活动，组建功能型党小组，整治软弱涣散村，对集体收入3万元以下的村予以财政补助。深入推进党风廉政建设。开展“下基层、听民声、解民忧、结亲情”“惠民强基促和谐”、市委常委到贫困村蹲点调研等活动，征求群众意见，解决民生突出问题，党群干群关系进一步密切。严格落实党委主体责任、纪委监督责任，严格执行中央八项规定精神，严查各类违纪违法案件，以“零容忍”的态度惩治腐败，促进党风政风明显转变。

【领导人更迭】

中共临清市委员会

书　记：王建鹏

副书记：李新阁

祁学兰（女）

常　委：王建鹏

李新阁

祁学兰（女）

韩德振

李汝山

张子明

秦生春

冯子峰

衣述光

韩　青（女）

马培虎

（徐目磊　吕君绪　窦宇飞　孙　震　马美红）

市委办公室

【概况】 2002年10月，设置临清市委办公室，为市委组成部门，是市委的综合办事机构，内设5个职能室（股级）：综合室、信息室、督查室、秘书室、行政室（临办发〔2002〕44号文件）。2013年，设立政工室。2014年6月，市委办公室设立综合一科、综合二科、信息科、秘书一科、秘书二科、政工科，撤销原综合科、秘书科、政工室。

2013年以来，市委办公室在上级党委和临清市委坚强领导下，坚持以党的十八大和十八届三中、四中、五中全会精神为指针，围绕市委中心工作，牢牢把握“坚强前哨”和“巩固后院”的职能定位，按照打造责任、激情、创新、高效的市委机关“名片单位”的总体目标，认真履行参政服务、综合协调、督促检查、后勤保障等职能，创新理念求突破，优化服务提效能，真抓实干谋跨越，推动办公室工作上台阶、上水平。

综合协调周密有序，确保市委工作高效运转。坚持原则性与灵活性相结合，着力增强协调的系统性和超前性，努力为市委总揽全局、协调各方发挥好“桥梁”“纽带”作用。牢固树立大局意识、服务意识，妥善协调市级几大班子之间、部门之间、上下级之间的关系，做到上情下达、下情上报，确保政令畅通。按要求精简各类会议、文件，协助市委及时处理好各项急事、难事、琐事，保证领导同志集中精力谋全局、抓大事。对重要会议和重大活动，本着“高效、热情、周到、节俭、细致”的原则，坚持提前准备、分工负责、层层把关，确保“零失误”。坚持24小时值班制度，做到值班电话及时接、电话记录及时办、报纸刊物及时发、重大事项及时报，同时认真做好文件和车辆管理工作，未出现工作失误和疏漏。

以文辅政精益求精，充分发挥参谋助手作用。按照“参之有道、谋之有方、言之及时”的要求，围绕市委中心工作以及群众关心的热点难点问题，特别是围绕对接“一区一圈一带”发展战略、加快重点项目建设、打造千亿产业和千亿园区、全面深化改革、创新社会管理等课题，深入组织开展调研活动，形成一批内容新、情况实、效果好的调研报告，及时编印《领导参阅》《临办通报》《情况交流》等内刊，为领导科学决策提供有力依据。全面贯彻上级决策部署，认真把握领导意图，较好地完成各类会议和政务活动的文字材料工作。三年来，共撰写各类文稿600余篇、450余万字。坚持求实、求严、求细、求高、求快的工作标准，认真做好机关公文的办理和制发工作，规范公文运转程序，严把政策关、校核关、文字关，提高公文处理的质量和效率。同时，及时准确地报送各类信息和工作动态，累计上报1200余篇，以文辅政水平进一步提高。

督促检查科学务实，推动工作有效落实。把强有力的督查作为倡树实干作风、推动工作落实的有效保障，紧扣全市发展大局，不断创新督查方式，全面提高督查工作的实效性和针对性。对全市确定的目标任务，及时分解立项，明确责任单位、责任人及工作目标，定期组织集中督查，促进各项重点工作顺利推进。针对破解企业发展瓶颈、加快城市拆迁建设、企业改制、就业再就业等群众反映强烈的问题，重点进行督查督办，极大地保障群众的合法权益。对领导同志批示交办的事项，坚持批则必办、办则必清、清则必果的原则，逐件逐项进行督办落实，做到件件有着落、事事有回音。

深化改革稳步推进，激发科学发展活力。2014年成立市委改革办以来，市委办公室切实增强全面深化改革的机遇意识、责任意识，认真贯彻落实上级关于全面深化改革的部署要求，每年制定出台全面深化改革工作要点，统筹推进改革工作深入开展。对一些重要领域、重点层面的改革工作进行认真研究，并组织召开专题会议，就加快政府职能转变、推进机构改革、强化党风廉政建设巡查等进行科学谋划，形成较为明确的改革思路和推进措施。全面加强对各专项小组的督促指导，对各有关部门单位深化改革工作进行跟踪问效，帮助解决实际问题，确保深化改革工作有序实施、有效落实。

后勤保障节俭高效，提高管理服务水平。大力弘扬艰苦奋斗的优良作风，牢固树立过紧日子的思想，严格执行上级关于厉行勤俭节约反对铺张浪费的各项规定，从节电、节水、节约纸张等细节入手，切实加强节约型机关建设，有效降低行政成本。着力简化政务接待，严格控制规模档次，切实把人性化、人文化的服务理念融入接待工作中，进一步提升运河名城的知名度和影响力。严格规范公车管理，保障机关工作需要。同时，保密、党史、档案、机要、信访维稳、对台等工作扎实推进，取得新的成绩，迈上新的台阶，其中市台办被省台办评为“全省台办系统先进集体”。

【自身建设】 突出思想政治建设，切实拧紧总开关。2013年以来，市委办公室充分发挥市委“神经中枢”作用，切实把理论学习放在首位，组织广大党员干部深入学习党的十八大、十八届三中、四中、五中全会精神及习总书记系列重要讲话精神，认真领会精神实质和思想内涵，切实在思想上政治上行动上始终与党中央保持高度一致。按照上级统一部署，扎实开展党的群众路线教育实践活动、“三严三实”专题教育，确保党委办公室系统先学一步、学深一点，发挥示范带动作用。坚持每周五集体学习，创新学习载体，采取集中培训、专家辅导等形式，提高学习实效，并且将理论学习与当前工作相结合，用科学理论指导实践，推动工作，切实做到学以致用、用有所成。突出领导班子建设，凝聚激发战斗力。市委办公室班子积极参与改进工作作风密切联系群众“五个一”活动，帮包1个薄弱村，帮扶至少1名特困党员、困难群众或贫困学生，积极为他们谋发展、送温暖、献爱心。坚持民主集中制，对办公室重大决策部署、干部推荐提拔等重大事项，坚持集体研究决定，提高民主决策、科学决策水平。严格落实党风廉政建设责任制，严格执行领导干部廉洁从政各项规定，形成风清气正的浓厚氛围。突出规章制度建设，推动管理上台阶。坚持用制度管人、靠制度管事，制订完善办公室作风建设十项规定、基层工作联系点、学习、调研、值班等相关制度，认真落实服务承诺、首问负责、限时办结等制度，切实做到各项工作有章可依、有规可循，促进办公室工作的规范化、制度化。开展建设“服务型党组织”活动，开展意见征询、设岗定责、帮包共建等活动，着力打造服务型党组织，树立办公室系统的良好形象。

【政策研究】 市委政研室坚持以党的十八大和历次全会精神为指针，积极围绕市委中心工作和全市发展大局，自觉强化责任担当，着力提升工作标杆，充分发挥“智囊团”“参谋部”作用，较好地完成各项工作任务，为助推经济社会又好又快发展作出应有贡献。狠抓深度调研，当好参谋助手。立足临清经济社会发展大局，围绕在聊城建设冀鲁豫三省交界科学发展先行区进程中当标兵作表率的奋斗目标，积极主动为市委重大决策和重要部署提供思路建议。按照市委领导安排，就城中村改造、轴承产业税收、民营经济发展、重点项目建设等进行实地调研；围绕对接“一区一圈一带”战略、转变经济发展方式、统筹城乡一体发展、加强和创新社会管理等，到基层广泛了解情况，及时提报内容新、情况实、效果好的调研报告60余篇，为领导决策提供科学依据。其中加快城中村改造、开展企业股权融资、大督查工作情况等30余篇调研报告在聊城《领导参阅》刊发，20余篇被临清市委领导同志批示。积极配合省、聊城市党委政研部门开展关于新型农业经营体系、非物质文化遗产、镇村特色产业等方面的调查研究，圆满完成上级交办的调研任务。优化公文撰写，积极以文辅政。全面贯彻上级决策部署，认真把握领导意图，坚持提高标准、优化思路、科学谋划，圆满完成“两会”、综合表彰会、经济工作会、市委全会等一系列重要会议的文字材料起草工作，较好地发挥以文辅政作用。每年撰写各类综合材料200余篇、150余万字以上，其中在上级新闻媒体发表市委领导同志署名文章10余篇，在聊城《情况交流》和《聊城通讯》发表文章30篇。围绕服务东融西借、跨越赶超，创办《跨越赶超简报》，及时总结全市跨越赶超典型经验做法；改版《领导参阅》，设重要会议、政策解读、经济运行、热点关注、调查研究、经验做法等多个栏目，每周一期，如有重要政策信息及时提报给市几大班子领导，每年编印70余期。及时编印《临办通报》《情况交流》《常委会纪要》等期刊。严格规范公文运转程序，严把政策关、校核关、文字关，全面提高公文处理的质量和效率。及时报送信息，展示工作亮点。立足全市工作大局，充分发挥党委信息系统的主渠道作用，切实突出工作特色，注重反映问题，关注社情民意，及时报送各类典型经验、先进做法等情况信息。每年上报情况信息300余篇，被聊城市委办公室信息科采用100余篇，其中临清市激发文化内动力促进经济发展、分类施策扎实推进“两学一做”学习教育等多篇信息，被聊城市委领导批示，在省委《山东信息》《今日信息》上刊登。健全特约信息员管理机制，不断深化信息服务职能、拓宽信息报送渠道，及时准确报送紧急信息，临清市信息报送工作连年在聊城市位居前列。服务深化改革，激发工作活力。认真贯彻中央、上级党委和市委全面深化改革的决策部署，牵头协助市委于2014年4月份成立市委全面深化改革领导小组及办公室，政策研究室主任兼任全面深化改革领导小组办公室副主任，改革办作为常设性工作机构设在市委政策研究室，下设3个内设科室，具体负责处理市委全面深化改革领导小组日常事务。牵头制定临清市全面深化改革实施方案、工作规则细则和各年度工作要点，围绕生态文明、民主法制等重点领域，科学制定各层面改革路线图和时间表，细化分解任务，强化督导考核，推动各项改革快速推进。县级公立医院综合改革、商事改革、公务接待经费公开、省级经济发达镇行政管理体制改革等工作走在聊城乃至全省前列，多个领域的改革经验交流会、研讨会在临清召开。强化队伍建设，提高综合素质。深入学习党的十八大及历次全会精神，深刻领会习近平总书记关于改革发展稳定、内政外交国防等领域的新思想新观点新要求，特别是准确把握“五个坚持”、大兴学习之风、群众路线教育、“三严三实”等方面的指示要求，切实做到统一思想、武装头脑。大力发扬“五加二”“白加黑”的作风，全身心投入调查研究和综合文稿起草工作，着力把每项工作做细、做实、做深，打造一支勤勉敬业、敢于担当、作风过硬的干部队伍。充分发挥传帮带作用，分期分批培训党委系统文字材料人员60余人次，使基层党委和市直部门文字材料水平明显提升。狠抓党规党纪教育和党风廉政建设，切实转变工作作风，广泛开展党员干部联系困难家庭等活动，倡树良好对外形象。

【党务信息】 2013年至2015年，市委办公室信息科按照“快捷、全面、准确”的原则，注重突出特色，及时上报全市的典型经验、先进做法，充分展示临清的工作亮点。针对社会普遍关注的问题，认真梳理筛选，深入分析研究，强化对问题建议的上报，较好地发挥领导“耳目”的作用。累计上报信息5438篇，被省委办公厅采用36篇，被聊城市委办公室采用326篇，充分展示临清工作的经验亮点。下发《临清信息》30期，介绍有关单位的好经验好做法，给予部门有力的借鉴。

【督查工作】 2013年以来，市委督查室深入贯彻落实聊城市委十二届历次全会及临清市委十二届历次全会精神，紧紧围绕东融西借、跨越赶超这一总体目标，进一步拓宽工作思路，不断加大督查力度，创新督查机制，提高督查实效，推进市委决策部署的贯彻落实。围绕中心工作抓督查。市委督查室始终紧扣市委中心工作和阶段性任务，积极主动开展工作，为市委全面掌握全市经济社会实际发展情况、科学决策提供可靠依据。三年来，下发《督查事项通知》180期，印发《督查专报》96期，编发《督查通报》120期。围绕全市重点工作抓督查。对全市确定的市级重点项目进行重点督查，督查工作进展情况和重点项目建设进度，有力的促进重点工作的顺利进展和建设项目健康发展。围绕热点难点问题抓督查。三年来，加强对社情民意工作的反馈与办理，并积极协调督促相关单位解决群众反映的突出问题，促进社会的和谐稳定。认真做好领导批示件的督办查办工作。三年来，共承办领导批示件80余件，办结率100%。做到件件有回音，事事有落实。

【保密工作】 1990年7月，设立临清市保密局，为正科级行政单位。1994年2月市级机构改革时，临清市保密局行政机构撤销，行政职能交市委办公室。1995年9月，设立中共临清市委保密委员会办公室，为副科级行政机构，隶属中共临清市委办公室。1998年8月，中共临清市委保密委员会办公室由副科级升格为正科级行政机构，原隶属关系不变。2005年5月，恢复成立临清市保密局，市保密局与市委保密委员会办公室“一个机构、两块牌子”，其机构规格、性质、隶属关系不变。市委保密办（市保密局）主要职责：负责依法组织开展保密宣传教育、保密检查、保密技术防护和泄密案件查处工作；承担对企事业单位从事国家秘密载体制作、复制、维修、销毁，涉密信息系统集成和武器装备科研生产等涉及国家秘密的业务进行保密初审的责任；负责对机关、单位遵守保密制度的情况进行检查；负责对机关、单位的保密工作进行指导和监督；承担市委保密委员会的日常工作。

【机要工作】 1984年7月，临清市委办公室机要科成立，规格为副科级单位，编制6人，隶属市委办公室。1990年10月，更名为中共临清市委机要科，升格为正科级单位，编制8人，隶属市委办公室。2004年4月，根据临编字〔2004〕2号文件，更名为中共临清市委机要局，隶属市委办公室。2005年10月，市委机要局内设三股一室，即技术股、业务股、通信股、办公室。2008年10月，根据临编办字〔2008〕4号文件，市委机要局内设科室由技术股、业务股、通信股、办公室更名为技术室、业务室、通信室和办公室。2009年6月，根据临委〔2009〕37号文件，设立临清市密码管理局，全额事业单位，与市委机要局一个机构两块牌子，归口市委办公室管理。

【维稳工作】 2009年10月，成立临清市维稳社会稳定办公室，为正科级全额事业单位。主要承担以下工作职责：及时综合掌握全市影响稳定的重大问题，向临清市委、市政府报告并向各乡镇（街道）、各部门通报；针对影响稳定的重大问题组织开展调查研究，及时提出对策建议，供临清市委、市政府决策参考；对影响全局的重大突发事件和涉及多个部门、跨地区影响稳定的突出问题进行协调处置；对敏感时期和重大政治活动期间出现的影响稳定的突出问题进行协调处置，并对工作进展情况进行检查督办；具体承担临清市维护稳定工作领导小组办公室日常工作。

【市级机关行政事务管理】 临清市市级机关行政事务管理局成立于1998年4月25日，主要职能是负责市级机关公有房屋的综合管理和维修及水、电、暖的供给，保障市级机关的邮政和通讯工作；负责市级机关办公和物品供应工作；负责市级机关的社会治安综合治理及安全保卫工作；负责市级机关行政经费的管理和劳动工资的管理。全局共有干部职工18人，为正科级全额事业单位，隶属市委、市政府，以市委管理为主。

【领导人更迭】

中共临清市委办公室

主　　任：李汝山
常务副主任：兴　川
副 主 任：曹子林（2014.11止）
周中信（2014.11止）
袁明国（2014.11止）
田长志
花　清
都善超（2014.11止）
窦宇飞

中共临清市委政策研究室

主　任：田长志（兼）
副主任：王　新
赵　睿（女）
徐目磊

中共临清市委保密委员会办公室（临清市保密局）

主　任：冷明霞（女）
副主任：唐　颖（女）

中共临清市委督查室

主　任：花　清（兼，2014.11 止）

陈琳琳（女，2014.11 起）

副主任：田春明

张勉国

刘明琰（女，2014.02 止）

临清市维护社会稳定办公室

主　任：袁明国

副主任：袁家坤（兼，2014.11 止）

陈以斌（兼，2014.11 起）

吕君绪

临清市委机要局

局　长：赵庆璞

副局长：满代民

张士勇

临清市市级机关行政事务管理局

书　记：沙溢民（回）

局　长：李以泉

副局长：沙溢民（回）

赵　谦（女）

（徐目磊　吕君绪　窦宇飞　孙　震　马美红）

组织工作

【概况】 中共临清市委组织部内设办公室、研究室、干部室、干部信息室、干部监督室、干部教育室、干部调配室、下派办公室、知工室、基层组织一室、基层组织二室（《关于市委组织部科室设置的批复》临编办〔2014〕21 号）；隶属单位有市委组织员办公室，市委党员干部现代远程教育中心（2004 年 2 月设立），市委考核办公室（原 2009 年 6 月成立的市委考核督查局，隶属于市委办公室，后于 2010 年 4 月更名为市委考核办公室，归口市委组织部管理）；领导市委老干部局工作。

【干部工作】 2013 年，完成几批干部调整工作。对公检法及市委管理学校领导班子、领导干部进行调整充实，调动政法及教育战线广大干部的工作活力；对刘垓子镇、金郝庄镇的个别党政正职进行调整，突出奖勤罚懒，激发干事创业热情；配齐市直各部门党委委员和党组成员，制定《关于进一步健全落实市直部门（单位）党委（党组）工作制度的通知》，确保各级党组织规范运行。开展新提拔副科级干部到市信访局轮岗锻炼工作，从 8 月份开始共分 6 批选派 56 人，每批 3 个月，不断提高年轻干部处理复杂问题和做好群众工作的能力。做好干部下派工作。联系国家行政学院、中科院等中直部门专家到临清挂职；配合聊城市委组织部做好优秀党外科级干部到镇（街道）挂职试点工作，接收挂职干部 2 人。开展集中清理整顿活动。对各镇（街道）、市直部门擅自配备的镇长（主任）助理、局长（主任）助理等职务进行集中清理，对领导干部在企业兼职（任职）进行摸底、清理和规范，并下发文件，就贯彻落实上级有关规定提出要求。顺利完成 2012 年度考核工作。对镇（街道）领导班子和领导干部进行年度考核，采取“3+2+1”晒实绩（“3”，即最能体现自己能力和水平的三项主要工作实绩；“2”，即自己最不满意的一项工作和最需要提高的一个方面能力，“1”，即廉洁自律情况）、现场述职述德述廉、差异性量化赋分等方式，确保将干部的日常表现和一贯表现考实考准。在此基础上，制定科级领导班子、领导干部年度考核暂行办法，提高考核工作的规范性和科学性。深入开展“双向约谈”活动。市委组织部领导班子成员先后约谈干部 1300 余人次，及时了解干部思想状态；成立五个巡察组，对市直部门进行日常巡察，查摆领导班子和干部队伍建设中存在的突出问题，督促加以整改。

2014 年，强化经常性考察识别干部工作。完善近距离接触干部、多渠道多层次多角度了解干部的机制和办法，努力把班子和干部情况在平时掌握起来；继续强化“双向约谈”和对领导班子、领导干部的日常巡察工作，分别制定相关文件，进一步加大主动约谈力度，拓宽巡察范围，及时掌握班子的运行情况，了解干部的思想状况、德的表现，特别是8小时以外的表现；出台《关于规范领导干部职务变动谈话制度的暂行规定》，把关心了解干部思想动态作为一项常规性工作来抓，切实起到加油打气、疏导情绪、提醒告诫的作用。认真开展干部考核工作。年初完成全市副科级以上领导班子和领导干部，市委部门、群团单位、政法系统一般干部的2013年度考核工作，对班子和干部进行定性评价和定量评定，确定考核等次，考核结果及时进行反馈并纳入个人档案。结合年度考核，对148名领导干部进行试用期满考核。扎实做好干部队伍的调整优化工作。按照确保稳定、合理消化的原则，对部分超职数配备干部的单位进行整改消化，其中涉及调整的干部数量控制到最低，圆满实现全部消化超职配备干部的目的；为解决市纪委派驻纪检组（监察室）缺职严重的问题，结合事业单位消化非领导职务工作，重用交流部分领导干部，有力保证纪检工作的正常开展；按照上级机构改革要求，在市卫生局和市计划生育局合并重组的情况下，对新成立的市卫生和计划生育局领导班子和领导干部进行小范围调整。切实加强干部的培养锻炼和管理工作。继续抓好年轻干部挂职锻炼，共安排2批18名新提拔副科级干部到信访局挂职，提高服务群众、解决实际问题的能力；扎实开展党政领导干部在企业兼职（任职）或领取报酬清理规范工作，进一步规范退（离）休干部在社会团体兼职工作，倡树良好的社会风气。

2015年，加大经常性考察干部力度。继续强化“双向约谈”和对领导班子、领导干部的日常巡察工作，分别制定相关文件，重新调整分工单位，进一步加大主动约谈力度，拓宽巡察范围，及时掌握班子的运行情况，了解干部的思想状况、德的表现，特别是8小时以外的表现。认真开展干部考核工作。顺利完成全市副科级以上领导班子和领导干部，市直部门组织人事干部，市委部门、群团单位、政法系统一般干部的2014年度考核工作，对班子和干部进行定性评价和定量评定，确定考核等次。制定《临清市科级领导班子、领导干部年度考核办法》，对年度考核工作作进一步规范和细化。扎实做好干部队伍的调整优化工作。按照上级机构改革要求，在市工商局和质监局合并重组的情况下，对新成立的市市场监督管理局领导班子和领导干部进行小范围调整。在个别单位提拔交流部分干部。认真开展公职人员出资办企业或在企业兼职（任职）清理整顿工作。按照上级要求，对公职人员出资办企业或在企业兼职（任职）进行集中清理整顿，起到良好的效果和积极的社会效应。认真落实公务员职务与职级并行制度。对各单位上报的全市科级干部、市委管理部门和镇街的一般干部名单，严格按照文件精神，逐一查看档案、核实有关信息、审查资格条件，确保准确无误地认定是否符合晋升条件。截至2015年年底，审核认定工作接近收尾。

【干部信息】 2013年以来每年定期对干部人事档案进行集中复核，对“三龄二历一身份”等信息进行全面、细致地审查、登记；对干部档案中存在的记载不一致、档案材料涂改等问题，严格按照上级组织部门要求进行严肃处理，消除干部信息隐患。对因个别提拔、整建制划入等原因新转入的干部档案进行严格审核，对档案中存在的问题积极协商有关部门进行认真处理，确保干部信息准确无误。2015年按照聊城市委组织部和临清市委的部署，制定干部人事档案专项审核实施方案和工作计划，安排专门的审档地点并安装监控设备全程记录。抽调政治素质高、纪律性强、作风过硬、工作细致的同志参与此项工作，并进行业务培训和保密纪律培训，保证档案专项审核工作不泄密、不跑偏。在前期审核的基础上，严把质量关，严格按照有关要求进行调查处理，个人说明解释不清楚的不予认定、查核过程不扎实的不予认定、查核结果经不起推敲的不予认定。对于违规行为及时纠正，依规依纪进行处理；对于问题一时难以查清的，记录在案，另册管理，为今后的领导班子和干部队伍建设打下坚实的基础。

【干部监督】 2013年以来，对领导干部贯彻执行中央八项规定精神情况，组织定期检查与不定期抽查。严格执行《临清市党政领导干部问责暂行办法》，对干部的决策失误、工作失职和履职不到位等行为，严格责任追究。规范科级干部因私出国（境）证件集中保管制度，严格执行因公、因私出国（境）管理办法，审批工作中做到严明纪律、严肃程序、严格审查。组织开展提前离岗、吃空饷、党政领导干部在企业任职兼职等专项整治，提高干部管理规范化水平。对离任的领导干部，第一时间进行责任审计。严格执行审计主体和被审计对象双向承诺制度，坚持做到任期经济责任审计同党风廉政建设中的热点问题紧密结合，狠抓审计结果的反馈、整改、督办和综合分析“四个环节”，充分发挥审计作用，落实审计主体和被审计对象双向承诺制度，结合党风廉政建设中的热点问题，狠抓审计结果的反馈、整改、督办和综合分析。建立电话、“12380”网站、短信及来访四位一体的信访监督体系，及时受理、解决群众反映的问题，对经查属实的案件加大通报、惩戒力度。严格按照《领导干部选拔任用条例》等法律法规，及时受理、解决举报信访问题，加大对违规违纪干部的查处、惩戒力度。

【干部教育培训】 2013年—2015年临清市把干部教育培训作为加强领导干部队伍建设的一项首要任务来抓，不断提高干部自身素质。

开展调训工作。按照聊城的要求以及课程设置选调相关专业领导干部进行培训，2013年共完成上级调训156批，调训县级干部132人次，科级干部472人次；2014年共完成上级调训26批，调训县级干部60人次，科级干部81人次；2015年共完成上级调训25批，调训县级干部20人次，科级干部58人次。

举办“运河名城大讲堂”。突出“名师、特色、需求”的原则，突出教授层次高、培训规模大、知识内容新三大特点，坚持求实、求新，紧贴全市中心工作，注重多领域、宽范畴有针对性地进行选题，确保广大干部学有所获、学有所悟。2013年邀请北京行政学院公共管理教研部副主任董晓宇、国家行政学院科研部副主任范文、中央党校党建原理教研部副主任蔡志强等教授前来授课，共举办运河名城大讲堂13期，培训学员4940人次；2014年邀请财政部财政科学研究所金融室副主任马洪范、中国人民大学心理学系教授时勘、浙江大学法学院首席教授沈志坤等教授前来授课，共举办运河名城大讲堂11期，培训学员4180人次；2015年邀请中央党校中国特色社会主义理论体系研究中心研究室主任黄相怀、北京军事科学院军制研究部研究员栾大龙、国家行政学院副院长周文彰等教授前来授课，共举办运河名城大讲堂9期，培训学员3420人次。

扎实开展干部培训工作。2013年邀请十八大代表、山东师范大学党委书记商志晓，省委党校副校长袁永新，外交部机关党校教务长李满长，聊城大学教授唐明贵，市委书记王建鹏，市委常委、副市长冯子峰，临清市委党校副校长贾生旺，李建华等领导老师授课，新提任科级干部培训班共培训200人次，两期科级干部培训班共培训750人，全市工会干部培训班共培训110人；2014年根据年初制定的《关于进一步加强干部教育培训工作的意见》，改进办班方式，将全市副科级以上领导干部划分为9个专题班，分类进行培训，邀请省住建厅副厅长耿庆海，省文化厅副厅长李国琳，省委党校教授张国亭，省警察学院教务处处长徐仲成，聊城党校教授张连华，聊城中级人民法院张炜，副市长周志雯等领导老师授课，共举办40堂课，培训学员921人次；2015年邀请滨州学院孙远方，省政府参事田建国，山东大学教授方雷，聊城党校教授邵如花，市委常委、副市长韩德振，副市长周志雯等领导教授授课，共举办52堂课，培训学员900余人次。2015年，组织开展现场教学，先后组织9个班次学员深入全市重点企业、重点项目部门进行实地参观考察学习，开拓学员视野，更新学员观念，成为科级干部培训工作的亮点。

【基层组织建设】 2013年，大力开展强化党的群众路线、建设“服务型党组织”活动，全面提高农村、“两新”组织、社区、机关等领域党组织服务发展稳定的水平，不断推进基层组织建设年向纵深开展。深入实施“规范化创建”工程，夯实农村党建工作基础。按照倒排30%的比例，增加选派“第一书记”数量，从市镇两级选拔247名优秀党员干部到村担任“第一书记”，全市派驻“第一书记”的村达到306个，占全市村居总数的51%，选派“两新”组织第一书记34人。完善服务群众机制，开展农村党员纯洁性教育，推行村级“目标管理六步”工作法，实施农村无职党员设岗定责，规范农村流动党员管理，为2014年村“两委”换届打牢基础。大幅度提高村党支部书记待遇，由每人每年平均6600元提高到12000元，并建立优秀和红旗标兵村党支部书记评选奖励制度，2012年度共评选命名优秀村党支部书记39名，红旗标兵党支部书记11名，每人分别一次性奖励3000元和5000元。提升村级组织运转保障水平，多措并举壮大村级集体经济，开展农村集体土地集中清理活动，市财政投入配套资金288万元，推进村级组织活动场所建设。深入实施“四强联动”工程，促进“两新”组织科学发展。加强党员和党建工作者队伍建设。全市共组建非公有制企业党支部332个，社会组织党支部92个，全部派驻党建工作指导员，实现组织和党的工作全覆盖。严把“四个关口”，规范党员发展，建立发展党员单列制，在非公有制企业确定发展对象65名，占临清市镇、街道党员发展计划的21.5%。加强参与生产经营管理机制建设。建立“党员参议会”制度，组织职工建言献策，累计召开党员参议会1800余场次，共向企业经营层提交合理化建议2400余条，其中有1905条被采纳，这一做法被中组部给予推广。开展“红旗生产线”创建活动，发挥党组织在生产一线的作用，创建“红旗先锋生产线”23个，为同行业树立标杆。加强“和谐关爱”机制建设。完善和提高企业员工的劳动保障和生活福利，采取“融合式”学习法对企业员工进行教育培训，引导企业投入资金2000多万元，从多个方面关爱企业职工。加强企业文化建设。号召企业党组织在企业厂区建设党建文化园地，开展党员“亮身份、亮职责、亮承诺”等活动，在员工中畅树爱岗敬业、追求卓越的风气，营造崇尚先进、学习先进、赶超先进的浓厚氛围。深入实施“十位一体”社区建设工程，提升城镇现代化社区服务水平。加强街道示范社区建设。全市15个城市社区全部进行服务阵地升级改造，每个城市社区落实10万元作为为民服务专项工作经费，推行社区服务网格化管理，社区党员设岗定责，建立“社区党建联席会议”制度，集中解决各类群众诉求。推进“四型”农村社区建设。每个镇街开展“中心辐射型”“产业互补型”“强村带动型”“村企联合型”农村社区建设试点，烟店镇全面推行农村社区化建设，促进资源有效整合和农村服务水平进一步提高。深入实施“转作风、提效能、促跨越”工程，全面提升党员干部作风效能建设。开展意见征询。组织科室及窗口岗位人员征求服务对象意见，开展“千人问卷调查”，对反映集中的10个部门、10类问题汇总整理并向有关部门进行反馈。以致广大党员、干部、群众一封公开信的方式，在电视、报刊上公开监督的主要内容、监督电话、办理程序，在临清党建网建立作风问题监督投诉平台，接受群众来信来访。规范设岗定责。组织党员干部结合岗位特点和阶段性任务目标，明确群众满意的工作岗位标准和服务措施。全市82个部门单位主要负责人作电视承诺，公开解决作风方面的问题、跨越赶超目标、工作措施和服务承诺，并在《临清周讯》刊登，接受社会监督。搞好群众评议。每季度组织一次收集群众意见建议活动，以群众满意度测评结果指导改进服务措施，提升服务水平。组织27名省市县三级党代表，对市直部门活动开展情况进行视察，并对所有市直部门及驻临单位进行民主评议。健全完善工作机制，确保服务型党组织建设取得实效。健全组织领导机制。市委进一步调整充实基层党建工作领导小组，在市级领导干部中开展“五个一”帮包活动，确定110个市直部门与110个后进村进行“一对一”结对帮扶。健全督促指导机制。采取召开工作调度会、经验交流会和现场观摩会等形式，推动工作扎实有效开展。建立完善镇、街道党委副书记党建专项述职制度，有效激发镇、街道党委抓基层党建工作的积极性和责任感。健全舆论宣传机制。在《临清周讯》、电视台、电台、党建网开辟“强化党的群众路线，建设服务型党组织”活动专栏，刊发活动信息370余条，对涌现的好经验、好做法以及取得的成效进行大力宣传，引导各级党组织和党员积极投身“服务型党组织”建设活动，指导面上活动的扎实开展。

2014年，以加强党的执政能力建设为主线，以党的群众路线教育实践活动为载体，以村、城市社区“两委”换届为契机，规范干部队伍建设，筑牢基层组织根基，为实现临清跨越赶超提供坚强组织保证。扎实开展党的群众路线教育实践活动。深入开展“四学一检验”活动，建立各级党组织每周半天原汁原味学原著等各项长效机制。开展“立体式”征求问题活动，重点开展“下基层、听民声、解民忧、结亲情”蹲点调研活动，全市县级领导干部、市直部门正科级和镇街副科级以上党员干部，从6月份开始，每人每月蹲点驻村吃住1天以上，实现党员领导干部全市所有村居的蹲点全覆盖。开展问题查摆活动，抓实民主生活会和组织生活会各项工作。市委书记和组织部长的对照检查材料、市委常委的相互批评意见通过中央活动办审查。市委研究制定民主生活会材料评定标准和审核办法，实行ABCD评级管理，保证会议质量。截至9月2日，全市共1371个基层党支部全部召开专题组织生活会，并组织开展民主评议党员工作。开展“抓整改、重长效”活动，组织全市各级党组织和党员干部开展好整改落实和建章立制工作。市级四大班子修订制度13项，新建制度24项。开展系列专项整治活动，抓实即知即改。协调民政、卫生、教育等部门认真开展“阳光低保”专项行动、医疗门诊“三增一禁”便民正风行动、村级事务公开、规范殡葬服务、推动教育资源规范化等专项整治活动；协调住建、水务、交通、农业等部门做好城乡环境卫生、城乡水质改善、农田水利设施改造、乡村道路建设、联系群众不到位等专项整治任务。省教育实践活动工作简报（2014第51期）以《临清市从群众最不满意处改起狠抓四方面专项整治》为题，对去全市的做法予以刊发报道。扎实推进村、城市社区“两委”换届选举工作。研究制定《镇街党委书记的责任追究办法》《在换届选举中考察识别干部的意见》《镇街道党委换届选举的考核办法》，强化责任落实，层层传导压力。通过换届“公告”进村、换届“声音”进村、换届指导队进村，强化宣传引导，营造浓厚氛围。市乡两级联动，对3200多名参加换届选举工作的工作人员进行集中培训，以公安部门为主成立3个法纪组，会同司法局组织48名律师和法律工作者开展法律服务、法律咨询，强化依法依规操作，确保和谐稳定。截至12月31日，全市社区及村党支部和村委会换届达到两个100%，高标准、高质量完成换届选举工作。加强基层组织建设。规范组织设置，全市100个市直部门和600个村居全部按服务功能重新划分和组建党小组。加强队伍培训，共举办培训班213期，培训党员32352人，全市所有党员轮训一遍。解决村级“无钱服务”问题，对全市368个村集体收入3万元以下的村予以补助。通过第一书记、双联共建等多种形式，帮助贫困村增加集体收入、完善基础设施、提供农村实用技术。排查出67个软弱涣散村居，23名市级党员领导干部挂帅帮包，一村一策，分类施治，全部消除没有支部书记和支部班子不健全的村，充实调整支部书记17人，选优配强支部委员43人。实行便民服务代办制度，实现“村村有代办员、户户有明白纸、时时有上门服务”。

2015年，坚持把抓好党建作为最大政绩，以“三严三实”专题教育为抓手，严格落实各级党组织书记管党职责，大力开展“规范提升年”活动，进一步提升基层党建工作水平。扎实开展“三严三实”专题教育工作。市委常委会坚持高标准、严要求，深入开展学习研讨，建立每周半天的学习制度，原汁原味学原著和必读书目。同时，每名市委常委确定1个镇（街道）和市直部门（单位）作为联系点，参加联系点的集中研讨和专题民主生活会，并负责全程跟踪指导。5月底前，全市37名副县级以上党员领导干部和16个镇（街道）党委书记、55个市直部门党委（党组）书记结合各自分管领域、工作联系点或所在单位，全部带头讲“三严三实”专题党课。各单位党委（党组）成员也分别在分管领域、联系点带头讲专题党课。扎实开展不担当不作为问题专项整改和基层干部不作为乱作为等损害群众利益问题专项整治工作。广泛开展“惠民强基促和谐”活动，全市6253名镇村党员干部、第一书记与困难群众结成联系对子7022个，共走访群众15.4万户，登记联系电话17.9个，征求意见建议1.3万余条，办结8500余件。把党建工作作为主责主业。时调整市委党建领导小组和基层组织建设领导小组，先后召开11次常委会、党建联席会，研究部署基层党建工作。研究出台镇（街道）、市直部门、村（居）三个层面党组织书记管党职责的文件，在此基础上，建立各级党组织书记抓党建责任清单。对34个市直部门机关党组织书记不是由主要负责同志担任的进行集中调整，并配备专职副书记。各级党组织书记管党治党责任意识进一步增强。加强党员干部队伍建设。建立基层党组织书记市委集训、普通党员党委轮训、机关干部全员学习为主要形式的系统性、分层次、立体式、全员化培训机制，市委书记带头上党课2次，组织科级干部集中培训30余堂次、培训学员3000余人次，全市1300余名基层党组织书记普遍集中轮训一遍。开展“亮身份、明职责、树形象”党员家庭（岗位）挂牌活动，共有1.5万名农村党员家庭、800多党组织服务活动场所进行挂牌，6100多名机关、企事业单位党员摆放桌牌，主动亮明身份，增强政治荣誉感和责任感。积极发挥驻大连市、瓦房店市、杭州市三地流动党支部党员管理、人员联谊、服务发展平台作用，其中，驻杭州市流动党支部成为杭州市拱墅区委常委、组织部长的党建联系点，成功组建浙江省聊城商会，由驻杭州流动党支部书记担任会长，为聊城市与浙江省商贸合作发挥积极作用。实行“三会一课”刚性管理，固定“三会一课”日（党员活动日），坚持和落实好民主集中制、民主生活会和民主评议党员等党内基本制度，进一步巩固传承党的优良传统。切实加强基层服务型党组织建设。抓好农村基层党组织建设。治理整顿软弱涣散党组织38个。完善农村无职党员设岗机制，全市1.1万名农村无职党员采取双向选择的方式设置党员年度长期岗，加强功能型党小组建设，在村级组建科技致富、扶贫帮困、参政议政、村容管理、维稳调解、文明新风等功能型党小组2474个。提高村党支部书记补贴待遇，村支部书记补贴待遇达到上年度农民人均纯收入的2倍，每人平均可达2.2万元。投入893万元，对全市363个村集体收入3万元以下的村予以补助，抓好自我“造血”，大力发展“屋顶经济”，制定建立乡镇扶持激励机制增加村集体收入的意见，各镇（街道）共拿出扶持资金127万元，保障村级组织正常运转。同时，积极引导党支部以领办产业合作社、盘活资产、土地流转、招商引资、兴办二、三产业等方式增加集体收入。推进基层治理法治化，进一步规范村级目标管理“六步”工作法。建立承诺事项评估评议制度，对600个村（居）承诺公示事项进行全面评估评议，使其更具操作性和实效性，提高群众知晓度。这一做法在《中国组织人事报》上给予刊发。建立村干部集中坐班制度，采取镇（街道）不定期抽查，市委随机抽查的方式进行跟踪督查。规范村级为民服务代理点设置，全市共设置为民服务代理点600个，将服务送到群众家门口。健全党务、村务、财务“三公开”的刚性管理机制，开展村级阳光运行整顿活动，让权力在“阳光”下运行。激发“两新”组织党建活力。着力优化“两新”党组织设置，党组织设置和党员关系更加理顺，推行生产一线功能型党小组建设，使党员作用发挥在一线。推进党建引领精细化管理融入机制建设，提升企业管理水平。提高社区党组织服务水平，实施“民生服务融入”活动，打造“十分钟便民服务圈”，加大专业市场、商务中心和居民楼宇党支部、党小组建设力度，健全完善社区党建联席会议制度，深入推进机关党员进社区活动，建立党员服务志愿者队伍。

【人才工作】 2013年，制定出台《临清市人才工作领导小组关于加强镇（办事处）人才工作的实施意见》《临清市人才工作领导小组关于加强市直部门人才工作的实施意见》《关于加强农村实用人才队伍建设的实施意见》《关于加强服务业人才队伍建设的实施意见》《关于进一步加强专业技术人才队伍建设的实施意见》《关于进一步加强企业经营管理人才队伍建设服务企业“二次创业”活动的意见》，完善人才工作政策体系，统筹推进人才队伍建设；开展省和聊城市两级“乡村之星”选拔推荐工作，新增3名聊城市级“乡村之星”；召开第二届“临清英才”座谈会，对第二届“临清英才”进行表彰并颁发荣誉证书；制定出台《关于在规模以上企业中推动产学研结合开展“六个一”工程的实施意见》，为全面提升工业经济的支撑力和竞争力提供政策引导和政策保障；引导企业与中南大学、东南大学、山东大学、洛阳轴承研究所等近百家高校和科研院所建立科技合作关系，建成国家级企业技术中心2家，博士后科研工作站2家，院士工作站1家，省级企业技术中心6家，省级工程技术研究中心4家，聊城市级企业技术中心15家。

2014年，制定出台《关于加强党管人才工作的实施办法》，对市人才工作领导小组有关成员进行调整，明确各成员单位的工作职责；制定《关于健全完善市人才工作领导小组运行机制的意见》，健全市人才工作领导小组成员单位例会制度；重点督导并跟进国家级“千人计划”“万人计划”“533计划专家”“临清市乡村之星”等几项重点工作的申报推荐工作；承接人才工作“十三五”规划编制的课题研究工作，制定分工方案；鼓励、引导、组织重点行业和特色产业骨干企业与高校院所、科研机构采取多种形式，联合建设科技创新平台，与大专院校、科研院所达成科技合作48项，产学研合作26项。

2015年，重点督导并跟进国家级“千人计划”、泰山学者特聘专家、西部经济隆起带和省扶贫开发重点区域引进急需紧缺人才项目、泰山产业领军人才工程等几项重点工作的申报推荐工作；开展第四届齐鲁乡村之星、“百人计划”专家、聊城市“乡村之星”“533计划专家”申报评选工作，3人获得山东省“乡村之星”荣誉称号、2人获得聊城市“乡村之星”荣誉称号，1人获得聊城市“533计划专家”荣誉称号，推荐“百人计划”专家16名；对28名第二届“临清英才”针对设岗定责工作完成情况、管理期内联系单位人员活动开展情况进行考核，更加全面的了解管理期内英才的工作情况；开展第三届“临清英才”申报推荐评选工作，共有35名人才获得第三届“临清英才”荣誉称号；做好“十三五”人才发展规划初稿撰写工作；按照上级主管部门的要求，做好第一批科技副职意向人选郑忠才教授的承接工作；加强人才平台载体建设，今年新增省级企业技术中心3家、省级重点实验室1家、省高精铜加工工程技术研究中心1家、省级“一企一技术”研发中心1家、省级“一企一技术”创新企业3家、《山东省发展和改革委员会关于下达2015年度西部经济隆起带和省扶贫开发重点区域引进急需紧缺人才支持项目计划的通知》下达人才支持项目2个、申报省级重点实验室1家、聊城市工程实验室（研究中心）3家、聊城市重点实验室5家、聊城市工程技术研究中心8家、聊城市企业技术中心4家。

【党员队伍建设】 2013年，党员队伍构成保持稳定，结构不断改善。截至2013年年底，全市共有党员33388名，其中，女性党员5517名，占党员总数16.5%；35岁及以下5241名，占党员总数15.7%，36—45岁6216名，占党员总数18.6%，46—54岁6085名，占党员总数18.2%，55—59岁4971名，占党员总数14.9%，60岁及以上10875名，占党员总数32.6%；大专以上文化8798名，占党员总数26.4%。

2014年，认真落实《中国共产党发展党员工作细则》，在保证发展党员质量的前提下，科学调控发展指标，优化党员队伍结构。截至2014年年底，全市共有党员33480名，其中，女性党员5656名，占党员总数16.9%；35岁及以下5157名，占党员总数15.4%，36—45岁6147名，占党员总数18.4%，46—55岁6768名，占党员总数20.2%，56—60岁4871名，占党员总数14.6%，61岁及以上10537名，占党员总数31.5%；大专以上文化9166名，占党员总数27.4%。

2015年，按照控制总量、优化结构、提高质量、发挥作用的总要求，严格标准条件，突出发展重点、加强薄弱环节，注重党员队伍的性别、民族、年龄、职业分布，加大发展党员向基层一线倾斜力度。截至2015年年底，全市共有党员33663名，其中，女性党员5792名，占党员总数17.2%；35岁及以下5125名，占党员总数15.2%，36—45岁6031名，占党员总数17.9%，46—55岁6958名，占党员总数20.7%，56—60岁3933名，占党员总数11.7%，61岁及以上11616名，占党员总数34.5%；大专以上文化9563名，占党员总数28.4%。

【远程教育】 2013年，以打造服务型模范部门为重点，实施“协会+远教”“企业+远教”“支部+远教”“农村商务+远教”运作模式，提高学用转化率。发挥示范引领作用，将烟店镇、老赵庄镇、新华路街道等3个镇（街道），打造为市级远程教育示范区。完成“齐鲁先锋网”客户端绑定工作，提高“齐鲁先锋网”应用水平。加强管理员“选育管”，利用市选派“第一书记”有利契机，将熟悉计算机的“第一书记”选聘为管理员。举办市级培训班1期，培训管理员130余人。实施管理员年度考核和聘书“一年一签”制度，建立临清市远程教育管理员信息库和临清市远程教育设备运行库，对管理员进退留转和设备运行情况进行实时管理。对基层站点互联网进行升级，将2M带宽升级到4M。加强临清党建频道建设工作，完成数字信号的升级改造，开展“红色宣传月”教育活动。采取与市广电中心资源共享、人员共享、技术力量共享的方式，组建课件制作工作小组，全年拍摄制作典型课件32部。

2014年，结合党的群众路线教育实践活动，实施远程教育“无线课堂”工程，发送各类信息146条。通过发放、购买、租借等方式，获取优质课件160余部，充实党建频道课件资源库。紧密配合党的群众路线教育实践活动及村“两委”换届选举工作，循环播放《践行群众路线的好榜样——100部优秀党员教育电视片》专题辅导教材，取得良好的效果。充分发挥临清党建频道窗口和喉舌作用，开办“为民服务”和“书记论坛”两个专栏，实现用身边典型教育身边人的目的。先后拍摄完成“为民服务”系列课件16部，“书记论坛”系列课件37部，“百幅农画话四风”系列课件1部，典型经验课件1部。围绕全市中心工作，突出学习贯彻党的十八大精神、开展党的群众路线教育实践活动等主题，开发制作5部形式灵活、内涵丰富的宣传短片。发动党员干部群众订阅共产党员微信、易信，订阅人数达1000余人。

2015年，以开展“三严三实”专题教育为主线，成立市委组织部党员教育中心，与远程教育中心合署办公，具体负责全市党员教育培训工作的安排部署、组织协调和监督检查等。开展党员全员教育培训工作，举办村（城市社区）党员集中培训班70期，探索建立《临清市党员教育培训师资库》，评选74名人员兼任授课教师，全年为党员授课84次。组织指导机关、企事业单位、村（城市社区）、社会组织等领域党员开展教育培训工作，确保每名党员全年参加教育培训时间不少于32小时。组织开展纪念抗战70周年影视展播活动，凝聚人心，传播正能量。组织开展历史文献纪录片《筑梦中国》集中学习收看活动，收集党员心得体会110余篇。自行制作完成《名师讲坛》系列课件14部，拍摄制作农村致富带头人专题纪录片1部，突出农村能人示范带动效应。做好全国党建工作手机信息系统手机号码采集工作，收集各行业、各领域党员手机信息3959条。全市共产党员微信、易信订阅人数达9000余人。

【科学发展综合考核】 2013年至2015年，市委考核办立足本职、统筹谋划，认真贯彻落实上级考核精神，分析研判上级考核指标体系，分解聊城市各项考核指标任务，并督导协助各部门做好实施、自查工作。

开展全市综合考核工作。根据市委、市政府经济社会发展目标和全市工作大局，市委考核办创新考核机制，完善考核评价体系，优化考核程序，改进考核方式，科学制定《全市科学发展综合考核意见》和《全市科学发展综合考核实施细则》，三年来，全市共下发6份年度考核意见及考核细则，对全市16个镇（街道）、65个市直部门、34个驻临单位分三个类别进行全面考核。镇、街道主要考核经济社会发展、党的建设、重点工作落实以及群众满意度调查等内容。2013年，探索实行差异化考核，根据镇（街道）经济社会发展现状、产业基础和区域位置的不同，分为12个镇和4个（街道）两类进行考核，测算不同的考核指标难度系数。2014年，为进一步强化群众满意度调查结果运用，开始将满意度调查结果作为镇、街道综合考核系数。2015年，在考核细则中明确定性考核指标的评价内容和责任单位。市直部门主要考核业务工作和重点工作落实、党的建设和综合评议等内容。驻临单位主要考核重点工作落实、专项工作和综合评议等内容。

深化奖惩工作。统一奖惩标准，加大奖惩力度，强化结果运用。年度考核结果确定之后，市委、市政府召开年度工作总结表彰大会，对综合考核先进单位进行表彰奖励，并给予部分获奖单位主要负责人记功奖励。2013年开始，设置“综合考核进步奖”，对综合考核排名较上年位次前移列前3名的镇（街道），给予奖励。2015年，推行“获奖直接进位”，市委、市政府受省委、省政府或国家各部委及以上表彰奖励，该项工作的市直主管单位可直接获得三等奖，不受表彰数量限制。党建工作实行“一票肯定”，受到“一票肯定”的部门单位未进入表彰范围的，直接授予三等奖，不受表彰数量限制。同时实行末位惩戒，对工作不力、排名靠后的单位主要负责人进行约谈问责。坚持把考核结果作为领导干部选拔任用、管理监督、激励约束的重要依据，与干部的进退流转结合起来，进一步激发全市各级干部干事创业的责任感和事业心，有力地推进全市经济社会的全面发展。

【领导人更迭】
部　长：秦生春
常务副部长：
　　张容元
副部长：朱　峰
　　周正峰
　　孙晓强
　　历玉慧（女）
市委组织员办公室
主　任：谷启瑞（2013.09 止）
副主任：刘　辉（2013.10 止）
　　胡　伟（2015.05 起）
市委党员干部现代远程教育中心
主　任：沈天松
副主任：胡　伟（2015.05 止）
　　孔德明
市委考核办公室
主　任：王艳华（女）
副主任：权　磊（2013.09 起）

（朱　峰　刘彦超）

宣传工作

【概况】 临清市委宣传部内设 6 个职能科室：办公室、新闻宣传室、党员教育室、理论教育室、社会宣传室、企业政治工作室。负责全市宣传、意识形态工作的决策和指挥，制定宣传党的路线、方针、政策的方案、计划，并组织实施；负责全市党员教育、理论教育、学校德育教育、国防教育、企业思想政治工作；负责全市宣传思想工作的调查研究，及时向市委提出建议，为市委决策提供依据；负责全市的新闻宣传。对外宣传工作；负责全市新闻出版物的申报、检查、监督和管理工作；负责全市的精神文件建设工作，负责制定全市精神文明建设和规划并组织实施；负责组织对全市文化、出版、印刷、电子、音像市场的管理和“扫黄打非”工作；负责全市文联工作，加强对文联各协会的联络、协调、服务和指导；负责《临清周讯》的编辑、出版、发行；负责对文化、教育、广播电视、卫生、体育、党校、新华书店进行方针、政策的领导、干部的管理和业务的指导；督促、检查宣传思想系统对上级党委和市委决策、工作部署及领导交办的重要事项的落实情况；负责镇、街道宣传委员的培训、指导和管理工作；承办市委、上级部门交办的其他事宜。

【干部理论教育】 2013 年，制定下发《关于印发〈全市各级党委中心组 2013 年理论学习安排意见〉的通知》。组织开展学习十八大系列学习宣传活动，成立学习宣讲团，全市共开展宣讲活动 72 场次。开展学习十八大精神理论研讨征文活动，征集理论征文 36 篇，在临清新闻网开办专题栏目登载理论文章 28 篇，在《临清周讯》开设理论专版三期，刊发优秀论文 6 篇。1 月，邀请聊城市委党的十八大精神宣讲团成员作辅导报告，全市 100 多名领导干部参加学习辅导。举办全市社科理论界深化中国梦宣传教育座谈会，团市委、市教育局等 9 部门代表结合本职工作做典型发言。制定《关于印发〈在全市广泛开展“我的中国梦”主题宣传教育活动的方案〉》（临宣发〔2013〕18 号），对活动进行安排部署。6 月 5 日，举办临清市首届社会科学普及周活动。11 月 30 日，组织举办学习贯彻党的十八届三中全会干部培训班。组织开展十八届三中全会集中宣讲活动。12 月底，组织举办聊城市委宣讲团学习贯彻党的十八届三中全会精神报告会。

2014 年，制定《关于印发〈全市各级党委中心组 2014 年理论学习安排意见〉的通知》，组织开展学习党的十八大、十八届三中、四中全会系列学习宣传活动；组织开展中国梦宣传教育活动；参与举办临清市第二届社会科学普及周活动。成立市宣讲团，组织开展十八届四中全会集中宣讲活动。举办聊城市委宣讲团学习贯彻党的十八届四中全会精神报告会。

2015年，积极开展“三严三实”专题教育学习，制定“三严三实”专题教育的集中学习研讨方案。制定《2015年市委理论中心组学习计划》，制订《全市各级党委中心组2015年理论学习安排意见》。实施理论教育“三百”工程，即100名专家学者组成的习近平总书记系列重要讲话和党的理论政策宣讲团，由镇（街道）、市直部门单位理论骨干组成的100支流动宣讲队伍，在全市开展100场大型巡回宣讲活动。组织开展党的十八届三中、四中全会精神学习宣传和中国梦宣传教育活动。

【社会宣传教育】 2013年春节、元宵节期间，先后举办“盛世中国·魅力临清”临清市2013春节文艺晚会、元宵节社火展演活动。1月24日，举办“学习十八大，岗位立新功”演讲比赛。3月4日，市委宣传部下发《关于开展学习宣传党的十八大精神知识答题活动的通知》，在全市广大党员干部群众中开展学习宣传党的十八大精神知识答题活动。为加快实现全市跨越赶超目标提供强大的精神动力、理论支持和良好的舆论环境，制定中共临清市委宣传部《关于进一步加强理论政策宣讲进基层工作的意见》。5月中旬，联合市文广新局，开展整治网吧市场活动。在全市范围内开展查处网吧违规经营行为专项行动。根据聊城市《关于开展聊城市爱国主义教育基地评选工作的通知》要求，申报季羡林先生纪念馆为聊城市爱国主义教育基地。7月11日，组织举行季羡林先生逝世四周年纪念活动。

2014年1月23日，在松林镇举办临清市2014年文化科技卫生“三下乡”活动启动仪式。春节期间，制定下发《关于广泛开展“我们的中国梦”文化进万家暨2014年春节元宵节期间“送欢乐下基层”活动的通知》。组织镇（街道）基层14支社火表演队伍，开展2014年元宵节社火展演活动。3月28日，下发《关于开展“文化惠民”百场演出活动的通知》。这次“文化惠民”演出共100场，以巡回演出的形式，免费在每个镇、街道演出6场。3月20日制定下发《关于在全市开展“文化名城·书香临清”全民读书活动的通知》。4月22日（世界读书日前一天），举办“文化名城·书香临清”全民读书活动启动仪式。发出《全民阅读倡议书》，并向贫困学生捐赠图书。举办临清市“践行核心价值观·共筑美好临清梦”演讲比赛。举办学习贯彻党的十八届三中全会精神——“践行群众路线·共筑中国梦”书画展。4月29日，联合市总工会、市文联举办“劳动光荣，创造伟大”临清市庆“五一”职工艺术作品展。联合市卫生局在全市卫生系统开展“十佳医德标兵、十佳护理标兵”评选活动。4月11日，在金郝庄镇召开实施“四德”工程推进乡村文明行动暨文明村镇创建工作现场会。8月6日，由聊城人民广播电台、聊城日报、聊城电视台、聊城广播电视报、聊城晚报、聊城视窗网站等新闻媒体组成的聊城市“四德建设进行时”大型新闻采访团对临清市“四德”工程建设情况进行现场采访报道。为隆重纪念季羡林先生逝世五周年，先后开展“纪念季羡林先生逝世五周年”座谈会、追思会活动、“纪念季羡林先生逝世五周年”知识竞赛活动。

2015年2月11日，全市2015年文化科技卫生“三下乡”启动仪式在尚店镇举行。4月22日，“世界读书日”到来之际，启动“文化名城·书香临清”全民读书活动。7月10日，在季羡林先生逝世六周年之际，隆重举办纪念季羡林先生逝世六周年追思会、座谈会、书画展和媒体宣传等系列活动，通过不同形式纪念季老，深切表达对国学泰斗的无限哀思。8月18日，举办纪念抗日战争胜利、世界反法西斯战争胜利暨临清解放建市70周年大型演讲比赛。8月27日，隆重举办纪念抗日战争胜利暨临清解放建市70周年知识竞赛。8月25日，主办临清市纪念抗日战争、世界反法西斯战争胜利暨临清解放建市70周年书画摄影精品展。举办纪念抗日战争胜利、世界反法西斯战争胜利暨临清解放建市70周年大型成果展。

【新闻报道】 2013年，紧紧围绕“在聊城建设冀鲁豫三省交界科学发展先行区的进程中当标兵、作表率、求跨越、促赶超”的总体目标和市委、市政府的中心工作，组织一系列宣传战役。在聊城日报发表稿件2380篇，其中头版头条9篇，在聊城各县市区稿件量化排名中名列第一。在省级以上各类重点党报上发表稿件共137篇，其中，中央级36篇，省级101篇，长篇重点稿件36篇。《经济日报》刊发《做好事咱从不落在后头》《光明日报》刊发《大家愿跟我活动，比什么都强》《农民日报》刊发《品牌引领临清优势农产品走强》《大众日报》刊发《10家企业股权“挂牌”之后 》《临清对接“一区一圈一带”建设沿河产业园区》等稿件，形成强有力的舆论宣传攻势。

2014年3月举行为期三天的宣传干部综合业务培训班，对1200余名通讯员进行新闻写作培训，基层通讯员的业务水平有显著提升。重点宣传在“二次战役”中临清市产业转型、项目建设等工作的新做法及好典型，圆满完成“群众路线教育实践活动”“社会主义核心价值观”、“城乡环卫一体化”的专题宣传。1月8日，在《光明日报》6版头条发表新闻稿件《临清市：党支部+合作社促进产业经济发展》，四版倒头条发表新闻稿件《让幸福掷地有声》，对每年办好十件实事的先进经验和做法进行宣传。做好5月份的轴承论坛、6月份的运河申遗、7月份的季羡林先生逝世五周年纪念活动、9月份的志愿服务活动等市内各项重大活动的新闻宣传。

2015年，围绕中心，精心策划，突出亮点，深入挖掘，对全市重点工作组织一批有分量的稿件推荐到省级以上党报党刊。全年，省级以上媒体共发表稿件141篇，中央级发表7篇，在《聊城日报》发表头版头条6篇。《临清市：“党支部+合作社”促进产业经济发展》获得2014年水城新闻奖三等奖。积极做好同上级媒体的沟通与协调工作，多次邀请大众日报、农村大众、聊城日报等媒体记者来临采访亮点工作。同各镇办事处、各基层单位形成联动机制，建立新闻宣传QQ群，为新老通讯员搭起“信息互通、资源共享、工作互助、有问必答”的桥梁。

【对外宣传】 2013年3月29日、30日做好山东电视台公共频道《山东往事》栏目于对专题片《季羡林的中小学生活》，9月9日—11日对《梅花上将张自忠》的拍摄宣传工作。7月9日，积极参加中国孔子基金会在济南举办的“季羡林先生精神遗产传承座谈会”，纪念馆介绍资料被新华网、中国孔子网、齐鲁网、济南日报、聊城日报等多家媒体刊载、宣传。

2014年8月份邀请央视科教节目制作中心、中国联合国教科文组织《大运河》摄制组来临拍摄运河文化，《大运河》纪录片2016年3月在央视9套首播。

2015年第7期，《山东画报》发表《胡同里的运河文化印记》。9月27日，中央电视台7套播出关于临清酱菜制作工艺的节目。10月1日，中央电视台10套《味道》栏目播出临清八大碗、托板豆腐、捶鸡面等临清特色饮食的节目。2015年，作品《金派古筝二百年》获聊城市对外传播作品二等奖。

【文联工作】 2013年1月28日，在市供电公司举办贯彻落实十八大和市“两会”精神艺术进企业书画笔会。2月8日，在老赵庄镇组织开展“走基层送温暖写春联迎新春”活动。为老赵庄镇敬老院的老人送去面粉、食用油等慰问品，书协会员现场书协春联，送去党和政府对困难群体的关注和关爱。2月22日，举办临清市“大家庭1999杯”职工摄影展，展出100余名摄影协会会员拍摄的600余副摄影作品，展示新生活，讴歌新成就。组织“我与中国梦”百姓宣讲活动。推荐选手姜丽娜荣获聊城市演讲一等奖，并代表聊城参加全省比赛。6月28日在张彦青艺术馆举办庆祝建党92周年暨“我与中国梦”书画展。共征集作品170余幅。其中美术作品96幅，书法作品74幅。李鸿珍在山东省楹联艺术家协会、潍坊市楹联艺术家协会主办的“崔字牌香油杯”全国有奖征联中，作品荣获三等奖。柳保平在2013年2月由《齐鲁晚报》、聊城市文广新局和聊城市楹联学会联合举办的“第二届原创春联征集大赛”中获优秀奖。

2014年4月张金华作品《壮美华岳》参加“全国第四届中国画线描艺术展”评选，被评为入选作品。6月27日，在张彦青艺术馆组织举办全市庆祝建党93周年书画展。书画展参展作品数量多，质量高，主题突出，布展科学，取得良好效果。临清市楹联学会，被评为山东省和聊城市优秀楹联学会、临清市先进社会组织，蒋保江被评为全国、山东省、聊城市先进个人。9月临清一中随岐军、临清第三高中赵金旗、临清民族实验中学沙一钧被评为“全国优秀楹联教师”。侯尚武在纪念孔子诞辰2565周年中国诗词楹联书画大赛中，被组委会和中国国学研究会评定为孔子金像艺术奖金奖。

2015年8月25日举办纪念抗日战争胜利70周年暨临清解放70周年书画摄影精品展，展出书法、绘画、摄影作品200件，营造良好舆论氛围；征集纪念抗日战争胜利70周年暨临清解放70周年楹联100条，开展纪念抗日战争胜利70周年暨临清解放70周年征文，在临清文艺第2、3期刊登征文20篇，征文亦在临清新闻网上刊出。精选书画作品12幅，参加聊城市文联举办的纪念抗日战争胜利70周年书画展。

组织参加聊城市委宣传部、聊城市文学艺术联合会主办的第十届山东省“齐鲁风情”青年歌手暨新作品演唱大赛聊城选拔赛，在美声、民族、通俗唱法3个组别中取得一等奖1名、二等奖3名、三等奖2名的佳绩，其中，聊城幼儿师范学校教师马丽旋荣获民族唱法一等奖，临清市文联获优秀组织奖；11月组织参加聊城市曲艺文化艺术周，甄荣海获得新作、传统剧目两个一等奖，刘旭东获最佳创作奖。蒋保江2015年12月被《中国楹联报》，评为“2014对联中国”年度佳作奖。

2015年12月柳保平被《中国楹联报》评为“2014对联中国”年度佳作奖。

【临清周讯】 2013年，出版报纸55期，编发稿件2000余篇。围绕聊城市委十二届四次全会提出的“东融西借跨越赶超建设冀鲁豫三省交界科学发展先行区”这一中心，按照临清市委、市政府提出的坚决打好跨越赶超三年攻坚战这一要求，策划科学发展、和谐发展，党的群众路线教育实践活动、招商引资、学习贯彻十八大精神和十八届三中全会精神等宣传报道主题，运用多种版面形式，如言论、知识介绍、理论专版、人物专访等，先后开设“综合整治，靓化家园”“学习贯彻十八大精神，加快经济社会建设”“贯彻两会精神，推进富民强市新跨越”等专栏21个，对报纸进行全新改版，扩大发行范围，加强品牌栏目、品牌版面和特色专刊的建设，提升报纸的可读性，增加宣传效果。

2014年，出版报纸55期，编发稿件2200余篇。编辑部积极响应市委、市政府号召，集中力量加大对打赢跨越赶超攻坚战第二战役的宣传报道；季羡林先生逝世五周年期间，刊发专版二期；开设“党委书记大家谈”“扎实开展群众路线教育实践活动”“践行群众路线在基层专栏”“实施乡村文明行动，共建和谐美丽家园”等专栏。在确保宣传报道好市委、市政府中心工作的前提下，进一步创新版式和丰富内容，增强可读性，使报纸逐步形成风格清新、信息量大、重点突出、主次分明的新风格，得到广大读者的一致认可。

2015年，出版报纸50期，编发稿件2180篇，开设精品栏目15个，围绕全市大事、要事开设重点专题7个。圆满完成全市“两会”重要会议的报道月，开设“党报监督角”栏目，编发图片含说明35篇；开设“首届道德模范巡礼”栏目，编发文章12篇；开设“聚焦‘三严三实’专题教育”专栏，编发文章7篇；季羡林先生逝世六周年期间，编发《高尚的人格，永远的追思》季羡林先生逝世六周年系列活动专版；开设“庆祝临清解放建市七十周年”系列报道，成功举办“庆祝临清解放建市七十周年大型成果展”。全年开设“实施乡村文明行动，共建和谐美丽家园”“综合治理出生人口性别比”“古城遗韵”“反邪教法制教育学习问答”等专栏，推进全市的整体工作，扩大报纸的社会影响力。

【文化艺术交流中心】 2013年3月18日国土资源部领导到文化艺术交流中心调研；3月29日山东电视台公共频道《山东往事》栏目组采访，部分资料在《梅花上将张自忠将军》节目中播出；3月31日中国解放军报社总编付连俊到文化艺术交流中心调研；4月10日省军区副司令吴建初、后勤部长曹建军到中心参观；4月10日省公安厅督查组到中心参观；5月22日省督查小组到中心参观；7月28日中央组织部领导到中心参观；9月4日德国留学生到中心参观。

2014年3月1日国资委到中心参观；4月8日央视中文国际频道快乐汉语栏目组参观采访播出聊城系列专题《游水韵聊城快乐学汉语》，其中《季老猫趣》在季羡林馆内拍摄，播出；4月19日国家审计署到中心参观；5月30日省侨办纪检组长到中心参观；6月27日王建鹏书记陪同北大教授到中心参观；8月6日“运河与区域社会研究”学术研讨会成员到中心参观；8月24日何鲁丽委员长、民革中央秘书长及全国人大内务司司法委员长到中心参观；8月27日台儿庄大战纪念馆领导及讲解员到中心参观；8月30日国家海关总署办公室主任张文俊到中心参观；10月3日中国海关到中心参观；10月29日冀鲁豫交界地区文化旅游产业发展到中心考察；10月29日台湾各界知名人士到中心参观，山东省、聊城市台办陪同；9月30日国家公祭日，市领导在馆内举行公祭活动。

2015年6月8日，张自忠将军警卫排排长方锦铭之子方豫先生来馆捐赠资料，讲述张自忠将军事迹；7月18日襄阳日报张自忠将军抗战足记寻访组到中心参观；7月法国友人到中心参观。7月20日临清市消防队宋云鹏同志为中心工作人员讲授消防知识。

【社会科学界联合会】 2013年6月5日，在临清工业学校科技报告厅举办临清市首届社会科学普及周活动开幕式暨市委十二届四次全会精神宣讲报告会，聊城市社科联主席刘全来参加开幕式活动。仪式结束后，相继开展知识竞赛、社区专题讲座、街头义务咨询活动、加强科普基地建设等共计六大项活动。

2014年1月14日，召开全市社科理论界学习贯彻党的十八届三十二届五次全会精神座谈会。4月份，季羡林先生纪念馆被省委宣传部、省社科联命名为“山东省第七批社科普及教育基地”。连续三中全会暨市委年举办临清市第二、三、四届社科普及周系列活动。10月份，张彦青艺术馆被聊城市委宣传部、聊城市社科联命名为聊城市社科普及教育基地。

2015年举办临清市“第四届社会科学普及周”系列活动，加强社科知识普及力度。

【领导人更迭】

部　长：衣述光

副部长：赵振源

李海燕

张中才（2014.11止）

杨　宁（女，2014.11止）

马朝霞（女，2014.11止）

王　会（女）

临清市精神文明建设委员会办公室

主　任：孙维华

副主任：刘　北
　　　　梁　剑

社会科学界联合会

主　　席：衣述光

党组书记：张中才

副 主 席：吕守贤
　　　　赵兰峰

临清市文学艺术界联合会

党 组 书 记：杨　宁

主　　　席：周广涛（兼）

副　主　席：于高臣

副主任科员：郭长龙

临清周讯

总 编 辑：周广涛（兼）

副总编辑：袁　萌（女）

临清市文化艺术交流中心

主　任：马朝霞（女）

统战工作

【概况】 中共临清市委统战部设立于1938年5月，“文化大革命”期间，统战部停止工作。1978年1月，恢复成立临清县委统战部。1983年临清撤县设市（国务院1983年8月30日批准），1993年机构改革中，民族宗教办公室划归市委统战部管理。临清市委统战部逐步设立办公室、党派科、民宗科、经济科、台湾工作办公室。2005年7月台湾工作办公室归口市委办公室管理。

临清市委统战部是市委主管全市统一战线工作的职能部门。主要职责有组织贯彻执行中央、省委和聊城市委关于党的统一战线方针、政策、指示、决议；负责对市级统战系统的重要活动协调，并对贯彻落实各项统战方针、政策进行督促检查，向市委反映党外人士的意见和建议；负责联系各民主党派和无党派代表人士，协助市委贯彻党领导的多党合作和政治协商制度以及对民主党派的方针、政策，发挥各民主党无党派人士参政议政和民主监督作用；支持、帮助各民主党派组织开展工作，加强自身建设；负责党外人士的政治安排，会同市委组织部做好培养、选拔、推荐党外人士担任政府和司法机关领导职务的工作，做好党外代表人物队伍建设工作；协调检查有关民族、宗教工作方针、政策的落实情况，联系宗教界、少数民族的代表人士；负责开展经济领域的统战工作，联系非公有制经济代表人士，指导市工商联工作，调查、研究并反映全市非公有制经济代表人士的情况、协调关系、提出意见和建议；调查研究党外知识分子的情况，反映党外知识分子的意见，协调关系、提出政策建议；联系并培养党外知识分子代表人物，会同有关部门做好政治、生活待遇的安排；完成市委和上级统战部门交办的其他任务。2014年、2015年连续两年荣获全省统战宣传刊物工作三等奖。

【民主党派工作】 2015年，临清市有四个民主党派组织：民革临清市支部，成立于1993年3月，现有党员17人；民盟临清市总支部，成立于1991年6月，现有盟员71人；民建临清市支部，成立于1988年1月，现有会员23人；民进临清市支部，成立于1989年5月，现有会员24人。市委统战部协助民主党派加强自身建设，重点在民主党派思想建设、队伍建设、作风建设上下功夫，着力打造一支高素质的民主党派干部队伍，进一步夯实多党合作事业的组织基础和人才基础。建立完善民主党派发挥职能的体制机制，构建多层次、宽领域的参政议政工作网络；建立市委重大决策的通报制度，接受民主党派监督；完善涉及重大经济社会发展问题的协商会、座谈会制度，广泛听取意见。

【经济统战工作】 新时期，加强做好经济统战工作作为统战部门一项重要任务，是时代赋予统一战线的重要历史使命，也是全面建成小康社会的迫切需要。加强工商联基层组织建设，全市16个镇（街道）全部建立基层商会，并成立行业商会。借力引智，搭建平台，服务全市非公有制经济发展。加强引导，促进非公有制经济人士健康成长。加大对优秀的非公有制经济人士的政治安排。2013年4月，组织会员企业为四川雅安地震灾区捐助款和物92.075万元；2013年6月，山东省民营经济研究院秘书长孔令科一行在聊城市工商联副主席武玉春的陪同下，到临清对临清民营经济发展的情况进行调研；2013年7月，临清市与天津蓟县缔结友好商会；2014年10月，青海省海北州工商联副主席石吉元一行到临清参观考察。积极开展光彩事业活动，引导广大非公有制经济人士主动履行社会责任。

【民族宗教工作】 临清是山东省民族工作重点县（市、区）之一，少数民族人口有一万八千余人，占全市人口的2.4%，分布在16个镇（街道）的213个村（居）。临清市有天主教、基督教、伊斯兰教、佛教、道教5种宗教，现有信教群众近3万人，分布在全市16个镇（街道）的338个村（居）。宗教教职人员98人，经过批准登记的宗教活动场所有74处，爱国宗教团体5个。在临清市委、市政府的坚强指导下，市委统战部始终坚持把加强民族团结、促进宗教和睦，作为建设富裕临清、和谐临清的战略性措施来抓，强化组织领导，加大支持力度，全市上下呈现出民族经济发展迅猛、各民族团结和谐、宗教形势稳定的良好局面。2014年三和纺织集团被国务院授予全国民族团结进步模范集体。

坚持贯彻落实上级《关于深入开展民族团结宣传教育活动的意见》，广泛开展民族团结进步创建活动，开展民族团结进校园、进社区活动，指导16个镇办举办民族团结演讲比赛等形式多样的活动，在全市形成认真学习民族理论方针政策，努力维护民族团结的热潮，营造民族团结的浓厚氛围。完善机制，扎实做好宗教工作。不断完善全市宗教工作联席会议制度，及时发现解决苗头性问题，有力的维护社会和谐稳定。注重加强宗教团体自身建设。着力加强宗教团体的思想建设、组织建设和人才建设。加大对少数民族、宗教界代表人士的培养、选拔、使用力度，努力造就一支政治上靠得住、宗教上有造诣、品德上能服众、关键时起作用的宗教教职人员队伍。截至2015年，全市少数民族干部发展到200多人，其中在职县级干部1人、科级干部31人。

【党外人士统战工作】 市委统战部坚持贯彻落实上级文件精神和政策，进一步解放思想，更新观念，加强全市党外干部的选拔使用工作，加大党外干部的培养选拔力度，保证培养选拔党外干部工作规划目标的顺利实现，为使优秀的党外干部尽快走上各级领导岗位，巩固和发展最为广泛的爱国统一战线，推进民主政治建设进程和政治文明建设提供组织保证。2015年，制定《市级党政班子中党员领导干部与党外代表人士联谊交友制度》，加强市委统战部领导干部与宗教界代表人士联谊交友。印发《2015年全市党外代表人士培训计划的意见》，加强对党外人士的教育引导，推进党外知识分子工作创新发展。截至2015年年底，全市担任副科级以上职务的党外干部51人，其中副县级干部5人，正科级干部12人，副科级干部34人。

【统战队伍建设】 市委统战部历来把加强统战干部队伍建设放在重要的位置，从巩固和壮大新形势下统一战线的高度，努力建设一支勤奋学习、作风民主、求真务实、廉洁自律、团结奉献、开拓创新的统战干部队伍。深入学习江泽民、胡锦涛、习近平总书记关于统一战线的重要论述，党的统一战线理论、方针、政策；学习统一战线的业务知识，熟悉统一战线的历史、任务和工作方法，为做好新形势下统一战线工作奠定坚实基础。当前新形势下，统一战线所处的环境和肩负的任务不断发生新变化，需要创新的方面很多，可以创新的空间也很大。全市统战干部在工作中要努力做到总结历史经验，以史为鉴，分析新形势，研究新情况，总结新问题，大胆探索、勇于创新，始终不渝地坚持党的实事求是的思想路线，不断解放思想，开拓创新，锐意进取，努力开创全市统战工作新局面。

【社会组织统战工作】 2015 年 12 月，临清市召开社会组织联合会成立暨一届一次会员大会，正式成立"临清市社会组织联合会"，系聊城市第 1 家县级社会组织统战团体，为市委统战部管理的事业单位，核定 3 名事业编制。大会同时成立联合会党委，各行业分会成立党总支，指导开展社会组织党建工作。以"同心·幸福临清"系列服务活动主题，在全市开展"四送"活动，"爱心 1+1""扇形 365""年俗文化微电影"等系列社会服务活动。定期聘请专家，为社会组织提供专业培训、咨询、扶持服务，为社会组织人才向高技能、专业化发展提供广泛丰富的职业培训，打造一支更加优秀的社会组织代表人士统战队伍。

【领导人更迭】

部　　长：许朝生（2015.08 止）
　　　　　秦生春（2015.08 起）
常务副部长：魏双平（女）
副 部 长：胡观立
　　　　　王福兴

（李依菲）

对台工作

【概况】 2013—2015 年，临清市台办（中共临清市委台湾工作办公室、临清市人民政府台湾事务办公室，一套班子两个牌子），2012 年 12 月 31 日至 2015 年 12 月 31 日，临清市台办主任先后由徐向东、都善超担任。截至 2015 年年底，市委台湾工作办公室工作人员总计 3 人。

2013 年至 2015 年全市对台工作在市委、市政府的正确领导下，在上级台办的大力支持下，以党的十八大历届全会精神为指导，坚持"和平统一、一国两制"的基本方针，深入贯彻落实市委十二届历次全会精神，紧紧围绕聊城市委、市政府提出的"作风引领、团结实干、争先进位、科学发展"十六字工作总要求，以做好台属、台胞、台资企业的工作为中心，狠抓对台经济和对台交往交流两个重点，努力做好涉台宣传教育，积极推动临台两地经贸合作，各项工作取得新的进展和突破，确保全市对台工作的稳步发展。三年来，临清市台办主动为有关企业和部门办理赴台团组 8 个，总计 90 人次；接待台胞、台商 212 人次；为台胞、台属、台商办实事 17 件次；慰问台胞、台属、台商 321 人次；召开各种座谈会 24 次；组织各种涉台教育培训 8 次，参加人员达 710 人次；发放宣传材料 3200 余份。2015 年 12 月，临清市张自忠将军纪念馆被山东省台办命名为山东省海峡两岸交流示范点。2015 年，临清市台办被山东省台办评为"全省台办系统先进集体"。

【对台交流交往】 通过加强与台湾同胞的联系，邀请台商到临清参观考察以及组团赴台交流等多种形式，广泛加强与台胞台商的交往交流，对他们都给予热情细致周到的招待。2013 年至 2015 年，每年参加"鲁台经贸洽谈会""山东·台湾名品博览会"。借助"鲁台经贸洽谈会"和"山东·台湾名品博览会"等平台，向台湾各界朋友宣传临清，介绍临清，吸引台商来临清考察投资。紧紧抓住台湾地区产业结构调整、经济政策转变的有利时机，积极承接台湾产业转移，主动邀请台湾知名企业来临清考察投资，2014 年 11 月经过多次充分地沟通磋商，同时应台湾诚富集团及南台湾地区众多知名企业家邀请，在报请聊城市台办批准，经临清市委、市政府主要领导同意后，临清市台办组织相关企业，针对台湾南部地区的企业开展一次具有深远影响意义的招商活动。市委书记、市人大常委会主任王建鹏率领市人大党组副书记、中色奥博特公司董事长刘占海，市人大常委会副主任宋加利，市政府党组副书记王庆瑞，市经济开发区管委会主任、新华路街道党委书记刘明峰以及临清市相关企业负责人一行14人，赴台湾开展为期七天的经贸文化交流活动。此次投资环境说明会是临清市第一次在台湾南部地区举行的专场投资环境说明会，也是山东省在台湾南部地区举办招商活动的一个新突破，在台湾南部的企业家中引起强烈反响。这次活动吸引百余家台湾知名企业参与，香港中评社、台湾《中国时报》等多家媒体对整个活动进行跟踪式报道，这次活动进一步丰富临清的台商资源，宣传临清的产业优势，奠定临清今后对台招商引资的基础，为下一步争取更多的台湾同胞来临清投资兴业营造良好的氛围。为加强对中华优秀传统文化的发掘，进一步用好齐鲁文化资源优势、弘扬京剧文化艺术，打造临清市富有特色的对台工作品牌，旨在促进两岸京剧文化交流，2015年11月，临清市政府副市长周志雯率领相关部门，组派临清市京剧团赴台举办“山东省第一届鲁台京剧文化艺术节”交流活动，分别在台北、高雄举办两场京剧专场，临清市京剧团赴台演出人员以深厚底蕴和精湛水平，高质量京剧表演，得到现场观众的一致好评。展示全市京剧之乡的艺术风采。同时，山东省第一届鲁台京剧文化艺术节，被评为2015年山东省优秀对台交流项目。

【对台招商引资】 临清市把对台招商引资工作当作一项重点工作来抓，利用多种途径和形式向台胞、台商宣传临清市的投资环境，在台资台属企业用地、基础设施、税收等方面实行优惠政策，介绍临清市的招商引资项目，吸引台资企业落户临清。2014年9月，根据《2014年聊城市重点招商活动计划》安排，临清市委副书记、市长李新阁率领市政府副市长王磊、市经济开发区管委会主任、新华路街道党委书记刘明峰、临清市相关企业负责人等一行14人，赴福建厦门、漳州等台商聚集区开展招商引资活动，实地参访考察厦门、漳州等地国家级台商投资区和投资区部分台资企业，并参加聊城组织召开的“2014聊城（厦门）台商恳谈会”。

【台属工作】 台属是联系台胞的桥梁和纽带，做好台属工作对于促进两岸和平统一有着积极重要的意义。通过台属联谊会的平台，依照台属联谊会的章程，加强对广大台属的教育、指导和管理，鼓励台属给在台亲友联系，邀请在台亲友返乡考察投资兴业。同时做好台属关怀帮扶工作，积极主动地为台属排忧解难办实事，鼓励广大台属兴办经济实体，勤劳致富。2013年4月，市委副书记祁学兰同志率领临清市部分台属参加聊城台办组织的“亲情连线”赴台活动，在台湾期间，积极与临清市台胞加强沟通，促进感情，代表临清市诚挚的邀请临清籍台胞常回家看看。2013年8月，报经临清市委、市政府同意，在聊城市台办的大力支持下，在临清市台办的积极筹措下，顺利完成全市台属联谊会的第四次换届工作。2014年4月，临清市台属联谊会首次组织临清市部分台属代表赴台开展亲情交流活动。交流团充分利用此次参访活动对临清的投资环境、区位优势、历史文化底蕴进行广泛推介，为今后临清进一步引进台资与加强合作创造条件。

【领导人更迭】
主　任：都善超
副主任：周召友

（周召友　姜鹏）

市直机关工委工作

【概况】 中共临清市委市直机关工作委员会负

责领导市直机关党的工作。市直机关工委下设市直机关纪工委、市直机关武装部。2015年年底，市直机关工委共有工作人员5人，其中书记1人，副书记2人（其中一人兼任市直机关武装部长），群工室主任1人，宣教室主任1人。辖党委3个，机关党委2个，党总支12个，党支部155个，截至2015年年底共3796名中共党员。2015年被省党的建设研究会评为“山东省机关党建调查研究与实践创新先进单位”。

【党员思想教育工作】 2013年，按照市委的统一部署，深入开展贯彻“十八大”和“服务型党组织”的学习实践活动。坚持从严从实、突出问题导向、立足群众满意、注重改革创新，认真解决影响基层党组织作用发挥的突出问题，不断提高基层党组织的创造力、凝聚力、战斗力，为全市“转作风、提效能、促跨越”活动，提供了坚强的组织保证。2014年，扎实开展“党和群众路线教育实践活动”，其中3人全程参与党的群众路线教育实践活动督导工作，1人全程参与党的群众路线教育实践活动办公室工作，在督导过程中严格把政策关、进度关、进度关，在人员少、任务重的情况下，机关工委工作人员严格按照上级要求圆满完成上级赋予的各项工作任务。2015年，结合“三严三实”教育实践活动，临清市委机关工委坚持开展“下基层、听民声、解民忧、结亲情”活动，机关工委领导班子坚持做到重心下移，下基层接地气，发现问题马上处理。同时，开展“亮身份、明职责、树形象”党员（家庭）挂牌活动。市直机关工委把开展挂牌活动与开展“党员干部进社区”活动、开展“惠民强基促和谐”“包村联户”、实施党员岗定责和落实中心工作任务结合起来，使挂牌活动成为促进工作落实和强化基层党建的有效举措，成为不断健全党员创先争优、发挥先锋模范作用的长效机制。

【民主生活会和民主评议党员活动】 市直机关工委所辖党组织坚持定期召开民主生活会，认真撰写领导班子集体及成员对照检查材料，经集体讨论后，征求班子成员和市直基层党组织的意见，做到查摆问题不聚焦的不放过，突出问题没有回应的不放过，自我剖析不深刻的不放过，没有见事见人见思想的不放过，整改措施不到位的不放过，以严的标准、严的措施、严的纪律，以作风建设的新成效夯实党执政的群众基础。市直机关工委定期（每年七一、元旦）或不定期分组到各基层党组织中参加民主生活会，了解情况，检查、督促、指导。积极开展民主评议党员活动，把民主评议党员、妥善处置不合格党员和纯洁党员队伍作为加强党员队伍建设的一项重要工作。

【基层组织建设】 市直机关工委狠抓基层组织建设，及时对任期届满党委、党总支和党支部进行集中改选，对部分基层党组织进行集中改选，对部分基层党组织成员进行充实、调整。并对新任党组织成员较系统地进行党的科学理论体系、党务工作、党的基本知识等方面的教育，提高基层党务干部的政治素质和工作能力。

【发展党员工作】 根据《中国共产党党员发展细则》和《中国共产党章程》，按照“坚持标准，保证质量，改善结构，慎重发展”的方针，做好发展党员工作。每年市直机关工委都对发展党员工作进行一次检查，发现问题及时化解。不定期召开发展党员工作研讨会，对提出的好建议和市直机关出现的好经验及时推广和采纳。坚持每年对入党积极分子进行集中培训，没有经过培训的一律不均需入党。坚持“五不批”，即没经两年培养教育的不批，对党认识不深刻、不了解党的基本知识的不批，不经集中学习培训成绩不合格的不批，政审材料不全、手续不齐备的不批，有信访情况没查清楚的不批。并坚持“三见面”制度，即同支部成员见面，同党内外群众见面，同本人见面。做到成熟一个，发展一个，保证新党员的质量。三年来，累计发展党员180名，未出现问题。

【组织制度建设】 市直机关各级党组织不断加强制度建设，市直机关工委先后制定并完善市直机关、事业单位党务工作目标，并针对市直企业单位实际情况，制定适合企业特点的党务工作制度，如党支部“三会一课”制度、民主生活会制度、党员活动日制度、党员联系困难群众制度、党组织定期向老党员汇报制度、党政一把手提前磋商制度等。通过这些制度建设，充分发挥各级党组织的政治核心作用、党支部的战斗堡垒作用和保证监督作用以及党员的先锋模范作用，使市直机关党组织逐步走向制度化、规范化。

【评先树优活动】 市直机关工委每年“七一”或年终总结时评选出先进党支部、先进党务工作者和优秀共产党员，并召开大会进行表彰。使广大党组织和党员学有榜样，干有目标，进一步发挥党组织的战斗堡垒作用和党员的先锋模范作用。在市委、市政府的正确领导下，市直机关工委督导市直各基层党组织广泛开展一系列以创建先进基层党组织、争做优秀共产党员为主要内容的“创先争优”活动。及时制定活动方案和实施办法，做到活动目标、内容、要求、方式、领导、措施明确，健全“创先争优”活动工作机制，保证活动的扎实开展。活动紧贴大局，以加强工作、振奋精神、提高素质、服务发展、联系群众、发挥作用为中心，争取做到思路宽广、重点突出、形式多样、内容丰富、富有成效，为机关党的工作增添新的生机与活力，极大地激发市直各级党组织和广大党员的创新精神和工作热情，有效地服务全市工作大局，进一步提高机关党建工作水平。

【党员活动室建设】 市直机关工委每年对所属基层党组织的党组织党员活动室进行检查和抽查，新建和完善一批党员活动室，并以党员活动室为阵地，督导各党组织开展各种党内活动，发挥战斗堡垒作用。

【党风廉政建设】 市直机关纪工委受市纪委和市直机关工委领导，负责协调、指导市直机关党组织纪律检查工作，监督检查市直机关党组织、党员执行党和国家的路线、方针、政策以及贯彻执行党纪、政纪和纠正不正之风的情况，抓好市直机关党组织、党员的党纪党规教育和党风廉政建设工作，处理市直一般党员干部违纪情况。2013年来，市直机关纪工委组织党员干部学习《中国共产党员领导干部廉洁从政若干准则》；开展以为民务实清廉为主要内容的党的群众路线教育实践活动；认真受理群众举报，强化日常监督，严格督促落实，纠正处理违反规定的行为；整治“庸懒散”“四风”及“不严不实”行为；深入开展廉政文化创建等活动。

【市直机关武装部工作概况】 2013年市直武装部被临清市人民武装评为“民兵预备役先进工作单位”。2015年市直武装部部长韩培刚同志被市人武部授予“专职武装先进个人”。民兵组织建设。2013年至2015年市直机关民兵组织建设工作不断得到加强，民兵组织整顿工作都高标准顺利通过上级组织的检查验收，受到上级表扬。严格对民兵干部进行集中业务培训，收到良好效果。做到队伍健全，干部齐全，官兵相识，制度落实，市烟草公司民兵、山东迅力特种车制造公司、市电业公司、中色奥博特民兵连四个单位被市人武部表彰为“先进单位”。民兵政治教育和国防教育。各民兵组织全部落实政治教育和国防教育年度、季度实施计划。民兵干部进行国防教育集中培训，增强民兵干部的国防知识。市直民兵政治教育、国防教育实现系统化、制度化、经常化和社会化。民兵军事训练和抢险救灾。在训练工作中，始终坚持“严格训练，严格要求”的方针，科学组织实施。2013年以来市直武装部共组织256名民兵参加军事训练，合格率达100%。在单位完成急、难、险、重工作任务和日常安全保卫工作中发挥重要作用。高中新生入学军训坚持高标准，严要求，取得优异成绩。征兵工作。为确保兵员质量市直武装部在新兵征集工作中坚持“严把三关”（即体检关、政审关、定兵关），“四个不定”（即身体不合格不定、政审不清不定、征接双方有争议的不定、异地户口不定），“一个坚决杜绝”（即坚决杜绝把有严重问题的青年送到部队）。积极主动配合部队做好入伍后的政治思想工作，无思想不稳定个人和政治考核、身体原因复查退兵。

【其他工作】 机关作风建设方面。2013年，深入开展“转作风、提效能、促跨越”活动，在机关事业单位，开展“亮身份、明职责、树形象”党员（家庭）挂牌活动，对窗口服务单位开展“双向评聘、三岗创建”活动。增加群众监测点和群众对人定向评议，以定向评议为突破，发挥其推动作用，提高窗口服务部门单位的服务主动性、积极性和规范性。在机关工委的倡导下，一些基层党组织在“七一”节日中，举办不同形式的演唱会、演讲会、歌唱会，歌颂党、歌颂祖国、歌颂时代精神。2014年，由市直机关工委组织开展“党的群众路线应知应会知识竞赛”活动。

加强党费的收缴管理。按照中组部的有关规定及《党费工作手册》，重新审核党员的党费应交额，规范党费的收缴管理程序。

“第一书记”选派工作。修缮党建活动阵地。对原有办公用房进行粉刷，机关工委为枣林村捐助办公桌椅及文件柜，建立专门的党员活动室。同时，实现党建制度上墙、职责上墙。解决出行难问题。通过“一事一议”和积极争取，共为枣林村修建水泥路6500米、加装太阳能路灯71盏，切实解决群众的出行难题。解决饮水和灌溉难题。为410户村民争取到饮用水免费升级改造项目及设立惠民饮水站1处，彻底解决村民的饮水安全问题。通过对沟渠进行清淤拓宽、加深以及向上争取，争取到变压器1台、新铺电线3000米、新打灌溉井6眼，基本解决村民的灌溉问题。改善村级文化场所。争取到上级扶贫图书500册，个人捐书200册、音箱1套。同时，新建综合文化服务中心和600平方米的文体小广场，极大地丰富百姓的精神文化生活。改善村级环境。在新修建道路两侧建排水沟，每天安排4名保洁员，对村内卫生进行打扫、清理。完成240户“旱改厕”工程。改善教育教学条件。通过积极争取，为枣林村争取到占地20亩，建筑面积2984平方米的中心小学教学楼1处。设立精准扶贫点。通过与当地企业联系，在枣林村贫困户刘绪会家设置橡胶手套代包装扶贫点一处，切实解决50人的就业和脱贫问题。

【领导人更迭】

书　记：王晓壮

副书记：赵安库

　　　　韩培刚

市直机关纪工委

书　记：赵安库

市直机关武装

部　长：韩培刚

（韩培刚　丰光辉）

机构编制工作

【概况】 临清市机构编制委员会办公室2010年以前和临清市人事局合署办公，2010年机构改革后单列，归口市委序列。编办内设科室有综合科、行政机构编制科、事业机构编制科、监督检查科、编制计划科。下设行政机构临清市事业单位监督管理局原为下属事业单位临清市事业单位登记管理办公室，2004年更名为临清市事业单位登记管理局（临编字〔2004〕13号），2012年9月更名为临清市事业单位监督管理局（聊编办〔2012〕55号），2012年10月变更为编办下设行政机构（临编字〔2012〕9号）。2014年5月成立临清市人民政府行政审批制度改革办公室，设在市编办（临编〔2014〕8号）。

【机构编制评估工作】 2013年5月，为落实《关于转发〈山东省政府部门机构编制评估办法〉的通知》（聊编〔2013〕2号）精神，根据聊城市编办《关于开展2013年机构编制评估的通知》（聊编办〔2013〕21号）要求，制定出台2013年机构编制评估工作方案，确定对市农业局、市经济和信息化局、市安全生产监督管理局、市文化广电新闻出版局、市食品药品监督管理局等5个部门开展机构编制评估工作

2014年6月，在2013年机构编制评估工作的基础上，印发《关于开展2014年度机构编制评估工作的通知》（临编办〔2014〕15号），对市发改局、市交通局、市财政局、市住建局、市水务局、市国土局、市环保局、市审计局、市统计局、市科技局等10个政府工作部门开展第二批机构编制评估工作。

2015年8月，印发《关于开展2015年度机构编制评估工作的通知》（临编办〔2015〕12号），对市政府办公室、市教育局、市民政局、市人力资源和社会保障局、市商务局、市卫生和计划生育局、市市场监督管理局、市公安局、市司法局等9个政府工作部门开展第三批机构编制评估工作。

【食品药品工商质监管理体制改革】 2013年11月，聊城市召开全市食品药品工商质监管理体制改革工作会议，对全市食品药品工商质监管理体制改革工作做出全面部署。会后，积极部署改革工作，11月18日，印发《关于成立临清市食品药品工商质监管理体制改革领导小组的通知》（临办发〔2013〕43号），成立由常委、副市长任组长，组织、财政、人社、工商、药监、质监等部门为成员的体制改革领导小组，负责改革工作的统筹协调工作；12月30日，起草《临清市人民政府关于改革完善食品药品工商质监管理体制的工作方案》。

2014年1月，印发《关于印发临清市食品药品监督管理局主要职责内设机构和人员编制规定的通知》（临政办发〔2014〕12号），整合市食安办、市食药监局、市工商局、市质监局等相关部门的部分职责，组建新食品药品监督管理局，统一行使食品药品监督管理职能。同时新组建的市食药监局加挂市食品安全委员会办公室牌子，承担市食品安全委员会的具体工作。整合食品药品监管、质监部门现有执法力量，组建临清市食品药品稽查大队，负责全市食品药品监督管理工作的具体执法。2014年2月，印发《关于成立临清市检验检测中心的通知》（临编〔2014〕7号），整合市食品药品监管、质量技术监督等部门现有食品药品检验检测资源，组建临清市检验检测中心。

【政府机构改革】 2014年12月，根据《关于临清市人民政府职能转变和机构改革的实施意见》（临编〔2014〕22号），将市卫生局的职责、市人口和计划生育局的计划生育管理和服务职责进行整合，组建市卫生和计划生育局，加挂市中医药管理局牌子，为市政府工作部门。不再保留市卫生局、市人口和计划生育局。

将原由省垂直管理的市工商行政管理局、市质量技术监督局整合为市场监督管理局，为市政府工作部门。不再保留市工商行政管理局和市质量技术监督局。

设立市政务服务中心管理办公室，为市政府正科级行政派出机构，撤销市行政服务中心。

【烟店镇行政管理体制改革试点】 2014年2月，省编委办公室下发文件，正式将烟店镇列为经济发达镇行政管理体制改革试点镇，10月11号，省编委办公室印发《关于〈临清市烟店镇行政管理体制改革试点方案〉的批复》（鲁编办〔2014〕189号），烟店镇行政管理体制改革试点方案正

式获批。

2014年3月，为加强对烟店镇扩权强镇改革试点工作的领导，印发《关于成立临清市烟店镇行政管理体制改革试点工作领导小组的通知》，成立由市长李新阁任组长，编办、发改、财政、住建、公安、国土等多个部门为成员的烟店镇行政管理体制改革试点工作领导小组，统一组织协调烟店镇改革试点工作。领导小组下设办公室，办公室设在市编办，负责改革试点工作的具体组织领导与协调。领导小组实行联席会议工作制度，不定期召开领导小组成员会议，及时通报改革试点工作情况，研究解决存在困难和问题。

2014年11月，举行烟店镇行政管理体制改革试点权限下放承诺书（委托书）签订仪式，市直各有关部门与烟店镇逐一签订行政管理权限授权委托书（承诺书），56项县级管理权限正式下放到烟店镇，其中26项下放到镇政府，30项下放到市直派驻机构，市政府将“烟店镇人民政府行政审批专用章”授予烟店镇。

2015年4月，省编办行科所领导来临清就烟店镇改革试点工作进行三天的专题调研，充分肯定改革试点的做法，并提出指导性意见，《机构与行政》杂志对烟店镇改革试点工作进行专题报道。

2015年10月，根据省编办关于在经济发达镇行政管理体制改革试点镇建立行政权力清单和责任清单的工作要求，组织专门人员力量编制试点镇行政权力清单和责任清单。经过梳理，行政权力清单部分最终确定行政权力事项314项，其中行政审批67项，行政处罚132项，行政强制11项，行政征收17项，行政裁决3项，行政确认15项，行政奖励1项，行政监督29项，其他行政权力39项；责任清单部分共确定责任事项314项，事中事后监管制度事项40项，公共服务事项17项。编制完成后，通过临清市政府门户网站将试点镇行政权力清单和责任清单向社会公布。

【机关建设】 强化党的组织建设，坚持以学习交流为重点，以落实规章制度为抓手，勤练内功，自我加压，强化自身建设，全面提升服务水平和能力，坚持以学习交流为重点，以建章立制为抓手，勤练内功，自我加压，全面提升机构编制业务水平。另外，积极做好机构编制信息宣传工作，2015年荣获“全省机构编制信息工作先进单位”称号。

【领导人更迭】

临清市机构编制委员会办公室

主　任：朱　峰

副主任：刘长山

　　　　荣玉红（女）

事业单位监督管理局

局　长：刘长山

副局长：张士森

（潘　巍）

信访工作

【概况】 临清市信访局是市委、市政府的重要工作部门。本局编制6人，现有干部职工7人，其中正科级2人，副科级3人（包含离岗待退人员1人）。内设科室有办公室、督办室、接访科、办信科、政工科。2012年12月并增设“临清市人民政府信访事项复查办公室”，此机构为正科级事业单位，与信访局合署办公，孔世永任主任（兼信访局副局长），刘友强任副主任。

2010年9月鉴于信访局办公环境问题，根据信访工作的实际需求，市委、市政府投资100万元，投标改造装修原张自忠将军纪念馆（市城区住建局东邻）作为本局新的办公场所，极大地改善群众来访环境和信访局干部职工的工作条件。2010年11月16日本局由原址（市级机关综合办公楼东侧年久二层小楼）搬入现址，并始挂“群众诉求服务中心”的牌子，实行一个机构两块牌子。

【职能职责】 负责处理市内群众的来信来访及来电；负责向各镇（街道）、市直部门及机关单位转送、交办、督办信访事件及其他信访事项；承办上级及业务部门和市委、市政府交由处理的信访事项；协调督导全市的重要信访事项；复查、督促、检查信访事项的处理情况；研究分析信访工作的特点和规律，主动开展调查研究，及时向市委、市政府提供信访信息和解决问题的建议及意见；督促、检查和指导全市的信访工作，引导群众依法有序地进行信访；承办上级业务主管部门和市委、市政府交办的其他工作。

【处理信访案件情况】 1999 年至 2017 年，本局共受理群众来信来访 5148 件（起），其中来信 1083 件，来访 4065 起 8960 人次，其中集体访 1209 批 6836 人次。结案率 100%，上级交办案件 110 件，办结率 100%。

【队伍建设】 将信访一线作为考验干部、培养干部、锻炼干部的主阵地。坚持严把信访干部“入口”，畅通信访干部“出口”。严格执行年轻干部到市信访局轮岗挂职制度，干部轮岗挂职期满时信访局出具鉴定意见，党委组织部门则根据信访部门的意见作为干部提拔重用的依据。着力提升信访干部的思想道德素质，强化宗旨意识。以“为党分忧，为民解难”为指导思想，以争创“工作一流，群众满意”为工作部门目标，弘扬“热情、负责、依法、奉献”的精神，让市委、市政府放心，让来访群众踏心。强化能力建设，注重理论学习，加强对信访人员的培训。为提高工作人员的理论水平和业务能力，1999 年至 2017 年间共举办信访干部培训班 56 期，培训信访干部 1000 余人次。除举办专门业务培训班，到上级下级或外地挂职学习外，每年还召开 3—4 次信访人员会议。以会代训，利用会议对重大或疑难信访案件进行集体剖析、研讨。与会人员相互交流、相互启发、取长补短，开阔视野，理顺思路，提升理论水平，增强办事能力。

【工作成效】 近年来，在市委、市政府的正确领导支持下，局领导班子团结带领全体干部职工，认真学习贯彻党的路线、方针、政策。以《信访条例》为依据，以法律法规为准绳，以“为党分忧，为民解难”为宗旨，不断解放思想，更新理念，与时俱进，奋力拼搏，以无私忘我的精神创造性地开展全市信访工作。2013 被评为“山东省信访工作先进单位”。2015 年聊城市信访条例电视知识竞赛第二名。

【领导人更迭】

局　长：周中信

副局长：孔世永

　　　　王　军

　　　　廖　凯

临清市人民政府信访事项复查办公室

主　任：孔世永

副主任：刘友强

（刘友强）

老干部工作

【概况】 2015 年年底，共有干部职工 18 人，负责全市 172 名离休干部及 4360 名退休干部的管理服务工作。落实老干部局长兼任同级党委组织副部长。老干部局、党工委、关工委、老年大学、老干部活动中心机构编制及人员配备到位。2013 年来，老干部局认真组织老干部人员参加各类各级学习教育培训活动。扎实开展“群众路线”教育活动和“三严三实”专题教育，切实改进工作作风，老干部工作者的综合素质明显提高，树立起新时期老干部工作者“讲政治、重感情、业务精、作风好”的良好形象。

【落实老干部待遇】 全面落实老干部的政治生

活待遇。每年组织两次情况通报会和参观市政重点工程建设项目。离休费保障机制、医药费保障机制、财政支持机制良好运转，老干部的亲情化服务水平不断提高。老干部离休费及时足额发放，医药费按规定及时、据实报销。积极协调财政局、人力资源和社会保障局，离休干部的医疗统筹金提高到4万元。全面落实老干部一次性抚恤金标准。企业离休干部离休费与行政事业单位离休干部离休费基本平衡。帮助困难离退休干部及其遗属解决实际困难。

【发挥老干部作用情况】 老年志愿者队伍建设，各协会组织制度健全，工作制度完善，日常管理规范，活动经常，取得良好的社会成效。老干部社团建设进一步增强。老干部科协、老年体协、老干部书画研究会制度健全，管理规范，经常开展活动。志愿者队伍，老干部社团、老干部骨干力量不断增强，现已涌现出老年大学京剧艺术团、老年大学民乐艺术团、楹联协会、老年书画研究会、老促会等先进典型。

【老干部党支部建设】 截至到2015年年底，全市离退休党支部已经成立55个，新批复成立9个，与在职合建16个，正筹建支部1个。各单位都设有专门的活动室，制度上墙。各单位挑选党性强、公道正派、组织能力强、民主作风好、热心服务、身体状况好的离退休干部党员担任离退休干部党支部书记、副书记和委员。各支部制度健全，有活动室。引导老同志做到离岗不离党、退休不褪色、退休不退志。各单位党支部积极组织离退休干部党员开展活动，提供好学习资料。每年组织1次市直单位负责老干部工作的人员、离退休干部党支部成员、党小组长进行教育培训、党支部书记述职。建立健全离休干部、退休干部、离退休干部党支部及党员、非党离退休干部、离退休干部人才等五大信息库。

【老干部教育及培训】 老年大学现开设6门课程，每学期180课时，日常在校学员199人。

【老干部文体活动】 2014年，财政投资60万元改扩建老干部活动中心，为老干部开展文体活动，提高生活质量提供良好的平台。每年春节，老年大学都组织学员开展送书画，送春联活动。逢国庆，“七一”等党的重要节日，都举办老干部书画展览。

【领导人更迭】

局　长：徐向东（2015.09止）
　　　　厉玉慧（2015.09起）
副局长：赵福强
　　　　孙义玺（2013.09止）

（李树新）

党史征集研究

【概况】 1999年1月，中共临清市委党史资料征集研究委员会办公室为正科级全额事业单位。2004年4月，中共临清市委党史资料征集研究委员会办公室更名为中共临清市委党史研究室，原规格、隶属关系不变。2013年1月，中共临清市委党史研究室为隶属市委的正科级全额事业参公单位。

中共临清市委党史研究室负责中共历史研究工作，组织编写中共临清历史、编年史、专门史等党建著作，准确记载和反映党的历史；征集、整理、编撰临清地方党史重要资料，妥善保有党的历史财富；组织开展党史学习教育；扩大党史宣传，普及党史知识；组织开展党史重要课题和人物研究及有关党史重大事件、重要人物纪念活动；配合上级党史部门及本及有关部门做好党史革命遗址、遗迹调查，保护修缮和开发利用工作，搞好党史纪念馆建设；积极参与红色旅游工作和革命老区建设工作；开展对全市党史工作的业务指导。

【工作概述】 2013年4月，由中共聊城市委宣传部、中共聊城市委党校、中共聊城市委党史研究室、聊城市社会科学界联合会共同举办《聊城市贯彻落实十八大精神研讨会》临清党史研究室纂写《深入贯彻学习十八大精神，开创临清党史新局面》《关于临清市建设生态文明市的实践与思考》两篇论文入选。

2013年9月、11月编印《临清党史工作》二期，2014年2月、5月编印《临清党史工作》二期。2015年3月党史政研室，组织人员精心编撰中共临清地方史通俗读本《临清革命历史人物》一书。图书收录临清革命历史上有重大影响的临清籍和客籍人士33人，介绍他们的生平及主要业绩，反映党组织领导人民走过的艰难历程。充分发挥党史以史为鉴，资政育人的作用。

【领导人更迭】

主　任：王　峰（女）

副主任：陈琳琳（女，2014.11止）

刘明琰（女，2014.02起）

（刘立华）

党校工作

【概况】 临清市委党校始建于1948年7月，内设5个科室：办公室、政工科、培训科、教研室、函授站，行政级别均为副科级。

【师资队伍建设】 2013年通过临清市事业编招考招聘1名工作人员。在职教职工25人，其中高级讲师9人，讲师6人。大学本科学历20人，研究生学历3人。

习近平总书记指出，“党校教师是我们党直接掌握的一支教师队伍，是我们党一支不可多得的理论力量”。教师水平的高低直接决定教学质量的优劣。临清市委党校坚持“教育者首先要受教育”的理念，采取一系列措施，加强师资队伍建设，打造高素质的党校教师队伍。邀请省内外名师来校授课，全体教师观摩学习，汲人之长，补己之短。组织教师参加上级党校组织的各类学术交流活动和研修班，选派优秀教师赴上海、北京等高校学习进修，到办学经验丰富的兄弟党校考察学习，在拓展视野的同时也提高专业理论水平和课堂教学能力，再以“点”带“面”，提升党校全体教师的业务能力与水平。实行“先试讲后上台”制度，根据培训需求，每次上课之前先进行单位内部试讲，全体人员点评、打分，待试讲过关后再上台为培训班上课，以切实提高师资水平，保障课堂教学质量。举办教师风采展示、全体教师精品课工程、青年教师精品课工程、教师试讲过关课等为主题的教学活动。创新考核机制，实行个人年度业绩档案制，年底进行量化评比，以此作为评先树优的依据。

【基础设施建设】 努力改善办公条件，包括粉刷墙壁、更新办公用品、维修洗手间、新装修多功能厅等。

【干部培训】 2013年3月，在京华中学举办新提任科级干部培训班，培训200人；4月，在京华中学举办两期科级干部培训班，培训750人；10月，在党校多功能厅举办全市工会干部培训班，培训110人。

2014年是党校培训创新年。2014年共举办科级领导干部培训班九个专题班40堂课，培训学员921人次。培训内容精心设计。在教学内容安排上，围绕“三个紧贴”，即：紧贴党和国家大政方针、紧贴市委和市政府中心工作、紧贴党员干部思想和工作实际，突出科学发展观重大战略思想，又兼顾领导干部执政能力、党风廉政建设等内容，增强培训内容的系统性和活力。根据干部所从事工作的不同性质，分类进行培训。同时，变集中培训为分散式教学，切实解决工学矛盾。按照“干什么学什么、缺什么补什么”的要求，2014年分别举办农业发展、工业经济发展、城市规划交通环境发展、党建、公共管理和领导力提升、法制建设、文教卫生等9个专题班次，每个班次设置不同课程。

2015年认真贯彻落实《关于进一步加强干部教育培训工作的意见》要求，树立“以人为本、按需培训”的理念，构建以需求为导向的干部培训模式、以学员为中心的学员服务模式，发挥党校在全市科级干部培训工作中的主渠道和重要阵地作用。多措并举深化教学改革，把党的十八大精神作为一条主线纳入主体班教学，邀请外校名师、市级领导等来党校授课，拓宽学员培训内容；创新培训方式，深入开展现场教学实践活动，开拓学员视野。创新管理模式，新安装指纹机，严格考勤制度；构建学员补课制度，提升学员课堂出勤率；统一印发科级干部培训班学习笔记，提高学员的学习效率。

【函授教育】 2013年开始实施“一村一名大学生计划”，招收学员共196人，坚持思想引导和制度监督相结合，坚持不懈地抓好学员到课率，同时坚持质量兴教，提高教学质量，努力打造一流的高品质教学平台。

2014年“一村一名大学生计划”招收学员共216人，学员队伍得到进一步壮大。一如既往地抓好学员学习及各方面的教学工作，进一步配齐多媒体教学设备，教学和办公条件都得到明显改善，教学质量得到显著提高。

2015年“一村一名大学生计划”招收学员共17人，从而进一步实现学员的全覆盖，同时进一步抓紧抓好学员的学习和教师的教学，努力促进教学相长，得到学员和社会各界的广泛好评。

【教学工作】 为提高教学质量，提升教学水平，更好地发挥干部教育培训主渠道、主阵地作用，落实校党委提出的创建一流党校规划，在教学方面做大量工作。2013年，做好党的十八大报告精神的宣讲工作，培训党员干部4900人次；举办2013年教学竞赛活动。2014年，做好党的十八届三中全会精神宣讲、党的群众路线教育实践活动的宣讲工作，培训党员干部5200人次。2015年，做好2015年镇（街道）、市直部门党员培训宣教工作。贾生旺、李建华、张春华、张卫东等9人参加宣讲活动，共培训党员4600人次。宣讲课程全部被制作成视频，在临清电视台党建频道多次播放。实施青年教师精品课工程。大家的授课得到一致好评，取得良好效果，倪波、郭倩、王颖的课程被评为精品课。组织教师参加培训，开阔教师教学视野，提升教师教学水平。2015年11月22—29日组织教师参加由中国人民大学举办的“十三五规划建议解读”高级研修班，通过学习，老师们开阔视野，拓展知识面，提升理论及教学水平。

【科研工作】 2013年，李恩侠课题组的省党校课题《临清市公共文化资源整合利用》在省委党校获得结项。2013年在全国期刊报纸上发表论文9篇。在2011—2012年聊城市党校系统优秀科研成果评奖中，李恩侠的《参加中共“五大”的共产国际代表—罗易》、王颖的《论现行体制下我国村民自治的“进”与“退”》获二等奖。组织参加聊城市委党校举办的理论研讨会，有一篇文章获二等奖，一篇文章获三等奖。组织参加聊城市社科联举办的贯彻落实党的十八大精神理论研讨会，有一篇文章获一等奖，一篇文章获二等奖，两篇文章获优秀奖。为聊城市社科联“我为跨越赶超献计策”提供建议3条，均获得建议奖。

2014年3月召开全市党校系统学习贯彻十八届三中全会精神理论研讨会，金增岳、淳俊青的文章获二等奖，张春华、李恩侠、郭倩、王颖、贾生伏、赵芬的文章获三等奖。聊城市党校、聊城市社科联举办全市党的群众路线理论研讨会，李恩侠的文章获二等奖，淳俊青获三等奖。李恩侠在《党史博采》上发表省级论文1篇，在地级刊物《光岳论坛》发表论文一篇。李恩侠、郭倩的文章获聊城市委党校2012—2013年优秀科研成果三等奖。在全市党校系统学习贯彻十八届三中全会精神理论研讨会上，贾生旺、李恩侠的文章获三等奖。

2015年完成省委党校课题两项。金增岳、李恩侠全省党校系统课题通过鉴定，获得结项；在全国省级期刊报纸上发表论文4篇。组织参加聊城市委党校举办的“四个全面”理论研讨会，有1篇文章获二等奖，2篇文章获三等奖。组织参加聊城市委党校举办的纪念抗日战争胜利70周年理论研讨会，有1篇文章获二等奖，2篇文章获三等奖。组织参加聊城市委党校举办的“三严三实”理论研讨会，4篇文章获三等奖。在2014年聊城市党校系统优秀科研成果评奖中，李恩侠的《党的中央会议类型刍议》一文获三等奖。

【领导人更迭】

党委书记：张守群（兼）
副 书 记：周正峰（兼）
校　　长：王建鹏（兼）
常务副校长：
张守群
副 校 长：贾生旺
李建华
张春华
纪委书记：张卫东
工会主任：尹　宁

（张春华　庞荣昌）

接待工作

【概述】 临清市招待所始建于1958年，是一家集住宿、餐饮、商务、休闲于一体的三星级涉外宾馆，系临清市委、市政府指定政务接待部门，临清市级党政机关会议定点场所，为临清市属事业单位。总占地面积2万平方米、建筑面积1.6万平方米，由2栋客房楼、1栋餐饮楼、1栋餐饮会议综合楼及1栋办公楼组成。其中，餐饮部分拥有宴会大厅、多功能厅各1个，各类型豪华包厢24个，可同时容纳800余人就餐，餐饮菜肴以鲁菜为主，兼有川、粤等菜系特色名菜；客房部分拥有豪华套房、标准间等共114间，可同时接待190余人住宿；另外拥有各类规格的会议室7个，可满足不同规模会务需求。截至2015年12月，内部共设13个部室，分别为：办公室、客房部、餐厅部、厨务部、宴会厅、多种经营一部、多种经营二部、营销部、财务部、质检部、安保部、采购部、工程部。

【工作成绩】 2013年以来，在临清市委、市政府和市委办公室的坚强领导下，在社会各界的大力支持下，所领导班子团结带领广大干部职工认真贯彻落实十八大，十八届三中、四中、五中全会精神和习近平总书记系列重要讲话精神，以党的群众路线教育实践活动和“三严三实”专题教育为重要载体，紧紧围绕“解放思想、转变观念、大胆创新、共谋发展”的总体思路，大力实施“摆困、求生、促发展”，“围绕一个中心、突出两个重点、强化三个提升、实现四个确保”，“强化四项工作、实现四个提升”等战略部署，坚定信心，强化措施，狠抓落实，坚持在挑战中捕捉机遇、在困难中赢得发展、在前进中实现突破，切实改进工作作风、提高服务质量，圆满完成各项政务商务接待任务，取得良好的社会效益。同时，在一定程度上遏制住2013年初以来的（和全国星级酒店同时“遭遇”的）经济效益断崖式下降的态势，不断巩固经济向好基础，保持良性平稳运行，赢得各级领导和社会各界的良好赞誉。先后被全国商业联合会评为“全国商业服务业顾客满意企业”；被中华全国妇女联合会、中国商业联合会授予“全国商业服务业巾帼建功巾帼文明岗”；被山东省烹饪协会授予“山东省烹饪餐饮行业企业文化建设先进单位”“山东省企业转型经营创新发展先进企业”；被山东省旅游饭店协会授予“山东省饭店行业特色餐饮品牌创新奖”；被聊城市酒店业协会授予“聊城市酒店餐饮行业最具影响力十大品牌餐饮企业”“聊城市酒店餐饮行业5A婚宴婚庆文化主题酒店”“聊城市酒店餐饮行业转型升级领军企业”“聊城市酒店餐饮行业创新经营转型发展功勋企业”“聊城市酒店餐饮行业最让消费者放心的诚信经营餐饮企业”；被聊城市旅游星级饭店评定委员会授予“聊城市优秀旅游星级饭店”；被聊城市总工会授予“聊城市职工职业道德建设先进单位”；被中共临清市委、临清市人民政府授予“临清市明星服务业单位”“临清市服务业先进单位”“临清市精神文明建设先进单位”“平安临清建设先进单位”“临清市落实法定代表人计划生育责任制先进单位”；被临清市总工会授予“临清市职工职业道德建设先进单位”“临清市工会工作先进单位”等荣誉称号。制作的“运河贡汤宴”被山东省烹饪协会、山东省旅游饭店协会、聊城市水文化节组委会授予首届“味道聊城”国际美食节暨“盛世乡村”杯厨艺大赛“创意设计特金奖”、被聊城市酒店业协会认证为“江北水城·运河古都十大文化名宴”。制作的“临清传统养生宴”被健康聊城生态养生文化宴大赛组委会、聊城市酒店业协会授予“聊城市最具品牌影响力的生态养生文化宴”等。

【领导人更迭】

所　长：曹子林

副所长：王凤霞（女）

尹玉磊

林再文

刘在广

书　记：林再文

副书记：王凤霞（女）

尹玉磊

（林再文　刘　锐）

临清市人民代表大会

【概况】 市人大常委会下设:办公室、农经工委、法工委、人代工委、财经工委、教科文卫工委、信访室、城环室、老干部服务中心。

市人大常委会在中共临清市委的坚强领导下，深入学习贯彻党的十八大、十八届三中、四中、五中全会和习近平总书记系列重要讲话精神，牢牢把握人大工作的正确方向，围绕全市工作大局，依法履行各项职责，以开展“三严三实”专题教育为契机,进一步改进工作作风,各项工作取得新进展。先后召开24次常委会会议，听取审议“一府两院”执法和工作情况的报告62项次，集中开展18次执法检查和34次视察调研，向“一府两院”提出审议意见72条，圆满完成各项目标任务，为促进民主法治建设和经济社会持续健康发展作出积极贡献。

【人大代表构成情况】 代表人数278名，工农代表111名，占代表总数的39.9%；干部代表80名，占代表总数的28.8%；知识分子代表17名，占代表总数的6.1%；中共党员代表201名，占代表总数的72.3%；妇女代表47名，占代表总数的16.9%；解放军代表1名，占代表总数的0.4%；企业代表69名，占代表总数的24.8%。

【重要会议】 2013年。2月27日，临清市第十七届人大常委会召开第八次会议。会上学习习近平同志《在首都各界纪念现行宪法公布施行30周年大会上的讲话》；表决通过《临清市人大常委会2013年工作要点（草案)》；听取市人大常委会主任会议提请的人事任免报告，表决通过人事任免事项。

4月27日，临清市第十七届人大常委会召开第九次会议。会上听取市经信局负责同志受市政府委托所作的关于工业经济运行和《节能法》贯彻执行情况的汇报；听取市司法局负责同志受市政府委托所作的关于《律师法》贯彻执行情况的汇报；听取市工商局负责同志受市政府委托所作的关于《消费者权益保护法》贯彻执行情况的汇报；听取市民政局负责同志受市政府委托所作的关于民政工作情况的汇报；市住建局负责同志受市政府委托所作的关于城乡建设工作情况的汇报。

6月26日，临清市第十七届人大常委会召开第十次会议。会上听取市政府办公室负责同志所作的关于市十七届人大二次会议代表所提议案、建议办理情况的汇报；听取市农业局负责同志所作的关于《农产品质量安全法》贯彻执行情况的汇报；听取市供电公司负责同志所作的关于《电力法》贯彻执行情况的汇报；听取市发改局负责同志所作的关于重点项目建设工作情况的汇报；听取市卫生局负责同志所作的关于卫生工作情况的汇报；听取市公安局负责同志所作的关于社会治安工作情况的汇报。

8月23日，临清市第十七届人大常委会召开第十一次会议。会上听取市发展和改革局负责同志受市政府委托所作的关于2013年上半年国民经济和社会发展计划执行情况的汇报；市财政局负责同志受市政府委托所作的关于2012

年财政决算及2013年上半年预算执行情况的汇报；听取市审计局负责同志受市政府委托所作的关于2012年财政预算执行及其他财政收支审计工作情况的汇报；听取市计生局负责同志受市政府委托所作的关于《人口与计划生育法》贯彻执行情况的汇报；听取市商务局负责同志受市政府委托所作的关于商贸流通工作情况的汇报；听取市检察院负责同志所作的关于诉讼监督工作情况的汇报；表决通过市人大常委会关于批准2012年市级财政决算的决议；听取市人民政府提请的人事任命报告，表决通过人事任命事项。

9月27日，临清市第十七届人大常委会召开第十二次会议。会上听取市委常委、副市长冯子峰所作的《关于〈临清市总体规划（2013—2030年）〉修编情况》的汇报；听取山东省城乡规划设计研究院工程师陈涛对全市城市规划的介绍；表决通过临清市人大常委会关于《临清市总体规划（2013—2030年）》的决议。

10月28日，临清市第十七届人大常委会召开第十三次会议。会上听取市委常委、副市长韩德振所作的《关于人社、水务、财政、药监、环保和文广新工作情况的汇报》；分别听取市人大常委会评议工作调查组关于市人社、水务、财政、药监、环保和文广新工作情况的调查报告，并进行满意度测评；听取市教育局负责同志受市政府委托所作的关于《教师法》贯彻执行情况的汇报；听取市中小企业局负责同志受市政府委托所作的关于促进中小企业发展情况的汇报；听取市政府、法院和检察院分别提请的人事任免报告和部分被提请任命人员的供职报告；会议经过无记名投票，表决通过人事任免事项；市人大常委会党组书记、第一副主任王晓华向被任命人员颁发任命书，并作重要讲话。

12月27日，临清市第十七届人大常委会召开第十四次会议。会议分别听取市国税局、市地税局负责同志所作的关于《税收征收管理法》贯彻执行情况的汇报；听取市交通局负责同志受市政府委托所作的关于全市交通运输工作情况的汇报；听取市法院院长马国栋同志所作的关于审判工作情况的汇报；听取市政府副市长周志雯同志所作的关于人社、水务、财政、药监、环保和文广新工作整改情况的报告，并进行满意度测评；听取市法院院长马国栋提请的的人事任免报告，表决通过人事任免事项；听取市财政局负责同志受市政府委托所作的关于调整2013年财政预算方案的报告，表决通过市人大常委会关于调整2013年财政预算的决定。

12月30日，临清市第十七届人大常委会召开第十五次会议。会上表决通过市人大常委会关于召开市十七届人大三次会议的决定；听取关于市十七届人大三次会议筹备情况的汇报；审议市人大常委会工作报告稿；表决通过拟提请市十七届人大三次会议预备会议选举通过的主席团、秘书长名单（草案）、会议议程（草案）、和议案审查委员会、计划审查委员会、财政预算审查委员会组成人员名单（草案）及拟提请大会主席团会议表决的会议日程（草案）、常务主席名单（草案）、常务主席轮流担任执行主席名单（草案）、副秘书长名单（草案）；表决通过市十七届人大三次会议列席人员范围的决定。

2014年。1月3日，临清市第十七届人大常委会召开第十六次会议。会上表决通过关于接受赵素婷辞去聊城市第十六届人大代表职务的决定；补选李保兰、葛敬方、马荣锁三位同志为聊城市第十六届人大代表；表决通过关于接受王明红辞去临清市政府副市长职务的决定；听取市政府提请的人事任免报告，经过无记名投票，任命姚德利、李华飙两位同志为临清市政府副市长。

2月24日，临清市第十七届人大常委会召开第十七次会议。会上学习山东省实施《中华人民共和国全国人民代表大会和地方各级人民代表大会代表法》办法；表决通过《临清市人大常委会2014年工作要点》；听取市政府关于提请审议市水利工程有限公司、市自来水有限公司融资租赁项目的请示，表决通过市人大常委会关于市水利工程有限公司、市自来水有限公司融资租赁项目的决定；听取市人民法院提请的人事任命报告，表决通过人事任命事项。

4 月 29 日，临清市第十七届人大常委会召开第十八次会议。会议分别听取市科技局负责同志受市政府委托所作的关于《科技进步法》贯彻执行情况的汇报；听取市经信局负责同志受市政府委托所作的关于工业经济运行工作情况的汇报；听取市国土局负责同志受市政府委托所作的关于《土地管理法》贯彻执行情况的汇报；听取市安监局负责同志受市政府委托所作的关于《安全生产法》贯彻执行情况的汇报；听取市检察院检察长杨青所作的关于派驻检察室建设工作情况的汇报；听取市政府提请的人事任免报告，表决通过人事任免事项。

5 月 29 日，临清市第十七届人大常委会召开第十九次会议。会上听取市政府关于提请审议将棚户区住房改造项目国家开发银行专项贷款还本付息资金列入年度预算的请示，表决通过市人大常委会关于同意将棚户区住房改造项目国家开发银行专项贷款还本付息资金列入年度预算的决定。

6 月 30 日，临清市第十七届人大常委会召开第二十次会议。会议分别听取市政府办公室负责同志受市政府委托所作的关于市十七届人大三次会议代表所提议案、建议、批评和意见办理情况的汇报；听取市食品药品监督管理局负责同志受市政府委托所作的关于《食品安全法》贯彻执行情况的汇报；听取市发改局负责同志受市政府委托所作的关于重点项目工作情况的汇报；听取市水务局负责同志受市政府委托所作的关于城乡供水一体化工作情况的汇报；听取市检察院提请的人事免职报告，表决通过人事免职事项。

8 月 25 日，临清市第十七届人大常委会召开第二十一次会议。会上分别听取市发展和改革局负责同志受市政府委托所作的关于 2014 年上半年国民经济和社会发展计划执行情况的汇报；市财政局负责同志受市政府委托所作的关于 2013 年财政决算及 2014 年上半年预算执行情况的汇报；听取市审计局负责同志受市政府委托所作的关于 2013 年财政预算执行及其他财政收支审计工作情况的汇报；听取市交通局负责同志受市政府委托所作的关于农村公路建设工作情况的汇报；听取市住建局负责同志受市政府委托所作的关于城市建设暨回迁安置工作情况的汇报；表决通过市人大常委会关于批准 2013 年市级财政决算的决议。

10 月 30 日，临清市第十七届人大常委会召开第二十二次会议。会上分别听取市委常委、副市长韩德振同志所作的市政府关于公安、发改、审计、教育、司法、统计工作情况的汇报；听取市民政局负责同志受市政府委托所作的关于敬老院建设工作情况的汇报；听取市农业局负责同志受市政府委托所作的关于关于提升农业现代化水平工作情况的汇报；听取代表资格审查委员会关于代表资格的审查报告；听取市政府提请的人事任命报告及被任命人员代表所作的供职报告；表决通过关于代表资格的审查报告、人事任命事项，并对被评议部门的工作进行投票测评。

12 月 30 日，临清市第十七届人大常委会召开第二十三次会议。会上分别听取有关同志所作的市政府关于公安、发改、审计、教育、司法和统计工作情况的汇报；听取市质监局负责同志受市政府委托所作的关于《计量法》贯彻执行情况的汇报；听取市文广新局负责同志受市政府委托所作的关于大运河申遗临清段暨文物保护工作情况的汇报；听取市人社局负责同志受市政府委托所作的关于社会保障工作情况的汇报；听取市法院院长马国栋所作的关于刑事审判工作情况的汇报；听取市政府、市法院和市检察院分别提请的人事任免报告及任命人员基本情况；听取市财政局负责同志受市政府委托所作的关于调整 2014 年财政预算方案的报告；听取市人大常委会主任会议提请的关于提请审议王晓壮辞去临清市第十七届人大常委会委员职务的报告；会议经过审议表决通过关于调整2014年财政预算的决定（草案）、关于接受王晓壮辞去临清市第十七届人大常委会委员职务的请求的决定（草案）、人事任免事项，并对被评议部门的整改工作进行满意度测评。

2015年。2月9日，临清市第十七届人大常委会召开第二十四次会议。会上补选徐景颜同志为聊城市第十六届人大代表；审议通过临清市人大常委会2015年工作要点。

3月4日，临清市第十七届人大常委会召开第二十五次会议。会上表决通过市人大常委会关于召开市十七届人大四次会议的决定；听取关于市十七届人大四次会议筹备情况的汇报；审议市人大常委会工作报告稿；表决通过拟提请市十七届人大四次会议预备会议选举通过的主席团、秘书长名单（草案）、会议议程（草案）、和议案审查委员会、计划审查委员会、财政预算审查委员会组成人员名单（草案）及拟提请大会主席团会议表决的会议日程（草案）、常务主席名单（草案）、常务主席轮流担任执行主席名单（草案）、副秘书长名单（草案）；表决通过市十七届人大四次会议列席人员范围的决定。

4月30日，临清市第十七届人大常委会召开第二十六次会议。会上学习十二届全国人大三次会议精神；听取市经信局负责同志受市政府委托所作的关于工业经济运行工作情况的汇报；听取市水务局负责同志受市政府委托所作的关于农田水利建设工作情况的汇报；听取市金融办负责同志受市政府委托所作的关于金融工作情况的汇报；听取市食药监局负责同志受市政府委托所作的关于《药品管理法》贯彻执行情况的汇报；听取市政府提请的人事任免报告，表决通过人事任免事项。

6月26日，临清市第十七届人大常委会召开第二十七次会议。会上听取市政府办公室局负责同志受市政府委托所作的关于市十七届人大四次会议代表所提议案、建议、批评和意见办理情况的汇报；听取市发改局负责同志受市政府委托所作的关于重点项目建设及服务业发展情况的汇报；听取市住建局负责同志受市政府委托所作的关于城乡基础设施建设工作情况的汇报；听取市文广新局负责同志受市政府委托所作的关于文化市场管理工作情况的汇报；听取市畜牧兽医局负责同志受市政府委托所作的关于《畜牧法》贯彻执行情况的汇报；听取市检察院检察长杨青所作的关于全面推进检务公开工作情况的汇报。

8月27日，临清市第十七届人大常委会召开第二十八次会议。会上分别听取市发展和改革局负责同志受市政府委托所作的关于2015年上半年国民经济和社会发展计划执行情况的汇报；市财政局负责同志受市政府委托所作的关于2014年财政决算及2015年上半年预算执行情况的汇报；听取市审计局负责同志受市政府委托所作的关于2014年财政预算执行及其他财政收支审计工作情况的汇报；听取市人社局负责同志受市政府委托所作的关于社会保障工作情况的汇报；听取了市安监局负责同志受市政府委托所作的关于《安全生产法》贯彻执行情况的汇报；表决通过市人大常委会关于批准2014年市级财政决算的决议；听取市政府和市检察院分别提请的人事任命报告，听取拟任命人员代表所作的供职报告，表决通过人事任命事项。

10月28日，临清市第十七届人大常委会召开第三十次会议。会上听取副市长秦荣菊同志所作的市政府关于卫计、交通、国税、地税工作情况的报告；听取市公安局负责同志受市政府委托所作的关于社会治安工作情况的汇报；听取市市场监督局负责同志受市政府委托所作的关于市场监督工作情况的汇报；听取市教育局负责同志受市政府委托所作的关于农村教育工作情况的汇报；听取市检察院提请的人事任命报告及拟任命人员所作的供职报告；听取部分聊城市人大代表的述职报告；对卫计、交通、国税、地税四个部门的工作进行投票测评，表决通过人事任命事项。

12 月 30 日，临清市第十七届人大常委会召开第三十二次会议。会上听取市环保局负责同志受市政府委托所作的关于《大气污染防治法》贯彻执行情况的汇报；听取市法院负责同志所作的关于人民陪审员工作情况的汇报；分别听取市财政局负责同志受市政府委托所作的关于调整 2015 年财政预算方案的报告和关于 2015 年政府债务限额情况的报告，并作出相应决议；听取市人大常委会代表资格审查委员会关于个别代表的代表资格的报告；听取市政府关于卫计、交通、国税、地税整改工作情况的报告，并进行满意度投票测评。

【人民代表大会】 市十七届人民代表大会第二次会议于 2013 年 1 月 15—17 日在临清剧院举行。大会审议通过市政府工作报告、人大常委会工作报告、法院工作报告、检察院工作报告；审查批准临清市 2012 年国民经济和社会发展计划执行情况的报告和 2013 年计划、临清市 2012 年预算执行情况的报告和 2013 年预算草案、临清市 2012 年市级预算执行情况的报告和 2013 年市级预算。

市十七届人民代表大会第三次会议于 2014 年 1 月 3—6 日在临清剧院举行。大会审议通过市政府工作报告、人大常委会工作报告、法院工作报告、检察院工作报告；审查批准临清市 2013 年国民经济和社会发展计划执行情况的报告和 2014 年计划、临清市 2013 年预算执行情况的报告和 2014 年预算草案、临清市 2013 年市级预算执行情况的报告和 2014 年市级预算。

市十七届人民代表大会第四次会议于 2015 年 3 月 7—10 日在临清剧院举行。大会审议通过市政府工作报告、人大常委会工作报告、法院工作报告、检察院工作报告；审查批准临清市 2014 年国民经济和社会发展计划执行情况的报告和 2015 年计划、临清市 2014 年预算执行情况的报告和 2015 年预算草案、临清市 2014 年市级预算执行情况的报告和 2015 年市级预算。

【代表联系制度】 组织开展常委会组成人员联系代表和“民情直通”代表联系选民的“双联”活动。常委会组成人员下基层、接地气、访民忧、送温暖，广泛征求代表和选民的意见建议。通过“双联”活动的开展，密切常委会组成人员、代表、选民之间的联系，为代表和选民反映意见提供良好平台；充分调动代表履职的积极性，提高代表的履职水平，办成一些群众看得见、摸得着的实事，树立人大代表为人民的良好形象，产生良好的社会效应。此外，常委会还组织部分代表参加聊城人大举办的纪念抗战胜利 70 周年书画展、人大代表向选民述职等活动，对 54 名优秀市人大代表进行表彰。

【代表议案处理】 市十七届人大四次会议期间收到代表建议 55 件，闭会期间收到代表建议 86 件，内容涉及交通运输、城建环保、农田水利、教科文卫、财政经济、政法等方面。为提高代表建议办成率，常委会采取有效措施：不断完善代表建议督办机制，采取主任会议研究督办、常委会领导带头督办、相关工委归口督办、邀请代表现场督办相结合的方式，全面加强代表建议办理工作；对代表关注度高、群众迫切希望解决的“关于修复老临高路和老 315 国道石槽段”等 6 件建议，经主任会议研究后被确定为重点督办建议；专门召开代表建议答复会，市政府领导和承办部门负责人将办理情况进行专题报告，当面答复代表和选民，征求办理意见。通过对代表建议的督办，一批代表关注、群众关心的热点问题得到有效解决。

【加强法制建设，推进依法治理】 常委会把保障法律的有效实施摆在突出位置，不断加强法律实施监督，促进“一府两院”依法行政、公正司法，努力为全市经济社会发展创造良好的法治环境。听取审议关于大气污染防治法贯彻执行情况的报告，要求加大大气污染防治力度，全面推进各项整治，加强环保执法队伍建设，提高环境监测能力。对食品安全法贯彻执行情况进行执法检查，建议进一步增强食品生产销售者的安全信用意识，加大对食品安全违法行为的打击力度，为人民群众营造安全的食品消费环境。还听取审议关于药品管理法、畜牧法、安全生产法等法律法规贯彻执行情况的报告，充分肯定全市执法工作所取得的进步，针对工作中存在的问题，提出意见和建议，推动上述法律在我市的贯彻实施。为促进司法职权的正确行使，听取审议市人民检察院关于检务公开工作情况的报告，要求进一步拓宽工作渠道，增强检务公开的实效性，促进检察机关执法办案的公平正义；听取审议市人民法院关于人民陪审员工作情况的报告，要求不断提高全社会对人民陪审员制度的认识，进一步提高人民陪审员的法律素质和参审能力，为促进司法民主、保障司法公正、提升司法公信作出积极贡献。加大工作力度，进一步规范备案审查程序，督促市政府及时报备规范性文件。

【围绕经济建设开展人大监督工作】 常委会突出工作重点，改进监督方式，增强监督实效，努力推动全市重大决策部署的贯彻落实。“十三五”时期是全面建成小康社会的决胜阶段，科学制定好“十三五”规划纲要至关重要。常委会围绕全市“十三五”规划纲要草案，深入调查研究，进行专题研讨，提出意见建议，为全市“十三五”规划纲要的制定提供重要参考。常委会加强对计划和预算执行情况的审查监督，分别听取审议关于2015年上半年国民经济和社会发展计划执行情况的报告、2014年财政决算和2015年上半年财政预算执行情况的报告、2014年度预算执行和其他财政收支审计情况的报告，审查批准2014年市级财政决算。在充分肯定工作成绩的同时，针对存在的困难和问题，提出要扩大优质高效投入，促进经济结构优化，大力组织财政收入，保障重点财政支出，加大对审计发现问题的整改力度等建议。面对复杂多变的国内外环境和经济下行压力较大的形势，常委会牢牢把握转变发展方式这一主线，对工业经济运行、重点项目建设等工作进行视察调研，提出要主动认识新常态、适应新常态、引领新常态，不断增强重点项目建设后劲，坚持高端、高质、高效发展工业，进一步优化企业发展环境等建议。为加强金融对社会经济发展的推动作用，听取审议关于金融工作情况的报告，督促要进一步完善金融组织体系，积极防范和化解金融风险，不断加大对“三农”及中小微企业的支持力度。

【领导人更迭】

人大常委会

主　　任：王建鹏

第一副主任：王晓华（女，正县）

副 主 任：赵孝洪

孙玉璞

宋加利

张学庚

党组副书记：刘占海（2014.03止）

袁　磊（2014.09起）

李凤义

人大常委会办公室

主　任：甄　锋

副主任：庞书明

人大常委会法工委

主　任：杜明瑞

人大常委会财经工委

主　任：吕召猛

人大常委会人事代表工委

主　任：袁博

人大常委会教科文卫工委

主　任：刘东辉

副主任：李　娜（女）

人大常委会农经工委

主　任：刘召峰

人大常委会信访室

主　任：顾景忠

人大常委会城环室

主　任：徐力勇

（庞书明　刘　京）

临清市人民政府

【重要会议】 2013年2月2日，市委副书记、市长李新阁在市级机关二楼会议室主持召开市长办公会议，就重点项目建设、裕民渠人工湿地项目、城南城北水库建设、元运河、明运河规划设计和申报争取工作、城建工作进行安排部署。

2013年5月12日，市委副书记、市长李新阁在市级机关二楼会议室主持召开市长办公会议，就重点项目建设、工业经济运行、城乡建设工作、招商引资工作、大运河申遗临清段前期准备工作进行安排部署。

2013年7月2日，市委副书记、市长李新阁在临清宾馆宴会厅第二会议室主持召开市长办公会议。会议听取市政府领导班子成员对上半年工作的汇报，并就下半年工作作安排部署。

2013年7月29日，市委副书记、市长李新阁在市级机关二楼会议室主持召开市长办公会议，介绍新任挂职科技副市长的有关情况，就临清华威药业有限公司税收问题进行研究。

2013年9月12日，市委副书记、市长李新阁在市级机关二楼会议室主持召开市长办公会议，听取市政府领导班子成员重点工作情况汇报，并就下一步工作进行安排部署。

2013年10月18日，市委副书记、市长李新阁在市级机关二楼会议室主持召开市长办公会议，讨论并通过《关于进一步深化市以下财政体制改革的意见》，听取市政府领导班子成员工作情况汇报，并就下一步重点工作进行安排部署。

2013年11月26日，市委副书记、市长李新阁在市级机关二楼会议室主持召开市长办公会议，对《临清市招商引资考核认定办法》进行讨论，听取部分部门关于重点工作的汇报，并对下步重点工作进行安排部署。

2014年1月5日，市委副书记、市长李新阁在市级机关二楼会议室主持召开市长办公会议，听取各班子成员关于近期重点工作的汇报，并就春节前后重点工作进行安排部署，要求各班子成员要做好迎接聊城年终考核的准备工作，确保考核成绩位居前五名。

2014年2月14日，市委副书记、市长李新阁在市级机关二楼会议室主持召开市长办公会议，对2013年工作情况进行简要总结，会议对开展好党的群众路线教育实践活动提出明确要求，传达学习王忠林市长“增强六种意识、做好六个表率”的讲话精神，对进一步贯彻落实民主集中制作强调。

2014年2月25日，市委副书记、市长李新阁在市级机关二楼会议室主持召开市长办公会议。会议明确新任挂职副市长责任分工，就加强市政府集体决策进行强调，对有关城市低保范围内参战和拆迁家庭退保及其后续保障归责相关问题进行研究讨论。

2014年2月26日，市委副书记、市长李新阁在市级机关二楼会议室主持召开市长办公会议，会议指出，全市即将开展党的群众路线教育实践活动。市政府党组党的群众路线教育实践活动领导小组已经成立，有关班子成员要高度重视，根据市委的部署要求，结合各自实际，做好启动前的各项准备工作。

2014年9月9日，市委副书记、市长李新阁在市级机关二楼会议室主持召开市长办公会议，就教师节表彰奖励、“十三五”规划编制及项目申报有关问题进行研究讨论。

2014年12月17日，市委副书记、市长李新阁在市级机关二楼会议室主持召开市长办公会议，传达学习聊城市安全生产工作紧急会议精神，并就当前安全生产工作进行安排部署。

2015年1月9日，市委副书记、市长李新阁在临清宾馆宴会厅第二会议室主持召开市长办公（扩大）会议，会上对2015年《政府工作报告》（征求意见稿）进行讨论，提出对完善《政府工作报告》的新要求，并就春节前后重点工作进行安排部署。

2015年2月15日，市委副书记、市长李新阁在市级机关二楼会议室主持召开市长办公会议，对2015年重点工作及近期具体事项进行安排部署。

2015年3月10日，市委副书记、市长李新阁在市级机关二楼会议室主持召开市长办公会议，对近期重点工作进行安排部署，就徐景颜书记来临调研、城建工作进行研究讨论。

2015年3月17日，市委副书记、市长李新阁在市级机关二楼会议室主持召开市长办公会议，就环卫工作、绿化工作、临博路路域环境整治工作进行研究讨论。

2015年8月5日，市委副书记、市长李新阁在临清宾馆贵宾楼三楼会议室主持召开市长办公会议，对新任挂职副市长职责分工进行明确，讨论临清市机关幼儿园划归市教育局管理的问题，对“三严三实”专题教育工作进行安排部署。

2015年10月19日，市委副书记、市长李新阁在市级机关二楼会议室主持召开市长办公会议，研究与匈牙利包尔奇市缔结友好城市的相关议题。

【重要文件】 临政发〔2013〕3号《关于2013年度小麦种植面积核定情况报告》。

临政发〔2013〕4号《关于申请对临清市2010年度城乡建设用地增减挂钩老赵庄镇李将军等村项目区规划进行局部调整的报告》。

临政发〔2013〕5号《关于上报大唐临清热电项目污染总量指标的报告》。

临政发〔2013〕12号《关于派员赴省发改委挂职锻炼的报告》。

临政发〔2013〕15号《关于同意成立临清市粮食中心库的批复》。

临政发〔2013〕16号《关于印发临清市开展工业扩容增效年活动实施方案的通知》。

临政发〔2013〕17号《关于印发临清市高新技术研发投入资助资金管理办法的通知》。

临政发〔2013〕18号《关于进一步规范行政审批工作的通知》。

临政发〔2013〕20号《关于深入开展安全生产基层基础提升年活动的通知》。

临政发〔2013〕44号《关于做好临清市村级公路网化示范县建设资金筹集工作的通知》。

临政发〔2013〕86号《关于印发临清市纺织产业发展规划的通知》。

临政发〔2013〕113号《关于进一步加强和规范市行政审批服务工作的通知》。

临政发〔2014〕2号《关于印发《临清市食品药品监督管理局整合组建方案》的通知》。

临政发〔2014〕5号《关于加快民营经济特色专业村发展的意见》。

临政发〔2014〕12号《关于临清市通达公交汽车有限公司新增校车的批复》。

临政发〔2014〕15号《关于市水利工程有限公司市自来水有限公司融资租赁项目的批复》。

临政发〔2014〕19号《关于2013年度节能工作自查情况的报告》。

临政发〔2014〕50号《关于公布第六批市级非物质文化遗产名录的通知》。

临政发〔2014〕61号《关于公布城区及康庄镇、烟店镇基准地价的通知》。

临政发〔2014〕69号《关于印发《临清市卫生局和计划生育局组建方案》的通知》。

临政发〔2015〕1号《关于同意2015年度安全生产监督检查工作计划的批复》。

临政发〔2015〕14号《关于加快工业转型升级提质增效的意见》。

临政发〔2015〕22号《关于贯彻落实聊政发〔2015〕10号文件进一步深化行政审批制度改革的实施意见》。

临政发〔2015〕23号《关于建立城乡困难居民临时救助制度的通知》。

临政发〔2015〕25号《关于印发临清市电子商务发展规划的通知》。

临政发〔2015〕31号《关于试行国有资本经营预算的意见》。

临政发〔2015〕32号《关于促进慈善事业健康发展的意见》。

临政办发〔2013〕1号《关于印发2013年全市政务督查工作要点的通知》。

临政办发〔2013〕3号《关于2012年全市工业经济发展目标完成情况的通知》。

临政办发〔2013〕6号《关于调整临清市人民政府安全生产委员会成员的通知》。

临政办发〔2013〕8号《关于加强电力设施安全保护工作的通知》。

临政办发〔2013〕17号《关于印发临清市轴承产业发展规划实施意见的通知》。

临政办发〔2013〕23号《关于下达2013年度全市社会保险扩面征缴任务的通知》。

临政办发〔2013〕33号《关于印发临清市营业税改增值税试点改革工作实施方案的通知》。

临政办发〔2013〕38号《关于成立临清市重点项目建设工作领导小组的通知》。

临政办发〔2013〕44号《关于提高城乡居民最低生活标准的通知》。

临政办发〔2013〕52号《关于成立临清市农业新型经营主体融资增信管理办公室的通知》。

临政办发〔2013〕62号《关于印发临清市今冬明春林业生产实施意见的通知》。

临政办发〔2013〕71号《关于进一步明确临清市输油气管道安全监管责任的通知》。

临政办发〔2014〕1号《关于落实生产经营单位安全生产主体责任有关问题的通知》。

临政办发〔2014〕3号《关于印发临清市2014年环境保护重点工作的通知》。

临政办发〔2014〕5号《关于公布2014年全市工业经济发展目标的通知》。

临政办发〔2014〕8号《关于进一步加强区划地名管理工作的通知》。

临政办发〔2014〕11号《关于印发临清市整合城乡居民基本医疗保险工作实施方案的通知》。

临政办发〔2014〕17号《关于印发临清市城乡居民家庭经济状况核对暂行办法的通知》。

临政办发〔2014〕19号《关于印发《临清市重污染天气监测预警和应急处置方案（修编稿）》的通知》。

临政办发〔2014〕20号《关于印发临清市县级公立医院综合改革试点工作实施方案的通知》。

临政办发〔2015〕1号《关于认真办理市人大代表建议和政协委员提案的通知》。

临政办发〔2015〕2号《关于印发《临清市关于进一步促进"新三板"市场挂牌工作的政策意见》的通知》。

临政办发〔2015〕3号《关于印发临清市加强行政审批事中事后监管实施方案的通知》。

临政办发〔2015〕4号《关于印发临清市解决城区普通中小学大班额问题实施方案的通知》。

临政办发〔2015〕5号《关于印发临清市进一步促进外贸稳定增长和转型升级若干政策

措施的通知》。

【领导人更迭】

市　　长：李新阁

副 市 长：韩德振

冯子峰

赵维海（2015.12 止）

王　磊

秦荣菊（女）

周志雯（女）

戴建华（挂，2013.12—2014.12）

姚德利（挂，2014.01—2015.01）

李华飚（挂，2014.01—2015.01）

高雪明（挂，2014.04—2015.04）

王延国（挂，2014.10—2015.10）

裴援业（挂，2014.12—2015.12）

郑忠才（挂，2015.08 起）

党组书记：李新阁

党组副书记：

王庆瑞

李衍博

（曹善辉　李月光　张　伟）

政府办公室工作

【概况】 2013 年，临清市人民政府下设工作部门有政府办公室、发展和改革局、农业局、经济和信息化局、住房和城乡建设局、人口和计划生育局、教育局、科学技术局、公安局、监察局、民政局、司法局、财政局、人力资源和社会保障局、国土资源局、交通运输局、水务局、商务局、文化广电新闻出版局、卫生局、审计局、环境保护局、统计局、安全生产监督管理局、食品药品监督管理局。市监察局和市纪律检查委员会机关合署，列入市政府工作部门序列，不计入市政府机构个数；市政府办公室加挂市法制办牌子；市发展和改革局加挂市物价局、市粮食局牌子。

2014 年，临清市人民政府进行机构改革，下设工作部门有政府办公室、发展和改革局、农业局、经济和信息化局、住房和城乡建设局、卫生和计划生育局、教育局、科学技术局、公安局、监察局、民政局、司法局、财政局、人力资源和社会保障局、国土资源局、交通运输局、水务局、商务局、文化广电新闻出版局、审计局、环境保护局、统计局、安全生产监督管理局、食品药品监督管理局、市场监督管理局。另外，设立市政务服务中心管理办公室，作为市政府行政派出机构。市政府办公室加挂市政府法制办公室、市民族宗教事务管理局牌子；市卫生和计划生育局挂市中医药管理局牌子；市食品药品监督管理局挂市食品安全委员会办公室牌子；市发展和改革局不再加挂市物价局、市粮食局牌子，市物价局、市粮食局调整为市发改局直属机构。此次机构改革，不再保留市政府食品安全工作办公室。

市政府办公室强化综合协调、政务服务及应急、督查、调研工作的职责，发挥好参谋助手和运转枢纽作用。2013 年以来，设秘书科、机要科、人事科、综合一科、综合二科、综合三科、综合四科、信息科、公文办理科、外事侨务科、电子政务科 11 个科室。

【机要工作】 机要科成立于 1979 年，设有科长一名，副科长一名。由传真室和档案室组成。主要负责机要、保密工作以及上级有关文电的处理和收缴；负责传真、电话的管理和使用；负责全市政府系统公文传输。

办文科室及收发室随时将市政府和办公室文件、领导讲话、会议纪要文稿、底稿送交机要科，按照文书归档要求及时归档，并履行文件归档交接手续。机要科在每年第二季度前完成对上年应归档文件的整理、分类、立卷、归档工作。本着便于保存和有利于查找利用的原则，严格按照文书档案的要求准确分类、系统排列卷内文件、编写页号，按规定格式打印卷内目录、案卷标题和案卷封面项目，编制分类归档文件目录，并单独分放永久、长期、短期档案。

三年来，共整理文件1500余件，接受传真1100余件。

【政务督查】 政府重大工作部署督办工作。每年年初人大会议结束后，市政府督查室立即对《政府工作报告》中确定的各项主要工作进行任务目标分解，落实责任部门和责任人，印发《全市重点工作分工意见》。紧紧围绕这条主线积极主动地开展督促检查和反馈工作。同时，围绕市委、市政府的中心工作和社会热点问题进行专项督查，参与林业生产督查、环境卫生整治督查、抗旱督查、重点项目推进督查等专项督查活动30余次，并以《政务督查》形式下发督查通报，快办、快结、快反馈，加强时效性，共编发《政务督查》126期。

惠民工程督办工作。惠民工程是市政府在历届人代会上对全市人民作出的庄严承诺。为确保完成工作任务，实现预期目标，每年两会之后，市政府督查室立即将惠民工程进行细化、分解，落实责任部门和责任人，坚持每半月进行一次督导并将承办单位的工作情况予以通报。在具体督办过程中，为最大限度地向领导反馈各工作事项的真实进展情况，市政府督查室对大部分工作事项进行实地查看，对各部门上报的进度情况一一进行核实，同时，对有关部门工作中存在的问题及时予以提醒，切实做到跟踪到位、协调到位，有力地促进各项工作的开展落实。

人大代表建议办理工作。2013年以来，市人大共转交市政府系统办理建议426件。其中，人代会期间提出建议147件；闭会期间，通过“民情直通”暨代表联系选民活动和市人大常委会组成人员联系代表活动等提出人大建议279件。全部在法定时限内办理完成，办复率均达100%。

同时，市政府督查室不定期地开展督查活动，通过电话催办、上门督办等形式，加大对办理过程的督导，加快各部门的办理速度。对不认真落实、推诿扯皮或办理结果代表不满意的单位加强督促，及时与部门联系，加强沟通。

政协委员提案办理工作。三年来，市政协共转交市政府系统办理提案240件。全部在法定时限内办理完成，办复率均达100%。每年市政协会议后，市政府督查室对政协提案逐一进行立项登记，对每一份提案的内容、要求等进行认真梳理，明确相关责任单位，为交办做好前期准备工作。全面推行市长签批制度，重点提案由市政府主要领导签批，其他提案由市政府分管领导签批后再转交相关部门进行办理。各承办单位对送交政协委员的答复意见，先报市政府督查室审查把关，交主管领导审核，核准答复内容后，再将答复意见送交到政协委员及政协参加单位。政府督查室在提案的办理过程中，切实加强对提案办理工作的督查和指导，制定严格的督查、复查程序。

上级督办件及领导批示件落实办理工作。政府督查室一直把上级督办件及领导批示件办理工作摆在重要位置，做到件件向领导有反馈，事事对当事人有回音。为进一步规范办理程序，采取逐件登记、迅速转办、限期办理、定期催办等措施，把好事实关、定性关、处理关、文字关和时间关。三年来，共承办或转办聊城市督查室专项督查或督办通知单35件，办结率100%；承办或转办市政府领导批示件55件，办结率为100%。

对群众反映强烈问题的处理工作。市政府督查室对群众反映强烈的重要情况及群众关注的热点难点问题进行处理、调研和督查，通过“临清吧”等渠道密切关注网络舆情，及时进行协调处理。

【公文办理】 公文办理科成立于2011年3月，负责办理以市政府、市政府办公室名义制发的各种公文。严把公文登记关，对收文日期、编号、标题、部门进行分类登记，对于印发的规范性文件，及时存档、归类。汇总印发市领导每日政务活动安排；保证公文制发及时、准确、安全、高效；负责全市政府系统公文处理工作的业务指导；负责文件批转，高效及时地把上级部门的各类文件呈阅给相应领导，为上级指示和精神的传达提供良好的纽带和桥梁。三年来，完成正式文件编号968份（其中，临政发234份、临政字158份、临政办发97份、临政办字161份等）。

【市长公开电话】 市长公开电话办公室成立于2005年，设有综合科、受理科、督查科3个科室，配有主任1名，副主任1名。主要负责受理对来电和聊城市市长公开电话受理中心转办事项的登记、分类、答复、转办、协调、督查、反馈、统计、归档等工作；负责受理人民群众咨询、求助和对临清市的批评、意见和建议；负责群众反映临清市职责范围内问题的查办、督办、反馈；配合聊城市市长公开电话受理中心做好影响面大，具有普遍性、倾向性问题的查办工作；负责对市政府领导同志批办事项的跟踪督办和协调处理；负责对群众来电反映的重大问题或涉及多个单位（部门）的问题的查办和协调处理。三年来，共转办聊城市市长公开电话受理中心事项14136件，办理省长信箱23件，办结率达100%，群众满意率达99.39%。2014年6月15日市长公开电话系统并入聊城市网络信息化办公系统。

【电子政务】 2013年以来，电子政务科先后荣获聊城市政府授予的“2014年度政府信息公开和政务网站运维工作先进单位”“2015年度政府信息公开工作先进单位”称号，成绩列聊城11县（市区）第一名。

市级新闻宣传。紧紧围绕市委、市政府的中心工作，认真抓好宣传报道工作，安排专人全程参与全市重大活动和会议的新闻采编，切实做到重大活动、会议等新闻报道准确、及时上网发布。新闻照片拍摄质量有显著提高，2013年配备两台专业的单反数码相机，照片的清晰度、色彩还原度得到大幅提升，抓拍效果更好，形成一些具有新闻价值的好照片。加强与宣传部、市广电中心、临清周讯等部门的信息共享，使新闻信息更加丰富。加强学习，网上自学和专家指导相结合，采编水平有进一步提高。

加强网站建设。开辟专栏，做好重大活动宣传报道。相继推出“东融西借、跨越赶超，建设冀鲁豫三省交界科学发展先行区”“转作风、提效能、促跨越”“学习贯彻党的十八届三中全会精神”等专栏，集中报道活动开展情况，共发布更新信息166条，为活动的开展营造浓厚的氛围，取得良好的宣传效果。及时更新网站内容。共采编市级新闻1200余条，审核发布镇、街道政务信息1800余条、市直部门政务信息4000余条。

网络信息化办公方面。聊城市网络信息化办公系统临清分系统开通运行。为推进网络信息化系统建设，科室多次组织召开推进会、培训会，积极协调系统软、硬件的安装、调试，确保系统按时开通运行。截至2015年，全市共有93个单位接入网络信息化办公，其中市直部门77个，镇（街道）16个；近50多人安装移动终端软件，实现移动办公。电子公文收发和市长热线承办处理功能模块已经投入应用，依托此网络的人社部门建设的人员管理信息系统已开始上线运行。

【文稿调研】 坚持高质量办文。扎实做好文稿起草工作，对涉及公众、企业的规范性文件，一律签由法制部门审核；对涉及多个部门的文件，一律签由相关部门会签；对不符合公文种类、文字表述不当、不严谨、文字重复等问题，一律予以纠正，从而确保公文质量，保证市政府工作的顺利开展。切实改进文风，认真按照改进文风会风要求，起草讲话等各类重要文稿材料时，力求短行文、重实效，一般会议讲话不超过40分钟，综合性会议讲话不超过1个小时，提高文稿的科学性、针对性和实效性；建议市级领导少开会、开短会，能合并召开的会议一律合并召开。扎实开展调查研究。在政府系统倡树调研之风，围绕创业创新等中心工作，会同有关部门和镇（街道）开展有针对性的调研活动，形成一批高质量的调研成果供领导参阅，并申报聊城、省优秀调研课题。强化调研成果应用，促进调研与制定政策、开展工作的结合转化。做到有问题、有分析、有建议，为领导科学决策提供有力参考，取得良好效果。3年来，共起草42篇调研报告，《关于做好经济新常态下大众创业工作的调研报告》《关于临清市电子商务发展情况的调研报告》等5篇调研报告获得聊城市级以上奖励。

【信息综合工作】 信息科充分发挥政府办公室“桥梁”和“纽带”的作用，坚持上情下达、下情上报，为政府领导制定政策、科学决策、推动各项工作落实提供依据，按照“快、精、准”的要求，及时就全市经济和社会发展及国内外重要经济动态调度、编发、报送分类信息，每个部门和镇（街道）均设置1—2名信息员，形成畅通的信息网络。信息科按照及时、准确、全面的原则，拓宽信息来源，加快信息传递，畅通信息渠道，重点反映群众关注的热点、经济社会发展的难点、工作实践中的亮点，发挥信息对上宣传、典型引导、工作指导、政务发布和领导决策的参谋作用。在全市建立信息报送网络，设置100余名信息员，形成上下贯通、联络畅通的信息网络。每年上报省、地信息300余篇，编辑《政务信息》《专供领导参阅信息》等20余期，很多信息得到各级领导的高度重视。

三年来，信息科共编发《临清政务信息》60余期，上报信息1200余篇，被聊城市采用600余篇，被省采用200余篇，被国办采用50余篇，其中国务院领导批示10余篇，排名均处于前列。

【应急管理工作】 市政府应急管理办公室成立于2008年，正科级事业单位。应急办设3个科室，值班科、综合协调科、应急处置科。在岗编制人员共7人。该办与政府办值班室合署办公，全面担负起全市值守应急、信息汇总、预案编制与审核、督促检查、综合协调等日常工作。一直以来坚持以科学发展观统领全局，认真贯彻落实《突发事件应对法》《国务院办公厅关于加强基层应急管理工作的意见》和省、市关于应急管理工作的一系列部署和要求，紧紧围绕体系和机制建设，预案体系不断健全，队伍建设扎实推进，保障能力不断增强，应急管理工作不断科学化、系统化、规范化发展。

组织机构体系。2008年，临清市成立突发公共事件应急领导小组，统一领导全市突发公共事件的应急处置工作。应急领导小组由市长担任组长，市委副书记和常务副市长担任常务副组长，由各位副市长担任副组长，市直各有关部门负责人担任成员。成立临清市应急管理办公室，作为全市应急管理工作办事机构，并且严格按照上级要求配备相关工作人员。在此基础上，加快镇、街道和市直部门办事机构的建设，截至2015年年底，全市16个镇、街道均成立应急管理办事机构；市直各部门和教育系统、卫生系统、大中型企业和600个社区、村居等单位也相继建立应急管理办事机构，并配备人员，确保基层应急管理机构到位、人员到位和职责到位。理顺市应急领导小组、应急办与各专项应急指挥机构的关系，建立“统一指挥、分级负责、协调有序、运转高效”的联动体系。

应急预案体系。按照“横向到边、纵向到底”的应急预案体系建设的要求，进一步把预案编制向社区、村居、企业、学校以及其他企事业单位延伸，建立市、镇、村三级应急预案体系，不断扩大应急预案覆盖面。同时，加强对预案的动态管理，不断提高预案的合理性和可操作性，使应急预案在应对突发事件时真正做到“有用、能用、管用、好用”。各类预案不断修订完善。编制《临清市突发公共事件应急预案汇编》，综合类、自然灾害类、事故灾害类、公共卫生类、社会安全类，制定各类专项和单项应急预案24个，全市应急预案形成较为完善的体系。薄弱环节预案稳步展开。在不断完善镇、街道预案的基础上，加强对社区、村居的预案编制指导工作，2013年以来全市共制定村居（社区）预案600个，企业建立安全生产事故应急预案预案共360个，编制各类中小学应急预案189个，完成率达100%，实现应急预案的广覆盖。

应急宣教培训体系。市应急办不断加强基层应急管理人员的教育和培训，广泛开展各种知识普及与教育，切实提高全民的应急处置能力和自救能力。充分利用政务网站、专题讲座及电视、电台的科普专栏等工具，积极宣传应急法律法规和应急预案。结合“5.12”防灾减灾日、“7.28唐山大地震”纪念日、“安全生产月”等活动，通过张贴标语，发放宣传材料、有关法律法规宣传手册，群发手机短信等方式，加大对应急管理知识的宣传与教育，认真开展消防安全知识培训会、安全生产培训会议、卫生事件应急知识专业培训等专题培训活动。

应急值守和应急信息联络体系。牢固树立应急值守无小事的思想，始终把值班工作摆在重要的位置。严格执行《临清市党政机关值班工作制度》，由市委、市政府领导带班，市委、市政府主任办公会成员值班，市委办公室、市政府办公室干部值守的值班制度。关键部门、单位，关键岗位，关键时期均实行24小时值班制度，明确值班人员、明晰信息上报流程，严格落实突发事件报告制度，即特别重大、重大、较大突发事件发生以后，在20分钟内向省政府总值班室电话报告、45分钟内书面报告，最迟不超过3小时；落实紧急敏感信息报告制度，确保信息及时、快速、准确地上报，为领导决策提供依据。市应急办和各镇、街道应急办以及公安、消防、安监等22个部门常年执行24小时值班制度。在防汛期间，应急办、水务、住建实行领导带班、干部24小时值班制度，确保汛期信息的上传下达。在中秋、国庆以及党和国家的重大活动期间，进一步强化值班工作，实施每日信息零报告制度。通过强化应急值守制度建设、提升值班水平、提高信息报告水平，进一步提高突发事件发生时的快速反应能力，全市的社会稳定、安全生产、公共卫生等形势持续好转。

应急保障体系。进一步完善应急救援队伍体系建设。依托市公安消防大队，成立全市应急救援大队，并将武警、民兵预备役和志愿者队伍建设纳入应急救援体系建设规划，初步建成以应急救援大队为基本力量，以公安消防、武警为突击力量的政府综合性应急救援队伍。深入推进镇、街道、社区、村居、企业应急救援队伍建设。16个镇、街道和600个社区、村居均成立应急管理办事机构，由各个基层办事机构组织本辖区内的民兵、巡防员、保安员、医务人员、企业中具有救援专业知识和经验人员等组成本辖区的应急救援队伍。在突发事件发生时，应急管理工作队伍必须在20分钟内集结50人实施救援。不断组建专业应急救援队伍。依托地震、水务、电业公司、卫生、环保、交警大队、民政、农业等市直部门中有专业特长和技术优势的工作人员，逐步完善地震救援、防汛抗旱、电力抢修、危险化学品事故处置、卫生防疫、道路抢通和运输保障等15支专业队伍建设。

全面提高应急保障能力。不断加强应急救援力量和物资储备，加强应急物资储备的动态管理，实现社会储备与职能部门储备的有机结合。开展物资储备普查登记，建立应急物资信息库。建立健全长效规范的应急保障资金投入，将全市综合性应急救援队伍和有关专业救援队伍建设与工作经费列入市级财政预算；各镇办事处也将应急救援物资、装备所需经费纳入同级财政预算。为各级救援人员配备必要的防护装备和应急救援器材，最大限度地保障应急救援人员的人身安全。

建立隐患排查机制。充分发挥安监、公安、消防、交警、交通、卫生、质监、食药监等部门的专业优势，逐步建立健全隐患排查机制，积极组织各级各部门做好突发事件隐患的排查。在安全生产方面，建立并完善事故隐患排查治理和重大隐患登记、挂牌督办和销号管理制度。在公共卫生方面，市食品安全管理办公室对全市各类餐厅、食堂进行检查。卫生系统组织实施重大传染病预防控制及免疫规划工作。在社会安全方面，进一步强化虚拟社会管控和社会矛盾纠纷排查调处，及时化解不和谐因素。推行“有警处警、无警巡逻、警种协作”巡处合一巡防模式，按照定人、定责、定路线的原则进行24小时全天候巡逻和处警，切实增强群众安全感和群众满意度。在自然灾难方面，坚持预防为主的原则，搞好平时的宣传教育，做好相关的应急演练，储备好相关的救助物资，力争把灾害损失减到最小。汛期，全市积极组织大规模的防汛检查，储备好防汛物料，做好基层民兵防汛演练，确保安全度汛。利用城区公园和空旷场地建成7处地震应急避难场所，总面积20万平方米，能容纳7万人，同时，在主要道路设置110个应急避难场所标识牌。

不断加强应急演练。每年组织学校、企业、医院、商场等人员密集单位，定期开展专项应急演练，不断提升全民的应急处置能力。组织全市133所学校共开展春季和秋季应急演练，提升学校、学生的应急能力。组织中冶银河、华润纺织、将军实业公司、三和纺织、聊城二院等重点生产经营单位开展以危化品事故、火灾事故、特种设备等为背景的安全生产事故应急演练。卫生防疫、消防、公安等部门也积极组织岗位练兵和模拟演练，为应急处置打下良好的基础。

2013年成立临清市环境应急管理办公室，隶属市环保局，专门应对处置环境污染事故，确保环境污染事故得到快速准确、高效处理。重新修订《临清市地震应急预案》《临清市突发环境事件应急预案》《临清市气象灾害防御规则》。出台各类具体专项应急工作实施意见和方案，进一步健全预案体系，印发《关于认真做好2013年防汛工作的意见》《临清市重污染天气监测预警和应急处置方案（暂行）》《关于建立临清市应对人感染H7N9禽流感疫情联防联控机制的通知》《临清市人感染H7N9禽流感救治方案（试行）》和《关于印发临清市除涝减灾治理工程实施方案的通知》。编写《强化责任意识、提升应对水平，全面增强各级干部应急处置突发事件能力》的参阅件，呈阅全市所有县级领导干部，并下发各镇、街道及市直部门。

2014年山东省地震局在济南召开全省农村民居地震安全示范工程验收会议，烟店镇堤口村农村民居地震安全示范工程顺利通过验收，第三高级中学和逸夫实验小学同时获得省级地震科普示范学校命名，全市省级地震科普示范学校已达5家。在中色奥博特、三和纺织、市供电公司、益和变压器公司、市烟草专卖局等单位抽调160人组成民兵应急连，并开展各种培训、演练。

2015年印发《临清市处置电网大面积停电事件应急预案》（临政字〔2015〕26号）。编印《临清市突发事件总体应急预案操作手册》，并发放给应急指挥部的市级领导，《手册》内容包括突发事件的分类分级、信息报告和预警、应急指挥部成员以及应急处置的程序，内容简洁、全面、清晰，可操作性强，极大的方便应急管理工作的开展。疾病信息监测报告管理工作纳入正规化、科学化管理轨道，全市共有24个行业医疗卫生机构全部实行疾病监测信息网络直报，通过疫情网络直报系统，多数单位能及时地报告疾病监测信息及疫情信息，能进行疾病信息的收集、整理和分析，对于疾病预防控制工作起到积极的作用。安全生产综合监管和隐患排查治理信息平台工作不断强化，675家企业进行注册。启动重污染天气预警和应急响应，确保全市正常生产的稳定和群众健康，在电视台、电台和政务网站上及时发布应急响应。

【自身建设】 三年来，通过扎实开展党的群众路线教育实践活动、三严三实专题教育，注重加强政治理论学习，认真系统学习党在新时期的路线、方针、政策，特别是深入学习党的十八届三中、四中、五中全会精神以及习近平同志重要讲话精神，不断用新的理论武装头脑，用新的方针指明工作方向，立场坚定、旗帜鲜明，在思想上、政治上、行动上始终与党中央保持高度一致。在政府系统中按照当标兵、作表率的目标要求，认真执行党的路线方针政策，进一步健全、完善各项制度，积极履行参谋、协调、服务三大职责，切实加强思想建设，不断提高工作效率和服务水平，促进政府机关的高效运转和各项工作的顺利开展。

紧紧围绕市委、市政府中心工作和重大决策部署，明确岗位职责，不断加强和完善制度建设，用制度管理人，用制度约束人，用制度激励人，克服管理的随意性，确保办公室全体成员各负其责，各司其职，做到办公室工作程序化运作，规范化运行。建立健全考勤制度、接待工作管理制度、调研工作制度、督查工作制度、值班工作制度等办公室工作制度，管理机制进一步健全。狠抓制度执行，确保制度具有生命力，严格上班签到制度，办公室人员每日上班必须两签到；严格工作期间请销假、参会签到及请假等制度，并安排督查室、秘书科进行督导，机关作风明显改进，工作效能明显提升。

紧紧围绕市委、市政府的中心工作，始终坚持把班子和干部队伍建设作为重要工作，摆在突出位置来抓，在作风方面，开好民主生活会，促使班子成员正确认识查摆出的问题和不足，并认真加以整改。在学习方面，班子成员注重把加强学习作为提高自身素质的第一位的任务，坚持学习党的路线、方针、政策，不断用新的理论武装头脑，提高政治素养。增强政治敏锐性与政治鉴别力，在大是大非面前立场坚定，旗帜鲜明，在思想上、政治上、行动上始终与党中央保持高度一致。结合工作实际，有针对性地学习专业知识，知识面不断拓宽，业务素质不断提高，为各项工作的顺利开展奠定坚实基础。

【领导人更迭】

市政府办公室

主　任：高晓光

副主任：崔广文

马富济

温之勇（2014.11止）

李　光（2014.11止）

万　强

郑祥全

市政府调研室

主　任：高士奎

副主任：曾昭文（女）

汪　玮（女）

市政府应急办公室

主　任：崔广文

副主任：王善林

市政府督查室

主　任：吕金国

副主任：杨玉敏（女）

市长公开电话办公室

主　任：齐子红（女）

副主任：吴家明

临清市金融办公室（地方金融监督管理局）

主任（局长）：

温之勇

市政府食品安全办公室（2014.11机构改革被合并）

主　任：杨永平（2014.11止）

市政府机要科

科　长：赵代举

副科长：王　静（女）

（曹善辉　李光月　张伟）

政府法治建设

【概况】 1990年8月，设市人民政府法制局，列政府序列正科级行政单位；1994年改设市人民政府法制办公室，为正科级行政单位，隶属市政府办公室。市政府法制办公室现有工作人员6名，本科以上学历人员4名，其中硕士1名，1名工作人员通过国家司法考试。

【规范性文件的审查、备案】 全市规范性文件按照规范性文件“三统一”的规定程序进行统一登记、统一编号、统一公布。在临清政务网上建立规范性文件查询专栏，对全市规范性文件，实行统一公布，方便公众查询，及时征求群众意见，接受社会监督。严格落实有效期制度。在制定审查规范性文件过程中，根据文件所适用的时间段、如何与经济社会发展保持同步等因素，科学确定规范性文件的效力期限。

三年来，市政府法制办公室共审查市政府、市政府办公室各类文件200余件，其中规范性文件12件，并及时向聊城市人民政府及临清市人大常委会进行备案。

【政府法律顾问制度】 2014年，市政府出台《临清市人民政府关于建立政府法律顾问制度的意见》，初步建立政府法律顾问制度。市政府聘请8名知名社会律师和政府机关优秀法律工作人员作为第一批政府法律顾问。市政府法律顾问主要负责如下工作：重大行政决策的法律论证、合法性审查；重要规范性文件的研究、论证；重要、疑难行政复议、行政应诉案件的研究、论证；重要经济项目、资产处置、涉及社会稳定的重要事项、重大突发事件的法律论证；重要合同、协议的审查、洽谈；市政府交办或者委托的诉讼及其他工作事项。市政府讨论、决定重大事项或者组织重要活动需要提供法律服务的，由市政府法制办公室组织或者指派具有相关专业特长的政府法律顾问参加，确保重大行政决策的合法性。

【行政复议应诉工作】 市政府成立行政复议委员会，委员会办公室设在市政府法制办公室，市政府法制办公室主任兼任复议委员会办公室主任。三年来，市复议委员会办公室共审理行政复议案件100余件。2015年新《行政诉讼法》实施后，行政机关负责人按时出庭应诉成为常态。凡不能出庭的，均向法院书面说明理由，并委派其他行政负责人代为出庭。2015年5月，周志雯副市长代表市政府就一起房产纠纷案件出庭应诉，首开市政府领导出庭应诉的先河。2015年7月，市委常委、副市长冯子峰同志出庭应诉，该案件是新《行政诉讼法》出台后，行政复议机关作为共同被告，由市领导出庭应诉的第一起案件。

【法制监督协调】 2014年7月，市政府法制办公室联合市纪委监察局、市编办开展行政执法人员证件专项清理工作。2015年，按照省政府法制办组织研发的新版“山东省行政执法监督管理平台”要求，临清市行政执法人员信息全部导入山东省行政执法监督管理平台。2014年，市政府法制办公室联合市监察局转发《聊城市人民政府法制办公室、聊城市监察局关于贯彻实施〈山东省规范行政处罚裁量权办法〉的意见》。2014年，市政府办公室下发《关于开展重大行政处罚案件备案工作的通知》，要求全市具有行政处罚权的行政机关和法律、法规授予行政处罚权的组织，其办理的重大行政处罚案件，主要包括责令停产停业；吊销许可证或者执照；对公民处以500元以上的罚款，对法人或者其他组织处以2万元以上罚款的行政处罚，都要自作出重大行政处罚决定之日起10个工作日内，向市政府法制办公室报送备案。三年来，市法制办备案重大行政处罚案件300余件。

【法制宣传、培训】 2015年《山东省行政执法监督条例》出台后，市政府法制办公室在全市主城区和16个镇（街道）主干道设置宣传站点、悬挂宣传条幅100余幅、在临清电视台和临清政务网发布宣传标语和条例全文、在具有LED显示屏的各行政执法单位滚动播出宣传标语、为全市1000余名行政执法人员发放山东省行政执法监督条例手册。2015年5月1日《行政诉讼法》修订后，举办“全面推进依法行政，加快建设法治政府”专题讲座，邀请市政府法律顾问王荣正律师、市法院副院长张军同志，为全市各级各部门主要负责同志、分管负责同志和业务科长共400余人进行专题讲解。2015年，全市政府各部门单位分管法制工作的负责人、法制科科长等100余人按时参加省政府法制办公室组织的9场宪法和公共法律知识视频辅导会议。积极组队参加聊城市宪法和公共法律知识竞赛，取得优秀组织奖。

【法律咨询】 当好市领导在法律方面的参谋助手，积极完成市领导交办的各项工作。市政府法制办公室在完成本职工作的同时，在城市建设、计划生育、环境保护、经济合作、招商引资等方面，积极依法建言献策，为保障市领导依法决策发挥应有的作用。

三年来，市政府法制办公室共接待群众法律咨询700余起，1200余人次，涉及村委会账目、农村土地承包、宅基地、计划生育、拆迁、社会保障、劳动仲裁、行政不作为、行政处罚、合同履行等社会生活各个方面。对于符合行政复议受理条件的，按照法律规定予以受理；对于不符合行政复议受理条件的，市政府法制办公室工作人员积极为其答疑解惑，并指导其走法律途径以维护自身合法权益。

【领导人更迭】

主　任：齐晨曦（2013.09止）
　　　　关延松（2014.02起）

副主任：关延松（2014.02止）
　　　　刘从善

书　记：齐晨曦（2014.07止）
　　　　关延松（2014.07起）

（刘从善　王秋芬）

外事与侨务

【概况】 外事侨务办公室于1984年成立，列政府序列二级行政单位，归口政府办公室；2011年10月22日升格为正科级行政单位，隶属于市政府办公室。主要职责是贯彻执行国家、省、市有关外事、侨务工作的方针、政策及有关规定，拟定全市外事、侨务工作规划和政策并监督实施；协调各镇（街道）、各部门各单位的外事、侨务工作，协同有关部门处理涉外、涉侨事项。负责本市对外交往活动的调研，及时向领导和有关部门提供对外工作建议等；组织接待来访的国外人士、华侨和华人；审核呈报全市市级、科级领导干部因公出国（境）人员的有关事宜，配合上级外事部门对因公出国（境）人员进行外事政策和涉外纪律教育，配合有关部门监督检查外事纪律和保密制度的执行情况；宣传好《归侨侨眷权益保护法》及《实施办法》，依法保护归侨、侨眷的合法权益，会同有关部门做好归侨、侨眷、港澳同胞眷属的扶贫救济工作。

【涉侨经贸活动】 为经济建设服务，是新形势下赋予外事侨务部门的使命和责任。2013年以来，市外侨办始终不忘宗旨，积极做好为全市经济发展大局服务工作。为帮助企业更好开拓国际市场，进一步改善全市投资发展环境，促进经济跨越发展，有针对性地组织企业参加“中墨农业合作”——企业洽谈会、“中国—中东欧国家地方领导人会议”“山东—立陶宛经贸投资论坛”“山东—南澳州合作发展论坛”、第八届华商科技交流会等上级部门组织的经贸活动，有效地促进全市企业与海外企业进行对接，取得实实在在的效果。做好邀请外国人来华申请工作。随着全市经济的迅速发展，越来越多的企业与海外建立联系。邀请外国人来华是一项政策性非常严格的工作，市外侨办，在严格把关的同时，积极稳妥地协助企业做好外国人来华邀请工作。截至2015年共为20多位来临外宾办理签证通知函，未出现非法入境、非法居留、非法就业的“三非”情况，既服务企业发展，又确保涉外安全稳定。同时做好APEC商务卡的宣传工作，向涉外企业讲清楚作用和使用方法，目前已帮助多家企业组织申请材料上报上级部门审核签发。做好招商引资工作。2013年5月，聊城市侨联鲁亚真主席陪同香港豪翰投资发展有限公司董事长程子庆一行到临清考察市场和商贸物流情况。当了解到客商有投资10亿元建设商贸城项目的意向时，市外侨办积极配合上级部门与客商及时沟通，做好跟踪服务工作，确保项目能够落户临清。2014年为聊城市第二人民医院引进投资4000万元的立体停车库、停车场智能管理系统项目，解决医院周边看病停车难得问题。

【对外联络联谊与为侨服务】 2013年以来，外事侨务办公室按照上级要求，认真贯彻落实中央及地方政府关于因公出国管理的相关规定，切实做好外事审批工作，积极服务全市经济建设大局。进一步加强对各类因公出国团组的审核把关，确保因公出国管理工作健康有序运行。共为12个团组办理因公出国、赴港澳手续。

创新完善体制机制，提升领事管理水平。根据外交部、省外办以及聊城市委宣传部、聊城市外侨办、聊城市政府新闻办的指示精神，市外侨办牵头制定《临清市外国记者管理和舆论引导联席会议机制方案》，建立“临清市外国记者管理和舆论引导联席会议”机制，确保全国两会期间没有发生涉外突发事件和敏感问题。根据上级要求，经市委、市政府研究同意，成立市委外事工作领导小组，负责对外事工作的集中统一领导。

外事接待水平显著提高。随着对外友好交往日益增多，市外侨办办牢固树立“外事无小事”的理念，努力提高外宾接待水平。2013年2月24日，日精株式会社的日籍华人伊藤明仁先生回家乡探亲访友，外侨办对其一行热情接待，并精心安排他与家人的相见。明仁先生深受感动，于5月份再次回到家乡，为一家医院争取到一个到日本医科大学研修的名额。2015年市外侨办陆续接待到临清考察畜牧养殖产业的阿根廷客商、考察养老产业的日本客人三矢胜成、考察工业设计的意大利未来设计公司总经理皮爱罗等国外友人和客商，通过每次的接待来访，向他们全面展示对外开放、锐意进取的临清新形象。

市外事侨务办公室，根据党的侨务方针政策和对外开放的战略，深入贯彻落实上级侨务会议精神，凝心聚力，积极作为，进一步密切与海外侨胞及其社团的联系，促进海外华商和华人华侨参与临清经济建设。加强海外联谊工作。市外侨办在得悉临清籍澳大利亚华人任建鹏在西澳山东同乡会任重要职务时，积极靠上做工作，加强联系，沟通信息，并向市政府主要领导请示，以家乡市政府名义向西澳山东同乡会成立十周年发贺信。2015年9月，西澳山东同乡会、山东商会、青联会会长访问临清，与市外侨办签订友好合作协议书，为以后的加强联系、拓展招商引资渠道打下坚实基础。定期走访侨眷属户。市外侨办把走访当作对外加强联系、对内增进联谊的一项重要工作，每到一户，都细询问他们的生活现状和家庭情况，有什么困难和问题需要解决。当好广大侨眷属和海外侨胞的“贴心人”，夯实侨务工作的基础。开展侨法宣传周活动。根据省侨办、聊城市外侨办的部署要求，市外侨办开展《山东省归侨侨眷权益保护条例》集中宣传周活动。市外侨办工作人员和社区志愿者面对面向市民宣传侨法方面的知识，发放侨法宣传资料，认真解答有关归侨侨眷就业、投资和归侨子女升学、就业等方面的咨询，为更多的群众了解和熟悉侨法相关知识、进一步涵养侨务资源打下坚实基础。努力做好为侨服务工作。按照《中华人民共和国归侨侨眷权益保护法》及《实施办法》等法规有关内容，认真贯彻落实各项侨务政策，维护归侨、侨眷的正当权益。2013年以来，按规定为全市归侨侨眷解决升学、就业等大量实际问题，依法维护归侨侨眷的合法权益。通过以上工作，调动广大归侨侨眷为临清对外开放和经济做贡献的积极性，激发海外侨胞爱家乡、关心和支持家乡经济建设的热情。

【领导人更迭】

主　任：李　光

副主任：刘晓洁（女）

（刘晓洁）

行政审批与服务

【机构设置】 临清市行政服务中心成立于2011年10月31日，为正科级全额事业单位，定编11人。服务中心设主任1人，副主任2人，下设办公室、督促检查科、网络信息科、考核管理科。2015年7月1日，根据《临清市机构编制委员会关于印发临清市政务服务中心管理办公室主要职责内设机构和人员编制规定的通知》（临编〔2015〕9号）临清市行政服务中心更名为临清市政务服务中心管理办公室，为市政府正科级行政派出机构。市政务服务中心管理办公室核定行政编制10名，配备主任1名，副主任2名；股级领导职数3名，根据主要职责，设3个职能科室，分别为综合科（挂公共资源交易管理科牌子）、督查考核科、网络信息科。

2015年年底，临清市政务服务中心管理办公室有主任1人，副主任2人，下设综合科（挂公共资源交易管理科牌子）、督查考核科、网络信息科。

【工作概述】 强化对进驻部门窗口的规范化管理，树立阳光、服务型政府形象。通过积极地探索和实践，服务中心制定《窗口工作人员管理制度》《年度考核管理办法》《红旗窗口和服务标兵评选办法》等多项规章制度，并坚持日常检查、联合巡查和专项抽查，使用考勤记录，上网行为管理记录，投诉记录以及服务质量评价记录等一系列窗口人员管理与考核制度，规范窗口人员的日常行为，提升各单位窗口形象，进一步优化全市经济发展的软环境。

优化审批流程，提高审批效率。把简化审批流程，规范审批服务作为提高审批效率的重要抓手和突破口。凡没有法律依据的申报材料一律取消，能减少的环节坚决减少，能压缩的时限一定压缩。2015年，通过开展进厅项目优化工作，共减少申报材料147项，压缩审批时间291个工作日，减少审批环节34个，即办件比例提高到的55%，审批效率大幅提高。

规范行政审批行为，推行行政审批标准化。制定全市业务手册和服务指南编制工作方案，抽调专门人员，组成审核小组，对各审批主体单位上报的业务手册和服务指南“一对一”审核，在确保审批事项的申报材料、审批要件、审批流程等合法规范的基础上，在审核过程中优化审批流程，进一步精简材料、压缩时限，大大提升手册和指南的指导性、可操作性和权威性。2015年10月31日，在聊城率先完成全市42个部门（单位）243项行政审批事项的业务手册和服务指南编制审核工作，并已在各部门（单位）网站和市政务服务中心网站公示。

深化行政审批制度改革，推行建设项目联审联办。根据《临清市行政权力清单》和《临清市行政审批事项目录清单》，对联审联办涉及事项的申报材料、办理时限进行清理，重新调整和确认联审联办涉及的办理事项，确保联审联办项目办理链条的完整性。特别是对各单位申报材料互为前置问题进行重点清理，通过查阅各部门的法律法规、部门文件，经过与各部门的耐心沟通，所有申报材料已全部理清，解开联审联办的材料死结。同时，制定《临清市重点项目联审联办工作制度》，凡全市重点项目和招商引资项目，第一时间召开联办预审会，预审后各单位同步进入审批状态，并在规定时限内办结，提高审批效率，确保全市重点项目、招商引资项目早落地、早开工、早投产。

【领导人更迭】

主　任：马富济

副主任：邓东辉

陈作霞

（周兴华）

地方史志工作

【概况】 1982年6月，成立县史志编纂委员会，同时设立办公室，时有工作人员1人，主任由文化局副局长兼任，为常设临时机构。1984年史志办成为常设机构，划归市政府办公室系列。1990年升为正局级单位，时有主任1人，副主任1人，工作人员5人。2002年11月，经临清市党委会研究决定，成立临清临清市地方史志编纂委员会办公室3人党支部委员会，隶属市直机关工作委员会领导。2009年临清市史志办荣获山东省史志工作先进集体。2012年临清市史志办公室共有编制11人，实有5人，主任1人，副主任1人，工作人员3人，其中中级职称1人。2013年根据临编办字〔2013〕4号文件设立编务科，为股级内设科室，主要职责是负责市志、年鉴的编修，材料上报等工作。2015年年底临清市史志办下设3个科：综合科、编务科、地情资料中心，共有编制11人。

临清市地方史志办公室作为临清市地方志编纂委员会的办事机构，具体承担下列任务：规划、协调地方史志工作；制定地方史志编纂业务规范；组织、检查、指导地方史志编纂工作；编纂、审查、验收有关地方史志稿件；征集、整理、保存地方史志文献，开展地方史志学术研究；宣传、推广地方史志成果，开展地情研究，建设地情文献库和地情文献网站，为公众读志用志提供服务；同级人民政府和上级业务部门交办的其他事项。

【编纂出版《临清年鉴（1999—2012）》】 2013年8月份临清市史志办开始积极准备、周密筹划《临清年鉴》续修工作，经过办公室全体职工的多次商讨，并结合其他县市区年鉴工作和聊城市史志办的指导意见，《临清年鉴》续修版上限定于1999年1月1日，与《临清年鉴(1999—1998)》下限衔接，下限为2012年12月31日。经过近两个月的研究讨论，于2013年10月份形成《临清年鉴（1999—2012）》目录，并制定《临清年鉴（1999—2012）》编纂工作实施方案及一系列相关事项，2013年10月23日上午在临清宾馆第一宴会厅召开《临清年鉴（1999—2012）》编修启动暨培训会议，聊城市政府副秘书长、史志办主任宋士功，聊城市史志办年鉴科科长张静，临清市副市长王磊，临清市史志办主任方玉群及全市各企事业单位、各镇（街道）的分管领导及撰稿人员共计181人参加此次会议。在启动年鉴编纂会议之后，继续开展一系列督促检查，进一步向各承编单位明确市政府对这次年鉴编写工作的要求，着力解决有些单位志稿编修进度偏慢和各单位工作不平衡问题。2014年1月份开始，史志办工作人员分成两组，对未按时报送材料的单位进行催稿，并对已经报送的稿件进行首次修改、加以反馈，2014年3月底，全部稿件已收集完毕并完成第一次修改反馈；自2014年4月开始，根据办公室老同志及聊城市史志办提出的修改意见，对稿件进行第二次修改评审，此次审阅将材料落实到个人，每人25个单位，进行深入细致的研究、开会研讨，并亲自与所分管单位撰稿人当面联系、当面沟通，对稿件进行修缮，在文字、语言及格式方面进行修改校对，并对人物章节进行补充，联系在外工作的正地师级领导干部，征求他们的意见，对人物章节进行扩充。由于时间跨度较大，各单位的领导人任职时间存在错误，经过认真梳理、咨询联系单位及本人，历时一个月时间完成全部领导人任职时间更迭。2015年年底形成初稿并进入招标阶段。

【方志馆建设】 临清市方志馆始建于2009年9月1日，地点设立在临清市图书馆内，使用面积50平方米。馆藏有省内外古今地方志书、省内外各种年鉴、地方姓氏族谱、论著文集、刊物图片音像资料5大类。2013年临清市史志办继续同其他县市区进行地方志资料交流，至2015年共计交流各类志书、年鉴10余本。

【供稿工作】 《山东年鉴》《聊城年鉴》供稿工作。认真做好每年山东省史志办及聊城市史志办交办的《山东年鉴》《聊城年鉴》供稿工作。每年3月份山东省史志办及聊城市史志办下发《山东年鉴》《聊城年鉴》供稿要求，临清市史志办采取专人负责的方式，派专人同临清市统计局及相关单位联系，为保证数据准确，对每一个数据都是与上一年进行对比检查，对一些不准确的数据及时与统计局和各单位进行沟通，做到数据真实准确，并按时上报。

《山东省志·地方史志志（1981—2018）》供稿工作。2015年山东省史志办下发《〈山东省志·地方史志志（1981—2018）〉编纂工作方案》，根据编纂工作需要，临清市史志办负责大事记，机构与队伍，市、县、基层志编纂，年鉴编纂，信息化建设，方志馆建设，旧志整理等篇目的供稿。任务下发后，史志办通过开会研讨，归纳梳理1981-2018年间开展的各项工作，并派专人具体负责，经过近一个月的资料整理、撰写，史志办按时完成稿件报送任务。

【学习教育】 党的群众路线教育实践活动。2014年按照中央、省委、聊城市委和临清市委关于开展党的群众路线教育实践活动的部署要求，临清市史志办根据自身工作实际，于2014年3月15日召开史志办党的群众路线教育实践活动动员会，以此为契机，正式开展史志办党的群众路线教育实践活动。史志办成立以主任为组长、副主任为副组长的党的群众路线教育实践活动领导小组，并制定切实可行的实施方案。史志办全体党员紧跟市委、市政府的步伐，深入学习贯彻中央决策部署和习近平总书记系列重要讲话精神，牢牢把握“照镜子、正衣冠、洗洗澡、治治病”的总要求，围绕保持党的先进性和纯洁性，以贯彻中央八项规定精神为切入点，以为民务实清廉为主要内容，以严的标准、严的措施、严的纪律，精心组织实施，扎实有序推进，达到预期目的，取得重要成果。

“三严三实”专题教育。2015年开展“三严三实”专题教育，即“既严以修身、严以用权、严以律己；又谋事要实、创业要实、做人要实”。自“三严三实”专题教育开展以来，史志办时刻以“三严三实”的标准严格要求自己，以“三严三实”为标尺，结合自身实际，紧密结合上级工作精神，不折不扣地落实中央、省委、聊城市委有关文件精神和专题教育工作座谈会精神，把开展专题教育与落实领导班子和领导干部思想政治建设、作风建设各项要求结合起来，制定切实可行的工作方案，与落实支部书记履行管党职责结合起来，与“三会一课”、中心组学习、年度民主生活会等经常性工作结合起来，突出抓实专题党课、专题学习研讨、专题民主生活会和组织生活会、整改落实和立规执纪四个关键动作。既把规定动作做到位，又让自选动作有特色，认真完成上级布置的学习任务之余，组织支部书记讲党课、集体学习习总书记讲话，学习齐鲁先锋网党员教育平台，观看纪录片、警示片以加深大家的理解体会。并召开专题研讨会，针对工作中发现的问题以及学习到的各种文件精神，结合个人实际深入查摆存在的问题，并制定个人问题清单进行整改，把教育实践活动整改不到位的问题继续纳入整改，对新发现的问题立行立改。

【配合市委市政府中心工作】 临清市史志办在做好史志工作的同时，积极配合临清市政府做好各项工作。每年市委、市政府组织慈心一日捐活动，领导班子成员带头，全体党员干部积极响应，踊跃捐款，奉献出自己的一片爱心，以实际行动营造“人人参与慈善、人人皆可慈善”的浓厚氛围。

【法制化建设】 史志办领导班子全体人员认真学习《地方志工作条例》，进一步加强地方志工作机构的能力建设，特别是增强地方志工作机构依法履行职责的能力。史志办全体工作人员切实认识到作为史志工作者要切实履行五个职责：组织、指导、督促和检查地方志工作；拟定地方志工作规划和编纂方案；组织编纂地方志书、地方综合年鉴；搜集、保存地方志文献和资料，组织整理旧志，推动方志理论研究；组织开发利用地方志资源。增强依法搜集资料的能力。《条例》将地方志工作机构搜集资料、有关单位和个人向地方志工作机构提供资料，都作为有法律效力的权利和义务加以确定。作为史志工作者要在当前和今后的工作中要切实利用这一有利条件，扩大资料的搜集领域和种类，既要重视搜集文献资料、报刊资料、档案资料，也要注意搜集口碑资料、实物资料。增强依法保证志书质量、严格审查验收制度的能力。坚持以“以马克思列宁主义、毛泽东思想、邓小平理论和‘三个代表’重要思想为指导，全面贯彻落实科学发展观，坚持辩证唯物主义的立场、观点和方法”记述社会主义时期的内容，应体现社会主义时代精神风貌，全面反映发展中国特色社会主义事业的历程和成绩，正确反映历史发展中的曲折和问题。通过学习《地方志工作条例》，领导班子提高运用法治思维和法治方法干事创业的能力，实现全市史志工作的新的跨越发展。

【领导人更迭】

主　任：方玉群

副主任：张　英

（宁柳云　常鑫磊）

中国人民政治协商会议临清市委员会

【全委会议】 十三届二次会议于2013年1月14日至1月17日在临清剧院举行。会议听取并讨论中共临清市委书记、市人大常委会主任王建鹏同志的重要讲话，听取并审议汪保远主席代表十三届市政协常务委员会所作的工作报告和贾艳华副主席所作的提案工作报告。与会委员列席临清市第十七届人民代表大会第二次会议，认真听取并讨论李新阁市长所作的《政府工作报告》和其他有关报告。

十三届三次会议于2014年1月3日至6日在临清剧院举行。会议听取并讨论中共临清市委书记、市人大常委会主任王建鹏同志的重要讲话，听取并审议汪保远主席代表政协临清市第十三届委员会常务委员会所作的工作报告和贾艳华副主席所作的提案工作报告。会议对市政协一年来的工作表示满意。与会委员列席临清市第十七届人民代表大会第三次会议，认真听取并讨论李新阁市长所作的《政府工作报告》和其他有关报告。

十三届四次会议于2015年3月7日至10日在临清剧院举行。会议听取并讨论中共临清市委书记、市人大常委会主任王建鹏同志的重要讲话，听取并审议汪保远主席代表十三届市政协常务委员会所作的工作报告和贾艳华副主席所作的提案工作报告。与会委员列席临清市第十七届人民代表大会第四次会议，认真听取并讨论李新阁市长所作的《政府工作报告》和其他有关报告。

【常委会议】 2013年10月11日，市政协第十三届八次常委会议召开。王保粮传达习近平总书记《在全国宣传思想工作会议上的讲话》精神；市政府办公室主任高晓光应邀出席会议，并代表市政府通报2013年政协委员提案办理情况；各界别组组长就开展“让人民了解政协，让政协走进人民”活动情况分别进行发言。

2014年3月28日，市政协十三届十一次常委会议召开。会上传达学习全国政协会议精神和中央、省、聊城市、临清市主要领导同志在党的群众路线教育实践活动动员会议上的讲话精神；审议通过《市政协十三届三次会议提案审查情况的报告》和《市政协2014年工作要点》；宣读有关人事任免事项。

2014年7月23日，市政协十三届十二次常委会议召开。市政协主席汪保远，市委常委、副市长韩德振，政协副主席王俊山，副主席、党组副书记、统战部长许朝生，副主席贾艳华、宛秋生、徐宝福、王保粮出席会议。汪保远结合当前实际，就做好下半年政协各项工作讲意见。他指出，要发挥政协优势，为助推全市经济社会健康发展献计出力，政协常委、委员要继续发挥人才荟萃、智力密集的优势，进一步转变作风，增强大局意识，在推动临清“东融西借、跨越赶超”中争做引领者、参与者、推动者和实践者，要做“主角”不做“配角”。要提高认识，扎实开展好党的群众路线教育实践活动。要突出重点，全力抓好政协业务性工作。他希望大家以更加饱满的精神、更务实的态度深入基层、联系群众，不断提升履行职能的实效，以扎扎实实地工作业绩，服务基层群众，让群众满意。韩德振代表市政府通报上半年全市经济社会发展情况。王保粮传达省政协主席刘伟关于推进政协履行职能现代化的重要理论文章。

2014年11月6日，市政协召开十三届十三次常委会议。市政协主席汪保远，副主席贾艳华、宛秋生、徐宝福出席会议。汪保远指出，要认真把握“四个必须坚持”的重要原则，即必须坚持中国共产党的领导，必须坚持人民政协的性质定位、必须坚持大团结大联合、必须坚持发扬社会主义民主，确保政协工作的正确方向。要深入学习贯彻十八届四中全会精神，为推进依法治国凝聚力量。要牢牢把握关于协商民主的新思想新理论，充分发挥政协作为专门协商机构的重要作用。要突出重点，认真对照全年工作要点，逐项梳理，确保圆满完成全年各项工作任务。机关各科室要扎实做好政协十三届四次全委会议的筹备工作，确保会议的圆满成功。贾艳华传达《习近平总书记在庆祝中国人民政治协商会议成立65周年大会上的讲话》精神；徐宝福传达中共十八届四中全会精神；市政府办公室负责同志代表市政府通报2014年政协委员提案办理情况。

2015年10月15日，十三届十八次常委会议召开。传达学习省委政协工作会议精神，市政府副市长秦荣菊通报2015年政协委员提案办理情况，审议5个调研报告。汪保远主席就深入学习贯彻省委政协工作会议精神，推进政协事业不断创新发展提出要求，强调要抓好调研成果转化，提升政协建言献策水平，突出重点，确保圆满完成2015年各项工作任务。

【视察调研和反映社情民意】 三年来，先后对劳动和社会保障工作、卫生、林业、教育工作、水务、交通、公检法司、质检、工商等部门进行专项视察，听取有关职能部门工作汇报，提出帮助改进工作的意见建议。

2013年，提出的建设临清轴承千亿园区的建议得到省政协和聊城市委、市政府领导高度重视，被作为2020年前聊城市需要建成的四个“千亿园区”，写入十二届四次全会和《政府工作报告》。提出的关于卫运河大桥改造的建议，被聊城市政府采纳，经公路部门一年多的紧张施工，卫运河大桥已恢复通车，给临清及周边地区人民群众出行带来便利。组织委员开展调研视察是政协履行参政议政职能的重要方式。为弘扬运河文化、挖掘运河遗迹、再现临清辉煌，市政协成立大运河申遗调研组，前往北京通州区、天津西青区、杭州市拱墅区等运河沿岸城市，在学习外地申遗经验的基础上，撰写《关于推进我市大运河申遗工作的调研报告》，建议从规划、资金、措施、宣传等方面入手，做好京杭大运河临清片区的申遗准备工作。市政府采纳政协建议，投资1.2亿元对城区古运河上的元、明、清桥梁，沿运河古街、古巷、古迹进行原始改造，得到人民群众交口称赞和国际专家的好评。

在2014年两会上，共有来自全市4个民主党派，12个界别组的37位政协委员，以及21个市直部门负责人参加政协委员建言献策座谈会，提出优化发展环境、推进养老社会化服务、加强运河文化遗产保护利用等意见建议138条。许多建议得到市委、市政府领导的肯定和现场答复。还有的转化为政协提案，交付有关部门办理。其中，关于加强文化遗产保护，推动大运河申遗的建议，经市政府采纳后，对运河沿岸古桥、古街、古巷、古迹进行原始改造，为大运河临清段历史遗存成功入选世界文化遗产发挥重要作用。关于推进养老服务社会化的建议，经市政府采纳后，决定在全市重点培育3—4家较大规模的“民办公助”养老机构，并加快推进市医院、华美医院等医养结合养老机构建设。

2015年，组织各专门委员会，重点围绕房地产行业发展、物流产业、农机产业、专利技术、电子商务五个题目开展调查研究，提出改进工作的意见和建议53条。市委、市政府主要领导亲笔批示，政协的调研报告“有情况、有分析、有建议，对产业发展具有很好的学习借鉴意义，请分管市长和相关部门对提出的建议认真研究，抓好落实”。

【提案办理】 提案是政协履行职能、体察民情、集中民智的重要形式。三年来，共收到意见和建议609件，经提案委员会审查，立案417件，答复率为100%，满意率均在96.4%以上。市政协高度重视提案工作，多次召开主席会议，研究确定重点提案，并听取提案办理工作情况汇报，推动提案办理质量的不断提高。2013年针对委员提出的《破解用工瓶颈促进中小企业健康发展的提案》，市人力资源和社会保障局依托技工学校开展职业教育、技能培训，通过引导有技术有文化的城镇下岗失业人员到民营企业就业，不少人重新走上管理岗位或成为技术骨干；针对委员提交的《关于农村河道水污染治理的提案》，市环保局、水务局对裕民渠、三干渠、小运河等主干河道进行改造。使其具备灌溉、排涝、涵养水源、净化水质的作用。

2014年多次召开主席会议，专门研究提案办理工作，确定年度督办的重点内容。先后组织委员现场听取市交警大队关于红星路十字路口安装交通指示灯提案的办理情况介绍，听取市文广新局关于文化遗产保护提案的办理情况介绍，听取市建设局关于城区公共设施保护提案的办理情况介绍。10月，组织18个提案承办单位的负责同志，就提案办理情况进行专题协商。针对委员提出的关于提高饮用水质量和安全的建议，市政府将其作为改善民生的重点工程来实施，投资3.2亿元，建设集引水、蓄水、供水、净水为一体的城南水库工程，日供水量3.7万立方米，有效地改善城乡居民的饮用水质量；针对委员提出的关于加强道路交通管理的建议，市交通局、监察大队和交警部门依据各自职能，在新华路、温泉路、青年路等路段，对非法营运车辆加强管理，取缔摊贩占道行为，使市民出行环境得到有效改善。市政协主席、副主席带队督办提案，2014年，督办提案20件。

2015年，政协提案委员会和市委督查室、市政府督查室充分发挥协商的桥梁纽带作用，积极搭建平台，通过组织开展协商会、通报会等活动召集承办单位与提案者进行面对面沟通协商，通过协商，拓宽委员们的知情渠道，增进提、办双方的相互了解，提高提案的落实率和委员的满意率，实现提案办理实效的最大化；积极探索提案督办协商机制。

三年来在全委会议上，对通过民主评议评选出的54个提案承办先进单位和89件优秀提案及优秀提案者进行表彰。

【文史工作】 文史研究工作不断推出新成果，助推旅游产业发展。市政协定期组织运河文化研究会的同志召开座谈会，讨论文史研究的有关课题，拓宽文史研究的视野。不断与淮安、太仓、沂源、通州、淄博等数十个兄弟县区开展文史工作交流，互通信息，互赠文史书籍，了解掌握运河文化研究的最新成果。多次召开各种史料征集座谈会，征集有关临清抗日战争时期的文史资料100余万字，外出拍摄、整理临清名人书画作品、碑刻215幅。编辑《临清政协》7期。载于《临清政协》2013年第四期的《我和通备武学的情缘》（作者魏庆新）、第五期的《临清土山是〈金瓶梅〉武松打虎背景地》（作者郭东升）分别被《武当》杂志2014年第二期和2013年12月10日《联合日报》转载。精心编撰《千年诗韵话临清》（上、下）、《运河名城，魅力临清》《烽火岁月》（一）等书，为推介临清、宣传临清，提高临清的知名度、美誉度，作出积极贡献。

【为经济发展服务】 2013年，市政协各位主席同市委、市政府的领导同志一样，在做好政协工作的同时，积极参与市委、市政府的中心工作，积极投身经济建设主战场。在帮包重点项目、城镇化建设、抢险救灾等重点工作中，干在一线。经常深入企业、农村和社区，对遇到的发展瓶颈问题，协调解决。通过组织从事物流经营的政协委员到济南、临沂考察商贸物流园区建设，与专家接洽，促成国家粮食储备库物流中心项目的落成；市委“实施二次创业、贡献跨越赶超”

动员会后，市政协向全体委员发出倡议，动员经济界、工商联界的政协委员投身经济主战场，政协副主席宛秋生同志以“一马当先，二次创业，再造一个新三和”的宏大气魄，充分展示政协委员风采，他计划三年投资50亿元，新上50万锭紧密纺、5000台喷气织机、10条印花生产线项目，三年税收实现翻番；政协委员郭智博同志带领德能金玉米全体员工，解放思想，大胆改革，二次创业立说立行，提出两年税收翻番的目标；政协常委马福庆依托科技创新，加快企业转型升级，做大做强轴承行业的中国驰名商标，在轴承行业开“转调创”的先河。一大批委员企业家跃跃欲试，士气十足，决心在实现跨越赶超主战场上大显身手。

按照市委开展“下基层，到一线，解难题”活动的统一部署，结合自身实际，在全市政协委员和机关干部中深入开展“让人民了解政协，让政协走进人民”活动。要求每名委员和机关干部至少做一件群众看得见、摸得着、有影响的好事、实事。至少帮扶一名困难群众或困难学生，至少提出一条群众关注的热点建议。各位常委、专委会成员经常深入基层，帮助化解城乡建设、企业改制、劳动保障等方面的矛盾纠纷。广大政协委员和机关干部深入企业、乡村，通过直接捐款或购买生活必需品，对困难党员、职工、学生和残疾人士进行爱心帮扶。康庄镇退伍军人梅永明妻子因患尿毒症，花光家中积蓄，政协委员高立明捐款5000元给予救助。一年来，委员们对全市280户困难家庭进行爱心帮扶，累计捐款16万余元。当一笔笔爱心捐助承载着委员们的深情厚谊，送到困难群众手中，在解决燃眉之急的同时，让他们感受到社会的和谐与温暖。全市政协委员以界别为单位进企业、走社区、到乡村，开展各种形式的主题实践活动，以自己的模范行动践行委员职责，感召社会，影响带动周边的人民群众。中共界别组组织镇（街道）政协工委主任深入企业，帮助淘汰更新落后产能，进社区关注空巢老人和留守儿童；经济界别组组织委员开展“进企业、进车间、进班组”活动，与员工亲切交谈，关注他们的身心健康和福利待遇；科技界别组邀请山东大学的专家进企业现场指导，组织开展“青少年科普报告百校行”活动；文艺、卫生界别组组织委员到松林镇松南村，开展义诊服务、书画联谊交流活动；共青团青联界别组组织委员走上街头、广场、公园，开展“庆祝建国64周年志愿者联合会大型服务活动”，倡导文明交通、志愿服务等等，通过开展委员活动，展现广大政协委员履职尽责，奉献社会的时代风采。

成立政协委员企业家联谊会，协调税务、工商、土管、发改等部门有关负责同志，到委员企业走访，了解经营状况，针对普遍存在的融资困难问题，与金融办、建行、农行、沪农商村镇银行共同召开恳谈会，帮助会员企业申请贷款6000余万元，一定程度上缓解企业的资金压力。

2014年，市政协各位主席参加全市重点工作和项目分工，在项目建设、招商引资工作中，做大量协调关系、攻坚克难的工作。广大政协委员积极响应市委“二次创业”号召，负重拼搏，积极助推经济发展。市政协委员企业家联谊会通过在委员企业之间搭建互动平台，凝聚委员智慧，反映企业呼声，为企业发展出谋划策。通过与聊城大学、香港科技大学对接，搭建合作平台，利用高校丰富的教学和科研资源，以“订单”方式为企业培养专业技术人才，增强企业发展的内在动力

发挥联系广泛的优势，全力做好促发展、惠民生的工作。2015年，市政协主席会议成员积极帮包镇办和全市重点项目，主动开展招商引资工作。成功引进力诺集团50兆瓦分布式屋顶电站项目，通过在普通农房屋顶安装光伏电站，实现实时发电上网，成为惠及全市广大农户的“阳光”扶贫项目。在9个镇（街道）的20个村进行安装调试，为促进农民增加收入，实现脱贫致富发挥重要作用。认真贯彻落实市委关于精准扶贫的工作部署，主席会议成员深

入到基层调研，指导扶贫开发工作，走访慰问困难群众。市政协机关扎实开展“双联共建”活动，支持“第一书记”到唐园镇千集村任职，组织机关党员干部进村入户，与村两委干部座谈交流，与村里的13户困难群众开展结对帮扶，累计捐款11000元，捐送衣物134件套。

【联谊工作】 积极配合全国政协、省政协、聊城市政协来临清开展运河文化保护、公共法律服务体系、民族团结进步创建等专题调研、视察活动，积极宣传和推介临清。持续加强与兄弟县市（区）政协的横向交流，开展与江苏淮安青浦区政协、河北临西县政协、枣强县政协，以及茌平县政协在运河文化保护、文史资料挖掘以及扶贫工作等方面的学习交流，促进资源共享，努力营造推动政协事业全面发展的强大合力。

2013年国庆节期间成功举办“迎国庆，展风采，翰墨颂和谐”书画展，展出书画作品150余件，这些作品内容、创作形式丰富多样，代表近年来全市书画艺术的较高水准。

2014年9月，组织庆祝人民政协成立65周年座谈会，邀请各民主党派、工商联负责同志，以及部分政协委员汇聚一堂，共同回顾全市人民政协组织自成立以来，与全市人民肩并肩、共同奋斗的光辉历史。市委领导同志出席会议，认真听取委员发言，高度评价历届政协委员在促进经济发展和社会进步中作出的重要贡献，激励广大委员再接再厉，为临清全面深化改革，科学发展献计出力。

2015年5月，按市政协领导安排，社文办主任王朋水等三人赴宜昌参加纪念张自忠将军殉国75周年纪念活动。2015年，文艺界部分政协委员赴台参加京剧演出，促进海峡两岸文化艺术交流，增进大团结、大联合。7名政协委员的书画作品入选省政协纪念抗日战争胜利70周年暨世界反法西斯战争胜利70周年书画展，展现全市丰富的文化底蕴。

【宣传工作】 宣传报道力度不断加强。2013年创办《临清政协》期刊，开辟建言献策、调查研究、委员风采、文史辑存等多个栏目，对市政协调研视察、运河文化研究、委员事迹等进行宣传报道，及时展现市政协履职创新的最新成果。2013年市政协共在《人民政协报》《联合日报》《聊城政协》发表反映临清经济社会发展和政协履行职能的报道62篇，其中《临清政协多措并举助推支柱产业发展》被省政协和省委宣传部评为获奖作品。

【领导人更迭】

主　席： 汪保远
副主席： 王俊山
许朝生
贾艳华（女）
宛秋生（回）
徐宝福
王保粮
秘书长： 张　颖（女）

办公室
主　任： 刘仁海
副主任： 马永骁

提案委员会办公室
主　任： 邢连俊（女）

经济委员会办公室
主　任： 姚庆龙
副主任： 戚树林

社会事业法制和文史资料委员会办公室
主　任： 王朋水
副主任： 王明波

政协老干部服务中心
主　任： 宋晓东

政协委员活动工作室
主　任： 汪　雷
副主任： 乔科为

（徐宝福　王明波）

中国共产党临清市纪律检查委员会

【机构设置】 1994年3月27日，市纪委的工作机构设有办公室、综合监察室、信访室、宣教室、执法监察室、党风廉政建设室、审理室、检查一室、检查二室。2003年2月26日，市纪委设秘书长。2005年10月成立市行政投诉中心，11月成立市纠正部门和行业不正之风办公室。2009年12月，对纪检监察派驻机构统一管理，市纪委、监察局设立6个统管派驻机构，负责对全市实行纪检监察派驻统管的部门（单位）进行监督检查。2014年9月，设立党风政风监督室（加挂临清市政府纠正部门和行业不正之风办公室牌子）、纪检监察三室、研究室、案件监督管理室，同时撤销监察综合室、党风廉政建设室、执法监察室、临清市纠正部门和行业不正之风办公室。2015年6月设立第一、二、三纪检监察工作室。至2015年年底，市纪委下设办公室、纪检监察一室、纪检监察二室、纪检监察三室、宣教室、干部室、审理室、行政投诉中心、信访室、党风政风监督室（纠风办）、研究室、案管室、第一纪检监察工作室、第二纪检监察工作室、第三纪检监察工作室、6个统管派驻纪检组，辖16个镇和街道纪委。

【党风廉政建设】 层层传导压力，明确两个责任。每年初，召开市委常委会，研究分析党风廉政建设和反腐败工作面临的形势和任务，整体把握反腐倡廉建设进展情况，明确工作思路和目标。制定《全市党风廉政建设和反腐败工作任务分工意见》《关于落实党风廉政建设党委主体责任和纪委监督责任的意见》，对年度目标任务进行分解，明确党委的主体责任和纪委的监督责任，将全面从严治党的压力传导至各级党委、纪委。狠抓责任考核，倒逼责任落实。把履行党风廉政建设主体责任情况列入全市科学发展综合考核和党建考核的重要内容，制定针对各派驻纪检组、机关各室、各镇（街道）纪委的年度考核计分标准，年末组织考核组对各镇（街道）党委履行主体责任情况、纪委履行监督责任情况进行考核，对党风廉政建设责任落实不到位的进行问责。2013年以来，共追究32人，其中党政纪处分3人，组织处理30人。推进基层党风廉政建设。深入农村开展党风廉政建设调研，摸清基层实情，加强对基层工作的领导。健全廉政承诺制度，召开“我承诺、我清廉”工作推进会，印发活动配档表，各村居按要求建立承诺台账，全市600个村居承诺实事1355项。加大农村“三资”管理力度，开展农村“三资”专项审计，加强农廉网建设，实现与省市联网。落实村务监督委员会制度，每年召开全市村监委主任培训会议，切实发挥村监委的监督作用。

【纪律审查工作】 2013年以来，全市共立案595件，结案593件，给予党政纪处分795人，组织处理1人。其中，委局机关自办案件195件，科级干部65人，重处分164人。建立案件线索、案件信息共享制度，执纪执法机关和职能部门联合行动，优势互补，确保纪律审查工作顺利进行。加强对纪律审查工作的领导，明确纪委书记主抓纪律审查工作，2名常委、1名正科级纪检员分别分管11个案件检查室，调配精兵强将确保每个检查室有3名以上办案人员。建立纪律审查主办人制度，由市纪委主要负责人或分管负责人指定纪律审查工作主办人，按照“谁主办、谁负责”的原则，主办人独立行使纪律审查职权。加大对乡镇纪委纪律审查工作的督导，委局领导分包16个镇（街道），紧盯基层党员干部，做到挺纪在前、全面从严。严格办案程序和制度，统一管理重要案件线索，所有问题线索由案管室集中管理，建立管理台账，重要问题线索定期集体排查，严格按照线索处置标准进行处置；加强案件管理，对各室承办案件逐一登记备案，限时办结，逐案销号，做到初核、立案、了结、处理，全过程留痕；执行办案一体化制度，制定办案流程图、案件检查文书格式，对受理、初核、立案、调查等环节从形式到内容进行规范。

【作风建设】 加强教育引导，注重源头预防。着力推进科技防腐系统建设，建成以行政审批、公共资源交易等为依托的电子监察系统。紧盯重要时间节点，以文件的形式把元旦、春节、清明、五一、端午、中秋、国庆等节日期间有关纪律规定印发给各级各部门各单位，提前打招呼、敲警钟。严格执纪，促进监督检查制度化、常态化、规范化。出台《关于加强作风建设监督检查的暂行办法》，采取专项检查与常规检查、纪委机关检查与镇（街道）和派驻组检查相结合的方式划分防区，明确责任，定期开展互查和集中检查，形成监督检查合力。开展作风集中整顿，下发《关于开展厉行勤俭节约、反对铺张浪费专项行动监督检查的通知》《关于严禁公款购买印制寄送贺年卡等物品的通知》，出台《关于落实〈中共聊城市委常委会关于整肃市直机关纪律作风的五项规定〉实施办法》等文件，明确禁止性规定，督促各级抓好落实，促进作风转变。对查处的典型问题，不护短、不回避，坚持点名道姓通报曝光。2013年以来，全市共查处违反中央八项规定精神问题154起，给予党政纪处分145人，组织处理18人，通报曝光23期142起146人。

【解决发生在群众身边的“四风”和腐败问题专项整治】 扎实开展解决发生在群众身边的“四风”和腐败问题专项整治，先后多次深入基层一线，通过开展调研、召开座谈会等方式了解实际情况，采取系统查、查系统的办法对涉及土地征收流转、“三资”管理、惠农补贴、扶贫救济、低保医保等群众反映强烈的问题进行监督检查，严肃查处发生在群众身边的“微腐败”“暗腐败”，小官大贪案件，不断增强人民群众对党风廉政建设和反腐败工作的获得感和满意度。2013年以来，共查处此类问题64件，给予党政纪处分91人，通报曝光2期12起12人。

【巡察工作】 开展党风廉政建设巡察，2013年以来共开展2轮巡察，共巡察12个市直部门、3个镇（街道），发现问题261个，核实问题线索9个，提出整改建议131条，给予党政纪处分4人，诫勉谈话2人。同时，对16个镇（街道）开展危房改造资金专项巡察，入户调查2675户，移交问题线索45个。

【宣传教育工作】 加强反腐倡廉教育，筑牢思想防线。在法定节假日前一周利用手机短信平台向全市科级以上干部发送廉政短信，做好节前提醒。在市委党校分批次对1400余名副科级以上干部、入党积极分子进行廉政教育培训。组织16个镇（街道）纪委书记参加聊城市纪委举办的培训班。组织县处级领导干部德廉知识学习和测试。邀请聊城市纪委副书记张玉峰同志在临清剧院为全市700余名党员干部上廉政课。与市检察院成立联合宣讲团，建立警示教育基地，开设警示教育课堂，播放警示教育片，组织观看图片展。加强廉政文化建设，营造浓厚廉政氛围。组织开展廉政文化示范点创建活动，深入挖掘临清运河文化内涵，打造“运河清风”廉政文化品牌。建立健全廉政文化示范点和廉政教育基地评选机制，完善申报、考核、评审流程，建成21个廉政文化示范点、6个廉政教育基地。加强廉政风险防控机制建设。深入贯彻落实《进一步加强廉政风险防控的实施意见》，扎实推进廉政风险防控工作，培养树立市国税局、工商局、审计局三个廉政风险防控试点单位，抓住清权确权、编制流程图、查找风险点和评定风险等级四个关键节点，突出重点领域、重点对象、重点环节，排查权力运行中存在的廉政风险，评定风险等级，逐步建立起监测预警、动态管理的机制，实现廉政风险防控工作常态化、规范化。

【改革试点】 在聊城市率先开展县级党政领导班子成员向同级纪委全委会述廉试点工作，制定《开展市党政班子成员向市纪委全委会述廉试点工作的实施方案》，召开述廉大会，市党政班子各位成员向市纪委全委会做述廉报告，出席会议的市纪委委员对述廉对象进行评议。述廉试点工作得到省、聊城市纪委领导的充分肯定。在开展试点工作的基础上，按照省纪委、聊城市纪委新要求，对述廉内容进行细化和规范，对述廉对象范围、参加述廉大会人员范围等进行严格限定，对述廉报告的撰写、报审等提出更加明确具体的要求；会后述廉领导小组进一步抓好意见反馈、落实整改措施等工作，确保述廉工作取得实实在在的成效。扎实推进机构改革，清理纪检监察机关参与的议事协调机构，将纪委监察局参与的议事协调机构由28个精简到9个，坚决把过去那些自己不该干、干不了、干不好的事交出去，进一步明确纪委的监督责任。加快推进纪律检查体制改革步伐，突出主业主责，报聊城市编办正式批准，撤销监察综合室、党风廉政建设室、执法监察室、纠正部门和行业不正之风办公室，成立党风政风监督室、第三纪检监察室、案件监督管理室、研究室。开展镇（街道）纪检监察工作体制改革试点。先后到天津市静海县、安徽省阜阳市颍州区、德州市宁津县学习考察先进经验，召开4次纪委常委会研究讨论改革方案，召开部分镇（街道）党委书记、纪委书记、组织部、财政局、编办等部门负责人参加的座谈会广泛征求意见。在此基础上，市委批准《关于设立镇（街道）纪检监察工作室的实施意见》，市编委下发《关于为中共临清市纪委设立纪检监察工作室的批复》，设立三个副科级的派驻机构，各配备主任1名、副主任1名，各镇（街道）纪委明确1名工作人员参加工作室工作。

【信访工作】 始终把信访举报工作摆在重要工作日程，配齐配强工作力量，提供硬件保障。坚持领导带头接访，及时与群众面对面沟通了解问题，亲自阅批重要信访线索，指导重要、疑难信访案件，对重要信访线索做出批示。认真做好群众举报受理工作。热情接待上访群众，认真听取他们反映的问题，属于纪检监察业务范围内的，认真记录并及时登记向领导汇报，不属于业务范围的，也耐心听取他们的陈述，并细致解释，做到不登记，不受理。对来信来访来电网络举报做到及时登记、呈送领导阅批，根据批示及时交办、转办，重要、复杂和上级转交办线索交集中排查领导小组处理。严格执行双向承诺责任制。研究制定《关于在群众来访接待工作中开展信访双向承诺工作的实施细则》，确定签订双向承诺书的签订条件、办理流程、答复群众时机和责任追究等工作制度，有效维护正常信访秩序。

【队伍建设】 认真组织开展党的群众路线教育实践活动、“三严三实”专题教育，通过集体学习、个人自学、专题研讨、召开民主生活会开展批评与自我批评等方式，拧紧纪检监察干部理想信念的“总开关”。落实省纪委《关于进一步加强纪检监察干部队伍管理监督的通知》，强化内部管理监督，规范纪委书记分工，严格纪检监察干部选调录用和纪检监察领导干部选拔任用。加强纪检监察干部履职监督，带头正风肃纪，对违纪违法行为零容忍，切实解决“灯下黑”问题，自觉接受组织、群众和舆论监督。组织开展会员卡专项清退活动，做到零持有、零报告。在纪检监察系统制定纪检监察工作目标考核办法，把全年工作进行量化细化，分清责任，明确标准，强化考核。落实聊城市纪委《关于进一步发挥基层纪检监察组织作用的实施意见》，健全基层纪检组织，在各村党支部中明确一名纪检委员，形成以镇纪委为领导、村纪检委员和村监委为主体的基层纪检监督网络。落实全覆盖要求，加强统管派驻机构工作，扩大派驻机构监督单位范围，充实派驻机构力量。

【领导人更迭】

中共临清市纪律检查委员会

书　　记：张子明

副 书 记：马少华

丁　磊（女，2014.11止）

郭　伟（2014.11起）

常务委员：何增亮

赵连民

韩相华

陈　新（女）

中共临清市纪律检查委员会工作机构

办公室

主　　任：田印成

监察综合室

主　　任：徐　娅（女）

信访室

主　　任：刘　蕾（女）

宣教室

主　　任：任中秀（女）

执法监察室

主　　任：刘　军

党风廉政建设室

主　　任：孙保华

案件审理室

主　　任：张海波

纪检监察一室

主　　任：李爱军（女）

纪检监察二室

主　　任：张　健

行政投诉中心

主　　任：李继然（2014.03止）

纠风办

主　　任：宋来春

干部室

主　　任：冯胜利

（赵连民　田印成）

社会团体

临清市总工会

【机构设置】 临清市总工会（以下简称市总工会）是临清市各级工会的领导机关，受中共临清市委和聊城市总工会领导。临清市总工会成立于1946年4月1日，现设办公室、组织部、宣传教育部、法律工作部、生产保障部、女职工部、财务部、帮扶中心、经费审查办公室9个职能部室。下设两个事业单位：市工人文化宫、职工业校。工作人员共计18人，包括中级职称1人、初级职称2人。

【主要职能】 贯彻执行党的路线、方针、政策和《中华人民共和国工会法》《中国工会章程》，制定全市工会工作的长远规划和计划，并监督执行。组织和指导全市各级工会履行“维护、建设、参与、教育”等项社会职能，行使民主权利，贯彻落实上级工会的决议、决定；根据基层工作和下级工会的要求，与有关部门协商解决全市工会工作中遇到的有关问题。对涉及职工切身利益的重大问题进行调查研究，向市委、市政府和上级总工会反映职工群众的愿望和要求，并提出意见和建议。参与涉及职工切身利益的有关政策、制度和措施制定。关心职工生活，帮助职工解决困难，依法维护职工的合法权利和经济利益，全心全意为职工服务。指导全市各级工会加强自身建设和改革。配合组织部门做好各市总工会领导班子成员的考察配备，换届选举和审查审批工作；做好市直企业、事业单位和党政机关的工会组建、换届选举和审查审批工作；抓好全市各种非公有制企业的工会组建工作和发展工会会员工作；加强工会干部队伍建设，制定工会干部培训规划，负责全市工会干部的培训工作。引导和组织职工在建立社会主义市场经济体制和现代企业制度进程中，积极参与和推动企业的各项改革，参与协调企业劳动关系，处理劳资矛盾，维护职工队伍和社会的政治稳定，促进全市经济建设和各项事业的发展。动员和教育职工以主人翁态度参加社会主义建设，努力完成各项生产和工作任务；组织职工开展社会主义劳动竞赛，开展合理化建议、技术革新和技术协作活动，做好经济技术创新工作；做好全市劳动模范的推荐、评选和管理工作；参与安全生产、劳动保护的监督检查工作。对职工进行思想道德教育、法制纪律教育和科学文化知识教育，努力提高职工队伍的思想政治素质和科学文化素质，使之成为有理想、有道德、有文化、有纪律的新型劳动者。负责编制全市工会经费的预算和决算，督促检查预决算的执行情况；依法做好全市工会经费收缴上解和管理使用工作；依法做好全市工会财产的管理和调拨使用工作；对全市工会经费进行审计监督，保证工会经费的合理使用；研究、制定兴办和管理工会企事业的有关政策和规定，负责指导全市工会企事业发展工作。完成市委、市政府和上级总工会交办的其他工作任务。

【组织建设】 临清市总工会按照全总、省总及聊城市总的有关文件，按照“扩大覆盖面，增强凝聚力”的要求，认真贯彻“组织起来、切实维权”的工作方针，坚持依法、科学、规范的建会思路和“哪里有职工，哪里就要建工会”的原则，积极开展工会组建和发展工作。强化措施，狠抓落实，采取全面部署，整体推进，分片包干，先搭台，后完善的方法，对新建企业和个体组织对他们进行督导、完善，让他们认识工会，相信工会，并通过召开座谈会、研究会，请部分企业的工会干部现身说法，及时发放《工会法》《山东省工会法实施办法》《中国工会章程》等有关资料，全市的新建企业工会组织建设规范化达标率达到95%以上。2015年临清锦程纺织有限公司、铁林物流有限公司、鑫通钢结构工程有限公司等一批企业的工会组织建立起来。在组建过程中，各级工会组织认真总结经验，分析问题，确保每个规模以上基层工会组织严格按照“十有”标准和“双亮”要求。

积极开展“双亮”活动。工会组织亮牌子，工会主席亮身份，临清市总工会专门召开会议，要求每个镇、街道要开展“双亮”活动并且统一为16个镇、街道总工会及48个非公企业工会制作工会主席、副主席的胸牌。要求镇、街道总工会及企业工会统一制作单位牌子。全市16个镇、街道总工会主席全部由镇街道党委副书记担任。主席、副主席、专职工会干事配备齐全，共计48人。2013年至2015年期间，临清市总工会在全市基层工会组织和广大工会干部中广泛开展“双亮、双争、双述、双评”活动。国有企业、事业单位覆盖面达到100%，职工50人以上的非公有制企业工会覆盖面达到80%以上。截至2015年全市共有基层工会组织1737个，会员数17万多名。全市新建工会组织51家，停产47家，改名的10家，新增会员1052人；达到省级规范乡镇工会2家，聊城市级“职工之家”8家。

开展“惠员工程”活动。按照省总和聊城市总的要求，围绕为职工群众服务、办好事、办实事，临清市总工会多次召开主席办公会，认真研究会员优惠活动方案和相关事宜。临清市工会领导班子成员分组到相关单位走访、协商。最后经临清市总工会严格筛选确定共42家门店为“会员定点消费优惠单位”。发放便民服务卡28000余张。2014年4月9日在金鼎百货临清店隆重举行中国工会会员消费服务定点优惠活动启动仪式。为使广大职工和社会各界充分了解会员优惠活动，临清市总工会通过新闻媒体和悬挂条幅等途径进行宣传。

【民主管理】 全市100%的国有、集体企业进行厂务公开工作，并建立职工（代表）大会制度，企业的重大事项都经职代会通过后实施，并通过小报、简讯、黑板报、宣传栏等形式对职工进行及时公开。为进一步提高工会干部运用科学理论分析和解决工会工作实际问题的能力。采取“走出去”的方式，参加聊城市总工会组织的培训班。“请进来”，开展“两个条例”宣传月活动。在宣传月活动期间，专门聘请山东管理干部学院武玉芳教授到临清进行授课，参加听课的基层工会干部和企业代表达200余人，收到较好的宣传效果。临清报社、临清电视台对授课的情况进行宣传报道，从而进一步提高“两个条例”在社会的知悉度，不断提高工会干部的理论水平和综合素质，为开展好工会工作打下坚实的基础。

【送温暖工程】 春节前夕，市工会对基层工会上报的困难职工进行调查核实，全市各级工会通过入户调查、逐级核实的方式对困难企业和困难职工家庭生活状况进行详细的摸底排查，掌握其家庭情况、致困原因、困难程度。对符合救助条件的职工录入困难职工电子档案，对已经脱困的在档职工进行注销，确保依档发放，专款专用。发挥工会传统帮扶工作优势，利用职工服务中心，做好困难职工日常救助工作。加大帮扶资金筹集力度，广泛动员社会力量参与，“精准扶贫”要在“准”上下功夫，增强精准帮扶工作力量，增强实效性。2013年至2015年春节期间市总工会对基层工会上报的困难职工，通过调查核实，累计对镇（街道）、一轻、二轻、纺织、机械、供销、运输等3843余户生活困难职工进行救助。同时慰问困难劳模40人/次（其中走访慰问全国劳模4人/次，省劳模36人/次）；大学新学年开学前，市总工会开展“金秋助学”活动，对困难职工家庭子女优秀大学生进行助学，累计救助105名。

2013年以来，临清市总工会对全市工作在科技、文化、教育、卫生、医疗、体育、计划生育、环境保护、城市建设等方面，为推进全市社会主义经济建设文化建设和构建和谐社会中做出贡献的工人、科教人员、专业技术人员、企业管理机关工作人员及其他人员，在推荐的候选人中，按照劳动模范评选条件、评选原则和程序的要求，通过进行调查、座谈、筛选，最后上报，经临清市委、市政府研究决定，对120名同志授予“临清市劳动模范”称号。

全市深入开展创建“工人先锋岗”“工人先锋号”活动。活动中涌现出一批先进班组和服务行业窗口，市总工会在这些典型中，优中选优，推荐山东弘发兴凯有限责任公司油缸车间、临清日升纺织有限公司后纺车间为聊城市“工人先锋号”先进单位。

【安全生产管理】 2013年继续在全市开展“我为企业节能降耗献一计”的活动。全市各镇、街道总工会、各系统工会、市直各单位工会组织认真做好这项工作，为“十二五”献计献策，建功立业。全市10个系统，部分乡镇53个单位，13543人参加合理化建设活动，全市共提出关系企业“节能降耗”和各个方面的合理化建议2215条，被基层单位采纳490条，实施471条，创造经济效益532.5万元。由于这项工作开展扎实，各企业基层工会组织积极争取单位行政对合理化建议制定奖励基金，对本企业职工提出合理化建议创造经济效益的进行奖励，充分调动职工的积极性。

2014年度，临清市总工会在全市企事业单位中开展“安康杯”安全生产劳动竞赛活动。组织技能培训、岗位练兵职工达1万余人次，参加技能比赛、知识竞赛的职工5000多人次，通过技能竞赛可以使广大员工的技术水平不断提升，为产业升级、结构调整以及提升自主创新能力提供有力的保障；全市职工提合理化建议1万余条，采纳实施3000多条，创经济效益上千万元。

2015年9月2日，临清市总工会召开全市企业班组管理模式推广会，推广中色奥博特的班组管理先进经验，部署推进全市企业班组建设工作。10月16日，在临清市总工会召开“牵手共赢·结对共建”班组对接会议，会上十几家企业班组与电业公司开展班组对接活动，活动现场签订对接协议。通过结对共建，加强企业班组沟通交流、增进友谊、互相学习、共同提高的预定目标，随着共建活动的深入开展，必将进一步促进企业双方实际工作，不断提升班组工作精益化管理水平。

【排查“查隐患、保安全、促发展”活动】 自2015年开展“查隐患、保安全、促发展”群众性安全生产活动以来，全市已有98%的建会企业、7万多名职工参与其中，临清市总工会成立督导领导小组，制定《市总工会“查保促”活动实施意见和方案》，市总领导班子分组督导，班子成员每月到市直单位督导不少于2次；镇（街）和所属企业督导检查每周不少于1次；各市直企业普遍实施工会干部包靠企业制度，规定工会干部每周至少2次深入企业车间和施工现场督导检查。各级党政领导、政府部门对该活动给予大力支持和密切配合，形成全会联动、合力推进的局面。截至2015年年底，全市工会干部已包靠企业720个，开展督导“查保促”活动1200人次，组织职工查出安全隐患789项，企业已整改隐患780项，开展各类安全生产培训520次、培训职工3万余人。

【创建“劳动关系和谐企业”，推进平等协商集体合同的签订】 临清市总工会按照省总及聊城市总的工作三年规划对全市主要是非公有制规模以上企业（50人或产值500万元）进行创建活动的宣传和动员。为使活动开展的扎实有效，真正让企业、让职工得到实惠，市总工会制定有效的措施，详细地组织计划，紧密地实施步骤，并因地制宜以点带面，举行小范围的创建活动座谈会、推广会，及时抓典型，树先进，从思想上解决企业领导人的顾虑，使企业领导认识到开展创建活动的重要性和必要性，提高企业职工参与创建的积极性。荣获临清市“创建劳动关系和谐企业”的共211家，聊城市“劳动关系和谐企业”的23家，省“劳动关系和谐企业”的1家。

推进平等协商集体合同的签订工作。建立平等协商、集体合同制度是以法律的形式保障职工在劳动就业、福利、休息、休假、安全卫生等方面权益的一项重要机制。市总工会认真督导企业积极进行平等协商、签订集体合同工作。全市国有、集体企业100%签订工资平等协商协议书、集体合同，82%的非公有制规模企业签订工资集体协商协议书、集体合同。所有签订企业职工年平均工资增长率达10%以上，职工满意率达90%以上，并以此推动企业工资集体协商工作的开展。

积极做好信访工作。市总工会充分发挥职工法律维权中心的平台作用，积极为职工解决实际问题，三年来共接待职工来信来访28人次，法律咨询57人次，都得到满意解决与答复。

【职工职业道德建设】 为丰富全市广大职工群众精神文化生活，展示广大职工群众的精神风貌，积极推进全面健身运动。市总工会每年正月十五举行“灯谜”活动，群众参与热情高涨，积极踊跃，秩序井然，给元宵节增添文化特色，收到良好的效果。2013年以来先后举办全市“地税杯”职工乒乓球比赛，参赛队伍50多个，200多人；举办“劳动光荣，创造伟大”全市庆“五一”职工艺术作品展，共展出书法作品、绘画作品、摄影、剪纸和刻瓷等艺术作品100余幅；举办全市职工羽毛球比赛，参赛队伍30多个，100多人；在中国共产党诞辰94周年之际，市总工会和市文广新局共同举办临清市广场舞大赛，既是庆祝党的生日也是纪念中国人民抗日战争暨世界反法西斯战争胜利70周年。举办庆“七一”职工篮球比赛，参赛队伍30多队，参赛队员300余人；举行“中国梦、劳动美”职工法律知识竞赛活动，以及临清市气功表演赛，这些群体活动的开展，使广大职工树立法治信仰，调动全市机关、企事业单位的职工群众文化氛围，活跃全体职工群众的业余文体生活，提高职工群众的身体素质，对促进全市文化体育事业的发展起着积极的推动作用。

扎实开展“创建学习型组织，争做知识型职工”和职工职业道德建设“双十佳”活动。开展“创争”和职工职业道德建设“双十佳”活动，全面提高职工队伍素质，是提高职工的学习能力和实践能力，提高职工的创新能力，是充分发挥职工和谐社会建设作用的重要保证，是全面建设小康社会，加快推进社会主义现代化、创建和谐临清的重要举措。在全市职工中继续开展评选“和谐职工、和谐家庭”活动。各基层工会组织积极地进行组织与发动，把抓住身边典型和学习先进人物结合起来，把典型示范与普遍提高结合起来，推动全市职工道德素质的全面提升。2013—2015年全市共20家单位荣获创学习型组织；20名职工获得争做知识型职工。20家单位荣获职工职业道德先进单位；20名职工获得职工职业道德先进个人。

【维护女职工合法权益】 临清市总工会围绕女

职工专项集体合同的签订情况对全市各系统及不同类型的企业进行摸底调研，截至2015年年底全市女职工7万多人，女职工组织1500多个，女职工组织覆盖率达到100%，其中专职女职工干部260人，兼职女职工干部1300多人，女职工权益保护专项合同签订率100%。2013年至2015年按照《聊城市总工会关于认真组织实施女职工“关爱行动”的通知》文件精神，在全市开展女职工“关爱行动”，累计救助困难儿童6名、救助困难单亲女职工累计30人。

【工会经费收缴和管理】 积极探索工会经费收缴新的方法和渠道，实行委托地方税务局代收工作，同时大力争取财政代扣工会经费，督促各级按时足额缴纳工会经费，努力完成市总工会下达的经费上缴任务。加强财会制度建设，健全完善工会经费收缴激励约束机制，管好、用好工会经费。进一步健全完善经费审查制度，切实落实《工会经费审查工作规范化建设标准》，不断加大工会经费的审查监督力度，促进工会经费的高效合理合规使用，保障工会工作顺利开展。

【领导人更迭】

主　席：袁　磊（2014.09止）

尹建军（女，2014.09—2015.03）

王保粮（2015.03起）

常务副主席：

高金波

副主席：齐观全

周承印

谢孟震

（白　洁）

中国共产主义青年团临清市委员会

【概况】 2015年年底，团市委设办公室、组织部、宣传统联部、工农青年部、学少部、社区和维护青少年权益部6个部室。2013年至2014年2月共有在职人员6人，党员6人；2014年2月至2015年年底共有在职人员4人，党员4人。2015年年底，全市共有青年313554人，其中团员78011人，占青年总人数的24.9%。全市设基层团委129个，团支部1989个。

【思想政治教育】 深入学习党的十八大、十八届三中、四中、五中、六中全会和习近平总书记系列重要讲话精神，通过主题队日、主题团日、讲述青春励志故事、举办“青年说”青年论坛等形式，抓住重要时间节点、广泛开展“学党史、知党情、跟党走”“与祖国共奋进、与临清同发展”“我的中国梦”“奋斗的青春最美丽”“红领巾相约中国梦”“青春飞扬·红心向党”“我为临清发展作贡献”等主题教育活动100余次，参与人数3万多人，有效地引导青少年培育践行社会主义核心价值观，筑牢青少年理想信念。相继开展“国学达人”挑战赛、临清市千人“诵国学”“唱国学”“跳国学”“演国学”公益大型活动等各类活动70余场次，引导广大青年认同、热爱、践行中华优秀传统文化，并与临清千年古县、运河名城的文化底蕴相结合，组织临清胡同游、留守儿童感受临清城等活动，覆盖青少年2000人次。

【青年志愿服务活动】 组建一支3000人的网络文明志愿者队伍，每年在3月5日“中国青年志愿者服务日”“学雷锋活动月”多方位、广视角地开展网络文明、普法宣传、阳光助残等8大主题志愿者行动，参与人数3万余人次，以实际行动开展“指尖上的志愿服务”，清朗网络空间、传播网络正能量。在全省举办的志愿者项目大赛中，临清市大运河寻梦项目、“关爱留守儿童·让你不再孤单”项目在全省分获银奖、铜奖。同时，在全市范围内广泛开展“青春绿色行动·共建美丽临清”等生态文明活动，志愿者参与2000人次，植树1万余棵，并创建省级青少年绿化基地一处。在临清市举办的全国羊业发展大会、临清轴承展览会等重大节庆、赛事期间开展志愿服务20余次。打造社区青年志愿服务站平台，建成新华站古楼社区青年服务站一处，在临清市电子商务产业园建设依托式青年志愿服务站一处，先后开展阳光助残、生态环保、社会养老等志愿服务70余次，覆盖6000多人。

【组织建设】 全市镇（街道）团委于2013年年底全部完成换届选举工作。开展非公有制企业、新社会组织和社区团组织建设，巩固提升镇（街道）团的组织格局创新和实体化“大团委”建设成果。根据鲁发组〔2014〕10号文件《中共山东省委关于进一步加强少先队工作的意见》，配备全市少先队总辅导员，同时兼任团市委学少部副部长，各义务学校少先队辅导员在省里统一备案，从人员上加强少先队工作的组织建设。2015年5月，以开展“三严三实”活动为契机，把作风建设放在更加重要的位置，全年共举办团干部培训2次，少先队辅导员培训、少先队活动课程建设培训各1次，从严抓好学习教育、贯彻落实。继续巩固镇（街道）、学校、机关事业单位和两新团建工作基础，新建团组织90个。扎实推进临清市街道区域化团建工作，全市实施区域化团建的街道数量4个，建立街道共建委员会4个，建立直属团组织20个，社区团建率达到90%。而且，联系青年组织8个，配备青年社工或专职志愿者32名，建立工作阵地4个，建立新媒体平台4个，共组织活动5次，80余名青年参与其中，广泛提升团组织的覆盖面和活力。

【学校团队建设】 临清市逸夫实验小学、京华中学和松林镇中心小学被定为山东省首批少先队活动课程试点单位，团市委多次召开临清市少先队活动课程化建设工作研讨会，进一步明确市少先队活动课程建设工作的方向，全面推进临清少先队事业新的发展。

【宣传工作】 建立3000人的网络宣传员队伍，开通“临清共青团”微信公众平台，构建“临清共青团”官方微博、QQ群、微信三位一体的媒体平台格局，针对“网上祭英烈”“清朗网络我要护苗”“为雷锋精神点赞”“中国好网民”等话题，让青年发声、唱响主旋律，传播正能量。以青年之声为重点，在全市范围内组建202人的专家队伍，先后开展“青年之声关爱环卫工人　共建爱心驿站”“青年之声大学生创业沙龙”等线下活动10余次，通过骨干宣传员的示范带动，线上线下互动等工作。

【评选表彰活动】 大力选树宣传青少年身边最美人物，每两年一届评选“临清市十大杰出青年”，开展“十杰青年”励志报告会、走基层活动13次，覆盖青年5000人次。常态化开展“最美青年”“临清市青年创业奖”“临清市青年创业带头人奖”“临清市青年岗位能手”的评选活动，发挥青年典型的“群星效应”。

【促进青年就业创业和青春立功活动】 深化青年创业小额贷款工作，先后推动实施“鲁青农信贷”“鲁青基准贷”“鲁青担保贷”等项目，累计发放贷款1600万元，其中960万元享受最低基准利率和50%财政贴息，其余享受10%财政贴息。利用金融系统挂职干部的机会开展金融知识下乡11场、举办金融知识培训18期，培训农村青年12000人，发放青年创业就业政策汇编和宣传材料1万余份。

【助学帮困活动】 持续开展希望工程“圆梦行动”，近几年共为100名贫困大学生争取助学金45万元。启动“牵手关爱行动”，对200名贫困家庭的留守儿童开展结对帮扶、感受城市等活动。深化“青春助力—共青团关爱农民工子女”行动，团中央首批由真维斯集团赞助的“七彩小屋”落户临清。举办集中关爱活动百余次，惠及全市1000多名留守儿童。大力开展“心愿直通车”活动，为3000多名重点青少年达成微心愿。

【作风建设】 以开展党的群众路线教育实践活动、“三严三实”专题教育为契机，把作风建设放在更加重要的位置，加强理论学习，突出问题导向，精心组织，扎实推进，认真完成各个环节的任务。扎实开展“走进青年、转变作风、改进工作”大宣传大调研活动，宣讲13次，访谈普通青年400人，基层团干部145人，联系普通青年100人，有效地提升团干部做青年群众工作的能力。严格抓好《中央关于加强和改进党的群团工作的意见》的贯彻落实，认真领会好各级党的群团工作会议精神的要求，从自身出发，找出“行政化、机关化、贵族化、娱乐化”的问题，努力增强政治性、先进性、群众性。

【投身全市经济建设主战场】 在全市“推进科学发展、跨越发展、创造临清人民美好幸福生活”的大引领下，团市委积极行动、主动作为，探索出“发挥两个优势，做足四个文章”的工作思路，发挥两个优势及发挥一纵一横的优势，一纵指共青团系统内覆盖面广、资源多的优势，一横指共青团系统外青年社会组织的优势。做足四个文章，即做足有固定资产投入的重点项目青年创业小额贷款、争取上级资金扶持及招商引资四个文章，成立首届临清市青年企业家协会，多次组织协会会员深入开展经济洽谈交流会、座谈会、对接会等10余次。圆满完成市委、市政府下达的招商引资的指令性计划，2014年一举荣获“共青团助力县域科学发展先进县”(全省共10个)。2015年荣获“全省服务青年项目创新工程示范县”称号（全省共9个)。

【领导人更迭】
书　记：于红丽（女）
副书记：赵　慧（女）

（赵　慧）

临清市妇女联合会

【概况】 临清市妇女联合会（简称市妇联）下设办公室、组宣部、权益部、儿童部、发展部、妇女儿童工作委员会办公室等机构，共有工作人员7名；全市共设镇街道妇联16处，市直机关妇委会50个，社区妇联29个，村级妇代会554个。2013年至2015年三年来，市妇联在市委、市政府及上级妇联的坚强领导下，认真贯彻党的十八届四中、五中、六中全会和习近平总书记系列重要讲话精神，在围绕中心、推动发展，服务群众、凝聚人心，促进和谐、维护稳定中主动作为，依法履职，团结带领全市妇女积极投身富裕生态、和谐文明、美丽幸福新临清建设，各项工作取得新成效，迈出新步伐。

【农村妇女发展工作】 提升妇女创业就业能力，扩大舆论宣传，向妇女群众宣传妇女创业优惠政策和先进典型，激发妇女创业热情；举办巾帼创业专题讲座，妇女创业大赛、巾帼创业交流会为创业妇女传授经验，提供创业指导；积极与财政、人社、金融等部门合作，为永翔轴承有限公司争取小额贷款贴息2.6万元；促进女企业家发展，挑选推荐23名女企业家加入聊城市女企业家协会。联合人社局等单位，开展“春风送岗位”活动，为5000余名妇女提供免费服务，1500余名妇女成功就业。提高妇女科技致富能力，针对不同层次、不同需求的农村妇女开展实用技术、职业技能等各类培训32次，因地制宜送科技下乡16场次，发放科普资料1.6万份，为农村妇女赠送农资物品2.5万余元，使她们增强致富本领；扶持科技含量高、辐射带动能力强的妇女创业就业基地，市田野葡萄专业合作社被评为省妇女专业合作社示范社、张洪玲、王兰芳、蒋艳君、孙云芝、徐玉英被评为省巾帼增收带头人、临清润森专业养殖合作社被评为聊城市巾帼就业创业示范基地。

【城市妇女发展工作】 突出创新主题，深化巾帼建功活动，提升服务能力，以“展风采、树形象、促服务、求发展”为主题，举办富有行业特点、形式多样的女性素质课堂、岗位技能竞赛和巾帼服务社会等活动，促进行业创新发展，举办“岗位建新功”演讲比赛，创建“巾帼文明岗”现场经验交流会，“巾帼文明岗”关爱孤寡老人等活动；争创省城乡妇女岗位建功先进工作者1个，聊城市“巾帼文明岗”15个，巾帼建功标兵35个。积极开展巾帼志愿服务行动。建立市、镇（街道）、社区（村）三级巾帼志愿者服务组织体系，多渠道、全天候为妇女及其家庭成员提供服务。组织巾帼志愿者开展学雷锋咨询服务，老人节志愿服务，普法宣传，健康知识宣传等活动。

【家庭文化建设】 践行核心价值观，开展寻找“最美家庭”活动，全市600个村居8万余户家庭参与，晒幸福家庭照片2000多张，举办家风家训评议会、最美家庭故事会近500次，涌现出最美家庭100多户。向聊城市推荐最美家庭33户，2个家庭参与全省公开投票评选活动，聊城电视台《民生面对面》栏目组对2个家庭的事迹进行现场采访和拍摄；开展主题为“弘扬中华民族传统美德·践行社会主义核心价值观”《四德歌》健身广场舞普及推广活动，派专人参加省《四德歌》健身广场舞培训，下发光盘150张，在全市城乡300余支健身队中广泛传播。2013年积极争取、协调市体育局，为双联共建村老赵庄镇姚里庄村赠送健身器材一套暨健身路径7件，帮助姚里庄村妇女实现就近健身的愿望。下发600份“家庭助廉、共建廉洁临清”倡议书，开展“家庭助廉”活动。联合市文明办在全市开展“新农村新生活”培训教育活动，在全市16个镇（街道）巡回举办培训讲座53期，培训妇女4000余人。以基层妇女之家为载体，举办基层妇女庆祝“三八”妇女节联欢会。积极参加聊城市暨临清市“三下乡”活动启动仪式，开展宣传咨询活动，接待咨询群众2000余人。

【少年儿童工作】 引导广大家长更新家庭教育观念、提高家庭教育水平，促进儿童健康成长．举办家庭教育讲座4场，1000余名家长参加讲座并现场咨询家庭教育疑难困惑。慰问关爱儿童，六一儿童节，市领导及妇儿工委成员单位负责人到部分小学、幼儿园、聋哑学校看望慰问儿童少年。市妇联走访慰问尚店镇贾牌村的贫困家庭儿童，松林镇、尚店镇的28名贫困家庭女童。关注留守儿童，开展留守儿童情况调研。

【维护妇女合法权益】 开展三八妇女维权周活动。举办法律咨询、法律知识讲座、法律知识竞赛、法律进万家、“法律在身边，幸福进我家”征文等活动，悬挂宣传标语30幅，接待咨询人数350余人，散发宣传明白纸5000余份，摆放图板12块，收到征文16篇，择优推荐2篇参加省征文评选，参加妇女达到3万余人次，提高广大妇女的法律意识，创造良好的法律环境。妥善处理来电来访维护妇女合法权益，接待处理来电来访案件95例，提供法律援助15次。发挥基层维权站点作用，争创省妇女维权服务示范站2个，聊城市妇女维权服务示范站11个。维护农村妇女合法权益，联合市民政局在全市600个村居开展以维护妇女权益为重点的村规民约修订工作，开展村规民约修订完善工作情况调研，形成调研报告7篇。协调市农业局在土地确权工作中保护妇女权益，在农村土地承包合同中，发包方、承包方基本情况除承包方代表外还包括农村家庭成员信息。开展“平安家庭”创建活动，以家庭平安促社会和谐稳定，争创聊城市“平安家庭”先进集体5个、先进个人10个、“平安家庭”12户。征集上报14篇维护妇女儿童合法权益案例，推荐山东省妇女儿童维权优秀案例1例。广泛征求汇总上报社会各界对《中华人民共和国反家庭暴力法（草案）》的意见建议。

【关爱妇女健康】 联合市医院在全市城乡妇女中开展健康查体活动，进行妇科疾病筛查，宣传卫生保健和防病知识，发放健康查体宣传卡9000张，2579名妇女进行健康查体，有效保护妇女身体健康。举办新华保险关爱女性健康大讲堂、妇女健康教育知识讲座，400余名妇女参加讲座，帮助她们掌握女性健康知识。开展农村妇女（35—64周岁）“两癌”免费检查，2015年年底，已为10247名适龄农村妇女进行“两癌”检查。开展“两癌”妇女情况调研，将“两癌”妇女情况录入全国数据库。积极向上级妇联争取救助资金，救助农村“两癌”贫困妇女，为21名农村“两癌”贫困妇女发放救助金5.8万元，救助范围涵盖16个镇（街道）。

【基层组织建设】 争取省专项资金36万元，规范化建设新华路街道古楼社区、烟店镇张寨社区、青年路街道曹岗社区、先锋路街道东兴社区4个妇女儿童家园，潘庄镇刘梭庄村等9个村（居、社区）妇女之家。争取城市妇女儿童家园项目资金28万元，计划建设新华路街道红星社区、大辛庄街道辛和社区、金郝庄镇金东村、松林镇松南村四个妇女儿童家园。2014年以“两委”换届为契机，推进女性进村、城市社区两委。制定下发《关于进一步做好村、城市社区女性进“两委”工作的通知》，明确规定确保村委会、社区居委会100%有女性，村妇代会主任，社区妇联主席100%进“两委”，村、城市社区党组织女性成员和“两委”女性正职比例高于上届。各镇（街道）举办女性进“两委”培训班，各村、社区在广大妇女中印发村、城市社区女性进“两委”有关规定明白纸。市、乡、村妇女组织层层开展培训，将村支部女书记、女主任及妇代会主任列入培训对象，举办培训班5期，培训女干部500多人次。2015年加强基层妇联工作经费管理，为基层妇联开展工作提供保障。按照上级妇联要求，明确提出“镇（街道）财政要将妇联专项工作经费列入财政预算”，推动全市16个镇（街道）妇联专项工作经费全部列入2015年度财政预算。

【宣传工作】 宣传表彰先进，树立榜样，组织引导广大妇女积极投身新临清建设。在临清电台、电视台、报社设立“巾帼风采”专题，宣传巾帼十杰赵丽华、李华，致富带头人徐玉英、于静、李书云，优秀女企业家孙云芝、迟金花、汪树景，五好文明家庭齐玉红、潘书清、张林等各行各业优秀妇女的典型事迹。借助新闻媒体，及时、准确地报道妇女工作动态、工作经验和妇女先进典型，向社会宣传妇女和妇女工作。在各级各类主流媒体录用刊登的稿件30余篇。评选表彰70个“三八”红旗集体、200名“三八红旗手”、200户五好文明家庭，33户最美家庭。为推动妇联系统网络宣传，推荐2个全省妇联系统网络评论员，25个网络宣传员。做好《聊城革命老区巾帼群英谱》征编工作，征编上报10个巾帼英模事迹。按照省妇联编修《妇女团体志》工作要求，将1995至2005年临清市妇联各项工作和重要活动情况等收集整理编写，并按时上报。

【妇女儿童规划实施】 推动妇女儿童发展规划实施，开展妇女儿童工作调研活动，调整临清市妇女儿童工作委员会联络员，举办规划实施检测评估培训班。在各成员单位进行自查的基础上，开展“两个规划”实施情况检查，开展“两个规划”终期监测评估，召开终期监测评估工作会议，制定具体的评估方案，收集真实、准确的数据，形成客观实际的监测评估报告。向省妇儿工委办推荐调研报告1篇，为全市妇女儿童发展和妇女儿童工作起到参考、借鉴和推进作用。

【学习十八大精神】 把学习贯彻十八大精神、十八届三中全会精神、中国妇女十一大精神落实到各项工作中，指引妇女工作创新发展。举办妇女干部培训班和妇女骨干培训班，召开座谈交流会，开展“创新妇联工作”专题调研活动，广泛征求意见，为找准问题、改进工作方法、创新工作思路提供依据。广泛开展中国梦宣讲活动，组织妇女干部、妇女典型、巾帼志愿者，以讲座、培训、座谈会、报告会、文艺演出等形式宣讲中国梦，引导妇女正确认知中国梦。下发《关于在全市妇女中组织开展“我与中国梦”主题教育活动的通知》，开展“我与中国梦”演讲比赛、事迹报告会、主题征文等活动，团结引领妇女共筑中国梦。

【群众路线教育实践活动】 以“为民、务实、清廉”为主题，扎实开展党的群众路线教育实践活动，以“照镜子、正衣冠、洗洗澡、治治病”为总要求，以“为民、务实、清廉”为主题，紧紧围绕保持党的先进性和纯洁性，贯彻落实中央八项规定精神，进一步突出作风建设，积极查摆整改“四风”方面存在的突出问题，提高做好新形势下妇女工作的能力。在学习教育、听取意见环节，重点抓好学习宣传、思想教育工作，深入开展调查研究，广泛听取干部群众意见。在查摆问题、开展批评环节，重点围绕为民务实清廉要求，通过群众提、自己找、上级点、互相帮，认真查摆“四风”方面存在的突出问题，进行党性分析和自我分析，开展批评和自我批评，召开高质量的专题民主生活会和组织生活会。在整改落实、建章立制环节，重点针对作风方面存在的问题，提出解决对策，制定和落实整改方案，对“四风”方面反映突出的问题，进行集中整治，着力从制度机制上解决问题。妇联机关作风建设得到进一步加强，党员干部工作能力得到进一步提高，妇女群众满意度得到进一步提升。

【“三严三实”专题教育】 按照市委在全市领导干部中开展“三严三实”专题教育工作的要求，市妇联迅速学习传达《中共临清市委办公室印发〈关于在全市领导干部中开展“三严三实”专题教育工作方案〉的通知》和王建鹏书记在全市“三严三实”专题教育工作座谈会上的讲话，制定《临清市妇联开展“三严三实”专题教育工作实施方案》《临清市妇联“三严三实”专题教育学习研讨计划》，每周集中进行一次学习或专题研讨，领导班子按照要求上党课，召开专题民主生活会和组织生活会，深入查摆自身“不严不实”问题，并列出问题清单，积极整改落实。

【荣获省、部级以上称号的集体】 2013 年荣获省城乡妇女建功先进集体称号。2014 年，荣获山东省维护妇女儿童权益先进集体，荣获山东省城乡妇女岗位建功先进集体称号，在临清市科学发展综合考核中荣获优秀奖。2015 年被聊城市妇联评为城乡妇女岗位建功先进集体。

【领导人更迭】

主　　席： 韩　力（女）
副 主 席： 姜　敏（女）
傅春辉（女）
郭玉环（女，2014. 11 止）
主任科员： 姜　敏（女）
郭玉环（女，2014. 11 起）

（刘志颖）

临清市工商业联合会

【机构设置及基本概况】 临清市工商业联合会（以下简称临清市工商联）成立于 1953 年年底，正科级机构。截至到 2015 年，临清市工商联有镇（街道）商会组织 16 个，行业商（协）会 6 个，形成覆盖全市的组织网络。工商联会员分为企业会员、团体会员和个人会员。截至 2015 年，临清市工商联共有会员 1378 个，其中，会长 1 人，副主席20人（驻会2人），常委40人，执委79人。

临清市工商联主要工作是参与全市政治、经济和社会生活中的重要问题的政治协商，发挥民主监督作用，积极参政议政；做工商界代表人士政治安排的推荐工作；宣传、贯彻党和国家的路线、方针和政策，推动企业文化建设；代表并维护会员企业和非公有制企业的合法权益，反映会员的意见、建议和要求；引导和带领非公有制经济人士参与光彩事业和社会公益事业活动；为非公有制企业提供信息、科技、管理、法律、会计、审计、融资、咨询等服务；开展工商专业培训，帮助非公有制企业改进经营管理，完善财会管理，提高生产技术和产品质量；组织非公有制企业举办和参加各种对内对外展销会、交易会，组织出境出国考察访问，帮助企业开拓市场；增进与各地工商社团及工商经济界人士的联系和友谊，促进经济、技术和贸易合作的发展，协助引进资金、技术、人才。

【参政议政】 2013年至2015年，向各级人大、政协推荐人选，为非公有制经济代表人士参与社会经济发展提供平台。全市民营企业家担任全国人大代表1名，山东省人大代表1名，聊城市人大代表10名，临清市人大代表49名；山东省政协委员2名，聊城市政协委员3名，临清市政协委员47名。

【开展活动情况】 2013年以来，工商联先后开展“民营企业招聘周”“感恩行动”“捐资助学”“民企帮村”“抗震救灾”“三个一”“党的群众路线教育实践活动”“三严三实”“理想信念教育实践活动”“优秀中国特色社会主义事业建设者评选”等活动，160多民营企业参与活动。

【光彩事业】 随着社会的进步，经济的发展，全市非公有制经济人士队伍不断壮大，光彩事业逐步走向有组织规范发展的轨道，广大非公有制经济代表人士积极参加参与光彩事业活动，有力地促进全市社会公益事业和光彩事业的发展。2013年雅安发生7.0级地震，市工商联向会员企业宣传四川芦山“4·20”地震灾害发生情况及救援相关工作，动员会员企业积极行动支援灾区，筹集善款及救灾物资物资共计92.075万元。“三个一”活动中全市238家企业联系238个村，帮扶309名困难群众，资助260名困难学生。全市会员企业自2013年以来，在支援灾区、扶助孤寡老人、资助失学儿童、为贫困村解决就业压力、修路架桥等社会光彩活动中捐款、物及出资近700余万元。

【对外联络】 通过工商联联系广这一优势，与外地工商联加强联系，组织打包机协会赴天津蓟县考察参观，与天津蓟县工商联缔结友好商会。青海省海北州工商联副主席石吉元一行来临清参观考察，组织市民营企业家与外地企业考察交流、经贸合作等，积极为双方会员企业协调争取当地发展优惠政策，开展招商引资、经贸考察、文化交流等实质性合作，开阔企业家视野、加强密切对外交往。

【组织建设】 截至2015年，临清市工商联共有会员1378个，其中，会长1人，副主席20人（驻会2人），常委40人，执委79人；有镇（街道）商会组织16个，行业商（协）会6个。

【特色工作】 帮助企业招聘人才。开展用工服务，每年组织非公有制经济人士参加由市工商联与市人力资源和社会保障局、市教育局、市总工会联合举办的“民营企业招聘周”活动，平均每年提供就业岗位1600余个，包括机械制造、教育、建筑安装、批发零售、餐饮服务等诸多专业工种，其中平均每年适合高校毕业生岗位120个，达成就业意向460余人次，积极为民营企业提供各类人才。

帮助企业提供培训服务。积极与市有关部门、培训机构合作，不定期为企业提供劳动、税务等方面政策、法规以及企业经营管理方面的培训服务；积极与职教办等相关单位联合，每年举办青年企业家培训、非公有制经济人士法制培训班、企业职工培训3—4次，帮助会员企业提高政治思想素质和业务素质，帮助企业做大做强；积极组织非公企业出资人赴实地考察学习，引导他们开阔眼界，提升境界，引导广大非公有制经济人士坚定理想信念，积极创新创业，践行法治理念，承担社会责任。

发挥好桥梁纽带的作用。积极争取市委、市政府及相关部门的支持和重视，加强与政府各有关部门以及银行、担保公司的经常性地联络和沟通，建立畅通的政策渠道和信息直通车工作机制，不断完善政企沟通平台、银企供需平台、内引外联平台、学习培训平台；组织非公经济代表人士就改善发展环境和条件、引企促税、培育新的经济增长点、促进经济跨越式发展等方面与市领导进行座谈交流，发挥最大力量为企业拓宽融资渠道；抓住有关民营经济政策落实的关键，把握民营经济转方式、调结构的主方向，推进企业转型升级，帮助企业做大做强做优。

深入开展党的群众路线教育实践活动、“三严三实”、非公有制经济人士理想信念教育活动、非公有制经济人士优秀中国特色社会主义事业建设者等活动。市工商联组织会员企业通过集中学习、交流心得、观看专题片、专家讲座、参观红色教育基地等多种形式对广大非公有制经济人士进行教育，进一步增强他们“听党话、跟党走”的光荣传统意识，提高他们的政治素养和思想水平。

【领导人更迭】

主　　席：宛秋生（回）
副 主 席：李德强
　　　　　刘　佳
党组书记：胡观立

（时晓丹）

临清市科学技术协会

【机构设置及基本概况】 临清市科学技术协会（简称临清市科协）成立于1984年7月25日（临发〔1984〕37号文），由临清市科学技术普及协会、临清市自然科学专门协会合并而成。组织机构有临清市科协代表大会、临清市科协全市委员会、临清市科协机关（机关设有办公室、学会部、科普部、咨询部、反邪教协会办公室），2015年机关工作人员5人，主席1人，副主席2人。有市级学会、协会、研究会28个，会员3146名；企业科协40家，会员6300人；镇（街道）科协16个，专兼职工作人员58人；村级科协组织436个，专兼职工作人员436人；农村专业技术协会85个，会员6817人。主要职能是科学普及、学术交流、全民科学素质行动计划纲要实施、反邪教工作及老科技工作者活动等。临清市科协是中共临清市委员会领导下的人民团体，是临清市委、市政府联系科技工作者的桥梁和纽带，是国家推动科学技术事业发展的重要社会力量。

【科学普及】 2013年1月29日，在刘垓子镇政府驻地举办科技下乡活动。邀请有机蔬菜专家陈宝峰到现场，作有机蔬菜栽培技术讲座，开展科技咨询，现场向群众发放《科普画册》《全民科学素质行动计划纲要》《生活中的科学知多少》等实用科普书籍2000余份，开展科技咨询1000余人次，解决农民提出的疑难问题11项。2013年6月17日，食品安全周启动仪式在临清市运河文化广场举行，利用展板、咨询台，向群众普及食品安全知识，开展以“群众利益无小事，食品安全是大事”为主题的科普展览，市科协发放食品安全科普图书1500余册，宣传条幅10余幅，开展食品安全咨询300余人次。2014年1月23日，在松林镇政府驻地举办科技下乡活动，免费发放《科普画册》《生活中的科学知多少》等科普书籍3000余册。2014年5

月26日，在运河文化广场联合举行食品药品安全大型主题宣传活动。2014年5月30日，举办无烟环境创建倡导活动，“倡导无烟环境从我做起，从小事做起，小改变，大不同”。2014年6月16日，举办以“强化红线意识，促进安全生产”为题的科普宣传活动，现场展出24块展板，650余人次咨询。2014年在科协网站开通数字科技馆为广大群众尤其是青少年学生搭建起科普教育新平台。2015年2月11日，在尚店镇政府驻地举办科技下乡活动，向群众发放《科普知识户户通》《科普画册》《全民科学素质行动计划纲要》宣传手册1500册、反邪教科普知识挂图等15套册，开展科普知识咨询300人次，

【学会工作】“金桥工程”活动。2013年，分批立项实施金桥项目14项，2014年实施金桥工程7项，在科技与经济之间搭桥，促进临清经济社会的全面发展。“三项评选”活动，2013年征集论文26篇，其中优秀学术论文17篇，青年科技奖2人，科技建议1条。2015年征集优秀学术论文36篇，青年科技奖3人，科技建议8条。获得聊城市一等奖5篇，二等奖15篇，三等奖16篇，获聊城市优秀科技建议8条，其中一等奖1条，二等奖7条，获得青年科技奖3人，成果丰硕。

【青少年科普】 2013年举办第28届青少年科技创新大赛活动，全市城区9所中小学1200余名师生参加，征集优秀作品28件，获得山东省奖励7项、聊城市级奖励28项，其中，青少年科技创新12项，优秀实践活动3项，科幻画5幅，科技辅导员创新成果3项，科技辅导员论文5篇。2013年4月23日，邀请山东省“青少年科普报告百校行”报告团的三位科普专家赵刚男、陈明泉、张超教授，深入到临清第三高级中学、第二中学、八岔路镇丕介小学、京华中学、实验高中、临清市中小学生科技创新教育实践基地6所学校，分别作6场专题科普报告，4000多名中小学生现场聆听报告，2000多名学生通过多媒体收看报告。2013年8月23日，“山东省流动科技馆”进入临清，临清科协组织3000余名青少年参观探究，激发青少年科技创新的强烈欲望，在动手动脑的科普演示中提高科学素质。2014年1月7日，在临清市武训实验小学开展以“文明礼貌进校园”为主题的科教文志愿者分会志愿服务活动，发放《科普画册》、文明礼貌用语宣传页500余份。2014年3月25、26日两天，邀请山东省科普报告团的三位科普专家傅海伦、张明勤、刘小虎深入到临清第一中学、实验高中、京华中学、民族实验中学、八岔路镇丕介中学、尚店镇中学、武训实验小学7所学校，作7场科普报告，3000多名中小学生现场聆听报告，8000多名学生通过多媒体收看报告。2014年第29届青少年科技创新大赛报送作品54件，临清市第一中学的8名学生获山东省一、二等奖，临清市实验高中、临清市武训实验小学被山东省科协、山东省教育厅命名为“科普示范学校”，临清市科协被评为“山东省优秀组织单位”。2014年5月29日，在临清市逸夫实验小学举办青少年健康教育知识讲座，200余名学生参加。2014年上半年，先后组织开展“智力七巧板”科普教育活动4次，科技节、校园科普宣传周等活动8次。2015年3月24日、25日，“山东省科普报告百校行”活动在临清第一中学、临清第二中学、临清实验高中、八岔路镇丕介中学、临清市民族实验中学、临清市武训实验小学6所学校举行。邀请山东省建筑大学图书馆馆长、全息创新研究所所长许福运、山东省青少年科普专家团成员、山东省气象科学研究所首席研究员王以琳作《全息创新学》《创新与专利》《气象仪器趣谈》《探索天气奥秘》《雾霾》等主题科普报告，3600余名师生受益。2015年举办第30届青少年科技创新大赛活动。全市11所学校2100多名师生参加比赛，共接受申报竞赛项目71项。共有44项作品获奖，一等奖7项、二等奖12项、三等奖25项，其中临清一中学生姚广宇同学的专利创新项目《固体清洁剂自控装置》荣获山东省青少年科技成果竞赛项目一等奖、全

国“明天小小科学家”三等奖及5000元奖金，创造临清市中小学生参加此项赛事的最好成绩，临清市获得“第30届山东省青少年科技创新大赛优秀组织奖”。

【全民科学素质行动计划纲要的实施】 开展全国农村妇女网络知识竞赛活动，从2013年6月至9月四个月的时间里，组织全市农村妇女网上答题量达51万多人次，取得全国第三名，山东省第一名的好成绩。2014年10月至12月，参加山东省首届全民科学素质知识竞赛活动，在全市范围内发放竞赛试卷1000份，通过集中答题和个人答题的方式，收到有效答题卡1000份，其中满分试卷为802份，获得山东省个人一等奖1名，三等奖2名，位列聊城市第一位。2015年5月12日、11月26日两次召开临清市全民科学素质提升工作座谈会，全市16个镇（街道）副书记、分管科学素质工作领导、科协主任及市直全民科学素质领导小组成员单位参加会议并进行座谈和交流，各镇（街道）分别与临清市政府副市长王磊签订全民科学素质共建协议，认真组织实施科学素质考核工作，修订完善考核办法，使考核工作公正公平、科学合理达标。2015年11月3日，对临清市全民科学素质工作领导小组进行调整，下发临委〔2015〕55号文。

【科普人才工作】 2013年4月19日上午，在青少年科技创新教育实践基地举办首期青少年科普人才培训班，31名科技辅导员参加培训。2013年5月27日上午，在实验高中大礼堂举办第二期青少年科普人才培训班，邀请全国优秀科技教师、山东省十佳杰出科学教师张钦玉作《学生创新能力的培养》专题报告。全市高中、部分初中小学分管科技的副校长、科技辅导员及实验高中师生900余人参加培训。2014年3月5日，在实验高中举办第三期青少年科普人才培训班，20余人青少年科技辅导员参加培训。2015年引进山东建筑大学海外泰山学者史宝军与临清市哈临轴承集团、迅力集团共同研发新技术、新产品，解决经济发展中战略性关键技术问题，促进临清市产业转型升级和现代科技成果的转化和应用，2015年8月11日，签订长期研发合作协议。聘请中国科技大学教授、国家千人计划马明明等5人“企业科普专家团”，在临清市开展决策咨询、技术咨询和科学普及，发挥“科学技术专家库”作用，为社会提供科技咨询服务。

【科协信息宣传】 2015年科协信息工作量大大提升，全年组织编报高质量科协信息达302条，其中聊城市196条，山东省104条，中国科协2条，历年来数量最多、质量最优，走在聊城市先进行列乃至山东省高质量编辑行列。

【双联共建】 2013年、2014年市科协与烟店镇东常庄村结为“双联共建”单位，为东常庄村建设科普书屋1个，赠送科普挂图1580套，建设8米长的落地式科普宣传栏一个，赠送安装体育健身器材7件套，邀请科普专家举办果树技术培训班1次，解决疑难问题6个，与贫困户王庆俊、郑际云、刘西梅、常洪发结成扶贫对子。2015年市科协与刘垓子镇姜油坊村结为“双联共建”单位，并选派刘爱华同志为驻村“第一书记”，与贫困户张具堂、姜金湖结成贫困帮扶对子，开展扶贫帮困工作。

【领导人更迭】

主　任：孙淑英（女）

副主任：祝向华（女）

马　轲（2015.01止）

临清市反邪教协会办公室

主　任：孙淑英（女，兼）

【荣获省、部级以上称号】

2013年4月获得山东省第28届青少年科技创新大赛优秀组织奖。

2014年4月获得山东省第29届青少年科

技创新大赛优秀组织奖。

2015年4月获得山东省第30届青少年科技创新大赛优秀组织奖。

（祝向华）

残疾人工作

【概况】 临清市残疾人联合会简称市残联，成立于1990年12月，为参照公务员管理的正科级单位，计划单列、党组专设。联合会内设办公室、教育就业部、康复部、组宣部，计财部，临清市残疾人综合服务中心。工作人员8名，其中全额事业编8名。残联是中国残疾人联合会的地方组织，集“残疾人自身代表组织、社会福利团体、事业管理机构”为一体。截至2015年12月31日，有持证残疾人12799人，占人口总数的1.60%，其中视力残疾904人，听力残疾210人，语言残疾66人，智力残疾868人，肢体残疾9280人，精神残疾315人，多重及其他1156人。

【残疾人扶贫解困】 残疾人送温暖。广泛开展帮助残疾人“过暖冬、过好年”送温暖活动，2013年以来累计为2650余户贫困残疾人家庭发放慰问金及慰问品累计近43.4万元。

百千万·残疾人就业创业扶贫工程。积极探索残疾人创业就业新路子，在每个镇（街道）分别创建1处创业就业扶贫基地，培育2至3名残疾人创业典型。

“阳光共享”残疾人自主创业工程。鼓励扶持残疾人自主创业，为22名残疾人自主创业标兵和致富能手发放4.4万元创业扶持资金。

“阳光家园计划”居家托养服务。实施残疾人“阳光家园”贫困残疾人机构托养和居家托养工程，累计为200名贫困残疾人发放托养资金13.38万元。

残疾人家庭无障碍改造。为全市贫困重度肢体残疾人发放坐便器20台，为聋人发放闪光门铃70只。

【残疾人就业】 残疾人职业技能和实用技术培训。对174名残疾人开展小尾寒羊、獭兔养殖技术培训，免费发放羔羊312只，发放獭兔18组，共计25万余元；投入资金近万元，聘请专业老师对14名聋哑残疾人进行免费刻瓷培训，刻制作品200余件；组织残疾人手工编织和电子商务培训班，70名残疾人参加培训；组织残疾人手机维修免费培训班，20名残疾人参加为期7天的培训。

搭建就业平台。举办残疾人春季用工招聘会，2013年来，近500名无业、失业残疾人参加招聘会，近100名残疾人同单位签订用工协议。

鼓励扶持残疾人自主创业。帮助残疾人开办小维修店、小美发店、小按摩店等投资少、见效快的经营项目。累计为47名残疾人发放总计8.65万元的创业扶持资金。

【残疾人社会保障】 加大残疾人生活救助力度，将符合条件的重度残疾人全部纳入低保，1341名残疾人受益。足额发放低保重度残疾人生活补贴和重度残疾人护理补贴，截至2015年年底，享受低保重度残疾人生活补贴的残疾人达到1735人，享受重度残疾人护理补贴的残疾人达到1791人，2013年以来累计发放补贴420万余元。对重度残疾人等缴费困难群体，政府为其代缴部分养老保险费。

【康复工作】 2013年以来为347名0—9岁贫困残疾儿童实施康复救助，为5名成年听力残疾人患者免费安装助听器，为11名听力残疾儿童免费安装电子耳蜗。全市完成免费白内障复明手术127例，为有需求的53名肢体残疾人免费安装假肢，为22名有需求的残疾儿童安装矫形器，为9名残疾儿童实施免费肢体矫治手术，配发国家彩票公益金项目及“七彩梦行动计划”辅助器具243件。开展中残联专项彩票公益金贫困精神病患者住院医疗救助项目，为21名精神病患者实行免费医疗救助。

残疾人康复中心和社区康复示范点建设，是2014年政府督办的重点民生项目。3600平方米的康复中心主体工程已经建成，争取到省残联扶持资金150万元。

【文体生活和社会环境】 残疾人体育运动取得新成绩。在山东省第九届残疾人运动会上，临清选手获得1金3银2铜。聋人选手杨峥，还在2014年全国聋人篮球锦标赛上获女子组第四名。

在第八届山东省残疾人艺术汇演中，临清肢残人张涛演唱的歌曲《阳光路上》荣获声乐类金奖，由王子华同志创作的小品《小摊点的大哥》获得创作奖和辅导奖。

2014年，临清市被省残联确定为全省26个“残疾人文化体育建设示范县”创建单位之一，2015年举办2场创建全省文体示范县残疾人文艺汇演，为图书馆捐赠10台盲人听书机。

【宣传报道】 在“爱耳日”“残疾人日”等节日中，设立宣传台、咨询台、免费义诊体检台，2013年以来先后接待咨询群众400余人（次），为群众免费体检200余人（次）；助残志愿者发放宣传材料3000余份。组织系列活动庆祝“全国助残日”，举办助残日关心帮助残疾人用具和资金发放仪式，助残日当天设置宣传站、义诊台，宣传党和国家对残疾人的优惠政策，为残疾人开展义诊活动。邀请聊城电视台和临清电视台等新闻媒体，围绕“助残日”主题，集中对临清市的助残日活动进行宣传报道。举办4场庆祝“全国助残日”文艺演出，山东省残疾人“十佳歌手”张涛和特教学校的同学们带来精彩的演出。举办残疾人手工工艺品展览，具体包括残疾人刻磁、十字绣、剪纸、绘画、书法、摄影等作品。

【基层组织与队伍建设】 对各镇（街道）残联理事长、专职干事集中培训3次，提高残疾人工作者队伍素质。对残疾人专职干事进行量化管理，考核结果与人员聘用及工资待遇相挂钩，调动专职干事的工作积极性。对专职干事开展网上培训，17名专职干事全部通过培训测试。为改善工作条件，为16个镇（街道）配备办公电脑和打印机。

每年根据重点工作部署情况，对专职干事及委员进行康复、教育、就业、维权等系统培训。同时，要求基层残联建立健全严格的岗位职责和各项规章制度，通过加强自身建设，提升服务水平，真正把基层残联组织建设成为“残疾人之家”。同时，重视发挥专门协会职能，明确专人负责联系协会工作，切实做到领导重视、经费到位。

2014年，在全市开展残疾人基本服务状况和需求专项调查工作，对基层654名专职委员和1.2万多名持证残疾人信息进行全面的核查。

【领导人更迭】

理 事 长： 刘　义（2014.10止）
陈春生（2014.10起）

副理事长： 张　青（女）
李青松

党组书记： 陈春生

党组副书记： 李青松

（孙明明　张尊波）

军 事

人武工作

【机构设置与工作概况】 中国人民解放军山东省临清市人民武装部为正团级单位。编部长、政委、副部长各1人，下设军事科、政工科、后勤科，为正营级。为临清的军事领导指挥机关，既是同级地方党委的军事部，又是同级人民政府的兵役工作机关，接受上级军事机关和同级党委、人民政府的双重领导。

临清市人武部在上级党委和临清市委、市政府的正确领导下，以党中央、国务院和中央军委关于加强国防后备力量建设的一系列重要指示为指导，深入贯彻落实科学发展观，紧紧围绕国防和军队建设主题主线，积极适应信息化条件下和社会主义市场经济环境中后备力量建设新特点新要求，始终坚持“党管武装、双重领导、注重质量、协调发展、依法建设、从严治军”原则，认真抓好国防动员、兵员征集、民兵组织建设、国防教育及双拥共建等工作落实。

【军事训练】 2013年4月至5月，组织人武部机关现役干部和基层武装部长分批次参加聊城军分区组织的集训，提高军事技能和业务工作能力。7月，担负聊城市赋予临清市的防汛抢险综合演练任务，主要演练防汛会商、巡堤查险、捆抛柳石枕、土工布排体、修筑反滤围井、挂柳防浪、抢筑子堤、医疗救护、城市排涝、疾病预防控制10个课目，参演人员包括民兵、消防官兵、卫生防疫人员等共计800余人，动用各类车辆50余台；经过参演官兵努力奋战，综合演练取得圆满成功，得到聊城市政府领导和聊城军分区领导的充分肯定。11月，市人武部机关带市民兵应急连在聊城军分区编成内参加山东省军区考核比武，取得优异成绩。山东省军区表彰临清市人武部为抓基层先进“一线指挥部”，部长宋继刚为“兴武建功”先进个人。

2014年，按照建设全面过硬战略预备力量要求，扎实抓好各类队伍的军事训练。4月和10月，人武部机关现役干部分两批参加聊城军分区组织的集中训练和考核。11月，现役干部和基层武装部长参加军分区组织的年度军事训练考核验收。加强人武部机关带民兵应急分队紧急拉动训练演练，进一步提高人武部机关组织指挥能力和民兵分队应急处突能力。

2015年，以新形势下军事战略方针为统揽，扭住如期形成大规模作战能力，加强应急处突和快速动员能力建设，持续大抓战备工作常态化、军事训练实战化。围绕战略预备力量的建设、使用等重大问题，深化军事理论研究，集中力量攻关，形成系列化、实案化研究成果。积极推进民兵军事训练改革，突出抓好民兵应急队伍和专业技术队伍训练。

【新兵征集】 2013年，征兵时间调整改革，由冬季征兵改为夏秋季征兵。面对“当兵冷、征兵难”的严峻形势，针对征兵时间调整改革造成不确定因素增多的实际情况，临清市围绕把握征兵主动权打基础，围绕解决矛盾问题定措施，围绕“四个确保”总体要求抓落实，扎实做好调查摸底、宣传教育、兵役登记、体检政审、定兵输送等各个环节工作。在全面分析征兵工作形势、深入研究矛盾问题的基础上，临清市委、临清市人民政府、临清市人武部联合颁布《关于进一步做好全市征兵工作的意见》（临发〔2013〕25号），进一步明确各级各部门的职责分工，依据夏秋季征兵计划规范工作程序，制定完善奖惩制度，为圆满完成年度征兵任务奠定坚实基础。深入贯彻落实教育部、总参谋部关于印发《应征入伍普通高等学校录取新生保留入学资格及退役后入学办法（试行）》的通知（教学〔2013〕8号）精神，征集新兵质量显著提升。

2014年，为认真贯彻落实中央军委“逐步实现征兵网络化管理和按需精确征集”指示要求，加强和改进兵役工作，从2014年开始，依托“全国征兵网”实施网上征兵，所有适龄青年应当在网上进行兵役登记，所有应征青年必须通过网上报名和审核。“全国征兵网”作为国防部征兵工作的唯一官方网站，实现兵役登记、应征报名、预征管理、体格检查、政治审查、预定新兵等工作的网上管理。临清市人民政府征兵办公室积极适应新形势，组织“全国征兵网”使用业务培训，加强“网上征兵”宣传引导，提高征兵工作效率和管理水平。依据新颁发的《应征公民体格检查标准》和《征兵政治考核工作规定》，加强学习研究，从严把握标准，确保兵员质量。严格落实山东省军区指示要求，自2014年开始，征兵体检站在临清市人民医院设立，实施封闭式、规范化体检；使用《兵员征集定兵辅助决策系统》进行定兵，审批定兵的程序和方式更加科学。

2015年，严格落实山东省人民政府征兵办公室指示要求，提高整体兵员质量，大学生新兵比例不得低于26%。临清市征兵办公室将大学生新兵指标分配到各镇（街道），指导基层武装部把青年学生作为重点发动对象，把“一对一”“面对面”作为主要工作方式，突出抓好高中应届毕业生的宣传发动，提高高校新生报名数量，圆满完成新兵、大学生新兵的征集任务。严密组织役前教育活动，积极开展“十个想清楚、十个怎么办”大谈心活动，组织应征青年进行队列和体能训练，最大限度地减少退兵隐患。2015年5月，山东省人民政府、山东省军区表彰临清市人武部为山东省征兵工作先进单位。

【民兵工作】 2013年，济南军区、山东省军区先后制定后备力量建设“十二五”规划，聊城军区分区印发《“十二五”时期聊城市基干民兵组织规模调整方案》（聊军〔2013〕17号），临清市人武部研究制定《“十二五”时期临清市基干民兵组织规模调整方案》。“十二五”期间基干民兵建设，以中发〔2012〕9号文件精神为指导，紧紧围绕国防和军队建设主题主线，积极适应信息化条件下作战和市场经济发展要求，着眼构建规模适度、结构科学、布局合理、训练有素、可靠管用的新型民兵力量体系，坚持党管武装，坚持任务牵引，坚持军民融合，通过压缩组织规模、优化布局结构、加强分类建设，加快推进民兵建设转型发展，努力实现民兵根本职能由机械化战争条件下参战支前为主向信息化战争条件下支援保障作战为主转变，民兵应急力量建设由依据任务临时抽组为主向常态化专业化规范化方向转变，民兵工作由计划经济条件下以行政手段为主向市场经济条件下综合运用行政、经济、法律等手段转变，不断增强“平时服务、急时应急、战时应战”能力。结合压减基干民兵组织规模，将基干民兵建设分类由“十一五”时期的作战、勤务保障、应急、其他队伍四大类，调整为应急、支援、储备队伍三大类，形成以应急队伍为重点、支援队伍为支撑、储备队伍为补充的基干民兵建设新格局。

2014年至2015年，认真总结近年来民兵组织建设经验教训，以打仗、维稳、救灾三大职能为牵引，按照作战计划中的力量使用要求、现役部队任务需求、非战争行动实际需要，优化组织结构和力量布局，推进实案化准备。改进编组办法，根据民兵担负任务、专业要求合理实施编组，探索属地编组、优选编组、行业编组相结合的路子，实行户籍地与工作地、生活地相结合择优选编，加大新兴企业非一线人员编兵比例，提高人员在位率，确保编组人员随时执行任务。结合民兵组织整顿，按照“村（社区）有员、乡镇（街道）有组、县（市、区）有站”的要求，加强民兵信息员队伍建设，提高民兵获取、上报和处置情报信息能力。2014 年开始，根据聊城军分区指示要求，全市统一组织基干民兵应急分队集中点验。

【全民国防教育】 2013 年以来在充分发挥标语、横幅、宣传单、广播电视等传统方式开展国防教育的基础上，积极拓展范围，创新教育方式，通过政务网、百度贴吧、手机短信、微信微博等方式开展国防教育，取得显著成效。积极发挥红色教育资源的作用，组织基干民兵、参军报名人员参观张自忠将军纪念馆和季羡林先生资料馆，围绕“强化责任，献身国防”主题，开展国防教育。2014 年 10 月 23 日，山东省军区政治部（政〔2014〕33 号）表彰临清市人武部为 2014 年度《山东国防报》发行宣传工作先进单位。

2015 年，组织党政机关和广大师生 5000 余人，参加山东省军区组织的纪念抗战胜利 70 周年“得象杯”国防知识竞赛，市人武部正营职参谋谷延飞和民兵教练员杨家磊、孙维晨受到表彰。

【预备役征集】 预备役军官。预备役军官包括下列人员：退出现役转入预备役的军官、确定服军官预备役的退出现役的士兵、确定服军官预备役的普通高等学校毕业学生、确定服军官预备役的专职人民武装干部和民兵干部、确定服军官预备役的非军事部门的干部和专业技术人员。选拔担任预备役军官职务的专职人民武装干部、民兵干部、普通高等学校毕业生、非军事部门的人员，由工作单位或者户口所在地的县、自治县、市、市辖区的兵役机关报请上级军事机关批准并进行登记，服军官预备役。退出现役转入预备役的军官，在到达安置地以后的 30 日内，到当地县、自治县、市、市辖区的兵役机关办理预备役军官登记。预备役军官按照规定服预备役已满最高年龄的，退出预备役。预备役军官参加规定的军事训练。

预备役士兵。士兵退出现役时，符合预备役条件的，由部队确定服士兵预备役；经过考核，适合担任军官职务的，服军官预备役。退出现役的士兵，由部队确定服预备役的，自退出现役之日起 40 日内，到安置地的县、自治县、市、市辖区的兵役机关办理预备役登记。士兵预备役的年龄，为 18 周岁至 35 周岁，根据需要可以适当延长。预备役士兵达到服预备役最高年龄的，退出预备役。

【其他主要工作】 国防动员。2013 年，中共临清市委、临清市人民政府、临清市人武部下发《关于调整临清市国防动员委员会组成人员的通知》（临委〔2013〕87 号），对临清市国防动员委员会组成人员进行调整。市国防动员委员会第一主任由市委书记兼任，主任由市委副书记、市长兼任，副主任 3 名，由市人武部部长、政委和市政府联系武装工作的副市长兼任，下设九个办公室。10 月，在聊城市国防动员委员会编成内，参加山东省国防动员委员会统一组织的战时国防动员综合演练。

学生军训。学生军事训练工作（以下简称学生军训）是对高等学校和高级中学（含中等职业学校）的学生进行军事基础知识和必要的军事技能教练的活动，是加强国防后备力量建设的一项重要措施。对学生进行军训，是教育改革、全面落实党的教育方针的一项重大举措，是《中华人民共和国兵役法》赋予学校的一项任务。同时，也是学生履行兵役义务、接受国防教育的基本形式。学生军训通常以开设军事训练课的形式进行，并将军事课作为学生的必修课，考试成绩记入学生档案。临清市人民武装部从开展学生军训工作伊始即每年都由干部带队，派教练员到有军训任务的学校具体组织学生军训工作。三年来，累计军训学生11500余人。通过军训，使参训学生初步掌握一般军事知识和军事技能，增强国防观念和组织纪律性，促进学生军事专业学习和学校全面建设。

双拥工作。参加全市的双拥创城活动，按照双拥模范城的目标要求，高标准、高质量地完成各类资料的整理和制度的完善。帮助第三中学抓国防教育基地建设；加强与地方有关部门的沟通交流，义务为地税局、奥博特等单位的职工进行军训，努力提高他们的军事素质，积极营造军地军民团结和谐的良好社会氛围。

认真贯彻落实两级军区和军分区的指示精神，扎实开展帮扶工作，将抓民兵预备役建设与参与经济建设有机结合起来。组织机关干部、专武干部开展“帮扶贫困村、贫困户”等活动。参加市委、市政府开展的“五个一”活动，部领导分别帮包一个镇、一个贫困村、一名贫困户、一名贫困党员和一名贫困学生，并联系两个企业的建设，定期了解情况，跟踪解决问题。先后与贫困学生结对子10人，帮扶贫困村3个，贫困党员6人，贫困群众8人。分别结合党的群众路线教育实路活动和“三严三实”专题教育，联合市委组织部为党员先后上党课共6次，开展党课交流6次，进一步提高党员的宗旨意识，联合乡镇对村班子进行调整，配齐班子，进一步规范工作程序。组织农业局为群众讲科技种植讲座4次；组织司法局为群众上法律课3次；组织帮扶村成立15人的民兵环境打扫小分队，共计出动民兵400人次轮流打扫村的主街道。截至2015年，全市共有民兵帮扶户48个，共出动专武干部、民兵预备役人员5600余人，先后植树3万余株，义务帮助秋收秋种耕地192亩，义务巡逻达到8700余人次，进一步维护社会的安全稳定。

【领导人更迭】

党委第一书记：
王建鹏
部　长：宋继刚（2015.02止）
付培俊（2015.02起）
政　委：马培虎

（张中普）

武警临清市中队

【机构设置】 中国人民武装警察部队临清市中队隶属武警山东总队聊城支队，坐落于临清市南环路北，华美医院东，大三里南，其任务是维护社会稳定，保卫国家安全，保障临清人民群众安居乐业，中心任务是执勤和处置突发性事件。中队的执勤工作在上级武警部队和地方党委、政府及公安部门的双重领导下进行。中国人民武装警察部队临清市中队组建于1940年年底，其前身是鲁西区第三专署临清县公安局保安队，后屡次经改编，于1983年1月改编为中国人民武装警察部队山东总队聊城支队临清市中队，1983年8月改称中国人民武装警察部队临清市中队。在上级部队党委的领导下，在临清市委、市政府的关心、支持下，中队各项建设不断发展进步。自落实《军队基层建设纲要》以来，中队支部一班人认真按照《纲要》抓中队建设，先后于1994年、1996年、2004年、2008年、2012年被山东总队评为基层建设先进单位，2004年、2005年、2010年2014年四次被评为正规化执勤一级中队。从1991年至2015年参加支队的活动中，多次获得名次和嘉奖。现在中队全体官兵将牢记，按照“五句话”总要求全面加强部队建设，努力实践科学发展观，以强军目标为统领，实现部队建设全面发展、稳定发展、安全发展、创新发展、科学发展，为建设和谐临清、平安临清提供坚实的安全保障。

【军事工作】 执勤处突、军事训练、行政管理是中队的中心任务，中队地触冀鲁两省交界处，社情复杂，给执勤和维稳处突带来很多不利影响。

中队自组建以来，坚持按照强化一个意识，突出两个重点，用好三个载体，打牢四个基础，提高五个能力的要求，强化职能意识，加强对执勤工作的领导，确保固定执勤目标安全，圆满完成打击刑事犯罪、长途押解、抢险救灾、处置群体性治安事件、抓捕犯罪等几十余次任务。为临清改革开放和经济发展做出来突出贡献，被当地人民群众誉为维护社会稳定的钢刀铁拳。

【政治工作】 人民军队的政治工作是实现党对军队的绝对领导，巩固和提高战斗力的根本保证。中队积极适应社会发展，为适应部队形势任务和官兵思想变化的需要，以改革强军主题教育为为中心，持续在抓好光荣传统教育、历史使命教育、形势任务教育、道德法纪教育、战斗精神、党（团）课教育、随机教育。积极引领官兵牢记强军目标努力争创优秀先进基层单位和优秀基层官兵为动力，以培养有灵魂、有本事、有血性、有品德的新一代革命军人为统领。用好“三互”“双四一”、三个半小时、板报、战士小报、计算机网络等有效载体，深入搞好理论学习和习主席系列讲话精神，确保官兵绝对忠诚、绝对可靠、绝对纯洁，积极开展拥政爱民教育，体现军民一家亲。教育中注重发挥官兵的主体作用，利用好各种载体，不断提高授课质量和水平，打牢官兵始终做到听党指挥、能打胜仗、作风优良的思想根基。

【后勤工作】 后勤工作在部队建设中，越来越显出重要的作用，中队组建后紧紧围绕为完成中心任务提高服务保障这条主线，依据《军队建设纲要》和《武警部队后勤管理规定》，坚持监管结合，突出抓好后勤人员队伍建设和生活设施建设和管理，伙食、经费和物资管理，卫生防病、防疫等各项工作。特别是近几年的后勤现代化建设水平不断提高，官兵生活水平不断提升，中队党支部能够认真抓好“四配套”和三管责任制，严格落实伙食管理制度中的“6211”“1162”制度，不断加强后勤炊事人员的烹饪技术，精细化管理水平不断得到提高，服务保障能力明显增强，确保以执勤、维稳处突为中心的各项任务圆满完成。

【领导人更迭】

中　队　长：翟晓军（2013.03止）
　　　　　　申景辉（2013.04起）

政治指导员：宫俊明（2014.07止）
　　　　　　张景峰（2014.07起）

（张景峰）

人民防空

【机构设置与基本概况】 1969年8月，成立市人民防空领导小组。1971年12月，人民防空领导小组改设为战备防空领导小组，办公室改为战备防空办公室。1975年6月，战备防空领导小组改称为人民防空领导小组，办公室设在人武部。小组设组长1人、副组长4人、成员15人。1979年机构撤销。1984年1月，成立人民防空办公室，属市政府领导，为副科级单位，设主任1人、工作人员1人。

2002年山东省人民政府和山东省军区联合下发文件，确定临清市为山东省人民防空重点城市，2003年3月，临清市机构编制委员会出台《关于成立临清市人民防空办公室的通知》文件，2003年5月，人民防空工作全面恢复启动；2004年3月，正式恢复成立人民防空办公室，隶属于市政府，受同级军事机关双重领导，是国防动员会常设办事机构，为正科级全额事业单位；2014年临清市机构编制委员会下发临编〔2014〕22号临清市机构编制委员会关于临清市人民政府职能转变和机构改革的实施意见文件中将市人防办划归为市住房和城乡建设局所属事业单位，为正科级全额事业单位。

2013年以来，市人防办新进人员5名，截至2015年年底，人防办现内设综合科、指挥通信科、工程科3个职能科室，在职干部职工总计8人。

【基本概况】 2013年以来，在聊城市人防办和临清市委、市政府的坚强领导下，临清市人民防空办公室立足人防职能，明确工作重点，深入贯彻落实党的十八大和十八届四中、五中全会精神，深入学习习总书记系列重要讲话精神，紧紧围绕临清市委、市政府的工作部署，结合临清市人防工作实际，积极主动协调，改革、创新，真抓实干，临清市人民防空办公室各项工作有新的进展，维持良好的发展势头。为推进全市人防事业发展实现科学健康发展、为经济发展和城市建设做出积极贡献。

【重视人才利用工作】 突出人才培养的保障作用，人才是干事创业的第一要素。人防文化建设同样需要人才来推动、来实践，发现优秀干部，强化人才效能的意识，积极挖掘、吸纳、培养和使用好干部，尤其要加大文化宣传、组织指挥、信息技术等方面的人才储备，形成良好的用人机制，营造人尽其才，才尽其用，形成生机向上的工作局面。2013年来临清市人防办党支部根据《中国共产党党员发展细则》和《中国共产党章程》，按照“坚持标准、保证质量、改善机构、慎重发展”的方针，做好党员发展工作，不定期召开支部大会，学习党章、加强党性，召开党员工作研讨会。自2013年始至2015年年底累计发展中共党员1名，中共预备党员1名，积极分子2名，加强党员队伍力量，为更好地开展党组织活动奠定良好的基础；努力加大进人力度，分别在2013年新进工作人员1名、2014年新进工作人员2名、2015年新进工作人员2名，连续三年累计新进工作人员5名，大大改变临清市人防办人员少、力量弱、基础薄的现象，努力打造出一支年轻化队伍。

【突出宣传教育工作】 坚持以人防宣传教育“进机关、进学校、进社区、进企业、进网络”为抓手，着力在规范中提升、在创新中发展，有力推进人防宣传教育普及化、大众化、实效化；以人防教育“五进”为目标，建强阵地，人防宣教更普及。2013年以来共向全市多所小学发放《人民防空应急手册》2万册，并要求各学校把《人民防空应急手册》纳入学校科普用书、纳入学校素质教育课程，确定师资力量、确定教学内容、确定教学课时；指导部分中学开设人防教育课程，并适时在重大活动、重要时间节点组织广大师生开展演练活动，做到与学校平时的素质教育、安全教育相结合，切实增强广大师生的人防民防意识；制定并完善人员疏散方案，利用社区所具备的聚集功能、联接功能、传播功能，通过开设社区大讲堂、设置人防宣传栏、制作人防条幅、展板等，拓展居民获取防空防灾知识的渠道；通过业务培训、辅导讲座、参观学习等途径培养人防宣传教育工作骨干，不断增强社区自身开展人防宣传教育工作的力量，为城市人防建设奠定坚实的群众基础；在人防宣教中注重寓教于乐，用丰富多彩的活动帮助人民群众学到鲜活的知识，通过举办街头宣传、广播报道、报纸刊登等多样化形式，增进与居民的互动交流；通过开展疏散演练、警报试鸣、专家授课等，普及自救互救和应急防护技能，让市民时时处处都能学到、感受到人防知识；充分结合各种工作动态，把握各种活动时机，开展多层面、全方位的人防宣传教育。如：结合国际民防日、防灾减灾日、警报试鸣日、全民国防教育日等活动，开展人防知识和人防法制宣传及咨询活动，每年发放宣传资料数万份；结合办理人防工程审批和执法巡查、领导回访等，向建设单位进行人防政策法规的宣传。在聊城人防办官网、临清政务网、临清政务内网等门户网站、累计开辟人防专版数十期，报道人防工作新闻数十条。

【严把审批工作】 根据《关于在全省人防系统共同开展预防职务犯罪工作的意见》（鲁防发〔2012〕4号）和《关于规范人防依法行政预防职务犯罪的意见》（聊防办字〔2011〕36号）文件要求，加强与相关部门的联系与协作，2013

年临清市人民防空办公室与临清市人民检察院联合制定《关于在全市规范人防依法行政行为预防职务犯罪工作的实施意见》(临检发〔2013〕10号)文件，对新建项目严把审批关，将人防手续作为规划、住建、房产等部门的前置条件。大力优化服务质量。临清市人民防空办公室行政许可项目已全部入驻临清市政务服务中心，并设人防办窗口，2015年编制并印发行政审批服务指南，供服务对象及群众阅览。临清市人民防空办公室以“权力清单”为抓手，进一步简政放权。2015年对行政权力清单清理审核，行政审批事项由原来的8项缩减为现在的6项，行政审批期限由原来的7天缩减至现在的3天，累计减少审批环节10个，2013年来累计审批项目120个，大大提高审批效率、减少办事环节，缩短办理时限，改进服务质量。

【领导人更迭】

主　任：刘言明

（杜志浩）

法 治

政法委及综治

【机构设置】 1986年，中共临清市委政法委员会下设办公室、政工科、调研科。1987年8月，临清市打击经济领域严重犯罪活动领导小组办公室（简称打经办）由政法委管理，为正局级常设机构。1991年10月成立临清市社会治安综合治理办公室（简称综治办），1994年正式列编，与政法委合署办公，同年撤销打经办。2015年年底，市委政法委（综治办、信息网络中心）共有18人。

【平安临清建设】 全市政法系统紧紧围绕“东融西借、跨越赶超，建设冀鲁豫三省交界科学发展先行区”的战略目标，坚持以法治思维引领政法工作，在法治框架内推进社会治理，深入实施“三三五五”工程，大力深化“一三五”工程，政法综治工作取得新突破，平安临清建设迈上新台阶。

集中推出一批便于操作、务实科学的服务发展新举措，把政法服务元素优化到保发展的每个领域，为重点项目和企业的健康发展提供强力支撑和保障。深入推进“政法五进”“法律六进”工程，大力开展“大走访”活动，以“有利于维护企业正常经营、有利于维护企业职工权益、有利于促进经济社会稳定”，“三个有利于”为出发点和落脚点，紧紧围绕打好产业转型、项目建设、招商引资、新型城镇化、县域经济、节能减排、优化环境、改进作风八场硬仗，做好“六大员”（产业转型的护航员、重点项目建设的服务员、招商引资的战斗员、新型城镇化建设的保障员、县域经济发展的协助员、优化环境的先锋员）。深入开展“筑平安、保发展”活动，强化打霸治痞专项行动，重点打击各类行业霸头、各类阻碍正常项目建设和扰乱农村社会稳定的霸痞分子，保障重点项目建设顺利进展。在大的建设项目和规模以上企业建立公安警务室，重点企业设立警务联系点，为企业安全与发展提供全方位治安服务。切实发挥司法保障作用，组建法律顾问团，加强对城镇化过程中遇到的新情况、新问题的分析研判，妥善审理涉及农业人口转移、城镇房地产开发与建设等案件。积极创建服务型机关、科室、队所，争创群众满意窗口、优质服务品牌、优秀服务标兵，努力营造良好的投融资环境。

着眼于转变社会治理理念，创新社会治理方式，提高社会治理水平，切实从源头上解决影响社会和谐稳定的深层次问题。以群众安全需求为导向，把严打整治作为社会治理的基础性工作来抓，从根本上铲除各类违法犯罪滋生蔓延的土壤，净化社会风气。坚持严厉打击严重暴力犯罪、“两抢一盗”多发性侵财犯罪以及非法集资、金融诈骗等涉众型经济犯罪，依法打击利用互联网从事的违法犯罪活动。确保“舌尖上的”安全，适时组织开展食品药品专项整治，健全完善联合打击制售假劣食品药品违法犯罪长效机制。着力抓好城乡接合部、城中村和治安复杂村居以及案件高发地区的集中整治。强化重点部位、重点领域以及学校、幼儿园周边环境的治理力度。加大情报的收集研判，严密防范、坚决打击危害国家利益和国家安全的犯罪活动。深入推进反恐怖专门和应急处置力量体系建设，强化对非法宗教的治理，健全邪教组织的排查、管控工作体系，筑牢国家安全防线。

坚持以法治思维推进社会治理，大力加强巡防特勤队、平安志愿者队伍建设，构建起社会协同、齐抓共管的维稳处突机制。先后成功处置和化解银河纸业集团离岗人员聚集围攻、华美医院施工受阻、出租车司机罢市、行云车几百人聚集上访、阻扰南水北调工程以及因企业改制引发的多起群体性事件，以实际行动优化发展环境、保障跨越赶超。以确保党的十八届三中全会、“六四”风波、全国“两会”等敏感时期的社会稳定为首要政治任务，把精力和警力最大限度投入到维稳大会战中。大力强化进京值班、稳控人员、责任落实等机制，深入实施“环京护城河”工程，检查进京、赴藏车辆2560辆，盘查人员2万余名，依法成功处置一批进京非正常访案件，极大震慑闹访、缠访、无理访人员，扭转被动局面、维护信访秩序。以“筑平安、保发展”为契机，深入推进“打黑除恶、打霸治痞”“亮剑”等严打整治活动，破获各类案件685起，打掉霸痞团伙24个，取得连续10年命案全破的优异成绩，为平安临清建设做出突出贡献。全市没有发生重大政治影响事件，没有发生影响稳定的事件，没有发生重大安全生产事故，人民群众安全感和满意度分别达到97.1%和98.6%，位居聊城市前列。坚持多措并举、依法治理，全力做好“两节”“两会”和APEC峰会、中央巡视组驻鲁巡视、党的十八届四中全会等重点时段、敏感节点安保维稳工作，全市没有发生影响政治安全的重大事件、没有发生造成重大影响的群体性事件、没有发生重大恶性刑事案件、没有发生重大治安灾害事故。坚持关口前移、源头治理，建立起集社会矛盾纠纷调处中心、群众诉求服务中心为一体的矛盾化解新格局。在全省率先提出并实践“全覆盖无缝隙、早发现早处置、全民化数字化”的人民调解“网格化”管理模式，筑牢维护稳定的第一道防线。坚持以法治思维、法治方式依法处置非访，强职明责，做到预警到位、化解到位、依法处置到位、经费保障到位、机制健全到位，在全市构筑起以公安为主，各镇（街道）、信访等有关部门齐心协力，全社会齐抓共管的进京非访管控化解处置新格局。

凝聚攻坚力量，推动法治临清建设取得新进步、新突破。坚持教育引导、典型引领、实践养成相结合，引导政法干警把法治作为中国特色社会主义核心价值来追求，带头敬畏法治、信仰法治、厉行法治。要全面、准确把握依法治国的目标任务，争做尊法学法守法用法的表率。政法各部门着重加强对文明执法的研究，制定文明执法标准，出台具体考核办法和惩戒措施，推动执法司法规范化。要重点解决群众反映强烈的刑事诉讼涉案财物处置不规范、同案不同判、行政执法与刑事司法衔接不够等突出问题，提高政法工作规范化水平。强化内部监督制约，合理划分执法司法环节，对执法司法权集中的部门、岗位，实行分事行权、分岗设权、分级授权。加强和规范法律监督，严肃查办执法司法不公背后的职务犯罪。坚持以公开促公正、树公信，构建开放、动态、透明、便民的阳光司法机制。深入贯彻市委、市政府《关于贯彻落实党的十八届四中全会精神全面推进依法治市的实施意见》，着力抓好法治阵地建设，打造一批高层次、有特色的法治文化和法治宣传教育基地。深入开展法治文化示范基地、民主法治示范村（社区）、依法行政模范标兵等评选活动。积极引导律师参与公益法律服务，推动律师队伍在法治创建中发挥正能量。健全法制创建绩效考评和整体联动机制，定期开展检查考核，形成创建法制城市的强大合力。把全民普法守法作为建设法治临清的长期性和基础性任务来抓。全面落实国家机关“谁执法、谁普法”的普法责任制，落实各部门行业及社会单位普法责任，推动法治宣传教育持续深入。积极运用网站、微博、微信等新兴媒体弘扬法治文化。重点围绕全面推进依法治市，宣传学习好新《行政诉讼法》；围绕公共交通安全，宣传学习好新《交通法规》；围绕群众饮食用药安全，宣传学习好新《食品安全法》。大力深化“法律六进”主题活动，推动法治宣传教育向面上拓展，向基层深入。

【政法队伍建设】 以建设一支政治合格，纪律严明，业务精通，公正执法，让党和人民放心、人主满意的政法队伍为目标，按照政治过硬、业务过硬、责任过硬、纪律过硬、作风过硬的要求，用中国特色社会主义理论武装广大干警头脑，大力加强政法队伍建设。教育和引导政法干警牢记宗旨，弘扬时代精神，牢固树立执法为民思想，努力开创政法工作新局面，真正担负起巩固共产党执政地位，维护国家长治久安，保障人民安居乐业的政治责任和历史责任。

组织开展“增强党性、严守纪律、廉洁从政”专题教育和社会主义核心价值观教育，把政治建警置于队伍建设首位，开展评先树优，充分发挥典型示范引领，教育引导广大干警始终秉承忠诚为民、恪尽职守的精神追求，做党和人民的忠诚卫士。深入开展“作风建设年”活动，对厉行勤俭节约、反对铺张浪费、治理庸懒散等进行专项整治。大力开展“三严三实”专题教育，坚持把纪律和规矩挺在前面，完善铁规禁令、行为规范，严格规范公正文明执法水平进一步提升。多次举办全面推进依法治市专题研讨班，大力开展岗位练兵、实战实训、技能比武等活动，提高广大干警的业务素质、实战本领，以及运用法治思维和法治方式开展工作、解决问题的能力，基础信息化、警务实战化、执法规范化建设水平稳步提升。通过开展政法大讲堂、集中专业培训等方式，切实加强政法干警教育培训力度，大力实施“六个零”工程，即队伍建设“零违纪”、职务犯罪“零容忍”，服务态度“零投诉”、服务项目“零积压”、服务受理“零委托”、服务质量“零差错”，进一步提升政法干部服务群众、维护稳定的能力和水平。出台《关于切实加强政法队伍建设的实施意见》，建立起政法部门领导班子和干警考核档案，做到合理建档、规范考核、科学使用。成立执法监督联合工作委员会，对重大案件、群众反映强烈的案件以及各类敏感案件，实行联合督查。健全案件督办制度，对疑难案件、涉法涉诉信访案件，进行专家会诊，最大限度推进“阳光执法”，维护司法公平正义。全市政法干警奋勇争先，在各项工作及各自岗位上发挥积极的作用，硕果累累、成绩斐然。

2013 年，临清市荣获“全国法治城市、法治县（市、区）创建活动先进单位”“平安聊城建设模范市”称号。市人民法院被评为“全国优秀法院”，市委、市政府发起向人民法院学习的号召。市人民检察院被评为“省级文明单位”，荣获“全国青年文明号”称号。市公安局荣获“平安聊城建设先进单位”，被评为“聊城市优秀公安局”。市司法局被司法部授予全国法律援助“便民服务示范窗口”称号。先后有 17 个基层单位、46 人受到聊城市以上表彰奖励。2014 年临清市在聊城市的平安建设年度考核中，名列第一。市人民法院被授予“全国优秀法院”、省级文明单位、省级卫生单位等称号。市人民检察院被评为全省优秀基层检察院、省级文明单位，荣获《山东检察》宣传工作先进单位等称号。市公安局被授予全省群众安全感满意度工作先进单位、全省幸福进家活动先进单位等称号。市司法局荣获全省人民满意政法单位、全省司法行政系统政风警风建设示范窗口等称号。2015 年市法院探索出多元化纠纷解决新机制，被评为“全省多元化纠纷解决机制改革示范法院”；市检察院自主研发的刑事案件同步监督系统，被评为全省检察机关创新成果一等奖，荣获“全国先进基层检察院”称号；市公安局着力提升维护稳定、治安防控、科技强警、安全监管水平，保持11年命案全破；市司法局在全省率先实践“全覆盖无缝隙、早发现早处置、全民化数字化”的人民调解“网格化”管理模式，组建市镇村三级法律顾问团，实现法律服务全覆盖。全省最美调解员先进事迹报告会在临清召开，聊城市司法行政系统对临清司法行政重点亮点工作进行现场观摩。

【社会管理创新】 为社会构筑平安环境，让百姓乐享发展成果。在聊城市委、市政府和政法综治部门坚强领导和大力指导下，以建设平安和谐临清为载体，以人民群众满意为目标，深入开展科技创安，大力实施视频全覆盖工程，推进人民调解网格化管理新模式，开辟治安保险新路径，全面提升平安临清建设的整体效能，开创社会管理综合治理的新局面。

自2013年开始，临清市启动城区主干道、城区内部单位、城区社区、镇（街道）政府驻地和村级“五大区域”技防网络建设，并成立以市委常委、政法委书记为组长，市公安局局长为副组长，各镇（街道）、有关单位相关负责人为成员的领导小组，具体负责视频全覆盖工程的组织协调、指导监督。工作中，临清市完善相关配套政策，强化人财物保障措施，强力推进工程建设：在城区，主要道路路口及市委、体育场、清真寺、鳌头矶、运河广场、火车站等重点复杂场所全部更换为高清数字探头（540TVL以上）。在镇（街道）均建成规格高、覆盖广的视频监控平台。村居围绕主要干道、主要出入口和集市设立监控探头，实现与镇（街道）监控大平台联网，各镇（街道）派出所二级监控平台正在积极建设，努力构建集监控平台、社会管理服务中心、公安派出所、巡防中队“四位一体，联动防范”的治安防控新模式。此平台深受群众欢迎和高度评价，它不但成为打击犯罪震慑黑恶势力的利剑，更成为老百姓查物找人的寻踪查询台。

2013年以来，临清市率先在全省实现“全覆盖无缝隙、早发现早处置、全民化数字化”的人民调解“网格化”管理模式，为社会管理综合治理打开一扇窗。人民调解的网格化管理模式的核心就是“五四”工作法：划分四级网格，推行层次管理，即市级依托市社会矛盾纠纷调处中心建立统筹网格；镇（街道）依托镇（街道）社会矛盾纠纷调处中心建立监督网格；依托村（居）民人民调解委员会建立责任网格；依托学校、企事业单位、商业网点和居民小区人民调解委员会建立独立网格；责任网格下按照街巷定界、规模适度、无缝覆盖、便于管理的原则，一般以100户左右村（居）民的标准划分一个基础网格单元；在基础网格基础下，以10—30户为单位划分出若干小组，每个小组确定一名小组长。临清市共划分各类网格2815个。整合多元资源，搭建四个平台，即矛盾纠纷排查预警平台、信息统计分析平台、12348法律热线行政服务平台、视频指挥平台。突出“网格化”优势，确保“四个及时”，即做好基础数据的维护、更新，做到网格基本概况导入、排查调处信息录入、统计报表上报、舆情分析研判“四及时”。突现预警功能，划分“四个等级”，即将排查出的矛盾纠纷，按照对社会稳定的影响程度从高到低划分为红、黄、蓝、绿四个预警等级。强调责任落实，做到明确统筹网格和监督网格负责人由专职调解员担任等“四个明确”。网格化管理工作的实施切实拉近与群众的距离，真正实现在格中体民情、察民意、解民忧、促和谐。有效解决以往基层矛盾纠纷排查发现不及时、调查了解不深入等问题，切实把纠纷消灭在基层，化解在萌芽状态。

十年前，富有创新精神的临清人，让社会综合治理与商业保险“完美牵手”，在全国首创治安保险，之后陆续在全国铺开，并获得国务院肯定。为推动治安保险工作纵深开展，临清市制定下发《关于进一步推进治安保险工作的实施意见》。城区办事处、社区和保险公司都设立服务机构，由专人负责，制定理赔流程图和工作示意图。通过全方位大力宣传，激发居民参保的热情。2015年，临清市委政法委、综治办及临清人保财险公司联手推出“见义勇为保险”，开创全省先例，“见义勇为”保险也称“一元民生险”，即全市每人1元钱进行投保，主要承担因见义勇为行为导致的死亡或伤残，保险公司最高赔付5万元；因见义勇为行为所发生的医疗费用保险公司最高赔付5000元。见义勇为保险，就是鼓励群众参与社会管理，同时为见义勇为者筑起坚强后盾。

【领导人更迭】

书　记：韩　青（女）

常务副书记：

王海军（2013.09止）

韩　义（2014.11起）

副书记：王海军（2013.09止）

唐学友（2013.09止）

韩　义（2014.11止）

周厚超

黑维强

程爱国

临清市社会治安综合治理委员会办公室

主　任：韩　义（2014.11止）

王　彬（2014.11起）

副主任：李建栋

殷启栋

张远见（2013.12起）

（许　燕　金　鑫）

公　安

【机构设置】　2013年5月进行警务体制改革，根据临编办字〔2013〕11号文件精神，市公安局原出入境管理中队升格为出入境管理大队，户政管理中队升格为实有人口管理大队，增设食品药品与环境犯罪侦查大队，2013年12月，根据临编办〔2013〕35号文件精神，设禁毒大队，以上均为正股级大队。2014年4月，根据临编办〔2014〕4号文件精神，市公安局纪检监督科更名为警务督察大队（正科级）。2015年，全局共设11个职能科室：指挥中心、国内安全保卫大队、刑事侦察大队（加挂市禁毒委员会牌子）、治安管理大队（加挂爆炸危险物品监管大队牌子）、经济犯罪侦察大队、政治处、法制大队、警务保障科、监管大队、特巡警大队、网络安全保卫大队。基层派出所16个：新华派出所、青年派出所、先锋派出所、大辛庄派出所、松林派出所、金郝庄派出所、老赵庄派出所、康庄派出所、魏湾派出所、戴湾派出所、刘垓子派出所、唐园派出所、八岔路派出所、潘庄派出所、烟店派出所、尚店派出所。有在职民警343名、行政编制286名、事业编制干部60名、工勤46名。全市在职民警占全市总人口的万分之四点三九。基层和一线实战单位实有警力占全部警力的74.58%。

【工作概况】　2013年，对各类违法犯罪保持严打高压态势，成功侦破“1.30”“3.06”和“6.23”三起命案，连续九年保持命案全破奋斗目标；组织开展继续深化春季严打整治安民行动、破案攻坚会战行动，重点打击“两抢一盗”等多发性、系列性犯罪，打击效能实现稳步提升。积极推行“巡逻处警合一”巡逻模式。对110接处警系统进行升级改造，全局所有警车上安装GPS定位系统，实行网上派警、网上反馈，规范接报警工作流程，提升接处警工作效率，实现110接处警工作的扁平化、动态化。市公安局监管大队被省公安厅荣记集体二等功，另有4个集体三等、11名个人被荣记三等功；8个单位和11名民警荣获市级以上荣誉称号。2014年，组织开展春夏季严打整治集中行动，打假、打票以及严厉打击非集涉众型犯罪专项行动，打击食品药品与环境等涉及民生领域犯罪等一系列活动，破获案件885起，刑拘639人，逮捕259

人，移诉487人，打掉各类犯罪团伙20个，抓获团伙成员1287名。抓获在逃人员155人，实现连续十年命案全破的目标。打掉贩毒团伙4个，破获省级目标案件1起，抓获各类涉毒违法犯罪嫌疑人30人，综合排名居全市第一、全省第十二名。全力做好“两节”“两会”等敏感节点和村级换届选举等重大活动的安保工作。开展创满意“大台账、大走访、大宣传”三大活动，安全感和满意度增幅分别位居全省县级公安机关第4名、第8名，受到省厅通令表彰。以开展党的群众路线教育实践活动为主线，将公安工作推进到村居一线，认真组织开展回访工作，先后征集意见建议146条，化解矛盾纠纷49起，共办理答复市长热线90余件。该局被省公安厅评为全省群众安全感满意度调查排名成绩突出的市县级公安机关，被省妇女联合会评为幸福进家活动现进单位，刑警大队被省公安厅评为“全省优秀公安基层单位”。5人被省厅通报表彰，刘维钊同志获得首届“山东最美警察”提名奖。2015年，以深化“打黑恶、反盗抢、防诈骗、扫毒害、追逃犯”安民行动为主线，扎实开展“春雷”行动、“网上灭枪”“夏季严打整治百日会战”等专项行动，始终保持对各类违法犯罪行为的高压态势，共立刑事案件978起，破案925起，刑拘458人，逮捕235人，移诉464人，侦破命案6起，治安拘留134人，打掉各类犯罪团伙20个，抓获团伙成员78名，抓获在逃人员217人。全力做好“两节”“两会”“博鳌亚洲论坛”、抗战胜利70周年纪念活动等敏感节点的安全保卫工作；落地查证重点人员预警信息4093条，抓获各类犯罪嫌疑人39人，其中逃犯28人。推行城区巡处合一巡防模式和“亮警灯”工程，在全市农村建立50个巡防联系点，动员现有巡防队员、小区保安、单位保卫人员和治安积极分子参与社会治安联防活动，严密治安防控网络，有效压缩违法犯罪空间。推进监管“五化建设”，建设警营文化和监区文化相结合的监管文化体系，打造“文明监管品牌”，实现连续15年实现安全无事故。开展“三严三实”教育活动，队伍作风建设取得新进展。该局监所管理大队被省公安厅评为“全省优秀公安基层单位”，食药环侦大队被省公安厅、环境保护厅评为“全省环保公安联勤联动执法工作先进集体”；12名同志受到省厅表彰授予荣誉称号。

【执法规范化建设】 2013年，执行执法办案“三个必须”，坚持集体通案、疑难案件集体会诊、案件回访等制度，所有案件全部实行“网上办理、网上流转、网上审批、网上考评”，全年共进行集体通案148次，研究案件275件，确保每起案件的公平、公正。精心组织开展取保候审问题突出专项整治。2014年，开展执法检查“回头看”，制定下发《全市公安机关执法检查“回头看”活动实施方案》，通过实地检查和网上随机抽取案件的方式对办案区使用情况及案件办理等进行全面检查，共梳理查摆接处警6290起；行政案件731起；刑事案件1035起；社会热点问题92个。继续强化“一个出口”对外统一的提捕、移诉机制，即所有呈捕、移诉案件的卷宗一律由法制大队统一向检察机关报送。进一步强化执法监督，统一执法尺度，切实增强全局执法工作效能。2015年，将刑事案件“两统一”工作作为全市公安机关重点工作，研究制定《全市公安机关全面推进法治公安建设实施意见》《临清市公安局推行刑事案件“统一审核、统一出口”工作机制的实施意见》，会同市检察院印发《关于建立刑事案件统一对口移送工作机制的通知》和《刑事案件统一对口移送受理办法》。成立由局长任组长的“两统一”工作领导小组，及时解决遇到的问题。全市法制部门民警数由原来的5人增加至10人，其中3人通过全国司法考试。

【基层基础建设】 2013年，桑树园社区警务室打造成为聊城市社区警务室建设的工作亮点。温泉警务室化解、引导和处置266起到市委上访的信访问题和不稳定因素，确保第一时间发现问题、第一时间赶赴现场，最大限度减少围堵事件发生，充分发挥警务工作“前哨”作用，得到市委有关领导的认可；同时在全市规模以上企业建成驻企警务室10处，有力促进基层基础建设。2014年，全面推进公安业务技术用房和民警公寓建设；2015年，积极争取党政重视和支持，开展视频监控建设，推动视频监控向农村延伸，全市共安装高清监控探头237个，全部投入使用。

【治爆缉枪】 2013年持续开展治爆缉枪专项行动，着力抓好宣传教育、排查收缴、人员管控、案件查处等工作，始终保持对涉枪涉爆违法犯罪的高压态势。2015年2月，启动为期一周的“枪爆物品安全大清查宣传周”活动，出动警力50余人次，出动警车10余辆，发放宣传材料1万余份，摆放展板18块，悬挂横5条。

【派出所建设】 2013年认真贯彻落实《山东省公安厅关于加强派出所基础工作的指导意见》，结合实际制定具体实施意见，进一步规范派出所职责，完善勤务工作模式，将派出所工作重点转移到基础防范管控上来。2015年度，各派出所依托警务云治安管理系统推广应用，按照“应采必采、能采尽采”的原则，将“人、地、物、事、组织”等基础要素和“吃、住、行、消”等基本轨迹，全部纳入系统管理，为大数据警务云提供源头数据。

【治安管理】 2013年以部署开展重点行业专项整治百日行动为契机，切实加强对报废机动车回收拆解业、废旧金属收购业、印章刻制业、开锁业、寄卖业及二手手机（电脑）市场6类重点行业的治安管控，有效堵塞各类管理漏洞，震慑违法犯罪分子。2014年推动建立健全电动自行车安全防范制度，全面铺开电动自行车实名登记工作，全市共对10万余辆电动自行车进行打码。2015年，落实散装汽油销售实名登记制度，全市99家加油站安装并使用散装汽油销售实名登记系统，定期对加油站落实实名登记、实情购买、实时备案的“三实制度”情况进行核查和检查。

【社区警务建设】 2013年扎实开展“社区六进”工作，积极争取党委政府支持，将其上升为政府工程，列入社区发展规划，形成“党委领导、政府负责、公安牵头、社会参与”的工作格局。组织协调相关警种部门，进一步细化工作措施，推动消防、车管、危管、网管、物管、外管等公共管理服务和民生警务工作向基层延伸。在新华路派出所桑树园社警警务室、青年路派出所温泉社区警务室开展试点工作。2014年在城区加强示范警务室软件建设，巩固提升警务运行水平，切实发挥出示范带动作用；在农村巩固完善现有警务室，逐步扩大覆盖面。2015年社区民警推动落实“四个一律”制度，即一律不准给社区民警下达破案打击指标；一律不准抽调社区民警从事辖区以外的大型活动安保、突发事件处置等警务活动；一律不准社区民警在派出所值班备勤；一律不准随意调整社区民警岗位，确保社区民警有足够的精力、更多的时间开展社区警务工作。

【打击刑事犯罪】 2013年，组织开展“冬春季严打整治行动”“打黑恶、防盗抢”安民行动、“打黑除恶、打霸治痞”亮剑行动、“深化缉捕重大逃犯攻坚行动”“夏秋季治安整治”“破案攻坚会战”等专项行动，成功侦破“1.30”“3.06”“6.23”和“12.25”四起命案，连续9年保持命案全破奋斗目标；破获年内案件878起，抓获各类违法嫌疑人1114人，其中刑事拘留566人，逮捕230人，取保候审288人，查处治安案件2791起，行政拘留443人，起诉436人。2014年，全市共立刑事案件906起，破获案件885起，抓获犯罪嫌疑人1287人，刑拘639人，起诉487人，逮捕犯罪嫌疑人259人；治安案件共查处2506起，结案2293起，行政拘留332人。成功侦破“4.24”孙旺故意杀人案、“5.08”魏帮民被故意伤害致死案和“5.16”徐春立故意杀人案等8起命案；快速破获“2.27”“3.28”贩毒案，成功打掉以张宗璞为首的10人跨省贩毒团伙，缴获冰毒380余克；打掉贩毒团伙4个，破获省级目标案件1起，抓获各类涉毒违法犯罪嫌疑人30人，综合排名居全市第一、全省前十。2015年，以深化“打黑恶、反盗抢、防诈骗、扫毒害、追逃犯”安民行动为主线，扎实开展“春雷”行动、“网上灭枪”“夏季严打整治百日会战”等专项行动，立刑事案件978起，破案925起，刑拘458人，逮捕235人，移诉464人，侦破命案6起，治安拘留134人，打掉各类犯罪团伙20个，抓获团伙成员78名，抓获在逃人员217人，其中抓获历年逃犯10人，抓获外省逃犯24人。7月23日，成功打掉一跨省贩毒团伙，抓获团伙成员4人，缴获冰毒1050克、麻古片剂100片，斩断一条自四川省南充市至临清的跨省贩毒通道。

【打击经济犯罪】 2013年，深入开展打击侵犯知识产权、制售伪劣商品犯罪、“打传销、反欺诈、促和谐”等专项行动，共受理案件108起、立案52起、破案22起、采取强制措施12人、抓获上网逃犯3人，涉案金额达1200余万元。2014年，开展打假、打票以及严厉打击非集涉众型犯罪专项行动。共受理各类经济案件52起、立查案件32起、破案22起、刑事拘留20人、取保27人、逮捕17人、移诉45人、抓获上网逃犯15人。依法对8个合作社以涉嫌非法吸收公众存款罪立案侦查。2015年，开展严厉打击非法集资、骗取贷款、银行卡诈骗、虚开增值税专用发票等经济犯罪专项行动，加强与金融、税务、工商、质监等部门的协作配合，对“旺农”“东旭”“汇融”“鼎丰”“永辉”“旭泽”等16家种植合作社涉嫌非法吸收公众存款案件受理立案，成立专案组，全力进行侦破。

【公安队伍建设】 2013年，开展“作风建设年”活动，对厉行勤俭节约、反对铺张浪费、治理庸懒散等进行专项整治；进行干部调整，提拔正科级干部7人，副科级干部17人，100余名民警调整岗位，队伍面貌焕然一新；完成2008年以来招录的事业编制人员的入警申报工作，充实基层队伍力量。2014年，围绕“为民务实清廉”这一主题，坚持聚焦“四风”，对照“四面镜子”和“三严三实”的要求，扎实开展党的群众路线教育实践活动。8月20日召开民主生活会，严肃认真地开展自我查摆。10月29日，召开总结大会。开展执法检查“回头看”，推进执法规范化建设。制定下发《全市公安机关执法检查“回头看”活动实施方案》，强化“一个出口”对外统一的提捕、移诉机制，增强全局执法工作效能。2015年，开展“三严三实”教育活动，查找当前公安工作和队伍建设中“不严不实”的问题18条，全部制定整改措施，明确整改时限；推进廉政风险防控管理，规范权力运行程序，压缩权力运行空间，健全完善监督网络，公安队伍始终保持廉洁高效、奋发有为、创先争优的精神状态。

【看守所工作】 2013年，开展“法治文明窗口建设”“查找不放心问题”“我在岗、请放心”“两保障、两并重”等活动，加大信息化应用力度，建设腕带物联系统、视频图像智能分析系统、风险评估系统、提审双向提示系统、单双向视频会见系统、报警联动系统，对监所监控、报警、门禁等技防系统进行整合，升级改造讯问室录音录像系统和智能管理平台，实现对被监管人员动态、监所重要部位、通道的无缝管控，增强监所安全系数。共收押468人，月均押量人136人，投送监狱95人。2014年，积极打造“安全、规范、法治、文明、阳光、活力”监管场所，人权保障、规范执法、教育感化、安全管理水平都得到全面提升。积极探索医疗卫生工作社会化模式，与市中医院建立“所院协作”机制，有效解决狱医不能满足工作需要、长期困扰监管工作的困难，打造监所医疗救治工作的亮点；和司法局联合成立法律援助工作站，在临清市图书馆的大力支持下建成市图书馆看守所分馆，在法律援助和监所文化建设方面取得新进展。全年共收押463人，投送监狱执行111人，刑满释放31人，没有发生影响监所安全稳定的问题。2015年，推进监管“五化建设”，改革创新勤务模式，落实精细管理制度，建设警营文化和监区文化相结合的监管文化体系，打造“文明监管品牌”，投入资金40余万元用于技术改造，共羁押308人，投劳68人，刑满释放18人，月均羁押量188人，实现连续15年实现安全无事故，监所管理水平有明显提升。

【暂住人口管理】 2013年，以推广应用“山东省流动人口服务管理综合信息系统”为载体，开展流动人口服务管理“创新年”活动。在各村街大力推行流动人口服务管理用户制度、在雇佣流动人口10人以上的用工单位推行社会用户制度，共登记注册400余家流动人口社会用户，全年共开展全局或者区域性流动人口、出租房屋清理整顿12次，摸清辖区流动人口、出租房屋底数。2014年4月10日，召开流动人口出租房屋服务管理暨专项清理整治动员部署会议，开展摸底排查，强化信息采集和登记、办证工作，将流动人口和出租房屋管理工作纳入派出所绩效考核体系。运用数字警务平台，将辖区内所有的建筑物逐一登记编号，一屋一号，一一定位，把常住人口、流动人口和其他各类人口信息录入数据库存当中，并绘制出辖区直观图，将流动人口、承租房屋等信息与所在居民区进行对应连接，保障“人房一致”的精确定位。2015年，对辖区78万常住人口、1万流动人口及出租房屋、重点人口进行清理清查，对出租房屋进行分级管理，按照“以房管人”的工作模式，掌握各类人口底数。

【农村和城镇常住户口管理】 2013年，深入开展户口登记规范化建设和清理整顿行动，复核2000年以来迁入人员16261人，2001年以来出生登记51508人，2000年以来死亡注销38671人，1995年以来补录户口4223人，注销1233人户口信息。完成1673条省厅推送、4411条聊城市局推送的疑似双重户口信息纠错任务。2014年，组织开展户口登记管理专项清理整治，清理和注销历史原因产生的重复户口1166人，建立 “谁办理、谁负责”“谁调查、谁负责”“谁审核、谁负责”“谁审批、谁负责”的户口登记管理终身责任追究机制，最大限度地防止产生新的重复户口。2015年，对2006年以来所有业务档案逐一进行复核，重点对“错、重、假”户口和死亡未销、补录遗漏人口等业务进行清理清查，基体实现户口登记管理“零重户”“零发案”和主项数据“零差错”的目标。

【居民身份证的使用和管理】 2013年按照“统筹谋划、分步实施、整体推进”的原则，购买32套身份证登记指纹信息设备。5月30日召开二代证指纹采集培训会，全年制发指纹居民身份证14452件；2014年制发指纹居民身份证28847件;2015年制发指纹居民身份证46090件。

【特巡警大队】 2013年，开展警灯闪烁工程，实行静态巡逻和动态巡逻相结合的方式，白天进行动态巡逻，晚上静态巡逻，提高街面见警率，发动“红袖标”及平安志愿者参与巡防工作。开展“公安特警五项”训练工作，加强防爆队形训练，提升应急处突能力。抽调15名精干民警，组建机关保卫中队，确保市委机关部门工作的正常运行。在爱民大走访活动中，特巡警副大队长刘维钊为松林镇段郝庄村筹资修路，获赠“凡人善举、惠泽百姓”锦旗和村民签名感谢条幅，先进事迹被山东电视台，《齐鲁晚报》、聊城电视台等媒体相继报道。2014年，采取步巡、车巡和定点守卫相结合的方式，加大上下班时间段街面及校园周边防控力度，对可疑人员加大盘查率，提升见警率。充分发挥110机动队巡处合一的优势，民警在巡逻中动态接处警，第一时间到达案发现场，以快治快，实施快速打击。加强应急处突队建设，强化巡逻和应急处突技能的演练，有效提升队伍的整体作战水平。2015年完成各类保卫任务96起、投入巡逻警力16425人次和2190车次，圆满完成“两会”“两节”、博鳌论坛保卫、全国羊业发展大会、省领导王金民来临观摩运河“申遗”事项等安全保卫任务，完成“纪念抗战胜利70周年安保集结演练任务”。参观学习济南特警支队处置群体性事件的工作机制，在市委门口处置群体性事件进行培训，完善配备装备，确保市委市政府的正常办公秩序。

【车辆管理】 2013年全市机动车为200853辆，驾驶员79124人。到2015年年底，辖区机动车保有量达242100辆，驾驶员82314人。

【交通秩序管理】 2013年大队以开展“平安行·你我他”为主题，深入开展“大排查、大教育、大整治”行动，重点对“三超一疲劳”和各类严重违反交通法的行为进行治理，整顿市区交通秩序，更新改造新华路、温泉路的全线中间隔离带。2014年以深入“平安行·你我他”为重点，开展“六打六治”活动，严厉查处“四违”和“三超一疲劳”行为，全面治理“黄标车”，完成1164辆“黄标车”淘汰任务。2015年继续深入开展“平安行·你我他”行动，相继开展“打非治违”“危化品运输统一整治”“加强七类重点车辆管理、整治七项严重违法行为”等行动，以及“大排查、快整治、严执法、文明交通专项整治行动”。提前完成辖区“黄标车”淘汰任务。

【交通信息化建设】 加快科技信息化应用步伐，经过多年的不断努力，到2015年年底，已初步实现辖区智能交通网络建设全覆盖。建成7条省道卡口22处，安装大车禁行监控设备6处，辖区内安装电子警察16处，市区安装自动信号灯22处，在主要干道安装中间隔离栏3.3万米。

【道路事故处理】 2013年大队把加强肇事逃逸侦破速度作为重点，努力提高破案率，年度侦破率达到82%。2014年继续推进事故处理侦破率提升工作，年度肇事逃逸案件侦破率达到90%，比上年度提高8%。2015年大队成立追逃工作专项领导小组，组成强干追逃队伍，开展清网行动，若干积案彻底解决，对重大交通事故肇事罪的追刑率达到100%。

【重要案例】 临清“2013.12.13”隋春波被杀害案。2013年12月13日上午，临清市公安局接群众报警称：隋春波（现年61岁，暂住城区，电动三轮出租车驾驶员）于12日下午17时许离开住处去跑出租车，当天晚上22时之后失去联系。12月15日上午，办案民警在临清城郊发现隋春波尸体。由于案发现场偏僻，有价值痕迹物证较少，专案组民警围绕重点时段以及区域范围，进行大量走访排查和视频监控研判分析，经过17天的艰苦工作，于12月31日在临清郊区一举将犯罪嫌疑人马国良（男，16岁，河北省临西县河西镇人，无业）、张迁（男，21岁，临清市新华路街道东闫居委会人，无业）抓获。经查，犯罪嫌疑人马国良、张迁因无钱上网，遂产生抢劫杀人的念头，两人对其犯罪事实供认不讳。

临清“2014.3.24”重大绑架人质案。2014年3月24日上午8时50分，临清市公安局指挥中心接新华路街道廖庄村刘志强报案称，当天上午7点30分接到陌生人电话，称其儿子被人绑架，并索要赎金6万元。接报后，临清市局迅速启动重大案件侦破机制，抽调精干民警成立专案组，与绑匪斗智斗勇、辗转追踪河北省临西县、清河县、山东省夏津县、临清市代湾镇、大辛庄办事处等地行程数百公里，当晚21时许，将人质成功解救，三名绑匪张永生（男，36岁）、付东山（男，40岁）和李洪振（男，39岁）均系临清市大辛庄街道大辛庄村人全部抓获。经审讯查明，三名犯罪嫌疑人因生意亏本，密谋策划绑架人质索取钱财。3月24日上午，三人驾驶电动四轮车行至临清新华中学处时，将独自骑车路过的刘某强行拽入车内，采取恐吓、捆绑手段将其绑架，并打电话向其父母索要赎金。

临清“2015.7.23”李之朝等人跨省贩毒案。2015年7月23日，临清市公安局根据前期侦查获得线索，在临清市某洗浴中心将准备交易毒品的李之朝（男，46岁，山东临清人）、张绍华（男，33岁，内蒙古鄂伦春自治旗人）抓获，当场缴获毒品120克，麻古100片。7月30日晚，在临清市某酒店门口将同案犯覃帮林（男，49岁，四川南充人）抓获，当场缴获毒品约1公斤。上线嫌疑人赵均（男，35岁，四川南充人）于11月18日在四川南充市被抓获归案。该案共抓获涉毒嫌疑人7名，其中刑事拘留6人、行政拘留1人，累计缴获冰毒1.15公斤、麻古100片，斩断一条自四川省南充市至临清的跨省贩毒通道。

临清侦破胡加洪系列电信诈骗案。2015年5月30日，临清市公安局成功破获一起电信诈骗案，抓获犯罪嫌疑人胡加洪（男，27岁，福建仙游县人），查扣作案用手机卡218张，银行卡37张，作案用笔记本两台，手机21部，缴获现金15万元。查明，2015年3月份以来，犯罪嫌疑人胡加洪通过互联网购买大量手机卡，随机拨打电话，并通过手机“魔音”功能，冒充女子重金求子。截至被抓获，该胡已采用上述手段诈骗山东、河南、浙江、四川等地受害人100余人，诈骗金额120余万元。该案件被评为2015年度聊城市公安机关十大信息技术精品案例。9月19日央视12频道《一线》栏目制作专题《求子陷阱》播出，树立临清公安良好形象。

【领导人更迭】

局　　长：王志刚
政　　委：魏禄建
副 局 长：袁家坤
张文兴
郭　震
周隆忠
李德年（2014.11止）
王　彬（2014.11止）
殷和平（2014.11止）
书　　记：王志刚
副 书 记：魏禄建
袁家坤（2014.11止）
张文兴（2014.11止）
郭　震（2014.11止）
盛　利
郭宜新
纪委书记：刘言峰
党委委员：李德年（2014.12起）
陈以斌（2014.12起）
崔立峰（2013.10起）
马振国（2013.10起）
郑明强（2013.10起）
唐凤梅（2013.10起）
范海涛（2013.10起）

（崔立峰　丰秋芝）

检　察

【机构设置】　2013年6月8日，设立派驻松林检察室、派驻市南检察室，各配主任1名（正科级），原临编办字〔2012〕15号、29号文件作废。2014年9月28日，临清市人民检察院派驻松林检察室更名为临清市人民检察院派驻临东检察室，更名后机构规格、单位性质不变。2015年6月20日，设立行政装备科、信息通讯科、未成年人刑事检察科为股级机构。

截至2015年年底，市人民检察院设办公室、政治处（下设人事科、宣传科、教育科）、机关党委、工会、侦查监督科、公诉科、反贪污贿赂局（下设综合科、侦查一科、侦查二科、侦查三科侦查四科、侦查五科）、反渎职侵权局（下设综合科、侦查一科、侦查二科）、刑事执行检察局（下设驻看守所检察科、社区矫正检察科、综合科）、民事行政检察科、控告申诉检察科、案件管理中心、技术科、法警大队、监察科、行政装备科、城区中心检察室、职务犯罪预防局、法律政策研究室、人民监督员办公室、派驻市南检察室、派驻临东检察室、信息通讯科、未成年人刑事检察科。

【反贪污贿赂】 围绕党委关注和群众反映强烈的热点、难点、焦点问题，依法查办严重损害党和政府形象、破坏经济社会发展和社会和谐稳定的腐败案件，2013 年至 2015 年共立查贪污、贿赂、挪用公款等各类职务犯罪 45 件 64 人，其中大案 22 件 31 人，为国家挽回经济损失 200 万余元，立查的案件中，贪污案件 18 件 34 人；挪用公款案件 6 件 7 人；受贿案件 16 件 16 人；行贿案件 5 件 6 人。立查案件的提起公诉率和有罪判决率连续五年保持 100%，连续五年无撤案、积存案件和申诉赔偿案件，案件质量、效率、效果在全市检察机关居于前列。

【反渎职侵权】 在市委、市政府和上级院的正确领导下，始终把影响经济健康发展，扰乱市场经济秩序，破坏社会和谐稳定的渎职侵权犯罪作为查办案件的主攻方向，不断加大办案力度，依法查办一批有震动、有影响的渎职侵权犯罪案件。2013 年至 2015 年共立查各类渎职侵权犯罪案件 15 件 22 人，其中立查科级干部 8 人，其中正科 3 人，副科 5 人。所立案件全部为重特大案件，其中涉及渎职和贪贿双罪名案件 7 件 8 人，大案率 100%，并且全部得到有罪判决。

【公诉科工作】 临清市人民检察院公诉科将案件质量作为公诉工作的生命线，严把案件质量关，坚决杜绝无罪案件和撤回起诉案件，立足办案，积极帮助被害人追会损失，积极参与社会管理创新，探索“重维权、伸正义”办案模式，开创未检工作新机制。2013 年 1 月至 2015 年 12 月共受理案件 711 件 998 人，起诉 622 件 904 人，判决 512 件 697 人。

【控告申诉业务情况】 2013 年至 2015 年，临清市院控申部门共接待群众来信来访 870 件，其中来信 620 件，来访 210 件，网络 40 件。属于本院管辖的 256 件，分流移送本院民行科 135 件，反贪局 38 件，反渎局 12 件，刑事执行检察局 33 件，控申举报中心初核线索 38 件。所撰写经验材料、信息被报纸、网络等新闻媒体采用共计 508 篇，其中被国家级报纸采用 18 篇，省院及省级报刊采用 34 篇，市级院及聊城新闻媒体采用 59 篇，其他网络媒体采用 397 篇。3 年来，临清市院控申科以白云民生服务热线为重点，强力实施检察服务民生建设工程；多措并举，着力构建“五位一体”涉检信访工作新模式，切实维护社会和谐稳定；健全完善四项机制，切实做好涉法涉诉信访改革工作。

【民事行政检察科】 严格落实修改后的民事诉讼法、行政诉讼法，强化对民事行政诉讼活动的监督，办理生效裁判监督案件 9 件，诉讼程序违法和执行活动监督案件 35 件；持续开展对行政违法行为的监督，办理行政执法检察监督案件 39 件，其中督促民政部门开展“阳光低保”清理活动，共清除不符合条件人员 1870 余人，新增符合条件人员 1200 余人，省院分管领导、临清市委主要领导分别予以批示肯定，聊城市委政法委专刊转发。

【侦查监督】 坚持严格执法，强化法律监督，维护公平正义。严厉打击刑事犯罪，批准、决定逮捕各类刑事案件 534 件 660 人；严格证据标准，严把质量关，不（予）批准逮捕刑事案件 222 件 293 件；加强立案监督，监督立案 22 件 43 人、撤案 49 件；加强侦查活动监督，追捕犯罪嫌疑人 42 名，对侦查活动中的违法行为提出纠正意见 97 次；积极参与社会管理，化解民事纠纷 36 起，帮助被害人取得经济赔偿 350 余万元；以信息化手段促进侦查监督工作，开发应用“刑事案件同步监督系统”，荣获全省检察机关 2015 年度工作创新成果一等奖。

【法律政策研究】 临清市人民检察院法律政策研究室立足检察业务，制定《加强调研工作实施意见》和《检察工作大调研工作办法》，推进检察理论研究工作扎实推进、有序开展。在《人民检察》等国家知名期刊发表观点论文 15 篇，被上级院转发理论调研文章 78 篇，6 篇论文荣获聊城市社会科学优秀成果奖。形成 16 篇调研报告，其中《关于临清市城乡最低生活保障资金发放使用情况的调研报告》被临清市委主要领导批示并转发相关部门整改，被聊城市政法委调研宣传专报全文转发，并号召全市各级政法部门、单位认真学习。组织召开检委会 23 次，审议议题 35 项，组织检委会委员评查案件、评议公诉人出庭，经验做法被聊城市院转发。2014 年,《创建"五位一体"新媒体工作室打造"指尖上"的民情终端》荣获山东省创新成果一等奖，《构建"重维权 微正义"执法办案模式让人民群众在每一起案件中感受公平正义》荣获聊城市创新成果奖。2015 年《搭建"信息化 + 刑事诉讼监督"平台实现对刑事案件全面全程动态监督》被评为山东省创新成果一等奖，《创新心理干预机制全力打造"雨巷"未检品牌》被评为聊城市创新成果奖。

【技术科工作】 三年来，办理文证审查 80 件，同步录音录像 46 件 80 人，录制正负光盘 639 张，878 余小时。

为提高法医类技术证据文证审查工作，提高对技术证据的审查、鉴别能力，进一步强化法律监督，提高执法水平和办案质量，制定《临清市人民检察院法医类技术性证据文证审查制度实施办法》。并在《法医学》杂志《检察技术与信息化》《第十七届全国法医临床学学术研讨会》等发表学术论文、调研文章 16 篇。在电子证据方面尤其是手机破解系统为执法办案起到良好的助推作用；2015 年配置"法医临床鉴定影像管理系统"，该系统系聊城市首家，自运作以来，共办理会检案件 75 件，得到上级领导的大力肯定

【刑事执行检察】 2013 年至 2015 年，按照上级院监所部门的工作要求，为进一步强化刑事监督，审查批捕案件 6 件 15 人、起诉 4 件 14 人，立查职务犯罪案件 3 件 3 人。审查捕后羁押必要性案件 25 件 25 人，向办案机关及部门提出建议并变更强制措施。向监管场所发出《纠正违法通知书》25 份、《检察建议》11 份，有效地维护刑罚执行和监管活动的公平公正，确保监管场所的安全稳定。为切实维护在押人员的合法权益，在监区设置"亲情信箱"、制作检察官与在押人员家属联系卡、开通"白云民生服务热线"。驻所检察室先后被评为"全国监系统派驻检察室先进集体""二级规范化检察室"等称号。

【工作业绩】 临清市人民检察院在市委和聊城市院的正确领导下，认真学习贯彻党的十八大和十八届历次全会精神，以争创全国先进基层检察院为目标，不断强化法律监督，大力加强业务建设，深入推进队伍建设，整体工作走在聊城市检察机关前列。2014、2015 年连续两年荣获山东省检察机关创新成果一等奖；被聊城市委、市政府评为人民满意政法单位；荣获"全国青年文明号""山东省优秀基层检察院""省级文明单位"、全省"无违法违纪 无责任事故"先进单位等荣誉，实现检察工作整体跨越发展。

【领导人更迭】

检 察 长： 杨　青（女）
副检察长： 张　彤
王海军（2013.09 起）
尹金博（2013.09—2014.05）
于瑞峰（2013.09 起）
史振顺（2013.09 起）
党组书记： 杨　青（女）

副 书 记： 张　彤
王海军（2013.09 起）
苏春雷（2013.09 起）
党组成员： 尹金博（2013.01—2014.05）
于瑞峰
史振顺
郜宪慧（女，纪检组长）
刘　鑫
王月新
张　渤（2013.10 起）

（刘　鑫　高海燕）

法　院

【机构设置】 临清市人民法院共有 7 个正科级行政机构（政治处、执行局、司法技术鉴定中心、烟店法庭、老赵庄法庭、康庄法庭、司法警察局），1 个副科级行政机构（行政庭）和刑庭、少年审判庭、民一庭、民二庭、民三庭、立案庭、督查室、审监庭、办公室、研究室、纪检组、监察室、工会、机关党委、审委会办公室、信息中心等共计 24 个内设机构，临清法院现有在岗干警 121 人，其中法官 60 人。2013 年 2 月， 临清市人民法院被评为全国优秀法院。

三年来共受理各类案件 22463 件，审（执）结 21944 件，结案率为 94.86%。一审息诉率 97.68%，办案数量、质量、效率总体水平位居全市法院前列。

【审判执行】 依法严惩刑事犯罪，维护国家安全和社会稳定。把维护社会稳定作为刑事审判工作的首要任务，严厉打击危害社会治安和人民群众生命财产安全的犯罪，增强群众安全感。受理刑事案件 605 件，结案率为 98%。重点打击涉毒犯罪、危险驾驶犯罪等严重危害公共安全、扰乱社会治安的犯罪以及盗窃等多发性侵犯财产犯罪，特别是审结曹金峰等 3 人聚众扰乱社会公共秩序案、马金延等 4 人贪污案、焦龙等 4 人寻衅滋事案、李勇、蒋书平等非法吸收公众存款案、曹子永、李建勇、陈磊抢劫案，霍吉平、霍克强等 8 人故意毁坏财物案、李吉、冉峰、范郑鑫等 9 人贩卖毒品、非法持有毒品案等社会影响较大案件。加大职务犯罪的打击力度，审结贪污、贿赂、渎职等犯罪案件，审理原聊城市住房公积金管理中心临清市管理部副主任高峰挪用公款大案。同时，贯彻宽严相济的刑事政策，对主观恶性较小、犯罪情节轻微、悔罪表现好的过失犯、初犯、偶犯，对附带民事案件能够积极赔偿被害人损失并取得谅解的，依法从轻、减轻处罚。

依法化解民事商事纠纷，促进经济社会持续健康发展。积极化解各类民商事纠纷，调节社会经济关系，保护各类平等主体，促进社会和谐发展。受理各类民商事案件 18602 件。14 年开展“金融案件百日会战”活动，依法审结涉辖区内农村信用社近 1.5 亿元的金融借款纠纷。妥善化解涉及城市建设、拆迁改造、招商引资、股东权益等领域的纠纷，助力全市产业布局顺利实施。公正审理买卖、保险、金融借款、加工承揽等案件，有效规范市场经济秩序，营造公平诚信的经营氛围。依法调处离婚、赡养、继承以及邻里纠纷，调处劳动争议、劳务合同纠纷，修复破损的社会关系，保障群众安居乐业。依法审理交通事故、人身损害、医疗纠纷等案件，维护群众合法权益，增进百姓福祉。妥善审理农业承包合同、土地补偿费、宅基地纠纷等“三农”案件，保障农村经济社会稳定发展。

依法解决行政争议，维护和谐的社会管理秩序。严格执行新修订的行政诉讼法，2013 年至 2014 年共受理行政诉讼案件 207 年，2015 年受理 30 件，审结 19 件；办理非诉行政审查案件 143 件，裁定准予执行 107 件。既注重支持行政机关依法行政，又注重维护行政相对人的合法权益。2015 年判决支持行政机关行政行为及裁定驳回起诉 9 件，判决行政机关败诉 4 件，通过协调促成和解撤诉 4 件。深化行政机关负责人出庭应诉制度，15年全年行政机关负责人出庭应诉19人次，出庭应诉率达90.48%。及时反馈行政审判中发现的行政执法突出问题，向相关执法部门发送司法建议2件，均得到回复落实；结合新《行政诉讼法》的施行，法官走进行政机关上门举办法制讲座，并邀请党政领导干部旁听行政案件庭审活动，提升法治思维和依法行政意识，促进司法与行政的良性互动。

【司法为民】 着力解决“立案难”。积极稳妥推进立案登记制改革，创新工作方法，在优化立案流程，简化立案手续上下功夫，在强化诉讼指导，改进送达工作上求实效。设立立案指南、诉讼流程指引、立案登记、一次性补正材料告知、接收材料收据等多种服务，积极推进诉讼服务中心、诉讼服务网、12368热线“三位一体”的升级版诉讼服务平台建设，完善导诉、立案、调解、受理、咨询、收费的“一站式”工作流程。为弱势群体开设绿色通道，三年来为生活生产困难当事人减缓或免交诉讼费用130.05万元，确保困难当事人依法行使诉权。

切实解决“诉讼难”。继续完善、推广具有临清法院特色的“背包法庭”服务模式，到社区村镇、田间地头就地立案、就地调查、就地调解、就地开庭，努力降低当事人诉讼成本，减轻当事人诉累，工作经验被《人民法院报》《山东法制报》在重要位置报道。推进巡回法庭和法官联系点便民诉讼服务工作，与行政调解、人民调解、行业调解联动，构建矛盾纠纷多元化调解机制，对发生在群众身边的小摩擦、小矛盾、小纠纷及时调处，调解矛盾纠纷288件，减轻当事人的诉讼负担，受到当事人和上级法院好评，被省高院确立为多元化矛盾纠纷解决机制试点单位。

努力解决“执行难”。三年来共受理各类执行案件2969件。开展“涉民生案件专项集中执行活动”，2015年共执结追索劳动报酬、赡养费、抚养费等涉民生案件130件，执行到位标的额389万元。严格执行失信被执行人纳入“黑名单”制度，237名被执行人被纳入失信被执行人名单，36名失信被执行人迫于压力主动到法院履行义务，被最高人民法院确定为“有效实施失信被执行人名单制度示范法院”。不断加大执行威慑力度，全年共拘留被执行人89人次，开展集中打击拒不执行判决裁定犯罪行为专项活动，追究刑事责任3人。创新执行工作举措，依托“总对总”和“点对点”执行查控机制，查询被执行人财产信息2500余人次；主动争取各方支持，继续推进与公安、房产等部门建立执行协作机制，提高执行工作成效。

【司法改革】 改革审判权运行机制。突出审判中心地位，坚持审判资源配置向一线倾斜，一线法官比例达53.10%。大力推行院庭长办案制度，院庭长全年办案5936件，占全院办案总量的75.34%，充分发挥示范带动作用。探索下放案件审批权，大幅压缩审委会讨论案件的数量，做到“让审理者裁判、由裁判者负责”。积极推进涉诉信访工作机制改革，将涉诉信访纳入法治化轨道，实行“诉访分离”，规范涉诉信访终结程序。

健全审判管理机制。严把案件质量关，完善定案把关机制，定期对案件及裁判文书质量进行评查，特别是对发改案件、信访案件进行逐一评查，一审判决案件被改判发回重审率为1.54%，实现同比良性下降，位居全市基层法院前列。强化对审判流程节点管控，严控审限延长和程序变更，杜绝人为拖延办案的情况，切实提升审判效率。加强监督管理，严格落实网上办案，要求凡涉及开庭排期、电子送达、文书制作、审限变更、结案报结、文书上网、卷宗归档、上诉移送等事项，一律按照相关规定在网上进行操作，做到全程留痕。建立重大敏感案（事）件处置工作机制，加强对重大敏感案件的摸排分析工作，主动应对舆情。

构建阳光司法机制。坚持以公开促公正，

以公正树公信，主动向当事人和全社会公开司法信息，确保司法权力在阳光下运行。全面推进审判流程公开、裁判文书公开和执行信息公开三大平台建设，在互联网公开各类裁判文书7777篇，开展庭审网络直播5次，通过网站、微博、短信平台发布审判信息2500余条。强化司法新闻宣传，70余篇宣传稿件被省级以上报刊、网站等媒体采用，积极搭建“两微一网”新型自媒体平台，用不断创新的方式塑造法官新形象，传递司法正能量。组织专题“法院开放日”活动，邀请中学生、人大代表、武警官兵等300余人走进法院旁听案件，增强群众对法院工作的了解。深入推进司法民主，积极拓展人民陪审员参审范围，以随机抽取方式，邀请人民陪审员参与审理案件1699件。

【队伍建设】 大力加强思想政治建设，筑牢政治基础。始终将思想政治建设摆在首位，深入贯彻落实党的十八大、十八届三中、四中、五中全会精神，认真学习贯彻习近平总书记系列重要讲话精神。扎实开展“三严三实”专题教育，深入群众征求意见建议，在查找和解决“不严不实”问题上聚焦用力，切实抓好整改落实和立规执纪。开展学习邹碧华同志先进事迹活动，引导广大干警以邹碧华同志为榜样，忠诚司法事业，坚定法治信仰。

大力加强业务能力培养，提高司法能力。坚持法院队伍建设的正规化、专业化、职业化方向，以实践需求为导向，深化业务培训，强化岗位练兵，组织干警参加各类业务培训，开展示范庭审活动百余次。提高司法理论研究成果在业绩评价中的比重，鼓励法官钻研业务理论。近三年来，4名年轻干警通过司法考试。为推进法院后备队伍建设，优化人才结构，招录优秀法律人才3名，其中具有硕士学位2名，全院干警拥有硕士以上学位占比10.34%。

大力加强党风廉政建设，确保清正廉洁。认真落实党组主体责任和纪检监督责任，深化司法廉洁教育，强化纪律作风建设，及时组织党员干部学习中国共产党《廉洁自律准则》《纪律处分条例》，通过开展专题廉政教育、推行廉政约谈等方式，坚决“把纪律挺在前面”。完善廉政风险防控机制，落实重大事项报告、述职述廉、诫勉谈话等制度，扎牢廉政制度篱笆。建立领导干部干预司法活动、司法机关内部人员过问案件记录追究机制，确保依法独立公正行使审判权。全力配合市中院开展司法巡查，实现干警零违纪。

【领导人更迭】

院　　长：马国栋

副 院 长：王泽宾

郭　霞（女）

张　军

张同耀

党组书记：马国栋

党组副书记：

王泽宾

郭　霞（女）

于延明

政治处主任：

马学刚

纪检组长：孙晓刚（2014.12起）

（张同耀　王雪鹏）

司法行政

【机构设置】 临清市司法局内设办公室、人事科、装备财务科、人民调解科、法规教育科、法律服务管理科、新闻宣传科7个职能科室，辖市社区矫正工作办公室（正科级行政机构）、市全民普法依法治理工作领导小组办公室（正科级全额事业单位）、市法律援助中心（副科级全额事业单位）、市公证处（自收自支事业单位）、16个司法所、3个律师事务所、8个法律服务所、1个司法鉴定所。

【律师工作】 重点加强对律师事务所的管理和对律师执业行为进行常态化的服务、指导、规范和监督。2013 年 6 月，组织律师为中小微企业免费体检。2014 年 4 月以来，倡导律师以“维护社会稳定、服务民生”为主旨，把居民急需的专业法律服务送到群众家门口，打造法律服务“零距离”工程。开辟周末律师论坛，加大律师教育培训力度。建立律师执业“月报告”制度、办理重大事项报告制度。实施法律顾问全覆盖工程，为重点项目、重点企业、重大工程、重大决策等提供全方位的法律服务，避免决策失误和造成损失。深入开展“律师进社区”活动，组织律师为全市百余家中小微企业免费体检。建立健全律师参与涉法涉诉信访长效机制。

【公证工作】 加强硬件建设，办公用房由最初不足 30 平方米发展到 200 多平方米，设有接待室、办证大厅、保密室、档案室，配备电脑、传真机、扫描仪等设备。加强队伍建设，有公证员 5 名（中级技术职称 3 人，初级技术职称 2 人）、公证助理 5 名。加强制度建设，建立健全岗位责任、业务管理、内部管理、公开公示、投诉处理、廉洁自律等各类规章制度，各项工作有章可循。落实便民措施，为残疾人、老年人设立“绿色通道”，主动上门服务。狠抓公证质量，通过规范办案程序、强化职业道德建设，加大对公证人员的违法违纪处罚力度，有效防止假证、错证、违规办证和不正当竞争行为的发生。拓展工作领域，不断推进公证业务向金融领域延伸。2014 年，临清市公证处被山东省司法厅授予“全省十佳公证处”荣誉称号，并记集体二等功。

【法律援助】 进一步完善法律援助工作职责、受理程序、工作流程、人员管理制度，建立法律援助投诉处理制度。建立妇联、残联、工会、团委及老龄委的法律援助联络点，完善市、镇、社区三级网络体系，实现法律援助工作无缝覆盖。做好援助与律师所、服务所、公证处的业务对接，减少审批程序，提高工作效能。按照“应援尽援”的原则，降低援助门槛，开通“96009148”法律援助热线，建立法律援助自选平台，发放便民绿卡，着力打造“城镇半小时、乡村一小时”的法律援助服务圈，使弱势群体的合法权益得以有效保障。

【社区矫正】 成立正科级行政机构“临清市社区矫正工作办公室”，建立以司法所管理为主体的专兼职管理队伍，配备专门经费、专门车辆、专门服装、器械。在监管上，临清司法局采取社区矫正人员人身危险评估、GPS 手机定位、司法所区域联动等措施。在教育矫正上，临清司法局在山东省率先使用 ZQS 心理测量及诊断系统，还与鲁东大学联合，建立研究生、博士生教学实践基地。临清司法局还在南环路西首建设集中教育、心理矫正、管控服务为一体的社区矫正管理教育服务中心，工作中做到统一接收、统一宣告、统一分派、统一巡查、统一奖惩、统一建档“六统一”。临清司法局被司法部确定为全国社区矫正工作联系点，被山东省高级人民法院、山东省司法厅确定为山东省判前社会调查工作联系点。

【司法鉴定】 聊城临清市人民医院司法鉴定所拥有各类专业技术司法鉴定人员 7 人，注册资金 100 万元，建有标准化的鉴定室、接待室、检查室、档案室、解剖室。聊城临清市人民医院司法鉴定所严格鉴定程序及鉴定执业规范；严格落实司法鉴定人负责、复核、审批签发三级审查制度，保证鉴定意见的准确性；严格执业行为，公正廉洁、科学严谨、诚实守信、不谋私利、恪尽职守、保持中立，无超业务范围鉴定及虚假鉴定；严格落实疑难复杂案件集体会签制度，把每个案件都做成精品，保证每个案件得到公平公正地解决。

【人民调解】 按照“筑平安、保发展”的工作思路，临清市司法局积极创新社会管理方式，探索并积极开展“全覆盖无缝隙、早发现早处置、全民化数字化”的人民调解“网格化”管理模式。市社会矛盾纠纷调处中心为统筹网格，镇街社会矛盾纠纷调处中心为监督网格，在监督网格内以管理单位为对象建立独立网格单元、责任网格单元和基础网格单元，把管理服务的触角延伸到家庭。以学校、企事业单位、商业网点和居民小区划分独立网格单元，乡镇以行政村、城镇以社区划分责任网格单元。责任网格下按照街巷定界、规模适度、无缝覆盖、便于管理的原则，以100户左右为标准划分基础网格单元。每级网格责任人明确、责任范围具体。在全市积极推进“规范化、标准化”村居人民调解室建设，全市共建立“标准化、规范化”人民调解室36个。实施并完善《人民调解员等级评定管理办法》，评出首席调解员115名，一级调解员156名、二级及一般调解员共计1547名。温广斗、周海清、李兰志三名同志被评为全国模范人民调解员，吕令俊同志被评为全省最美人民调解员。

【法治宣传】 按照“建好队伍，抓好重点，选好形式”的工作方针，组建由政法部门干警、律师、法律服务工作者、社会志愿者参加的普法队伍，重点抓住街道、村（居）领导干部、企业经营管理人员、青少年的法制教育，充分利用《临清普法网》、临清电台、电视台、《法治临清》月刊、普法官方微博、法制教育基地、法制讲堂、普法墙报、法治广场、法治公园等宣传阵地，开展丰富多彩的、群众喜闻乐见的法制宣传教育活动，提高法治宣传的效果。完善“谁执法、谁普法，谁主管、谁负责”的法治宣传工作责任制，在“3.15”消费者权益保障日、“12.4”国家宪法日等重要节点，结合不同行业部门特点，围绕不同的主题，重点宣传某部法律法规或某方面法律知识。

【依法治理】 在机关、单位开展依法行政示范单位创建活动，提高依法行政能力，积极创建法治型机关；在学校开展法治校园创建活动。加强法治校园创建，提高青少年的法律素养；在企业开展诚信守法企业创建活动。提高企业经营管理人员的法律素质和依法管理能力，促进企业依法经营、依法管理、依法参与市场竞争、依法维护自身合法权益。加强企业诚信建设，强化企业诚信观念，培育企业诚信文化、塑造企业诚信形象，增强企业经营管理者和职工的诚信管理观念和信用素质；在村居开展民主法治示范村创建活动。建立村规民约，实行村务公开、民主选举、民主议事，进一步扩大基层民主，完善村民自治，积极推进农村民主法治建设进程。2013年3月，临清市被评为全国法治县（市、区）创建活动先进单位。

【基层司法所工作】 临清市司法局结合本地实际，制定并下发《临清市规范化司法所创建标准》。司法所用房采取规划新建、改造扩建、现房调整等措施，均已达到四间以上，其中驻镇司法所不少于150平方米，驻街道司法所不少于100平方米。通过公开召考、鼓励机关人员下基层、招收司法协理员、争取地方编制、政府购买服务、开发公益性岗位等途径，推动警力下沉，充实基层力量。全市16个司法所全部达到省级规范化司法所建设标准。各司法所全力化解社会矛盾，着力管好重点人群，大力开展法制宣传，强力推行法律服务，工作十分活跃，职能不断硬化，地位显著提高，影响力大大增强。

【法律服务所建设】 按照“六统一”的标准加强法律服务所的规范化建设。奋斗法律服务所、宏宇法律服务所、群星法律服务所、志同法律服务所被山东省司法厅评为“省级文明法律服务所”。加强制度建设，统一制定《临清市合伙法律服务所内部管理制度通则》《临清市司法局合伙制法律工作者投诉查处规定》《临清市合伙法律服务所业绩考核办法》等。坚持每月对法律工作者进行业务培训，培训内容为政治理论、业务知识、疑难案情研讨等。每年组织法律工作者进行职业考试，对无故不参加考试及考试不合格者暂缓注册执业。

【司法行政队伍建设】 临清市司法局狠抓队伍建设，不断加大司法行政队伍思想政治教育和各项业务培训活动，提高队伍的业务能力和队伍的整体素质。加强领导班子建设，发挥领导模范带头作用。临清市司法局领导班子以提升全市司法行政工作水平为己任，突出核心，形成拳头，不断开创临清司法行政工作新局面。开展思想政治教育，筑牢执法为民的思想根基。三年来，临清市司法局扎实开展各类主题教育实践活动，推动工作有序健康发展。建立健全岗位责任体系，增强团队责任感。临清市司法局践行“文件 + 会议 + 不落实 =0，抓住不落实的事 + 追究不落实的人 = 落实”的理念，建立岗位责任制，签订目标责任状，建立健全岗位责任体系。加强理论业务学习，提升队伍综合素质。临清市司法局一直将政治、业务学习视为提升队伍服务水平的重要途径。每周五下午开展“百家讲坛”式政治学习，每月召开一次司法所长例会。另外，还根据业务需要，实时进行相关专题培训。

【成绩与荣誉】 2013 年 1 月　临清市法律援助中心被中华人民共和国司法部评为全国法律援助“便民服务示范窗口”。

2013 年 3 月　山东省临清市被全国普及法律常识办公室评为“全国法治县（市、区）创建活动先进单位”。

2014 年 8 月　被山东省司法厅评为“全省司法行政系统政风警风行风建设示范窗口”。

2014 年 10 月 15 日，临清市司法局代表整个聊城市接受由山东省司法厅党委全体成员、山东省 17 地市司法局局长、监狱管理局局长、戒毒局局长组成的全省司法行政系统平安和谐发展现场观摩团的观摩，得到上级领导的充分肯定和高度评价。

2015 年 1 月　被中共山东省委政法委员会、山东省人力资源和社会保障厅、山东省公务员局评为“人民满意政法单位”。

2015 年 3 月　全国民主法治示范社区（新华路街道古楼社区）。

2015 年 5 月　临清市公证处被共青团山东省委、山东省司法厅评为“青年文明号”。

2015 年 12 月　被山东省人力资源和社会保障厅、山东省司法厅、山东省公务员局评为全省司法行政系统先进集体。

【领导人更迭】

局　　长：李金祥

副 局 长：张　浩

王玉悦

张　优

纪检组长：丁凤林

工会主任：厉荣新

（张　浩　王金峰）

经济管理

发展与改革

【概况】 1987年11月，临清市计划委员会为正科级行政单位，经济体制改革委员会为正科级行政单位。1988年3月，设立经济技术协作办公室，为正科级全额事业单位，隶属市计划委员会。1988年9月12日，根据临编字〔1988〕83号文件，设立临清市人民政府驻北京联络办事处，为正科级全额事业单位。1989年9月23日，根据临编字〔1989〕26号文件，设立临清市经济信息中心，为股级事业单位，隶属计划委员会。1994年2月市级机构改革时，根据临发〔1994〕13号文件，经济体制改革委员会行政机构撤销，改为经济体制改革办公室，级别、性质不变。2000年10月14日，根据临编字〔2000〕7号文件，成立临清市招商办公室，与市计划委员会为一个机构、两块牌子。2002年4月26日，根据临编字〔2002〕4号文件，临清市经济信息中心由股级单位升格为正科级全额事业单位，隶属计划委员会。8月市级机构改革时，根据临发〔2002〕37号文件，计划委员会更名为发展计划局。2003年3月撤销支援铁路建设领导小组办公室。

2005年12月3日，根据临编字〔2005〕24号，撤销市经济协作办公室，其职能、编制和人员并入市发展计划局。2006年6月28日，根据临编字〔2006〕10号文件，成立临清市服务业办公室，为正科级全额事业单位，与市发展计划局合署办公。2007年9月7日，根据临办通字〔2007〕4号文件，发展计划局更名为发展和改革局，原级别、性质不变。2010年4月9日，根据《中共临清市委临清市人民政府关于临清市人民政府机构改革的实施意见》（临发〔2010〕12号），将市物价局、市粮食局的行政管理职责，市体改办的职责划入市发展和改革局，市发展和改革局加挂市物价局、市粮食局牌子，市体改办改为市发展和改革局内设机构。2011年10月11日，根据临编字〔2011〕9号文件，成立临清市黄河故道地址森林公园管委会办公室，为正科级全额事业单位。

2013年，临清市发展和改革局设办公室（挂人事科牌子）、国民经济综合科、经济体制改革科、固定资产投资科、农村经济科、工业科、经济协作科、市国防动员委员会国民经济动员办公室等8个职能科室。

【计划管理】 市发改局每季度进行一次全市经济运行分析，为市委市政府提供决策依据，每年年底编制下一年度的国民经济和社会发展计划，并监督实施。

2013年国民经济和社会发展主要预期目标如下：国内生产总值增长12%；地方财政收入增长16%；全社会固定资产投资增长22%；社会消费品零售总额增长15%；规模以上工业企业主营业务收入、利税增长25%以上；招商引资实际到位资金增长25%；城镇居民人均可支配收入、农民人均纯收入分别增长13%和15%；城镇登记失业率控制在3%以内；人口自然增长率控制在7‰以内；万元生产总值能耗、化学需氧量、二氧化硫排放量完成上级下达任务。

2014年经济社会发展的主要预期目标：地方生产总值增长11%；地方公共财政收入增长20%；固定资产投资增长25%；社会消费品零售总额增长16%；进出口总额增长13%，利用外资实现大的突破；城镇居民人均可支配收入、农民人均纯收入分别增长15%和16%；城镇登记失业率控制在3%以内；人口自然增长率控制在9‰以内；万元生产总值能耗、化学需氧量、二氧化硫排放量完成上级下达任务。

2015年全市经济社会发展的主要预期目标是：全市生产总值增长10%左右；地方公共财政收入增长11%左右；固定资产投资增长18%左右；社会消费品零售总额增长13%左右；出口增长7%左右；城镇居民人均可支配收入增长10%左右；农民人均纯收入增长11%左右；城镇登记失业率、人口自然增长率、节能减排等全面完成上级下达的目标任务。

【“十三五规划”的编制管理】 2014年7月，市政府召开由52个市直部门、16个镇（街道）和经济开发区负责人参加的全市“十三五”规划编制工作会议，全面启动“十三五”规划编制工作，全面安排“十三五”重点课题研究、专项规划思路研究和重大事项征集上报等项工作，为规划编制工作打下坚实基础。2015年，市政府制定《临清市国民经济和社会发展第十三个五年规划编制工作实施方案》（临政办字〔2015〕37号），明确总体规划、重点项目库和17项专项规划的编制任务及其责任部门，为规划编制建立制度保障。《临清市国民经济和社会发展第十三个五年规划纲要（草案）》，在市委、市政府领导下，广泛征求社会各界意见建议，充分吸收各部门调研成果和部分专项规划成果，经反复讨论修改的基础上而制订的。

【民生社会事业】 2013年，就业形势保持平稳，新增城镇就业1.5万人，城镇登记失业率控制在3%以内。居民收入较快增长，城镇居民人均可支配收入、农民人均纯收入分别完成23082元和10158元，分别增长15%和16%。社会保障水平进一步提高，共征缴各项社会保险费7.2亿元，各类参保对象的社会保险待遇按时足额支付；城镇居民基本医疗保险和新农合政府补助标准提高到280元；发放城乡低保、农村五保及医疗救助金6024万元。社会养老服务体系建设稳步推进，建设老年公寓2处、城市社区日间照料中心4处、农村幸福院27处。加大对保障性住房建设的支持力度，开工建设各类保障性住房4670户。教育事业快速发展，本科录取率达到64.1%，蝉联聊城市首位；办学条件不断改善，新建中小学教学用房6.3万平方米、镇（街道）中心幼儿园3.9万平方米。卫生事业健康发展，市医院急救中心项目、康盛庄卫生院门诊病房综合楼项目竣工并投入使用；化解基层医疗卫生机构债务1919万元。文化事业稳步发展，全市新增14处省级文物保护单位和1项省级非物质文化遗产项目；启动全市全国首次可移动文物普查；开展送电影下乡等活动5000余场。人口计生工作扎实推进，低生育水平继续保持，人口自然增长率3.5‰。同时，妇女儿童、防震减灾、安全等工作扎实开展，社会保持和谐稳定。

2014年，物价水平保持稳定，居民消费价格指数同比上涨2.1%。居民收入保持较快增长，城镇居民人均可支配收入达到24170元，增长9.2%；农民人均纯收入达到11093元，增长11.5%。持续扩大民生投入，用于民生的财政支出达18.5亿元，占总支出的68.1%。就业促进扎实推进，新增城镇就业1.5万人，城镇登记失业率控制在3%以内。社会保障水平进一步提高，城市低保标准提高至每人每月360元，农村低保标准提高至每人每年2400元，城镇居民医疗保险和新农合制度顺利整合，各项社会保险待遇支出13.8亿元，实现按时足额支付。推进安居项目建设，3000套保障性住房和纳入上级计划的4350户棚户区改造全部开工。教育事业稳步发展，新建校舍17处，面积近3万平方米；本科录取率蝉联聊城市首位，重点文理本科录取创历史最好成绩。卫生事业稳步发展，为7万余名60岁以上农民进行免费健康查体；公立医院改革稳步推进，市医院和市中医院实现基本药物零差价销售。养老事业稳步发展，新增农村幸福院7处、老年日间照料中心5处，八岔路中心敬老院被民政部评为“全国农村五保供养工作先进单位”。文化事业繁荣发展，中州运河历史文化街区被公布为全省第一批历史文化街区，运河钞关等4个点段被列入世界文化遗产名录，新增聊城市级文保单位6处、非物质文化遗产项目7项。计生工作扎实推进，人口自然增长率8.6‰，低生育水平持续稳定。同时，妇女儿童、防震减灾、安全生产等工作扎实开展，社会保持和谐稳定。

2015年，扩大民生事业投入，全年用于民生的财政支出占总支出的80%。教育事业进一步发展，高考本科录取率稳居聊城首位，“全面改薄”取得明显进展，新建改建校舍5.4万平方米，在聊城率先创建为全国义务教育均衡县。社会保险覆盖面和保障水平进一步提高，全年完成社会保险费征缴10.49亿元，社会保险覆盖面和保障水平进一步提高。社会救助工作进一步加强，城乡居民低保标准、农村五保供养标准进一步提高。加强保障性住房建设，基本建成各类保障性住房3318套。深化县级公立医院改革，推进医疗联合体建设，开展分级诊疗、医疗协作试点，基层医疗服务水平和公共卫生服务均等化水平进一步提升。落实“单独二孩”政策，人口自然增长率4.9‰。群众文化活动深入开展，举办京剧票友艺术节、戏曲大奖赛、“五元看大戏”等活动。安全生产、食安临清、国防动员、人防消防、档案史志、地震气象、民族宗教、妇女儿童等工作扎实推进，社会保持和谐稳定。

【固定资产投资管理】 临清市认真贯彻落实十八届三中全会精神和聊城市东融西借跨越赶超三年攻坚战第二战役动员大会议精神，继续以培育支柱产业为重点，加快重点项目的建设和投资结构的优化调整，全市经济经社会发展呈现又好又快的新局面。2013年，全市固定资产投资完成207.93亿元，同比增长20.1%，其中：工业完成145.16亿元，同比增长10.32；服务业及其他完成投资62.77亿元，同比增长42.48%。2014年全市固定资产投资完成234.58亿元，同比增长16.2%，其中：工业完成167.52亿元，同比增长16.8；服务业及其他完成投资67.06亿元，同比增长14.7%。2015年全市固定资产投资完成269亿元，同比增长15.5%，其中：工业完成198.04亿元，同比增长13.48%；服务业及其他完成投资70.96亿元，同比增长4.71%。

【服务业管理】 2013年服务业增加值完成104.3亿元，同比增长6.4%，占GDP比重为31.5%，较上年提高0.7个百分点；服务业地税收入完成4.92亿元，同比增长30.4%，占全市地税收入总量的56.5%，成为拉动地方税源增长的主要动力。烟店轴承市场升级改造、顾家·欧亚达国际商贸城、山东华美医院等一批服务业重点项目顺利实施；盛荣物流中心、铁临物流中心等物流项目启动建设，使临清初步形成以烟店轴承物流园区、城南通达物流园区、城北千千佳物流园区、城东盛荣物流中心、铁临物流中心等为节点的物流网络框架体系。

2014年服务业增加值完成123.68亿元，同比增长9.9%，占GDP的比重达到34.6%，较上年提高1.8个百分点（列聊城第一位）；服务业税收完成7.73亿元，占全市总税收39.5%。7月7日，鲁西地区首列集装箱专列（临清至青岛港）正式开通，迈出全市公铁联运、海铁联运的新步伐。康通华泰与济南漱玉平民大药房建立战略合作关系。临清市华美医疗健康产业园、临清市医护型养老保健服务中心两个大型健康养老项目有序推进，推动养老产业向医疗、康复、健身、娱乐等产业链延伸。临清宛园启动建设，将运河文化和旅游深度融合。

2015 年服务业增加值完成 128.2 亿元，同比增长 7.8%，占 GDP 的比重达 34.7%，较上年同期提高 1.4 个百分点；服务业税收完成 8.2 亿元，同比增长 5.9%，占全市两税收入的 40.4%。临清市集装箱班列去年的每周对开 3 列增至每周对开 7 列，货运量居山东省首位。全市铁路货运量达到 76.8 万吨，同比增长 65.5%。通达公司新上新能源公交车 200 部。临清商博瑞百货商厦入驻顾家商业中心，成为商博瑞公司第三家连锁百货商场。会通河临清段、临清运河钞关列入世界遗产名录。胡同文化研究第一人——刘英顺用 20 年心血写就的《临清胡同文化》出版发行。

【重点项目工作】 2013 年，全市确定 144 个重点项目，完成投资 176 亿元。22 个列入聊城市重点项目，完成投资 108.3 亿元。华兴纺织紧密纺长车及气流纺、秋华纺织气流纺、奥博特 10 万吨铜管等 45 个项目竣工投产。

2014 年，全市确定 100 个重点项目，完成投资 180 亿元，同比增加 4 亿元。20 个列入聊城市重点项目，完成投资 125.7 亿元，同比增加 17.4 亿元。华兴纺织新增 50 万纱锭、秋华纺织人棉印花面料、德能金玉米一期等 60 个项目建成投产。

2015 年，全市确定 100 个重点项目，完成投资 202 亿元。61 个列入聊城市“六百工程”重点项目，完成投资 191.6 亿元。10 个列入聊城市大项目带动战略项目，完成投资 103.5 亿元，位列聊城市县（市区）第 2 位，52 个项目实现投产达效。中色奥博特铜铝业有限公司压延铜箔项目列入省级重点项目，已投产达效。

【领导人更迭】

局　　长：徐秋林（2013.09 止）
　　　　　张　帆（2013.09 起）
副 局 长：张　帆（2013.09 止）
　　　　　栾学鹏
　　　　　张福杰
　　　　　张景林（2014.05 止）
　　　　　刘洪国
工会主任：刘懋卿

（刘懋卿　杨云魁）

物　价

【机构设置】 1996 年设立物价局，为正科级行政机构，不列政府序列，由市计划委员会管理，原工商行政管理局负责的物价检查、监督职能划归物价局。2002 年临清市市级机构改革，物价局变更为全额事业单位，归口发展计划局。2010 年根据市新“三定”方案，物价局变更为行政单位，挂牌于市发展和改革局。设办公室、价格管理综合科、价格监测科、价格监督检查所、农产品成本调查监审室 5 个内设机构，临清市价格认证中心 1 个股级下属事业单位。2015 年，单位在职干部职工 32 人。

【工作概况】 2013 年以来，物价局先后围绕“东融西借、跨越赶超，建设冀鲁豫三省交界科学发展先行区”的总目标，以“跨越赶超”为目的，以深入开展“讲道德、重诚信、比赶超、促跨越”活动为动力、围绕“稳增长、调结构、控物价、惠民生”，把稳定价格总水平作为物价工作的首要任务，全面加强价格调控监管工作，大力规范市场价格行为，提高价格服务能力，为促进社会和谐发展做出努力。深入开展“为民、务实、清廉”为主题的群众路线教育实践活动，充分发挥职能作用，密切关注社会价格热点、难点，大力强化民生价格监管，整顿市场价格秩序，重点解决群众反映强烈的价费问题，依法开展价格监督检查，出色完成各项目标任务，为促进市经济快速健康发展作出应有贡献。认真开展“三严三实”专题教育活动，秉持“阳光物价、民生至上”工作理念，不断改进和提高工作作风，认真履职尽责，围绕全市价格工作任务找准前进的目标方向，各项工作得到不断提升。

【价格调控与改革】 坚持“为民”宗旨，切实关注民生。2013年，开展“稳价惠农”工程价格政策及相关问题的调研，走访农业、商务、供销农机等相关部门，对“稳价惠农”政策的主要实施情况进行较为详细的了解。2014年，做好价格行政执法从管价格到管行为的转变，做到有放有管，管放结合，严格程序，保证各项工作的合法性，切实规范价格行政执法人员的执法行为，到依法规范价格行政处罚自由裁量行为，全部处于各项程序和制度的约束下，把权力装进制度的笼子。2015年，切实履行“服务司法、服务社会、服务政府、服务系统”价格职能，建立完善价格认定专家库制度，提升专业服务水平，聘请各行业的专家人员22名，专家库的成立，提高价格鉴证工作能力和水平，确保各类专业性、技术性强的价格认定业务能够得到及时有效处理不断发展壮大，使价格认定工作步入法制化和规范化轨道，规范价格认定行为。

【价格扶持措施】 发挥职能作用，强化价格服务。2013年，征收价格调节基金650.17万元，其中国税征收41.28元，地税征收89.36元，物价征收取开发企业价格调节基金519.53元。在市政府优惠政策的基础上，积极协调聊城市物价局对市三合集团限价商品房的价格调节基金进行减免，减免金额100.37万元。2014年，严格执行价格基金征收政策，规范征缴工作秩序，全年共征收503.97万元，其中国税系统代征基金48.67万元，地税系统代征基金132.09万元，物价系统代征323.21万元；会同住房委员会办公室对市220套公租房进行前期的实地勘察，为制定公共租赁住房的标准做准备工作。2015年，为推进全市大蒜产业良性发展，有效防范、化解蒜农风险，利用价格调节基金开展大蒜目标价格保险试点工作，共签订大蒜目标价格保险合同381户，投保种植面积共2033.7亩，年终投保户每亩得到赔付金101.16元，共赔付保险金额205731.12元。

【物价监督检查】 开展监督检查，整顿价格秩序。2013年，加大市场价格监管力度，积极开展市场价格巡查，对城区大家庭、银座、金鼎、三联、华联、苏宁、大旺7个大型超市、商家、7家大型药店、4家民营医院、6家大型眼镜商店、中国电信、中国移动、中国联通3家通信行业及中国石油、中国石化率先推行标价销售经营，并在经一路推行“明码标价一条街”活动，整体推进市市场价格明码标实价工作。2014年，切实加强节日期间市场价格监管，以粮油、肉、禽、蛋、水产品等群众生活必需品和公路客运等价格为重点，依法开展市场价格检查；开展涉农价格与收费、农村医疗机构新的医疗价格执行情况、非义务教育阶段收费、殡葬服务收费等专项检查，对发现的违价问题按照法规定进行处理，规范价格行为。2015年，开展药品价格、涉企收费、新的医疗收费标准、教育收费专项检查。通过各项专项检查的开展，规范价格和收费秩序；在开展专项检查的同时以价格举报为依托，依法调查处理价格举报投诉案件，树物价为民价格服务形象，共受理举报、投诉、咨询等涉举报案件共132件，其中上级主管部门交办13件、市长热线转办74件，价格举报5件，咨询38件，全部进行回复和处理。

【收费管理工作】 加强收费管理，服务群众企业。2013年，对全市2012年度的行政事业性、经营性收费情况进行年度审验，全年共完成《收费许可证》审验88个；配合政府办、纪检委、法制办联合清理全市的收费项目，免征收费项目14项，取消收费项目73项；认真配合纪检部门做好进企业收费单位备案工作，备案环境保护局进企业收费开具通知书74份；配合纪检委对全市43家有征收权的行政事业性单位进行电子监察系统业务调研文档表格梳理。2014年，开展2013年度行政事业性及经营性收费年审工作，年审收费部门95个户，审验率达到100%，换发收费许可证43个；合理调整市镇、街道幼儿园保教费收费标准；协助编办制定权力清单，对有关部门的收费项目、收费标准进行核对，进行全面梳理。2015年，认真贯彻落实上级《关于取消收费许可证制度加强事中事后监管的通知》精神，提高行政事业收费事中事后监管工作效率，促进全市行政事业性收费工作健康有序发展。

【价格信息服务】 实时价格监测，提高预警能力。对市二十几家价格监测点的涉及粮油、蔬菜、肉禽蛋、水产、成品油、农业生产资料、饲料等两百多个监测品种进行监测，上报两个旬报表，两个周报表，两个月报表，及每周三向聊城市局及临清市委、市政府上报《农资和粮油食品价格监则表》。2013年，应市政府要求，增加小米、绿豆、花生仁等杂粮品种，拓宽监测范围；并针对2013年上半年禽流感疫情，及时对白条鸡、禽蛋及防护禽流感相关商品启动应急价格监测，并在节假日期间安排专人24小时值班，并安排专门的预警电话，保证电话24小时畅通。2014年，加强对市场价格波动较为明显的商品及时深入市场调查，注重市场上出现的新情况、新问题，深入分析其对价格水平的影响，对围绕社会和民生关注的热点、难点问题持续关注，将获得的价格信息汇成准确、完整的价格调查分析报告，上报市委、市政府领导，发布信息60余篇，调研报告5篇。2015年，多次开展夏粮、秋粮、棉花等的生产成本及市场购销的专项调查，为上级决策部署提供依据。对分布在5个镇（街道）的4个调查品种，9处调查点的25户调查户，逐户进行上门调查，坚持“早、新、准、精”的成本调查原则，对成本数据的调查、收集、整理、汇总等各个环节严格把关，确保上报成本数据的准确，为上级做出台相关政策提供参考依据。

【队伍建设】 坚持“清”正“廉”洁，抓好队伍建设，提升管理水平。2013年，着力开展“四德”工程建设，加强社会公德、职业道德、家庭美德、个人品德教育，认真解决在公共秩序、社会诚信、文明礼仪等方面的突出问题，进一步塑造“自豪、创业、包容、奋进”的聊城形象，使全体干部职工道德素质得到全面提升，为“东融西借、跨越赶超”奠定坚实的道德基础。2014年，深入开展群众路线教育实践活动，按照“照镜子、正衣冠、洗洗澡、治治病”的总体要求，以贯彻落实中央“八项规定”为切入点，着力解决“四风”方面存在的突出问题，着力解决关系群众切身利益的实际问题，进一步增强党与群众之间的血肉联系，提高新形势下价格工作服务社会、服务群众的能力，以此带党风廉政、效能、社会综合治理等工作开展。2015年，积极建设学习型机关，以促队伍建设、促廉政风气、促整体提升为抓手，引导党员优化知识结构，提高党员的思想政治素质、政策理论水平和业务技术能力，促进队伍素质的整体提升。

【领导人更迭】

局　　长：孙　杰

副 局 长：孙景云

李荣祥（2014.11止）

张志清（女，2014.11起）

党组书记：孙　杰

副 书 记：孙景云

张志清（女，2014.11止）

主任科员：李荣祥（2014.11起）

副主任科员：

宋荣轩
吕富文
丁印泽（2014.02 止）

（张志清　孙　凯）

国土资源管理

【概况】 局内设 9 个职能科室，分别是办公室、财务科、政策法规科、规划科（挂土地增减挂钩办公室牌子）、耕地保护科、地籍管理科、土地利用管理科、地质矿产管理科、测绘管理科。行政编制 18 人，实有 28 人；下设事业单位 6 个，分别是土地收购储备中心、土地开发整理中心、国土资源执法监察大队、地租征收处、国土资源开发勘测大队、不动产登记中心；下设派驻机构 5 个，分别是国土资源局驻新华路街道分局、国土资源局驻大辛庄街道分局、国土资源局驻潘庄镇分局、国土资源局驻康庄镇分局、国土资源局驻老赵庄镇分局。编制 141 人，实有 140 人。

2013 年至 2015 年，临清市国土资源局紧紧围绕全市中心工作，以党的十八大、十八届三中、四中、五中全会精神为指导，以全面深化改革为动力，突出重点、狠抓落实，圆满完成年度各项工作任务，先后被聊城市委、市政府表彰为“聊城市级精神文明单位”；被临清市委、市政府授予“支持地方经济发展先进单位”“重点项目工作先进单位”“支持地方经济发展先进奖”“城镇化工作先进单位”“临清市政务服务工作先进单位”等荣誉称号。临清市国土资源局新华分局、康庄分局、潘庄分局、大辛庄分局、老赵庄分局被省国土资源厅授予“全省国土资源系统党风廉政建设省级示范所”荣誉称号。

【土地资源】 截至 2015 年年底，全市土地总面积 95078.01 公顷，其中农用地 76895.32 公顷（耕地 65643.72 公顷，园地面积 579.15 公顷，林地面积 4378.92 公顷），占总面积 80.88%；建设用地 17661.59 公顷，占总面积 18.58%；未利用地 521.10 公顷，占总面积 0.54%。

【土地规划与耕地保护】 2013 年结合增减挂钩、新农村建设、工矿废弃地复垦等工作的实际需要，在充分征求各镇（街道）的意见后，对全市 16 个镇(街道)的土地利用总体规划进行修改，并顺利通过聊城市国土资源局的预审和省国土资源厅批复。2014 年，坚持“规划先行”理念，积极做好土地利用总体规划数据库建设和土地整治规划工作，科学调整规划布局，合理调整供地计划，有效保障重点项目的发展用地需求。2015 年，临清市上报 2 次规划修改（省批 22 公顷、市批 24 公顷）、1 次规划调整(16.364 公顷)，全部获得批复。受理建设项目用地预审 8 个（市级预审 1 个，县级预审 7 个)，面积 17.376 公顷，其中农用地 3.19 公顷（耕地 2.93 公顷），建设用地 14.18 公顷。

加强耕地保护，坚持将保护耕地作为一项重大任务，全面落实最严格的耕地保护制度和“占一补一”制度，不断加大耕地资源保护力度，完善基本农田保护网络，明确各项落实指标，圆满完成聊城市政府下达的任务目标，实现耕地总量动态平衡。

2013 年，开展新华土地整理项目，总规模 1948.21 公顷、建设规模 1582.94 公顷，通过整理增加耕地面积 191.05 公顷，顺利通过省级验收，并受到省财政厅、省国土资源厅的一致表扬。认真编制 2013 年高标准基本农田建设方案，使用国家补贴资金 1139.45 万元，完成 5556.41 公顷高标准基本农田建设任务，大大提高了项目区的耕地质量、农业综合效益，增加农民收入。

2015 年年初临清市政府与 16 个镇（办）签订 2015 年耕地保护责任书。年初耕地面积 65622.87 公顷，年末耕地面积 65643.72 公顷，年度增加耕地 20.92 公顷。基本农田划定

58933.19公顷，占耕地总面积的89.78%。耕地占用补充29.98公顷，连续5年实现耕地占补平衡。基本农田保护率89.78%。

【建设用地与土地市场管理】 2013年共完成91宗国有建设用地的“招拍挂”公开出让，面积213.3129公顷，成交总价款8.0667亿元。开展土地挖潜活动，加大对闲置、低效利用土地的盘活力度，通过征收土地闲置费、赶鸟出笼等措施，盘活闲置土地，变死地为活地，变废地为宝地，整合有效资源，保障项目落地，年内共完成91.27公顷土地挖潜改造任务，实现经济发展和节约集约用地的双赢。2014年共完成67宗国有建设用地的“招拍挂”公开出让，面积197.67公顷。2015年临清市争取建设用地计划指标132.312公顷，通过完成窑厂复垦置换指标35.7787公顷；报批建设用地11个批次，面积155.2128公顷，其中耕地133.8372公顷。单独选址项目2个，面积35.8201公顷，其中耕地29.0425公顷。全年供应土地30宗，面积85.2004公顷。其中，国有土地使用权出让全部实行网上招拍挂，确保公正、公开、公平，出让28宗，面积78.7563公顷，成交价款2.4955亿元；办理划拨用地手续2宗，面积6.4441公顷。下达地租征收通知书120份，征收地租61万元。扎实开展土地挖潜工作，全年共挖潜存量土地96.68公顷，超额完成聊城下达的挖潜工作任务。

【土地综合整治】 2015年，临清市稳步推进城乡建设用地增减挂钩试点工作，戴湾镇赵官营西村增减挂钩项目区验收，验收面积5.78公顷，烟店镇堤口村增减挂钩项目安置区全部完成，正在进行拆迁工作，新申报增减挂钩项目1个，涉及6镇7村，拆旧面积30.92公顷，新增耕地面积30公顷。全面完成2014年项目投资4167.11万元、面积5533.33公顷高标准基本农田建设任务；2015年高标准基本农田建设投资预算资金4660万元，属全市涉水涉地资金整合项目，工程已全面开工；规划设计166.9333公顷未利用土地的开发任务，已有33.3333公顷已进入施工阶段。

【地籍管理】 2013年完成年度土地变更调查。充分利用二调成果，为土地规划、建设用地报批提供图件数据。有序推进农村集体土地确权登记发证工作，农村宅基地使用权和集体建设用地使用权确权发证进展顺利。2014年圆满完成2013年度土地变更调查复核工作。有序推进农村土地确权登记发证、农村宅基地使用权和建设用地使用权确权发证工作，宅基地使用权和集体建设用地使用权已顺利测量完成，权属调查工作完成80%。截至2014年年底，全市发证378宗，其中国有土地使用权167宗，土地使用权抵押登记211宗。截至2015年年底，全市日常登记发证396宗，其中国有土地使用权登记125宗，抵押登记197宗，查封登记73宗，异议登记1宗。其中，异议登记为聊城市首例。农村宅基地使用权和集体建设用地使用权测量工作已全部完成，权属调查工作完成97%，数据库建设已进入数据整理、属性录入阶段。

【不动产登记管理】 2015年临清市加快建立和实施不动产统一登记制度，根据《中共山东省委山东省人民政府关于市县政府职能转变和机构改革的意见》（鲁发〔2014〕11号）、《省政府办公厅关于推进市县不动产登记职责和机构整合的意见》（鲁政办字〔2015〕188号）和全省不动产统一登记工作会议精神，2015年11月，临清市政府牵头组织召开不动产统一登记推进会议，会议最后确定在市国土资源局加挂临清市不动产登记局牌子，负责指导全市不动产登记管理工作。同时成立临清市不动产登记中心，作为不动产登记的经办机构，并明确机构性质和人员编制组成，为加快全市不动产统一登记工作的开展奠定基础。

【矿产资源管理】 临清市地热资源丰富，含热储层达20多层以上，厚度大、水温高、水量大，单井涌水量每小时100立方米以上，属氯化钠型水，含有多种对人体有益的元素，有较好的医疗保健价值。2013年对2012年度矿产卫片疑似违法图斑情况进行现场核查，并对疑似违法图斑进行整改。加强黄河故道省级地质公园的保护和修缮工作，年内，共使用上级拨付资金300万元，建设陈列厅，设立标识牌，建成保护围栏465米，埋设地质公园界桩40个，启用地质公园网站。加强对地热资源的监管力度。临清市政府专门印发《关于清理和规范地热资源使用管理工作的通告》，开展非法勘查开采地热资源集中整治行动，严查非法勘查开采地热资源行为。立案查处非法勘查开采地热资源45宗，其中44宗违法采矿企业，1宗勘探企业。投入近百万元建设地热资源开采远程监控操作中心，配置液晶显示屏，全面监控44眼地热井的开采信息，进一步规范地热资源的合理使用，有效遏制违法开采利用地热资源的不良势头。

2014年，认真核查2013年度矿产卫片疑似违法图斑，顺利完成2013年矿山年检工作。调试地热井远程监控系统以确保系统正常运行，37套远程操作系统运行正常。

2015年，临清市加强地热资源管理，根据上级文件要求，对现有地热资源开发单位符合矿业权设置方案的，依照省厅的要求和法定程序，完善相关开采许可手续。在整顿规范期间，主动按照国土资源部门要求，申请完善相关手续的地热资源开发单位和个人，不再进行处罚，经资源核实后，对不宜进行招拍挂方式出让的，可按协议方式出让采矿权。由于地热开发主要集中在城镇居民区，在完善手续时，可不再单独编制土地复垦方案和地质环境保护与恢复治理方案。办理采矿许可证手续时，开采单位要提供取水许可证和成井报告，全市有6眼井符合办理采矿许可手续的开发单位和个人，申请办理采矿许可手续的单位和个人正在编制可行性报告，待报告通过专家评审后，可以随时办理采矿许可证。

加强地质环境保护，编制印发《临清市地质灾害防治方案》，每月对辖区内的地质灾害隐患点进行彻底排查2次，并安排专人对地质灾害隐患进行监测预警。

【测绘管理】 2013年完成各类用地项目勘测1665.2公顷；项目用地现场放点797点；完成城北水库建设用地测量333.93公顷，放点123个。2014年积极组织辖区内各测绘资质单位做好测绘资质复审换证工作。开展“测绘市场执法检查专项整治活动月”活动，对全市范围内测绘资质单位及外来测绘作业资质单位、测绘项目发包单位进行详细检查，对无资质超资质违法测绘行为严肃查处，为全市测绘市场健康持续发展提供强有力的保障。2015年，完成临清市行政挂图编制工作；顺利通过省国土资源厅测量标志普查验收，现场查验完好率100%；完成城区87.6平方千米范围航空摄影测量工作，成果影像分辨率为0.05米，可满足1∶500地形图调绘及基础地理信息系统库建设要求；开展测绘地理信息市场“三检查一巡查”工作，全市测绘地理信息市场持续稳定健康发展。

【执法监察】 2013年认真开展2012年度土地矿产卫片执法检查工作。经认真整改，违法占用耕地面积占新增建设占用耕地面积的比例为4.76%，低于问责比例。对违法占地案件全部进行立案查处，共处罚款76万元，已全部落实。下达拆除违法建筑物60宗，拆除建筑物4.2364公顷，其中实际拆除2宗、拆除建筑物0.6625公顷，申请县法院强制执行58宗，给予党纪政纪处分2人；移送临清市国资局没收违法占地建筑物案件8起，没收建筑物4.1067公顷，已全部落实。

妥善处理国土资源利益纠纷，把矛盾化解在萌芽状态。年内共接访32件91人次，上级转办12336案件84个，市长热线42件，内部举报电话36个，聊城市国土资源局、临清信访局转办上访案10件。

2014年大力开展2013年度土地矿产卫片执法检查工作，对卫片图斑认真核实、严格核对、严格整改，实际非农业建设违法占地宗数为144宗，面积493.64公顷，其中违法占用耕地面积为246.84公顷。违法占用耕地面积占新增建设占用耕地面积的比例为4.91%，低于问责比例。对违法占地案件全部进行立案查处。下达拆除违法建筑物140宗，拆除建筑物21.27公顷，其中实际拆除43宗、拆除建筑物4.29公顷，申请法院强制执行140宗，给予党纪政纪处分8人；移送市国资局没收违法占地建筑物案件6起，没收建筑物1.92公顷，已全部落实。

2015年，临清市国土资源局建立国土资源执法监察网格化管理制度、国土资源执法监察直报制度等，加大巡查力度，强势推进土地执法监察工作。对2014年度土地矿产卫片图斑认真核实、严格整改。落实共同责任机制，开展违法违规用地专项整治行动，立案查处违法占地500宗，面积47.5公顷，已全部结案；非立案查处54宗。应收缴罚没款金额227.4535万元；应没收案件4件，已全部移交国资局；应拆除案件500宗，应拆建筑物面积15.66公顷，已拆除98宗，拆除建筑面积10.81公顷。给予党纪政纪处分2人。部分案件经催告程序当事人仍拒绝执行的，已全部申请市法院强制执行。

【信访维稳】 2013年，妥善处理国土资源利益纠纷，把矛盾化解在萌芽状态。年内共接访32件91人次，上级转办12336案件84个，市长热线42件，内部举报电话36个，聊城市国土资源局、临清信访局转办上访案10件。

2015年，全市接待来访83起144人次，接12336举报电话104个，市长热线90件，市（信访）局转交上访案9件，省部12336案件15件，已积极处置、妥善解决；办理聊城“四风”办公室转办案件10件，已全部结案。制定清理信访积案实施方案并开展为期三个月的专项活动，化解信访积案40件，化解率100%。

【宣传教育】 2013年，充分利用“3·19”矿法颁布日、“4·22”世界地球日、“6·25”全国土地日、“8·29”测绘宣传日、“12·4”全国法制宣传日等大力宣传国土资源法律法规。

2014年，以“4·22”地球日、“6·25”土地日、“8·29”测绘日、“12·4”法制宣传日为抓手，组织开展形式多样、内容丰富的大型宣传活动，增强全市依法保护资源、节约集约利用资源意识，深入企业、乡村并利用广播、电视等形式进行国土资源法律法规宣传，悬挂条幅和张贴标语20余条、发放宣传单2000余份，营造良好的国土资源舆论氛围。

2015年，临清市国土资源局借助“五五依法行政”和“六五普法”活动，落实“谁执法、谁普法”的普法责任制，发挥执法主体的普法作用，进一步加大国土资源法律法规宣传力度，充分利用“4·22”地球日，“6·25”全国土地日和“12·4”国家宪法日深入推进普法宣传教育工作，扎实推进法律“六进”，突出重点，服务基层，注重实效，提高依法解决问题的能力和人民群众依法维权的意识，为法治国土构建营造良好的社会舆论氛围。

【队伍建设】 2013年，注重业务培训和廉政建设，对全体干部职工进行集中培训12次1300多人次，并积极选派骨干到省国土资源厅培训；重视党建工作，年内共发展6名共产党员；持续改进机关作风、加强机关建设，认真贯彻落实中央“八项规定”、省国土资源厅加强“五个建设”和聊城市委“五项规定”精神，切实整顿“四风”，转变机关作风，提升机关效能；开展“庸懒散”专项治理活动，提升工作效率，提高服务质量。

2014年，国土局深入贯彻落实党的十八大三中、四中全会和习总书记系列重要讲话精神，引导全体干部职工主动学政治、学业务、学政策，推动队伍的思想认识和业务能力上台阶、上水平。多次召开全体大会，认真贯彻落实中央“八项规定”、省厅加强“五个建设”和聊城市委“五项规定”精神，大力推进廉政作风建设，多措并举，狠抓落实，切实整顿“四风”，转变机关作风，提升机关效能。

2015年，临清市国土资源局狠抓党风廉政建设，严格落实考勤制度，开展“庸懒散”专项整治，提升工作标准和工作效能；举办两次述责述廉报告会，对局中层以上干部32人进行廉政谈话。年内局纪委每周不定期对各分局、科室、中心、队进行48次明察暗访，全系统未出现因违纪违法被通报处分的人员。

【领导人更迭】

书　　记：王守信（2015.03止）
　　　　　王建民（2015.03起）
副 书 记：贾永庆
　　　　　汪世平
党委委员：潘思生
　　　　　崔振安
　　　　　凌景元
　　　　　田中华
局　　长：王守信（2015.03止）
　　　　　王建民（2015.03起）
副 局 长：贾永庆
　　　　　汪世平
　　　　　潘思生
纪检书记：崔振安
工会主任：凌景元
执法大队大队长：
　　　　　田中华

（崔振安　赵　良）

统　计

【概况】 临清市统计局内设办公室、政策法规科、国民经济综合科、工业统计科、固定资产投资统计科、贸易外经贸统计科、普查中心、计算中心、城市社会经济综合调查队和综合调查队。划分为综合、核算、工业、能源、科技、农业、农经、劳动工资、贸易、投资、建筑、房地产、交通运输、物价调查、城镇住户调查、农村住户调查等专业。2012年，临清市统计局共有干部职工28人。16个镇（街道）设立统计站，配备专、兼职统计人员。临清市各部委办局、大中型企业设立统计科，配备专职统计人员，持证上岗，形成上下一体的统计网络。近年来，临清市统计局以提高数据质量为核心，积极推进统计改革，充分发挥统计职能，为临清市经济和社会的发展做出应有的贡献，开创统计工作的新局面。

2013年被山东省统计局评为“2013年度全省统计宣传工作先进单位”；被聊城市统计局评为“全市企业‘一套表’联网直报先进集体”；被聊城市工业经济运行指挥部评为“聊城市工业经济运行工作先进集体”。2014年，被聊城市统计局评为“统计宣传工作先进集体”，被聊城市统计局评为“统计教育工作先进集体”，被山东省统计局评为“统计宣传工作省级先进集体”，被中共临清市委、临清市人民政府评为“工业工作先进单位”，被中共临清市委、临清市人民政府评为“服务业工作先进单位”，被山东省统计局评为“山东省统计宣传工作先进单位”；2015年被山东省统计局、山东省三经普领导小组评为“山东省第三次经济普查先进集体”，被国家统计局山东调查总队评为“2015年度城市统计调查工作优秀”，被临清市财政局评为“2014年度财政决算评比优秀”，被山东省统计局评为“2015年度全省统计宣传工作先进单位”等。

【统计法规的贯彻实施】 充分发挥部门协作，与市法制办、监察、司法等部门共同做好新《统计法》和《统计违法违纪行为处分规定》等统计法律法规的宣传工作，提高社会公众的法律意识，营造良好执法氛围。大力开展统计执法工作。做到常规检查和专项检查相结合，查处一批迟报、拒报和提供不真实统计资料的违法行为，用法律捍卫统计数据的真实性。加强对统计人员的法律法规培训。先后举办六期新《统计法》和《统计违法违纪行为处分规定》知识培训，培训千余人次。认真开展统计执法大检查工作。为确保大检查取得实效，临清市统计局认真贯彻落实国家、省、市执法大检查工作会议精神，狠抓宣传、自查自纠、抽查等各阶段的工作落实，不断采取积极措施，较好地推动新《统计法》和《统计违法违纪行为处分规定》的贯彻实施。2013—2015年，始终把统计执法工作作为维护《统计法》和《山东省统计管理条例》，贯彻落实党中央、国务院“关于坚决反对和制止在统计上弄虚作假的通知”的重要任务来抓。做到年年有安排，案件个个有结局，有效地震慑统计违法，提高全社会知法、守法的自觉性。2013年来共开展统计法律、法规宣传活动25次，平均印发宣传材料3000余份，出动宣传车9辆，悬挂和张贴标语31条幅。组织统计普法教育28次。通过考试，全市党政企事业领导干部及统计人员350余人取得统计普法合格证书。

【经济普查】 第三次全国经济普查。2013年进行全国第三次经济普查。6月临清市组织开展经济普查前期准备工作。普查的标准时间是2013年12月31日普查时期资料为2013年年度资料。普查对象是在临清市境内从事第二产业和第三产业的全部法人单位、产业活动单位和个体经营户。通过普查，摸清临清市第二产业和第三产业的发展规模及布局，掌握产业组织、产业结构、产业技术的现状以及各生产要素的构成，查实服务业、战略性新兴产业、小微企业和高技术产业（制造业）的发展状况。经济普查结果显示：2013年末，全市共有产业活动单位5156个，其中，从事第二产业和第三产业的单位4879个，法人单位4076个。个体经营户43828个，其中，有证照个体经营户12891个。在第二产业和第三产业的法人单位中，位居前三位的行业是：制造业1307个，占32.1%；公共管理、社会保障和社会组织944个，占23.2%；科学研究和技术服务业518个，占12.7%。在个体经营户中，位居前三位的行业是：批发和零售业27028个，占61.7%；制造业6817个，占15.6%；居民服务、修理和其他服务业3306个，占7.6%。2013年末，全市共有第二产业和第三产业的企业法人单位2649个。其中，内资企业占99.7%；港、澳、台商投资企业占0.08%；外商投资企业占0.2%。在内资企业中，私营企业占全部企业法人单位的84.0%。2013年年末，全市第二产业和第三产业法人单位从业人员143165人。个体经营户从业人员169227人。

在法人单位从业人员中，位居前三位的行业是：制造业87289人，占60.97%；公共管理、社会保障和社会组织13295人，占9.29%；批发和零售业10414人，占7.27%。在个体经营户从业人员中，位居前三位的行业是：批发和零售业100916人，占59.63%；制造业29935万人，占20.9%；住宿和餐饮业11870万人，占7.01%。2013年年末，全市第二产业和第三产业的企业资产总计538.8亿元。其中，第二产业占79.35%，第三产业占20.65%。

2013年年末，全市共有第二产业和第三产业小微企业法人单位2558个，占全部企业法人单位的96.6%。其中，位居前三位的行业是：工业1280个，占全部企业法人单位的48.3%；批发业311个，占11.7%；科学研究和技术服务业268个，占10.1%。

2013年年末，全市小微企业法人单位从业人员70359人，占全部企业法人单位从业人员的61.2%。其中，位居前三位的行业是：工业50488人，占全部企业法人单位从业人员的43.9%；建筑业3129人，占2.7%；批发业3439人，占3.0%。

2013年年末，全市小微企业法人单位资产总计273.5亿元，占全部企业资产总计的50.8%。其中，位居前三位的行业是：工业203.2亿元，占全部企业资产总计的37.7%；房地产开发经营业15.8亿元，占2.9%；租赁和商务服务业14.0亿元，占5.1%。2013年年末，在全市第二产业和第三产业法人单位中，企业法人单位占62.5%;机关、事业法人单位占7.8%;社会团体和其他法人单位占29.7%。企业法人单位从业人员占全部法人单位从业人员的80.6%；机关、事业法人单位占13.0%；社会团体和其他法人单位占6.4%。

在法人单位中，第二产业占33.7%；第三产业占66.3%。在法人单位从业人员中，第二产业占65.0%；第三产业占35.0%。

在个体经营户中，第二产业占18.7%；第三产业占81.3%。在个体经营户从业人员中，第二产业占22.1%，第三产业占77.9%。2013年年末，全市共有工业企业法人单位1316个，从业人员8.94万人。

在工业企业法人单位中，内资企业1309个，占99.5%;港、澳、台商投资企业2个，占0.2%;外商投资企业5个，占0.4%。在内资企业中，私营企业占全部企业法人单位的93.5%。在工业企业法人单位从业人员中，内资企业占94.5%，港、澳、台商投资企业占2.3%，外商投资企业占3.2%。在内资企业中，私营企业占全部企业法人单位的73.2%。在工业企业法人单位中，制造业1307个，电力、热力、燃气及水生产和供应业9个，分别占99.3%和0.7%。在工业企业法人单位从业人员中，制造业占97.7%，电力、热力、燃气及水生产和供应业占2.3%。在工业行业大类中，纺织业、通用设备制造业、造纸和纸制品业的从业人员数位居前三位，分别占42.3%、21.8%和6.4%。2013年年末，全市工业企业法人单位资产总计416.8亿元。

2013年，全市开展研究与试验发展（简称R&D或研发）活动的规模以上工业企业法人单位10个。全市规模以上工业企业法人单位R&D人员折合全时当量293.6人年，全市规模以上工业企业法人单位R&D经费支出39181万元，全市规模以上工业企业法人单位全年专利申请量97件，其中发明专利申请21件，全市共有规模以上高技术产业（制造业）企业法人单位4个，全市规模以上高技术产业（制造业）企业法人单位R&D经费支出4511.5万元，全市规模以上高技术产业（制造业）企业法人单位全年专利申请量7件，其中发明专利申请1件，全市共有建筑业企业法人单位56个，从业人员0.3647万人。在建筑业企业法人单位中，内资企业占100%，外商投资企业占0%。在内资企业中，私营企业占全部企业法人单位的75%。在建筑业企业法人单位从业人员中，内资企业占100%，外商投资企业占0%。在内资企业中，私营企业占全部企业法人单位的43.24%。在建筑业企业法人单位中，房屋建筑业占41.1%；土木工程建筑业占25.0%；建筑安装业占8.9%；建筑装饰和其他建筑业占25.0%。

在建筑业企业法人单位从业人员中，房屋建筑业占64.3%；土木工程建筑业占28.1%；建筑安装业占1.8%；建筑装饰和其他建筑业占5.8%。

2013年年末，全市建筑业企业法人单位资产总计10.5亿元2013年年末，全市共有批发和零售业企业法人单位478个，从业人员1.5万人。

在批发和零售业企业法人单位中，内资企业占100%，港、澳、台商投资企业占0%，外商投资企业占0%。在内资企业中，私营企业占全部企业法人单位的79.3%。

在批发和零售业企业法人单位从业人员中，内资企业占100%。在批发和零售业企业法人单位中，批发业占67.2%，零售业占32.8%。在批发和零售业企业法人单位从业人员中，批发业占70.9%，零售业占29.1%。2013年年末，全市批发和零售业企业法人单位资产总计31.8亿元。其中，批发业24.58亿元，零售业7.21亿元。

2013 年末，全市共有交通运输、仓储和邮政业企业法人单位 97 个，从业人员 3814 人。

2013 年年末，全市共有住宿和餐饮业企业法人单位 32 个，从业人员 1036 人。在住宿和餐饮业企业法人单位中，内资企业占 100%，外商投资企业占 0%。在内资企业中，私营企业占全部企业法人单位的 90.6%。在住宿和餐饮业企业法人单位从业人员中，内资企业占 100%，外商投资企业占 0%。

在住宿和餐饮业企业法人单位中，住宿业占 9.4%，餐饮业占 90.6%。在住宿和餐饮业企业法人单位从业人员中，住宿业占 41.2%，餐饮业占 58.8%。2013 年年末，全市住宿和餐饮业企业法人单位资产总计为 1.38 亿元。其中，住宿业 0.66 亿元，餐饮业 0.73 亿元。2013 年年末，全市共有信息传输、软件和信息技术服务业企业法人单位 3 个，从业人员 25 人。在信息传输、软件和信息技术服务业企业法人单位中，全部为内资企业。

2013 年年末，全市信息传输、软件和信息技术服务业企业法人单位资产总计 0.02 亿元。全市共有房地产业企业法人单位 59 个。其中，房地产开发经营 24 个，物业管理 19 个，房地产中介服务 6 个。全市房地产业企业法人单位从业人员 1263 人。其中，房地产开发经营 714 人。全市房地产业企业法人单位资产总计 47.96 亿元。其中，房地产开发经营 47.01 亿元，物业管理 0.65 亿元，房地产中介服务 0.031 亿元。全市共有租赁和商务服务业企业法人单位 51 个，从业人员 707 人。在租赁和商务服务业企业法人单位中，全部为内资企业。全市租赁和商务服务业企业法人单位资产总计 14.04 亿元。

2013 年年末，全市共有科学研究和技术服务业企业法人单位 269 个，从业人员 2752 人。在科学研究和技术服务业企业法人单位中，全部为内资企业。全市科学研究和技术服务业企业法人单位资产总计 4.40 亿元。全市共有居民服务、修理和其他服务业企业法人单位 28 个，从业人员 280 人。在居民服务、修理和其他服务业企业法人单位中，全部为内资企业。全市居民服务、修理和其他服务业企业法人单位资产总计 0.09 亿元。

2013 年年末，全市共有金融业企业法人单位 2 个，从业人员 474 人。2013 年末，全市共有水利、环境和公共设施管理业法人单位 14 个，从业人员 421 人。其中，行政事业及非企业法人单位 6 个，从业人员 276 人。

2013 年年末，全市水利、环境和公共设施管理业企业法人单位资产总计 1.90 亿元，行政事业及非企业法人单位年末资产 0.47 亿元。

2013 年年末，全市共有教育法人单位 72 个，从业人员 6364 人。其中，行政事业及非企业法人单位 59 个，从业人员 6363 人。全市教育企业法人单位资产总计 0.11 亿元，行政事业及非企业法人单位年末资产 6.24 亿元。

2013 年年末，全市共有卫生和社会工作法人单位 36 个，从业人员 4272 人。其中，行政事业及非企业法人单位 35 个，从业人员 4446 人。全市卫生和社会工作企业法人单位资产总计 0.01 亿元，行政事业及非企业法人单位年末资产 11.05 亿元。

2013 年年末，全市共有文化、体育和娱乐业法人单位 80 个，从业人员 553 人。其中，行政事业及非企业法人单位 23 个，从业人员 226 人。全市文化、体育和娱乐业企业法人单位资产总计 0.36 亿元，行政事业及非企业法人单位年末资产 0.22 亿元。

2013 年年末，全市共有公共管理、社会保障和社会组织法人单位 944 个，从业人员 13295 人。

【领导人更迭】

局　　长：邢贵鲁

副 局 长：臧　雷

丁爱国

张爱霞（女）

工会主任：张延清
社会经济调查队队长：
任　华（女）
综合调查队队长：
赵庆亚（女）

（丁爱国　马俊心）

审　计

【机构设置及概况】　临清市审计局于1984年7月开始筹建，1988年3月设立办公室、企业审计科、行政事业审计科、内部审计指导科。1989年4月经山东省审计局批准成立临清市审计事务所。1996年增设基建审计科、财金审计科2个科室。2000年增设经济责任审计科。同年对临清市审计事务所进行脱钩改制，将其交给省注册会计师协会管理。2001年4月成立隶属市审计局的全额事业单位临清市经济责任审计办公室（正科级）。截至2015年年底，临清市审计局共有7个科室，分别为办公室、财金审计科、经贸审计科、投资审计专业办公室、行政事业审计科、法制科、农业社保审计科。在岗职工36人，其中高级审计师职称5人，中级审计职称13人。

【国家审计】　1995年10月，临清市政府批准临清市审计局《关于1995年度市级预算执行情况审计方案的报告》，标志着临清市的本级预算执行审计逐步开展起来。2013年至2015年，共开展本级财政预算执行审计项目46项，审计查处主要问题金额总计5.97亿元，其中违规金额1.11亿元，管理不规范金额4.86亿元。工作中，注重围绕中央八项规定精神和国务院“约法三章”的有关规定，逐步加强对“三公”经费、会议费、“小金库”津贴补贴、楼堂馆所、人员编制等方面的审计，严肃财经纪律，促进厉行节约。市审计部门每年都向市政府提交审计结果报告，并受市政府委托向市人大常委会作本级预算执行和其他财务收支情况的审计工作报告。本级预算执行审计的开展在规范预算管理，加强宏观调控，保障经济法制和廉政建设等方面发挥重要作用，并保障《预算法》等相关财经法律法规的贯彻落实。

【行政事业审计】　按照上级审计机关的统一部署，2013年至2015年开展社会保障资金审计、保障性安居工程跟踪审计、税收征管情况审计等各项专项审计，严格督促各项惠民政策措施落到实处，揭露查处资金管理使用中的违法违规问题，确保人民群众的利益不受侵犯。自2014年开始，按照审计署的部署，在全市扎实开展“稳增长、调结构、促改革、惠民生、防风险”政策落实情况跟踪审计。审计中重点关注一系列政策措施在地方的落地情况，注重从政策措施实施后产生的实际效果入手，重点反映各项政策措施效果不明显的问题，并深入分析问题产生的主、客观原因，提出意见和建议，切实维护人民群众的根本利益，确保跟踪审计取得应有效果，促进国家各项惠民政策落到实处。

【乡镇财政决算审计】　2013年至2015年，市审计部门按照市政府委托及审计计划安排，对全市16个镇（街道）均开展过乡镇财政决算审计，严肃查处不顾大局、弄虚作假、谋求部门和地方利益等违反财经法规的问题，累计查处违规资金64274.56万元，提出可行性审计建议百余条，在一定程度上减轻农民负担，规范镇财政收支行为，维护政府在人民群众中的地位和形象。

【金融审计】　县级金融审计的目标集中在促进金融行业遵守财经纪律，认真执行金融政策，正确核算盈亏，严格财务管理，加强内部稽查，完善内部控制等方面。三年来，临清市审计局从服务大局的角度出发，多次派出人员，配合上级部门在临的金融审计工作，查核问题和准写审计文书的能力得到广泛好评。

【企业审计】 三年来，临清市审计局先后开展对市国有企业的资产负债损益审计、效益审计等项目，通过审计，对国家电网、自来水公司等国有企业在加强内部管理、建立和完善现代企业制度、保证国有资产的保值增值、防止国有资产流失方面提出多条合理化的建议，发挥审计的积极作用。共开展审计企业项目37项，审计金额共计674.32万元，提出合理化建议34条。

【政府投资审计】 三年来，临清市审计局逐步加大政府投资项目审计力度，稳步提高政府投资效益，按照“规范投资行为、提高投资效益”的总体思路，累计审减投资额3959.55万元，多措并举加大对政府投资审计力度，切实抓好工程投资审计工作。在加强对政府投资建设项目的审计监督，保障国家建设资金的安全、合理、有效使用，促进政府投资项目资金效益的发挥等方面做大量工作，为政府和部门节约大量的财政资金。

【经济责任审计】 为加强对领导干部的监督，促进领导干部认真履职尽责，2000年成立临清市经济责任审计办公室，事业编制5人，2001年，由市纪委、审计局牵头，建立组织部、人事局、监察局主要负责人为成员的经济责任审计工作联席会议制度，2004年成立全市经济责任审计工作领导小组。三年来，共开展领导干部经济责任审计项目75项，审计查处主要问题金额总计1.085亿元，其中违规金额8624万元，管理不规范金额2224万元。审计结果报告为市委、市政府选拔、任用干部提供重要依据。2015年，按照省委组织部、省审计厅的统一部署，选派1名业务骨干人员赴曲阜、济南等地开展120名省管正职领导干部经济责任审计，优秀的表现得到上级主要领导的充分肯定。

【内部审计】 1999年起，内部审计工作贯彻管理、服务、宣传、交流的工作方针，深化改革服务的指导思想，工作中坚持抓基层，打基础、突出重点、分类指导，是内部审计工作不断取得新成绩。2005年全市为更好地推进内部审计职业化建设的进程，成立聊城内部审计协会临清分会，极大地促进内部审计事业的健康发展，实现内部审计工作的法制化、规范化、现代化建设。截至2015年年底，全市已建立内部审计机构37个，其中专职机构26个，配备内部审计人员54名，其中专职内部审计人员27名。2013年至2015年累计完成审计项目143个，查处损失浪费金额657.8万元，增收节支金额68.9万元，提出合理化建议94条，内部审计工作在履行监督和评价职能的同时，更为组织增加价值和实现可持续发展提供可靠的预测和数字的分析。

【社会审计】 1989年4月，临清市审计事务所成立，1992年12月根据全省统一要求，更名为临清市审计师事务所，1999年12月按照上级要求，进行脱钩改制，更名为临清市正清有限责任会计师事务所，2001年12月与临清联信有限责任会计师事务所合并，更名为临清联信正清有限责任会计师事务所。

【队伍建设】 青年审计干部是推动审计事业发展的中坚力量。2013年至2015年，临清市审计局以“培养一专多能复合型审计人才，推动审计事业健康可持续发展”为目标，大力加强年轻审计干部队伍建设，积极拓宽培养渠道，营造良好成长氛围，努力造就一支政治坚定、业务精通、纪律严明、作风优良、积极进取、朝气蓬勃的年轻审计团队。三年来，临清市审计局通过招考的方式共招录14名高等院校毕业的大学生，编制数增加11个，截至2015年年底，全局共有职工36人，取得中高级职称的11人，占业务干部的31%；本科以上学历28人，占全局总数的77.8%，18人取得中高级审计专业技术职称，12人通过计算机中级水平考试，形成一支学历、年龄、专业结构合理的优秀审计队伍，营造一个公开、公平、公正的成长环境。

【审计宣传】 三年来，共有300余篇稿件被各级媒体期刊予以刊登发表，多名审计人员得到中国时代经济出版社、中国审计报社和省审计厅的表彰，充分发挥连接人民群众与服务社会桥梁的宣传纽带作用。审计宣传工作为扩大审计影响，发挥审计建设性作用，营造良好的审计环境起到促进作用，同时为领导下一步科学决策提供可靠的依据。

【村级审计】 为进一步完善经济责任审计制度体系，积极推进村级经济责任审计，2015年，市委办公室、市政府办公室在全市范围内印发《关于成立镇（街道）审计所的通知》（临办发〔2015〕44号）、《乡镇审计所村级经济责任审计常见问题及审计定性和处理指南》和《村级审计指南》等文件，在全市16个镇（街道）全部设立有独立办公地点的审计所，选配65名40岁以下的专职审计所人员。村级经济责任审计的地基全面铺设完毕，为下一步农村基层组织建设和党风廉政建设奠定坚实基础。

【领导人更迭】
局　　长：冯志森
副 局 长：朱玉臣
周淑英（女）
吴学峰
肖卫东
工会主任：王秀华
总审计师：于建新
经济责任审计办公室
主　　任：赵学义
副 主 任：李　瑞
阎　勃
副主任科员：
曲春云

（周淑英　孙连甲）

市场监督管理

【机构设置】 2014年12月31日，根据临编〔2014〕22号文件《关于临清市人民政府职能转变和机构改革的实施意见》规定，将原由省垂直管理的市工商行政管理局、市质量技术监督局整合为市市场监督管理局，为市政府工作部门。2015年2月，临清市市场监督管理局正式挂牌成立。

根据临编〔2015〕11号《关于印发临清市市场监督管理局主要职责内设机构和人员编制规定的通知》文件规定，临清市市场监督管理局设12个职能科室（办公室、人事科、财务装备科、政策法规科、市场规范管理科、企业信用信息监管科、商标广告管理科、消费者权益保护科、网络交易管理科、质量管理与监督科、标准计量科、特种设备安全监察科），2个直属机构（企业注册局、公平交易局），17个派出机构（新华、先锋、青年、大辛庄、开发区、烟店、康庄、金郝庄、老赵庄、潘庄、松林、八岔路、唐园、魏湾、戴湾、刘垓子、尚店市场监督管理所），6个所属事业单位（临清市市场监督管理局市场监管执法大队、临清市消费者协会办公室、临清市个协私营企业协会办公室、临清市产品质量监督检验所、临清市计量测试所、临清市纺织纤维检验所）。全局在职干部职工200人，其中公务员及参照公务员法管理人员161人，事业人员23人，工勤人员16人。

【基本概况】 新组建的临清市市场监管局，牢固树立大局意识、发展意识和服务意识，妥善处理改革与稳定、服务与监管、主线与底线的关系，以创新求突破，以改革促发展，积极适应新形势，迎接新挑战，进一步提升服务水平，强化队伍建设，狠抓工作落实，努力营造宽松便捷的市场准入环境、公平公正的市场竞争环境、安全和谐的市场消费环境，全局上下团结拼搏，创新实干，在新的起点上迈出新的坚实步伐。多次被聊城市工商局、聊城市质监局评为优秀、先进单位，被市委、市政府授予“支持地方经济发展优秀奖”“平安临清建设先进单位”“全市安全生产先进单位”“行风建设优秀单位”等称号，注册登记窗口连续多年被评为“三八红旗集体”“青年文明号”。2015 年、2016 年，临清市市场监管局连续两年通过省级文明单位复审，获“省级文明单位”称号。2017 年，被中共聊城市委、聊城市人民政府评为“2016 年度全市安全生产先进单位”，被聊城市政府法制办、聊城市人社局、聊城市普法办评为“2015 年度全市法治示范机关（单位）”。松林市场监管所被省人社厅、省工商局、省公务员局授予 2016 年度“全省工商行政管理工作先进集体”称号。

【注册登记】 认真贯彻落实国务院安排部署，坚持把商事登记制度改革作为简政放权的“先手棋”，全力削平经济准入门槛，努力打造吸引各类经济要素聚集涌入的政策“洼地”，引导更多的社会资源转化为创业资本。根据国务院《注册资本登记制度改革方案》（国发〔2014〕7 号）规定，2014 年 3 月起，逐步展开工商登记制度各项改革，先后实施注册资本实缴改认缴、先照后证、放宽市场主体住所（经营场所）登记、企业信息年报公示制度等一系列改革措施。2015 年 10 月 1 日，开始实施“三证合一、一照一码”改革，将工商营业执照、组织机构代码证和税务登记证三证合为一证，极大地提高市场准入效率。2016 年 10 月 1 日，进一步深化商事制度改革成果，全面推行“五证合一、一照一码”登记制度改革，将工商营业执照、组织机构代码证、税务登记证、社会保险登记证、统计登记证进行整合，由注册登记一个窗口受理材料并直接核发加载统一社会信用代码的营业执照，更大程度上提高办事效率，方便办事群众。2016 年 12 月 1 日起，个体户登记也实现营业执照、税务登记证“两证整合”，商事制度改革红利惠及更多市场主体。2017 年 3 月 1 日起，全面实行企业简易注销登记改革，改登报公告为公示系统网上公告，合并简化申报文书，缩减注销手续，降低退出成本，积极构建便捷高效的市场退出机制。2017 年 9 月 1 日起，开始实施“多证合一”改革，注册登记窗口全面实行“一套材料、一表登记、一窗受理”的工作模式，企业申请人办理营业执照，只需填写“一张表格”，向“一个窗口”提交“一套材料”，在“多证合一”申请表上勾选企业需办理的涉企证照事项，受理材料后直接录入企业登记信息，多部门通过系统共享数据进行审核，审核通过后直接发放加载统一社会信用代码的营业执照，免于企业在多个部门之间来回往返。临清市市场监管局积极开展企业注册登记全程电子化及名称自主选择系统申报软件操作学习培训工作，为下一步注册登记全程电子化业务奠定基础。自商事登记制度改革以来，市场监管局积极创新服务方式，规范服务行为，严格落实首问负责制、一次告知制、限期办结制、岗位 AB 角制等制度规定，完善修订窗口办事指南及示范文书，有效提升登记服务效能，确保各项改革措施落地生根，取得实效。

2013 年至 2015 年各类市场主体户数

年度＼类型	内资	私营	农合	个体
2013 年	584	2869	1100	16106
2014 年	657	4212	1292	24344

续表

年度 \ 类型	内资	私营	农合	个体
2015年	612	5455	1346	30583

【质量管理】 临清市政府自2002年开始启动质量兴市工作，各职能部门按照实施方案有步骤、有计划地开展质量提升工作，引领广大企业、有关单位通过完善标准、品牌带动、技术支撑、质量驱动等质量发展激励机制，全面提升产品质量、工程质量、服务质量，有效推动全市经济发展提质增效，在全社会营造出浓厚的质量氛围。2015年，临清市政府组织召开全市企业发展暨质量强市工作会议并印发《临清市实施质量强市战略工作方案（2015—2020年）》的通知，重新成立以市长为组长、28个职能部门负责同志任成员的全市质量强市领导小组，新成立的市场监管局作为质量强市领导小组办公室，负责质量强市工作的综合协调。几年来，市场监管局认真做好质量培训和宣传工作，多次邀请质量管理领域的知名专家举办“质量强市”“名牌战略”等专题讲座，积极推动建立企业质量安全主体责任工作制度，引导企业建立健全质量管理体系，并逐步在大中型企业率先设立“首席质量官”制度，实行质量安全“一票否决”,全市已有31家企业实行“首席质量官”制度。加强认证认可工作，积极在质量、环境、职业健康、社会管理等领域推行管理体系认证，提升质量管理水平。大力开展标准化工作，企业积极参与标准制修订工作，抢占行业话语权，全市已有12家企业采用国际标准，中色、中冶、宇捷轴承、凯美瑞轴承等企业参与国家、行业和地方标准的制修订。截至2015年年底，临清市拥有中国名牌产品1个，山东名牌产品15个，聊城市长质量奖5个，山东省优质产品生产基地1个，国家地理标志保护产品1个，中国驰名商标1个，山东省著名商标16个，地理标志证明商标4个，国家农业标准化示范区1家，AAAA标准化良好行为企业1家，AAA标准化良好行为企业6家，服务标准化示范单位4家，其中临清市人民医院为山东省唯一一家医疗系统省级标准化示范单位。

【商标广告】 大力施商标战略，每年年初制定出年度品牌培育计划，积极鼓励、帮扶有一定知名度、社会影响较大的企业产品和服务商标申报中国驰名、省著名商标，扩大企业知名度，增强企业市场竞争力和市场占有率。深化商标专用权保护工作，重点加大对驰名商标、著名商标、地理标志证明商标的保护力度，每年对全市中国驰名商标企业、山东省著名商标企业进行回访和重点保护，严厉查处制假售假、商标侵权、“傍名牌”等侵犯注册商标专用权的违法经营行为，有效净化市场环境。加强日常广告监督管理力度，加大户外广告的发布内容的查处力度，开展违法药品、医疗广告整治工作，积极开展利用互联网发布虚假广告行为的执法检查，杜绝不良广告和虚假广告的发布。

【信用管理】 深入开展“守合同重信用”企业认定工作，引导企业增强履约守约和信用意识，截至2015年年底全市已申报成功并公示的各级“守合同重信用”企业43家，其中国家级守重企业5家，省级守重企业28家，聊城市级守重企业10家。充分发挥合同抵押登记职能，帮助企业解决融资难题，截至2017年9月底已累计办理动产抵押368件，为企业融资26.34亿元。开展合同格式条款专项整治行动，重点对群众关注的热点行业和公用事业领域的格式合同加强监督管理，严厉查处经营者利用合同格式条款免除自身责任、加重消费者责任、排除消费者合法权益的违法违规行为。

【特种设备安全监察】 特种设备安全是市场监管部门承担的一项重要职责。特种设备，是指危险性大、涉及群众生命安全的锅炉、压力容器、压力管道、电梯、起重机械、大型游乐设施、场（厂）内专用机动车辆等。为确保特种设备安全生产形势持续稳定向好，市场监管局严格落实监管责任，切实守牢安全底线，确保全市特种设备的安全运行。

创新监管服务模式，强化信息化网络平台建设，安装运行特种设备安全监管信息化平台，全面录入全市特种设备使用单位的基本信息，通过该平台可查询各企业的特种设备数量、类型、是否检验等情况，并通过系统自带的预警功能，随时了解在用设备的是否已到期需要检验，以便及时告知特种设备使用单位，督促其尽快报检，有效实现特种设备的实时动态监管。

严格落实安全主体责任，督促各特种设备使用单位签订《特种设备安全承诺书》，严格按照“三落实、两有证、一检验、一预案”的要求，督促各企业做到管理机构、人员、制度“三落实”，操作人员、设备“两有证”，设备必须检验合格，安全预案必须完善并演练，确保主体责任可对照、可检查。并及时将特种设备生产使用单位落实主体责任、违法违规情况录入市场监管企业信用信息平台，形成信用监管联合惩戒格局，倒逼特种设备生产使用单位主动落实主体责任。

认真宣传贯彻《特种设备安全法》。2013年6月29日，中华人民共和国主席令第4号颁布，2014年1月1日起施行的《特种设备安全法》，标志着我国特种设备安全工作走向科学化、法制化。临清市深入开展《特种设备安全法》的宣传工作，并积极开展各项执法检查，组织开展安全月期间安全检查、电梯安全监管大会战、危化品压力容器安全大检查、“打非治违”、涉氨制冷企业安全专项治理、特种设备安全隐患大排查快整治严执法等一系列专项整治行动，全力保障临清市特种设备安全运行。

【公平交易监管】 加大反不正当竞争执法力度，着眼群众关心、社会关注、关系民生的重大领域，以查处仿冒知名商品特有名称、包装、装潢、侵犯商标专用权、虚假宣传不正当竞争行为为重点，组织开展查处不正当竞争案件的整治行动。全力开展公用企业侵害消费者权益和重点行业商业贿赂治理工作，针对供水、供电、供气、供暖、广播电视、通信、交通运输、殡葬、银行业、医疗、教育等行业，开展集中整治公用企业限制竞争和垄断行为突出问题专项行动，努力营造公平竞争的市场秩序。加大对传销、变相传销等违法行为的打击力度，加强舆论宣传，畅通投诉举报渠道，一旦发现传销苗头，快速应对，及时出击。同时，积极配合公安、综治办等部门开展无传销社区（村）创建活动，并积极开展打击传销专项行动，依法严厉打击传销行为，始终保持打击传销的高压态势。

【市场监管执法】 扎实推进“双随机、一公开”抽查机制，认真梳理建立随机抽查事项清单、检查对象名录库、执法检查人员名录库，抽查结果通过国家企业信用信息公示系统（山东）进行公示，努力构建“一处失信、处处受限”的信用监管格局。加大成品油抽检力度，对全市加油站实现100%全覆盖抽检，切实规范市场经营主体，进一步净化和改善流通领域成品油销售市场环境。持续强化农资监管力度，以农药、化肥、农机、农膜、种子为重点检查产品，以农村及城乡接合部农资市场为重点监管区域，认真做好春秋季农资打假工作，严厉打击假劣农资坑农害农违法行为。实施工业产品生产许可证获证企业的监管工作，对全市生产许可证企业和食品相关产品生产企业进行监督检查，并组织企业向社会发布质量信用报告和年度自查报告。开展工业产品质量监督抽查工作，对日用消费品、电线电缆、建筑材料、化工产品等进行监督抽查，保障工业产品质量安全。开展重要商品抽检工作，对儿童用品、服装鞋帽等商品依法进行抽检，严厉打击售假行为，营造良好消费环境。开展“一机二器四表”（加油机、出租车计价器、衡器和水表、电能表、热量表、煤气表）专项检查，严厉查处计量欺诈等违法行为。加强对检验检测机构的监管工作，督促检验检测机构严格按照流程开展工作，加大对强制性认证产品的执法力度，严厉打击未通过强制性认证生产销售强制性认证产品违法行为。积极做好网络商品交易监管工作，依托网络交易监管服务平台，做好网络经营主体经济户口搜索建档工作，严厉打击通过互联网销售假冒伪劣商品、发布虚假广告和侵犯商标专用权等违法行为，维护消费者合法权益，筑牢网络交易违法的“防火墙”，促进网络市场健康有序发展。

【检验检测机构】 临清市产品质量监督检验所建筑面积550平方米，实验室面积400平方米，主要仪器设备40多台（套），内设有业务接待室、电机检测室、建材检测室、内燃机配件检测室，可以对电机、曲轴、汽缸套、建材等17个产品190个参数进行检验，出具公正性数据。

临清市计量测试所实验室面积270平方米（恒温实验室220平方米），现有各种检测设备120余台套。实验室划分为长度检定室、电能表检定室、电子天平检定室、压力表检定室、医疗设备检定室、衡器检定室、定量包装商品净含量检验室、燃油加油机检定室8个工作室，开展有长度三项、燃油加油机、血压计、医用超声源、心电图机、压力表、天平、衡器、电能表、分光光度计、酸度计、常用玻璃量器、定量包（灌）装机、出租车计价器等40余种计量器具的检定、校准、检验服务。

【消费者权益保护】 以机构改革为契机，积极健全工作机制，规范工作流程，整合12315消费者投诉举报电话和12365质量监督投诉电话两条热线，成立投诉举报维权中心集中受理各类咨询投诉举报，建立健全消费者咨询投诉首问负责制、受理投诉限时办结制、受理投诉分流制、投诉案件处理督办制、投诉信息反馈制、重劣违法案件移交制等消费纠纷处理机制，大幅提高消费者权益保护工作效率。并在市区大型商场、超市推行消费纠纷“先行和解”机制，努力将消费纠纷和解在企业、化解在源头，有效提升申诉举报处置效率。认真开展3•15消费维权宣传服务活动，2013年以来，先后开展“让消费者更有力量”“新消法新权益新责任”“携手共治、畅享消费”“新消费我做主”“网络诚信消费无忧”为主题的“3•15国际消费者权益日”宣传活动，接连进校园、进商场、进社区，通过制作宣传展板、印发宣传材料、现场接受咨询向广大群众宣传消费维权知识，提高消费者识假辩假能力，激发全社会共同关心、共同参与消费维权工作的动力和热情。为弘扬诚信经营，引导企业自觉承担社会责任，每年积极指导符合条件的企业报名参评“聊城市消费者满意单位”，2017年临清市10家企业获此称号。

【宣传活动】 每年认真组织开展好6月“安全生产月”、9月“质量月”“3•15国际消费者权益日”“4•26知识产权宣传日”“5•20世界计量日”“6•9世界认可日”“10•14世界标准化日”“12•4国家宪法日暨全国法治宣传日”等各专项法律法规的宣传日、宣传周和宣传月活动，通过举办座谈会、制作展板宣传栏、悬挂宣传横幅、设立咨询服务台、发放宣传资料等多种方式，广泛宣传《消费者权益保护法》《广告法》《特种设备安全法》等市场监管工作相关法律法规，进一步增强市场主体守法经营意识和广大群众依法维权意识。

【队伍建设】 市场监督管理局积极适应体制改革后的新形势和新任务，面对当前市场监管岗位职能需要，围绕全市中心工作，着力培养执法队伍重学习、懂法规、会监管、能办案、有经验、善创新的能力素质，通过强化队伍建设，全面增强干部职工履行岗位职责的能力，切实维护辖区市场健康发展。

做好融合文章，对执法资源进行集约配置和结构优化，最大限度地发挥各类专业人员的专长。大力加强机关文化建设，提炼核心价值观和工作思路，形成共同的职业信仰和追求，努力凝聚队伍的精神，增强市场监管全体干部职工的认同感和向心力，创造全局上下齐心、气顺、劲足、实干的良好工作氛围。

加强理论教育，建立周五例会学习制度，并在此基础上开设“市场监管大讲堂”，结合市场监管面临的新形势、新任务、新要求，邀请各领域专家讲师前来授课，通过推进学习教育工作的常态化、制度化，深化理论学习和工作实践的契合，达到提高能力，促进工作的目的。

强化业务培训，以提高干部学习能力、实践能力、创新能力为核心，广泛开展以脱产培训、网上练兵为主渠道的全员教育培训活动，建立健全素质提升机制。截至2015年年底，全局大专以上学历干部职工占在岗职工的比例为98%，队伍整体素质稳步提高。

完善制度保障，把健全和完善制度建设作为规范管理的着力点和支撑点，对财务管理、车辆管理、机关考勤、请销假、绩效考核等规章制度重新进行修订，用制度管人、流程管事，让各项工作有章可循，促进干部队伍明纪知止、明职知为，实现作风全面抓变、素质全面提高。

【领导人更迭】

原工商行政管理局

局　　长：王忠晗（2014.12止）

副 局 长：张文生（2015.02止）

尹卫东（2015.02止）

主任科员：潘淑文（2015.02止）

纪检组长：刘洪涛（2015.08止）

党组书记：王忠晗（2014.12止）

党组副书记：

潘淑文（2015.02止）

党组成员：张文生（2015.08止）

尹卫东（2015.02止）

刘洪涛（2015.08止）

原质量技术监督局

局　　长：王光峰（2015.02止）

副 局 长：相东旭（2015.02止）

宫福瑞（2015.02止）

闫咏梅（2015.02止）

纪检组长：黑亚青（2015.08止）

党组书记：王光峰（2015.02止）

党组成员：相东旭（2015.08止）

宫福瑞（2015.08止）

黑亚青（2015.08止）

市场监督管理局

局　　长：王光峰（2015.02起）

副 局 长：尹卫东（2015.02起）

张文生（2015.02起）

相东旭（2015.02起）

宫福瑞（2015.02起）

闫咏梅（2015.02起）

主任科员：潘淑文（2015.02起）

党组书记：王光峰（2015.02起）

党组副书记：

尹卫东（2015.02起）

潘淑文（2015.02起）

党组成员：张文生（2015.08起）

相东旭（2015.08起）

宫福瑞（2015.08起）

刘洪涛（2015.08起）

黑亚青（2015.08起）

程冬梅（2015.08起）

（尹卫东　李　璐）

安全生产监督管理

【机构设置和概况】 2001年11月8日，按照鲁政办发〔2001〕50号和参照聊编〔2001〕22号文件精神，临清市机构编制委员会印发《关于成立临清市安全生产监督管理局的通知》（临编字〔2001〕17号），正式成立临清市安全生产监督管理局，定为正科级事业单位，编制8人，配科级领导职数1正2副。

2002年9月，机构编制委员会印发《关于各乡、镇、街道设置安监机构的通知》（临编办字〔2002〕9号），在各乡、镇、街道建立“安全生产监督管理办公室”，为股级事业单位，定编2人，设主任1名，副主任1名，可根据工作需要增设工作人员。

2004年11月，印发《关于印发〈临清市安全生产监督管理局职能配置内设机械和编制方案〉的通知》（临编字〔2004〕13号），批复成立临清市安全生产执法监察大队，核定编制10人，隶属市安监局领导，配备领导职数1名。

2006年10月，编委印发《关于乡、镇、街道和市直有关部门设置安全生产执法监察中队的通知》（临编字〔2006〕13号），在乡镇、街道和市直有关部门建立“安全生产执法监察中队”，为股级事业单位，与安全生产监督管理办公室为一套机构，两块牌子，业务上受市安监局和市安全生产执法监察大队的领导。

2011年3月，政府办公室印发《关于印发临清市安全生产监督管理局主要职责内设机构和人员编制规定的通知》（临政办发〔2011〕40号），对局职责进行调整，文件规定人员编制：市安全生产监督管理局机关行政编制11名，工勤人员编制2名。配备局长1名，副局长3名。内设机构为办公室（挂人事科牌子）、规划科技科、工矿商贸安全监督管理科、危险化学品安全监督管理科、职业安全健康监管管理科。

2011年7月，机构编制委员会办公室印发《关于临清市安全生产监督管理局成立综合监督管理科的批复》（临编办字〔2011〕13号）文件：根据工作需要，经研究：同意你局成立综合监督管理科，为股级内设科室，所需人员由你局内部调剂解决。

2012年12月，机构编制委员会办公室印发《关于市安全生产执法监察大队申请设立内设机构的批复》（临编办字〔2012〕34号）文件：为进一步加大安全生产执法监察力度，预防和减少各类安全生产事故的发生，维护社会稳定，保障人民生命和财产安全。经研究，同意市安全生产执法监察大队内设综合执行室、执法监察室和监督审查室三个科室，配备股级职数4名。

2015年8月，机构编制委员会印发《关于明确市农业局等部门机构编制事项的通知》（临编〔2015〕16号）文件：为进一步增加环保、安监部门执法力量，更好履行监管职责，为市安监局、市环保局各增加2名行政编制，增加编制后，市环保局行政编制13名，市安监局行政编制13名。

2015年11月，机构编制委员会印发《关于完善全市安全生产监管机构有关事宜的通知》（临编〔2015〕25号）文件：在市安监局综合监督管理科加挂应急救援监督管理科牌子。为市安监局安全生产执法监察大队增加全额事业编制4名，增编后安全生产执法监察大队全额事业编制20名；在安全生产执法监察大队内设4个中队，分别为：安全生产执法监察大队一中队、安全生产执法监察大队二中队、安全生产执法监察大队三中队、安全生产执法监察大队四中队。各中队所需人员从市安监局安全生产执法监察大队内部调剂解决。

【监管机制和体制建设】 临清市政府每年年初结合镇、街道和市直部门的变动情况，适时调整安全生产委员会成员。多次组织召开安全生产专题工作会议，结合具体形势分析研究安全生产工作。市委、市政府每次召开大型综合性会议，都把安全生产工作作为一项重要工作进行安排部署，并在经济工作会议、市委全委会、人代会《政府工作报告》中进行安排部署。在市委常委会、市政府常务会议和市长办公会议上都专门研究安全生产工作，解决工作中遇到的困难和问题。按照“党政同责、一岗双责、齐抓共管、失职追责”的要求，新成立由市委书记和市长同时任主任，市委班子成员和市政府班子成员为副主任，市直有关部门主要负责同志为成员的市安委会，强化市安委会监督指导、综合协调职能，形成强大的工作合力。市政府和各镇（街道）、各分管市与分管部门签订安全生产目标责任书。同时，要求镇（街道）与社（管）区、辖区企业，部门与所管行业企业，以及企业内也要层层签订责任书，落实安全生产责任，强化一岗双责责任制。

对全市重大危险源的监督管理，从深入企业一线不间断检查，动态信息互通互报，到现在的依靠安全生产隐患排查治理和信息平台，实现大的跨越。到2015年年底，按照上级有关部署和文件精神，全市县级信息平台良好运行，录入完成全市676家企业基础信息更新完善工作。对企业排查治理隐患、行政执法、重大危险源实时监控预警等做到实时监控，完成各项指标任务。

【安全生产创建活动】 深入开展“安全标准化”“安全文化示范企业”“安全社区”等各类安全建设活动。2013年以来，临清市魏湾镇、大辛庄街道、先锋路街道、老赵庄镇人民政府、金郝庄镇5个镇（街道）先后通过省级安全社区创建工作；另有临清市三和纺织集团有限公司、中色奥博特铜铝业有限公司、中冶纸业银河有限公司等8家工贸企业通过省二级安全生产标准化验收，177家工贸企业通过市三级安全生产标准化验收，9家工贸企业通过小微企业安全生产标准化验收。

【安全生产宣传教育】 安全生产月是安全生产宣传教育的一项重要内容，临清市安监局认真贯彻落实国家安监局、省安监局关于安全生产宣传工作的部署，深入开展安全生产“大宣传”，着力打造全方位、多渠道、复合式宣传平台，强化新闻宣传报道工作，有力推动形成临清市安全生产宣传工作新常态，在全市上下营造重视、支持安全生产工作的良好氛围。

加强组织领导。坚持把安全生产宣传教育纳入重要议事日程，与安全生产重点工作同研究、同部署、同落实；组建一支强有力的安监系统宣传队伍，调动和发挥各镇（街道）安监人员搞好宣传工作的热情和积极性，加强沟通协作，形成宣传合力；建立健全激励机制，加大宣传费用投入，配强配齐人员，兑现奖惩，为安全宣传工作顺利开展提供强有力的保障。

巩固宣传阵地。充分利用传统媒体的报纸、期刊、电视、广播，以及新媒体的网站、微信公众号等，加强正面宣传引导，挖掘宣传典型，及时曝光非法违法的生产行为，充分发挥舆论监督作用。

突出宣传重点。进一步宣传贯彻习近平总书记、李克强总理等中央领导有关安全生产的重要讲话精神，省市关于安全生产工作的重大决策部署，以及推动落实新《安全生产法》宣贯等重点工作进展情况。贯彻宣传新《安全生产法》。新《安全生产法》施行以来，充分利用电视媒体、手机短信、悬挂横幅、张贴标语等形式向广大群众宣传新《安全生产法》，形成浓厚的宣传氛围，提高广大市民对安全生产的认识度。开展安全生产宣传教育百日行动。以安全生产“五进”为主要内容，共发放“明白纸”11万份，制作宣传标语800余条，悬挂条幅90条，制作展板40个，有效提高广大人民群众的安全意识，在全市营造“关爱生命、关注安全”的舆论氛围。组织开展“安全生产月”活动。深入开展习近平总书记安全生产重要论述和依法治安集中宣传活动、“6.16”全国安全生产宣传咨询日、安全生产法治宣传学习、安全事故警示教育等活动，开展群众性安全生产活动、安全文化书法绘画摄影有奖征集活动。安全月期间，开通微信公众平台，通过微信平台广大市民能够及时了解安全生产新形势、新动态，给安全生产宣传交流提供便利条件。通过一系列的宣传教育活动，全民安全生产意识进一步提高。

【安全生产执法监察】 深入开展粉尘作业和使用场所防范粉尘爆炸大检查活动。根据省、市文件精神，持续开展粉尘作业和使用场所防范粉尘爆炸检查活动，主要排查粉尘作业场所和粉尘使用场所的管理制度、安全责任、教育培训、使用管理、应急处置等方面存在的安全隐患，2013 年来共检查生产经营单位 763 家，查出各种安全隐患 2265 条，全部整改到位。通过自查自改、监督检查、明察暗访等方式有效防范和遏制粉尘爆炸事故的发生。

组织开展危险化学品装置设施和关键环节专项检查活动。对全市涉及“两重点一重大”的危化品生产企业、构成重大危险源带有储存设施的危化品经营企业进行全覆盖的检查。对未构成重大危险源带有储存设施的危化品经营企业进行抽查。为深刻吸取日照石大科技石化有限公司液化氢储罐泄露爆炸事故教训，对涉及“两重点一重大”（重点监管危险化工工艺、重点监管危险化学品和重大危险源）的危化品企业进行专项检查，主要检查“两重点一重大”企业的装置设施安全、危化品道路运输环节的安全以及燃气安全专项检查。检查组对全市重点企业、重点区域进行集中检查，对检查出的隐患和问题依法依规进行处理，确保不出现生产安全事故。

认真开展安全生产大检查、“打非治违”专项整治工作。坚持预防为主，关口前移，深入开展安全生产领域“打非治违”专项行动，明确各领域牵头部门，完善联动机制，实施联合执法，严厉打击安全生产领域非法违法生产经营建设行为，全面彻底治理各类非法违法行为。全市安全生产大检查共检查企业 611 家，排查安全隐患 3765 处，其中立即整改 1726 处，下达隐患整改指令书 776 份。

大力开展重点时期、重点领域的安全隐患排查工作。为保证节日期间安全生产形势持续稳定，确保全市人民度过一个平安、欢乐、祥和的节日，就节日期间的安全生产工作进行一系列部署。切实落实监管责任和企业安全生产主体责任。采取有效措施，强化节日期间的安全生产监督管理工作。各镇（街道）和相关部门针对节日期间安全生产工作特点，突出事故易发多发的重点行业领域，深入推进安全专项整治，强化源头治理，堵塞安全漏洞，消除事故隐患。切实加强节假日期间值班值守工作。严格执行领导干部到岗带班和 24 小时值班制度，确保通讯畅通。加强应急救援队伍建设，搞好物资储备，确保一旦发生事故能够得到及时有效救援，减少事故损失。严格执行事故信息报告制度。做好生产安全事故和其他紧急突发事件的信息报送和处理工作，确保事故信息和其他重要信息及时、准确上报。

【领导人更迭】

局　长： 李德贤

副局长： 史志胜

陈　蔚

商先勇

（陈　巍　王子龙）

食品药品监管

【机构设置】 2014 年，按照省、市、县食品药品监管体制改革有关部署要求，重新组建临清市食品药品监督管理局（挂临清市食品安全委员会办公室牌子），为市人民政府工作部门，负责对生产、流通、消费环节的食品安全和药品的安全性、有效性实施统一监督管理，承担着市食品安全委员会的具体工作。内设 8 个职能科室，分别是办公室、食品生产监管科、食品流通监管科、餐饮服务食品监管科、保健食品化妆品监管科、药品市场监管科、医疗器械监管科、临清市不良反应监测中心，行政编制 94 名，其中，局机关行政编制 14 名，镇（街道）食品药品监督管理所行政编制 80 名（每个基层食品药品监督管理所 5 名）；工勤人员编制 2 名。临清市食品药品稽查大队核定事业编制30名，配备大队长1名（副科级），副大队长2名（正股级）。

【工作概况】 2013年以来，临清市食品药品监督管理局（以下简称：市食药监管局），始终坚持以人为本，把保障食品药品安全作为解决民生问题、共建和谐的大事来抓，创新监管机制，落实监管责任，提高监管效能，转变工作作风，为保证人民群众饮食用药安全、促进全市食品医药事业健康有序发展提供有力保障。

严格履行食品安全监管职责。坚持"谁监管、谁负责"的原则，建立和完善"地方政府对食品安全负总责、监管部门各负其责、生产经营者为第一责任人"的责任机制，初步形成"以块为主、条块结合、权责一致、责任明晰、齐抓共管"的工作格局。切实强化重点区域、环节、时段的监管。重点区域，加大对市内农贸市场、批发市场、中小学幼儿园食堂、建筑工地食堂、企业食堂的监督检查力度，强化食品安全检验检测。重点是强化学校幼儿园食品安全监管。加大对食品批发市场和小食杂店的监管力度，严防不合格食品流入市区、校园和企业。重点时段，抓好中秋、国庆、元旦、春节等法定节假日和市里重大活动期间的食品安全监管工作。

切实规范药品、药械市场秩序。先后开展非药品冒充药品、广告药品、中药饮片、医疗器械（定制式义齿、避孕套）、含麻黄碱类复方制剂、终止妊娠药品、高风险品种中药饮片、明胶空心胶囊和胶囊剂药品、酮康唑口服制剂、麻醉药品、精神药品、医疗用毒性药品、体外诊断试剂、终止妊娠药品、高风险医疗器械等专项检查活动。在专项整治中，以规范企业经营行为为主，发现企业存在的一般的规范性问题，责令企业及时整改，督促提高。发现销售假劣药械、非法购销药品、严重违反GSP管理规定等违法行为，则依法予以查处。

全面加强执法队伍建设。以开展党的群众群众路线教育实践活动为契机，对机关内部原有规章制度进行规范和完善，结合实际制定《重要问题和重大事项集体决策制度》《重大决策责任追究制度》《集中学习制度》《干部职工请销假制度》等若干制度，从制度上加强对党员干部的监督管理，形成用制度规范从政行为，按制度办事、用制度约束人的机制。

多渠道广泛宣传。结合监管工作重点，以"食品安全宣传周""3.15"消费日、药品安全月等活动为载体，采取设置咨询点、散发宣传材料、电视台等宣传媒介宣传食品药品安全科普知识，群众知晓率、满意度、参与意识及自我保护意识明显提高，优化食药安全监管工作环境。同时，依托电子政务办公系统，建立完善食品药品监管门户网站，实现食品药品监管的政务公开。

【食品药品稽查】 突出重点，组织开展一系列的食品安全专项行动。组织开展全市学校幼儿园食堂食品安全大检查。为切实保障广大学生儿童饮食安全，督促学校幼儿园强化主体责任，落实食品安全管理制度，规范食品加工制作过程，定期排查食品安全隐患，提高食品安全保障水平。组织开展农村食品安全监管及专项整治行动。结合上级统一部署，按照"先行治标、重在治本、深挖源头、净化市场"总原则，进一步加大农村食品安全监管力度，规范农村各类食品生产经营行为，深挖假劣食品生产加工源头，严厉打击生产源头违法犯罪行为，引导农民参与食品安全监督，切实提高农村食品安全保障水平。组织开展餐饮服务食品安全专项整治活动。对餐饮服务单位，重点是带有婚宴功能的大型饭店、学校食堂、快餐店、烧烤店、建筑工地等餐饮服务单位进行集中清理整顿。重点检查食品加工场所尤其是凉菜加工间的卫生条件，餐具、饮具和器具清洗消毒情况和一次性消毒餐具使用情况、专职或者兼职食品安全管理人员培训和配备情况，从业人员健康检查制度，索证索票制度落实情况。规范农贸市场监管，保障群众"菜篮子"食品安全。加大监管力度，严格督促农贸市场开办者履行管理责任，建立和落实农产品入场登记、固定摊位、质量抽检、监督报告等措施，严肃查处农产品市场开办者和农产品经营者未按规定履行管理责任和违法从事经营活动的行为。开展小餐饮、小饭桌学校集体食堂专项整治行动。督促学校周边200米食品店、餐饮店、食品摊贩自觉守法经营、执行规范标准，切实保障广大学生儿童饮食安全。对达到许可条件的，办理证件，对达不到许可条件的，采取实名备案，纳入监管范围。

强化药械安全监管，规范药械市场秩序。先后开展中药饮片、医疗器械（避孕套）、体外诊断试剂、终止妊娠药品、高风险医疗器械等专项检查活动。在专项整治中，以规范企业经营行为为主，发现企业存在的一般的规范性问题，责令企业及时整改，督促提高。发现销售假劣药械、非法购销药品、严重违反GSP管理规定等违法行为，则依法予以查处。组织开展疫苗质量监督检查。对疫苗进、出台账，疫苗冷藏、冷冻仓库、疫苗运输冷链车、温湿度监控记录及对各接种点的检查记录进行查看，确保全市疫苗的源头质量安全。开展以体验为名无证经营医疗器械或经营无注册证医疗器械的专项检查活动。着重检查经营者是否取得《医疗器械经营企业许可证》，已取得《医疗器械经营企业许可证》的企业是否合法经营；产品是否从合法企业购进、是否有产品注册证和合格证明；是否存在擅自夸大宣传医疗器械适用范围，误导、诱导消费者等违法违规行为。

【食品药品检验管理】 药品。2013年全年快检批次总数为400批次，全年日常监督抽验上送批次总数为90批次。2014年全年快检批次总数为380批次，全年日常监督抽验上送批次总数为103批次。2015年全年快检批次总数为500批次，全年日常监督抽验上送批次总数为120批次。

食品。2015年，食品监督抽检共计171批次。抽样工作按城市和农村市场抽样比例1∶1进行。监督抽检行动的样品将交由权威第三方检测机构进行检测，及时公布抽检结果，确保辖区内食品安全。

【行政许可管理】 三年来，共办理餐饮服务许可证、食品流通许可证（2015年年底统称食品经营许可证）2798个。2013新开办药品零售企业初审14家，变更许可内容5家，换证初审3家。2014新开办药品零售企业初审63家，变更许可内容7家，换证初审9家。2015新开办药品零售企业初审47家，变更许可内容61家，换证初审1家。

【队伍建设】 全面推进食品药品机构改革。2014年4月30日，按照省、市、县食品药品监管体制改革有关部署要求，市食药监管局及时进行职能调整，将临清市质量技术监督管理局食品生产加工环节的食品安全监管职能、临清市工商行政管理局食品流通环节的食品安全监管职能划入市食药监管局。划转工作人员26人，其中行政人员18人、事业人员8人。2015年11月，从各镇（街道）选调工作人员25人。机构改革期间，该局主动沟通，积极理顺部门间食品药品安全监管职责关系，确保平稳过渡。

加强学习，努力提高依法行政水平。市食药监管局结合食品药品监督管理工作实际，认真组织全体干部职工学习《国务院关于印发全面推进依法行政实施纲要的通知》和《行政许可法》《行政处罚法》《药品管理法》《食品安全法（修订草案）》和《医疗器械监督管理条例》等法律法规，同时，邀请聊城市食品药品监督管理局相关科室负责同志，对局机关和乡镇监管所全体执法人员进行相关法律、法规等方面的培训，有效提高全市食品药品监管执法人员的执法能力和综合素质。

加强制度建设，规范机关内部管理。严格

遵守国家有关规定，对行政罚没收入，严格执行罚缴分离制度。以开展党的群众群众路线教育实践活动为契机，对机关内部原有规章制度进行规范和完善，结合实际制定《重要问题和重大事项集体决策制度》《重大决策责任追究制度》《集中学习制度》《干部职工请销假制度》等若干制度，从制度上加强对党员干部的监督管理，形成用制度规范从政行为，按制度办事、用制度约束人的机制，有效地促进食品药品监管工作的开展。

【其他工作】 培植载体，积极创建“双百”放心工程。将创建100家放心药店、100家放心餐馆饭店作为“双百”放心工程，并列入2013年惠民十件实事之一。积极开展创建工作，成立以局长为组长的领导小组，将创建任务层层分解到科室、到个人，实行严格的创建工作责任制。组织召开全市“双百”放心工程动员大会，制定具体可行的实施方案，明确放心餐馆、药店的标准，每月汇总通报创建情况。100家餐馆、100家药店顺利通过验收。

创新思路，聘请特邀监督员共治食品药品安全。为提高全市食品药品安全水平，加强社会动员，促进食品药品安全由单纯依靠政府部门监管向多元主体参与的社会共治转变，在市人大、市政协、组织部的支持下，市食药监局从“两代表一委员”中聘请20名特邀监督员，10月11日，市食药监局会议室里，来自“两代表一委员”（党代表、人大代表、政协委员）的食品药品安全特邀监督员踊跃发言，为全市食品药品安全建言献策，积极参与食药监工作，形成食品药品安社会共治的新局面。

【领导人更迭】

党组书记： 王保荣（2014.11止）

唐明慧（2014.11起）

党组副书记：

王保荣（2014.11起）

杨永平（2014.11起）

局　　长： 唐明慧

副 局 长： 王保荣

王顺青（女）

宋丙军

吴庆勇（2014.11止）

主任科员： 吴庆勇（2014.11起）

工会主任： 姬文娟（女）

副主任科员：

李淑红（女）

食安办主任：

唐明慧（2014.11起）

食安办副主任：

王保荣（2014.11起）

杨永平（2014.11起）

王顺青（女，2014.11起）

宋丙军（2014.11起）

（杨永平　代　静）

农 业

综 述

【机构设置及基本情况】 临清市农业局成立于1950年，成立之初称临清镇农建科，1984年三月改为临清市农牧渔业局，1988年1月机构改革时，撤农牧渔业局，分别成立农技、畜牧、水产三个中心，1996年2月恢复农业局，为正科级单位，为政府组成部门。主要职能有：农业、畜牧业新技术、新品种的推广、农村经济管理、大田农作物病虫害预测预报与防治、畜禽防疫、检疫、防治和农业、畜牧业法律、法规的贯彻、落实及行政执法任务。2014年12月31日，临清市机构编制委员会（临编〔2014〕22号）关于临清市人民政府职能转变和机构改革的实施意见：临清市农业局为临清市人民政府设置的24个部门之一，并将市农业办公室、市棉花和多种经营办公室、市农业机械管理局、市畜牧兽医局、市水产局、市农业广播学校的行政管理职责整合划入市农业局，调整市棉花和多种经营办公室、市农业机械管理局、市畜牧兽医局、市水产局、市农业广播学校为市农业局所属事业单位。

【国有农场建设】 临清市农业局下辖三个农场：临清市种羊场、棉花原种场、粮食良种场。农业三场先后建于20世纪60年代。历年来，除种植粮食作物外，也养殖种羊等牲畜。近年来，农业三场逐渐转型为纯农田种植。现在农业三场有土地2800余亩，并响应国家及农业市场政策，种植小麦良种及玉米良种。日常工作中，大力争取政策和资金支持，加大对农业的支持保护力度，夯实农业基础。农业三场在2008年到2015年来，粮食产量平均达到亩产1000斤，为农民增收做出突出的贡献。

农业三场共有职工50余人，其中党员占有一半。日常工作之余，积极参加农业局的各种党员会议、学习等活动。积极落实各项工作制度，为农场发展做出突出的贡献。农业三场人员积极创新管理机制，推进土地规模经营，进一步加强农业生产管理工作，坚决克服“以包代管”和“种地由民”的错误思想，紧跟形势，抓住机遇，创新农业管理机制，积极引导农场土地向场内种田能手和种田大户集中、向具有一定规模生产经营能力的合作组织集中，逐步改变一家一户分散经营的生产模式，发展土地规模经营，实行农作物区域化连片种植。要把土地承包工作与农业管理体制创新和种植业结调整有机结合起来，科学编制农作物年度种植规划，机动田承包者必须按照种植规划的要求参与土地承包、从事农生产经营、实行区域化连片种植。

【农村能源】 临清市根据实际确定以农村能源建设为核心的农村发展思路，并把发展农村循环经济、建设节约型社会、改善农村环境，提高农村生活水平、实施农业可持续发展作为大事，通过政策扶持、典型示范等措施，推动临清市农村能源的建设步伐。

2013年至2015年，临清市农业局共承担500个户用沼气池的建设任务，均进行“一池两改”，沼气后续服务网点10处。在农村建一个8-10立方米的沼气池，其产出的沼气可用于做饭、照明，能大量节约柴火、煤、液化气、天然气等，沼气池产气后的沼液、沼渣是一种完全腐熟的高效无害的有机肥，在农业生产上推广应用，可以明显降低作物化肥、农药施用量，减轻农产品的污染，提高农产品的品质，增强农产品的市场竞争力，提高农业综合效益，促进农民增收。

截至2015年，秸秆综合利用率达到85%。临清市农作物秸秆理论资源量约100万吨，实际可有效采集的秸秆总量约80万吨。主要用于以下主要领域：秸秆肥料化利用。通过鼓励农民使用秸秆粉碎还田机械等方式，有效提高秸秆肥料利用率。秸秆饲料化利用。秸秆含有丰富的营养物质，4吨秸秆的营养价值相当于1吨粮食，可为畜牧业持续发展提供物质保障。秸秆原料化利用。秸秆纤维是一种天然纤维素纤维，生物降解性好，可替代木材作用于造纸、生产板材、制作工艺品、生产活性炭等，也可替代粮食生产木糖醇等。

【生态农业建设情况】 高效循环农业加快发展。2013年来，临清市农村新能源建设力度加大，发展较快，全市共建设完成户用沼气项目5000余口，累计节煤400余吨，相当于节约标煤1200余吨，农业秸秆综合利用率达到80%以上，全市农业病虫害生物综合防治面积达到70%，测土配方施肥面积达到95%，基本形成可持续的发展局面。

农产品“三品一标”认证工作成效显著。2013年至2015年，全市获得绿色食品证书79个，地标证书1个。有效“三品一标”种植基地面积达6.2089万亩。

农业面源污染得到一定控制。大力推广测土配方施肥技术。积极组成测土配方实验专家小组，进行实地测土、化验，结果分析，因地制宜制定配方，指导农民施用，同时推广有机肥，从而最大限度地减少化学肥料的投入量，全市配方施肥应用面积达100万亩，推广配方肥1000余吨，对降低化肥污染，保护农村环境具有积极的意义。

积极搞好地膜使用与回收利用情况调查工作。2014年12月，临清市农业局承担2014年度山东省农业面源污染调查工作，对全市16个镇（街道）耕地面积、园地面积、主要种植模式名称及种植面积、地膜使用与回收利用情况等进行全面清查，为上级业务部门对临清市的数据进行分析提供参考依据。

农作物秸秆综合利用水平得到提高。推广利用秸秆综合利用技术，减少秸秆焚烧。积极宣传新技术，修建沼气工程，推广沼气、沼液、沼渣综合利用技术、秸秆还田技术，全市共完成户用沼气项目近5000余个，大大提高作物秸秆的利用率，减少小麦秸秆和玉米秆的焚烧，从而降低大气污染。同时为农村居民提供新的清洁能源提高农村居民的生活水平。

【农村劳动力转移】 为加强全市人才队伍建设，努力提高农业科技人才队伍的整体素质适应农业产业机构调整的需要，按照上级要求，自2006年开始在临清范围内实施劳动力转移培训“阳光工程”项目，该项目以劳动力市场需求为导向，以提高农民转产转岗就业技能为重点，以促进农村劳动力转业就业和增加农民收入为目标。“阳光工程”项目自2006年至2013年连续开展6年，2010年以前的项目重点在农村劳动力转移上，通过阳光工程培训，全市共计转移农村劳动力9700人。2010年到2013年根据农民实际需求，调整“阳光工程”培训重点，通过实地调研，由原来的以劳动力转移为主调整为农村急需专业人才的技能培训为主，开设农民真正需要的专业，让农民掌握实用的“一技之长”并且积极帮助他们参加技能鉴定拿到国家承认的技能证书，四年内全市开展农业职业技能培训21个专业共计4600人，实现农村人才资源开发与农村经济社会协调发展，转移培训工作取得较好的成绩。2014年到2015年开展新型职业农民培育工程项目，该项目以造就有文化、有技能、善经营的现代新型职业农民为目标，以提高农民专业技能、培育现代农业经营主体为重点，大力实施技术技能培训，努力打造一支符合现代农业发展需要的新型职业农民队伍，为发展现代农业提供强有力的人才支撑。2014年至2015年共培育新型职业农民1200人。

【农业科技】 自2009年以来，临清市积极争取承担实施小麦、玉米高产创建项目、小麦规范化播种技术示范推广项目、小麦宽幅精播高产栽培技术、小麦一喷三防技术、玉米“一增四改”高产栽培技术示范推广项目等多项农业科技推广项目。小麦高产创建、规范化播种、宽幅精播技术推广项目的实施，是依靠科技挖掘增产潜力，通过高产示范带动，促进全市小麦生产水平进一步提高。主要推广小麦氮肥后移高产栽培技术、宽幅精播、病虫害综合防治、机械化收割等技术，各种先进实用技术的推广应用使田间生态环境明显改善，项目区的粮食综合生产能力进一步提高，经济、社会、生态效益显著。玉米高产创建、“一增四改”高产栽培技术示范推广项目的核心是集成先进实用技术，应用农业科技新成果和调动地方人才的积极性，挖掘生产潜力，提高单位面积产量，增加总产，进而扩大辐射带动面，主要推广玉米一增四改、秸秆还田、病虫害综合防治、玉米适时晚收等技术。技术项目的顺利实施充分展示夏玉米高产优质品种及配套技术的增产潜力，提高玉米生产的科技含量，辐射带动周围地区玉米增收增产，对于尽快实现夏玉米亩产千斤省总体目标，弥补玉米供需缺口具有重要意义。2012年至2015年间为深入推进临清市农业现代化的发展，强化农业科技推广应用，临清市开展基层农技推广补助项目，该项目围绕主导产业，根据农业产业发展实际和农民的科技需求，通过实地调研，在广泛征集意见的基础上，经过专家遴选，科学论证，确定每年农技推广项目的主导产业、主推品种（类）和主推技术。各镇（街道）结合当地产业特色选择适宜的品种和技术，组织开展农业科技示范推广和宣传培训，指导广大农民应用，为加快现代农业发展提供科技支撑。

【主要粮食作物】 粮食主要作物有小麦、玉米等。小麦是临清第一大粮食作物，在保证社会稳定和促进农业经济发展中起着重要作用。2012—2015年推广的小麦品种全部为优质小麦，主要品种有济麦22、良星77、良星99等。2012—2015年小麦每公顷产量平均为6367-6550公斤。粮食补贴大大激发农民种粮的积极性，2012—2015年小麦种植面积逐年增加，2012年全市小麦种植面积为41144公顷，2015年全市小麦种植面积44733公顷。玉米用途广泛，种植玉米省时省工，主推郑单958、浚单20、登海605等高产优质玉米品种。2012年全市玉米种植面积为43790公顷，2015年全市玉米种植面积42200公顷。2012—2015年玉米每公顷产量平均为5525—6968公斤。

2012—2015年临清市小麦生产情况统计表

年份	面积（公顷）	单产（公斤／公顷）	总产（万吨）
2012	41143.8	6367	26.2

续表

年份	面积（公顷）	单产（公斤／公顷）	总产（万吨）
2013	40760	6378	26
2014	43146.7	6524.4	28.15
2015	44733.3	6550.5	29.3

2012—2015年临清市玉米生产情况统计表

年份	面积（公顷）	单产（公斤／公顷）	总产（万吨）
2012	43789.53	6714.20	29.4
2013	42786.67	5524.65	23.65
2014	43068.27	6967.50	30
2015	42200.00	6812.80	28.75

【种植业】 临清市把粮食生产放在发展现代农业的首位，以实施耕地地力保护补贴和高产创建活动为契机，稳定播种面积，优化品种结构，提高单产水平，不断增强粮食综合生产能力。全市粮食生产呈现出以下特点：小麦单产逐年增加。小麦单产由2012年的6367公斤／公顷增加到2015年的6550公斤／公顷。玉米除2013年遭遇涝灾单产下降以外，其余年份均稳定在6800公斤／公顷左右。小麦总产由2012年的26万吨左右增加到2015年的29万吨左右。玉米总产除2013年外，其余年份产量稳定在29万吨左右。

【农业结构调整】 “十二五”以来，特别是党的十八大以来，中央高度重视“三农”工作，作出一系列重大部署，全市积极贯彻中央一系列强农惠农富农政策，有力促进粮食和种植业持续稳定发展，取得巨大成就。农业基础条件持续改善，农业生产能力稳步提升。全市新建一批旱涝保收的高标准农田，耕地质量有所改善，粮食产量稳步增加。同时，为探索粮食高产栽培技术，挖潜粮食产量，全市按照上级的统一部署，自2008年开始开展粮食高产创建，在魏湾镇、戴湾镇、刘垓子镇、金郝庄镇、康庄镇、烟店镇建设高产创建示范方。通过集中培训、现场观摩、田间地头现场指导等方式，加强项目区农户的技术培训，大力推广优良品种和先进的配套技术，测土配方施肥、病虫专业化统防统治等关键技术全覆盖，小麦重点推广宽幅精播、深耕深松、播后镇压、氮肥后移和“一喷三防”技术；玉米重点推广机械精播、“一增四改”、适期晚收和“一防双减”技术。使项目区粮食产量明显提高，达到高产示范的效果。

科技支撑水平显著增强。近几年通过项目建设，全市农业技术推广体系不断完善，尤其是镇（街道）农技站，在办公场所、交通条件、办公及技术设备等方面得到进一步改善，通过参加省、市、县各级业务培训，农技人员的业务能力得到提升。

【农村经营与管理】 2005年8月3日，根据临编字〔2005〕9号文件，临清市农业局经管站更名为临清市农村经济管理局，并升格为副科级事业单位，其性质、隶属关系不变。2013年11月21日，临清被农业部评为“全国‘一事一议’规范管理县”、2014年被山东省农业厅评为“全省农业宣传暨科学技术普及工作先进集体”、2015年被山东省农业厅评为“全省农业宣传暨科学技术普及工作先进集体”。

【农村财务管理】 2013年继续完善和规范村集体“三资”管理委托代理制度。坚持集体资产所有权不变、资金使用权不变、财务审批权不变，收益分配权不变，完善农村集体三资管理网络管理系统，全面实现信息化管理，促进“三资”信息资源共享，完善“三资”管理监督体系，形成市、镇（街道）分级监管体系，以监促管，实现农村集体资金预算管理，严格各项支出审批，杜绝违规操作。督促各镇（街道）加强以民主理财、村务监督小组和财务公开为核心的村集体三资民主管理工作，不断规范财务公开内容、时间和程序，重点突破薄弱环节，提高公开时效和质量，保障农民群众的知情权、参与权、决策权和监督权。积极联合纪检监察、财政等部门定期或不定开展三资管理督促检查，建立定期巡查制度和联席例会制度，及时发现工作存在的问题和不足，及时纠正，总结经验。根据检查中发现的问题和不足，及时召开培训会，以提高业务人员的业务水平，提高监管能力。2014年临清市长期以来一直注重农村集体财务审计工作，坚持每三年轮审一次。为保证农村集体“三资”管理制度得到有效的贯彻落实，临清市要求做到审前有审计通知、被审计单位有承诺书、审计过程中有审计工作底稿、审计结束后有审计报告、违规违纪问题及时移交纪委并有查处结果，努力提高审计的实效性。

【农民负担监督管理】 根据国务院办公厅《关于进一步做好减轻农民负担工作的意见》（国办发〔2012〕22号）、山东省人民政府办公厅《关于贯彻国办发〔2012〕22号文件进一步做好减轻农民负担工作的实施意见》（鲁政办发〔2012〕43号）文件精神，按照省委、省政府关于规范沿黄地区水费征收，对农业用水终端最高限价的部署，省物价局、省水利厅和省减轻农民负担工作领导小组办公室《关于公布我省引黄灌区农业用水终端水价最高限价的通知》（鲁价格发〔2007〕289号）公布的临清市引黄农业用水终端水价每亩次最高限价的标准为16元。经聊城市减负办会同市物价局、市水利局、市位山灌区管委会等单位反复协商、认真调研和多方面征求意见的基础上，聊城市市政府常务会议审核通过的临清市2013年水费征收任务总额为2614.93万元，人均47.31元，亩均31.6 0元。2014年水费征收任务总额为2709.86万元，人均49.03元，亩均32.82元。2015年水费征收任务总额为2648.85万元，人均47.92元，亩均31.8元。根据农业部《关于村级公益事业建设一事一议财政奖补项目筹资筹劳有关问题的通知》、山东省财政厅、农业厅《关于进一步做好村级公益事业建设一事一议财政奖补工作的通知》（鲁财农改〔2011〕2号文）等文件精神。2013年度对全市16个镇、街道上报村级公益事业建设一事一议财政奖补工作共审核36个项目，其中村级道路项目29个，村内小型水利设施项目4个，桥涵2个项目，村内美容美化项目1个。项目资金来源总额964.28万，村民筹资筹劳合计586.11万，拟申请财政奖补资金约378.17余万元。2014年度村级公益事业建设一事一议财政奖补项目，全市共实施项目69个。其中申请财政奖补资金632万元。涉及水利、道路、环卫、农民活动场所等，覆盖全市16个镇、街道，69个自然村，收益农户和农业人口分别为2.1万户和8.5万人。其中村内小型水利设施3个，村内道路项目43个，村容美化亮化项目2个，村内公共活动场所4个。2015年度村级公益事业建设一事一议财政奖补项目，全市共实施项目50个。其中申请财政奖补资金317万元。涉及水利、道路、环卫、农民活动场所等，覆盖全市16个镇、街道，69个自然村，收益农户和农业人口分别为1.2万户和4.8万人。其中村内小型水利设施4个，村内道路项目40个，桥涵2个，村容美化亮化项目2个，村内公共活动场所2个。

【农村集体承包合同管理】 农村土地承包经营权确权登记颁证工作。2013年，临清市根据中央、省和聊城市的要求和部署，有计划、有步骤地开展农村土地承包经营权确权登记颁证试点工作。上半年完成刘垓子镇刘垓子村、八岔路镇田庙村、烟店镇李拐村3个试点村的土地经营权确权登记颁证工作，共签订确认书845份，签订合同3380份，生成登记簿845份，打印经营权证845份，调解土地纠纷5起，纠正农户信息56户，8月30日山东省农村土地经营权确权颁证工作培训会在临清市召开；2013年下半年全市在16个镇（街道）32个村扩大试点，共确权农户8571户，耕地4.67万亩。2014年7月中旬，农业部确定以先锋路街道王井村、大辛庄街道颜刘村为试点，研究制定全国农村土地承包经营权确权登记颁证工作的工作流程和验收规程，全部完成，共确权农户134户，耕地687.69亩。完成试点工作的37个村居的所有土地承包信息全部录入数据库，建立农村承包经营权确权登记管理平台。所有的档案资料全部装订成册，每户一档，暂存于镇（街道）经管站保管，待全市土地确权工作全部完成后统一移交市档案局保管。8月30日山东省农村土地承包经营权确权登记颁证试点工作现场会在临清市召开。10月21日，临清市扩大农村土地承包经营权确权登记颁证试点工作全面铺开，确定16个镇（街道）33个村开展试点工作，现已进入微机录入阶段。2014年10月，临清市的土地确权工作在16个镇（街道）527个村居（全市共599个行政村，除去38个城中村）全面铺开，全市整建制地开展农村土地承包经营权确权登记颁证工作，涉及农户13.17万户，耕地77.4万亩，实现耕地全覆盖。2015年8月又开展16个城中村。截至2015年年底，560个村的土地承包信息已经全部录入数据库，560个村完成承包合同签订，颁发经营权证书12.5127万本，完成确权登记颁证面积84.75万亩。

农村土地流转工作。2002年农业部关于贯彻落实《中共中央关于做好农户承包地使用权流转工作的通知》的通知（农经发〔2002〕5号），临清市按照《中华人民共和国农村土地承包经营权流转管理办法》执行，坚持依法、自愿、有偿的原则，任何组织和个人不得强制或限制，也不得截留、扣缴或以其他方式侵占。2013年土地流转面积13.34万亩，占全市耕地面积的16.24%；2014年土地流转面积18.48万亩，占全市耕地面积的22%；截至到2015年全市土地流转面积25.13万亩，占全市耕地面积27%。目前全市现已建立市、镇、村三级土地流转服务网络体系。市级以经管局为依托，建立市级农村土地流转信息库，为供求双方提供土地流转信息服务；16个镇（街道）以经管站为依托建立镇（街道）农村土地流转信息中心，为供求双方提供信息发布、合同鉴证、土地收益评估、法律政策咨询等服务；599个村村会计兼任信息联络员，负责及时收集农户土地供需信息，每周汇总一次，报镇处土地流转信息中心。建立农村土地流转市场机制以后，凡拟转出土地和需求土地的，可以向村土地流转信息联络员提出申请，说明流转土地的面积、期限、价格等，村联络员登记后上报镇（街道）土地流转服务中心，经审查以后，在流转服务大厅信息显示屏公布，然后由土地流转双方自行或由土地流转服务机构联络流转双方到服务大厅进行洽谈协商。达成一致意见的，使用市经管局统一监制的合同文本签订土地流转合同，由镇经管站鉴证以后将合同归档管理。土地流转后，合同不能严格履行的，由镇土地流转服务中心监督执行。

农村土地承包经营纠纷仲裁工作。认真贯彻落实《中华人民共和国农村土地承包经营纠纷调解仲裁法》（中华人民共和国主席令第十四号），根据农业部、国家林业局联合印发《关于农村土地承包经营纠纷仲裁法律文书示范文本（试行）的通知》（农经发〔2010〕7号）文件。在1989年成立仲裁委员会，并在2011年完善土地承包经营纠纷调解仲裁机构、扩建土地承包经营纠纷调解仲裁庭，市级成立农村土地承包纠纷仲裁委员会，设立仲裁庭；镇级成立农村土地承包纠纷调解委员会，设立调解庭；村级设立土地承包纠纷调解小组。因土地流转发生纠纷，双方当事人可以自行协商解决，也可以向村土地承包纠纷调解小组或镇（街）土地承包纠纷调解委员会申请调解；双方当事人不愿协商、调解或协商、调解不成的，可以向市农村土地承包纠纷仲裁委员会申请仲裁或向市人民法院起诉。

强农惠农政策。根据国务院和省政府统一部署，临清市从2004年开始开展粮食直补工作，从2006年开始开展农资综合直补工作，经过各级部门的努力，这项惠农政策在全市得到较好落实。按照山东省和聊城市的工作部署，临清市进行“粮食直补”面积核实工作，各级高度重视，加强宣传，周密部署，明确责任，狠抓落实，临清市经管局采取对大地块面积与农户经营权证面积核实，避免农户虚报面积的发生，圆满完成“粮食直补”工作任务。2013年临清市种粮农户13.39万户，粮食直补、农资综合直补采取合并一次性发放，核定小麦种植面积为74.4129万亩，补贴金额为9301万元；2014年临清市种粮农户13.58万户，粮食直补、农资综合直补采取合并一次性发放，核定小麦种植面积为75.8038万亩，补贴金额为9475万元；2015年临清市种粮农户13.58万户，粮食直补、农资综合直补采取合并一次性发放，核定小麦种植面积为77.55万亩，补贴金额为9693万元。已通过惠农“一本通”存折全部发放到农民手中。广大种粮农民真正从直补政策中得到实惠，促进农民增收致富，提高农民的种粮积极性，促进农业粮食结构合理调整，对临清市粮食生产起到巨大的促进作用。同时，改善农村党群、干群关系，广大种粮农民切身感受到党和政府的关怀，赢得民心。根据《山东省农业厅　山东省财政厅关于进一步规范种粮大户补贴政策落实工作的通知》（鲁农财字〔2016〕53号）、《聊城市农业委员会　聊城市财政局关于进一步规范落实种粮大户补贴政策的通知》（聊农字〔2016〕141号）文件要求，临清市农业局、财政局对规范落实种粮大户补贴政策工作高度重视，精心组织，严格把握享受补贴政策种粮大户的条件，严格执行省、市规定的工作流程，即种粮大户申报、村级初核公示、乡镇审核公示、县级农业部门复核和县级财政部门拨付资金。对种粮大户上报的材料按照省、市的统一标准进行严格审核把关，做到不虚报、不漏报、不错报。经审核统计，临清市2014年符合种粮大户补贴标准（含家庭农场）共13个，补贴面积为4420.4亩；2015年符合种粮大户补贴标准（含家庭农场）共37个，补贴面积为7722.48亩；2016年符合种粮大户补贴标准（含家庭农场）共62个，补贴面积为9850.83亩；已通过惠农“一本通”存折全部发放到种粮大户手中。

农村综合产权交易情况。临清市农村综合产权交易中心建于2015年1月，在市行政审批中心设立交易大厅，内设农业、国土、住建、林业、中介、银行6个窗口，配备10台电脑，和一台支持网络大型复印机，在室内有70英寸液晶显示屏，室外有24平方LED大屏幕信息显示屏。各镇办以三资委托代理中心为依托建立农村综合产权交易服务中心，形成市镇村三级农村产权交易服务网络。建立临清市农村综合产权交易平台，依法将农村集体建设用地使用权、农村土地承包经营权和“四荒地”使用权、农村集体经济组织养殖水面承包经营权、农村集体林地使用权和林木所有权、农村房屋所有权和宅基地使用权、农业生产性设施所有权和使用权、农业类知识产权、农业生产经营组织股权以及其他依法可以交易的农村产权全部纳入交易范围。通过交易平台共录入农村土地流转信息近万条，全部通过网络向社会公开。

农村产权制度改革情况。为进一步深化改革，推进农村经济社会发展，鼓励农民群众自主创业，开展农村土地经营权抵押贷款试点工作。截至2015年年底，在临清沪农商村镇银行开展抵押贷款业务8笔，涉及耕地1560亩，共发放贷款927.1万元，主要以农民合作社、家庭农场和普通农户为主，有效解决农民融资难的问题。现正在申请办理抵押贷款业务的经营主体30余户。

【农业产业化管理】 产业化统计调查工作。2013至2015年每年严格按照山东省农业厅的安排，对全市农业产业化与农产品加工企业及一村一品的发展情况进行调查统计，并按时上报省厅。

申报聊城市级农业产业化重点龙头企业。2013年组织临清润林牧业有限公司、临清市永强面粉有限公司、临清市御河坊酒业有限公司、临清市棣洲农业科技有限公司、临清市正德短绒纸业有限公司、临清市鑫秋棉业有限公司、临清市佳霖生态养殖有限公司、临清市润达棉业有限公司8家企业成功申报聊城市第七批农业产业化市重点龙头企业称号。

2014年组织临清市宏昌禽业有限公司、临清市秋华纺织有限公司、临清市兴超养殖有限公司、临清市君博食品有限公司、临清市锦丰棉业有限公司、临清市京派粮油集团金麦面粉有限公司、临清市东盛养殖有限公司、临清市四季兴食品有限公司8家企业成功申报聊城市第八批农业产业化市重点龙头企业称号。

省级以上农业产业化重点龙头企业监测。2014年和2016年按照山东省农业厅的文件要求，对国家级龙头企业山东丁马生物科技有限公司，省级龙头企业临清东盛食品有限公司、临清京派粮油集团中兴面粉有限公司、临清德能金玉米生物有限公司进行监测。

申报省、聊城市财政扶持资金。2013年和2014年先后组织山东丁马生物科技有限公司、临清京派粮油集团中兴面粉有限公司、临清德能金玉米有限公司、临清东盛食品有限公司等4家企业申报省农业产业化龙头企业贷款贴息项目。2013年经市财政局、市农业局共同筛选确定临清市前进蔬菜专业合作社、临清市鸿雁粮食专业合作社等5家农民合作社以及临清市润林牧业有限公司、山东聊城绿泽园林科技有限公司等5家企业申报聊城市农业产业化调整振兴奖补项目资金。2014年经市财政局、市农业局共同筛选确定临清润森养殖专业合作社、临清金鑫养殖专业合作社等6家农民合作社以及临清市明越养殖有限公司、临清市临康养殖有限公司、临清市济美酿造有限公司等3家企业申报聊城市农业产业调整振兴奖补资金。

组织企业参展。2013年至2016年组织山东丁马生物科技有限公司、临清市济美酿造有限公司、临清市君博食品有限公司等企业参加第二届山东名优农产品香港精品展、中国绿色食品2013青岛博览会、2014中国安徽农业产业化交易会、第十一、十二、十三、十四届中国国际农产品交易会、聊城市农产品品牌（上海）发布会。2013年至2015年连续三年组织山东丁马生物科技有限公司、临清市济美酿造有限公司、临清市玉英良种葡萄种植专业合作社、临清市军清狐狸养殖专业合作社等20余家企业、农民合作社参加聊城市“水城金秋”绿色食品博览会。

【植物保护工作】 病虫测报工作。在细致普查与系统调查的基础上，不断探索新的测报方法，综合分析应用，并通过农作物重大病虫害数字化监测系统和山东省农业有害生物监测系统及时将病虫发生情况及防治措施及时传达给各级业务部门与市委市政府。每年编写《病虫情报》15 期，约 5000 份左右。向全国植保总站与山东省植保总站、聊城市植保站汇报病虫模式报表 63 期，病虫旬报 36 期，每周向聊城市植保总站汇报病虫发生防治情况，通过因特网先后向山东省植保总站网站汇报病虫信息 200 条左右。

根据上级业务部门安排，对全市棉铃虫、小麦白粉病、盲蝽象、灰飞虱、玉米粗缩病、二点委夜蛾、三代粘虫等突发性、暴发性害虫进行实时监测与预警，特别是 2015 年小麦白粉病大发生，及时进行调查，制定科学防治方案，通过印发明白纸、电视讲话等形式指导农民防治，没有造成大的损失。

争取中央重大病虫害防控补助资金，指导农民科学防治病虫草害，2013 年，争取中央重大病虫害防控补助资金 17 万元、8.2 万元，用于临清市小麦、玉米病虫害的防治，2014 年，争取中央重大病虫害防控补助资金 17 万元，用于临清市小麦病虫害的防治。根据上级安排惠农资金，采购杀虫剂、杀菌剂和叶面肥，对全市小麦穗期病虫实行“一喷三防”全覆盖，有力地保证农业的丰产丰收。

农作物病虫害专业化统防统治是提升病虫灾害防控能力和水平的重要途径，也是保障农业生产安全、农产品质量安全，促进生态环境安全和农业可持续发展的重要措施。经过大力宣传与发动，截至 2015 年年底，临清有防治服务组织约 120 个，从业人员约 300 人，拥有高效植保机械数量 120 台套，日作业能力 3000 亩左右，从业人员进行从药械使用、药剂选择、防治技术方面重点培训，在全市小麦和玉米等主要作物病虫草害防治中发挥很大作用，明显提高防治效果，降低化学农药使用量。

【植物检疫工作】 严格按照《植物检疫条例》和《山东省植物检疫办法》要求，对全市农作物种子、苗木等进行产地检疫与调运检疫，2013 年至 2015 年，先后完成小麦、玉米、产地检疫 46800 亩，1871 万公斤，植物调运检疫种子 15 批次，3240 公斤；苗木 12 批次，640 株。

做好植物检疫对象的调查与监控工作，根据上级业务部门要求，对黄瓜绿斑驳花叶病毒、瓜类果斑病菌、黄顶菊等植物检疫对象进行多次普查，特别是 2015 年对瓜类果斑病进行全市性的大面积普查，保证农业生产的安全发展。

【农业环境保护】 农业环境保护站具体负责临清市农产品“三品一标”认证及农业环境保护相关的工作。

2013 年，临清市新增绿色食品企业 4 个，获得绿色食品证书 18 个，认证种植基地面积 9179 亩。

2014 年，临清市新增绿色食品企业 4 个，获得绿色食品证书 36 个，新认定绿色食品种植基地面积 35980 亩，新认定地理标志保护农产品种植基地 2 个，面积 3400 亩，合计新增“三品一标”基地面积 39380 亩。

2015 年，新增绿色食品企业 5 个。获得绿色食品证书 25 个，地标证书 1 个。新认定绿色食品种植基地面积 8250 亩，无公害农产品种植基地 2 个，面积 6000 亩。

到 2015 年 12 月 31 日，全市绿色食品证书 82 个，地标证书 1 个。有效“三品一标”种植基地面积达 34.8809 万亩。

2014 年 12 月，临清市农业局承担 2014 年度山东省农业面源污染调查工作，对全市 16 个镇（街道）耕地面积、园地面积、主要种植模式名称及种植面积、地膜使用与回收利用情况等进行全面清查，为上级业务部门对临清市的数据进行分析提供参考依据。

【临清市农业执法大队】 机构编制状况。2015 年临清市机构编制委员会下发《关于明确市农业局等部门机构编制事项的通知》（临编〔2015〕

16号）成立农业综合执法大队，单位级别副科级，经费形式全额，领导职数配备大队长1名，副大队长2名，编制核定为10人，目前实有在编人员3人，主要职责是农业法律法规宣传，农药、种子、肥料、兽药、饲料及饲料添加剂监管、农产品质量安全监管、生猪定点屠宰监管、动物卫生监督。

建立农业执法责任制。按照省农业厅下发的农业行政执法自由裁量权，进一步加强农业行政执法监督工作，结合本市农业监管领域具体实际，制订《临清市农业局农业执法责任制》，提高农业综合行政执法水平，保证与农业相关的法律、法规、规章正确实施，有效促进农业执法人员文明规范执法。

增强业务素质，规范农业执法行为。为进一步规范农业行政执法，坚决杜绝吃拿卡要、失职渎职及滥用职权的行为，制定“农业执法人员八条禁令”“农业执法五公开制度”，以严肃工作纪律，加强纪律约束。同时，以“强素质、树形象、争一流”作为奋斗目标，不断加强农业执法规范化建设，增强农业执法的统一性、文明性、严肃性，通过对执法人员的业务培训，努力提升执法人员的外在形象与内在素质。

加大违法违规行为的打击力度。在重点时节、重点地区、重点市场对重点农产品及农业投入品进行集中整治，严厉打击生产销售假劣种子、剧毒高毒农药、肥料及违法经营使用添加剂等坑农害农的违法违规行为。每年出动农业执法人员1500余人次，对全市的农产品生产基地、农业投入品生产经营门店、饲料兽药经营户等进行农业法律宣传与专项检查，并按照程序依法进行行政处罚，对调查核实存在违法行为但拒不接受行政处罚的经营门店，向法院申请强制执行，维护法律权威。通过对农产品及农业投入品生产经营领域的严格执法，有效震慑相关人员的违法违规行为，净化农产品及农业投入品生产经营市场，推动临清市农业生产的健康发展。

扎实推进政务公开。进一步贯彻落实《农业行政处罚案件信息公开办法》。在单位政务网站上公开农业执法责任制、行政权力清单、责任清单及农业执法监督电话，并通过设立在线留言栏实现网上咨询与投诉。同时，按照《农业行政处罚案件信息公开办法》的相关要求，制定农业行政处罚案件信息公开表，规范农业行政处罚案件信息公开行为，促进严格、规范、公正、文明执法。

严格农业行政执法案卷制作。案卷的制作情况在一定程度上反映执法规范化水平，在实际工作中，为提高案卷制作质量，严格按照《农业行政执法文书制作规范》和农业行政执法基本文书格式的要求，规范行政执法案卷的制作，并安排专人具体负责，确保案卷的整洁规范、内容完备、完好保存。

【种子工作】 宣传贯彻《种子法》。2004年8月28日，《中华人民共和国种子法》颁布实施。2015年11月4日修订《中华人民共和国种子法》由中华人民共和国第十二届全国人民代表大会常务委员会第十七次会议通过，自2016年1月1日起施行。2015年年底农业局组织一系列宣传贯彻活动，举办临清市学习贯彻《中华人民共和国种子法》知识电视大奖赛，种子管理人员和种子企业的代表参加大赛，大赛播出后受到全市农民和种子企业的欢迎。种子管理站开展《种子法》及其《实施办法》的培训工作，并利用电视、广播，采取印制宣传资料、张贴标语等方式广泛进行了宣传。宣传贯彻《种子法》活动开展以来，农业局农业执法大队共出动宣传车350辆次，举办电视讲座23次，在街市悬挂条幅300余幅，张贴宣传标语400余条，印发宣传材料2万多份，受教育群众达30多万人次。

种子经营情况。临清市年需要各类农作物种子947万公斤。其中，小麦良种720万公斤，玉米杂交种172万公斤，其他小杂粮及蔬菜良种5万公斤。

查处假劣种子。为切实加强种子市场管理和整顿，确保农民群众的利益，临清市农业综合执法大队在每年春播、秋种期间认真开展种子市场执法大检查。三年来共查处各类种子案（事）件30起，其中假劣种子5万余公斤，涉案金额20余万元；对违法违规行为的生产经营者施以严厉打击，确保种子市场有序健康发展，对农业发展和农民增产增收起到积极作用。

【队伍建设】 市农业局党委高度重视干部队伍建设，认真做好干部教育培养、选拔任用、监督管理、作风建设等工作，大力推进全局干部队伍建设，积极调动干部的积极性，激发干部的创造力，为做好临清农业和农村经济工作提供有力的组织保障。

注重教育培训，提升干部实力。按照上级关于干部教育培训工作的要求，市农业局以中心组学习为龙头，带动各支部、各单位学习，推进学习型组织建设，不断促进干部综合素质提升。抓好局中心组的学习教育，学习内容包括《党的群众路线教育实践活动学习文件选编》和《党的十八届四中全会决定》等。组织开展“三严三实”专题教育，局党委书记和副局级干部分别上《严以律己、严守党的政治纪律和政治规矩》专题党课。制定下发培训学习方案，落实好党章党规党纪专题集中培训、讨论交流和体会、文章撰写等工作。

加强专业技术人才队伍建设。以科技创新能力为核心，造就一支高素质、社会化的专业技术人才队伍。围绕临清市特色产业，着力培养一批科技技术带头人、科技管理专家和高级专业技术人才。鼓励有培养前途的骨干专业技术人才在职攻读学位，提升学历层次。坚持教育培训与实践锻炼相结合，加快专业技术后备人才的成长。

安排干部下基层挂职锻炼。主动对接市委组织部等有关部门，积极推荐干部挂职名单，联络沟通挂职单位，局党委重视关心下基层挂职干部，不定期组织看望挂职干部，在工作安排、项目安排等方面大力支持挂职干部工作。

严格监督管理，强化干部定力。市农业局始终坚持把从严管理干部贯彻落实到干部队伍建设全过程，努力打造忠诚、干净、担当的干部队伍。严格制定农业局规章制度，制定下发《市农业局公务员岗位对责、考核实施细则》《市农业局考勤、请假和出差审批制度》和严格日常办公管理、对局干部职工上下班、办公秩序、公车使用和节假日值班情况进行明确规定，保障制度顺利实施。

坚持农业科技下乡活动，到基层一线开展送培训、送农资，在备春耕、夏收夏种和秋收秋种等农业生产关键时段和农业抗灾救灾中，全市农业系统更是发扬吃苦耐劳的精神，上下联动，由领导带队，组建服务小分队，深入田间地头、受灾一线指导抗灾救灾，做好各项服务，降低灾害带来的损失，确保农业生产稳定发展。

加强农村实用人才队伍建设。以提高科技致富能力为核心，培养一支有一定知识或技能、能帮助群众致富、能够起到示范带动作用，能为全市农业和农村经济发展做出积极贡献的农村实用人才队伍。加大对农业实用人才的培训力度，开展“阳光工程”“新型农民培训”等培训项目，不断壮大农村实用人才队伍，进一步为农业增效、农民增收、农村发展服务奠定强大的基础。

【领导人更迭】

书　　记：罗荣福
局　　长：罗荣福
副 局 长：刘德志
　　　　　张锡锐
　　　　　张冬梅
工会主席：王瑞梓

（戴　莉　高海旺）

畜 牧

【机构设置】 临清市畜牧兽医局为正科级财政拨款事业单位，为市政府授权主管所辖区域畜牧、兽医、饲料工作的管理机构。原名临清市畜牧兽医技术服务中心，2013年7月6日更名为临清市畜牧兽医局。办公地点位于古楼东街510号市农业局办公楼三楼。

截至2015年年底，市畜牧兽医局在编职工26人，其中农业技术推广研究员1人，高级畜牧兽医师5人，中级畜牧兽医师15人，初级职称1人；下设综合科、财务审计科、畜牧科、防疫科、医政药政科、饲料兽药监督管理科、动物卫生监督所7个科室。

2001年“撤乡并镇”乡镇兽医站设为16个，是自收自支事业编制，人员由农业局管理，有职无薪，财物由乡镇管理，业务为防疫检疫；每站在岗人员1—3人，2003年10月农业局将乡镇兽医站集体自收自支人员纳入社会养老保险。

2005年8月全市选拔488名村级防疫员，省财政每年每人补贴150元，村级防疫员管理采取聘任制，每年一聘。

【畜禽饲养】 1999年后畜禽饲养的投入产出步伐较大，养殖专业户重点户逐步发展为养殖场、公司、合作社，养殖形式向标准化规模化集约化转型。

家畜饲养。牛，近年来，役用牛养殖数量逐渐减少，肉牛主要以规模养殖为主。2010年以后，由于肉牛养殖利润空间减少，一些肉牛养殖场逐步退出市场。2015年年底，全市共有8家肉牛养殖场，全市存栏肉牛5572头。犊牛皆购自吉林、辽宁、内蒙古，品种主要是引入品种西门塔尔、利木赞、夏洛莱的杂交二、三代，本地品种鲁西黄牛较少；饲养方式多以半开放式牛舍槽位拴养，粗饲料以青贮玉米秸和干小麦秸为主，精饲料是全价配合饲料的粉料。

1999年前，临清市有奶牛场一处，饲养120头，2015年年底，临清市奶牛企业达到8家，全市存栏奶牛10430头。均为奶站式机器挤奶，鲜奶供给伊利、蒙牛、光明等奶企。奶牛品种主要为荷斯坦奶牛，饲养方式多以半开放式牛舍配以合适的运动场放养，粗饲料以青贮玉米秸和干小麦秸、干玉米秸等为主，精饲料是全价配合饲料的粉料。

马驴骡，因役用转肉用，马骡1999年后在临清已很少见到，驴的饲养由于驴肉食用性能的开发而逐渐向规模化饲养发展；2015年年底，全市共有肉驴养殖公司（场）2个，饲养肉驴0.06万头。驴驹多购自新疆、内蒙古、青海、甘肃等地，品种是当地土杂驴；饲养方式多以半开放式驴舍配以合适的运动场放养，粗饲料以干小麦秸、干玉米秸和干稻草等为主，精饲料是全价配合饲料的粉料。

猪，品种有长白、大白、杜洛克、汉普夏、皮特兰等品种的二元、三元杂交育肥猪；养殖专业户逐步发展为养殖场、公司、合作社，标准化程度高；养殖方式为密闭式双列标准化猪舍，喂给全价配合饲料的粉料和膨化颗粒料，自动饮水、自由采食；2015年年底全市存栏猪10.59万头，出栏18.16万头。

羊，主要为山羊和绵羊，饲养形式由放养转变为圈养、工厂化养殖，密闭式双列竹片排串平埔高架羊舍，种母羊配以适合的运动场，粗饲料以青贮玉米秸和干小麦秸、干玉米秸等为主，精料喂给全价配合饲料的粉料和膨化颗粒料，自动饮水、自由采食；绵羊品种有小尾寒羊、杜泊羊、湖羊及杂交羊；大尾寒羊因社会因素和品种自身因素其饲养价值过低在周边县市已经绝迹，临清市存栏也在500只以下；山羊品种是鲁西白山羊和波尔山羊杂交羊，多为村民小群放养；2015年全市羊存栏19.43万只，出栏23.42万只，绵羊占68%，山羊占32%。

兔，有皮毛兔和长毛兔两种。皮毛用兔以獭兔为主，2003 年獭兔皮市场价格开始上扬，獭兔饲养量急速增加，全市存栏 10.5 万只，2010 年后獭兔皮市场价格下挫。长毛兔以安哥拉长毛兔为主。饲养形式为集约化全封闭兔笼养殖，自动饮水，精饲料原料是玉米、小麦、豆粕等，粗饲料原料是干小麦秸、干玉米秸、花生秧、黄豆秧、苜蓿草粉等，将精粗原料粉碎按一定比例混合后，再制成颗粒料。2015 年年底全市兔存栏总计 21.79 万只。

家禽饲养。家禽主要有鸡、鸭、鹅、鸽等。

蛋鸡，蛋鸡的饲养全部实现良种化、规模化，蛋鸡舍以密闭式、多层高架鸡笼，肉鸡舍以密闭式、平网高层架养，蛋鸡舍基本实现上料、上水、清粪全自动化。饲料是将玉米、小麦、豆粕、骨粉、贝壳等按一定比例粉碎或再加工成膨化颗粒饲料。蛋鸡品种有海兰系列、海塞克斯系列、罗曼系列、京红系列和尼克系列等；2015 年全市存栏蛋鸡存栏 148 万只。

肉鸡，规模场饲养的列为专用型肉鸡，以出售商品肉仔鸡为目的，主要有“AA”“817”两个品种。2015 年全市出栏量达 591.65 万只。

鸭、鹅，2004 年东盛食品公司建成肉鸭种鸭场一处，存栏樱桃谷父母代肉种鸭 3.6 万套，年孵化肉鸭苗 500 万只；商品肉鸭饲养形式为大棚网上平养，饲料是将玉米、小麦、豆粕、骨粉、贝壳等按一定比例粉碎，再加工成膨化颗粒饲料；2015 年年底全市存栏鸭 14.87 万只。鹅全部散养，品种为狮头鹅，2015 年年底存栏 968 只。

鸽，主要肉用，少量观赏。2015 年年底全市尚有规模肉鸽场 7 个，存栏 12 万只。采用集约全封闭鸽笼养殖形式，饲料以玉米、高粱、小麦、豌豆等原粮形式饲喂，再补充一定量的保健砂。

2013—2015 年临清市畜牧业生产情况统计表

年份	大牲畜年末存栏（万头）	牛年末存栏（万头）	牛年末出栏（万头）	猪年末存栏（万头）	猪年末出栏（万头）	羊年末存栏（万头）	羊年末出栏（万头）	家禽存栏只数（万只）	家禽出栏只数（万只）	肉类总产量（吨）	禽蛋产量（吨）	奶类产量（吨）
2013	2.88	2.81	2.5	10.28	16.75	11.61	13.69	265.4	741.32	26519.03	26095.66	11857.15
2014	3.12	3.06	2.59	10.27	17.36	13.45	16.75	275.52	610.78	26876.54	24507.39	14569.26
2015	3.85	3.79	3.09	10.59	18.16	19.43	23.42	284.84	662.1	33670.95	28665.85	20582.21

【畜禽疫病防治】 防疫。畜禽疫病防治坚持以防为主的原则，市镇村户逐级落实责任，每年签订责任状，必须做到应免尽免。自 2003 年起每年都实行强制免疫计划，强制免疫疫病有高致病性禽流感、口蹄疫、猪瘟、高致病性猪蓝耳病等，强制免疫疫苗费用由省市县财政负担；2004 年 2 月制定《临清市高致病性禽流感应急预案》，并成立临清市高致病性禽流感防治指挥部，2006 年 8 月制定《临清市突发重大动物疫情应急预案》。2015 年程序免疫技术控制的畜禽疫病有：鸡的禽流感、新城疫、马立克氏病、传染性法氏囊病、传染性喉气管炎、传染性支气管炎、减蛋综合症等，猪的口蹄疫、蓝耳病、猪瘟、猪丹毒、猪肺疫、狂犬病等，牛羊的口蹄疫、布氏杆菌病、羊快疫、羊痘等，犬猫的狂犬病等。

检疫。1999 年经省政府批准，设立运河大桥动物防疫监督检查站，对出入境动物活畜禽及相关产品进行检疫检查监督；2001 年成立农业综合执法大队，统管临清市动物检疫工作；2003 年经省畜牧办公室培训考核，有 5 人获国家官方兽医证书；2005年年底，全市共有动物检疫员58人，严格按照《动物防疫法》等有关法律法规，进行法制化管理，实行定点屠宰，集中检疫，宰前检疫、宰后检验，未经检疫或检疫不合格的肉类一律不准上市。2015年全市共有动物检疫员70人。

疫病诊治。2015年年底全市注册执业兽医57人，兽医药门市部86家，其中通过“GSP”认证的12家。

【新技术推广应用】 畜禽人工授精技术。2015年，全市家畜配种改良站4处，应用牛人工精技术在全市范围内改良黄牛1.78头，受胎率达83%，产牛犊1.4万头；改良优质荷斯坦奶牛2600头，受胎率78%；猪的人工授精技术改良繁殖母猪1.2万头，产优质瘦肉型仔猪18.6万头；禽类繁殖全部采用人工授精技术进行生产。

牛羊舍饲育肥技术。牛羊养殖的规模化、标准化程度越来越高，从散养化向集约化发展。选择优良的西门塔尔、利木赞、夏洛莱的杂交二、三代品种，控制牛羊舍环境条件在最佳范围，确定精粗饲料合适的比例及投喂数量，使牛羊做到快速育肥，节约饲粮、节省土地、减少投资、增加效益的目的。2015年全市已建立牛羊规模化舍饲养殖场23处，牛羊舍饲育肥生产技术全面代替散养放牧的生产模式。

全株玉米青贮技术。2015年，农业部会同财政部在10个省区30个县启动粮改饲试点，以青贮玉米为重点推进草畜配套，引导种养结合发展。临清市仅有临清润林牧业有限公司一家肉羊养殖企业和临清乳泰养殖有限公司、临清天逸养殖有限公司两家奶牛养殖企业采用全株玉米青贮技术。

【特种养殖】 临清狮猫是临清人民长期选择培育形成的、临清市独有的观赏型长毛宠物品种，主要分布山东省临清市城区；素以“长毛拖地，色白如雪，鸳鸯眼”而享誉海内外。临清狮猫以散养方式分养在居民家中，饲料主要是畜禽肝脏、小干鱼虾、玉米面、小麦面等，2009年，临清狮猫被列入《山东省畜禽品种资源目录》。2015年年底全市存栏300只以下。

貂、狐、貉都是毛皮动物，品种有黑貂、银狐、蓝狐、雪狐、乌苏里貉；1991年松林梁庄村民自吉林长春、山东泰安等地引种；种貂狐貉及毛皮市场价格高扬，1996年全市貂、狐、貉存栏30万只，1998年受产品市场价格等因素影响而迅速下滑，2002年存栏2万只。貂狐貉属食肉动物，耐寒，抗病力强，繁殖力高；四季采取露天遮荫单层笼养方式；饲料以动物性饲料原料和植物性能量饲料原料按一定比例混合搅碎而成。2015年年底貂、狐、貉存栏总计不足一万只。

蜜蜂，临清市蜜蜂呈分散养殖状，规模小存量少，品种以意蜂为主；饲养方式为四季露天蜂箱放养，冬天补饲白糖、蜂蜜等；2015年末全市存栏蜜蜂2500箱，年产蜂蜜85吨。

野猪，2005年大辛庄村民从东北购进野猪80头，以经营目的开始纯种饲养并与其他品种猪进行杂交。外貌为被毛灰褐色或（棕）红色，仔猪带有条状花纹，毛粗而稀，鬃毛从颈部直至臀部，耳小紧贴头部，嘴尖而长，雄性野猪有尖锐发达的獠牙，成年公母猪体重90千克、130千克；饲料以玉米、豆粕、鱼粉、麸皮、米糠等按比例混合粉碎而成。2015年野猪及杂交猪存栏300头。

犬，品种有藏獒、狼狗、细狗、狮子狗、京巴狗等，大多是宠物爱好者散养。

特色禽类，临清市还有少量散养的其他禽类有珍珠鸡、乌骨鸡、贵妃鸡等。

【饲料生产与加工】 饲料生产。临清市生产和使用的粗饲料原料来源主要是农作物秸秆茎蔓及加工副产品，主要品种包括小麦秸、玉米秸、黄豆秸、谷草、稻草、野干草、花生蔓、地瓜蔓、小麦糠、稻糠、米糠、淀粉渣、酒糟等；精饲料原料来源主要是农作物籽粒及加工副产品，主要品种包括小麦、玉米、高粱、豌豆、豆粕、豆饼、棉粕、棉籽饼、花生粕、菜籽粕等;动物性饲料原料品种包括鱼粉、贝砂、血粉、肉骨粉、蚕蛹粉等；矿物性饲料原料品种有食盐、石粉、磷酸氢钙等;化工原料主要有维生素、氨基酸、微量元素、碳酸氢钠、发酵粉等。

饲料加工，现行粗饲料加工方法有物理性加工如晾晒、轧短、揉碎、碾压、粉碎、制粒、膨化等，微生物加工方法如青贮饲料、糖化饲料、发酵饲料（微生物贮存发酵）等，化学加工方法如氨化饲料等；精饲料加工主要有粉碎、磨面、膨化、制粒等。畜禽饲料加工方法主要是全价配合饲料加工法，即利用搅拌机，将各种饲料原料按一定比例混合搅拌均匀，然后按不同畜种采食习惯，制成轧短料、粒料、粉料、膨化颗粒料，供畜禽食用。2015 年全市共有饲料加工厂 5 个。

【畜牧政策扶持】 2010 年 12 月 3 日起，按照山东省畜禽养殖管理办法（山东省人民政府令第 232 号）。每年省发展改革、财政部门安排畜禽养殖“菜篮子”项目和标准化建设项目、良种推广项目资金，畜牧兽医技术推广机构长期向畜禽养殖者提供养技术培训、良种推广、疫病防治等技术服务。

2015 年 3 月 3 日，中共临清市委办公室、临清市人民政府办公室印发临清市养驴产业发展实施方案（临办发〔2015〕7 号），每年对养驴产业进行扶持。

【畜牧项目建设】 省财政资金促进金融支持畜牧业发展企业贷款贴息项目。2015 年临清润林牧业有限公司和临清市临康养殖有限公司两个养殖企业承担该项目。

【临清特色动物品种保护】 临清特色动物品种主要有大尾寒羊和临清狮猫，是临清人民对动物品种方面的巨大贡献，维护生物品种多样性，保护特色品种遗传资源是当代人的责任。

大尾寒羊。先版记载:“主要分布于冀、鲁、豫三省接壤地带。集中分布于临清、冠县一带”，据查临清的冠县、高唐、临西、清河、威县等周边县市所养绵羊，都是大尾寒羊，以临清市存栏纯种数量最多；现调查：冠县、高唐、临西、清河、威县等临清的周边县市已经绝迹，仅临清市 2012 年年底存栏在 500 只以下；下降原因有社会因素如：饲养成本较高经济效益降低、人的动物性脂肪摄入量下降等，品种自身因素如：配种需人工辅助、生长发育较慢、脂尾食用价值低、皮毛价值被羽绒太空棉替代等。大尾寒羊是耐粗饲、适应性广、抗病力强、肉脂性能好的肉脂裘兼用地方绵羊品种。被毛白色，少数头部有黑色斑块，公母羊皆无角，鼻梁隆起，脂尾长而肥大，呈扇形，垂直达飞节以下，尾尖翻贴于尾沟之中。大尾寒羊的羔皮和二毛皮，加工后质地柔软，美观轻便，毛股不易松散，以周岁内羔皮质量最好，毛被同质性好。2002 年大尾寒羊被列入山东省地方保护品种目录。2015 年临清市存栏大尾寒羊不足 400 只。

临清狮猫。是临清人民长期选择培育形成的、临清市独有的观赏型长毛宠物品种，因为社会发展使住房楼房化、生活节奏加快和品种自身特质如被毛较长易擀毡、疫病携带者、繁殖率低等原因，致存养量呈下降趋势。2009 年临清狮猫被列入《山东省畜禽品种资源目录》。2015 年年底全市存栏 300 只以下。

【领导人更迭】

临清市畜牧兽医局

局　　长： 谷启瑞（2013.09 起）
副 局 长： 王守星（2013.09 起）
　　　　　王开荣（2014.12 起）
工会主任： 付太银（2013.09 起）

临清市畜牧兽医技术服务中心

主　　任： 邢英新（2013.09 止）
　　　　　王守星（2013.09 止）
　　　　　马金延（2013.09 止）

工会主任：付太银（2013.09 止）

（周　磊）

林果业

【机构设置】 临清市林业局共有干部职工 36 人，领导班子成员 9 人，其中专业技术人员 16 人（含高级工程师 2 人）。局机关设置办公室、人事科、林政科、财务科、项目办公室 5 个中层科室，林业站、经济林站、森林保护站、森林植物检疫站、种苗站 5 个事业站和国有临清苗圃，工会、团委 2 个群团组织。市绿化办公室设在林业局。市森林公安局为副科级单位，隶属市公安局和林业局双重领导。

【林业生产】 把造林绿化作为林业工作重点来抓，按照聊城市文件要求，结合临清实际搞好以道路绿化、美化、净化为主要内容的“城乡道路综合整治”工作，高标准完成聊临路、临博路、临高路、临冠路、聊夏路、省道 315、临莘路的路域绿化提升工作，水系绿化、农田林网、村镇绿化、经济林建设等造林绿化工作取得一定成效。林业为全市社会、经济发展做出积极贡献。

【林业有害生物防控】 面对美国白蛾、春尺蠖等林业有害生物严峻的防控形势，全市采取以飞机喷药为主，配合人工摘除网幕，零星地块人工机械喷药、释放周氏啮小蜂等措施进行综合防治。2013 年至 2015 年，全市防治作业面积 160.16 万亩次，其中，飞机施药防治作业面积 110.15 万亩次，累计投入资金 860 余万元。每年根据林业有害生物发生规律及时开展监测预报工作。全市共设监测点 35 处，每年发布预测预报 12 期，260 余份。全市的林木有害虫株率控制在 2% 以下，叶面保存率达到 90% 以上，完成有虫不成灾的林木有害生物防控目标。

【临清古树】 临清古树众多，主要集中在黄河故道和古运河附近，见证临清辉煌的历史、灿烂的文化，同时印证先人们的植树绿化观念，房前屋后树、墓旁纪念树、沟渠河边树、生活食用树等等是他们的主要绿化观。黄河故道地质森林公园内古椹树和古沙洲森林公园内遗存百年以上的古梨树、古杏树遍布园区。

【林木管理】 组织森林公安、林政、检疫、种苗等科室人员进行综合执法，对全市林木采伐、林地使用、木材运输及经营加工、林木检疫、林木种苗生产经营等进行综合执法。有效保护全市森林资源，打击和震慑破坏森林资源的违法行为，巩固绿化成果。加大对野生动植物的保护力度，严厉打击非法捕获、非法收购、非法运输野生动植物的违法犯罪行为，提高全市人民爱花护鸟的积极性。抓好行政审批工作，严格按照《临清市人民政府关于进一步深化行政审批制度改革的意见》，对林业行政审批项目及收费项目进行取消和合并，制定公布《行政许可清单》《行政权力清单》和《责任清单》。在爱鸟周期间，在临清电视台发布爱护野生动物倡议书到集市发放宣传材料，在乡间、路渠、集市等地对违法猎捕、贩卖野生动物行为开展巡查工作。

【林业普法】 按照上级要求，结合林业系统“六五”普法规划的总体部署和年度工作重点，林业局通过组织 3.12 植树节、世界森林日、“三下乡”活动等多种形式积极开展法制教育，广泛宣传《中华人民共和国森林法》《中华人民共和国野生动物保护法》等与林业有关的法律法规，帮助和引导广大林农学习党和国家的林业大政方针，维护林农的合法权益，提高林农的法律意识。全市广大干部群众依法治林的意识以及对林业建设重要性的认识明显提高，参与林业建设的自觉性明显增强。

【生态旅游】 积极引导社会各界发展生态旅游，

调动社会造林积极性，增加林业收入，促进全市林业产业升级。以海棠园、银杏大观园、黄河故道地质公园、葡香园等生态、绿色景点为依托，充分利用黄河故道资源，发展樱桃、银杏、椹果、梨、山茱萸等果树经济，提升赏花、观果、看枝等生态旅游吸引力，促进全市生态旅游业和果品业的双丰收，形成遍布全市的生态旅游景点群。黄河故道地质森林公园、中华海棠园、银杏大观园、葡香园、樱桃园、生态园等林业景区为临清生态旅游增添亮丽的风景线。

【机关党建】 不断强化措施，提高机关党员干部的综合素质，促进全局各项工作的顺利开展。开展党的群众路线教育实践活动、三严三实专题教育活动，深入开展习近平总书记系列重要讲话和党的十八大及十八届三中、四中、五中全会精神教育培训。认真学习《中华人民共和国宪法》，把学习宪法，遵守宪法作为学习的一项重要内容，积极营造学习和贯彻宪法的浓厚氛围。深入学习党章和党的基本知识、党史国史、党的优良传统和作风教育，引导党员干部坚持党的基本理论、基本路线、基本纲领、基本经验、基本要求。结合党员干部履行岗位职责的需要，有针对性地开展经济、政治、文化、科技、法律等方面知识培训，帮助党员干部学业务、学技能，优化知识结构，提升综合素质。采取观看电视片、先进人物现身说法等方式，组织党员干部学习先进典型，激发党员学习先进、赶超先进的热情和活力。运用违纪违法的反面典型教育警示党员干部。坚决执行中央“八项规定”精神和省、聊城市及临清市关于转作风、反四风的有关规定精神。落实党风廉政建设责任制，积极做好党风廉政建设工作。

【领导人更迭】

局　　长：尹东涛
副 局 长：付连池
陈　挺
李德敬
李登涛
工会主任：刘振荣

市森林公安局

局　　长：侯临明

市绿化办

主　　任：付连池（兼）
副 主 任：李秀荣（女）
杨乃丰

（付连池）

水　利

【河道治理项目建设】 裕民渠人工湿地工程。为发挥河道的综合效益，临清市按照“打造生态河道，建设民生水利”的理念，对裕民渠进行一、二期河道治理，同时实施人工湿地及河道生态走廊建设。工程总投资1.1亿元。

裕民渠人工湿地工程自2013年2月15日开工以来，严格按照施工计划，倒排工期，抢抓进度，2013年6月，裕民渠综合人工湿地工程全面完工。共完成裕民渠河两岸土地平整45万平方米，建成9.3公里的湿地绿化河道，栽种乔木、花灌木15.8万株，地被植物5.9万平方米，水生植物24.1万平方米，建设人工浮岛4000平方米。2013年6月19日，裕民渠综合治理工程顺利通过省水利厅组织的竣工验收，并被评为优良工程。

随着裕民渠河综合治理工程的顺利完工，极大地改善裕民渠沿岸的生态环境，具有显著的生态效益和社会经济效益。

车庄沟治理工程。车庄沟治理工程是一项集防洪、除涝等功能于一体的河道整治工程。工程主要建设内容为：清淤疏浚河道9.2公里，两岸复堤18公里，配套建筑物28座，修建管理道路6.49公里，概算总投资2868万元。

2013年4月16日，省水利厅以鲁水许字〔2013〕93号文对车庄沟初步设计报告进行批复。

7月4日，经过公开招标，确定工程的施工单位。7月中旬，开展地面附着物的测量工作，确定迁占补偿地面附着物的数量和补偿款，并积极开展工程迁占工作。工程于2013年9月正式开工，2014年4月30日全部完工。共清淤疏浚河道9.2公里，修复两岸堤防18公里，配套建筑物28座，修建管理道路6.49公里，完成投资2868万元，其中省以上资金1444万元。

按照临清市城市总体规划，为进一步完善工业园区灌排渠系，实施胡姚河改道工程。对东三环以西的胡姚河进行改道，重新开挖新河。工程于2014年6月26日开工建设，8月11日全面完工，新河道实现通水运行。共计开挖新河道3.13公里，筑堤6.26公里，开挖土方11.8万方，回填压实土方15.02万方，工程总投资222.80万元。

颜渠、德王河、济津新河和庞丁渠。2015年度先后实施戴颜渠、德王河、济津新河和庞丁渠4条河道治理工程。

戴颜渠和德王河清淤治理工程投资284.12万元。共清淤疏浚河道37.36公里，开挖土方54.54万方，新建溢流闸坝2座、节制闸1座，使戴颜渠、德王河达到5年一遇除涝标准，新增河道蓄水能力163万方。工程于7月底竣工，9月24日，通过了临清市级验收。

济津新河治理工程投资1038.6万元。清淤河道4.8公里，土方30.69万方，衬砌维修4.8公里，配套建筑物2座，新建管理道路4.8公里。2016年1月15日通过临清市级验收。

庞丁渠清淤工程总投资81.9万元。清淤渠道10公里，土方18.3万方。工程于2015年12月11日开工，2016年1月10日完工。

【小型农田水利重点县项目建设】 农田水利基本建设工作。为切实提高全市农田排涝抗灾能力，聊临两级市委、市政府研究决定，自2013年开始，利用三年时间，彻底解决全市农田排涝问题。为此，临清市水务局局党委高度重视，召开专题会议研究部署，积极组织技术骨干深入到田间地头开展实地调查，编制完成《临清市2013—2015年除涝减灾治理工程实施方案》。2013年11月3日，临清市市长李新阁主持召开专题会议，安排部署全市农田水利基本建设三年会战及今冬明春农田水利基本建设工作。会后，临清市水务局成立由局党委领导班子成员为组长的4个农田水利基本建设会战督导组，分包各镇（街道），督导落实农田水利基本建设情况。截至2013年12月底，临清市清淤沟渠420.5公里。

为提高农田抵御自然灾害能力，2014年临清市投资998.4万元，在16个镇（街道）实施农田水利基本建设工程。临清市水务局结合各地实际，精心组织，科学规划，突出重点，狠抓落实，全面完成年度农田水利基本建设任务。共清淤疏浚沟渠403.9公里，新建维修涵管179座，极大地解决排灌难问题，为2014年粮食的丰收奠定坚实的基础。

2015年度实施完成农田水利基本建设三年会战第三年度工程，共涉及临清市10个镇、街道，清淤治理沟渠67条，长度94.252公里，土方103.41万方，完成投资100余万元。

2013年度暨第二年度小型农田水利重点县项目及中央财政追加小型农田水利设施建设补助专项资金。继2012年顺利实施完成第一年度小型农田水利重点县项目后，2013年继续实施完成第二年度小型农田水利重点县项目和中央财政追加小型农田水利设施建设补助专项资金项目。该项目位于临清市西南部，涉及潘庄、烟店、八岔路、青年路4个镇（街道），42个行政村，耕地面积4.42万亩(其中重点县项目3.38万亩，中央财政追加项目1.04万亩)。

铺设管道324.5公里；新建生产桥61座，新建穿路涵188座；建设泵站水情自动测报系统2处、土壤墒情测报系统3处；新建潘东、潘南等小型泵站工程9处；新打机井64眼，维修配套机井218眼；整修道路107.6公里；种植速生杨、柳树4.8万株。2013年4月22日，通过聊城市初步验收；5月15日顺利通过省级验收。

小型农田水利重点县项目。2013年度小农水重点县项目涉及临清市青年路、大辛庄2个街道，3万亩耕地。项目2013年12月份开工，2014年5月底全面竣工。该项目共完成投资3096.08万元；新打、配套、维修机井380眼，铺设输水管道213.35千米;治理排水沟90千米，配套建筑物99座；新修道路90千米；种植农田防护林4.5万株；建立土壤墒情自动测报系统2处。2014年7月，顺利通过省级年度及三年项目总验收，均获省级优秀等次。三个年度的小型农田水利重点县项目共建设高效节水工程10.67万亩，完成投资1.12亿元。

2014年9月，临清市成功争取到新一轮（2014—2016年）小型农田水利重点县项目。项目涉及康庄、戴湾、魏湾、刘垓子四个镇，总面积8.1万亩，总投资8580.02万元，其中省以上资金6900万元，聊城市资金690万元。

2014年度小型农田水利重点县项目共完成投资2863万元。涉及康庄、戴湾2个镇，16个村，1.83万人，2.7万亩耕地。共新打维修机井324眼，新建泵站3处，安装射频卡控制系统315套，变频控制设备3套，埋设输水管道210公里，开挖疏浚沟渠35.18公里，新建配套建筑物72座，建立土壤墒情监测系统1处。5月26日项目通过临清市级验收，6月16日通过聊城市级验收，10月11日通过省级绩效考评验收。此项工程2015年12月29日（鲁水农字〔2015〕52号文）被评为省级优秀等次。2015年度小型农田水利重点县项目投资2859万元，列入临清市涉水涉地资金整合项目。共建设高效节水灌溉面积2.7万亩。截至2015年年底，工程已全部完工。

2013年中央财政农田水利建设资金项目。该项目争取上级投资400余万元，涉及临清市的刘垓子、魏湾、康庄和金郝庄4个镇，共发展节水灌溉面积7200亩。项目新打机井33眼，维修机井78眼，安装射频系统、井池、潜水泵系统111套，铺设低压电缆26000米，安装PVC管道52660米，新建拱桥2座，新建变压器2座，疏浚渠道1公里。该工程于2014年6月13日开工建设，于2014年10月完工并顺利通过工程验收。

中央财政农田水利工程维修项目。2015年度中央财政农田水利工程维修项目争取上级资金115万元。工程涉及临清市7个镇、街道，共新打维修机井53眼，维修井池53座，铺设管道500米，购置射频器1台，潜水电泵53台，启动柜3台，闸门及启闭机4套，并对6座泵站进行改造，加固桥梁3座。2015年12月底工程已全部完工。

三干渠管理道路建设和友谊泵站建设项目。2015年度三干渠管理道路位于三干渠东岸，南起尚店镇黄杨庄，北至南环路后八里桥，共完成投资1200万元，铺设沥青路面12.4公里，路面宽5米，沿途铺设涵管50余处。2015年6月底，道路建成通车。

2015年度临清友谊泵站建设项目总投资1200万。工程建设内容包括:站前闸、穿堤涵洞、前池、进水池、泵室、主厂房、出水池、下游连接段、副厂房及检修间等。泵站设计流量为9立方米/秒，灌溉面积为12.1万亩，泵站配备4台70泵和2台90泵，装机容量为1080千瓦。工程于2015年9月开工建设，截至2015年年底，已全部完工。

【灌区续建配套项目】 两个灌区改造项目。2015年，临清市成功争取并实施薛王刘和王庄两个灌区改造项目，总投资2920万元。

薛王刘灌区项目涉及魏湾镇11个村，1.67万亩耕地。项目投资1369.67万元。共清淤疏浚沟渠39.16公里，衬砌沟渠4.8公里，新建改建桥涵闸180余座，新建信息化系统1处，测量水设施2处，更新改造薛王刘泵站机组和配电设施等。2015年7月27日，薛王刘泵站试水成功。8月11日，薛王刘灌区项目通过临清市级验收。

王庄中型灌区项目涉及唐园、烟店、潘庄等6个镇、街道，121个村，17.9万亩耕地。项目投资1550.64万元。共清淤疏浚沟渠25.6公里，衬砌沟渠1公里，改建生产桥16座，新建公路穿涵1座、节制闸2座，新建灌区信息化测量水设施2处，更新改造王庄泵站机组和配电设施等。12月23日，王庄灌区项目通过临清市级验收。

【城乡供水工程】 城南水库工程。城南水库采用黄河水作为水源，主要用来满足城区及周边居民生活用水。水库占地995.3亩，总库容580万立方米，设计日供水能力为3.7万立方米，总投资2.7亿元。2013年年底，水库围坝填筑工程、库区防渗、库区护坡、出入库涵洞、引输水管道全部完工、出入库泵站、办公楼建设已全年完工。2013年11月中下旬完成蓄水，2013年年底实现供水试运行。12月29日，临清市在城南水库举行供水仪式，标志着临清市广大人民群众将告别吃地下水的历史，吃上优质的黄河水。

城北水库工程。城北水库采用黄河水和长江水作为水源，主要用来满足工业企业的用水需求。水库规划占地4455亩，总库容2396万立方米，日供水量15万平方米。城北水库为南水北调配套工程。2013年年底，可研批复所需的所有前期手续（可研报告、水土保持方案、地质灾害危险性评估成果、压覆矿产资源情况、工程建设用地、环评大纲、环境影响评价报告书等）已全部完成，可研报告已经上报山东省发改委，省发改委已委托省工程咨询院组织专家进行评审。

城区自来水管网改造工作。加大自来水管网新建和改造力度，2013年，对西环路的供水管网进行改造，对曙光路、经一路、纬十路、纬十一路、文化路等南部新区的供水管网进行新建，共计铺设供水管道6670米。2014年度为做好临清市南部新区供水配套设施建设，开展南部新区供水管网建设工程。先后对纬十路、纬十一路、文化路、永清路南段的自来水管网进行新建，铺设自来水管网6150余米。同时，对老城区德福街、顺河街、市委家属院、解放路、曙光路等自来水管网进行改造，铺设管网5650余米。

农村饮水安全工作。2013年先后实施完成2012年度第一批、第二批农村饮水安全工程，累计解决金郝庄、八岔路、戴湾、青年路、新华路和康庄6个镇（街道），30个村，3.1万人的饮水安全问题。共建造400立方米清水池4座，新打机井6眼，购置除铁锰罐3个，二氧化氯发生器3台，变频器3台，建造消毒房4间，并对水厂进行信息化改造，铺设村外管道5.1万米，更新改造村内管道17.5万米，完成投资1541万元。

2013年度农村饮水安全工程计划投资已经下达，总投资为2854万元，共涉及8个镇(街道)，256个村，30万受益人口。截至2013年年底，净水厂工程施工已经全面展开，清水池等基础工程已经完工。

2014年度为改善农民群众生活水平，提高饮用水质量，根据《临清市农村饮水安全工程“十二五”规划》的总体要求，按照规模化供水原则，分两期实施农村饮水安全工程，解决烟店、潘庄、八岔路、唐园、青年路、尚店、刘垓子、大辛庄等镇（街道）78个行政村的8.58万人和120所学校4.68万名师生的饮水安全问题。新建一级取水泵房、二级泵房、配水楼各1座高效节能澄清池、重力均质滤水池和2000立方米清水池各2座，铺设供水管道22.22万米，配置一套絮凝、沉淀、过滤、消毒设备，使水厂日处理能力达到3万立方米，受益人口达20多万人。

2015年度农村饮水安全工程完成投资2248

万元。解决临清市11个镇、街道，47个村，4.57万人的饮水安全问题。工程铺设输水管道19.13万米，配置消毒设备1套，配套变压器1台，配置便携式水质监测设备24套。该工程于10月20日竣工，12月11日通过临清市级验收。

贫困村饮水安全工程，争取上级资金880.55万元。对临清市10个镇（街道），27个贫困村和3个规划外村的饮水安全工程进行升级改造，共铺设输水管道52.8万米，改造安装村外水表30块，入户水表、立杆8803套，动土方近10万方等，受益农民群众2.9万人。2015年12月底工程全部完工，并顺利通过临清市级验收。

水资源管理工作。实施最严格水资源管理制度，不断加大水资源执法检查和水资源费征收力度。2013年对全市所有取用水单位进行一次拉网式检查，其中重点对镇、城乡接合部、工业园区等进行检查，对4个漏管单位进行登记造册，纳入管理。在水资源费的征收上，严格按照征收程序、征收标准对用水单位和个人进行依法征收，截至2013年11月，征收水资源费312.3万元。

2015年全年共征收水资源费536万元，实现历史性突破。

【南水北调工程】 南水北调续建配套工程。2014年2月，南水北调东线一期工程临清市续建配套工程立项审批前期基础资料均已经过专家评审取得各相关部门的批复。4月30日，省发改委对工程可行性研究报告予以批复。10月30日，省水利厅对续建配套工程初步设计予以批复。同时，临清市政府结合高速公路建设需要外调土的实际情况，率先在设计围坝范围以内开展土方开挖工程。完成前期征地1548.45亩，开挖外运土方600余万方。

临清市南水北调配套工程主要包括南水北调鲁北段输水干线临清市分水闸、引水涵洞、张官屯水库枢纽工程等。2015年8月20日，临清市召开市长办公会，确定南水北调东线一期工程临清市续建配套工程采用PPP合作模式进行建设和运营。12月29日临清市政府与社会资本方北控水务（中国）投资有限公司签订特许经营协议，双方注资成立项目公司，由项目公司进行工程招投标、建设和运营管理。

【水土保持及科技推广项目】 地下水超采区修复保护。2014年按照《山东生态省建设规划纲要》提出的“缩小地下漏斗区面积，以水资源可持续利用支持经济社会可持续发展”要求，编制地下水超采区（漏斗区）修复保护工程项目建议书，同时积极协助省水利勘测设计院于2014年5月份编制完成《山东省临清市地下水超采区治理总体规划》，项目规划总投资18.5亿元。

2015年按照习近平总书记提出的“节水优先、空间均衡、系统治理、两手发力”重要治水思路，通过采取综合措施，合理调配临清市各种水源，充分利用南水北调长江水、当地及卫运河雨洪水、黄河水等水源，逐步替代超采区地下水开采，严格地下水开发利用管理。2015年编制《临清市地下水超采区综合整治实施方案》，着力解决全市地下水超采问题。涉及浅层地下水超采区面积495平方千米，包括新华路、青年路、先锋路、松林、老赵庄、潘庄、唐园、八岔路、大辛庄、烟店、尚店11个镇（街道）；深层承压水超采区面积950平方千米，涉及临清市全市范围。

水土保持综合治理项目。2015年6月底，完成临清市松林风沙片裕民北支小流域水土保持综合治理项目，总投资105.02万元。涉及松林镇的3个村，6.36平方千米土地，治理水土流失面积2.6平方千米，整地改土30公顷，新建桥、涵2座，建农田林网200公顷，建水土保持林6公顷，建经济林24公顷。11月17日通过临清市级验收，12月25日通过聊城市级验收。

【防汛抗旱】 2013年入汛以来，临清市平均降雨588.3毫米，比去年同期偏多45%。主要河流裕民渠、德王河、胡姚河等水位较高。汛期最大降雨点位于戴湾镇，累计降雨量932毫米。面对严峻的汛情和灾情，临清市立即组织各镇（街道）和有关部门积极投入防汛救灾。采取县级干部包镇（街道）的方式，带领水务、农业等部门的技术专家深入受灾地区指导生产自救；临清市水务局派出4个督导小组，到各镇（街道）对农田排涝工作进行督导；增派人员迅速提开所有泄水闸，全面泄洪排涝，日泄洪量达到200多万立方米；各镇（街道）从实际出发，排查险情，组织干部群众开挖沟渠、打通竹节沟；临清市政府紧急下拨救灾资金，帮助受灾镇、办开展生产自救；对农村危房、敬老院、学校等部位进行重点排查；各部门、镇（街道）坚持24小时防汛值班，确保联络畅通。

2013年，临清市组织开展两次大规模的防汛抢险实战演习。特别是7月27日，在引黄穿卫枢纽胡家湾险工段组织开展聊城市2013年漳卫南运河（临清段）防汛抢险实战演习。聊城市委副书记、市长王忠林、聊城市防汛抗旱指挥部成员单位主要领导，临清五大班子主要领导，各县（市、区）分管领导、水务局局长、防办主任等领导观摩这次演习。演习重点演示防汛会商、巡堤查险、捆抛柳石枕等10个科目。市防指各成员单位，16个镇（街道）的民兵防汛抢险分队，以及医疗救护、城市抢险、消防救援、防疫检测等分队，共计800余人参加演习。

2014年春季，由于有效降水偏少，导致临清市16个镇、街道的农田出现不同程度的旱情。为打好抗旱攻坚战，临清市水务部门动员一切力量，积极落实抗旱物资和抗旱队伍，抢提抢引黄河水，相机抢提卫河水。同时，派出5个督导组，深入到16个镇、街道，加强春灌的督导工作，了解、掌握春灌情况，协调解决存在的问题，指导干部群众抓住有利时机抢引抢蓄黄河水，迅速掀起春灌高潮。1—5月份，临清市共浇地75.8万亩，动用机井5万眼，投入劳力6.2万工日，投入抗旱资金1200万元。

2014年先后修订编制2014年防汛预案，全面落实防汛队伍和防汛物资，对市属河道进行排查清障，对漳卫河、马颊河的险工险段进行实地查验，及时对全市16个雨情测报系统进行检修，同时，严格落实24小时昼夜值班制度，确保联络畅通，及时掌握水情、雨情、汛情、工情。

2015年全年降水量378毫米，其中6—9月份的汛期降雨量为243.3毫米，比去年同期少127.6毫米，汛期最大点降雨量松林镇428毫米，全年没有出现涝灾。1—3月份，旱情持续发展，水务部门及时修订完善抗旱应急预案，随时掌握抗旱进度，落实抗旱物资和抗旱队伍。同时与排灌处进行及时沟通，密切关注引黄引卫水量情况。全年共引黄河水1.09亿方，引卫河水1313万方，组织抗旱劳力15万人，启用扬水站点26处，机井13000眼，浇地86.3万亩。

【基层组织建设】 基层水利服务体系建设工作。临清市按照“职能明确、布局合理、队伍精干、服务到位”的建设目标任务，以水管站建设为重点，构建起基层水务管理协调服务组织、专业服务组织、农民用水合作组织“三位一体”的基层水利服务体系，有效解决小型水利工程建设、管理主体缺位问题，为新时期水利发展、现代农业和新农村建设提供基础支撑和组织保障。

2013年5月3日，山东省水利厅以鲁水农字〔2013〕12号文，对全省基层水利服务体系建设验收情况进行通报，临清市的基层水利服务体系建设工作，荣获省级优秀等次。按照规定，今后临清市在争取竞争性项目和省及以上奖补经费时，将给予一定倾斜。

党的群众路线教育实践活动。按照临清市委的统一部署，临清市水务局牢牢把握“照镜子、正衣冠、洗洗澡、治治病”的总要求，以为民务实清廉为主题，深入开展党的群众路线教育实践活动。2014 年 3 月 14 日，临清市水务局党委召开教育实践活动动员会议后，全体党员统一思想，教育实践活动在水利系统全面铺开。认真开展学习教育，扎实筑牢教育实践活动思想基础。坚持把学习教育摆在活动首位，贯穿活动始终，共开展集体学习 19 次，现场测试 5 次，专题知识竞赛 1 次。广泛听取意见，深入查摆和解决群众反映强烈的突出问题。坚持敞开大门，开展“立体式”意见征询活动。通过采取书面征集、入户走访、意见箱、座谈会、网站留言等方式，广泛征求党员群众和社会各界人士的意见建议，共收回征求意见表 890 份，征求意见 4505 条，经过层层汇总，梳理意见 29 条。深挖思想根源，严肃开展批评和自我批评，彻底清洗思想和行为之垢。水务局党委把召开高质量的专题民主生活会和组织生活会作为关键，真正拿起批评和自我批评武器，开展积极健康的思想斗争。抓好建章立制，以长效机制巩固教育实践活动成果。本着务实管用的原则，根据实际和需要，共新建和完善制度 11 项，推动作风建设的制度化、常态化、长效化，在群众中树立更好的公信力。推进专项整改，治水保障民生。结合水利部门实际，提出建设现代生态民生水利的工作思路，制定《临清市水务局党委党的群众路线教育实践活动专项整治工作方案》，进一步加强作风建设，着力解决群众反映强烈的问题和服务群众“最后一公里”问题。

三严三实专题教育。按照临清市委的统一安排和市委办公室《关于在全市领导干部中开展“三严三实”专题教育工作方案》的通知要求，2015 年 5 月 25 日，临清市水务局党委书记、局长淳悦忠同志，为全体干部职工上题为“践行三严三实要求，建设现代民生水利”专题党课。结合水务局工作实际，制定临清市水务局党委“三严三实”专题教育实施方案和“三严三实”专题教育学习研讨方案。

专题教育期间，临清市水务局开创性的将专题党课搬进工地现场。领导班子带领干部职工深入基层、深入工地，抓协调、督质量、抢进度，全市水利工作呈现出良好的发展态势。通过一大批水利工程的顺利实施，项目区实现“旱能浇、涝能排”，真正把水送到农民的“家门口”，有效地解决水利“最后一公里”问题，极大地提高临清市农业综合生产能力。

【领导人更迭】

党委书记：淳悦忠
副 书 记：张秋实（2014. 11 止）
王立堂
田西勤（2013. 09 止）
于振清（2014. 11 止）
谷传利（2014. 11 止）
王　鹏（2013. 09—2014. 11）
党委委员：张秋实（2014. 11 起）
于振清（2014. 11 起）
谷传利（2014. 11 起）
王　鹏（2014. 11 起）
赵业峰
李光辉
修配岭
秦明渠
马淑梅
局　　长：淳悦忠
副 局 长：张秋实（2014. 11 止）
王立堂
田西勤（2013. 09 止）
于振清（2014. 11 止）
谷传利（2014. 11 止）
赵业峰
李光辉
总工程师：王丙华（2013. 05 止）
工会主任：修配岭

城乡供水中心

主　任：张秋实
副主任：秦明渠
李佰厚

临清市南水北调建设管理局

局　长：于振清

临清市排灌工程管理处

主　任：谷传利

临清市水资源管理委员会办公室

主　任：王　鹏

防汛抗旱指挥部办公室

主　任：李法金

（修配岭　王文博）

水资源管理

【机构设置与概况】 1990年10月10日，根据〔1990〕临编字23号建立“临清市水资源办公室”，为副科级事业单位，编制8人，隶属市政府办公室。2008年8月24日，根据临政常会字〔2008〕1号，临清市水资源办公室由市政府办公室序列划归市水务局序列。

【水资源管理】 严格落实水资源论证、取水许可制度。实现取水许可全覆盖。全市区域内采用自备水源井用水的非农业用水户共36家，全部发放取水许可证。严把新建、扩建项目用水关。对需要取水的新建、改建、扩建项目严格按照《山东省建设项目水资源论证实施细则》规定的程序和标准，依法进行水资源论证。2013年，对7个项目取水工程的取水申请予以受理后，分别编制水资源论证报告书或填写水资源论证报告表，并按审查权限予以论证批复；2014年，审查水资源论证报告书1份，水资源论证报告表2份，并按审查权限予以论证批复。新办理取水许可证3份；2015年，编制完成水资源论证报告书3份，审查水资源论证报告表9份，并按审查权限予以论证批复。全年未新增办理取水许可证。

强化控水措施，不断完善制度建设。为配合制度建设，临清市先后下发《临清市人民政府关于加强水资源管理工作的通知》（临政发〔2012〕第50号），临清市水资源办公室《关于认真贯彻执行〈山东省用水总量控制管理办法〉的通知》（临水资发〔2012〕1号），主要针对水资源费征收、水资源论证、地热水资源管理等方面的工作进行部署，切实加强用水总量控制工作，进一步明确职责分工和责任追究。并下发《临清市最严格水资源管理制度控制目标实施意见》，确保最严格水资源制度落实到位。

为落实最严格水资源管理制度中的用水总量控制、用水效率控制、水功能区限制纳污三条红线，先后编制《临清市农田水利建设规划》《临清市现代水网建设规划》《山东省临清市“旱能浇、涝能排”高标准农田建设规划》《临清市创建现代水利示范市实施方案》，逐步实现黄河水、长江水、卫运河水、当地地表水、地下水、中水、雨洪利用、微咸水等多水源联合调度，并严格落实《聊城市实行最严格水资源管理制度考核办法》划定的近、中、远期目标及年度控制目标，为控制用水总量、提高用水效率、实现水功能区水质改善奠定良好基础。

【工作成效】 用水总量指标。2013年聊城市水利局分配临清市年度用水控制指标为22350万立方米，其中地表水1680万立方米、地下水9720万立方米、引黄9100万立方米，引江1850万立方米。临清市2013年实际用水总量为19960.2万立方米，其中地表水1501.5万立方米、地下水9406.8万立方米、引黄河水9051.9万立方米，比分配指标减少2389.8万立方米，完成用水总量控制目标。

2014年聊城市水利局分配临清市年度用水控制指标为23090万立方米，其中地表水1680万立方米、地下水9720万立方米、引黄9100万立方米，引江2590万立方米。临清市2014年实际用水总量为20265.9万立方米，其中地表水617.5万立方米、地下水10449.2万立方米、引黄河水5880.7万立方米，引卫3318.5万立方米，比分配指标减少2824.1万立方米，完成用水总量控制目标。

2015 年全市年度用水控制指标为 24100 万立方米，其中地表水 1600 万立方米、地下水 9600 万立方米、引黄 9200 万立方米，引江 3700 万立方米。实际用水总量为 19027 万立方米，其中地表水 2705 万立方米、地下水 8812 万立方米、跨流域调水 7510 万立方米，比控制指标减少 5073 万立方米，超额完成用水总量控制目标。

万元工业增加值用水量降幅。全市 2013 年工业增加值为 195.95 亿元，工业取水总量为 2365 万立方米，万元工业增加值用水量为 12.07 立方米。2010 年万元工业增加值用水量为 18.72 立方米。万元工业增加值用水 2013 年较 2010 年下降 35.5%。

全市 2014 年工业增加值为 202.98 亿元，工业取水总量为 2253 万立方米，万元工业增加值用水量为 11.1 立方米。2010 年万元工业增加值用水量为 18.72 立方米。万元工业增加值用水 2013 年较 2010 年下降 40.75%。

全市 2015 年工业增加值为 202.98 亿元，工业取水总量为 1221 万立方米，万元工业增加值用水量为 6.01 立方米。较 2010 年下降 67.9%（2010 年万元工业增加值用水量为 18.72 立方米）。

农田灌溉水有效利用系数。临清市水务局农水科按照《山东省灌溉水有效利用系数测算分析指南》（2013—2015）要求，灌溉水利用系数进行测算并进行合理性、可靠性分析，临清市 2013 年度灌溉水有效利用系数为 0.6092，2014 年度灌溉水有效利用系数为 0.6147，2015 年度全市农田灌溉水有效利用系数为 0.625。

水功能区水质达标情况。2013 年，全市水功能区单元个数为 2 个，分别是马颊河高唐农业用水区和小运河调水水源保护区。根据聊城市水文局 2013 年国控、省控水功能区水质达标评价成果表，马颊河高唐农业用水区水质目标为Ⅳ类水，监测评价结果为不达标；小运河调水水源保护区目标为Ⅲ类水，监测评价结果为达标。2013 年聊城市水利局下达的年度控制目标为 50%，临清市水功能区水质达标率满足考核要求。

2014 年、2015 年全市水功能区共有 3 个，分别是德王河临清农业用水区、裕民渠临清农业用水区和王坊分干临清农业用水区。2014 年度重要水功能区水质达标率控制指标为达标 1 个。在这三个水功能区中王坊分干临清农业用水区水质情况稳定趋好，属于基本达标。

【领导人更迭】

主　任：王　鹏

副主任：许福祥

（李婧雅）

排灌工程

【概况】 临清市排灌工程管理处（以下简称市排灌处）成立于 1984 年，1990 年经市政府批准定为正科级事业单位，隶属临清市水利局，是经济独立核算的事业单位。主要职责是引黄（河）灌溉、补充地下水源、抗旱排涝、小型水工建筑物的设计施工和管理、市属扬水站安全运行、河道管理、涵闸维修、水费的征缴上解及使用管理、配合市水务局水政执法。市排灌处内设 6 个职能科室：办公室、政工科、财务科、工程科、灌溉科、水政科；下设 4 个扬水站和 3 个闸管所：头闸口扬水站、尚店扬水站、十三支扬水站、王庄扬水站、郭庄闸管所、匙庄闸管所、杜庄闸管所。市排灌处在职人员共 91 人，其中行政干部 6 人；高级工程师 2 人，中级工程师 33 人，初级工程师 17 人；高级工 25 人、中级工 5 人、初级工 3 人。

【引黄（河）灌溉管理】 临清市位于位山灌区下游，是一个资源性重度缺水区域，水资源供需矛盾严峻。临清市排灌工程管理处作为引黄灌溉的管理部门，承担着全市的农田灌溉任务，每年在争取多引黄河水的同时抢提卫河水，最大程度保证全市农田灌溉的需要。

2013—2015年临清市引水灌溉统计表

单位：水量：万立方米；天数：天；面积：万亩；亩次：万亩次

年份	合计引水量	引黄				引卫			
		天数	水量	面积	亩次	天数	水量	面积	亩次
2013	8914.3	74	7940.7	58.5	105.8	32	973.6	5.8	10.3
2014	10017.51	56	7572.75	61.07	107.77	56	2444.76	10.38	15.97
2015	12262	70	10948	64.97	111.06	42	1313.96	8.58	10.3

【水利工程建设管理】 2013年完成黄杨分干渠衬砌工程，以十三支扬水站为起点至聊临公路下游600米结束，全长7公里，项目配套建筑物36座，开挖及回填土方9.58万方，砌石0.65万方，预制并铺设砼板0.33万方，总投资740余万元。2013年5月，完成魏烟路草庙桥修建工程，完成砌石100方，土方200方。2013年10月，对位山灌区第五号沉沙池进行清淤治理，动用设备100余台，完成土方22万方，平整场地5万平方米。2014年完成王庄泵站更新改造工程，总投资1600万元，更换低压配电盘、启动箱、电容柜、配套电机、高压开关柜、变压器等。2015年5月至7月完成三干渠管理道路工程，道路全程采用四级公路标准建设，路基全宽10米，路面宽度5米，共完成铺设沥青混凝土3100立方米，二灰碎石10500立方米，石灰土9300立方米，工程质量优异。2015年9月，位山灌区续建配套与节水改造工程临清友谊泵站开工建设，已完成总工程量的80%。建成后由站前闸、穿堤涵洞、前池、进水池、泵室、主厂房、出水池、下游连接段、副厂房及检修间组成，泵站配备4台700ZLB-100立式轴流泵和2台900ZLB-85立式轴流泵，装机容量为1080千瓦，工程扬程4.7—6.61米，泵站设计流量为12立方米/秒，灌溉面积为15万亩。

【领导人更迭】

主　　任：谷传利
副 主 任：赵仁旺
　　　　　谢长青
工会主任：史金忠
副主任科员：王　栋
　　　　　魏　超
纪检组长：李建华

（梁峻峰　徐亚鲁）

水产业

【机构设置及概况】 临清市水产局成立于1986年（临政发〔1986〕166号），1994年机构改革更名为临清市水产开发服务中心，2008年因工作需要重新更名为临清市水产局（临委〔2008〕56号），属全额事业单位，执行事业单位会计制度，下设办公室、政工科、财务科、水产技术推广站、渔政监督管理站5个科室。职责范围：贯彻国家及省市水产业法律法规，拟定全市水产业发展战略，中长期发展规划和年度计划，经批准后组织实施；拟定水产业产业政策和市场体系建设规划、引导水产业结构和布局调整及资源配置，指导水产业区域开发和经营管理；制定渔业科技发展规划、计划并监督实施；指导水产业职业技能开发工作；负责全市水产技术培训工作；承担市委、市政府交办的其他工作。

【技术推广】 水产技术推广站负责临清市水产技术推广计划；引进新技术、新成果、先进工艺和设备，经过示范进行推广普及；承担上级部门下达的技术推广任务；组织培训基层渔业管理人员、渔民技术员、渔业专业户和科技示范户；开展病害防治，搞好水产业产前、产中、产后的系列化服务；传递信息，总结交流水产技术推广经验。

【水生生物资源】 池塘生物资源，1998年、2009年两次由山东省淡水研究所和丁马生物科技有限公司监测结果表明，临清市各镇（街道）池塘水生生物含量相差无几。年均池塘浮游植物含量为0.78—10.55mg/L，浮游动物生物量为0.62—7.9mg/L。近年来，临清市池塘养殖普遍采用“八字精养法”，池塘生物量有增加的趋势，同时，水生维管束植物及底栖动物等资源也相应增加。河流干渠生物资源，相对而言，临清市河流和干渠水域生物资源较贫乏，鱼类资源无论从数量还是种类都较少。2009年监测表明，浮游植物生物量为0.13—0.78mg/L，浮游动物生物量为0.03—0.46mg/L。小型水库生物资源，临清市3100亩小型水库中，绝大部分是近年来修建京九铁路和临高、德商高速公路施工取土形成的水面，其特点是水深，生物含量极低，经监测，浮游植物含量为0.01—0.23mg/L，浮游动物生物含量为0.01—0.18mg/L。

【甲鱼养殖】 中华鳖，俗称甲鱼、元鱼、团鱼、王八等，是一种药膳同源的名贵水产品。临清市甲鱼养殖较早，始于1972年，由于种种原因，养殖产量低，没有形成规模，甲鱼养殖形成规模始于20世纪90年代，1992年8月，临清市魏湾镇丁马村建立山东丁马生物科技有限公司，注册资金5357万元，总占地面积1010亩，总资产110924万元。其中甲鱼养殖442.5吨，产值4015.3万元；深加工产品9921.5吨，产值36707.2万元；生物饲料18019.6吨，产值21182.7万元。

【领导人更迭】

局　　长：王林珠（2013.09止）

　　　　　刘　鹏（2013.09起）

副 局 长：张秀杰（女）

工会主任：贾景娥（女）

（贾景娥　王　燕）

漳卫南运河临清河务局

【机构设置】 水利部海委漳卫南运河临清河务局是隶属于漳卫南运河管理局的一线河道管理单位，单位性质为纯公益性事业单位，行政级别为正科级单位。

【工作概况】 临清河务局主要承担着卫运河右岸上始于冠县下与夏津县接壤的44.184公里（卫运河30+336—74+520）堤防、9处总长5475米险工的日常管理、运行监测、防汛抗旱、堤防绿化等任务，并行使部分水行政管理职能。所管辖的卫运河堤防设防等级为2级一类工程，临清河务局所管辖的堤防设计堤顶宽度8米，并在部分堤段背河填筑有弃土。堤顶与滩地高差一般在6.0—6.5米之间，堤防两边坡坡比为1∶3。除临堤单堤陡岸外，所辖堤防在堤顶以下临河3.5米和背河4米处均筑有前后戗台。局属河段的临河3米、背河5米为工程管理范围，临河30米、背河50米为堤防保护范围。

局属卫运河设计流量4000立方米/秒，设计防洪重现期为50年一遇。

【领导人更迭】

局　　长：张　斌

副 局 长：霍航斌

主任科员：王宗跃

（张　斌）

南水北调工程建设管理

【概况】 2008年9月11日，根据临编字〔2008〕7号文件，成立临清市南水北调工程建设管理局，为正科级事业单位。2010年11月22日，根据临编字〔2010〕4号文，批准临清市南水北调工程建设管理局内设综合科、计财科、工程建设管理科3个科室，配备全额事业编制15名。主要职责是：参与监督、控制南水北调工程建设项目投资计划及执行情况，并组织实施地方配套工程建设和运营管理，负责组织和管理南水北调水资源的调度及竣工后的运行管理工作，承办市政府和南水北调工程建设指挥部交办的其他事项。

【灌排影响工程】 小运河输水工程临清段灌排影响工程涉及临清市魏湾镇、刘垓子镇、戴湾镇、大辛庄街道、新华路街道、先锋路街道6个镇、街道。工程于2013年3月1日正式开始施工，到2013年8月15日完工。主要工程内容包括沟渠开挖和新增打机井。共计完成沟渠开挖26.95千米，土方18.58万立方米。其中清淤长度25.45千米，土方开挖18.07万立方米；新开挖长度1.50千米，土方开挖0.51万立方米。共新增打机井276眼，实际成井总深度17225.6米，其中小运河输水工程临清段灌排影响单位工程机井分部工程新增打机井210眼，成井深度13456米；七一、六五河输水工程临清段灌排影响单位工程机井分部工程新增打机井66眼，成井深度3769.6米；安装井台井盖。

【泵站专项工程】 南水北调东线一期鲁北段工程临清段泵站专项工程于2013年4月10日开始施工，到2013年9月30日竣工，并于2013年10月12日完成验收和移交工作。本工程主要工程内容包括刘垓子张庄扬水站、戴湾晁寨扬水站及魏湾西魏扬水站。以上三处扬水站均为南水北调东线一期鲁北段小运河输水工程临清市征地移民实施方案中批复的扬水站恢复改建工程项目，建设性质为补偿重建。

【续建配套工程】 南水北调东线一期工程临清市续建配套工程前期工作有序进行。2013年1月9日，省水利厅以鲁水许字〔2013〕8号对工程水土保持方案进行批复；2013年2月1日，省国土资源厅以鲁国土资字〔2013〕145号文建设用地预审进行批复。2014年2月10日，省环境保护厅以鲁环审〔2014〕15号文工程环境影响评价进行批复；2014年4月30日，省发展和改革委员会以鲁发改农经〔2014〕404号文对工程可行性研究报告进行批复；2014年10月30日，省水利厅以鲁水许字〔2014〕250号文对工程初步设计进行批复；2014年12月28日和2015年6月10日，聊城市南水北调工程建设管理局分别组织专家对施工图设计进行审查，并以聊调水发〔2014〕56号文和聊调水发〔2015〕25号文予以批复。

2015年8月20日，临清市召开市长办公会，经研究确定该工程采用国家鼓励支持的PPP投资合作模式进行建设和运营，于12月最终选定北控水务（中国）投资有限公司为成交的社会资本方，并于2015年12月29日签订特许经营协议。政府与社会资本方共同注资成立项目公司—临清北控水务有限公司。

【领导人更迭】
局　长：于振清
副局长：王丙华（2013.05止）
马金辉

（赵　鹏　赵海滨）

农业机械

【机构设置】 临清市农业机械管理局（以下简称

农机局）属于正科级全额事业单位。农机局下设办公室、政工科、财务科、农机科、农机安全监理科、市农机安全监理站、市农机化技术推广服务站（以下简称市农机推广站）、市农业机械化学校（以下简称市农机校）8个科站室。

【工作概况】 2013年至2015年，农机局围绕依靠科技进步、转变农机化发展方式、提升发展质量效益这条主线，以调整优化结构布局，主攻薄弱环节机械化、推广先进适用技术为重点，着力完善政策、培育发展主体、强化公共服务，进一步提高农机装备水平、作业水平、服务水平和安全水平。截至2015年，全市农机总值达77383万元，农机总动力1328736千瓦。其中，农用拖拉机6703台（大中型拖拉机4175台，小型拖拉机2528台），204171千瓦；拖拉机田间作业机械13662台（套），其中耕整机790台、机引犁1207台、旋耕机1868台、深松机500台、机引耙576台、播种机3027台、秸秆还田机2311台、化肥深施机283台、地膜覆盖机624台；收获机械3203台，其中小麦联合收获机1317台、玉米收获机1886台；收获后处理机械6052台，其中机动脱粒机6017台、谷物烘干机10台；农产品初加工动力机械6898台、农产品初加工作业机械3637台；畜牧养殖机械877台。农机装备结构不断优化，全市主要农作物耕种收全程机械化水平继续提升，2015年全市机耕率达到99%、小麦机收率达到99.8%、玉米机收率达到95%、秸秆还田率达到93%、玉米机播率达到99.7%。在经济作物机械化特别是大蒜收获机械化上实现重大突破，2015年完成大蒜机械化收获面积1.2万亩，大蒜收获机械化水平达到24%。与此同时，农机合作组织得到快速发展，从2013年到2015年新增农机专业合作社22个，全市农机专业合作社数量达到60个，并逐步成为全市农机化跨越发展的主角，现代农业建设的主力。

【新机具推广】 2014年5月，在康庄镇肖庄村举办临清市大蒜机械收获现场演示会，100余人观看演示，推广大蒜收获机16台，另推广秸秆捡拾打捆机1台（套）、自走式喷杆喷雾机3台、玉米免耕深松分层施肥精播机械2台。2015年5月，在康庄镇六里村举办临清市大蒜机械收获现场演示会，康庄、魏湾、戴湾等镇约200人观看演示，推广大蒜收获机108台，同年又先后召开秸秆捡拾打捆机现场演示会4次，推广秸秆捡拾打捆机5台（套），另推广饲料青贮机2台、粮食烘干机1台（套）。

【农机科技推广】 2013年至2015年，临清市重点开展玉米免耕精量播种、玉米深松分层施肥精量播种、玉米联合收获、秸秆还田覆盖、小麦免耕播种、小麦宽幅播种等技术，并承担2014年基层农机推广体系改革与建设项目，初步建立“专家+农机技术人员+示范户+辐射带动户”技术服务模式；基层农机推广人员素质得到提高，有效提升其服务能力；主推技术得到迅速推广应用，建立面积2万亩的保护性耕作技术示范区，带动全市保护性耕作面积大幅度增长。

【农机购置补贴】 2013年，上级下发给临清市中央农机购置补贴资金1455万元，其中报废更新购置补贴资金300万元，全年共落实使用资金1454.89万元。补贴各类机具748台（套），其中玉米联合收获机174台、轮式拖拉机207台、小麦联合收获机135台、小麦免耕播种机23台、深松整地机103台、秸秆粉碎还田机92台、其他机械14台，报废更新机械101台，使用报废更新补贴资金277.87万元。2014年，上级下发给临清市中央农机购置补贴资金1600万元，全年落实使用资金1599.89万元，共补贴各类机具664台（套），其中玉米联合收获机342台、轮式拖拉机93台、小麦联合收获机64台、粮食烘干机1台（套）、挤奶机2台套、深松整地机58台、秸秆粉碎还田机77台、其他机械27台，受益农户540户；报废更新机械49台，使用报废更新补贴资金162.96万元。2015年，上级下发给临清市农机购置补贴资金1700万元，全年落实使用资金1699.871万元，共补贴各类机具1041台（套），其中轮式拖拉机346台、小麦联合收获机69台、深松整地机146台、秸秆粉碎还田机156台、玉米联合收获机166台。报废更新机械137台，落实报废补贴资金46万元，更新机械137台，使用报废更新补贴资金400.56万元。

【农机修配管理】 从2013年至2015年，积极有效开展农机维修网点管理工作。建立健全农机维修网点各项工作制度，并制定《临清市农机维修安全事故应急预案》；对全市农机维修服务市场进行深入的调查了解和实地察看，并撰写《临清市农机维修服务能力调研报告》对临清市的农机维修网点未来的发展和走向奠定基础。同时，开展农机职业技能鉴定工作，2013至2015年共有1556人通过技能鉴定，取得职业资格证书。

【农机技术培训】 临清市农机化学校负责全市农机化技术教育、培训工作以及对培训机构的管理。2013年至2015年，市农机校扎实开展各项农机教育培训工作。2013年，阳光工程农机培训班开班，培训主要结合购机补贴政策和农业机械化技术推广项目，使农机手掌握新型拖拉机、联合收割机等有关农业机械的结构原理、操作规范、维护保养、故障诊断与排除等知识，提高农业机械化生产中机具的正确使用率，增强受训农民的技术应用示范带动作用，共培训农民300人次，受到农民的欢迎。

【农机安全监理】 三年来，市农机安全监理站牢固树立“以人为本，安全发展，依法监理”的发展观念，积极主动开展工作，切实强化农机安全监管，不断创新服务意识，努力加强农机依法管理水平。2013年4月份，市农机安全监理站作为山东省移动式检测设备试验项目的协作单位，分别在大辛庄街道农机站、青年路街道农机站、康庄镇农机站和老赵庄镇农机站进行移动式检测设备的试验，并把试验报告和试验数据及时上报给山东省农机安全监理站（以下简称省监理站），圆满完成试验任务。7月份，市农机安全监理站被农业部授予“‘为民服务、创先争优’全国农机安全监理示范窗口”称号。8月份，根据省监理站的要求开展2013年度农机反光贴推广应用活动，时间为8月份至次年6月份。2014年4月份，按照省监理站要求，市农机安全监理站在老赵庄镇润发农机合作社开展搓板式制动检测仪和WZD-1型快速制动检测设备的对比试验，并及时向省监理站上报试验结果。6月份，市农机监理站圆满完成2013年度农机反光贴推广任务，共免费发放反光贴25000余条，粘贴车辆1000余台。8月份，根据省监理站的要求开展2014年度农机反光贴推广应用活动，时间为8月份至次年6月份。10月份，省监理站和山东科大集团来农机局进行WZD-1改进型检测仪的试验，试验取得圆满的成功。12月份，市农机安全监理站被省监理站确定为“农机监理规范化建设示范”单位，旨在推进农机安全监理机构规范化建设，全面提升农机依法行政能力和公共服务水平，期限为2015年全年。2015年6月份，2014年度农机反光贴推广任务完成，共免费发放反光贴21000余条，粘贴车辆1000余台，并在10月份全省反光贴验收会议上顺利通过验收。6月份，省监理站站长石宝成莅临临清市参加“农机安全生产宣传咨询日”活动。7月份，金郝庄镇和康庄镇力兴农机合作社、魏湾镇信诚农机合作社分别被省农机局和省安监局评为“山东省平安农机安全示范镇”和“山东省平安农机安全示范合作社”。12月份，完成省农机监理站《农机监理规范化建设示范》项目，通过全年项目的实施，配备驾驶员考试、农机事故处理、执法及办公等设备，使全市总体监理设备状况基本达到山东省农机监理机构设施装备建设规范的要求，农机安全监管能力和公共服务水平得到全面提升。

【领导人更迭】

书　　记：刘文岭
局　　长：刘文岭
副 局 长：杨庆国
　　　　　孙继岭
工会主任：刘忠然
主任科员：刘培杰（2013.12 止）

（孙继峰　刘　斌）

农业综合开发

【机构设置与概况】　临清市农业综合开发办公室属于临清市财政局管理的正科级事业单位，内设综合科、土地治理科、运行管护科三个职能科室，现有在职人员 10 人。临清是国家第一批农业综合开发区。农业综合开发是指中央政府为保护、支持农业发展，改善农业生产基本条件，优化农业和农村经济结构，提高农业综合生产能力和综合效益，设立专项资金对农业资源进行综合开发利用的活动。主要任务是加强农业基础设施和生态建设，提高农业综合生产能力，保证国家粮食安全；推进农业和农村经济结构的战略性调整，推进农业产业化经营，提高农业综合效益，促进农民增收。

农业综合开发项目包括土地治理项目和产业化经营项目两大类，土地治理项目，主要包括高标准农田建设项目，生态综合治理项目和中型灌区节水配套改造项目；产业化经营项目，包括经济林及设施农业种植、畜牧水产养殖等种植养殖基地项目，农产品加工项目，储藏保鲜、产地批发市场等流通设施项目。

【土地治理】　三年来，临清市农业综合开发土地治理项目总投资 6013 万元（中央财政资金 3612 万元，省级财政资金 1708 万元，聊城市财政资金 207 万元，临清市财政配套资金 132 万元，县级以下自筹资金 354 万元）。建设高标准农田 4.44 万亩，共涉及全市 5 个镇（街道）。共开挖沟渠 191.97 公里，建排灌站 2 处，新打机井 236 眼，配套机井 598 眼，节制闸 1 座，建设石料桥 112 座，建设石料涵 1086 座，建设变压器配电站 52 座，建设砂石路 79.77 公里，建设混凝土道路 23.11 公里，埋设地下管道 234.1 公里，建设输电线路 272.5 公里，植树 10.71 万株。通过各项措施的落实，形成田成方，林成网，沟渠畅通，机电井泵相配套，灌排布局合理的农业生产格局，极大地提高农业综合生产能力，解决项目区多年来困扰农业发展的主要矛盾和制约因素，取得较高的综合效益。

【产业化经营】　三年来，全市农业综合开发产业化经营项目总投资 1221 万元，其中财政资金 552 万元，自筹资金 669 万元。实施产业化经营项目 7 个，其中财政补助项目 5 个，财政贴息项目 2 个，扶持龙头企业 4 个，扶持农民专业合作社 3 个。通过各项目顺利实施，企业的综合生产能力和效益得到明显提高，为全市农业及农村经济战略性结构调整起到积极的推进作用。

【领导人更迭】

主　　任：曲长江
副 主 任：侯桂军
　　　　　刘西舜
　　　　　董连春
工会主任：李以圣

（刘西舜）

农业技术服务

【概况】　1987 年 6 月成立临清市农业技术推广

中心，1994年2月改称临清市农业技术服务中心，列政府序列正局级单位，隶属临清市农业局。

临清市农业技术服务中心（以下简称市农技中心）下设农技中心办公室、农技中心财务科2个行政科室；农业技术推广站、植物保护站、土壤肥料工作站、化验室、农村能源办公室、农业环境保护站、蔬菜技术推广站、植物检疫所共8个业务科室。中心机关共有工作人员62人，其中，高级专业技术职称9人，中级专业技术职称34人，初级专业技术职称11人，管理人员3人，工勤人员5人。

2013—2015年，市农技中心在农业生产和农村经济发展中，充分发挥职能部门作用，引进、推广农业新技术、新成果、新品种，不断强化技术指导、技术咨询、技术培训，大力推广测土配方施肥项目，提高农民科学种田水平；做好农村能源综合利用，积极发展农村循环经济。

粮食播种面积与总量稳定增加。2013年—2015年临清市小麦播种面积由49600公顷增至51700公顷，总产由36.43万吨增至40.92万吨，单产由489.7公斤/亩增至528公斤/亩。2013—2015年全市玉米播种面积由48000公顷增至50000公顷，总产由33.85万吨增至41.9万吨，单产由470.2公斤/亩增至559公斤/亩。

【农技推广】 2013年—2015年，市农技中心围绕全市发展现代农业，不断完善推广高效立体种植模式，引进推广先进技术成果。

新技术推广。秸秆还田技术；测土配方施肥技术；小麦规范化播种技术；冬小麦宽幅精播高产栽培技术；小麦精播、半精播高产栽培技术；小麦深耕深松免耕镇压节水栽培技术；小麦氮肥后移高产栽培技术；小麦“一喷三防”技术。玉米“一增四改”技术；玉米精量播种高产配套栽培化技术；玉米适期晚收增产技术；夏玉米超高产关键栽培技术。

新品种推广。小麦：济麦22号、鲁原502、良星66、良星77、良星99、泰农18、聊麦18、山农21号、山农22号、泰农18等。玉米：郑单958、登海605、浚单20、聊玉22号、鲁单818、天泰33号、德利农988、隆平206。

【植保工作】 1979年由市政府批准成立临清市植物保护站。1993年由市政府批准成立临清市植物检疫站。1994年被农业部确定为区域测报站，负责临清市周边县市的农作物病虫预测预报工作。

植物保护工作。积极开展病虫测报工作在细致普查与系统调查的基础上，不断探索新的测报方法，综合分析应用，并通过农作物重大病虫害数字化监测系统和山东省农业有害生物监测系统及时将病虫发生情况及防治措施及时传达给各级业务部门与市委市政府。每年编写《病虫情报》15期，约5000份。向全国植保总站与山东省植保总站、聊城市植保站汇报病虫模式报表63期，病虫旬报36期，每周向聊城市植保总站汇报病虫发生防治情况，通过因特网先后后向山东省植保总站网站汇报病虫信息200条左右。根据上级业务部门安排，对全市棉铃虫、小麦白粉病、盲蝽象、灰飞虱、玉米粗缩病、二点委夜蛾、三代粘虫等突发性、暴发性害虫进行实时监测与预警，特别是2015年小麦白粉病大发生，及时进行调查，制定科学防治方案，通过印发明白纸、电视讲话等形式指导农民防治。

2013年，争取中央重大病虫害防控补助资金17万元、8.2万元，用于全市小麦、玉米病虫害的防治。2014年，争取中央重大病虫害防控补助资金17万元，用于全市小麦病虫害的防治。根据上级安排惠农资金，采购杀虫剂、杀菌剂和叶面肥，对临清市小麦穗期病虫实行“一喷三防”全覆盖，有力地保证农业的丰产丰收。

农作物病虫害专业化统防统治是提升病虫灾害防控能力和水平的重要途径，也是保障农业生产安全、农产品质量安全，促进生态环境安全和农业可持续发展的重要措施。经过大力宣传与发动，截至2015年年底，全市有防治服务组织约120个，从业人员约300人，拥有高效植保机械数量120台套，日作业能力3000亩左右，经过从业人员进行从药械使用、药剂选择，防治技术方面重点培训，在全市小麦和玉米等主要作物病虫草害防治中，发挥作用，明显提高防治效果，降低化学农药使用量。

检疫工作。严格按照《植物检疫条例》和《山东省植物检疫办法》要求，对全市农作物种子、苗木等进行产地检疫与调运检疫，2013年至2015年，先后完成小麦、玉米、产地检疫46800亩，1871万公斤，植物调运检疫种子15批次，3240公斤；苗木12批次，640株。做好植物检疫对象的调查与监控工作，根据上级业务部门要求，对黄瓜绿斑驳花叶病毒、瓜类果斑病菌、黄顶菊等植物检疫对象进行多次普查，特别是2015年对瓜类果斑病进行全市性的大面积普查，保证农业生产的安全发展。

【农壤肥料】 临清市测土配方施肥项目实施于2006年，由土壤肥料工作站负责具体实施。截至2015年，已实施9年。

2006—2015年临清市测土配方施肥项目实施情况一览表

采样数（个）	11400
动用人数（人次）	3230
动用车辆（辆次）	748
农户施肥调查数（户）	11400
测试土样数（个）	11315
测试项次（项次）	43610
田间小区试验总数（个）	76
田间小区试验小区总数（个）	1016
肥效对比试验总数（个）	63
肥效对比试验小区总数（个）	295
示范方总数（个）	81
示范方面积（亩）	95400
培训班（次）	668
培训技术骨干（人次）	3940
培训农民（人次）	61350
发放培训资料（份）	294260
发放光盘（份）	364
派出技术指导人员 （人次）	3668

发放施肥建议卡（份）	393780
电台广播（次数）	39
电视节目（次）	53
报刊（期）	34
简报（期）	48
省级计划投资	414
县计划配套投资	0
省级实际到位	414
县实际配套	0
配方个数（个）	24
配肥总量（吨）	140437
施用面积（亩）	1072447
应用农户（户）	145000
涉及村组（个）	600
指导施肥面积（亩）	4308600
应用农户（户）	145000
覆盖村（个）	600

【化验室工作】 2014年由市政府批准成立临清市农业局化验室。化验室承担临清市农户土壤中大、中、微量元素的化验分析。

2014年市农业局化验室积极开展化验工作，对采集的3120个土样进行化验分析，测试项次15600个，已取得有效数据15600个，为临清市农民科学施肥、提高作物产量、减少土壤环境污染提供有力的技术支持。

2015年，市农业局化验室积极开展化验土壤中大量元素工作，方法有重铬酸钾法测定土壤有机质含量、碱解扩散法测定土壤中碱解氮含量、紫外分光光度法测定土壤中有效磷含量、火焰光度法测定土壤中速效钾含量。

【农村能源】 临清市根据实际确定以农村能源建设为核心的农村发展思路，并把发展农村循环经济、建设节约型社会、改善农村环境，提高农村生活水平、实施农业可持续发展作为大事，通过政策扶持、典型示范等措施，推动临清市农村能源的建设步伐。

2013年至2015年，市农业局农村能源办公室共承担500个户用沼气池的建设任务，均进行“一池两改”，沼气后续服务网点10处。在农村建一个8—10立方米的沼气池，其产出的沼气可用于做饭、照明，能大量节约柴火、煤、液化气、天然气等，沼气池产气后的沼液、沼渣是一种完全腐熟的高效无害的有机肥，在农业生产上推广应用，可以明显降低作物化肥、农药施用量，减轻农产品的污染，提高农产品的品质，增强农产品的市场竞争力，提高农业综合效益，促进农民增收。

2013年至2015年，秸秆综合利用率达到85%。全市农作物秸秆理论资源量约100万吨，实际可有效采集的秸秆总量约80万吨。主要用于以下主要领域：秸秆肥料化利用。通过鼓励农民使用秸秆粉碎还田机械等方式，有效提高秸秆肥料利用率。秸秆饲料化利用。秸秆含有丰富的营养物质，4吨秸秆的营养价值相当于1吨粮食，可为畜牧业持续发展提供物质保障。秸秆原料化利用。秸秆纤维是一种天然纤维素纤维，生物降解性好，可替代木材作用于造纸、生产板材、制作工艺品、生产活性炭等，也可替代粮食生产木糖醇等。

【农业环保】 农业环境保护站具体负责临清市农产品“三品一标”认证及农业环境保护相关的工作。

2013年，全市新增绿色食品企业4个，获得绿色食品证书18个，认证种植基地面积9179亩。

2014年，全市新增绿色食品企业4个，获得绿色食品证书36个，新认定绿色食品种植基地面积35980亩，新认定地理标志保护农产品种植基地2个，面积3400亩，合计新增“三品一标”基地面积39380亩。

2014年12月，市农业局农业环境保护站承担《2014年度山东省农业面源污染》调查工作，对全市16个镇（街道）耕地面积、园地面积、主要种植模式名称及种植面积、地膜使用与回收利用情况等进行全面清查，为上级业务部门对临清市的数据进行分析提供参考依据。

2015年，新增绿色食品企业5个。获得绿色食品证书25个，地标证书1个。新认定绿色食品种植基地面积8250亩，无公害农产品种植基地2个，面积6000亩。截至到2015年12月31日，全市绿色食品证书82个，地标证书1个。有效“三品一标”种植基地面积达34、8809万亩。

【蔬菜产业】 蔬菜技术推广站负责全市的蔬菜新品种引进、实验、示范及新技术的推广工作，负责全市的蔬菜种植规划及种植结构调整。

2013年至2015年，全市的蔬菜整体布局为大蒜种植以康庄、戴湾、魏湾为主，面积6.45万亩；大葱种植以金郝庄、赵庄为主，面积0.95万亩，香菜种植主要集中在金郝庄、和康庄，面积0.75万亩；青椒、西红柿、黄瓜种植以新华路街道、赵庄镇、先锋路街道、大辛庄街道为主，刘垓子镇、康庄镇、魏湾镇有少量种植，全市预计面积1.85万亩；西瓜种植主要分布在先锋路街道、新华路街道、大辛庄街道、青年路街道、尚店镇，唐元镇、老赵庄镇、松林镇有个别村种植，全市种植面积约4.35万亩；绿叶菜种植主要集中在几个街道的市郊村庄，面积0.84万亩。

2013年山药种植面积逐年增加，到2015年种植面积达到1.57万亩。2015年全市的蔬菜产业形成以康庄、魏湾、戴湾的大蒜。金郝庄、老赵庄、松林的大葱，金郝庄、康庄的香茶。老赵庄、新华路、大辛庄、尚店、青年路的西瓜为主的种植格局。

随着绿色无公害标准化生产的深入，全市先后申报12个蔬菜标准化生产品牌，蔬菜技术推广站为其制定标准化生产操作规程。

【领导人更迭】

主　　任：胡大征（兼）

副 主 任：靳少华

工会主任：于爱军（女）

（靳少华　于爱军　王家栋）

棉花和多种经营

【机构设置】 临清市棉花和多种经营办公室属正科级全额事业单位，内设科室三个：综合科、棉花生产科、多种经营科，在职人员6人。

【工作概况】 临清市棉花和多种经营办公室以

"面向三农、服务三农"为宗旨，贯彻落实各级棉花和蔬菜发展政策，参与拟定全市棉花、蔬菜生产规划和工作措施；负责上级安排的各项科研项目、试验，及中央财政棉花良种补贴项目；负责全市棉花和蔬菜新技术、新成果的引进、推广、普及，搞好技术培训和技术指导；为农民提供产前、产后信息服务，促进农业增效，农民增收。近年来，临清市棉花和多种经营办公室先后承担农业部棉花优质高产高效项目、国家优质棉基地建设项目、国家棉花优良品种推广补贴项目、棉花高产创建项目、山东省财政厅支持农业科技成果推广——棉花优良新品种及高效种植技术项目、棉花防早衰技术推广项目、棉花抗虫棉超高产模式化栽培技术推广项目、棉花轻简化生产关键技术推广项目、聊城市财政支农——棉花秸秆还田及防早衰技术推广项目、山东省菜篮子蔬菜生产项目等近十几项，诸项目均通过有关单位达标验收。临清市棉花和多种经营办公室各项工作始终位于山东省前列，连年被评为山东省棉花生产先进单位。

【区域化布局】 临清市属鲁西北棉区，植棉历史悠久，棉花是传统的种植作物。经过多年的发展，逐步形成以松林镇、金郝庄镇为中心的棉花生产区域，造就一大批纺织企业、印染企业，成为临清的主要棉花交易市场。随着蔬菜品种不断更新，面积逐年扩大，种植效益也逐步提高，形成刘垓子九圣庙韭菜种植基地、康庄大蒜种植基地、八岔路国塔头蔬菜种植基地、尚店东段屯蔬菜种植基地、先锋郭堤蔬菜种植基地、新华油坊蔬菜种植基地、松林由集蔬菜种植基地等。拥有新华路街道桑树园蔬菜专业批发市场；康庄肖庄大蒜、刘垓子九圣庙韭菜、新华路街道油坊、八岔路国塔头等特色批发市场。

【社会化服务】 不定期地聘请专家、学者利用电视讲座、宣传车、明白纸等多种形式宣传棉花、蔬菜栽培管理技术，举办培训班，深入田间地头，现场观摩，为农民群众讲解技术，解决疑难问题。

【技术推广】 临清市棉花和多种经营办公室十分重视新技术新成果推广工作，不断加强技术指导和培训力度。在主要植棉地区松林镇和金郝庄镇，棉秆还田、选用良种、机械一体化播种、配方施肥、全程化调、统一防控等新技术、新成果的普及率均达到95%以上，加快棉花新技术、新成果的转化和应用。通过加快优良品种的引进、繁育和推广，提高设施蔬菜生产水平，积极推广高产、优质、高效的蔬菜配套生产技术等措施，积极向菜农提供无公害技术和信息服务，推进标准化生产，全面提高蔬菜生产水平。

棉花生产受市场价格影响，植棉效益下滑，棉农植棉积极性下降等因素影响，临清市棉花种植面积和总产持续减少。自1999年起，棉花单产产量在85公斤—90公斤之间徘徊。全市棉花种植面积1999年10万余亩，2000年达到19万亩，2001—2002年25万亩，2003—2005年35万余亩，2006—2008年30万余亩，2009—2011年25万余亩，2012年18万余亩，2013年10.6万亩，2014年5.1万亩，2015年4.46万亩。

【领导人更迭】

主　任： 潘立焕

副主任： 张　琳

刘和吉

（张　琳　钱常娣）

农业广播电视学校

【机构设置】 山东省农业广播电视学校临清分校（以下简称农广校）成立于1981年，1990年5月经山东省教委评估正式列为成人中等专业学校，1990年10月升为正科级事业单位，隶属于农口管理，业务上受省市农广校和教育局的监督和指导，现在发展成为一所具有职业教育、职工专业技术培训、农村劳动力培训、短期技能培训和农村实用技术培训为一体的职业学校。学校校长为正科级，副校长为副科级。

【工作概况】 2013年以来，临清市农广校认真贯彻学习党的十八大和十八届三中全会精神，立足临清农村实际，以科学发展观为指导，以"培养新农民、建设新农村"为目标，精心组织，认真实施，结合农民需求，大规模开展农民科技教育培训，走出一条教学与生产实际相结合的新路子，提高农民的自我发展能力，培养一批有文化、懂技术、会经营的新型农民。

2013年完成临清市镇（街道）组织的74名现代农艺专业的中专注册招生和2012年度"畜牧兽医"专业76名村级动物防疫员教学管理工作，圆满地完成省市安排的任务。2014年完成74名现代农艺专业的中专教学管理任务顺利毕业。并于临清农业局科教科联合在临清大学开展三期新型职业农民培育培训。每期培训7天，共600人。培训邀请农业部、聊城农委、聊城大学农学院专家、教授讲解有关技术，让农民易学易懂易操作，增强农民科学施肥意识，提高科学种田水平。抓好新型职业农民培育培训工作。2015年承担聊城市校山东省西部经济隆起带农业专家服务基地项目500人培训任务，其中合作经济组织专业100人、村级农产品质量安全监管员专业400人，每期累计培训时间不少于16学时。建立培训档案，便于加强跟踪管理。农民在培训中得到实惠，主动求教、主动咨询的人次越来越多，激发新一代农民的科技致富的热情，学科技、用科技的积极性进一步提高。

【领导人更迭】

校　长：戴　莉

（戴　莉　高海旺）

山东省棉花研究中心试验站

【机构设置】 山东棉花研究中心试验站（简称试验站）隶属于山东省农业科学院山东棉花研究中心，试验站占地面积570亩。有在职职工44人，其中副研究员以上5人，中级技术职称16人，课题辅助研究高级技术工人32人，具研究生学历人员10人。试验站下设行政办公室、科研办公室、试验农场，控股临清鲁壹种业有限公司等部门。

【工作概况】 试验站主要承担国家棉花产业技术体系、国家科技攻关、国家"863计划"、转基因生物新品种培育重大专项、农业科技跨越计划、国家农业科技成果转化资金项目、国家自然科学基金和省农业良种工程重大课题等科研项目。执行完成棉花遗传育种、高产栽培、病虫害鉴定、国家及省棉花区域试验等几十项研究课题的田间实施。

【新技术开发】 2013年至2015年，先后培育出多个抗虫杂交棉、常规抗虫棉、短季抗虫棉三大类型棉花新品种，其中，鲁6269和鲁7619通过国家审定，鲁8H29通过河南省审定，鲁棉研37号通过苏丹审定；近50个品种获得农业转基因生物安全证书。试验站人员参与获得科研成果5项；三年来，获授权专利18项；获植物新品种权8项；各类学术论文和会议论文150余篇；获软件著作权10个。

试验站人员参与获得科研成果情况一览表

序号	成果名称	获奖类别	授奖时间
1	滨海盐碱地棉花丰产栽培技术体系的创建与应用	国家科技进步二等奖	2013年
2	高产稳产棉花品种鲁棉研28号选育与应用	国家科技进步二等奖	2015年
3	高产优质多抗棉花种质创新与新品种选育	山东省科技进步一等奖	2015年
4	棉花耕作栽培与生理生态创新团队	中华农业科技奖	2015年
5	盐碱地棉种精播机	山东省专利奖三等奖	2013年

【领导人更迭】

支部书记：王家宝

站　　长：王宗文

副 站 长：王景会

王家宝

闫荣军

（徐士振　高明伟）

工 业

综 述

【概况】 临清市经信局承担全市工业经济和信息化发展规划、政策拟订并实施、落实国家工业经济和信息化产业政策、监管煤电油气运等重要生产要素、指导企业改革和技术进步、综合协调节能减排等项任务，负责对市一轻工业办公室、市二轻工业办公室、市纺织工业办公室、市机械工业办公室、市中小企业局进行指导、协调、服务工作，管理市政府节约能源办公室。

市经信局下设办公室、产业政策科、科技科、技术改造办公室、运行科、企业科、市电力管理办公室、市成品油管理办公室、安全生产科9个科室。

【工业概况】 市经信局坚持科学发展观为指导，以加快转变经济发展方式为主线，紧紧围绕“十二五”规划目标，大力实施“53266”“工业扩容增效”“争先进位”“东融西借、跨越赶超”等工业强市重大战略，抢抓“一区一圈一带”战略机遇，全力推进转方式、调结构、促改革、控能耗，勤政务实，开拓创新，较好的完成各项任务目标，全市工业经济保持平稳健康发展态势。先后荣获“2013年度聊城市级文明机关”“聊城市技术创新工作优秀集体”“聊城市电力运行管理先进单位”“聊城市公共机构节能工作先进集体”“2014年度聊城市级精神文明单位”等荣誉称号。

2015年，全市现有各类工业企业2700余家，其中规模以上工业企业达到454家，从业人员达到20余万人。2015年，全市规模以上工业企业实现主营业务收入1345.7亿元、利税129.4亿元、利润84.6亿元，同比分别增长6.9%、5.5%、4.5%，较2013年分别增长9.8%、8%、4.3%。现已建立起门类比较齐全、结构较为合理、总体抗风险能力较强的工业体系，形成轴承、纺织及服装、有色金属加工、造纸及纸制品、食品及医药、机械制造等6大主导产业，高端装备制造、新材料、新能源、节能环保等新兴产业也在不断发展和壮大，拥有铜管、铜板带、棉纱、色织布、蜡印布、针织品、轴承、专用车、彩涂钢板、精铸件、数控机床、变压器、稻麦联合收获机、手扶拖拉机、酒精、白酒、玉米淀粉、淀粉糖、甲鱼胶、中成药、酱菜等一批名牌和拳头产品。临清市先后被评为中国轴承贸易之都、中国轴承之乡、中国蜡染名城、中国棉纺织名城、中国纺织产业集群创新发展示范区，山东省信息消费试点县、山东省新型工业化示范基地、山东省优质轴承生产基地、山东省节能环保产业基地、山东省纸及纸制品生产基地、山东省纺织服装产业基地、山东省首批机电产品（轴承）出口基地等。

【骨干企业培植】 一批骨干企业跃居全国行业前列，中色奥博特铜加工能力达到25万吨，居全国前2位，高精度压延铜箔项目的规模和技术含量国际领先；三和纺织集团已发展成为世界最大的蜡印布生产企业，占世界市场份额的27%左右，新项目建成后，市场份额能达到40%以上，出口额达到8亿美元；德能金玉米公司淀粉年生产能力达到80万吨，居全省同行业第1位、全国第3位，年产30万吨糖及糖醇项目投产后，成为国内单体规模最大的玉米淀粉生产企业；华兴纺织有限公司建成的42万纱锭高档紧密纺项目，全部采用德国、瑞士等世界一流进口设备，规模全国第一；迅力机械集团专用车产量位居全国前十强。大唐临清2×350MW热电联产项目顺利建设投产发电。一批轴承企业以差异化发展为方向，走开“专精特新”的发展路子，在细分市场位居前列。蓝宇轴承的双列角接触轴承生产规模居全国第1位；中瑞轴承的铜保持器生产能力居全国第2位；哈鲁轴承的车加工能力居全国第3位；鲁寰轴承、华钢轴承的推力球轴承生产能力分别居全国第3位、第4位；腾工轴承的关节轴承生产规模居全国第4位；博特轴承的薄壁轴承生产规模居省内第1位、国内第4位。

【产业结构优化】 着重从加快传统产业优化升级、促进企业创新发展、推动两化融合发展、培育壮大新兴产业等方面入手，加速工业转型升级提质增效步伐。有色金属加工、食品等行业重大项目相继投产；纸及纸制品行业扭转去年持续负增长局面；纺织行业大多采用了高档精梳、自动络筒、紧密纺等高精尖设备；轴承行业数控设备使用率达到85%以上，拥有车、磨连线加工设备和自动组装生产企业达到120家，大大提高企业的生产效率和产品质量。

装备制造产业。现有规模以上加工生产企业79家。产品涵盖专用车辆、工程机械、数控机床、农业机械等成套装备及内燃机、曲轴、活塞环、液压件、精铸件、变压器等关键零部件等，产品销往全国各地，并出口俄罗斯、欧洲、美国、日本及东南亚等40多个国家和地区。“润源”商标、“迅力”商标、“恒圆”商标、“鲁联”商标为山东省著名商标；迅力牌中分自卸车、罐式车及粉粒物料运输车，润源牌液压油缸、润源牌玉米联合收获机，福临牌小型挖掘机、鲁联牌内燃机连杆、恒圆牌内燃机活塞环等为山东省名牌产品。润源实业4YZ-8型玉米联合收割机、史泰诺公司的SFZ11-63000/110型三相风冷有载调压变压器和凯美瑞公司的矿山振动机械用满装调心滚子轴承均被认定为山东省重点领域首台（套）技术装备产品。

轴承产业。现有规模以上加工生产企业151家。轴承产业作为临清市的特色产业之一，现已形成以烟店、潘庄、唐园、八岔路四镇为中心，辐射全市及周边冠县、东昌府、东阿、河北省临西县等县市区，市场发达、规模突出、配套齐全、业户众多的轴承产业集群。临清市的轴承产业被命名为“山东省十大（工业）产业集群”“山东省第一批中小企业产业集群”、山东省“十二五”期间重点扶持的特色产业；临清市被命名为“山东省优质轴承生产基地”“山东省首批机电产品（轴承）出口基地”；烟店镇被评为“山东省特色产业镇”。其中，烟店镇享有“全国重点镇”“中国轴承之乡”“山东省特色产业镇”“千亿轴承产业园区”和山东省“百镇建设示范行动”示范镇等称号，是全国最大的轴承集散地。

有色金属加工产业。现有规模以上加工生产企业16家。已形成年加工铜25万吨、加工热镀铝锌硅钢卷及彩涂钢卷150万吨、生产电机400万千瓦的能力。拥有铜管及板带生产线7条、镀锌铜卷及彩涂钢卷各1条，生产设备达149台套。主要产品为高精度内螺纹铜管、黄铜管及配管、高精度铜合金板带。临清市是山东省有色金属·铜加工新型工业化产业示范基地。中色奥博特铜铝业公司是中国有色金属加工协会常务理事单位、国家级高新技术企业，现已成为山东省最大的铜管材加工企业，公司拥有国家级企业技术中心、国家重点实验室联合中心和省级院士工作站、省级示范工程技术研究中心。中色奥博特被国家工作部评为“国家技术创新示范企业”，“奥”牌高精度内螺纹铜管为中国名牌产品，“奥”牌光亮铜管为山东名牌产品。

纺织及服装产业。现有规模以上加工生产企业123家，国家棉纺织协会会员企业23家。共拥有纱锭320万枚、各类织机1.5万台，年产棉纱30万吨、各类布5.2亿米、针织服装3000万件的生产能力。已形成集棉花加工、纺、织、染、服装为一体的产业集群化发展格局。拥有国家免检产品1种、全国纺织工业50强企业1家、山东省著名商标1个、省级企业技术中心1家。临清市被命名为中国棉纺织名城、中国蜡染名城、山东省纺织服装产业基地。三和纺织集团、华兴纺织公司、金源天泽纺织公司成为全国棉纺织行业经济效益指标排名百强企业，三和纺织集团进入全国色织布行业第二名，蜡印布生产规模世界第一。

造纸及纸制品产业。现已发展成为集制浆造纸、印刷包装、纸品加工等为一体的现代化加工行业，形成年产机制纸86万吨、印刷品600万令、制本5万吨、纸箱2000万平方米的生产能力。主导产品有胶版印刷纸、精印书写纸、静电复印纸、铸涂原纸、高强瓦楞原纸、工艺编织纸、无碳复写纸和高档本册、纸箱、纸板、日历等，日历产量占全国市场份额的80%以上。“银光”牌静电复印纸、“银光”牌精印书写纸为山东省名牌产品，“银河瑞雪”商标为山东省著名商标。产品覆盖全国30个省（市、自治区），并远销日、韩、英、美及西欧、北非等70多个国家和地区。拥有国家级企业技术中心、博士后科研工作站和省级工程研究中心。

食品及医药产业。现有规模以上加工生产企业23家，拥有14万吨酒精、8万吨白酒、40万吨玉米淀粉、日加工小麦粉2000吨、输液制剂2.5亿瓶、2500吨中成药、37.5吨甲鱼胶、7万吨食用油的生产能力。主要产品有玉米淀粉、白酒、蛋黄派、酱菜、食醋、甜酱、健脑补肾丸、面粉、葡萄糖注射液、氯化钠注射液、甲鱼胶等。济美牌甜面酱、“中兴一龙”牌小麦粉、“黄运”牌丁马甲鱼为山东名牌产品，“临药”牌、“卫河”牌、“黄运”牌为山东省著名商标。

战略性新兴产业。培育壮大战略性新兴产业，以中色奥博特压延铜箔、迅力新能源专用车、润源实业大型智能农业机械、润通太阳能光伏发电、兴和宏鑫机床和顺佳机械数控装备、合众正源现代中药为代表的高端装备制造、电子信息及新材料、生物医药、节能环保等战略性新兴产业实现健康发展。培育“互联网+”发展，互联网渗入社会各个领域，互联网普及率达到52%左右，“智慧临清”建设全面推进，互联网应用范围快速扩张。推动发展现代物流业，形成以铁临、盛荣、通达、千千佳、润源、烟店（轴承）商贸物流园为节点的物流网络体系，20余家国内知名快递公司进驻临清市，铁临物流被评为山东省第四批三星级物流企业。

【节能减排】 2013年以来，临清市把节能减排作为调整经济结构、转变经济发展方式的重要抓手和突破口，认真贯彻落实中央、省和聊城市的决策部署，采取有效措施，切实加大工作力度，基本完成“十二五”规划确定的节能降耗目标任务，节能减排工作取得显著成效。2013—2015年，临清市万元GDP能耗下降率分别为4.97%、4.6%、4.55%。18户重点用能企业实现节能11.3万吨标准煤。三年来，共对80项目进行节能评估审查；积极申报并入选“山东省节能环保示范县”，实施节能环保产业重点支撑项目15个，总投资51.2亿元；推广高效照明产品40万只，年节标煤2422吨，减排二氧化碳2678吨；实施循环经济重点项目10个，总投资为4.5亿元；7家资源综合利用企业年综合利用固体废弃物26.7万吨，废弃动植物油6.25万吨，返还增值税约603.8万元；39家企业自愿开展清洁生产审核工作，共实施清洁生产方案289个；12家“国家低碳行动”企业先后建成能源管理体系；22人通过能源管理师资格培训并获得证书；11个单位被评为“聊城市公共机构示范单位”。

【企业管理与人才队伍建设】 2013年以来，不断加强企业管理人员的培训，率先引进六西格玛先进管理经验，相继开展“百千万”企业管理人员素质提升、“实施二次创业，贡献跨越赶超”企业家素质提升等工程，先后与清华大学、人民大学、山东大学等60余所知名大专院校进行广泛而深度的合作，建立省级实训基地10处，总数列聊城市首位。先后举办高层人员培训50期，培训中层以上管理人员300余人；开展企业内部培训100余期。培训企业管理干部2500余人次，先后组织企业参加国家、省、聊城市举办的各类培训活动50余次，参训人员200余人，大大提升企业的管理水平。

【技术改造】 2013年以来，全面落实市委十二届四次全会会议精神，围绕“工业强市”战略，全面推进“扩容增效年活动”和“实施二次创业、贡献跨越赶超”活动，狠抓技改投入和重点项目建设，促进投资结构优化和效益提升，做大、做强、做优投资技改规模，着力推进企业技术进步，有力地促进全市工业经济又好又快发展，技术改造工作取得一定成绩。2013—2015年，全市共完成工业固定资产投资510.7亿元（其中2013年完成145.2亿元、2014年完成167.5亿元、2015年完成198亿元），平均年增长16.8%。全市共完成技改投资（其中2013年完成68亿元、2014年完成75亿元、2015年完成78.2亿元），平均年增长7.2%。2013—2015年，全市共实施重点工业项目180个，项目总投资670.9亿元，截至2015年年底，共122个项目建成达产，实现主营业务收入205.9亿元，利税21.6亿元。

【成品油管理】 1999年全市成品油市场行政管理职能由临清市商贸委员会划归临清市经济委员会。2013—2015年临清市具有成品油经营资质的加油站由94座增致96座，其中中石化由16座增至18座，中石油由6座减至3座，社会加油站由72座增至75座。

【电力监督】 至2015年年底，临清市共拥有220kV变电站3座，变压器7台，变电容量1200MVA。110kV变电站12座，主变24台、容量1261MVA;110kV变电站12座，变压器27台，变电容量269.7MVA。110kV线路13条、总长度186.2km；35kV线路28条、总长度220.96km；10kV线路146条，总长度1765km。变电容量、线路长度居聊城8个县市之首。拥有公用和企业自备电厂5家，装机容量322兆瓦。

【企业科技进步和新产品开发】 三年来，成功申报省级企业技术中心5家（山东凯美瑞轴承科技有限公司、山东省宇捷轴承科技有限公司、山东腾工轴承有限公司、山东弘发兴凯实业有限公司、山东恒圆精工部件股份有限公司）；市级企业技术中心13家（山东弘发兴凯实业有限公司、临清市天元轴承有限公司、临清市中航精工轴承有限公司、聊城鲁润轴承股份有限公司、临清市海瑞轴承制造有限公司、山东哈鲁轴承股份有限公司、聊城继东华明机械股份有限公司、山东腾工轴承有限公司、临清市瓦临轴承有限公司、山东丁马生物科技有限公司、临清市鑫通钢构工程有限公司、山东合众正源现代中药饮片有限公司、山东永翔特种轴承有限公司）；18项新产品获省产学研创新奖；3家企业荣获“山东省创新驱动发展能力百强企业”，4家企业荣获“山东省创新驱动发展先进单位”；通过省级新产品新技术鉴定7项，2项新产品列入省高端技术装备新产品推广目录（第三批）；49个项目列入山东省技术创新项目；扎实推进产学研合作，山东凯美瑞轴承科技有限公司和洛阳轴承研究所的总投资1800万元、处于国际先进的技术转移中心建设项目参加重大产学研合作项目签约仪式，其研制的EAE4加强型双列球面滚子轴承的研制和矿山振动机械用调心球面滚子轴承的研制两个项目分别获得中国机械工业协会科学技术三等奖。

【职工教育】 积极开展“群众路线”“三严三实”“两学一做”学习教育活动，严格按照部署安排开展教育活动，制定印发《实施方案》和学习计划，认真开展各项学习活动，督促党员做好学习笔记。开展15次专题研讨活动，组织集中学习106次，观看系列教育纪录片20余部，各党员记录笔记2本。开展党风廉政建设，成立领导小组并制定实施方案，每年举办1次党风廉政建设专题讲座，组织机关所有党员学习观看反腐倡廉教育影片，开展消防知识讲座及安全生产工作培训各一次。充分发挥基层党组织的先锋模范和战斗堡垒作用，严格落实党组书记党建工作第一责任人责任，选派2名业务骨干到杨烟店村、天元轴承公司、刘垓子瓦房村挂职“第一书记”，促进基层党建工作水平全面提升。

【队伍建设】 围绕局党组中心工作，组织开展学习教育活动，结合工作实际，科学制订学习计划，明确学习重点，完善考核制度，引导党员干部牢固树立终身学习理念，不断提升自身素质及工作质量。认真落实“三会一课”、党员领导干部双重组织生活、民主评议党员等党内组织生活制度，真正做到以严的标准要求党员、以严的措施管理党员，以严的纪律约束党员。做好党员积极分子的选拔培养工作，按要求发展党员和入党积极分子。将党员发展的重心放在一线、优秀团员青年中，主动找他们谈心，积极动员他们向组织靠拢，加大新党员发展工作力度。深入开展党风廉政宣传教育，健全预防腐败制度体系，严肃查处违法违纪行为。

先后开展“我承诺，我落实”公开承诺、以“讲道德、重诚信、比赶超、促跨越”为主题的实践活动和“转作风、提效能、促跨越”集中整顿活动等，有效杜绝“庸、懒、散、慢”现象的出现，行政效能大幅提升。

【信息化建设】 三年来，积极引导企业运用互联网+、云计算、物联网等先进技术加大技改力度，推动“两化融合”，加快实现由传统制造向智能制造的转变。以轴承、纺织特色优势产业为重点，以行业龙头企业为依托，开展企业两化融合评估及管理体系宣贯工作。以中色奥博特、三和纺织为重点，每年组织30余家家企业开展山东省两化融合整体性评估工作。2015年，拥有2家聊城市“两化融合”典型示范企业、4家聊城市两化融合重点培育企业。2014年8月份，临清市成为山东省首批信息消费试点县，争取省财政奖励资金50万元。与顾家实业签署合作协议，共同建设山东临清电子商务产业园暨山东临清大学生创业园。引进京东商城、020财富联盟、淘宝、上海阿易科技等国内知名电商企业入驻临清市。同时，大力培育本地电商企业成长壮大，通过建立门户网站、020模式等实现线下商务和互联网的结合，已将哈鲁轴承培育为山东省电子商务企业。

【领导人更迭】

临清市经济和信息化局

局　　长：宋子亮

副 局 长：杨国田（2014.11止）

王振荣（2014.11止）

齐言民（2014.11止）

刘士武（2014.11止）

曹在亭

李建国

刘　骞

主任科员：侯爱臣

临清市人民政府节约能源办公室

主　　任：赵　娜

（曹在亭　邢丽婷　李　楠）

民营经济发展

【概况】 临清市民营经济发展局始建于1976年8月，当时机构名称为临清市公社工业管理局，以后陆续更名为临清市社队企业管理局，临清市多种经营乡镇企业管理局，临清市乡镇企业局，临清市民营经济发展局，临清市中小企业局，2015年12月31日更名为临清市民营经济发展局。共有人员41人，其中离休人员2人，退休人员20人，在职人员21人，设综合科、政策调研科、科技管理科和规划发展科4个科室。

临清市民营经济发展局是市政府主管民营经济工作的职能部门，主要职能有三个方面：经济发展，监督指导，协调服务。具体讲，第一个职能是围绕贯彻执行国家、省有关部门发展中小企业的方针、政策、法律和法规，研究拟定全市中小企业发展的政策、措施、发展规划和管理办法并会同有关部门监督实施；第二个职能是搞好全市范围内的民营企业、中小企业的统一调动和经济运行分析，搞好调查研究，为市委、市政府决策提供依据；根据国家法规、政策提供合理布局，搞好产业、产品结构调整，推进科技进步和技术创新，指导企业完成生产、环境保护、节能减排等工作。第三个职能是根据国家、省、市政策规定会同有关部门依法查处制约影响民营企业、中小企业发展的案件，保护企业的合法权益，优化发展环境；协调有关部门搞好企业主体建设，积极为民营企业、中小企业搞好融资担保、人员培训、法律服务、企业指导和科技咨询等服务工作。

【民营经济发展综述】 民营经济是临清发展的一大特色和优势，也是推动经济社会科学发展、跨越发展的重要支撑。临清依托民营经济基础优势，不断激发内力、借助外力，全市已形成以轴承、纺织、农机配件为重点，涵盖汽车、电机、商贸物流、特色“种养加”等领域的民营经济产业格局。近年来，全市相继荣获“中国轴承之乡”“中国棉纺织名城”“中国蜡染名城”“山东省纺织服装产业基地”“山东省产业集群（棉纺织）综合增长竞争力十大典范经济区”“山东省纸及纸制品生产基地”“山东省十大（工业）产业集群（轴承）”“山东省优质轴承生产基地”“山东省第一批中小企业产业集群（轴承）”“山东省机电产品（轴承）出口基地”等荣誉称号。

2013年，民营经济主营业务收入970亿元，同比增加28.3%，利润68亿元，同比增加24.7%，利税90亿元，同比增加23.9%；规模以上中小企业主营业务收入577亿元，同比增加21.4%，利润48亿元，同比增加26.2%，利税69.3亿元，同比增加30.1%；全市民营经济税收实现13亿元，镇均2040万元;私营企业达到2840户，增加561户;个体工商户达到16593户，增加2465户；规模以上企业396户，增加31户。

2014年年底，全市民营经济完成主营业务收入1150亿元，利税107亿元，利润61.3亿元，同比分别增长18.6%、19.2%；各镇（街道）民营经济税收完成14.4亿元，镇均增收608.5万元；注册私营企业4212家、注册个体工商户24344户，分别比去年新增1416家和8238户，各类市场主体首次突破3万户；全市民营经济工作在聊城三季度考核中列第四位，较去年同期提升一个位次。

2015年年底，全市规模以上中小企业完成主营业务收入660亿元、利税67.2亿元、利润45.5亿元，同比分别增长6.2%、6.9%、5.8%，分别完成年计划的80.6%、88.4%和95.8%。

民营经济税收完成17.64亿元，同比增长17.3%。民营经济固定资产投资完成198亿元，占年计划的103.5%。全市新增各类民营经济市场主体7450户，其中新增中小企业1210家，达到5455家；新增个体工商户6240户，达到30583户。

【主导产业】 轴承产业。临清轴承产业涵盖生产及配套企业1500余家，其中规模以上轴承企业153家，中轴协会员企业18家，理事单位6家，省轴协会员企业54家，已形成从轴承钢、轴承钢管、锻造到车、磨、热处理、套圈、保持器、滚动体、装配、销售一条龙的生产加工销售体系和专业化明确、配套能力较强的产业链条，产品远销欧洲、美国、俄罗斯、东南亚、中东、拉美等国家和地区。具有年生产轴承25亿套、产值220亿元生产能力，可生产0—9类和非标轴承等11类、5000多种型号的产品，年消耗轴承钢36万吨。自2013年以来，全市轴承企业积极开展自主创新，更新高端设备，轴承规模企业数控机床拥有率达75%以上。2013年，博特轴承有限公司“R196Z-4多功能变速箱薄壁特种轴承”通过国家级创新基金项目验收。2014年，召开“2014临清·中国轴承产业高层论坛暨轴承、配套件及专用装备展览会”极大地提高临清轴承的知名度和美誉度。2015年全国轴承产业实现生产轴承190亿套、产值1567亿元。临清市被命名为“山东省优质轴承生产基地”“山东省首批机电产品（轴承）出口基地”，全市轴承产业被命名为“山东省十大（工业）产业集群”“山东省第一批中小企业产业集群”和山东省“十二五”期间重点扶持的特色产业。

烟店轴承专业市场是全国规模最大、品种最多、规格最全、上市人员最多的轴承专业批发市场，占地1200亩，建筑面积40万平方米，固定门店3100多户，经销0—9类及非标等11类、1万余种型号的轴承，市场年接待外国采购商2000余人次，2015年轴承市场交易额160亿元。烟店轴承市场先后被评为全国21个重点专业市场、山东省十大工业品交易市场、山东省50家重点服务业园区和山东省规范化诚信文明市场。

纺织及服装加工产业。纺织业是临清的传统主导产业之一，早在明清时期，临清纺织业在全国就颇有名气。改革开放以来，全市纺织业步入全面发展时期，已经发展成为集棉花加工、纺、织、染、服装为一体、在江北乃至全国都有较高知名度和影响力的特色产业集群，成为地方经济的重要支撑力量。2013年，为推动全市纺织产业结构调整、产业升级、持续健康发展，出台《临清市纺织产业发展规划实施意见》。2014年，金郝庄镇棉纺织小企业创业基地被评为“省级小企业创业辅导基地”。色产业集群，成为地方经济的重要支撑力量。2015年，全市纺织服装加工企业发展到458家（含棉花加工企业），其中规模以上企业117家。截至2015年年底，全市共有纱锭350万枚，各类织机1.5万台（其中喷汽织机1500台），年产各类纱线58万吨，各类布7.1亿米，针织服装3000万件。从业人员5.3万人。全市纺织服装企业已培育注册“三和”“艾诺”“绒林梅雪”等商标30余个。其中，“三和”牌蜡染布被评为国家免检产品、山东名牌产品，三和纺织集团荣获聊城市市长质量奖。

农机配件产业。全市农机配件产业兴起于20世纪80年代，为适应农机维修市场需求，一批乡镇企业和个体加工户开始生产较为低端的农机配件。经过近三十多年的发展，农机配件产业形成以松林、老赵庄、康庄三个镇为中心，拉动城区和周围十余个镇，点面结合的产业布局，涌现出以山东润源实业有限公司、山东恒圆活塞环有限公司等为代表的农机配件、整机生产加工骨干企业；形成松林镇的姚庄、姚楼、仓上等农机配件加工专业村。2013年，在青岛举办的2013中国国际农业机械展览会上，全市32家内燃机零部件企业参展。2014年在武汉召开的“2014中国国际农业机械展”上，全市共有41家企业内燃机零部件企业参展，赴展会参观人员达500多人。截至2015年，全市共有农机制造及车用配件加工注册企业230家，3个山东省著名商标（润园实业的“润源”商标、恒圆活塞环的“恒圆”商标、鲁联机械的“鲁联”商标）、3个山东省名牌产品（“润源”牌液压油缸、

“恒圆”牌内燃机活塞环、“鲁联”牌内燃机连杆），6家企业通过TS16949认证，可生产各类铸造件、轮胎、缸套、缸盖、曲轴、活塞、活塞环、连杆、粉末冶金件、联合收割机等上百种产品，产品出口到俄罗斯、东南亚、巴西、非洲等20多个国家和地区。

电机产业。全市电机产业起步于20世纪90年代，起源自原国有企业临清市电机厂，凭借原国有企业的管理、营销和技术人员优势，由最初的废旧电机收购、翻新和交易，发展到现在成品、品牌电机的开发制造，形成端盖、机壳、电磁线、定转子、整机制造较为完善的产业链条，可生产上百种型号的电机，电机整机产品以Y型三项异步电动机和车用起动机为主。2015年，全市的电机产业主要集中在先锋路街道胡八里居委会，大辛庄街道的仁和村、杏元村，并且辐射青年路、新华路、康庄等镇（街道）。2015年，全市电机生产、经营企业和个体工商户800多户，从业人员15000多人；从事电机和配件加工的中小企业近200家，骨干企业以海誉电机、杰孚电机、鲁杰电机、恒大电机等为代表；生产全新电机整机的企业50余家，拥有电机品牌60多个。

【亮点工作】 成功举办2014年临清·中国轴承产业高层论坛暨展会。5月6—8日，2014临清·中国轴承产业高层论坛暨轴承、零配件及专用装备展览会在烟店成功举办，获得中轴协、中国机电产品流通协会、洛阳轴研所等国家级协会及高等院所领导大力支持，十多位国内轴承行业的主要领导和权威专家参会。江苏、河北、黑龙江、瓦房店、新昌等地轴承协会主要领导前来参会。《大众日报》《轴承工业》、山东电视台、《齐鲁晚报》《山东商报》等10余家媒体单位前来采访。邀请专业会展公司在烟店轴承市场搭建展馆，总面积达8100平方米，400个展位于4月上旬便预订一空，其中包括100多家外地轴承企业。展会吸引观众8万余人次，并且多数为轴承行业从业人员，专业性较前几届大幅提高。

组织企业参加专业展会。参加2014中国国际轴承及其专用装备展览会。2014年9月17日至18日，2014中国国际轴承及其专用装备展览会在上海召开。市委书记、市人大常委会主任王建鹏，市政府党组副书记、经济开发区党工委书记李衍博，带领全市轴承企业赴上海参加“2014中国国际轴承、配套件及专用装备展览会”。18日上午，王建鹏还受邀在主席台参加开幕式。据不完全统计，全市共有参展企业121家，参加人员4600多人，参展企业占展会全部参展企业的七分之一强，企业、人数均创全市历届参展新高。组队赴武汉参加“2014中国国际农业机械展”。2014年10月28—30日，由市政府党组副书记、经济开发区党工委书记李衍博带队，赴武汉参加“2014中国国际农业机械展”。该届展会中，全市共有41家企业参展，赴展会参观人员达500多人。润源实业在展会显著位置布置大型特展，恒圆精工部件、杰孚电机、群星曲轴、哈临轴承等企业也精心布置展位，并评价高性价比的产品赢得广大客商的赞誉。带队赴哈尔滨参加全国轴承行业人力资源工作会议。2014年11月10日，2014年全国轴承行业人力资源工作会议在哈尔滨召开。市政府党组副书记、经济开发区党工委书记李衍博，及市中小企业局负责人，带领全市部分重点轴承企业负责人前往参会，并参观哈轴集团生产线。组织参加2014中国（潍坊）轴承及专用装备展览会。2014年11月13日，2014中国（潍坊）轴承及专用装备展览会在潍坊市鲁台会展中心开幕。临清市组织56家轴承企业和200余轴承市场商户组团参展。本届展会全市共有参展企业56家，参加人员800多人；参展企业占展会全部参展企业的四分之一强。

助推创业创新。开展聊城市“三个十佳”评选活动。通过组织企业参加聊城市“三个十佳”评选活动，努力激发全民创业热情，营造全民创业的良好氛围，助推市场主体总量增长。深入推进企业转型升级，不断促进民营经济“转调创”。狠抓质量、品牌建设。迅力集团的迅力牌中分自卸车罐式车及粉粒物料运输车、中色奥博特铜铝业有限公司的“奥”牌光亮铜管荣登山东名牌榜。扎实开展自主创新。博特轴承有限公司“R196Z-4多功能变速箱薄壁特种轴承”通过国家级创新基金项目验收；兴和宏鑫机床有限公司三项科技成果、联创实业有限公司一个科技项目通过省级鉴定。2014年全市齐亚机械等4家企业被认定为省、市“一企一技术”创新企业，滕工轴承等企业获得4项发明专利、16项实用新型专利，恒大电机被评为“2014省级专精特新企业”。2015年年底，全市共有省市级“一企一技术”研发中心5家，省级企业技术中心6家，全市民营中小企业累计有20余个项目通过省级科技成果鉴定。

抓服务体系，营造良好发展环境。做好中小企业融资工作。协调市金融办及各商业银行加大对中小企业的实地考察力度，畅通银企对接，积极推动市政府“过桥还贷”资金使用政策制定；积极配合市金融办，开展规范民间借贷宣传工作，引导民间资金流向中小企业。开通“临清民营经济”和“临清轴承”两个微信平台。通过这两个平台定期发布经济动态、政策解读、管理纵横和重要会议、文件等信息，让企业及时了解市场行情和国家相关政策法规。

加强交流合作。加强行业协会建设。继续发挥好临清市轴承协会的作用。坚持每月召开会长例会，及时掌握轴承企业发展新动向，帮助企业解决困难和问题；筛选、审核“轴承企业红名单”，将发展好、讲诚信的轴承企业列入红名单，作为重点支持企业进行扶持，并向社会予以公布；2014年8月一届二次理事会上进行轮值会长交接。积极筹建临清市内燃机协会。结合企业发展实际和镇办推荐，初步拟定理事长、副理事长和秘书长等人员名单和协会章程（草案）等。充分发挥行业协会作用。2015年临清轴承协会评选出临清轴承第一批优质会员企业，并集中对外宣传，极大的提升临清轴承的知名度和区域影响力，也整体提升临清轴承的正面形象。2015年5月份内燃机协会成立大会顺利召开。协会集中全市内燃机和车用配件生产行业的骨干企业，标志着全市内燃机企业已由过去的“单打独斗”，开始走向“抱团发展”。

助推中小企业发展。深入提升政府服务，不断调优发展环境。积极争取上级扶持政策。积极申报，争取用足用好政策，调查盘活闲置土地。积极做好闲置土地的统计和勘察工作，详细分类，仔细汇总。加强厂区规划指导，建设多层厂房，提高土地产出率;在厂区设计、建设、设备和物料的摆放、生产物流等方面做到科学、高效，提高土地效率。积极参与各类展销活动。2013年，先后组织62人次的企业家参加7次大型专业展会及产学研研讨会，提升“临清制造”影响力。大力开展人才培训。为全市中小企业争取2013年度山东省中小企业高级工商管理进修班名额5个；争取2014年度浙江大学、清华大学和北京大学聊城市民营企业家培训班名额32个；2015年，累计举办培训和交流活动12场500余人次。努力做好招商工作。根据全市农机产业发展实际，联合康庄镇共同开展针对国内上市企业——“吉峰农机”的招商活动。为确保项目能够落地临清，在市政府党组副书记王庆瑞的带领下，临清市多次赴成都、合肥等地，与对方高层进行接洽、沟通，并邀请他们多次来全市，对全市农机产业、电机产业的发展进行实地考察。通过不懈的努力，2014年8月29日昊昇山东农机机电产业城项目正式签约。引导中小企业开展“互联网”思维下的转型升级。助推临清轴承产业电子商务发展，2015年全市有1500多家轴承企业和经销户在阿里巴巴注册会员，其中300多家为“诚信通”会员；积极申报省级电子商务推进项目。2015年在省中小企业局公布的第一批、第二批山东省中小企业“电子商务推进年”示范推进计划名单中，全市有8个项目入围。

【领导人更迭】

临清市民营经济发展局

局　　长：张新杰

副 局 长：李洪峰

　　　　　姚　惠

工会主任：刘　鹏

（姚　慧　赵　莹）

一轻工业

【概况】 临清市一轻工业办公室为财政拨款的正科级全额事业单位，归口市经济和信息化局。下设办公室、政工科、生产经营科、安全科、技术科、财务科、保卫科、妇联、计生办、团委等科室。2010年12月，根据市编办〔2010〕10号文件，调整为办公室、政工科、经济运行科、安全生产科、技术科5个科室。2013年以来，市一轻系统广大干部职工在市委、市政府的正确领导下，全面贯彻落实市委、市政府有关会议精神，围绕“东融西借、跨越赶超”的总体目标，积极应对经济下行压力，扎实推进企业二次创业，解放思想，开拓进取，优质高效地完成上级的各项工作。临清市第一轻工业办公室被省轻工业协会评为2013、2014年度全省轻工系统安全生产工作先进单位和全省轻工系统思想政治工作先进单位；被国家轻工业联合会评为2013、2014、2015年度全国轻工系统统计工作先进单位；获得聊城市轻工行业2013年度综合工作第一名。

【结构调整】 积极响应经济结构调整的政策，定期指导企业以产品结构调整为主线，主动适应市场需求，提高市场竞争力。2013年以来，银河纸业公司进行象牙白纸、道林纸等新产品的开发，成功试产高档纯质纸、涂布轻型纸、雅质纸、防近视黄纸、“如意”牌静电复印纸、高松厚度双胶纸、五星华章、淋膜原纸、仿双A复印纸等新品种，企业的产品结构得到进一步优化。通过多种途径引导卫河酿造集团紧盯市场，集中人、财、物等要素资源，加大对白酒、密度板的生产投入，深挖生产潜力，使两个产品生产达到设计生产能力，研发醇厚哥、九五至尊、运河之梦、运河之情、运河之缘、运河人家和卫河老窖等多个白酒产品，同时开发谷朊粉、羊绒布、饲料等新产品，公司走上多元化发展道路。引导万方印务公司进行多产业发展，引进机械加工合作项目，企业效益明显增加。飞轮厂引进液压油缸项目，实现战略转型，助推企业二次创业。

【项目建设】 坚持把项目建设为企业跨越赶超的主要抓手，以项目建设带动企业二次创业。2013年围绕银河纸业公司30万吨轻型纸项目、10万吨杨木浆项目、3200纸机技改项目及卫河酒业公司2万吨谷朊粉项目等重点项目，实行领导班子帮包责任制，班子成员每人分包一个项目，明确分工，落实责任，加强协调调度，采取有效措施及时解决项目进程中的困难和问题，扎实推进项目建设进度。积极对上争取，通过联系省经信委、省轻工协会等上级部门，为卫河酒业年产2万吨谷朊粉项目协调贴息贷款500万元，有效缓解项目建设的资金压力。

【企业管理】 全系统扎实开展“下基层、到一线、解难题”主题实践活动，组织机关干部到企业现场找问题、定措施、抓落实。积极引导企业调整营销理念，强化营销机制，加大市场开发力度，增强市场运作和销售服务等各个环节的管理，健全营销工作机制，加大市场开发力度，依托系统名优品牌产品，以点带面，提高纸制品、白酒、酱菜、书刊印刷等产品的市场占有率，扩大整体市场影响力。银河纸业研究制定“以重点区域客户、品种为主，强化空白区域的开发、新客户渠道建设及老客户的定期维护，积极推进品牌建设，进一步提高市场占有率”的销售策略，走产品差异化、服务差异化、市场细分化的路子，优化销售提成方案和任务考核机制，对所有业务人员均实行销量红线管控模式。卫河酿造集团在完善市场营销机制上下功夫，引进网络销售模式，白酒和酱菜在山东省经信委主办的“好品山东”网站、淘宝网、京东网进行网上销售。指导济美酿造公司修建博物馆和古老生产工艺展示馆，进行厂区景观改造，每年卫河酒业公司和济美酿造公司组织开展观光月活动，让社会各界直观了解企业的生产流程和生产工艺。

【企业改革】 2015年6月，银河纸业公司转型重组，进行经济性裁员全年共办理在岗内部退养110人，在岗协商解除劳动关系915人，使在册人员总数下降至4149人，每年可降低用工成本3707万元，为规范用工和改革发展奠定较好的基础；卫河酒业公司和济美酿造公司开展消费者到企业现场体验活动，参与人数达1万余人次，每逢双休日，消费者亲自动手灌接酿酒原液，亲自参与体验酿醋、酱油、小磨香油等传统古老工艺，直观了解企业的生产流程和产品质量，增强消费者的产品认同感。

【信访稳定】 集中组织机关干部集中走访企业，集中协调化解系统企业矛盾纠纷特别是信访积案，解决企业职工群众反映强烈的信访问题。济美酿造公司由于经营效益下滑、资金紧张，拖欠部分退休职工的独生子女费，职工意见较大，到信访局上访，市一轻办组织专门队伍，与企业负责人沟通，督促企业严格按照有关计生政策，分三年为退休职工发放独生子女费，维护企业退休职工权益；针对电池厂职工群众要求破产改制，先稳定职工情绪，耐心合理解释改制程序，同时，请示市政府领导，协调人社局免缴150余名职工保险利息及滞纳金，督促市法院作出行政裁决书，并对企业现有资产进行依法查封；2015年6月，银河纸业公司转型重组，进行经济性裁员，在征求意见时近千名职工群体性维权，造成不稳定局面，为此，市委、市政府成立协调处置银河纸业职工维权事宜工作组，并下设进厂常驻办公室，市一轻办主要负责同志齐言民任办公室主任，维稳办、信访局、公安局、人社局、司法局、宣传部、工会、法制办等单位分管同志任成员，市一轻办班子成员群策群力靠上抓，全天候驻守银河纸业南厂，协调处理职工维权事宜，维护企业正常的生产经营和办公秩序，为职工提供法律咨询和援助，听取职工正当诉求，协调完善职工安置方案，合理安置补偿南厂职工和去年裁员职工，有效地维护职工的合法权益和企业及社会稳定的大局。

【重点企业简介】 临清济美酿造有限责任公司。原名山东省临清市济美酱园，创建于公元1792年清乾隆五十七年，位于临清城西北地段运河东畔。公司现占地面积10.6万平方米，建筑面积2.6万平方米，员工484人，资产总额1.6亿元，经营产品有甜面酱、酱油、食醋、酱咸菜、腐乳制品五大系列150多个花色品种，产品销售网络南到广东，西至西宁，北至哈尔滨遍布全国大江南北30多个大中城市500多家超市，年销售总额13997万元，利税3195万元，为临清市龙头骨干企业，是一个有着200多年历史文化的“中华老字号企业”，聊城市农业产业化龙头企业。

2006年企业通过ISO9001：2000质量管理体系认证，建立标准化、计量管理机制。实现企业的三个五工程，打造一批名优产品。济美牌甜酱瓜1987年被国家轻工部评为优质产品，济美牌酱莴苣荣获1988年首届食品博览会“银牌奖”，济美牌酱菜1995年被山东省经委命名为“山东省传统名特食品”，1995年济美酱园被中国食品工业协会评为质量达标企业。2001年济美牌甜面酱被中国农产品博览会评为名牌产品，2006年被评为“山东省名牌产品”，同年公司被山东省商贸委评为“山东老字号”企业，2011年被授予“中华老字号企业”。

临清市万方印务有限公司。前身是临清市印刷厂，成立于1949年，1999年改制为临清市万方印务有限责任公司。通过股份制改造，企业走上自主经营、自负盈亏，自我约束，自我发展的市场经济的轨道。企业内部基本形成一套比较完整的自上而下，由内而外的市场管理企业机制。经过多年来的发展，公司现拥有德国、日本彩色胶印机和数十台现代化的单双色印刷机及制版装订设备。主营图书、报刊，商业广告等制版印刷业务。高档精密的设备，专业化的技术人员，为客户提供优质的印刷服务。公司永远秉承“质量第一，用户至上”的宗旨，建立稳定的生产管理体系和质量保证体系，建立质量百分考核制度，实行书刊“逐本检查”，印装的部分图书、杂志连年被评为署优、省优产品。

临清市卫河酒业有限责任公司。白酒专业生产厂家，其前身为国营临清市酒厂，始建于1945年，1999年3月15日经临清市体改委批准，改制而成临清市卫河酒业有限责任公司，注册资本388万元。公司占地10万平方米，现有职工500多人，总资产近2亿元，年可产白酒3万吨。公司拥有四条先进的现代化白酒灌装线，销售人员80余人，销售车辆100余部，销售网点4000个，白酒产品畅销于山东及河北、河南等省，销售半径覆盖周边200公里。主要产品有“独占鳌头”“卫河王”“卫河陈酿”等壹佰余个花色品种。“卫河”系列白酒深受广大消费者喜爱，多次荣获省部级优秀产品称号，2003年荣获“山东名牌产品”称号，2006年“卫河”商标获山东省著名商标称号，2008年6月通过ISO9000认证，“独占鳌头”系列白酒被评为山东文化名酒、山东轻工名牌。系中国白酒工业百强企业，连续五届被评为省级“守合同重信用”单位，2009年至今，连续被授予“山东省消费者满意单位”，聊城市明星企业，聊城市农业产业化龙头企业，临清市重点企业之一。

中冶纸业银河有限公司。中冶纸业银河有限公司系中国诚通控股集团有限公司下属中国纸业投资总公司的造纸企业之一、山东省造纸行业十强企业。1958年建厂，原名山东临清造纸厂；1997年被列入山东省138家重点企业集团；1998年更名为山东（临清）银河纸业集团有限公司；2000年变更为山东临清银河纸业有限责任公司；2007年加入中冶集团，更名为中冶纸业银河有限公司；2013年，中国诚通与中冶集团就中冶纸业集团的归属正式签订划转协议，诚通集团全面委托中国纸业接管。公司拥有5280毫米、4400毫米、2640毫米等不同型号纸机三十余台及一座热电站，年产机制纸能力80万吨，发电能力7.5万KW，环保设施配套，出水达标排放，系国内大型制浆造纸企业。企业通过ISO9001质量认证、ISO14000环境管理体系认证、FSC森林体系认证、OHSAS18000职业健康安全体系认证，拥有自营进出口权。被批准为国家级企业技术中心、博士后科研工作站、山东省研究生联合培养基地、山东省企业实习实训基地。企业共拥有有效专利89项，其中发明专利7项。同时企业还主持制定铸涂原纸的国家标准，参与制定复印纸的国家标准。2012年企业技术开发中心被中国轻工业联合会评为“十一五轻工业科技创新先进集体”。公司先后荣获“全国造纸行业10家最佳经济效益企业”“全国五一劳动奖状”“中国人民银行景气调查定点企业”“全国制浆造纸十强企业”“中国胶版印刷纸生产十强企业”“中国造纸工业环境友好企业”“中华蔡伦奖——十佳杰出企业”“全国企业文化建设优秀单位”“全国造纸行业劳动关系和谐企业”“中国信息化百强企业”“全国重信用企业”“山东省环境保护友好企业”“山东省轻工业建国六十周年功勋企业”“山东省守合同重信用企业”“山东省对外贸易百强企业”“聊城市市长质量奖”等60多项省级以上称号。

【领导人更迭】

书　　记：齐言民

副 书 记：刘志松
主　　任：齐言民
副 主 任：周　欣（2013.10 止）
　　　　　刘志松
　　　　　康宗奎
工会主任：郑建兴

（郑建兴　肖　腾）

二轻工业

【概况】 2015 年年底，临清市第二轻工业办公室设办公室、行业管理科、规划发展科 3 个科室，共有在职人员 7 人，下辖 9 个企业，其中规模以上企业 1 个，主导产品有手工羊毛地毯、高档羊绒面料和棉纱。二轻工业办公室紧紧围绕发展大局和市委、市政府确定的工作目标，积极推进国有企业改革改制，为临清经济发展减轻负担；千方百计帮助企业搞管理抓经营，努力推动二轻工业向前迈进；深入基层做好群众工作，维护二轻和谐稳定；不断加强基层党组织建设，努力打造一支“想干事、能干事、干成事、不出事”的干部队伍。同时，扎实做好工会、信访、安全生产等工作。2015 年二轻系统实现主营业务收入 45.03 亿元、利润 2.4 亿元、利税 4.79 亿元，同比分别增长 15.4%、9.09%、8.86%。

【安全生产管理】 建立安全生产领导小组，制定安全生产应急预案，严格落实安全生产责任制，与各企业签订安全生产责任书，按照各级安全主管部门的部署，积极开展安全生产月活动、打非治违专项行动、安全生产大检查活动、汛期防汛演练，定期不定期到企业进行安全生产督导检查。特别是针对系统企业旧房多、危房多、租赁户多的现状，督促企业与租赁户签订安全生产合同，加强安全检查，确保不出大的安全事故。

【企业改革改制】 按照市政府统一规划，同兴斋鞋厂东厂后院实施拆迁，抓住这一有利时机，同兴斋鞋厂申请破产。领导班子冲锋在前，深入企业调研解决实际问题，深入部门协调相关情况。监督企业对企业负债、拖欠职工各项费用进行详细统计，努力做到在破产过程中最大限度地为职工争取合法权益，得到广大职工的大力支持，保持企业的基本稳定。

【维护停工企业稳定】 积极应对下辖企业纷纷停工、破产，大量职工下岗、失业的不利局面，多方联系帮助职工到其他企业再就业，挖掘职工自身潜力，引导职工自谋出路，进行不同形式的创业，使大部分职工走出生活困境。充分利用企业现有厂房，搞好租赁经营，力争实现租金收入的最大化，解决留守人员的工资问题。努力做好群众工作，保持和工会、民政部门的经常性联系，为困难职工争取救助金、低保等社会救济。经常到困难职工家庭进行走访慰问，帮助解决一些实际问题，让他们感受到党和政府的关怀。对极个别上访户，耐心细致地做好思想工作，化解他们的不满情绪，实现企业稳定，维护社会和谐。

【重点企业简介】 临清联创实业有限公司。临清联创实业有限公司由临清市华瑞地毯有限公司与美国诺瑞有限公司于 1994 年合资组建，注册资本 110 万美元，资产总额近 2 亿元，其中固定资产 7000 万元，占地面积 200 亩，建筑面积 5 万平方米。公司现有职工 1200 余人，其中管理人员 85 人，技术人员 72 人，外聘人员 6 人，营销人员 35 人。大专以上文化水平 25 人，高、中级职称 42 人，职工平均年龄在 30 岁左右。企业先后被评为“省级先进企业”“省级星火计划实施单位”“聊城市政府重点扶持的 5513 工程企业”，2007 年被国家人事部评为“全国轻工行业先进集体”，2008 年被山东省轻工协会评为“山东轻工 50 强企业”，2009 年被山东轻工协会评为“山东省轻工业新中国成立60周年功勋企业”，聊城市农业产业化龙头企业。

公司以手工羊毛地毯、高档羊绒面料和棉纱等为主要产品，主要有整理设备120余台（套），染整设备260余台（套），4万纱锭，年可生产地毯50万平方米，羊绒面料500万米，产棉纱6万吨，地毯由美国诺瑞有限公司包销，羊绒面料产品畅销北京、天津、上海、大连、宁波、常熟等各地，约占国内市场的8%，并出口日本、美国及西欧各国。

【领导人更迭】

主　任：刘士武

副主任：沙建伟（回）

李旭光

（沈文成）

纺织工业

【机构设置】 临清市纺织工业办公室为临清市政府直属全额事业单位，下设行政科、政工科、经营科、安全生产科、财务科共5个科室。机关共有在职职工13人，离退休人员28人。

【工作概况】 2013年以来，纺织工业办公室领导班子深入贯彻党的十八大和十八届三中、四中全会精神，学习实践科学发展观，带领纺织办机关干部职工开拓进取，努力拼搏，抓队伍提高素质和能力，抓机制提高管理和运行水平。经过系统上下共同努力，较好地完成各项工作任务，取得较显著的成绩。

纺织行业基本情况。截至2015年年底，临清市纺织服装加工企业发展到453家，其中规模以上企业123家。利税过千万元的24家、过亿元的3家，分别占全市的23.1%和32.5%。有纱锭350余万枚，各类织机1.5万台，其中喷气织机1500台，重点企业精梳比例达到70%以上。年产各类纱线58万吨、布7.1亿米、服装3000万件。2015年，纺织及服装产业实现主营业务收入485.6亿元，利润28.6亿元。占全市规模以上企业的比重分别达到23.6%和21.3%。

产业政策。临清市聘请东华大学、上海纺织协会组成专家组，在系统分析临清纺织产业发展现状的基础上，综合比较临清市纺织产业的内外环境，编制《临清纺织产业发展规划（2012—2020）》。确立坚持走新型工业化道路，围绕“科技纺织、时尚纺织、绿色纺织”三大主题，用十年时间将纺织产业跃升级为竞争力强的产业集群+产业带发展模式，奠定临清纺织产业在僵和国际上的市场竞争地位，实现环境——战略模式——资源的最佳匹配，成为国内具有规模性、配套性和集群化的一流棉纺织产业基地。

先进地区的发展实践证明，政府扶持政策是加快产业集群化发展的有效手段。临清市先后研究出台《关于进一步促进经济发展的意见》和《临清市纺织产业发展规划实施意见》等一系列扶持政策，从财政奖励、收费管理、项目审批、执法检查、土地保障、人才建设等方面对纺织企业给予重点扶持。全市上下心往一处想，劲往一处使，拧成一股绳，形成推动产业集群化发展的强大合力。

公共服务平台建设。临清市政府积极推进纺织企业的银企合作，大力开展助保金贷款、大联保体贷款和信贷工厂等新业务，为助推纺织产业集群中小企业发展起到了积极作用。有效缓解中小纺织企业贷款难的问题。同时，市纺织公共服务平台加强与科研院所的合作，着力推进纺织企业“两化”融合进程。与聊城职业技术学院合作开发“棉纺织企业配优化技术平台”和“纺织企业温湿度自动监测调控系统”等易于推广应用的自动化系统，并在重点企业进行了试运行，取得良好的效果。待调试完善后将在全市纺织企业中进行全面推广应用。

产业转型升级。产业发展离不开规模的扩大和技术装备水平的提升。2013年以来，临清市纺织企业注重从“质”和“量”两个方面全面提升产业水平。三和纺织集团上马的大型纺织工业园区项目，项目占地700亩，总投资56亿元。新建厂房40万平方米，全部按照集约用地的要求，采用双层车间建筑结构。园区内汇集纺纱、织布、印花三大系列产品：包括新上50万锭纺纱项目；新上5000台喷气织机项目；新上年产3.6亿码印花布项目等。竣工投产后，每年新增产棉纱10万吨，产值25亿元；每年新增产白坯布7亿米，产值45亿元；每年新增出口印花布3.6亿码，产值32亿元。新增总产值超过100亿元，新增出口5亿美元，新增利税10亿元。项目旧厂房改造完成，560台喷汽织机已正式生产，印染车间六条生产线已经生产，污水处理已经基本完成，纺纱车间建设完毕正在进行室内装修，部分纺纱、喷织设备已经订购。华兴纺织公司新建15万紧密纺等项目全部装备德国特莒茨勒公司国际最先进的全自动细纱机长车，自动化水平高，用工少，成纱质量稳定。以上项目的建成和实施，大大推动全市纺织产业水平的提升和进步。

品牌建设。全市纺织企业不断加大科研投入，积极提升自主创新能力，一些重点企业的科技研发投入占产值的比重达到2%以上；培育省级企业技术中心1个、聊城市级企业技术中心2个。广大企业的品牌意识明显提高，诸多重点企业都在实施品牌发展战略，积极打造自主品牌。全市纺织服装企业已培育注册“三和”“艾诺”“绒林梅雪”等商标30余个，其中“三和”牌蜡染布被评为国家免检产品、山东名牌产品，三和纺织集团荣获聊城市市长质量奖。

节能减排工作。按照建设资源节约型、环境友好型社会的要求，临清纺织企业将节能减排作为保护生态环境、实现企业可持续发展的主要措施紧紧抓在手上。各生产企业都成立节能监察小组，在煤、电、水的使用上做到量化管理、责任到人、措施到位。华润纺织公司、汇通纺织集团等企业都建有空调水二次利用系统，对生产用锅炉实行专人管理，严格考核，杜绝跑冒滴漏现象的发生。几年来，临清市纺织协会在行业内积极组织细纱风机的节能改造、节能灯具的应用等节能项目的推广工作，节能效果显著。对于蜡印布生产企业，积极引导企业加强污水的治理工作。2013年以来，临清三和纺织集团投资2.6亿元，进行污水处理和中水回收利用升级改造，项目完工后，实现日回收中水600吨，日处理污水2万吨，能满足今后几年企业发展的需要。2013年至2015年，全市纺织企业万元GDP能耗、水耗分别下降16%和22%，印染企业COD指标降低到40以下。

【重点企业】 三和纺织集团有限公司。三和纺织集团有限公司创建于1988年，现已经发展成为集纺、织、染为一体，占地2100亩，建筑面积76万平方米，总资产62亿元，年产值115亿元，利税15.9亿元，进出口总额4亿美元，职工1.3万人的大型纺织企业，已进入全国纺织行业前十名。

有环锭纺纱65万锭、高档气流纺纱2万头，各类织机8000台，两条色织布生产线，26条蜡印生产线，22条仿蜡印生产线以及与之配套的一座6万千瓦自备供热电厂和两座大型污水处理厂。

公司产品有各类棉纱，色织布，白坯布，蜡染布四大类6000多个花色品种，其中主导产品纯棉真蜡印花布为山东省名牌产品。公司年生产棉纱8万吨，白坯布4亿米，蜡印布4亿米，色织布6000万米。蜡印布生产规模居全球首位，产品全部销往非洲市场，市场占有率高达30%。

2015年，三和纺织集团全年共实现销售收入42.6亿元，利税6.05亿元。

临清馨雅纺织制品有限公司。临清馨雅纺织制品有限公司成立于2001年12月，拥有自营进出口权，是集研发、设计、生产、销售于一体的床上用品专业生产企业，公司占地面积33000平方米，建筑面积12000平方米，固定资产1600万元，现有员工180人，其中专业技术人员20人。2016年完成销售收入3500万元，实现税金128万元。

公司拥有现代化厂房、车间、办公设施，日本产检针器，国内最先进的电脑绣花机及绗缝机各种缝纫设备200台套，年生产能力200万件，在山东省同行业处于领先地位，生产的被套、褥套、绗缝、绣花等系列床上用品90%出口，是日本、美国等多家名牌家用纺织品的专业供应商。在同行业，特别是日本市场享有较高的声誉，被日本京都西川定为免检工厂。公司分别于2008年通过ISO9001国际质量管理体系认证。2013年通过“安全标准化”认证。

内销产品“艾诺”已经国家工商局注册。公司坚持“人无我有，人有我优”的品质品牌发展战略，严格按照ISO9001国际质量认证体系生产，曾先后被山东省纺织工业协会评为安全生产“三无企业”，山东省工商行政管理局评为“守合同重信用”企业，山东省“消费者满意单位”聊城市工商局评为“守合同重信用企业”，聊城市劳动局和社会保障局评为“劳动保障管理先进单位”，临清市委、市政府评为“先进工业企业”“出口创汇明星企业”“53266”工程重点企业，临清市总工会评为“劳动关系和谐企业”等。

临清市林城纺织有限公司。临清市林城纺织有限公司始建于2005年，原名称临清市林城纺织厂，位于松林镇松南村，占地4万多平方米，其中自有23851平方米。建筑面积20000平方米。于2008年7月15日在工商局注册登记，性质为有限责任公司，注册资金500万元。企业原生产规模为5.6万纱锭。于2015年9月份新增5万多纱锭的生产流水线，现在达到11万纱锭的生产规模。

公司设备全为国家定点生产厂家生产，工艺先进，产品质量高。主要设备有FA506细纱机230台、FA518细纱机11台、经纬纺机青岛宏大一仓二线清梳联1套、特吕茨勒清梳联一套、立达E80精梳机12台、立达E35条并卷机3台、立达并条机8台、宝花粗纱机5台、金坛清花机2组、经纬纺机186G梳棉机14台、FA231梳棉机6台，宝花并条机7台、无锡宏源HA415高速悬锭粗纱机7台、恒鑫精梳机12台，萨维奥自动络筒机12台、全自动络筒机10台，乌斯特电子条干均匀度仪1台及先进的籽棉加工设备一套等设备共180多台套。主要产品为40—60支高档精梳环锭纺、紧密纺、紧密赛络纺纯棉纱，月产量1000多吨，主要销往江苏、浙江、上海、广州等地。本厂现有职工600多人。

【领导人更迭】

主　　任：杨国田

副 主 任：吕秋成

韩卫东

书　　记：杨国田

副 书 记：吕秋成

工会主任：张洪萍

（韩卫东　姚　惠）

机械工业

【概况】 临清市机械工业办公室为正科级事业单位。机关下设办公室、人事科、财务科、企管科、安全生产科等5个科室，共有在职工作人员6名。系统下辖13个生产企业，其中规模以上企业5个。系统职工人数达到2100人，所辖企业的主导产品有：各式汽车改装及生产。包括自卸车、罐车、军车、挂车，环卫车等。机床及机床附件。包括立式钻床、摇臂钻床、数控铣床、数控平面磨床、磁力吸盘、数控立式加工中心机床等。电力变压器。包括移动电站、S9、S11、S13、S15系列油浸式变压器、干式变压器及欧式、美式箱式变电站的研发和生产等。液压油缸。主要包括车用油缸、煤矿用油缸、冶金用油缸等。工业用氧气。

2013年以来，市机械工业系统以党的群众路线教育实践活动、“三严三实”专题教育为载体，以党员干部素质提升为中心，着力增强党员干部执政为民的观念和廉洁奉献的意识，加强干部职工工作作风建设，建立开明的党务公开和政务公开制度，积极做好党建、工会、信访等工作，实现系统干部职工队伍建设跨越式发展。系统先后多次被省机械工业协会评为省机械行业“文明单位”“工作先进单位”，多次被市委评为“先进党支部”，被市委、市政府评为年度工作“先进单位”；工作中，面对整个机械行业生产过剩、订单减少的严峻形势，加强日常经济监测，及时督促企业根据市场形势调整经营策略，支持骨干企业加快发展，通过狠抓经济运行、推进项目建设、提高自主创新能力、提升企业管理水平等措施，外拓市场、内抓管理，系统内企业基本保持在一个稳步发展阶段。

【科技创新】 积极引导企业开展科技创新，组织兴和宏鑫公司数控机床电永磁夹具关键技术研究及应用项目申报国家工信部数控机床专项2014年度课题项目；山东迅力特种汽车有限公司年产3000辆LZQ5040DSL型电动清扫车申报省重大节能技术产业化奖励资金项目、电动清扫车申报省优秀节能成果；史泰诺公司三相风冷有载调压系列变压器项目、迅力特种汽车交错平移活动底版自卸车项目申报山东省自主创新成果转化项目；山东史泰诺工业制造有限公司荣获山东省创新驱动百强企业，山东迅力特种汽车有限公司、临清兴和宏鑫机床有限公司荣获山东省创新驱动优秀企业；史泰诺公司的多缸内燃机轻质曲轴开发、山东博特轴承有限公司液晶镜片精研机专用轴承的研制两项技术被评为“2013山东省机械工业科技进步奖”。

【产业聚集及特色产业】 在抓好全市机械企业经济运行的同时，系统有重点的对临清市特色的行业重点关注，积极引导企业聚集发展，加强与上级轴承行业组织的协调沟通。多次陪同中国轴协、省轴协领导视察企业，积极引导轴承企业向专业化、规范化方向发展，提升轴承企业管理水平。2013年带领临清市轴承企业赴济南参加山东省轴承紧固件协会十二届会员大会，换届选举省轴承协会新一届领导班子。2014年积极配合上级部门组织2014临清·中国轴承产业高层论坛暨轴承零配件及专用装备展览会，引导轴承企业以此次论坛为契机，进一步解放思想，树立先进的理念和正确的发展思路，搞好发展规划，采取有力措施，实现轴承产业的转型升级，为临清轴承行业又好又快发展作出努力。2015年8月全省机械工业年中工作会暨转型升级研讨会在临清市召开。山东省机械工业协会会长郭金明、省机械工业协会领导班子成员、全省各市（包含重点县市）机械工业主管部门负责人共计50余人参加会议。会上郭金明对临清市近年来机械行业取得的成绩表示肯定，鼓励临清市机械企业继续加强创新驱动，增强研发能力加快，加快转型升级步伐，为全省机械行业科学发展贡献力量。

【重点企业简介】 山东福临装备集团有限公司。山东福临装备集团有限公司成立于1996年5月，通过兼并重组临清电器厂、临清棉绒厂、临清机床厂，使300多名职工重新就业上岗。公司位于临清市大桥街1137号，占地面积6万平方米，建筑面积4万平方米，拥有各类普通数控及精大稀设备360余台，在国内具有先进的加工水平。有员工400多人，其中工程技术人员18人，大中专学历130多人，总资产1亿多元，资产负债率60%。

公司主要业务为制造、销售“龙华牌”立式钻床、摇臂钻床、数控钻床、数控钻铣及加工中心近百个品种，具有年产机床3000台的生产能力。“龙华牌”Z51100立式钻床填补国内空白。产品在国内21个省、市具有完善的营销服务网络，部分机床产品销往美、德、日发达国家，“龙华牌”钻床省内市场占有率高居首位，国内占有率位于前五位。

公司产品2004年通过ISO9001质量体系认证，具有产品自营出口证书。2008年以来被评为“中国金属切削机床制造行业排头兵企业”。2009年被评为聊城市技术中心。2010年以来连续3年被山东省机械工业协会命名为“百强企业”，被聊城市委市政府授予先进企业称号。

2010年自行研发的Z51100立式钻床不仅填补国内空白。2011年联合中国钻镗床研究所共同研制开发ZK5140C数控钻床，达到国内先进水平，适应模具、汽车配件行业的机床加工需求。2013年至2015年与济南一机床联合开发具有国内先进水平的XH、XK系列加工中心，参加北京国际机床展，产品已投入批量生产。

山东史泰诺工业制造有限公司。山东史泰诺工业制造有限公司是临清迅力集团在原临清变压器厂基础上于2004年4月份重组设立的子公司，其前身是临清市农机配件厂，于1986年更名为临清市变压器厂，2004年3月份迅力变压器有限公司组建以来，凭借集团综合优势，2004年当年投产，当年见效，实现产值超千万元。成为鲁西变压器第一品牌，并相继获得2006年度聊城市劳动和谐企业、临清市机械系统先进工作单位。2006年技术中心成为聊城市市级企业技术开发中心，2007年5月整体收购原临清变压器厂，其中包括临清益和变压器有限公司(合资企业)，2008年公司技术中心评为省级技术中心，公司在2006年通过S09001：2000认证，2008年4月箱式变压器通过CQC认证。干式变压器已通过ISO9001：2000质量管理体系、ISO14001：1996环境管理体系双认证，2010年变压器产品已通过3C认证。2007至2016年先后申报新专利26项、申报中小企业创新基金项目3项、申报发改委科技项目38项、申报经信局项目29项、申报节能办项目2项，累计申报项目共计80多项。2004至今新设计开发S11-63000/35等级及以下新型变压器26个系列190个品种，新设计开发新型液压油缸40多种，新设计开发舞台车控制系统12种，新设计开发机加工工装模具211套。

公司主要产品有S9、S11、S13、S15系列，电压110kV，容量40000kVA以下各种规格油浸式变压器；干式变压器及欧式、美式箱式变电站，移动电站，年产能力800万kVA。液压油缸产品：4TG-180×6300以下多级套筒缸、HG-220×980以下活塞缸、120L前顶油缸、阀、快速接头等。拥有主要生产设备80余台套，其中有经国际招标以200万美元成套引进具有20世纪90年代世界先进水平的树脂浇注箔式绕组干式变压器生产技术、设备，该技术已通过国际试验机构CESI认证，符合IEC国际电工委员会、DIN德国及GB国家标准。制造设备有瑞士杜波依公司的WM150型箔绕机、阿尔斯通公司的500EC型铁芯剪切线、意大利BP2公司的HGA500型树脂真空浇注设备。液压油缸产品已实现数控编程加工的生产能力，深孔镗床两台。

公司经济效益持续增长2013年实现经营业务收入1724万元；2014年主营业务收入1561万元，2015年主营业务收入3699万元，同比增长137%。

山东临清益和变压器有限公司。山东临清益和变压器有限公司成立于1998年6月，是由益和电气集团股份有限公司和山东迅力特种汽车有限公司合资建立，是机械部、电力部定点生产环氧树脂浇注干式变压器的山东省骨干企业。固定资产3500万元，占地10000平方米，公司现有员工138人，60%以上具有大、中专学历，技术人员48人，所有技术及生产人员均接受过国外专家现场培训，其中8名技术人员到瑞士、意大利接受专业技术和制造培训。自成立以来，公司完全通过自主研发，不断加强新产品开发，已申报多项国家专利并获得证书，其各项性能指标已达到国际国内同类产品先进的水平。

公司拥有世界先进水平的树脂浇注箔式绕组干式变压器生产技术，该技术已通过国际试验机构CESI认证，符合IEC国际电工委员会、

DIN德国及GB国家标准。公司始终坚持“科技是第一生产力”的发展方针，建立完善的科研开发保障体系。成立专门从事产品研发的技术中心，公司拥有直流电阻测试仪、峰值电压、感应调压器、倍频发电机组、局放仪、变压器综合测试台、精密声级计、变压比电桥等国内最先进的变压器研发、试验检测仪器；拥有瑞士杜波依公司的WM150型箔绕机、阿尔斯通公司的500EC型铁芯剪切线、意大利BP2公司的HGA500型树脂真空浇注设备等进口生产线，具备树脂浇注干式电力变压器新产品以及与之相关领域内高新技术的研究开发、成果转化、生产经营条件。

公司立足于国内一流企业，通过加强内部管理，1999年一次性通过ISO9001质量体系认证，2001年通过ISO14001环境管理体系认证；1998年、1999年、2004年分别完成对SCB8系列、SCB9系列、SCB10系列产品的型号注册；2000年获国家机械工业局GB6450-1986采用国际标准采标认可证书和干式电力变压器强制性标准认证证书；2002年山东质量监督抽查产品一次性合格以及SCB10系列产品一次通过国家质量检验中心例行、型式及特殊试验，为公司技术中心开展工作奠定坚实基础。

2010年公司获得国家级35KV试验合格证书及630-2500-35KV型号备案证书；2011年完成SCB11系列产品型式试验，取得合格证书；2011年完成SCLB11-500/10产品沈变所的型式试验，取得合格证书，11型全铝箔产品型式试验证书属全国第一家。35KV以上电压等级各容量产品及11型全铝箔产品已投入批量生产。

公司2013年实现经营业务收入4487万元，利润450万元，税金494万元；2014年主营业务收入3598万元，利润403万元，税金383万元；2015年实现主营业务收入2613万元，利润317万元，税金284万元。自2011年公司申请成立聊城市干式变压器技术研究中心以来，重点加强新产品的开发与技术引进，并不断拓宽产品销售渠道，积极申请加入国家电网与南方电网，2013年与国家电网签订合同，合同金额超过3000万元。

山东迅力特种汽车有限公司。山东迅力特种汽车有限公司属于国家工信部公告内企业。注册资本5120.8万元。公司始建于1962年，以生产全挂车为主，是机械工业部挂车定点生产单位。2001年9月16日由山东临清重型汽车改装厂改制而成山东迅力特种汽车有限公司，主导产品有自卸车、挂车、厢式车、罐式车、军车、环卫车辆六大系列200多个品种。公司拥有焊接、下料、机械加工等设备546台套，拥有行业先进的8米剪板机、8米数控折弯机、数控卷板机、直缝焊接专机等先进设备，建成行业先进的罐车生产线、半挂车生产线以及自卸车生产线，成为全国重要的专用车生产厂家。

2014年4月公司由龙山路14号搬至临清市经济开发区，是国家工业与信息化部批准的专用车生产企业。公司新厂区占地600余亩，建设面积8.1万平方米，其中7.2万平方米的联合生产车间，总资产10.9亿元。公司建立完善的质量管理体系和环境管理体系，主导产品全部通过3C认证。公司实施品牌战略，先后有多个产品获得“山东名牌”，“迅力”商标获得山东省著名商标。2009年荣获山东省首批诚信企业称号，2012年专利明星企业、公司连续多年获得山东省机械工业百强企业、2014年获得山东省节能环保示范企业等称号，2014年公司被山东省国防动员委员会授牌为“山东省特种车辆动员中心”。

【领导人更迭】

主　任：王振荣

副主任：黄春雨

鲍来临

书　记：王振荣

（黄春雨　郭建军）

电　力

【机构设置】 临清市供电公司于2011年年底正式上划省公司，现属于山东省电力公司子公司。设有8个职能部室，2个业务实施机构，2个集体企业。全民制员工506人，农电用工530人。截至2015年年末，公司共有各类专业技术人员222人，其中高级职称15人，中级职称54人，初级职称153人；共有技能人才433人，其中高级技师9人，技师229人，高级工190人，中级工以下5人。

【工作概况】 临清市境内共有电厂6座总装机303.5兆瓦（其中地方公用电厂4座装机容量为174.5兆瓦，企业自备电厂2座装机容量129兆瓦）。拥有220千伏变电站3座，主变台容量1200兆伏安（杨桥、尚店、羡林站归属市公司管辖）；110千伏变电站11座，主变22台容量1098兆伏安（临清、唐元、康庄、烟店、曙光、沈庄、会通、先锋、龙庄、顺和、自忠变电站，其中临清、龙庄、顺和、自忠站属市公司资产，公司运维）；35千伏变电站15座，主变30台容量293.8兆伏安;110千伏线路13条，192.4千米；35千伏线路30条，233.43千米；10千伏线路150条，线路长度1411.94公里；配变台区1731台398.53兆伏安，专变4764台1072.98兆伏安，0.4千伏线路3994.39千米。

2015年全市全社会用电量270400万千万时。购网电量完成22.79亿千瓦时，同比增长0.90%。售电量完成21.66亿千瓦时，同比增长1.21%。销售电价完成638.70元/千千瓦时。综合线损率完成4.94%，比计划降低0.09个百分点，同比降低0.30个百分点。主营业务收入实现12.53亿元，上缴税金6844万元，利润总额210.52万元。

近几年，公司先后荣获“省企业管理优秀单位”“省电力公司‘三集五大’体系建设先进集体”“山东省重合同守信用单位”“山东省电力公司财务工作先进单位”“山东省电力公司离退休（职工）活动示范基地”“山东省群众体育先进单位”“山东富民强省品牌创建先进单位”，获“聊城市消费者满意单位”“聊城市群众满意文明行业”“聊城供电公司先进集体”“聊城供电公司反违章先进单位”。连续5年荣获“全国‘安康杯’竞赛优胜企业”称号，连续13年保持“省级文明单位”称号。

【电网建设】 三年来，临清电网新增220千伏变电站1座(羡林站)、110千伏变电站2座(自忠、肖寨站)；扩建110千伏变电站1座（龙庄站）；改造35千伏变电站3座（魏湾、石槽、潘庄站）。新增输电线路128.21千米、新建改造城乡配网线路1138千米、新增更换配变460台容量123.92兆伏安。

截至2015年年底，临清电网220千伏变电站3座，变电容量1200兆伏安，110千伏变电站12座，变电容量1198兆千伏安，35千伏变电站13座，变电容量255.6兆千伏安；公司所辖110千伏线路25条，线路长度284千米；35千伏线路28条，线路长度226.3千米；10千伏线路153条，线路长度1936.285千米；公变台区1982个，0.4千伏线路3022.33千米。通过对电网进行大力投资与建设，临清电网自动化水平、供电可靠性不断提高。

【优质服务】 2013年开展“保民生，促和谐”主题服务活动，从解决客户最关心、最直接、最现实的用电需要入手，全面推进供电服务“六个一体提升”，确保民生用电需求，确保城乡服务一体提升，打造“美丽彩虹”优质服务新形象。积极应对雷暴雨恶劣天气，开展为民服务“风雨彩虹”行动，成立22支“风雨彩虹服务队”，进一步加强设备特巡，全力守护输、配、变电设备的安全可靠运行。累计出动抢修人员1000余人次、抢修储量167台次，有力保障迎峰度夏期间的人民生产、生活用电。2014年全面落实山东省电力公司和公司“两会”精神，深化“你用电•我用心”，全面开展“彩虹蓝天•运河名城”行动，以服务节能减排、服务民生用电为重点，全面推行便民利民十项服务举措，加快城乡配网一体化建设改造，推进城乡服务六个“全面提升”。开展“温暖彩虹”迎峰度冬行动，全面实施服务百姓、服务社会六项落地行动，努力解决服务群众“最后一公里”问题。2015年建立客户导向型“大服务”机制，以客户需求为导向，以提升客户满意度为目标，加强客户服务各环节协同联动，确保客户导向型“大服务”机制高效运转，推进供电服务工作水平持续提升。为推进客户导向型“大服务”机制在公司有效落地、高效运转，组织开展供电服务“两个争创”活动。

【安全生产】 严格落实各级人员安全生产责任制，逐级签订安全生产责任书、安全承诺书，层层传递安全责任和压力。加强电网风险预控和现场安全管理，各级管理人员到岗到位监督2147人次，查禁违章871处。开展“反违章”“两票填写”“承载力分析”专业技能培训27次，参培人员5758人次。组织安规考试43次，参考人员4792人次。开展春、秋季安全大检查、电力线路“三防”百日行动、农村用电“强基固本”、隐患排查治理专项活动41次，整改消除安全隐患2674项，清理树障5.73万棵。高效完成抗战胜利70周年、全国畜牧业保电活动。修订应急预案25项，现场处置方案213项，成功处置6次强雷暴雨恶劣天气。开展县供电企业安全性评价，专家查评得分率居全市第一名。安全专业内部对标连续三年居全市第一名。

【重点企业简介】 锦程实业有限责任公司。隶属于临清市供电公司集体企业公司。位于临清市永青路南首，占地53280平方米，其中生产厂房占地6516平方米，企业注册资金1250万元。截至2015年年底，拥有职工256人，先后取得由国家电力监管委员会颁发的承装（修、试）电力设备承装类三级资质、山东省住房和城乡建设厅颁发的电力行业（变电工程、送电工程）专业丙级设计资质、山东省建筑内工程管理局颁布的送变电工程专业承包叁级资质，中国质量认证中心颁发的ISO9001：2008质量管理体系认证证书和3C强制性质量认证证书等，是一家集勘测设计、施工、修造和试验为一体的标准化企业。公司下设综合事务部、安全质量部、工程技术院、市场营销部、技术经济部、售电公司、开关厂、监理公司、设计院9个部门，主要业务有如下六个方面：工程施工。具有110千伏、35千伏变电站工程施工总承包能力；具有35千伏及10千伏线路的新建、改造及维护能力；具有小区低压配套配电工程施工能力。勘察设计。具有承接电力专业小型建设项目的设计业务能力；具有110千伏及以下送变电工程电力勘测设计能力。输配电及控制设备的制造。具有各类高低压配电设备设计、制造能力。主要产品有KYN28-12、KYN61-40.5、XGN-10、HXGN-10等高压开关柜；GCK、GGD、XL等低压开关柜，YBW预装箱式变电站及电缆桥架等，并承接各类非标准高低压配电设备的设计制造，高压产品符合国家标准GB3906-2006，低压产品符合国家标准GB7251-2005。拥有数控冲床、折弯机、剪板机等大型机床设备及先进的流水线式喷塑车间，可满足客户各类配电设备箱体的需求。设备检修维护。具有110千伏及以下变电站及线路设备的检修，维护能力。电力设施的销售。主要销售配电开关控制设备（包括KYN28-12、KYN61-40.5、GCK抽出式开关柜、GGD型交流低压配电柜、1米操作箱、JP柜、HXGN环网柜及YBW系列高低压箱式变电站等）、变压器、电线电缆、电力金具、安全工器具、计量表计、互感器、家用电料等。设备材料试验。拥有串联谐振耐压装置、10千伏工频耐压机、变压空载、负载测试仪等试验设备，主要开展110千伏及以下变压器、110千伏GIS开关及以下高压开关柜、110kV及以下高压电缆测试、接地电阻测试等项目的设备试验。

临清市光明电力务服务有限责任公司。隶属于临清市供电公司集体企业，成立于2012年8月27日，是一家集电力施工、运维、材料销售为一体的综合性企业。公司位于国网临清市供电公司院内，占地1100平方米，企业注册资金1200万元。截至2015年年底，拥有职工599人。公司先后取得由国家能源局山东监管办公室颁发的承装（修）电力设备承装类四级资质、ISO9001：2008质量管理体系、职业健康安全管理体系、环境管理体系证书等资质，奠定企业发展基础，保障产品质量、满足客户不断提高的质量要求。

公司下设综合管理部、人力资源部、财务审计部、安全生产部、营销服务部5个部门和检修工程中心、抄表中心2个执行部门。主要业务有工程施工：10千伏及以下线路架设；10千伏及以下客户工程新建、改造，并具有小区低压配套配电工程施工能力。电力设备材料销售：主要销售配电开关控制设备、变压器、电线电缆、电力金具、互感器、家用电料等。设备检修维护及供用电服务：10千伏及以下线路设备维护；农村低压用户抄表收费、农村低压业扩报装受理、农村低压计量装置拆装维修及故障处理、用电检查、农村低压客户服务等相关业务。

【领导人更迭】

党 委 书 记：刘景勇（2015.07止）
党委副书记：崔泽波（2013.12起）
纪 委 书 记：张长路（2013.12止）
崔泽波（2013.12起）
经　　理：李玉白
副 经 理：虞　伟
陈瑞林
于松青（2013.12止）
韩　锐（2013.12起）
工 会 主 席：虞　伟

（魏　阜）

交通　邮电

交通运输

【机构设置和基本概述】 2013 年以来，在临清市委、市政府和上级交通运输主管部门的坚强领导下，临清市交通运输局扎实做好党的群众路线教育实践活动、“三严三实”工作、“两学一树”工作，紧紧围绕社会经济发展大局，按照“调结构、转方式、强管理、求创新、促改革、谋发展”的工作方针，攻坚克难，开拓创新，突出重点，全面提升，着力建设畅安舒美的“大路网”、安全便捷的“大运管”，努力构建高效完善的“大交通”发展框架，为全市社会经济的平稳较快发展创造良好的交通环境。

交通基础设施建设成果显著。根据全市交通“十二五”规划，针对全市农村公路建养现状，结合交通发展形势，不断完善规划内容，全面加快农村公路建设进程，截至 2015 年年底，全市通车里程 1823.8 公里，其中干线公路 213 公里，县乡路 200.9 公里，村道 1409.9 公里，形成干支相连、四通八达的高效公路交通网络。

运输保障能力全面提升。坚持以科学发展观为统领，按照构建“大交通、大公交”的工作思路，大力实施公交优先战略，制定公交发展规划，科学调整线路布局，不断提升城市公交档次和服务水平，改善城市居民乘车环境，初步形成以市区为中心，乡镇为节点，辐射到村的道路客运网络。截至 2015 年年底，全市货运企业 98 家，纳入管理车辆 5577 辆，吨位 67244 余吨。全市拥有客运企业 4 家，出租企业 5 家，公交公司 1 家，出租车 333 部，城乡客运班车 124 部，城市公交车 233 部。二类以上维修企业 15 家，综合性能检测站 1 家，驾培学校 4 家。

精神文明建设取得丰硕成果。近年来，临清市交通运输局荣获“临清市党的群众路线教育实践活动知识竞赛优秀组织奖”“2014 年度提案承办先进单位”“全市交通运输系统先进集体”“全市交通运输系统公路建设系统先进单位”“全市 2014 年度城乡环卫一体化工作先进单位”“2014 年度省级文明单位”“全市 2015 年度科学发展综合考核三等奖”“2015 年度平安临清建设先进单位”。

【交通基础设施建设】 公路建设。2013 年，全市新改建农村公路 145.7 公里，全市通车里程 1707.6 公里，其中干线公路 213 公里，县乡路 200.9 公里，村道 1325.7 公里；2014 年，全市新改建农村公路 290.1 公里，全市通车里程 1822.5 公里，其中干线公路 213 公里，县乡路 200.9 公里，村道 1408.6 公里；2015 年，全市新建农村公路 1.3 公里，全市通车里程 1823.8 公里，其中干线公路 213 公里，县乡路 200.9 公里，村道 1409.9 公里。

桥梁建设。2013 年改建中桥 3 座，临清市高庄东风桥、新集葵花桥、尚店三干渠桥，共投资 361.89 万元。2014 年新建中桥 1 座，潘彭店尚潘渠桥，投资 116.25 万元。

【农村公路养护管理】 2015年农村公路安保设施工工程，提升全市县乡道路安全，安装标志牌291个、划设标线14305平方米、路口振荡标线754平方米、警示桩836根、波形防撞护栏2293米，危险路段安装太阳能黄闪灯8套、爆闪灯50个，魏湾镇张官营村改造路宅分家1300米、潘庄危险路口安装红绿灯2套。

【旅客运输】 2013年临清市有城市公交线路9条，城市公交车108部（其中新能源公交车40部），出租车333部，城乡客运班车124部。2014年至2015年临清市客运企业4家，出租企业5家，公交公司1家，出租车333部，城乡客运班车124部，城市公交车233部。

【货物运输】 2013年新增回流车辆746辆，吨位12675吨。全市货运企业77家，纳入管理车辆3519辆，吨位36809余吨。2014年新增回流车辆629辆，吨位11933吨。全市货运企业89家，纳入管理车辆4480辆，吨位50494余吨。2015年新增回流车辆673辆，吨位13862吨。全市货运企业98家，纳入管理车辆5577辆，吨位67244余吨。

【交通监察】 科学管理，全面提升执法水平。深入开展治超工作，组织运管人员对全市重点货物源头单位、非法料场、改型改装等相关情况进行深入摸底和综合调查，确定重点货物源头单位，实施源头管理，加大防控力度。同时，采取日常治超检查和集中区域性突击检查的方式，对全市辖区内的省道和交通流量较大的区域，严厉打击超限超载运输、车托等违章违法行为，建立站点检查与道路巡查有机结合、严密覆盖的治超网络。

【领导人更迭】

书　　记： 李之强
副 书 记： 邹玉祥
局　　长： 李之强
副 局 长： 邹玉祥
王克秀
李　剑
工会主任： 尹力伟
主任科员： 陈　明
丰百兴（2014.11起）

临清市交通战备办公室

主　　任： 王克秀
副 主 任： 孙海涛
陈　光
徐金哲

临清市交通运输局交通运输监察站

站　　长： 张　民
党支部书记：
王克秀

（孙海涛　焦　斌）

汽车站

【企业概况】 临清汽车站隶属聊城交通汽运集团有限责任公司，是山东省二级客运站，属聊城市第二大客运站和商、物、人流集散中心，也是山东通向河北省的重要公路交通枢纽站点。位于山东省临清市东环路中段，东邻京九铁路、临清火车站和义乌商贸城，历史上曾三次搬迁，原临清老汽车站始建于1952年，距今已有60余年，现新汽车站始建于1996年4月，1997年8月完工交付，经试运行，于1999年9月28日从老车站整体搬迁并正式开业使用。临清汽车站2007年投资800万再次扩建新侯室，并于2008年5月1日正式交付使用，新站总占地面积17102平方米，建筑面积4559平方米。设有三个乡镇站，现有职工80人，主要从事省内外长短途客运、小件快运、旅游包车业务。营运线路42条，横跨山东、河北、河南、北京、天津等3省2个直辖市，以及省内12个地市，城乡5条、区内9条、跨区17条和跨省11条，日发客运班车366班次，日发送旅客近4000人次，年客运收入2400多万元。

临清汽车站始终坚持“旅客第一，安全第一，服务第一，信誉第一”的宗旨，为广大人民群众出行和地方经济社会发展提供优质高效的服务，取得良好的经济效益和社会效益，受到各级党委政府的大力支持和社会各界的广泛赞誉。近年来，为适应市场经济和公路客运发展的需要，全站干部职工大胆开拓，勇于创新，在经营管理和经营模式上正在从管理型向服务型转变。2003年7月试行站队合一提出“实现率先崛起”的目标，2004年开展创建文明客运站，并顺利通过ISO9001质量体系认证。2008年5月1日实现全封闭式发车，全站配有电子显示屏、三品监测仪、金属探测仪、GPS电子监控系统、微机售票、条码检票、微机结算和收费智能化管理系统。2010年4月对所有进站班车实行安全智能化“一卡通”管理。2015年1月1日，正式启动客运VIP会员制，VIP会员卡客户可享受票价打折优惠服务。

2013年，临清汽车站被山东省公安厅、省安全生产监督管理局授予“省级优秀交通安全单位”荣誉称号、被共青团临清市委评为“临清市五四红旗团支部（总支）”；2014年，被临清市消防安全委员会评为“2013年度全市消防工作先进单位”、被临清市总工会评为工会工作先进单位；2015年被临清市总工会授予“临清市劳动关系和谐企业”荣誉称号；2013—2015年被临清市委、市政府评为“落实计划法定代表人计生责任制先进单位”。

2013—2015年临清汽车站主要生产经营指标情况统计表

年度	客运收入（万元）	运输旅客（人次）	发送班次（个）
2013年	2866.47	1443855	162769
2014年	2812.77	1565729	151136
2015年	2423.09	1360418	126123

（孙海涛　焦　斌）

火车站

【概况】 临清火车站位于山东省临清市市区东侧，红星路东端，隶属于济南铁路局聊城车务段管理，是京九铁路济南铁路局与北京铁路局的分界站，属段管三等站，车站中心里程为京九线379公里179米，北与临西站、南与杨庙站连接，主要办理临清市及邻近地市的旅客、货物运输业务。临清站现有编制人员77人，其中干部4人、职工73人，按工种分为行车、调车、客运、货运4个班组。

【客运设施】 临清站客运候车室实用面积696.8平方米，旅客容纳量为800人；旅客乘降站台2座，可相继接入3列旅客列车，同时供旅客乘降；雨棚2座；地下通道1处；购票厅实用面积164平方米，售票窗口2个，自2007年实现微机联网售票，可办理全国各地的异地票发售、改签、退票等业务。

【货运设施】 临清站货场占地面积80337平方米，仓库2座3100平方米，货物堆放场1处4050平方米，货运站台2座6010平方米，货物线3条，26吨门吊2座，中谷国家粮食储备库存专用线1条。

【客货运现状】 根据临清站办理客运业务的旅客列车始发终到运行区段，发送旅客主要为北京、天津、黑龙江、吉林、辽宁、山西、河北、山东、河南、安徽、江苏、浙江、江西等地，以北京、天津、东北方向为多，年旅客发送量33万人左右。遵照临清市委市政府方便群众出行的要求及停靠车次的建议，临清站自2013年以来通过每年列车运行图调整的时机，进一步积极向上级申请调整车次，为群众出行最大限度提供了便利条件。货运方面，临清站在市委市政府有关领导和部门的带领支持下，在稳定并增加临清当地货源的基础上，把营销重点逐步向周边地市扩大，使货物年发送量由2013年之前的14万吨左右增长到目前的60万吨左右，增长率429%。瞄准现代物流及集装箱运输的发展趋势，通过铁地两家的通力合作，2014年7月，青港国际物流公司装成发往黄岛港的“五定”班列顺利首发，由当时的每日一列增长到目前的每日两列。

【安全保障】 为确保列车运行安全或盲目进入铁路线路人员的人身安全，及治安保卫，对站场实行封闭式管理，铁路两侧及站上均建有水泥栅栏和金属护网，并于2016年冬季在护网上端增设刺笼，进一步提高安全保障。客运方面采取的安全措施是，严格执行实名制售票、凭票进入候车室候车、实名制车票查验、行李件件仪器安检、旅客人人手持检查仪安检和程序制度。货运方面采取的安全措施是，货场内严禁烟火、发送货物件件安检、严禁运输危险品类货物。维护安全生产与治安综合治理方面，严格执行车站与派出所联手分工站区线路巡查巡视制度。

【领导人更迭】

站　　长：靳德国（2015.12止）
　　　　　李　涌（2015.12起）
党支部书记：马之谦（2013—2014）
　　　　　李　涌（2014—2015）
　　　　　李小龙（2015起）

（孙海涛　焦　斌）

公路管理

【机构设置及概况】 1997年，聊城撤地设市，更名为聊城市公路管理局临清公路管理局。临清公路管理局现有干部职工146人，其中党员54名，党政班子成员7名，主要负责境内省道干线公路的建设、养护和管理工作，管养公路182.3公里。境内高速公路一条，通车里程30.692公里，境内省道干线公路7条，总里程192.4公里，全部达到二级以上公路水平，其中一级公路45.206公里；桥梁35座，其中跨越漳卫河大桥一座。下设办公室、财务科、养护科、路政大队、工程公司、机料科、三产办、工会、ETC客服大厅9个科室。

近几年先后荣获中华全国总工会授予的“模范职工小家”称号和“省级文明单位”“山东省‘富民兴鲁’劳动奖状”“全省普法依法治理工作先进普法办”“省特级档案管理先进单位”“省级预防职务犯罪先进单位”“省爱国卫生先进单位”“省级花园式先进单位”“全省公路系统文化建设工作十佳单位”“全省交通系统四化管理示范单位”9项省级称号。由于贡献突出，连年被临清市委、市政府授予“支持地方经济发展工作特殊贡献奖”称号。

【公路建设】 2013年完成境内省道257共计37.1公里、省道259公路共计14.918公里的改建升级；2014年完成省道254聊夏路14.8公里的大修任务；2015年完成临高路临清段大修工程，全长31.707公里。2015年建设北京加隆4000型沥青拌和站投入使用，生产量一天可以达到2—3千吨，是原来生产量的10倍，可以满足全市高速、省道、县乡等一切公路的建设所需。临清市境内所有省道干线公路全部升级完成，全市省道干线公路通车里程达到191.2

公里，一级公路占28%。新建、升级后的公路网络，将进一步拉近与周边省市的沟通距离，境内“畅通、安全、和谐、高效”的公路主框架基本形成，为临清市实现借力发展、一体化发展提供强大的公路支撑。

【公路养护】 在公路养护中积极解决群众反映的问题，确保境内省道干线公路安全畅通、附属设施完好；及时开展公路绿化增量和品质升级、公路小修保养、文明样板路建设，好路率达91.2%。积极试行养护体制改革，成立养护管理中心，实行三个站联合办公；在全聊城市率先成立养护作业队，并以此为依托，成立应急救援中心，原来的养护科以管理为主，逐步实现管养分离。三年共计完成沥青面层挖补22512平方米，沥青刷油封面127.6千平方米，灌缝、贴缝128千延米；公路绿化共计新植、补植苗木2万余株；创建文明样板路15公里；于2015年对包括省道254聊夏路、省道257临博路、省道259临莘路在内的多条干线公路增设标志标牌600余个，施划标线11500余平方米、警示桩700余根，安装减速带700余米、防护栏2000余米，并积极实施路宅分家，进一步改善路域环境，消除安全隐患。

【路政管理】 三年来，共计巡查公路39.3万公里，拆除内残垣断壁、违章建筑，及时清除非公路标牌和清除堆积杂物，每年均对境内所有路树进行涂白。2014年定点省级双试点单位，临清公路局路政大队被聊城市公路管理局推选定点为省交通运输厅“三基三化和四统一省级试点单位”“交通运输法治政府部门省级试点单位”，成为聊城市公路系统唯一一个省级双试点单位，打造临清路政执法的特色亮点。2015年，提请政府出台规范性文件，划定境内192公里的建筑控制区范围，解决当前没有土地确权手续的一个难题，在聊城市尚属首例。完成52.26公里的废弃路段向住建局、交通局、土管局、驻地镇政府的移交工作。完成路域环境综合整治工作，解决唐元镇等路段的难点问题。

【队伍建设】 临清公路局在各级领导和行业主管部门的正确领导和大力支持下，以服务全市经济社会发展和人民群众出行为着眼点和落脚点，以改革为动力，发扬“团结创新，求真务实”的临清公路精神，始终将干事创业作为临清公路工作的主基调，把心思花在想事干事上，全局广大干部职工积极发挥个人的能力、扎实肯干。赢得各级党委、政府支持，赢得良好的群众口碑，为临清公路事业发展营造优越的环境。

【其他主要工作】 结合公路建设、养护工作中的实际，经过多年实践自主研发的“预拌式冷补沥青混合料的生产及在沥青路面养护中的应用”“二灰碎石废料在二级及二级以下公路中的应用”两个科研项目，双双荣获聊城市科技进步三等奖，这标志着临清公路局在科技创新方面走在聊城市同行业的前列。这些举措，为临清公路局公路施工、科学养护、参与市场竞争提升坚实的人才力量基础。

【领导人更迭】

书　　　记：李纪元
局　　　长：孙翰耕（2013.12止）
　　　　　　刘培海（2013.12起）
副　局　长：赵紫星
　　　　　　张　军
　　　　　　王月峰
工会主席：陶东生
副科级干部：张善杰（2013.07起）

（王月峰　王　伟）

邮　政

【机构设置】 临清市邮政局位于临清市南门里街369号，现有投递段道63条，邮政服务网络、末端投递网络覆盖全市城乡，深入千家万户，形成分布广泛、布局合理的物品收寄、处理、运输、投递网络。现有康庄、老赵庄、金郝庄、石槽、松林、胡里庄、尚店、刘垓子、大辛庄、肖寨、八岔路、潘庄、唐元、朱庄、康圣庄、代湾、魏湾、烟店18个农村营业网点，以及京华、先锋、东风、大桥、车站、邮政营业室6个城区营业网点。设有综合办公室、市场经营部、监督检查与安全保卫部3个职能部门及金融局、保险局、分销局、电子商务局、发行投递局、报刊零售局、集邮局、函件局、包裹局9个专业经营部门，涵盖储蓄、保险、理财、分销、电子商务、函件、集邮、报刊、包裹快递等专业。

2015年5月，根据上级单位统一安排，“临清市邮政局”正式更名为“中国邮政集团公司山东省临清市分公司”，各所辖机构名称相应调整。

2015年，临清市邮政公司荣获多项荣誉，连续4年保持“省级文明单位”荣誉称号；由临清邮政主导的临清鸿雁合作社被省农业厅、省发改委等10部门认定为“省级示范社”；临清“老年体协夕阳红代表队”获得聊城邮政“银龄杯”广场舞大赛“一等奖”和“最佳创编奖”，并获得山东邮政广场舞大赛“团体二等奖”。

【邮政业务】 金融业务。临清邮政有金融网点22个，其中农村17个（烟店除外）、城区5个（邮政营业室除外），能办理法律允许范围内的各项存取款、转账、寿险、财险、车险、理财等业务。2015年年底，金融业务全年新增资产总量7.24亿元，净增绝对值聊城市邮政系统第四位；其中余额净增2.92亿元，全市第五位；保险净增3.32亿元，全市第三位；理财增加8577万元，全市第四位；国债增加1477万元，全市第二位。余额规模达到26.4亿元，全市第四位。

分销物流。分销物流以“贴近群众 服务民生”为宗旨，涉及酒水、农资等各项业务。通过邮政直接与企业接洽，将社会最需要的分销产品配送至广大群众中，将企业质量最好的产品输送到广大群众中。持续推进“示范田+合作社+一体化服务”模式，全市累计建设示范田19.7万亩，发展社员2.3万户；同时，积极推行“七统一”服务，打造精品示范村90个，统一供种2万斤，统一供肥2000余吨。

报刊业务。是邮政企业利用遍布全国的邮政通信网和联系用户广泛、传递迅速等特点，将编辑出版后的报纸、期刊等出版物，以订阅或零售的方式按期投递或销售给读者的业务。临清市邮政公司积极适应人民群众日益提高的精神文化需求，大力开展党报党刊、畅销报刊以及思想积极、内容健康报刊的宣传和征订工作，维护党的思想宣传和传播渠道；2015年全市累计实现流转额767万元。

电子商务。利用自身网络优势，依托信息技术和国家公众通信网，充分发挥邮政实物流、信息流、资金流相融合的优势，实现与电信运营商、政府机关单位、航空公司、铁路公司等相互合作，多方共赢。目前已经实现代收各类通讯费、代收电费、代售飞机票、火车票、汽车票等，为更加便捷群众生活做出巨大贡献。

农村电商。临清市邮政公司充分利用自身网络优势及渠道优势，大力发展农村电商，打通“工业品下乡、农产品进城”渠道。专门成立渠道办，建设594处便民服务站，其中商超型便民站460个。通过抓好队伍培训、平台建设、产品招商、系统推广、配送体系等关键点，全年平台入住商户达到70家，上线产品达到5900余种；投资100余万，建设142处精品村级电子商务服务站，形成县乡村三级电商运营体系。2015年，农村电商平台累计订单1.4万笔，交易量达到244.3万元。此外，借助便民服务站综合平台，全年累计代收话费2800万元、电费4750万元，代办车险66笔，助农取款10万笔，安装POS机300部，130个站点实现代投自提。

函件。作为传统项目，主要包括信函、明信片、印刷品、盲人读物、义务兵免费信件、邮简、邮送广告等一系列业务。临清邮政目前函件中心集设计、招商、策划、商演、宣传等于一体，涉及视频媒体、报刊传媒、信函传媒、信卡传媒、户外媒体、新媒体等一系列现代化综合媒体运营平台，适应广大民众、企事业单位的多样化需求，助力其发展提升。

集邮。作为特色业务，集邮是以邮票及其他邮品为主要对象的收集、鉴赏与研究活动；是以经营邮资票品、集邮品、集邮用品为主的一项邮政业务，既是邮政企业为满足广大集邮爱好者收寄、鉴赏和研究的需要，也为企事业单位公关宣传、对外联系、提升形象等提供个性化邮品开发服务。

包裹。为满足国内电商包裹快递市场需求，提升邮政包裹体验品质，邮政整合现有资源，充分发挥渠道优势，打造全新包裹快递形象；并通过全国通达、节假日无休等优势，实现上门揽收、预约投递、专项客户服务等，迅速助推电商客户发展。

【企业经营】 做强经营服务，保持高速发展。临清市邮政公司高举普遍服务旗帜，大力推进改革创新，保持快速发展势头。2015年，全年业务收入实现5761万元，完成市公司目标的100.87%；同比增幅13.1%，同比增幅全市邮政系统第四位。

发挥邮政网点优势，做好服务三农工作。邮政万亩示范田自建设以来，得到市委市政府和广大群众的一致好评；在各镇（街道）累计建设万亩示范田村庄90多个，减轻群众够肥压力和成本；并且，临清鸿雁合作社被省级十部委评为“省级示范社”。

打造雷锋邮路，弘扬道德新风。在城乡63条投递段道中开展“弘扬雷锋精神　传承传统文化”活动，将“绿衣天使”和“雷锋精神”相结合，涌现出一大批模范人物和先进事迹，先后有松林商昌友等一大批先进人物得到各类媒体宣传推荐。

参加公益活动，传播正能量。临清市分公司成立“雷锋志愿队”，先后多次深入红星路、新华路等路段开展雷锋志愿，清理积雪、卫生等；积极响应号召，组织“慈心一日捐”，并在国庆节、邮政日等重要节日走上街头开展宣传。

开展多彩活动，助力和谐建设。积极参与省公司广场舞大赛活动，先后组织7场海选比赛，2场总决赛，参加人数多达670多人，得到市委市政府高度认可。

强化能力建设，提升幸福指数。2015年新装修、改造网点5处，并有6个支局列入省市公司三年发展规划；全年新增CRS设备10台，累计42台，点均1.9台；全年购置柜式挂式空调3台、中央空调2部；为农村投递员配备四轮电动汽车30辆，进一步增强投递员渠道拓展能力；为投递员增配4G手机59部，增强投递员信息化工作含量，进一步提升邮件实时反馈质量；加大ATM、CRS、叫号机、填单机、存折打印机、网银终端等设备投入，用机器、渠道代替人工，自助设备客户分流率超过66%，员工劳动强度大幅减轻。全面落实并实行员工带薪休假及网点轮休制度，员工带薪休假率100%。

【队伍建设】 以突出中青年人才队伍建设为重点，通过交流学习、挂职锻炼等方式，强化能力推进；领导干部本科率达到60%，中层青年干部占比达到10%以上；强化营业员队伍建设，通过远程培训学习，实现员工每年参培率100%；通过严格审查，员工大专及以上学历持证率达到80%；各岗位相应技能证书、保险证、理财证等证书持证率80%。

【企业管理】 基层管理严格化。严格执行“四个0和一个100%”制度，严格执行“五声服务”“六个一服务”，加强合规培训，利用远程监控、现场检查等手段，确保临清邮政服务综合满意度90分以上；加强金融舆情及风险事件管控，优化提升“常规、专项、突击”检查的质量，坚决杜绝重大通信、安全、舆情事故和资金案件。

财务管理精细化。实施“零基预算”，加大

预算管控力度；强化合规意识，严格报账流程，严禁逆流程作业；加大审计力度，每月实施业财对账，做到应审尽审、凡审必严、严肃问责、整改到位。

【领导人更迭】

局　　长：赵全胜（2014.02 止）
史义涛（2014.03—2015.05）
任保利（2015.05—2015.11）
刘　恩（2015.11 起）

副 局 长：王云峰（2013.10 止）
谭　辉（女，2013.10-2014.02）
董延芳（女，2013.10 起）
马和明（2014.02 起）
刘向阳（2013.03 起）
张长明（2015.05—2015.12）

工会主席：张长明（代主席，2013.03 止）
王云峰（代主席，2013.03-2013.10）
谭　辉
（女，代主席，2013.10—2014.03）
董延芳
（女，代主席，2014.03—2015.04）
刘向阳（代主席，2015.04 起）

（高恒峰）

中国联合网络通信有限公司临清市分公司

【机构设置】 2013 年设综合部、销售中心、集商客中心、行客开发中心、渠道中心、驻地网营销中心、乡镇区域营销中心和维护中心。2014 年设综合部、自有渠道中心、社会渠道中心、集团客户中心和维护中心。2015 年设综合部、自有渠道中心、社会渠道中心、集团客户中心和维护中心。

【联通网络】 2013 年电话交换设备为深圳华为，设备容量为 8 万线，城区及各镇有电话用户 4.5 万户（城区 2 万、各镇 2.5 万）；宽带端口数达到 18804 个；2G 基站达到 117 个，3G 基站达到 94 个；光端设备达到 310 个，光缆皮长达 980 公里，芯长 7840 公里。

2014 年电话交换设备为深圳华为，设备容量为 8 万线，城区及各镇有电话用户 4.5 万户（城区 2 万、各镇 2.5 万）；宽带端口达 69200 个；2G 基站达到 148 个，3G 基站达到 99 个；光端设备达到 380 个，光缆皮长达 1150 公里，芯长 9200 公里。

2015 年电话交换设备为深圳华为，设备容量为 8 万线，城区及乡镇有电话用户 4.5 万户（城区 2 万、各镇 2.5 万）；宽带端口 99760 个；2G 基站达到 167 个，3G 基站达到 113 个，4G 基站达到 136 个；光端设备达到 350 个，光缆皮长达 1440 公里，芯长 11520 公里。

【联通业务】 2013 年以来主营业务为固话、宽带 LAN 业务、移动 2G、3G 业务。2015 年 1 月新增移动 4G 业务，联通电视业务 IPTV。

【联通服务】 2013 年以来随着宽带业务的迅猛发展和多家通信运营商市场竞争，服务工作日趋重要，联通公司从国家集团到县区公司狠抓服务工作，联通的服务优势得到社会的认可，作为主导运营商，通信市场份额遥遥领先，服务满意度达 98%。

【内部管理】 为建立一支政治过硬、业务精通、行业作风优良的企业员工队伍，在内部管理上坚持科学、专业、精细、自主的企业管控模式。提高企业管理水平和工作效率，实现企业各方面管理的科学化、规范化，建立现代企业制度，增强企业的竞争优势与核心能力。

【领导人更迭】

总 经 理：潘洪刚（2013.03 止）
胡志强（2013.03 起）

副总经理：仲　杰（2013.04 起）
李　强
马国望
葛传民（2015.03 起）

（曹在亭　邢丽婷　李　楠）

中国移动通信集团山东有限公司临清分公司

【公司概述】 中国移动通信集团山东有限公司临清分公司（以下简称为临清移动公司）是根据国家关于电信体制改革的部署和要求，于1999 年 7 月正式挂牌运营的移动通讯服务运营商，隶属于中国移动通信集团山东有限公司聊城分公司，并于 2000 年全面通过 ISO9001 国际质量体系认证。

临清移动公司主要担负着临清市的移动通信保障服务和互联网信息传输服务，现网络覆盖率达到 99% 以上，国际漫游业务通达五大洲共 260 多个国家和地区，服务网号为 134、135、136、137、138、139、147、150、151、152、157、158、159、178、182、183、184、187、188。

自成立以来，临清移动严格按上级公司及市委、市政府的战略部署和要求，立足移动信息专家的本职，以"正德厚生、臻于至善"核心价值观为指引，以争创世界一流企业为目标，不断创新科学发展模式，提升客户价值，着力构建新互联时代发展机制，全力服务于地方经济发展，实现一个个新突破。

【机构设置】 临清移动公司按上级公司的组织机构设置要求，设总经理 1 名，副总经理 2 名，总经理助理 1 名，下设 7 个部门及中心，11 个乡镇经营部，4 个城区营业厅，部门、中心分别为综合部、业务运营部、建设维护部、渠道管理中心、集团客户服务中心、家庭客户服务中心、客户服务中心。

【基本建设】 临清移动公司现有员工 143 人，其中本科学历 61 人，大专学历 58 人，大专及以上学历员工占比 83.2%。公司现有综合楼 1 处，城区营业厅 4 处，乡镇经营部 11 处。累计发展社会代理商 839 家，村点覆盖率达到 92%，大大满足乡镇客户对移动业务的使用需求。

【移动网络】 2013—2015 年，临清分公司建设开通 4G 基站、室分 60 余处，FTTH 建设完成 750 处站点。新建汇聚机房 6 处。各类集客专线共建设 210 条，其他专线、IMS 固话等 550 条，累计投资 8100 余万元。在网络维护上，临清分公司基站每月巡检约 300 站次，有效支撑公司的全业务运营。

截至 2015 年年底，网络建设累计投资总额达 3.2857 亿元。2G 基站达 266 个，4G 基站达 343 个，全市 2G、4G 网络覆盖率达到 99% 以上，且不断增加和优化，网络覆盖可充分满足客户的通信需求。

移动光纤宽带累计建设 800 处，覆盖城区 160 余个小区，500 余个镇村，全市绝大多数城乡家庭均可享受到中国移动实惠的高速宽带和高清电视服务。

集团各类专线累计建设 880 条，共计 460 个局点，覆盖临清多数大中小集团。

【移动业务】 临清移动公司立足互联网时代用户使用需求，除提供基础移动通信业务外，还提供有线宽带、魔百盒、手机报、彩铃、车主服务、咪咕音乐、咪咕阅读、咪咕视频等多种增值业务，以及集团虚拟网、集团彩铃、集团专线固话、校讯通、警务通、移动办公、视频监控、电力抄表等多项集团业务。

自 2015 年起，山东移动率先实施"提速降费"行动，从"网络提速四大工程"着手，扩容、优化国内国际网络容量及带宽，通过打造 4G 精品网，不断提升网络能力和网络速率。同时又推出八项举措，持续推动流量资费不断下降，并创新流量转赠、流量不清零等服务模式，实现多样化流量应用。全面推广“流量安心保”服务，为流量超出的用户提供上网费安全保障。移动公司通过四大工程、八项举措的不断实施，真正实现“提速降费”，给用户带来更优惠、放心的上网体验。

【移动服务】 临清移动公司自1999年成立以来，一直秉承“让客户满意是我们不懈的追求”的服务理念，将客户服务放到首要位置。2015年，公司在优化原有营业窗口、10086热线服务的基础上，新搭建短信满意度测评平台，主动倾听用户意见，严格落实八项服务承诺，并在营业窗口服务方面开展创新的惊喜化服务，不断致力于为客户提供更优质便捷的服务体验，赢得客户良好口碑。

【内部管理】 2013年至2015年，临清移动重点对公司内部各项管理制度和流程进行梳理，确保公司实现以制度管人，以流程理事，减少人为因素影响，提高公司整体运营能力。在抓好生产经营的同时，继续打牢基础管理工作，每月深入一线进行检查落实情况，提升员工遵守各项规章制度的自觉性，从而有效提升执行力，为企业全面提升竞争优势奠定坚实的基础。

近三年来，临清移动不断梳理项目经理责任和激励机制，明确各自职责和协同职责，实现工作协同融合和统一，提高工作效率，并重点强调业绩以实为本，坚持正确的业绩观，业务提升要脚踏实地。同时，带领全体员工共同学习，融会贯通“五个五”新时期企业运营理念，并真正应用到实际工作中。

【领导人更迭】

总 经 理：贾景坤（2013.03—2014.12）
梁伯勇（2015.01起）

副总经理：李　辉（2014.02—2014.12）
孙建彬（2015.01起）
王俊峰
张士诚

（曹在亭　邢丽婷　李　楠）

中国电信股份有限公司临清分公司

【公司概述】 中国电信集团公司山东省临清市电信分公司、中国电信股份有限公司临清分公司（以下简称为临清电信分公司）分别于2004年4月、2008年10月成立，隶属于中国电信集团公司山东省聊城市电信分公司、中国电信股份有限公司聊城分公司，担负着全市固定电话、移动通信、互联网及综合应用业务。中国电信是中国特大国有通信企业、上海世博会全球合作伙伴，连续多年入选“世界500强企业”。临清现拥有固定网号为：210、297、502，固定网络覆在城区、烟店；移动网号为：133、153、180、181、189，移动4G网络覆盖率达到99%以上。

【机构设置】 临清电信公司按上级公司的组织机构设置要求，设总经理1名，副经理1名，下设7个支局及后端支撑中心，7个支局（4个支局在城区、3个支局在乡镇）分为政企支局、城北支局、城南支局、营业支局、烟店支局、松林支局、康庄支局；后端支撑中心包括网运部、综合部、财务部、市场部、维系中心、投诉中心。

【基本建设】 临清电信公司现有员工55人，其中本科学历30人，大专学历12人，大专及以上学历员工占比76%。公司现有办公楼1处，城区营业厅1处，各镇经营部13处。累计发展社会代理商236家，其中城区98家，各镇128家，村点覆盖率达到80%，满足乡镇客户对移动业务的使用需求。

【网络建设】 三年来，临清电信分公司新建4G

基站25处，室内分布系统1处，建设城区主干道通信管道计20余公里，新建有线宽带站点10处，扩容站点31处，新建各类集团专线29条，新建传输线路共计21余公里，共投资1120万元。

截至2015年年底，网络建设累计投资总额达0.9亿元。2G基站达56个，4G基站达48个，全市2G、4G网络覆盖率达到99%以上，且不断增加和优化，网络覆盖可充分满足客户的通信需求。

光纤宽带累计建设100处，覆盖城区80个小区，乡镇12个村镇，全市绝大多数城乡家庭均可享受电信百兆网速和高清电视服务。

集团各类专线累计建设200条，共计226个局点，覆盖临清部分企业和政府。

【电信业务】 临清电信分公司立足互联网时代用户使用需求，除提供基础固网、移动网通信业务外，还提供信息集成业务。2015年临清电信积极响应“提速降费”号召，对资费产品不断梳理整合，推出多种以流量、商务套餐为主打的新资费产品，可满足客户的不同通信需求。中国电信光纤宽带由10M带宽普遍免费升级为50M，更推出100M、200M高带宽业务和高清电视服务，以更亲民的价格、更优质的服务回馈全市人民。

【电信服务】 临清电信分公司本着“用户至上、用心服务”的理念，以提升用户满意度为指引，以关键服务环节为切入点，以感知测评为手段，强化差异服务优势。积极参加行风建设，不断规范市场、资费及收费行为。加强用户信息安全、网络安全和信息化建设。主要落实4G和宽带两个重点产品持续主抓。提升重点区域的4G网络质量，将电商渠道作为服务4G用户的服务主渠道，对终端售后服务延伸；提升宽带投诉重点区域网络质量，对宽带装维全流程时间管控，优化现场流程，完善支撑体系，提升工作效率。

【内部管理】 2013—2015年临清电信分公司以“竣马精神”为切重点，在主营移动固网业务上做好基础管理工作。临清电信分公司按照集团公司要求对县公司划小管理，根据县区片区及收入完成进行认购承包支局，在划小支局里精细化管理，培养管理型人才。使员工干劲十足，圆满完成2013—2015年下达的任务目标。在党风建设上认真贯彻落实全面从严治党要求，组织开展“两学一做”学习活动和“关键岗位风险防控”管理体系建设。同时，全体员工不断强化安全生产意识，健全“一岗双责”的安全责任制和考核制度。公司还大力开展精神文明建设、员工满意度提升工程，多措并举，确保实现管理以人为本，员工和企业共同发展的目的，促进企业快速、健康发展。

【领导人更迭】

总 经 理：朱忠杰（2013.11起）

副总经理：王瑞忠

（曹在亭　邢丽婷　李　楠）

建设　环保

住房和城乡建设

【概况】 临清市住房和城乡建设局是临清市人民政府负责综合管理全市城乡建设事业的行政职能部门。1999 年 1 月，临清市城乡建设委员会为正科级行政单位。2002 年 8 月市级机构改革时，根据临发〔2002〕37 号文件，临清市城乡建设委员会更名为临清市建设局，原级别，性质不变。2010 年 4 月市级机构改革时，根据临发〔2010〕12 号文件，临清市建设局更名为临清市住房和城乡建设局，原级别、性质不变。2011 年 3 月，临清市住房和城乡建设局内设办公室、政工科、财务科、工程管理处、项目管理办公室、城市管理办公室、安全监督站、建材与建筑节能管理办公室、公用事业管理办公室、散装水泥办公室、城建科、村镇建设处等 12 个科室；局属事业单位有 13 个：城市规划局、园林管理处、市政管理处、环境卫生管理处、城建监察大队、房地产管理处、住房委员会、房屋征收与补偿办公室、开发管理处、污水处理厂、路灯管理所、建筑工程质量监督站、建筑设计院。

作为完整体现中国运河文化的典型代表城市之一，在城乡建设上，临清市委、市政府始终坚持以打造中国“运河名城”为目标，2013 年至 2015 年间，按照高起点定位、高标准规划、高质量建设、高效能管理的“四高”原则，坚持改造老城与启动新城并举，完善功能与打造靓点并重，全面加快新型城镇化进程。依据临清市古城、老城、新城的区域划分，科学确定城市规模和功能分区，对古城区，因地制宜，合理开发，对现存文物古迹、古街区、古运河进行有效保护，对运河文化进行挖掘、整理，使古城风貌得以较好保护；对老城区，重点搞好综合开发及绿化、美化，使旧城换新貌；对新城区，在建设风格上以现代建筑为主，强化现代城市功能设施建设，体现出崭新的时代风貌。截至 2015 年年底，临清城市建成区面积达到 36 平方千米，城镇化率达到 54.5%，较 2012 年提高 4.2 个百分点。

【城市规划编制】 城市规划是指导城市合理发展，建设和管理城市的重要依据和手段。临清市城市总体规划在指导临清的城市建设、促进城市经济社会发展方面起到重要作用。2013—2015 年根据城市发展方向和建设需求，相继组织《临清市城市总体规划（2015—2030）》，编制《临清市城区给水工程专项规划》（2013—2030）、《临清市燃气专项规划》（2015—2030）两项专项规划，编制 47 个项目详细规划。

临清市城市总体规划（2015—2030）。为更加科学合理地指导和调控城乡建设，依据《中华人民共和国城乡规划法》及相关法规，临清市于 2012 年委托山东省城乡规划设计研究院编制《临清市城市总体规划（2015—2030）》。规划确定的城市性质为冀鲁交界区域中心城市，商贸物流中心和先进制造业基地，以运河文化为主导的历史文化名城。到2020年，全市人口达84万人，其中城镇人口达48万人，城镇化水平达到57%;到2030年，全市人口达90万人，其中城镇人口达68万人，城镇化水平达到75%。在临清市域范围内，构建“一主、两副、三轴、四区”的市域空间布局结构。

一主：指中心城全市发展主中心。

两副：壮大康庄和烟店两个中心镇，康庄作为带动市域东部村镇发展的副中心；烟店作为带动市域西南部村镇发展的副中心。

三轴：指沿京九铁路及临馆（陶）、临茌（平）两条省道形成的三条市域城镇和经济发展轴线。

四区：指以中心城为主要承载地的核心经济区、市域西南部的轴承工贸经济区、市域东南部的生态农业经济区、市域东北部的农机农贸经济区四个主要功能区。

截至到2015年12月31日，《临清市城市总体规划2015-2030年)》规划总图等待省政府批复。

专项规划。2013年11月，委托聊城市城乡规划设计研究院编制完成《临清市城区给水工程专项规划》(2013—2030)。2015年4月，委托山东建大建筑规划设计研究院编制《临清市燃气专项规划》(2015—2030)，并于2015年12月30日通过临清市人民政府批复。

详细规划编制。为服务于临清市城市经济建设和城市化的进程，根据临清市城市总体规划，结合城市近期发展方向和建设要求，2013—2015年共编制47个项目控规。

2013—2015年临清市各项详细规划编制情况一览表

年度	序号	规划名称	备注
2013年	1	东兴花园修建性详细规划	2月
	2	星悦城居住小区修建性详细规划	2月
	3	万豪星河湾一期修建性详细规划	3月
	4	临清市公安局业务技术用房	3月
	5	顾家欧亚达商业广场修建性详细规划	3月
	6	临清国家粮食储备库物流中心铁路专用线项目一期工程规划设计	4月
	7	临清理想城修建性详细规划一期	4月
	8	鸿基新龙湾修建性详细规划	5月
	9	临清市桑树园社区J1、J2地块修建性详细规划	5月
	10	怡警苑居住小区修建性详细规划	6月
	11	聊城幼儿师范学校实训基地（幼儿园）建筑方案	7月
	12	聊城华美医疗健康产业园设计方案	8月
	13	临清馨河郦舍项目容积率调整方案	8月
	14	临清市农村信用合作联社营业综合楼修建性详细规划	8月

续表

年度	序号	规划名称	备注
2013年	15	临清鲲鹏商住组团规划	8月
	16	临清致城御龙湾规划建筑设计	9月
	17	临清市青年未来城小区修建性详细规划	10月
2014年	18	万和园小区续建工程修建性详细规划	1月
	19	临清市龙泽苑修建性详细规划	1月
	20	临清市五里庄中心社区建设规划	2月
	21	临清市昌岳·紫金华庭规划设计	2月
	22	车营城市花园组团项目修建性详细规划二期	3月
	23	山东临清银河国际住宅小区一期修建性详细规划	3月
	24	2014-032、2014-033、2014-034号地块修建性详细规划	3月
	25	临清市东兴花园二期修建性详细规划	4月
	26	临清青年幸福里住宅小区修建性详细规划	4月
	27	南门杨桥地块一期修建性详细规划	4月
	28	中央府邸小区修建性详细规划	5月
	29	豪翰商贸城修建性详细规划	8月
	30	临清市名仕嘉苑修建性详细规划	8月
	31	大三里小学修建性详细规划	8月
	32	临清锦绣青城商住区二期规划设计	8月
	33	临清市东二环路天然气输配站值班综合楼设计方案	9月
2015年	34	临清市广厦家园三期修建性详细规划	1月
	35	临清市小王子食品有限公司厂区修建性详细规划	2月
	36	临清逸景家园小区一期修建性详细规划	2月
	37	华美家园一期修建性详细规划	2月
	38	临清市碧水污水处理厂扩建工程修建性详细规划	3月
	39	临清市东方明珠居住小区修建性详细规划	5月
	40	临清市天雨综合楼修建性详细规划	7月

续表

年度	序号	规划名称	备注
2015 年	41	临清市永青路以东、文化路以南地块控制性详细规划	7 月
	42	临清东关街项目修建性详细规划	8 月
	43	齐鲁三农产业城启步区控制性详细规划	10 月
	44	临清一中学生餐厅楼修建性详细规划	10 月
	45	临清轴承商务服务中心修建性详细规划	11 月
	46	临清市妇幼保健计划生育业务综合楼修建性详细规划	12 月
	47	临清市桑树园社区 C 地块修建性详细规划	12 月

【乡镇及村庄规划编制】 2013 年至 2015 年期间，临清市共编制村镇规划 18 个，其中总体规划 4 个（根据总体规划编制年限和示范镇建设的需求，烟店镇、康庄镇、老赵庄镇、金郝庄镇对其总体规划进行修编），专项规划 1 个，控制性详细规划 1 个，修建性详细规划 12 个。

2013—2015 年临清市村镇规划编制情况一览表

序号	编制时间	镇	规划名称	规划编制单位
1	2013.1	烟店	《广弘•烟店轴承贸易之都一期修建性详细规划》	聊城市规划建筑设计院有限公司
2	2013.4	烟店	《临清市烟店镇总体规划（2012—2030）》	聊城市城乡规划设计研究院
3	2013.5	烟店	《临清市烟店镇许张寨安置楼及老年公寓规划建筑设计》	山东省城镇规划建筑设计院
4	2013.6	烟店	《金泉 • 烟店贸易之都修建性详细规划》	聊城市恒信规划建筑设计研究院
5	2013.6	烟店	《临清市烟店镇曹张寨村回迁安置规划》	聊城市恒信规划建筑设计研究院
6	2013.6	烟店	《临清市烟店镇河西片区控制性详细规划》	山东省城乡规划设计研究院
7	2013.7	刘垓子	《临清市北海温泉花园社区修建性详细规划》	山东鲁建城市规划设计研究院
8	2013.9	康庄	《康庄镇锦绣新天地住宅小区总体规划》	山东省城镇规划建筑设计院
9	2013.9	烟店	《百特 • 轴向华府 11# 楼及车库、东沿街商业设计方案的批复》	德州市建筑规划勘察设计研究院
10	2013.9		《临清市农村社区建设布局规划（2013—2030）》	山东鲁建城市规划设计研究院
11	2013.10	康庄	《临清市康庄镇总体规划》	山东鲁建城市规划设计研究院
12	2013.12	戴湾	《临清市戴湾镇水西村增减挂规划方案》	聊城市经济开发区勘察设计研究院
13	2013.12	金郝庄	《临清市金郝庄镇总体规划（2013—2030）》	聊城市城乡规划设计研究院
14	2013.12	老赵庄	《临清市老赵庄镇总体规划》	山东鲁建城市规划设计研究院

续表

序号	编制时间	镇	规划名称	规划编制单位
15	2014.10	烟店镇	《烟店轴都新城·金昊苑规划设计方案》	青岛市建筑设计研究院集团股份有限公司
16	2015.3	烟店	《临清市烟店镇星河国际规划》	聊城市经济开发区勘察设计研究院
17	2015.4	潘庄	《山东新天地轴承市场·新城丽景住宅规划建筑方案设计》	聊城市规划建筑设计院
18	2015.11	烟店	《临清市烟店镇轴都新城常盈园地块》	聊城市规划建筑设计院有限公司

【城市道路基础设施建设】 2013年至2015年期间，临清市城区大力实施道路建设工程，道路施工总长度17.36公里，雨水管网施工总长度21.6公里，污水管网施工总长度27公里。这些道路和基础设施的改善，极大地解决市民出行难的问题，也为企业发展提供良好的投资环境。

2013年共修建道路6条，修建工程长度2296.5米，雨水管网长度3964米，污水管网长度9607.5米。

2014年共修建道路8条，道路总长度11.5公里，排水管道长度27.269公里，其中雨水13.113公里，污水14.156公里。

2015年共修建道路4条，道路总长度3.565公里，雨水管网长度7.644公里、污水管网长度4.178公里。

2013—2015年临清市道路建设工程一览表

年份	工程名称	道路总长度
2013—2015	临清市新华路污水整治及泵站工程	17.36公里
	临清市污水处理厂提升泵站工程	
	临清市西环路工程	
	元运河	
	临清市站前路（温泉路—先锋路）道路排水工程	
	曙光路道路及排水工程（温泉路－青年路）	
	曙光路道路及排水工程（文化路－南环路）	
	工业路道路及排水工程（温泉路－老临博路）	
	经八路道路工程	
	温泉路路面改造及龙运桥桥梁工程	
	育新路	
	纬八路	
	经一路	
	府前路	
	育新路	
	纬八路	

2013—2015年临清市排水管网建设工程一览表

年份	工程名称	雨水管网总长度	污水管网总长度
2013—2015	临清市新华路污水整治及泵站工程	21.6公里	27公里
	临清市污水处理厂提升泵站工程		
	临清市西环路工程		
	元运河		
	临清市站前路（温泉路—先锋路）道路排水工程		
	曙光路道路及排水工程（温泉路－青年路）		
	曙光路道路及排水工程（文化路－南环路）		
	工业路道路及排水工程（温泉路－老临博路）		
	经八路道路工程		
	温泉路路面改造及龙运桥桥梁工程		
	育新路		
	纬八路		
	经一路		
	府前路		
	育新路		
	纬八路		

【亮化建设】 三年来，对华美路、温泉路东段、南部新区、站前路等路段进行路灯安装工程，共计安装路灯1140盏，路灯总盏数达到8400余盏。亮灯率始终保持在95%以上。

2013—2015年临清市路灯新建安装统计表

年度	序号	道路名称	基数	盏数
2013	1	华美路（临莘路口—交通岛）	244	300
	2	温泉路东段（葡香园—东环路）	34	34
2014	1	文化路（新华路—三和路）	116	232
	2	曙光路（温泉路—文化路）	80	160

续表

年度	序号	道路名称	基数	盏数
2014	3	新兴路（经一路—三和路）	82	82
	4	永兴路（经一路—三和路）	56	56
	5	启秀路（温泉路—文化路）	68	68
2015	1	站前路（先锋路—温泉路）	104	208

【城市绿化】 三年来，临清市以创建省级园林城市为目标，增绿量、建精品、抓管理、上档次，积极实施城区绿地、道路、公园、游园绿化工程建设及河道绿化整治工程，不断丰富城市绿化景观，使城市绿化面积日益增加，人居环境得到极大改善，城市面貌焕然一新，为打造富裕秀美的运河名城新临清提供有力保障。截至2015年年底，临清市园林管理处直接管理的绿地面积达220万平方米，比2012年增加37万平方米。

广场绿地建设。为方便市民，提高城市档次，营造和谐优美的宜居环境，2013年3月建设裕民渠绿地、南环路与永青路节点绿地；临清市火车站是展示城市形象的一个重要窗口，做好火车站广场的绿化责任重大，意义深远，2013年4月高标准对火车站广场实施绿化；为提升塔湖南岸景观效果，2013年、2014年连续两年对塔湖南岸绿地进行升级改造；2014年对龙运桥绿地进行提升改造；2015年对桑树园两侧绿地进行绿化。

2013—2015年临清市城区绿地广场建设一览表

年度	序号	绿地名称	面积（平方米）	投资（万元）
2013	1	裕民渠绿地	515700	1500
	2	南环路与永青路节点绿地	5500	78.7
	2	火车站广场绿地	12459	268.6
	3	塔湖广场南岸绿地	9500	97.1
2014	1	塔湖广场南岸化提升	8100	64.3
	2	龙运桥绿地提升	5200	10.1
2015	1	桑树园两侧绿地	18000	35

【公园建设】 大众公园。临清市大众公园是集休闲娱乐、观光旅游、文化交流等多功能为一体的综合型开放式公园。2013年前，临清市先后多次对大众公园进行升级改造，在建设中完善相应的基础设施，充实部分绿化内容，提升公园的文化品位及绿化品质，增添必要的健身设施，丰富公园的文化内涵，增加城市公园功能，从而提升临清城市品味。2015年，临清市园林管理处积极响应市委、市政府决策部署，投资28.5万元对大众公园进行增绿升级改造，共栽

植绚丽海棠179株、亚当海棠156株、樱花100株、红叶碧桃70株、大叶黄杨4800株、补植麦冬草皮2000余平方米。升级后的大众公园，风景更加优美，布局更加完善，园内芳草铺地、花木丛生、曲径蜿蜒、绿树成荫，自然景观和人文景观交相辉映，生态绿地和休闲娱乐融为一体，真正成为一个富含生态、民生、文化的绿荫公园，在社会上得到广泛的赞誉。

济津河滨河公园。济津河西至龙山路、东至郭庄闸，全长约5公里。2013年，由荣盛房地产发展股份有限公司沿河建设济津河滨河公园（东环路—经一路段）。济津河滨河公园按照功能划分为四个区域：分别为“郊野休闲游览区、时尚滨水生活区、历史古韵风情区、自然生态风情区”；按照景观划分为六大景区：分别为“水阔山明”“歇马亭”“芦荻荡影”“香水渠”“奇石雅境”“九州青宴”。济津河滨河公园在建设中突出“自然、和谐、运动、休闲”的特点，注重生态、自然因素，追求水和人与自然的互动与融合，充分体现“在绿色中运动、在天然氧吧呼吸”的设计理念。济津河滨河公园的建成，不仅为全市人民提供一处休闲、娱乐健身的好地方，而且为展现运河名城风貌增添精彩的一笔。

【古运河绿化】 明、元运河是传播临清历史文化重要场所之一，是游客参观旅游、休闲娱乐、陶冶情操、感觉运河文化、进行爱国教育的场所之一。为打造亮丽的运河名城城市风光带，2013年至2015年，连续三年对明、元运河两岸实施绿化、亮化、美化。明运河施工内容主要是河道的拓宽、河坡柳树的种植及周边住户房屋的粉刷等工程。元运河在保留原状的基础上，修缮中段的鸽子桥，拓宽部分河道，河坡撒播草皮，河岸两侧新栽植各类乔、灌木；部分开阔地段通过绿化、硬化、亮化，建成小型游乐广场，并对原有的土路进行拓宽硬化。元运河的升级改造，彻底改善周边的环境，实现“开门见绿、步行有荫、水青岸绿、夏季有花、冬季有绿”的景观效果。

【道路绿化建设】 随着临清市城市基础设施建设快速发展，城市路网不断完善，城市道路绿化也从一般的行道树种植向建设园林景观路飞跃发展。2000年以前，市区道路仅有新华路、青年路、南环路、红星路、东环路几条道路有简易绿化，行道树的树种也比较单一。2010年后，城市道路绿化发展迅速，按照“绿化林荫路，造福临清人”的要求，高起点规划，高标准建设，做到“绿随路建，建一路绿一线”，推进园林景观路建设，提升道路绿化防护功能和景观效果。

2013年先后完成南环路西段（临莘路—河堤）、南环路（柳坟桥—临莘路）、温泉路东段（铁路桥—东环路）、温泉路延伸段、东二环路北段（临高路—解放路）路东、永青路（文化路—温泉路）绿化工程。

2014年高标准完成文化路（新华路—东环路）、曙光路（温泉路—文化路）、纬十一路（经一路—曙光路）、经一路（温泉路—文化路）、纬十路（经一路—东环路）、解放路、纬六路绿化工程。

2015年完成曙光路（温泉路—青年路＋文化路—南环路）、站前路、经八路绿化建设工程。

通过近三年的发展，临清市的道路绿化开始从普通绿化、单一绿化，逐步向生态型、景观型绿化转变；点线面有机结合的城市道路绿化体系逐步规范，截至2015年年底，城市道路绿化普及率已达到95%以上，市区24条主干道达标率为66.7%，尤其是南部新区5条道路的建设，已成为临清市一道靓丽的风景线。

2013—2015年临清市道路绿化建设、升级改造情况一览表

年度	序号	绿地名称	面积（平方米）	投资（万元）
2013	1	南环路西段（临莘路—河堤）	16915	226.4
	2	南环路（柳坟桥—临莘路）	18720	68
	3	温泉路东段（铁路桥—东环路）	1440	44.3
	4	温泉路延伸段	22100	165
	5	东二环路北段（临高路—解放路）路东、	15000	144.3
	6	北环路绿化分隔带补植	1525	12.4
	7	永青路（文化路—温泉路）绿化工程	33917	435.9
2014	1	文化路（新华路—东环路）	53941	1746.9
	2	曙光路（温泉路—文化路）	25027	977.8
	3	纬十一路（经一路—曙光路）	6212	212.8
	4	经一路（温泉路—文化路）	11145	547.4
	5	纬十路（经一路—东环路）	553	93.3
	6	解放路	56000	1447.3
	7	纬六路	36000	944.9
2015	1	曙光路（温泉路—青年路＋文化路—南环路）	35000	221
	2	站前路	8300	69
	3	经八路	35000	239

【污水、垃圾处理】 临清市碧水污水处理厂负责对城区污水管网收集的污水进行处理，自2007年开始，逐步扩大污水处理设施建设，截至2015年年底已建成处理污水能力10万吨／日（含4万吨／日的临清市碧水污水处理厂扩建工程）的规模。2013年—2015年污水处理厂开工建设的主要工程有临清市碧水污水处理厂扩建工程、临清市碧水污水处理厂污泥处置工程。其中，临清市碧水污水处理厂扩建工程采取BOT特许经营模式建设，主要建设污水处理设施10余座，结构多为半地上钢混结构，建筑面积20293平方米，投资6000万元左右。截至2015年年底，临清市碧水污水处理厂共处理城市污水6374.8万吨，消减主要污染物COD17239吨。

临清市碧水污水处理厂扩建工程。2015年前，临清市碧水污水处理厂是临清市唯一一座城市污水处理厂。污水处理规模为6万吨／日。随着经济社会的快速发展，为满足日益增大的污水处理量，临清市人民政府从长远考虑出发，决定在原有建设规模基础上，建设4万吨／日

的临清市碧水污水处理厂扩建工程。扩建工程是临清市政府按照有关法律法规以BOT特许经营模式于2014年7月与山东国环产业投资有限公司签署《临清市碧水污水处理厂扩建项目特许经营权协议》，授予其在特许经营期内经营的权利，由山东国环产业投资有限公司投资建设、运营和维护，建设规模4万吨/日，特许经营期限30年，并最终将污水厂无偿移交给政府。扩建工程核定概算总投资6000万元左右，由中国城市建设研究院有限公司设计，2014年12月开工建设，建筑面积20293平方米，建设规模日处理污水4万吨，采用“A20+高效沉淀+纤维过滤+接触消毒”工艺，2015年11月底调试运行，出水达到《城镇污水处理厂污染排放标准》（GB18918-2002）一级A标准。

临清市碧水污水处理厂污泥处置工程。为国家海河流域水污染防治“十二五”规划重点项目，列入国家2014年中央预算内投资项目库。建设地点在山东沃源有机肥业有限公司院内。采用堆肥发酵工艺，建设规模处置污泥为70吨/天（含水率80%）。项目经临清市政府采购中心组织招标采购，分别与山东聊建集团有限公司（一标段）、山东鑫业建设有限公司（二标段）签订施工合同，合同总金额462.98万元。主要建设内容：建筑面积4281.55平方米，建设厂房钢结构地上一层、购置发酵翻抛机2台、平移车2台、鼓风机6台等堆肥发酵设备。工程于2015年8月26日正式开工建设，计划2016年5月前完工。

垃圾中转站建设和运营。随着城市发展对环境卫生高标准需求，根据山东省发改委2012年8月15日《关于临清市城区生活垃圾收集转运处理工程可行性研究报告的批复》文件精神，在临清市新建3座密闭式垃圾转运站，彻底取代现有的简易垃圾转运站，杜绝垃圾运输中的二次污染，提高垃圾转运率，完善临清城市基础设施建设。

为改善临清市城市居民生活环境，提高固废处置率，减少固废对周边环境的污染，改变青年路、先锋路和大辛庄垃圾中转站脏、乱、差的状况，2013年10月投资314.35万元，环卫处分别在老先锋大桥下和文化路北侧，建设两座高标准的轻钢结构垃圾中转站。2013年12月份投入使用后，明显改善周边环境，减少垃圾的二次污染，标志着临清市的垃圾处理能力向前跨进一大步。

2015年10月政府投资340余万元，在老垃圾处理厂址新建中转站，建设一座高标准的垃圾转运站，总建筑面积1111平方米，改变新华垃圾中转站脏、乱、差的状况。2015年12月开工建设，实现城区生活垃圾转运全密闭，露天转运成为历史。

【供热、燃气建设管理】 供热。由于蒸汽供热能力无法满足人民的需求，并且严重浪费能源，并向大气排放大量的烟尘和二氧化硫。为搞好节能、节水和资源综合利用及解决城区市民冬季取暖问题，2008年7月29日，临清市人民政府与哈尔滨宏翔实业集团签订集中供热合同，2008年9月2日注册成立临清市宏翔热力有限责任公司，开始实施临清市循环水集中供热工程。自2013年至2015年，宏翔热力公司积极扩建、改造供热管线，铺设覆盖全市的供热管网，供热面积从100余万发展至240余万平方米，集中供热面积逐年增加，供热满意度逐步提升。

供气建设管理。2013年，全市新增天然气居民用户4600户，总用户达到38650户；新增天然气工副业用户75户，总用户达到481户；2013年投资1000万元，新增天然气中压管线8.5公里，总里程数达到66.6公里；高压管线3.3公里，总里程数达到162.4公里。全年售气量3650万立方，其中临清市工业用气841万立方，居民用气400万立方，车用气1209万立方，其他用气1200万立方。

2014年，新增天然气居民用户4000户，总用户达到42650户；新增天然气工副业用户

40户，总用户达到521户；铺设燃气管道30公里。全年售气量3500万立方，其中临清市工业用气1835万立方，居民用气780万立方，车用气370万立方，其他用气515万立方。

2015年，新增天然气居民用户4500户，总用户达到47180户；新增天然气工副业用户54户，总用户达到575户；铺设燃气管道40公里。全年售气量3785万立方，其中临清市工业用气2115万立方，居民用气890万立方，车用气200万立方，其他用气580万立方。

【园林绿化管理】 2010年以来，临清市园林绿化发展迅速，绿地面积呈逐年上升趋势。提高城市园林绿化养护水平，成为当前园林绿化工作的主要内容之一。临清市园林管理处本着巩固绿化建设成果，提高城市绿化景观效果，改善城市生态环境这一目标，努力尝试、积极探索园林绿化养护管理工作的新思路、新做法，逐步形成一套完整的绿地监管体系，从而达到促进园林绿化养护管理水平提高的最终目的。截至2015年年底，园林处直接管理的绿地面积达到220万余平方米，绿地养护实行划片管理责任制，分为城南、城北、城东、运河文化广场、运河文化中心、大众公园、火车站广场七个责任区。养护管理实行定岗、定任务、定资金、定标准、每月一考核“四定一考核”的办法进行规范化管理，养护标准为山东省二级绿地养护标准。为提升绿地景观效果，园林管理处考核办不定期对各责任区进行拉网式检查，按照制定的《绿地百分考核细则》现场打分，奖优罚劣，形成争先创优的良好氛围。同时，针对检查过程中发现的问题，及时反馈给各责任区主要负责人，并督促整改，促进养护水平的提高。监察科作为园林处执法科室之一，在城市园林工作中起着十分重要的作用，即保护城市绿化成果，又制止各类毁绿事件的发生，因此，拥有一支强素质的园林监察队伍意义重大。为进一步提高执法人员的综合素质，园林处定期组织执法人员开展业务培训，规范执法程序和行为，提高依法行政和文明执法的能力，为有效保护园林绿化成果奠定基础。正是由于园林处监察科辛勤工作，临清市的绿化工作才得以健康发展，基本上杜绝非法侵占绿地、破坏绿化成果等违法行为的发生，使城市绿化成果最大限度的发挥生态效益和环境效益。

【环境卫生管理】 2013年至2015年环卫处负责城区17条主次干道路面的普扫和保洁、生活垃圾收集、清运；古运河水面的打捞、清运；水冲式公厕的建设与管理、全城区公厕粪便的清掏、运输管理；城区主干道环卫设施、管理；清运车辆的购置、管理;生活垃圾处理场的管理、运行。负责城区工厂企业、行政事业单位和驻临单位、沿主干道两侧门店生活垃圾处理费收费管理。承担着17条主次干道清扫面积305万平方米，日清扫保洁率达100%，机械化清扫率达到80%，垃圾日产日清，日产垃圾量240吨。

为改善城市环境卫生，环卫处对城区17条主次干道和重点路段的环境卫生加强清扫保洁力度，增加保洁班次、人员，确保保洁质量。2013年2月环卫处为加强收费监察管理工作，将原来的收费监察科分为收费科和监察科两个科室，并设立安全生产科，对环卫车辆司机进行安全教育，增强安全意识，有效防范各类事故发生，使安全生产真正落到实处，确保环卫安全工作零事故。2013年初对损坏的垃圾箱进行及时维修，并对城区内垃圾箱统一进行喷漆，保持垃圾箱的整洁。2013年3月，投资130万元，购置2辆高压洗扫车对新华路、温泉路、青年路、东环路、红星路、永青路南段、南环路、北环路8条主次干道隔离带两侧和道路两侧进行机械化清扫。同年8月份对全市公厕门口标示进行统一刷新，对杨桥医院北和九龙公厕进行下水道清淤、疏通和新华路北头公厕内外墙修整，以方便市民入厕。垃圾处理场外道路路面破损严重，很大程度上直接影响生活垃圾的清运工作。2013年10月投资55.31万元，修建长1481米，宽7米，面积10367平方米的混凝土路。为提高城区道路机械化清扫度，改变道路保洁完全靠扫帚的传统模式，加大环卫设备投入，2014年1月投资325万余元购置5辆高压洗扫车，机械化清扫率提高到80%。2014年8月，配合临清市省级卫生城市复审行动，环卫处加大市区道路清扫力度，清扫保洁覆盖率达100%，将保洁区域扩大到“墙到墙”，延长环卫工人作业时间，对重要路段进行不间断保洁，中午11：30—14：00，晚上保洁到9：30，使城区环境卫生整体质量得到大幅提升。2014年8月投资87.5万元购置密闭式垃圾箱，共计460个，使环卫基础设施进一步得到提升。2015年相继开展环境卫生综合整治，对道路两侧杂草，垃圾死角等问题，进行彻底清除，为环境卫生打下坚实基础。

【市容环境管理】 市容环境管理由城建监察大队负责。2013年至2015年，城建监察大队坚持“在管理中体现服务，在服务中实施管理”的理念，文明执法，扎实开展各项城市管理工作。2013年，城建监察大队对2012年签订门前五包责任书的门店加强日常督查和管理，严格落实门前五包责任制，把“门前五包”过程中落实不好或者因历史原因存在脏乱差的路段和部位作为重点，采取综合整治和专项整治“并驾齐驱”的办法，强力推进，共计整改门店216家。2013年12月，城建监察大队获得聊城市城市管理行政执法工作先进单位。2014年，临清市迎接省级卫生城复审工作中，城建监察大队通过说服教育，多措并举，克服重重困难，对全市范围内148处沿街报亭进行集中拆除，有效改善以往报刊亭棚占道经营以及“脏、乱、差”等问题，实现还路于民；为进一步规范城区车辆停放秩序，保障道路畅通和行人安全，在条件允许的街路设置1万多个停车位，并根据实际情况随时进行补划和更新。2015年，城乡环境综合整治工作中，城建监察大队组织执法人员集中对城区沿街商户乱摆乱放、占道经营、乱贴乱画等现象进行清理，共清理乱涂乱画及小广告2200余处，规范店外经营310余个，并先后组织6次集体专项行动，清理占道灯箱及户外广告430余个、占道桌椅80余个、占道经营三轮车36辆，整治城区乱停乱放车辆8007起。2015年9月，城建监察大队利用两周的时间合理安排部署，首次对城区主干道两侧露天烧烤进行全部取缔，共计86家。

【房地产管理】 房地产交易管理。2013年以来，房地产市场发展迅猛，临清房地产管理处积极学习国家相关政策，不断适应新形势，完善各项流程制度，在房产交易程序中，精简手续，严格把控，认真归档，全力保障群众的切实利益。2013—2015年，累计办理房地产交易2540户，房屋抵押3321户，房屋继承118户，房屋赠予112户，房屋分割155户。

2013—2015年临清市房地产交易管理情况一览表

年份	房屋买卖	房屋抵押	房屋继承	房屋赠予	房屋分割
2013	1446户	1105户	63户	53户	61户
2014	459户	1091户	20户	31户	52户
2015	635户	1125户	35户	28户	42户

直管公房管理。直管公房由临清市房地产管理处负责统一修缮，采取汛前集中治理和日常零星修缮相结合的方式，通过适时、有针对性的修缮，最大限度的延长房屋的使用寿命，保障居住者生命财产的安全。按照统一规划、分批改造的原则，有计划、有步骤的逐年对全市直管公房进行修缮。2013年至2015年，公房面积8042.93平方米，建筑面积12936平方米（平房）、4094.23平方米（楼房）。对直营公房的修缮，共计大修20户、53间、848平方米；中修6户，15间，240平方米；小修111户，281.5间，4504平方米，2013—2015年天气变化较大，降雨集中，公房维修工作在最大限度上保证人民群众的生命财产安全。

物业管理。自1999年起，物业管理主要以保洁、保安维护，多位业主私自雇佣人员或房地产开发企业自己管理，物业管理作为一种新兴行业已初露端倪。临清的物业管理起步较晚，经过几年的探索和实践，已被广大业主认可接受，物业管理正在逐步走向市场化、规范化的新时期。

2003年5月19日临清市建设局在市房地产管理处成立市物业管理办公室，负责全市物业管理活动的监督管理工作。同年12月27日召开“全市物业管理工作会议”，2004年4月21举办首批物业管理经理上岗培训班。

自2006年临清市成立第一家具备国家资质的物业公司——新华物业管理公司，截至2015年年底，临清具备国家三级资质的物业管理企业已有20家，从业人员258人，其中持证上岗人员79人。物业管理的服务领域已延伸到房屋修缮、家政、装饰等多项有偿服务项目。全市城区具有一定规模的住宅小区52处、建筑面积1895285平方米，入住58265户，入住率86%。

【城市房屋征收与补偿】 临清市房屋征管办主要负责临清市的房屋征收工作，成立于1991年12月，由原临清市拆迁办于2011年5月年正式更名为临清市房屋征收与补偿管理办公室。三年来，临清市房屋征管办先后对元明运河申遗项目、经二路贯通南门片区、二轻局家属院塑料厂片区、京华北南门杨桥片区、刘顶坟城中村改造项目、经二路贯通东关片区、经二路贯通东关西片区、经一路贯通逸夫北片区等17个片区实施房屋征收，共涉及被征收户3918户，征收面积902523平方米。

2013年分别对啤酒厂临街户、纬八路改造项目、元明运河申遗项目、中央府邸古楼片区改造项目、聊地二院北临片区、经二路贯通南门片区、二轻局家属院塑料厂片区、健康街紫金华庭项目、广厦家园三期改造项目、京华北南门杨桥片区、公安局家属院改造片区进行房屋征收工作，共计征收房屋2475户，面积529474平方米。2014年对五里庄北环路贯通项目、刘顶坟城中村改造项目、汽零厂家属院改造项目、经二路贯通东关东片区、经二路贯通东关西片区、经一路贯通逸夫北片区进行房屋征收工作，共计征收房屋1443户，面积373049平方米。

2013—2015年临清市房屋征收情况一览表

序号	年度	项目名称	征收面积（m^2）
1	2013	啤酒厂临街户	12013
2		纬八路改造项目	40028
3		元明运河申遗项目	24713

续表

序号	年度	项目名称	征收面积（m^2）
4	2013	中央府邸古楼片区改造项目	30132
5		聊地二院北临片区	4018
6		经二路贯通南门片区	118083
7		二轻局家属院塑料厂片区	6182
8		健康街紫金华庭项目	33829
9		广厦家园三期改造项目	21073
10		京华北南门杨桥片区	228039
11		公安局家属院改造片区	11364
12	2014	五里庄北环路贯通项目	74500
13		刘顶坟城中村改造项目	48426
14		汽零厂家属院改造项目	3217
15		经二路贯通东关东片区	10861
16		经二路贯通东关西片区	56682
17		经一路贯通逸夫北片区	81563
总计			902523

【房地产开发】　三年来，临清市房地产业发展迅速，房地产开发投资、施工面积、竣工面积、销售额都保持快速增长。截至 2015 年在临清市房地产企业注册累计达到 29 家，开发企业数量增长较快，开发楼盘向高层住宅、精品住宅转变，小区环境优美物业管理配套设施齐全。开发建设环境比较好的小区有星光星悦城小区、鑫诚翰林院、南桥苑小区等。有效改善临清市部分居民的居住环境。

2014—2015 年临清市房地产开发小区建设情况统计表

年度	公司名称	项目名称	位置	投资额（万元）	占地面积（m^2）	建筑面积（m^2）
2014	临清迅力房地产开发公司	鲲鹏商住楼	临清市永青路以东，解放路以南	6701	10811	26522
	聊城昌润房地产开发公司	怡警花园	临清市纬十一路以南，经一路以东	23766	24772	96938
	临清阳光房地产开发公司	清雅园	临清市新华路以东解放路以南	4700	11034	29598
	临清美隆地产开发公司	银河国际	临清市永青路以东银河路以南	18837	45011	84634

续表

年度	公司名称	项目名称	位置	投资额（万元）	占地面积（m^2）	建筑面积（m^2）
2014	临清万豪置业有限公司	万豪星河湾	临清市永青路以东纬十路以南	57198	66667	209770
	聊城顾家置业有限公司	顾家欧亚达广场	临清市温泉路以南东环路以东	28676	56852	114938
	山东万嘉地产有限公司	万嘉观澜国际	临清市永青路以西济津河以南	120959	121270	419200
2015	临清豪翰投资发展有限公司	豪翰商贸城	临清市新华路以西，纬八路以北	82826	161344	205041
	临清三和置业有限公司	三和安瑞家园	临清市曙光路以西北环路以北	9030	67049	100372
	山东临清迅力置业有限公司	车营·城市花园二期	温泉路以北，龙山路以东	8757	20199	45239
	临清市圣冠置业有限公司	未来城A区	临清市曙光路以西，鼓楼街以北	14419	12957	48064
	临清市天雨置业有限公司	中央·府邸	临清市温泉路以北，东环路以西	24385	31551	112291
	临清市鑫城房地产开发有限公司	鑫城·翰林院	临清市曙光路与红星路交叉口西北角	64087	100200	319510
	山东黑马集团德州房地产开发有限公司	东方明珠小区	临清市曙光路以东纬十一路以南	45000	63973	210250
	冠县致城房地产开发有限公司	临清致城御龙湾小区	东环路西侧纬十路北	20577	37409	86040
合计				529918	831099	2108407

【保障性住房建设】 住房保障工作直接关系到广大中低收入住房困难群众的切身利益，自2008年起，随着住房保障工作的全面开展，临清市住房保障工作取得较大进展，形成租金补贴、廉租住房、经济适用住房、公共租赁租房、限价商品房和棚户区改造六种形式的住房保障体系。2014年，随着住房保障政策的进一步调整，公租房、廉租房并轨，临清市住房保障体系主要包括租金补贴、公共租赁租房和棚户区改造三种形式。

2013—2015年年底，年度发放租金补贴663户，各类保障性住房共计6618套（含在建），累计实施棚户区改造10262户。2013年临清市新增公共租赁住房510套，其中政府投资60套、企业自建450套，新增经济适用住房120套，新建限价商品房1500套，实施棚户区改造2540户；2014年新增公共租赁住房2000套，其中政府投资303套、企业自建1697套，新建限价商品房1000套，实施棚户区改造4350户；2015年新增公共租赁住房1488套，其中政府投资189套、企业自建1299套，实施棚户区改造3372户。

2013—2015年临清市保障性住房项目一览表

序号	年度	类型	项目名称	套数
1	2013年	公共租赁住房	星悦城	60

续表

序号	年度	类型	项目名称	套数
2	2013年		迅力集团公共租赁住房	130
3			丰信科技公共租赁住房	92
4			华兴纺织公共租赁住房	44
5			宇捷轴承公租房	112
6			凯美瑞轴承公租房	30
7			五洲汽车销售公租房	42
8		经济适用房	星悦城	120
9		限价商品房	星悦城	1500
10	2014年	公共租赁住房	舜和家园B区	303
11			中瑞轴承有限公司公租房项目	70
12			锦鹏纺织有限公司公租房项目	50
13			丁马生物科技公租房项目	39
14			日升纺织公租房	51
15			博特轴承公租房项目	80
16			临清市哈宇力公租房项目	30
17			烟店曹张寨公租房项目	273
18			瑞斯德轴承有限公司公租房项目	100
19			山东中轴轴承公租房项目	40
20			宇联轴承科技公租房项目	111
21			顺星机械公租房项目	45
22			亿鑫卫生用品公租房项目	40
23			顺得精铸公租房项目	40
24			新华房地产公租房项目	20
25			海誉电机公租房项目	80
26			捷生数控机床公租房项目	50
27			杰兴机械公租房项目	40

续表

序号	年度	类型	项目名称	套数
28	2014年		舜强节能容器制造公租房项目	30
29			哈鲁轴承公租房项目	160
30			永翔特种轴承公租房项目	118
31			乳胶手套公租房项目	30
32			华美医院公租房项目	200
33		限价商品房	临清和谐家园限价房	500
34			临清东部工业园区限价房	500
35	2015年	公共租赁住房	舜和家园B区	189
36			中兴粮油公租房	34
37			福俊杰工贸公租房	184
38			润源实业公租房	145
39			三和集团公租房	27
40			临清二中公租房	100
41			丁马生物公租房	120
42			澳凯轴承公租房	160
43			迅力精铸公租房	30
44			哈大地轴承公租房	73
45			鲁磁机械公租房	80
46			继东华明公租房	80
47			华隆威斯特公租房	120
48			德能金玉米公租房	110
49			鑫通钢构公租房	36

2013—2015年临清市棚户区改造项目一览表

序号	年度	项目名称	户数	备注
1	2013年	温泉路片区观澜国际棚改项目	1330	

续表

序号	年度	项目名称	户数	备注
2	2013年	北门里片区颐清园三期棚改项目	370	
3		温泉路片区恒中清园棚改项目	500	
4		龙山路片区夹道棚改项目	160	
5		元运河片区棚改项目	180	货币补偿
6	2014年	站前路片区星悦城棚改项目	330	
7		青年路片区理想城棚改项目	390	
8		先锋路片区东兴花园棚改项目	100	
9		温泉路片区车营三期棚改项目	110	
10		曙光路片区未来城棚改项目	826	
11		温泉路片区中央府邸棚改项目	120	
12		大众路片区舜和家园棚改项目	150	货币补偿
13		解放路片区紫金华庭棚改项目	260	
14		新华路片区广厦三期棚改项目	100	
15		新华路片区名仕嘉苑棚改项目	322	
16		曙光路片区杨桥一、二棚改项目	1642	
17	2015年	红星路片区东关棚改项目	210	
18		济津河片区御龙湾棚改项目	112	
19		龙山路片区龙泽苑棚改项目	98	
20		青年路片区窑口东区棚改项目	762	
21		曙光路片区翰林苑棚改项目	618	
22		曙光路片区星河湾棚改项目	350	
23		文化路片区刘顶坟棚改项目	222	
24		先锋路片区张官屯棚改项目	1000	

【新农村建设】 农村危房改造。农村危房改造是解决农村贫困群体现住危险房屋的民心工程，也是临清市重点建设项目。临清市按照“科学规划、统筹发展，政府引导、群众自愿，经济适用、确保公正”的原则，结合农村实际，2013—2015年完成2574户的危房改造工作，共计拨付资金3279.7502万元。

2013—2015年临清市危房改造情况一览表

改造时间	改造户数（户）	拨付资金（万元）
2013年（1—6月）	467	597.388
2013年（7—12月）	896	1162.312
2014年	612	804
2015年	599	716.0502
合　计		3279.7502

【示范镇建设试点】 2013—2015年，根据山东省、聊城市突出重点、集中力量加快重点示范镇建设安排部署，临清市不断创新机制，强化措施，新型示范镇建设取得阶段性成果。烟店镇被列为全省小城镇建设示范镇，康庄镇被列为聊城市级小城镇建设示范镇。老赵庄镇、金郝庄镇成为县级示范镇。在示范镇建设上，主要是按照“扶优扶强、重点突破、梯次发展”的原则，以产业发展为基础，以加大投入为手段，推动产业向园区集中、人口向镇区集中，配置、完善好示范镇基础设施，搞好农村社区建设，全面提升小城镇公共服务、承载发展以及吸纳就业的能力，努力把示范镇培育成为县域产业成长的新载体。

2013年1月5日，聊城市人民政府办公室确定临清市康庄镇为聊城市第一批市级示范镇。

【建筑业】 三年来临清市的建筑业稳步发展，企业的技术力量、机械装备、管理人员及技术工人素质得到不同程度的提高。临清市有房屋建筑工程施工总承包企业10家，其中建筑施工总承包资质为二级的企业7家（临清市天宇建筑安装工程有限公司2013年8月升级为二级资质、临清市天源建设有限责任公司2014年年底升级为二级资质、临清市青年建筑安装工程有限责任公司2014年年底升级为二级资质）、建筑施工总承包资质为三级的企业3家、电力工程施工总承包三级资质企业1家、钢结构专业承包资质企业5家（钢结构专业承包资质为二级的企业2家，钢结构专业承包资质为三级的企业3家）、预拌混凝土专业承包资质企业5家。

2013—2015年，完成成工程项目158个，新增建筑面积413.9万平方米，产值52.38亿元，实现利税27368.6万元。

2013—2015年临清市的建筑业发展以房屋建筑施工总承包资质企业为主，逐渐向更全面的资质类别发展。包括电力施工总承包资质、钢结构专业承包资质、预拌混凝土专业承包资质。随着城市发展的加快，建筑业企业的技术力量、机械装备、管理人员及技术工人素质不断地提高。到2015年房屋建筑总承包二级企业达到7家、房屋建筑总承包三级企业3家、电力工程施工总承包三级资质企业1家、钢结构专业承包资质企业5家，其中钢结构专业承包资质为二级的企业2家，钢结构专业承包资质为三级的企业3家。预拌混凝土专业承包资质企业5家。企业通过不断地发展在市场中都具备较强的竞争力和综合施工能力。

2013—2015年临清市建筑行业结构一览表

序号	专业名称	级别	企业个数
1	房屋建筑总承包	二	7
2	房屋建筑总承包	三	3
3	预拌混凝土专业承包	三	5
4	钢结构专项承包	二	2
5	增项钢结构专项承包	二	1
6	钢结构专项承包	三	3
7	增项钢结构专项承包	三	1
8	电力工程施工总承包	三	1
9	增项市政公用工程施工总承包	三	1
10	增项起重设备安装工程	三	3
11	增项河湖整治工程专业承包	三	1
12	增项装饰装修工程专专业承包	二	2

2013—2015年行业从业人员3683人，执证上岗率2015年年底约为92%。2015年年底的技术工人95%以上为初中文化水平，小学文化降到3%，高中以上文化占到40%。2015年年底技术工人工种也从单一的木工、瓦工、钢筋工向多工种发展，达到20余个工种，出现一批复合型技术型工人，施工企业70%的技术工人达到一专多能，能从事多个工种的工作，施工技术水平也大幅度提高。

2013—2015年临清市建筑行业职工构成一览表

年度	从业人数	关键岗位	技术工人			文化水平			
			初级	中级	高级	小学以下	初中	高中	中专以上
2013—2015	3683	1242	356	1704	381	151	2085	905	542

【建筑业运营】 三年来，临清市开工建设185个项目，开工总面积为413.9万平方米。为提高工程项目优良率，确保工程质量合格，在新规范、新标准的要求下，建筑主管部门和建设单位严把设计关，施工企业严格按规范、工艺规程施工，质监和监理单位严格按质量验收标准指导和验收工程。在多方的共同努力下，施工水平大幅度提高，工程质量稳步提高。

获评聊城市 2014 年优质结构工程名单

工程名称	承建单位	建筑面积（m^2）	结构形式
聊城华美医院门诊医技病房综合楼	江苏省建工集团有限公司	121200	框　剪
临清观澜国际项目 F1# 楼	冠鲁建设股份有限公司	8603	剪力墙
临清观澜国际项目 F2# 楼	冠鲁建设股份有限公司	10523	剪力墙
临清观澜国际项目 F3# 楼	冠鲁建设股份有限公司	10504	剪力墙
临清观澜国际项目 F4# 楼	冠鲁建设股份有限公司	10523	剪力墙
临清观澜国际项目 D2# 楼	山东港基建设集团有限公司	14766	框　剪

获评聊城市 2015 年优质结构工程名单

工程名称	申报单位	建筑面积（m^2）	结构形式
临清农村信用联社营业综合楼	山东聊建现代建设有限公司	19235	框　剪

典型建筑选介。曙光·中央帝景小区，位于临清市青年路以南、曙光路两侧，占地 190 余亩，建筑面积约 37 万平方米，容积率 2.44，绿化率达 31.28%，小区可容纳住户 2198 户（不含商业）。小区内所有管网采用地下敷设。地板采暖、纯净水入户、网络、有线一应俱全。大、小户型通透流畅、简约自然、布局合理；户内客厅联体阳台，窗明几净，视野开朗。室外喷泉、绿地、花木成荫。

新华御水天成小区，位于临清市主干道温泉路中段南邻，东邻小运河、南邻济津河。此项目由山东同创建筑设计有限公司设计，聊城四建、江苏建工集团施工。小区占地 62671 平方米，建筑面积 111118.5 平方米，容积率仅 1.77，小区内绿化覆盖达 40.5%，建筑密度和高度布局合理，较适宜居住。

【领导人更迭】

临清市住房和城乡建设局

局　长：贾玉华

副局长：庞悦国（2014.11 止）

丁华荣（2014.11 止）

田如异（2014.11 止）

陈凤荣

刘绪良（2014.11 止；2015.03 起）

窦云飞（2014.11 止）

周东祥

乔俊平（2014.11 止）

赵晓红（2014.11—2015.03）

临清市城市规划局

局　长：庞悦国

副局长：王启亮

狄雪峰

临清市碧水污水处理厂

厂　长：乔俊平（2014.11 止）

侯明鸿（2014.11 起）

副厂长：王贵鹏（2014.07 止）

临清市园林管理处

主　　任：田如异

副 主 任：徐　宏
王金彪
工会主任：代　晶
临清市房屋征收与补偿办公室
主　　任：窦云飞
副 主 任：郑立强（2013.02 止）
卢武杰
工会主任：崔　杰
临清市住房委员会办公室
主　　任：杜学贞
副 主 任：刘连忠
闫志友
工会主任：周　辉
临清市环境卫生管理处
主　　任：丁华荣（2014.11 止）
荆　峰（2014.11 起）
副 主 任：孟昭辉（聘任）
焦　鹏
工会主任：徐　扬
临清市市政工程管理处
主　　任：刘增伟
副 主 任：班秀霞
王　亮
工会主任：李瑞明
临清市城建监察大队
大 队 长：魏　彤
副大队长：王光山
刘　波
工会主任：张明明
临清市城市建设综合开发工程管理处
主　　任：单　岩
临清市房地产管理处
主　　任：刘绪良
副 主 任：张　猛
乔晓旭
申艾东
工会主任：韩　志（2014.12 止）

（赵晓红　孟昭巍）

环境保护

【机构设置】 1973 年成立环保办公室，1985 年升格为环境保护局，为正科行政单位，列政府工作部门序列。下设环境保护监测站、环境监察大队、环境保护科研所 3 个事业单位。2012 年临清市环境保护局共设办公室、人事科、财务科、法宣科、污染控制科、环境影响评价科。2014 年环境监测站内设污染物总量控制办公室、科技标准科，环境监察大队内设流域科和环境安全应急管理科。2015 年环境监察大队内设 5 个环境监察中队。现有工作人员 78 人，其中高级工程师 3 人，工程师 18 人，助理工程师 22 人。

【工作概况】 环保局主要以改善辖区环境质量和实现经济发展与环境保护和谐发展为目标，努力把环境保护与转方式、调结构、惠民生有机结合起来，为临清市经济的健康可持续发展提供有力的保障。加强全市境内所有排污企业的环境监管和环境综合整治工作，严格执行新上项目准入制度，从源头控制污染，把好建设项目环评审批关，把好建设项目环境保护“三同时”管理关，开展建设项目环境管理专项检查；狠抓项目建设，着力提高污水处理能力和废水资源化利用水平，强化环境监管，确保水环境安，多措并举，努力改善大气环境质量，加强堆场料场扬尘及电厂的煤堆、灰仓等集中堆放场所扬尘防护工作，加快电厂脱硫、脱硝和除尘改造工程建设及燃煤电厂超低排放工作，推进小锅炉淘汰工，严格执法，打击各类环境违法行为，完善环境监察制度，全面关停取缔“土小”企业；做好辐射环境管理工作，做好环境应急管理工作，做好危废和固废规范化管理工作。

【环境污染防治】 建设项目。严格建设项目环保准入，严格限制高物耗、高能耗和高污染项目上马，将环评作为新建项目开工建设的前置条件，在项目开发、招商引资、发展产业过程中始终严把环评关，明确建设项目环保审批“六条”红线。把好建设项目环境保护“三同时”管理关，对新建成的项目，按照审批意见和国家规定的相关污染物排放标准进行验收。

水污染治理。三年来，临清市持续改善辖区内水环境，在保障现有污水治理设施正常运行的前提下，严禁违法新建水污染项目；强化对现有企业治理的监管；市财政投入专项资金加快城市管网改造和建设，围绕遏制污染反弹，进一步健全完善覆盖全市的“治、用、保”水污染防治体系，全面构建废水循环系统。为确保所有污水都能得到及时处理，市政府采用BOT方式扩建4万吨/日的污水处理能力，另外，市政府与三和集团联合规划建设胡姚河人工湿地，采用表流、潜流相结合的工艺对达标排放的污水进一步深度处理。城市总排水质稳定达到COD和NH3-N浓度分别低于40毫克/升和2.5毫克/升的目标。2013年3月底，国家海河流域检查组来聊城进行核查，聊城市再次作为山东省的代表，积极主动的做好海河迎检工作。而临清作为重中之重，更是把迎检工作放在首位来抓。核查期间，圆满完成任务。

大气治理。以工业废气、城市扬尘、机动车尾气排放为重点，建立完善临清市大气污染科学治理体系，努力实现空气能见度持续改善。强力推进燃煤电厂脱硝工程建设和脱硫设施升级改造；配合相关部门大力加强扬尘污染防治工作；联合交警部门深入推进机动车尾气防治。

【环境监测】 环境监测是环境保护工作重要的技术基础、信息源泉和执法保障。临清市环境监测站1986年成立，不断发展壮大，于1996年获得山东省技术监督局颁发计量认证合格证书，是临清市唯一合法的环境监测机构。环保局狠抓环境监测管理与能力建设，在监测能力建设、监测队伍建设、基础技术工作、体制机制创新等方面取得长足进步，监测水平逐年提高，现有各类监测仪器60多台（套），已具备开展水、烟尘、噪声等20多种项目的监测能力，能有效监测地表水、地下水、废气、废水、空气、噪声等。监测站主要任务是从事本辖区内的环境质量监测、污染源监督监测和相关科研工作，并承担辖区内环境监测单位技术指导工作。监测站所有工作人员全部通过持证上岗考试，保证监测数据的准确和权威。截至2015年年底在全市17个重点污染源、人工湿地出水口、城市总排等环境要素建设视频监控，实现24小时实时监控。临清市建成4个水质自动监测站和3个空气自动检测站。环境监测为全市环境管理工作提供有力的技术保障。

【环境执法和环境信访工作】 环境执法工作。完善环境监察制度，加强对全市排污企业，涉重企业和污水处理厂的现场监管。对存在违法行为或安全隐患的，依法严肃处理，并强化后督查措施，确保整改到位。全面推进关停取缔“土小”企业工作的开展，有力打击各种环保违法行为。遏制环境信访案件多发的势头。

环境信访工作。三年来临清市环保局共接待信访案件1061件，其中省部级128件，聊城市局交办153件、市长热线交办376件，12369电话322件、2015年微信举报82件。围绕“抓早、抓小、抓苗头”原则。结合每月信访案件统计信息，排查摸底，超前预测，防患于未然。做好接待、受理登记；领导及时阅批来信来访，做到信访案件无小事主要领导阅示，重要信访事项由班子成员集体研究处理；办理信访、投诉坚持原则，秉公办事，做到不违反政策，不激化矛盾。

【环境宣传】 2013—2015年多次开展多层次、多种形式的宣传教育活动。利用“六·五”世界环境日，设立咨询台现场解答群众环保疑难问题，抓好电视台、电台、微信、微博等媒体的宣传力量，发放环保常识宣传单，大力宣传环保法律、法规和环保方面的知识。

【环境监督管理】 临清市环保局在日常工作中实行“三查二调一收费”制度。对辖区有单位和个人执法环保法律法规的情况进行监督检查；对各项环境保护管理制度执行情况进行监督管理；全面实行征收排污费制度。排污收费制度1986年，根据的《征收排污费暂行办法》实施排污收费制度，实现排污收费标准的4个转变，即由超标收费向总量收费转变；由单一浓度收费向浓度与总量相结合的收费转变；由单因子收费向多因子收费转变；有底收费标准向补偿治理成本的目标收费转变；辖区内的热电厂全部安装脱硫除尘装置和在线监测系统。排污费征收使用实行收支两条线管理。按照“环保开票、银行代收、财政统管”的原则，征收的排污一律上缴财政，纳入财政预算，列入环境保护专项资金进行管理，全部用于污染治理。2013—2015年先后开征污水、废气、噪声等收费项目。

【队伍建设】 深入贯彻中央八项规定，做好党风廉政建设工作，坚持年度法规考试制度和继续教育，全面提高人员业务素质。同时在党建工作、文字材料、工作纪律、财务管理、机关作风等方面全面规范和梳理，环保队伍的形象和影响力不断提高。2014年开展群众路线教育实践活动，2015年开展“三严三实”专题教育，突出抓好全局人员政治理论学习和问题整改，以“制度化、规范化、程序化”建设为抓手，努力打造业务精、作风好的环保队伍。

【领导人更迭】

局　　长：布乃春
副 局 长：魏清峰（2013.04止）
　　黄秀玲（女）
　　唐玉恒
　　侯明鸿（2014.11止）
　　高洪钦
党组书记：朱加旭（2013.09止）
　　布乃春（2013.09起）
工会主席：李秀敏（女）
副主任科员：
　　马洪路

（李秀敏）

财税　金融　保险

财　政

【机构设置】 局机关内部机构设置情况。办公室、财务科、综合科（挂市清理规范津贴补贴办公室牌子）、人事科、法规税政科、预算科（2015 年 10 月加挂预算绩效管理科）、国库科、行政政法科、教科文科、经济建设科、农业科、社会保障科、企业科、会计科（2015 年 10 月加挂政府购买服务办公室）、农村综合改革办公室、金融与国际合作科。

局属下级单位设置情况。局属行政单位 1 个：国有资产管理局；正科级行政机构，局属正科级事业单位 6 个：非税收入管理中心、基层财政管理局、财政监督检查局、政府采购中心、农业综合开发办公室、棚户区改造资金管理中心（加挂市政府和社会资本管理中心）。2015 年 9 月：预算外资金管理处更名为非税收入管理中心、开发性金融合作办公室更名为棚户区改造资金管理中心（加挂政府和社会资本合作管理中心牌子）。

局属股级事业单位 4 个：集中支付中心、财税信息中心、投资评审科、住房资金管理科。

【工作概况】 2013—2015 年，临清市财政局领导班子紧紧围绕发展改革大局，积极适应和引领经济新常态，有效应对经济下行压力，充分发挥财政职能作用，积极培植财源，强化税收征管，优化支出结构，深化财政体制改革，提升监督管理水平，先后被评为全国巾帼建功先进集体、省级文明单位、全省财政系统先进集体、全省财政国库管理工作先进单位、全省农业综合开发高标准农田项目优良工程、“幸福进家”活动先进单位，被授予山东省第一届“敬老文明号”称号，在临清市实行目标管理考核以来，连续荣获优秀奖。

三年来，市财政局紧紧围绕组织收入这个重点，努力培植壮大财源，依法加强收入征管，确保各项财政收入应收尽收，全市财政收入实现较快增长。2013 年，地方公共财政收入 13.51 亿元，支出 23.84 亿元。2014 年，全市一般预算收入 15.62 亿元，支出 27.18 亿元。2015 年，全市一般公共预算收入 17.6 亿元，支出 31.74 亿元。同时，不断优化支出结构，牢固树立过“紧日子”思想，“三公经费”只减不增，将节省下来的资金用于扶贫、棚户区改造等急需民生项目，群众获得感不断增强。

【财政管理体制改革】 2013 年，聊城市下达《聊城市人民政府关于进一步深化市以下财政体制改革的意见》（聊财预〔2013〕70 号）文件，调整财政管理体制。

各税种分享比例，增值税：临清市 25%，中央 75%。营业税：临清市 100%。企业所得税：临清市 40%，中央 60%。个人所得税：临清市 40%，中央 60%。地方小税（含资源税、城市维护建设税、房产税、印花税、城镇土地使用税、土地增值税、车船税、耕地占用税、契税等）：

临清市 100%。

2013 年建立税收增量分享机制。从 2013 年起，对增值税、营业税、企业所得税、个人所得税、资源税、房产税、城镇土地使用税、土地增值税、耕地占用税和契税收入比核定的 2012 年收入基数增长部分，省级统一分成 15%。其中，耕地占用税 2013 年至 2015 年省级暂不分成。省级分享的税收，年终通过体制结算上解。税收增量市县级分成比例为 15%。其中，耕地占用税 2013 年至 2015 年市级暂不分成。税收增量返还政策。2013 年至 2015 年，对省级分享临清市的主体税种和资源财产类地方小税的收入，以市为单位计算比上年增长超过 15% 以上部分，给予全额返还，对于省级返还资金由市统筹考虑安排。对已享受省级集中收入全额返还政策的财政困难县，不再重复计算返还。同时，对市级分享县（市、区）的资源财产类地方小税的收入比上年增长超过 15% 以上部分，给予全额返还。县域税收增长上台阶奖励政策。2013 年至 2015 年，以每 5 亿元为一个台阶，对税收收入（入地方库部分）规模首次迈上新台阶，且税收收入增幅和税收比重达到一定要求的县，市财政将给予奖励。具体办法待省有关方案出台后由市相应制定。

2014 年，出口退税分担机制。2004 年以前，出口退税全部由中央财政负担。2004 年起，以 2003 年出口退税为基数，超过基数部分的应退税额，由中央和地方财政按 75 ∶ 25 的比例分别负担，2005 年起中央和地方财政负担比例又调整为 92.5 ∶ 7.5。因为聊城市分享增值税的 5% 部分，县级是 20%，所以承担了出口退税的 1.5%，临清市超基数部分的分担比例为 6%，基数为 3447 万元。为进一步减轻市县的出口退税压力，从 2013 年起，对市县负担出口退税比上年增长部分，省级对临清市补助比例由 25% 提高到 70%。对省级补助以后的差额部分，市级与县（市、区）按 50 ∶ 50 分担。

2013 年，财政部、国家税务总局印发《关于在全国开展交通运输业和部分现代服务业营业税改征增值税试点税收政策的通知》（财税〔2013〕37 号）。根据上级文件，临清市财政局起草，市政府办公室印发《临清市营业税改征增值税试点改革工作实施方案》（临政办发〔2013〕33 号），自 2013 年 8 月 1 日起，在临清市交通运输业、部分现代服务业（包括研发和技术、信息技术、文化创意、物流辅助、有形动产租赁、鉴证咨询以及广播影视服务业等）开展营改增试点改革。

2014 年，营改增试点改革继续扩面，1 月份启动铁路运输和邮政业营改增试点，6 月份又将电信业纳入营改增试点范围。8 月份，根据山东省政府《关于调整城镇土地使用税税额标准的通知》（鲁政字〔2014〕153 号），临清市自 7 月 1 日起调增城镇土地使用税税额标准，其中一级土地单位税额由 6 元 / 平方米提高到 10 元 / 平方米，建制镇、工矿区单位税额由 3.2 元 / 平方米提高到 6 元 / 平方米。

【财政法规】 税收管理。临清市财政局起草，市政府办公室印发《临清市营业税改征增值税试点改革工作实施方案》（临政办发〔2013〕33 号）。

国有资产管理。2014 年 11 月，为规范行政事业单位资产配置，合理配置国有资产，提高资产使用效益，印发《临清市行政事业单位国有资产配置管理暂行办法》和《临清市行政事业单位通用资产配置标准》。2015 年印发《临清市国有资本经营预算编报试行办法》（临财企〔2015〕142 号）和《临清市市属企业国有资本收益收取管理办法》（临财企〔2015〕143 号）。

企业管理。2013 年按照市政府要求，起草《临清市企业“二次创业”资金管理办法》和《临清市中小企业过桥还贷资金管理使用办法（试行）》。

行政政法管理。2014 年牵头制定《临清市党政机关国内公务接待管理办法》《临清市市直机关会议费管理办法》《临清市市直机关培训费管理办法》《临清市市直机关差旅费管理办法》《临清市市直机关外宾接待经费管理办法》

【会计管理】 2013年在临清市贯彻实施财政部颁布的新《事业单位会计准则》和《事业单位会计制度》；承接全市财政支农政策培训任务，共计培训临清市行政村村会计、村干部以及市镇办参与政策实施的有关人员共计863人；于2013年12月1日开始，对全市持有会计从业资格证人员换领新版会计从业资格证，此项工作于2015年12月31日结束；2013年会计人员继续教育出现新的变化，由以前的学时制改为学分制，每学时相当1学分，每年累计不少于24学分；免费为全市会计人员提供继续教育服务，费用由同级财政负担。

2014实施新《山东省会计从业资格管理实施办法》《山东省会计人员继续教育实施办法》以及《行政事业单位内部控制规范》《中小学会计制度》《科学事业单位会计制度》。

2015年累计换发新版会计从业资格3262个，换证工作基本完成。进一步规范机关事业单位会计人员入职资质，对临清市机关事业单位财会人员入职资质进行调查，调查方式为普查并填制表格。全市共计123个机关事业单位参与调查。调查结果全市机关事业单位在岗会计人员共计359人，具有初级职称65人，中级职称75人。

【政府采购】 2013年至2015年临清市累计完成采购金额11.8亿元，节约财政资金2.5亿元，节支率为17.48%。2015年《中华人民共和国政府采购法实施条例》颁布以来，临清市政府采购中心更加注重“依法、公正、规范、高效”的服务理念，严格遵守和执行政府采购的相关法律法规和政策，严格采购标准，规范采购管理，提高采购效率，强化采购监督，政府采购工作逐步走上制度化、规范化和法制化轨道。2013年，临清市政府采购中心荣获“聊城市2013年度政府采购监督管理工作先进单位”。2015年，荣获“山东省财政系统先进集体”。

【国有资产管理】 临清市国有资产管理局的主要工作是临清市行政企事业单位国有资产产权登记、国有资产统计报表、清产核资（资产清查）、资产处置审批、资产评估核准备案等国有资产管理基础工作。

国有资产总量分布：

2013年临清市国有资产总量为21.47亿元，其中：行政事业单位18.28亿元，占总量的85.14%；国有企业3.19亿元，占总量的14.86%。

2014年临清市国有资产总量为26.24亿元，其中：行政事业单位20.96亿元，占总量的79.88%；国有企业5.28亿元，占总量的20.12%。

2015年临清市国有资产总量为29.10亿元，其中：行政事业单位24.08亿元，占总量的82.75%；国有企业5.02亿元，占总量的17.25%。

国有资产管理主要事件：

2013年4月，根据临清市人民政府《关于做好政府融资平台建设工作的通知》（临政发〔2013〕30号文件），将临清市清源水务有限公司、临清市水利工程有限公司、临清市碧水水质净化有限公司、临清市自来水有限公司的国有股权划转给临清市国有资产经营有限公司。

2014年，为贯彻落实中央出台的《党政机关厉行节约反对浪费条例》，分五次对临清市人民法院等17个单位申请处置的车辆进行公开拍卖。拍卖成交机动车36部，拍卖收入302.37万元全额入库。

2014年5月，根据临清市政府《关于转让临清德能生物科技有限公司国有产权的通知》，委托临清联信正清资产评估房地产估价事务所进行清查审计和资产评估，评估值8069.97万元。2015年10月在山东产权交易中心挂牌。

2014年8月，根据中共中央办公厅《关于全面推进公务用车制度改革的指导意见》和中共聊城市委全面深化改革领导小组《关于开展公务用车摸底调查的通知》要求，对临清市160户行政事业单位开展公务用车摸底调查工作，临清市共有公务用车807辆。其中：一般公务用车366辆，机要通讯和应急用车73辆，执法执勤298辆，特种专业技术用车70辆。

2015年7月根据鲁办发〔2014〕49号文件《关于进一步做好办公用房清理整改工作的通知》，对临清市121户党政机关和事业单位的办公用房进行全面清查，腾退超标办公用房2594.53平方米，单位清退办公用房996.94平方米。

2015年9月，为落实中纪委"三转"要求，加强全市行政事业单位公务用车配置管理工作，临清市财政局、临清市公安局联合下发《关于加强全市行政事业单位公务用车配置管理工作的通知》。

2015年12月临清市人民政府下发《关于实行国有资本经营预算的意见》（临政发〔2015〕31号），自2016年开始对临清市国有出资企业试行国有资本经营预算制度。

【农业财政】 2013—2014年良种补贴额共计1523万元，2015年取消该补贴项目。2013—2015年农机购置补贴额逐年递增，通过"涉农资金一本通系统"共发放4755万元。

2013—2014年实施小型农田水利重点县建设项目，总投资5406万元，建设农田面积5.75万亩，涉及4个镇（街道）。

2015年按照省厅要求，临清市开展涉水涉地资金整合试点工作。临清市整合资金约1.27亿元，包括市农业综合开发办公室高标准农田建设项目2209万元、市发展和改革局增产创收示范项目3000万元、市水务局小型农田水利重点县项目2859万元、市国土资源局高标准基本农田建设项目4660万元。涉及临清市老赵庄镇、戴湾镇和新华路街道3个镇、街道，区域总面积8.38万亩，其中耕地面积6.4万亩，涉及45个村庄。

2015年临清市投入精准扶贫资金902万元（含建档立卡19万元），扶持43个贫困村发展脱贫产业，惠及贫困户6517户。其中，金融扶贫资金243万元，产业扶贫资金659万，涉及光伏发电、畜牧养殖、纺织加工、农机合作社等10个产业。

【企业管理】 2013年按照市政府要求，起草《临清市企业"二次创业"资金管理办法》和《临清市中小企业过桥还贷资金管理使用办法（试行）》。2013年9月编制财政支持企业发展政策汇编（第一版）。汇编内容主要是各类财政资金管理办法。2013年设立"过桥资金"，资金规模1亿元，专项用于企业过桥还贷周转。2015年开展"工业企业房屋确权认定工作"。2015年印发《临清市国有资本经营预算编报试行办法》（临财企〔2015〕142号）和《临清市市属企业国有资本收益收取管理办法》（临财企〔2015〕143号），2015年年底纳入统计范围的企业含国有企业 134户，其中国有企业14户、外资企业6户、非国有企业114户。2016年起编制国有资本经营预算。

【金融与国际合作】 2013年3月成立金融与国际合作科，主要职责是拟订地方金融类企业财务管理制度，按规定承担地方金融类企业国有资产管理有关工作；拟订担保业相关管理制度并实施监督管理；承担政府外债的有关管理工作，按规定管理外国政府贷（赠）款；研究分析涉外财经问题，负责临清市与国（境）外财经交往与合作事宜；参与贷（赠）款、担保和联合融资的对外谈判、转贷（赠）、偿还工作，监督资金的使用；承担清洁发展机制基金和项目管理有关工作。2013年政策性农业保险参保险种为小麦、玉米、棉花。2014年新增能繁母猪、育肥猪和奶牛保险。2015年6月16号，通过公开招标方式选定中国人民财产保险股份有限公司聊城分公司和中国太平洋财产保险股份有限公司聊城中心支公司 2 家承保机构开展政策性农业保险工作。三年来，各级财政投入保险费 3986.6 万元。开展创业担保贷款工作，市人力资源和社会保障局、市财政局、担保机构、合作银行签订四方协议。亚行贷款项目借款额度 1121.8 万美元，截至 2012 年年底实际提款额 1108.8 万美元，2013 年开始还款。2013 年汇总上报 4 户地方金融企业财务信息。

【基层财政管理】 2013 年为进一步提高财政涉农补贴资金管理水平，确保补贴资金准确、及时、安全发放到补贴对象手中，对于直接兑付给农民的各项补贴资金，通过国库集中支付“一个漏斗”向下，封闭运行，代理金融机构统一使用“齐鲁惠农一本通”一折发放，全面提高涉农资金发放的准确性、及时性、规范性。

2014 年 4 月，开始建设乡镇财政综合业务系统平台，在原有的乡镇集中支付系统数据模块基础上，建成业务协同、数据共享的一体化乡镇财政综合业务系统，乡镇账务处理结束繁琐的手工记账，实现电算化，大大提高基层财政人员的工作效率。2015 年 10 月份顺利过渡到山东省财政厅的基层数字财政管理系统。

临清市规范化财政所创建工作从 2011 年 9 月开始开始，至 2014 年 5 月，临清市 16 个镇（街道）财政所顺利通过山东省财政厅的验收，乡镇财政所成为“机构健全、职责明确、管理规范、服务优质、设施完备”的规范化财政所。

2015 年山东省将农作物良种补贴、种粮农民直接补贴和农资综合补贴（以下简称农业“三项补贴”）合并为“农业支持保护补贴”，政策目标调整为支持耕地地力保护和粮食适度规模经营。同时加强对种粮大户和种植粮食家庭农场补贴。两项补贴均通过齐鲁惠民“一本通”直接发放到户。

【财政监督检查】 2013 年，配合聊城检查组做好教育资金专项检查，组织开展会计信息质量检查、预算编制执行检查、农村低保专项资金检查和节日走访慰问专项资金调研工作。2014 年，配合聊城检查组做好项目审批和转移支付专项检查，组织开展会计信息质量检查、财务税收大检查、贯彻执行中央八项规定严肃财经纪律和“小金库”专项治理检查。2015 年，配合聊城检查组做好财政专项资金检查和预决算公开专项检查，组织开展财政存量资金检查、会计信息质量检查工作，财经秩序得到进一步规范。

【财政投资评审】 财政投资评审科以规范项目管理，节约财政资金为目标，服务于全市财政投资项目建设工作。2013—2015 年主要评审曙光路、站前路、解放路自来水管网工程，曙光路、纬十路、纬十一路、文化路、解放路、经八路以及省道聊临路，临博路的绿化工程，济津河改造园林项目等财政投资项目。三年共审核财政投资项目 354 个，送审金额 42297 万元，审定金额 34412 万元，审减率 18.64%，节约财政资金 7885 万元。

【非税收入管理】 临清市预算外资金管理处设立于 1997 年 6 月，为副科级全额拨款事业单位，2001 年 5 月升格为正科级事业单位，2015 年 9 月更名为临清市非税收入管理中心。以财政部《关于加强政府非税收入管理的通知》（财综〔2004〕53 号）文件为标志，宣告预算外资金管理时期结束，全面进入非税收入管理新时期。财政部《关于进一步做好将预算外资金纳入预算管理工作的通知》财办预〔2012〕12 号及财政部《关于进一步加强地方非税收入管理的通知》财预〔2012〕284 号文件有关规定，要求纠正对现行机构中仍沿用的“预算外”等名称，及时更新和规范相关表述。中华人民共和国财政部令第 70 号《财政票据管理办法》2012 年 10 月 11 日财政部部务会议审议通过，自 2013

年1月1日起施行。2015年，临清市非税收入总额达69936万元。

【社会保障管理】 2014年整合城镇居民基本医疗保险和新型农村合作医疗两项制度，建立统一的城乡居民基本医疗保险制度；2015年启动机关事业单位养老保险改革，建立机关事业单位养老保险制度，基本养老保险、基本医疗保险、工伤保险、生育保险、失业保险等各项社会保险制度日益完善。2015年全面建立城乡困难居民临时救助制度，不断提高城乡低保、五保人员救助标准，进一步支持完善社会救助体系建设；对临清市医护型养老服务中心、临清市大辛庄老年公寓、临清市烟店老年养护公寓进行补贴，不断支持养老服务体系建设；2015年建立生活长期不能自理经济困难老年人护理补贴制度；积极推进医疗卫生体制改革，继续支持基层医疗卫生机构实施基本药物制度，促进基本和重大公共卫生服务均等化，支持县级公立医院改革试点工作；继续做好就业创业工作，2014年小额担保贷款基金在聊城市率先达到1000万元。

【经济建设管理】 2013年至2014年按照上级要求继续开展粮食直补和农资综合补贴工作。按照省财政厅要求从2013年开始将涉农补贴“一本通”系统由“单机版”改为“网络版”。2013年粮食直补和农资综合补贴标准为125元／亩，共发放粮食直补和农资综合直补资金9302万元；2014年粮食直补和农资综合补贴标准为125元／亩，共发放粮食直补和农资综合直补资金9476万元。此项工作根据上级要求，自2015年起由基层财政管理局管理。

2013年临清市被列入第二批“全省村级公路网化示范县”，建设期为三年，临清市2013—2015年村级公路网化工程建设总里程333公里，累计完成总投资16579万元，涉及全市16个镇（街道），实现“村村互通、路路相连、网络示范”的农村公路网化建设目标。

2013年，根据上级要求开展黄标车提前淘汰补贴和黄标车“黄改绿”补贴工作，此工作自2013年10月起，至2015年12月31日止。临清市共对473辆黄标车审核并发放补贴，补贴金额510.04万元。其中：临清市共对388辆淘汰黄标车进行资格审查和补贴发放，补贴金额共计402.12万元；对85辆符合改装条件的黄标车进行“黄改绿”改装，发放补贴金额107.92万元。

2014年度根据上级要求开始开展棉花目标价格改革补贴工作，当年补贴标准为235元／亩，共拨付财政资金474万元；2015年度补贴标准为150元／亩，共拨付补贴资金149.49万元。

继续开展成品油价格改革财政补贴工作，2013年度成品油价格补贴828.27万元，2014年度成品油价格补贴715.91万元，2015年度成品油价格补贴768.12万元。

【教科文管理】 2013年至2016年实施农村义务教育学校校舍标准化建设工程及解决城镇中小学“大班额”工程，共新建校舍22.1万平方米，总投资2.37亿元。2015年争取科技重大专项和重点研发计划资金410万元，其中中色奥博特铜铝业有限公司铜基电子接插件材料项目50万元；临清兴和宏鑫机床有限公司特大型数控高精度卧式圆台成型磨床项目60万元；兴和宏鑫机床有限公司“面向工厂的高效、高精自动化磨削加工和检测生产线研发及产业化”项目300万元。

2014年中国大运河项目成功入选世界文化遗产名录，成为中国第46个世界遗产项目。临清市的大运河遗产包括大运河河道遗产1段，即会通河临清段（包含元运河、小运河、鳌头矶及河道上的会通闸、临清闸、临清砖闸等古代桥闸）；运河附属遗存1处，即临清运河钞关。为此临清市共投入财政资金8578.88万元积极对运河河道进行环境整治，对临清闸、会通闸等进行修缮，对钞关重新布展，受到联合国教科文组织评审专家的高度评价和广泛认可。

2015年全市义务教育发展基本均衡县创建工作通过国家评估认定，义务教育学校办学条件标准化建设总投入达5.74亿元，义务教育段学校指标值达省定标准，极大的改善薄弱学校的办学条件，有力地促进城乡间、校际间均衡。

【集中支付】 2015年9月，根据“开源节流，挖潜增效”的总体工作要求和临清市统一部署，与税政科及地税部门密切配合，按要求对全市财政统发工资预算单位在职职工统一代扣代缴个人所得税。

2015年12月，根据国库集中支付改革总体要求，乡镇国库集中支付改革开始在临清市推行，并选择部分单位作为试点；集中支付中心联合国库科配合政府采购中心通过公开招标程序，最终确定临清市沪农商村镇银行和临清市农村商业银行为新增两家代理银行。

【国库管理】 2015年5月，根据聊城市财政局转发《财政部关于印发2014年度权责发生制政府综合财务报告试编办法的通知》(聊财库〔2015〕8号）要求，临清市首次试编以权责发生制为基础的政府综合财务报告。

2015年6月，为进一步推广应用公务刷卡消费，临清市财政局先后印发《临清市市级预算单位公务卡强制消费目录》《临清市市级预算执行动态监控管理暂行办法》，推动公务卡改革持续深入。

2015年9月，临清市2014年度财政决算报告在财政局门户网站全文公开；临清市财政局参照财政部公开模式，自主编写、印发《临清市市直单位部门决算公开工作规范》，统一组织和指导各部门在9月30日前自行公开部门决算。以上工作的完成，标志着临清市已完全按照新预算法要求的期限、格式，在聊城市率先、全面完成决算公开任务。

2015年11月，临清市人民政府印发《临清市乡镇财政国库集中支付制度改革实施方案》（临政字〔2015〕74号），要求全部4个街道、12个镇在2015年年底前完成改革。本次镇办改革旨在打通财政资金支付“最后一公里”，将所有财政资金纳入国库单一账户体系。改革后，镇（街道）财政资金直接支付到供应商或补助对象，有效防止资金挤占、截留和挪用等问题，镇（街道）财政资金运行的安全性、透明度和效率得到进一步增强。

2013年至2015年，临清市财政局连续三年以聊城市第一名的成绩被评为“全市财政国库工作先进单位”，其中2013年、2015年被推荐为“全省财政国库工作先进单位”。

【行政政法管理】 行政政法科于2008年10月因行政事业科业务分离而成立，承担临清市五大班子、政法机关、国土、财政、审计、市场监管、发改、商务、经信、统计等行政、政法单位的部门预算有关工作。2014年牵头制定《临清市党政机关国内公务接待管理办法》《临清市市直机关会议费管理办法》《临清市市直机关培训费管理办法》《临清市市直机关差旅费管理办法》《临清市市直机关外宾接待经费管理办法》，转发了《山东省因公临时出国经费管理实施办法》《山东省因公短期出国培训费用管理实施办法》，为建立健全临清市的行政经费管理制度，使行政经费支出有法可依做大量基础性工作。

【政府购买服务办公室】 2015年经临清市机构编制委员会办公室批准，成立临清市政府购买服务办公室。主要职责：负责拟定政府购买服务政策及相关绩效评价制度；研究制定政府购买服务标准体系和基本流程；审核政府购买服务预算及计划；研究制定财政支持社会组织发展的政策措施；会同有关部门建立政府购买服务信息平台等工作。

【农村综合改革办公室】 2013年成立临清市财

政局农村综合改革办公室。主要职能是贯彻落实上级关于农村综合改革的方针、政策，拟订全市农村综合改革规划、方案和措施；协调指导和推动全市农村综合改革；牵头组织全市农村公益事业债务清理、化解工作；负责村级公益事业“一事一议”财政奖补工作；研究完善统筹城乡发展的体制机制及基层组织经费保障机制；协调推进其他相关农村改革；支持推进社会主义新农村建设等。2014 年临清市被省财政厅确定为 2014—2015 年农村公共服务运行维护机制建设试点县，临清市从 16 个镇（街道）600 个村（居）中选择 206 个村（居）作为试点，临清市按照“立足实际，量力而行，统筹安排，先急后缓”的原则，实行按维护项目分类补助，补助标准每个试点村不低于 5 万元。

2015 年，临清市成为省定乡村连篇治理项目的试点，投入 1100 万元财政资金对大辛庄街道的近古居、颜刘居、杨庙居、孙庄居、长屯居、五里庙居、秦刘居、江庄居 9 个村居进行连片改造建设，受益人口 6310 人。

【人事教育】 人事教育科成立于 2007 年 11 月，负责机关和直属单位的人事管理、机构编制、教育培训等工作；负责机关离退休人员的管理服务工作，指导直属单位离退休人员的管理服务工作。2013 年深入开展“四德”工程建设、“转作风、提效能、促跨越”集中整顿活动和党员干部联系困难家庭活动，获得第一届山东省“敬老文明号”，2013 年 10 月份顺利通过省级文明单位的复查验收。2014 年扎实开展“党的群众路线教育实践活动”，保持省级文明单位的荣誉称号。2015 年深入开展“三严三实”专题教育工作，顺利通过第二届山东省“敬老文明号”的复核，继续保持省级文明单位的荣誉称号。

【综合科】 临清市财政局综合科成立于 2013 年，是财政局内设科室。主要职责：研究财政发展战略和财政分配政策，编制中长期财政规划；提出调整经济政策及运用财税政策调控经济的建议，提出物价和国有土地使用制度调整改革和其他经济体制改革的政策性建议；拟定预算外资金管理政策和规章制度；监管彩票市场；负责综合性财政统计及分析工作。

2013 年至 2015 年，连续三年配合国土部门实施高标准基本农田建设，按照工程进度及时拨付资金，保障临清市高标准基本农田建设。

2015 年 9 月，按照省财政厅部署，临清市新版非税收入征收系统正式建设完毕，2015 年 10 月 19 日，成为聊城市范围内第一个实现新版非税系统缴费的县市。

2013 年、2014 年按照上级财政部门部署，在之前连续三年调增临清市机关事业单位工作人员规范津贴补贴的基础上，会同人社部门分别以临财综〔2013〕96 号、临财综〔2014〕36 号下发文件，调增临清市机关事业单位工作人员津贴补贴，人均增加 800 元。

2014 年，制定《关于提高乡镇机关事业单位工作人员津贴补贴的实施方案》（临财综〔2014〕21 号），标志着全市 5000 多名在乡镇机关事业单位（包括各部门派驻乡镇单位）工作人员开始享有专门的工作补贴。

2015 年，配合人社部门制定并下发《关于调整机关事业单位基本工资标准、津贴补贴和增加离退休人员离退休费的通知》（临人社发〔2015〕26 号），机关事业单位工作人员人均增加收入近 1000 元。

【队伍建设】 至 2015 年年底，临清市财政局人员共计 152 人，其中在职人员 110 人、离退休人员 42 人。男性 105 人，占总人数的 69%；女性 47 人，占总人数的 31%。年龄在 35 岁以下的青年干部职工 29 人，占总人数的 19%；35 岁至 45 岁的 25 人，占总人数的 16%；45 岁以上 98 人，占总人数的 65%。研究生学历 6 人、本科学历 69 人、专科及以下学历 77 人。

【领导人更迭】

局　长：赵　彦

副局长：赵素坤（2013.11止）

井　扬（2014.02起）

张建民（2014.11止）

李　红（2014.11起）

祁国良

李子庚

（张建民　朱春朋）

国　税

【机构设置与工作概况】 2013年1月1日至2015年12月31日，临清市国税局在职干部职工144人，设有9个科室、1个事业单位、1个直属机构和6个税务分局。2014年在职干部职工146人，2015年在职干部职工144人。主要税源是造纸、金属加工、纺织、发电等行业。2013—2015年，先后被授予“省级文明单位”“省级文明机关”“省级卫生先进单位”“全省国税系统文明建设先进局”等称号，2013年至2015年，连续三年在临清市百家单位行风评议中名列第一，荣获“临清市行风建设十佳单位”，稽查局被授予“全国青年文明号”，办税服务厅被授予“全国巾帼文明岗”“省级优秀办税服务厅”称号。

2013—2015年临清市国家税务局工商税收分税种收入一览表

单位：万元

税　种	年　份		
	2013	2014	2015
增值税	75869	81345	73635
消费税	493	362	197
企业所得税	7148	8862	9731
涉外企业所得税	575	423	697
储蓄存款利息个人所得税	21	2	1
车辆购置税	4265	4215	4214
其他税种			
合　计	88371	95209	88475

【税种管理】 临清市国家税务局负责征收管理的税种有增值税、消费税、企业所得税、外商投资企业和外国企业所得税、车辆购置税、储蓄存款利息所得个人所得税等。

增值税管理。严格按照《财政部　国家税务总局关于暂免征收部分小微企业增值税和营业税的通知》（财税〔2013〕52号）规定，自2013年8月1日起，对增值税小规模纳税人中月销售额不超过2万元的企业或非企业性单位，暂免征收增值税；对营业税纳税人中月营业额不超过2万元的企业或非企业性单位，暂免征收营业税。2014年1月1日起，根据财政部国家税务总局关于将铁路运输和邮政业纳入营业税改征增值税试点的通知（财税〔2013〕106号），在全国范围内开展铁路运输和邮政业营改增试点工作。临清市国家税务局严格按照上级要求，自2014年10月1日起至2015年12月31日，对月销售额2万元（含本数，下同）至

3 万元的增值税小规模纳税人免征增值税。

消费税管理。根据《财政部、国家税务总局关于对废矿物油再生油品免征消费税的通知》（财税〔2013〕105 号）精神，自 2013 年 11 月 1 日至 2018 年 10 月 31 日，对以回收的废矿物油为原料生产的润滑油基础油、汽油、柴油等工业油料免征消费税。2014 年，依法加强免抵退税的基础档案资料管理，档案资料存放做到有序、合理。2014 年，全年共审核审批免抵税额 18819.23 万元，退税 16556.38 万元。2015 年，依法加强免抵退税的基础档案资料管理，档案资料存放做到有序、合理。2015 年，重点加强农副产品出口退税企业的核查，对异地收购、异地报关、敏感口岸报关的出口企业，在收购、加工、出口三环节进行全程监管，全年共审核审批免抵税额 13854.34 万元，退税 16572.82 万元。

企业所得税管理。2014 年，严格按照《财政部、国家税务总局关于小型微利企业所得税优惠政策有关问题的通知》（财税〔2014〕34 号）规定，自 2014 年 1 月 1 日至 2016 年 12 月 31 日，对年应纳税所得额低于 10 万元（含 10 万元）的小型微利企业，其所得减按 50% 计入应纳税所得额，按 20% 的税率缴纳企业所得税。2015 年，严格按照《财政部、国家税务总局关于小型微利企业所得税优惠政策的通知》（财税〔2015〕34 号）规定，自 2015 年 1 月 1 日至 2017 年 12 月 31 日，对年应纳税所得额低于 20 万元（含 20 万元）的小型微利企业，其所得减按 50% 计入应纳税所得额，按 20% 的税率缴纳企业所得税。按照《财政部、国家税务总局关于进一步扩大小型微利企业所得税优惠政策范围的通知》（财税〔2015〕99 号）规定，自 2015 年 10 月 1 日起至 2017 年 12 月 31 日，对年应纳税所得额在 20 万元到 30 万元（含 30 万元）之间的小型微利企业，其所得减按 50% 计入应纳税所得额，按 20% 的税率缴纳企业所得税。

车辆购置税管理。按照《山东省国家税务局关于启用新版〈车辆购置税完税证明〉的公告》（山东省国家税务局公告〔2013〕5 号）规定，从 2013 年 7 月 1 日起，山东省启用新版《车辆购置税完税证明》。严格按照上级规定自 2014 年 9 月 1 日至 2017 年 12 月 31 日，对购置的新能源汽车免征车辆购置税。对免征车辆购置税的新能源汽车，由工业和信息化部、国家税务总局通过发布《免征车辆购置税的新能源汽车车型目录》（以下简称《目录》）实施管理。按照《财政部、国家税务总局关于减征 1.6 升及以下排量乘用车车辆购置税的通知》（财税〔2015〕104 号）规定，自 2015 年 10 月 1 日起至 2016 年 12 月 31 日止，对购置 1.6 升及以下排量乘用车减按 5% 的税率征收车辆购置税。

金税工程管理。按照《国家税务总局关于停止发售金税卡 IC 卡等税控专用设备有关问题的公告》（国家税务总局公告 2014 年第 44 号）规定，自 2014 年 8 月 1 日起，增值税防伪税控系统服务单位只允许发售金税盘、报税盘，停止发售金税卡、IC 卡等税控专用设备。原使用金税卡、IC 卡的纳税人可以继续使用金税卡、IC 卡等税控专用设备。

按照上级规定自 2015 年 4 月 1 日起在全市范围分步全面开展增值税发票系统升级版推行工作，按照先增值税一般纳税人和起征点以上小规模纳税人，后起征点以下小规模纳税人和使用税控收款机纳税人的顺序，分步开展推行工作。

【税务宣传】 2013 年，第 22 个税收宣传月期间围绕“税收·发展·民生”的宣传主题，开展一系列税法宣传活动，由国地税联合在运河文化广场开展税收宣传拉开税收宣传月活动序幕；开展“税收知识短信竞猜”活动，增强宣传效应；开展“绿衣使者送税法”活动，通过邮政部门共发放税收宣传材料 2000 余份，全面提高税收宣传效果。

2014 年 4 月 1 日，在临清运河文化广场举行以“便民春风办税行动”为主题的税收宣传月启动仪式，拉开第 23 个税收宣传月活动序幕；

在《临清周讯》开辟“十一五国税工作回眸”专栏，及时宣传“十一五”期间在组织收入、依法治税、税收征管、国税文化、纳税服务、队伍建设方面取得的成绩，让社会各界全面了解、支持国税工作，进一步提升国税部门的良好社会形象；充分发挥税收教育基地——临清京华中学的作用，开展争当小小税法宣传员活动，把税法宣传从校园延伸到每一个家庭，扩展到社会。

联合地税召开第24个税收宣传月暨“便民办税春风行动”新闻发布会，对外发布税收宣传月活动安排及便民办税春风行动推出的系列措施，对全市纳税50强企业进行授牌。巧借“中华海棠园赏花节”开幕时机，设立税法宣传站，悬挂税宣条幅，共发放宣传资料800余份，接受涉税咨询40人次。发挥“书画之乡”地域优势，举办“临清书画名家‘新常态新税风’主题笔会”，邀请4名中书协书法家和4名知名画家以税收为主题创作作品，通过书法、绘画的艺术形式展现新常态下国税部门的良好精神风貌。开展税收宣传“六进”主题活动，即进机关、进乡村、进社区、进学校、进企业、进单位，区分不同对象精心准备宣传内容，积极开展互动式宣传，提高社会各界的税收法治意识。

【国税征管改革】 税务登记。2013年，加强征管基础建设，强化税务登记户籍管理和个体集贸税收管理，强化普通发票管理，税收征管质效不断提高。根据上级“营改增”试点实施方案要求，做好政策梳理、业务培训、信息交换，户籍确认，征收管理等方面的工作。开展金税三期上线运行工作，精心组织、周密安排，建立健全各项运行机制。明确工作目标、时间步骤及要求，责任到人，确保工作执行到位。先后经历初始化准备、全员业务培训、全岗全业务功能集中测试、数据清理、全部实际业务双轨运行、单轨运行等6个阶段，历时180多天，分类分层次培训辅导20余次。完成测试业务100多项、完成4项初始化业务2106笔、完成数据清理4760笔、完成双轨、单轨试运行业务2万多笔。同时受到聊城市局金税三期工程双轨试运行工作督导小组的好评。

2014年，扎实推进营改增试点扩围。顺利将铁路运输、邮政和电信业纳入营改增试点范围，强化金税三期系统运维，与邮政部门开展联合办税，委托邮政网点代开普通发票、代征税款。加强个体定额核定管理。提升个体管理水平。及时督促指导分局进行一年一度的个体定额核定，尽量做到数据采集和操作准确无误，避免造成错误和垃圾数据，结合日常发票使用开具情况做好相关个体定额核定后续管理审批工作，阳光操作，争取做到核定程序合法、定额公平合理。

征管改革。2015年，按照聊城市局深化税收征管改革实施方案的要求，结合临清税源实际，搭建征管改革框架。理清单位机构设置、职责划分，明晰岗责流程，细化工作任务，做好内部协调流转，确保前后台业务衔接顺畅。深入开展“国地税合作工作”。为落实国家税务总局《国家税务局、地方税务局合作工作规范（2.0版）》要求，国地税联合制定《推行国家税务局地方税务局合作工作规范（2.0版）工作方案》和《国地税联合办税工作推进配档表》，成立联合办税领导小组及办公室。根据《山东省国地税合作县级示范区建设方案》和《山东省国地税合作县级示范区建设标准》，国地税联合确定国地税赵庄分局为临清试点单位，召开联席会议，确定7项联合办理业务，国地合作县级示范区建设工作稳步推进。

纳税信用等级。每年进行一次纳税信用等级评定，2013年对全市1324户纳税企业进行纳税信用评定，其中A级信用企业66户，B级信用企业1002户，C级信用企业232户，D级信用企业24户，在纳税人中间引起强烈反响，为提高纳税人诚信纳税意识营造良好社会氛围。

【规范化管理与队伍建设】 信息化建设。2013

年，临清市国税局按照税务总局的统一部署，对需要操作金税三期的所有人员制作税务人员身份证书，并按上级规定进行登记管理。2013年组织两次计算机基础操作知识培训，包括WODE文档的编辑、电子表格制作与应用等内容，提高全局人员的计算机操作应用水平。2014年临清市国税局进一步落实“便民办税、服务基层”相关信息化措施，其中网上办税平台上增加部分文书预申请和预处理等功能；推行“山东国税网上办税平台”微信公众号；完成省局数据综合分析利用平台报表查询功能的测试工作；搭建综合办公业务系统的虚拟环境。2015年做好“互联网+税务”相关信息化工作。临清市国税局制定《临清市国税局数字人事掌上办税平台管理办法》，切实做好数字人事掌上版办公平台上线前准备工作。做好数字人事系统的操作培训及推广应用，压力性能测试、日常技术运维等工作，保障数字人事系统正常平稳运行。

在硬件建设方面。2013年，为配合金税三期上线，临清市国税局更换电脑104台，全部达到金税三期对计算机的配置要求。2014年根据《聊城市国家税务局办公室关于进一步加强视频会议系统管理的通知》，临清市国税局重新对视频会议室进行布置，更换高清投影仪1台。2015年6月份，临清市国税局从硬件管理、网络安全、系统应用三个方面，对全局150计算机、70台打印机、20台扫描仪以及网络设备等相关计算机和附属设备使用情况进行全面检查，对系统自带的游戏等与工作无关的软件进行全面清理，重申内外网纪律和责任，敲响安全警钟。从规章制度、应用系统、服务器安全、机房环境等方面逐项梳理并进行自查，重点对机房专用网络设备、机柜线缆捆扎、服务器安全配置、网络节点标签等存在安全隐患进行补差补漏。进行线路整理、更新大容量UPS、增设防雷设备，进一步提高整个网络的响应效率。

在软件建设方面。2013年，临清市国税局进行金税三期上线前的数据清理，共清理、修改数据一万多条，有效的保障金税三期数据的准确性。在金税三期上线前做好各系统之间的调试，对《金税三期信息管理系统》与原有的《数据分析利用平台》《防伪税控系统》《协查系统》《运维管理平台》《内网邮箱》等系统之间的冲突问题进行反复调试，对需要打印的各类文书进行测试调整，确保金税三期正式上线运行。2014年7月1日税务综合办公业务系统在临清市正式上线。2014年7月按照省局、市局统一部署安排，有计划有步骤完成“共享窗”系统的试运行实施工作。2015年4月份对机房FTP服务器相关数据进行清理和备份，及时释放服务器磁盘空间，有效保障FTP服务器安全稳定运行，确保数据安全。2015年5月，临清国税局搭建内部网络平台，提供涉及税务系统内部的技术支持，包括税控税务端软件升级和新增6个数字证书的制证，建立系统技术异常反馈机制和应对预案等工作。2015年5月下旬，将税务内网的瑞星安全防护系统转化成360天擎安全管理系统，共完成安装计算机149台。在队伍建设方面。2014年，1人入选“山东省所得税骨干人才库”。截至2015年年底，全局共有13人取得全国计算机二级证书，2人取得三级证书，有7人取得注册税务师证书，3人取得司法证书。大专以上学历人员占在职人员的92.41%。加强和谐国税建设。积极开展“慈心一日捐”“捐资助学”“爱心献春蕾”“社会主义新农村帮扶”等活动。据统计，三年来，全局共组织各类捐款4.9万元，捐物3900余件。

激发干事创业活力。2013年，加大用人机制和分配机制改革力度：12月份，实行考察委任和竞争上岗工作，选拔出13名正股级干部和7名副股级干部；2015年，实行“双向选择交流轮岗”实现2名分局长，6名一般人员的交流轮岗，进一步盘活人力资源。

【廉政文化建设】 创新勤廉制度建设。先后制定《临清市国家税务局主体责任清单》《临清市国家税务局监督责任清单》《临清市国家税务局关于进一步深化内控机制建设的实施意见》《临清市国税系统内控预防体系建设工作考核问责办法》等规章制度，打造一支为民务实清廉的干部队伍。2013年，参加由检察院、地税局与电力公司联合主办的“彩虹杯”预防职务犯罪征文大赛等活动。2014年，参加由检察院组织、发起的“家庭助廉”教育活动。2015年，认真落实党风廉政建设党组主体责任和纪检监督责任，将其具体化为“一状”（党风廉政建设责任状）、“一单”（工作任务清单）、“四书”（党组书记、班子成员、分局长、科室负责人任务书），形成“一把手”负总责，其他负责人履行“一岗双责”，一级抓一级，层层抓落实的良好局面。

【领导人更迭】

局　　长：栾公泉（2014.12止）
段存亮（2014.12起）

副 局 长：薛永胜（2014.08止）
杨晓村（2013.11起）
马　强
郭　晶
张　辉（2013.08起）

纪检组长：张　辉（2013.08止）
徐金波（2013.08起）

（张　辉　周长青）

地　税

【机构设置】 临清市地税局目前在职干部职工126人，下设办公室、法规税政科、征管和科技发展科、税源管理科、收入核算和财务科、人事科、机关党总支、监察室8个科室，1个纳税服务中心，1个直属征收局，1个稽查局，新华中心税务所、先锋中心税务所、康庄中心税务所、大辛庄中心税务所、金郝庄中心税务所、烟店中心税务所、八岔路中心税务所、工业园区中心税务所8个中心税务所。

【税收收入】 2013年共组织各项收入8.71亿元，同比增长25.88%，增收1.79亿元，其中县级收入完成7.52亿元，同比增长27.46%，增收1.62亿元，占临清市地方财政收入的55.6%。2014年入库各项税收10.05亿元，同比增长15.32%，增收1.33亿元，组织收入突破10亿元大关，其中县级收入完成9.21亿元，同比增长17.76%，增收1.39亿元。地方税收收入占地方财政收入的54.96%。2015年实现入库税款11.41亿元，同比增长13.54%，增收1.36亿元，其中县级收入完成10.55亿元，同比增长14.62%，增收1.35亿元，县级收入首次突破10亿元大关，地方税收收入占地方财政收入的59.94%。

【征收管理】 围绕强化管理，实现科学有效增收的目标。开展“营改增”扩围有关保障工作，对临清市房地产业、建筑业进行营业税等重点税种的专项清查，确保“营改增”工作圆满完成。依托“金税三期”系统做好数据分析，及时清理各类欠缴税费。全面落实“三证合一”工作，进一步明确基层税务机关、纳税服务部门职责，保证部门间、层级间业务运行衔接畅通。与国税部门开展深度合作，共同签订《国地税共同进驻政务中心协议》，在政务中心设立联合办税窗口。在临清市法院开展“模拟法庭实景培训”试点工作，受到各级领导的高度认可。

【地税宣传】 深入开展“局长服务日”上门服务活动，开通微信公众服务平台，在提供智能化宣传服务方面迈出新的一步。上线办税服务厅智能化管理系统，实现纳税服务实时评价满意率100%。拍摄“春风化雨润税徽　文化助推谋发展”在山东电视综艺频道予以报道。举办“地税杯”乒乓球比赛、“爱心同行·青年文明号送温暖”、学雷锋志愿者上街服务等活动。先后开展“捐助优秀寒门学子”“慈善扶贫送温暖”等爱心活动。组织开展“希冀之光”爱心公益活动，拍摄的专题片被作为唯一代表全省地税系统的优秀作品，推荐到共青团中央参评“创新创效创优”活动。

【队伍建设】 以开展党的群众路线教育实践活动为契机，不断强化党的宗旨意识，强化作风纪律建设，通过查摆问题、整改落实、凝聚共识、积聚力量，促进工作效能实现新提升。与茌平、高唐县地税局联合开展分批次基层一线人员培训。成立乒乓球、羽毛球、摄影等兴趣小组，组织开展职工羽毛球比赛、够级比赛、摄影采风等深受大家欢迎的文体活动，并参加聊城市第二届运动会。开展“下基层、到一线、解难题”主题实践活动，深入开展“双联共建”、扶贫济困工作，临清市地税局作为共建单位代表，在临清市做“双联共建”典型发言。

【基层分局建设】 组建党建办公室，对基层党支部进行改选；开展争五好创十佳党支部活动。烟店中心税务所、新华中心税务所被授予“聊城市地税系统十佳基层中心所”的称号。深化基层单位的文明创建工作，开展文明单位争创工作，新华中心税务所被评为“省级文明单位”，其他单位的各项荣誉均通过复查。

【特色工作】 针对房地产管理存在的问题，探索“链条式一体化”管理模式，《关于棚户区改造税收管理存在的问题及建议》得到上级充分肯定。探索开展个人绩效管理考核工作，山东省地税局绩效办领导到聊城调研绩效管理工作，对临清市地税局个人绩效管理工作予以肯定。积极打造“笃学尚行”党建品牌，进一步激发基层党组织活力，“笃学尚行”党建品牌被评为全省地税系统党建品牌创新成果。

【领导人更迭】

局　　长： 念　峰

副 局 长： 王福友

闫国栋

范海波

副主任科员： 刘培明（2013.12 起）

（王红阳）

中国人民银行临清市支行

【机构设置】 中国人民银行临清市支行（简称“人行临清市支行”）作为中国人民银行的派出机构，履行着《中国人民银行法》赋予的执行货币政策、维护金融稳定、提供金融服务三大职能，承担着临清市金融管理重任。支行内设综合业务部、调查信息部、办公室和监察审计室，即“两部、两室”。各部门分工明确、协调运转。

【工作概况】 强化指导，扩大对实体经济的资金供给。每年初根据上级行工作会议精神，制定下发《临清市货币信贷工作指导意见》。定期组织召开季度经济金融形势分析会，引导辖区各金融机构在保持信贷总量适度增长和均衡投放的同时，将信贷资金更多投向实体经济特别是三农和中小企业，注重以信贷结构优化推动产业结构优化升级，加大对重点企业、重点项目的支持力度。截至 2015 年年末，辖内本外币各项贷款余额 169.09 亿元，较年初增加 14.87 亿元；各项存款余额 269.98 亿元，较年初增加 28.61 亿元。

搭建平台，创设良好金融发展环境。与政府有关部门联合，组织召开金融合作暨产品服务创新推介会。2013 年召开金融合作暨产品服务创新推介会，编发《临清市 2013 年金融服务指南》；2014 年配合临清市政府召开“中国轴承产业高层论坛”。大力引导金融机构根据自身业务实际，开展小规模、分行业、定区域等多种形式的银企对接活动，提高银企合作的效率。如 2014 年银企对接会，参与企业 710 户，达成合作意向 15.6 亿元，到位资金 13.2 亿元，为小微企业的发展注入新的活力。

推进创新，拓宽企业融资渠道。截至 2015 年年末，临清辖内各类金融创新业务贷款额占到总量的 20%。工行为聊城市第二人民医院上游供应商山东华美医药公司发放供应链融资1600万元，实现该项业务在全市的“零突破”。农行通过鲁青金益农、鲁青基准贷等贷款品种，采取与共青团协作方式，积极为6户农村小微企业发放创业贷款480万元。建行针对企业需求，大力发展“私人定制”。2015年共为临清三和纺织集团等8户企业办理掉期组合盈2.3亿元，帮助企业实现融资成本的最小化。沪农商村镇银行实现权证抵押融资业务的成功破题，累计为8家家庭农场发放农村土地承包经营权抵押贷款921.7万元。

根植服务促发展，全方位优化基础业务质效。做好金融统计、分析与监测。在准确、完整地编报各类统计报表的基础上，努力打造统计分析报告品牌，完成《县域经济金融发展年报》《山东金融年鉴临清卷》的编纂以及县域金融经济的普查工作。与金融办合作，每月将全市金融、保险、证券的运行数据及相关动态汇集、整理，编辑《临清金融运行情况》，为全市金融决策提供信息参考。

加强国库管理。严格落实国库内控管理制度，规范业务操作行为，确保国库资金安全完整。积极督导国债承销机构完成国债发行工作，扎实完成辖区财政专户摸底调研。创新数据采集手段，提高国库会计分析质效。

推进支付结算的有序开展。2015年，在开展农村支付环境建设“村民满满意年”的基础上，不断扩大助农服务网点，优化支农、惠农、便农的“支付绿色通道”，促进城乡支付服务一体化发展，临清市已建立助农服务网点128个。积极引导辖内金融机构顺应市场需求，努力打造为农户结算服务的“私人订制”，辖内农行率先在轴承产业密集的潘庄镇设立该市第一家“农村金融便利店”。

打造人民币管理新常态。积极开展人民币净化工程强力推进年活动，推动辖区金融机构全面实现冠字号码查询，督促组织银行业金融机构开展“反假货币在路上”为内容的百日主题宣传活动。组织开展人民币管理现金检查和新版100元反假知识培训。推动农信社借助手机传媒大众化的新趋势，以微信平台打造“反假”宣传新阵线，受到公众好评。加强假币收缴管理，协助公安局破获一起制造、贩卖假币案件，涉案金额2万余元；加班加点对群众火烧币进行鉴别、粘贴和整理，为其兑换人民币270元。组织建行开展“反法西斯战争胜利70周年纪念币”、航天纪念钞、币的发行预约、兑换工作，共兑换人民币400余万元。

严格履行反洗钱职责。认真贯彻落实风险为本的监管理念，通过非现场监管、宣传培训、风险提示、反洗钱宣传等方式督促金融机构认真履行反洗钱义务，增强反洗钱履职能力。

促进辖内涉外经济的发展。严格落实“五个转变”的总体要求，坚持管理与服务并重，寓管理于服务之中。

【金融监管】 2003年人民银行与银监会分设后，人民银行从微观金融监管领域逐步退出，转向宏观管理和提供金融服务。面对新形势、新挑战，人行临清市支行重新定位、积极适应角色和职能的转变，在货币政策传导、金融稳定、金融服务、信息调研等领域继续卓有成效地开展工作，有力地支持辖内经济社会发展。

【内部建设】 人民银行临清市支行一贯重视自身的领导班子和干部队伍建设。在领导班子建设方面，按照“打铁还需自身硬”的总要求，建立起了定期民主生活会、群众评议党组成员、行领导定期岗位风险点排查等一系列切实有效的制度，确保领导班子能力强、风气正，确保行领导与普通职工同呼吸、共命运、心连心；与此同时，还建立起一整套收集和反馈职工群众意见的机制，力求充分尊重职工群众的诉求、听取职工群众的呼声，显著提高整体的凝聚力和战斗力。

【领导人更迭】

行　长：苏子顺

副行长：李琰玲

　　　　张　超

侯志文

（牛方超）

中国农业银行临清市支行

【机构设置】 2013—2015年年末，中国农业银行股份有限公司临清支行设有5个内部部室，分别是综合管理部、风险管理部、公司业务部、个人金融部（含个人贷款中心），下辖7个综合营业网点和2个金融便利店和城区3个自助服务区。其中包括1个支行营业部、烟店、站前2个二级支行、东环、老赵庄、新颖、新华4个分理处和潘庄、康庄2个金融便利店和城区健康、南门和城关3个自助服务区。

【工作概况】 2013—2015年，全行本外币全部存款余额31.9亿元，较2012年增加9.47亿元。本外币各项贷款余额15.26亿元，较2012年增加1.78亿元。不良贷款10723万元，较2012年增加8233　万元。累计实现中间业务收入4581万元，累计实现利润8092万元。

【储蓄存款】 深入推进网点二次转型。新建潘庄、康庄2家镇金融便利店，作为省行深化网点经营转型试点行，新上线超级柜台12个，网点营销岗位增配到63人，占比达59%，4家金融便利店实现有人值守，组建网点运维团队，实现离行式自助设备集中加钞、城区网点集中配钞，转型网点点均存款增量7188万元，居四行首位，省市行网点转型经验交流、省行手机报刊登多期行经验材料。

强化“三农”个人存款分层营销。对内有针对性地制定科学的网点年度计划，采取行长、分管行长帮包、部门经理包点，分管行长和分管部门分阶段、有重点进行定期不定期督导调度等分层营销方式；网点强化协同营销、客户活动、贵宾客户家访、贷记卡、个人理财拉动等方式，固化客户结算渠道，做好源头营销。

落实“份额意识、责任意识、竞争意识”。加强督导，严格考核，把计划准确落实到网点、前台部门和各层级营销人员，以客户营销为重点，狠抓源头营销、狠抓扩新挖潜，充分运用客户普查成果，绑定配套产品，拓宽吸金渠道。

【信贷资金管理】 加速推进重点企业、重点项目贷款投放。围绕全市重点企业、重点项目，积极筹措资金，争取上级行政策，积极支持中色奥博特、三和纺织等重点企业，运作大唐热电联产项目，批复10亿元授信额度。

加大对中小企业的支持力度。新增中小企业贷款8000多万元。针对小微企业贷款担保难的问题，积极争取上级行政策，与盛祥担保公司达成担保协议，一定程度上缓解小微企业贷款担保难的问题。

积极支持全市城镇化建设项目。积极围绕住房贷款、营销豪翰商贸城、荣盛馨河郦舍、青年未来城、新龙湾等房地产项目，积极营销个人住房按揭贷款。

集中精力做好个人贷款。为切实加强“三农”服务，积极研究探索“三农”业务发展的有效途径，加大“融资增信”推进力度，以农民专业种养合作社、家庭农场、农业产业化龙头企业为载体，按照农牧业部门提供的名单，做好实地普查，筛选目标客户，加强对农村新型经营主体和农户贷款的投放力度。

产品创新取得新进展。利用国外资金，为三和纺织发放“参融通”贷款；与农机公司、农户三家联合，推出“农机贷”新产品；为支持农村新型农村经营主体发展，研究推出“家庭农场”贷款产品；为解决中小企业担保难的问题，与盛祥担保公司联合，推出小企业“简式贷”贷款产品。

积极化解中冶银河不良资产。在政府、监管部门和上级行的积极支持下，成功化解中冶银河不良资产13354万元，优化信贷资产结构。

【信用卡业务】 把信用卡业务作为零售业务的重点，通过“春天行动”考核和年度综合绩效考核计划单列，加大考核。出台信用卡专项考核办法，强化考核力度。采取相应措施，调整分管副经理和分管客户经理岗位；确定目标客户群，分别为个人贵宾客户（利用信用卡营销系统识别营销和专职个人客户经理精准营销）、行政事业工作人员和优质企业高管人员，保证发卡质量。

加强信用卡不良贷款清收工作，通过认真学习关于信用卡不良贷款管理的相关规章制度，何时电话催收、何时信函催收、何时上门催收、何时法务催收，严格合规操作；对违规人员，严格按照规章制度进行处理。工作效果十分明显。

【内部管理】 狠抓风险防控。始终把信用风险防控作为第一责任和头等大事，严把投放关，强化贷后管理，主动压降潜在风险客户不良贷款清收处置成效显著，成功处置中冶银河不良贷款4亿元，核销压降破产6年之久的鲁西棉纺织厂不良贷款1511万元。集中开展农户贷款“清收风暴”和信用卡不良透支集中清收活动，农户小额不良贷款压降为零，成为全市农区行首家无农户小额不良贷款行，2015年末新增农户贷款4257万元，压降农户不良贷款66万元，超额完成市行农户贷款“一增长二控制”任务，信用卡不良控制额和清收均完成市行计划。加强操作风险防控，着力推进基础管理。以基层风险监控与评价为抓手，着力提高运营基础质量；以“三化三铁”创建为目标，加强自律监管；以防控操作风险为根本，扎实开展“集中运营业务规范年”活动；扎实开展信贷“三化三无一退出”、内控合规“四无一创建”、安保“三化三达标”等工作。开展“合规在我身边”演讲比赛，成功进行BoEing四期工程全面切换，扎实开展操作风险专项治理和案件风险排查，强化声誉风险管理和责任追究，对4名违规责任人给予纪律处分，对24名违规责任人给予经济处理，全年没有发生案件和责任性事故。

强化队伍建设。坚持每月的员工大会制度，举办各类培训70期，参训人员达1420多人次。在干部任用上坚持能上能下的用人机制；绩效管理上细化部门、网点和员工的绩效管理，推行开门费用集中配置、营销费用考核配置和费用预算管理，资源配置对发展的激励作用进一步发挥；加强员工行为管理，定期进行员工行为排查，严格员工电子化考勤管理，员工行为管理的经验得到省市行的肯定和认可。

扎实开展基层党建工作。注重强化党员干部队伍思想建设，积极开展党性教育，坚持“三会一课”制度和党委中心组学习制度，以班子的学习带动全体党员和全行员工的思想政治学习。深入调查了解网点党建工作动态，加大基层党建工作的投入，坚持开展党员民主评议活动，积极开展员工“建言献策”活动，对存在的问题及时研究加以解决。以“五好党支部”、“党员示范岗”建设为抓手，加强对入党积极分子的经常性教育和入党前的党性教育。

深入开展“群众路线实践教育”“三严三实”专题教育。认真分析存在的问题和不足，深挖问题根源，广泛征求各方面的意见和建议，采取切实可行措施，整改在员工管理、网点管理、营销管理、风险管理、基础管理、作风建设等方面的问题，进一步激发干部员工潜能，为临清支行由经营大行向经营强行转变，由风险大行向资产强行转变，由员工大行向人才兴行转变夯实基础。

【特色工作】 “幸福家园”文化建设开展得丰富多彩。各种活动亮点纷呈。多项活动在聊城分行位列前3名。文明建设取得突出效果，2013年被评委县级“文明单位”，2015年被评委市级“文明单位”。4个网点被评为市级以上“青年文明号”。网店经营转型取得明显成效。3年存款增加9.47亿元。贷款增加1.78亿元。累计实现中间业务收入4581万元。优质服务水平显著提升。多样金融产品、多种服务方式、营销技能提升、办结效率加快，基本满足“三农”客户需求，客户投诉率、社会满意度、系统提升度显著提升。支付环境建设成效显著。线上线下，网点布局，自助设备区建设，金融便利店建设和“惠农通”工程建设，实现城乡全覆盖。业务辐射能力显著增强。风险防控扎实有效。坚持从严治行，进一步规范经营行为，做到依法合规，严格履行“一岗双责”，加强案防教育和员工行为管理，全面做好信贷风险、操作风险、舆情风险和声誉风险。3年来全行未发生重大案件风险事故。

【领导人更迭】

行　长： 杜朝宏（2013.10止）
　　　　孟宪林（2013.10起）
副行长： 甄兰锋（2015.04止）
　　　　许广利（2015.04止）
　　　　王承墉
　　　　陈　明（2015.04起）

（牛方超）

中国银行临清支行

【机构设置】 中国银行临清支行成立于1990年，设营业部、业务发展部、综合管理部3个部室和新华路支行、青年路支行、红星路支行3个网点，共有人员59人。

支行班子配置为1正3副。行长王文峰同志负责全面工作；副行长蔡莉同志分管公司、风险、贸金工作；副行长张文颖同志分管个金、财管、运营工作。副行长张军同志分管监察保卫、工会及内控工作。 三个部室除综合管理部配一名正职外，其余2个业务部室均为一正、一副配置。

【工作概况】 2013年，临清支行认真贯彻落实市行工作会议精神，以“上存款、增效益”为目标，以“研究市场、研究同业、研究客户、研究产品”为手段，面临不平凡的“中冶银河事件”，全行上下团战奋战，在困难面前永往之前，突出业务亮点，做出一定成效。储蓄存款市场份额连续12个月实现提升。国际结算市场份额连续12个月实现提升。中小企业授信客户群建设进展明显。网点规模逐渐扩大。员工队伍业务素质逐步提升。

2015年，在分行党委的正确领导下，临清支行认真贯彻上级行年初会议精神，不断以“质效强行”为发展目标，努力践行“两转变，一回归”的总体要求，真抓实干、创新进取，持续打好“四大战役”，积极适应新常态、展现新作为，紧紧围绕防范风险和服务提升，打基础，练内功，以“三严三实”专题教育为抓手，努力打造学习型支行、人文型支行、家园型支行，进一步提升全行干部员工的服务意识和责任意识，推动全行不断向“做最好的银行”战略目标进步。项目推进成效明显。经过业务发展部一致努力，三季度累计审批项目贷款24亿元。针对行政事业存款落后局面，及时调整思路，加强对行政事业存款的跟进与营销，促进行政事业存款进步。11月末，行政事业存款日均较年初增长780万元，日均新增全辖第三名。全行进行违规行为摸排，建立拒绝违规行为定期谈话制度，亲自参与全行家访活动，通过邀请临清检察院人员就预防职务犯罪进行警示教育，全行员工深受教育，依法合规意识进一步加强。集中学习案例，要求所有员工慎独、慎微，严格自律，做到守纪律、讲规矩，做一名合规中行人。

【储蓄存款】 截止2014年12月，日均存款17.05亿元，较年初增加1.43亿元，增幅为9.17%。其中储蓄存款日均余额10.12亿元，较年初新增1.07亿元，增幅为11.72%。日均新增创历史新高，公司存款日均余额6.93亿元，较年初新增3709万元，增幅为5.65%。外币日均余额1206万美元，较年初新增695万美元，增幅为136.01%。各项日均存款增幅明显，特别是外币日均新增额和增幅均居全辖第一位。

人民币一般性存款市场份额，截止12月末，人民币一般性存款余额达到16.92亿元，新增1.61亿元，增幅10.52%。完成市行计划的111.18%，新增额全辖排名第5位。全口径市场份额7.21%，较年初下降0.54个百分点。四大行市场份额18.15%，较年初下降0.41个百分点。

截至2015年12月末人民币各项存款194677万元，较上月增加18374万元，较年初增加30522万元，完成计划的149.62%。企业存款余额54690万元，较上月增加16079万元，完成全年计划的63.87%。其中：临清市财政局国库科较11月增加11777万元。

储蓄存款余额23496万元，完成全年计划的249.95%，新增、余额均列全辖首位。外币储蓄存款268.65万美元，较11月增加2.88万美元。

【信贷资金管理】 信贷管理更加规范，贷款结构不断优化。截止2014年12月末，全行授信余额25.04亿元，较年初新增5.05亿元，增幅为25.26%，其中个人贷款30804万元，较年初新增288万元；公司贷款11.08亿元，较年初下降1303万元；贸易融资108770万元，较年初51470万元。各项授信余额较上年增幅明显，特别是贸易融资余额较上年增幅为89.8%。

2015年11月末人民币各项贷款为144011万元，较上月增加528万元。其中，公司贷款104720万元，较上月增加289万元。主要是临清市宏翔热力有限公司放款500万元，临清市创新电机有限公司还贷10万元，临清市金龙棉业有限公司还贷270万元。截至11月底，临清支行各项贷款余额（含表内授信、表外授信）143483万元，其中公司表内授信余额104430万元，较年初下降6389万元，较上月新增2367万元；个人消费贷款余额39053万元，较年初下降173万元，较上月下降461万元。截止11月末我行共有授信客户64户，大公司客户3户，授信余额99005万元，新增临清市新银河实业有限公司承接中冶纸业银河有限公司不良贷款21557万元；中型授信客户5户，授信余额5241元；中小企业授信客户54户，授信余额18465万元；大公司授信余额较年初下降2668万元；中小企业授信金额较年初下降1248万元，授信客户下降3户。

【信用卡业务】 进一步梳理、挖掘白金卡客户群，白金卡客户多为行政机关、企事业单位主要管理、负责人员，加强与客户的联系，通过白金卡客户的认同、推荐，利用“工薪贷”解决部分职工的资金需求，进而营销该客户所在单位的代发业务，进一步扩大我行客户群基础。

【内部管理】 2013年，为进一步提升中行临清支行的良好形象，根据《中国银行临清支行文明优质服务违规处罚暂行办法》及案防内控管理工作的有关要求，采取以现场检查为主，监控抽查为辅的方式，针对基层机构日常检查发现的问题，对照规章制度和工作要求，标准要统一，责任要明确，流程要清晰，考核要严密，对全行网点、部室进行监督检查，并将检查情况及时编发简报通报全行，明确责任人、明确整改时间，坚持每周一次，对屡查屡犯未整改彻底的问题将进行严厉问责，并在每月考核中扣减相应绩效分数，推动全行员工内控、安保、文明优质服务水平意识整体提升。

2014年，在内部管理方面，继续健全规章制度建设，完善执行、监督、检查机制。严格执行“双十禁”，使全行养成遵章守纪的好习惯；坚持加大监督检查力度。支行领导每月至少应对基层网点检查一次，综合管理部每周对安保内控文优进行现场和非现场检查一次，出一份通报，每月通报得分与当月绩效工资挂钩。重视加强财产管理、车辆管理和办公用品招标采购，控制管理成本，减少费用支出。四是创新管理方法，严管和科学管理相结合，力争管理上台阶，对落后单位和个人采取工作提示、工作督办等方式，创建微信交流平台，有效弘扬争先进位和正能量传导的机制。

同时，开展多种形式的活动，提升员工自豪感和归属感。2013 年 6 月份，临清中行百年行庆，制作宣传片，在电视台播放和在网点宣传，并在各网点设置醒目标示，增强百年老店品牌的社会声誉和员工自豪感。坚持深入开展服务技能练兵，全年开展各项活动，一季度举办“趣味运动会”、二季度“行庆宣传”、三季度“拉练赛”、四季度“家访送祝福”。重视改善职工用餐。为中午值班的大堂、柜员、保安实行配餐制，并每周公布菜谱，对加班员工配备工作餐。正是良好的氛围，使全行员工形成强大的内聚力和强烈的归属感，使全行成为一个团结开拓进取的团队。

2015 年，在内部管理方面，打造高素质多层次员工队伍，打牢发展之基，强化队伍机制建设。通过公开竞聘选拔，实现产品经理落地；加强各岗位员工的轮岗和培训，促进员工全面发展，提高业务技能；组织达标练习，提高青年员工操作技能；实行能者上庸者下的中层管理人员任用机制，增强管理者责任心，提高日常管理水平；顺畅人才选拔渠道，积极对上输送各类人才，使全员工作有奔头，有干劲。

其次，开展多种形式的警示教育活动，持续提升全员合规案防意识，打好依法合规经营阵地战。继续开展“五个一”主题教育，通过《员工违规处理办法》学习宣教活动等，以生动案例警示全员，提高员工合规意识 ；不定期开展“双十禁”合规检查，增强员工守法守纪的主动性；高密度开展内外部非法集资的排查，确保全行安全运营；结合上级最新要求，开展安全隐患排查和应急演练，做到万无一失。

同时，扎实推进“三严三实”主题教育活动为“担当社会责任，建设最好银行”不断积聚内生动力。坚持支部定期学习制度，以“三严三实”来要求和对照自身，不断提高领导干部自身修养，遵纪守法、清廉务实，敢于担当，善始善终、善做善成，扎实推进党的群众路线教育实践活动，以实际行动反对四风、抵制四风，不断改进工作作风，用好的作风带出好的干部员工队伍，推动简单清新企业文化的形成。

弘扬家园文化，提高员工幸福感和责任感。结合实际重新对职工餐厅、职工之家、图书阅览室、技术练兵室进行规范和治理，不断丰富员工业余生活；改组团支部，指导团支部不定期组织青年员工，开展多种形式文体活动，增强员工生活趣味性和团队意识；扎实做好后勤保障，提高员工餐饮水平，提升员工的满意度，不断夯实家园文化基础，不断提升全员凝聚力。

【其他工作】 2013 年，储蓄存款市场份额连续 12 个月实现提升；国际结算市场份额连续 12 个月实现提升；中小企业授信客户群建设进展明显；网点规模逐渐扩大；员工队伍业务素质逐步提升。

2014 年，采取有效措施，促进各项工作健康持续发展。在中冶银河 38874 万元的不良贷款下，做大网点，持续提升国结份额，提高日均存款，加强内部管理。

细分市场，准确定位，抓住重点，保持存量大客户的优势地位和中小客户的提升。2014 年，将三和、奥博特两个大客户作为重点目标客户，采取集团作战，分层营销。在服务上大做文章，以优质的服务吸引客户，大力营销总分行推出的新业务品种，为客户提供一揽子服务方案，争取在服务的深度和广度上优于他行；行领导以身作则，带头攻关，保证至少一半的时间用于走访客户，重点客户坚持每月拜访一次，重视改善和提高银企关系。通过不懈的努力，中国银行临清支行成为两重点客户的主办行，授信、代发、存款份额均居四大行第一。同时还储备大唐电力、新兴重工、万豪置业等一批有潜力的项目，为今后业务迅速发展打下坚实的基础。针对临清当地规模以上企业400多户的优势，辖内各经营性支行梳理目标客户，逐户分析其优劣势，有针对性的营销，有效提升行中小企业授信客户，三个经营性支行存量客户均达到10户以上。

2015年，贯彻上级行工作部署，扎实推进四大战役，不断加强基础管理，推进支行不断进步。按照工作进度，进一步落实上级工作部署，跟进化解个人不良贷款，运用核销手段持续推进核销入账60万元，并积极创造条件。推进另外两户59万元的呆账材料。加强与市政府、企业、担保单位沟通，积极打成化解方案，做大量富有成效的工作。开展一系列内部合规检查，堵塞管理漏洞，规范工作行为，强化合规教育和警示教育，建立合规经营谈话制度，对全员进行家访，为建立“家庭-社会-行内”三位一体的内控合规体系奠定基础。以人为本，积极向上级行申请新增办公楼暖气，改善员工工作条件；为改善员工就餐条件，在支行改造建设职工餐厅，解决员工后顾之忧；不断活跃职工文化生活，积极参加市行第三届运动会，获得第一名的好成绩，积极参加“共抒中行情，共筑中国梦”大型歌咏晚会，获得第二名的好成绩，支持员工参加金融系统羽毛球比赛等一系列活动，凝聚人心，鼓足员工干劲；建立月度先进个人评选制度，推进行榜样的带动作用；加强网点服务整治工作，网点服务形象明显提升；建立管理人员月度指标挂钩制度，强化管理人员责任意识，凸显考核的针对性。

持续开展党的群众路线实践活动，以党建带团建，促进支行健康发展。带领支行全体党员参加省行“三严三实”专题党课，结合支行实际召开专门会议研讨，通过研讨，使我行全体党员干部精神上再次得到一次洗礼和升华，党员责任意识不断提高，党员模范先锋作用进一步得到发挥；通过传达《最好银行党员先行主题活动方案》，安排部署支行活动规划，要求全体党员要以一个共产党人的先进性要求自己，不断起到模范带头作用，掀起干事创业的高潮。及时传达陶以平行长、李海钧纪委书记在中国银行山东省分行2015年党风廉政建设暨纪委监察保卫工作会议上的讲话，并对讲话内容进行详细解读，要求班子成员相互监督，相互提醒，未提醒就是未尽责，内控副职负责全员监督，不留死角，推进全行党风廉政建设工作顺利开展，促进各项事业的进步。

【领导人更迭】

行　　长：胡海英（2013.03—2015.06）
　　　　　王文峰（2015.06起）

业务发展部

副 主 任：宁丽君（2015.12起）

青年路支行

行　　长：宁丽君（2013.08—2015.12）
　　　　　张　军（2015.12起）

行长助理：赵红亮（2014.12起）

红星路支行

行　　长：李　强（2015.12起）

（牛方超）

中国工商银行临清支行

【机构设置】 2013—2015年，中国工商银行股份有限公司临清支行设有4个内部部室，分别是办公室、风险管理部、公司客户营销部（含小企业贷款中心）、个人客户营销部（含个人贷款中心），下辖7个营业网点，其中营业室1个、二级支行1个、分理处2个、储蓄所3个。

中国工商银行临清市支行各营业网点详细情况

机构	评定类别	营业网点类型	营业面积	从业人数
解放路储蓄所	四级	金融便利店	315	7
红星路分理处	五级	理财中心	457.5	8
临清烟店支行	四级	财富管理中心	664.6	29
九龙商场储蓄所	四级	金融便利店	307.21	8
先锋路储蓄所	五级	理财中心	400.36	7
东城分理处	五级	理财中心	457.5	8
支行营业室	四级	财富管理中心	664.6	29

【工作概况】 2013年至2015年，中国工商银行股份有限公司临清支行本外币全部存款余额26.70亿元，较2012年增加1.14亿元。本外币各项贷款余额27.04亿元，较2012年减少4.51亿元。不良贷款14078万元（中冶银河占13984万元），较2012年增加1.41亿元。累计实现中间业务收入0.64亿元，累计实现利润2.20亿元。

【储蓄存款】 做好储蓄存款稳存、增存工作。以维护、发展中高端客户为切入点，宣传工行临清支行理财、结构性存款等产品，促进储蓄存款工作的发展。采取阶段性考核的方式，按旬考核网点存款增量，确保储蓄存款增量在同业中的优势。

抓好理财产品和存款的互动。选定目标客户，以理财沙龙等多种形式开展营销推介，提高客户忠诚度。有针对性开展营销，对客户资源进行深挖。重点营销保本理财、结构性存款，把握好理财产品结构、期限，使理财产品和储蓄存款互动起来，达到稳定客户存款的目的。

大力发展代发工资业务。个金、公司、小企业等部门密切协作，对单位客户进行以信用卡、代发工资、个人网上银行为目标的集中营销，逐户制定出相应的实施方案，安排网点做好后续工作，确保“公私联动”有效开展。

【信贷资金管理】 大力推动国际业务发展。创新思路为部分企业办理海外代付业务，促使外币存款、国际结算量、跨境人民币业务均得到快速发展。

提高与大型客户议价谈判能力。2013年以来，不少企业融资渠道增加，利率谈判能力提高，要求信贷利率执行基准利率下浮10%，工行临清支行盈利水平大大降低。在营销策略上，工行临清支行利用谈判技巧、提高服务水平、暂时压缩融资的方法提高议价能力和盈利能力。

确定贷款投放重点。在当地及辖外金融机构采取降低利率水平等方式对优质客户展开轮番轰炸式营销的情况下，工行临清支行顺势而为，围绕优质客户做文章，确保信贷融资快速增长。

推动小企业信贷业务健康发展。以抓大不放小，作为工作重点，全面占领优质客户市场，通过深入乡镇及企业、随时掌握当地企业纳税情况、掌握最新土地出让动态等方式锁定目标客户，对目标客户实施全方位营销战术，继续保持当地小企业市场份额遥遥领先地位。

【信用卡业务】 为加快银行卡发卡速度，首先针对四星级以上无信用卡客户进行营销，对有价值的客户登门拜访营销，通过营销突破优质客户营销难、中高端客户产品渗透率低的“瓶颈”。其次，在日常维护工作中，对客户有价值的信息进行全面登记、做好记录，为今后开展工作提供可靠有价值的信息。再次，加强存量卡片的使用推广工作，通过柜面、LED、宣传折页等多种形式，积极宣传信用卡 消费免息期、积分兑换礼品等优惠措施，提高客户对工行临清支行信用卡的认识，促进直接消费额的增长。同时，对消费频率高、次数多且金额大的客户，进行信用卡分期付款精准营销，积极向客户推介分期付款业务，带动工行临清支行分期付款工作的开展。

针对信用卡不良透支现象，认真分析不良透支产生的原因，因地制宜，一户一策，把催收方案细化到户，根据每户的不同情况采取不同的催收措施。安排专人对信用卡不良透支进行催收。与公安部门的联合清收，做好不良透支的呆账核销申报工作。对于信用卡持卡人无资产，采取各种催收措施催收无望，符合呆账申报条件的，按照上级行有关规定，积极收集资料，申报呆账予以核销。

【内部管理】 加强基础管理，规范经营行为。坚持“内控先行”原则，及时组织有关员工进行培训。完善岗位职责及办事细则，规范业务操作流程，成立“业务运营风险集中整治工作领导小组”和办事机构，通过“整治”活动，促进防案和风险控制能力的明显提高。

加强党的基层组织建设，严格落实两个责任制。开展党的十八的学习、党的群众路线教育实践，基层党支部星级评定等活动。每两月召开支行防范案件分析会，调研查摆在两个责任制工作中的不足，积极进行整改。

落实服务提升措施，提高服务水平。认真实施《营业网点管理规范》提高员工的业务水平和熟练程度，优化服务技能；做好优质客户服务工作，对重点公司、机构、同业和个人优质客户的走访工作。做好柜面服务工作，帮助指导网点提升服务能力。

【营销管理】 集中精力抓好存款工作。认真研究存款工作中存在的问题，增强综合服务和整合营销意识，巩固和扩大优质客户群体，促进各项存款稳定增长，实现四行增量占比位次的提高。

加大优质信贷市场营销。继续做好优质大型客户和重点项目的营销工作，大力发展小企业和个人类贷款等战略性业务，巩固和扩大市场份额。尤其要加强与政府有关部门的联系，做好汇报沟通，及时掌握重点项目进展情况，做好跟进工作。

加强信贷管理，努力防范和化解信贷风险。重点抓好个人类不良贷款的清收工作，确保不良贷款余额和不良率的双降。

创新发展中间业务，加强各类新产品研究，深入研究客户需求，寻找切入点，在满足客户需求中拓宽收入来源。

持续改进和提升服务水平，做好渠道优化和业务流程优化工作，加快自助银行新建工作，进一步增强工行临清支行业务辐射能力，在服务客户和提高竞争能上有一个质的提高。

坚持从严治行，进一步规范经营行为，做到依法合规。

严格落实“一岗双责”，继续加强案防教育和员工行为动态管理工作，扎实做好防范案件各项措施，确保全年不发生任何案件事故。

【领导人更迭】

行　　长：韩庆光（2014.05 止）
　　　　　　高振荣（2014.12 起）

副行长级：程文玺

副 行 长：夏志平

纪 检 员：谭庆珠

行长助理：刘　军
曹彤林（2014.09 起）
经理三级：王桂河

（牛方超）

中国农业发展银行临清支行

【机构设置】 中国农业发展银行临清市支行成立于 1996 年 11 月，是国有农业政策性银行，主要任务是按照国家的法律、法规和方针、政策，以国家信用为基础，筹集农业政策性信贷资金，承担国家规定的农业政策性金融业务，代理财政支农资金的拨付，为农业和农村经济发展服务。截至 2015 年年底，下设会计结算部、客户部、办公室，有正式职工 18 人。秉承“至诚服务、有效发展、以人为本、构建和谐”的核心理念，在探索中前进，在改革中发展，管理手段日以先进，服务水平整体提升，各项业务快速发展。

【工作概况】 三年来，中国农业发展银行临清市支行作为临清市唯一政策性银行，在认真做好传统业务的基础上，积极拓展新业务，不断加大支农力度，在贯彻落实党和国家支农惠农政策措施、支持社会主义新农村建设、充分发挥农发行在农村金融中的骨干和支柱作用方面取得可喜成绩，累计发放中长期项目贷款 1 亿元，支持项目 1 个。

【储蓄存款】 中国农业发展银行临清市支行存款全部为对公存款，无储蓄存款。2013 年年末，存款余额 12175 万元，包括企业单位存款 10991 万元（其中单位活期存款 4156 万元、粮棉油收购资金存款 10 万元、保证金存款 6797 万元、应解汇款及临时存款 28 万元）、财政性存款 1184 万元。

2014 年年末，存款余额 16224 万元，包括企业单位存款 14661 万元（其中单位活期存款 5634 万元、粮棉油收购资金存款 5 万元、保证金存款 5970 万元、应解汇款及临时存款 8 万元、定期存款 3044 万元）、财政性存款 1563 万元。

2015 年年末，存款余额 32271 万元，包括企业单位存款 30900 万元（其中单位活期存款 13079 万元、粮棉油收购资金存款 5 万元、保证金存款 17383 万元、应解汇款及临时存款 33 万元、单位定期存款 400 万元）、财政性存款 1371 万元。

【信贷资金管理】 2013 年年末，中国农业发展银行临清市支行贷款余额 63499 万元，其中粮食贷款 25110 万元、棉花贷款 28289 万元、其他贷款 10100 万元。在全部贷款中政策性贷款 9527 万元、准政策性贷款 24372 万元、商业性贷款 29600 万元。2013 年累计发放贷款 85079 万元，累计回贷款 87603 万元。

2014 年年末，贷款余额 59027 万元，其中粮食贷款 18727 万元、棉花贷款 29600 万元、其他贷款 10700 万元。在全部贷款中政策性贷款 6527 万元、准政策性贷款 21800 万元、商业性贷款 30700 万元。2014 年累计发放贷款 85989 万元，累计收回贷款 87461 万元。

2015 年年末，贷款余额 73447 万元，包括政策指令性贷款 6527 万元、政策指导性贷款 36350 万元（其中：政策指导性短期贷款 26350 万元，政策指导性中长期贷款 1 亿元）、自营性贷款 30300 万元、贴现 270 万元。2015 年累计发放贷款 75043 万元，累计收回贷款 60623 万元。

【内部管理】 中国农业发展银行临清市支行立足实际，重点抓好优质客户服务维护工作，对盈利能力强、经营稳健、信誉较高的客户需求及时跟进，侧重政府重点项目的营销，对符合支持范围的企业积极纳入项目库培育。

针对客户资源相对丰富的实际情况，制定主攻对公存款的营销方针；在加大企业货款回笼监测力度的基础上，努力提高服务水平。

深化库存管理，针对粮食收购贷款，严把“五个关口”、狠抓“八个环节”、守住“十条底线”，按照“钱随粮走、库贷挂钩、购贷销还”的原则，坚持见粮付款、定期查库和收款出粮，做好粮油收购资金封闭运行。积极督促粮食、棉花企业促销收贷。做足夏收、秋收准备，确保资金供应。序时做好夏粮、秋粮收购前期准备及收购资格认定工作，及时向上级行申报认定涉粮客户的收购资格，并与当地统计、粮食部门沟通预测本年度种植、收购情况，深入主管部门、企业、村庄完成总行小麦种植情况、秋粮收购情况调研。开展信用等级集中评定。按照新年度客户评级授信办法要求，集中开展信用等级评定工作。

夯实基础管理。入企业、进车间、查库存、翻凭证，真实掌握企业动态，了解企业需求、帮助企业分析当前形势，有效解决企业困难，将风险防控条线前移。加强风险监测。强化企业动态分析，不定期结合经营实际，由客户经理结合近期监管情况，汇报分析企业风险点。每月定期召开分析例会。深化、细化风险防控制度，制定企业高管档案管理和变动跟踪制度。加强收购企业库存管理，实行交叉查库制度，同时为防止粮食收购贷款资金形成的粮食库存被承贷企业向其他单位或个人提供抵押、质押、担保及清偿债务，自制 “收购资金库存公告牌”，组织专人在该行贷款形成的粮食仓库门上张挂“公告牌”，向其他单位或个人提示相关的法律风险，有效地防范法律风险。

加强会计内控管理，认真提高工作质量。进一步强化管理意识，夯实管理基础，认真执行会计内控制度，严格按照综合业务会计应用系统操作规程办理业务。树立以经营为中心、以效益为中心的经营理念，加强组织核算，加强费用开支，圆满完成各项工作任务。

积极推进企业文化建设，做好档案管理工作。深入宣传、自觉践行农发行价值体系，弘扬以“忠诚事业、埋头苦干、严细管理”为灵魂的山东分行特色管理文化。强化办公室综合、协调、服务职能，充分发挥工会、共青团、妇女组织的作用，加强食堂建设，关心员工工作与生活，营造团结和谐的氛围。根据“档案即银行金融资产”的理念，安排全行上下切实加强档案管理，各部室必须按照时间要求，高标准，严质量完成档案整理工作，使档案管理工作继续保持一级行水平。

【营销管理】 中国农业发展银行临清市支行立足实际，重点抓好优质客户服务维护工作，对经营稳健、信誉较高的客户需求及时跟进，侧重政府重点项目的营销，对符合支持范围的企业积极纳入项目库培育。

全力支持粮棉油收储。提前做好粮食、棉花企业授信调查工作，及时发放贷款，这些贷款的投放有力的拓宽农民粮棉销售渠道，确保不给农民“打白条”，较好地解决地方性、区域性卖粮、卖棉难的问题。

稳妥开展自营性业务。严格续贷调查，实施“一企一策”，在充分分析企业风险点的基础上，落实有效担保，审慎支持自营性客户。在续贷调查中严格按照利率测算情况实施利率定价，实施存款、国际业务、中间业务及利率等一体化营销。

集中骨干力量，积极开展中长期项目营销，项目贷款取得新突破。该行把营销中长期项目贷款作为全年客户营销工作的重点。认真学习新办法、新要求，将各类文件学深学透，通过积极向政府部门汇报、加强沟通协调等方式，积极营销中长期项目。2015 年向临清市瑞源水务有限公司发放非经营性水利建设中长期贷款 1 亿元。同时积极做好项目储备工作，重点围绕水利建设项目、棚户区改造项目、农村路网、新型城镇化建设等领域。实行优质服务，主动介入制定项目建设和融资方案，制定针对性的融资模式。支持农村路网等基础设施建设。

【领导人更迭】

行　长：赵　明（2014.08 止）
　　　　李炳熙（2014.08 起）

副行长：杜生华（2013.09 止）
肖　铮（2014.01 止）
吕红军（2014.01—2015.09）
杨武晓（2015.09 起）
陶　华（女，2014.03 起）

（牛方超）

中国建设银行临清支行

【机构设置】 中国建设银行股份有限公司临清支行设两部一室，综合部、客户服务部、营业室，辖新华路分理处、大众路分理处、东方红分理处，新华中路分理处、青年东路分理处。

【工作概况】 2013 年以来临清支行认真贯彻落实市分行的各项战略部署，充分发挥集体智慧，以“精耕细管、严控风险；注重创新，提升服务；统筹兼顾，突出重点；因地制宜，加快发展”为总体思路，围绕“固基础、拓客户、扩规模、争份额、提占比，打造客户首选银行”的总体要求，以存款和中间业务为重点，抓班子，带队伍，凝心聚力，紧盯同业抓存款，强化创新促中收，加强管理夯基础，各项业务实现快速健康发展。认真贯彻落实市分行的各项战略部署，围绕“拼市场、抢客户；扩规模，争份额；调结构，固基础；强管理，控风险，抓班子，带队伍”的总体思路，以“55339”为总体目标，加快发展速度，夯实管理基础，凝聚员工力量，较好地完成各项工作任务。认真贯彻落实省、市分行工作部署，以“稳中求进有质量发展”为总基调，突出“转型、强基、进位、提质、控险”十字方针，以实现“标本兼备的科学发展”为目标，积极应对经济下行形势和同业竞争，加快转型创新，强化过程管理，带领全行员工攻坚克难，奋力拼搏，主要业务均取得较好的经营成果。

【储蓄存款】 2013 年坚持紧盯市场占比，拼抢市场份额。开展“金蛇迎盛世，建行喜连连”个人旺季营销活动，紧抓双节资金流充裕时机，大力营销储蓄存款。加大对网点的奖惩力度，增强网点负责人的竞争意识和发展意识。下发“奋战红六月，存款上台阶”的阶段性办法，全行抓营销，全力增存款。抓住理财产品到期产品收益高的机会，积极营销行外客户和资金，大力争取份额占比。12 月底，个人存款余额达到 14.06 亿元，较年初新增 7639 万元。

2014 年，围绕分行个人业务精细化管理实施方案，突出“三抓”：抓考核。加大对个人存款激励考核力度，设定存款先锋奖，占比提升奖，同时对行机关人员核定一定的存款任务，制成奖罚措施，形成全行人人抓存款的营销氛围。抓关键人。充分发挥网点负责人、客户经理、产品经理、青年员工突击队的作用，组成营销攻关小组，攻坚克难营销存款。抓优势产品，充分利用特色储蓄收益优势和理财ＰＯＳ利器，吸引外行资金；准确把握聚财宝起点低、计息灵活、定期收益的特点，积极梳理确定目标客户，精准营销，年末个人存款余额 16.06 亿元，新增 1.95 亿元，系统居第二位。在四大银行中居第二位。

2015 年，个人存款落实精细化管理要求，强化网点经理、客户经理、产品经理、大堂经理作用，带动存款增长。同时着力加强理财类、市场类、代发类和代收费类源头营销。对聚财产品、特色储蓄、金管家、大额可转让存单等产品进行重点营销，吸引行外资金，促进个人存款的稳定增长。个人存款时点和日均新增分别为 25696 万元、29760 万元，均居四大银行第二位。个人存款时点和日均新增均为历年来的最高。

【信贷资金管理】 2013 年，面对经济下行形势，重点加强中小企业存量客户的贷后管理和授信结构调整，并择优转化为助保贷客户。2014 年，通过调整产品结构，以国内信用证替代银行承兑汇票，降低资本占用，为客户提供新的融资渠道，同时拓展供应链融资产品的服务领域，增加存款和中间业务收入。通过以低成本业务替代贷款业务，在全区率先营销中小企业信用证议付、全额保证金流动资金贷款业务，拉动中小企业客户信贷投放和存款的增长。优化信贷结构，扩大在当地金融市场的影响力和市场竞争。

2015 年在信贷管理上，加强贷款档案的规范性，保持评级的连续性，面对经济下行形势，加强中小企业贷后走访，对各项风险监测、预警采取积极的应对措施，确保信贷资金安全。在资产质量上，积极加强与上级行沟通，全力做好中治银河纸业公司不良贷款的回收处置工作。成功化解 1.94 亿元不良贷款。不良额和不良率实现双降，个人贷款保持零不良。

【信用卡业务】 信用卡业务快速发展，三年来信用卡客户新增 10004 户，每年新增均在市分行排名前三。其中预审批新增 4955 户。

【内部管理】 2013 年，研究制定《临清支行基础管理考核实施要求》，进一步明确责任，细化量化考核：对在基础管理中的考核失分项，落实责任人，加大奖罚力度，进一步提升基础管理精细化管理水平。对《中国建设银行员工职业操守》《中国建设银行员工从业禁止若干规定》等进行集中学习，签订《廉洁合规从业承诺书》和《抵制自办和违规代办业务承诺书》，组织新入行员工及各网点柜员主管参观市人行预防职务犯罪警示教育基地，都进一步增强员工的合规操作意识。

2014 年，在考核办法上，以市分行基础管理考核为总抓手，制定基础管理实施细则，加大奖罚力度，同时针对失分项加强整改落实和责任追究。在会计管理上，重点关注稽核差错率。盯紧重点人员、重点岗位，重点环节，采取自查、他查、互查凭证等方式，减少差错的发生。

2015 年，精研细读市分行基础管理考核办法，同时结合临清实际，修订下发《临清支行基础管理考核办法》，将考核指标层层分解到部室、网点，责任到人。加强对基础管理工作的考核和督导，查找问题，全面整改，基础管理工作日益规范。上半年一直保持县支行考核第一的位次。积极组织员工参与“合规大家谈”“飞单”行为专题座谈会，写心得、谈看法，增强员工的合规意识。在全行员工大会上播放微电影《失衡的人生》《掮客》等，用真实的案例进行员工案防教育，同时特邀临清市检察院预防职务犯罪宣讲团进行宣讲，切实做到警钟常鸣。

【特色工作】 2013 年，坚持开展“服务照镜子、找差距，促提升”活动。定期在全行组织观看录像，坚持不懈地抓规范，养成良好服务习惯，完善服务细节，规范服务流程。服务管理保持优势地位。二、三季度服务工作分别以 96.07 分、94.66 分在分行排名第三和第一位，获得“服务管理优胜奖”。

2014 年开展网点服务专项提升活动，通过查找服务短板，观摩先进、座谈交流进一步明确上级行的规范要求；把日常检查与发现员工亮点有机结合，注重激发集聚员工正能量，营造比服务、创佳绩的工作氛围，督促落后网点和员工切实整改，促进整体服务水平提升。二季度从县支行第七名跃居第一名，第三季度服务居县支行第三位。

2015 年完成对网点员工的星级评定，八岗位中三星级员工 24 个，四星级员工 7 个、五星级员工 4 个，形成中星级员工为主力的业务骨干团队。

【领导人更迭】

行　长： 董经庆（2013.04 止）
孙建胜（2013.04 起）

副行长： 李克良
彭艳春（2014.05 止）
刘鹏翔（2015.05 起）

（牛方超）

农村商业银行

【机构设置】 2013年临清市农联社设有办公室、人力资源部、财务会计部、业务管理部、电子银行部、资产管理部、审计部、合规部、监察保卫部、公司业务部、个人贷款业务部、贷款检查辅导中心、小微信贷中心、营业部14个部室。2015年改制后临清农商银行设综合部、财务会计部、业务管理部、资产管理部、电子银行部、个人类贷款审查审批中心、不良资产经营中心、个人贷款、合规部、审计部、监察保卫部、公司业务一部、公司业务二部、小微信贷中心14个内部职能部门和1个营业部。

2013年年底，临清市农联社有31家分支机构，其中1个营业部，9个信用社，14个信用分社，7个扁平化管理分社。临清市农联社31家分支机构，其中营业部和9家信用社，14家信用分社由联社直接管理，7家信用分社由联社实行扁平化管理。

【工作概况】 主要业务规模及利润情况。2013年年底，临清市农联社资产总额为815462万元，较年初增加100926万元，其中各项贷款余额484546万元，较年初增加58379万元，不良贷款余额为9797万元，较年初下降209万元，不良贷款占比为2.02%，较年初下降0.33个百分点。负债总额751653万元，较年初增加95601万元，其中各项存款707328万元，较年初增加86384万元；所有者权益63809万元，其中股本金余额44115万元；实现账面盈余10221万元，较去年同期增长4771万元，经营利润实现22959万元。

2014年年底，临清联社资产总额为657675万元，较年初增加142213万元，其中各项贷款余额55.34亿元，较年初增加6.88亿元，不良贷款余额为1.42亿元，较年初增加4403万元，不良贷款占比2.57%，较年初上升0.55个百分点。负债总额892558万元，较年初增加140027万元，其中各项存款843679万元，较年初下降234883万元；所有者权益8.64亿元，其中股本金余44115万元；实现账面盈余9110万元，较去年同期减少1112万元，经营利润实现26278万元。

2015年年底，临清农商银行资产总额为111.51亿元，较年初增加16.18亿元，其中各项贷款余额61.27亿元，较年初增加5.93亿元，不良贷款余额为1.57亿元，较年初增加0.15亿元，不良贷款占比2.56%，较年初下降0.01个百分点。负债总额103.10亿元，较年初增加14.28亿元，其中各项存款97.78亿元，较年初增加13.41亿元；所有者权益8.41亿元，其中股本金余额5.41亿元；实现账面盈余1.41亿元，较去年同期增长0.50亿元，经营利润实现3.60亿元。

【储蓄存款】 截至2013年年底，临清联社各项存款余额707328万元，较年初增加86384万元，增幅13.91%，其中储蓄存款余额673793万元，较年初增加86335万元，增幅14.7%，储蓄存款占各项存款的95.26%。

截至2014年年底，临清联社各项存款余额843679万元，较年初增加13651万元，增幅19.28%，其中储蓄存款余额811173万元，较年初增加137380万元，增幅20.39%，储蓄存款占各项存款的96.15%。

截至2014年年底，临清联社各项贷款余额553374万元，较年初增加68828万元，增幅14.2%，当年累计发放贷款687751万元，其中个人类贷款余额203511万元，当年累计发放贷款265684万元，单位类贷款349863万元，较年初增加108356万元，当年累计发放贷款422067万元。涉农贷款余额531310万元，较年初增加66431万元，增幅14.29%，涉农贷款占全部贷款的96.01%。

截至2015年年底，临清农商银行各项存款余额977825万元，较年初增加134147万元，增幅15.9%，其中储蓄存款余额937119万元，较年初增加137380万元，增幅15.53%，储蓄存款占各项存款的95.84%。

【信贷资金管理】 截至2013年年底，临清联社各项贷款余额484546万元，较年初增加58379万元，增幅13.7%，当年累计发放贷款726970万元，其中个人类贷款余额243039万元，当年累计发放贷款357187万元，单位类贷款241507万元，较年初增加64753万元，当年累计发放贷款294273万元。涉农贷款余额464879万元，较年初增加76825万元，增幅19.8%，涉农贷款占全部贷款的95.94%。

截至2014年年底，临清联社资产总额为657675万元，较年初增加142213万元，其中各项贷款余额55.34亿元，较年初增加6.88亿元，不良贷款余额为1.42亿元，较年初增加4403万元，不良贷款占比2.57%，较年初上升0.55个百分点。负债总额892558万元，较年初增加140027万元，其中各项存款843679万元，较年初下降234883万元；所有者权益8.64亿元，其中股本金余44115万元；实现账面盈余9110万元，较去年同期减少1112万元，经营利润实现26278万元。

2015年推出的新产品"第三方监管动产质押+保理"贷款、"订单贷+保理"贷款、非上市公司股权质押贷款、"薪酬贷"贷款、"农机贷"贷款等。

截至2015年年底，临清农商银行各项贷款余额612681万元，较年初增加59307万元，增幅10.72%，当年累计发放贷款702947万元，其中个人类贷款余额188282万元，当年累计发放贷款247819万元，单位类贷款24399万元，较年初增加74536万元，当年累计发放贷款455128万元。涉农贷款余额590330元，较年初增加59020万元，增幅11.11%，涉农贷款占全部贷款的96.35%。

【内部管理】 业务管理部具体负责全辖资产、负债、中间及表外业务的全面风险控制与监督检查，重点做好各类资产业务的风险预警跟踪和实时监控。通过风险控制与监督，对经营活动中已经出现的资产风险和风险隐患，提出相应的防范化解措施，推动各项业务的健康发展。

2013年以来临清市农联社先后制定《2013年联社机关存款考核办法》《临清市农村信用合作联社表外不良贷款清收办法（暂行）》《临清市农村信用合作联社内控管理考核办法（试行）》《临清市农村信用合作联社表外不良贷款清收办法（暂行）》《临清市农村信用合作联社基本建设管理暂行办法》《临清市农村信用合作联社综合营业楼基本建设管理暂行办法》《临清市农村信用合作联社基层网点等级管理考核暂行办法》《临清市农村信用合作联社客户经理贷款交接实施细则（试行）》《临清市农村信用合作联社信贷专管员交接实施细则（试行）》《临清市农村信用合作联社绩效薪酬延期支付管理暂行办法》《临清市农村信用合作联社基层网点等级管理考核暂行办法》《临清市农村信用合作联社重组贷款管理暂行办法（试行）》《临清市农村信用合作联社重大事项报告管理暂行办法》《临清市农村信用合作联社客户经理等级管理暂行办法》《临清市农村信用合作联社质押贷款管理办法》《临清市农村信用合作联社小微企业新增不良贷款责任追究和尽职免责管理办法》《临清市农村信用合作联社新增不良贷款责任认定与追究管理暂行办法》《城区网点及新建网点业务拓展费管理办法》《临清市农村信用合作联社借新还旧和转入贷款专项考核办法》《临清市农村信用合作联社到期贷款管理暂行办法》《临清市农村信用合作联社2013年第四季度业务考核办法》《临清市农村信用合作联社小微企业金融服务经营绩效考核办法》《临清市农村信用合作联社统计工作考评办法》《临清市农村信用合作联社新版客户风险统计制度管理办法》《临清市农村信用合作联社2013年第四季度业务考核办法》《临

清市农村信用合作联社个人类贷款审查审批中心管理办法（试行）》，2014年以来临清市农联社先后制定了《2014年联社机关存款考核办法《临清市农村信用合作联社表外不良贷款清收办法（暂行）》《临清市农村信用合作联社内控管理考核办法（试行）》《临清市农村信用合作联社表外不良贷款清收办法（暂行）》《临清市农村信用合作联社基本建设管理暂行办法、《临清市农村信用合作联社综合营业楼基本建设管理暂行办法》《临清市农村信用合作联社基层网点等级管理考核暂行办法》《临清市农村信用合作联社客户经理贷款交接实施细则（试行）》《临清市农村信用合作联社信贷专管员交接实施细则（试行）》《临清市农村信用合作联社绩效薪酬延期支付管理暂行办法》《临清市农村信用合作联社基层网点等级管理考核暂行办法》《临清市农村信用合作联社重组贷款管理暂行办法（试行）》《临清市农村信用合作联社重大事项报告管理暂行办法》《临清市农村信用合作联社客户经理等级管理暂行办法》《临清市农村信用合作联社质押贷款管理办法》《临清市农村信用合作联社小微企业新增不良贷款责任追究和尽职免责管理办法》《临清市农村信用合作联社新增不良贷款责任认定与追究管理暂行办法》《城区网点及新建网点业务拓展费管理办法》《临清市农村信用合作联社借新还旧和转入贷款专项考核办法》《临清市农村信用合作联社到期贷款管理暂行办法》《临清市农村信用合作联社2014年第四季度业务考核办法》《临清市农村信用合作联社小微企业金融服务经营绩效考核办法》《临清市农村信用合作联社统计工作考评办法》《临清市农村信用合作联社新版客户风险统计制度管理办法》《临清市农村信用合作联社2014年第四季度业务考核办法》《临清市农村信用合作联社个人类贷款审查审批中心管理办法（试行）》，临清农商银行于2015年12月成立，成立时间较晚，因此在本监管周期内，机构内控制度主要是由原临清市农村信用合作联社出台的。2015年先后制定《临清市农村信用合作联社内勤柜员考核办法（试行）》《临清市农村信用合作联社会计主管考核办法（试行）》《临清市农村信用合作联社电子银行业务突发事件应急预案》《临清市农村信用合作联社财务管理暂行办法》《关于进一步加强授权授信管理的通知》《临清市农村信用合作联社银行间市场业务操作规程》《临清市农村信用合作联社信贷独立审批人制度实施细则（试行）》《临清市农村信用合作联社请销假及考勤制度（2015年修订）》等制度、办法，进一步完善内控制度。同时组织各部门对基层社的各方面工作进行检查辅导，对违规行为严格按照规定给予处理，进一步规范员工的操作行为，有效规避风险。

【工作成绩】 临清联社连续13年被评为省级文明单位，连年获得支持地方经济发展贡献奖、临清市工会工作先进单位、全市2013年度、2014年、2015年度纳税50强企业（聊城市国税局、聊城市地税局）、临清市2013年度、2014年度、2015年纳税50强企业。

【领导人更迭】

理事长： 王怀瑞（2015.12止）
董事长： 王怀瑞（2015.12起）
主　任： 刘合刚（2014.04止）
李　然（2014.04-2015.12）
行　长： 李　然（2015.12起）
监事长： 孙志强（2014.10止）
孙　冰（2014.10起）
副主任： 季文岗（2014.10止）
许桂芹
赵　义（2014.10-2015.12）
副行长： 许桂芹
赵　义（2015.12起）

（牛方超）

沪农商村镇银行

【机构设置】 截至2015年12月，临清沪农商村镇银行设有综合管理部、营业部、风险管理部、市场部4个部室和新华支行，同时成立小微金融中心。

【工作概况】 2013年实现拨备后利润1291万元，净利润959万元；资产利润率为1.8%，资本利润率为19.8%。各项存款余额65113万元。各项贷款余额37376万元。不良贷款率为0。存贷比为57.4%。资本充足率为15.65%，核心资本充足率为14.52%。2013年在临清市委市政府的领导下和主发起行的大力支持下，在董事会的领导和全体干部员工的努力下，本行较好地完成各项经营管理目标。实现“三个全省第一”，即：存贷款规模第一，经营效益第一，综合考评第一，受到主发起行表彰和奖励。被市委市政府授予2013年度“支持地方经济发展先进单位”称号。在条线考核上，综合条线新闻宣传荣获全国第二名，受到主发起行通报表彰和奖励。

2014年实现拨备前利润3561万元，实现利润总额2929万元，比上年增加1633万元，增幅为126%，完成全年计划的162%；资产利润率为2.51%，资本利润率为36.12%，资本回报率为44.5%。2014年累计获取补贴914.79万元，其中包括中央财政426.6万元定向补贴。2014年，在临清市委市政府和各职能部门的大力支持下，在各位股东关心帮助下，在主发起行的具体指导下，在董事会的具体领导下，全行员工齐心协力，攻坚克难，扎实开展工作，取得较好业绩。在2014年度考评中，取得全国第一名，受到主发起行的表彰和奖励。

2015年实现拨备前利润3991.71万元（含各级政府补贴1397.62万元），实现利润总额3531.61万元，利润总额比上年增加706.15万元，增幅为25%，完成全年计划的114.5%；资产利润率为2.12%，资本利润率为30.05%，资本回报率为52.78%。其中，年内累计获取补贴1397.62万元，包括中央财政给予的金融机构定向费用补贴及涉农贷款增量奖励779.2万元，省级定向补贴及奖励397.57万元、区财政涉农贷款增量奖励59万元，以及县级定向补贴及奖励161.85万元。

【储蓄存款】 2013年年底，各项存款稳步提升。负债65960万元。各项存款余额65113万元。其中对公存款33530万元，占比51.5%；储蓄存款31583万元，占比48.5%。从存款客户结构来看，对公客户为430户，占比2.38%；个人客户17645户，占比97.62%。早部署，早动员。2013年年初，临清沪农商村镇银行及时召开动员大会，对存款工作进行安排，分析形势，明确目标，制定措施，确保经营工作的扎实开展。特别是积极参与到临清市城镇化建设，全年配合营销多处拆迁项目，集中对村民和住户一户户上门进行营销，努力提高存款留存率。大力推广借记卡、网上银行、代发工资等业务。截至2013年12月月底，临清沪农商村镇银行共发行借记卡8167张，开通个人网银1589户，开通企业网银165户，居全国35家沪农商村镇银行第二名。为进一步推动电子银行业务发展，临清沪农商村镇银行以绩效考核调动员工积极性，形成大堂内外小联动，市场部大联动的营销局面，以自发、主动的热情拓展网银业务。这一经验已被主发起行向全国35家沪农商村镇银行进行推广，并在全国会议上做典型发言。借鉴对接行经验，开展“扫街”活动，拉动存款增长。大力实施“四进”战略，即进企业、进市场、进园区、进社区，每周组织人员，开展面对面的宣传演示，让客户全面、直观地了解临清沪农商村镇银行产品，持续不断开展扫街、扫楼活动，先后在临清沪农商村镇银行周围、鲁润商场、农贸市场、义乌商贸城等地进行，收到良好的效果。

2014年负债总额106841万元，比年初增加40947万元，增幅62%。各项存款余额为104981万元，比年初增加39868万元，完成全年增长计划的111%。其中，对公存款余额59968万元，比年初增加26438万元；储蓄存款余额45013万元，比年初增加13430万元。各项存款日均81469万元，比上年增加34855万元。在全市金融机构中，临清沪农商村镇银行存款市场份额为4.43%，比年初提高1个百分点。抢抓对公存款。坚持“既抓西瓜，又抓芝麻”的经营策略，主攻财政、社保、安居项目资金等，从机关到社区到乡镇到村居，层层推进，收到良好效果，全年对公存款增加2.6亿元。做实储蓄存款。在做好宣传的同时，积极推进代理业务，以电子产品营销为契机，先后开展“储蓄存款竞赛”“走街巷、进社区”“向行庆献礼存款营销”等营销活动，促进储蓄存款的稳步增加，全年储蓄存款余额占比达到43%，达到4.5亿元，比年初增加1.3亿元。

2015年负债总额125293.89万元，比年初增加18349.17万元，增幅17.16%。各项存款余额为122010万元，比年初增加17029.15万元，完成全年增长计划的130.8%。其中，对公存款余额43720万元，比年初降低16248万元；储蓄存款余额78290万元，比年初增加33277万元。各项存款日均105753万元，比上年增加24284万元。在全市金融机构中，临清沪农商村镇银行存款市场份额为4.52%，比年初提高0.17个百分点。重点加强储蓄存款营销力度。临清沪农商村镇银行以利率上浮和存款有保障为宣传切入点，通过电视台、乡村宣传站等载体加大宣传力度，收到良好效果，全年储蓄存款占比达到64%，余额达到7.8亿元，比年初增加3.3亿元，首次超过单位存款余额，增强存款的稳定性。加强对公存款营销力度。行领导班子带领客户经理对重点客户逐户进行分析，对大的资金项目进行跟踪，抓好落实，2015年实现行政单位代发业务突破。全年对公存款达到4.4亿元，受经济形势等因素影响，比年初下降1.6亿元。11月，临清沪农商村镇银行成功竞标临清市财政局乡镇代理国库项目，为下一步开展乡镇代理业务提供基础。

【信贷资金管理】 2013年年底，临清沪农商村镇银行资产总额71275万元。各项贷款余额37376万元，户均贷款175.47万元。其中对公贷款25855万元，个人贷款11521万元。按人行统计口径计算的2013年年底涉农类贷款余额37376万元，占贷款总额100%，全部做到“取之于当地、用之于当地”。2013年，临清沪农商村镇银行组织客户经理赴镇（街道）了解客户的生产经营情况，储备客户，为全年工作打下良好的基础。通过与各镇召开银企对接会、座谈会，积极建立合作关系，签订合作框架协议，积极营销小微企业优质客户，充分发挥临清沪农商村镇银行决策链短、机制灵活的优势，对符合临清沪农商村镇银行贷款政策的小微企业、个体工商户等优质客户，按客户资信情况确定授信额度，按生产周期确定贷款期限，快事快办，特事特办，及时满足企业资金需求，助力地方经济发展，自身市场占有率也得到进一步提升。为加强信贷风险防控，对贷款实行全流程管理，严格把控，对于贷款金额100万元以上的客户，要求分管行长必须全部实地到客户处进行调查了解，充分发挥好第一道防线的作用，取得明显效果。自开业以来，到期贷款收回率100%，未发生一笔逾期或欠息行为，全部为正常贷款，极大保障信贷资金安全。

2014年资产总额114372万元，比年初增加43035万元，增幅60.33%。各项贷款余额为54018万元，比年初增加16643万元。其中，农户贷款余额11628万元，小微企业贷款余额49044万元，农户和小微贷款合计占全部贷款比重达到99.81%；户均贷款176万元。开展全方位的贷款营销，新增贷款企业76户。推广“惠众贷”和“随薪贷”业务，与财政局、人社局开展涉农扶持贷款、财政贴息贷款，拓宽服务渠道，提高社会影响力。开展“阳光信贷”，公开服务承诺，提高办事效率，提升社会形象。在2013年12月份山东省银监局主持召开的“辖内村镇银行阳光信贷经验交流会”上，临清沪农商村镇银行作典型发言。

2015年资产总额135360.24万元，比年初增加20988.28万元，增幅18.35%。各项贷款余额为65355.61万元，比年初增加11337.59万元，完成全年增长计划的113.38%。其中，农户贷款余额18407.95万元，小微企业贷款余额59776.13万元，农户和小微贷款合计占全部贷款比重达到99.85%；当年发放支农再贷款2000万元；户均贷款97.55万元，比年初下降78.98万元。加大贷款投放力度，努力提高资金效益。对老客户进行二次营销，争取机会促成业务；加大市场营销力度，挖掘新客户。在办理贷款业务上，继续开展阳光信贷业务，对每一项业务明确到人，提高客户满意度。确保利息收入按时收回。认真督促客户经理密切关注客户经营情况，确保贷款利息能及时入账。积极申请支农再贷款。2015年5月29日成功申请2000万元支农再贷款资金，为贷款后续投放提供资金支持。积极推进贷款新品种。发放银团贷款1500万元，发放农村土地经营权抵押贷款100万元。此外还开办贴现、保函等业务，有效拓展信贷市场。

【内部管理】 按照现代金融企业的要求，临清沪农商村镇银行切实加强内部控制建设，建立“对风险进行事前防范、事中控制、事后监督和纠正的动态过程和机制”的内部控制体系，明确划分相关部门之间、岗位之间、上下级之间的职责，确保风险管理体系的有效性，以及业务记录、财务信息和其他管理信息的及时、真实和完整，保证国家法律法规和内部规章制度的贯彻执行，以及发展战略和经营目标的全面实施和充分实现。

授信方面。实行统一授信管理，健全客户信用风险识别与监测体系，完善授信决策与审批机制，防止单一客户、关联企业客户和集团客户风险的高度集中，防止违反信贷原则发放关系人贷款和人情贷款，防止信贷资金违规投向高风险领域和用于违法活动。

资金业务方面。临清沪农商村镇银行对于资金业务对象和产品实行统一授信，实行严格的前后台职责分离，建立中台风险监控和管理制度，防止资金交易员从事越权交易，防止欺诈行为，防止因违规操作和风险识别不足导致的重大损失。

存款及柜台业务方面。对营业网点、要害部位和重要岗位实施有效监控，严格执行账户管理、会计核算制度和各项操作规程，防止内部操作风险和违规经营行为，防止内部挪用、贪污以及洗钱、金融诈骗等非法活动，确保本行和客户资金的安全。

中间业务方面。该行在取得相应资质的情况下，加强人员业务资格和内部业务授权，建立并落实相关的规章制度和操作规程，按委托人指令办理业务，防范或有负债风险。

会计方面。该行实行统一管理，严格执行会计制度和会计操作规程，运用计算机技术实施会计内部控制，确保会计信息的真实、完整和合法，严禁设置账外账、乱用会计科目，严禁编制和报送虚假会计报表。

计算机信息系统方面。临清沪农商村镇银行严格划分计算机信息系统管理部门和应用部门的职责，建立和健全计算机系统风险防范制度，确保计算机系统设备、数据、系统运行和系统环境的安全。

【其他工作】 市场营销。为进一步化解融资难、担保难的问题，在主发起行的牵头下，临清沪农商村镇银行与台湾中小融辅公司合作成立小微金融中心。成立首年，发放贷款211笔，贷款余额2151.22万元，全年贷款利息收入122.89万元。该中心成立后，积极开展入职培训，让客户经理在较短时间内掌握小微信贷技术，熟悉村行企业文化。强化营销，选聘两名具有丰富市场营销经验和较高风险管理水平的人员担任小微管理层，将客户经理分成两个营销团队进行营销。强化风险防控，利用引进的中小融辅公司的小微贷款管理平台，增加一道准入门槛，提高风险识别能力。客户经理在系统中录入贷后调查报告及财务报表信息后，系统自动进行监控并发出预警信息，真正实现贷款业务的全流程风险管理。

*强化信贷风险管理，促进合规发展。*2015年进一步细化完善《临清沪农商村镇银行信贷条线服务与内控百分考核暂行管理办法》和《临清沪农商村镇银行星级客户评定办法》。在办理贷款的过程中，要求信贷经办人员严格按照相关制度操作，督导相关人员提高贷前工作效率和工作质量。严把贷款审查关。进一步提高审查门槛，尤其针对制造业及行业集中度风险较高的企业，严把贷款准入关，不断筛选剔除风险隐患大的客户，防范信用风险。进一步发挥风险管理部在贷款各个环节主动管理的作用，通过贷前平行作业和贷后滚动检查的方式加强操作环节风险管理。2015年，风险管理部与前台客户经理累计开展平行作业85次，否决客户18户。

*加强案防教育，为村行发展保驾护航。*加强对全体员工的法纪教育、安全教育和自律教育，增强员工遵纪守法、遵章守纪的自觉性和安全防范意识。进行消防、安全保卫等方面的演练，有力的提高全员的防范意识和应变突发事件的能力，做到警钟长鸣。同时还组织全行员工签署安全保卫目标责任书、案件防控目标责任书，层层落实安全防范责任制。召开案防工作领导小组会议，对全行进行案防教育。严格加强科技管理。认真执行《临清沪农商村镇银行信息系统日常运维管理暂行规定》，落实每日巡检制度，把握风险点防控，严格依照业务流程操作，杜绝各类违规事件的发生。

*强化培训。*临清沪农商村镇银行把技能训练当作重点工作来抓。在山东分部举办的多次技能比赛中多次取得团体第一名好成绩和个人单项成绩好名次，起到极大激励作用。

*服务工作措施得力，工作效率大大提高。*优质的服务是临清沪农商村镇银行工作重点之一。优质文明服务永无止境，重在坚持，贵在落实，三尺柜台是银行的窗口，小小窗口反映出的是银行的整体面貌。结合主发起行开展的非现场服务质量评比，临清沪农商村镇银行在服务上注重细节和特色创新：坚持晨会从不间断。在晨会上传达上级文件精神，部署当日工作；为减少客户等候时间，坚持先外后内，把代发工资、ATM清加及加钞、发放贷款等繁琐业务，利用中午、下午下班后或客户较少的时段办理。大堂经理对需要填写的单据、手续进行模版化管理，同时做好指导填写，初步审核，大大提高柜面工作效率。利用现场检查和监控回放对柜员服务进行监督考核。

加强对全体员工的法纪教育、安全教育和自律教育，增强员工遵纪守法、遵章守纪的自觉性和安全防范意识。组织中层以上干部到市检察院预防职务犯罪教育基地学习，先后邀请人民银行纪检部门、市检察院到临清沪农商村镇银行进行预防职务犯罪教育。召开四次案防工作领导小组会议，对全行进行案防教育。每月开展一次安全保卫排查，尤其是对监控探头、ATM监控、消防器材进行重点检查，消除隐患。

*丰富员工文体活动。*全年开展丰富的文体活动，其中仅在2015年，临清沪农商村镇银行1月份开展金羊开泰迎新春晚会，9月举办羽毛球比赛，10月举办第一届员工运动会，开展《如何做一名优秀的银行员工》读书活动。通过文体活动，磨炼意志，增强团队凝聚力。

紧跟主发起行指导要求，努力做好全面预算管理。年初认真做好年度预算，每月做好预算执行情况分析，既为经营发展做好数据分析服务，又要对经营起到指导作用。同时结合分部的财务分析，发挥临清沪农商村镇银行的优势、查找与他行的差距，做好成本控制，努力实现利润最大化。同时做好财政补贴的申报工作。该行积极就涉农贷款奖励资金与专项费用补贴方面的问题与各级财政部门进行沟通联系，圆满完成了财政资金补贴的申报工作。

【领导人更迭】

行　　长：李　华（2013.11 起）

副 行 长：李　滨（2013.11—2014.05）

马道华（2014.05 起）

行长助理：马道华（2013.11—2014.05）

李　伟（2014.10 起）

（牛方超）

中国人寿保险股份有限公司临清市支公司

【机构设置】 按照上级公司机构设置规定，设置业务科室 3 个：个险销售部、中介业务部、团体业务部，后台运营科室 1 个：客户服务部，后勤保障科室 1 个：综合部。

按照市场细分营销策略，三个业务科室分别下设三个业务拓展部，简称三渠九部：个险销售部下设城区业务拓展部、区域市场业务拓展部、农村业务拓展部；中介业务部下设理财经理拓展部、客户经理拓展部、机构业务拓展部；团体业务部下设渠道业务拓展部、小额业务拓展部、法人业务拓展部。

其中个险销售部农村业务拓展部下设 6 个农村营销服务部：金郝庄营销服务部、老赵庄营销服务部、康庄营销服务部、戴湾营销服务部、唐元营销服务部、烟店营销服务部。

【工作发展概况】 2013 年国寿临清市支公司实现保费收入 6834.12 万元，其中长险首年保费 3054.51 万元，续期保费 3259.73 万元，一年期定期寿险 44.08 万元，短险 462.73 万元，均为股份公司业务。个险销售部实现保费收入 2991.96 万元，同比增长 430.25%，占总保费比重 44.15%。其中长险首年期交保费 371.16 万元，同比增长 -13.77%，完成年度预算的 47.6%，短险 137.12 万元，同比增长 4.03%，完成年度预算的 65.29%；中介业务部实现保费收入 3185.49 万元，同比增长 43.85%，占总保费收比重 47%，其中长险首年期交保费 207.37 万元，同比增长 -46.9%，完成年度预算的 54.15%，短险 6.39 万元，同比增长 -3.2%，完成年度预算的 19.95%；团险销售部实现保费收入 598.99 万元，同比增长 69.83%，占总保费比重 8.84%，其中长险首年期交保费 19.27 万元，同比增长 -15.21%，完成年度预算的 31.72%，短险 319.22 万元，同比增长 80.01%，完成年度预算的 99.76%。

2014 年国寿临清市支公司实现保费收入 5873.29 万元，其中长险首年保费 1955.98 万元，续期保费 3293.93 万元，一年期定期寿险 50.29 万元，短险 623.38 万元，均为股份公司业务。个险销售部实现保费收入 3261.27 万元，同比增长 539.86%，占总保费比重 55.53%。其中长险首年期交保费 577.37 万元，同比增长 55.56%，完成年度预算的 73.33%，短险 139.91 万元，同比增长 2.04%，完成年度预算的 63.6%；中介业务部实现保费收入 2058.24 万元，同比增长 -35.39%，占总保费收比重 35.04%，其中长险首年期交保费 178.05 万元，同比增长 -14.14%，完成年度预算的 55.28%，短险 12.72 万元，同比增长 99.24%，完成年度预算的 84.82%；团险销售部实现保费收入 481.58 万元，同比增长 -2.47%，其中长险首年期交保费 25.84 万元，同比增长 34.09%，短险 470.74 万元，同比增长 47.47%，完成年度预算的 108.35%。

2015 年国寿临清市支公司实现保费收入 7279.99 万元，其中长险首年保费 3146.3 万元，续期保费 3412.73 万元，一年期定期寿险 56.63 万元，短险 682.73 万元，均为股份公司业务。个险销售部实现保费收入 3809.7 万元，同比增长 16.82%，占总保费比重 52.61%。其中长险首年期交保费 889.79 万元，同比增长 54.11%，完成年度预算的 117.08%，短险 153.76 万元，同比增长 9.90%，完成年度预算的 69.89%；中介业务部实现保费收入 2734.2 万元，同比增长 32.87%，占总保费收比重 37.76%，其中长险首年期交保费 451.96 万元，同比增长 153.84%，完成年度预算的 124.85%，短险 21.29 万元，同比增长 108.88%；团险销售部实现保费收入 543.86 万元，同比增长 12.93%，占总保费比重 7.51%，其中长险首年期交保费 45.47 万元，短险 498.39 万元，同比增长 5.87%，完成年度预算的 93.16%。

【内部管理】 坚持“三重一大”集体研究、决策制度，2013 年召开经理办公会 4 次，支委会 5 次，2014 年召开经理办公会 8 次，支委会 13 次，2015 年召开经理办公会 8 次，支委会 13 次。

建立健全各项规章制度如：内部经营风险防控管理制度、考勤制度、会议制度、邮件管理规定、员工着装行为规范，下发《关于费用报销事项的通知》等。

成立相关管理组织：反洗钱领导小组、内部风险防范检查领导小组、集中采购领导小组、投诉案件处理领导小组、满期纠纷处理领导小组，并明确各功能小组的工作职责，定期、不定期开展各项内部管理工作。

【其他主要工作】 继续加强政企合作。2012 年，公司参照省公司指导费率，设计员工福利保障计划，这款产品价格低廉、保障额度高，人均保费百元，保障额度 1 万元，在工作实践中不断总结、反思，简化投保、理赔流程、手续，积极引导小微企业主投保意愿，为 200 余家小微企业 200 万余员工提供 230 亿余元的意外伤害风险保障，保险赔案 1500 余件，赔款金额 55 余万元，惠及小微企业 120 余家，为缓解小微企业主因意外伤害与雇员之间的纠纷、稳定小微企业员工队伍、维护小微企业安全生产正常运转做出一定贡献。

2014 年优质业务放量发展，短险业务收入达到 623.38 万元，同比增长 34.72%，其中学生平安保险保费收入 277.53 万元，在全区 8 个县市公司首屈一指，银龄安康保险保费收入 58.57 万元，为全市 2 万余银龄老人提供意外风险保障。

截至 2016 年 3 月 31 日，实现长险首年期交保费收入 1680.79 万元，在国寿临清市支公司历史上第一次开门红长险首年期交保费收入突破千万元大关。

注重公司品牌建设，6.16 国寿客户服务节、7.8 保险公众宣传日，中国人寿保险股份有限公司临清市支公司走出去、请进来，“寿光菜博园采摘”“慈铭体检”“6698，关爱到家”“云梦山一日游”“TAP 客户肿瘤筛查”等一系列客户养护活动相继开展，精彩纷呈。通过系列活动的开展，中国人寿践行自己的社会责任，增进客户与公司之间的感情。

【领导人更迭】

经　　理：关大鹏（2014.04 起）

副 经 理：杨　霞（女，2014.04 起）

经理助理：刘志勇（2013.05—2014.04）

（张保增　宗　浩）

中国财产保险公司临清市支公司

【机构设置】 2013 年至 2015 年，人保财险临清支公司下设：综合部、出单分中心、理赔分部、农村保险事业部、商非团队、车商续保团队、销售团队、三个农村营销服务部（部门经理都已通过省公司考核）。2013 年以来临清支公司在分公司党委、总经理室的正确领导下，认真贯彻落实上级公司精神，坚持“双超市场、增量第一”的指导思想，认真学习贯彻落实党的十八大精神，努力进行市场运作，面对市场政策多变的一年，公司各位同仁，群策群力，团结一致，开拓进取，基本完成预期的各项指标任务。

【财险业务经营】 2013年公司保费共计收入4776万元，理赔赔付金额为5520万元，总利润为-984万元（亏损），其中车险保费2779万元，利润为657万元；非车险保费577万元，亏损188万元，农业保险1420万元，亏损1452万元。上交地方财政税收近500万元，赔付支出5520余万元（还不包括新农合报销金额），取得社会效益、经营效益双丰收。

2014年公司保费共计收入4305万元，理赔赔付金额为2232万元，总利润为930万元，其中车险保费3025万元，利润为565万元；非车险保费537万元，利润82万元，农业保险741万元，利润282万元。上交地方财政税收近500万元，赔付支出2232余万元（还不包括新农合报销金额），取得社会效益、经营效益双丰收。

2015年公司保费共计收入5480万元，理赔赔付金额为2071万元，总利润为1655万元，其中车险保费4076万元，利润为234万元；非车险保费2612万元，利润582万元，农业保险2212万元，利润936万元。利润上交地方财政税收近600万元，赔付支出1655余万元（不包括新农合报销金额），取得社会效益、经营效益双丰收。

【党建工作】 贯彻落实“三重一大”决策机制，完善决策制度，规范决策进程，提高决策的规范性，科学性和民主性。开展“两学一做”学习教育，深入落实《基层党支部工作条例》及会议制度，坚持正确的用人导向，健全干部选拔任用、业务考核、晋升问责等制度，强化管理队伍的年轻化、专业化队伍建设。

【领导人更迭】

经　理：吕继虎

副经理：丁　毅

彭　伟

郑　岩

叶建临

（张保增　宗　浩）

商业　贸易

商　务

【概况】 临清市商务局成立于2010年4月，由原对外贸易经济合作局和商业贸易办公室合并而成，机构编制为行政编制和事业编制（商务综合行政执法大队），行政编制人员数额为12人，事业编制人员数额为20人。商务局下设办公室（挂规划财务科牌子）、外国投资管理科（挂园区管理科牌子）、对外贸易管理科（挂机电办牌子）、对外经济合作科、市场体系建设科、商贸服务管理科、市场秩序科（挂12312商务举报投诉服务中心牌子）、电子商务科等八个职能科室。市商务局是受市政府委托，负责全市内贸、外贸、外资、对外经济技术合作、开发区等工作。包括全市商贸流通管理、市场体系建设和运行调节、市场秩序管理、再生资源回收监管；进出口管理、机电产品进出口管理；外商投资企业的审批和管理；企业境外投资管理；经济开发区指导管理等工作。2013年以来，临清市商务局以加快转变发展方式为主线，以富民强市为目标，深入推进商务领域供给侧结构性改革，突出把握好“稳中求进”的工作总基调，增强工作的针对性、灵活性和前瞻性，着力推动内贸扩消费、稳市场、提效率，着力推动外贸稳增长、调结构、促平衡，着力推动“引进来”与“走出去”协调发展，着力推动国际经贸合作深化和外部环境改善，全力保持全市商务事业平稳较快发展，2013—2015年进出口总额累计实现129641万美元；实际利用外资额累计实现6560.5万美元；利用社会消费品零售总额累计实现414.1亿元。

【商务举报投诉服务】 12312商务举报投诉服务体系是商务行政执法的有力支撑，其对于提高商务执法队伍快速反应和应急处置能力具有重要作用。临清市于2009年成立12312举报投诉服务中心，通过结合商务综合执法工作，目前已形成以县级举报投诉服务中心为主体，以中央支撑服务系统为依托的全国统一的商务举报投诉服务体系，为商务行政执法和管理工作提供服务。三年来，临清市商务举报投诉服务热线接受举报投诉10余起，接听咨询电话20余起。

【市场体系建设】 2013年以来，临清市紧紧围绕“以城区专业市场为主，农村集贸市场为辅，城乡农贸市场为补充”的建设主线，进一步加强城乡一体化市场体系建设，健全完善市场网络，全面提高专业市场带动能力。目前临清市专业市场门类齐全，拥有轴承、电机、建材、钢材、木材、家具、蔬菜、汽车、二手车等11家专业市场和2家综合市场。新华综合市场、八岔路镇综合市场、魏湾镇综合市场、康庄镇综合市场、潘庄镇轴承市场、松林镇蔬菜市场、古家具市场等一批新建市场陆续启用。大家庭公司拥有6家连锁门店，营业面积1.2万平方米，年销售额为5486万元；康通华泰与济南漱玉平民大药房建立战略合作关系。

【商贸服务管理】 2013年以来，临清市坚决贯彻“互联网+”战略，大力推动电子商务工作。2014年委托中国电子商务中心编制《临清市电子商务发展规划》，目前已颁布实施；加大扶持力度，先后出台《关于加快发展电子商务的实施意见》和《临清市电子商务发展扶持办法（试行）》等扶持政策，进一步优化全市电子商务发展环境。引进知名电商入驻临清市，2015年引进京东乡村电商项目，京东临清服务中心是聊城市首家县级服务中心，推广员达310人，覆盖近500个村居，2015年营业额达1000余万元。截至2015年年底，阿里巴巴农村淘宝已与临清市达成合作意向。积极组织全市22家重点企业参加2015年第九届全国食品博览会，参展企业现场销售商品21万余元，达成协议意向210多份。

【外国投资管理】 自1997年临清市成立第一家外商投资企业以来，截至2015年年底，全市实际利用外资12705.5万美元。2013年全市实际利用外资实现17万美元，2014年，全市实际利用外资2331.5万美元，2014年实际利用外资额相当于近5年利用外资额之和。2015年实际利用外资实现4212万美元。

截至2015年年底，临清市共有外资企业10家，投资商分别来自5个国家和地区，其中外商独资企业5家，分别为山东临清华润纺织有限公司（香港），山东玉源乳胶手套有限公司（新西兰、香港），临清市李好轴承进出口有限公司（巴基斯坦），易高天然气有限公司（香港），泰和融资租赁公司（香港）；中外合资企业5家，分别为临清建鲁机床铸造有限公司（香港）、临清兴和宏鑫机床有限公司（香港）、临清馨雅纺织制品有限公司（美国）、临清迅力专用车有限公司（德国）、山东丁马生物科技有限公司（香港）。

【对外贸易】 截至2015年年底，临清市拥有自营进出口权的企业达159家，产品销往亚、美、欧、非等100多个国家和地区。全市出口连续多年在聊城八县（市区）中位居前列。2013年全市进出口总额实现47916万美元。2014年全市进出口总额实现43273万美元。2015年全市进出口总额实现38452万美元。

2014年临清市商务局被国家商务部批准为新获权对外贸易经营者备案登记机关，市商务局积极转变工作作风，简化工作程序，提高办事效率，为有条件申办自营进出口权的企业搞好服务，不断培植壮大出口队伍，截至2015年年底，临清市拥有自营进出口权的企业达159家。2015年玉源乳胶手套有限公司被认定为“海关高级认证企业”，截至2015年年底，聊城市海关信用等级最高的8家企业中临清市企业已达4家。2015年10月份，临清市外贸综合服务中心被授权成为阿里巴巴一达通的一拍档，为全市广大外贸企业提供贸易代理、业务咨询、报关报检、办理退税等业务服务，满足企业在开展进出口业务中的各类需求。业务开展以来，市政府制定出台《临清市进一步促进外贸稳定增长和转型升级若干政策措施》（临政办发〔2015〕5号），加大扶持力度，逐步将在外代理出口的临清市外贸企业争取在临清本地实现出口。2013年以来，临清市商务局积极为临清佰腾轴承有限公司、山东凯美瑞轴承有限公司、临清市太阳树贸易有限公司等企业申请中欧商品展等国际展会摊位，并争取上级商务主管部门市场开拓资金补贴，帮助临清出口企业开拓中东欧等国际新兴市场。

【对外经济合作】 2013年以来，临清市商务局积极引导市外向型企业加快“走出去”步伐，外经工作实现稳步发展态势。临清三和纺织集团有限公司2014年投资500万美元在香港新设成立香港日昇纺织有限公司；山东凯美瑞轴承科技有限公司投资326万美元在德国设立吉娜科技有限公司。

【商贸流通发展概况】 1999年以来，临清市进一步深化流通体制改革，加强商贸基础设施建设，不断培育新的经济增长点，建设一批辐射带动能力强的大型商业网点和专业市场，初步建成与全市经济社会发展相匹配、较为完善的现代商贸流通体系。社会消费品零售总额逐年增加，从1998年的5.6亿元增长到2015年的149亿元，17年间增长近27倍。

【商业网点建设】 临清市加大招商引资力度，众多知名品牌商贸企业相继落户临清，连锁超市、专卖店、电子商务等新型商业业态发展迅速。集购物、餐饮、娱乐、休闲于一体的现代化购物中心银座购物广场和金鼎百货万嘉购物广场相继落户临清；全国知名家电企业苏宁电器、三联家电的入驻，提升家电行业的整体水平；顾家·欧亚达国际商贸城项目2015年6月27日正式营业，商博瑞购物中心已于2015年10月27日正式入驻营业；豪翰商贸城项目一期工程投资5亿元，面积10.6万平方米，截至2015年年底一期工程已基本完工。

【双联共建】 临清市商务局双联共建单位为戴湾镇景庄村，为做好双联共建工作，2015年7月成立胡欣同志任组长，张岩同志任第一书记，赵红丽同志任成员双联共建工作组开展结对帮扶工作。驻村以来，商务局帮助景庄村抓党建、促脱贫、惠民生，加大双联共建力度，推动景庄村经济社会和谐发展。商务局结合部门职能2015年为景庄村引进的扶贫手套厂项目，该项目生产的手套全部出口到挪威、瑞典、波兰、立陶宛等国家和地区，覆盖30户贫困户，带动其实现家门口就业。2015年，市商务局积极协调相关部门新上变电站1处，争取农业综合开发项目全额资金扶持建设桥梁1处，新建机井8处，新建扬水站1处，全面提升景庄村基础设施水平，提高村民生活满意度。

【领导人更迭】

局　　长： 马朝俊
副 局 长： 常丕岭
　　　　　张绍山
　　　　　魏立林（2014.07止）
党组书记： 马朝俊
党组副书记：
　　　　　胡　涛（2014.11止）
　　　　　耿祥君（2013.10止）
　　　　　荆　峰（2013.10—2014.11）
党组成员： 朱荣光
　　　　　姜炳旭（2014.11起）
　　　　　胡　涛（2014.11起）
工会主任： 王春光
商务综合行政执法大队
大 队 长： 耿祥君（2013.10止）
　　　　　荆　峰（2013.10—2014.11）
　　　　　姜炳旭（2014.11起）
副大队长： 汪文俊（2013.06止）
　　　　　胡　欣

（张　岩）

商业集团

【概况】 临清市商业集团总公司前身为临清市商业局。1994年市级机构改革时，根据临任〔1994〕3号文件，改名为“商业集团总公司”，具有行政职能的全额事业单位。下设政工科、办公室、财务科、保卫科共4个科室。截至2015年年底，共有在职工作人员19名。商业系统下属企业共15家，包括：6家非公有制企业：大家庭糖酒茶副食品有限公司、大正金行有限公司、山东泰祥医药有限公司、聊城漱玉平民大药房有限公司、运河餐饮服务有限公司、家家乐商贸服务有限公司；5家国有企业：交电大厦、五金交电化工公司、百货大楼、新华百货大楼、食品公司；4家集体企业：杂货土产公司、第二副食品公司、第二饮食服务公司、清真肉类加工厂。系统总人口2673人，其中在职职工1439人，离退休1234人。

【经营概况】 以经济发展为第一要务，围绕商业的中心工作，全面深化改革，打好跨越赶超三年攻坚战。突出抓好党风廉政建设、招商引资、企业安全生产、信访稳定等情况，确保商业稳定发展的局面。具体经营情况见附表：

2013—2015年临清市商业系统主要经济指标完成情况一览表

单位：千元

指标年度	经营收入	实现利润	实现利税	职工人数	备注
2013	268000	1130	3950	1840	
2014	273000	1150	4050	1590	
2015	281000	1180	4150	1439	

【非公有制企业自主创新】 因地制宜，发挥商业网点优势，开拓市场经营。以诚信为立业之本，全方位体现品牌的更高境界，展示现代企业文化的绚丽风采，在新的里程中再造辉煌。

【国有、集体企业经营】 国有、集体企业采用联合经营、对外租赁等形式，使资产利益最大化，增加企业收入，用来缴纳职工社会保险费和发放下岗职工生活费，树立风险意识，减少失误，提高职工的满意度，积极协调市总工会、民政部门做好困难职工的慰问救助工作，确保企业的稳定。

【队伍建设】 加强思想政治建设。深入学习贯彻习近平总书记系列重要讲话精神，切实增强“四个意识”，坚定理想信念，内化于心、外化于行，带头践行社会主义核心价值观，恪守政治纪律、政治规矩，在思想上、政治上、行动上始终同以习近平同志为核心的党中央保持高度一致，坚决贯彻落实中央、省委、市委各项决策部署。商业集团党委严格落实党风廉政建设主体责任，加强党员干部队伍建设，高标准落实好中央八项规定精神，践行党的群众路线，开展“三严三实”，持续推进作风建设。

【重点企业简介】 大家庭糖酒茶副食品有限公司。临清市大家庭糖酒茶副食品有限公司于2004年改制为股份制企业，前身为国营临清市糖酒茶副食品公司。坐落于红星路中段，现有职工125余人，企业总资产8000余万元，2013年销售收入3558万元，实现利润0.7万元，2014年销售收入2859万元，实现利润1.7万元，2015年销售收入3435万元，实现利润1.1万元，公司下设酒类事业部、食品事业部、品牌部、茅台酱香事业部等业务批发科，1个大型购物广场，1个大型物流仓储中心，在聊城设立国酒茅台专卖店和大家庭名酒坊等销售终端，在济南设有名酒云商平台。大家庭购物广场位于临清市中心商业区，经营面积1.2万平方米，成为鲁西北地区城乡居民购物的首选之地。

经营实施品牌战略，主攻全国知名品牌代理，与茅台、五粮液、泸州老窖、剑南春等国内几十家大型酒业集团和娃哈哈、三元、蒙牛、伊利等食品公司建立稳固的合作关系，开发“大家庭”系列白酒、“天聚”牌系列食用油；2013年至2015年先后荣获“全国酒类优秀营销商”称号、“国家级放心酒示范店”称号；“山东省‘百城万店无假货’示范店”、荣获“山东酒商50强”称号。系中国酒业协会常务理事、中国酒类收藏家协会常务理事、山东省糖酒副食品协会常务理事单位。

临清市大正金行有限公司。大正金行始建于1999年12月，2004年由国有独资企业，改制为有限责任公司。公司地处红星路中段繁华闹市区，营业面积1600平方米，员工24人，总资产2216万元，其中：固定资产812万元；流动资产1404万元。主营金银珠宝玉器，兼营宾馆。年销售收入1500万元左右，年实现利税180万元左右。先后被评为“聊城市消费者满意单位”“聊城市青年文明号”“山东省商业诚信企业”“山东省社会信誉知名金店”“山东省珠宝行业放心消费示范店”等称号。

2013年同梦金园黄金珠宝有限公司强强联手，打造品牌战略，梦金园万纯金新增1000多个花色品种投放市场，一路畅销，实现销售收入1523万元，同比增长11%，实现利税206万元，同比增长13%，2015年实现销售收入1572万元，创历史新高。

【领导人更迭】

总 经 理：王林生（回）

副总经理：万　颐（2013.08止）

张　华（2015.03止）

党委书记：王林生

工会主任：秦俊英（女）

（秦俊英）

粮　食

【机构设置及工作概述】 临清市粮食局在省、市粮食局的关心支持和市委、市政府的领导下，坚持以党的十八大和十八届历次全会精神为指导，认真贯彻落实习近平总书记关于粮食工作的系列重要指示，以确保粮食安全为中心，粮食局主要承担着辖区内的粮食政策执行，机关内设办公室、政工科、财务科、调控科、粮食稽查队，下辖山东临清国家粮食储备库、11个粮食购销公司，新建“放心粮油示范店”10家，粮食局大力推进“粮安工程”建设、加强“危仓老库”改造，“危仓老库”改造仓容7000万公斤，启动托市收购，抓好粮食购销，保障粮油供应，加强粮食监管，确保粮食安全，粮食事业呈现出蓬勃发展、科学发展的良好局面，全市粮食行业积极适应经济发展新常态，大力实施创新驱动发展战略，以科技创新为动力，着力培养粮食流通经济增长点，建立以企业为主体、以市场为导向、产学研相结合、技术优势互补的粮食科技创新体系，增强粮食经济发展实力，实现又好又快发展，为促进粮食流通事业全面协调健康发展做出突出贡献，2013年粮食系统实现销售收入65.5亿元、利税2.44亿元，2014年粮食系统实现销售收入16.88亿元、利税0.55亿元，2015年粮食系统实现销售收入20.50亿元、利税0.69亿元。

【粮油购销】 临清市农作物主要以小麦、玉米为主，2013—2015年临清市粮食局在夏、秋粮食收购工作中严格执行国家粮食收购政策，夏粮收购时国家最低收购价政策规定一等小麦每斤1.22元、二等小麦1.20元、三等小麦1.18元，严格落实国家粮食收购政策、敞开收购农民余粮，国家在临清市启动托市收购农民余粮政策，由聊城中心库和粮食局、农发行三方人员共同监督、服务收储企业，认真执行有关政策和规定，严格按照国家收购要求，公开张贴以质论价政策明细以及收购小麦水分、杂质、不完善粒等指标要求标准，设立样品台，让卖粮农民和粮食经纪人充分了解收购政策，切实保护全市种粮农民的利益和种粮积极性、确保国家惠农政策落到实处，有力的提高全市粮食经济发展的质量和效益，每年收购前粮食局召开粮食收购工作会议，成立收购监管领导小组，负责全市收购工作中的各项工作，以山东临清粮食储备库、11个粮食收储有限公司为主体，敞开收购农民余粮、保护种粮农民的利益，2013年收购粮食3.70亿斤、2014年收购粮食3.90亿斤、2015年收购粮食3.90亿斤。

【粮食市场管理】 临清市粮食局积极顺应市场变化，按照《粮食流通管理条例》，紧紧围绕粮食工作中心任务，认真履行粮食流通监督检查职能，有力的维护辖区内粮食流通秩序，促进粮食事业的健康发展。

坚持从制度建设上狠下功夫，把加强制度建设作为执法工作的长效机制，紧密结合相关法律法规，不断完善各项行政执法制度，使行政执法工作有章可循、执法行为更加规范、执法水平不断提升。

按照《粮食流通管理条例》《粮食流通监督检查实施细则》，进一步细化执法流程和裁量标准，杜绝执法的随意性和盲目性，增强具体操作过程中的针对性和实践性，使执法工作更精细、更准确、更到位。

以完善制度为突破，使监管内容更加全面，结合区域特点，通过研究分析执法环境、执法对象、服务社会等因素，制定“举办投诉受理制度”“行政执法责任制”“行政执法责任追究制度”等各项制度。

与毗邻县（市）粮食行政管理部门签订“粮食行政执法联动协议”，明确毗邻地区的联合执法方式，建立执法信息平台，实现区域联动，形成毗邻县（市）全覆盖、无缝隙的粮食行政执法监管网络格局，办理粮食收购许可证的入市收购，确保区域粮食流通秩序。

【粮油储运】 粮油收储企业12个，山东临清国家粮食储备库、11个粮食购销有限公司，做好粮油储运工作关系军需民食，国家安全、社会稳定，为人们的生存和社会发展提供基础保障，几年来严格落实“粮安工程”危仓老库改造仓容7000万公斤，随着粮食产量年年递增，为确保仓储基础设施能够满足现代粮食收储的需要，仓储设施管理规范，维护保养良好，性能完好，能密闭，具有通风、防潮、防鼠、防虫、防雀四防功能，确保储粮安全，对库区环境建设，库区要布局合理、标识规范、整洁美观、地面硬化、库区绿化，提升科学储粮、绿色储粮的要求，配置先进适用的粮食装卸、输送、清理、计量、烘干、检验、粮情检测、环流熏蒸、机械通风等设备，积极推进规范化管理，按照规范化要求，不断提高科学储粮管理水平，储粮科学化、信息网络化、作业自动化。

【粮食储备】 山东临清国家粮食储备库肩负着中央储备粮、地方储备粮的收储、轮换业务，严格落实《粮食流通管理条例》《中央储备粮管理办法》和省市规范化储粮单位标准及地方储备粮管理办法，以加强储备粮规范管理为基础，狠抓落实，以“推动规范化管理，提高管理水平”为目标，以应用科学储粮、绿色储粮新技术为先导，坚持科学发展、扎扎实实创造性的做好储备粮管理工作，严格执行国家储备粮管理办法和粮改的一系列方针政策，以高度的政治责任感，努力抓好国家储备粮、地方储备粮的管理，保证国家储备粮、地方储备粮“账实相符，质量良好，储存安全”和国家急需时调动方便，为确保储备粮储存安全，山东临清国家粮食储备库从大处着眼、小处着手，结合工作实际，针对储备粮管理过程各个环节，建立健全各项仓储管理制度，并不断加大制度的落实力度，保证各项仓储管理工作在开展过程中，标准明确、规范有序，切实保证储备粮在日常管理中的安全存储。

临清市东盛食品有限公司。临清市东盛食品有限公司，成立于2002年12月，是全国最大的老鸡（淘汰蛋鸡）加工基地之一，主营业务为禽类宰杀、种禽繁育；主要产品为“裕邦”牌老鸡系列产品。公司有宰杀生产线两条，速冻能力150吨，冷藏能力1000吨，日加工能力为8万只，年产2000万只以上。

临清市东盛食品有限公司非常重视食品安全和产品质量的管理，2006年7月和9月分别通过IS09001：2000国际质量管理体系认证和HACCP国际食品安全管理体系认证；东盛食品公司产品畅销于京、沪、广东、广西、福建、海南、浙江等省市，取得“进京”“入沪”许可证，品牌知名度较高，根据山东省质理评价协会2008年6月所做“顾客满意度测评”显示，顾客满意度和忠诚度均达到82.05%以上；被聊城市消费者协会评为“信得过单位”。2012年被评为“省级守合同重信用企业”。2005年企业被山东省农业厅评为山东省农业产业化龙头企业。2006年11月，临清市东盛食品公司的“裕邦”牌老鸡系列产品获得山东省名牌产品称号；2007通过无公害产品产地和产品认证。2007年10月取得QS生产许可证。2008年6月，通过标准化良好行为企业AAA级认证，被评为食品加工企业标准化良好行为示范企业，为临清经济发展做贡献。

临清市本乡粮油有限公司。临清市本乡粮油有限公司位于三和路南首鲁西，原城镇粮油供应公司面粉厂、城镇粮油供应公司面粉厂改制后更名为临清市本乡粮油有限公司，该公司主要生产‘本乡’牌系列面粉，企业设备精良，工艺技术先进，检测手段完备，完善的生产工艺和配粉系统，能够按照顾客的要求生产各种面粉，面粉有两大系列，通用粉系列和专用粉系列，10余个品种，有日班产加工能力200吨的瑞士布勒制粉生产线，满足用户的不同需求。

该公司视产品质量为企业生命，坚持“树立市场意识，创造‘本乡’牌产品，提供完美服务，超越顾客期望”质量方针，树立“诚实守信、以德经商”经营理念，抓管理，以让消费者吃上放心的面粉为自己的责任，努力将本乡面粉建设成为“工艺设备一流、产品质量一流、企业管理一流、诚信经营一流”企业。稳定的质量，优质的服务，赢得了市场，赢得了顾客，生产的“本乡”牌面粉粉质细腻、麦香纯正、营养丰富、绿色健康的主要特点，产品畅销山西、山陕、甘肃、福建、东北三省等地。该公司被授予“重合同守信用企业”“消费者满意单位”“放心粮油企业”等称号。

【领导人更迭】

书　　记：吕福祥（2014.02止）
　　　　　刘海玲（女，2014.02起）
副 书 记：王明耀
局　　长：吕福祥（2014.02止）
　　　　　刘海玲（女，2014.02起）
副 局 长：王明耀
　　　　　王桂成

（王桂成　张绍庆）

供销合作

【机构设置和基本概况】 临清市供销社始建于1950年，现辖10处中心社，9个市直公司，1个油棉加工厂和1个供销学校，全系统干部职工1800余人，市供销社机关下设办公室、信访办公室、财务科、政工科、合作指导科、综合业务科、离退休人员管理办公室7个职能科室。

临清市供销社是参照国家公务员制度进行管理的事业单位。其主要职能是宣传贯彻各级党政机关关于农村经济工作和社会发展的方针和政策，成为党和政府密切联系农民群众的桥梁纽带；研究制定全市供销社的发展战略和发展规划；对成员社进行指导、协调、监督和服务；建立健全供销合作社组织体系和农村社会化服务体系，引导农民组建新型合作经济组织；指导全市供销社深化综合改革，面向社会开放办社；协调供销社与政府有关部门及其他组织的关系；履行社有资产所有权代表职责，加强社有资产运营的管理和监督；承办市委、政府和上级社交办或委托的各项工作。

【深化供销合作社综合改革】 2013年以来，市供销社按照“改造自我，服务农民”的总要求，抓住机遇、理顺体制，紧紧围绕为“三农”服务这一中心，积极整合现有资源，盘活存置资产，更新经营观念，创新服务机制，按照《关于加强新形势下党建带社建，社村共建工作的意见》，努力构建基层供销社、村“两委”、合作社、资金互助合作组织“四位一体”的工作新机制，促进农业农村各方力量整合，健全完善组织体系，筑牢为农服务组织基础；提升为农服务能力；加快建设农村现代流通体系，发挥主渠道作用；构建社有企业经营服务体系，增强为农服务实力。通过推动生产经营、基层组织建设等多角度的变化和组合，迅速集聚各方面力量，加快供销社组织向涉农村居延伸、经营服务向田间地头延伸，促进农民和村集体增加收入，助推农村基层服务型党组织建设，提升临清农业组织化、专业化、规模化、集约化水平，加快推进现代农业发展步伐。

【党建带社建、社村共建】 临清市供销社按照“组织共建、资源共享、发展共谋、事业共兴”的总体要求，2014年12月，会同中共临清市委组织部共同印发《关于加强新形势下党建带社建，社村共建工作的意见》，意见强调：要充分发挥村“两委”的组织优势、基层供销社的服务优势、农民专业合作社经营优势和资金互助组织的融资优势，按照合作制原则，共建服务组织、共建服务项目、共建服务平台、共建服务队伍。通过对农民提供规模化服务获得收益，增强村级集体经济实力，巩固党在农村的执政基础，加强供销社的组织建设，提高服务能力，实现“强村固基、富民兴社”的目标；截至2015年年底，临清全市参与社村共建的行政村达到72个。

【为农服务中心及经营服务体系建设】 临清市供销社2013年以来，通过借鉴汶上、东阿等地先进经验，在全市大力推广完善“保姆式”“菜单式”土地托管，截至2015年年底，临清大田托管半托管面积达12万亩。同时，在托管方面逐渐摸索出许多切实可行的服务管理方式，极大地提高供销社在农民心目中的地位。

2015年临清市供销社筹资50余万元，在临清市区南郊高起点规划、高标准建设为农服务中心一处，中心目前配有智能配肥机、植保实验室等，通过不断增加新的设施，完善服务品种，预计2016年上半年可达到土地托管、农资直供等六个功能板块统一，实现“一站式”服务，辐射半径5公里左右；同时在此基础上，大力推进、推广土壤检测、智能配肥和飞防服务；此为农服务中心建设的成功，也为全系统起到很好的引领、示范效果；另外，2013—2015年临清供销社系统每年组织培训农民5000余人次。

【领导人更迭】

主　　任：张衍荣
副 主 任：王全斌
党委书记：张衍荣
党委委员：王全斌
　　　　　王　友
　　　　　张红云（女）
工会主任：王　友

（王　友　腾永林）

经济合作

【机构设置】 2001年6月，在临清市计划委员会建立临清市招商办公室。2001年8月，成立临清市外来投资者服务中心。同期成立临清市招商引资工作委员会，下设办公室，办公地点设在临清市招商局。2001年9月，临清市招商办公室增挂招商局牌子。同期成立临清市投资服务中心办公室、临清市投资者投诉中心办公室。2010年4月，临清市招商局改名为临清市经济合作局，为隶属于临清市政府办公室管理的事业单位。2015年临清市经济合作局下设办公室、招商联络科、投资促进科、政策法规科、考核奖惩科5个股级内设机构。

临清市经济合作局是临清市政府招商引资的专职机构，集招商、推介、咨询、服务于一体，具有招商联络、项目推介，综合协调等职能，单位秉承“诚信是金”的理念，坚持“公开、公平、公正”的原则，“以人为本”的思想，“高效、便捷”的作风，发扬团队精神，竭诚为投资者提供全方位温馨服务。

【工作概况】 2013年签约招商引资合同项目110个，实际到位资金88.2亿。积极赴长三角、珠三角、环渤海等地开展招商活动，取得显著成效。共组织外出招商近1000人次，由市级领导参与、组织开展的外出招商活动50余次，邀请及接待来访客商600余人次，促成投资30亿元的沃克比精品轴承广场、投资24亿元的正乾板业年产200万吨薄板等一批大项目成功落地。突出主导产业重大项目、高税收项目、现代服务业和民生项目招商工作。2013年全市在建及续建计划投资过10亿元招商项目12个，过亿元项目38个。制定并实施《关于做好大项目入园工作的实施意见》，对项目入园的报批等进一步规范操作、完善程序，严格落实项目联审联办工作制度，确保入园项目尽快落地发展。2013年，共申报入园项目30个，在建的入园项目共8个，涉及6个镇(街道)。落实任职代理制，构建起领导干部带头、全社会积极参与的大招商格局；坚持月调度月考核季通报制，不断完善考核办法，提升各级工作积极性。

2014年签约招商引资项目100个，实际到位资金112亿，同比增长27.3%。组织开展由市级领导带队参与的招商活动达10余次，先后组织赴北京、广州、东莞、西安、青海、潍坊、厦门、成都、杭州、台湾、济南等参加招商活动。做好重点在谈项目客商邀请和接待工作，积极邀请其来临考察投资。中色集团、中粮集团、新兴重工、上海亿丰、颐高电子、青岛即发、西蓝集团、北京桑德集团、河北英利集团、青岛港务、诚富集团等企业相关负责人先后来临考察洽谈。全市累计对接全国知名民营企业、行业领军企业100多家，工商联执委企业桑德集团等10余家知名民企与临清达成合作，累计洽谈推进项目96个，涉及计划投资额达749.3亿元。对2013年申报入园未建项目实施年度跟踪，严格考核责任追究；对2014年新申报项目全力推进。2014年全市累计提报入园项目15个，计划总投资192.7亿元。强化舆论宣传和引导、制定《招商引资引荐人奖励办法》、落实镇(街道)部门一把手主体责任等，多层次多角度发动各阶层招商力量，扎实做好项目库、客商库等信息库建设，营造良好的招商氛围。

2015年签约招商引资项目96个，实际到位资金140.2亿，同比增长25.18%。邀请瓦房店及相关地区轴承企业家40余人参加由临清市承办的“2015山东聊城（瓦房店）轴承产业合作交流座谈会”活动，现场签约项目8个，合同引资12亿元。与湖南、河北省浙江企业联合会密切联系，取得良好效果。做好杭州招商活动，邀请福建、杭州等地客商参会，并随同聊城市考察团拜访阿里巴巴等知名企业，取得良好效果。总投资115亿元的齐鲁三农装备城项目、总投资36亿元的大唐热电2×350MW热电联产项目、总投资32亿元的新兴重工天然气非管网科技生态园项目2015年动工建设。全年累计签约过亿元招商引资合同项目31个，计划总投资98亿元。中色奥博特年产2万吨压延铜箔采用国际领先生产工艺，产品达到国际先进水平；德能金玉米科技有限公司产能已达年加工玉米120万吨，生产淀粉40万吨，居全省同行业第一位、全国第三位；大唐2×350MW热电联产机组项目采用国际先进超临界技术。大唐集团、新兴重工、昊昇三农、力诺集团等一批国内外知名企业来临清市投资，对临清市经济社会发展带动能力明显。

【招商引资】 2013年至2015年，临清市经济合作局把开展活动作为招商工作的关键要素，采取举办综合性活动与产业专项对接相结合、遍地开花式招商与小团组重点推进相结合，每年组织开展较大规模招商活动10余次，临清市主要领导积极赴长三角、珠三角、京津地区以及港澳台、欧美等地开展招商活动，均取得显著成效。外出签约项目的规模和质量逐年提升。特别是近年来通过开展“重点城市招商”“四城五楼千企工程”“招商引资百日会战”“集中招商月”等大型主题招商活动，招商氛围更加浓厚、招商成效愈加明显。

在单体项目投资上注重选择知名度高、投资额度大的投资商，在同类项目引进上，偏重投资强度大、生产设备先进、发展前景好的项目。

特别是在对接央企、上市公司和知名民营企业招商工作中取得显著进展，2013 年到 2015 年已有华润、诚通、中色、大唐、新兴际华等五家央企在临发展；与巨能集团、福建万豪、深圳广弘、吉峰集团、北京桑德集团等众多上市企业成功合作；豪翰集团、力诺集团、顾家集团等知名企业也相继落户临清。

突出产业链招商，利用临清市轴承、纺织等产业配套环境和产业集群效应，主攻大项目，千方百计引进产业链式化、关联度大的项目，特别是 2015 年在聊城市率先开展以轴承产业为主的专项招商活动并在大连瓦房店召开推介会，取得良好效果；突出团组招商，走出去通过参加各种大型推介会、组织专题招商活动等推介重点招商项目；突出以情招商，优化服务环境，引导来临投资企业做好以商招商，深化乡情、友情联络，深化交流，加深了解，积极邀请其发挥桥梁纽带作用，为招商牵线搭桥；突出网络招商、中介招商，积极依托知名商会、行业协会开展招商。

强化舆论宣传。制作宣传画册、投资项目册子，搭建临清招商网上平台，制作发行《临清招商》简报，及时向市内外媒体报送招商信息，传递招商信号，使招商工作始终成为舆论的关注点；举办经贸文化活动。组织开展轴承高层论坛、椹果采摘节等众多经贸文化交流活动，利用全市历史文化特色进行城市品牌的塑造和宣传，扩大临清市在外知名度和美誉度；做好信息搜集。对国内外经济趋势及时进行汇总，把握经济发展趋势，搜集世界 500 强、国内行业百强、央企及其他知名企业发展方向及投资意愿，及时对接洽谈，推进合资合作工作。

【项目推进】 建立健全体制机制。建立和完善市级领导分包、有关部门协调、所辖镇（街道）帮办、项目单位密切配合"四位一体"的项目落地促进机制，帮助项目单位解决用地、立项、环评等实际问题；在聊城市率先实施招商代理制，极大激发各级工作积极性；建立重大投资项目促进联席会议制度，助推重大招商项目尽快落地发展；积极搭建银企对接、外企商会等平台，促进企业快速发展。打造优良投资环境。狠抓城市建设和基础设施建设，努力提升城市形象和对外吸纳力。完善产业布局，推进经济开发区建设步伐，制定促进大项目进园区相关政策，引导优质高效项目向园区集聚，努力打造现代化园区。积极向上争取用地指标，盘活存量土地，通过加大投资强度、入园集约发展、建设多层标准厂房等方式，提高节约集约用地水平。按照国家、省重点扶持方向，认真筛选、论证和申报项目，全力做好项目资金争取工作。同时积极推进企业上市工作，通过股权融资等途径破解企业资金需求。积极引进齐鲁银行、沪农商、恒丰银行等金融业态来临发展。

在农业方面，积极引进中草药种植、良种培育等生态农业、观光农业项目，特别是畜牧业发展态势迅猛。在工业方面，积极引进"四新"项目、高端设备和工艺提升发展档次，中色奥博特铜精加工项目拉长产品链条，增加产品附加值，提升核心竞争力；华兴纺织通过引进国际先进设备不断扩大产能，成长为全市纺织行业的又一标杆企业；德能金玉米通过连年增资膨胀发展，成为全国最大的玉米深加工基地之一。在服务业方面，引进福建万豪、河北荣盛、浙江金华、桓台建工等知名房地产开发企业，顾家集团、豪翰集团、诚富集团、广宏集团等知名商业地产企业实施城市开发，城市形象和格局发生深刻变化；青港物流、铁临物流等带动现代物流迅速发展，京东、淘宝等知名电商品牌相继落户，电商等现代业态发展迅猛。

【领导人更迭】

局　　长： 张巍然

副 局 长： 周荣普（兼，2014.11 止）

黑鹏涛（回，2014.11 起）

李继慧

主任科员： 黑鹏涛（回，2014.11 止）

工会主任： 胡桂霞（女）

临清市投资服务中心办公室
副 主 任：李首卫（聘任）
张永刚（聘任）
徐淑静（女，聘任）
临清市投资者投诉中心办公室
主　　任：周荣普
副 主 任：辛东明
邢　莉（女）

（刘继明　刘明宽）

卷烟经营

【机构设置及概况】 临清市烟草专卖局（营销部）主要负责新华路街道、青年路街道、先锋路街道、大辛庄路街道、八岔路镇、烟店镇、潘庄镇、唐元镇、刘垓子镇、康庄镇、尚店镇、戴湾镇、魏湾镇、老赵庄镇、松林镇、金郝庄镇共16个镇、街道的专卖管理、卷烟销售工作，下设综合办公室、专卖监督管理科、卷烟营销科、法制科、财务科、内管派驻组6个部门和 1个专卖稽查大队、2个专卖稽查中队、3个专卖管理所、1个1532直营店。2015年5月，率先实行“去所并队”，取消专卖管理所，设立稽查中队，现临清市烟草专卖局（营销部）下设综合办公室、专卖监督管理科、卷烟营销科、法制科、财务科、内管派驻组6个部门和1个专卖稽查大队、4个专卖稽查中队、1家1532分公司。

【卷烟销售】 2013年，销售卷烟29364箱，增长1.09%；实现销售收入60373.44万元，比上年增长8.78%；卷烟人均销量10.2条，比上年增加0.11条。2014年，共销售卷烟30296箱，比上年增长3.17%；实现销售收入75527.93万元，比上年增长9.69%；卷烟人均销量10.53条，比上年增加0.33条。2015年，共销售卷烟25258.3箱；实现销售收入60835.6万元；卷烟人均销量8.78条。

【烟草专卖】 2013年，共查获各类案件338起，案件总值45.61万元；查获违法卷烟198.96万支；拘留涉烟违法犯罪分子19人，其中刑事拘留6人，批捕1人。2014年，共查获各类案件339起，案件总值51.93万元；查获违法卷烟264.08万支；拘留涉烟违法犯罪分子17人，逮捕3人，判刑3人。2015年，共查处各类案件322起，案件总值90.30万元；查获违法卷烟281.33万支；拘留涉烟违法犯罪分子12人，逮捕3人，判刑3人。

【烟草市场监管】 2013年，坚持把强化专卖制度作为发展之基，认真履行监管职能，围绕“突破网络案件”工作目标，不断完善执法协作机制，广泛开展市场整治活动，严厉打击涉烟违法犯罪，认真组织法制培训，深入开展普法宣传，经营的一起案件被市局评为预选网络案件，专卖管理保驾护航能力不断提高。2013年共查获各类涉烟案件338起，其中假冒卷烟案件105起；查获卷烟198.96万支，其中假冒卷烟66.64万支；破获1万元以上案件15起；5万元案件2起；拘留19人，其中刑事拘留6人，批捕1人。

2014年，主动争取地方党委政府领导和相关部门支持，利用全市依法治理烟草市场工作会议在临清召开的契机，进一步完善与综治、公检法等部门的联合执法机制，烟草市场依法治理环境进一步优化；强化专销结合，加强重点市场和薄弱环节清理整治，多项专卖指标名列全市前茅，作为聊城唯一一家基层单位顺利通过省局（公司）“全省优秀县级局标兵单位”验收；各项稽查指标均列全市系统前茅；顺利实现破获国标网络案件1起、立案1起的目标，网络案件经营进度居全市第1名。

2015年，立足“打”字下功夫，认真履行市场监管职责，深入开展“齐鲁之盾”卷烟市场整治行动，强化市场分类管理，开创持证零售户判刑先河，刷新单月稽查量过百件记录，重点指标在全市占比比重持续攀升，为卷烟经营拓宽市场空间；成功破获“12·16”和“7·07”真烟网络案件，全市占比28.57%，连续两年坚持并实现网络案件“结案一起，立案一起”的目标。

【名牌市场建设】 品牌培育工程深入实施。2013年，销售重点品牌22592.5箱，集中度达到76.94%，增长5.5%；一、二类卷烟分别增长14.4%和7.2%。10个重点培育品牌均完成市局下达目标，列全市第一名。婚庆用烟消费结构得到提升，其中，城区婚庆用烟消费由100元/条，提升至130—150元/条，农村由60元/条提升至100元/条。销售鲁产一二类卷烟957.32箱，增长17.47%；销售百元以上“泰山”品牌3094.71箱，增长23.24%，被市局（公司）评为“品牌培育工程先进单位”。

2014年，泰山系销售4810箱，鲁产一、二类销售999.32箱，同比增加62.03箱，同比增长6.62%，百元以上泰山销售3786.34箱。

2015年，泰山系销售5381.08箱，鲁产一、二类销售942.13箱百元以上泰山销售3564.5箱，细支烟销量为439.82箱，同比增长97.97箱，增幅28.66%。

【企业管理】 强化创新驱动，鼓励全员创新，创新成果丰硕。2013年，获得国家专利2项，1篇专业论文在学术期刊上发表，被市局（公司）批准科技创新项目1个，科技创新活动3个，金点子5.5个。2014年，实施创新驱动发展战略，有2项专利获省公司专利奖，新获国家专利4项，发布QC成果4个，其中2项成果分获聊城市烟草专卖局（公司）系统成果发布会二等奖、三等奖。2015年，以课题攻关促精益，开展精益课题攻关3个，结题2个，固化成果2项，实施精益改善15项；1项专利获得国家授权，1篇论文获中国烟草学会优秀论文评选三等奖、2篇论文获山东省烟草学会优秀论文评选优秀奖。

健全完善《绩效考核管理办法》，考核激励导向作用得到充分发挥；严格落实党风廉政建设责任制，廉政建设水平明显提高；严格落实中央“八项规定”和行业纪律，完善公务接待、公车使用等管理制度，开展办公用房清理腾退工作；以效率促精益，深化“对标找差距，定标明措施”活动，优化工作流程20余项；以节约促精益，开展“勤俭节约　从我做起”活动，将精益理念、精益方法运用到企业经营管理工作中，促进各个环节降低消耗、节约费用。

深入学习贯彻党的十八大、十八届三中、四中、五中、六中全会精神，扎实开展“改进作风年”“三亮三比三评”和“第五次解放思想大讨论”“党的群众路线教育实践”“两学一做”、“对标找差距、定标明措施”学习教育等活动，干部员工思想认识有新提高，作风有新转变，干事创业氛围更加浓厚；关注一线员工成长，试点推行高级客户经理聘任制，“待遇能高能低、收入能增能减”的激励机制初步建立，队伍整体精神面貌更加昂扬向上;全方位培养锻炼队伍，理顺“查处管核”运行机制，合所并队激发队伍潜能，推行客户经理分级管理，用好薪酬二次分配杠杆，合理拉开收入差距，树立“凭工作论英雄、以业绩定待遇”的导向，人心思上、人心思进的干事创业氛围日益浓厚。认真落实民主集中制，充分保证干部职工的知情权和参与权，自觉接受群众监督，得到干部职工的拥护。此外，更加重视企业软实力和软环境建设，做好企业文化和服务品牌落地宣贯工作，成立“心连心”志愿服务队，组织开展“靓丽身影进万家”“文明交通志愿服务”“庆六一，爱心献蓓蕾”等主题活动，树立责任烟草良好形象，连续三年被评为省级文明单位。认真做好老干部管理和服务，高度重视安全稳定工作，更加注重及时化解各类矛盾和不稳定因素，不给市局（公司）党委添麻烦，保持和谐稳定大局。

【领导人更迭】

局　　长：梁　寒（2013.05止）
　　　　　董建国（2013.05起）

副 局 长：尚立新

高金涛

副主任科员：

石明磊（女）

（石明磊 陈尉伟）

石 油

【机构设置】 中国石化销售有限公司山东聊城临清石油分公司（简称：中石化临清石油分公司）是由中国石油化工股份有限公司山东聊城临清石油分公司演化而来，2014 年 6 月根据中国石油化工股份有限公司总部改制意见，将原来的石化销售企业名称改为中国石化销售有限公司，临清石油分公司属其分支机构。其职责仍然为成品油销售。临清石油分公司下辖 18 座加油站，所属加油站均为经山东省经信委批准的成品油零售企业。

【经营管理】 2013 年至 2015 年期间临清石油分公司每年平均销售成品油达三万余吨，根据企业内部管理的有关精神，临清石油分公司重点在规范管理，优化服务上开展工作，积极落实两个“十严禁”即：安全管理“十严禁”和经营管理“十严禁”企业内功逐步得到加强，员工素质有明显提高，市场竞争软实力得到提升，把握市场及时推开“油非互动”的经营模式，补齐短板，用差异化服务经营理念提升企业效益，大力推行易捷便利店非油品经营，各站营业执照经营范围增设非油品业务，为便于经营改造加油站营业室便利店 18 座，便利店规模初见成效，经营项目包含粮油、烟酒、预包装小食品，汽车装具、汽车轮胎等 100 多种品类，方便加油客户采购，所属 18 座加油站便利店每年销售额 1000 余万元。

【网络建设】 2013 年来相继建成位于金郝庄镇和先锋路街道高速公路两个出入口的第 26 和 27 加油站，这两座站加油站的建成投产解决出入临清以及周边客户的需求，提升企业形象。2013 年重新改造完毕位于市区新华路南段的第 3 加油站，这座加油站的改造提升加油功能，经营品种为 92、95、98 号国五标准汽油，六车道加油方便的市区客户。2015 年 4 月开始将第原 14 加油站改造为第 14 加油加气站，（加气设备为 ENG 加气）改造采取全部拆除重新建设的办法，工期大约 10 个月。

为改善大气环境治理，落实中央、省、市环保治理措施，2015 年夏季开始对所属加油站进行油气回收改造，这项改造任务用时三个多月，在加油、卸油环节增设相关设施，更换加油设备，经第三方验收合格投入使用。

【其他工作】 中石化临清石油公司围绕“两保三不降两提高”的目标，坚持“高、实、新”的工作要求，突出“扩大经营规模，加强网络建设，提高管理水平”三项重点工作，全面实施成品油市场战略，全力打造加油站生命工程，做大经营规模，提高市场占有；优化网络布局，增强竞争实力；深化体制改革，夯实发展基础；强化企业管理，努力降本增效；加强文化建设，增添企业活力。围绕为民服务创先争优活动，开展“四强四优”工作，在公司管理人员和加油站全体员工中开展争创“四强”党组织、争做“四优”共产党员活动。这次活动紧紧围绕“政治引领力强、推动发展力强、改革创新力强、凝聚保障力强”“政治素质优、岗位技能优、工作业绩优、群众评价优”的要求和目标组织开展。按照中石化总部人性化管理要求，关爱员工生活，截至 2015 年年底，为每个加油站每月配备粮油，解决员工工作时间的吃饭问题，开展走访员工家庭活动，切实解决员工的家庭困难，提高员工生活水平，形成“企业关心员工、员工爱护企业”的良好氛围。

【领导人更迭】

经　理：赵占德

副经理：李青东

（柴士杰）

盐　业

【概况】 临清盐业公司（盐务局）属自主经营，独立核算，自负盈亏的企业法人专营经济实体性组织，也是临清市唯一合法的盐业经营单位，属聊城盐业公司（盐务局）的下属企业。承担着全市盐业行业领导，计划管理，盐业行政管理的职能。以销售入口食盐和各类生产用盐为主。年销售各类盐6000余吨。现临清盐业公司共有在册职工68人，供应全市人民的生产生活用盐，年销量6000余吨。临清市盐务局大力宣传《山东省盐业管理条例》，在当地政府的支持下，与公安、交通、工商、质检等部门通力合作，严厉打击涉盐违法犯罪行为，净化全市食盐市场，保护全市人民的食盐安全。2015年，有专职盐政稽查人员10余人，专用稽查车辆3部，并配备摄像机和执法记录仪等专用设备。

【盐政执法】 2013年至2015年临清盐业公司总计销售各类盐1万5千余吨，连年圆满完成上级下达的各项任务指标。临清市盐务局盐政稽查三年共查处各类涉盐违法案件的1153起，收缴罚款981866元，有效的维护临清市的盐业市场环境，保证全市人民的食用盐安全。

2013年以来临清市盐业公司着手重新对临清市食盐零售网络梳理，进一步提升食盐专营水平，提高合格食盐尤其是小包装食盐的覆盖率和普及率，建立一个“便于管理、合理布局、方便群众、辐射到位”的营销网络体系，并在此基础上，延伸服务，引导消费，达到控制终端市场的目的。同时，完善“一证一卡”制度，通过设点布局，不断整顿零售环节，建成一个覆盖全市、遍布乡村的适应和符合食盐专营发展要求的销售渠道。临清市盐业公司共规范全市食盐零售网点1700余个。

临清盐业公司为贯彻全省有关“减盐控压”相关文件精神，扎实做好以低钠盐、海藻盐为主的多品种盐的宣传和推广工作，采取多种举措扩大多品种高附加值盐品的市场占有率。制作宣传展板并与全市各大型商超接洽设立食盐专柜，向广大消费者宣传食用海藻盐、弱碱盐、平衡低钠盐的好处并提高对多品种食盐的认知度。与医疗机构结合，大力宣传推广健康食用盐知识，使“科学用盐、健康用盐、少吃盐、吃好盐”深入人心，科学引导广大消费者进行健康、正确的消费。利用广播、电视、报纸等多种媒体对多品种食盐进行宣传和推广，积极引导消费者进行正确、健康、科学的消费，增强广大人民群众自我保护意识，提高居民生活质量和品位，取得良好效果，为做好多品种盐销售以及弱碱盐的普及推广工作提供有力保证。

【盐业经营】 2013年以来临清市盐业公司全面实行网格化管理及客户经理制，客户经理坚持“以市场为导向，以客户为中心，以效益为目标”的经营理念，从客户的需要出发，配送类各盐产品及营销其他非盐商品，从而实现客户资源优化配置，增强企业竞争能力和盈利能力。

临清盐业公司在面对盐业体制改革的严峻形势和行业自身发展的要求下，积极寻找应对措施，加快转变思想观念和经营机制。实现从专营走向市场，从单一化经营走向多元化经营格局，积极探索开展非盐商品经营路子，为行业的转型发展寻求新的增长点。

【领导人更迭】

局　　长： 范　磊（2013.10起）

副 局 长： 刘　宽

支部书记： 范　磊（2013.10起）

（刘　宽　郭　伟）

科技　教育

科　技

【概况】 2015年12月，临清市科技局共有4个行政科室，2个事业科室，在职工作人员17人，其中党组书记、局长1名，党组副书记、副局长1名，副局长2名，工会主任1名。2013年以来，临清市大力实施创新驱动发展战略和“科教兴市”主体战略，扎实推进科技体制改革，以改革促创新，以创新促发展，有力带动全市战略性新兴产业发展壮大和传统产业改造提升，为经济文化强市建设提供强有力的科技支撑。2013年，临清市连续第七次通过全国县（市、区）科技进步考核。累计争取省级以上科技计划19项，聊城市级科技计划7项，获得无偿资金787万元；取得重要科技成果9项，获科技进步奖励17项，其中省级三等奖2项；累计申请发明专利302项，获发明授权61项。2015年，临清市累计实现高新技术产业产值427.95亿元，同比增长7.95%，占市规模以上工业的比重达到31.66%。

高新技术产业蓬勃发展。加快发展高新技术产业是推动经济发展方式转变、实现经济结构优化升级的重要途径。2013年以来，临清市不断强化高新技术对产业发展的支撑作用，提高产业自主创新能力，大力提高原始创新能力、集成创新能力和引进消化吸收再创新能力，鼓励企业加快高新技术改造传统产业步伐，着力突破制约产业转型升级的重要关键技术，加快培育战略性新兴产业。全市新增国家高新技术企业1家，聊城市级高新技术企业3家。2015年，全市高新技术产业产值达到427.95亿元，同比增长19.13%，累计占规模以上企业工业总产值的比重为31.66%。

【科技计划项目】 为帮助企业依靠科技创新从根本上做大做强，对原始创新、集成创新和引进吸收消化再创新的项目进行全程跟踪服务，推荐申报各级科技计划，争取相应科技计划扶持，发挥科技计划项目支撑、带动作用增强企业抓科技进步、技术改造和自主创新的动力。2013年以来，挖掘、培育一批科技创新的亮点项目，积极争取上级科技优惠政策支持，一批优势企业项目申报国家火炬计划、国家重点星火计划、省科技发展计划。2013年以来，累计争取省级以上科技计划19项，聊城市级科技计划7项，获得无偿资金787万元。其中，临清合众正源现代中药有限公司牵头申报的“山东丹参产业优化升级关键技术集成”农业项目被列入国家级星火计划重大项目，获得扶持资金300万元，实现聊城市星火计划重大项目申报工作的历史性突破。

【专利、成果创新】 大力实施知识产权战略，充分发挥知识产权贯标企业的示范带动作用，突出发明专利申请，鼓励引导企业主体自主研发新产品、新技术、新成果，强化对专利技术、科技成果等科技资源的开发与获得，加大知识产权保护力度。2013年以来，市科技局引导和鼓励企业申请发明专利，积极开展知识产权培训活动，逐步提升企业的知识产权保护意识和申请专利的积极性。累计申请发明专利302项，获发明授权61项。获“山东省第八届发明创业奖”三等奖1人。共取得科技成果9项，获科技进步奖励17项。其中，2项科技成果获得山东省科技进步三等奖，聊城市科技进步一等奖1项，二等奖3项，三等奖10项；聊城市技术发明三等奖1项。

【产学研合作】 2013年以来，通过优化政策引导环境、建设科技洽谈合作平台等有力措施，不断延伸与拓宽企业高校间产学研合作的广度和深度，搭建企业与高校院所广泛接触和交流的平台。鼓励形成以企业为主体，面向市场的联合科研开发形式，借助社会科技资源提升企业科技创新能力和市场竞争能力，努力形成一批拥有自主知识产权、自主品牌和持续创新能力的创新型企业。2013年临清市出台《关于在规模以上企业中推动产学研结合开展“六个一”工程的实施意见》，鼓励企业提升产学研合作水平。西安交大、中南大学等高校百余名专家教授深入临清市企业交流指导；临清市企业与西安、南京、上海、哈尔滨、长沙、济南等地近百所大专院校、科研院所建立长期、稳定的合作关系，与高校院所联合建立产学研基地10处。中色奥博特铜铝业有限公司与中南大学、济南大学等签订科技合作协议；山东博特轴承有限公司与山东建筑大学合作组建“山东省薄壁轴承研发技术中心”；临清兴和宏鑫机床有限公司与山东大学数控技术研究中心就技术项目研究达成合作；山东凯美瑞轴承科技有限公司与洛阳轴承研究所科技股份有限公司达成战略合作，共同建设中国洛阳轴承研究所科技股份有限公司—山东凯美瑞轴承科技有限公司技术转移中心；山东合众正源现代中药有限公司与泰山医学院签订产学研合作战略框架合作协议。

【科技创新服务体系】 为进一步推动企业及行业的科技进步，促进企业成为技术创新的主体，加速高新技术向传统产业渗透，提升企业在行业中的地位和话语权，提高技术的产业技术水平和企业自主创新能力，逐步形成产业技术自主创新体系，引导支持企业组建工程技术研究中心、重点实验室等科技创新平台，引导企业成为研发投入、技术创新活动和科技成果应用的主体，提高企业创新能力和技术水平。2013年以来，全市省级工程技术研究中心研究中心提质升级1家；新增省级企业重点实验室1家，聊城市级企业重点实验室3家，聊城市级工程技术研究中心5家。

【农业科技创新】 紧密围绕贯彻落实一号文件精神，不断加大科技投入力度，在强化农民技术培训、现有示范区建设等工作的基础上，重点加强高标准科技园区创建和重大科技计划项目、重点项目的申报推荐和实施，全面加快农业科技创新体系建设。2013年以来，全市新增聊城市科技示范基地（园区）3家，聊城市科技示范镇（村）2个。2015年，依托丁马生物科技有限公司，临清市丁马甲鱼省级农业科技园区成功创建首批省级农业科技园区。围绕园区农业特色产业，企业申报省农业科技发展资金项目，争取无偿扶持资金100万元。临清市兴盛养鸭专业合作社、山东合众正源现代中药有限公司分别承担国家级星火计划项目，山东合众正源现代中药有限公司的项目被列入国家星火重大项目。

【领导人更迭】

局　　长：何新华

副 局 长：张金戈（2013.09止）

耿祥君（2013.09—2014.11）

王润之

张　雷

王秀伟

党组书记：何新华
党组副书记：
张金戈（2013.09 止）
耿祥君（2013.09—2014.11）
王润之

（王润之　徐海霞）

气　象

【机构设置】　1964 年 6 月筹建临清县气候服务站，站址位于临清市东郊，1965 年 1 月 1 日开始观测工作，1966 年 1 月更名为临清县气象服务站，1974 年更名为临清县革命委员会气象站，1981 年更名为临清县气象局，1984 年更名为临清市气象站，1989 年更名为临清市气象局。2000 年 1 月 1 日因探测环境保护需要迁址到城南郊三里铺村北面济津渠北侧，2010 年迁至城东郊大辛庄街道高庄村北。

气象局内设综合管理办公室、气象台、气象服务中心、防灾减灾科、雷电技术防护中心 5 个职能科室，气象局机构规格为正科级。

【气候概况】　临清市地处欧亚大陆东南部的华北平原，属暖温带大陆性季风气候，由于大气环流的变化异常，也往往出现非定性的气候变化，造成年际间的差异，临清市气候的基本特点是：冬季寒冷干燥，降水少，盛行偏北风；春季干旱多风，回暖快；夏季温热雨不匀，盛行偏南风；秋季凉爽晴天多。

【汛期气象服务】　做好汛前检查。每年 3 月份对全市的区域站的仪器进行维修和调试，对有问题的区域站进行故障分析和排除，使区域观测站全部符合规定的标准。为确保汛期人工站和自动站的仪器运转正常。汛前对台站所有的现用、备用仪器进行全面的检查和维护，确保各种仪器正常运转。对网络线路进行全面的维护，使通信网网络线路在整个汛期保持良好状态，对自动站的供电系统和发电机进行保养和维护，确保供电、通信线路畅通无阻，对自动站和计算机防雷装置进行严格检测，使其达到规范要求标准，对业务人员值班配备移动电话，为汛期气象服务提供有力的保障。

严格执行防汛工作岗位责任制度。实行领导带班制，坚持 24 小时有人值班，制定应对突发灾害性天气的预报、服务、应急值班工作制度。在重大灾害性天气预报服务中力求做到准确、及时、科学、高效，并将最新天气情况及时上报市政府、应急办。充分发挥汛期领导小组的作用，遇有重大灾害性天气过程，第一时间亲临现场开展服务，通过短信、电话、电视及时主动将预警信息传递给社会公众，提高预警信息发布的覆盖率、实效性。1999 年 1 月临清市人民政府成立临清市人工增雨消雹领导小组，办公室设在气象局，同年在辖区 7 个乡镇设立固定炮点，购置 7 门“三七”高炮，并建成炮库、弹药库，配备高频电话和程控电话；2001 年在大辛庄街道新增一个作业点。2010 年购置增雨消雹用火箭一门。

【自然灾害】　临清市境内天气复杂多变，气象灾害种类繁多，危害严重，春季十年九旱，夏季多高温暴雨，秋季连阴雨，冬季有寒潮低温，一年四季都有大风。

2013 年 5 月 26 日至 27 日，临清市出现雷雨天气，造成部分乡镇的农作物受灾，此次降水过程全市平均降雨量 36.2 毫米，最大降雨量出现在尚店镇，过程降雨量 52.5 毫米，据临清市民政局统计，此次降雨造成全市 1722 公顷农作物（主要是小麦）倒伏，受灾人口 25000 人，造成农业直接经济损失 681 万元;7 月 22 日至 23 日，全市普降大到暴雨，全市平均降雨量 45.6 毫米，最大降雨量出现在戴湾 60.4 毫米，全市共有 11 个镇（街道）受大雨影响，其中魏湾、戴湾、刘垓子、康庄、金郝庄受灾较为严重重，受灾人口 5.5 万人，造成玉米受灾面积 3800 公顷，成灾面积2200公顷，房屋倒塌12间，造成直接经济损失2737.8万元；7月25日至29日，临清市再次出现连续性降雨，全市平均降雨量为105.0毫米，最大降雨量出现在松林159.8毫米。此次降雨造成农田严重积水，农作物减产，其中魏湾、戴湾、康庄、刘垓子、金郝庄等镇农作物受损严重，受灾面积达13000公顷，成灾面积6740公顷，绝收面积2420公顷，受灾人口161600人，房屋倒塌68间，严重损毁78间，造成直接经济损失10470万元。8月12日至13日，临清市16个镇(街道）遭遇强降雨及大风灾害天气。全市平均降水量110.1毫米，最大降雨量出现在戴湾，过程降雨量为216.8毫米。此次降雨造成全市24625.0公顷农作物（主要是玉米、棉花）遭受涝灾，绝收面积13833.0公顷，受灾人口24.62万人，倒塌房屋465间，一般损坏房屋2间，严重损坏房屋455间，造成直接经济损失33401.0万元。

2013年共出现8天大雾天气，最小能见度为50米，给交通运输和人们出行造成一定的影响；1月全月有19天全天无日照，较常年明显偏少，低温寡照对大棚蔬菜的生长造成不利影响。2月出现14天的积雪和5天的大雾天气，给交通运输和人们出行带来不利影响。

2015年8月22日16时08分—18时11分金郝庄、老赵庄、康庄、戴湾、刘垓子、魏湾等乡镇出现大风冰雹天气。最大降水量出现在戴湾34.4毫米，此次降水造成全市4266公顷农作物（主要是玉米）受到灾害，成灾面积3905公顷，受灾人口2.1万人，造成直接经济损失3026万元。8月29日21时31分至24时全市大部分镇(街道）出现雷雨大风天气，雷雨时风力7—8级，最大降水量出现在尚店29.6毫米。临清市松林、老赵庄、康庄、刘垓子、尚店、八岔路、青年路街道、先锋路街道、大辛庄街道、新华路街道10个镇（街道）出现农作物倒伏，受灾面积1132公顷，成灾面积802公顷，受灾人口8800人，造成直接经济损失1010万元。

【为农气象服务】 立足本地农业实际，切实加强气象服务工作的组织领导和管理，全体业务人员按照“以人为本，无微不至”的服务理念，坚持以农业生产、防灾减灾的和领导决策气象服务为重点，认真做好天气气候、趋势预测和灾害天气的连续跟踪检测预报检测预报、服务，积极做好农用天气预报的服务，并着力对全市特色农业、设施农业提供专业气象服务，及时主动地为农业生产和经济建设提供准确、优质的气象保障服务，取得显著的社会经济效益。健全农业气象服务体系和农村气象灾害防御体系，突发气象灾害预警信息公众覆盖率达到70%以上。按照“政府主导、部门联动、社会参与”的工作机制，市气象局把气象综合电子显示屏、气象信息预警大喇叭和“气象信息绿色通道”建设作为“两个体系”建设的重点，强力推进。截至2015年年底已建成加密土壤水分自动站2套。

【公共气象服务】 临清市气象局近几年加快农村公共气象信息服务系统推广步伐。以提高气象信息覆盖率为目标，大力实施气象公共信息电子显示屏村工程，使农村气象综合信息服务系统成为集天天气预报、浓情农事、突发事件预警、农业农村政策、科普知识、政务公开和农产品供求等政府和多部门信息发布为一体的服务“三农”的公共信息服务平台。气象公共信息服务的覆盖率进一步提升，很大程度上解决农村使用信息进村入户“最后一公里”的问题。建立全市600人的气象信息员队伍，及时接收临清市气象局的预警预报信息，及时进行为农服务。通过网络接收由聊城市气象局虚拟演播系统制作的电视天气预报节目，通过专线传到临清市电视台播放，播出的气象万千栏目中新增气象科、普穿衣指数等内容；通过中国移动短信平台发送重要天气预报，雨晴信息，自2010年通过短信平台共发送天气预报和雨情信息10万多人次，同时在乡镇建成气象信息显示屏，农村气象信息大喇叭，农村气象服务站，乡镇区域站等多渠道为农服务的新方式。2003年首个四要素区域自动气象观测站在尚店乡建成至2016年年底气象局已经建成覆盖12个镇（街道）的四要素区域自动气象观测站。

【气象预测预报】 气象局根据全市气象灾害发生和分布特点，从核心业务入手，以气象科技创新为基点，加大科研力度，努力在现有基础上进一步提高灾害性天气预报准确率。应用气象局精细化预报业务系统平台，提高全市灾害性天气预报的准确率和精细化预报水平，加快能见度要素预报业务系统建设步伐，同时计划开展乡镇区域站精细化气象要素预报业务并进行质量检验;加大对暴雨、沙尘暴、大雾、雷电、霾等灾害性天气的研究力度，将科研与业务结合起来，做到科研业务两不误、两促进、两提高，建立统一、转自动化的流程清晰的天气预报服务平台，完善预报流程，逐步实现由手工纸质分析、集体会商的传统作业方式将具有较高自动化水平的预报作业方式的转变。编制气象服务大纲，突出服务的敏锐性、及时性，贴近决策生产和生活；整合各种气象服务产品，进一步提升气象服务产品的质量，提高气象服务的针对性、敏感性和实用性。加强与相关部门合作研究，在地质灾害、城市环境气象、交通气象、病虫害等预报技术方面开展合作研究，不断提高气象服务各行各业的能力。

【人才体系建设】 临清市气象局始终坚持“服务发展、人才优先、以用为本、创新机制、高端引领、整体开发”的人才工作指导方针，确立在气象事业发展中人才优先发展的战略布局。落实国家防灾减灾、环境保护等气象相关专项规划的各项任务，大力实施气象人才工程，以高层次和骨干人才队伍建设为重点，推荐人才队伍整体发展。近年来市气象局不断加强人才培养，现局内有职工11名，本科学历7人，大专学历2人，中专学历2人。

【气象文化】 1999年开始成立以第一责任人为组长的精神文明建设领导小组。从领导班子、党建、思想道德、机关作风等方面建立详细的规章制度，2010年建成多功能会议室、图书阅览室、档案室、乒乓球室为职工健身、丰富业余生活提供活动空间。被山东省气象局授予“全省气象服务先进集体”。2003年至2011年连续9年被临清市文明委员会评为“市级文明单位”；2003年至2008年4次被授予“地面测报集体优质奖”。荣获“全国台站文明标兵”“廉政文化先进单位”；被山东省精神文明委员会评为“省级文明单位”。

【领导人更佚】

局　长： 冯长涛

副局长： 苗德权

孔祥良

（苗德权　刘艳荣）

地　震

【概况】 1975年6月，临清市成立“临清市人民政府地震办公室”，隶属于市人民政府，为副科级全额事业单位。2001年11月9日，“临清市人民政府地震办公室”更名为“临清市地震局”，隶属市政府领导，为正科级全额事业单位，定编4人。2012年，地震局设立办公室、业务科，为局股级内设机构。

临清市地震局荣获2013年度、2014年度、2015年度市政务服务工作先进单位；2014年12月5日，临清市被山东省地震局评为山东省防震减灾基础示范县；2015年9月，临清市被中国地震局评为国家防震减灾示范县；2013年、2014年、2015年临清市地震局被山东省地震局评为山东省防震减灾工作先进集体。

【地震监测预报】 临清市周边发育有沧东断裂、

临清断裂、商河—永安断裂、馆陶西断裂、陵县—冠县断裂和高唐—堂邑断裂等6条主要的断裂，其中沧东断裂和临清断裂通过市区。周围地区历史上发生的严重破坏性地震也曾给临清市造成重大破坏。聊城及周边地区有感地震频发，中国地震局已连续三年将其确定为地震重点注意地区，判定为黄色预警级别，因此临清市地震形势依然严峻。全市地震部门按照市委、市政府的指示和省地震局、聊城市地震局的统一部署，始终把震情跟踪工作当作头等大事，广大地震工作者牢固树立震情意识、大局意识、责任意识，认真强化地震监测预报工作。地震基础设施建设和地震应急能力建设得到明显改善，地震监测能力显著加强。市地震局积极争取条件，筹措资金，在山东省地震局的大力支持下，建设一个测震台，使全市地震监控能力由ML2.5级提高到目前ML1.5级；建设一个强震台，可在临清市及周片地区发生破坏性地震时，能迅速确定地震参数，指导抗震救灾工作；新建一个深井水位检测站，提高对地震前兆异常的捕捉能力。加强对地震观测工作的管理和震情跟踪工作，根据全国、全省年度震情会商意见，市地震局制定相应的短临跟踪措施。尽最大努力保障仪器设备正常运转和观测数据连续可靠，并对临清市出现的前兆异常及时调查落实。在辖区及邻近区域发生有感地震后，立即启动有感地震应急预案，在最短时间内派出地震现场应急工作队，进行地震现场调查，帮助当地政府做好震后社会稳定工作，并将调查情况上报市委、市政府和省局、聊城市有关部门。临清市建成由市委、市政府、有关部门、各镇、街道主要领导及各群测网点组成的临清市地震灾情速报通信网络，并将各单位联络人员名单报聊城市地震局备案。推广“三网一员”工作制度，在镇（街道）配备地震助理员，全市所有行政村、社区配备震情灾情速报员。临清市现有防震减灾助理员16名，震情灾情速报员682人。坚持正常的震情会商制度，在认真做好周会商、月会商和半年会商工作的同时，在全省地震应急期间，坚持每天震情会商。积极参加震情联防和资料交流工作。群测群防工作进一步加强，从防震减灾工作发展的历史看，群测群防是防震减灾工作的一大特色，在防震减灾工作中尤其是地震短临预报中发挥着十分重要的作用。临清市高度重视群测群防骨干网（点）建设，保证骨干点观测仪器的专业性和观测人员的稳定性，建设农村群测群防宏观观测点32个，每个镇、街道设有两个群测群防宏观观测点。2015年4月23日，完成青年观测站的数字化改造，改造后的青年观测站可以24小时观测水温、水位的变化并将检测数据传输至省局。

【地震应急工作】 临清市加强地震应急工作，市镇两级都成立防震减灾工作领导小组，制定或修订破坏性地震应急预案，市直有关部门和部分大型企业也根据自己的职能分别制定《破坏性地震应急预案》。根据领导同志的工作变动，适时调整市防震减灾工作领导小组。购置必要的地震应急装备，与临清市消防大队合作建成临清市地震应急装备库。建成地震应急指挥中心，可以与其他地震应急指挥中心进行视频通话。

【震害防御】 根据地震灾害的特点，市地震主管部门按照预防为主的方针，依据防震减灾法律法规，在通过强化建筑物的抗震设防达到预防和减轻地震灾害方面，认真依法行政，积极为全市经济建设服务，取得一定成绩。市地震部门充分发挥在市行政服务中心设立的窗口的作用，和计划、规划部门密切合作，加大对全市重点工程抗震设防标准和地震安全性评价的管理力度。2014年8月18日，烟店镇堤口村农村民居地震安全示范工程通过验收。

【防震减灾宣传教育】 防震减灾宣传工作主要抓两个方面，针对广大群众宣传普及防震知识，提高群众应对突发地震事件的能力。临清市地震、宣传、教育等部门按照“积极、慎重‘科学’有效”的原则，因时制宜、因地制宜，深入持久地开展多种形式的防震减灾法律、法规和避震减灾知识的宣传普及教育活动。在电视上播放地震科普片，报刊上刊登地震科普文章等。宣传中注意利用有关法律法规颁布实施日和唐山大地震纪念日及国内外具有较大影响的典型地震事件等时机，加大宣传教育力度。同时注意区分不同对象、不同层次，有重点地开展宣传，特别是注重对中小学生的防震减灾常识的宣传教育。建立京华中学、民族实验中学（原先锋中学）、临清市实验小学（原十小学）、临清市逸夫实验小学、第三高级中学5所省级地震科普示范学校和实验高中、实验中学、武训实验小学、松林中学、丕介中学5所市级地震科普示范学校。将先锋路街道银河社区、青年路街道温泉社区建成省级地震安全示范社区和国家级地震安全示范社区。针对设计、建设单位宣传防震减灾法律、法规和规范。建筑物的抗震设计、施工是防震减灾工作的一个重要环节，地震专业人员多次去建设单位宣传防震减灾法律、法规和《地震动参数区划图》及其使用规定，交流抗震设计施工经验体会，推动全市抗震设防水平的提高。

【大事纪要】 2013年7月11日，参加全省地震局长工作会议的省市地震局领导到临清市现场观摩。

2014年8月18日，烟店镇堤口村农村民居地震安全示范工程通过验收。

2014年12月5日，临清市被山东省地震局评为山东省防震减灾基础示范县。

2015年9月，临清市被中国地震局评为国家防震减灾示范县。

2015年10月26日，临清市建成地震应急指挥中心。

2015年，完成烟店镇和松林镇辖区内的2个行政村的农村民居抗震设防情况调查。

【领导人更迭】

局　长：张金戈（2013.09止）

耿祥君（2013.09起）

副局长：孙立庆（2013.12止）

董保生

（董保生　郭瑞哲）

教　育

【概况】 临清市教育局设局长1人、副局长3人，科级以上干部14人。下设机关办公室、政策研究室、人事科、工资职改科、财务科、督导室、普教科、工会、安全科、行政监察室、信访办公室、勤工俭学办公室、师训站、团委、招生办公室、职教成教办公室、体卫科、仪器站、电教站、教科所、中学教研室、小学教研室、学前教育室、艺体教研室24个科室，全局共有机关工作人员114名。

2015年临清市有公办学校106所，其中普通高中4所，职教中心1所；初中20所，科技创新实践学校1所；小学79所，特殊教育学校1所。临清市学生128077人，教师5683人（其中学前教育阶段，学生14391人，教师232人；小学教育阶段，学生81365人，教师3061人；初中教育阶段，学生22000人，教师1534人；高中教育阶段学生10268人，教师832人；特殊教育学生53人，教师24人）。2015年年底，全市已成功创建山东省规范化学校9处，聊城市规范化学校42处；省级实验园1处、省级示范园4处， 16处镇办中心幼儿园全部通过省级认定；全市16个镇办均已创建为聊城市教育示范乡镇。

在市委、市政府的坚强领导下，临清市教育系统以办好人民满意教育为宗旨，以教育教学质量“全面提升年”为抓手，着力推进质量提升、师德建设、立德树人、均衡发展四项重点工作，开拓创新，扎实工作，取得较为显著的成绩。

2013年聊城市初中教研工作年度会议在临清市召开，推广临清经验做法。临清市教育工作荣获聊城市政府教育综合督导总分第一名，教育局荣获教育部“国培计划”幼儿园骨干教师远程培训项目优秀项目团队、全国青少年爱国主义读书教育活动优秀组织先进单位、山东省级文明单位、山东省中小学教师远程研修组织工作先进单位、山东省“幸福进家”活动先进集体等荣誉称号。

2014年临清市教育工作荣获聊城市政府教育综合督导评估第一名；聊城市第四届振兴阅读工程成果展示现场会在临清召开，推广临清经验做法。教育局也先后获得全国青少年爱国主义读书教育活动组织优秀奖、山东省级文明单位、山东省信息宣传工作先进单位、山东省幸福进家活动先进单位、山东省创建五好基层关工委先进集体、聊城市三八红旗集体等荣誉称号。

2015年临清市教育工作荣获2013—2014学年度聊城市政府教育综合督导评估第一名；聊城市第四届振兴阅读工程成果展示现场会、全省县级学生资助管理工作座谈会在临清召开，推广临清经验做法。教育局也先后获得全国义务教育发展基本均衡县（市）、全国青少年爱国主义读书教育活动组织优秀奖、山东省级文明单位、山东省校园安全管理与研究工作先进单位、山东省创建五好基层关工委先进集体、山东省信息宣传工作先进单位、山东省幸福进家活动先进单位、聊城市三八红旗集体等荣誉称号。在全市2015年度科学发展综合考核中，教育局被市委、市政府授予民生工作“特殊贡献奖”，记集体三等功，科学发展综合考核二等奖，政风行风建设先进单位，党风廉政建设工作先进单位。

【管理体制改革】 临清市委、市政府坚持教育优先发展战略。在教育投入方面，坚持“三个不动摇”（即教育经费“三个增长”不动摇、两项教育附加全部用于教育不动摇、拓宽筹措教育资金渠道优先用于教育不动摇）；在规划、立项、建设和土地征用等方面，坚持“四个优先”（即新区建设优先规划学校建设、土地征用优先保障学校用地、学校项目建设优先立项审批、建设收费优先减免校舍项目费用）。

临清市教育局创新教育督导方式方法。建立8个督学责任区，聘请36名兼职督学，实现全市所有学校和幼儿园的挂牌督导工作全覆盖；完善目标管理，狠抓机制建设，不断强化督导评估，完善千分制目标考核办法，深入推行精细化管理，不断充实调整评估细则，使之更加科学。每年对各级各类学校进行全方位综合评估，严格考核、兑现奖惩。各学校层层分解目标、逐一落实，全市中小学形成比学赶帮超的生动局面。

【义务教育】 深入实施素质教育，小学阶段深入推进教育课程改革，不断提高教育教学质量。深化教育教学改革，加大教育教学创新，推进教育公平，促进教育教学工作健康协调发展，推动临清市小学教育走上科学、协调、均衡、优质发展之路，逐步满足人民群众对优质教育的需求，为打造全面高素质的义务教育、创建“教育名市”奠定扎实基础。潘庄中心小学等4所学校通过聊城市教学示范校验收；潘庄镇梭庄小学等13所乡镇小学被评为临清市教学示范校。

临清市各级各类学校深入开展“质量提升年”活动，明确提升发展目标，加强教学常规管理，深化课堂教学改革，打造“高效、活力”课堂，调整评估方案，强化质量检测。建立初高中四个协作区，借助高中办学经验提升初中管理水平；组建城区、东部、西南部三个初中联合体，实施联合体内互帮互助和经验交流，有力地促进教育教学质量全面提升。中考成绩在聊城市的位次大幅度提升，小学段毕业测试的优秀率、及格率处于聊城市领先水平。

积极推进城乡教育均衡发展，努力创建全国义务教育基本均衡县。义务教育阶段适龄儿童少年入学率达到99%以上，适龄残疾儿童少年入学率95%以上，农民工等流动就业人口子女在全日制公办学校接受免费义务教育得到保证，采取多种方式突出做好留守儿童的义务教育工作。落实各项惠民政策，圆满完成各级各类学校的学生资助工作，促进教育机会均等。实施义务教育学校标准化建设工程，投资500万元，对30处学校的2万平方米的教室、厕所、围墙等进行维修加固；投资2600万元新建11处中小学教学用房2.2万平方米；投资1700万元新建6处镇（街道）中心幼儿园1.5万平方米。投资734万购置图书30万册，500万购置微机2000台，854万购置音体美卫器材、综合实践活动器材等，学生用计算机、教师人手一机、生均图书、实验室建设及音体美卫器材达到省定标准。各级各类规范化学校占全市学校总数的70%。

通过优化学校布局，各镇（街道）“1157”教育发展格局基本形成，即每个镇（街道）有1所初中、1所中心小学、5—7所学区中心小学。强化校际交流，突出合作引领，实施强校带分校战略，建立以优质学校为主体的教育共同体，确定四所相对薄弱镇（街道）初中由三所高中和京华中学带动，真正发挥强校优势，全面提升薄弱学校教育质量和管理水平，加快推进城乡义务教育均衡发展。

【职业教育】 2013年以来，临清市委市政府不断加大扶持力度，职业教育发展步伐逐步加快，工业学校加大投入，强化建设，提升内涵，在校舍建设、师资配备、招生规模等诸多方面取得显著成效，连续三年被评为临清市职业教育优胜集体。职业教育以创建省级规范化为契机，注重内涵建设，狠抓内部管理，增强职业教育吸引力，全面做好工业学校“省规”创建工作。

【社会力量办学】 临清市共有民办学校4处。其中初中1处，为临清市宏立中学；民办小学3处，分别是烟店镇文训小学、烟店镇志远小学、潘庄镇文启小学。社会力量办学极大地缓解入学高峰给政府和社会带来的压力，并以其独特的体制、灵活的机制，办出成绩，办出特色。

【勤工俭学】 勤工俭学办公室全面贯彻教育方针，负责制定和实施勤工俭学的长远规划和年度计划，拟定有关的规章、制度和实施细则，规范管理，组织和指导学校的勤工俭学管理工作。

学校绿色工程和实践基地建设方面，各新建学校落实规划5—10亩学校实践基地政策，有科学合理的发展规划，健全管理制度和养护办法；绿化美化因地制宜，注重绿化、美化和经济效益的结合；按计划开展社会实践活动和劳动劳技教育，已经通过聊城市绿色工程学校验收的充分发挥实践基地的作用，培养学生的劳动观念和动手能力。为素质教育服务，起到示范带头作用。特别是2014年以来结合国家义务教育均衡县的创建，各学校加大绿化美化和劳动劳技教育的投入，2014年、2015年青年路街道中学和先锋路街道中心小学先后被评为聊城市绿色工程学校。因工作成效显著，2015年临清市教育局勤工俭学办公室被聊城市教育局评为聊城市勤工俭学工作先进单位。

【教育信息化】 实施仪器更新工程、“专任教师人手一机”“绿色班班通”等工程，努力改善学校办学条件。所有中学、中心小学及部分镇（街道）完小仪器配备已达到省定Ⅰ类标准。在聊城市率先完成“专任教师人手一机工程”，450个班级安装交互式电子白板，7所学校实现“班班通”，在聊城市率先实现“校校通”；着力推进中小学实验室、图书室建设，实施多媒体“班班通”和操场改造等工程，投资7500余万元为义务教育阶段学校配置教育教学设备；2015年，临清市在聊城市率先创建为全国义务教育发展基本均衡县（市），学生用计算机、教师用计算机、“班班通”、和校园网建设均达到均衡县验收要求。

【学校安全】 投资1000万元开展校园环境卫生综合整治工作；投资60万元为37所学校安

装高标准的视频监控系统；严抓学校安全工作，加强学校安全工作基础建设，重点抓好安全教育和隐患排查整改，健全学校安全责任体系建设。严格落实“党政同责、一岗双责、失职追责”的要求，牢固树立“红线意识”，全面加强学校安全工作基础建设，健全学校安全责任体系。重点抓好师生安全教育和学校安全应急预案制定与演练。以“全覆盖、零容忍”的态度做好安全隐患大排查和整改工作。建立学校周边环境治理长效机制，全力保障师生安全和教育系统和谐稳定。三年来，新评临清市平安和谐校园16处，新评聊城市平安和谐校园14处，在聊城市安全工作年度评比中位居前列。

【素质教育】 三年来，临清市素质教育主要围绕立德树人这条主线展开，坚持德育为首，以德立校、以德促教，不断创新工作载体，不断探索素质教育实施的有效途径。

2013年，以“做一个有道德的人”主题实践活动为主线，以学生行为规范养成教育为主要内容，以学校少先队活动为载体，以重大节日、纪念日为契机，开展生动活泼的德育教育活动，加强对学生进行爱国主义、集体主义、社会主义思想教育和道德规范教育。开展“学雷锋做有道德的人”爱国主义读书教育活动，临清市共评出一等奖8名，二等奖16名，三等奖33名，组织特等奖6名、组织优秀奖12名，8名优秀学生代表临清参加聊城市赛，临清市教育局被授予聊城市组织优秀奖；在2013年聊城市学校德育工作先进集体和先进个人评选活动中，临清一中等4个单位获聊城市学校德育工作先进集体荣誉称号，4名教师获聊城市德育工作先进个人荣誉称号;在开展的聊城市首届“美德少年”评选活动中，3名学生事迹突出被评为聊城市美德少年，20名学生被评为临清市美德少年；临清市家长委员会建设全面推开，镇（街道）中心小学以上的学校均已建立起家长委员会，一中、京华中学、武训的示范家长学校建设已成为全市典型；开展留守儿童调查摸底工作，逐个建立档案，时刻关注留守儿童的学习情况和生活状况，关爱留守儿童工作涌现出许多典型案例，比如“青春助力——山东共青团关爱农民工子女志愿服务行动”七彩小屋启动仪式在艾寨丕介学校举行；中小学生科技创新教育实践基地有新进展，新教学楼投入使用，引进一批新设施、新器具，为丰富学生创新实践提供新动力。广泛开展艺术周、京剧进校园、“43142”艺体普及活动、阳光体育一小时等活动，学生的综合素质不断提高：在第二十届全国青少年爱国主义读书教育活动中，临清市共有1615名学生获奖；逸夫实验小学的杨延宇同学参加全国首届少儿京剧大奖赛荣获银奖；聊城市第二届运动会上，临清市中小学生代表团荣获团体总分第二名；在聊城市篮球、排球、羽毛球和乒乓球比赛中，临清市学生荣获三项第一名、两项第二名、五项第三名的优异成绩；在聊城市第五届中小学生田径运动会上，临清市第五次蝉联团体冠军。

2014年，坚持把“立德树人”作为教育的根本任务，加强社会主义核心价值观教育，探索对学生的多元评价机制，依托德育阵地加强本土文化教育，广泛开展“孝心少年”评选、“我的中国梦”征文演讲比赛等系列活动，进一步提升学生的思想品质和道德情操。开展“走复兴路　圆中国梦”爱国主义读书教育活动，其中小学生讲故事中学生演讲比赛环节，临清市共评出一等奖8名，二等奖17名，三等奖36名，组织特等奖6名、组织优秀奖12名，8名优秀学生代表临清参加聊城市赛，临清市教育局被授予聊城市组织优秀奖；在“走复兴路　圆中国梦”爱国主义读书教育活动征文比赛活动中，3名学生获省二等奖，2名学生获省三等奖，3名学生获聊城市一等奖，7名学生获聊城市二等奖，14名学生获聊城市三等奖；在聊城电视台开展的“美德聊城”诵读比赛中，临清三中诵读的《天路》节目获此次大赛金奖；在开展的聊城市第二届“美德少年”评选活动中，3名学生事迹突出被评为聊城市美德少年，26名学生被评为临清市美德少年；在2014年聊城市学校德育工作先进集体和先进个人评选活动中，临清市第二中学等3个单位获聊城市学校德育工作先进集体荣誉称号，4名教师获聊城市德育工作先进个人荣誉称号。

临清市关工委在武训实验小学召开“培育和践行社会主义核心价值观”现场会，推广临清市武训实验小学、民族实验中学在“立德树人”工作中的经验做法。同时，努力培养学生德、智、体、美全面发展。充分发挥科技创新实践基地的作用，大大提高学生的创新实践能力；实施“国学经典诵读工程”，开展书香校园活动，积极推进国学教育进课堂；广泛开展文化艺术周、京剧进校园、“43142”艺体普及、阳光体育一小时等活动，学生的综合素质不断提高。在聊城市第六届中小学生田径运动会上，临清市再次获得团体冠军，实现六连冠。

2015年，坚持育人为本、德育为先的理念，以社会主义核心价值观为指导，大力推进立德树人工作深入开展。开展“崇德向善　奋发向上”爱国主义读书教育系列活动，2013年来连续三年临清市教育局获全国青少年爱国主义读书教育活动组织委员会颁发的组织优秀奖，临清市教育局被授予聊城市组织特等奖，其中小学组2名优秀学生代表聊城参加山东省比赛获省三等奖；在“崇德向善　奋发向上”爱国主义读书教育活动征文比赛活动中，1名学生获省二等奖，1名学生获省三等奖，1名学生获聊城市一等奖，1名学生获聊城市二等奖，5名学生获聊城市三等奖；深入开展社会主义核心价值观教育，把培养和践行社会主义核心价值观，把培育和践行社会主义核心价值观教育与课堂教学、校园文化建设、中小学德育实践活动等紧密结合；对全市教育干部和班主任推行“四个一”活动，即：教育干部读一本教育专著、班主任研究一本专著、举办一次美德教育主题班（队）会、写一篇结合自己实际的论文，通过活动，提高德育工作者的施教能力；在2015年聊城市学校德育工作先进集体和先进个人评选活动中，武训实验小学等3个单位获聊城市学校德育工作先进集体荣誉称号，4名教师获聊城市德育工作先进个人荣誉称号；教育局实行政策推动，部队子女义务教育阶段入学、入托享受优先教育权，努力为现役军人解除后顾之忧使他们安心教育工作，每逢“八一”节、国庆节、春节等节假日都组织学校师生到驻军部队进行慰问。2013—2015年连续三年临清市教育局获“聊城市国防教育先进单位”称号。

【教研工作与教学改革】　深化课程改革，提升课程实施水平，构建高效课堂模式；改进教研方式，实现教研效益进一步提高。强化督导检查，着力提升课堂教学效益，把“减负”与“提质”两者有机结合起来，取得一定成效。2013年，临清市刘治国老师代表聊城市，参加全国第四届小学语文教科书课堂教学大赛，荣获特等奖。在聊城市举行的优质课评选中，临清45人荣获一等奖；2014年小学教研室精心组织遴选并指导61名各科教师参加聊城市教学能手的评选，53人被评为聊城市教学能手。

扎实推进素质教育，有效促进学生全面发展。通过抓多元特色课程改革，海量阅读活动，高效课堂创建活动，数学口算比赛、英语口语比赛、英语点读技术应用研究等一系列教育教学活动，以活动为抓手，狠抓教学改革，加强教学常规管理，以点带面，点面结合，推进小学教育教学水平的整体、全面提高，成绩显著。2013年，著名教育专家陶继新先生报告会在临清实验小学举行；2014年，临清市实验小学举办的“聊城市第四届振兴阅读工程成果展示现场会”受到来自聊城各县市500多位教育同仁的一致好评，聊城教育局领导给予“圆满、震撼”的评价。2015年5月，在聊城市举办的小学生现场书写大赛，临清市3人喜获特等奖，19人荣获一等奖的好成绩；2015 年 7 月，临清市实验小学代表聊城参加外研通杯“我是剧星”全国中小学英语课本剧大赛，荣获全国总决赛小学高年级组冠军。

开拓少先队活动课程，推进品牌建设，逸夫实验小学、京华中学、松林镇中心小学被选为首批全国少先队活动课程指导纲要试点单位，开展少先队课程建设试点工作，并在未来网上将少先队活动课程建设经验进行宣传和交流。

全市各级各类学校深入开展教育教学质量“全面提升年”活动，细化教学常规管理，深化教育教学改革，打造“高效、活力”课堂。广泛开展教学科研，及时调整评估办法，强化教学质量检测。加强“四校联盟”、三大联合体、高初中“协作区”建设，突出合作引领。

均衡教育资源。有效推进网络教研的开展与普及，不断完善临清网络教研平台，教师可以通过教研平台发表论文、集体备课、教学交流等，最大限度地发挥网络教研的效益，以信息化带动教研现代化。建立完善区域内长期稳定的“协作区”“联合体”，通过“结对子”“手拉手”、严格招生录取等多种有效方式，促进优质教育资源共享。

【教师队伍建设】 2013 年至 2015 年配合市招聘委员会共招聘在编教师 394 名，做到在招聘中报名、笔试、面试、体检、政审、录用等各项工作顺利进行。三年来，临清市与聊城大学联合举办“大学生实习支教双提高工程”，共接收实习支教大学生 849 名；接收 38 名“三支一扶”大学生，安排到教师资源缺乏的农村学校任教；选派“三区”人才支持计划教师 38 名到阳谷县、高唐县支教；根据全面深化改革要求出台《关于推进县（市、区）域义务教育学校校长教师交流轮岗的意见》（临教字〔2015〕71 号），安排城乡校长教师交流轮岗 562 名。多渠道解决城乡教师短缺问题，保证开足开齐国家规定课程。

加强专业化培训，提升校长教师业务素质。搭建多层次平台，提高培训效益。加快信息化建设，开展微课制作、翻转课堂设计等技能培训；组织中小学校长参加教育部——中国电信中小学校长信息技术应用能力提升项目培训；与中国教师教育网合作，全市小学英语教师、初中班主任参加了网络远程研修。加强全员培训，提升师资整体水平。进一步完善全员培训体系，对教师进行分层分类、覆盖全员的培训；组织教师参加“一师一优课”“一课一名师”活动。深入实施名师、名校长引领工程，促进师资力量均衡。加强对名师、骨干教师的选拔培养，评选第四届临清名师 30 人。强化校长成长过程培训，提升全市校长的管理水平。抓好青年教师培训，扎实新生代力量。对新聘用及工作不足 5 年的教师进行系统培训，使具有潜质的青年教师脱颖而出，尽快成为学科带头人、骨干教师。2013 年 11 月，5 名教师当选第三届水城名师（临清市第三高级中学祝涛、京华中学秦岩、民族实验中学沙一钧、京华小学刘玉莉、潘庄中心小学霍玉红），3 名校长当选第三届水城名校长（临清市第一高级中学李彦军、临清市逸夫实验小学和东波、临清市艾寨丕介学校范呈碧）；2013 年 12 月，临清市实验高级中学通过山东省县级教师教育基地验收；2014 年 8 月，教育部国家教育发展研究中心研究员、管理学博士安雪慧为全市中小学校长作专题报告；2015 年 9 月，评选出 30 名临清名师。

【工资职称改革】 职称。按照《临清市事业单位专业技术职务竞争聘任工作实施意见》，临清市教育局自 2000 年开始，在全市教育系统开展专业技术职务竞争聘任工作，第一轮聘期为 2000 年至 2003 年；第二轮聘期为 2003 年至 2005 年；第三轮聘期为 2005 年至 2007 年；第四轮聘期为 2007 年至 2009 年；第五轮聘期为 2009 年至 2012 年；第六轮一级教师及二、三级教师聘期为 2012 年至 2015 年，高级教师聘期为2012年至2017年；第七轮一级教师及二、三级教师聘期为2015年至2018年，高级教师聘期顺延到2018年。

深化中小学教师职称制度改革。按照人力资源社会保障部、教育部《关于印发深化中小学教师职称制度改革扩大试点指导意见的通知》（人社部发〔2011〕98号）、《关于印发深化中小学教师职称制度改革扩大试点工作方案的通知》（人社厅发〔2011〕96号）精神和改革工作实施方案的要求，2013年元月，在全市教育系统开展职称制度改革，按照原中小学教师专业技术职务与统一后的职称（职务）对应关系，直接过渡到统一后的职称（职务）体系，统一办理过渡手续，全市共涉及5696人。统一后的中小学教师职称（职务）与原中小学教师专业技术职务的对应关系是：原中学高级教师（含在小学中聘任的中学高级教师）对应高级教师；原中学一级教师和小学高级教师对应一级教师；原中学二级教师和小学一级教师对应二级教师；原中学三级教师和小学二级、三级教师对应三级教师。

工资。自2004年起，全市教育系统教师工资福利待遇统一为一个标准，农村教师工资开始由市财政统一发放。根据《临清市公务员工资制度改革实施意见》《临清市事业单位工作人员收入分配制度改革实施意见》和《临清市机关事业单位离退休人员计发离退休费等问题的实施意见》，2006年7月开始，教育系统内公务员实行职级工资制，基本工资由职务工资和级别工资构成；教育系统内专业技术人员实行岗位绩效工资制度，基本工资由岗位工资和薪级工资构成；教育系统内技术工人实行岗位技术等级工资制，基本工资由技术等级（职务）工资和岗位工资构成，普通工人实行岗位工资制，岗位工资为基本工资。根据国办发〔2015〕3号文件，自2014年10月1日起，调整公务员、事业单位工作人员基本工资标准，并将部分津贴补贴纳入基本工资，同时为离退休人员增加离退休费。

根据临清市委组织部、财政局、人力资源和社会保障局《关于提高乡镇机关企事业单位工作人员津贴补贴的实施方案》（临财综〔2014〕21号）文件精神，2014年1月1日起，为建成区外公办教师（含85、86退养教师）增加乡镇补贴津贴。

【办学条件】 2013年至2015年，为进一步完善城乡中小学办学条件，实施中小学校舍标准化建设。临清市新建98幢共计130924平方米校舍，总投资14443万元。

2015年全市已成功创建山东省规范化学校9处，聊城市规范化学校42处；创建山东省教学示范校4处，山东省语言文字规范化学校4处，聊城市教学示范校2处，聊城市教育科研示范校3处；省级实验园1处、省级示范园4处，16处镇办中心幼儿园全部通过省级认定；全市16个镇（街道）均已创建为聊城市教育示范乡镇。

【学生资助工作】 通过贯彻落实国家学生资助政策，极大地解决临清市家庭经济贫困孩子上学难的问题，让暂时处于困难状态的家庭看到希望、切实减轻经济负担，感受到党和政府的关怀。三年来，发放学前教育助学金402.96万元，资助学前教育儿童6716人次。发放农村中小学家庭经济困难寄宿生生活费补助179.05万元，资助学生2920人次；义务教育阶段城市低保学生有1271人次免除课本费7.78万元。普通高中家庭经济困难学生发放国家助学金434.525万元，资助学生5197人次；中等职业学生发放贫困家庭学生助学金57.7万元，资助学生699人次。

另外为4533人次临清籍家庭贫困生大学生办理助学贷款业务，发放贷款2711.76万元；积极协商市慈善总会开展“春雨行动”，资助特困家庭中小学生400人，发放资助金25.95万元；资助贫困家庭大学生93人，发放资助金24.8

万元。

【义务教育经费保障机制改革】 2013年义务教育学校取暖费标准提高10元，提高后公用经费标准为小学每生每年610元，初中每生每年810元。特殊教育学校公用经费由每生每年3000元提高到每生每年4200元；2014年义务教育学校公用经费基准定额提高，提高后公用经费标准为小学每生每年710元，初中每生每年910元；2015年义务教育学校公用经费标准为小学每生每年710元，初中每生每年910元。特殊教育学校公用经费由每生每年4200元提高到每生每年6000元。

【教育督导】 督学。教育教学评估。2013—2015年分别印发《临清市学年度教育教学工作管理目标暨奖惩意见》，小学、初中和高中的分数分别为1000分，城区幼儿园为630分，职教中心为400分，科技创新实践学校为300分；高中的荣誉称号从高到低依次调整为“教育教学功勋学校”“教育教学优胜集体”“教育教学先进单位”；幼儿园、小学和初中的荣誉称号从高到低依次为：“教育教学示范单位”“教育教学优胜集体”“教育教学先进单位”；职业中心为“职业教育优胜集体”“职业教育先进单位”；科技创新实践学校为“教育教学优胜集体”“教育教学先进集体”。

督学责任区建设暨责任督学挂牌督导。根据《国家教育督导条例》《中小学校责任督学挂牌督导办法》（国教督办〔2013〕2号）、《山东省教育厅关于进一步做好教育督导责任区建设工作的通知》（鲁教督字〔2011〕4号）和《聊城市教育局关于进一步做好教育督导责任区建设暨责任督学挂牌督导工作的通知》（聊教字〔2013〕120号）等文件精神，结合临清市教育工作实际，制定印发《临清市教育局关于完善督学责任区建设暨责任督学挂牌督导工作的通知》，根据临清市行政区划、学校分布，本着城乡结合、“一岗双责”的原则，将全市建立8个督导责任区。根据实际工作需要，每个责任区聘请一名局级领导干部为负责人，聘请政治素质高、业务能力强、懂教育、会管理的教育局中层负责人为市级督学。每名市级督学负责5所左右的学校。实行督学挂牌督导制度，督促学校限期整改、落实到位。责任督学标牌标明区域责任督学的姓名、照片、联系方式和督导事项，在校门显著位置予以公布，接受群众对学校的咨询与举报。责任督学挂牌工作的开展，有力地推动各学校教育教学水平的提高。

督政。义务教育基本均衡县创建工作。2012年以来，临清市建立政府投入为主、多渠道筹措教育发展资金的模式，不断增加教育投入，通过校安工程、校标工程、全面改薄工程，加大对农村义务教育薄弱学校建设的倾斜力度，累计建设校舍30多万平方米，投入达3.37亿元，投入8800余万元建设学校餐厅、门岗、围墙、厕所，改造运动场地等配套设施，投入1.49亿元配备教育教学装备，投入1.8亿元用于城区逸夫实验小学南校区和京华小学南校区的征地、拆迁和建设，义务教育学校办学条件标准化建设总投入达7.54亿元。义务教育段学校各项指标值均达到省定标准，极大的改善薄弱学校的办学条件，有力地促进城乡间、校际间均衡。2015年11月23—24日，全国中小学教育督导评估专家、辽宁省沈阳市政府教育督导室主任徐爱秋带领国家义务教育发展基本均衡县督导检查组对临清市义务教育均衡县创建工作进行评估验收。检查分组召开座谈会并开展问卷调查，分组到京华中学、实验中学、丕介中学、青年中学、逸夫实验小学、实验小学、先锋路街道中心小学和松林二完小8所中小学进行实地查看，解各学校的办学基本标准达标情况。检查组认为，临清市在推进义务教育均衡发展工作中领导重视，措施得力，各学校建设标准高、配置全、差异小，办学理念先进、管理科学、特色突出，社会各界和群众的满意度高，实现义务教育的均衡发展。11月28日，在济南召开的国家义务教育发展基本均衡县（市、区）督导检查反馈会上，临清市顺利通过国家验收，在聊城市率先创建为全国义务教育发展基本均衡县。

镇（街道）教育工作考核。根据中共临清市委、临清市人民政府科学发展综合考核的意见，教育局制定《临清市镇办事处教育工作考核评估细则》，将督导考核结果列入镇、街道主要领导人政绩考核。2013年、2014年分别为10分，主要指标包括统筹规划、教育投入和学校安全；2015年共计20分，主要指标包括统筹规划与教育投入、学校安全。

【体育卫生】 切实把学校体育工作摆在重要位置，不断加强领导，努力增加投入，下大力气改造学校运动场；着力推进音体美卫器材、综合实践活动室器材等标准化建设配套工程，学校体育设施日臻完善。坚持“健康第一”的指导思想，保证学生每天体育锻炼一小时，实施《国家学生体质健康标准》，开展“学生阳光体育运动”，不断鼓励、关注、培养学生个性成长，促进学生全面而又富有个性的发展。这些活动的开展取得优异的成绩。2013年10月，参加聊城市第二届全民运动会获田径比赛团体冠军，第二高级中学获高中组女子篮球第一名，老赵庄中学获初中组女子排球第二名，京华中学获初中组男子足球第二名；2014年3月，首届聊城市小学生篮球比赛中，武训实验获小学男子组一等奖第一名、小学女子组一等奖第二名；2014年10月，参加聊城市第六届中小学生运动会获田径比赛团体冠军，第二高级中学获高中组踢毽子比赛第一名；2015年3月，实验高中、京华中学、烟介中学、艾寨烟介学校被命名为首批“全国青少年校园足球特色学校”；2015年7月，参加聊城市中小学生田径联赛获团体冠军；2015年5月，首届聊城市小学生足球联赛上，路庄、艾寨烟介小学勇夺小学组女子冠军和男子第三名；2015年10月，民族实验中学被教育部命名为“全国首批体育工作示范学校”，这是聊城市唯一一所获此殊荣的学校；2015年11月，参加山东省“山东新华杯”中小学生国防知识电视大奖赛，临清市代表聊城参加，明德中学代表队获初中组二等奖、实验高级中学代表队获高中组三等奖、实验小学代表队获小学组三等奖。

【其他工作】 2014年，教育系统按照市委的统一部署，紧扣“为民务实清廉”的主题，按照“照镜子、正衣冠、洗洗澡、治治病”的总要求，深入开展党的群众路线教育实践活动。通过活动的开展，广大党员干部工作作风和精神风貌得到明显改善，敬业奉献和跨越赶超氛围日益浓厚，结合实际，突出特色，进一步打造工作品牌，以教育实践活动的实际成效推动工作全面提升。

2015年，扎实开展“三严三实”专题教育。认真落实党风廉政建设责任制，坚持“三会一课”制度，认真开展党委理论中心组学习和党小组学习活动，扎实开展“三严三实”专题教育，把践行“三严三实”作为继承和发扬党的优良传统和作风的必然要求，进一步提高干部素质和服务能力，党员干部树立为民务实清廉形象，系统内部呈现出“精神振、作风实、人心齐”的良好风貌。

加强学校内涵建设。各学校开展调查研究，根据本校实际，分“特色项目、学校特色、特色学校”三类制定好规划和方案，全面开展特色学校建设，并在建设过程中不断探索和创新建设的形式、途径、方法和机制，有效促进学校的快速发展。

【重点中小学简介】 临清市第一中学。临清一中创建于1942年，原名抗日卫东中学。校园占地面积6.8万平方米、建筑面积4.2万平方米。学校现有教职工292人，其中高级教师90人，中级教师92人，初级教师104人。现有三个年级，58个教学班，在校生近3100人。学校完善三级督导管理制度。多措并举建设高效课堂。开设丰富的课程资源，课程建设硕果累累，先后荣获中国楹联教育基地、教育科学重点研究课题《尝试教学理论研究与实践》全国示范实验学校、全国中学生物理奥林匹克竞赛金牌学校、信息技术奥赛金牌学校、山东省规范化学校、山东省教学示范学校、山东省艺术教育示范学校、中国人民解放军空军飞行员优秀生源学校、山东省民航飞行员优秀生源基地、山东省心理健康教育先进单位、山东省国防教育先进单位、聊城市高中教育教学改革先进学校、聊城市教育系统先进集体等称号。

临清市第二中学。临清二中始建于1950年，曾名清平中学、临清县第一中学、临清市第三中学、临清市康庄中学。坐落在康庄镇（原清平县旧址），占地160亩，建筑面积8万平方米。现有47个教学班，在校生2600多人，教职工260余人，其中高级教师35人，中级教师86人，有国家、省、地市级优秀教师、学科带头人、教学能手、师德标兵30余人。因成绩卓著，学校先后被评为"全国十一五教育科研先进集体""全国和谐校园建设典型学校""山东省规范化学校""山东省教书育人先进单位""山东省教师教育先进单位""山东省传统体育项目学校""聊城市文明单位""聊城市德育工作先进单位""聊城市教学工作先进单位",临清市委、临清市政府连续17年给予集体记功奖励、临清市教育局连续17年给予教书育人重大贡献奖励。

临清市第三高级中学。该学校创建于2000年8月，原名临清一中分校，2005年7月更名为临清市第三高级中学。学校坐落在临清市委对过，大众公园东侧，是山东省规范化学校。学校占地58亩，现有49个教学班，在校生2500余人；教职工204人，其中，研究生3人，中学高级教师43人，中学一级教师70人，省、地、市各级优秀教师、教学能手140余人。学校先后获得"全国教育科学重点课题(尝试教学)试验基地"“教育部重点课题（诱思探究教学）试验基地""中国校园媒体建设百佳示范校""山东省规范化学校""山东省语言文字规范化示范校""山东省招飞工作先进单位""山东省卫生先进单位""山东省平安和谐校园建设先进单位""山东省依法治校先进单位""聊城市艺术教育示范校"等几十项国家、省、市级荣誉。

临清市实验高级中学。临清市实验高级中学（新五中），位于临清南部新区，是一所山东省省级规范化学校、聊城市素质教育领军学校。学校占地230亩，规模为70个教学班，教职工297人，在校学生4000余人。学校大力推行素质教育，高度重视全面育人。曾获全国青少年心理健康教育示范校、全国校园足球特色学校、山东省"六五"普法先进集体、聊城市学校德育工作先进集体等荣誉。教育质量、教学成绩在聊城市名列前茅。2012年高考录取率仅次于聊城一中，位列聊城市所有高中第二名。2010—2015年连续6年有学生考入北京体育大学。2013年,在市委市政府、市教育局的支持下，创建实验高中附属初中即现在的临清市明德中学。在实高人团结努力下，实验高中正在成为临清南部新区的"教育中心、文化中心、艺术中心和运动中心"。

临清市京华中学。京华中学是2000年4月经市人民政府批准成立的一所初级中学。现有54个教学班，学生2400余人，教职工208人。学校地处市中心，环境优雅，交通便利，规划布局合理，功能设施齐全。2003年3月顺利通过山东省规范化学校验收，2008年10月和2013年11月两次通过省级规范化学校复评验收。学校占地143.6亩，建筑面积3.6万平方米，绿化面积3.5万平方米。多年来，学校以扎实的工作作风,有力地推动学校的教育、教学、管理、服务等各项工作的长足进步，并取得丰硕成果，先后获得全国特色教育先进学校、全国足球特色学校，山东省教学示范校、山东省花园式学校、聊城市精神文明单位等荣誉称号，连续多年在临清市教育教学评估中获一等奖第一名“重大贡献奖”称号。

临清市民族实验中学。学校建于1755年，著名诗人臧克家，学者吴秋辉、赵望云曾在此执教；民族英雄张自忠、知名人士黑伯理、国画大师黑伯龙、张彦青等曾在此求学。现有两个校区，50个教学班，在校学生2998人，教职工201人。有全国十佳教师、全国优质课教师、全国教育教学优秀教师4人；山东省教学能手及优质课教师18人；“水城名师”4人；聊城“十佳”课堂教师6人；聊城“十佳”创新班主任、教师各3人；123人次荣获聊城教学能手、聊城优质课教师称号。学校被评为“全国民族教育先进集体”“全国民族中学示范校”“全国艺术教育先进单位”“全国民族中学常务理事校”“全国尝试教学先进单位”“山东省省级规范化学校”“山东省首批教学示范校”“山东省绿色学校”。

临清市实验中学。该校前身是临清市杨桥中学，2006年9月改名为临清市实验中学。学校占地面积29970平方米，现有30个教学班，在校生1637人，教职工108人，其中高级教师18人，中级教师65人，省级以上优质课获得者6人，市级教学能手20余人，市级优质课40余人次，60余人次获得县级优质课、教学能手称号。建校以来，学校先后被评为“临清市教书育人优胜集体”“聊城市校本培训示范校”“聊城市教学示范校”“聊城市语言文字示范校”“山东省远程研修先进单位”等。

临清市明德中学。临清市明德中学是经临清市政府、临清市教育局批准，依托临清实验高中优秀教育资源创办的一所初中学校。学校由临清市政府投资兴建，性质为公建民营普通中学。明德中学占地面积40余亩，设计办学规模36个教学班，在校生1800人，学校主要教育设施——教学楼、餐饮楼等，总投入约1000万元，由市政府调剂资金建设。明德中学秉承临清实验高中先进的教育理念，五育并举，德育为先，坚持以人为本，将完美人格的教育、尊重的教育作为德育的基础核心，并以丰富多彩的德育形式和文体活动为载体，实施大德育教育，让每位学生都能够享受高尚、享受学习、享受运动、享受艺术、享受劳动、享受成长，实现德智体美劳全面发展。

临清市武训实验小学。武训实验小学成立于1995年8月，它的前身是千古奇丐武训先生1896年亲手创建的三处义学之一“武训义塾”。现学校有南北两个教学区，70多个教学班，4500余名在校生，教职工人数达到198人。其中省教学能手1人，省优质课4人，聊城市教学能手35人，聊城市优质课39人，临清市教学能手63人，临清市优质课70人。学校占地面积达到2万余平方米，有三座现代化教学楼，一座多功能厅。图书室藏书近10万册。学校先后被评为“全国尝试教学示范基地”“山东省教学示范校”“山东省语言文字示范学校”“山东省教育系统行风建设先进单位”“聊城市依法治校示范校”“聊城市德育工作先进单位”“临清市德育教育示范校”。

临清市逸夫实验小学。逸夫实验小学由邵逸夫先生捐资助建，1995年秋季正式招生，2006年合并原临清八小学，2015年又整合新建的南部新区小学。学校现有曹岗本部校区、北校区和南校区三个校区，100多个教学班，7000多名学生，300余名教职工。学校以“做最好的自己”为办学理念，坚持“养成规范、夯实基础、主动学习、健康成长”的办学思路；以“培养优秀的现代化公民”为办学目标，秉承三大特色：扎实的课堂教学，有效的海量阅读，丰富的德育教育。近年来，学校先后获得山东省规范化学校、山东省教学示范学校、山东省艺术教育示范学校、山东省科普教育示范学校、山东省体育传统项目学校、全国少先队工作优秀集体等荣誉。

临清市实验小学。临清市实验小学是一所规模较大的市直学校，2006年7月由城区原第十小学和第五小学整合而成。其中原第十小学为南校区，坐落在永青路南首东侧；原第五小学为北校区，地处先锋路中段。南北校区共有78个教学班，在校生5678人，其中南校区53个教学班，3845个学生，北校区25个教学班，1833个学生；在职在编教师共189人，南校区134人，北校区55人。学校先后获得“山东省教学示范学校”“山东省规范汉字书写教育特色学校”“聊城市规范化学校”等称号。

临清市京华附属小学。京华附属小学始建于2012年，是一所全日制义务教育学校，位于临清市曙光路与青年路交汇处。现学校共有教职工100余人，40余个教学班，在校生近3000人。学校坚持“践行美的教育，奠基美好人生”的办学理念，一点一滴抓教育，一心一意抓教学，凝心聚力谋发展，短短几年先后获得“聊城市规范化学校”“聊城市国学经典诵读大赛特等奖”“青年文明号”“师德建设先进单位”等称号。

【领导人更迭】

书　　记：胡志勇（2014.11止）
　　　　　刘玉杰（2014.11起）
副 书 记：王玉河
　　　　　刘玉杰（2014.11止）
　　　　　齐观彪
　　　　　姜　华（女，2014.11止）
　　　　　胡志勇（2014.11起）
局　　长：刘玉杰
副 局 长：刘冠峰（2013.03止）
　　　　　王玉河
　　　　　齐观彪
　　　　　胡志勇
　　　　　刘庆东（2014.11止）
工会主任：齐晨兴
督学
正科级督学：
　　　　　刘友泉
副科级督学：
　　　　　郝桂华（2013.03止）
　　　　　陈守广
　　　　　张峰一
　　　　　姜　华（女，2014.11起）

（胡志勇　钱忠艳）

聊城幼儿师范学校

【概况】 聊城幼儿师范学校为正县级事业单位，设校长1人、副校长4人，支部书记1人、副书记1人，下设办公室、教务处、政教处、保卫科、总务处、科研处、督导室、招生就业处、工会、团委等处室。2015年7月保卫科并入政教处，增设网络信息中心，根据学段设置中专部、专科部和本科部。

学校占地面积235.5亩，教学设施现代化，建有设施先进的教学楼、标准化田径场、艺体楼、图书馆、公寓楼等教学辅助设施；拥有设施齐备的现代化的录播教室、舞蹈房、钢琴房、微机室、天光教室、演播大厅、学术报告厅等专业教学实训室；建有省级规范化附属幼儿园1所；为师生创造良好的学习工作条件。

学校现主要开设3+4高等师范本科学前教育专业、五年一贯制高等师范教育专科小学教育、学前教育专业及普通中专学前教育专业。

学校先后被授予“聊城市巾帼文明岗”“聊城市德育工作先进集体”等荣誉称号。

【教育工作】 学校更名以来，学校依托厚重历史积淀和专业特色优势，将“学前教育”与“师范教育”精心融合，突出学前教育特色，强化学校内涵建设，坚持“崇教尚学、大气兼容、担当奉献、创新奋进”的办学理念，立足聊城，面向全省，辐射周边省区，致力于创办环境优美、设施先进、管理科学、特色鲜明的现代化幼师名校。是山东西部、聊城市唯一一所具有培养幼儿教师资质的公办师范学校，是聊城市幼儿教师培训基地。学校依托坚实的教育基础，专注学前、凝心师范，特别是学前专业被列为省级品牌专业，成为学校战略性发展专业。现已形成包括基础理论课程、专业技能课程、实践课程、特色课程等组成的新型课程体系，在全省学前教育课程建设中产生较大影响。

狠抓管理，构建统一领导、分工负责、管理规范、鼓励创新的管理模式。明确各处室、年级部、教研室、教师、学生的各自职责，重视发挥年级部在教育教学中的重要作用，健全教育教学管理体系。建立学术委员会，对专业结构和重点专业建设提供指导，审议教学计划方案，评定教学成果、教学质量，检查、指导教学管理和教学队伍建设等重要事项，对教育改革和人才培养提出指导意见。建立包括校友、家长、行业代表在内的学生培养发展咨询委员会，提供前瞻性、专业化的咨询建议。

学校坚持以文化人、以德立人，恪守“学高为师、身正示范”的理念，大力加强校园文化建设，营造良好的育人环境。

强化职业理想和职业道德教育，健全师德考评制度，不断壮大学校德育队伍。打造工作高效、能力突出的干部、班主任团队。加强对干部、班主任的培训，提高工作能力。完善班主任工作评价机制，鼓励优秀教师长期从事班主任工作。积极开展师德演讲、最美教师、师德标兵评选等活动，大力弘扬健康向上的师德师风。

充分发挥文化育人作用，建设体现学校特色的校园文化。打造特色绿化园区，优化学生学习与成长环境。以“运河文化”为主线开展中华优秀传统文化教育，优选民间特色传统文化和地方民俗进校园，利用民族传统节日、重要节庆日、纪念日等，开展特色鲜明的主题活动，对学生进行理想信念、中国精神和道德品行教育。丰富校园活动形式，开展各种艺术节、阳光体育活动、知识竞赛、技能展示等，使学生树立正确的职业观和职业理想，提高综合职业素质和能力，提升学生的人文科学素养，为学生的终身发展奠定坚实基础。2015 年获得“聊城市德育工作先进集体”荣誉称号。

积极拓宽德育途径，引导多方力量共同参与德育工作。建立完善的学校、实训单位、家庭以及社会各方面相互协作的德育工作机制，按照培育和践行社会主义核心价值观的要求，通过课程教学、实训实习、学校管理、校园文化、志愿服务、职业指导、心理辅导等途径，充分发挥学校的德育主导作用。重视家庭和社会在德育中具有的重要作用，通过家长委员会、家长学校、家长接待日、家访等途径，密切与家长的联系，指导和改进家庭教育，促使家长协助配合学校开展德育工作。发挥品德评定对学生成长成才的积极引导作用，把学生品德的评定情况作为学生综合素质评价的重要内容。强化全员育人理念，推进全员、全程、全方位育人。

构建具有特色的实践育人模式。结合学校、学生实际，开展富有成效的教育和引导活动。通过志愿服务、社会调查、勤工助学，举行文艺演出、慰问等公益活动，增强学生社会责任感。制定学生社会实践指导书，规范校外实践行为。创造和利用条件，开展校内军事训练、爱国卫生等实践活动，在学生中弘扬爱劳动、守纪律精神。制定实践育人工作实施方案，建立校内校外相结合、课内课外相结合、专业实践与社会实践相结合的立体式实践育人体系，在活动中锻炼、提高学生认知水平、解决问题的能力。

学校在“十三五”规划中提出：“积极适应国家职业教育发展的新形势，充分利用国家对职业教育发展的激励政策和优惠条件，继续解放思想，转变观念，深化改革，不断改善办学条件，积极完善各专业的教学设施设备。促进学校持续稳定发展，不断深化教育教学改革，提升办学质量，促进与地方社会经济发展的深度融合，力争升格为幼儿师范高等专科学校。”

专注学前，打造顶尖专业品牌。按照“以学前教育为主体、初等教育和艺术教育为特色、儿童发展相关专业为支撑”的专业发展战略，努力做大做强学前教育专业，彰显艺术教育专业特色，积极探索与儿童发展相关的专业，推动两翼发展，打造顶尖专业品牌。

立足本色，打响幼教培训品牌。充分开发利用学校优势幼教资源，主动开展高技能和新技术培训，在构建终身教育体系和建设学习型社会中发挥积极作用。积极承担聊城市幼儿教师各项培训任务，加大刚察县幼儿教师培训基地建设，为服务西部幼教事业发展做出新贡献，积极拓展与幼教相关的培训项目和业务，服务于地方经济社会发展。

立德树人，夯实校园文化品牌。依托学校历史文脉和地方人文特点，培树校园文化品牌。丰富景观文化，通过建筑、植物、雕塑、园艺等彰显校园景观个性和灵魂；丰富精神文化，创办校刊、校电台和电视台；丰富制度文化，建立幼师制度体系，通过规范行为，塑造优秀品质；丰富校史文化，建立校史馆、学校手册、视频资料，承载历史，创新未来；丰富人际文化，弘扬团队精神、奉献精神、互助精神、创业精神，增强人文感染力、自信力和凝聚力，以校园文化凝聚师生价值，彰显人文底蕴，凝聚时代精神，创新一流品牌。

【师资队伍】 三年来，学校积极推动人才内涵提升和外部推动，通过引进、培养、兼职等方式，加强学校教师队伍建设。针对幼儿师范教育的特点，学校大力引进专业人才，教育学、舞蹈、音乐、文学等专业毕业的研究生相继进入教学一线，给教学带来生机和活力。通过实施“名师工程”“青蓝工程”，努力构建教师“混合编队”“立体战队”，突出培养学科带头人和专家型教师。下大力气开展教师培训，提高教师教育理论研究和教育创新实践能力，每年有15%以上专任教师参加市级以上培训、进修；支持专业教师通过各种途径提升与专业有关的各种技术技能。建立专业教师园校实践制度，提高教师指导学生实践实训的能力。

科研立校，提升学校内涵发展软实力。教育科研是学校长足发展的助推器，学校想要立品牌、树形象，使自身得到创新，并解决内部各种问题，离开教育科研是无法办到的。学校高度重视科研工作，成立科研处，负责学校教育科研、教师专业成长、课题管理等工作，以教学为中心，探索学校教学与科研相结合的新思路。近三年来，校科研工作硕果累累，30余名教师主编参编各级教材50余册，在省级以上刊物公开发表论文40余篇，有20余项教学科研课题结题。

【领导人更迭】

校　长：林敬华

副校长：李振江

肖凤珍

李卫东

书　记：徐化忠

副书记：李中华（2014.03止）

林敬华

（张建国）

卫生 计划生育 体育

卫生与计划生育

【组织机构概况】 2013年1月—2014年2月卫生局科室有:办公室、政工科、财务科、医政科、基层卫生与妇幼保健科、财务科、卫生执法科、行政许可科、疾病预防与控制科、新型农村合作医疗管理办公室。人员编制45人，其中公务员编制13人，事业编制32人。2014年2月底新型农村合作医疗管理办公室并入人力资源和社会保障局。2014年2月—2014年9月，卫生局科室有：办公室、政工科、财务科、医政科、基层卫生与妇幼保健科、财务科、卫生执法科、行政许可科、疾病预防与控制科。公务员编制12人，事业编制22人。

2013年1月至2014年9月，人口和计划生育局有科室：办公室、政工科、财务科、规划统计科、药具管理科、信息中心、城区办公室、协会办公室、流动人口办公室、信访科、科技科、执法大队、宣传科、孕情管理科。人员编制68人，其中公务员编制13人，事业编制55人。

2014年9月，临清市卫生局和临清市人口和计划生育局撤销，组建临清市卫生和计划生育局（挂市中医药管理局牌子）。

新组建的临清市卫生和计划生育局（挂市中医药管理局）行政机关包括：临清市卫生和计划生育局（挂市中医药管理局牌子），设9个职能科室。分别是办公室（挂安全生产监督管理科牌子）、人事科、规划财务科、政策法规与行政许可科（挂宣传科牌子）、医政医管科、基层卫生与妇幼健康管理科（挂疾病预防控制科牌子）、药物管理科、中医药管理科、计划生育指导科。机关行政编制27名，配备局长1名、副局长3名，市中医药管理局专职副局长1名；股级领导职数13名。

截至2015年年底全市共有医疗卫生机构32个，公立县级医疗机构2个（市人民医院、市中医医院），疾病防控机构1个，妇幼保健机构1个，乡镇综合卫生院12个（金郝庄中心卫生院、松林中心卫生院、魏湾中心卫生院、刘垓子中心卫生院、戴湾镇卫生院、康庄镇卫生院、老赵庄镇卫生院、尚店乡卫生院、唐元中心卫生院、八岔路镇卫生院、潘庄镇中心卫生院、烟店镇卫生院），社区卫生服务机构4个（临清市大辛庄街道社区卫生服务中心、临清市先锋路街道社区卫生服务中心、临清市新华路街道社区卫生服务中心、临清市青年路街道社区卫生服务中心），市直基层医疗机构3个（临清市第二人民医院、临清市第三人民医院、临清市第四人民医院），16家计生服务站，社会办医疗机构10个（临清博爱医院、临清友好医院、临清三医院、临清临东医院、临清三恒医院、临清华康医院、临清安民医院、临清口腔医院、临清新开骨科医院、临清龙华医院），个体诊所87家，村卫生室487所。医疗卫生机构共有核定床位1688张，卫生技术人员1782人，其中执业医师（含助理医师）553人，注册护士747人（2015年年底护士总数1669人）。

2013 年以来临清市卫生与计划生育局先后荣获“全国计划生育优质服务先进县”“聊城卫生工作先进单位”“聊城市送文化科技卫生‘三下乡’先进单位”称号、“聊城市新生儿窒息复苏知识与技能竞赛”三等奖、“聊城市基本公共卫生技能竞赛”团体三等奖。

【综述】 2013 年，临清市卫生计生工作以邓小平理论和“三个代表”重要思想为指导，按照科学发展观的要求，认真贯彻落实党和国家的卫生与计划生育方针、路线、政策，紧紧围绕深化医疗卫生体制改革、稳定低生育水平、统筹解决人口问题这一中心任务，扩大医改成果，提高人民健康水平，确保低生育水平稳定、出生人口性别比治理平衡、免费孕前优生健康落实，不断强化领导，落实责任，突出重点，攻克难点，创新思路，完善措施，以超常规的工作举措和力度，狠抓卫生计生工作各项措施的落实，全市卫生计生整体工作持续稳定、健康发展，整体工作水平得到全面提升。

2014 年，临清市卫生和计划生育工作按照省及聊城市工作部署，认真贯彻落实市委十二届七次全会精神，紧紧围绕“东融西借，跨越赶超，打造冀鲁豫三省交界科学发展先行区”的总体战略部署，深入学习实践科学发展观，以继续扩大医改成果和坚持计划生育基本国策为中心，进一步强化领导，落实责任，强化措施，攻坚克难，求实创新，全市卫生和计划生育各项工作扎实推进，继续保持良好的发展态势。

2015 年以来，临清市卫生计生工作高举中国特色社会主义伟大旗帜，以邓小平理论、“三个代表”重要思想、科学发展观为指导，全面贯彻党的十八大和十八届三中、四中、五中全会精神，深入学习贯彻习近平总书记系列重要讲话精神，推进深化医药卫生体制改革向纵深发展，推进基本公共卫生服务均等化和重大疾病防控，推进单独两孩政策稳妥扎实有序实施，加强顶层设计和规划引领，加强依法行政和优质服务，着力提高卫生计生治理能力，人民满意的卫生计生事业建设步伐进一步加快。

【基础建设】 2013 年 3 月 1 日，康庄镇卫生院新建设门诊综合楼建筑面积 1660 平方米投入使用。2013 年 4 月，魏湾镇卫生院完成病房楼土建及安装工程 1406.58 平方米，2015 年 1 月国医堂装修改造 880 平方米。2013 年 10 月，老赵庄镇卫生院完成门诊楼及国医堂装修改造 1200 平方米。2013 年 6 月，松林镇卫生院完成新建设预防接种门诊 400 平方米。2014 年，市人民医院医护型养老保健服务中心项目动工建设，截至 2015 年年底已投入 1.3 亿元，建设半自助型养老楼 2 栋、自助型养老楼 4 栋和保健综合楼 1 栋。2015 年 3 月，大辛庄街道卫生院新建综合楼 2019 平方米投入使用。

【新型农村合作医疗】 卫生计生部门与人社部门城镇居民、城镇职工医保三网信息比对，2013 年个人缴费标准为人均 70 元，各级政府补助标准为人均 280 元，合计应到位基金 1.68 亿元，到位 1.72 亿元（含利息 398.93 万元）。2013 年共受益 823533 人次（受益率为 171.72%），共支出 1.61 亿元，其中报销 1.54 亿元，大病保险拨付 719.37 万元，基金使用率为 93.7%。新农合大病报销 8131 人次，花费 5599.14 万元，报销 2950.9 万元；保险公司补偿 5665 人次，花费 3820.95 万元，赔付 571.51 万元。

新农合补偿比例不断提高。2013 年全市新农合门诊报销比例提高到 50%，住院报销比例提高为：镇（街道）定点医疗机构 90%，县级定点医疗机构 70%，聊城市级定点医疗机构 53%，外转省内 45%，省外 40%；严格执行单病种限价收费，对单纯性阑尾炎等 37 种疾病实行限价收费；提高慢性病管理受益水平。自 2008 年启动恶性肿瘤的放化疗等 16 种疾病的慢性病管理工作，门诊报销比例由 2008 年的 40% 提高到 2013 年的50%，每人每年报销封顶线由5000元提高到1万元；开展农民健康服务行动。2013年为全市60岁以上参合老人进行免费健康查体65378人，发放健康材料66397份；20类重大疾病新农合大病保障工作顺利开展。2013年新农合人均15元标准，在保险公司为参合农民购买新农合大病保险，凡符合乳腺癌、胃癌等20类重大疾病的患者，在新农合按70%比例报销后，再到保险公司进行补偿，最高补偿额为20万元。

确保基金运行安全。2013年加大对全市所有新农合定点单位的监管力度，采取分组督导和抽调各组人员集中检查相结合的方法，到各定点对新农合基金使用、服务管理等工作进行全面督查，确保新农合监管工作重心下移。对定点医疗机构病历集中审核。乡镇卫生院每月把全部病历都送到合管办进行集中审核，市级定点病历进行抽查，严把病历关，对不合理报销费用新农合基金不予拨付。改革支付方式。在总额预付制支付方式改革的基础上，2013年全市继续实行门诊和住院总额预付制。加强外伤病人调查核实制。对外伤病人，走村入户，认真调查致伤原因，不符合报销规定的不予报销。强化审计监督公示制。各级定点医疗机构每月都公示本单位的报销情况，财政部门每月对基金支出情况进行复核，审计部门每年进行一次审计，市合管办每半年将新农合基金运行情况在临清电视台、临清周讯及临清市卫生局网站进行公示，实行阳光操作，自觉接受群众监督。

2013年7月与劳动局比对去掉重复参合信息后，参合人数479610人，个人缴费70元，各级政府补助280元。2013年参合人数为479580人。2013年11月9日，在招待所招宴2会议室召开2014新农合筹资会议。2014年2月，临清市新型农村合作医疗办公室并入临清市人力资源和社会保障局。

【医疗服务】 开展护士、医师执业资格考试报名和注册工作。2013年共受理护士执业资格考试报名19人，医师执业资格考试初审320人。

开展医务人员培训。2015年共培训医务人员1100余人；开展乡村医生培训工作，迎接省乡村医生基本医疗卫生服务强化培训督导工作。全市共有1226名乡医参加培训。全市2015年共有264名考生参加执业医师资格考试；2015年度全市共注册临床、口腔、公卫类别执业（助理）医师59人，中医类别执业（助理）医师23人。

开展全科医师转岗培训工作和乡村医生医改专项培训考试和集中免费培训工作。2012年6月至2013年6月开展医改专项培训，全市共有乡村医生1257名参加，7月27日上午乡村医生医改专项培训考试在各考点进行，全市共设立17个考点，40个标准考场，考试人数1218人，缺考39人，9月份补考25人。2013年共申报临床全科医师18人，中医全科医师11人参加全市的全科医师转岗培训。2014年6月份开始进行全科医师转岗培训报名工作，全市共有16人参加2014—2015年度的临床全科医师转岗培训报名工作。

开展医师定期考核工作。根据《关于进行医师定期考核业务水平测试的通知》和《临清市医师定期考核工作方案》，确定参加简易程序的考核人员为285人，一般程序的考核人员为136人，为全市医疗机构在山东省医师协会网站考核平台设置用户名和密码，各单位在该平台录入医师个人信息，进行考核。本周期参加医师定期考核机构共24家，其中医疗机构22家，预防机构1家，保健机构1家。共实际考核医师387人，其中上机考试的一般程序129人，简易程序258人，圆满完成本周期的考核任务。

开展业务学术交流和人感染H7N9禽流感相关培训。2013年3月13日，在临清市人民医院10楼会议室举办“高压氧的临床应用与展望”学术培训，邀请山东省千佛山医院高压氧主任张健教授，共培训全市各乡镇卫生院和市直医疗机构的医师267人。3月21日，邀请山东省立医院内分泌科主任医师李茵茵教授来全市授课，讲授题为“中国2型糖尿病诊疗指南（基层版）解读”的学术培训，共培训全市各乡镇卫生院、部分村卫生室和市直医疗机构的医师243人。两次培训均场面互动良好，收到预期的培训效果。使全市的医疗骨干和部分村卫生室的医疗人员开阔视野，增长业务水平。

2013年3月，全国部分地区出现人感染H7N9禽流感疫情，4月份，山东省相继出现两例禽流感病例，全市根据上级有关文件精神，指定全市救治定点医院、印发《临清市人感染H7N9禽流感救治方案（试行）》的通知，共对二级、一级医疗机构及村卫生室相关人员进行三次培训，培训内容为：人感染H7N9禽流感诊疗指南（第一版）、（第二版），医院感染控制技术指南和人感染H7N9禽流感医疗救治专家共识（第一版），三次累计培训3212人次，通过培训，加强基层医务人员对人感染H7N9禽流感的早期诊断，重症早期辨别的能力。

积极开展“三好一满意”活动。根据聊城市卫生局《关于印发〈全市医疗卫生系统“三好一满意”活动2013年工作方案〉的通知》（聊卫医〔2013〕46号）文件精神，全市制定并印发方案，开会进行部署。这是全市开展“三好一满意”活动的第三年，也是最后一年的总结年，对照2013年工作任务分解量化指标积极开展工作，按照上级文件精神对全市开展“三好一满意”活动进行总结。

积极开展抗菌药物临床应用专项整治活动。认真总结抗菌药物管理和专项整治活动的有效措施和工作经验，探索解决抗菌药物临床应用中存在的问题和突出矛盾，形成抗菌药物临床应用管理的长效机制，促进全市抗菌药物临床应用水平持续提高。制定并印发《全市医疗卫生系统“三好一满意”活动2013年工作方案》（临卫发〔2013〕39号），按照方案重点内容要求，积极开展工作，落实抗菌药物临床应用管理责任，落实抗菌药物分级管理制度，加大抗菌药物临床应用相关指标控制力度，落实抗菌药物处方点评制度，严肃查处抗菌药物不合理使用情况，有效地杜绝抗菌药物不合理使用情况。

加强继续教育平台建设，落实继续教育任期考核工作。开展继续医学教育平台建设，该平台采用网络化传输方式，任何联网计算机都可直接登录使用。通过“三网一库”形式（三网是指信息发布网、学员网络教育平台、卫生科技教育综合信息管理，一库是指所有数据集中到统一的数据库中），实现无缝链接，保证数据的准确、安全、实时。此系统可向全市各级卫生行政部门、医疗卫生机构和卫生技术人员提供多元化服务，通过网站实现政务公开，公布有关政策法规，发布实时动态信息。卫生技术人员可根据需要，在这个开放的平台上获取资讯，自主选择继续教育学习内容，查询个人学分等。全市根据上级有关文件精神对全市26所医疗机构的1398人进行平台数据上报工作。

做好春节期间医疗服务，保障医疗质量和安全。2014年1月29日转发《山东省卫生计生委关于做好全省春节期间医疗服务工作的通知》，全市各医疗机构落实和加强值班制度，落实责任人，分管领导、职能部门的协调、管理职责及责任追究办法，做到责任到人、职责到岗。做好节日期间应对突发事件的各项准备工作，切实保障春节期间的医疗质量和安全。春节期间安排医护人员值班2403人次，行政后勤值班400人次，门诊7372人次，急诊111人次，手术155台次，收治病人排名前五位的病种是呼吸道疾病、心脑血管疾病、肺心病、高血压、胃肠疾病。

开展公立医院试点改革，促进人人享有基本医疗卫生服务。全市被批准为全国第二批县级公立医院改革试点后，县级公立医院改革数据填报和评估工作。

临清市2014年被山东省卫生和计划生育委员会定为全省第二批县级公立医院综合改革试点县，5月份对临清市人民医院、第二人民医院、妇幼保健院和中医院等4家二级以上公立医院基本情况进行摸底调查，根据调查内容各相关医疗机构对基本数据进行网上填报工作。10月份进行县级公立医院改革工作的自评估工作。县级公立医院实行药品零差价，让利于民。10月28日，全市两所县级公立医院——临清市人民医院、临清市中医医院正式取消药品加成，实行药品的零差价，真正做到让利于民。

积极开展“赶大集、送健康”活动。为认真贯彻十八大和十八届三中全会精神，深入开展党的群众路线教育实践活动，根据全市卫生工作总体安排，确定全市卫生系统在2014年开展“赶大集，送健康”活动。5月21日，全市在康庄镇举办临清市卫生系统“赶大集、送健康”活动启动仪式，聊城市第二人民医院、临清市人民医院、临清市中医医院和临清市第二人民医院等四个单位的42名医务人员参加义诊送药活动，当天义诊334人次，发放健康教育宣传材料1520份，举办健康讲座1次，参加讲座人次160余人，发放药品价值600余元。启动仪式后，截至9月底全市3所二级以上医院共在32个大集开展活动，总计有427名医务人员参加义诊送药活动，义诊6107人次，发放健康教育宣传材料35342份，参加健康讲座人次1600人，发放药品价值206815元。到2014年年底，每个二级及以上医疗机构开展次数不少于12次。2015年，参加“赶大集、送健康”活动的两所医院，共在10个镇（街道）24个大集开展活动，参加医务人员166人次，义诊2202人次，发放宣传材料5046份，参加健康讲座763人，发放药品价值4088元。

开展“三增一禁”活动。2014年6月份在全市二级医疗机构开展“三增一禁”活动，临清市人民医院和临清市中医医院两所医疗机构，通过开展医疗门诊“三增一禁”、便民正风活动，两所机构总门诊量249494人，三增累计：35725人，其中三增出诊4170人次，节假日门诊开诊专业数23个，接诊患者20363人次；错时门诊开诊专业数23个，接诊患者4267人次；夏季夜间门诊开诊专业数7个，接诊患者361人次。2015年，两所机构节假日开诊22个专业，接诊人次88113人，出诊4057人次，错时门诊22个专业，接诊8520人次，出诊10408人次；夏季夜间门诊开诊专业8个，接诊451人次，出诊868人次，副高以上职称出诊人次累计9228人。

开展卫生计生下乡和义诊周活动。2014年9月份，开展以“服务百姓健康”为主题的大型义诊活动周，进行公共场所义诊活动、义诊活动进社区、义诊活动下乡镇、院内义诊活动和健康大讲堂活动，活动期间，参加义诊医师人数17人，护士10人，义诊人次227人，参加健康大讲堂300余人，发放宣传材料800余份，义诊患者收住院30余人，住院患者义诊手术15台，减免患者费用5800余元。

开展对口支援工作。2014年至2015年度，临清市人民医院和中医医院共派出16名主治医师、2名副主任医师开展对口支援活动，对7个单位进行帮扶。开展“健康快车”项目，造福于民。2014年5月21日启动“健康快车”复明项目筛查项目，以各镇（街道）卫生院为筛查点对辖区内17个镇（街道）的600余个行政村进行白内障手术上车人员筛查。全市共筛查2421人，筛查出白内障需手术患者240人，健康快车上已做53例，剩余未做的需手术患者陆续到聊城市人民医院开展手术治疗。

加强医疗质量、质控中心建设。根据〔2014〕35号聊城市卫生局《关于进一步加强医疗质量控制中心建设与管理的意见》精神，全市共建立抗菌药物应用监测、基层医疗机构抗菌药物应用监测、消毒供应、医院感染管理、病案书写、合理用药6个质量控制中心。

开展乡镇卫生院规范化建设工作。根据《山东省乡镇卫生院规范化建设标准》，2014年8月份开展乡镇卫生院规范化建设部署工作，成立临清市乡镇卫生院规范化建设工作领导小组，印发

《临清市乡镇卫生院规范化建设实施方案》，制定临清市乡镇卫生院规范化建设工作计划，共分三批完成，第一批3个单位，2014年12月底完成，第二批9个单位，2015年4月底完成，第三批7个单位，2015年8月底完成汇总，进行验收。

开展分级诊疗试点工作。2014年临清市自被确定为省级分级诊疗试点后，全市进行积极的调查研究，在此基础上，2015年10月制定《临清市医疗协作工作实施方案》，成立医疗协作工作领导小组，下设医疗协作办公室，办公室设在临清市人民医院，办公室成员都是人民医院各科室业务骨干，专门负责与各个基层卫生院的协调、调度和相关协作业务的组织等工作。市人民医院作为辖区内基层卫生院的龙头单位，与各基层卫生院签订《医院合作协议书》，围绕双向转诊、设备通用、技术通行、业务培训、建设储血点、供氧点和消毒供应中心、设备支援和联合义诊等7项协作内容，扎实开展工作，人民医院协作办公室人员分成分包小组已经和各基层卫生院对接，已将双向转诊单、医院设备目录、检查项目目录、城乡供血、供氧和消毒供应有关规定下发到乡镇卫生院和乡村医生手中，收集基层临床医师通讯方式，与人民医院通讯平台进行对接，并对就诊流程举办培训。人民医院免费接收乡镇卫生院医务人员到人民医院免费进修学习，为基层疑难、危重病人会诊、登记、联络，根据基层要求派专家到基层坐诊、手术、查房、学术讲座，并协调安排会诊专家，每月协作办人员到乡镇卫生院总结交流医疗协作工作的成绩、存在问题，制定下月工作计划，和乡镇卫生院组织联合医疗队，有计划地开展义诊和健康体检活动。以上工作的开展为分级诊疗工作奠定基础，最大限度地发挥市、乡、村三级医疗保健网在疾病防治中的作用，引导优质医疗资源下沉，形成科学合理就医秩序，实现资源共用、优势互补、利益共享，切实保障人民健康、促进全市医疗卫生事业发展。

【中医药管理】 2013年4月，制定出台《临清市基层中医药服务能力提升工程的实施意见》和《临清市基层中医药服务能力提升工程的实施方案》，成立领导小组，全市基层中医药服务能力不断提升，截至2015年年底，全市100%的社区卫生服务中心，100%的乡镇卫生院、75%的社区服务站、55%的村卫生室能够提供中医药服务。使用中医适宜技术、医保补偿比例增加10%，中医药服务量较2012年提高150%。2014年，市中医医院顺利通过二级甲等中医医院评审，中医院眼科成为第二批市级重点专科，市人民医院被评为省级中医药预防保健中心，市医院康复理疗科为第一批市级重点专科。开展建设国医堂建设。2013年共建设国医堂2处，2014年建设5处，2015年达到乡镇卫生院全部覆盖。市中医医院成立基层中医指导科，积极推广适宜技术的应用，对基层医疗机构进行业务培训和指导，开展对口帮扶，5家基层医疗机构成为聊城市中医医疗联合体理事单位。2015年辖区内0—3岁儿童中医调养服务率为46.52%，65岁以上老年人体质辨识服务率为42.09%。开展中医中药中国行——进乡村，进社区，进家庭活动，组织开展形式多样的中医药文化科普知识宣传教育和讲座，免费发放宣传材料2000份，为1000余名基层群众开展义诊咨询。加强中医药队伍建设。市中医院作为全市基层中医药人才培训基地，共培养西医学中医乡村医生101名，免费接收基层医疗机构进修人员46人。4人被评为聊城市基层名中医，2名被评为全市名中医专家，7名具有中医药一技之长人员纳入乡村医生行列，45名专长人员获得合格证书。基层医疗机构中医类医师占25%。

【疾病预防控制】 强化免疫接种。2013年全市计划免疫接种脊髓灰质炎疫苗服丸人数29232人次，麻疹接种人69814人次，百白破接种人数6916人次，乙脑接种疫苗接种人数5322人次，流脑疫苗接种5012人，卡介苗疫苗接种6328人，乙肝疫苗接种6963人次。传染病共报告传染病642人；其中无甲类病例发生，乙类传染病302人，丙类298人，其他传染病42人，无急性新发传染病病例报告；接诊肺结核病可疑病人132人。胸片检查128人，痰检128人份，查出活动性肺结核病52人，其中涂阳病人52，重症涂阴11人，对查出的活动性肺结核病人52人进行全程督导和规律治疗，全市精神障碍管理和信息录入人数列聊城第二名。2014年1月对全市所有8月龄至6周岁儿童开展麻疹疫苗查漏补种工作，共计摸底62798人，其中应种3874人，实种3805人，接种率为98.22%。

规范免疫规划。针对疾病监测，每旬派出专人到城区县市级以上医疗单位进行监测，发现问题及时纠正，无法及时纠正的及时协调解决，及时发现疫情采取切实有效措施进行控制；严格规范操作，确保接种安全，对每个接种人员实行严格培训，持证上岗，严格按照预防接种工作规范进行接种，实行一人一针一管，严格接种前预检，有禁忌症儿童推迟接种或不予接种，告知家长接种后注意事项，接种后必须留观30分钟以上；严格预防接种异常反应管理，一旦发生异常反应，24小时内上报，48小时内进行调查，重大异常反应，7日内写出调查报告，并按要求及时进行专家组会诊，同时报同级卫生行政和食品药品监督管理部门，并在规定时限内上报上级疾控中心和医学会，告知家长享有的权利和义务，及时配合上级部门进行鉴定。

加强结核病防治。开展3月24日“世界防治结核病日”宣传及“百千万志愿者结核病知识传播知识”活动，疾控中心结防科、健教科全体人员深入到乡镇集贸市场，打出“你我共同参与，消除结核危害”的横幅进行现场咨询，发放宣传材料。市电视台进行跟踪报道。宣传期间共接受近3000人次咨询，共发放各种宣传单、报纸等宣传材料5000余份。在临清市实验高级中学举行“百千万志愿者结核病知识传播签字仪式”的宣传活动，并在学校进行现场咨询、发放结核病知识手册1000余份，599名高中学生报名参加。全市加强对乡、村级医生的培训工作。对全市乡级防痨医生进行培训，乡级防痨医生培训率100%。乡级防痨医生对村医培训586人，培训率100%。

加强疫情报告管理。建立健全传染病防治工作网络。逐步完善市、镇、村三级防病网络，全市传染病防治网络不断得到完善和加强。中心按照社区卫生服务中心和乡镇卫生院的设置，完善传染病报告和监测网络，明确各疫情网络直报单位的责任人，使全市疫情的监测、报告和管理走上规范化、法制化的轨道。

开展各类重点传染病防控工作。全市高度重视手足口病、肺结核病等重点传染病的防控工作，对某些重点防制的病种进行定期、定点的监督，研究掌握该病的发生发展规律，为开展防治工作提供科学依据。加强对手足口病疫情的监测、核实以及聚集性疫情的调查处理工作，定期安排专人对辖区内手足口病疫情进行调查、核实，及时发现聚集性疫情，并对每一起聚集性疫情进行流调、采样等处理，以确保各项防控措施的落实。

死因监测工作。按照《死亡原因监测实施方案》的要求，在全市范围内开展死亡原因的监测工作。逐级进行死亡原因的监测要求和《死亡证明书》的填写要求的业务培训。并进行死因编码的逐级培训，使全市所有参与死亡原因的人员都能掌握表格的填写和提高死因编码的正确率，保证监测效果。截至2014年，全市共搜集死亡病例的个案资料5175人，并全部进行核对、编码、输入微机、上报，在聊城市死因监测工作中受到领导的好评。为提高全市所有乡村医生和镇（街道）卫生院工作人员的工作积极性和责任心，进行全年死亡原因漏报检查，大大地提高工作人员得积极性和责任心。

慢病管理和重性精神病管理工作。疾控机构督导检查评估情况：全市共有760781人，辖区设17个镇（街道）卫生院、10个社区卫生服务中心（站）。截至2015年，全人群死因报告粗死亡率达6.8‰。基层医疗卫生机构基本公共卫生服务疾控项目督导检查评估情况汇总：高血压患者管理服务：纳入管理服务的高血压患者数为37888人；按规范要求进行管理的人数为21004人；管理率55.7%。建档数管理率55.7%；2型糖尿病患者健康管理服务：纳入管理服务的人数6981人；按规范要求进行管理的人数为4307人；管理率61.7%。重性精神疾病患者管理服务：纳入管理服务的重性精神疾病患者数为1681人；按规范要求进行管理的人数为336人。录入率20%。

大力实施国家扩大免疫规划。2015年全市所有产科接种室均实现信息化管理，各医疗机构产科接种室发放《儿童预防接种证》，并积极开展信息化管理工作，及时开通网络连接并发放信息卡。各门诊均完成年度出生儿童的信息录入工作。同时，进一步完善新生儿首针乙肝疫苗和卡介苗接种报告系统，提高数据报告质量。另外国家免疫规划疫苗查漏补种活动顺利实施，此次查漏补种月活动共查出漏种儿童6153人，需补种针剂次数为9135剂次，完成8818针次疫苗补种。

结核病防治、艾滋病防治工作取得新进展。2015年全市接诊结核病可疑病人1746人次，共报告结核病人232例，来源于转诊42例。因症就诊到位47人，追踪142人，健康检查1例。其中涂阳病人37例，菌阴病人152例。痰检人数2201人，痰培养47例，其中有效培养26例，检出5例耐多药患者。全年预防性健康体检及结核及可疑病人胸透2536人，为结核病人拍胸片433人。2015年全市新增艾滋病病例11例，全市累计报告35例病例。按照要求对辖区的全部病例进行随访，随访信息及时通过国家艾滋病防治综合信息系统进行上报。

【疾病预防控制中心】 2007年3月，根据鲁编办〔2002〕66号文件精神，结合全市卫生监督和疾病预防控制体制改革工作，同意市卫生防疫站更名为“临清市疾病预防控制中心”，其单位性质、规格不变。其前身临清市卫生防疫站，始建于1956年，占地面积1143平方米，建筑面积2980平方米。承担全市传染病防治、免疫规划落实、健康教育、慢性病防治、精神疾病防治、地方病防治、职业危害体检检测及食品、水质检测等职责。经过50余年的艰苦奋斗，日益发展壮大，为保障全市人民的身体健康做出积极的贡献。

中心在职员工70人，其中副高级职称专业技术人员6人，中级职称38人，初级职称15人。设有疾病预防控制科、免疫规划科、健康教育所、结核病防治科、艾滋病防治科、慢性病防治及精神疾病防治科、地方病防治科、体检科、实验室、公共卫生科、职业卫生科、消杀科和预防接种门诊等18个科（室）。装备业务用车6辆，配备500毫安X光机、全自动生化分析仪、血细胞分析仪、尿液分析仪、B超、心电工作站、肺功能仪、电测听、隔音室、十万分之一电子天平、防尘防爆个体尘毒采样器、进口洗板机、气象色谱仪、进口生物安全柜、进口酶标仪、WBGT指数仪等仪器设备。2013年被山东省卫生新闻宣传中心、山东卫生报刊社评为医学科普工作先进集体；2013年被聊城市卫生局评为卫生应急工作先进集体；2013年被聊城市委、市政府授予“聊城市级文明单位”称号；2014年被山东省卫生新闻宣传中心评为医学科普工作先进集体；2014年中心参加的山东省结核病防治中心、山东省防痨协会举办的山东省NO.4结核病防治健康教育和健康促进科普作品评选分别获得音像奖三等奖和美术奖三等奖；2014年被聊城市委、市政府授予“聊城市级文明单位”称号；2014年被山东省疾控中心评为全省健康教育工作先进集体；2014年被聊城市疾控中心评为全市传染病与突发公共卫生事件信息网络直报工作先进集体；2014年被临清市妇女联合会授予“三八红旗集体”称号；2015年被山东省疾病预防控制中心评为全省病媒生物防制工作先进集体；2015年被山东省卫生新闻宣传中心评为全省医学科普先进单位；2015年被聊城市委、市政府授予“聊城市级文明单位”称号。

计划免疫规划工作。2013年，顺利开展预防接种工作规范年活动。全市共创建示范化接种门诊7个，规范化接种门诊14个，合格示范门诊2个。2013年3月开展麻疹疫苗补充免疫工作，应种目标人群为34948人，实种33979人，接种率为97.23%。查漏补种应种目标人群为267人，实种261人，接种率为97.75%。完成了接种率95%的工作目标。2013年9月开展新入学儿童入托入学接种证查验工作，全市入托、入学儿童预防接种查验及补种工作中入托儿童数11567，查验11567人；入学儿童总数为16082，查验16082人，查验率达均到100%。中小学学校为106所，托幼机构为100所，查验率均达到100%；共为1298名儿童补证，共完成10397针次疫苗接种。2013年10月23日至27日对8月龄至3岁儿童开展麻疹疫苗补充免疫同时对2月龄至3岁儿童进行第一轮脊灰疫苗补充免疫，11月23日至27日进行第二轮脊灰疫苗补充免疫。经汇总，麻疹疫苗补充免疫应种目标人群为37847人，实种36895人，接种率为97.48%。第一轮脊灰疫苗补种应种目标人群为42793人，实种41838人，接种率为97.77%。第二轮脊灰疫苗补种应种目标人群为43085人，实种42153人，接种率为97.84%。2014年1月下旬对全市所有8月龄至6周岁儿童开展了麻疹疫苗查漏补种工作，市疾控中心抽调30余人分片包干，每天深入各接种点指导工作。共计摸底62798人，其中应种3874人，实种3805人，接种率为98.22%。2014年全市入托、入学儿童预防接种补种成绩，其中入托儿童数5976，查验5976人；入学儿童总数为24004，查验24004人，查验率达均到100%。学校为136所，托幼机构为116所，查验率均达到100%；共为1183名儿童补证，共完成7175针次疫苗接种。2014年国家乙肝监测项目，经汇总2014年全市共报告乙肝病例200例，保存病例报告卡200份；急性乙肝93例，其中需做乙肝个案调查的本辖区病例61例，调查率为100%，保存急性乙肝个案调查表61份；检测ALT病例200例，ALT检测率为100%；采集血标本病例200例，血标本采集率为100%。市疾控中心每月对乙肝监测数据库及时进行整理统计上报，并于每月20日前将上月检查病例的血标本及时送到省疾病预防控制中心，圆满完成上级要求的任务。2015年全市共查验托幼机构105处、小学110处、初中21处、高中3处、大中专院校2处。入托、入学儿童总数79039人，共查验76696人，查验人数达97.04%。2015年国家乙肝监测项目，经汇总全市共报告乙肝病例218例，保存病例报告卡218份；急性乙肝76例，其中需做乙肝个案调查的本辖区病例53例，调查率为100%，保存急性乙肝个案调查表53份；检测ALT病例218例，ALT检测率为100%；采集血标本病例218例，血标本采集率为100%。

传染病防治工作。2013年临清市通过国家疾病监测信息报告管理系统共报告法定传染病17种计2089例（无甲类传染病报告，乙类传染病报告790例，丙类传染病报告1299例）、其他传染病92例，报告因传染病死亡病例1例。2013年发病率286.32/十万，死亡率0.14/十万。2013年传染病发病率比2012年减少2.93%，死亡率与去年持平。肠道传染病（甲乙类）发病19例，占全年传染病报告病例总数的0.91%，呼吸道传染病（甲乙类）394例，死亡1例，占全年传染病报告病例总数的18.86%，自然疫源及虫媒传染病（甲乙类）31例，占全年传染病报告病例总数的1.48%，血源及性传播传染病（甲乙类）346例，占全年传染病报告病例总数的16.56%。丙类传染病1299例，占全年传染病报告病例总数的62.18%。本年度无新生儿破伤风病例报告。

2014年临清市通过中国疾病预防控制信息系统共报告法定传染病17种计2074例（无甲类传染病报告，乙类传染病报告780例，丙类传染病报告1294例）、其他传染病58例，HIV 4例。2014年发病率281.91/十万。2014年传染病发病率比2013年降低1.54%，2014年无死亡病例。肠道传染病（甲乙类）发病19例，占全年传染病报告病例总数的2.44%，呼吸道传染病（甲乙类）400例，占全年传染病报告病例总数的51.28%，自然疫源及虫媒传染病（甲乙类）5例，占全年传染病报告病例总数的0.64%，血源及性传播传染病（甲乙类）356例，占全年传染病报告病例总数的45.64%。丙类传染病1294例，占全年传染病报告病例总数的62.39%。本年度无新生儿破伤风病例报告。

2015年临清市通过中国疾病预防控制信息系统共报告法定传染病17种计1709例（无甲类传染病报告，乙类传染病报告660例，丙类传染病报告1049例）、其他传染病130例，HIV 8例。2015年发病率230.91/十万。2015年传染病发病率比2014年降低了18.09%，2015年报告死亡数3例。肠道传染病（甲乙类）发病29例，占全年传染病报告病例总数的4.39%，呼吸道传染病（甲乙类）235例，占全年传染病报告病例总数的35.61%，自然疫源及虫媒传染病（甲乙类）11例，占全年传染病报告病例总数的1.67%，血源及性传播传染病（甲乙类）385例，占全年传染病报告病例总数的58.33%。丙类传染病1049例，占全年传染病报告病例总数的61.38%。本年度无新生儿破伤风病例报告。

健康教育与健康促进工作。2013年，以"全民健康生活方式行动"工作为核心，以社区、学校、工厂为阵地，开展"健康是最美的祝福"、创建无烟医疗卫生单位培训""拒第一支烟""2012年国家基本公共卫生服务规范培训""结核病防治""高血压防治""艾滋病防治"等知识讲座26次。以利用重大宣传日为契机，开展"健健康康过大年""3.5全国雷锋日""3.24世界防治结核病日""4.25全国儿童预防接种日""4.26全国疟疾日""5.31世界无烟日""第二十三个健康教育宣传周""临清市科学知识普及周""送温暖、送健康""健康山东"等宣传、义诊、咨询活动共计13次，共发放宣传材料89630余份，横幅21条，图板16块，更换宣传栏6期。

加强健康教育工作。开展"亿万农民健康促进"和"健康山东行动"巡回演讲活动。此次巡回讲座在疾控中心领导精心组织下，主要深入到社区、农村、学校，共开展培训22场次，收益人数9240余人，重点围绕传染病、慢性病、基本公共卫生服务规范以及公民健康素养66条，结合巡讲专家自身专业特长开展宣传讲解。2014年，利用重大宣传日为契机，采取健康讲座、咨询、设置宣传栏等多种形式，针对重点人群、重点疾病和全市主要卫生问题和危险因素开展"健康快乐水城年""3.5全国雷锋日""3.24世界防治结核病日""4.25全国儿童预防接种日""4.26全国疟疾日""手足口病防治""5.31世界无烟日""健康教育宣传周""临清市科学知识普及周""全国高血压日"等宣传活动共计13次，共发放宣传材料288650余份，横幅21条，图板38块，更换宣传栏4期。同时充分利用电视台、报纸、微博进行健康宣传教育，借助传播优势及时报道疾控工作、发布最新疾控工作信息。疾控中心工作信息在报纸上报道64次，电视上报道5次，网站上报道55篇、微博369篇。2014年全市被选为中央补助地方健康素养促进行动项目全省16个县（市、区）监测点之一，主要采用入户问卷调查的方式，内容包括"基本知识和理念、健康生活方式与行为、基本技能"3个方面。为全面完成调查工作，中心事前做大量的准备工作，包括绘制辖区居民楼宇图、挨家挨户地上门登记户主信息、发放资料等。临清市居民健康素养监测项目获得全省第二名。2015年，采取健康讲座、咨询、设置宣传栏等多种形式，针对重点人群、重点疾病和全市主要卫生问题和危险因素开展各种宣传活动共计13次，共发放宣传材料45000余份。同时充分利用电视台、报纸、微博进行健康宣传教育，借助传播优势及时报道疾控工作、发布最新疾控工作信息，普及健康的行为生活方式。中心工作信息在报纸上报道64次，电视上报道5次，网站上报道55篇、微博369篇。

2014年全市新华路街被选为中国成人烟草调查项目调查点之一，调查对象为15周岁以上常住居民。调查由经过专业培训的现场调查员，使用掌上电脑，列出家庭所有成员列表，再由掌上电脑采用随机数发生器随即抽取一人，进行个人调查。个人调查涉及内容包括人口统计学信息、吸烟情况、无烟烟草、电子烟、戒烟，二手烟、烟草经济、媒体以及关于烟草的认知、态度和看法。临清市项目调查点将严格按照调查流程和要求的同时，在调查过程中采取一户三拍照片的方法（入户时、家庭问卷调查时、个人问卷调查时），确保真实、客观的数据质量。成人烟草监测项目获得全省第一名。

慢病防治监测工作。2013年积极开展“高血压防治宣传日”“联合国糖尿病日”“减盐防控高血压”等慢性病宣传日活动。于2013年11月3日启动脑卒中筛查项目，截至2013年12月25日共初步筛查5215人，其中高危人群946人，网络平台共录入131例，复查946例。死因监测截至2013年12月25日共上报死亡病例5411例，粗死亡率为7.02‰，完成上级要求的6.5‰的目标数。肿瘤监测截至2013年12月25日共报告1098例，报告率为142/10万，完成上级要求的60/10万。脑卒中监测截至2013年12月25日共报告3797例，报告率为492/10万，完成上级要求的200/10万。冠心病监测截至2013年12月25共报告783例，报告率为158/10万，完成上级要求的60/10万。全市慢性病规范管理人数为79736人，其中高血压为66854人，糖尿病为11700人，两种慢病的规范管理率均达到90%以上（以上数字来源于卫生局医改监测数据）。截至2013年12月25日全市按照2011版公共卫生管理规范管理病例1812例。

2014年围绕年初指定的工作计划，经统计，脑卒中筛查项目初步筛查6325人，检出高危人群1114，顺利完成工作任务。死因监测截至2014年12月31日，全市共上报5381，粗死亡率为6.98‰，上级考核指标粗死亡率为6‰完成任务。肿瘤监测截至2014年12月31日，全市共上报新发肿瘤病例1673例，发病率为217/10万，完成上级考核指标200/10万。脑卒中监测截至2014年12月31日，全市共上报新发脑卒中病例3453例，发病率为448/10万，完成上级考核指标200/10万。冠心病监测截至2014年12月31日，全市共上报新发冠心病病例2139例，发病率为277/10万，完成上级考核指标60/10万。截至12月31日，全市重性精神病共建档2872人，检出率为4‰，完成考核指标3.5‰，规范管理率86%，达到考核要求。临清公共卫生人口数734700人。居民健康档案共建档632389人份，电子档案632115人份，建档率85.1%，完成指标为75%。老年人健康管理人数为48515，指标为47756人，规范管理人数36523，指标35817人。高血压管理人数为44380，指标为41119人，规范管理33598人。糖尿病建档12787人，规范管理8987人。

2015年围绕年初指定的工作计划，按照肿瘤（200/10万）、脑卒中（200/10万）、冠心病（80/10万）新发病例的报告要求，已经完成年内报告指标，肿瘤报告率为260.26/10万、脑卒中报告率为459.40/10万、冠心病报告率为244.42/10万。除肿瘤病例诊断率外慢病监测各项质量指标基本控制在正常范围内。2015年肿瘤、脑卒中、冠心病的随访工作也已完成。截至2015年12月31日，全市共报告死亡病例5457例，报告粗死亡率为7.15‰。已完成聊城市疾控中心要求的6.5‰的粗死亡率报告要求。报告及时性、身份证号完整率、多死因链填写完整率、审核率均达标，重卡率、迟审率、死亡原因不明比例均控制在规定标准以下。全市共登记患者2793例，管理2347例、死亡17例、失访88例、非在管341例。管理率达到79.42%。

结核病防治工作。2013年全年门诊登记可疑肺结核病人2300例，收治活动性肺结核病人382人，其中新涂阳病人160人，复治涂阳8人，胸片820张，健康查体胸透2400人。全年痰检完成3000人份，痰检质量控制4次，符合率全部达到上级要求。上送可疑耐多药菌株22份，检出耐多药病人1人。

2014年累计督导乡镇百余次。多次到聊城市二院、临清市医院协调肺结核病人转诊工作。在大疫情网上及时搜寻网报肺结核病人，并及时进行追踪。经统计，2014年接诊可疑病人2201人次，共报告结核病人318例，来源于转诊88例。因症就诊到位179人，追踪55人。同时对全市乡级结防医生进行培训，培训人数35人，培训率达100%，乡级结防医生对村级培训586人，培训率达100%。

2015年完成上级下达全市的肺结核病人发现指标，对肺结核病人及疑似病人查、治过程做到全免费，并定期对各镇的结防工作进行督导，及时足额发放各级督导费。圆满完成国家结核病防治核心知识知晓率调查工作和临清市“十二五”期间的结核病防治工作。9月16日，国家结核病防治核心知识知晓率调查工作在全市松林镇梁庄展开，圆满完成170例的调查任务。10月19—21日，省结核病防治核心知识知晓率调查工作抽取全市三个村（居委会）为省级结核病防治核心知识知晓率调查点，三个监测点共完成510人的调查任务，得到专家组好评。9月15—16日，省级结核病防治“十二五”终期数据核查专家组对临清市“十二五”期间的结核病防治工作进行终期评估，圆满完成“十二五”终期评估工作。

艾滋病防治工作。2013年全市报告病例4例，累计报告15例病例，尚存活病人7例，其中失访1例。全市网络实验室报告病例1例。报告及时率及准确率达到100%。2013年累计随访到病人及感染者6例，均接受结核病检查。该项指标100%。对6名病例均按要求进行随访及CD4检测，CD4检测全年完成12次，随访及检测比例达到100%，艾滋病病毒感染者、病人的配偶、固定性伴HIV抗体检测率达到100%。2013年新增2例符合治疗标准的病人，均纳入国家免费抗病毒治疗。

2014年全市建立以县为单位艾滋病疫情网络直报管理系统，网络直报管理率达到100%，使艾滋病管理更趋于科学规范化管理。市疾控中心在加大监测检测，加强宣传教育，狠抓综合干预，全面落实“四免一关怀”政策，开展艾滋病免费自愿咨询等工作。认真贯彻落实《艾滋病防治条例》，全年共计完成CD4细胞检测23次，对治疗病人病毒载量及耐药检测达到100%。完成各类公共场所包括歌厅、洗浴中心、按摩院、宾馆等高危人群的基本情况摸底调查，覆盖公共场所25个，干预目标人群1173人次，进行艾滋病知识宣传和行为干预，发放宣传材料1500份，筛查检测202人次，未检出阳性感染者。同时开展非政府人员（MSM彩虹组织）艾滋病防治知识的培训，继续开展基层医务人员培训，重点培训医疗系统和疾控系统从事艾滋病防治专业人员。2014年8月8日，省卫计委谭成森副调研员带领省艾防专家组对临清市艾滋病防治数据质量进行评估核查。

2015年11月16日，临清市疾控中心医务工作人员做客临清市人民广播电台健康在线栏目，向社会介绍艾滋病的发病趋势、国家防治艾滋病的政策措施、艾滋病的预防措施及艾滋病感染者处境等，突出宣传“歧视比病毒更可怕”的理念，呼吁消除冷漠与歧视，在全市形成关注艾滋病防治工作、关心艾滋病患者的良好氛围。

地方病防治及病媒生物监测工作。2013年

5 月部署全市碘盐监测工作，随机抽查金郝庄、新华、烟店、刘垓子和先锋等五个镇（街道），共监测 300 份居民食盐，合格 299 份，合格率 99.6%，做到监测数据及时上报工作。1—11 月共上报检测 779 人次。2014 年 5 月，随机抽查康庄、烟店、唐元、松林和先锋等五个镇（街道），共监测 300 份居民食盐，合格 299 份，合格率 99.6%，达到规定要求，做到监测数据及时上报工作。1—12 月共上报检测 744 人次。根据聊城市疾控中心的统一安排，为了解全市蝇子的种类、密度的实际情况，切实提高病媒生物监测和相关疾病风险预测能力，于 2014 年 3 月至 11 月每月 3 次对青年绿化带、溪源酒家、万嘉玲珑苑、伊林斋饭店、国棉农贸市场进行蝇类定期监测。8 月份到金郝庄、唐元养猪场蚊虫采样两次，送聊城疾控中心进行乙脑病毒分离。

2015 年疾控中心圆满地完成山东省人体重点寄生虫病现况调查调查工作。1 月 20 日，全市被列为山东省人体重点寄生虫病现况调查点，中心十余名专业技术人员在省寄生虫专家的带领下，深入镇（街道）开展调查，本次调查应查 750 人，实查 754 人，感染人数 9 人，感染率 1.19%，低于全省 5% 的低感染水平指标，受到省专家组一致好评。

顺利通过疟疾达标考核。严格按照《中国消除疟疾行动计划（2010—2020）》和《山东省消除疟疾工作实施方案》要求扎实开展工作，举办多期乡镇疟疾知识培训班，及时整理汇总有关资料，并印制《临清市消除疟疾资料汇编（2010—2015）》，考核组对全市的疟疾防治工作给予高度评价。

根据聊城市疾控中心的统一安排，为了解全市鼠类的种类、密度的实际情况，于 2015 年 6 月至 11 月每月农村自然村、食品加工厂、城乡结合部三个类型监测点鼠类监测，共进行 6 次监测。捕获老鼠 6 只，并及时送检和网报聊城疾控中心。

实验室建设及卫生监测工作。2013 年，完成从业人员健康体检 2352 人，职业病查体 600 人，外出务工人员查体 53 人。完成公共场所检测检验 168 份，医疗机构消毒检测 385 份。完成农村饮用水检测以及配合卫生局生活饮用水检测共计 109 份。完成艾滋病自愿检测 969 人，高危人群艾滋病抗体检测 367 人。同时按照实验室质量体系运行的要求：对仪器设备进行维护、检定；按计划进行实验室的内审、内部质量控制、管理评审；参加山东省质量技术监督局组织的 2013 年室内空气中的甲醛能力验证和 2013 年食品微生物定性检验能力验证，取得满意结果。

2014 年疾控中心对商场、浴池、理发店、饭店、KTV 歌厅等公共场所 420 余家进行监测，并对全市 20 个生活饮用水水厂的枯水期、丰水期的出厂水、末梢水进行采样检测、结果上报，截至 12 月底，完成从业人员健康体检 3142 人，完成公共场所检测检验 680 份，完成生活饮用水检测共计 180 份，完成艾滋病自愿检测 808 人，高危人群艾滋病抗体检测 351 人。同时按照实验室质量体系运行的要求：对仪器设备进行维护、检定；按计划进行实验室的内审、内部质量控制、管理评审，取得满意结果。

2015 年疾控中心认真贯彻《食品卫生法》《公共场所卫生管理条例》《生活饮用水监督管理办法》等法律法规，明确职责任务，积极开展食品卫生、环境卫生、消毒监测等工作和从业人员预防性健康检查、餐具监测、生活饮用水的抽样监测检验、城乡医疗机构的医疗用品消毒监测工作。中心对商场、浴池、理发店、饭店、KTV 歌厅等公共场所 110 余家进行监测，并对全市 20 个生活饮用水水厂的枯水期、丰水期的出厂水、末梢水进行采样检测、结果上报，截至 12 月底，完成从业人员健康体检 2700 人，完成公共场所检测检验 186 份，完成生活饮用水检测共计 153 份，完成艾滋病自愿检测 877 人，高危人群艾滋病抗体检测 253 人。

2015 年，投入资金 74.8 万元，增加检验设备共7台，所有检验设备已经安装、调试完毕，投入使用。

【临清市人民医院】 机构设置。2013年儿科、病理科被评为聊城市首批临床重点专科。2014年，成立感染性疾病科。截至2015年年底，医院共开放神经内一科、神经内二科、呼吸内科、消化内分泌内科、产科一科、产科二科、妇科、手足外一科、手足外二科、骨一科、骨二科、普外一科、普外二科、神经外科、心内一科、心内二科、肛肠科、肿瘤科、儿一科、儿二科、特病科、急症科、重症医学科、感染性疾病科、中医科、口腔科、皮肤科、眼科、耳鼻喉科、血液透析室、康复医学科等32个临床科室，CT、放射、B超、脑电图、心电图、胃镜室、检验科、病理科、药剂科、手术室、麻醉科、高压氧、介入治疗中心、导管室、聚焦超声刀等18个医技专业，基建科、设备科、社区中心、宣传科、药械科、财务科、审计科、信息科、岗办、保卫科、医务科、科教科、护理部、病案室、计生办、网络中心、医保办、住院处、门诊部、公共卫生科等23个行政职能科室，并设有医保特殊疾病医疗中心、卫校、联合中心制剂室、急救中心等附设机构。15个学科申报聊城市第二批重点学科，其中耳鼻喉科、康复医学科、眼科、医学影像科、肿瘤科5个学科顺利通过聊城市临床重点专科验收，心内科被确定为聊城市临床重点专科建设单位。2013年3月26日，市人民医院被临清市委、市政府评为“塑造聊城形象十佳单位”。2013年12月2日，市医院被山东省人力资源和社会保障厅、山东省卫生厅授予2013年度“山东省卫生信用档案建设优秀单位”称号。2014年12月18日，临清市人民医院被评为聊城市“十佳医疗单位”。

基础设施建设。2013年，对内科病房楼进行彻底改造装修，在急救中心楼上接建四层，污水处理设施正式安装完毕并投入使用，引进新直线加速器并对原机房高标准的彻底改造装修，对青年分院进行全院改造；在市区东部征地240亩建设新院区和养老机构，翻新门诊至内科病房的连廊、门诊至外科楼的连廊。2014年，医护型养老保健服务中心正式开工，约2.8万平方米的老年大学活动中心、健身娱乐保健中心已通过公开招标并进行施工，主体建筑已经完成；医护综合楼已挂网招标；完成本院门诊楼和外科楼的连廊建设，并对老门诊楼及门诊北裙楼进行改造装修，对传染病房、新CT机房进行改造装修，对门诊楼北电梯进行加层，可直达儿一科病区，方便病人，对核磁共振机房进行选址和建设。2015年，建筑面积近10万平方米的养老公寓楼、半护养老楼、服务综合楼建筑主体已完成，正在进行内外部装修；同时，建设核磁共振机房，对门诊楼一、二、三层进行改造装修。引进GE128层螺旋CT、GE1.5T超导磁共振、医科达直线加速器等先进仪器设备。

医院管理。2013年，医院严格按照二甲评审的标准和要求开展各项工作。严格贯彻执行医疗卫生管理法律法规、医院各项规章制度和人员岗位制度；积极推动医院全面质量管理，认真汇总分析医院运行数据和质控指标，全面实现医疗质量的持续改进；坚持人才强院和科技兴院战略，积极营造人才和技术培养环境，带动医院学科和技术的发展；组织全院临床科主任分批到山东大学第二医院、北京301医院、上海长海医院等知名医院进行管理技能培训，使医疗管理能力得到进一步提升。2014年起，临清市作为全国第二批县级公立医院改革试点，2014年10月1日实行药品零差率销售，深化人事分配制度改革方面；推行全员聘用和岗位管理制度，建立绩效考核制度。加强医院管理方面：实行院长聘任制、负责制，院长任期目标责任考核制，落实院长自主经营管理权。提升服务能力方面：人民医院和青年路街道卫生院和烟店中心卫生院组建医疗联合体，两个公立医院都推行临床检验结果和影像检查结果互认（一单通），市人民医院和解放军总医院实行远程医疗会诊；市人民医院建立市级临床重点专科3个，县级临床重点专科6个。实施临床路径实施病种数量82个，提高服务能力。缓解群众看病贵、看病难的问题。按照聊城市卫生计生委要求，2014年，市医院上与山大二院建立医疗协作医院，下与9所乡镇卫生院建立医疗联合体，其中青年卫生院、烟店卫生院整建制划归市医院，建立紧密型医疗联合体。认真落实《关于推进分级诊疗制度建设的指导意见》，自2015年10月，与全市19家镇（街道）卫生院建立以“双向转诊”为核心的医疗协作关系，在医联体内实行“设备通用，技术通行，专家通享”。截至2015年年底，共接收各镇（街道）卫生院上转病人1600余人次，为5300余名转诊门诊病人进行CT、彩超、大生化、高压氧等检查治疗，免费为乡镇医院培训基层医护人员31名，到乡镇卫生院诊治患者871人次。

2015年，积极创建山东省健康促进试点医院，建设无烟医院，成立健康促进科，采取开设健康休闲驿站、设置科室健康文化展板、开展患者健康宣教和出院随访等方式，大力开展健康宣教工作。

医疗设备和医疗水平。2013年，投入2000多万元，引进新的直线加速器、放射诊疗模拟机、全自动五分类血液分析仪、移动C臂X射线机、全自动酶免分析仪等大中型仪器设备，全部安装到位、应用于临床，方便病人，为临床提供可靠的依据，提高医院的诊疗水平。2014年，新增磁共振、大宝64排128层螺旋CT、直线加速器、DR等大型设备，为临床提供更加准确可靠的诊疗依据，进一步保障医疗质量和安全。2015年，引进GE128层螺旋CT、GE1.5T超导磁共振、医科达直线加速器等先进仪器设备。

护理。2013年，护理部开展“品管圈”活动和“零容忍”专项检查，护理质量管理走在聊城市前列；6名护理人员取得专科护士证书，有效提升护理管理水平和专科护理水平。2014年，加强护理质量管理，努力提高护理质量，加强环节质量的管理，做好质控检查、追踪工作，保障各项措施的落实，促进护理质量的全面提升；做好护理人员的分层级管理和绩效考核，有效提高大家工作和学习的积极性和主动性。2015年，优质护理服务实现全覆盖；加强护理队伍建设，完善护理管理体系，提高护理管理水平和人员综合素质；认真执行《护士条例》，坚持依法执业；建立护士绩效考评体系，科学调配护理人力资源，实施有效激励；全面实施优质护理服务示范工程，夯实基础护理，提高护理内涵质量，提升护理满意度；积极推行医护合作确认制，强化医护协作，实行护理工作精细化管理，落实《患者安全目标》，确保护理安全。

【临清市中医院】 临清市中医院始建于1989年，是集医疗、预防、康复为一体、具有鲜明中医特色优势的国家二级甲等中医医院。医院占地面积1.3万平方米，建筑面积7000余平方米。医院现有医护人员136人，其中高级职称4人，中级职称48人。医院设有眼科、内科、外科、妇产科、儿科、骨伤科、针灸理疗科、中医糖尿病科、肛肠科、肿瘤康复科等临床科室。其中眼科为聊城市级重点专科，诊疗水平一直处于全市领先地位。中医内科在全市享有极高知名度，由多位知名中医专家长期坐诊，并配有现代化煎药室。拥有德国西门子CT、数字胃肠机、准分子激光治疗机、美国产眼底造影仪、全自动进口呼吸机、大型生化分析仪等国内外先进医疗设备。临清市中医院为全市“城镇职工基本医疗保险”定点医院、“新型农村合作医疗”定点医院，山东省“白内障复明项目”定点医院。先后获得市级“文明单位、先进集体、放心药房、医德医风示范单位及文明创建活动文明单位”等称号。2015年5月，荣获济南市人民政府颁发科技进步二等奖。

坚持把突出中医药特色优势、推进中西结合作为医院建设之根本，不断加强内涵建设，完善综合功能，强化创新管理，紧紧围绕“提高中医药临床疗效”和“以病人为中心，优质高效服务”开展工作。2014年7月5日，医院顺利通过山东省中医药管理局的二级中医医院评审验收，成功创建二级甲等中医医院。医院始终把医院管理放在重要地位，健全和完善制度，紧紧围绕提升服务质量、防范医疗隐患两个目标，突出各项制度核心，抓重点，抓薄弱环节。医院完善《公务车辆管理规定》《转诊转院规定》《病历规定管理规定》《疾病证明管理规定》等多项管理制度，实现“有制度可依，执行制度必严，违反制度必究”的常态化机制。医院风气明显改善，职工精神面貌焕然一新，正能量得到弘扬。大家积极干事创业的精神状态，促进医院各项工作顺利完成。

牢牢把握医疗质量总关口，稳步提升医院“软实力”。为促进医院不断健康发展，医院全面实行医疗质量管理。加强业务培训，不断提升医疗技术水平，夯实医疗质量的基础。建立从患者就医到离院，包括门诊医疗、病房医疗及其他部分医疗的就医流程，明确各科室的日常工作内容，实行动态督导，切实保证医疗服务质量。医务科三年来共组织培训300余人次，组织召开业务学习会议28次。各临床科室组织业务学习105次，护理部业务学习34次。不断地学习进步，提高全体医护人员的业务技能和服务素养，丰富了服务内涵，体现中医特色人文关怀。制定中医适宜技术激励措施，充分调动医护人员积极性，使中医适宜技术在全院范围得到普及，医院的中医特色进一步显现。院感科加强院内感染控制，保障患者就医安全，为医疗质量打下基础。

专科建设取得成效，中医药特色优势进一步发挥，全力打造医院新的突破点。在眼科成为市级重点专科的基础上，重点打造中医内科这一最代表医院中医特色及水平的科室，推行中医绩效考核，完善中医绩效考核方案，把中药饮片使用率、中医治疗率、中医优势病种治疗率纳入科室综合考核目标。并在人才、基础设施、宣传等方面给予支持。还整合实力较强及中医优势明显的骨伤科、妇产科及理疗科，添置熏蒸、中医特定波治疗仪等中医诊疗设备。初步建立4个病区综合治疗室，建立“治未病”服务科室，开设体质辨识门诊，开展三伏贴、冬病夏治服务，推动中医特色优势发挥。

不断加强医院基础管理，促进医院内涵建设。为确保医疗质量和医疗安全，按照二级甲等中医医院的要求，修订和完善各项医疗管理制度，有效地抓好质量教育和质量考核；加强麻醉、剧毒、放射药品管理，建立严格的管理制度，保证临床用药安全有效；同时与各科室签订安全责任状，强化安全责任意识。加强人才引进和培养，促进学科建设，为医院的发展提供高质量的后备力量。采取多种形式培养各类专业技术人才，打造高标准科室。医院先后派出12名医师赴北京、上海高级别医院的进修，取长补短，综合发展。人才的高标准培养，为打造技术一流的科室奠定基础，也带动医院一批年轻骨干的快速成长。

积极开展对口支医和义诊活动，认真完成中小学生健康体检工作。2013年以来，医院对八岔路、先锋路街道、大辛庄街道、新华路街道卫生院进行对口支援工作。组织各科室专家每月至少2次到对口支援医院坐诊、查房、指导手术、分析疑难病例，一定程度上方便老百姓就医。三年来共完成中小学生健康体检4万余人次。开展“赶大集、送健康”30余次义诊活动，参加义诊活动的医务人员都以高度责任感和爱心、耐心来对待每一位前来就诊的群众。免费发放中医药宣传资料1万余份，受到广大群众的一致好评，收到良好的社会效益。

【药物管理工作】 2014年2月印发临卫发〔2014〕4号转发《山东省卫生计生委关于做好2012年版国家基本药物集中采购工作的通知》的通知，并于3月底完成2012年版《国家基本药物目录》购销合同的签订。化学药品和生物制品主要依据临床药理学分类，共 317 个品种；中成药主要依据功能分类，共 203 个品种。

2014 年 4 月，参与基本药物省级集中采购的 19 家基层医疗卫生机构，由省药品集中采购服务中心与相关企业统一签订廉洁购销合同，其他各级各类医疗卫生机构完成廉洁购销合同补签工作。

2014 年 10 月 1 日正式启动公立医院综合改革，实行国家基本药物制度，实施药品零差率销售，并优先使用国家基本药物。

2015 年 1 月起，聊城市增补 99 个药物品种供基层医疗卫生机构使用，并限定采购比例不得超过 20%。

2015 年 12 月健全国家基本药物制度的考核机制，对包括组织与管理、药品配备、药品采购、药品存放使用监测、宣传培训群众满意度、经费管理六部分制定百分制考核细则。

【基层卫生工作】 基本公共卫生工作。2013 年根据省卫生厅、财政厅的安排部署，积极准备迎接省级 2012 年度基本公共卫生考核工作。积极迎接聊城市卫生局开展的半年基本公共卫生考核工作。对各基层单位进行督导检查，并开展季度考核，对于查出的问题进行总结并采取积极的措施，为下一步的工作开展打下良好的基础。与局中医科一起举办基本公共卫生服务中医药健康管理项目培训班，全市各基层单位共有 70 余名骨干参加培训。全市累计建档 68.72 万人份，建档率达到 90.05%。全市共录入居民电子档案 60.21 万份。建立居民健康档案、健康教育、预防接种、传染病防治、孕产妇、0—6 岁儿童系统化管理、65 岁以上老人管理、重症精神病管理，慢性病防治及管理、卫生监督协管及突发事件报告等工作正按《国家基本公共卫生服务规范（2011 年版）》有条不紊，扎实推进，基本公共卫生服务逐步均等化的机制逐步完善，居民健康水平进一步提高。

截至 2014 年 12 月底，全市共建立城乡居民健康档案 632389 份，建档率为 86.07%，已录入电子档案 632115 份，0—6 岁儿童系统化管理 44353 人；累计管理高血压患者 44380 人，规范管理 35070 人，累计登记管理糖尿病病人 12836 人，规范管理 10318 人；登记管理 65 岁以上老年人 48400 人，体检 36523 人。

截至 2015 年 12 月底，全市累计规范建立居民个人电子健康档案 64.44 万份，电子健康档案建档率为 87.23%。全市共发放健康教育印刷材料 83.91 万份，更换健康宣传栏 3405 块，播放健康教育音像材料 245 种，组织健康讲座 2789 场次，组织健康教育咨询活动 212 次。累计为 6298 名儿童建立预防接种证，0—6 岁儿童系统化管理 35151 人，规范管理 29150 人，孕产妇规范管理 3601 人；累计管理高血压患者 46204 人，规范管理 35690 人，累计登记管理糖尿病病人 16585 人，规范管理 12652 人；登记管理 65 岁以上老年人 48694 人，体检 43056 人。通过宣传教育和引导，广大群众健康观念逐步由“重治疗、轻预防”向“重保健、保健康”转变，同时也提高群众对基本公共卫生项目的认可和参与程度。

重大公共卫生妇幼项目工作开展情况。根据上级文件精神，继续实施农村孕产妇住院分娩补偿和农村孕产妇孕早期补服叶酸预防神经管缺陷项目。截至 2013 年 12 月底，全市共计为 5868 名农村孕产妇发放叶酸片 35208 瓶；经过对全市 2011、2012 年度及 2010 年度剩余部分农村产妇摸底，并审核材料，全市共有 7544 位符合条件的农村住院分娩产妇，发放补助资金 264.04 万元。2014 年继续实施农村孕产妇住院分娩补偿和农村孕产妇孕早期补服叶酸预防神经管缺陷项目。全市共计为 5652 名农村孕产妇发放叶酸片 33852 瓶；对于 2013 年农村住院分娩产妇领取补偿材料进行材料，全市共有 3344 名符合条件的农村住院分娩产妇，共计发放农村孕产妇住院分娩补偿金 117.04 万元。完成2014年度农村孕产妇住院分娩补偿的材料审核，全市共有5310名符合条件的农村住院分娩产妇将领取住院分娩补助，共计发放补助资金185.85万元。同时，继续实施农村孕产妇孕早期补服叶酸预防神经管缺陷项目，截至2015年12月底，全市共计为4990名农村孕产妇发放叶酸片29940瓶。

控烟工作。为全面贯彻落实卫生部等《关于2011年起全国医疗卫生系统全面禁烟的决定》，充分发挥医疗卫生机构控烟履约的积极带头作用，全市在全市卫生系统率先开展控烟工作。省卫生厅对各地的医疗机构控烟情况进行暗访，还存在亟待解决的问题。为切实解决暗访中存在的问题，局机关制定并与各医疗卫生单位签订《无烟医疗卫生机构创建责任书》，进一步细化措施，完善奖惩制度。

乡村医生身份和补助年限认证工作。为切实做好全市乡村医生身份和补助年限认证工作，2015年7月1日举办全市乡村医生身份和补助年限认证工作培训班。培训班结合《乡村医生身份和补助年限认证工作情况说明》从认证人群、认证原则、认证需提报材料、认证程序等方面作进一步的说明，详细解读相关政策文件。

为切实把全市的乡村医生认证工作做实做细，做到应认尽认，防止遗漏，7月13日召开全市乡村医生认证工作调度会议。各镇（街道）分管负责人汇报各单位的工作进展情况。会议强调对于夫妻双方都参加认证的情况、上年没有参加摸底调查的新增人员情况及工作年限的起始时间等重点情况作为重点，借助公示特别是书面送达公示时，多与群众沟通，了解实情。7月下旬，完成第一次公示的乡镇乡村医生认证材料逐一进行审核，对存在问题的材料将问题摆明，要求退回核实情况并如实进行整改。对存在群众举报情况的，要求各乡镇办予以重视，逐一调查真实情况。8月底，全市乡医认证工作各镇（街道）已全面完成第二轮公示，并留存照片存档。各镇（街道）乡医认证领导小组组织乡村医生填写乡医身份和补助年限认证表，并所有乡医材料形成卷宗并每人一档按在岗和离岗编号后报市乡医认证领导小组办公室存档。9月9日至9月29日（公示期为15个工作日）在临清政务网卫计局网站对全市乡医认证工作进行第三轮公示。截至2015年年底，全市共有2840名乡村医生参加乡医认证工作，其中在岗乡村医生1262人，离岗有物证829人，离岗无物证749人。

【卫生计生监督执法】 2013年，切实做好迎接省级卫生城市复审工作，进行专项监督检查。按照《公共场所卫生管理条例实施细则》，以餐饮服务、旅馆、美容美发、大型商场等公共场所为重点，对公共场所进行巡回检查。有针对性地开展监督检查，在公共场所设立专门的有关健康山东行和省级卫生城市相关的知识宣传栏，大型公共场所设立相关内容的公益广告，通过悬挂横幅，设置长期性公益广告牌的形式大力开展爱国卫生知识和相关内容的宣传。根据《职业病防治法》以及省市级卫生行政部门关于职业病防治方面的具体要求，有序地开展职业卫生监督执法工作，通过监督检查，初步建立和规范职业病防护各项管理制度，健全防护设施。为加强对各类医疗机构放射卫生的监督监测工作，对全市放射工作人员进行放射卫生培训和职业健康查体，并发放放射工作人员证及继续医学教育学分证书。对未持有医疗机构放射诊疗许可证开展放射诊疗活动的医疗机构下达书面意见书，并督促开展放射诊疗活动的医疗机构办理《放射诊疗许可证》。通过监督检查，准确掌握临清市开展放射诊疗的医疗机构的基本情况，逐步规范各级医疗机构的放射防护操作规程，保障从业人员和广大人民群众的健康权益。

2014年，对500多家公共场所进行监督检查，重点检查从业人员的健康查体情况，办理公共场所卫生许可证情况及空气检测情况等。

并对需要整改的经营单位下达监督意见书。共督促办理公共场所卫生许可证100多个，健康证1000多个。为使公共场所的监督管理更加规范，有效。积极推行量化分级管理，发放公共场所公示栏和量化等级公示牌300余块。组织各个镇卫生监督协管员对辖区内生产经营及使用生活饮用水输配管件单位进行一次摸底排查，并填写饮用水输配水管摸查汇总表；对农村集中供水单位和农村中小学校用水情况进行检查，并针对发现的问题下达监督意见书。向各个个体诊所和部分公共场所经营者发放“致全市人民一封信”；向个体诊所下发通知，要求各个诊所认真查找存在问题，积极进行整改；对市区医疗市场进行大巡查，整顿医疗市场秩序，打击非法行医；对6家公立医院的医疗废物处置情况进行暗访式检查，并针对存在问题，提出整改意见。对临清市自来水公司和临清清源水务集团这两家生活饮用水供水单位进行现场检查，并提出整改意见，要求其积极整改落实。根据聊城市卫计委、工商局和食药局联合转发的《关于印发全省餐饮具集中消毒单位专项整治行动实施方案的通知》的通知，对辖区内餐饮具集中消毒单位进行摸底调查，发现餐饮具集中消毒单位5家，5家单位均无营业执照，根据通知要求，将5家单位及时向工商部门进行通报。开展打击“两非”工作共破获“两非”案件5起，收缴B超5台，罚款7万元。

2015年，全市认真贯彻落实上级卫生计生服务监督年及相关工作会议精神，围绕推进服务监督年活动的开展，全市卫生计生及相关部门强化措施，加大监督执法力度，集中组织开展深化打击非法行医专项治理、打击“两非”专项治理、饮用水卫生安全、血液质量与服务提升、消毒隔离强化治理“五项行动”，进一步净化医疗服务市场，增强行业自律意识和自律能力，促进全市医疗卫生服务和计划生育工作秩序明显改善，实现出生人口性别比稳步下降目标。

【行政执法监察】 彻底追查“两非”线索。性别比偏高问题一直是制约全市人口计生工作整体上水平的突出问题。2013年以来，进一步健全完善由市委书记任组长、市长任常务副组长的领导小组，出台《关于进一步加强出生人口性别比综合治理工作的意见》等一系列文件，连续召开6次专门会议进行部署和调度，明确工作职责，提出目标任务，加大考核力度，严格落实单项“一票否决”。进一步完善住院分娩实名登记制度，加大B超管理和联合执法力度，2013年共查处“两非”案件18例。2014年各镇（街道）认真按照要求，切实保持高压态势，加大对“两非”案件的查处力度。全市已经立案10起，结案10起，送聊城鉴定10起，确认2起选择性别对象；对2015年以来所有二孩生育人员和怀孕人员等重点人群进行“两非”线索排查，特别是把怀孕3个月以上孕情丢失人员作为重点排查对象。全面调查孕情丢失原因，落实实施“两非”行为的时间、地点和人员，彻底追查“两非”线索，共排查孕情无故丢失线索26条。

【规划统计】 2013年，全市共出生5784人，出生率为7.6‰，自然增长率为2.8‰，其中合法生育5525人，合法生育率为95.5%；出生人口性别比为109.5，各项指标继续保持在较高水平上。到年底（准确数据最快1月7日可出），全市预计可出生6850人，出生率为8.8‰，自然增长率可控制在3.5‰以内，能够圆满完成省和聊城市下达的各项控制目标。2013年12月，全市被国家命名为全国计划生育优质服务先进县，为促进全市经济社会又好又快发展，加快建设富裕文明生态和谐的经济文化旅游强市创造良好的人口环境。2014年，全市共出生11461人，出生率为15.0‰，自然增长率为8.6‰，出生人口性别比为115.6：100，圆满完成省和聊城市下达的各项控制目标。严格落实国家免费孕前优生健康检查项目，全年共检查目标人群

14412人，查出出生缺陷高风险人数559人，占比0.04%。优生健康检查宣传覆盖率、优生知识知晓率均达到95%，优生检查人群覆盖率达到82%，优生咨询指导率达到100%。2015年全市共出生8095人，出生率为10.4‰，自然增长率为4.9‰，其中合法生育5269人，合法生育率为70.5%；女性初婚3906人，其中晚婚2106人，晚婚率53.9%，出生人口性别比为107 ∶ 100。全市共审批二孩生育证2991例，其中单独二孩生育证950例。对特殊情况做到逐一调查，严格按程序审批。

取消生育间隔。2013年6月3日山东省十二届人大常委会第二次会议日前通过《山东省人口与计划生育条例修正案》。修正案取消原定的“女方再育必须年满30岁”的规定。这样，符合二胎生育条件的夫妇可以根据自己的意愿选择二胎生育时间。《计划生育服务手册》办理将实行首接责任制，杜绝户籍所在地和现居住地双方扯皮。

单独两孩政策。2014年5月30日，山东省第十二届人民代表大会常务委员会第八次会议审议通过《关于修改〈山东省人口与计划生育条例〉的决定》，并于当日公布施行，在全省实施一方是独生子女的夫妇可生育两个孩子的政策。一孩免费登记制度。2014年5月30日通过的《山东省人口与计划生育条例修正案》实行生育第一个子女免费登记制度。

【城市和流动人口计生工作】 加快城市和流动人口计生工作示范社区建设。2013年制定出台《关于进一步加强城市社区和流动人口工作的意见》，明确政府部门下放到社区的初审权，以及社区岗位的职责任务，全面推进“网格化”管理。5个社区基本实现城市和流动人口计生工作融入社区管理规范化，其他社区正在按照计划全力推进。按照“属地化管理、市民化服务”的原则，率先成立烟店镇流动人口协会、新华路街道建材市场流动人口协会，提供与户籍人口同等待遇和各项计划生育免费服务，受到省和聊城市领导的充分肯定。2014年有15个社区基本实现城市和流动人口计生工作融入社区管理规范化。加强对流出人口的管理，建立有效的联系方式，强化跟踪服务工作。组织开展流动人口计划生育关怀关爱专项行动。全市共发放宣传品2万份，出动宣传车18次，人口学校培训2000人次；共办理婚育证明1089人，签订合同1089人，2014年全市流入育龄妇女66人，新婚、待孕12人，落实避孕节育措施54人；对流动人口走访慰问49户，外访32余人，发放慰问品慰问金约3.6万元。2015年将流动人口与城区计生工作实行同宣传、同管理、同服务，加强城区计生工作网格化管理，同时，将流动人口纳入基本公共卫生服务、免费婚检、免费孕检覆盖人群，为流动人口提供优质服务。积极开展区域协作，重点突出双边联管。以关爱流动人口优质服务为载体，依托重大节日、节假日等流动人口集中返乡的大好时机，组织开展送温暖等各类活动150余场次，发放宣传资料1.2万余份，为3000余名流动已婚育龄妇女开展生殖健康服务。全市共有流出人口3104人，其中，已婚育龄妇女2723人，流入人口334人，其中已婚育龄妇女316人。按照工作要求，对流入已婚育龄妇女免费查体316人，并全部在平台上发送信息。同时，加强对流出人口的管理，建立有效的联系方式，强化跟踪服务工作。组织开展流动人口计划生育关怀关爱专项行动。全市共发放宣传品2.5万份，出动宣传车18次，人口学校培训2000人次；共办理婚育证明1089人，签订合同1089人。

2013年至2015年临清市财政对破产企业单位退休职工独生子女父母发放一次性养老补助统计，2013年已经发放507人，共需资金299.77万元。2014年发放293人，资金247.92万元。2015年发放610人，资金568.13万元。

【计生协会】 扎实开展计生助福系列活动。

2013年按照为广大计生家庭送健康、送温暖、送爱心的工作要求，组织市直部门与129户计生特殊家庭亲情牵手、结对帮扶，资助34名计生家庭的贫困学子顺利完成学业，有效保障贫困计生家庭的基本权益。完善计划生育利益导向机制。全面落实对计划生育家庭的奖励、优惠、优先、扶持、救助、保障等政策，严格兑现各项惩处和制约措施，真正使计划生育户政治上光荣、经济上实惠。全市独生子女父母奖励费、终生只要一个女孩的农村家庭奖励费、农村独生子女和双女户60岁以上老人的奖扶金全部实现市级统筹，并严格按标准足额发放到位。国家法定奖励政策全面落实到位，2013年以来共发放各类奖励补助金2500余万元。2014年全面落实对计划生育家庭的奖励、优惠、优先、扶持、救助、保障等政策，严格兑现各项惩处和制约措施，真正使计划生育户政治上光荣、经济上实惠。全市独生子女父母奖励费、终生只要一个女孩的农村家庭奖励费、农村独生子女和双女户60岁以上老人的奖扶金全部实现市级统筹，并严格按标准足额发放到位；2014年以来，共对19958名农村独生子女父母、4412名城镇无业人员独生子女父母落实了奖励费，兑现奖励资金263.9万元；对1215名破产企业退休职工中独生子女父母一次性加发30%养老补助，共发放养老补助金240余万元；对符合条件的3336人实施农村部分计生家庭奖励扶助制度，发放奖扶金302.8万元；特别奖励扶助94人，奖励40.9万元；对符合条件双女绝育的37户给予每人1000元的现金奖励，各项条款全面落实到位。“计生助福行动”扎实开展。全市共开展项目18个。在市级层面确定“为希望扬帆——临清市计生助学行动”，2014年全市共有31名计生困难学子得到救助，救助金6.2万元，实现市级层面品牌项目的新突破。实施“贫困计划生育困难大学生圆梦”项目。累计救助贫困大学生138人，发放助学金206000元实施“贫困计划生育困难大学生圆梦”项目。实施“亲情手牵手”项目由市卫生计生局牵头，以全市47个计划生育成员单位为帮扶主体，以全市48个薄弱村的129户计划生育困难家庭为帮扶对象，每个成员单位每年救助资金不低于2000元，两年来，累计发放救助金、救助品合计258000元。为全市24788户农村14周岁以下独生子女购买农村14周岁以下独生子女家庭意外伤害保险，每人20元，共计494660元。同时，在做好投保工作的基础上，市计生局、计生协会积极帮助发生意外的计生家庭报案理赔，主动协调保险公司及时其发放保险金，为11户家庭出现意外的独生子女家庭发放理赔金59000元，确实保障计划生育家庭的利益。2015年计划生育家庭特别救助人数120人，救助金额700800元。完成聊城市“独生子女意外伤害保险”项目89件，发放理赔金422897元。“计生扬帆”助学项目为22名计生家庭贫困大学生发放救助金44000元。“亲情手牵手——计划生育困难家庭帮扶”项目帮扶对象30户，发放救助金6万元。

【宣传工作】 加大计生宣传教育力度。大力倡树婚育新风，确立“大宣传、大联合、出精品”的思路，探索建立主流媒体当主角、部门协手搞宣传、集中活动壮声势、形式多样求实效的工作机制。坚持把计划生育宣传教育工作纳入全市精神文明建设总体规划，在新闻媒体开辟专栏定期报道，每逢重大节日开展声势浩大的集中宣传活动。围绕“计生助福行动”，在全市开展“计生家庭幸福生活专访行动”，追踪报道真实感人的基层计划生育模范家庭，增强社会对计生家庭的尊重和认同。把宣传重点放在移风易俗、男女平等、计生科学知识上，在全市大力倡导新事新办、优生优育等新的婚风、民风，收到良好效果。2014年针对结构改革、取消二孩生育间隔、取消《服务手册》和“单独两孩”等政策调整，积极做好宣传引导工作，引导群众自觉避开生育高峰。组织开展大型计划生育宣传活动以及多种形式的“双进”“双建”和“关爱女孩”活动。累计发放宣传单5万余张，宣传折页、年历画、计生知识读本3万余份，累计展出图版100多块，发放宣传品30多种，10万余份，宣传画约3万张，咨询群众达1万多人次。围绕“计生助福行动”，在全市开展“计生家庭幸福生活专访行动”，追踪报道真实感人的基层计划生育模范家庭，增强社会对计生家庭的尊重和认同。把宣传重点放在移风易俗、男女平等、计生科学知识上，在全市大力倡导新事新办、优生优育等新的婚风、民风，收到良好效果。2015年全市新建设富有特色的亮点村32个，在《大众日报》《齐鲁晚报》《人口导报》《聊城日报》《临清周讯》及各级网站发表文章。累计发稿725篇，其中省级以上121篇，聊城市级160篇，临清市级444篇，在临清电视台、广播电台、《临清周讯》开设“综合治理出生人口性别比”专栏，通过多形式、全方位、立体化的宣传，使计生国策、关爱女孩和打击“两非”知识妇孺皆知，让群众在潜移默化中逐步转变婚育观念，校正生育行为。

加强计生宣教环境建设。进一步加大投入力度，在中心城区建立完善人口文化广场，在主要路口、街道树立大型宣传牌、宣传灯箱，在镇村建立人口文化宣传一条街、人口文化大院。在巩固完善原有户外宣传成果的基础上，市里出台实施方案，制定统一标准和奖惩措施，要求每个镇（街道）至少推出3个新建村级示范点，以人口文化园区、婚育文化长廊等形式，打造和谐温馨、美观新颖、与时俱进的户外宣传环境。2013年全市累计投资达500余万元。2014年全市累计投资达1200余万元。

【行政许可工作】 2014年，启动行政权力清单制度编制。为落实市委、市政府依法行政要求，紧紧围绕依法行政目标，按照“全面清权、简政放权、科学确权、规范用权、严格控权”的思路，市卫生局于9月启动卫生系统行政权力清单编制工作，确保行政权力依法、公开、规范、高效运行，实现行政权力进清单，清单之外无权力。卫计局被评为“先进单位”。2014年度卫计局牢牢把握“便民、高效、规范、廉洁”的服务宗旨，较好地完成各项工作任务，树立良好的服务形象。全年承诺时限内办结率100%，服务评价率100%，圆满完成各项工作任务。卫计局被市政府授予“2015年度市政务服务工作‘先进单位’荣誉称号”，马慧被评为“先进工作者”，受到市政府的通报表彰。2015年，完成行政审批事项《业务手册》和《服务指南》编制。为优化行政审批流程、规范审批行为、提高审批效能，按照省、市编办的统一部署和要求，市卫计局紧抓精简审批环节、优化审批流程两个核心，圆满完成业务手册和服务指南的标准化编制工作，真正做到全面、翔实、准确、易懂，确保行政审批制度改革落地见效。

卫计局窗口被评为“红旗窗口”。为切实做好市卫计局行政审批工作，卫计局窗口不断深化行政审批制度改革，优化审批流程，创新工作思路，提高服务水平，较好地完成各项工作任务，树立良好的服务形象。全年承诺时限内办结率100%，服务评价率100%，圆满完成各项工作任务。卫计局窗口被市政府授予“2015年度市政务服务工作‘红旗窗口’称号”，马慧被评为“先进工作者”，受到市政府的通报表彰。同时，马慧被聊城市普法办和市政务服务中心管理办公室授予“依法行政（依法办事）标兵”。

【计生网络建设】 根据卫生和计生工作的需要，临清市建立一个相对健全的县级、镇级、村级计划生育管理服务网络。县级设市卫生和计划生育局，负责全市的计划生育管理工作，下属市计划生育协会、市计划生育宣传技术服务站、市流动人口计划生育办公室、市人口文化促进会、市计划生育行政执法监察大队5个事业单位，负责全市计划生育的服务、执法、文化交流等工作。镇级设卫生计生办、妇幼保健计划生育服务站、计生协会、人口文化促进会，负责本辖区计划生育工作的管理和服务。村级设计划生育办公室、计划生育协会、人口文化促进会、计生服务室，负责本村（居）计划生育管理和服务工作。城市社区和市直部门设计生办并配备专职或兼职计划生育工作人员，负责本单位计划生育的管理和服务工作。

【卫生计生队伍建设】 2013年11月20日，印发的《关于对镇、办事处计划生育“三职”工作人员进行业绩考评的实施方案》（临计育字〔2013〕18号），针对全面提高基层基础工作水平，充分调动镇、街道计生“三职”工作人员（计生办主任、计生服务站长、计生统计员）的积极性和主动性，努力建设一支思想好、作风正、懂业务、会管理、能服务、善于做群众工作的计生干部队伍。强化对镇、街道计生“三职”工作人员的管理和考核力度，完善奖惩措施，建立能者上、平者让、庸者下的用人机制，以推动人口计生工作健康发展。2015年10月16日，印发的《临清市卫生计生系统关于开展“不担当不作为”问题专项整治的实施方案》（临卫党〔2015〕7号），针对全市卫计系统干部队伍中存在的“不担当不作为”问题开展专项整治，着力提升行政服务效能、转变干部作风，切实增强敢担当、勇作为的思想自觉和行动自觉，推动作风引领、团结实干、争先进位、科学发展，努力为深化医药卫生体制改革、促进卫生计生事业健康发展提供有力保障。

【党建工作】 加强领导，党建工作与卫生计生工作同部署。局党委认真履行党建工作责任制，不断强化组织建设、作风建设和制度建设，把党建工作与卫生计生工作同安排、同部署。在认真分析研究党建工作面临的新特点、新情况、新要求的基础上，针对性的把党建工作落实到卫生计生日常工作和为群众服务当中，形成主要领导亲自部署，机关党建同步推进，党员干部人人参与的良好党建工作格局。坚持开展好领导班子民主生活会和民主评议党员工作，坚持“三会一课”和交心谈心活动，认真贯彻落实党风廉政建设“一岗双责”制，切实加强党风廉政建设。坚持按照集体领导、民主集中、个别酝酿、会议决定的原则，重大问题和事项坚持集体研究决定，不断提高党建工作水平，推进卫生计生各项工作的落实。

强化思想教育，增强党员干部宗旨意识。建立和完善党员干部理论学习制度，制定年度理论学习计划，采取平时自学、集中辅导和警示教育相结合，多形式开展党员干部的思想教育，确保党员干部头脑清醒、政治坚定。加强《中国共产党党内监督条例》《中国共产党纪律处分条例》等的学习，切实增强党员干部遵章守纪的自觉性。深入开展“群众路线”“三严三实”专题教育，成立局党委“群众路线”“三严三实”专题教育领导小组，制定《关于在全市卫生计生系统中层以上干部中开展“群众路线”专题教育工作方案》《关于在全市卫生计生系统中层以上干部中开展“三严三实”专题教育工作方案》，深入开展专题学习研讨，召开专题民主生活会和组织生活会，广泛听取社会各界人士的意见建议，深入查摆问题，严肃开展批评和自我批评，认真进行整改，对整改问题动真格、不敷衍，全面完成整改任务。以案说法，开展警示教育。经常组织党员干部对一些违反财经法律、法规和纪律的案例进行认真剖析，做到警钟长鸣。通过多形式开展党员干部学习教育活动，使广大党员干部及时掌握和深刻理解党在各个时期和各个方面的重大举措和方针政策，激发党员干部干事创业的热情，增强党员干部的宗旨意识。狠抓党员干部作风建设，提升卫生计生干部形象。认真贯彻落实中央八项规定、市委五项规定，让卫生计生系统作风建设形成一种常态、一种风气。统一购买《恪守从政道德、保持党的纯洁性教育读本》《领导干部廉洁从政教育读本》等一批书籍及《蜕变》《医德医风警示录》《拒腐防变每月一课》等影像资料，供广大党员学习。严格日常考勤、业务学习、工作实绩测评等制度，严格工作纪律，采取不定期巡查方式，严查干部职工在上班时间玩游戏、聊天、购物等违纪行为。加强节假日作风监督，严查节日腐败问题，着力防范有令不行、有禁不止行为发生。规范审批环节，优化审批程序，简化办事手续，坚持日常督查与随机抽查相结合的办法，促进行政许可、行政执法行为的高效规范、公正透明。通过以上措施，全系统无收受“红包”与“回扣”、开单提成、乱收费等违法违规问题出现，无重大医疗责任事故发生，人民群众对医疗服务的满意度不断提高。

严格标准和程序，提高发展党员工作的质量。认真贯彻落实《中国共产党发展党员工作细则》，严格发展标准和发展程序，不断提高发展党员工作质量。局党委高度重视发展党员工作，把发展党员工作作为加强基层组织建设的重要措施来抓，作为考核的重要内容，列入年终进行综合评比。建立健全发展党员票决制，同时对在培养考察和政审等工作中不细致，不认真或违反发展党员工作程序造成“带病入党”的，局党委追究党员所在党支部的相关责任人的责任。把发展党员工作的着力点放在入党积极分子的培养教育上，把入党积极分子登记造册，并按照活动制度，严格进行管理，认真组织学习党的基本理论、基本知识，有针对性地开展形势政策教育、法律法规教育。

【领导人更迭】

卫生局

局　　长：王树勋（2014.02 止）
李传兴（2014.02—2014.09）

副 局 长：刘艳君（2014.09 止）
郭兆岳（2014.09 止）
崔淑惠（2014.09 止）
刘海玲（2014.02 止）
赵丽华（2014.09 止）
马洪明（2014.09 止）

党委书记：王树勋（2014.02 止）
李传兴（2014.02—2014.09）

党委副书记：
刘艳君（2014.09 止）
郭兆岳（2014.09 止）
崔淑惠（2013.04—2014.09）
刘海玲（2014.02 止）

党委委员：
宋玉岭（2014.09 止）
张建训（2014.09 止）

副主任科员：
邢华丽（2014.09 止）

人口和计划生育局

局　　长：尹建军（2014.09 止）

副 局 长：范天军（2014.09 止）
杨国旭（2014.09 止）
张华炜（2014.02—2014.09）
贾书见（2014.09 止）

党组书记：尹建军（2014.09 止）

党组副书记：
范天军（2014.09 止）
杨国旭（2014.09 止）
张　昶（2014.09 止）
秦善峰（2014.09 止）

党组成员：张华炜（2014.02-2014.09）
贾书见（2014.09 止）
陈晓清（2014.09 止）
许继臣（2013.12 止）
邓宏英（2014.09 止）
石　磊（2014.09 止）

副科级以上干部：
王庆祥（2014.03 止）
刘燕燕（2014.09 止）
于东华（2014.09 止）
贺宝昌（2014.09 止）

临清市卫生和计划生育局

局　　长：李传兴（2014.09 起）

副 局 长：刘艳君（2014.09 起）

范天军（2014.09起）
郭兆岳（2014.09起）
崔淑惠（2014.09起）
赵丽华（2014.09起）
马洪明（2014.09起）
贾书见（2014.09起）

党委书记：李传兴（2014.09起）

党委副书记：
刘艳君（2014.09起）
范天军（2014.09起）

党委委员：张　昶（2014.09起）
马洪明（2014.09起）
秦善峰（2014.09起）
贾书见（2014.09起）
陈晓清（2014.09起）
宋玉岭（2014.09起）
张建训（2014.09起）
邓宏英（2014.09起）
石　磊（2014.09起）

副科级以上干部：
刘燕燕（2014.09起）
邢华丽（2014.09起）
于东华（2014.09起）
贺宝昌（2014.09起）

（贾书建　金　晨）

聊城市第二人民医院

【医院概况】　聊城市第二人民医院坐落于京杭运河与京九铁路相交会的临清市，由华美医院、冀南行署医院、河北省第二人民医院、聊城地区第二人民医院等衍变而来，自1886年建院至今已有130年的历史，现已成为集医疗、科研、教学为一体且门类齐全、设备先进、人员梯队合理的三级综合医院。

医院占地面积百余亩，建筑面积10万多平方米，日开放床位1500余张，年门诊量逾百万人次，年出院病人6万余人次。医院现有员工2200余人，高级职称以上人员200余人，中级职称500余人，有研究生学历180余名、在职研究生200余名，在职博士研究生40名，每年完成聊城市卫生局、科技局科研立项40项，获得省、市级科学技术进步奖30余项，中华系列、核心期刊发表论文500余篇，专著120余部。系泰山医学院附属医院、滨州医学院教学医院。卫生部首批脑卒中筛查与防治基地、妇科宫颈癌防治基地。美国德克萨斯大学儿童腹泻病因研究和风湿病病因研究的合作伙伴。

医院拥有美国GE1.5T磁共振、宝石能谱CT、西门子直线加速器、西门子平板数字胃肠、西门子悬吊式平板探测器血管造影系统（DSA）、美国ECT、准分子激光、全自动大型生化分析仪等百万元以上设备30余台件及万元以上大批精良进口设备500余台件。医院在聊城市率先开展肾移植术、心内直视术、骨髓移植术、二尖瓣球囊扩张术等技术。同时又开展射频消融术、冠脉支架植入术、肿瘤介入化疗及成人股骨头缺血坏死介入治疗、经皮穿刺椎间盘摘除术、颅内外动脉狭窄支架成形术、蛛网膜下腔出血的介入检查及治疗、颞浅动脉—大脑中动脉搭桥术、颈动脉内膜剥脱术。并开展冠脉搭桥、瓣膜置换、肝脏移植等先进技术。继2005年实行办公自动化和病房电子病历，2007年10月推出“一卡通”服务模式之后，2012年12月，医院新的HIS系统顺利上线，为提高工作质量和效率、提高患者满意度、实现科学化管理提供有力的支撑。

为进一步拓宽服务范围，医院与河北省临西县及山东省德州市夏津县建立新农合网络结算，2011年成为河北省邢台市城镇基本医疗保险定点医院，极大地方便异地医保及新农合患者。

医院以病人为中心，以质量为核心，不断完善内部管理、规范诊疗行为、创新服务模式，受到社会各界的广泛好评，连续多年被评为聊城市卫生系统先进单位、十佳卫生单位，省级花园式医院、卫生文明单位、卫生系统先进集体，全省医疗保险管理先进单位，山东省首批AAA诚信医保定点医疗机构，全国爱婴医院等荣誉称号，并获得首批全国卫生先进单位称号。

【社区卫生管理】 2013年华美红星社区医院申请并通过职工医疗保险，城镇居民医疗保险，惠民病房等医保定点医院，负责周边居民的门诊、住院及家庭治疗护理，2013年共收治住院病人527人次，年门诊量7000余人次，家庭出诊121次。完成健康档案（包括电子、纸质）9780份。为辖区65岁以上老年人、糖尿病、高血压患者，0—6岁儿童进行查体、随访、健康教育，组织查体327余人次；入户、电话随访1000余人次；开展健康教育咨询活动12次，并通过脑卒中筛查、三八妇女节、世界爱眼日等主题活动，邀请二院专家坐诊，为辖区居民提供各类健康咨询、健康教育、建档查体等。在接受聊城市卫生局、临清市卫生局季度检查中，以工作开展认真扎实，管理规范到位受到好评。年度拨放公共卫生基金51.89万元。全年家庭病床共收治住院患者66人。

2014年，接收康复救助儿童35名，其中脑瘫儿童救助20人，智障救助儿童15名，严格按照省级标准规范管理，及时完成救助档案书写，定期组织家庭随访及社会融入活动，规范救助资金的使用。在省级检查中得到省及聊城地区等各级残联的认可。红星社区卫生服务站共建档9789人次，随访2000余人次，规范管理社区老年人、高血压、糖尿病患者，新生儿、0—6岁儿童、孕产妇、重症精神病人等重点人群也纳入规范管理，规范管理高血压病患者410人，规范管理糖尿病患者154人；规范管理重性精神病患者9人；按照计划，每周对65岁以上老年人进行健康查体2次，组织查体800余人次；开展户外咨询活动10余次，并通过二院眼科专家义诊、幼儿园查体等活动，为辖区居民提供各类健康讲座、健康教育、建档查体等，受到广大居民的好评。在接受临清市卫生局季度检查中，以工作开展认真扎实，管理规范到位受到好评，检查成绩在城市社区卫生服务站排名前列，并全额拨放公共卫生基金。

2015年，红星社区卫生服务站共建档9724人次，随访3000余人次，规范管理社区老年人、高血压、糖尿病患者，新生儿、0-6岁儿童、孕产妇、重症精神病人等重点人群，管理人数逐渐提高，规范管理高血压病患者590人，规范管理糖尿病患者252人；规范管理重性精神病患者18人；按照计划，每周对65岁以上老年人进行健康查体2次，管理辖区内孕产妇46人，产后及新生儿随访20人次；组织查体千余人次，广泛开展健康大讲堂活动，组织医务人员走入社区、学校等，开展讲座16次，为辖区890余名居民提供各类健康讲座、健康教育、建档查体等，受到广大居民的好评。并继续开展康复儿童救护工作，完善救助档案书写，定期组织家庭随访及社会融入活动，规范救助资金的使用。

【设备引进】 2013年，聊城市二院引进眼震电图仪、冷光源蓝光治疗仪、世界领先的美国锐柯DRX-Evolution无线数字化X射线摄影成像系统、美国GE Innova-IQ型数字血管造影机(DSA)、美国通用公司高端宝石能谱CT、德国罗氏cobas8000全自动生化分析仪等设备。

2014年，引进德国西门子数字胃肠成像系统、骨科C型臂（OEC）、血球流水线、瑞士哈美顿全自动微柱凝胶免疫检测卡分析仪、视锐5超声导引系统、德国Joimax椎间孔镜系统。

2015年，引进美国GE数字化平板乳腺机、全新型十二指肠镜。

【下乡义诊】 2013年，推出“走千村、入万户，义诊百姓家”大型义诊活动、“千名乡村医生医疗服务大联动”及“百年医院　为您守护”健康大讲堂等，为基层合作单位200余名医师进行免费查体，并建立健康档案；组织义诊76次。惠民23053人，惠民资金647752元。完成2012—2013年度脑卒中高危人群筛查项目工作，共初筛1.2万人，筛查出高危人群2100人。

2014年，被聊城市卫计委评为卫生三下乡先进集体。开展“赶大集 送健康”“走千村、入万户”等大型活动118次，共有769名医务人员参与活动，为1万余名群众进行健康咨询和免费查体，发放宣传材料6万余份，发放降压药、感冒药等药品价值900余元。减免费用200余万元；加强对口支援工作监管，强调对口帮扶的重要性，聊城市卫计委组织对2013—2014年度派驻人员进行考核，院33人合格，合格率达80.5%，居聊城市第一位。大力开展“百名专家援基层、千名主治进乡村（社区）活动”，安排40余人次到院对口支援的14家对口帮扶开展大型义诊活动。

2015年，组织开展“赶大集，送健康”义诊活动，以义诊带动重点患者筛查工作，每周到基层合作医院进行义诊活动，2015年全年共组织义诊活动168次，共有1546名医务人员参与活动。为16000余名群众进行健康咨询和免费查体，惠民金额达到260余万元，发放宣传材料4万余份。

【重点传染病防治】 2013年继续按照上级要求，每天向聊城市、临清市卫生局医政科、疾控科，上报手足口病、甲流感等传染病有关数据和统计材料，节假日从不间断。此外，为加强传染病管理工作，公共卫生与预防保健科共同组织对传染病疫情报告的培训，并不断到相关科室进行督导检查，全年年共上报法定管理传染病病例总数为1422例。

2014年，传染病疫情报告与管理更加规范，2014年1月1日零时至12月31日24时，全院通过网络直报的传染病病例总数为1365例。

2015年，传染病上报1266例，上报率为100%。没有发现不明原因肺炎。结核病登记及时，转诊单也都保存完整。发现艾滋病两例，均按照规定及时上报并交予疾控中心处理。并多次配合省和临清市疾控中心完成传染病流行病学调查，留取资料保存。每次标本采集均有登记，麻疹和AFP的日常工作也都进展有序。

【队伍建设】 2013年，医院在原有综合目标管理方案的基础上，完善目标计划与考核体系建设，全面推行综合目标管理，将各项指标量化到科室。建立目标计划体系、三级考核体系；与各科室签署综合目标管理责任书。针对行政后勤、临床、医技等科室的特点，制定适合各专业科室特点的千分制考核方案及实施细则，增加对科主任、护士长、行政部门负责人的考核，科室考核提取部分核心指标每月兑现绩效。全年共签订综合目标管理责任书164份。严格将月、季、年度考核成绩与绩效、奖惩、评优、晋升相挂钩，以保证将目标管理和千分制考核真正落到实处。

2014年，医院以党的群众路线教育实践活动为契机，狠刹四风，着力加强领导班子及干部队伍建设。并与行政月考核相挂钩，与个人绩效相兑现。设立投诉中心，开设投诉信箱，并公开投诉电话，及时受理患者投诉。组织有关部门就工作人员特别是领导干部的在岗状态进行不定期检查，重点检查是否有不遵守工作纪律、上班时间做与工作无关的事的情况，对于违犯医院有关规定的现象进行严肃处理。此外，注重总结，把一些好的办法经验固定下来，制定切实有效的规章制度，如：“三重一大”制度等。并使之不断健全完善，在抓细抓常抓长上下功夫，逐步形成行之有效的长效机制。

2015年，以深入开展党的群众路线教育活动为契机，继续抓好“三会一课”及学习型党组织建设，根据上级部署，召开“三严三实”民主生活会，并结合自身思想和工作实际，查摆问题，限期整改。定期组织召开支委会和支部大会，积极组织党员干部德廉知识考试和全员教育培训，积极推行院务公开，将医院的重大决策及职工关心的问题通过医院网站、相关会议、报纸、院务公开栏等方式及时向职工公开。设立投诉中心，开设投诉信箱，并公开投诉电话，及时受理患者投诉。组织有关部门就工作人员在岗状态进行不定期检查，重点检查工作纪律及工作完成情况，对于违犯医院有关规定的现象进行严肃处理。积极参加文明单位建设工作，并顺利通过复审。对“九不准”规定中的个人收入与药品检查挂钩、开单提成、违规收费、违规接受社会捐赠资助、推销及违规发布医疗广告、为商业目的统方、违规私自采购使用医药产品、收受回扣、收受患者“红包”等重点问题进行认真排查梳理，发现问题，及时整改。并在上级部门的领导下，开展抗生素专项治理、小金库专项检查、乱收费专项检查等活动。在核实事实、加强惩治的同时，认真总结经验教训，在适当范围内进行通报，开展警示教育，堵塞管理漏洞。廉政建设责任制方面，形成党委统一领导，党政齐抓共管，部门各负其责，依靠职工群众支持和参与的工作机制。成立党风廉政建设工作领导小组，党委书记认真履行廉政建设第一责任人的职责，制定《聊城市第二人民医院落实党风廉政责任制实施方案》，与中层以上干部签订党风廉政及行风建设责任书，按照责任书的要求严格进行考核和责任追究。

【其他工作】 2013 年年底高分通过三级乙等医院验收；产科护理单元成为山东省首批产科护理专业护士岗位培训临床教学基地；手术室、重症监护室分别被评为山东省手术室、重症护理专业护士岗位培训临床教学基地；肿瘤科被山东省卫生厅评为“癌痛规范化治疗示范病房”；护理部被评为聊城市重点学科。消化内科成为省级临床重点专科创建单位，心内科、急诊科、小儿内科、ICU、临床护理、泌尿外科、病理科、骨外科、产科 9 个专科被评为市级重点专科，顺利通过了卫生部高血压科教基地评审；获得省级科研项目三项，完成聊城市卫生局立项项目 15 项，聊城市科技局组织鉴定科技成果 19 项，聊城市科技进步奖 20 项，泰山医学院优秀成果奖 11 项，聊城市重点推广科研成果 4 项；获得“泰山医学院科研管理工作先进集体”称号；被山东省卫生厅授予“三好一满意”活动示范岗。

2014 年，完成聊城市科技局组织鉴定科技成果 26 项。获得聊城市科技进步奖 14 项，其中二等奖 4 项，三等奖 10 项；泰山医学院优秀成果奖 8 项，其中一等奖 2 项，二等奖 3 项，三等奖 3 项。共发表论文 66 篇，SCI 论文 4 篇，中华系列核心 9 篇，获得山东省医药卫生科技发展计划五项。聊城市科技局科技发展计划 3 项，获得聊城市卫生局科研立项 43 项，同比增长 193%。与山东大学医学院签订医学高级人才培养协议。开展门诊“三增一禁”活动。开展节假日门诊专业达 40 个。将门诊诊室及相应的医技科室、窗口单位的早晨上班时间改为早 7：30 分，心内科、神经内科、消化内科、妇科、儿科及超声科、放射科、检验科、CT 室、心电图室等门诊医技科室安排午间门诊；错时门诊开诊专业数达 38 个，夜间门诊开诊专业数达 35 个。积极开展助医、扶老、助孤、助残、赈灾等慈善活动。2014 年院慈善分会共筹集捐赠款物合计 30 万余元。与临清、夏津、冠县、临西、清河等十家县级医院达成集团化建设合作意向，逐步形成上下联动、分级医疗、双向转诊的协作机制，在一定程度上达到资源共享、方便患者的目的。

2015 年，移动 ICU 的成立，基本满足急危重症病人医院间转运的救护需求，取得良好效益；继续开展院内多学科综合会诊工作，为疑难危重病人提供最佳诊疗方案，保证医疗安全，提高医疗质量。相继成立行政一站式服务中心、后勤一站式服务中心、医疗服务中心，真正以患者为中心，把行政职能科室服务关口前移，简化服务流程，为临床一线员工解决实际问题，极大方便患者就医。积极开展医院政风行风评议工作，对测评中出现的问题，限时办结。2015 年全院出院患者综合随访率达到 93.5%。积极推进品管圈应用，院品管圈心钥圈获得全国品管圈大赛三等奖，并在山东省护理年会上进行汇报。护理管理上建立护理垂直管理工作方案，落实分层级管理。实施“三点三化”管理模式。实现护理由基础质量向专业品质提升的跨越。加强依法执业，通过建立微信平台、微公益院外健康讲座、组织星级护士评选、出版《护理简讯》和《馨园》刊物，组织多项竞赛表彰活动等，提升护理服务质量。同时，为适应医疗改革的新要求，进一步完善医院集团化建设方案，加快集团化建设步伐，组建覆盖三省的医院集团，成立集团内部消化、ICU专业组，成功举办专业活动2次，参会专家56人。接收集团成员单位参观进修学习90人，签订基层合作转诊协议240家，进行二甲医院评审培训16场次；与山东、河北、河南12家医院签订医疗联合体合作协议书；以乡镇医院为平台加强和基层诊室的合作，培训基层医生460余人，初步建成上下联动、分级医疗、双向转诊的分工协作机制并开展多项合作活动。完善以医院为中心的城乡医疗联盟管理体系，达到资源共享、优势互补，相互促进；神经内科、神经外科、肾脏内科、心脏大血管外科、胸外科、耳鼻咽喉科、风湿免疫科、妇科、呼吸内科、口腔科、麻醉科、内分泌科、皮肤科、普外科、血液科、眼科、医学影像科17个专业被评为聊城市市级临床重点专科。烧伤科被评为省级临床重点专科，消化内科被评为省级临床重点专科建设单位。生殖医学科顺利通过省卫计委专家组关于夫精人工授精的审核工作。高压氧科邵静宜当选为聊城市高压氧学会委员会主任委员。2015年，开展新技术项目61项，在SCI发表论文12篇，中华系列12篇，核心期刊36篇，承担国家卫计委课题4项，省级科研项目9项，市级科研项目37项。荣获泰山医学院优秀科研成果奖12项。新成立的胸痛中心成为“中国胸痛临床研究合作医院”。与浙二医院签署远程合作会诊协议，并开通远程培训、教学等项目，为院技术提高奠定基础。此外，还筹建并成立华美博物馆，辗转国内外不断收集材料和丰富馆藏资料，用大量珍贵的实物及历史图片，通过外文的翻译、中文的编辑，生动形象地展现百年医院的演变历程，再现二院人博爱、奉献的精神，提升医院优秀历史的文化底蕴和内涵。

【领导人更迭】

党委书记：张　欣

党委副书记：

王广华

齐观仲（2015.11止）

院　　长：王广华

副 院 长：侯庆民

刘跃森

吕翔隆

常　勇

院长助理：崔　刚

（常　勇　张　杰）

爱国卫生运动

【机构设置】　1990年7月31日，根据临编字〔1990〕12号文件，明确临清市爱国卫生运动委员会办公室为副科级单位，归口市卫生局。2002年7月20日，根据临编字〔2002〕16号文件，临清市爱国卫生运动委员会办公室升格为正科级事业单位。2003年12月份，中共临清市委市直机关工委下发文件，同意成立临清市爱国卫生运动委员会办公室党支部（临直发〔2003〕59号）。

【工作概况】　临清市爱卫办紧紧围绕提高城乡环境卫生质量、改善人居环境的目标，积极贯彻国家爱国卫生工作方针、政策和法规；开展健康教育和卫生防病知识宣传；带动环境卫生综合整治；组织协调省级卫生城市复审迎检，开展机关事业单位卫生检查、爱国卫生月、农村改水改厕及病媒生物防制等工作。

组织协调省级卫生城市复审迎检工作。2014年，山东省爱卫会对临清市省级卫生城市进行暗访复审。临清市爱卫办负责组织协调全市省级卫生城市复审迎检工作。2014年5月至10月，临清市爱卫办起草制定迎审方案、职责分工，筹备动员会、推进会、调度会等会议10余次，制作并发放宣传材料3万余份，邀请省专家授课1次，对复审迎检工作开展情况每日进行督导检查。在临清市爱卫办的组织协调下，2014年10月底，临清市顺利通过省级卫生城市复审验收，被山东省爱卫会重新命名为“山东省卫生城市”。

组织开展机关事业单位卫生检查。2013年至2015年，临清市爱卫办组织对城区各机关、企事业单位卫生每季度检查一次，共开展检查12次，对存在问题的单位，将问题现场反馈，并督促其整改。

组织开展爱国卫生月活动。2013年至2015年，每年的4月份为全国爱国卫生月，临清市爱卫办以此为契机，结合城乡环卫一体化活动，发动全市各部门、单位及广大市民，对背街小巷、坑塘四周、沟渠两岸、居住小区、空闲宅基地、花池绿地、下水道口、车站及市场周边，进行集中治理，清运垃圾、清除卫生死角和乱贴乱画。每个爱国卫生月期间，组织开展爱国卫生义务奉献活动，全市各机关、学校、企（事）业单位上街打扫各自卫生区卫生。

组织开展农村改水改厕工作。据2015年年底最新统计数据，全市农村累计建成自来水厂（站）184个，受益人口59.85万，收益率100%。早在2003年，全市农村自来水普及率已达100%，在聊城市名列前茅。2015年年底，全市农村累计使用卫生厕所户数13.84万户，卫生厕所普及率达83.54%；无害化卫生厕所户数4.18万户，无害化卫生厕所普及率达25.55%。2013年，临清市爱卫办通过积极努力，向上级争取到重大公共卫生服务农村改厕项目，在全市农村改（建）造粪尿分集式无害化卫生厕所700座。2007—2013年年底，全市重大公共卫生服务农村改厕项目累计改（建）造粪尿分集式无害化卫生厕所5100座，累计向改厕农户发放中央专项补贴款147.35万元。

组织开展病媒生物防制工作。2013年至2015年，每年临清市爱卫办组织开展春、冬两季集中灭鼠活动和夏秋季节蚊蝇消杀。在这项工作中，始终坚持专业队伍与群众运动相结合，药物消杀与人工防控相结合，环境治理与化学防治相结合，齐抓共管，精心组织，狠抓落实。在2014年省级卫生城市复审迎检工作中，临清市爱卫办向城区有关部门累计免费发放灭鼠毒饵站8000余个，灭鼠毒饵2万余斤，该项工作受到省和聊城市专家的一致表扬。

【领导人更迭】

主　任：张同辉

副主任：王锐强

（王锐强）

体　育

【概况】 2002年，临清市体育运动委员会改名为临清市体育运动管理中心，2005年，改名为临清市体育局，列政府序列，正科级单位，下设办公室，政工科，竞训科、群体科、竞技体校、计划生育、安全科、财务科、后勤科科室。现有工作人员24人，其中具有中级专业技术职务任职资格8人，初级专业技术职务任职资格6人。

【体育场地建设】 体育场地设施建设是发展体育事业的基础保障。市体育局坚持把体育场地设施建设作为构建多元化体育服务体系的首要任务来抓，不断加大投入，努力满足人民群众的健身需求。2015年年底，市体育局已为全市500个行政村配备全民健身体育设施器材，健身器材覆盖率为83%。 2013年，新建105个农村体育健身工程， 完成6个镇6个社区100多万元的农民健身路径工程建设。2014年7月，在体育场内改建1300平方米塑胶篮球场地面，新建206个农村体育健身广场。12月份，向国家体育总局为临清市体校争取价值15万元的综合健身器材一套并安装投入使用。建立健身器材巡查小组，组建健身器材维修小分队，对全市健身路径器材进行检查和维修。2015年申请到临清市体育馆项目资金50万元，向上级争取农村健身器材110套，新型农村社区健身广场器材13套，社区健身广场器材5套，年底完成安装并投入使用。为先锋路街道塔东社区建成多功能体育场。积极打造十五分钟健身圈工程。2013—2015年，通过庆祝国际六一儿童节体彩爱心助学捐赠活动，为六所贫困小学捐赠健身器材和学习用品。

【群众体育】 全民健身是体育事业发展的重要环节。每年的全民健身运动会、全民健身月体育比赛活动、全民健身日健身项目展演、秋季中小学生田径运动会，元旦长跑等比赛已形成经常化、社会化、制度化和多样化，每年举办各类项目的比赛30余次，极大的推动全民健身计划的实施。2014年10月25日举办“2014年中国临清MMA中外散打搏击对抗赛”。2015年10月举办2015年临清市六国笼斗比赛。2013年3月24日市马拉松代表队参加泰安国际马拉松比赛，获得20公里第二名。4月18日，市武术代表队参加中国泰山国际传统武术节比赛，获得8金5银3铜。4月29日，陈超群参加山东电视台体育频道武行天下栏目走进巨野70公斤级海选赛，获冠军。4月30日，陈超武参加山东电视台体育频道武行天下栏目走进巨野65公斤级海选赛，获冠军。6月14日，散打运动员马岩参加上海飞逸泰格王者争霸赛获无差别组冠军。9月21日，市象棋代表队、篮球代表队代表聊城市参加山东省第三届全民健身运动会并获得优异成绩。参加千乡乒乓球、百县篮球、万人象棋比赛，并取得优异成绩。2014年6月15日纪念毛泽东同志题词，举行“发展体育运动 增强人民体质”同心共筑中国梦体育健身项目:潭腿、肘捶、散打、乒乓球、羽毛球、台球、健身操、健身气功、太极拳、大成拳、柔力球、广播体操、军鼓队列、体育舞蹈、长跑、钓鱼比赛等18项系列活动。2015年，参加聊城市第五届全民健身运动会武术项目比赛，获团体总分第一名、金牌数第一名。参加山东省第一届武术大会，临清市武术协会获12个一等奖。临清市马拉松协会郑化英同志参加衡水国际马拉松女子半程比赛获第二名，泰安国际女子半程马拉松比赛第三名。

截至2015年年底，临清市共有33个单项体育运动协会，2013—2015年共培训注册三级社会体育指导员500人。全市参加体育锻炼人口达到49%，支持体育，参与健身的人群，种类和数量都有大幅度的提升。极大地推动群众体育向基层的发展，促进全市群众体育工作上档次上水平。

【竞技体育】 截至2015年年底有省级以上高水平后备人才基地1所、省级体育传统项目学校8所，市级业余体校1所、市级体育传统项目学校8所，国家级青少年体育俱乐部两所。在巩固田径，篮球，武术，乒乓球，举重等优势项目的基础上，下大力气重点抓跆拳道，摔跤，散打等其他基础项目。另一方面，充分利用学校这一基地，着眼于青少年训练网络的建立，加强对全市中小学校体育工作和业余训练工作的领导和指导，重点扶持市级传统项目学校，在财力、人力、物力上给予支持，对承担训练项目的学校，坚持定人跟队，帮助解决一些训练中的实际困难和问题一方面，制定切实有效的竞技体育发展目标，即加强传统项目，突出重点项目，扩大训练面，注意培养尖子，形成特色，创出品牌，多出人才。2013年市武术代表队参加中国泰山国际传统武术节比赛，获得8金5银3铜。9月21日至10月15日派出200人代表团参加聊城市第二届运动会十个大项的比赛，荣获金牌总数第二名和团体总分第二名，并被聊城市授予体育道德风尚奖。2014年市运动员代表聊城参加山东省少数民族运动会，获得一等奖一名，二等奖一名。临清籍体操运动员李嘉宁参加2014年山东省体操锦标赛，获团体、平衡木、自由体操小全能、项目第一名，个人全能第三名，同年8月份，参加山东省第二十三届运动会，获团体第一名，自由体操小全能、个人全能项目第二名。临清籍武术运动员马国威参加全国青少年武术锦标赛，获剑术第四名，参加山东省青少年武术锦标赛，获剑术第一名。2013年10月，参加聊城市第二届运动会，获田径比赛团体冠军，第二高级中学获高中组女子篮球第一名，老赵庄中学获初中组女子排球第二名，京华中学获初中组男子足球第二名。2014年10月，参加聊城市第六届中小学生运动会，获田径比赛团体冠军，第二高级中学获高中组踢毽子比赛第一名。2014年3月，参加首届聊城市小学生篮球比赛，武训实验小学获小学男子组一等奖第一名、小学女子组一等奖第二名。2015年7月，参加聊城市中学生田径运动会，获初中组男、女团体总分第一名，高中组男、女团体第一名。2015年5月，首届聊城市小学生足球联赛上，路庄艾寨丕介小学获得小学组女子冠军和男子第三名。

【领导人更迭】

局　　长：周长群
副 局 长：王炳华
　　　　　柏　林
工会主席：尚　磊

（尚　磊　李　冰）

文化　旅游

文化事业

【机构设置】　临清市文化广电新闻出版局现有干部职工10人，领导班子成员5人。2010年4月，临清市文化广电新闻出版局正式成立，为正科级行政单位。现有编制9名，其中行政编制8名，工勤编制1名。内设5个职能科室，分别为：办公室、人事财务科、文化艺术科（挂非物质文化遗产保护牌子）、广播影视科、文化市场管理科。市文广新局共有6个下属单位，分别为：文化市场综合执法大队、文物保护处、文化馆、博物馆、图书馆、京剧团。其中文化市场综合执法大队、文物保护处为副科级全额事业单位。截至2015年12月，各单位有在职人数分别为：文化市场综合执法大队4人；文物保护处2人；文化馆12人；博物馆7人；图书馆9人；京剧团24人。为深入推进全市文物保护工作，根据临清市机构编制委员会《关于成立临清市文物保护处的通知》（临编〔2013〕5号），成立临清市文物保护处，为市文广新局所属副科级全额事业单位，定编6名。

【组织建设】　党的十八大以来，市文广新局严格落实关于全面从严治党的指示精神，通过党的群众路线教育实践活动，对如何从严治党有更加深刻的认识，形成有效的工作思路，完善各项工作制度。市文广新局紧密联系单位实际，针对党组织建设中存在的问题和薄弱环节，坚持“围绕中心，服务大局；鼓励创新，体现特色；结合实际，讲求实效；分类指导，整体推进”的基本原则，强化党组织功能，发挥党员的先锋模范作用，在坚持改革创新上下功夫，在突破重点难点上下功夫，在做好基础工作上下功夫，在提高工作水平上下功夫，通过加强基层组织建设，为工作的顺利高效开展提供坚强的组织保障。

优化基层党组织设置。市文广新局党总支有6个党支部，共48名党员，分别为机关党支部、离退休干部党支部、文化馆党支部、博物馆党支部、图书馆党支部、京剧团党支部。为更好地发挥基层组织的为民服务优势，加强党支部的战斗堡垒作用，局党组按照“有利于加强党员教育管理、有利于发挥党的领导作用、有利于巩固党的执政地位”的原则，采取党员和群众公开推荐与上级党组织推荐相结合的办法，选好配强各支部主要负责人，把德才兼备的优秀人才选拔进基层领导班子，切实增强党支部的创造力、凝聚力和战斗力。以开展好“基层组织建设年”等主题活动为载体，抓好基层党建，提高组织建设工作水平。市文广新局的组织建设工作经验作为典型材料在全市组织工作会议上交流。

抓好发展党员工作。按照上级要求，每年度制定本部门发展党员工作指导意见。坚持发展党员工作公示制、票决制、责任追究制。截至2015年年底共发展8名党员。推进基层组织活动场所建设。截至2015年年底，按照局党组要求，局机关和各单位均设置党支部活动场所，并加强管理和使用，充分发挥活动场所的作用。

严格党的组织生活制度。坚持“三会一课”制度，局领导班子成员定期给各分管单位的支部上党课，丰富组织活动的形式和内容，充分发挥党员先锋模范作用，增强党支部的活力。构建党员联系服务群众工作体系。在全系统党支部中全面开展党员到社区报到、结对帮扶和党员志愿者等活动。全体党员定制“为民服务先锋”标示牌，在窗口部门开展党员干部面向监管服务对象换位体验活动，把党员联系和服务群众的情况作为民主评议党员、党性分析评议和考核评优的重要内容。建立完善党建工作考核评价机制。

推行党建工作述职制度。把各支部党的建设工作作为考核党组织及其负责人工作实绩的一个重要内容，注重考核党建工作实绩和基层党员、群众对党建工作的公认度和满意度。

【思想作风建设】 市文广新局把思想作风建设作为一项系统工程和长期任务常抓不懈。特别是在党的十八大以来，通过党的群众路线教育实践活动和三严三实专题教育的洗礼，全局干部职工的思想认识进一步提高，为民意识进一步增强，作风和执行力进一步好转，有力促进全市文广新事业的发展和服务群众水平的提升。开展“爱岗、敬业、服务、奉献”作风纪律提升活动。为进一步增强全系统干部职工的服务意识、责任意识和发展意识，结合实际，在全系统集中开展“爱岗、敬业、服务、奉献”作风纪律提升活动。班子成员带头和全系统干部职工一起，认真落实活动安排，集中精力，有针对性地查摆问题、整改提高，通过活动，系统干部职工的工作主动性明显增强，工作作风得到更好地提升。

在思想作风建设上不断自我加压。根据中央八项规定的要求，制定《文广新局加强作风建设规章制度》，从加强会议议事制度、调查研究制度、严肃工作纪律、厉行勤俭节约等15个方面，进一步明确要求，把改进作风延伸到每个科室和单位，覆盖全员，确保作风改进、效能提高、服务提升；扎实开展“转作风、提效能、促跨越”集中整顿、“四德”工程建设等主题教育活动。

开展党的群众路线教育实践活动。2014年3月以来，按照市委的统一部署，局所属6个党支部全员参加党的群众路线教育实践活动。自活动开展以来，市文广新局始终把教育实践活动作为重大政治任务，紧紧围绕“为民、务实、清廉”主题，聚焦作风建设，以求真务实的态度抓好每个工作环节。局党组制定实施方案，召开动员会，开展“四学一检验”活动，通过学习原著、观看教育影片、党课辅导培训、知识测试活动、赴聊城参观孔繁森同志纪念馆等多种形式，不断升华对开展教育实践活动的认识。同时，班子成员带头深入开展调查研究，采取征求意见询谈、主动上门请谈、深入联系座谈等多种方式，广泛征求干部群众意见，做到开门纳谏“照镜子”，揭短亮丑“正衣冠”。在认真学习、深入调研的基础上，党员干部重点围绕“为民务实清廉”要求，认真梳理出在“四风”方面存在的一些突出问题。班子成员带头做到立知立行、即知即改，制定工作台账，对能解决的问题马上解决；一时解决不了的，制定解决时间表。通过敞开大门征求意见和坚持边学边查边改，有力地推进党员干部作风上的转变，推动各项工作的开展。在民主生活会上，班子成员聚焦“四风”，动真碰硬，解剖自己不怕严、触及灵魂不怕痛，达到红脸出汗、加油鼓劲的目的。党员干部普遍经历一次严格的党内政治生活锻炼，思想得到洗礼，灵魂受到触动。通过党的群众路线教育实践活动，全系统在队伍建设、业务水平及推动发展方面都产生积极的变化。整个活动期间，局机关组织集中学习讨论16次。利用召开会议、深入基层调研、发放调查问卷等形式，共收集到意见和建议215条，

领导班子和班子成员查摆出问题63条，制定整改措施59条。活动中，市文广新局的一些经验做法得到市领导和市委督导组的充分肯定。

开展“三严三实”专题教育工作。2015年，按照市委的统一部署，市文广新局把“三严三实”专题教育作为一项重要的政治任务，从“严”上要求，向“实”处着力，全面加强作风建设，推进作风建设常态化、长效化。在专题教育期间，局党组分别开展专题集中学习讨论3次、理论中心组学习8次。利用召开会议、深入基层调研、发放调查问卷等形式，共收集到意见和建议10条，领导班子和班子成员查摆出问题13条，制定整改措施11条，并召开高质量的民主生活会和组织生活会。通过专题教育，全系统党员的精神面貌焕然一新。

深入开展党风廉政建设和反腐败斗争。市文广新局紧跟上级党委政府关于开展党风廉政建设和反腐败斗争的步伐，切实加强组织领导，认真学习，强化局党组主体责任意识，采取一系列措施，严格干部管理，规范权力运行，整个系统风清气正。局党组研究制定《党风廉政建设工作实施方案》，明确党组书记、班子成员和各单位主要负责人在党风廉政建设工作中的职责范围；每年初分别与各直属单位主要负责同志签订《党风廉政建设目标责任书》，明确各单位党风廉政建设、行风建设的责任内容和目标，落实领导班子“第一责任人”的责任和领导班子成员分工负责制度。在干部管理中，坚持公开、民主，严格遵守有关纪律规定。在中层干部选配和人员调整中充分听取各方面意见，实行党组成员集体决策，提高选配干部的科学性。在职能和人员调整前，坚持公开、透明，既尊重个人意愿又坚持组织原则，没有因为职能、人员划转造成思想波动现象。对于“三重一大”重大事项的决策，按照民主集中制的要求，由党组会、局长办公会集体研究决定。带头落实中央八项规定精神，严格落实党风廉政建设“一岗双责”，带头反对“四风”等各种不良风气，切实发挥表率作用。积极推进惩防体系建设和风险防控工作，认真梳理行政权力清单和行政审批事项清单等党风廉政风险点。对可能发生较高等级风险的行政执法工作，制定工作流程，加强监督检查，推行信息公开，自觉接受群众监督。

【公共文化服务】 临清市大力推进文化设施建设，提升公共文化服务能力，建立和完善市、镇、村三级公共文化服务网络，成功创建山东省社会文化先进县。文化馆、博物馆、图书馆免费开放，创建国家一级文化馆、二级图书馆。以城带乡，12个镇综合文化站、436个行政村的文化大院和农家书屋建设全部完成，实现镇镇有“站”、村村有“院”，7个镇综合文化站被评为“山东省上等级文化站”，全市公共文化服务水平和群众满意度大幅提高，临清市被授予“社会文化先进县”称号。

2013年4月21日，市图书馆建立专供盲人使用的盲人阅览室，阅览室新购盲文图书70余册，包括名著赏析、健康养生、历史研究、法律知识、戏曲等种类，配有电子助视器、盲人听书机、阅读放大镜等一批帮助视障者有效阅读的设备。4月15日，市文化馆启动2013年度免费培训，培训内容有舞蹈、剪纸、音乐、山东快书，共培训学员400余人。在“山东快书”免费培训班上，市文广新局邀请著名山东快书表演艺术家阴军先生来临清授课，受到学员的热烈欢迎东快书。4月28日，山东省全国第五次图书馆评估定级专家组一行，到临清对图书馆进行评估定级验收，评估组首先对图书馆的馆舍建设、硬件设施、规章制度等进行现场查看，市图书馆被评为国家二级图书馆。6月1日，市图书馆举办庆“六一”亲子阅读活动，对少年儿童认真读书、好好学习提出要求，寄予希望，并给小朋友们送上节日祝福。6月15日至19日，市文广新局将争取到的上级奖励图书3万余册、电子音像制品1765件、移动影库23台，充实到全市23家农家书屋。9月20日至30日，政协临清市委员会“翰墨颂和谐”书画展在市图书馆举办，100多幅字画笔酣墨饱、造诣不俗，为广大市民献上一份中秋国庆双节文化大餐。11月5日举，在图书馆办《中国梦》书画展，展览作品300余幅。11月14日，省政协副主席王新陆带领省政协公共文化服务体系建设视察组一行到临清进行视察，对全市公共文化服务体系建设创新服务方式，提高服务质量，完善和提升开放环境，提高群众满意度，保证群众真正享受公共文化建设成果等一系列好的做法给予高度评价。11月18日，市人大常委会副主任张学庚一行深入基层调研全市农村文化建设工作，详细了解农村文化设施的建设、使用及管理情况，听取市文广新局和当地负责人的汇报。12月，山东省首届“齐鲁书香之家”名单揭晓。全省共评出100家“齐鲁书香之家”，先锋路街道孟店村村民韩友庆榜上有名。至2013年年底，新建农村文化大院162个，村级文化大院覆盖率达到100%，极大地满足农民群众的精神文化生活需求。

2014年1月5日至2月15日，“运河名城魅力临清”摄影艺术展在市图书馆举办。展出摄影作品120余幅，真实地反映出临清的自然风光、人文景观、城乡建设新貌和丰富多彩的生活片段，具有很强的临清本土特色。1月16日，文化站长工作会议在市文广新局会议室召开，会议强调2014年要积极做好文化站、文化大院、农家书屋的优化提升工作，要继续打造农民艺术节特色品牌。1月27日，市图书馆在市武警中队设立分馆，市图书馆工作人员精心挑选的有关政治思想、军事科学、文化经济、艺术鉴赏、信息技术等方面的图书及最新期刊，并将每月为武警中队图书室更新图书。3月17、18日，省文化厅副厅长李国琳到临清调研检查公共文化服务体系建设工作，先后到市文化馆、大剧院、图书馆、戴湾镇综合文化站和魏湾镇张官营村文化大院等地进行实地考察。李国琳要求，各级文化主管部门要加强实地调研，进一步认识群众文化活动的多样性，使基层文化活动更加丰富多彩；最大限度地满足人民群众日益增长的精神文化需求；进一步完善公共文化服务体系运行机制，使全市公共文化服务体系建设再上新台阶。3月24日本年度首期免费培训班开办，16个镇（街道）的近百名基层文艺骨干参加此次培训，在一周的时间内系统地学习舞蹈理论和广场舞；培训期间，市文化馆还先后举办广场舞、青少年基本乐理视唱练耳、书法和舞蹈免费培训班，共培训学员400余人。4月22日启动全民阅读系列活动，活动期间先后开展全国公共图书馆服务宣传、世界读书日宣传、借阅证便捷办理、“好书共享”优秀图书优惠展销、“你点书我买单”便民读书服务、全民读书征文、阅读进机关、阅读进校园、阅读进社区、书香伴我行等10余项活动。5月，省文化厅公布全省乡镇（街道）综合文化站评估定级上等级文化站名单，市5个镇综合文化站被评为“上等级文化站”。戴湾镇综合文化站被评为一级站，烟店镇综合文化站、松林镇综合文化站被评为二级站，唐园镇综合文化站、潘庄镇综合文化站被评为三级站。5月13日，市图书馆消防大队分馆揭牌仪式在市消防大队举行，市图书馆工作人员精心挑选有关政治思想、军事科学、文化经济、艺术鉴赏、信息技术等方面的图书及最新期刊供官兵们借阅，图书馆每月为分馆更新150本图书。此外，市图书馆直播由山东省图书馆主办的“尼山书院国学讲堂”讲座，每月直播2场，共直播8场；开展少儿电影免费放映月活动举办；举办“文化惠民工程”音响设备发放活动，将价值88万元的文化设备发放给各镇村170个行政村代表先后领取音响设备。在首届全国“书香之家”评选中市先锋路街道孟店居韩友庆家庭榜上有名。8月，山东省人民政府公布第九批社会文化先进县，授予临清市等12个县市“社会文化先进县”称号。

在2015年市文化馆举办免费培训班中中先后举办剪纸艺术、楹联写作、山东快书、广场舞和京剧5期免费培训班，培训学员500余人。

4月20日，市图书馆开通移动图书馆服务系统，读者可以使用台式电脑、手机及其他移动设备进行访问，检索及阅览数字图书馆平台上的图书、期刊、报纸等电子文献。市图书馆根据馆内实际，整合利用现有设施，对部分空间进行改造，因地制宜开展活动。按照省里制定“尼山书院”建设与服务标准及书院服务流程和考核机制，于2015年年底基本完成“尼山书院”建设。市图书馆还在在市聋哑学校设立图书馆分馆，针对该学校的特殊阅读群体，市图书馆特别订购适合该校师生阅读的杂志期刊、小说、历史、文学等书籍200余册。根据上级要求，12月9日，市图书馆理事会成立会议在图书馆多媒体室举行。会议审议通过《临清市图书馆理事会章程》，选举产生理事会成员、执行理事及理事长等机构组成人员，为各位理事颁发聘书。图书馆理事会制度的建立，是大力推进政府职能改变、深化事业单位改革的重要举措，标志着文广新局事业单位法人治理结构改革工作已经展开并开始进入规范化轨道。2015年，市文广新局共争取财政扶持资金70余万元及价值60余万元的硬件设施，对各镇、街道的文化基础设施进行优化升级，完成金郝庄镇陈官屯村等80家文化大院的升级改造，文化小广场覆盖率已达到80%。当年，市魏湾镇后营村农家书屋入选山东省“示范农家书屋”，戴湾镇景庄村山东省入选“书香之村”。2015年，市文广新局还争取25万元资金，扶持孟店居建设文化剧院，剧院占地1300平方米、总建筑面积800平方米，可同时容纳600余人召开会议、观看演出等活动。2015年，市文广新局还为全市71个“双联共建”帮包村发放价值6万余元的便携式音响设备。在市博物馆举办“张绍和个人收藏（税票专项）精品展”，拉近历史文物与广大市民的距离，充分发挥博物馆陈列展览的功能。

【文化活动】 社会文化活动是宣传党的路线方针政策、倡导先进文化的重要载体。三年来，市文广新局坚持不懈地开展好社会文化活动，打造具有一定影响力的文化活动品牌，社会文化活动的感染力、吸引力明显增强，群众的参与意识大幅提高。2013年以来，每年举办新年音乐会、春节文艺晚会、元宵节社火展演、农村文艺调演、消夏艺术节、少儿艺术节、广场舞大赛、青年歌手大奖赛、摄影艺术展等主题文化活动。举办中国京剧票友艺术节等大型文化活动40余场，每年送戏下乡100余场、农村公益电影下乡5700场，每月在大剧院演出一场京剧大戏，做到“天天有演出、周周有活动、月月有主题、常年不断档”。同时结合党的群众路线教育实践活动等主题创新文化服务方式，让文化惠民项目与群众文化需求有效对接。

2013年2月5日晚，由中共临清市委宣传部、市文广新局、市文联、市广电中心主办的“盛世中国魅力临清”临清市2013春节文艺晚会在临清大剧院举行。晚会歌颂祖国及全市近年来发生的翻天覆地的喜人变化，表达在党的十八大精神指引下共建美好家园的信心与决心。2月24日，在运河文化广场举办社火展演活动，上万群众观看表演。充满朝气、五彩缤纷的彩车整齐划一，喜庆的秧歌表演，整齐划一的舞蹈方队，精神抖擞的舞龙舞狮队以及非物质文化遗产架鼓等传统节目，烘托出浓浓的节日气氛。7月16日晚，由市文广新局、市文联主办，临清沪农商村镇银行协办的2013临清市“沪农商银行杯”消夏文化艺术节在临清大剧院广场开幕。本届消夏文化艺术节坚持以“政府主导、社会参与、市场运作、群众受益”为指导，历时2个月，精心筹备和组织50多场文艺演出，节目内容丰富，群众喜闻乐见，成为展示临清新成就、提高临清知名度、打造临清城市品牌的重要载体。12月31日晚，2014临清市新年音乐会暨首届“运河名城文化名家”颁奖晚会在市文化馆多功能厅隆重举行。音乐会在气势恢宏的大合唱《我的祖国》中拉开序幕，音乐会期间，市领导为全市荣获首届“运河名城文化名家”的30名文化名家颁发奖牌和荣誉证书。

2014年1月5日，由市文广新局、市摄影家协会、市艺术摄影协会主办的“运河名城魅力临清，荣盛·馨河郦舍杯”摄影艺术展在市图书馆开展，本次摄影展共展出作品120余幅，所有作品都以临清为蓝本，真实地反映出临清的自然风光、人文景观、城乡建设新貌和丰富多彩的生活片段，具有很强的临清本土特色。2月14日，农历正月十五，运河文化广场五彩缤纷，喜气洋洋，16个镇（街道）的30支社火展演队伍组成浩浩荡荡的社火展演大军，展示着欢乐和谐的新气象。5月20日，由市文广新局主办、市文化馆承办的2014农民艺术节圆满落下帷幕。本届艺术节的特点是走群众路线，发动群众，鼓励农民自编自演、自娱自乐，得到各镇（街道）的积极响应和大力支持。广大农民朋友以极大的热情投入到活动中，活动历时1个月，参演群众达3000余人，观众达10万余人。2014年7月1日晚，为庆祝中国共产党成立93周年，市京剧团精心排练的现代京剧《党的女儿》在临清大剧院上演。7月15日晚，由市文广新局、市文联主办，市文化馆、京剧团承办的2014临清市“密斯丁杯”消夏文化艺术节在剧院广场拉开序幕，本次艺术节历时2个月，精心筹备和组织50多场文艺演出，节目内容丰富，群众喜闻乐见，成为展示临清新成就、提高临清知名度、打造临清城市品牌的重要载体。12月30日晚，“2015临清市新年音乐会暨第二届‘运河名城文化名家’颁奖晚会”在市文化馆多功能厅举行，音乐会期间，市领导为全市荣获第二届“运河名城文化名家”的20名文化名家颁发奖牌和荣誉证书。多彩多姿的文化活动赢得社会赞誉，2015年，山东电视台就如何弘扬传统文化来临清进行调研采访。

2015年1月2—3日，2015新春京剧演唱会在临清大剧院上演。演唱会特邀著名京剧表演艺术家、京剧大师裘盛戎之女裘芸，山东京剧院著名花脸演员张顺，全国十大名票李全中及聊城京剧院、国家一级演员赵晓霞前来演出，与市京剧团共同为戏迷朋友们献上一场别开生面的演出。4月4日，市大众公园内山东快书传人和曲艺名家们欢聚一起，山东快书一代宗师、高派山东快书创始人高元钧先生诞辰99周年纪念活动举行，本次纪念活动由临清市文广新局、夏津县文联、中华山东快书研究会、德州市曲艺家协会共同发起，来自新疆、聊城、济南、德州、临清等地共30余名山东快书传人和曲艺演员参与。4月14日上午，由市文广新局、市地税局主办的“地税杯”摄影艺术展览在市图书馆开展，本次参展作品共有130余幅，从不同视角记录临清乃至祖国各地的美丽山水、建设成就、民俗风情和人与自然的和谐之美。值“世界读书日”到来之际，临清市于4月22日启动“文化名城·书香临清”全民读书活动，向全市人民发出《全民读书活动倡议书》，市教育局、新华书店负责同志和学生代表作发言。6月8日，“顾家商业中心杯”临清市第二届戏曲大奖赛启动，在120名票友中最终评选出“运河名城十大名票”、金奖10名、银奖15名和童星奖2名。为庆祝“七一”党的生日，市总工会和市文广新局联合主办“恒丰杯”广场舞大赛，大赛于7月1日晚落下帷幕，活动自5月正式启动以来，共有41支广场舞队伍参加比赛。7月31日晚，由市文广新局主办的2015临清市消夏文化艺术节在剧院广场拉开帷幕，2015年是抗日战争胜利70周年，本届消夏文化艺术节以“庆祝世界反法西斯战争暨中国抗日战争胜利七十周年”为主题，演出节目突出核心价值观、中国梦、纪念抗日战争和世界反法西战争斯胜利70周年等主题，同时全方位展示临清丰富的优秀历史文化底蕴和经济社会发展成果。10月29日，2015临清市农民艺术节暨社区文艺调演在先锋路街道孟店文化剧院举行，此次艺术节由市文广新局、先锋路街道主办，市文化馆承办。经过一个月的组织、辅导及筛选，最终精选京剧、变脸、木板大鼓及舞蹈、歌曲、器乐独奏等，展示各镇（街道）社区文化建设的新成果和广大农民群众的良好精神风貌。

【文化惠民】 2013年2月至8月期间，市文广新局先后对市17台放映设备进行四次系统升级，全年放映电影5614场次(包括敬老院384场次)，观众达120万人次。12月，临清电影管理服务站被评为省级先进放映单位。同时加强对老人的关怀,开展送戏到敬老院活动。全年送戏下乡、送戏进敬老院演出共60场。

2014年组织开展“5元看大戏”活动。为让文化发展成果惠及更多群众，自2014年起，市文广新局推出五块钱看大戏项目，每月在临清大剧院演出一场戏，门票低至5元一张。老百姓喜欢看什么，就排什么样的戏，让所有的群众能进入剧院欣赏大戏，享受文化大餐，让老百姓以最少的钱看最好的戏，享受最好的文化服务。开展“百场送戏下乡巡演”，把文艺演出送到百姓家门口，在各镇（街道）共演出120场。加强公益电影标准化放映，2014年2月至9月，开展“争创省级文化先进县”主题放映活动，全年放映电影5626场次（包括敬老院384场次），观众达130万人次，临清电影管理服务站被评为省级农村电影工作先进放映单位。

2015年1月23日，市农村公益电影放映队参加山东新农村数字电影院线有限公司在济南举办的全省农村电影放映员技能竞赛，与在全省825支农村电影放映队伍中选出的28支优秀放映队进行竞技，并取得第十名的良好成绩。农村公益电影标准化放映员培训工作会议在市文广新局会议室召开。9月8日，山东广播电视台农科频道“热线村村通”栏目播放题为《标准化放映火了临清农村公益电影》的专题报道，扩大临清农村公益电影放映在全省的影响。12月底，临清电影管理服务站被评为“全省先进放映单位”。全年放映电影5255场次，观众达100万人次。坚持“开展百场送戏下乡巡演”，全年在各镇（街道）共演出120场，在百姓家门口为广大群众提供公益文艺演出。

【文物保护】 2013年以来，市文物保护以打牢基础工作为抓手，以修缮保护为重点，以申请各级文物保护单位为动力，扎实推进文物保护各项工作的开展。以大运河申遗为契机，先后实施钞关、临清闸、会通闸等遗产点的保护修缮和展示工程，疏通运河河道，整治岸线环境。高质量地完成第一次可移动文物普查信息采集登录工作，全市共计登录文物1593件（套）。市财政出资1.934亿元，对古运河进行一系列的清污、整修工作。2014年6月22日联合国教科文组织第38届世界遗产大会宣布，中国大运河项目和多国联合申报的丝绸之路项目成功入选世界文化遗产名录，临清市会通河临清段、临清运河钞关两个点段成为世界遗产。

2013年1月山东省文物考古研究所进行南水北调戴湾闸考古发掘项目，戴湾闸为全国重点文物保护单位，经过近一个月的发掘，戴湾闸的雁翅、墩台已露出地面，结构形制独特，规模宏大，且保存完好。3月24日，临清市永青路财税小区对面的绿化带施工现场发现一明代古墓，市文广新局立即组织博物馆工作人员前往现场对其进行抢救性清理。经现场勘查，在离地面约0.4米的地方出土一合墓志，长宽均为1.1米，厚0.25米，形制较大。根据墓志内容得知墓主人为郑存仁，临清人，明嘉靖二十九年（1550）进士，曾任浙江姚山县令、甘肃监察按等官职，以清正廉明著称。4月24日，继会通河临清段上会通闸试掘成功后，元代会通河第一闸（临清闸）重见天日。临清文史专家马鲁奎表示，全国现存元代砖闸遗存仅有3处,临清会通河上就有临清闸和会通闸两处，并且临清闸是会通河上第一闸，管控着会通河水利的夕泄。开凿探沟发现，临清闸南、北雁翅长度在20至30米不等，闸上问津桥宽跨度12米。据了解，在明正德年间与万历年间，临清闸与会通闸借墩筑拱，改建为桥，分别命名为问津桥和会通桥，它们与两桥间的“鸽子桥”仿佛会通河北支的三条玉带，一派小桥流水人家的水乡景象，时人称此三桥为“玉带三桥”。7月11日，在会通河山东临清段的会通闸和临清闸分别出土两根绞关石。其中在会通闸淤泥中出土的绞关石，是目前全国发现的唯一有明确纪年的会通河船闸构建水工遗存。专家认为，它对进一步研究和了解中国古代闸的建制、建筑模式，以及当年会通河沿岸经济状况提供弥足珍贵的历史遗存信息。同时，该项发现也为运河申遗提供可贵的实物资料。11月5日，山东省公布第四批省级文物保护单位名单，全省共有606处文物保护单位入选，其中聊城有52处入选，临清则有14处名列其中。包括：古遗址类文物保护单位陈公堤遗址，古墓葬类文物保护单位汪广洋家族墓，古建筑类文物保护单位大宁寺大雄宝殿、箍桶巷张氏民居、临清县衙南门阁楼，近现代重要史迹及代表性建筑类文物保护单位古楼街天主教堂、华美医院诊疗楼、临清先锋大桥，其他类文物保护单位戴湾闸、会通闸、临清闸、临清砖闸、三元阁码头、月径桥。2013年12月9日，全市第一次可移动文物普查动员会在市文化馆多功能厅召开，全市各机关事业单位、国有企业、国有控股企业分管负责人参加会议，会上安排第一次可移动文物普查的时间节点及具体工作。

2014年1月，为保证国有单位文物收藏情况调查登记工作顺利完成，发放、回收《国有单位文物收藏情况调查登记表》共计318份，调查完成率100%，调查登记各国有单位收藏文物共964件，物质遗存1744件。8月22日，“运河与区域社会研究”国际学术研讨会在临清市召开，来自国内及韩国的专家学者出席会议，来自国内外科研院所与高校的70多名专家学者就大运河及其区域的漕运、河工、水利、社会、经济、文化、信仰等方面进行分组讨论。10月9日至14日，完成全市15处国家级、省级文物保护单位的保护标志碑的更换、树立工作，新的标志碑规格统一，严格按照国家标准要求制作。正面为文物保护单位的名称、公布机关、公布日期、立标机关，背面刻有经省政府公布的保护范围，标志着市文物保护“四有”工作迈上一个新台阶。2014年6月22日，在卡塔尔多哈举行的联合国教科文组织第38届世界遗产委员会会议上，“中国大运河”被批准列入《世界遗产名录》，会通河临清段、临清运河钞关被称为世界遗产。12月3日，聊城市人民政府公布第四批72处市级文物保护单位名单，临清市有6处入选，至此全市共有聊城市级以上文保单位40处。本次入选的文保单位包括古建筑类5处，分别为陈家大院、苗家店铺、王家宅、单家大院和更道街基督教公寓楼；近现代重要史迹及代表性建筑类1处，为武训纪念堂。为推动历史文化研究，促进文物保护事业的发展繁荣，12月31日上午，由市文广新局、市收藏家协会联合主办，市博物馆承办的“孙四成个人收藏（契约专项）精品展”开展，此次“孙四成个人收藏（契约专项）精品展”共遴选孙四成收藏的契约200余件，涵盖地契、过继单、分家单等多种类别。这些藏品类别丰富，文物价值较高，蕴含着重要的历史文化讯息，是历史的重要见证。

2015年1月9日，市文广新局联合市消防大队组成检查组开展文物消防安全检查。检查组先后到博物馆、鳌头矶、舍利塔、清真寺等文物保护单位，对其安全责任制的落实情况和消防设施、用电设备、用火管理、监控设备等管理使用情况进行重点检查，通过检查，增强各文物保护单位的消防安全意识和责任意识，进一步落实消防安全规章制度，完善消防安全应急预案机制，为文物消防安全无事故奠定基础。4月21日，市文广新局为舍利宝塔安装新风铃，生动再现“塔岸闻钟”这一临清历史胜景。塔岸闻钟是临清十景之一，在清《临清州志》中就有记载。原有风铃因为是铸铁质地，声音不清脆；且因重量过大，曾发生坠落事故，对参观群众人身安全造成威胁，为此市文广新局重新定做72个风铃。新风铃为铜合金质地，不会碱锈，重量适中，声音清脆悦耳。安装完成之后，在一公里之外就能听到舍利宝塔的风铃声。为进一步做好第一次可移动文物普查， 市文广新局全面开展文物信息采集登录工作，严格按照《馆藏文物登录规范》及一普具体规定，对博物馆馆藏文物进行文物编号、命名、测量、称重、拍照、录入等各项工作，共采集登录文物共计1411件（套），市共计登录文物1593件（套）。2015年8月7日，聊城市委书记、市人大常委会主任徐景颜，市委副书记、代市长宋军继率队来临清市考察运河文化传承和旅游开发工作。中共聊城市委副书记陈平，副市长郭建民，中共临清市委书记、市人大常委会主任王建鹏，市委副书记、市长李新阁，市委副书记祁学兰，市委常委、市委办公室主任李汝山，副市长周志雯陪同活动。徐景颜指出，运河文化已申遗成功，而后申遗时代的开发和保护，引起全市的广泛关注。8月9日，临清运河钞关布展工程正式开工，此次布展工程基本划为两大区块，即以书板房、南穿厅、北穿厅、船料房组成的室内空间展区；以公堂、中轩房、后堂、巡栏房、皂隶房组成的遗址实景复原空间，准确形象地传递历史文化信息，在潜移默化中进行文物宣传和爱国主义教育。8月25日，第22届国际历史科学大会聊城卫星会议与会学者专家一行来临清考察运河文化，与会学者专家一行先后来到舍利宝塔、鳌头矶、钞关遗址，仔细察看文物资料，认真听取讲解，并同工作人员交流探讨，对临清市丰厚的运河文化底蕴给予高度肯定。10月27日，全国政协委员、文史和学习委员会副主任，浙江省政协原主席周国富带领全国政协文史和学习委员会调研组一行在省政协副主席郭爱玲，中共聊城市委书记、市人大常委会主任徐景颜，聊城市政协党组书记、主席金维民等领导的陪同下，深入临清就大运河申遗成功后的保护和利用工作进行专题调研。市委书记、市人大常委会主任王建鹏，市委副书记、市长李新阁，市政协党组书记、主席汪保远，市政府副市长周志雯，市政协副主席徐宝福陪同活动。调研组认为，临清市高度重视运河临清段的保护和利用工作，紧紧围绕运河遗产的保护、发掘、展示等工作，做大量卓有成效的工作，为中国大运河成功列入《世界遗产名录》作出自身贡献。

【非物质文化遗产保护】 2013—2015年是非物质文化遗产工作实现跨越式发展的三年。三年来，临清市不断深入开展对非物质文化遗产项目的普查工作，逐步完善非遗档案，精心编撰出版《临清市非物质文化遗产重点项目汇编》，建立起高标准的非遗展厅。临清被命名为“省级文化生态保护区”。同时，加大争取申报力度，非物质文化遗产申报实现新突破，新增山东省级非物质文化遗产1项，聊城市级非物质文化遗产14项，临清市级非物质文化遗产41项。

2013年1月30日，国家级非物质文化遗产“临清肘捶”在市文化馆多功能厅举行传承收徒仪式，这次“临清肘捶”的传承收徒使全市的肘捶队伍更加壮大，对促进全市肘捶运动的普及和提高起到积极的促进作用。4月，经山东省非物质文化遗产专家评审委员会评审，临清上报的金氏古筝通过评审，被列入山东省第三批非物质文化遗产名录，并于5月20日进行公布，主要传承人李克超成立鲁西古筝研究会，对金氏古筝项目起到保护研究和传承的作用。5月，市文广新局非物质文化遗产保护中心对全市申报的非物质文化遗产进行科学考证和认真评审，确定第五批市级非物质文化遗产名录（共计10项）。6月8日是全国第八个“文化遗产日”，以大运河申遗和非物质文化遗产传承为宣传重点，市文广新局在鳌头矶前的登瀛广场组织开展各种形式的宣传活动，此次活动共向群众发放宣传资料4000多份，参与活动的群众达3000多人。7月，山东省文化厅发布公告，临清市被命名为“省级文化生态保护区”，设立“临清运河文化生态保护实验区”。文化生态保护区是指以保护非物质文化遗产为核心，对历史文化积淀深厚、存续状态良好，具有重要价值和鲜明特色的文化形态进行整体性保护，并经文化部批准设立的特定区域。10月，市文广新局在广泛搜集临清市非物质文化遗产资料，采集信息达1000多页、图片500余张的基础上，出版《临清市非物质文化遗产重点项目汇编》，书中记录临清贡砖烧制技艺、临清肘捶2项国家级“非遗”，临清驾鼓、临清时调等7项省级“非遗”，四根弦、木板大鼓等21项聊城市级“非遗”。12月31日，市文广新局组织参加“美丽聊城精彩非遗”聊城市非物质文化遗产展演，此次展演由聊城市文化广电新闻出版局主办，聊城市文化艺术中心、聊城市影剧院承办。市文广新局精心挑选优秀非遗项目山东快书《武松打虎》、临清时调《撒大泼》、木板大鼓《孝当先》参加展演。

2014年5月，为切实做好全市非物质文化遗产保护工作，根据《中华人民共和国非物质文化遗产法》和《山东省非物质文化遗产名录申报评定暂行办法》，市文广新局非物质文化遗产保护中心对全市申报的非物质文化遗产进行科学考证和认真评审，确定第六批市级非物质文化遗产名录（共计10项）。6月14日，为庆祝全国“第九个文化遗产日”，市文广新局在文化中心广场举办以“让文化遗产活起来”为主题的宣传活动暨民间收藏精品展，展示全市文化遗产保护成果，提高全社会对文化遗产的保护意识。活动现场，部分非物质文化遗产项目漆画、剪纸、砖雕、瓷盘雕刻、济美酱菜、礼服呢布鞋、临清贡砖等民俗文化继承人在展台前向群众介绍其产品源远流长的发展历史。10月10日至13日，第三届中国非物质文化遗产博览会在济南舜耕国际会展中心开展。本届博览会由文化部、山东省政府主办，以“非遗：我们的生活方式”为主题。临清市作为省级文化生态保护试验区，代表聊城市在博览会上设特展展区进行展演。

2015年4月1日，山东省级非物质文化遗产项目代表性传承人培训活动在山东师范大学正式启动，全省各市文广新局和省直文化系统有关单位负责人，民间文学、民俗，传统体育、游艺与杂技、传统医药类省级非物质文化遗产项目代表性传承人共80多人参加培训班。市文广新局组织安排非遗保护中心工作人员、肘捶传承人参加此次培训。4月13日，市文广新局组织召开文化站长会议，会上要求全市文化站长要积极配合非遗民俗实物征集，确保征集工作有效开展。并组织安排非遗保护中心工作人员经常深入全市各个村居，开展民俗实物收集工作，截至2015年年底已收集150余件。2015年6月，根据《中华人民共和国非物质文化遗产法》和《山东省非物质文化遗产名录申报评定暂行办法》，市文广新局非物质文化遗产保护中心对全市申报的非物质文化遗产进行科学考证和认真评审，确定第七批市级非物质文化遗产名录（共计8项）。

【文化产业】 临清市文化产业以打造在省内外具有重大影响的品牌为目标，努力克服难点，大力培养亮点，实现文化产业的新突破。截至2015年年底，临清市文化产业增加值增幅达30%左右，文化产业产值占国民经济总量4%左右，文化产业的创新能力、核心竞争力明显增强，现有各类文化产业园区6个，从业人员8000多人。

2014年2月，聊城市文广新局公布第二批文化产业示范基地名单，临清市魏家湾贡砖文化传播展示基地和临清市永祥贡砖生产基地名列榜单。2015年11月，聊城市第三批文化产业示范基地评选结果揭晓，临清市济美酿造有限责任公司成功入围，成为聊城市级文化产业示范基地。

【艺术创作】 近年来，市文广新局坚持“二为”方向和“双百”方针，坚持“三贴近”原则，分析研究文艺创作面临的新形势和新任务，切实做好文艺发展规划，不断加强文艺精品创作。临清市的文艺创作队伍不断发展壮大，文艺创作的形式也更加丰富，在文学、书法、美术、音乐、戏曲、摄影等领域，涌现出一批优秀的文艺作品，先后在国家级和省级各类比赛中获奖。举办两届运河名城文化名家活动，发掘一批优秀的文化艺术人才。2015 年建立文艺创作室，激励全市文艺工作者着力打造精品力作，丰富和提高文艺作品的内容和质量，使临清市艺术创作作品再上一个新层次。

2013 年在第 16 届中国群星奖评选中，王子华被授予中国“群文之星”，山东省仅有 6 人获此殊荣；王子华创作的小品《小摊点的大哥》，荣获全国“星光奖”一等奖。2013 年 8 月，王子华创作编导的小品《小摊点的大哥》在第八届全省残疾人艺术汇演比赛中获得“创作奖”，王子华本人获得“辅导奖”，同年《王子华小品集》由华夏出版社出版。2013 年，在“美丽聊城展示工程”文艺创作作品征集活动中王子华创作的《小摊点的大哥》获得曲艺、戏剧类一等奖，王兴刚、李士兴创作的《临清我可爱的家》获得音乐类一等奖，王兴刚、李士兴创作的《魂牵梦绕的地方》获得音乐类三等奖，李士兴创作的《梨花情冠洲爱》获得音乐类二等奖，赵雪丽、丁尚奎创作的《水城颂歌》获得音乐类一等奖，赵雪丽创作的音乐快板《喜看神州谱新篇》获得曲艺、戏剧类二等奖，王晓燕创作的《好一个临清城》获得音乐类一等奖，刘旭东创作的《赞临清》获得曲艺、戏剧类一等奖，《一张汽车票》《算卦》获得曲艺、戏剧类三等奖，柴鑫创作的《风景》获得美术、书法类一等奖，《运河晚霞》获得美术、书法类三等奖，高影霞创作的《家在山水间》获得美术、书法类三等奖，赵明国创作的《古寺新貌》获得摄影类三等奖，赵文哲创作的《苏杭美景在临清》获得摄影类三等奖。2013 年 5 月，京剧票友陈鲁山在首届国际京剧票友邀请赛上获银奖。

2014 年黄永军在全省文博系统廉政文化作品展中获书法类优秀奖，张亚林在全省文博系统廉政文化作品展获书法类三等奖。尹建忠摄影作品《塔畔夕照》在中国首届国际微映像大赛上获得三等奖，《装卸工》入选山东省摄影家协会主办的“济铁梦　劳动美　聚焦齐鲁大动脉”摄影大赛，《灵岩寺之秋》入选山东省摄影家协会主办的“最美乡情　印象山东”首届网络摄影大赛，《聆听》入选山东省摄影家协会主办的“千年古镇　美丽陶乡”摄影大赛。赵明国摄影作品《元代会通河》在中国首届国际微映像大赛中摄影组获得三等奖。京剧票友柏丽君在第十二届天津京剧票友邀请赛上获优秀票友奖。

2015 年 11 月 1 日，省委宣传部副部长、省文化厅厅长徐向红到临清调研文艺院团创作生产及生存发展情况。中共聊城市委常委、宣传部长赵庆忠，聊城市文广新局局长杨达，中共临清市委书记、市人大常委会主任王建鹏，市委副书记、市长李新阁，市委常委、宣传部长衣述光，市政府副市长周志雯等陪同活动。12 月 10 日下午，全市文艺创作座谈会在市文广新局会议室召开，临清市文艺创作战线的代表齐聚一堂，研究部署进一步推进临清市文艺创作繁荣发展工作。12 月 29 日，聊城市社会组织统战工作经验交流会在临清市召开，聊城市委常委、统战部长蔡同民，中共临清市委书记、市人大常委会主任王建鹏，市委副书记祁学兰，市委常委、组织部长、统战部长秦生春出席会议，与会领导于 29 日下午来到市文广新局视察文化艺术分会建设工作，文化艺术分会是临清市社会组织联合会在文化艺术领域重点设立的分会，是临清市社会组织联合会七大分会之一，由作家协会、戏剧家协会、音乐家协会、舞蹈家协会、美术家协会、书法家协会、摄影家协会、民间各类收藏家协会、普通话协会等 25 个协会组成，协会成员达到3000余人。2015年，刘旭东创作的木板大鼓《临清的文化不一般》，在聊城市“谁不说咱家乡好”曲艺新作大赛中获得最佳创作奖。2015年在“我们的中国梦”聊城市新创文艺作品征集活动中，赵雪丽创作的歌曲《启航梦想》获得一等奖，李士兴创作的歌曲《信天游声声唱给党》获得二等奖。尹建忠的摄影作品《太极》在山东省老摄影家协会第十四届摄影展览中获得三等奖，赵明国摄影组照《保我钓鱼岛》和《晚礼》在山东省第十一届摄影艺术大赛上获得三等奖，《保我钓鱼岛》被省博物馆收藏。京剧票友陈鲁山在首届全国京剧票友大赛中获银奖。京剧票友柏丽君在全国京剧票友联谊演唱会上获最佳演唱奖。京剧票友王鑫浩在中央电视台全国青少年戏曲大赛中获京剧组金奖，在首届全国京剧票友大赛中获金奖。2015年，赵志宏在全国京剧票友联谊演唱会上获最佳名票奖。

【文化交流】 市文广新局以临清市深厚的文化底蕴和优秀的文化队伍为依托，不断加大对外文化交流。积极“请进来”，在临清市举办全国京剧票友艺术节、京剧名家演唱会等大型文化交流活动；主动“走出去”，举办鲁台京剧文化艺术节，赴台湾进行为期一周的交流演出，组织临清市文艺团体、京剧票友等参加聊城市、山东省及全国各类演出活动。通过文化交流活动，提升临清市文化队伍的业务水平，扩大临清市作为历史文化名城的知名度和影响力。

2013年7月11日，临清市10岁少年杨延宇参加首届全国少儿京剧电视大赛，唱功惊四座，征服全部评委，荣获大赛银奖。9月1日，市文广新局组织市农民票友赵华、梁镇国和陈汝山登上北京长安大戏院，演出《铡美案》《将相和》《沙家浜》等优秀剧目选段。7月30日，市文广新局组织市优秀青年歌手参加聊城市青年歌手大赛，临清市歌手魏慧敏以一曲悠扬的《母亲河，我喊你一声妈妈》获得本次大赛三等奖。市文广新局组织优秀广场舞队伍赴聊城参加首届广场舞大赛，临清市三联燕子舞蹈队、魅力晨曦舞蹈队的精彩表演获得观众和评委的肯定，分别荣获金奖和最佳表演奖，临清市文化馆荣获最佳组织奖。12月28日晚，“德行夏津”临清专场京剧演唱会在夏津县电视台演播厅举办，联谊演唱会由市文广新局与夏津县电视台、文联联合主办，临清市20多名票友先后献上《二进宫》《贵妃醉酒》等12个京剧唱段。12月30日晚，中共聊城市委宣传部、聊城市文广新局主办“美丽聊城”2014新年文艺晚会，市文广新局组织临清市优秀舞蹈队参加演出。

2014年9月5日，市文广新局组织“夕阳红心连心艺术团”等团体赴聊城参加山东省“幸福舞起来”大赛。在比赛中，夕阳红心连心艺术团的老年朋友们表演的《皮筋健身舞》《感谢春天》舞姿优美、幅度到位、动作整齐一致，获得大赛二等奖，市文广新局获得优秀组织奖。9月12日，第十二届省市京剧票友组织联谊演唱会在临清大剧院举行，北京市原常务副市长张百发率张建国、杜鹏、王蓉蓉等京剧表演艺术家出席“第十二届省市京剧票友组织联谊演唱会”并登台演出。

2015年1月12日至15日，“运河情·文化走亲”三省十二县书画巡回展在市图书馆举办。此次书画巡展活动于2014年12月19日在大名县开展，2015年2月4日在魏县结束。巡展汇集了临清、冠县、莘县、南乐、清丰、馆陶、魏县、邱县、广平、临漳、肥乡、大名3省12县的120多幅书法、美术名家创作的书画作品，吸引众多群众及书画爱好者前来参观学习。5月25日至5月30日，首届中国京剧票友艺术节开幕式在临清大剧院举行，艺术节历时6天，来自京、津、冀、赣等地的400余名票友参演，演出12场、200余个剧目，近万名观众观看演出，艺术节期间，为贴近百姓、增强互动性，不仅让群众5元钱低票价看戏，市文广新局还每场免费赠送入场券150张，凭老年证、有效农民工身份证件领取，喜欢京剧的老年人和农民工可享受免费看戏的优惠待遇。2015年11月7—14日，由市政府副市长周志雯、市委台办主任都善超、市文广新局局长王兴刚带队，赴台湾进行为期一周的京剧文化交流演出，市京剧团在高雄市和台北市先后进行专场演出，表演《吕布与貂蝉·小宴》《钓金龟》《苏武牧羊》和《四郎探母·坐宫》等经典京剧剧目。

【文化市场】 市文广新局认真贯彻执行上级文化市场管理工作方面的法律法规，切实履行文化市场的监管职能，按照“一手抓繁荣、一手抓管理”的方针，努力培育经营单位，进一步规范经营秩序，积极完善管理机制，严厉查处违法违规行为，促进文化市场的健康发展。截至2015年年底，全市共有各类文化经营单位142家，其中印刷企业24家，打字复印14家，出版物经营单位22家；互联网上网服务营业场所62家、歌舞娱乐场所13家、游艺娱乐场所4家。

2013年，按照市政府行政审批制度改革的要求，市文广新局对文化审批项目进行优化，将原有的15项审批项目简化合并为7项。全年办结受理件12件，办结变更、年审136件。2013年7月，市文广新局开通文化市场举报专线12318，规范电话接听管理制度，保证举报电话24小时畅通，严格执行举报受理程序。2013年12月，聊城首届网络文化博览会暨网吧转型升级论坛在光岳宾馆举行，市文广新局组织全市50余位网吧经营业主参加博览会，博览会以“网吧转型升级”为主题，紧紧围绕“文明上网，精彩生活”为主线，开展网络文化产品展示推介、文明办网、文明上网倡议书签名和网吧转型升级论坛等一系列活动。2013年，为切实做好文化市场监管工作，市文广新局不断加大执法巡查力度，通过明察与暗访、日常监管与集中整治，先后开展“扫黄打非集中治理”“学校周边环境清查”“文化市场安全大检查”等专项行动。全年共出动执法人员1620人次、执法车辆320台次，查处各类违规经营单位79家，全年收缴非法书刊5300余册、盗版音像制品1300余张，被省新闻出版广电局评为“全省‘扫黄打非’工作先进集体”。

2014年，根据文化部、省文化厅、聊城市文广新局的部署安排，市文广新局通过基础数据采集、硬件配套设施购置，文化市场技术监管与服务平台于2月全面上线应用，全面建立文化市场数据库，推动文化市场事前事中事后监管标准化、规范化。围绕市委、市政府的依法行政目标，按照“全面清权、简政放权、科学确权、规范用权、严格控权”的思路，市文广新局于2014年9月启动文广新系统行政权力清单编制工作，确保行政权力依法、公开、规范、高效运行，努力实现“行政权力进清单，清单之外无权力”。为维护文化市场秩序，净化社会文化环境，坚持日常巡查、专项行动、执法办案三位一体，先后开展“游艺场所”“净网行动”“秋风行动”等专项集中检查。全年共出动执法人员1560人次，执法车辆495台次，查处各类违规经营单位494家次，处罚并建立执法案卷103册，收缴非法出版物1.2万余册。10月22日至23日，市文广新局联合市公安局、市工商局开展非法卫星地面接收设施销售专项清查行动，清查行动中，共检查商铺、家电维修点39家，没收非法卫星广播电视地面接收设施310套。通过此次专项行动，非法经销和擅自使用卫星地面接收设施行为得到有效遏制。2015年查处冀鲁书店委托外地印刷厂非法加印出版物并进行批发销售案件，依法没收非法出版物1万余册；全年查处6家出版物经销单位、2家无证出售音像制品单位、23家印刷业经营单位，没收非法出版物1.2万余本、非法音像制品100余张，市文广新局被省新闻出版广电局评为“全省‘扫黄打非’工作先进集体”。

2015年，为优化行政审批流程、规范审批行为、提高审批效能，市文广新局紧抓精简审批环节、优化审批流程两个核心，于5月完成

20项行政审批事项的《业务手册》和《服务指南》的标准化编制工作，真正做到全面、翔实、准确、易懂，确保行政审批制度改革落地见效。

为切实做好文化市场审批管理工作，文广新局服务窗口不断深化行政审批制度改革，创新工作思路，提高服务水平。全年承诺时限内办结率100%，服务评价满意率100%，圆满地完成各项工作任务，树立良好的服务形象，为优化全市文化市场发展环境作出新的贡献。市政服务中心文广新局服务窗口被市政府授予2015年度市政务服务工作“红旗窗口”荣誉称号，宋浩博被授予“先进工作者”，受到市政府的通报表彰。2015年6月，市文广新局结合法律法规完成权力清单的编制，并通过门户网站依法向社会及时公布，主动接受社会监督，让人民群众对文广新系统行政权力的行使“看得到、看得懂、能参与、能监督”。2015年，先后开展扫黄打非、春节游艺电玩市场、净网先锋、教材教辅、农村演出市场、广播电视广告播出等专项整治行动，出动执法人员1650人次，执法车辆410台次，查处各类违规经营单位85家，收缴非法出版物1700余册，市文广新局被省新闻出版广电局评为“全省‘扫黄打非’工作先进集体”。

【大运河临清段申遗】 为确保申遗成功，自2012年开始，临清市委、市政府做大量的准备工作。委托专业团队先后编制《临清运河钞关环境整治方案》《大运河遗产会通河临清段保护与展示工程设计方案》，并获国家文物局审批通过，为遗产保护工作奠定基础。成立以市长为主任，分管副市长为副主任，文广新、住建、财政、水务、规划、环保等有关部门主要负责人为成员的大运河临清段申遗领导小组。2013年1月22日，大运河临清段申遗工作第一次协调会召开，市委常委、副市长冯子峰，副市长周志雯出席会议并作讲话。出台《大运河临清段申遗工作实施方案》，对全市的运河本体环境整治工作、保护区域内的居民拆迁工作、钞关维修工作等都进行详细的分工部署，并提出下一步的工作计划。2月6日，市委副书记、市长李新阁，市政府副市长周志雯，市文广新局局长王兴刚、副局长黄永军一行赴京到国家文物局汇报临清的大运河申遗工作。国家文物局文物保护与考古司副司长陆琼，世界遗产处处长唐炜与临清领导进行座谈。为促进大运河临清段申遗工作顺利进行，临清于2013年2月底启动城区元、明运河环境整治，居民搬迁和河道清淤工作同时进行。4月25日，聊城市副市长马丽红到临清调研运河申遗工作；5月2日，市委副书记、市长李新阁，市委常委、副市长冯子峰，市政府副市长周志雯带领市文广新局、市住建局等有关部门负责同志到城区运河环境整治现场，检查各项工作进度并提出指导性意见；5月23日，山东省文物局副局长由少平一行到临清就大运河申遗准备工作进行督导；2013年6月19日，国家文物局世界遗产处黄晓帆、中国文化遗产研究院张谨等领导、专家一行，在省文物局文保处处长倪国胜、聊城市文广新局局长杨达的陪同下，到临清就大运河临清段申遗准备工作进行检查督导；6月26日，市委副书记、市长李新阁，市政府副市长周志雯对临清大运河临清段申遗准备工作进行现场督导调度；8月2日，山东省文物局副局长由少平一行到临清就大运河申遗准备工作进行督导。2013年8月16日，临清召开大运河申遗准备工作调度会议，市政府副市长周志雯出席会议，并现场进行调度。2013年8月27日，省政府副秘书长李娥、省旅游局局长于冲和省文物局副局长由少平等到临清调研运河申遗工作。中共聊城市委书记、市人大常委会主任林峰海，副市长马丽红，中共临清市委书记、市人大常委会主任王建鹏，市委副书记、市长李新阁等陪同。2013年9月19日，国际古迹遗址理事会（ICOMOS）专家莉玛·胡贾女士代表联合国教科文组织，对大运河临清段申遗工作进行检查验收并高度评价。

2014年6月4日，受国家文物局委托，世界遗产杂志社记者时潇、温燕来临清采访大运河申遗工作。2014年6月22日联合国教科文组织第38届世界遗产大会宣布，中国大运河项目和多国联合申报的丝绸之路项目成功入选世界文化遗产名录。临清会通河临清段、临清运河钞关2个点段成为世界遗产。2014年7月4日，山东电视台“新杏坛”栏目组为制作大运河申遗专题节目来临清采访拍摄。2014年9月26日，国家文物局在扬州召开大运河遗产保护管理工作会议，临清市政府副市长周志雯、博物馆馆长魏辉参加会议。会上，文化部副部长、国家文物局局长励小捷作重要讲话，充分肯定临清市政府和文物工作者在运河整治、文物维修工作中的艰辛努力和付出，对临清的大运河申遗工作给予高度认可。2014年11月24—27日，市文广新局组织博物馆工作人员赴北京参加中国世界文化遗产监测培训班，来自全国24个省文物系统的近180名学员参加培训。

2015年11月22—28日，市文广新局组织博物馆工作人员赴高邮市参加2015年大运河世界文化遗产地保护管理培训班。大运河沿线8省、直辖市大运河省级管理机构负责人代表，世界文化遗产大运河各组成部分的管理机构代表，以及部分大运河国保单位重要点段的管理机构代表参加培训。

【领导人更迭】

局　　长：王兴刚
副 局 长：丁尚奎
　　　　　黄永军
　　　　　赵雪丽
工会主席：刘晓峰

（黄永军　刘　飞）

广播电视

【综述】 临清市广播电视中心为正科级差额事业单位，隶属临清市文化广电新闻出版局管理，共有办公室、电台编辑部、新闻部、录制播音部、无线发射部等科室。

2013年至2015年，临清市广播电视中心在市委、市政府的正确领导下，贯彻落实党的十八大和十八届三中、四中、五中全会精神， 认真学习习近平总书记系列重要讲话精神及治国理政的新理念新思路新战略，解放思想，开拓进取，圆满完成各项工作任务，临清广播电视事业又迈上一个新台阶，中心获得省级文明单位等荣誉称号。

【内宣工作】 电台、电视台实现每周编播3期新闻和1期一周要闻，重要新闻当天播出的工作目标。认真做好“临清新闻”节目的编排播出，每年播出的“临清新闻”都在170期以上，播出稿件1000余条，并在“临清新闻”中开办10余个栏目，对全市经济社会发展进行多角度、深层次、大力度的报道，取得较好宣传效果。

在“临清新闻”节目每年播出的新闻达1600余条，在“临清新闻”中开办20余个专栏，对全市各项工作进行全面深入的报道，为临清市实现各项工作目标营造浓厚的舆论氛围。

【外宣工作】 广播电视外宣工作保持良好的发展势头，电台连年在聊城八县市区，连续蝉联聊城八县市第一名，在省电台用稿每年都在100余篇，获山东广播宣传先进集体一等奖及优秀通讯员奖等荣誉称号。在聊城电视台用稿达200余篇，在省台用稿30余篇左右，在其他媒体上播出大量的新闻稿件，综合成绩列聊城八县市区前列。

【节目制作播出】 坚持高品位、传播正能量，以积极健康向上的影视作品满足人民群众日益增长的精神文化需求，使那些弘扬社会主义核心价值观、引领社会和谐文明进步的节目占领思想文化阵地，播出的电视剧涵盖传统历史题材、爱国和革命题材和生活题材等，极大地丰富人民群众的精神文化生活。

电台开办多档自办节目，这些节目贴近听众，生动活泼，服务生活，编排合理，风格各异，受到听众欢迎。特别是“法律与生活”“文明交通伴你行”“供求热线”等栏目，为群众生活服务，给百姓排忧解难，具有较强的知名度和影响力，受到广大听众的欢迎。

【设备管理】 认真做好安全播出工作，确保全年安全播出无事故。规范工作程序和制度，坚决按流程和规章操作，确保万无一失。广播电视技术工作人员加强专业技术知识的学习培训，每位专业技术人员都能熟练掌握所使用设备的工作性能和技术指标。修订完善维护、维修和定期测试制度，做到每部机器责任人明确，定期对设备进行除尘、检修、维护测试，确保设备技术性能良好，检测维修记录完整。对值机人员提出零差错指标，杜绝人为责任事故，确保播出的准确、及时、无差错。

加强对机器设备的维护保养，最大限度地发挥其效能。技术和播出部门在新设备较多、专业性较强，涉及的新知识、新技能的面比较广的情况下，通过加强学习，严格执行维护规定，积极联系维修等措施，进一步掌握设备的性能，使非线编、电脑硬盘播出系统、音频工作站等新技术设备的功能得到更加充分的发挥。

【领导人更迭】

主　　任：李海燕
副 主 任：杨林鸿
　　　　　张秀亮
中心副主任：金长红
工会主任：杨丽敏
党组书记：李海燕
党组副书记：杨林鸿
党组成员：张秀亮
　　　　　金长红

（张秀亮　罗建国）

图书销售

【机构设置】 临清市新华书店诞生于抗日战争烽火中的中共鲁西北地委的鲁西书店、中共冀南区党委的冀南书店和冀南北星书店，三店披着解放战争的硝烟，于1949年3月1日进行合并，建立冀南新华书店临清支店。

临清市新华书店不断发展壮大，1981年被临清市编委划为小型（二）类（副科级）企业，1989年被晋升为小型（一）类（正科级）企业，1995年7月，经山东省出版总社批准，晋升中型（二）类（副县级）企业。

2011年12月28日，起用新的单位名称“山东新华书店集团有限公司临清分公司”。

山东新华书店集团有限公司临清分公司，现有职工34人，其中：店领导班子2人，经理兼书记1人，副经理1人。下设办公室、财务科、人力资源科、综合业务部、教材科、5个职能机构，1个综合仓库，1个中心门市部。

2013年，山东新华书店集团有限公司临清分公司被评为聊城市消费者满意单位、聊城市“青年文明号”称号，被聊城市爱国卫生运动委员会评为2012—2015年度“市级卫生先进单位”。被中共聊城市委宣传部评为2013年度全市文化科技卫生“三下乡”活动先进单位。被临清市委市政府授予尊师重教先进单位。

2014年，被聊城市授予优秀职工思想政治工作研究会被中共聊城市委宣传部评为全市文化科技卫生“三下乡”活动先进单位。被临清市委、市政府评为临清市“四德”工程示范点。

【工作概况】 2013年4月10日，临清分公司在临清市召开的2012年度目标考核奖惩兑现大会上被中共临清市委、临清市人民政府授予“临清市2012年度支持地方经济发展优秀奖”，列三十三个驻临单位第五名，颁发奖金一万元，为主要负责人王洪玺经理记三等功。5月认真开展《学雷锋做有道德的人》青少年读书活动，活动中举办征文比赛、小学生讲故事比赛、中学生演讲比赛等活动，共征订活动用书8.29万册，码洋58.59万元。6月根据省教育厅文件精神，山东新华书店集团有限公司临清分公司向全市中小学发行免费《新华字典》5万多册，码洋80多万元。8月为贯彻宣传落实党的十八届三中全会精神，山东新华书店集团有限公司临清分公司积极征订发行十八届三中全会文件和辅导读物8020册、6.98万元，销售《科学发展观学习纲要》2440册、2.32万元，《深入学习习近平重要讲话》1815册、1.85万元，《习近平关于实现中华民族伟大复兴中国梦论述摘编》280册、0.24万元，《温家宝谈教育》35册、0.24万元。

2013年11月，山东新华书店集团有限公司临清分公司联合光明日报出版社开展“光明书香节”图书销售活动，共销售图书9.6万元，市委常委、宣传部长衣述光同志亲临现场视察。

2014年5月，市委宣传部、教育局、团市委、市妇联下发文件，积极开展“走复兴路、圆中国梦”读书活动，认真搞好征文比赛、演讲比赛、讲故事比赛等丰富多彩的活动，共征订《走复兴路、圆中国梦》9万册，69.53万元。根据山东出版集团、山东新华书店集团有限公司、聊城分公司党的群众路线教育实践活动领导小组的工作安排，重点学习认真组织开展群众路线教育实践活动，在学习教育阶段积极组织全体党员集中学习，全体党员认真书写读书笔记并撰写学习心得，5月7日参观学习莘县第一党支部、孔繁森纪念馆。10月为贯彻宣传落实党的十八届四中全会精神，山东新华书店集团有限公司临清分公司积极征订发行十八届四中全会文件汇编和文件辅导读物4706册、8.65万元。

2015年3月，参加全省馆配会共采购图书42.87万元，集团版图书3万多元。9月是中国人民抗日战争胜利暨世界反法西斯战争胜利70周年，也是临清解放建市70周年，山东新华书店集团有限公司临清分公司在积极做好宣传的同时，发行《大抗战知识读本》850册、3.23万元，《抗日战争》280套、5.54万元，《勿忘国耻　圆梦中华》挂图135个、1.73万元。及时为山东新华书店集团有限公司《新华精神薪火相传——纪念临清建市70周年大型成果展》上报文字材料及图片资料，这些材料展现山东新华书店集团有限公司临清分公司成立66年来的发展变化，展示新华书店的良好的社会形象。

2015年10月，按照省出版集团领导“改革、规范、创新”和打造文化综合体、文化坐标的要求，对门店进行全面装修改造。请专业人员设计和施工，对门店一、二层全面进行装修，焕然一新；对全部书架进行更新，整体布局宽松、舒适、温馨；增加阅读区域十几处，遍布整个店堂；新装儿童活动舞台和区间，讲故事、朗读等活动已全面展开；配置空调、咖啡机、自动售货机等设施，向多元化发展迈进；院内进行粉刷、增强文化氛围、更换店招、处理楼梯；做到颠覆式改造，受到全社会和广大读者的好评。

2015年10月，为贯彻宣传落实党的十八届五中全会精神，山东新华书店集团有限公司临清分公司积极征订发行十八届五中全会文件和辅导读物3256册、7.81万元，《我们的价值观》800册、2.08万元；《辅导读本百问》700册、1.82万元，《习近平谈治国理政》1500册、12万元，《法制热点面对面》820册、1.48万元，《第四批全国干部学习培训教材》249套、10万元。

2015年11月，山东新华书店集团有限公司临清分公司被山东新华书店集团授予（2014—2015）年度报刊发行先进单位、十八届四中全会文件发行工作优秀奖、《习近平谈治国理政》发行工作先进单位优秀奖、第四批全国干部学习培训教材发行工作优秀奖。

2013—2015 年临清市新华书店图书经营情况表

年度	全年销售额（万元）	册数（万）	实现利润（万元）
2013	2534.55	323.56	148.58
2014	2703.40	339.41	325.91
2015	3732.46	354.81	528.17

【领导人更迭】

经　理：王洪玺

副经理：张家琪

夏文云（女，2013.01 止）

吴志军（2013.01—2014.12）

（张家琪　周保军　周　红）

档案管理

【机构设置及工作概述】 市档案馆始建于 1960 年，市档案局成立于 1980 年，一直与档案馆合署办公，下设 1 个档案科。1992 年 2 月成立 3 个内部科室：办公室、业务指导科、管理科。1994 年 2 月，撤销档案局，行政职能交市委办公室，具体工作归档案馆，市档案馆为正科级事业单位。1995 年 3 月 2 日，根据工作需要，恢复档案局，与档案馆局馆合一，规格不变，行使档案的行政管理和保管利用职能，为市委、市政府直属机构。2010 年 1 月增设法规科和政府信息公开查阅服务中心。至 2015 年 12 月，共有人员 9 人，其中局、馆长各 1 人，副局、馆长 3 人，具有高级技术职务任职资格的 1 人、中级 3 人、初级 4 人。

档案馆楼 1989 年 5 月始建，1990 年 8 月竣工，1991 年 2 月 22 日启用。全楼建筑面积 1240 平方米。其中办公区 600 平方米，库房 620 平方米。库存档案 103 个全宗，36128 卷，24802 件，声像 32 盘，照片 4403 张，实物 423 件，资料 14157 卷（册）。

临清市档案局获得 2013 年度“山东省宣传工作先进单位”称号，市档案局馆获得 2013 年度“聊城市档案工作先进单位（第二名）”称号。市档案局获得 2014 年度“山东省宣传工作先进集体”称号。市档案局馆获得 2015 年度“聊城市档案系统先进集体”称号。

【机关企事业单位档案工作】 积极对机关事业单位档案工作进行指导。对全市机关事业单位的档案工作，采用“集中指导与个别指导相结合”“前期指导与跟踪指导相结合”的方式，指导全市 100 个单位完成年度归档工作。在民生档案业务指导中抓重点、重实效，将凡是涉及民生档案的单位和社区作为重点指导单位，加强与民政局、人社局、住建局、农业局等部门的联系，积极提供业务指导服务，对五大保险档案、婚姻档案和城中村改造档案进行现场指导，做到保障和改善民生的社会建设和管理工作开展到哪里，民生档案工作就开展到哪里。

积极指导市档案室建设。在聊城市第二人民医院新办公楼建设中，进行现场指导，结合二院档案组成特点和保管环境，和设计专家一起对档案室的建设进行修改完善，使档案室的建设更加优化，达到档案行业标准，既满足本单位档案工作的需要，拓展档案室有效功能，又对全市档案管理水平的提高起到积极的推动作用。

认真贯彻落实国家档案局 10 号令。国家档案局 10 号令《企业文件材料归档范围和档案保管期限规定》的颁布，对企业档案管理，尤其是管理类文件的归档范围和保管期限划分作出明确规定，具有很强的指导性、操作性，为档案行政管理部门监督指导企业档案工作提供依据。开展10号令的再学习，深刻领会，互相交流，全局同志更多地掌握企业新的归档范围和保管期限划分方法，提高档案业务水平和实际操作技能，为更好地指导企业做好档案工作打下基础。开展企业单位档案文件材料分类类目、归档范围、保管期限表“三合一”制度修订审核工作。确定农行、电业公司两个单位作为落实国家档案局10号令试点单位，两家单位的归档范围和保管期限表已完成审批。

继续做好档案目标管理年度考核工作。结合档案执法检查，对市档案室进行年度考核，经过考核，全市档案室工作合格率达95%。

【档案宣传】 抓住“6·9国际档案日”关键节点，积极开展档案宣传教育活动。每年6月9日，精心组织开展“档案在你身边”“记录历史、传承文明、服务社会、造福人民”等为主题的一系列活动，利用传单、展板、咨询台、标语、电视台、广播电台等多种形式进行宣传。在城区繁华路口举办宣传活动，共发放资料5000多份，悬挂过街横幅40余幅，展板50块，大街宣传栏张贴挂图10幅，取得很好的宣传效果，达到让群众走进档案，了解档案，增强全社会档案意识的目的，进一步扩大档案工作的社会影响力，增强人们对档案的认识。

促进档案业务学习，加强论文报送发表。共完成论文15篇，其中有2篇论文在省里获奖并有一篇刊登在《山东档案》增刊上。《档案行政管理的未来走向：行政执法为主，行政指导为辅》刊登在山东省档案学会主编的《齐鲁档案论丛》中。为提高档案人员素质，加强专业知识学习，组织各单位档案工作人员踊跃订阅《山东档案》，共订阅200余份。

【档案法制建设】 积极参加“六五”普法中期检查。市司法局和法制办等单位在全市范围内开展“六五”普法中期检查。市档案局成立“六五普法”领导小组，印发《临清市档案局“六五”普法规划实施方案》，制定普法制度，认真学习、积极宣传法律法规，组织全市400人参加国家档案局组织的“飞狐灵通”杯档案法制知识有奖竞赛，取得明显的社会效果。

继续开展档案执法检查工作。依照《中华人民共和国档案法》《山东省档案管理条例》的有关规定，在全市范围内开展二次执法大检查。检查小组在检查过程中发现的问题，耐心地一对一进行指导并提出整改意见，确保档案法制建设的进一步完善。对科技局、残联、文广新局和林业局等部门进行档案执法检查。通过听取汇报、实地察看、现场反馈意见的形式，从档案工作组织管理、档案保管设施设备配置、档案基础业务建设几方面进行执法检查，对在档案工作中的一些拖拉迟误的现象，分析问题存在的原因，提出全面整改措施，切实提高档案法律意识。

做好行政执法案卷的指导和检查。根据聊城市档案局通知要求，开展对执法单位的执法案卷专项检查活动。本次检查涉及的单位共有50余家，在各单位自查的基础上，对18家单位进行实地检查。检查主要针对管理体制、保管条件、业务建设、现代化管理四个方面展开，并对档案的整理进行现场指导，规范市执法案卷。

【馆内基本情况】 馆内配置铁制档案橱108套，密集架72列，服务器1台，卡片橱4套，去湿机2台，除尘器2台，灭菌机2台，消磁柜1台，配有彩电、放像机、微机、复印机、摄像机、照相机、自动监控、灭火器等设备。

【档案征集与信息开发利用】 加强档案资源体系建设。认真贯彻落实国家档案局第9号令《各级各类档案馆收集档案范围的规定》文件精神，重新修订《临清市档案馆收集档案范围实施细则》和《临清市档案馆收集档案工作方案》，把档案资源建设作为立馆之本，不断丰富馆藏，改善馆藏结构，依法开展档案收集工作，将属于本馆收集范围的具有长久保存价值的档案收集进馆。把各类专业档案、民生档案、企业档案、重大活动档案、重大项目档案、电子档案等纳入接收范围，做到应收尽收。共接收10家单位的档案1145卷9800余件，资料85册，28家单位现行文件1500余份，16家单位档案资料目录1000余条。

*加大重大活动档案的收集力度。*针对市重大活动和市委办公室和市政府办公室联合，确定重大活动信息采集人员，责任到人。注意收集整理重大活动的文字、照片、视频等载体的相关资料，档案馆定期接收，确保全市档案重大活动档案整理的及时规范。三年来共收集91次重大活动档案，照片180张，文字资料500余页。

*加强对地方特色档案资料的收集。*为进一步丰富馆藏，有重点有步骤地做好撤销单位临清市轴承工业园的档案、青年路街道经委所存的企业档案的进馆工作。注重对地方特色档案资料的收集，重点征集《临清进士辑录》《临清楹联》《临清革命老区》《清渊诗社》等书刊，已经形成刊物进馆的常态化，新刊物印发出来后，能做到积极主动送交进馆存档。进一步收集市楹联、书画界的个人作品和宣传光盘，突出地方特色，优化馆藏。

*充分利用馆藏资料，开展档案编研工作。*利用临清方言录制音频小品《小红帽》，既有趣味性，又有教育性，突出运河文化特色，是记录历史文化的珍贵档案，获得山东省优秀档案编研成果三等奖。编写有关1943年鲁西细菌战和抗日名将张自忠史料，协助省档案局、省电视台拍成纪录片。《鲁西细菌战》一经播出，引起强烈的社会反响。《抗日名将张自忠》一文被山东省档案局刊登在《齐鲁记忆—档案背后的故事》中。向山东省档案局提供我馆馆藏档案资料精品，向聊城市档案局网上展厅专题报送市档案资料专题。2015年为纪念中国人民抗战胜利70周年暨临清市建市70周年，收集整理编研材料，在《临清周讯》上刊载9期，收到良好的社会效果。与党史办联合编辑《党和国家领导人与临清画册》、参与编辑出版《临清革命老区》等刊物，字数达4万余字。

向聊城市档案局报送信息15篇，完成档案利用实例汇编的工作。

【基层档案工作】 做好新农村建设档案工作示范镇创建工作。以创建“山东省社会主义新农村建设档案工作示范镇”为引领，在烟店镇、金郝庄镇、青年路街道三个镇（街道）依次举办档案业务培训班，镇（街道）各部门负责人和村档案负责人参加培训，内容以档案基础知识为主，贴近工作实际，包括档案的收集、整理、保管和利用四个环节，还现场进行档案整理的实际操作。参加培训的人员总数达220余人次，收到良好的效果。在创建之初，首先争取市委有关领导及镇（街道）领导的支持，使创建工作在人力、财力、物力上得到保证；建立健全档案管理网络，实行局、镇、村三级联动，齐抓共管，层层负责的运行机制，确保档案示范镇各项工作顺利实施；在创建活动中，坚持“四个统一”原则，即“统一业务标准、统一库房标准、统一装具、统一制度”，把镇办档案室打造成整理规范，门类齐全，保管安全、制度健全的档案服务窗口。还把创建镇（街道）的工作经验在全市镇办中推开，不断加强指导，发掘典型，做好农业农村特色档案工作，如金郝庄镇绿色蔬菜档案、八岔路劳务输出档案、尚店镇的黄牛养殖经济合作社档案、唐园镇的黄金梨经济合作社档案亮点纷呈，更好地为新农村建设服务。

加强指导全市农村“两委”换届档案工作。在全市农村“两委”换届工作展开时，下发《关于做好我市农村“两委”换届档案管理工作的通知》。并及时组织业务骨干到部分镇（街道），对各村“两委”换届选举工作所产生的档案材料进行全程跟踪，加强检查指导，推动换届选举档案收集归档工作的顺利开展。各村在“两委”换届选举工作当中，都同步开展相应的建档工作，注意加强对相关档案材料的收集保管，有效维护村“两委”换届的历史原貌，促进换届工作的顺利进行和换届后各项工作的顺利开展。

开展好城乡记忆工程。对进一步推进城乡建设发展，保存住面临拆除的村居和城中村的人文环境的真实资料，为社会留存真实档案，以备为将来工作提供利用参考，推动经济社会发展具有十分重要的现实意义。发文并主动上门进行指导，对城中村改造和计划合并村居现有的档案资料予以及时记录并妥善保管利用。并进一步收集整理反映这些地方重大活动、重大事件、重要人物和传统技艺、民风民俗、民间文学等方面的文字、照片、图表、声像资料、数据（库）等档案资料信息。新华路街道桑树园村村史和丁马庄村村史已编撰完成并出版。

指导农村土地确权档案工作。在农村土地确权档案业务指导中，对镇（街道）各村的档案人员进行集中培训，通过培训，使学员进一步加深对档案信息化建设重要性的认识，初步了解和掌握档案信息化建设的基础理论知识、档案整理归档的方法和流程等，为档案安全管理奠定良好基础。临清市全面开展农村集体各类土地的所有权确权登记颁证，全面推进包括农户宅基地在内的农村集体建设用地使用权确权登记颁证工作。本着“农业农村工作发展到哪里，档案工作就服务到哪里”的原则，立即着手加强农村土地确权颁证档案管理资料管理工作。建立市、镇村三级农村土地确权颁证档案，落实专人负责档案管理。指导做好农村土地确权颁证合同及有关文件、资料的收集、整理、备案、归档等工作。对标的不清楚的确权合同，督促明确标的，并及时做好备案、登记和归档工作。对颁证工作已经基本完成的试点村，档案资料收集齐全、整理规范后暂时由镇存档。全市560余个行政村14800余户的土地确权档案基本整理完毕，下一步有计划、有步骤地进馆保存。

【领导人更迭】

临清市档案局（馆）

局　长：赵子辉

副局长：皮汝新（女）

　　　　许书生

馆　长：皮汝新（女，兼）

副馆长：田　云（女）

　　　　赵菲菲（女）

（皮汝新）

旅　游

【概况】 临清市旅游局成立于2005年，临编字〔2005〕26号文，为正科级全额事业单位，编制10人。临政任〔2006〕8号文，2006年6月6日，临清市人民政府任命李保太同志为临清市旅游局局长。临编办字〔2010〕9号文，同意旅游局设置办公室、规划发展科、质量规范与管理科、旅游促进与对外联络科、旅游信息咨询服务中心为股级内设科室。

2015年12月，旅游局被山东省人力资源和社会保障局、山东省旅游局和山东省公务员局评为全省旅游系统先进集体。

【旅游开发建设】 根据全省乡村旅游规划编制对接洽谈会议精神和山东省旅游局《关于做好县域乡村旅游规划编制工作的指导意见》（鲁旅办发〔2013〕135号）要求，临清市政府与山东省旅游规划设计院签订正式合同，编制《临清市乡村旅游发展总体规划》。为更好地制定《临清市乡村旅游发展规划》，在全市范围内开展乡村旅游资源及发展现状专项普查。2015年3月规划顺利通过评审，后经过多次修改完善，11月完成编制工作。

【精品旅游项目】 海棠家园项目位于临清市东南部的魏湾镇，现占地面积1600余亩，园区内主要种植北美海棠116个品种，碧桃48个品种。园内投资3000万元建设游客服务中心并投入使用，正在进行园内的得水园建设，包括挖湖、堆石、附属屋舍等。三和文化景区项目总投资3.5亿元，占地100亩，建筑面积18000平方米，水域面积15000平方米。规划建设内容有：临清历史文化展馆、民生民俗展馆、名人书画展馆、名人书碑廊、临清名胜砖雕展馆、名人雕塑展馆等6个主题展馆，名贵苗木购置、景观小品、休闲娱乐设施等。园内土木工程已经完工，正在进行装饰、布展等工作。

【临清旅游形象和知名度】 突出整体形象宣传，集中打造运河文化、生态旅游品牌。与中央电视台、山东省电视台、聊城市电视台、临清市电视台等诸多媒体密切合作，全方位地宣传临清旅游，制作播出多部宣传片。通过举办黄河故道地质森林公园椹果采摘节、海棠家园赏花节、胡同游、好客山东贺年会系列活动等节庆活动，对临清旅游形象进行广泛持续的宣传。以丁马甲鱼、刘垓子白仁等主题鲜明的特色旅游产品拓展市场，进一步提升临清旅游的知名度、对外影响力和吸引力。通过临清旅游微信公众平台、旅游政务信息网将全市的旅游信息积极宣传出去。

做好“好客山东贺年会”系列活动。自元旦起，至正月十五期间，组织多项“好客山东贺年会”活动。督导市主要旅游景区、餐馆饭店等悬挂“贺年会”标识和吉祥物，张贴“贺年会”宣传标语，制作贺年壁，营造浓厚的贺年会氛围。指导三和宾舍、临清宾馆等进行美陈设计并参加美陈大赛。策划将中洲古城内纸马巷打造为“最具有年味儿的胡同”，在胡同内悬挂大量灯笼，张贴春联、福字、门神等，营造出红红火火过大年的浓厚氛围。装扮一新的“纸马巷”为临清古城胡同增添一抹靓丽的色彩，吸引众多市民前来观赏留影。

【乡村旅游，生态旅游】 响应山东省政府和山东省旅游局的号召发展乡村旅游，以龙山运河风景区为试点发展乡村旅游，并争取上级扶持资金300万。根据山东省财政厅、山东省发改委《关于下达2015年区域战略推进专项资金的通知》文件精神，旅游局上报海棠家园旅游观光项目和“运河第一庄——丁马庄”运河丁马休闲养生建设项目，共争取区域战略推进专项资金900万元。

按上级领导要求打造“运河人家”饭店一处，为其添加灯笼、对联、酒旗、菜牌等，整修厨房、卫生间等，增加旅游元素，提高文化品位。

在乡村旅游经营业户“改厕改厨”工作中，共有45户经营业户通过省旅游局验收，每户领取到山东省旅游局、聊城市旅游局和聊城市财政局分配的1.3万元“改厕改厨”奖励资金。魏湾镇李圈村和东魏村被评为山东省旅游特色村，亲子缘餐饮庄园和魏湾镇海棠家园被评为山东省好客人家星级农家乐。运河人家饭店、不老董餐饮有限公司、亿佳仁生态庄园等3户被评为乡村旅游运河人家品牌示范户，每户奖励1万元；刘垓子镇姜庄村、金郝庄镇东张村被评为乡村旅游扶贫工程，每村奖励5万元。

按照《关于加快县级乡村旅游培训基地建设的通知》（鲁旅办发〔2013〕161号）文件要求，旅游局和市工业学校精心准备，顺利通过山东省旅游局的验收，将临清市工业学校命名为“山东省乡村旅游培训基地”。按照山东省政府、山东省旅游局的统一部署和安排，组织3名乡村饭店经营业主赴台湾考察学习乡村旅游。

【硬件建设】 以星级饭店和餐馆为载体，进一步完善旅游餐饮服务水平。近年来，全市共有五星级餐馆一家（开元山庄且为聊城地区唯一一家），四星级饭店一家（三和宾舍），三星级饭店一家（临清宾馆）。星评工作不仅提高评星单位的服务水平，还带动整个餐饮业服务水平的提高，满足广大游客的要求，“食在临清”品牌日益响亮。全市拥有AA级旅游景区1处——舍利塔景区，省级农业旅游示范点2处——海棠家园、古沙洲森林公园，省级工业旅游点——济美酱园（与北京六必居酱园、保定大慈阁酱园、济宁玉堂酱园并称为“江北四大酱园”），星级饭店及餐馆3家——三和宾舍四星级饭店（全国首家清真文化主题饭店）、临清宾馆（三星级饭店）、开元山庄（五星级餐馆）及旅行社、分社、服务网点21家。

【领导人更迭】

局　　长： 李保太
副 局 长： 郑书红
尹训法
工会主任： 李德光

（李德光）

社会生活

人力资源和社会保障

【公务员管理】 根据《公务员录用规定（试行）》和聊城市考试录用公务员公告的有关要求，通过网上报名初审、资格审查、政审、录用等环节，顺利完成2013年至2015年公务员招录工作。2013年录用公务员23人，其中市直机关15人，乡镇机关8人；2014年录用公务员32人，其中市直机关21人，乡镇机关11人；2015年录用公务员29人，其中市直机关21人，乡镇机关8人。

按照《聊城市实施〈中华人民共和国公务员法〉工作方案》规定和《关于集中进行公务员日常登记工作的通知》要求，积极开展公务员日常登记工作。2013年至2015年共进行两次公务员登记。2013年12月登记55人，其中公务员50人，参公人员5人；2015年2月登记34人。

【年度考核】 按照聊城市委组织部、聊城市人社局《进一步加强公务员考核工作的通知》（聊人社字〔2014〕280号）文件要求，认真开展行政机关、参照公务员法管理事业单位及部分事业单位工作人员年度考核工作。2013年至2015年年度考核共审批3320人次。

【干部任免】 按照临清市人民政府《临清市政府机关事业单位股级及其以下行政职务任免暂行办法》（临政发〔2003〕38号）和临清市委组织部《关于加强镇（街道）、市直部门中层干部选拔任用管理工作的意见》（临组发〔2011〕10号）文件精神，根据干部管理权限，积极开展中层干部选拔任用管理工作。共完成374名股级及以下人员任免职务审批工作。其中2013年审批244名，2014年审批83名，2015年审批47名。

【工资福利】 近年来，临清市经济发展水平不断上升，随着国家工资政策的不断调整，临清市机关事业单位人员工资呈现稳步增长态势。人社局依靠国家政策结合临清市实际情况和经济水平，本着立足大局、保障稳定的精神，对全市机关人员工资进行逐步调整。根据国办发〔2015〕3号文件精神，对机关事业单位工作人员的基本工资标准进行调整，全市13175名在职人员进行调资；根据临人社发〔2015〕26号文件精神，对机关事业单位人员津贴补贴标准进行调整，将部分规范津贴补贴纳入基本工资，纳入额度按照国家和省有关规定执行。

【离退休管理】 根据国办发〔2015〕3号和鲁人社发〔2015〕33号文件精神，对全市机关事业单位5913名离退休人员增加离退休费，其中离退休干部4770人，离退休工人1081人，退职60人，新中国成立前老工人2人。

【人才交流服务】 2001年11月，下发临编字〔2001〕19号文件，将市人才交流服务中心升格为正科级事业单位。2012年临清市人才交流服务中心下设综合科、人才流动科和开发培训科三个科室，共有在编人员4人：主任1人，综合科科长1人，人才流动科科长1人，开发培训科科长1人。临清市人才交流服务中心职责包括提供法律、法规和政策咨询;开发人才资源，提供人才需求信息；办理人才求职登记、人才推荐、人才委培；组织人才招聘；开展人才素质测评；从事流动人员人事档案管理、人事代理、聘用合同鉴证等业务；协助企业做好外国专家及智力引进工作。临清市人才交流服务中心自成立以来，立足实际，依托人才市场，开展多项业务：继续加强与国内外大学交流与合作，培养当地留得住、用得上的各类急需人才；组织企、事业单位赴外地参加大型人才招聘会，为全市引进急需人才。2014年11月12日，组织全市两家企业——临清市君博食品有限公司和临清市口腔医院参加第八届“海洽会”，取得良好的效果；2015年10月27日，带领全市26家企业参加在聊城市阿尔卡迪亚国际温泉酒店举办的“山东聊城外国专家供需交流会暨技术项目洽谈会”，此次外国专家供需交流会聚集来自美国、韩国、德国、意大利、英国、俄罗斯等17个国家的102名专家。临清的26家企业根据自己的发展需求与对口的外国专家进行洽谈。部分企业在现场与外国专家提供材料示范，留下电子邮箱，达成书面意向。

聊城市的“农村优秀中青年素质提升计划”工作，始于2010年，是聊城市委、市政府推进新农村建设工作提升的一项重大惠农惠民工程，自2010年实施该项培训以来，全市共推荐201名学员，按时、圆满完成聊城市要求的基本任务；临清人才网2008年注册并投入使用，对用人单位的招聘和个人求职一律实行免费服务，临清人才网发展企业会员100家，个人用户5770位，网络点击量达172万人次。严肃认真做好流动人员档案管理工作，实行专人负责、微机管理，库存档案6000余份；2014年7月初，临清市源盛肉牛养殖专业合作社《和鲁牛胚胎移植及示范培推广》项目被山东省外国专家局批准为常规外国专家项目，成为全市第五项省级引智示范项目。

【退管办工作】 2013—2015年，建立健全全市企业退休人员基本情况信息数据库，按照企业退休人员的现居住地址，将新增退休的企业职工划分到相应的镇（街道）人力资源和社会保障所采集掌纹信息并发放企业退休人员社会化管理服务联系卡。为加强对企业离退休人员基本养老金社会化发放的管理，杜绝冒领养老金现象的发生，确保养老保险基金的安全，企业退休人员领取养老金资格认证工作按照《临清市领取养老保险待遇人员生存认证实施办法》的要求，领取养老保险待遇人员按照本人出生月份携带二代身份证到户籍所在地镇（街道）人力资源社会保障所采取掌静脉认证的方法进行生存资格认证。为进一步推动异地退休人员待遇领取资格认证工作，2014年4月启动人社部异地退管系统开展协助认证工作，这一新的认证方式不仅惠及异地退休在临清市居住的人员，还惠及一些临清市在异地居住的退休人员。为让广大企业退休人员感受到党和政府的温暖和关怀，市退管办在春节、“九九”老人节期间，组织退管办工作人员和人社所的同志对企业退休人员进行走访慰问，并为孤寡、高龄、困难的企业退休人员送去慰问金和慰问品。为丰富退休人员的业余文化生活，2013—2015年连续三年组织退休人员参加聊城市“庆国庆　迎重阳”全市离退休人员摄影展。2015年积极配合有关部门做好抗战老战士、老同志的统计和颁发“中国人民抗日战争胜利70周年”纪念章工作。

【劳动就业再就业】 临清市劳动就业办公室主要工作职责是负责全市的劳动就业服务、劳动力市场管理，劳动就业培训、失业保险管理、劳动服务企业管理。认真贯彻“劳动者自主就业，市场调节就业，政府促进就业和鼓励创业”的就业方针，加大对困难群体就业的扶持力度，为农民工的转移就业积极搭建平台，实施更加积极的就业政策，积极拓宽就业渠道，强化就业指导服务，鼓励自主创业和灵活就业，探索建立市场经济条件下促进就业的长效机制。鼓励大学生到城乡基层就业，统筹实施“三支一扶”“就业见习”等各类基层就业服务项目。在开发就业岗位的同时，大力提升劳动者的职业技能和创业能力，改善农村劳动者的进城就业环境，积极推进城乡统筹就业；加强失业调控，将城镇登记失业率控制在合理范围内。2015 年，将就业失业登记等部分人社业务下放到基层人力资源和社会保障所，打通服务群众的最后一公里。

【职业技术培训】 市劳动就业办公室依据《聊城市加强就业培训提高就业与创业能力五年规划（2014—2018）实施方案》的通知要求，通过加大与定点培训机构的沟通协调，积极开展面向新生劳动力的职业培训，面向企业在职职工的技能提升培训，面向下岗失业人员的再就业培训，面向农村劳动力的职业技能转化培训，面向城乡困难家庭子女的技能扶贫培训，面向各类群体的创业培训，提升劳动者的职业技能和创业水平。

【劳动人事争议仲裁】 2006 年 4 月，根据《关于成立临清市劳动争议仲裁院的通知》（临编字〔2006〕3 号），成立临清市劳动争议仲裁院，为劳动和社会保障局下属副科级全额财政拨款事业单位，下设立案庭，审理一庭，审理二庭，综合科。2011 年 4 月，根据《关于临清市人事争议仲裁办公室有关机构事宜的批复》（临编字〔2011〕3 号），临清市劳动争议仲裁院更名为临清市劳动人事争议仲裁庭（保留副科级规格），更名后，其机构规格、领导职数、人员编制、经费形式等事宜不变。主要职责是：贯彻执行国家、省、市劳动争议调解仲裁法律、法规、规章、政策；组织实施国家、省、市劳动争议调解制度的实施规范及劳动争议仲裁办案规则和仲裁机构组织规则；指导开展劳动争议预防工作；协调劳动争议调解仲裁工作与司法审判工作之间的关系；负责全市劳动争议调解仲裁统计、信息等工作；内设机构调整为立案庭、调解庭、审理庭、综合科；仲裁院内设机构职责明确，运行流程规范，实现立案、审理、监督相分离。在基层调解组织建设方面，全市共建立企业劳动争议调解委员会 127 个，覆盖全市所有大中型企业；建立事业单位劳动人事争议调解委员会 40 个，占事业单位总数的 53%；全市人社所全部建立劳动人事争议调解委员会。2015 年，市仲裁院通过山东省人力资源和社会保障厅对临清市“示范仲裁院”的验收，取得省示范仲裁院资格。

【社会保险】 企业养老保险。临清市社会劳动保险事业处成立于 1987 年 5 月，为正科级全额拨款事业单位，现有在职职工 20 人。内设综合科、财务科、基金征缴科、个人权益科、信息科、统计科、社保登记科、保险福利科 8 个科室。负责全市企业职工养老保险基金的征缴、支付、养老保险关系转移、在职职工（含破产企业）养老保险费欠费核算、退休（退职）职工养老保险金核算。具体业务自 1987 年 9 月开始。1987 年 9 月全民所有制企业开始缴纳企业养老保险费，1988 年 10 月集体企业开始缴纳社会保险费。1992 年 10 月，企业职工个人开始缴纳社会保险费。1987 年 10 月起，企业离退休人员养老保险待遇由企业代发。1998 年起，企业离退休人员实行社会化发放。企业养老保险费征缴工作。2015 年企业实际缴费人数 36885 人，企业养老保险费共征缴 41481 万元。2015 年年底企业离退休人员 26870 人，2015 年完成企业养老金发放 73132 万元，2015 年养老转移收入 1110 万元，转出 152 万元。

2013—2015年临清市企业养老保险基金收支结余情况一览表

单位：万元

年度	上年结余	收入							支出					当年收支结余	累计结余
		基金收入	调剂金收入	财政补助收入	利息收入	其他收入	转移收入	合计	基金支出	调剂金支出	转移支出	做实个人账户	合计		
2013	9808	34013	15500	234	96	29	618	50490	46261	2920	134	2674	49315	1175	10983
2014	10983	36947	25800		151	955	818	64671	59524	3677	286				
2015		41480	36884		52	961	1110	80487	73132	4147	152				16246
总计	20791	142775	78184	234	299	1945	2546	471880	383279	26378	708				

机关事业单位社会保险。临清市机关事业单位社会保险事业处为正科级全额拨款事业单位，现有在职人员7人，内设综合科、业务科、基金管理科、统计科三个科室，科室设置与聊城市机关事业保险处科室设置基本一致，主要负责临清市机关事业单位养老保险费的征缴、离退休人员养老金的发放工作。2001年4月由临清市劳动和社会保障局机关事业单位社会保险事业处正式开始办理养老保险业务，从2003年开始，加大对机关事业单位养老保险的征缴，不断加强征缴力度，实现参保率100%。根据《国务院关于机关事业单位工作人员养老保险制度改革的决定》《山东省人民政府关于机关事业单位人员养老保险制度改革的实施意见》《聊城市人民政府关于印发聊城市机关事业单位工作人员养老保险制度改革实施方案的通知》，从2015年开始逐步开展机关事业单位工作人员养老保险制度改革，对养老保险制度改革期间，参保单位缴费和养老金发放的资金进行清算，建立单位按本单位工资总额的8%缴费，个人按本人缴费工资的4%缴费的职业年金制度，建立个人账户。截至2015年12月份，全市机关事业单位参保人数达到14369人，离退休人数5869人，征缴保险费35556万元。

医疗保险。2013年，城镇职工基本医疗保险参保人数74858人，基金征缴16046万元，支出14882万元，13202人次享受到医保待遇。城镇居民参保人数103509人，基金征缴510万元，政府补贴2257万元，支出1534万元，4981人次享受到医保待遇。2013年3月，市华美红星医院成为惠民病房试点医院，参保职工可在惠民病房输液治疗，规定病种的医疗费可纳入基金支付范围，在定点医院直接联网报销。2013年4月，为充分发挥城镇医保在人感染H7N9禽流感疫情防控中的保障作用，对参保人员因感染H7N9禽流感发生的符合规定的医疗费用，纳入城镇职工、城镇居民基本医疗保险支付范围。2013年12月，实现与山东省16地市医保联网即时结算，联网医院76家。

2014年，城镇职工基本医疗保险参保人数75416人，基金征缴15714万元，支出15446万元，17160人次享受到医保待遇。2014年2月，临清市新型农村合作医疗与城镇居民医疗保险进行整合，按照先整合机构、人员、基金、信息系统，后整合制度的原则，积极稳妥、规范有序地做好整合工作，整合后更名为城乡居民基本医疗保险。2014年全市城乡居民参保人数588517人，基金征缴4258万元，政府补贴18832万元，支出23006万元，791247人次享受到医保待遇。2014年3月，大病保险制度在城乡居民基本医疗保险中全面实行，在新的大病保险制度中，个人年最高补偿限额20万元。2014年12月，全省职工医保联网即时结算医院达108家。

2015年，城镇职工基本医疗保险参保人数76662人，基金征缴18764万元，支出17866万元，18235人次享受到医保待遇。城乡居民医保参保人数598064人，基金征缴6652万元，政府补贴22723万元，支出26957万元，934519人次享受到医保待遇。2015年1月，聊城市局出台《聊城市居民基本医疗险暂行办法》，城乡居民医保实现制度下的统一，同时进一步提高报销比例和支付额度。2015年2月，进一步提高医疗保障水平，保障门诊慢性病患者就医需求，进一步扩大慢性病种类并提高报销比例和支付限额。2015年12月，全省职工医保联网即时结算医院达127家。

新型农村合作医疗。2013年，临清市新型农村合作医疗参保人数479580人，基金征缴3357万元，政府补贴13423.69万元，支出1697.8万元，823533人次享受到医保待遇。2014年2月，临清市新型农村合作医疗与城镇居民医疗保险进行整合，原卫生局新型农村合作医疗办公室14名工作人员转入临清市人力资源和社会保障局医疗保险事业处。

工伤保险。临清市工伤保险事业处成立于2004年8月，属全额事业单位，现有工作人员6名，主要职责是：负责落实工伤保险政策；负责工伤保险费的征缴和管理工作；负责工伤保险待遇的审核和支付工作；对定点医疗机构、辅助器具配置机构工伤保险服务履行情况进行监督、检查；为工伤职工或者直系亲属免费提供咨询服务。临清市的工伤保险制度启动于2004年1月。根据国家有关政策，事业单位工伤保险自2007年陆续启动，老工伤人员于2009年纳入统筹，统筹层次于2010年工伤保险纳入聊城市级统筹。2013年至2015年年底，参保人数69500人，其中：农民工参保24666人，事业单位参保12316人。收缴工伤保险费5527万元，支付工伤保险待遇1920人次，支付金额4423万元，累计结余1104万元。三年来，工伤保险覆盖范围不断扩大，管理服务逐步规范，切实保障企业和职工、特别是工伤职工的合法权益。

失业保险。2013至2015年共有参保单位256家，参保人数54000人；其中：企业参保44600人、机关事业单位参保9400人；共征缴失业保险基金3810万元；待遇支出4601万元；享受待遇人数4233人。

企业职工生育保险。三年来，为符合生育保险报销条件的343个单位762名职工发放生育保险金7953752元，其中生育保险津贴6427102元，生育医疗费1526650元。

【劳动保障监察】 临清市劳动保障监察监督科成立于2001年，隶属市人力资源和社会保障局，2012年12月更名为临清市劳动保障监察监督处，隶属关系不变。临清市劳动保障监察大队成立于2001年6月12日，为副科级全额事业单位，隶属市劳动和社会保障局。2010年4月17日，市劳动保障监察大队更名为市劳动监察局，为参照公务员管理事业单位，成为全国第一个县市级劳动监察局。截至2015年，专职监察员16人，兼职监察员48人。劳动监察由市劳动保障监察监督处和市劳动监察局组成，市劳动保障监察监督处隶属市人力资源和社会保障局，现有工作人员3名，市劳动监察局为参照公务员管理事业单位，隶属市人力资源和社会保障局，专职监察员16人，兼职监察员48人。负责全市劳动保障监察工作的宏观调控、组织协调、管理考核；负责全市劳动保障监察员的培训工作；负责制定劳动保障监督审查及专项检查工作计划，并督促实施；负责社会保险基金行政监督工作；负责受理投诉举报案件；负责上级安排的其他工作。采取日常检查、专项检查、年度审查、投诉举报检查等方式对管辖范围内用人单位遵守劳动保障法律法规的情况进行监督检查。根据上级要求，积极开展劳动保障监督审查工作、农民工工资专项检查、整治非法用工，打击违法犯罪、清理整顿人力资源市场秩序等专项执法检查，有效地规范用人单位用工行为。三年来，处理各类案件共计439件，补发劳动者工资518万元，补签劳动合同13304份，督促缴纳社会保险费5424万元。时效内结案率100%，无行政复议案件，切实维护广大劳动者的合法权益。对各项社会保险基金采取现场监督与非现场监督，专项审计检查等方式进行有效行政监督，确保临清市社会保险基金安全运营。始终把宣传寓于劳动监察工作之中，有效地促进劳动保障法律法规的贯彻实施，切实维护劳动者的合法权益。

【加强基层基础建设，夯实工作基础】 加强班子和队伍建设。开展领导干部蹲点调研。针对党员干部对基层情况了解不透彻的问题，制定《党员领导干部进行蹲点调研实施方案》，科级干部每人联系1个镇（街道）人社所、3家民营企业，每月到联系点开展不少于3天的蹲点调研。选派干部挂职“第一所长”。在局机关选派16名优秀年轻干部到镇办人社所挂职担任“第一所长”，选调部分优秀镇（街道）人社所干部到局机关业务科室跟班轮训，跟班轮训时间一般为1个月。组织开展主题演讲活动。在新进机关大学生中开展以“换位找差距、服务再提升”为主题的演讲活动，通过身边人讲身边事，用身边事讲切身感受，引导党员、干部在理想信念、宗旨意识、工作能力、服务态度等方面查摆问题，提升服务效能。提升新进机关大学生能力建设。把新进机关高校毕业生全部纳入信息员队伍，不定期地开展业务述职、工作研讨等活动，开展“双月精读一本书”活动，通过上述措施，使新进机关高校毕业生达到张口能讲、提笔能写、问策能对、遇事能办，尽快成长为优秀的各方面业务骨干。开展科长讲业务活动。利用周三例会，开展“科长讲业务”活动，使每一名中层干部都有登台展示的机会，在实践中锻炼提高综合分析能力、语言表达能力、与人沟通能力。

加强机关管理，转变作风。整顿办公用房和公车使用。制定《机关办公用房清理工作方案》，按照既定标准腾退多余的办公用房，从领导干部到一般职工，办公用房全部整改到位，符合有关标准。进一步规范公车使用，公车严禁私用，节假日和周末时间公务用车全部在机关封存。健全机关管理制度。建立领导班子查岗制度，修订完善周末值班和夜间值班制度，机关管理面貌为之一新。制订《机关工作人员文明行为规范》，从一言一行、从点滴小事来规范干部职工的行为。实行大厅值班制度，在综合服务大厅设立咨询台，科级干部和中层正职每人到咨询台工作一天，转换身份，体会群众酸甜苦辣。大力推进政务公开。在劳动监察局、综合服务大厅等执法部门和服务窗口，统一制作政务公开栏，实行“五公开”，即公开工作人员身份、公开窗口岗位职责、公开办事流程、公开办理事项所需要资料、公开办理时限，让群众熟悉办事条件、办事流程、监督办法，更好更方便地为人民群众办事。选树先进典型。制定《关于选树身边人身边事先进典型的通知》，选择勤奋学习、精通业务、规范服务、遵守纪律、诚信友善、廉洁自律6个方面典型，在全局范围内进行通报表彰，树立比学赶超的榜样。

【特色工作】 民营企业养老保险扩面征缴实现重大突破。2015年，面对经济下行压力加大、养老金发放异常困难的严峻形势，临清市人社局迎难而上、积极作为，全面加大以民营企业为突破点的养老保险扩面征缴力度。全市共征缴企业养老保险费41481万元，完成聊城市下达全年征缴任务的103.71%。其中各镇（街道）民营企业征缴18796万元，占全年征缴养老保险费的45%，镇（街道）民营企业养老保险扩面征缴实现历史性突破，有效缓解企业退休人员养老金支付压力。

临清市人社局积极向市委、市政府汇报工作情况，及时提出工作建议。市委、市政府先后召开扩面征缴动员会、现场会、推进会；市委书记王建鹏同志亲自签发传真电报；市长李新阁同志亲自约谈征缴进度后7名的镇（街道）党委书记；分管市长王磊同志多次带队深入镇、街道现场督导；市人大、市政协分别组织专项视察；市委大督查办公室每月通报镇、街道扩面征缴进度，强化责任，增加压力，营造工作氛围。理清工作思路。面对严峻形势，临清市人社局及时调整工作思路，组织引导镇、街道把扩面征缴重点放在民营企业上。各镇（街道）通过组织包村干部进企入户调查摸底，建立起翔实的民营企业用工台账，按企业用工人数下达扩面征缴任务。形成工作合力。临清市人社局全员上阵，每一名班子成员联系一个镇（街道），带领派驻“第一所长”盯紧靠上、持续督促；组织各（街道）同步召开扩面征缴动员会，市人社局班子成员到会宣讲政策，党委书记作动员报告，民营企业负责人必须亲自参加，不能缺席、不能顶替。严格依法行政。临清市人社局严格按照《社会保险法》等有关法律法规和政策规定，认真做好养老保险基金依法征收、清理欠费工作。对不接受检查、不按要求参保缴费的企业，由劳动监察局启动处理处罚程序，及时移送法院强制执行，2015年共移送强制执行案件46件。加大社保法规政策宣传力度。充分利用临清电视台、临清广播电台、《临清周讯》、临清政务网等新闻媒体，借助短信平台、微信圈等新媒介，全方位宣传社会保险法规政策；安排享受社保待遇的人员现场说法，发挥典型示范作用；印发3万份社保政策明白纸，引导职工群众算清经济账、长远账。通过以上措施，在全社会形成人人议参保、想参保的氛围。

【领导人更迭】

中共临清市人力资源和社会保障局党组

党组书记：郭春光（2014.11止）
高保平（2014.11起）

党组副书记：
高保平（2014.11止）
郭春光（2014.11起）
马朝庚
钟艳芳（女）

党组成员：郑荣堂
刘玉荣
魏士玺
李会杰
詹云岗
汪　静（女）
汪培勤
张东盟
薛汝宾
符　磊

工会主任：符　磊

临清市人力资源和社会保障局

局　长：高保平

副局长：郭春光
马朝庚
钟艳芳（女）
郑荣堂
刘玉荣
杨森元

劳动就业办公室

主　任：钟艳芳（女，兼）

社会劳动保险处

主　任：马朝庚（兼）

农村养老保险处（城乡居民养老保险处）

主　任：郝　兵

医疗保险事业处

主　任：郭春光（兼）

副主任：魏士玺
张　雪（女）

工伤保险事业处：

主　任：魏士玺

企业退休人员社会化管理办公室
主　任：刘玉荣（兼）
副主任：孙　琳（女）
劳动人事争议仲裁院
院　长：郑荣堂（兼）
副院长：汤承君
技工学校
校　长：王泽春（2013.10 止）
　　　　何璀璨（2014.02 起）
副校长：林在峰
　　　　刘学旺（2013.08 起）
劳动监察监督处
主　任：薛汝宾
劳动监察局
局　长：王　昂

（汪培勤　方化春）

民　政

【机构设置】 2011 年 3 月，根据临清市人民政府出台《关于印发临清市民政局主要职责内设机构和人员编制规定的通知》文件要求，民政局局属科室包括办公室、财务科、优抚安置科、救灾和社会救助科、基层政权和社会组织科、社会事务和区划地名科，局下属事业单位包括双拥办公室、慈善总会、大辛庄中心敬老院、八岔路中心敬老院、老赵庄中心敬老院、魏湾中心敬老院、婚姻登记处、军休所、殡仪馆、烈士陵园。2013 年和 2014 年，民政局共有干部职工 54 人，其中局机关工作人员 16 人，双拥办公室 2 人，慈善总会 8 人，大辛庄中心敬老院 2 人，八岔路中心敬老院 2 人，魏湾中心敬老院 3 人，老赵庄中心敬老院 2 人，婚姻登记处 4 人，军休所 2 人，殡仪馆 6 人，烈士陵园 7 人。2015 年，民政局共有干部职工 55 人，其中局机关工作人员 16 人，双拥办公室 2 人，慈善总会 8 人，大辛庄中心敬老院 3 人，八岔路中心敬老院 2 人，魏湾中心敬老院 3 人，老赵庄中心敬老院 2 人，婚姻登记处 4 人，军休所 2 人，殡仪馆 6 人，烈士陵园 7 人。

2013 年至 2015 年临清市民政局根据上级民政部门工作要求，结合全市实际，进一步完善社会救助机制；以养老转型为重点，大力发展社会福利事业；以落实政策为重点，继续深化军民融合发展；以承接服务为重点，持续激发社会组织活力；以基层自治为重点，加快城乡社区建设。

【基层政权建设和民主管理】 基层政权建设。2014 年依法开展第十一届村委会换届选举和第一次城市社区居委会统一换届选举工作。配合组织部门开展全市换届选举业务骨干培训，做好换届选举期间信访稳定工作，2014 年村（居）级组织换届工作在 2014 年 12 月 31 日全部完成，成功率达到 100%。

社区建设。2013 年先锋路街道银河社区和新华路街道桑树园社区分别获得聊城市十佳城市社区和十佳农村社区。2014 年新华路街道古楼社区和先锋路街道的东兴社区被评为聊城市“美丽社区”。2013 年落实聊城市民政局《关于做好全市修订农村社区建设布局规划工作的通知》，配合规划局制定农村社区规划并上交省民政厅，积极推进农村社区建设，整合资源，构建服务性社区，在全市范围内共规划 79 个农村社区，进一步加强农村社区服务体系建设，完善社区管理机制，健全社区组织体系。2013 年成立社区志愿者联合会。根据临发〔2013〕26 号文件《中共临清市委关于印发〈临清市志愿者联合会筹建工作方案〉的通知》，结合四个街道的实际情况，成立社区志愿者分会，积极开展讲文明树新风宣传教育活动，在开展好日常志愿服务工作的同时，积极配合做好全市性的志愿服务工作。

【城乡居民最低生活保障】 2013 年至 2015 年，研究出台《临清市城乡居民最低生活保障工作责任追究办法》（临民发〔2014〕38号）；研究出台《临清市城乡居民家庭经济状况核对暂行办法》（临民发〔2014〕17号），明确部门职责、核对对象和内容、核对程序、管理与监督办法，建立救助家庭经济状况信息核对平台，实现民政与公安、住建、人社、工商、税务、国土等16个部门的网络数据对接，确保涉及社会救助对象的22项经济状况信息的即时核查。累计核对社会救助对象各类信息近8万余条（次），救助对象赡养人、抚养人、扶养人信息4万余条（次），严格做到新申请对象100%经过平台核对，在册救助对象定期进行复核，增强社会救助工作的透明度。依据《山东省刑事被害人救助工作实施办法（试行）》，出台《关于建立刑事被害人救助工作联动协调机制的实施意见》（临检会〔2015〕1号），建立刑事被害人救助工作联动协调机制，为维护刑事被害人合法权益提供可靠保障。在建立临清市社会救助中心的同时，依托各镇（街道）成立16个“一门受理、协同办理”综合服务中心，建立“成功数字民政综合支撑平台”，统一便民服务窗口。2014年，按照山东省民政厅统一标准，为全市600个村居安装低保公示栏，严格落实低保对象长期公示制度，建立健全社会救助监督检查长效机制。印发《临清市人民政府关于建立全市城乡困难居民临时救助制度的通知》，明确重要意义、基本原则、责任主体、主要内容和相关要求。2014年，按照《临清市开展“阳光低保”专项行动实施方案》（临民发〔2014〕18号），以回应群众关切、维护群众利益、强化责任意识、改进工作作风为出发点，以解决问题隐患为落脚点，深入开展“阳光低保”专项行动，从一定程度上促进基层社会救助能力和服务水平的全面提升，全面强化城乡低保对象的动态管理。三年来，先后3次提高城乡居民最低生活保障标准，城市居民最低生活保障标准由2013年的305元每人每月提高到380元每人每月；农村居民最低生活保障标准由2013年的1800元每人每年提高到2600元每人每年。农村五保集中供养标准由2013年的3600元每人每年提高到5000元每人每年，分散供养标准由2013年的2520元每人每年提高到3500元每人每年。2013年至2015年共发放低保金12774.42万元，其中城市低保金3555.16万元，农村低保金9219.26万元。

【福彩发行】 临清市福彩工作紧紧围绕“加强投注站硬件建设，扩大销售市场，提高服务质量，增加福彩销量”的工作思路，规范管理，提升形象，拓宽销售渠道，促进彩票销量。自2000年“齐鲁风采”电脑彩票发行以来，销量连续攀升，到2015年，累计销售1.5亿元，积累县级福彩公益金1500万元，居聊城县市区首位，有力地支撑当地福利事业的发展。

【城乡医疗救助】 研究制定《关于进一步完善城乡医疗救助制度全面开展重特大疾病救助工作的实施办法》（临民发〔2015〕28号），2013年至2015年，救助患病困难群众3189人次，累计发放医疗救助金518.91万元。2013年，按照每人资助70元的标准共为24140名城乡低保、五保对象和孤儿资助医疗保险资金168.98万元。2014年，按照每人资助70元的标准共为23332名城乡低保、五保对象和孤儿资助医疗保险资金186.656万元。按照每人资助120元的标准共为1739名城乡五保对象和孤儿资助医疗保险资金208680元。为进一步解决全市城乡低保对象看病难、就医难的问题，提高困难群众的健康水平奠定坚实的基础。

【优抚】 认真落实各项抚恤补助政策。提高优抚对象抚恤补助标准。严格按照国家、省民政厅下发的《关于提高部分优抚对象抚恤补助标准的通知》文件精神，提高残疾军人“三属”定期抚恤金、在乡复员军人、带病回乡退伍军人、参战参试退役人员的生活补助以及老年烈士子女和60岁以上退役士兵老年生活补助标准。通过与财政、各镇（街道）政府的积极协调，督促各镇（街道）及时将抚恤补助金按时、足额发放到优抚对象手中，指导督促落实社会化发放。2013—2015年，由各镇（街道）为农村优抚对象发放抚恤补助资金2630万元。

认真做好60岁以上退役士兵和烈士子女老年生活补助金的发放工作。2013—2015年为60岁以上退役士兵发放老年生活补助金994万元、为老年烈士子女发放补助金111.3万元，该款都是通过银行足额发放到优抚对象银行卡中，全部实现社会化发放。

完善优抚医疗保障制度。及时为符合条件的优抚对象参加居民医疗保险，缴纳参保费32.6万元；为六级以上残疾军人缴纳医疗统筹376万元；为四级以上残疾军人发放护理费82.7万元。

继续完善“一站式”结算优抚医疗保障制度，使这项工作走上制度化的轨道，通过“一站式”结算为优抚对象解决住院医疗补助32.4万元。

做好义务兵家庭优待金发放。在八一建军节前，严格按照上年度农民人均纯收入水平发放义务兵家庭优待金（2015年兑现标准为11093元/人/年），并全部实行社会化发放；同时，做到“四个增发”，即按现行优待标准，进藏服役义务兵年优待金增发1倍，到新疆、青海等艰苦地区服役义务兵增发50%，大专以上毕业生义务兵增发20%，获得荣誉称号义务兵按不同比例增发，2013—2015年发放优待金2289.8万元。

做好烈士褒扬工作。加强对市烈士陵园和八岔路烈士陵园的管理保护工作，在春节、清明节、国庆节等节日期间，做好烈士祭扫安全保护，杜绝各种意外事故的发生。9月30日烈士公祭日，在市烈士陵园和八岔路烈士陵园分别举行隆重的烈士公祭活动，市委、市政府、市人大、市政协等几大班子领导，市直各部门主要负责同志，驻临武警、消防官兵、烈士家属、老战士代表以及师生代表等近千人参加公祭仪式，一同瞻仰革命烈士纪念堂、祭扫烈士墓，缅怀革命先烈的丰功伟绩，颂扬烈士们的革命精神，寄托后人的无限哀思。

做好涉军稳定工作。在市领导批复的基础上，多次与财政局、人社局协调，解决破产困难企业军队退役人员中出现的各种问题，最大限度地减少不和谐因素。三年来，向市财政争取资金429.4万元为破产困难企业军队退役人员落实养老、医疗等社会保险。

着力解决优抚对象在生活、医疗、住房方面的实际困难。推进“解三难”工作的经常化、规范化、制度化，为困难优抚对象在翻建房屋、住院困难救助、困难生活救助等方面发放补贴22万元。

做好优抚对象轮养。2013—2015年按照制定的优抚对象轮养计划，在临清市光荣院（与大辛庄敬老院合署办公）对全市优抚对象，在本着自愿的基础上，每年安排四批120名优抚对象到光荣院进行轮养，在吃、住、病、查体、娱等方面做好保障，让他们真正享受到国家对广大优抚对象关心照顾。

做好优抚数据核查完善。按照山东省民政厅的要求，对全市优抚管理信息系统内的优抚对象数据进行核查、完善，严格按照民政厅的要求，对优抚对象基本信息、二代身份证扫描、电子档案、年度认证、年度照片等进行完善。

【安置】 按照中华人民共和国国务院、中华人民共和国中央军事委员会令（第608号）《退役士兵安置条例》的要求，全面落实安置待遇，对临清籍退役士兵、转业士官做出妥善安置，维护退役士兵的合法权益。2013年至2015年共安置退役士兵802人，其中城镇籍士兵211人，农村籍士兵506人，转业士官85人，重点安置对象全部安置到事业单位。一次性经济补助金1182万元，转业士官待安置期间生活费15.24万元，已经全部发放到位。开展退役士兵职业教育和技能培训工作。本着自愿参加、免费培训的原则，选择师资力量强、培训设施好、教学质量高的培训机构承担培训任务，根据就业需求和退役士兵特点设置课程，开展“订单式”教育和培训，依托各类就业服务机构，积极推荐退役士兵就业。进一步落实国家和省市鼓励就业创业、扶持退役士兵自谋职业的优惠政策，积极引导退役士兵自谋职业、自主创业。

【婚姻登记】 临清市婚姻登记处位于三和路北段，新华路街道东兴街。房屋总面积为350平方米，其中候登区和结婚登记区面积180平方米，离婚登记室面积25平方米，婚姻家庭辅导室面积25平方米，颁证大厅60平方米，档案室35平方米，卫生间25平方米。工作职责为：办理结婚登记；办理离婚登记；补发婚姻登记证；撤销受胁迫的婚姻；宣传婚姻法律法规、倡导文明婚俗。婚姻登记处认真落实《婚姻法》和《婚姻登记条例》，严格执行《婚姻工作暂行规范》，依法办理婚姻登记，认真宣传婚姻法律法规，积极倡导晚婚晚育、做好婚姻登记咨询。认真做好对当事人有关婚姻状况声明的监誓和审查好当事人是否具备结婚、离婚、补发婚姻证件的条件，认真签发婚姻证。婚姻档案及时整理、立卷，正确保管和使用。婚姻登记处工作人员严格遵守各项规章制度，服务热情周到，婚姻登记合格率达100%。

2013—2015年临清市婚姻登记情况统计表

年份	结婚登记（对）	离婚登记（对）	补办结婚证（对）
2013	6833	851	401
2014	8051	1013	702
2015	6964	962	631

【殡葬】 临清市殡仪馆始建于1966年，原名为临清市火葬场，占地面积13余亩，在先锋路东首北侧，担负着全市十几个镇街道及周边地区的尸体任务及殡仪服务。1993年更名为临清市殡仪馆，1999年在原地进行扩建增征土地3.2亩，改建火化车间，新建职工宿舍4间，伙房3间，扩建寄存大厅，可容纳骨灰盒3000余只。临清市殡仪馆于2012年12月搬迁至先锋路街道东小庄，殡仪馆占地105亩（其中规划墓地70亩），新建的殡仪馆总投资1460万元。建有高标准的吊唁大厅、火化车间、寄存楼和办公大楼等，新建4台高档火化炉，在搞好硬件建设的同时，不断增加服务内容，提高服务质量，形成运尸、冷藏、告别、火化、骨灰寄存一条龙服务，满足当前人民群众对丧事办理的需要，提高殡葬管理服务水平。

【干部队伍建设】 临清市民政局强化措施，不断加强干部队伍建设，提升管理水平。增强自律意识。定期组织全体干部职工认真执行民政项工作制度及规定，要求干部职工在工作中坚持按政策办事、按规定办事、按原则办事，决不吃、拿、卡、要。提高服务意识。坚持“以人为本，为民服务”的民政工作宗旨，严格执行首问责任制、服务承诺制、限时办结制等制度，带领并引导服务对象到相关业务科室办理业务，耐心解答群众咨询，为群众提供更优质服务。树立民政人的良好形象。提升荣誉意识。以局为家，珍惜集体荣誉，全局民政干部职工以局为家，珍惜集体荣誉，团结协作、开拓进行、爱岗敬业、努力工作、优质服务，维护集体荣誉。强化廉洁意识。通过收看有关视频资料及学习有关文件，党员干部时刻提醒自己面对诱惑脑子绷紧一根弦，牢记民政资金为高压线，任何人都不能动下心思，做到不破底线、不越红线、不触高压线，警钟长鸣，自觉加强廉洁意识。

【区划地名】 地名管理。2014年调整临清市地名委员会，成立临清市地名专家委员会，下发《临清市人民政府办公室关于进一步加强区划地名管理工作的通知》（临政办发〔2014〕8号）和《地名清理整顿工作方案》，文件规定针对地名命名、更名申报审批程序，标准地名和地名标志的使用、区划界线管理等重点工作，并联合住建、规划、国土等相关部门共同参与，相互协作，明确部门职责，加强地名信息共享，完善并严格执行地名命名更名专家论证制度，切实避免随意命名更名的现象，确保地名命名更具科学性。2014—2015年办理下发标准地名使用证45个。

2014年完成《临清市城市地名总体规划》。按照临清市的总体规划，将临清市的61条道路，18座桥梁，6处绿地广场水库共85个新地名进行了命名。

2015年完成《古县神韵·临清》的取景拍摄。与山东省地名研究所和山东电视台配合，拍摄电视文献系列片《古县神韵·临清》，以电视艺术手法书写县域地名文化志，突出地名文化这一主题，从古县历史渊源、建置沿革切入，展现古县古迹、历史事件、革命事件、历史人物、自然景观、土特产品、民俗风情等区域文化，展示改革开放以来经济社会成就，提升县域知名度。

2015年下发《临清市政府关于开展第二次全国地名普查的通知》（临政办字〔2014〕42号）及《临清市第二次全国地名普查实施方案》（临地名普查办〔2015〕2号），成立临清市第二次全国地名普查工作领导小组。

界线管理。2013完成年县级边界线联检工作。临清市民政局会同其他县（市）分别完成临清—东昌府、临清—茌平线的实地联合检查，此次联检工作共涉及4个（县）市，11个镇（街道），67个村，边界线全长56.957公里，全线埋设的9颗界桩均完好无损，审定会签《联检实施方案》《联检情况报告》等联检工作档案，保质保量完成聊城第三轮县级联合检查工作。2014年完成2条县级边界线临清—东昌府、临清—高唐实地联合检查。完成界线实地勘察、界桩维护、案卷整理工作并上报聊城市局。其中涉及县级边界线的金郝庄镇、康庄镇、刘垓子镇、尚店镇、魏湾镇做好界桩的维护工作，积极配合县级边界线的联检。

2013年完成省级边界线联检工作。临清市民政局会同临西县、馆陶县民政局，分别完成临清—临西线、临清—馆陶线的实地联合检查。经过双方的实地联检，全线埋设的22颗界桩均完好无损，实地检查结束后，审定会签《联检实施方案》《联检情况报告》等相关联检工作档案，此次联检工作共涉及3个（县）市、10个镇（街道）、70个村，边界线全长43.102公里，保质保量完成冀鲁线联合检查工作的各项任务。

【敬老院建设】 五保供养标准动态增长。根据农村五保供养标准动态增长机制，不断提高五保人员供养标准，农村五保集中供养、分散供养标准分别为每人每年5000元、每人每年3500元，保障供养人员基本生活。完善五保人员医疗保障。财政全额资助五保户参加城乡居民医疗保险，对特困人群医疗救助在政策上进行倾斜，并定期体检，解决五保老人看病难、看病贵的难题，保障五保老人病有所医。安排农村五保供养服务机构运行经费。每年年初将四处中心敬老院运行经费足额纳入预算，同时对敬老院相关设施的购置、维修、改造等进行支持，使全市敬老院设施不断完善、功能不断提升、服务能力不断增强。中心敬老院管理服务水平的提升，得到农村五保对象的认可，集中供养的农村五保人员达到480人。2013年4月26日，全国农村五保供养服务机构建设管理推进会在山东省聊城市召开，八岔路中心敬老院作为参观现场之一，管理服务经验向全国推广。

【救灾救济】 自然灾害频发，救灾救济任务繁重。为加强减灾应急能力，临清市制定《自然灾害应急预案》，并实行自然灾害灾情会商制度，提高灾情统计数据的准确性和合理性，为减灾救灾决策提供可靠依据，救灾综合协调和应急反应能力不断增强，经受住近几年几次重大自然灾害，尤其是2013年洪涝灾害的考验。2013年7月25日，临清市遭受严重洪涝灾害，造成全市19.5万亩农作物受灾，成灾面积4.57万亩，绝产3.63万亩。据不完全统计，此次降水导致临清市12个镇（街道）受灾，受灾人口达16.16万人，倒塌房屋68间，直接经济损失1.04亿元。其中康庄镇、戴湾镇、魏湾镇、金郝庄镇受灾最为严重。灾情发生后，临清市各级党政领导十分重视，大力组织广大干部群众抗灾救灾。民政部门全力以赴投入救灾工作，及时准确收集、上报灾情，组织受灾群众互助互济，生产自救，迅速筹措发放救灾款物，保障灾区群众的基本生活。

【慈善事业】 近年来，临清市每年都组织开展“慈心一日捐”和慈善基金募捐活动，自2013年至2015年，“慈心一日捐”活动累计共募集善款1675万余元。开展助学救助。为帮助困难家庭的学生顺利完成学业，积极开展救助特困大学新生、特困高中生、“春蕾计划”等活动，共发放慈善救助款66万余元，累计救助困难学生434人。开展“情暖万家”救助活动。每年年底，针对贫困家庭或因大病大灾导致贫困的困难家庭进行救助，开展“情暖万家”大型公益救助活动，救助困难群众3940名，共发放慈善救助款物折款51万余元。开展“烛光”工程救助活动。帮助全市的特困教师度过生活难关，共救助107名特困教师，共发放救助金21万余元。做好助老工作。几年来，为进一步改善全市敬老院集中供养老人的生活条件，临清慈善总会每年拨付敬老院40万元，切实解决老人的取暖问题。做好临时救助工作。针对因突发性原因造成临时性困难的家庭，给予临时救助，共救助105人，发放救助款32万余元。

【社区建设】 基层政权建设。按照《村民委员会组织法》《山东省实施村民委员会组织法办法》《山东省村民委员会选举办法》和《中国共产党农村基层组织工作条例》等有关法律规定和省委、聊城市委的要求，2014年依法开展第十一届村委会换届选举和第一次城市社区居委会统一换届选举工作。配合组织部门开展全市换届选举业务骨干培训，做好换届选举期间信访稳定工作，2014年村（居）级组织换届工作在2014年12月31日全部完成，成功率达到100%。

社区建设。2013年先锋路街道银河社区和新华路街道桑树园社区分别获得聊城市十佳城市社区和十佳农村社区。2014年新华路街道古楼社区和先锋路街道的东兴社区被评为聊城市“美丽社区”。2013年落实聊城市民政局《关于做好全市修订农村社区建设布局规划工作的通知》，配合规划局制定农村社区规划并上交省民政厅，积极推进农村社区建设，整合资源，构建服务性社区，在全市范围内共规划79个农村社区，进一步加强农村社区服务体系建设，完善社区管理机制，健全社区组织体系。2013年成立社区志愿者联合会。根据临发〔2013〕26号文件《中共临清市委关于印发〈临清市志愿者联合会筹建工作方案〉的通知》，结合四个街道的实际情况，成立社区志愿者分会。

【民间社团管理】 贯彻落实国家有关社团和民办非企业单位登记管理的方针、政策、法规；负责全市内社团的登记管理工作；监督社团组织活动，查处社团组织的违法行为和未经登记而以社团名义开展活动的非法组织；指导社团开展合法的业务活动；承担全市民政类社会团体的监督和业务主管工作；负责社团的行政复议工作。开展市级职能部门所属民办非企业单位的登记管理；查处民办非企业单位的违法行为和未经登记的民办非企业单位；承担全市民政类民办非企业单位的监督和业务主管工作。协调社团、民办非企业单位与各业务主管部门的关系。

2013—2015 年临清市民间组织登记情况统计表

年份	社会团体（个）	民办非企业（个）
2013	90	32
2014	92	36
2015	96	38

【领导人更迭】

中共临清市民政局党组

书　　记：王建民（2015.03 止）

尹建军（女，2015.03 起）

党组成员：蔺文全

范荣英（女）

王庆文

李衍怀

马啸宇

许月杰

岳　红（女）

临清市民政局

局　　长：王建民（2015.03 止）

尹建军（女，2015.03 起）

副 局 长：王庆文

马啸宇

许月杰

工会主任：岳　红（女）

（岳　红　崔雪君）

老龄工作

【机构设置及基本情况】 1988 年 3 月，成立临清市老龄委员会，下设办公室具体负责老龄工作。2001 年 9 月，更名为临清市老龄工作委员会办公室，归口临清市政府，为市政府直属参公事业单位。单位工作人员 4 名，其中主任 1 人，副主任 1 人，组织部副部长兼任党组书记。

【老龄组织建设】 结合干部调整，配齐配强市镇两级老龄组织班子成员，在全市 600 个村居建立老年协会，构建起市镇村三级工作网络。2013 年 5 月，聊城市村（居）老年活动场所建设现场会在临清市召开。省、市、县三级领导及聊城各县市区老龄办的同志实地参观市柳玟居委会、大辛庄街道、桑树园居委会老年公寓和桑树园社区社会管理服务中心，对村（居）老年活动场所建设工作进行现场观摩。2014 年 7 月，下发《临清市基层组织建设“乐龄工程”实施方案》，计划利用 3 至 5 年时间，建立健全、规范完善全市镇（街道）、村（居）老年组织建设“乐龄工程”，做到机构健全、队伍齐整、制度规范。2015 年，制定下发《关于进一步明确镇、街道老龄工作委员会干部的通知》（临老发〔2015〕2 号），健全全市镇街道老龄委的组织结构，明确由副科级担任老龄委主任，并配备一名老龄专职干部。

【宣传教育】 充分发挥各类新闻媒体作用，定期播放老龄专题片和关爱老年人公益广告，大力宣传爱老敬老优良传统、老年人优待政策，并且通过宣传标语、灯箱广告等形式，扩大宣传覆盖面，在全社会营造尊老、敬老、爱老、助老的浓厚氛围。积极开展新修订的《老年法》和《山东省老年人权益保障条例》的宣传工作。2013年8—9月，在全市组织开展老年法律法规知识竞赛，并由优秀选手组成临清代表队参加聊城市老年法律法规知识竞赛，获得二等奖。2015年8月，积极开展“银龄杯”中老年广场舞大赛，选拔出的1支优秀队伍参加聊城比赛，荣获一等奖。

【维护老年人权益】 及时发放百岁老人长寿补贴每人每月400元，2015年在聊城市率先制定80—89岁老人高龄津贴发放政策。2013年，率先在聊城市实施65周岁以上老年人免费乘坐市内公交车的政策。积极保障老年人合法权益，妥善处理老年人信访案件，2014年为20余名经济困难孤寡老人减免诉讼费1.1万余元，妥善解决老年人赡养纠纷案件10余起。

【敬老爱老活动】 每年“两节”（老年节、春节）期间，发动全市各级各单位都广泛开展形式多样的敬老爱老活动，广泛组织和动员有关部门、社会组织、企事业单位、家庭和个人，为老年人办实事、做好事。“敬老月”期间，市几大班子领导带队慰问百岁老人和敬老院，为老年人送去祝福、送去温暖。各级政府加大老年活动阵地建设的投入，近年来共投入900多万元用于场所建设。全市现有1000余平方米的老年人活动中心1处，老年门球场200余处，地掷球场4个，各镇（街道）建立老年文化大院，组建15个体育单项协会、1个市级夕阳红艺术团、1个镇级夕阳红艺术团，200多个老年健身队，参加老年体育活动的达5万余人。

【落实“五个老有”】 坚持把构建多层次的社会养老保障体系摆在突出位置，不断建立健全各项社会保障制度，全心全意为老年人服务，让老年人更多更好地享受改革发展成果，在“老有所养、老有所学、老有所医、老有所乐、老有所为”方面取得实效。健全养老服务机构。坚持把社会养老服务机构建设作为一项重要任务，大力推进敬老院、老年公寓等老年福利设施建设，投资2400万元建设4所达到省级养老服务机构标准的中心敬老院；大力支持民间资本投资养老市场，建设3家个体老年公寓，总收养能力达1500余人。积极引导广大村级组织为老年人办实事，新华路街道桑树园居在全市率先建立村级老年公寓，全居60岁以上老人免费入住。

大力开展文体活动。依托各类活动场所，积极引导老年团体广泛开展健身舞表演、京剧汇演、球类比赛等科学、健康、有益的文体活动。特别是加大基层老年人关注力度，组织开展文艺下乡、农村老年人棋类、书画比赛等活动，极大丰富老年人精神文化生活。2014年6月组织临清市京剧代表队赴烟台参加第四届中国老年文化艺术节京剧大赛，三位老年京剧爱好者获得国家老龄委颁发的银奖。健全医疗保健体系。围绕提高老年人医疗保健水平，不断完善城乡医疗卫生服务体系，把市医院确定为老年病防治医院和“爱心护理院”，适应老年人多样化的医疗卫生需求。对困难老人实行医疗救助，为农村所有60岁以上老人免费查体，确保困难老人的基本医疗服务。健全养老保障制度。完善城镇职工基本养老保险制度，建立稳定规范的基金筹措长效机制，确保2万多名企业离退休人员养老金按时足额发放。加大困难老人帮扶救助力度，将符合条件的贫困老人、三无老人优先纳入低保范围，切实做到应保尽保，并不断提高标准。大力实施“银龄安康工程”，进一步形成多层次、宽领域的保障机制。

【工作队伍建设】 加强思想作风建设，认真搞好群众教育实践活动、“三严三实”和“两学一做”教育实践，进一步抓好党的建设，进一步抓好理论学习，进一步加强作风建设，进一步强化落实党的纪律。坚决克服爱面子、讲排场的思想，厉行节约、反对浪费，严格“三公”经费、职务消费、人情消费支出，把中央八项规定不折不扣地落到实处。积极开展老龄工作调研，2014年8月，分别对全市合祥、福乐园、温馨3家民办老年公寓经行走访，对老年公寓搬迁后的基本建设、配套设施、老年人需求及入住情况、存在的困难进行了解，积极争取上级财政支持。2015年4月，参加山东省第4届老年健康与长寿理论研讨会论文征集活动。市老龄办通过到民营老年公寓和敬老院开展调研，发表论文《老年糖尿病患者饮食误区及纠正对策》并荣获三等奖。2015年7月，积极参与调研组对“我省‘医养结合’养老模式存在问题及对策”的调研，深入到市医院医护型养老保健服务中心了解情况、开展调研，完成临清市医养结合调研报告及临清市“医养结合”养老服务机构实名统计工作。

【领导人更迭】

主　　任：王　玲（女，2013.09止）

孙义玺（2013.09起）

副 主 任：田　华（女）

党组书记：孙晓强（2013.09起）

（田　华　初志伟）

民族与宗教

【机构设置与概况】　临清市民族宗教事务局成立于1979年，原名为“临清市人民政府民族宗教办公室”（正科级行政单位）。1993年机构改革中职能划归市委统战部。1995年9月，恢复设立临清市人民政府民族宗教事务办公室（副科级行政单位）。1998年8月，按照省市要求，恢复为临清市民族宗教事务局（正科级行政单位），列政府27个组成部门之一。2010年4月，机构改革中将行政管理职责划入市政府办公室。

2013年至2015年，临清市民宗局在市委、市政府正确领导和聊城市民宗局的指导下，以党的十八大精神为指导，深入学习实践科学发展观，牢牢把握“共同团结奋斗，共同繁荣发展”的民族工作主题，以依法管理宗教事务为主线，开拓创新，务求实效，促进民族宗教各项工作的顺利开展。加大支持力度，推动少数民族经济和社会各项事业的发展，全面提高少数民族群众生产生活条件；依法加强对宗教事务的管理，协助宗教团体搞好自身建设，发挥爱国宗教团体的桥梁纽带作用，积极引导宗教与社会主义社会相适应。妥善处理涉及民族宗教方面的矛盾纠纷，维护少数民族群众、信教群众的合法权益，确保临清民族宗教领域的和谐稳定。2013年被临清市政协表彰为提案办理先进单位，2014年被表彰为聊城市“和谐宗教活动场所”创建活动先进单位，连续三年被评为聊城市民族宗教工作先进单位、聊城市民族宗教信息工作先进集体。

【少数民族经济】　立足工作实际，争取省、市财政加大对民族经济发展的扶持力度，帮助民族村解决实际困难。三年来，争取到位中央财政扶贫资金20万元，用于尚店镇焦西村养殖小区建设项目；争取到位省、聊城市少数民族发展资金208万元，用于焦东、张庄、焦西、土桥、甄八里、牛八里、陈坟等民族村道路建设项目，焦东、焦西养殖小区建设项目，甄八里村退渠还田建设、农田电力水利设施建设项目，焦东、张庄村电力设施建设项目，组织开展养殖技术培训等；争取到位春节穆斯林农户和城市穆斯林低保户牛羊肉价格一次性补贴资金54.036万元、低收入宗教教职人员生活补助资金21.84万元，并及时发放到群众手中；民族宗教事业发展资金37万元，用于新华路街道黑庄村民族团结进步示范单位的创建、全市13坊清真寺配套太阳能项目及泰山行宫碧霞元君祠的修缮；

同时加强对资金的监管，联合市财局、各镇（街道）财政所对每一笔扶持资金都深入到现场实地检查，全面实行报账制管理，确保扶持资金的专款专用。

用好贴息政策，促进民品企业健康发展。指导民品企业在积极做好民族用品生产和供应工作的基础上，用足用好民品贷款贴息优惠政策。全市民品企业共享受国家财政民族贴息7400余万元，增加企业的活力。民品企业工作走在全省的前列，民品企业在不断发展壮大的同时不忘反哺社会，带动周边少数民族群众的脱贫致富，也有力促进临清民族经济的快速健康发展。如少数民族重点企业三和纺织集团，现已成为全市的龙头骨干企业、“全国500家最大私营企业”“省百强私营企业”“全国少数民族特需商品定点生产企业”。同时，民品企业也积极履行社会责任。几年来，累计安置少数民族职工和下岗职工再就业12000多人，资助困难职工6000多人，支持民族贫困地区、民族学校，资助四川地震等款物达1000多万元。

【民族团结进步宣传月活动】 2014年起民族团结进步宣传月由10月份调整到9月份，每年认真组织开展民族团结进步宣传月活动。充分利用电视、广播、网络等传媒开辟宣传栏目，宣传报道党和国家民族政策法规、临清市经济社会所取得的伟大成就和模范集体、模范个人先进事迹。同时，在主要街道组织开设宣传点，拉横幅、张贴标语、发放宣传资料等多种形式，充分发挥舆论的导向作用，扩大干部群众对民族政策法规、民族团结重要性的知晓率，营造民族团结进步发展的良好氛围。2014年在中央民族工作会议暨国务院第六次全国民族团结进步表彰大会上，临清三和纺织集团有限公司被国务院授予“全国民族团结进步模范集体”。2015年12月，民宗局局长、党组书记马振学被人社部和国家民委评为“全国民委系统先进工作者”。青年路街道、新华路街道黑庄居委会、先锋路街道先后被省委宣传部、统战部，省民委命名为全省民族团结进步创建活动示范单位；2015年在省委民族工作会议暨省政府第七次民族团结进步表彰大会上，新华路街道黑庄居委会书记黑建明被评为“全省民族团结进步模范个人”；在聊城市委民族工作会议暨市政府第六次民族团结进步表彰大会上，民宗局、人社局、先锋路街道、民族实验中学等四个单位被评为“全市民族团结进步模范集体”；许磊、柴琳、方纪红、商爱华、白振国、马芹被评为“全市民族团结进步模范个人”。

【清真食品依法管理】 认真贯彻执行《山东省清真食品管理规定》，加强对清真食品的依法管理。每年抓住节日关口，对全市清真食品全面进行拉网式管理，组织车辆上街宣传，发放《山东省清真食品管理条例》彩页，加大宣传力度，工商、卫生、公安、民族、伊协等部门集中行动，对不符合清真条件的坚决摘掉牌子，避免因清真食品问题引发矛盾，受到少数民族的好评。

【少数民族教育、文化、卫生、体育事业】 争取到位省民族教育专项资金60万元，用于后焦庄回民学校旱厕改造、逸夫民族小学办公设备购买、民族实验中学录播室建设；做好少数民族中考、高考考生加分审核认定工作，使少数民族学生的入学率、巩固率、升学率都有较大提高。2014年筛选项目和运动员、教练员代表聊城市参加山东省第九届少数民族传统体育运动会，并取得武术项目1金1银以及表演项目二等奖的好成绩。

【宗教政策法规宣传教育活动】 每年6月份开展宗教政策法规学习月活动，组织全市宗教界学习法律法规，引导宗教界自觉维护法律权威，自觉在法律允许范围内开展宗教活动，做好公民、好教徒。每年8月份组织开展“宗教慈善周”活动，发掘和推广典型，交流经验，让社会更多地了解和支持宗教公益慈善活动，打造宗教慈善品牌。

【爱国宗教团体建设】 支持宗教界搞好自身建设。加强思想建设，积极推荐宗教界人士参加教育培训，提高宗教学识和文化素养。推荐道教协会会长蔡永兵为中国道教协会第九次全国代表大会代表。组织参加聊城市清真寺寺管会培训班、聊城市天主教代表人士培训班。2015年全市基督教新认定备案2名教职人员（一名牧师、一名长老），切实缓解市教职人员缺乏的问题，进一步满足信教群众过正常宗教生活的需要。加强组织建设，2013年成立临清市道教协会，同年指导临清市佛教协会、天主教爱国会完成换届，落实好各项制度机制，增强宗教团体内部活力和影响力。

【宗教事务规范化管理】 紧紧抓住场所、人员、活动三要素，加强宗教事务规范化管理。宗教基础信息数据库建设稳步推进，配合省宗教局实现网上查询，加大信息的公开公布，进一步接受社会监督，成效明显。不断巩固两个专项工作，做好宗教教职人员认定备案常态化工作，加强对流动教职人员审查和备案管理。指导各宗教活动场所办理组织机构代码证，协调解决宗教活动场所开立银行账户等问题，建立宗教活动场所财务监督管理工作长效机制。加强对大型宗教活动的指导和监管。在全市民族宗教界开展“安全生产宣传教育百日行动”，切实做好宗教领域安全管理工作；按照政策规定和有关程序，严格落实安全责任和监管措施，确保“圣母月”、开斋节、圣诞节、庙会等重要宗教节日及大型活动安全有序开展。紧紧抓实专项治理举措创新和任务落实，突破宗教领域重难点问题。认真贯彻落实国宗发〔2012〕41号文件精神，做好治理乱建寺观和滥塑露天宗教造像工作，对乱建滥塑行为坚决予以制止和取缔，有效遏止这一现象的抬头；狠抓佛道教专项治理不放松，向社会公告佛道教场所信息，完成全市7处佛道教场所统一挂牌；深入全市各大宗教活动场所检查消防安全工作，采取有力措施，确保全市各宗教活动场所的安全；规范燃香活动，建立和落实香烛明火、消防安全、文物保护、生态环境保护等各项管理措施和规章制度，明确燃香点必须设专人管理，禁止燃高香、成把烧香和在殿堂内等禁火区烧香，在宗教界积极倡导文明燃香；依法治理基督教私设聚会点，加强与公安等部门沟通联系，密切关注全市宗教界动向，巩固非法宗教活动清理整治专项工作成果，确保宗教领域和谐稳定。

【落实党的宗教房产政策】 全市宗教房产全部落实到位。

【加强组织管理体系建设】 加强学习型机关建设。积极学习贯彻党中央的一系列会议精神，认真学习贯彻中央“八项规定”、省委“十条实施办法”和聊城市委、临清市委有关规定，组织开展党的群众路线教育实践活动、三严三实专题教育，贯彻党员全员教育学习制度，引导干部弘扬求真务实的作风，增强创新意识、宗旨意识、使命意识，提高民族宗教工作服务大局、服务群众的能力。认真落实执法证件的管理制度，2014年进行行政执法证件审验和专项清理工作。进一步深化行政审批制度改革，认真开展取消承接落实行政审批项目和清理非行政许可审批项目工作，对行政许可事项进行梳理，完成行政权力清单、责任清单、业务手册、服务指南等的编制工作，努力建设行为规范、运转协调、公正透明、廉洁高效、倾心为民的民族宗教工作部门。

【维护民族宗教界的和谐稳定】 在民族宗教工作会议上，与各宗教团体、各镇（街道）签订安全目标责任书，层层分解工作指标，形成三维安全工作目标责任网络。春节、中秋、国庆、圣诞等重大节日期间，会同公安、消防等部门开展安全检查巡查，确保节庆活动依法、安全、有序进行。注重加强对宗教教职人员及工作人员的爱国教育，正确树立爱国意识，切实把抵制渗透落实到各个方面，把加强爱国教育同防止渗透结合起来，做到自觉抵制境外敌对势力的宗教渗透，防微杜渐，防患于未然。

【重要会议】 2013 年 3 月 5 日，召开宗教团体负责人会议。传达贯彻聊城市民族宗教工作会议精神，并就各爱国宗教团体上半年换届工作进行动员部署。同年 4 月 7 日，天主教爱国会顺利完成换届；4 月 15 日，临清市道教协会成立；6 月 6 日，佛教协会顺利完成换届。

2013 年 3 月 18 日，组织召开全市民族宗教工作会议。传达贯彻聊城市民族宗教工作会议精神，总结临清市 2012 年民族宗教工作，研究部署 2013 年民族宗教工作任务。

2014 年 4 月 2 日，临清市召开全市民族宗教工作会议。会议传达贯彻聊城市民族宗教工作会议精神，总结临清市 2013 年民族宗教工作，部署 2014 年民族宗教工作任务。会议由临清市政协副主席、统战部长许朝生主持，临清市副市长周志雯、民宗局局长马振学等出席会议，全市 16 个镇（街道）分管负责人、统战委员、民宗助理，各宗教团体负责人、市民族宗教工作领导小组部分成员单位负责同志参加会议。

2015 年 4 月 8 日，临清市召开全市民族宗教工作会议。会议传达贯彻聊城市民族宗教工作会议精神，总结临清市 2014 年民族宗教工作，对 2015 年民族宗教工作任务进行安排部署。会议由临清市政协副主席、市委统战部部长许朝生主持，临清市副市长周志雯出席会议并作重要讲话，全市 16 个镇（街道）分管负责人、统战委员、民宗工作人员，各宗教团体负责人、市民族宗教工作领导小组部分成员单位负责同志参加会议。

【其他工作】 2013 年 4 月 20 日，四川省雅安市芦山县发生里氏 7.0 级强烈地震。一方有难，八方支援，临清市宗教界立即行动起来，各自用实际行动为灾区同胞祈福募捐。

按照上级要求，对全市少数民族养殖合作社、宗教活动场所管理、宗教工作、少数民族文化事业发展、城市民族工作、基督教相关工作情况、清真寺住寺阿訇收入来源情况、外来流动穆斯林、民间信仰、民族宗教工作相关情况等进行调研。

【领导人更迭】

局　长：马振学（回）

副局长：白益军（女，回）

（白益军　刘　东）

镇（街道） 园区概况

山东临清经济开发区

【概况】 山东临清经济开发区，前身为2002年聊城市政府批准成立的临清市运河经济技术开发区。2006年3月，临清市运河经济技术开发区被省政府批准为山东临清工业园区，2012年5月经省政府批准更名为山东临清经济开发区，分为主园区（含中色奥博特有色金属产业园）和烟店轴承产业园两部分，总占地面积110.86平方千米。其中，主园区范围北至邢临高速，南至南环路及沿转盘向东以南500米，西至大众路延长线及沿古运河向东接永青路，东至新华办事处东界，占地面积85.16平方千米；烟店轴承产业园范围北至水波村北东西线，南至张寨村东西线，西至漳卫河大堤，东至前汪堤村东垂直线，规划面积25.7平方千米。临清经济开发区先后被评为“山东省新型工业化（有色金属·铜加工）产业示范基地”和“山东省高端装备制造产业园区（机械基础零部件）”。为进一步理顺临清经济开发区管理体制和运行机制，推动开发区快速健康发展，根据鲁办发〔2011〕1号和聊发〔2009〕2号文件精神，2012年10月，临清市委、市政府制定出台《关于临清经济开发区与新华路街道办事处实行“区镇合一”的意见》临发〔2012〕35号。2012年11月，临清经济开发区与新华路街道实行“两个牌子、一套班子”。开发区党工委、管委会作为市委、市政府派出机构，对开发区实行统一领导和管理，与新华路街道共同行使党的建设和经济、行政、社会事务等管理职能。2010年6月，临清经济开发区被省经济和信息化委员会（鲁经信改字〔2010〕296号）命名为“山东省新型工业化有色金属·铜加工产业示范基地”。2012年7月，被省经济和信息化委员会（鲁经信装字〔2012〕354号）命名为“山东省高端装备制造产业园区（机械基础零部件）”。临清经济开发区在全省综合评价排名中从2008年第119名上升至2015年第58名。

2015年，开发区实现主营业务收入992.1亿元；固定资产投资完成125.6亿元；公共财政预算收入4.5亿元；税收收入14.6亿元；外商直接投资到账4000万美元。

【园区规划建设】 按照“把开发区建设成为全市招商引资的大平台和跨越发展新高地”的目标要求，坚持高标准规划、高水平建设的原则，切实加大园区开发建设力度，不断提高园区的设施水平和综合承载能力。

园区规划。按照园区“一心、一核、两带、三轴、七组团”的规划布局，加快推进园区的建设进度。并制订“十三五”规划，建设好“一区六园”，即在临清经济开发区建设有色金属、机械及钢铁加工、纺织服装、能源电力、物流、旅游休闲六个产业园。

基础设施建设。在资金、土地等要素的安排上向园区倾斜，积极完善道路、供排水、污水处理等基础设施。2012年，完成温泉路、经八路、纬六路、解放路、工业街、经四路等6条干道的建设；天然气、供热、供排水等管网建设同步快速实施，确保与道路建设同期完成；伴随着大唐临清热电有限公司2×350MW级热电联产项目的批复，加快对日处理10万吨大型污水处理厂项目的筹备实施。

2015年，“五纵、四横”道路网已经形成，管网建设同步实施。完成对经八路、纬六路、解放路、温泉路的拓宽及改造工程，同步建设供排水、供热、天然气、电力通讯等管网。

服务企业。大力构建以财政资金为指导，贷款融资为主体的系统性融资模式，积极开展银企联谊会，创新贷款融资方式，鼓励企业进行挂牌融资。同时，在烟店镇率先开展“三户联保”“五户联保”模式，为产业园企业发展提供最大化的资金和政策支持。在开发区建立拆迁安置机构，抽调专门人员与市拆迁办人员共同组成拆迁小组，为园区的土地供应提供切实保障。

【招商引资】 临清经济开发区以构建“大招商”格局为着力点，积极完善招商引资优惠政策，广泛搜集投资信息，坚持“走出去，请进来”的工作方法，形成全员抓招商的良好局面。2012年，先后签约投资11亿元的西蓝集团4万吨LNG储备站项目、投资10亿元的铁路物流项目、投资5亿元的电动耦合控制系统项目、投资5亿元与SKF配套的轴承滚动体等10个项目，合同引资达75亿元。2015年确定的11个投资过千万的重点项目，计划总投资34.5亿元，年度计划投资16.6亿元。其中：中色奥博特铜铝业有限公司铜箔及铜合金材料、山东新兴重工科技发展有限公司新能源工业园、临清三利纺织有限公司1亿米白胚布、江阴铜管厂铜接插件等10个项目全面开工建设。

招商力度。依托纺织及服装、有色金属加工、食品及医药、装备制造、物流、板材加工等特色优势产业，狠抓以商招商、蹲点招商、组团招商等工作方式。同时对与浙江客商洽谈的投资10亿元的五星级酒店、与上海大润发超市洽谈的投资2亿元的大型超市、与青岛即发集团洽谈的投资5亿元的印染、与中集集团洽谈总投资5亿元的集装箱配件和与广东客商洽谈的投资5个亿轴承滚动体等11个项目，派专人一抓到底，搞好服务，加快建设步伐。

2015年，细化奖励机制，掀起全员招商热潮，充分发扬“盯、靠、粘”的精神，引进一批牵动全局、影响力强的大项目、好项目。先后签订诚富集团诚富综合体、鸿基集团可降解塑料等项目。

联席会议。市委、市政府每月召开一次招商引资联席会议，重点调度重大招商引资项目的实施情况，及时协调招商引资项目申报、审批过程中存在的问题。同时，成立项目专家咨询委员会，积极为开发区筛选、论证、储备一批大项目、好项目，进一步充实完善大项目储备库，为更好地开展招商引资活动打下良好基础。

成立项目专家咨询委员会，积极为开发区筛选、论证、储备一批大项目、好项目，进一步充实完善大项目储备库，为更好地开展招商引资活动打下良好基础。

考核奖惩。开发区在招商工作中严格落实奖励机制，每年拿出50万元，重奖招商引资先进个人。市委出台任职代理制度，要求各镇街道每年至少向经济开发区输送1个过亿元大项目，并将此项工作列入千分制目标考核。对镇(街道)当年没有实际到位资金5000万元以上项目，或虽有招商实绩但未完成目标任务，且考核排名分列后2名的，由任实职变为代理任职，增强各级招商工作的积极性和责任感。

【项目建设】 成立由市委书记任组长的“大项目入园工作领导小组”，切实加强对开发区项目建设的组织协调和督导调度。2012年年底，秋华纺织公司气流纺、鹏飞机械数控机床生产线、中轴轴承、海誉电机、鑫通钢构、齐亚机械等7个项目已经竣工，部分已经投产运行。

加快项目实施步伐。开发区充分发挥“大项目入园工作领导小组”作用，对项目申报、审查论证、落地实施等各环节，都明确责任单位和工作时限，确保入园项目早落地、早开工、早达效。对投资强度大、财税贡献多的新项目，严格实行联审联办会议制度，确保其尽快开工建设。

搞好轴承园区分类指导。充分发挥临清轴承产业发展优势，着力抓好轴承产业园建设。对已落户轴承产业园区的30家企业，实行分类指导，切实加快中瑞轴承配件股份有限公司扩建项目、浙江胜坚集团临清分公司500万套外球面轴承项目、华纳科技350万套轴承等项目的建设速度，积极培植壮大一批骨干龙头企业。

2015年，以博特轴承、哈鲁轴承、宇捷轴承等企业为龙头，逐步建立完善从轴承钢、轴承钢管、锻造生产到车、磨、热处理、套圈、保持器、滚动体、成品安装、销售一条龙的生产加工销售体系和专业化明确、配套能力较强的产业链条，打造中国规模最大、功能最全、世界知名的中国优质轴承生产基地和中国轴承行业创新型产业集群。烟店轴承市场已成为全国规模最大、品种最全、从业人员最多的轴承专业市场，年交易额150亿元，占全国交易总额的10%以上。

实施项目帮办制度。对投资过亿元项目，从开始引进建设到投产运营，指定帮办服务人员为投资者提供全程服务。切实做到“一个项目、一名领导成员、一名驻企帮办人员”，帮助投资者解决项目建设中的各种困难和问题。对投资过10亿元的项目，设置联络员和警务室，全力为重点项目保驾护航。

2015年，实行相关市级干部严格落实帮包责任制，推行“一线工作法”，将更多时间和精力投入到开发区，实现决策在一线落实、问题在一线解决，确保开发区工作快速推进。

【领导人更迭】

山东临清经济开发区

书　记：李衍博

主　任：刘明峰

（马　静　朱红光）

山东省临清市烟店轴承产业园

【概况】 烟店轴承产业园成立于2012年5月21日，位于临清市西南部，管辖总面积25.75平方千米，规划建设总面积25.75平方千米，核准面积10平方千米，建成区面积6平方千米。涵盖烟店镇、潘庄镇两个乡镇，21个行政村，常住人口7万人，2014年被评为“山东省新型工业化产业示范基地”。2015年，实现营业收入152亿元，利税24.5亿元，固定资产投资达47.5亿元。

【推进园区集聚集约发展】 完善产业链条。抓住“一区一圈一带”战略叠加机遇和全省经济发达镇行政管理体制改革试点的重大机遇，充分发挥自身轴承市场、轴承产业的集群优势，坚持把培植大企业和招商引资作为跨越赶超的总引擎，集中优势资源，选拔优秀人才，出台优惠政策，创造优良环境，扶持企业开发、生产技术含量高、附加值高的高端产品。同时，按照“以商招商、以情招商”的思路，吸引最具发展能力的高层次客商前来投资兴业，取得明显成效。2015年签约项目18个，到位资金4.1亿元，特别是引进一批技术含量高、完善产业链的的大项目，如：投资8500万元的临清市奥凯轴承有限公司自动精密项目，投资3.2亿元的王氏集团高速精密轴承的研发和制造项目，投资1.3亿元的临清金舟热处理有限公司高品质轴承淬回火加工中心项目，投资1亿元的宇捷科级创新服务平台项目，进一步拉伸从原材料、成品到销售的产业链条。2015年园区内共有企业380余家，规模以上企业96家，中轴协会员企业8家，省轴协会员企业34家，可生产0—9类、非标轴承等十一类一万多种型号的产品，日消耗轴承钢5000多吨，形成从轴承钢、轴承钢管、锻造生产到车、磨、热处理、套圈、保持器、滚动体、成品安装、销售一条龙的生产加工销售体系和专业化明确、配套能力较强的产业链条。

完善园区硬件建设。投入4000万元，改造道路40余公里，全部采用高标准二灰碎石路基，配套建设排水管网系统，打造“四纵五横”的道路交通骨架；投资580万元对主干道两侧进行硬质花砖铺装，共铺设3.8万平方米。投入资金448.5万元，绿化面积达7万余平方米，栽种各类植株20余万株，覆盖东环路、金玉路、哈鲁路、北环路等镇区所有主干道。投入230万元，安装路灯404盏，确保镇区所有主干道“亮起来”。投资1700万元铺设管道2万米，将城南水库水引入烟店，解决烟店群众多年来的饮水安全问题。投资5000万元铺设天然气管道50余公里，将天然气从临清城区引到烟店，实行镇区全覆盖。投资2亿元全力打造集星级宾馆、酒店等于一体的商贸一条街，建设完工商业楼房9万平方米。与香港广弘集团合作的轴承市场升级改造项目，一期工程总投资5亿元，建设占地40亩、建筑面积4.1万平方米的轴承商贸楼已经完工，商户即将入驻；同时启动旧市场改造工程，已投资150余万元对市场中心区进行改造，粉刷轴承市场墙面2.6万平方，更换清除牌匾1500块，栽种绿化植株2万余棵。总投资1000余万元，整修、翻修轴承市场道路3.3万平方米，完善S315道路两侧硬化铺装、排水管道、弱电管道、路灯工程等配套设施，并对两侧建筑进行外立面改造2万余平方米。

提高园区企业装备水平。广大企业不断加大投入，加快淘汰落后产能，积极引进国内外先进设备和生产工艺，园区内轴承企业的装备水平大幅度提高。2014年，园区内轴承企业工业投入在30亿元左右。在园区企业中数控加工设备的比重达到60%以上，拥有国内先进水平的数控机床100多台套，如瑞新轴承的数控双端面磨床、哈鲁轴承全自动数控机床连线等；拥有先进热处理生产线11条，如宇捷公司的热回收型连续温热处理线以及托辊式网带炉；国内一流的轴承检测设备30多台套。

提升品牌质量意识。近年来，在市委、市政府的大力引导下，园区内企业不断提高品牌意识和质量意识，通过加大科技研发力度，提高产品质量，增强市场竞争力。烟店镇设有山东省轴承质量检测中心临清检测站，是山东省第一家、全国第四家设在镇级的省级检测中心。宇捷轴承、瑞新轴承等企业建立高水平的质量检测室，宇捷轴承被洛阳轴承研究所确定为“国家级轴承热处理新技术试验研究中心”。10余家企业产品达到国家P5、P6级水平，拥有国家标准起草单位2个（中瑞、宇捷）、国家级热处理新技术实验研究中心1个（宇捷），山东省著名商标2个（博特BOT、哈鲁HSZC），山东省名牌产品1个（博特“BOT”薄壁轴承）。在高端市场方面，博特轴承研制生产的多功能变速箱薄壁特种轴承通过省级鉴定，达到国际先进水平，被批准为2011年度第一批国家科技型中小企业技术创新基金项目，产品出口德国、美国，获得欧美同行业的广泛认可；哈鲁公司产品80%以上出口巴基斯坦、印度等国，广泛应用于机电行业、农机行业、汽车行业以及各类传动设施制造行业；宇捷公司是中国轴承协会会员单位，成功参与两个轴承型号的国家标准制定，拥有国家专利14项，产品打入美国市场；中瑞公司生产的铜保持器达到国内一流水平，并与瑞典SKF集团公司配套。

加强创业园区建设。烟店镇于2010年打造烟店轴承创业园区。园区一期总投资1.2亿元，建筑面积5.5万平方米，其中包括服务中心（建筑面积2600平方米）和商户经营店铺（可容纳经营户数330户）。2013年7月创业园区进行升级改造，二期工程已开工建设，建筑面积达6.4

万平方米，建成后将成为集轴承门店、写字楼、会展中心为一体的创业新区。创业园区服务中心实行一条龙便捷式服务。为高校毕业生、退役军人、失业人员、返乡农民工、城乡“两后生”等创业人员提供政策咨询、信息服务、创业辅导、创业培训、创业实践（实习）、项目开发（包括项目咨询、风险评估、项目申报）、开业指导、租金减免、跟踪扶持、融资服务、专题讲座、成果转化、工商税务代理、财务代理以及法人代理（法人授权）等创业服务。服务中心先后举办各种培训 11 期，培训人员达到 700 余人次；指导创业者 608 人次，为 105 家创业实体提供服务；企业孵化区共入住 5 家营销企业、5 家电商企业、1 家物流企业。

（王兆峰　宋彦国）

唐元镇

【基本概况】 唐园镇因镇政府驻地位于唐园村得名。地处临清市西南部，东与青年路街道相接，南与八岔路镇、潘庄镇相邻，西与烟店镇相连，北隔卫运河，与河北省临西县黎博寨乡相望，人民政府驻唐园村。唐园镇是著名抗日将领张自忠将军的故乡、山东省林业工作先进单位、聊城市教育工作示范镇、民营经济发展先进乡镇、市级文明乡镇、是闻名国内外的林果之乡、轴承加工基地。

2015 年全镇完成固定资产投资 8.1598 亿元，同比增长 14%；招商引资完成 4 亿元，同比增长 23%；民营经济税收 3200 万元，同比增长 18.96%；财政收入 1840 万元，同比增长 15.14%。先后荣获省级文明生态镇称号、聊城市节能型公共机构示范单位和全国第三次经济普查先进单位称号。

【区划沿革】 1949 年为朱庄区辖，1958 年属朱庄人民公社。1963 年属朱庄区辖，1971 年撤区后划为唐园公社。1984 年建唐园乡，2000 年撤乡设镇。2015 年年底辖唐园村、孙井村、杨楼、东丁、西丁、后卜头、辛庄、枣林、石佛、畈疃、前卜头、营子、瑶坡、林潘寨、李官寨、东尚、西尚、郭圈、丰圈、东桥、西桥、千集、霍元、马虎寨、西科、东科、于科、张科、燕元、闫元、孙寨、毛寨 32 个村民委员会。

【自然环境】 地形地貌。境内为平原地形，地势平坦，属平原洼地，耕地以河潮土为主，水资源丰富。土壤属褐色化潮土和潮土类，土质较好。

气候。属暖温带季风区中的大陆气候，其特点是四季分明，雨热同季，光照充足，无霜期长，特别适合北方农作物生长。春季干旱多风，夏季雨量集中，秋季温和凉爽，冬季干冷少雪。年平均气温 12℃，平均日照 2700 小时，农耕期积温 4650℃，年总辐射量 126.9 千卡 / 平方厘米，年平均降雨 500 毫米以上。

水文。境内有漳卫河水系，自畈疃村北入境，由东向西至丰圈村出境。全长 8.4 千米。

自然灾害。主要自然灾害有冰雹、旱涝、风灾、低温、霜冻、雷击等。雹灾平均 5 年 2 遇，风灾一年四季均有发生，旱灾平均 2 年一遇，涝灾 3 年一遇。

【农业】 立足黄金梨、富硒梨、绿宝石、麦黄杏等优质产品打造绿色产业，形成了三大果品基地，即瑶坡麦黄杏基地、营子富士苹果基地、李官寨黄金梨基地。其中李官寨黄金梨被农业部认证为绿色食品，在李官寨黄金梨的基础上又继续申报了酸皮杏、藤牧一号苹果为绿色食品，申报瑶坡“麦黄杏”为国家农产品地理标志性农产品，截至目前全镇共有“三品”认证 7 个，极大地提高了果品的竞争力，农民收入进一步增加。

积极改善农业基础设施。相继实施了小农水工程、车庄沟渠综合治理工程、王庄灌区项目建设工程，整修李圈扬水站，大大缓解部分村庄灌溉难问题，全镇水利基础得到进一步增强，三分之二以上农田近3万余亩耕地深受其益，确保农作物的丰产丰收。在做好水利基础设施建设的同时，积极做好道路修建工作，相继修建315线—李官寨、临冠路—唐园营子村、马虎寨—北崔庄、前卜头—艾寨、315—畈疃道路以及辛庄村、营子村等村内道路，共修建农村公路里程21.8公里。

积极做好植树造林工作。突出抓好林果基地建设、生态水系建设、镇村绿化及镇、村新修道路绿化四个方面工作，先后建设环村林、经济林，做好沟渠绿化和农田林网建设，共栽植树木105000余株，极大地提高全镇的植被覆盖率和绿化率。

农村“三资”工作顺利开展。全镇32个村庄的资产、资金、资源得到整顿，村级公章全部收归乡镇管理，公章使用进一步规范；序开展土地确权颁证工作，土地确权合同签订32个村全部完成，确权证书已经发放完毕。

【工业】 唐园镇将壮大民营经济、增加财政税收、夯实经济基础作为工作中的第一中心工作，坚持以重点项目为总抓手，以招商引资为总推手，以科技创新为内生动力，以破解企业融资难为突破口，把培植壮大轴承主导产业链作为关键举措，千方百计上项目、促发展，抓招商，促落地，创品牌，提实力，重点打造孙寨工业园区、马虎寨轴承保持器加工基地和李官寨中小企业创业基地三个工业发展区，推动全镇民营经济稳定快速发展。

在重点项目方面，实施科级干部帮包制度，由每位分管领导帮包一个项目，充分发挥“五加二、白加黑”的精神，每周都去工地现场办公，解决项目建设中遇到的问题，督促企业进一步加快项目建设进度，确保尽快投产达效。对于企业提出的用水、用电、用地、项目审批等优惠减免要求，积极与工商、国土、税务、电业等部门结合，尽力满足企业要求。先后建设重点项目27个，其中投资过亿元项目2个，过8000万项目6个，山东聊城瑞利金属材料有限公司年产4000吨高纯氧化铝项目、凯美瑞轴承300万套精密轴承装配项目、聊城鲁润轴承有限公司技改项目、鲁丰种业有限责任公司高新种子加工项目、兴唐物流汽车运输及汽车检测线项目等一批重点项目相继竣工投产，且实现良好的经济效益。

【招商引资】 在招商引资方面，积极利用各方面的人脉优势，拓宽招商引资面，继续坚持“亲情招商、乡情招商、以商招商”的基本思路，积极转变招商方式，由大中小项目一齐引进向重点引进规模大、科技高、效益好的项目转变，引导全镇干部积极投身招商引资工作中来，在全镇上下形成“全员齐上阵，共同抓招商”的良好氛围。三年来共引进招商项目10余个，产业涉及轴承、环保、物流、服务业、高新农业等多个产业，产业结构进一步优化，全镇经济实力进一步增强。

【科技创新】 在科技创新方面，积极引导规模以上企业大力进行技术创新，鼓励企业引进先进技术设备，抓好技术改造和产品质量，牢固树立品牌意识，发挥凯美瑞轴承科技有限公司技术中心技术辐射带动作用，鼓励辖区企业向“专、精、特、新”方向发展，努力提升产品质量。在全镇共同努力下，工作初见成效，凯美瑞轴承科技有限公司荣获国家科技部中小企业创新基金，并获得32项国家专利；2、3类轴承和滚子的技术含量和产品质量在临清及周边地区是最好的，其中银星滚动体的企业规模在全省同行业中列第三位；鲁润轴承公司与一汽、二汽和重汽等大型企业建立长期稳定的配套关系。

【村镇建设】 先后投入资金2300余万元，组织开展小城镇建设、城乡环境综合整治大会战、城乡环卫一体化活动和小城镇提升工程，发动镇村两级干部，出动大型机械对镇驻地及各村卫生进行集中整治，重点清理村内“三大堆”、存量垃圾、连村路以及坑塘沟渠等死角，在主干道统一粉刷涂料，在315沿线两侧统一铺设规范化方砖及路边石，进行全方位的硬化、美化、亮化，努力健全“户集、村收、镇运、市处理”的长效工作机制，按照2‰—3‰人口至少配备2名保洁员的标准配备123名镇、村两级保洁员，为全镇发放995个垃圾箱、垃圾桶，配备123辆保洁三轮车。在全镇干部的努力下，工作取得明显成效，辖区卫生状况和人居环境得到显著改善，全镇整体面貌焕然一新，受到上级和群众的一致认可和好评。

【社会事业】 认真做好育龄妇女查体零尾清理、社会抚养费征收、避孕节育措施落实、政策外怀孕流引产、“两非”案件落实以及免费孕前健康检查等工作，陆续开展十余次计划生育集中活动，抓好计生宣传工作，加强计生专职干部的培训，提高业务能力和服务水平，加大出生人口性别比综合治理，查处非法使用B超机鉴定胎儿性别案件2例，缴获B超机2台，沉重打击“两非”的嚣张势头，三年来共征收社会抚养费1100余万元，针对部分村民社会抚养费征收难的问题，加大申请法院强制执行力度，确保工作正常顺利开展。经过三年努力，全镇早婚早育现象得到基本遏制，出生人口素质进一步提升，低生育率得到进一步稳定，人口性别比治理初见成效，人口计生环境得到净化，计划生育高压态势初步形成，全镇计划生育工作呈现出一片新景象。

全面落实各项优抚政策，着力健全社会救助体系，深入推进最低生活保障制度，把低保工作作为一项“民心工程”，积极做好阳光低保工作，对低保对象进行逐一核实审查，做到动态管理，应保尽保。全力做好新型居民养老保险征缴、新型居民医疗保险征缴和企业养老保险征缴工作，全镇新型居民养老保险参保率89%，新型居民医疗保险参保率99%，享受农村低保政策的人员达1088名，完善的社会保障网络初步建成。

社会治安综合治理工作。加强科技创安，规范巡防工作，加大立体化治安防控体系建设，认真抓好镇村两级网络监控平台建设，全镇32个村全部安装高清探头并且村村建有监控平台，全部实现与镇级监控平台的联网；做好综治大巡防工作，以全镇2个巡防区、2支治安巡逻队伍为切入点，注重加强人员业务培训，注重加强阵地建设。积极行动，加大打击整治力度，继续深化“四无”乡镇创建活动，引导广大群众积极参与进来，营造良好的工作氛围；全力做好“双打”工作，成立全镇打霸治痞、打黑除恶专项斗争领导小组，加强各部门联动机制，推动专项整治活动有序开展，全镇治安环境得到切实改善。做好非访处置，加强社会矛盾化解，对现有4名重点非访倾向人员落实科级干部帮包制度，实时掌握人员动态，建立详细的人员档案，制定稳控措施和化解方法，对其合理诉求予以解决，确保将人员稳控在当地。

【特色产业】 唐园镇特色产业为轴承产业，同时也是聊城市“发展民营经济明星乡镇”。唐园镇始终坚持把发展民营经济作为经济工作的重中之重，依托政府引导，优化发展环境，大力开展招商引资，促进企业科技创新，膨胀经济总量，实现由弱到强，由粗到精的转变。

瑶坡杏林景区在全国平原地区规模最大、古树最多，最叹为惊止，其中百年以上古杏树17400棵，通过举办杏花节、采摘节等活动，万亩农业生态园已成为该镇特色旅游景点。

【领导人更迭】

中共临清市唐园镇委员会

书　记：陈功瑞

副书记：张　宁

　　　　赵　伟

委　员：李自然

张金昌
张华文
罗炳坤
许保峰
张晓彤（2013.09 止）

中共唐园镇纪律检查委员会

书　记：张金昌

唐园镇人大主席团

主　席：荆　峰（2013.10 止）

临清市唐园镇政府

镇　长：张　宁

副镇长：张华文
洪　雷（2013.09 止）
薛继强

临清市唐园镇人民武装部

部　长：许保峰

政协唐园镇工作委员会

主　任：李自然

（王建江　籍兆林）

烟店镇

【基本概况】 烟店镇位于临清市西南部，地处临清、临西、冠县、馆陶四县交界处，省道 S315 穿境而过，是全国重点镇、中国轴承贸易之都、山东省特色产业镇、山东省“百镇建设示范行动”示范镇、山东省经济发达镇行政管理体制改革试点镇、山东省优质轴承生产基地和出口基地。2013 年荣获“中国轴承贸易之都”称号，2014 年荣获“中国新型城镇化示范镇”“中国文化经济活力城镇”称号。

辖区东西最大距离 6 千米，南北最大距离 15 千米，总面积 52 平方千米，耕地面积 2800 公顷，下辖 6 个农村社区，34 个行政村，总人口 7.3 万人（户籍人口 4 万人，外来人口 3.3 万人），其中城镇常住人口 3.87 万人，城镇化率 53%，总人口中男性 3.75 万人，占 51.4%，女性 3.55 万人，占 48.6%。烟店镇处于黄河冲积平原，地势平坦，微呈南北高、中间低特征。南、北海拔 36—36.5 米之间，中部海拔 35—35.5 米之间。属于暖温带季风气候区，为半干旱大陆性气候。年平均气温在 12.5℃—14.1℃之间。春夏多南风，秋冬多北风，呈现春旱多风、夏热多雨、秋旱凉爽、冬干寒冷、四季分明、温度适宜的气候特征。

烟店镇围绕打造独具特色的“工业强镇、特色小镇、创业福地”，以轴承市场和产业园为主导，重点培育壮大轴承特色产业，轴承加工企业达到 400 余家，其中规模以上企业 56 家，山东省轴协企业 34 家，中轴协企业 8 家，轴承个体工商户 1400 余家，从业人员达 5 万余人。全镇轴承产业已形成从轴承钢、滚动体、保持器、轴承锻造、热处理到轴承组装，专业化分工明确、配套能力强的产业链条，形成以烟店为中心辐射周边几个县市、几十个乡镇的集生产、加工、销售为一体的轴承产业集群，构建起以中端市场为主，涵盖高中低端的阶梯状发展模式。烟店轴承市场是全国规模最大的轴承专业批发市场，年销售额达 140 亿元，占全国交易额 10% 以上，全国各地的知名轴承生产厂家均在烟店轴承市场设有直销处或分公司。在积极推动工业转方式、调结构的同时，全面加快特色小城镇建设步伐，聘请省规划设计院编制完成《临清市烟店镇总体规划（2012—2030）》、控制性规划及综合管网、给排水等 10 个专项规划，将烟店镇按功能划分为市场交易区、北部工业区、西部高新区、行政办公区、中心商贸区和市场南部新区，形成“六区并立、一体建设”的整体框架。镇区道路绿化、硬化、亮化、美化工程快速实施，人居环境不断优化。

【经济概况】 2015 年，全年实现国内生产总值 235.2 亿元，同比增长约 14%。其中，工业总产值 120.52 亿元；财政收入 6777 万元，同比增长 6%；城乡居民可支配收入 16593.26 元，同比增长 10.27%；农民人均纯收入达到 1.4 万元。

【农业】 2015年，农林牧渔业总产值11496.23万元，比2013年增长8.7%，全年粮食作物播种面积4902公顷，总产量33939吨；小麦补贴发放元，农机补贴元；瓜菜总产量634吨；棉花499亩，总产量38.57吨；全年造林1700亩，林果总产量186吨，林业产值1450万元；年末大牲畜存栏46头，猪存栏921头，羊存栏4110只，家禽存栏124617只，畜牧业总产值3126.5万元。有高科技农业示范园2处，育苗基地5处，各种大棚100亩，专业合作社5家。

重点推进农田基础设施建设。为增加农民收入、提高农民生产生活质量，2013年烟店镇总投资88.31万元，对冯圈、杨烟店、拳厂、刘烟店、王庄等村庄进行清淤疏浚沟渠，共清淤疏浚沟渠18.25千米，修建桥涵24座。2015年，新挖沟渠治理6000余米，土方量6.2余方，新修建陈辛庄、南崔庄、邢坊7座生产桥，修缮南崔、邢坊5座生产桥，对郑厂、魏厂扬水站进行检修，新打机井60余眼，涉及全镇21个村庄。

加快土地流转，引导现代化农业生产。以尊重农民意愿、维护农民合法权益为基础，以合村并居工程和新农村建设为突破口，积极推进农村改革。截至2015年年底，烟店镇已实现流转土地12578亩，其中以入股形式流转土地9300亩，以转包方式流转6123亩，进行规模化种植。通过土地流转，成功引进投资2000万元、占地500亩的景观园林苗木基地项目，完成投资500万元，为全镇发展农业现代化和产业化奠定基础。

【工业】 2015年，工业总产值120.52亿元，完成固定资产投资29.2亿元，同比增长16%，招商引资完成9亿元，同比增长25%，民营经济税收9120万元，同比增长13%。工业总产值比上年增加21.9亿元，增长22.2%，比2013年增加27.66亿元，增长29.8%。其中规模以上工业总产值110.83亿元。

重点项目引擎发力提速。围绕“转型升级、提质增效”的产业发展目标，大力实施重点项目带动战略，加快推进重点项目建设。2013年，烟店镇推动8个重点在建项目快建设、快达效。其中，总投资9000万元、建设占地40亩的山东博特轴承有限公司薄壁轴承研发中心项目，9000平方米的双层车间和3200平方米的技术研发楼主体工程年底已建设完工。2014年，5个市级重点项目共完成投资9.68亿元，占年度投资计划的84.2%。其中，总投资8000万元、建设占地40亩的山东博特轴承有限公司扩建项目，总投资8500万元、建设占地20亩临清市永辉轴承有限公司扩建项目均已完成年度投资任务，年底项目全部建设完工。2015年，筛选确定4个总投资过6000万元的重点项目，共投资5.6亿元。其中，烟店镇轴承创业园项目总投资3.5亿元，占地240亩，建设轴承厂房、库房、办公楼房和职工生活等共计11.5万平方米，截至2015年年底已完成投资19250万元，建成部分厂房、库房约1.5万平方米。

招商引资实效显著。烟店镇以经济发达镇行政管理体制改革为抓手，主动承接上级权限，简化审批环节，优化投资环境，全面提升服务水平，通过“以情招商、以商招商”的措施，吸引来众多客商。2013年，签约招商引资项目32个，其中五千万元以上项目13个；2014年，签约招商引资项目21个，其中城镇化项目5个、产业项目13个、市场项目3个；2015年，签约招商引资项目24个。

建设创业孵化基地，产业园区快速发展。2014年，烟店镇以新东方轴承市场为基础，建立集创业引导、创业扶持、创业项目开发、开业指导、工商税务服务、政策咨询、信息服务、法律服务、战略设计等功能于一体的创业孵化基地，作为促进创业带动就业工作的重要举措，截至2014年年底，接受高校毕业生创业者各种咨询100余次，为20余家创业实体提供服务，项目创业成活率超过90%。2015年，产业园区规模以上工业主营业务收入181亿元，同比增长16.5%。实现利税24.5亿元，同比增长10%。进一步加大园区管理力度，园区路网、电网改造和排污排水等基础设施进一步完善。同时，园区创业园以培育轴承经营销售企业为目标，鼓励创业带动就业，充分发挥政府组织协调和政策引导作用，为创业者提供低租金、低费率、一站式服务的创业环境，提高创业成功率，促进烟店镇稳定和高质量的就业。

【社会事业】 2015年，全镇人均可支配收入16593.26元，同比增长10.27%。新型农村合作医疗保险参保27373人，缴纳保险费328.5万元。全镇最低生活保障救助1290人，累计发放各类优抚、救助款253.22万元。

【科技教育文化卫生】 截至2015年年底，烟店镇有中学1处，在校生810人，教职工58人；有中心小学、第二小学、王集小学、张寨社区小学、文训小学等10处小学，在校生10500人，教职工385人；有公办幼儿园7所，私立幼儿园2所，在园幼儿2000人，专职教师90人。适龄儿童入学率、小升初升学率、九年义务教育覆盖率全部达到100%。烟店镇有文化站1处，村文化活动大院34处，农家书屋17处，藏书20000多册；有卫生院1处，总床位91张，卫生技术人员86人，卫生室27处。

【基础建设】 三年来，烟店镇把加快统筹城乡发展作为改善民生、推进城镇化的重要抓手，大力完善新型城镇化体系规划，拉大城镇建设框架，提高城镇化发展质量，增强综合承载力和竞争力。

稳步推进新型农村社区建设。按照“镇园融合、产城一体”的发展思路，加快推动人口向镇区集聚，在镇区环路周围大力推进新型农村社区建设。2013年，重点推进轴乡华府二期、张寨联村、堤口新居、汇景嘉苑和康庄社区“五大社区”建设，其中，“轴乡华府”千户社区项目总占地280亩，建筑面积30万平方米，年底一期基本竣工，大部分回迁入住。2014年，围绕着镇区建设，引进总投资18亿元，占地400亩，建筑面积60万平方米的烟店中心生活商务区项目，计划建设住宅区、集中商贸区、地标性建筑、中心商场等八个片区，提升全镇承载力。2015年，“百特•轴乡华府”千户社区二期工程占地10亩，建筑面积8000平方米，4栋9层住宅楼已全部建设完工并入住。

完善基础设施建设。2014年，投入3200万元，实施总长度40公里的网格化道路硬化工程，打造北环路、S315、哈鲁路、南环路、府前路、西环路、辛冯路、东环路、孟樊路“四纵五横”的道路交通骨架，现已全部竣工；投资5000万元，从临清到烟店铺设天然气主管道50余公里，名苑佳居、轴乡华府、堤口新居、轴承市场、国际轴承商贸城等业户均用上天然气。2015年，按照“小城镇提升”工程安排部署，完成总投资1822万元的四项“提升工程”。绿化工程：绿化面积3万余平方米，打造覆盖东环路、金玉路、哈鲁路等主干道的绿化景观带。美化工程：对S315省道沿线建筑进行外立面改造2.4万平方米，统一规划牌匾4000平方米。道路工程：完成轴承市场所有道路重修3.3万平方米。配套工程：完成金玉路、东环路、哈鲁路、S315省道沿线等道路两侧硬质花砖铺装4.2万平方米，新装路灯180盏，铺设排水管道1200米，省道两侧及部分镇区主干道实现弱电全部入地。

【群众路线教育实践活动】 2014年，3月24日烟店镇党的群众路线教育实践活动正式启动，10月27日召开党的群众路线教育实践活动总结大会。参加活动的共有基层党组织91个，党员1224名。活动开展以来，各党组织和广大党员干部把搞好活动作为首要政治任务，牢牢把握“照镜子、正衣冠、洗洗澡、治治病”的总要求，以为民务实清廉为主题，聚焦作风建设，精心组织，统筹安排，扎实开展好活动各个环节要求任务，达到预期目标，取得重要成果。

坚持扎实开展学习教育。坚持把学习教育摆在活动首位，贯穿活动始终，烟店镇党委深入开展“四学一检验”活动。发放《论群众路线—重要论述摘编》、《习近平关于党的群众路线教育实践活动论述摘编》等材料3000余本；印制《学习笔记》《口袋书》《镇党委致全镇党员干部的公开信》等1210套，粉刷群众路线标语80余条，发放群众路线教育实践活动学习录音材料，为34个村级配备播放器材，每天通过村级高音喇叭循环播放。全体机关干部集中学习17次;学习篇目、文件等31篇;专题讨论6次，组织观看群众路线教育专题片《孔繁森》《力量》等5场次，集中开展廉政警示教育活动；镇党政领导班子参加市委运河大讲堂10人次。开展专题党课6次。严格学习纪律，全程进行签到点名，对请假人员进行补学。建立学习教育长效机制，每周组织党员进行不少于5个小时的学习讨论。

聚焦“四风”解决突出问题。活动中，坚持敞开大门，采取问卷调查、逐户走访、集中座谈、建立联系点蹲点调研等多种渠道，开展“立体式”意见征询活动，共发放调查问卷1300份、征求意见表6800份、便民服务联系卡8121张，走访群众8012户，收集意见建议355条。全体科级干部进村入户，到联系村开展蹲点调研3天以上，与群众同吃同住同劳动，听取意见，解决问题，并形成长效机制，每人每月到联系村蹲点调研1天以上。对查摆出来的问题和群众提出的意见，立说立行，真查实改。领导班子及成员共整改问题328项，开展专项整治工作16项，均取得阶段性的效果。

严肃党内政治生活。烟店镇党委和各党支部以习近平总书记参加兰考县委常委班子专题民主生活会的重要讲话精神为指导，坚决贯彻整风精神，召开高质量的专题民主生活会和基层组织生活会。会前，按照“四必谈”“五个谈透”的要求，班子成员普遍开展谈心谈话20人次以上，征求到意见建议均在20条以上；班子成员亲自撰写对照检查材料，镇领导班子及班子成员的材料普遍修改18遍以上，共查摆“四风”问题168项，列举具体事例179个。民主生活会上，镇领导班子成员对其他班子成员共提出批评意见221条。镇党委采取科级干部帮促、驻村指导员指导、活动办公室把关等措施，组织镇机关、村级、部门、非公企业等90个党支部召开组织生活会，并进行党员民主评议工作。

强化制度建设。活动中，着眼于标本兼治、破立并举，注重以法治思维和改革精神建章立制。烟店镇党委认真承接好、落实好上级出台的制度，结合实际，制定完善配套制度及实施细则，确保不折不扣落实。修订完善制度15项，从源头上堵住滋生“四风”问题的漏洞，形成作风转变的新习惯、新常态。广大党员干部遵章守纪的意识明显提高，更加自觉按制度办事，按规矩用权，制度的执行力和约束力得到增强。

加强党的基层组织建设。活动中，烟店镇党委以教育实践活动为契机，着力加强党的基层组织建设，整顿软弱涣散基层党组织3个，认真用好上级党委对村集体经营性收入3万元以下的16个村的补助资金33.2万元。全面落实乡镇机关干部的工作补贴，大幅提高村干部待遇。进一步提升服务群众水平，优化便民服务中心民政、社会保障、农业等8个窗口的配置，实行“一站式服务”。建立健全首问责任制、服务承诺制、一次性告知制等多项服务制度，并严格问责机关工作人员，杜绝“门难进、脸难看、事难办”现象。党员干部积极与贫困群众结对子、到联系点搞帮扶，深入落实“双联共建”，驻村指导员均担任所指导村的便民服务代办员，党员干部服务质量、工作效能明显提升。烟店镇党委着力构建以镇党委、社区党总支、基层党支部、新时期雷锋式党员干部为服务主体的“四位一体”服务型基层党组织，有效推动基层党组织由“管理型”向“服务型”转变，充分发挥基层党组织推动发展、服

务群众、惠及民生、促进和谐、凝聚人心的作用。

【“三严三实”学习教育】 2015年，根据中央、省委、聊城市委和临清市委开展“三严三实”专题教育的部署要求，烟店镇党委从实谋划部署、从严推进落实，于5月25日正式启动“三严三实”专题教育，制定下发《烟店镇党政领导班子“三严三实”专题教育工作方案》，细化专题党课、专题学习研讨、专题民主生活会和组织生活会、整改落实和立规执纪四个关键动作的目标任务和开展方式，对专题教育的开展提出明确要求。镇党政领导班子成员认真开展学习研讨，镇党委理论中心组进行集中学习29次，镇党政领导班子开展第一专题、第二专题的学习研讨。为找准自身问题，镇领导班子成员认真到村开展调研，共收集群众意见建议152条。两次召开专题会议，查摆“不严不实”问题，共查摆问题105项，每名班子成员都在8项以上，并制定具体的整改措施、明确整改时限。对查找的问题，镇党委实行销号工作法，建立“不严不实”问题销号台账，镇大督查委员会跟进督导整改情况，整改完成82项。

【社会管理】 *贯彻落实惠农政策。*烟店镇积极贯彻落实国务院围绕惠民生出台的一系列政策措施，切实把粮食综合补贴、农机补贴、新农保、低保、五保、危房改造等各项惠农政策落实到群众手中。2014年，农业政策性保险小麦保险投保面积3.1万亩，玉米保险投保面积2.4万亩，发放小麦粮食直补407万元，收缴新农保330万元，企业养老保险650万元。2015年，农业政策性保险玉米保险投保面积2.4万亩，投保资金72708元，收缴企业养老保险1900万元，发放2014年94户农户危房补助款126.36万元。按照“阳光低保”专项行动要求，在34个村统一安装公示栏，做到公开透明，全面接受群众监督。2015年全年发放低保资金200余万元，五保资金5万余元，优抚资金35万余元。

*切实优化计划生育环境。*2013年，烟店镇按照上级要求，开展计划生育春季、秋季集中活动，发放公开信、粉刷宣传标语，并采取足额征收社会抚养费、定期查体、落实节育措施等方法，形成高压态势，促使计生工作跨上新台阶。2013年查体到站率达99.3%，征收社会抚养费252余万元。2014年，开展免费孕前体检活动，到站查体率达到99.3%，征收社会抚养费355万元。2015年，烟店镇党委制定下发《关于党员、干部、工作人员违反计划生育政策法规党政纪处分的若干规定》文件，利用村级人口文化大院、计生公开栏、入户发放计生宣传品、刷新计生宣传标语等多种形式，加强国情国策和计生政策法规宣传，引导群众树立晚婚晚育、少生优生的观念。通过开展集中活动、季度查体、免费孕前体检活动，减少违法生育现象的发生，2015年全年开展计生集中活动3次，季度集中查体3次，重点人员查体7200余人次，完成免费孕前体检人员604人。

*重点做好民生实事。*以群众需求为导向，多解民生之忧，解决好人民最关心、最直接、最现实的利益问题。2014年，烟店镇以推进平安建设、加强创新社会管理、防范打击邪教组织为抓手，扎实工作、攻坚克难，为全镇经济社会发展提供良好的社会治安环境。治安保险工作做到34个村的全覆盖，全镇实入保户数6281户，收取治安保险费194711元，其中用于综治大巡防经费125620元。人保公司理赔治安保险赔案11件。全面开展打黑除恶、打霸治痞专项斗争，共处理刑事案件21起、治安案件15起，为“平安烟店”建设创造良好的社会治安环境。此外，烟店镇以二级医院评审为目标，引入竞争机制，全面进行卫生院人事制度，分配制度改革，构筑医院发展的基本框架，全年业务额达到1200多万元，总收入1500万元，与2014年同比增长39%，有力推动医疗质量建设。2015年，烟店镇大力实施“科教兴镇”战略，以全面实施素质教育为主线，全面提高教育教

学质量，新增聊城市教学能手2名，聊城市新秀教师4名，新增聊城市平安和谐校园1所（张寨社区小学）、临清市平安和谐校园1所（冯圈小学）、聊城市教学示范校（中心小学）、临清市规范化学校3所（冯圈小学、王集小学、郑厂小学）。投入1400万元，建设垃圾转运站及污水处理站各1处，配置垃圾箱1350个、保洁人员123人，购置清扫、清运、洒水等车辆150辆，大大提高环卫工作的机械化水平，实现全天候保洁、市场化运作的目标。镇区的干净、整洁成常态，居民养成良好的卫生习惯，大大提高群众满意度。

【村庄名录】 烟店镇辖冯圈社区、王集社区、烟店社区、娄子坡社区、辛庄社区、张寨社区6个社区，共34个行政村。

冯圈社区：冯圈村、北崔庄村、张常庄村、孟口村、杨圈村、李圈村；

王集社区：堤口村、邢坊村、郑厂村、水波村、西王集村、魏厂村；

烟店社区：刘烟店村、杨烟店村、庞烟店村、东常庄村、西常庄村、拳厂村；

娄子坡社区：王庄村、樊庄村、娄子坡村、汪庄村、青石磙村、李拐村；

辛庄社区：陈辛庄村、南崔庄村、康庄村、西路庄村、大罗卜村、王沿村；

张寨社区：牛张寨村、前张寨村、曹张寨村、许张寨村。

【重点村、企业推荐】 许张寨村。许张寨村位于临清市烟店镇轴承市场东邻，2015年，全村共有户籍人口1300人，党员30人，划分为3个党小组。许张寨村是“全国民主法制示范村”、“全省民主法制示范村”“聊城市精神文明建设先进单位”。村级办公场所240平方米，设有党员活动室、村监会办公室、计生服务室、综合治理办公室、活动室和健身器材室等。村里建有篮球厂、乒乓球室，组建文艺队、秧歌队，经常开展丰富多彩的文体活动，文明风尚悄然兴起。

村党支部全面落实“三会一课”制度，定期组织集中学习，每月学习时间在8学时以上，对于文化程度不高的5名党员，进行一对一帮助学习。推行“无职党员设岗定责”工作制度，设置维稳调解岗4人、村容管理岗5人、文明新风岗7人、政策宣传岗8人、民主监督岗6人，充分发挥党员先锋模范作用。

该村全面推行村级“目标管理六步工作法”，认真执行“四议两公开”制度，凡村内的重大事项决策，均由支部提议，交村“两委”商议，然后交党员大会审议，最后由村民代表会议或村民大会作决议，决议形成后，公示决议，公示实施结果。近年来，许张寨村招商引资1000余万元建设老年养护中心项目，投资80余万元翻修村内道路4000余米并维修更换路灯，投资1万余元疏通堵塞严重的下水道640米，投资3万余元建设扬水站、进行沟渠清淤拓宽，投资5万余元整治村内环境卫生并形成长效机制，这些工作都获得全村党员群众的支持和认可，村容村貌进一步改善，群众生活水平进一步提升，许张寨村的发展也走在全镇的前列。

山东省宇捷轴承制造有限公司。山东省宇捷轴承制造有限公司成立于2008年7月，占地面积4万平方米，现有员工200余人，拥有设备开发、产品创新等国家专利14项，产品广泛应用于矿山、油田、钢厂等领域，被中国轴承协会列为“中国冶金目录推荐产品”。该公司荣获“山东省机械工业重点行业关键零部件和机械基础件五十强企业”荣誉称号。

该公司引入先进管理理念。采用全自动数控生产线，建立完善的检查手段，全程跟踪，系统检查，于2009年通过质量管理体系认证和环境管理体系认证。

该公司引进先进生产工艺。1.2万平方无尘恒温车间投入使用，2条与国际名牌相媲美的热处理加工线被中国轴承工业协会技术委员会授予“轴承热处理新技术试验研究中心”称号，公司参与起草两项轴承国家标准和两项行业标准，被评为省级企业技术中心。公司生产的三类轴承达到国际先进水平，出口德国、意大利、美国等欧美国家。

山东博特轴承有限公司。山东博特轴承有限公司成立于2004年，现有员工150余人，其中工程技术人员30余名，高级工程师2名，硕士生2名。公司主要生产深沟球轴承及薄壁系列、角接触球轴承，圆锥滚子轴承，挖掘机专用轴承，英制圆锥滚子轴承等600多个品种产品，主要应用于冶金、矿山、石油、工程机械等方面。公司推出的轻系列薄壁轴承是从专业化生产轻系列轴承产量和品种跨度上均属全国之首的拳头产品，2011年被评为山东省名牌产品，2013年荣获山东省著名商标。多项产品通过省科技厅产品鉴定，15项产品填补国内空白，达到世界先进水平；拥有实用新型专利6项，国家发明专利2项。公司成功配套徐工集团、三一集团等国内知名企业；BOT产品系列远销美国、德国、俄罗斯、东南亚以及北欧等20多个国家和地区，并在德国和乌克兰设立两个海外分销机构。

【特色产业】 汪庄草编。汪庄村位于临清市烟店镇西南部，距镇政府3公里，东与李拐村为邻，北与王庄村交界，东西最大距离0.5公里，南北最大距离0.1公里，该村地处鲁西北黄河冲积平原，地势平坦，土壤以沙壤土为主。

相传汪庄草编已有二、三百年的历史，产品以生活用品类为主，因其传承时间长，传承人众多，传承脉络已无从考证。过去每逢过年有多蒸馒头以祈求来年富裕的习俗，往往一次就蒸几十斤面，甚至上百斤面，当时存放馒头需要大馒头囤，馒头放进去不干裂、不霉变，到来年的二月二拿出来还暄腾腾的。有的还用白布和棉花作馒头囤内衬，用以盛放茶壶、热饭菜等，农忙时送到田间地头，馒头囤又变成保温筒。用草编的粮食囤盛粮食保鲜好，特别是用来盛种子，发芽率高。近年来刮起的“复古风”和人们环保意识的提高，让大家对应用自然原料的手工制品兴趣盎然。经汪庄手艺人刘凤山那双灵巧的双手，便编织出来各种各样美观实用的生活用品。刘凤山介绍说，麦草编制品手工制作、绿色无污染、透气吸潮，非常利于食品长期储存。这也是草编工艺在塑料制品横行的年代重新被人们认可的原因。

堤口粉皮。堤口村位于临清市烟店镇北部，距镇政府3公里，东与水波村为邻，北与西王集村交界，西面隔卫运河与河北省相望，南与郑厂村相连。该村地处鲁西北黄河冲积平原，地势平坦，土壤以沙壤土为主，东西最大距离1.5公里，南北最大距离1公里。堤口绿豆粉皮始创于清道光二十九年（1849年）烟店堤口村汪金明家，距今已有近一百七十年的历史，其生产工艺历经一百多年的钻研探索，四代人的相继真传，始得上乘手艺。随着改革开放的不断深入，堤口绿豆粉皮手工技艺第四代传人汪致成转行从事轴承加工销售生意，堤口绿豆粉皮在烟店镇仅存四家规模较小的家庭作坊，均学习汪家制作工艺，但制作工艺有所简化，产品质量已不如前。现在掌握制作堤口绿豆粉皮手工技艺的有近20人，其中技术上乘者仅有五人。第四代传人汪致成计划筹建粉皮加工公司，重操旧业，严格按照传统工艺进行操作生产，恢复原有风味，创建自己的品牌，将这一饮食文化发扬光大。

【文物古迹】 牛张寨牛氏祠堂。牛张寨地处鲁西北冀、鲁两省四县交界之处，1965年1月以前归属山东省馆陶县，今属临清市烟店镇。牛张寨牛氏家族总人口有5000人左右。牛张寨的牛氏祠堂有着悠久而不平凡的历史。

过去牛氏子孙聚族而居，凡是子孙兴旺，村落较大的，都要建祠堂，但是历经战乱、洪水、“文革”等因素，能够保存下来的却不多。牛张寨的牛氏祠堂始建于康熙四十四年（公元1705年），由第十一世星朗爷主持修建。该祠堂的堂号为“燕翼堂”，光绪二十六年新置一牌匾悬挂于祠堂正殿门口上方，书有“牛氏祠堂”四个大字，保存至今，有很高的文物保护价值。祠堂为一进院落，前有山门、牌坊，后有正殿三间，配房若干。正殿门额悬挂“牛氏祠堂”牌匾，十分醒目。殿内供奉有列祖列宗之神主牌位，以牛大老为始祖依序排列，庄严肃穆。依照族规，每年三十、大年初一、初二牛氏后人都要到祠堂祭拜。

新中国成立后，牛氏祠堂曾经当做学校，很多牛氏子孙有了学习文化的机会，为社会各界输送大批人才。1963 年特大洪水之时祠堂被毁。第三年，又以盖牛张寨大队部的名义，在祠堂旧址北面一百多米处重新修建，用的大部分是老祠堂的原材料，以备将来条件允许之时，继续当做牛氏祠堂，供奉祖先。

1980 年在党的改革开放政策之下，逐步恢复尊敬祖先的优秀传统。经过牛树祥、牛月仪、牛月远、牛月兴等前辈共同努力，重新把“牛氏祠堂”牌匾悬挂于现在的牛氏祠堂正殿门口上方沿袭至今，并重新修造列祖列宗的神主牌位，以方便后人祭奠。

【领导人更迭】

中共烟店镇委员会

书　记：杨庆山

副书记：王培峰（2014.03 止）

　　　　魏　昆

委　员：黄立臣

　　　　林红华

　　　　王献林

　　　　王建江

　　　　李　超

　　　　王　宁（女）

中共临清市烟店镇纪律检查委员会

书　记：林红华

烟店镇人大主席团

主　席：田英辉

烟店镇人民政府

镇　长：王培峰（2014.03 止）

副镇长：王献林

　　　　曹自云

　　　　康维国

烟店镇人民武装部

部　长：李　超

政协烟店镇工作委员会

主　任：黄立臣

（王兆峰　宋彦国）

潘庄镇

【基本概况】 潘庄镇位于临清市区西南 25 公里处，南与冠县接壤，东、西、北分别与八岔路镇、烟店镇、唐园镇相邻，315 省道穿境而过，尚潘渠横贯东西，长顺渠纵跨南北。全镇总面积 44.67 平方千米，耕地面积 3005.04 公顷。辖 30 个行政村，总人口 36594 人。

【经济概况】 2015 年，潘庄镇实现国内生产总值 76.5 亿元，完成固定资产投资 25.6 亿元，完成地方财政收入 3489 万元，分别比 2013 年增长 27.6%、61.2% 和 42.1%。

截至 2015 年年底，潘庄镇有规模以上工业企业 44 家，相比 2013 年新增 11 家，总产值 66 亿元，实现利税 8.15 亿元。2015 年全镇共有个体工商业户 2280 家，比 2013 年同期增加 955 家；民营企业以轴承加工、特钢生产为主导产业，轴承从业人员约 2.3 万人。

2013 年至 2015 年开工投资 3000 万元以上项目 43 个，中瑞 1000 万套铜保持器、润祥 5000 万套车工圈、北方木业 18 万立方米密度板、新天地 8.5 万平轴承商贸城，青岛本色 1200 万块污泥制砖，蓝宇 700 万套角接触轴承，华钢 350 万套推力轴承等一批投资大、具有行业领先地位的项目相继投产达效。

【农业】 2015年农民人均纯收入12580元，比2013年增长2100元，农业总产值1.97亿元，夏秋两季农业种植面积74203亩，夏秋两季粮食作物种植面积72576亩，粮食总产量3529.8万吨，其中小麦36197亩，占粮食作物总面积的49%，总产量1719.4万吨；玉米35381亩，占粮食作物总面积的48%，总产量1786.7万吨；经济作物种植面积1266亩，其中瓜菜202亩，总产37.9万吨；棉花1064亩，总产85120吨。农用科技面积达100%，农作物优良品种率达100%。2015年畜牧业总产值5334.5万元。

【林果业】 潘庄镇始终本着“让森林走进乡镇，让乡镇拥抱森林”的绿色发展理念，2013年至2015年完成造林面积2850亩，其中果林面积20亩，2015年林果年产13.76万吨，比2013年增长2万吨，林业产值达2.75亿元。

【社会事业】 2013年至2015年新型农民养老保险参保10232人，参加新型农村合作医疗26542人，最低生活保障救助666人，小麦补贴合计发放449.4万元。2015年潘庄镇有高级职称人员6人，中级职称145人。

潘庄镇重视教育发展，2015年共投入56万余元，用于教育费用支出。扩建后汪堤小学、刘梭庄小学和文启小学新增10名上岗教师，师资紧张问题不断改善。全镇有初中2所，有小学8所，公立幼儿园2所，在校中小学生9120人，中小学教职工233人，在园幼儿300人，幼师6人。适龄儿童入学率100%。

潘庄镇有卫生院1所，床位36张，卫生技术人员28人；卫生室27处，卫生技术人员35人。2013年至2015年建设8处社区服务站，看病报销12100人次，为全镇3872名老年人进行健康查体，免费为1126名糖尿病人检测救治，为妇保儿保免费查体1979人次，免费接种疫苗7632人次。

潘庄镇积极推进社会治理工程，营造和谐稳定的区域发展环境。在镇驻地、主干道路、各村人口密集场所全部安装高清探头电子监控，共安装高清摄像头210个，实现联网并轨，形成点线面一体的全时空监控体系。成立由20人组成的夜间巡逻队，进一步加强夜间巡防力量，辖区治安状况继续保持良好。

【基础建设】 潘庄镇扎实开展道路硬化工程、沟渠畅通工程。三年来，新修及修复生产道路20.5公里，全镇沥青路覆盖率100%。新建及修复各种水利设施25个，固定扬水站点8处，新打机井98眼，为节水灌溉，埋设地下管道21.2万米，整修沟渠32条，灌溉受益率100%。自来水用户率100%。

为提升村镇居民生活质量，推进村镇建设步伐，2015年潘庄镇共有专业环保人员129名，配备垃圾箱1100个，侧壁垃圾清运车5辆，总投资260万元，新增及修缮路灯130盏。

【特色条目】 潘庄镇依托轴承产业品牌和资源优势，以打造“轴承生产基地”为目标，大力发展轴承产业，现已形成从原钢生产、轴承锻造件到轴承生产加工、配件配套产品等完善的生产链条，可生产“0”类—“9”类以及各种非标轴承等上万种型号，满足国内、国际市场的各类需求。

【村庄名录】 潘东村、潘西村、潘北村、潘南村、油坊村、庄科村、陈沿村、孙沿村、赵庄村、东路东、东路西、西路寨、英东村、英西村、魏沿村、都齐寨、梁齐寨、宋齐寨、张齐寨、东堡村、西堡村、迟彭店、于小庄、白铺村、吴沿村、闫梭庄、刘梭庄、吴梭庄、前汪堤、后汪堤。

【党的建设】 潘庄镇扎实开展党的群众路线教育实践活动和“三严三实”专题教育工作，党的建设不断创新和全面加强。全镇60个党支部、945名党员全部参与到活动中，牢牢把握“照镜子、正衣冠、洗洗澡、治治病”的总要求，围绕保持党的先进性和纯洁性，以贯彻中央八项规定精神为切入点，以为民务实清廉为主要内容，以“三严三实”为标尺，精心组织实施，扎实有序推进。组织全体党员开展集中轮训10余次，同时，号召各村党支部认真开展好“党员活动日”活动，进一步促进党内生活常态化、规范化、制度化。在“惠民强基促和谐”活动中，潘庄镇94名机关干部全部下村包户，走访群众、征求意见、解决问题。通过开展党的群众路线教育实践活动和“三严三实”专题教育活动，广大党员干部工作作风和精神风貌得到明显改善，敬业奉献和跨越超越氛围日益浓厚，致力科学发展、加快发展的步伐更加有力，形成推动跨越赶超的强大正能量，促进全镇经济社会发展和各项工作，各项民生事业稳步推进，广大干部群众的幸福感满意度进一步提升。

【领导人更迭】
中共临清市潘庄镇委员会
书　记：刘天军（女）
副书记：袁　博
　　　　郑文清
成　员：高善明
　　　　赵昌山
　　　　聂玉亭
　　　　康洪锋
　　　　刘殿峰
　　　　姚　强
中共临清市潘庄镇纪律检查委员会
书　记：赵昌山
潘庄镇人大主席团
主　席：于福明
潘庄镇人民政府
镇　长：袁　博
副镇长：聂玉亭
　　　　刘学东
　　　　贾金伟
潘庄镇人民武装部
部　长：刘殿峰
政协潘庄镇工作委员会
主　任：高善明

（姚　强　王　鑫）

八岔路镇

【基本概况】 位于临清市西南部，辖区东西最大距离20千米，南北最大距离16千米，总面积48.6平方千米，耕地面积4.78万亩。辖四个管理区，辖25个行政村。2013年派出所户籍统计人口数34474人，城镇常住人口4109人，城镇化率11.9%。总人口中男性17374人，占50.4%，女性17100人，占49.6%。人口出生率1.5%，人口死亡率0.6%。2014年派出所户籍统计人口数35584人，城镇常住人口4123人，城镇化率11.6%。总人口中男性18440人，占51.8%，女性17114人，占48.2%。人口出生率3.7%，人口死亡率0.6%。2015年派出所户籍统计人口数36991人，城镇常住人口4256人，城镇化率11.5%。总人口中男性19173人，占51.8%，女性17818人，占48.2%。人口出生率4.6%，人口死亡率0.5%。平原地形，属温带季风气候。

【民营经济】 八岔路镇党委政府以重点项目建设为着力点，以优化发展环境为保障，大力发展民营经济，凝聚发展合力，抢抓机遇，攻坚克难，扎实苦干，实现经济又好又快发展。

2013年，民营经济固定资产投资完成4.1亿元，民营经济税收完成2018.8万元。2013年投资过3000万元的项目5个，包括临清市宏泰轴承配件有限公司年产2000吨车工锻件项目、临清市兴喜纺织有限公司新增5万纱锭项目、八岔路镇综合商贸城等项目。

2015年，民营经济固定资产投资完成6亿元，民营经济税收完成2314.35万元，同比增长5.7%。有新建扩建项目21个，投资过3000万元的项目8个，包括临清市宏锦防止有限公司气流纺织扩建项目、山东万瑞达轴承有限公司精密轴承扩建项目、临清市兴喜纺织有限公司新增3万纱锭项目等项目。2015年，全镇有规模以上企业18家。

【招商引资】 镇党委政府紧紧围绕“工业强镇、科技兴镇、依法治镇”的工作目标，以招商引资为突破口，坚持把引进外资与延伸产业链条、优化产业结构相结合，打造招商亮点。加大招商引资力度，增强发展后劲。

2013年全镇招商引资实现2.46亿元，其中包括临清市万瑞达轴承有限公司年产1800万套轴承生产线项目、中拓国际实业集团临清分公司年产500万套轴承生产线项目、八岔路镇综合商贸城项目等项目。

2015年全镇招商引资实现3.6亿元，其中包括临清市宏锦防止有限公司气流纺织扩建项目、山东万瑞达轴承有限公司精密轴承扩建项目、临清市兴喜纺织有限公司新增3万纱锭项目等项目。

【财贸金融】 2013年，全镇地方财政收入完成989.7万元，同比增长92.5%；民营经济税收完成2018.8万元，同比增长26.4%；固定资产投资4.1亿元，同比增长15.7%；招商引资到位金2.46亿元，同比增长17.1%。2015年，全镇地方财政收入完成1694.94万元，同比增长20.9%；民营经济税收完成2314.35万元，同比增长6.1%；固定资产投资6亿元，同比增长18.1%；招商引资到位金3.5亿元，同比增长16.7%。境内有农村信用社和邮储银行2家。

【农业】 农业是全镇的传统优势产业，镇党委政府把抓农业经济、增加农民收入始终列入工作的重要议事日程，本着因地制宜，扬长避短，发挥资源优势，合理调整种养结构，逐步促进全镇农业发展。

2013年，全年粮食作物播种面积5770公顷，总产值46617吨；瓜菜总产6661吨；棉花1321亩，总产96吨；年底大牲畜存栏542头，猪存栏4390头，羊存栏3905只，家禽存栏36.8万余羽。专业合作社58家。

2015年，全年粮食作物播种面积5779公顷，总产值47732吨；瓜菜总产10996吨；棉花1259亩，总产97吨；全年造林136190株；林果总产2226.314吨。年底大牲畜存栏36头，猪存栏3657头，羊存栏3704只，家禽存栏39.67万余羽；各种大棚160亩。专业合作社63家。

【工业】 2015年八岔路镇形成轴承加工制造、棉花加工和纺织以及木材加工三大支出产业，拥有工业企业60余家，职工1800余人。其中规模较大的企业包括临清市万瑞达轴承有限公司、临清亿展农副产品加工厂、临清市兴喜纺织有限公司等。

2013年全年实现工业增加值1.87亿元，工业总产值7.5亿元。民营经济销售收入7.13亿元，利税0.67亿元。

2015年全年实现工业增加值2.75亿元，比2013年增长47.1%。工业总产值11亿元。民营经济销售收入10.45亿元，利税0.99亿元。

【社会事业】 2013年全镇农民人均纯收入9097元，比上年增长15.26元；人均住房建筑面积20平方米；参加新型农村合作医疗农民25926人，缴纳保费181.482万元；新型农村养老保险参保农民12564人，缴纳保费149.85万元；全镇最低生活保障（低保、五保）救助1080人，发放救助款45万。累计发放各类优抚、救助款30余万元，受助群众60人。小麦补贴发放5418966.25元。

2015年全镇人均纯收入14564.59元，比上年增长8.09%；人均住房建筑面积21平方米；参加新型农村合作医疗农民25714人，缴纳保费308.568万元；新型农村养老保险参保农民10046人，缴纳保费333.67万元；全镇最低生活保障（低保、五保）救助902人，发放救助款160万。累计发放各类优抚、救助款35余万元，受助群众60人。小麦补贴发放5486732.5元。

【科技教育文化卫生】 2013年有临清市丕介中学1处，在校生705人，教职工63人；小学有艾寨丕介学校、万庄小学、路庄小学、潘彭店小学、塔头小学、杨二庄小学、前杨坟小学等7处，在校学生3194人，教职工151人，适龄儿童入学率100%。公办幼儿园5所，私立幼儿园21所（均未注册），在园幼儿1228人（加私立共2081人），专职教师11人。初中适龄人口入园率、小升初升学率、九年义务教育覆盖率分别达到100%、100%、100%。

2014年有临清市丕介中学1处中学，在校生743人，教职工58人；小学有艾寨丕介学校、万庄小学、路庄小学、潘彭店小学、 塔头小学、杨二庄小学、前杨坟小学等7处，在校学生4051人，教职工142人，适龄儿童入学率100%。公办幼儿园5所，私立幼儿园25所（均未注册），在园幼儿1212人（加私立共2568人），专职教师12人。初中适龄人口入园率、小升初升学率、九年义务教育覆盖率均达到100%。

2015年有临清市丕介中学1处，在校生836人，教职工57人；小学有艾寨丕介学校、万庄小学、路庄小学、潘彭店小学、塔头小学、杨二庄小学、前杨坟小学7处，在校学生4729人，教职工134人，适龄儿童入学率100%。公办幼儿园5所，私立幼儿园30所（均未注册），在园幼儿1109人（加私立共2356人），专职教师14人。初中适龄人口入园率、小升初升学率、九年义务教育覆盖率均达到100%。

2015年有村文化活动大院18处，农家书屋17处，藏书8000余册。有医疗卫生机构（含卫生室）29个，医疗卫生机构床位数30张，执业（助理）医师数23人。

【水利建设】 2014年农村饮水安全工程中铺设村外主管道，柴庄1152人、李兴寨874人、潘彭店34.4人、西二庄1399人、路庄1687人使用上供水站的自来水，水质有很大的提升，深受群众的称赞。

2015年小水源工程共打机井28眼，其中赵塔头2眼，娄塔头5眼，国塔头2眼，刘塔头2眼，万庄3眼，潘彭店3眼，官庄1眼，辛南2眼，辛北2眼，路庄2眼，李兴寨2眼，前杨坟2眼。

农田水利基本建设三年会战。维修东潘庄渠、后杨坟渠、前常二庄渠，分别清淤疏浚长度3100米、2000米、2000米，土方1.05万立方米、1万立方米、1万立方米，砌石300立方米、310立方米、310立方米。

2014年10月至2015年8月开展沟渠治理土方工程项目，其中：二斗渠治理长度4.53千米、土方量4.14万方；四斗渠治理长度2.65千米、土方量2.65万方；路庄村南渠治理长度1千米、土方量0.36千米；塔头渠治理长度4.6千米，土方量5.52万方，治理总长度12.78千米，总土方量12.67万方，单价2万元，项目工程款253400元。申请农田水利基本建设三年会战2015年市级补助资金157100元。

【多种经营】 八岔路镇现有路庄、艾寨、潘彭店三个集贸市场和镇驻地商贸城一处，四个市场辐射带动周边4万余人。全镇除轴承制造、棉纺加工外，木材加工业业较为发达，主要集中在东部塔头等村。同时在肉鸡、蛋鸡、肉食鸭的养殖、蔬菜大棚种植和林果种植等重点领域突破。

【交通运输邮电】 2013年八岔路镇村级公路网化工程项目新建、改建临冠路-后坟、尚烟路-西艾寨公路共计1.457公里。

2014年八岔路镇村级公路网化工程项目新建、改建杨二庄—尚烟路、临冠路—常二庄、娄影路—娄塔头、前杨坟、东潘庄公路共计7.922公里。

2015年新建改造省定贫困村道路，其中李兴寨村新建并改造道路4公里，娄塔头村新建道路0.6公里，赵塔头村改造道路0.7公里，马塔头村新建道路1.5公里。2015年柴庄村、辛南村、潘彭店村等12个村修建沥青或水泥公路共计30.9公里。

【路庄村和谐村庄建设】 路庄村总人口1230人，共计310户，现有耕地面积1400亩。近年来，为发展村经济改善村容村貌，改善村民的居住环境，建设新农村，加大对基础设施建设。投资30万余元，对全村的道路进行整修，投资8000余元，为村内安装路灯；投资6万余元安装监控设备，并与在派出所联网；投资2万余元打井4眼建井房5座；为方便孩子上学投资12万余元在村南修路530余米；修排水沟涵投资1.1万余元等。以上项目大大改善村民的居住环境，方便群众的生活，改善居民的生活环境，得到广大村民的一致好评。

【学习教育】 群众路线教育实践活动。为深入贯彻中央、省委、聊城市委和临清市委的部署要求，全镇开展党的群众路线教育实践活动。活动前期，组织全体机关干部到各个部门、村及企业进行深入的走访调研，广泛征求群众的意见建议，认真查找党员干部队伍在“四风”方面存在的问题。参加第二批教育实践活动的党员有961名，镇党委班子和镇直党支部3个，农村党支部25个，“两新”党支部9个。教育实践活动涉及的单位和人员范围广、领域宽、数量大，与群众联系非常直接、非常紧密，涉及的矛盾问题具体复杂，任务非常艰巨。教育活动着重把握好三个环节：“学习教育、听取意见”环节，重点是搞好学习宣传和思想教育，广泛听取干部群众意见，切实找准存在的问题。“查摆问题、开展批评”环节，重点是围绕为民务实清廉要求，认真查摆领导班子和领导干部自身在“四风”方面的问题，进行深刻的党性分析和自我剖析，开展批评与自我批评。“整改落实，建章立制”环节，重点是针对作风方面存在的突出问题，提出解决对策，抓好整改落实。

“三严三实”学习教育。自“三严三实”专题教育活动开展以来，八岔路镇严格按照中央、省委、聊城和临清市委部署，深入学习贯彻党的十八大、十八届三中、四中全会精神和习近平总书记系列重要讲话精神，对照“严以修身、严以用权、严以律己，谋事要实、创业要实、做人要实”的要求，聚焦对党忠诚、个人干净、敢于担当，着力解决单位和自身存在的“不严不实”问题，切实增强践行“三严三实”要求的思想自觉和行动自觉。共召开10次“三严三实”专题党课，同时党委班子成员针对不作为乱作为问题进行自查，每人对照“三严三实”要求，结合自身工作实际，撰写个人党性分析材料，召开专题民主生活会，形成镇领导班子不但为不作为整改问题清单，明确整改问题，制定整改工作方案，明确整改内容、整改措施、牵头领导、责任单位、整改时限。根据市委组织部开展“三严三实”专题教育部署安排，组织参加“三严三实”专题教育展览，开展专题研讨，专题研讨分严以修身、严以用权、严以律已三个专题进行，并与党委理论中心组学习相结合。通过“三严三实”学习教育，党员干部加强理论学习，坚定理想信念；牢记群众观念，强化宗旨意识；增强党性修养，提升思想境界；勇于担当责任，做到真抓实干。

【村庄名录】 路庄、前杨坟、后杨坟、前常二庄、后常二庄、官庄、东潘庄、李兴寨、影庄、柴庄、西二庄、赵塔头、刘塔头、娄塔头、马塔头、国塔头、辛集北、辛集南、艾寨、西艾寨、潘彭店、杨彭店、万庄、杨二庄、田庙。

【历史文化村庄】 万庄村位于八岔路镇西北，耕地面积4273亩，818户，3171人，党员48人。抗日战争时期，万庄村附近有日军据点，万庄村、杨二庄村、田庙村等村民进行长期的艰苦卓绝的抗日斗争，涌现一批可歌可泣的抗日英雄和故事。现有烈士陵园一个，占地8亩，共有百余位烈士在此长眠。地处于黄河故道，有着悠久的林果种植历史，果林400余亩，已经形成集乡村林果旅游观光、林果种植生产为一体的大型林果基地，辐射带动周边6000余人发家致富。

【名胜古迹】 彭祖墓。位于八岔路镇潘彭店村南，八岔路镇潘彭店村原来不仅有彭祖墓，还有香火鼎盛庙宇巍峨的彭祖庙，当年潘氏家族由今天烟台福山区迁到这里之时，就是因为这里香火繁盛而住居于此。1947年，迫于当时的大环境，当地村民把这里的大庙拆除。改革开放以前，彭祖墓的高度是9米以上，面积很大。由于家庭承包实施后，大家都在这里取土，平整土地，古墓的高度慢慢一个土丘。

五花槐。五花槐位于八岔路镇辛集村。树高10.92米，围径1.2米，外露的树根上有3个似马蹄状斑纹。五花槐原有三棵，植自汉文帝时，至今2100多年。三树成鼎足之势，后因土匪砍伐只剩其二。不仅与宋太祖赵匡胤有渊源，而且与东汉光武帝刘秀及其大将冯异、唐尉迟恭有着千丝万缕的联系。据《馆陶县乡土志》载："五花槐，在城东北三十五里新兴集村，地滨大河，路临要津，有古槐三株，花放五色。"

【领导人更迭】

中共临清市八岔路镇委员会

书　记：张保东

副书记：勾建党

　　　　卢武义

成　员：汪文凯

　　　　张振国

　　　　刘玉生

　　　　张华新

　　　　张庆印

　　　　靳　丽

中共临清市八岔路镇纪律检查委员会

书　记：张振国

八岔路镇人大主席团

主　席：王金国

八岔路镇人民政府

镇　长：勾建党

副镇长：刘玉生

　　　　李一青

　　　　燕海善

八岔路镇人民武装部

部　长：张庆印

政协八岔路镇工作委员会

主　任：汪文凯

（张庆印　宁春燕）

尚店镇

【基本概况】 尚店镇位于临清市南端，京杭运河两岸，南与冠县柳林镇毗邻，北与大辛庄街道连接，东临刘垓子镇，西与八岔路镇、青年路街道接壤。镇驻地距市区15公里，全镇南北长7.3公里，东西宽6.2公里，版图面积48.78平方千米，耕地面积3066公顷。辖4个管理区，辖34个行政村。全镇总人口33718人，总人口3.2万人。

【自然环境】 尚店镇受季风影响，四季温差明显，属暖温带半湿润季风气候区。春季干燥多风，夏季炎热多雨，秋季晴朗气爽，冬季严寒少雪，年平均气温13℃左右，正常年份年降雨量400—600毫米，多集中于6—8月3个月份，无霜期200天左右。

【区划沿革】 尚店早在明永乐年间就存在，镇政府驻尚店村北首，并因此得名。1971年前，属朱庄区所辖，1971年成立"尚店人民公社"，1983年建尚店乡，2010年撤乡改镇。全镇辖34个行政村，分别是尚店、苇元、西荆林、方荆林、段刘庄、祝楼、东荆林、曹庙、胡宅、隋庄、南田庄、司洼、闫屯、曲庄、南辛庄、黄杨庄、洼里、东白堌、西白堌、东段屯、西段屯、龚刘庄、前宅科、后宅科、南仓上、焦庄南村、东王庄、西王庄、贾牌、焦庄东村、焦庄西村、前焦庄、林庄、张庄。

【农业】 尚店镇党委、政府以建立现代农业为目标，坚持稳定粮棉面积，实施科教兴农战略，不断加大农业投入，提高农业基础设施建设水平，稳定粮食面积，推广集约化高效温室蔬菜大棚种植，使全乡主要农作物产量，农民收益和农业经济效益同步提高。2015 年全年粮食作物播种面积为 5927 公顷。

【林果业】 尚店镇党委、政府以改善环境、增加村集体收入为目的，利用闲散地块，发动村民开展植树活动。同时有效利用水利优势和独特气候条件，加大资金、技术投入，引导群众大力发展苗木繁育和林果生产。2015 年，种植经济林 420 亩，树种以苹果、樱桃、核桃为主；种植用材林 331 亩，树种以杨树为主；水系绿化 241 亩，树种以杨树为主；育苗 1100 亩，树种以杨树、法桐、白蜡为主。

【水利建设】 尚店镇以“严”字当头，狠抓各项防汛抗灾措施的落实，制定防汛责任制，做到早动手、早准备、早预防。同时，加强防汛抢险队伍建设和防汛物资储备，专门成立防汛指挥部办公室，严格执行 24 小时值班制度，并完善防汛应急预案，落实相关责任人，切实保证在遭受洪涝时应急预案的及时和有效。

【多种经营】 在畜牧业发展上，尚店镇围绕“稳定鸡产业、提升猪产业、大力发展牛羊产业”的工作格局，强力推动畜牧产业发展。按照“公司加基地加农户”的发展模式，扶持培育出畜旺牛羊养养殖和源盛肉牛两大养殖合作社。临清市畜旺养殖合作社，现有社员 36 户，存栏 3000 头牛、5000 只羊。合作社所属养殖小区规划建设 180 亩，主要养殖鲁西黄牛、小尾寒羊等优良品种。临清市源盛肉牛养殖专业合作社，现有养殖户 18 家。合作社引进“雪龙黑牛”项目，开辟更广阔的肉牛养殖市场。带动全镇牛羊养殖产业的健康发展，为今后发展畜牧业走规模化、集约化、园区化探索一条成功的路子。临清市宏昌禽业有限公司坐落于尚店镇驻地东侧，总投资 1000 多万元，占地面积 19800 平方米，是农业部定点监测企业，2008 年通过山东省标准化规模养殖场验收，公司拥有国内同行业先进的生产设备和核心技术，在优质高效化、生态化、标准化养殖技术上已经形成比较成熟的技术配套，并开创自主品牌“3A”型种蛋，实现受精率 95%。公司于 2012 年扩建高标准养殖棚 7 个，父母代蛋种鸡存养量达 10 万套，每年可生产优质种蛋 1900 多万枚，实现经济效益 160 万元。

在苗木繁育发展上，前宅科、后宅科两村在镇党委、政府领导下，依靠苗木繁育的传统优势，发展苗木繁育产业，在原有毛白杨的基础上，引进速生杨品种中林 46、107 以及垂槐、黄金柳、法桐、白蜡等绿化苗木近 20 个品种，并迅速大面积推广，使林业育苗形成以前、后宅科两村为中心、种植面积达 4000 余亩的育苗基地。2003 年，镇党委、政府筹集资金 50 余万元，建成占地 60 亩的苗木批发市场，成立 3 家合作社，设立对外联系处，完成小生产和大市场的对接，为苗木走出家门、走向市场提供有力保障，形成产、供、销一条龙的服务体系，每年可对外提供新、特、优苗木 1200 万株，销往天津、河北、甘肃等十几个省市，年销售额近 3000 万元。

【工业】 工业发展凸现新特点。尚店镇紧紧围绕“工业强镇、商贸兴镇”的发展目标，破解项目用地紧缺、路径不广、方向不准等难题，着眼于做大做强，注重结构调整，增投入、重培育、抓创新，加速新型工业化进程；致力于做活做兴，注重资源整合，推进纺织业新发展、轴承业新提升。毅龙轴承、鑫旺铸造等支柱企业生产规模进一步扩大，效益提高。2015年全年实现工业增加值6.5亿元，比上年增长13.5%。工业总产值18.75亿元，利税1.8亿元。

【交通运输邮电】 尚店镇交通发展突飞猛进，已形成以省道临莘路为主脉，以魏烟路、沿三干渠等镇间公路为支脉，村间公路为叶脉的“两纵两横”公路交通新格局。其中，2015年修筑府前街路西段，延伸至临莘路。交通条件的大大改善，为镇经济社会发展创造极其便利的条件。

邮电通讯事业发展迅速。2015年，镇驻地设有邮电支局1处，移动公司营业厅1处，联通公司营业厅1处外，新增电信公司营业厅1处、广电通讯营业厅1处，各类通讯营业网点共66处，从业人员200余名。镇通信设施得到很大改善，技术层次和服务水平发生质的飞跃，已建成包括光纤、程控交换、移动通信等覆盖全镇的公用电信网。全镇34个村和镇直部门已全部安装程控电话，接通互联网，实现无线网络全覆盖。镇直部门完全实现办公电子化、信息化、自动化，有力促进经济社会的发展和人民生活水平的提高。

【村镇建设】 尚店镇按照科学发展观的要求，坚持“高起点规划、高标准建设、高水平管理”的原则，科学定位，准确布局，对镇村建设进行长远规划。聘请聊城市规划建筑设计院专业人员，编制《山东省临清市尚店镇总体规划（2007—2020）》、镇驻地建设方案等，科学规划镇驻地、农村社区、商贸、住宅等功能区。同时，立足镇村实际，加强领导，强化措施，不断改善村镇基础设施、环境等，加快村镇建设步伐。

基础设施建设水平不断提高。通过宣传、引导和扶持等措施，充分调动镇村干部积极性，新修、改造农村公路26公里，实现100%的村通公路。2015年，全镇有监控平台64个，安装探头308个，涉及34个村庄；配备微机、彩电等远程教育34台套，100%的村通上现代远程教育网络。

镇村环境逐步改善。积极推进“城乡环卫一体化”工程，清除农村“三大堆”（草堆、粪堆、垃圾堆），加大拆除清理违法建筑、广告牌和占道经营摊点力度，不断实现镇村环境美化、净化、规范化。镇机关及镇直部门加大投入，对镇驻地进行绿化、美化、亮化，大幅度改善环境条件。

【社会事业】 惠农政策全面落实。尚店镇党委、政府，积极落实各项惠农政策，逐渐完善社会保障体系。2015年，新型农村养老保险参保农民10716人，缴纳保费3412700元。全镇最低生活保障救助955人，农村特困救济75人。累计发放各类优抚、救助款939276元，受助群众1522人。小麦补贴发放5558478.75元。

【科教文卫】 全镇包括尚店镇中学1处，焦庄、洼里、司洼、东白、中心小学5处，适龄儿童入学率100%。公办幼儿园4所。初中适龄人口入园率、小升初升学率、九年义务教育覆盖率均达到100%。文化站1处，村文化活动大院26处，农家书屋12处，藏书4000册。有尚店镇卫生院1处医院，总床位18张，卫生技术人员36人，村级卫生室24处。

【特色产业村】 前宅科村。前宅科村位于尚店镇西北部，距镇政府1公里处。前宅科村是鲁西北最大的苗木生产基地，主要经营经济林、观赏花卉、绿化林木等20多个品种，产品销往河北、天津、河南、山西等省市。在产业发展上，前宅科村推行“党支部＋合作社”的发展模式，大力进行产业结构调整，提高技术水平，延伸产业链条，先后获得临清市“优秀村（居）党支部”“全国普法依法治理工作先进单位”等称号。

前宅科村于2011年建立鲁源苗木合作社，

现有成员80户，党员26人。合作社实行入退社自由原则，不收取任何费用，免费提供信息、技术方面的服务，销售利润归个人所有。合作社实行党支部和合作社交叉任职，每季度召开党企联席会议，研究合作社重大发展事项。村党支部每年召开村民大会，研究制定合作社发展规划，邀请农业部门专家进行技术指导，定期组织党员群众观看远程课件。

【领导人更迭】

中共尚店镇委员会

书　记：张瑞峰

副书记：白振国（回）

相晓磊

委　员：于洪涛

于振峰

王建国

汪文霞（女）

张　毅

宋　洋

中共尚店镇纪律检查委员会

书　记：于振峰

尚店镇人大主席团

主　席：杨家煌

尚店镇人民政府

镇　长：白振国（回）

副镇长：王建国

李申厚

朱　良

尚店镇人民武装部

部　长：宋　洋

政协尚店镇工作委员会

主　任：于洪涛

（汪文霞　董　蔚）

刘垓子镇

【基本概况】　刘垓子镇位于临清市东南部，辖区东西最大距离5.8千米，南北最大距离6.2千米，总面积41.3平方千米，耕地面积3666.67公顷。2015年辖4个管理区，辖35个行政村。总人口3.2万余人，其中城镇常住人口0.9万人，城镇化率15%。总人口中男性1.62万人，占50.5%，女性1.59人，占49.5%。人口出生率13.03%，人口死亡率5.23%。地形平坦，地貌平原、气候为温带季风气候。

【经济概况】　全年实现国内生产总值13.5亿元（现价，下同），比上年增长7.7%，其中，第一、二、三产业增加值分别为5.9亿元、3.1亿元、1.8亿元，分别增长11.6%、7.8%、9.6%；工业总产值13.5亿元。财政收入1227.06万元。农民人均纯收入17546元，比上年增加980元。

2015以来，面对国家实施宏观调控、经济逐渐回暖的有利形势，为适应改革发展的新常态，刘垓子镇积极帮助企业在促转型、调结构、稳增长上下功夫，帮助他们出谋划策，积极协调解决在资金、技术、用工等方面遇到的困难，把企业进一步做大做强。在重点项目建设上重点实施日升纺织公司扩建、杰兴机械公司扩建、华鑫面粉公司扩建等重点项目建设。面对逐渐回暖的纺织市场，日升公司投资2000万元，新上一条精梳生产线，更新并条机、出纱机、自动落筒机等30余台套先进设备，在降低生产成本、提高产量的同时，有效提升企业的生产效益和市场竞争力。日升纺织童装厂积极适应市场需求，在提升产品质量的同时，自主研发200多个童装花型，河北、山东多个城市的客户订单源源不断，市场竞争力日渐增强；重点实施杰兴公司扩建，投资4000万元，新增一条机加工生产线，引进15台数控机床；新建2000平方米的沾火车间和1条沾火生产线，已正式投入生产运营；新建1500平方米的科技楼已正式投入使用。华鑫面粉公司不断调整市场定位，投资300多万元更新面条加工机、包装机等一批先进设备，降低生产成本，提高产效率。力达橡胶公司不断调整市场定位，扩大2000平方米的新厂房，主攻电动车轮胎产品，走出发展的新路子。永顺纺织原料有限公司，筹资2000万元，扩建1500平方米的厂房，更新一套工业滤纸生产设备，企业竞争力不断提升。

在招商引资工作上，不断加大招商的广度和深度，积极在外回家人士开展接洽招商，通过联谊会的形式，吸引在外成功人士为家乡投资做贡献。继续开展招商月活动，安排分管人员赴长三角、珠三角、苏杭、上海等地蹲点招商，与当地商会及临清籍老乡接洽，搜集招商信息，吸引外来投资。同时，抓好高压容器阀门、减震器生产等在谈招商项目推进工作。

【农业】 农林牧渔业总产值3.94元；全年粮食作物播种面积4065公顷，总产值48780吨；瓜菜总产7000吨；棉花100亩，总产30吨；林果总产98吨，林业产值240万元。年末大牲畜存栏12082头，猪存栏7322头，羊存栏4760只，家禽存栏5万羽；畜牧业总产值1.9亿元。

刘垓子镇全面加强农田水利建设。按照农田水利建设三年会战要求，全面加强农田水利基础建设，继续开展冬季农田水利建设，累计投资10万元，对八支渠、十三支等主干渠的分支沟渠、15个村的大小沟渠进行疏通治理，疏浚沟渠5万余米，新建8座水利桥，切实保障农田用水和排涝需要。积极开展打井抗旱工作，针对入夏以来持续的干旱形势，积极开展宣传发动，并制定每眼机井由镇财政补贴500元的奖补政策，掀起全镇打井抗旱的高潮。新打机井86眼，全镇800眼机井全部运转起来。按照市里安排，积极开展17个村庄与城南水库自来水并网工作，新安装施庄、南薛2个村的自来水，居民用水条件逐年改善。

积极推进农业产业化发展，不断将九圣庙无公害韭菜等优势产业做大做强。刘垓子镇无公害韭菜种植面积达3500亩。进一步做大做强无公害韭菜品牌，积极申报绿色食品标志，提升韭菜品质和对外知名度，增大市场占有额。重点实施山东汇川现代渔业休闲垂钓中心项目建设，总占地1000余亩。建成5个国家级标准化垂钓中心，放养各类鱼苗50万尾，养殖种类主要为垂钓用鲫鱼、鲤鱼和草鱼等。同时，一并建设可容纳500人就餐的餐厅、占地10亩的停车场，规划建设400个停车位。

不断加快农业社会化服务体系建设，依托农业合作社，引导更多的农民转变种植方式，实现增收目标。同时，积极加快发展规范化养殖小区建设，发展8处养殖小区，重点扶持养猪、鸡、肉羊等规模养殖业，尤其是重点扶持逯庄骏胜养羊基地建设，向精品养殖要效益。

【工业】 2015年实现工业增加值3.64亿元，比上年增长8.1%。工业总产值13.5亿元，利税1.13亿元。民营经济销售收入10.8亿元，利税0.94亿元。

【社会事业】 2015年，全镇人均可支配收入10158元，增长8%；人均住房建筑面积63.6平方米；农民人均纯收入17830元，比上年增加926元；人均生活消费支出2980元；城镇居民医疗保险全年参保23144人，缴纳保费3471600元；城镇居民养老保险参保农民10103人；缴纳保费3656400元。全镇最低生活保障救助1203人，农村特困救济51人。累计发放各类优抚、救助款45万元，受助群众46人。农业支持保护补贴发放6873993.75元，畜牧补贴发放12万元。

【科技教育文化卫生】 有中学刘垓子镇中学一处，在校生620人，小学孔集小学、吕堂小学、中心小学、姜油坊小学等7处，在校学生1760人，教职工145人，适龄儿童入学率100%。公办幼儿园7所，私立幼儿园4所，在园幼儿860人，专职教师40人。初中适龄人口入园率、小升初升学率、九年义务教育覆盖率分别达到100%。

文化站1处，村文化活动大院35处，农家书屋46处，藏书20万余册。有镇卫生院一处医院，总床位60张，卫生技术人员96人，卫生室35处。

【水利建设】 刘垓子镇党委政府始终把农田水利基本建设作为中心工作抓在手上，明确党委书记一把手责任制，经常召开党委会研究农田水利建设工作。任命14名科级干部为农田水利建设"特派员"，每人分包2至3个村庄，结合各村实际，在广泛征求群众意见的基础上，帮助制定建设规划，并协调处理在建设中遇到的各种问题。同时，抽调精干力量充实到镇水利站，积极协助主管部门做好测绘、检查验收等工作，为农田水利基本建设的积极开展打下良好基础。

从人、财、物上给予全力支持是搞好农田水利建设的基础。刘垓子镇党委、政府提出"再难不能难水利"的口号，坚持政府扶持、村级投入的原则，动员各方面的力量，大打一场农田水利建设攻坚战，各项农田基础设施得到质和量的双提升。累计投入120余万元用于农田水利基本建设。2015年，镇财政出台每方土补偿1元的奖励政策，对八支渠、十三支、左聂、左孔支沟等所有主干渠、分支沟渠进行彻底治理，共疏通沟渠6万余米，动土25万方；两年来，共新建、维修水利桥26座，改造生产路15公里；2015年，镇财政出台每眼新打机井补助500元的奖励政策，全镇当年新打机井87眼，三年共新打机井120眼、维修60眼，切实保障农田用水和排涝需要。同时，在市水务局的大力支持下，积极开展涉及10个行政村的自来水改造工程，居民用水质量显著提升。

【群众路线教育实践活动】 刘垓子镇以党建工作为主线，不断巩固完善党的群众路线教育实践活动成果，抓好活动的长效机制建设，形成制度约束机制。开展"三严三实"专题教育，紧紧围绕协调推进"四个全面"战略布局，突出"三严三实"主题，聚焦对党忠诚、个人干净、敢于担当，把思想教育、党性分析、整改落实、立规执纪结合起来，引导全镇党员干部加强党性修养，坚持实事求是，改进工作作风，着力解决"不严不实"问题，全面加强党要管党、从严治党建设，有效改进党员干部队伍作风，取得明显成效。

【社会管理】 2015年，刘垓子镇着力抓好计划生育查体零尾清理、避孕节育措施落实和社会抚养费征收等基础工程，夯实阵地建设，改善服务质量。积极推进新农合、新农保、企业养老保险扩面征缴等民生保障工程，落实好"阳光低保"、拥军优属、残疾人等工作政策，为弱势群体排忧解难。充分发挥社会管理服务中心的职能作用，重点加强综治大巡防、电子监控镇、基层综治场所建设等工作，实现电子监控指挥中心与各村并网运行，为预防犯罪发挥积极作用。不断探索新形势下的社会治安综合治理新机制，为全镇经济社会实现跨越发展保驾护航。

【村庄（社区）名录】 2015年末辖刘垓子、后李、瓦房、左桥、杨辛庄、井庄、于庄、郝庄、马庄、许庄、北刘、吕堂、梁庄、北薛、卅里铺、白佛寺、张庄、姜油坊、宋庄、王庙、九圣庙、朱楼、尹庄、尹阁、赵圈、廖庄、孔集、孔庄、施庄、南薛、南刘、小薛楼、逯庄、姜庄、聂元等35个村民委员会。

【领导人更迭】

中共刘垓子镇委员会

书　记： 井　扬（2013.09止）
　　　　宋绍山（2013.09起）
副书记： 张华炜（2013.09止）
　　　　张　娟（女）
委　员： 庞永生
　　　　盛子敏
　　　　王仲林
　　　　李国栋
　　　　李振华

于德泉
中共临清市刘垓子镇纪律检查委员会
书　记：盛子敏
临清市刘垓子镇人大主席团
主　席：刘　鹏（2013.10 止）
临清市刘垓子镇人民政府
镇　长：张华炜（2013.09 止）
副镇长：王仲林
李雪芳（女）
靳　萌
临清市刘垓子镇人民武装部
部　长：于德泉
政协临清市刘垓子镇工作委员会
主　任：庞永生

（王仲林　赵顺刚）

戴湾镇

【概况】 戴湾镇位于临清市区东南 20 公里处，东临康庄镇，南与魏湾镇接壤，西与刘垓子镇、大辛庄街道为邻，总面积 68.5 平方千米，耕地面积 4149.2 公顷，人均耕地 0.13 公顷。有汉、朝鲜、布依、彝、白、苗、壮、满 8 个民族。戴湾镇地处鲁西北大平原，地势平坦，土地肥沃，气候四季分明。京九铁路、临博路、斗松路穿境而过，交通便利。南水北调工程流经境内西半部，裕民渠横贯东西，陈廖河、戴水河贯通南北。戴湾镇是全市闻名的农业大镇、畜牧强镇，水利配套设施齐全，排灌方便，抵御自然灾害能力较强，盛产小麦、玉米、棉花、大蒜、药材等作物。

【区划沿革】 戴湾镇因镇政府机关驻戴湾村而得名（戴湾村因元朝戴姓人家在小运河由南向西折湾处立村而得名）。清代属清平县，民国时期属清平县第四区，解放初期仍属第四区，1956 年划归临清县戴湾区，1958 年成立戴湾人民公社，1984 年建戴湾乡。2010 年 7 月，经聊城市人民政府批准，撤乡设镇。全镇划分为戴湾管区、五水管区、吉庄管区、赵建庄管区四个管区，辖 40 个行政村，30 个自然村。

【国民经济】 2013 年实现财政总收入 1079.8 万元。农林牧渔业总产值 2.26 亿元，其中种植业总产值 2.1 亿元；林果业总产值 300 万元；畜牧业总产值 1100 万元；渔业总产值 200 万元。粮食平均亩产 956 公斤，总产量 5.8 万吨；棉花总产量 965 吨；蔬菜总产量 1088 吨。完成造林面积 156 公顷。规模以上企业 8 家，总产值 22.2 亿元，实现利税 16920 万元。民营经济销售收入 12.5 亿元，实现利税 11645 万元。

2014 年实现财政总收入 1325 万元。农林牧渔业总产值 2.75 亿元，其中种植业总产值 23000 万元；林果业总产值 575 万元；畜牧业总产值 3565 万元；渔业总产值 345 万元。粮食总产量 7.75 万吨；棉花总产量 800 吨；蔬菜总产量 1500 吨。造林面积 165 公顷，森林覆盖率 32%。规模以上企业 7 家，总产值 10.7 亿元，实现利税 0.73 亿元。民营经济销售收入 18.5 亿元，实现利税 1.7 万元。全年引进项目 7 个，其中过亿元项目 4 个。招商引资 7 个，到位资金 4 亿元。特色产品有轴承、棉纱、面粉、中药超微饮片、羊肉制品、贾庄粉皮、赵建庄豆芽等。

2015 年，戴湾镇完成财政收入 1256.99 万元，同比增长 15%，完成全年任务的 101%；民营经济税收 1840.38 万元，同比增长 22%，完成全年任务的 102%；固定资产投资 5.7508 亿元，同比增长 -12.8%，完成全年任务的 119%；招商引资完成 5.565 亿元，同比增长 79%，完成全年任务的 173%。

【民营经济和招商引资】 戴湾镇把民营经济和招商引资作为富民强镇的重要抓手，创新思路，破解瓶颈，真抓实干，全镇民营经济和招商引资工作取得突破性进展，形成纺织、面粉、轴承、铸造四大产业，产业规模不断壮大，效益逐步提高。2013年至2015年戴湾镇新建扩建的项目有7个。其中，4个投资过亿元的项目全部纳入临清市级重点项目篮子。总投资1.3亿元的舜强节能容器制造项目，一期工程建设完成；总投资1.8亿元的润林牧业项目，有机肥车间、饲料车间完工，有机肥制粒设备试生产，二期羊舍建设完成；总投资1.4亿元的中兴面粉日产1000吨面粉项目，完成生产车间、办公楼、仓库等总建筑面积3.4万平方米，9000平方米粮库投入使用；总投资1.4亿元的合众正源现代中药项目，生产设备已经到位，已经开始试生产。此外，润丰纺织有限公司投资5000万元进行车间厂房改造升级；浩尔特轴承有限公司投资2000万元引进生产设备30台，扩大生产规模。这些项目的顺利推进，有力推进戴湾镇经济发展水平。

【农业】 戴湾镇紧紧围绕农业增效、农民增收这一核心，着力调整产业结构，培植壮大农业产业化企业，大力发展畜牧、蔬菜、林果、药材等特色产业和各类合作社，加大投入改善农业基础设施，有力推进农业产业化进程。以润林牧业、天逸养殖为抓手，通过“公司+合作社+农户”的发展模式，不断提高养殖存栏量，提高养殖水平。2014年，全镇湖羊养殖规模3.5万只，良种奶牛1200头，特色产业的规模和档次不断提升，形成集生产、加工、销售于一体的现代农业产业体系，逐步走开一条公司连基地，基地带农户的发展新路子。不仅改善农村产业结构，促进农业产业化的发展，也带动农民群众的增收。2014年以来，润林牧业有限公司获得聊城市先进龙头企业称号；被中国农业科学院授予湖羊营养项目示范基地称号；被中国农业大学授予肉羊养殖试验基地称号；被中国畜牧协会授予中国畜牧行业优秀模式称号。合众正源现代中药有限公司获得山东省药用植物重点学科称号；被山东省科技厅授予山东省重点星火项目，和山东丹参高产创建示范荣誉称号。

在全镇16个村规划小农水项目，14个村开展土地整改项目，对沟、路、桥、涵全面升级改造；全镇土地流转1.3万亩，加快土地流转的进程。水利设施建设上，戴湾镇共投资120万元，清淤河道50千米，农业防汛抗旱能力显著增强。扎实开展扶贫开发精准识别工作，确定全镇8个贫困村50%的贫困户，和其他32个村4.5%贫困户。

【镇村规划与建设】 2013年以来，戴湾镇按照“政府推动、社会参与、社会运作”的发展思路，切实打破资金瓶颈，多方位筹措建设改造资金。戴湾镇编制戴湾乡总体规划，合理划分功能区，在镇驻地建设商业街、客运站、学校、卫生院、银行、邮电、文化站、供电站、垃圾处理站、污水处理站等配套设施，小城镇发展活力持续增强。立足于改善农村居民生活条件，戴湾镇重新规划修建斗松路、戴大路，规划水西村新居建设项目。按照循序渐进、以点带面的原则，不断扩大城镇规模，推动农村城镇化建设进程。

【社会管理】 2013年至2015年，戴湾镇党委、政府始终把社会管理综合治理工作放在突出位置，坚持“打防并举、标本兼治、重在治本”的方针，积极推行领导目标责任制、岗位目标管理责任制和“一票否决制”为一体的管理模式。政法队伍常抓不懈，硬件投入不断加大，制度建设逐年完善。戴湾镇在原有人数配备基础上，又挑选一些年富力强的精干人员充实到综治队伍中来，增加两名专职工作人员。在村级，把有威信、懂政策、懂法律、会调解的村民选入村治保会、调委会。

【计划生育】 戴湾镇计划生育工作始终走在全市前列。投资500万元新建计生服务站办公楼并投入使用，在完善镇计划生育服务站大楼硬件建设的同时，对服务站院内外环境进行硬化美化，规范档案资料管理，全面提升计划生育服务质量和水平。在村级，镇财政计划投入资金20万元，对服务阵地较差的村进行升级改造，彻底消除计划生育薄弱村、落后村。

【科教文卫】 三年来，戴湾镇科技、教育、文化、卫生事业发展迅速，成绩显著。

科技投入力度不断加大。戴湾镇不断加大科技知识的普及推广和科技成果转换，深入实施“科技特派员工程”，开展“科技宣传周”等活动。全镇有农业、养殖、林果等各类技术人才500人，以镇农技站为龙头的镇、管区、村三级科技推广服务网络已形成，全镇科技覆盖率达到98%，科技投入占全年总支出的3%以上。

教育教学条件和水平不断提高。戴湾镇现有中学1所，小学6所，共有教职工190人，在校生2100人，适龄儿童入学率100%，初中升高中比例达到90%。2012年，戴湾镇实施中小学校舍改造，镇中心幼儿园、教师公寓等基础设施建设，教育教学条件不断改善。

文化事业快速发展。党委、政府始终高度重视文化事业发展。戴湾镇投资160万元在景庄村建设戴湾镇综合文化站，配备电子阅览室、展览室、游艺室、乒乓球室、广播录像室、微机室、农民夜校、体育场、露天舞台等文化活动场所，可同时容纳1500人进行学习娱乐。每天周边群众都会自发来到文化站演练节目，周边乡镇文艺爱好者也纷纷来此登台献艺，四根弦、京剧、腰鼓、吹打乐等文艺节目精彩纷呈，在全镇上下营造文明、和谐、健康的文化氛围。近年来，戴湾镇又新建卢庄文化大院、西赵村文化大院，和景庄文化大院一起为传播优秀文化搭建重要舞台，推动全镇精神文明建设。全镇新建农家书屋15个，新建村级文体广场20个，新上体育器材120余件，配置音响器材13套，极大丰富农村群众的文化活动。组织开展“中国梦”杯书法展，象棋比赛，广场舞等文体活动，开展道德讲堂50余场，积极开展“乡村文明行动”和市级文明村镇的创建工作，弘扬社会主义核心价值观。

卫生事业惠及民生。全镇有卫生院1处，床位34张，医护人员19人，设有内科、外科、骨科、中医科等8个科室，配有B超机、心电图、脑电图、X光机等医疗设备。全镇40个村全部建立村级卫生室，同时戴湾镇不断加强镇卫生院人才和医疗设备引进力度，提高疾病治疗水平，基本实现常见病、多发病不出村、不出镇。

【历史遗迹】 戴湾镇位于临清市东郊古运河畔，是明清时期运河漕运重要的商埠码头之一。该镇文化旅游资源丰富。拥有国家级文物保护单位两处，以元运河文化为载体的元戴闸桥，是元运河上保持最完整的桥闸遗址；张庄贡砖窑遗址是现存临清贡砖窑遗址之一；历史遗址皇殿岗遗址，距今已有1300多年；陈官营战役旧址，肖永志和袁鸿化等300余名八路军战士牺牲于此。

戴闸桥遗址。戴闸桥横跨于戴闸村村南的元代运河上，系临清市级保护单位。而戴闸桥是临清市保存至今最为完整的运河闸桥之一，运河闸桥原在桥头两侧有四只石兽，但文化大革命中惨遭破坏，仅保留一尊，现陈列于戴湾镇文化站历史遗产展览馆内。戴闸桥桥身全部由整齐切割的大石筑成，建筑结构严密，虽历经600多年风雨，基本无损坏，至今仍然能够正常使用，体现古代工匠高超的建桥技术，具有极高的历史价值。

皇殿岗遗址。皇殿岗位于水城屯东南角，系县级保护单位，原名珠帘寨，即沙陀国遗址。京剧名段“珠帘寨”讲的就是发生在这里的故事。唐朝末年，唐势日衰，因调用驻军珠帘寨的李存勖勤王，便留下火焚珠帘寨一说，城池破灭后变沿称为皇殿岗。由于李存勖及其后代一心爱兵恤民，勤耕助农，挖井采水，给后人留下优厚的农利条件，使得皇殿岗附近村民衣食无忧，皆认为是上苍所赐，顶礼膜拜之余，村民自发凑资，修建庙宇一座，每逢农历初一、十五两日，朝拜者络绎不绝，至今香火不减当年，为临清市历史增添光辉的一页，留给后人的则是一个神秘的传说。

【民间艺术与地方特产】 戴湾镇是著名的文化之乡，民间艺术不胜枚举，吉庄面塑、四根弦唱腔、水西腰鼓、戴北高跷、大屯吹奏乐、戴南小洪拳、戴北黑拳、大屯千层底、木板年画、扎簸箕、景庄剪纸、戴北造锭杆、杭庄扎扫帚、赵建庄豆芽、贾庄粉皮、粉条加工工艺历史悠久，独具特色。

【领导人更迭】

中共戴湾镇委员会

书　记：李子健

副书记：张　勇

周福峰

委　员：常玉平

秦荣正

周保磊

张　琳

马雪峰

宋木森

中共戴湾镇纪律检查委员会

书　记：秦荣正

戴湾镇人大主席团

主　席：王　鹏（2013.10 止）

副主席：王宗臣

宁奎林

戴湾镇人民政府

镇　长：张　勇

副镇长：周保磊

陈立国

陈朝霞

戴湾镇人民武装部

部　长：马雪峰

政协戴湾镇工作委员会

主　任：常玉平

副主任：王庆华

温西春

（崔广波　王　政）

魏湾镇

【全镇概况】 魏湾镇位于临清市东南部，辖区东西最大距离 11.45 千米，南北最大距离 7.8 千米，总面积 59.44 平方千米，耕地面积 6331.4 公顷。2015 年辖 3 个管理区，辖 27 个行政村。总人口 28937 人，其中城镇常住人口 2321 人，城镇化率 8%，总人口中男性 14835 人，占 51.3%，女性 14102 人，占 48.7%。人口死亡率 0.86%。魏湾镇是“山东省旅游强镇”，中华海棠园旅游区集观光、休闲、餐饮、住宿于一体，2014 年被评为 AA 级旅游区。

【经济概况】 2015 年实现财政总收入 1134 万元，农林牧渔业总产值 3.04 亿元，其中种植业总产值 2.7 亿元，林果业总产值 315 万元，畜牧业总产值 1840 万元。粮食总产 94021 吨，棉花总产 20 吨，大蒜蔬菜总产 14850 吨，大蒜 45000 亩，小拱棚 1100 亩，大棚 81 亩，参与土地流转 81 户，382 亩。工业是振兴的基础，2015 年魏湾镇共有一般纳税企业 36 家，规模以上企业 14 家，全年民营经济销售收入 32.47 亿元，实现利税 1936 万元。全年引进项目 7 个，完成招商引资 2.5 亿元，固定资产投入 9.6 亿元。特色产品主要有丁马生物科技有限公司的丁马甲鱼养生系列产品；大于纺织有限公司的彩纱系列制品；欣鑫塑业的 3D 打印高端塑板。

【基础设施】 2013 年魏湾镇投入大量资金改善民生，完成魏烟路兴魏路段 13 公里的加宽重修，方便沿线 13 个村群众的出行。魏康路以东兴魏路以北的黄淮海农田改建项目共涉及 11 个村，受益耕地达 1200 公顷。丁马庄村小学教学楼建成，辐射全镇8个村庄，周边乡镇3个村。2013年7月镇办公楼建成使用。2014年魏湾镇新修魏康路水泥路面11公里，使全镇公路通车总里程达到110公里。对镇驻地街道拓宽硬化绿化。投资3000万元，建筑面积2万平方的运河花园居民小区建设完成。有线电视入户率达95%，自来水入户率达94%。镇驻地有金融机构网点2个，金融村级业务点28个。

【社会事业】 2015年城镇居民可支配收入15536元，农民人均村收入11328元，人均居住面积34平方米。有中学魏湾中学一处，在校生731人，公办小学丁马、后营、薛楼、赵回、薛王、西魏等6处，在校学生2467人，教职工138人，适龄儿童入学率100%。公办幼儿园4所，私立幼儿园5所，在园幼儿1187人，专职教师46人。适龄人口入园率、小升初升学率、九年义务教育覆盖率分别达到100%。文化站1处，村文化活动大院27处，农家书屋28处，藏书2.8万余册。新型农村养老保险参保农民10381人，参加新型农村合作医疗23325人。有魏湾中心卫生院1处，总床位25张，卫生技术人员38人，卫生室27处。最低生活保障人员688人，农村特困救济2957人。有中心敬老院一处，村级幸福院2处，共有农村五保147人，其中集中供养52人，分散供养95人。

【城乡环卫一体化】 魏湾镇垃圾压缩中转站正在建设中，在全镇27个行政村全镇共设立890个铁质垃圾桶，38个大型垃圾箱，配备98个保洁员。做到居民生活垃圾日产日清，具体督导工作由镇城乡建设办公室负责。

【“三严三实”学习教育】 加强基层党组织带头人和干部队伍教育培训力度。党委书记带头为党员上党课，并聘请专家、讲师为全体党员上党课共计24学时。对新当选的111名村“两委”干部进行为期3天的集中教育培训，增强党员干部的服务意识。全面加强基层服务型党组织建设，通过驻村联户、结对帮扶等形式服务联系群众。开展“惠民强基促和谐”“机关干部包村联户”活动中。通过发放联系卡、明白纸等形式，走访群众，征求意见建议，并及时给予处理。

【特色产业】 魏湾镇领导班子结合实际情况制定魏湾镇绿色旅游的基调，指导思想建立魏湾镇吃、住、游、玩为一体的绿色休闲乡村游。依托中华海棠园、运河丁马甲鱼休闲养生旅游区、临清钞关魏湾分部、运河古碑林4处景点的魏湾旅游体系，逐步完善中共清平县第一支部旧址、临清市魏家湾贡砖文化传播展示基地、魏湾镇李圈村生态养殖垂钓中心、小任庄古柘树王等景点形成魏湾一日游的农家游玩体系。2015年已建成景区有中化海棠园占地1020亩，建有奇石博物馆、得水园、见山园、盆景区、海棠苑星级农家乐、各类苗木观赏区及景区其他服务设施，集农村展示、林产科普、弄上贸易、生态保护、观光旅游于一体的独特生态园旅游景观。运河丁马甲鱼休闲养生旅游区，是集休闲旅游、生态观光、娱乐、温泉养生、陈列、垂钓、饮食、追溯甲鱼文化于一体的旅游景区。临清钞关魏湾分部，始建于明宣德四年（1429），初建时叫运河钞关魏家湾分关，存在502年，钞关遗址占地100平方米，2015年在原址上进行新建和改建钞关办公署。运河古碑林，坐落于东魏存，集魏湾出土和现存所有古石碑于此处统一管理储存展示。

【领导人更迭】

中共临清市魏湾镇委员会

书　记：汪　震

副书记：黄　强

　　　　彭华喜

委　员：张子友

　　　　吕富国

　　　　张世全

曹永庄
邢　燕（女）
中共临清市魏湾镇纪律检查委员会
书　记：吕富国
临清市魏湾镇人大主席团
主　席：刘西波
临清市魏湾镇人民政府
镇　长：黄　强
副镇长：张士全
韩庆顺
王永峰
临清市魏湾镇人民武装部
部　长：贾　彬（2013.02起）
政协临清市魏湾镇工作委员会
主　任：张子友

（张子友　张子荣）

康庄镇

【概况】 位于临清市东南部，辖区东西最大距离11.5千米，南北最大距离17.2千米，总面积99.7平方千米，耕地面积5955公顷。辖7个管理区，辖66个行政村。户籍总人口65928人，其中城镇常住人口13293人，城镇化率20.1%。总人口中男性33926人，占51.46%，女性32002人，占48.54%。康庄镇地处黄河冲积平原，地势南高北低，地面海拔29—38米。属于暖温带季风区中的大陆性气候，特点是四季分明，雨季集中在7、8月份，光照充足，无霜期长。春季干旱多风，夏季雨量集中，秋季温和凉爽，冬季干冷。年平均气温12.8℃，年平均降雨量590.4毫米，全年无霜期为194天左右。境内属黄河水系，有马颊河、德王河、裕民渠、代颜渠等河流。主要自然灾害有冰雹、旱涝、风灾、低温、霜冻、雷击等。2013至2015年先后荣获“聊城市农业产业调整振兴先进乡镇”“聊城市教育工作示范乡”“聊城市防范和处理邪教工作先进集体”“聊城市先进学习党组”“临清市发展民营经济工作明星乡镇”“临清市财税工作先进单位”等荣誉称号。

【经济概况】 2015年全年实现国内生产总值55.28亿元，比上年增长10.8%，其中，第一、第二、第三产业增加值分别为1400万元、42738万元、5500万元，分别增长2.8%、13%、21%。财政收入1744万元。农民人均纯收入10060元，比上年增加156元。

民营经济。2015年，康庄镇把民营经济、招商引资作为富民强镇的有效措施来抓，创新方式，整合力量，优化发展环境，不断加大对民营企业的扶持力度，企业群体不断壮大，经济社会发展取得新突破。2015年全镇工业经济固定资产投入完成13.06亿元，同比增长12%；服务业固定资产投入完成2.1亿元，同比增长14%。

招商引资。围绕“大上项目、上大项目”的目标，积极开展定点招商、以商招商。以“二次创业”为契机，在土地、资金、手续等方面加大对本地企业的扶持，鼓励企业加大技改投入，做大做强产业。2015年，招商引资到位资金2.8亿元，同比增长11.5%；山东捷生数控机床项目、康壮壮万头驴养殖及复混肥加工项目、鲁超精锻、易其林山药加工、超力轴承、齐鲁三农产业城等项目纷纷上马，为全镇工业的发展提供新的动力。

财贸金融。2015年财政收入2268万元，比上年增长7.6%；税收收4200万元，比上年增长12%；农民年人均纯收入10060元，比上年增长1.8%。截至2015年年底，该镇建有康庄农村商业银行、康盛庄农村商业银行、康庄邮政储蓄所、康盛庄邮政储蓄所等金融机构4个，并开设农行自助营业厅。

【农业】 2015年，全镇农林牧渔业总产值5.2亿元；全年粮食作物播种面积5950公顷，总产91665吨；瓜菜总产83500吨；棉花70亩，总产14吨；全年造林3500亩；林果总产680吨，林业产值4800万元。年末大牲畜存栏3358头，猪存栏13360条，羊存栏4500只，家禽存栏76439羽；畜牧业总产值15000万元。有官庄育苗基地1处。各种大棚1200亩。专业合作社145家。

康庄镇农业基础较好，地势平坦，物产丰富。2015年，全镇年种植小麦5428公顷，总产量408150吨，玉米5821公顷，总产量52420吨。该镇是“鲁西北大蒜第一镇”、著名的香菜基地。大蒜年种植面积850公顷，年产大蒜超过2.6万吨，蒜薹2400多吨。康庄大蒜已成功获批中国地理标志产品，康庄芫荽、辣椒是通过农业部门审核的绿色食品。建有7处贮存恒温库，6家大蒜深加工企业，大蒜已形成产、贮、加工、销售一条龙的发展格局。在前善、后善、梅王等村建有香菜种植基地，每年种植香菜78公顷，年产香菜3900吨，建有前善村香菜批发市场。康庄镇是临清市第一养殖大镇，截至2015年，有36个养殖基地，44家养殖合作社。有鲁西黄牛、奶牛、猪、驴、獭兔、蛋鸡等规模养殖小区。拥有康大肉联厂、明越养殖有限公司、临康养殖、康丰有机复混肥有限公司等一大批重点大型企业。康大肉联厂以生产肉鸡为主要产品；明越养殖有限公司为伊利集团、光明乳业集团长期提供优质鲜牛奶；康壮壮食品有限公司出产的“康壮壮”牌驴肉以肉质鲜美、风味独特而畅销省内外市场。

【工业】 2015年实现增加值42738万元，比上年增长13%，工业总产值328756万元。康庄镇是临清东部重要的工业基地。全镇工商业户已达1600家，规模以上企业37家，涵盖纺织、机械制造、皮革加工、农机件加工、农副产品加工、木板加工以及交通运输等十多个行业。有康庄工业园、康盛庄工业园2个工业园。新建吕庙中小企业创业基地、兴华粉末冶金、兴源机械、康壮壮肉业、骤进数控机床轴承分公司等多家企业，扩建康泉化工、邢氏纺织、鲁泰纺织、海华纺织、顺星机械5家企业。

【社会事业】 2015年，全镇人均可支配收入23082元，增长14%，人均住房建筑面积41平方米，农民人均纯收入10060元，比上年增加152元；人均生活消费支出10050元；新型农村养老保险参保农民21809人，缴纳保费6889200元；参加城乡居民基本医疗保险46265人，缴纳保费5539320元。全镇最低生活保障救助1808人，累计发放各类优抚、救助款3250152元，受助群众2068人。小麦补贴发放1025.83万元。

【科技教育文化卫生】 2015年有临清市第二中学、康庄镇第一中学、康庄镇第二中学、宏丽中学4处，在校生4200人，有康庄希望小学、肖庄小学、侯寨子小学等小学7处，在校学生5860人，教职工608人，适龄儿童入学率100%。公办幼儿园3所，私立幼儿园30所，在园幼儿2100人，专职教师14人。初中适龄人口入园率、小升初升学率、九年义务教育覆盖率均达到100%。文化站1处，村文化活动大院66处，农家书屋26处，藏书30万册。现有临清市第二人民院、康庄镇卫生院、华康医院3处医院，总床位290张，卫生技术人员247人，卫生室51处。

【水利建设】 耕地面积5955公顷，有效灌溉面积5820公顷，河灌占3800公顷，井灌2020公顷。有排灌沟渠42条，总长度114公里，机井1300眼，配备设施、管理运行较好。能正常运转的扬水站5处。镇区、侯寨子村、郭盛村各有一大型水厂，水源均取自地下水，水质良好。镇区水厂位于顺兴街西侧、新老临博省道之间，出水量为170立方米／小时，日开采量约为4000立方米。

【多种经营】 康庄镇商业繁荣，有康庄、康盛庄、侯寨子、吕庙、肖庄、马厂6个大的集贸市场。屠宰业发达，康三村、康六村都许多农户常年从事畜禽屠宰和肉类加工。康庄美食丰富多样，熏鸽、羊排、狗肉、包肉、香肠、侯寨子豆腐皮、空心挂面远近闻名。端丁、后善、马厂等的村的家庭挂面作坊已逐步形成产业，成为该镇的一大特色。

2015年，康庄镇以农民增收为核心，以结构调整为主线，以农业产业化为总抓手，加大工作力度，强化示范引导，大力培植特色产业，形成以大蒜生产和板材加工两大特色产业。逐步形成板材加工基地，现已有板材加工点80个。

【交通运输邮电】 康庄镇交通发达，德商高速康庄西侧通过，并在康庄镇设有临清市唯一的出入口，省道临博路、聊夏路、临高路均从镇域经过。临博省道道路红线宽度20米、双向四车道、沥青路面，路面质量较好。镇区主要道路为康庄大道、顺兴街及府前街，其中顺兴街、康庄大道红线宽度为30米，府前街为20米。镇区现有加油站3座。南部有一处汽车站，每天有发往济南、聊城、泰安、临清等城市的客运车辆。有邮电局两处、电信局两处，全镇交换机容量为6000部，已实现村村通电话，镇区宽带网络入户率已达40%,有线电视实现村村通。

【社会管理】 一贯积极开展人口和计划生育村民自治、创建诚信计生、婚育新风进万家等活动，加强和完善人口全员管理、流动人口、优质服务、社会抚养费征收、整治“两非”、免费健康查体等关键工作，严格依法实施综合治理，着力强化服务建设，着力提升全镇人口和计划生育工作健康有序发展的水平。社会管理服务中心投资30多万元，设置大型监控影视墙，安装48个摄像头，主要分布在临博路、康庄大道、鸿运金街、府前街等主干路等。临清二中、镇一中、幼儿园等其他各驻地部门，安装32个摄像头。80个摄像头全部联网到社会管理服务中心电子监控中心。开通服务窗口9个、规范7个村级综合治理办公室、组建由30人组成的综治维稳应急分队，监控覆盖全镇66个村。民政、残联、劳动保障等社会管理部门各司其职，促进利农、惠农、富农措施落实。

【村庄名录】 全镇下辖66个行政村，包括：康一、康二、康三、康四、康五、康六、王贯、肖庄、庞维、徐窑、东六、西六、前六、王屯、刘皮、路桥、白辛、位庄、官庄、梅井、梅王、双井、前善、后善、吕庙、端丁、后李、高堆、东崔、西崔、前李、万屯、周楼、高庄、丁庄、薛庄、柴吕油、冯付、南刘、高桥、兴安集、张洼、邢庄、栾庄、康盛庄、张万、郭池、东马、西马、颜庄、宁店、丰庄、郭盛、大万、北刘、吕桥、张庄、菜赵、王铁、侯寨子、刘寨子、彭寨子、大陈、小陈、王坊子、于林。

【特色条目】 大蒜种植专业村肖庄村。位于镇政府驻地南5公里处，全村452户，1630人，耕地面积2739亩。群众依靠科技种植大蒜，走上富裕路。全村大蒜种植面积2100亩，建有大蒜专业批发市场，辐射周边两个乡镇的大蒜种植区。2015年村结合镇高标准农田建设，对大部分地块进行高标准改造，铺设地下管道，实行自动化浇灌。

地方名产。熏鸽　康庄熏鸽在选料上，以家庭杂粮喂养，不含任何激素的乳鸽为原料，在传统加工的基础上，不断改进加工工艺，用30年的老汤配以花椒、大茴、肉桂等20多种香辛料加工而成，其口味独特，色泽金黄，肉鲜味美，让食客赞不绝口，是餐桌佐酒馈赠亲朋的美味佳品。

空心手工挂面　康庄加工挂面有几百年的历史，在端丁、马厂、前善等村，都有长年从事挂面加工的家庭作坊。康庄的挂面用小麦精粉、食盐等配料按传统手工工艺加工而成，外观细致均匀，细如发丝，而且制作好的挂面无论多细，中间均为空心，故又称空心面。康庄挂面煮出时不粘不连、口感滑爽、回味无穷。

尤其适合老年人和身体虚弱者滋补食用。

【地方名胜】 季羡林故居、憩园，著名学者季羡林先生前留下遗愿：“去世后，将骨灰葬在家乡官庄父母身边”。季羡林故居大门上方的“季羡林故居”五个字是由当代著名书法家欧阳中石先生亲笔题写，故居内陈设、生活用具呈现当年季羡林家人的生活状况。憩园移植有季羡林先生在北大未名湖种植的“季荷”，塑有季羡林先生的汉白玉像，设有碑林。季羡林先生憩园和故居目前已成为家乡的一个重要教育基地，每逢节假日，都有众多各界人士来此瞻仰凭吊。

【领导人更迭】

中共康庄镇委员会

书　　记：孙　阳

副 书 记：张金明

林玉恒

党委委员：冷荣学

张继香（女）

王　磊

彭耀新

王玉真

徐虎本（2013.09 止）

中共康庄镇纪律检查委员会

书　　记：张继香（女）

康庄镇人大主席团

主　　席：杜东平（女，2013.09 止）

康庄镇人民政府

镇　　长：张金明

副 镇 长：王　磊

马玉虎

商广强

康庄镇人民武装部

部　　长：王玉真

政协临清市康庄镇工作委员会

主　　任：冷荣学

（曲曾跃　吴善亭）

金郝庄镇

【概况】 金郝庄镇位于临清市东北部，地处聊城、德州二市，临清、高唐、夏津三县交界处，素有临清“东大门”之称。临高路（S322）和聊夏路（S254）两条省级公路和邢临高速公路纵横穿境而过，距周边县城可 10 分钟到达，距济南 1 小时可达，距德州高铁站 1 小时车程，区位优势突出，交通便利。全镇版图面积 85.5 平方千米，其中东西最大长度 11.8 千米，南北最大长度 13.1 千米。总耕地面积 5500 公顷，辖 7 个管理区，划分为 55 个行政村。截至 2015 年年底，总人口 5.8 万，其中城镇常住人口 0.65 万人，城镇化率 11.2%，男性 2.96 万人，占 50.8%，女性 2.84 万人，占 49.2%。该镇自 2013 年至 2015 年三年的时间里，先后获得“国家级生态乡镇”“国家级棉纺之乡”“省级档案建设工作示范镇”“省级文明镇”“省级双拥创建模范单位”“省级平安农机示范镇”“省级平安家庭示范镇”“聊城市农业结构调整先进乡镇”“聊城市邮政万亩示范田高产创建单位”“聊城市招商引资工作明星乡镇”“聊城市平安聊城建设先进乡镇”“聊城市农业农村工作粮食高产创建优胜单位”等称号。

金郝庄镇民风淳朴，名人辈出。历史上“连中三元”的宋朝名臣王岩叟以及当代著名古筝艺术家、书法家金灼南就出生在这块热土上。

王岩叟（约 1043—1093），字彦霖，宋代大名清平（今临清市金郝庄镇杜洼村）人，是中国历史上为数极少的“连中三元”者之一。王岩叟自幼聪颖，十八岁便取得乡举、省试和廷对的第一名。王岩叟一生正直敢言，德才兼备，其著作主要有《起居帖》《阔远帖》《淳夫帖》等。

金灼南（1882 年生）字葵生，号秋圃居士。他是这一带的古筝以声纯韵正而闻名，世称“金派”，距今至少有 200 年的流传历史。有掐筝者多名，较早的有金玉亭（约 1802 年生），后传金光烛（约1842年生），再传金灼南。掐筝者中以金灼南成就最著、声誉最隆。他创作的《渔舟唱晚》家喻户晓，多年来一直作为央视一套天气预报的背景音乐。他以文雅、洒脱、朴实、细腻的风格独树一帜。

【自然环境】 金郝庄镇地处黄河下游冲积平原，地形平坦开阔，土壤肥沃，微呈西南高东北低，较市区而言地势稍低，海拔高度29—35米之间，属暖温带半湿润气候，年平均气温在12.5℃—13.5℃之间，全年日照时数约2440小时，年均降雨量587.6毫米，无霜期330天左右。

【区划沿革】 金郝庄原名郝庄，明末刘家湾金氏为避战乱迁入郝庄定居，其后人财两旺，至民国初期方圆百里人所共知，其余几姓日衰，故名金郝庄。清代属清平县。民国属清平县二区。1956年划归临清县，属金郝庄区辖。1958年为金郝庄人民公社。1962年改为金郝庄区。1971年撤区并社后为金郝庄人民公社。1984年改建为金郝庄乡。2001年由原肖寨乡和原金郝庄乡合并为金郝庄乡。2010年7月，金郝庄乡撤乡设镇为金郝庄镇。该镇划分为7个管理区分别是：金郝庄管理区、新集管理区、石集管理区、张庄管理区、肖寨管理区、任官屯管理区、陈官屯管理区。划分55个行政村分别是：金东、金西、金炉店、马庄、高庄、赵庄、宋洼、海坡、周庄、东张、西张、刘公庄、代庄、夏庄、濮庄、程马、新北、新东、新南、张伴屯、野村寨、田庄、东石、西石、东孙、西孙、昌庄、冯杨、谷庄、任东、任中、任西、冷东、冷西、李洼、杜洼、刘洼、监生庄、陈官屯、栗官屯、孟东、孟西、吴庄、史庄、张官屯、贾庄、肖北、肖南、肖西、孔官屯、孙庄、张炉、李寨、李营子、刘芳庄。

【经济发展】 2013年以来，金郝庄镇党委政府坚持把项目建设作为跨越发展的生命线和着力点，加快推进项目引进，实现民营经济的跨越发展。截至2015年年底，全年实现国内生产总值41.6亿元，固定资产投资完成21亿元，完成全年任务的98.1%；招商引资完成11亿元，完成全年任务的99.2%；财政收入完成3737万元；民营经济税收完成7299万元，注册企业426家，其中2015年新增企业78家，个体工商户1026户，其中2015年新增465户，规模以上工业企业达到59家，职工7336人。

*项目建设提速增效。*严格实行倒排工期制，详细制定每个项目的工期安排，在每周科级干部例会上，调度项目进度情况，确保项目早投产、早达效。2014年该镇共有市级重点项目6个，已全部开工建设。同时，对在建的20多个小项目，明确专人靠上服务，帮助企业解决项目建设过程中遇到的实际困难，加快项目进度。围绕延伸产业链条，大力开展产业招商，积极培育发展中小企业，做大产业群体，提高抗风险能力。截至2015年年底，该镇共有棉花加工及纺织企业88家，其中1万纱锭以上的10家、5万纱锭以上的3家，总纱锭数达到110万锭。

*招商引资成效显著。*对招商引资任务进行层层分解，严格落实招商责任，制定考核奖励政策，激发全镇招商热情，招商引资实现新突破。2013年依托棉纺产业优势和区位优势，大力实施产业链招商、代理招商及以商招商，着重在长三角、珠三角、环渤海经济区等发达地区挖掘线索，寻找项目，实现招商引资的新突破。全镇通过招商引资引进亿元项目6个，千万以上项目10个，在谈项目7个，招商引资到位资金6.9亿元。2015年，该镇又落地招商项目15个，其中过亿元项目3个，过千万元项目5个。年底跟客商洽谈、有望签约落地的项目还有8个，其中亿元项目有4个。

*政府服务突破瓶颈。*2013年以来，该镇定期组织召开银、企对接会，深化银企合作，为企业争取信贷支持，积极做好窑厂复垦及废地挖潜改造，为项目建设置换更多的土地指标。充分发挥棉纺织企业协会的枢纽作用，加强企

业间协作，促进行业有序运营和良性竞争，加大企业建设的工作力度，提高名优企业的知名度。该镇坚持把华兴纺织、昱泰纺织、鑫利纺织、德为纺织等骨干企业作为培育重点，鼓励引导他们通过租赁、兼并、联合等形式扩大规模，提升产能，打造产业龙头，华兴纺织企业规模达到65万锭，其中紧密纺达到35万锭，紧密纺规模居全国首位。

【重点企业】 临清市华兴纺织有限公司。始建于2002年，位于山东省临清市金郝庄镇工业园区，占地面积280余亩，建筑面积11.5万平方米，拥有40万锭精梳纺纱生产线。主导产品为JC40S-JC120S高支高档纱线。企业性质为独立民营企业，总资产7.7亿元。建厂以来，该公司先后引进国内一流、国际先进的高档自动化设备，其中精梳紧密纺35万纱锭，已成为全省最大的紧密纺生产基地。2012年起华兴纺织公司利用两年的时间，投资15亿元新上50万纱锭的纺纱项目和年产4万吨产能的气流纺项目，2013年全部投产后该公司年销售收入超过40亿元，形成税收1.2亿元。2010年被评为全国纺织工业50强和山东省先进民营企业100强。法人代表唐学坡为山东省第十一届人大代表，并获得全国纺织工业劳动模范称号。

临清市昱泰纺织有限公司。位于金郝庄镇任中村，占地面积100余亩，北靠临高路、西临聊夏路，交通便利，资源丰富，公司注册资本3000万元。公司共有两个棉花加工厂和一个5万纱锭的纺纱厂，主要经营棉花收购、加工、纺纱和销售业务，年加工棉花能力达1万吨。截至2013年年底，公司总资产21721万元，全年销售收入16989万元，利税总额1053万元。公司法人代表李士平荣获“山东省十大杰出青年企业家”“优秀民营企业家”“临清市劳动模范”等称号。

临清市恒发卫生用品有限公司。公司始建于2003年7月，位于金郝庄镇冯杨村，占地面积12000平方米。公司主要从事一次性卫生用品的生产和销售，拥有现代化洁净卫生的生产环境，现代化的专业生产线20余条，员工200余名。公司现有婴儿纸尿裤、成人纸尿裤、卫生巾等产品300多种，1200多个单品，产品销往全国，在国内大中城市设有代理商或办事处。其中网络销售部现有本科以上学历人员15名，在天猫、淘宝、京东等8家电子商务平台设有旗舰店，年网上销售收入达到2000多万元。

2015年，公司扩建高档卫生用品项目，占地28亩，投资2.2亿元，新建2万平方米的双层车间，6500平方米双层仓库，4500平方米电子商务中心，安装卫生用品生产线20条。同年8月，公司又投资2.5亿元，新建2.5万平方米双层车间，安装国际先进的生产线30条。在已建成8000平方米双层车间内，安装2条生产线和2条孕妇鞋生产线。项目完工后，可解决600多人就业，预计年销售收入达到3.5亿元，实现利税5500多万元。

【农业经济】 2013年以来，金郝庄镇党委政府紧紧围绕“农民增收，农业增效”两大目标，不断改善农田基本建设，着力培植高效农业，大力推进农业产业化经营，农业农村经济实现大发展。截至2015年，农林牧渔业总产值3.01亿元，粮食作物播种面积6238公顷，总产粮食12.9万吨，其中小麦总产达到8.04万吨，玉米总产达到5.06万吨。高产措施：小麦采取测土配方、宽幅播种和“一喷三防”；玉米选用“登海605”和“隆平206”高产品种，配方施肥，及时防治病虫害。棉花种植面积565公顷，产量515吨，新建海泰（农业生态园）无公害绿色蔬菜种植基地816.1公顷，年产2.8万吨。辣椒、西瓜、大葱、山药、紫甘薯、芫荽等8个蔬菜品种被认证为绿色食品。

优化林果产业。2013年以来，该镇本着生态效益与经济效益兼顾的原则，在全力搞好道路绿化和农田林网建设的同时，继续大力发展特色林果业。根据林业作物生长习性及土壤条件，在科学论证、充分调研的基础上，全镇共植各类树木284930株。以刘公庄矮化砧烟富3苹果园为带动，推广种植中间矮化砧烟富3、中间矮化砧2001烟富6等苹果品种，共计8万多株。其中，在刘公庄补种2000多株，在东张村种植中间矮化砧2001和烟富3苹果树1万多株；沿临高和高速路两侧种植矮化砧烟富3、烟富6、红露等苹果树，共计7万多株，种植红露作为授粉树共计3000多株。2015年为全面落实省市建设鲁冀防护林带工作会议精神及临清市委、市政府关于春季林业生产的指示精神，结合金郝庄镇实际，对春季植树进行详细的规划，在金松路、西环乡路、康赵路、金炉店路以及临高高速（金郝庄段）两侧种植竹柳、法桐、杨树、金叶女贞、石楠、金叶榆紫叶枫、杨树等树种共计116025株。在三支渠、高杜沟、周夏沟、青年渠、李营子后沟、孟西至李寨沟、夏庄沟、西张支沟、西张至水厂沟等沟渠两侧栽植杨树53000株。在原金炉店窑厂、野村寨物流园、马庄等地分别建设150亩、123亩和50亩的绿化苗木基地，共种植红花国槐、皂角、青檀、红枫、药菊花、竹柳等苗木104000株。

养殖业发展迅速。为推动畜牧养殖业的发展，2013年以来，该镇加快规模化生产、产业化经营的步伐。截至2015年养殖小区发展到25个，全镇生猪总存栏量达2万头，牛存栏2000头，羊存栏8000只，家禽存栏39万只。其中张伴屯养猪大户王绪和生猪存栏3000头，凯越养殖合作社养殖小尾寒羊4000只，高海华养殖场饲养种鸡3万只。有效的促进畜牧产业实现规模化标准化产业化的健康发展。

【基础设施建设】 2013年以来，金郝庄镇政府组织铺设陈官屯水泥路2100米，三支渠灰土路1600米，贾庄铺设水泥路2656米。镇政府对周夏沟、孔官屯后沟、李寨北沟、马庄支沟、宋洼支沟、孙家沟、冯杨支沟、青年渠等32条沟渠进行挖掘清淤共计34955米，土方205323.70方。2015年投资修建任官屯小学至高杜沟、华兴纺织至康赵路段村级公路“网化”农业生产路2.1万米，组织修缮县乡道路30余公里。新铺设代庄、金东、金西等村级公路21公里。同年该镇投资130万元，对西张沟、刘公庄沟、马庄支沟等40多条沟渠进行挖掘清淤，共计6.7万米，土方55万方。对灌区的节水配套工程进行改造，新打机井30眼，铺设管道2万米。群众的用水问题得到很大的改善。

【财贸金融】 金郝庄镇集贸市场12个。2013年以来，镇政府为优化商业网点布局，完善市场资源配置，促进流通发展，服务生产生活，保障改善民生采取相应的措施。截至2015年，商业网点由原来的485家增加到790家。地方财政收入3737万元。人均财政收入644元。辖区内共有山东农村信用合作社、邮政储蓄银行等4家，金融机构开设代办点46处，自动存取款机4个，各类存款余额5.7亿元。

【镇村建设】 2013年以来，金郝庄镇按照“上规模、促配套、强功能”的总体要求，突出规划设计、基础配套、环卫保洁、社区功能四项重点促进小城镇建设进程。2015年以小城镇建设和镇村环卫一体化治理为重点展开工作。

小城镇建设。金郝庄镇聘请山东建大建筑规划设计院的专家，来金郝庄镇进行实地勘测、丈量、设计，形成高规格的小城镇建设提升规划图，镇政府投资5000多万元，严格按照规划内容逐项实施，高标准、高质量地圆满完成小城镇建设提升任务。在工程建设中，完成近1万平方米的旧房拆迁改建及2万平方米的门面楼建设。同时，按照“先地下后地上，先建筑内后外立面”的原则，铺设聊夏路、金新路两侧下水道和弱电管网4000米，硬化聊夏路、金新路两侧镇区域段铺设花砖12548平方米；建设4米宽的绿化带，新增花池600平方米，新增5米宽混凝土路面2600平方米；聊夏路、金新路两侧更新路灯174盏。

镇村环境一体化。2013年以来，金郝庄镇加大环境卫生整治工作力度，购买各型垃圾清理车4辆，安装垃圾箱160个，修建垃圾池247个。2015年镇政府又投入资金368万元，用于镇村环境综合整治，购置垃圾箱2000个，配备镇村保洁员200名，每天定时请扫镇村规划范围内的卫生，镇分管领导定期检查监督；并建立长效机制，每月检查评比一次。

【社会事业】 2013年以来，金郝庄镇不断创新思路，全力促进文教卫生和各项社会事业健康发展。截至2015年年底，全镇人均可支配收入15921元，增长7.33%，人均住房建筑面积31平方米，医疗保险全年参保47198人，新型农村养老保险参保农民34630人，全镇最低生活保障救助1331人，农村特困救济50人，累积发放各类优抚、救助款380.3万元，受助群众1416人，小麦补贴发放955万元。

卫生事业。2013年以来，镇党委、政府多次争取上级支持，不断加大投入，镇卫生基础设施建设不断加强。截至2015年，金郝庄镇有卫生院一处，卫生院现有医护人员39人，病床52张，卫生室48处，年门诊量达3万人次，并且担负着该镇及周边地区近8万人口的医疗预防及保健工作，辖区内所有居民实行合作医疗，参保率达100%。

教育事业。2013年以来，镇政府加大对教育的投入，在地方财政非常紧张的情况下，仍然拿出7万余元用于幼儿园建设，改善幼儿园的办学条件，提升办学品位，实现规范化的学前教育。同时在上级领导的支持下，镇中学多方筹措资金，进一步加快校园建设步伐，办学条件日臻完善。第三完小教学楼投入使用，第二中学、实验小学教学楼正在兴建，上学年学校先后投入160余万元更新办公桌椅电脑，对学校环境、操场及体育设施、各功能用房等进行改造，进一步优化教学环境，改善学校的办学条件。现在学校文化氛围日益浓厚，整个校园焕然一新。截至2015年年底，该镇有中学2所，在校学生1208人；小学9所，在校学生4520人，教职工249人，适龄儿童入学率100%，公办幼儿园10所，私立幼儿园12所，在园幼儿3460人，专职教师8人，初中适龄人口入学率、小升初升学率、九年义务教育覆盖率均达100%。农村文化活动大院50处，农家书屋20处，藏书1万册。

科技创安工程。2013年镇政府投资50万元，建成金郝庄镇视频监控平台，安装高清摄像头63个，分布在镇商业街及聊夏路（金郝庄镇辖区内北段）和机关学校及主要路口，实现电子防控。2015年该镇在去年投资100万的基础上，又投资200万元，建设视频监控全覆盖工程。全镇55个行政村安装高清监控摄像头，共计安装271个，实现视频监控的全覆盖，有效保障人民群众的生命财产安全。

【党建工作】 2013年以来，党委政府认真贯彻落实党的群众路线教育实践活动和中央八项规定。开展“三严三实”为重点的专题教育活动，党委政府严格按照中央和省委、聊城市委和临清市委的统一部署和要求，通过理论中心组集中学习和平时的个人自学，认真学习《习近平谈治国理政》《中国共产党章程》《优秀领导干部先进事迹选编》以及《领导干部违纪违法典型案例警示录》等书目，并结合自身实际和所学，就如何做一名“三严三实”的干部，镇党委书记李树群为全镇机关党员干部和各支部成员讲授党课。

【地方名产】 金氏正宗熏鸡。金氏正宗熏鸡又名“鬼子鸡”，由金郝庄镇金裕庆先生始创于清末光绪年间，后随京杭大运河官船贾舶享誉九州，现已有百余年历史。此鸡味道鲜美、独特，众人尝后，无不拍案叫绝。抗战时期其第二代传人金英华先生曾因有此祖传工艺而使全家免遭日寇残害。后此鸡被嬉称为“鬼子鸡”。鬼子鸡选用马颊河一带农家放养的活鸡，现由金氏第三代传人金泽峰先生采用祖传秘方，并融入现代精良工艺熏制。产品老少咸宜，实为聚朋宴请、馈赠亲友之佳品。2007年，鬼子鸡被评为“山东省名小吃”。

【民间艺术】 金郝庄镇有着悠久的文化艺术传统，木雕仿古家具源远流长，金派古筝享誉中外，木板大鼓远近闻名。

木雕仿古家具。金郝庄镇木雕仿古家具源远流长，远近闻名，继承明清古典家具的深厚文化内涵和精湛的工艺技术，纯手工制作，雕刻精美，图案新奇。每件家具都精选上乘实木原料，经精雕细刻、反复打磨、潜心精制而成，从大料到小结，从原料到成品是真正的绿色环保产品。每一根木料都进行烘干等多种处理，在任何地理、气候环境中都不会出现干裂、拔缝等现象。金郝庄镇木雕仿古家具没有一个钉子，但牢固无比，没有任何防腐剂，但百年不朽、不散。

金派古筝。金郝庄镇是“金派古筝”的发源地。明万年历年间，该地的古筝即以声纯韵正、古朴典雅而闻名，世称“金派”。清末民初为鼎盛时期，全村有掐筝者102余名，其中以金灼南成就最著、声誉最隆。该地流传的筝曲多为《单八板》《双八板》及其变曲。2008年金派古筝传承人李克超在中国古筝艺术第六次交流大会上作《浅谈古筝普及阶段影响教学成绩的几个因素》的演讲，获得学界中外专家的广泛认同。

木板大鼓。金郝庄素有说唱“木板大鼓”的传统，老百姓对这一土生土长的曲艺品种情有独钟。它的前身是犁铧大鼓，流传在鲁西一带。后经民间艺人在演唱实践中探索提高，形成现在的木板大鼓。木板大鼓的道具很简单，一面羊皮鼓，一副剪板，再加鼓架鼓槌，一个人就可以演唱。形式轻便灵活，适应各种演出场合。说学逗唱兼备，或激昂，或委婉，表现力非常丰富。在临清、夏津、河北临西一带最为流行。这方面的代表人有陈立江、王振远、张振武等。

【民间文化人】 刘旭东。原金郝庄镇文化站站长。扎根农村三十余年，涉足文学、音乐和新闻三个领域，在各级报刊发表大量文字。创作过散文、小说、快书、鼓词、诗歌、歌曲、相声、小品和小戏剧等各类文艺作品，并酷爱二胡艺术，在省、市演出比赛中屡次获奖。有曲艺作品在全国得奖，散文作品曾与全国“百名名家力作”一同收入《跟理想主义者喝茶》一书。个人事迹被《聊城日报》《聊城晚报》《大众日报》和《乡镇论坛》等多家媒体所报道。被评为“临清市首届运河名城文化名家”“临清市第一批乡村优秀科技人才”“临清市文学艺术之星”。为聊城市首批签约艺术家。系中国曲艺家协会会员、中国民族管弦乐学会胡琴专业委员会会员。

【领导人更迭】

中共金郝庄镇委员会

书　记：李树群

副书记：宋绍山（2013.09止）
　　杜东平（女，2013.09起）
　　王文堃（回）

成　员：张富刚
　　赵华虎
　　董怀友
　　王东生
　　贾淑梅（女）
　　张春林

中共金郝庄镇纪律检查委员会

书　记：赵华虎

金郝庄镇人大主席团

主　席：张俊峰

金郝庄镇人民政府

镇　长：宋绍山（2013.09止）
　　杜东平（女，2013.09起）

副镇长：董怀友
　　王启东

谷志国

金郝庄镇人民武装部

部　长：张春林

政协金郝庄镇工作委员会

主　席：张富刚

（张俊峰　马春华）

老赵庄镇

【概况】 老赵庄镇位于临清市东部，镇政府驻地距城区15公里。辖32个行政村，总面积50.61平方千米，4.4万人，耕地5.4万亩。2015年全镇完成工农业生产总值75亿元，实现地方财政收入2890万元，民营经济税收5118万元，农民人均纯收入8942元。资源丰富，交通便利。临（清）博（平）路、临（清）高（唐）路纵贯境内，镇驻地距高（唐）邢（台）临高速10公里。水资源充沛，南靠裕民渠，北依胡姚河，地下水蕴藏量大。

【自然环境】 老赵庄镇位于北纬36°43′，东经115°29′。地处黄河中下游冲积平原，地势平坦，土壤属褐色化潮土类，土质较好，气候温暖，日照时间长，适宜多种农作物生长。主要农产品有小麦、玉米、棉花、大豆、花生、韭菜、青椒、西红柿等。

【区划沿革】 老赵庄镇清代属清平县合字乡，民国时期属清平县第三区。1956年清平县撤销，老赵庄划归临清县王集区。1958年建红旗人民公社，驻地设在老赵庄村，次年元月份改称老赵庄人民公社。1962年12月，设立老赵庄区，辖老赵庄等8处公社。1971年撤区并社，为老赵庄人民公社。1984年改称老赵庄乡，1996年12月撤乡改镇至今。

2015年末辖天宫庙、匙庄、庞庄、沈庄、五股道、李庄、姜庄、杨千户、由庄、姚里庄、红庙周、老赵庄、赵坊、李将军、找军营、伞匠庄、车子周、冯庄、南丁、老周庄、相庄、黄庄、前营、后营、谭庄、王集、蔡庄、齐楼、孙伍营、后丁、双庙、十八里村，共32个村民委员会。

【农业】 2013年以来，老赵庄镇在农业产业结构调整过程中，坚持面向市场，坚持农业产业化，突出抓好粮食、蔬菜、养殖主导产业，因村制宜，全方位抓好农业增产增效，逐步实现从传统农业向现代农业转化，走出一条具有赵庄特色的现代农业发展道路，农村经济快速健康发展。2015年农业总产值达3.15亿元，粮食产量达35215吨，棉花总产量11521吨，蔬菜总产量11826吨。

农业及基础设施不断改善。2013年以来，老赵庄镇党委、政府大力推进科技兴农战略，以建设现代化农业为目标，不断改善农业生产条件，实现路、沟、渠、桥、井、涵、闸配套建设。实施涉水涉地资金整合项目，新建生产桥56座，新打机井320眼，清挖沟渠35条、42千米，支渠衬砌7000米，增设变压器35个，排水闸18个，新建扬水站1个，铺机耕路17000米，设置低压管道271230米。实施测土配方施肥工程，大力推广秸秆还田、机械化收割、免耕播种等农业先进技术，不断提高科学种植水平。

完善农田林网面积3134公顷，2015年林木覆盖率达37%。全镇有果园610亩，2015年果品总产量达158吨。

【多种经营】 2013年以来，老赵庄镇以农民增收为核心，以结构调整为主线，以农业产业化为总抓手，加大工作力度，强化示范引导，大力培植特色产业，形成以蔬菜瓜果种植、畜牧养殖为主的农业新格局。发展绿色蔬菜，2015年年底蔬菜种植面积达到5200余亩，形成后丁韭菜种植、谭庄青椒种植、姚里庄西红柿种植等8个蔬菜种植基地，申报青椒、大葱、白山药、西红柿等5个特色品牌。果树种植方面，在由庄村建成500亩苹果种植基地，樱桃种植面积在2012年30亩的基础上扩种70亩，种植效益十分可观。大力发展生态养殖业，在五一路沿线村庄建设高标准的养殖小区，2013年以来建设王集500头养猪小区，由庄村200头养猪场，杨千户15000只养鸭基地，伞匠庄1000只养鸡场。

【民营经济和招商引资】 2013年以来，老赵庄镇紧紧抓住民营经济发展的大好机遇，坚持以引进外资与激活内资并重、盘活闲置资产与骨干企业膨胀规模并重的原则，以招商引资为核心，以大项目建设为突破口，提出“发展民营经济，打造工业重镇、打造农机制造业基地”的战略口号。培植四大骨干企业（润源公司、恒圆公司、天元公司、德邦轴承有限公司），带动一批中小民营企业快速发展、充分发挥农机制造这一产业优势，积极推进农机产业做大做强，现已形成农机制造业基地。截至2015年年底，全镇规模以上企业32家，民营经济税收4571万元。确立“通过招商引资形成产业集聚,通过产业集聚再促进招商引资”的招商思路，围绕润源公司、恒圆公司、沃科丰公司、天元公司等龙头企业扩规、产业链上下延伸、相关项目集群发展等形式开展招商引资，形成产业集聚和板块经济。2012年年底招商引资到位资金10.4亿元。

【财贸金融】 2015年财政收入2890万元，比上年增长311万元。金融事业稳定，2015年年底全镇共有金融机构3个，有中国农业银行老赵庄分理处、山东省农村信用社、中国邮政储蓄银行。

集贸市场日趋繁荣。镇党委、政府依照“统一规划、合理布局”的原则，扩大完善镇驻地、沈庄和王集三大集贸市场，上市商品品种明显增多，市场贸易成交额大幅度增长，呈现出购销两旺的态势。2015年集市贸易成交额2070万元。

【交通运输邮电】 老赵庄镇交通条件进一步得到改善，省道临（清）高（唐）路、临（清）博（平）路穿境而过，斗（虎屯）松（林）路贯穿南北，镇驻地距离高（唐）邢（台）高速10公里。镇政府不断加强各村之间的公路交通网络建设，实现村村通公路。邮电事业不断得到发展，镇驻地邮电支局1处，包含邮政储蓄和邮政业务，有工作人员9人。

【镇村建设】 老赵庄镇党委、政府依照“高标准规划、合理布局、健康发展”的原则，邀请山东省规划设计院有关专家对镇村建设制定远期和近期规划。老赵庄镇按照“布局合理、设施配套、环境整洁、村容美化”的要求，不断加强小城镇建设，对镇驻地府佑街、工业园路、斗松路、市场路四条道路实施路基拓宽工程，新铺柏油路3.2万平方米，铺花砖21875平方米，修建排水管道1800米，栽植路边石5126米，安装路灯150盏。在府前街、府佑街建设商品楼1.3万平方米;城镇化水平得到显著提升。在工业园路北首西侧改建升级垃圾中转站和污水处理站，并铺设5500米的配套污水管网，在各村配套建设垃圾收集池60个，可日处理垃圾100吨，日处理污水550吨，极大地改善农村的生态环境。规范小城镇管理，成立8人的城管环卫队伍，镇驻地垃圾收集做到日产日清。

【社会事业】 2015年年底，全镇新型农村合作医疗农民参合率达100%。民政工作注重低保、五保、优抚安置、发放救济救灾等，2015年共有低保905户1438人，低保金发放280万元，月人均141.5元，与2013年相比，户数增长32%，人数增长37.5%，低保金发放增长2.8倍，月人均增长1.3倍；2015年共有城镇低保18人，低保金发放63316元，月人均275元；2015年共有五保户108人，五保金发放41.36万元，与2013年相比，户数下降18.2%，五保金发放增长19.6%；2015年共有优抚对象74人，优抚金发放482760元。2015年发放救灾救济面粉912袋，比2013

年增长22%。2015年年底参加新型农村养老保险16150人。2015年发放小麦补贴资金450万元。2013年全镇职工工资总额615万元，2015年698万，比2013年增长13%；2013年职工平均年工资3.6万元，2015年4.2万元，2015年比2012年增长16.7%；2013年老赵庄镇农民人均纯收入8640元，2015年比2013年增加1021元。

【科教文卫】 老赵庄镇党委、政府把科技作为经济发展的重头戏来抓，不断引进科技人才，加大科技投入，建立健全镇、管区、村三级科技推广网络，并不断加以完善和提高。2015年年底，全镇农业先进实用技术覆盖面达到100%。

教育事业取得突破性发展。2015年全镇共有学校8处，其中中学1处，完小3处，村小3处，中心幼儿园1处；共有教职工238人。不断加大教育投入，2014年、2015年先后新建中心小学教学楼、王集小学教学楼、中心幼儿园活动楼、五股道小学教学楼；筹集资金130万元购置新办公微机253台套，极大地改善教学办公条件。

文化活动日趋活跃。镇驻地文化站、图书室、阅览室、活动室配套齐全；有京剧协会、围棋协会、书画协会。32个村均建有“农家”书屋。广播、电视覆盖率都达到100%。双庙村唢呐班及王集村社火闻名全市。

卫生事业蓬勃发展。镇党委、政府积极争取上级支持，不断加大投入，卫生机构基础设施大幅改善，先后在卫生院新建病房楼1座，有病床48张，配有X光机、He-He激光机、多功能治疗仪、B超机等一流设备。先后改建沈庄村、王集村2个社区卫生服务站，农民就医条件得到极大改善。

【社会管理】 计划生育工作常抓不懈。人口计生工作以深入贯彻落实全面两孩政策，推进计划生育服务管理为工作主线，积极推进镇卫生计生资源整合，进一步提升妇幼保健服务水平。继续加大综合治理出生人口性别比治理力度，开展打击“两非”专项整治活动，保证性别比指标控制在市里下达的指标以内。扎实做好计划生育家庭奖励扶助工作，落实计划生育特殊家庭扶助制度，建立联系人制度。积极做好流动人口卫生计生服务均等化。

2015年办理生育登记536人，再生育审批35人，妇幼保健随访服务1500人次，农村部分计划生育家庭奖励扶助人员289人，特别扶助4人，8户计划生育特殊家庭全部建立联系人制度。解决群众实际困难210多个，群众满意度不断提高。

社会治安综合治理稳步推进。深入开展严打整治斗争。紧紧围绕建设“平安赵庄”这一奋斗目标，严厉打击各类刑事犯罪。扎实推进平安家园保险和综治大巡防工作。科技创安保稳定，全镇区分为三个重点区域进行摄像头实施监控。镇政府在镇区布局远红外摄像机67台，主要安装道路、路口、重点单位和中小学校门口以及人员密集场所，保证对全镇30处重点单位、人口密集场所以及镇区所有出入口、主要干道的24小时全程监控。全镇实行契约式平安家园保险的村达32个，投保户约9600余户，覆盖面超过98%。同时全面加强综治大巡防建设。全力做好防范处理邪教工作。建立并完善经常性清理清查非法宣传品活动的长效工作机制，层层落实责任。

【人民生活】 随着老赵庄镇经济的发展，人民生活水平逐年提高，2015年农民人均纯收入达8640元。人民群众的消费水平和消费结构发生巨大变化。在饮食方面，主食比重降低，副食比重明显上升；在穿衣方面，衣着逐渐由单一化、中档化向舒适、美观、时髦、款式多样化发展；汽车、空调、电脑、冰箱等已进入普通家庭，居民住房也正向着宽敞化、楼房化的方向发展。

创新载体，提升文明创建水平。积极开展道德荣辱教育，普及与农村群众生产生活相关的文明礼仪知识。深入开展孝德、诚德、爱德、仁德“四德”教育活动，引导农村群众自觉遵守社会公德、家庭美德，养成良好的个人品德和道德修养。积极开展各类创评活动，开展“致富能手”“好媳妇好婆婆”“文明信用户”、十星级文明户等评比活动；积极鼓励村级成立红白理事会，移风易俗，做到婚事新办、丧事简办；在农村形成文明乡风，着力塑造干净整洁、环境优美、和谐宜居、文明向上的良好村镇形象。

【重点企业】 山东润源实业有限公司。始建于1986年，现有职工1000余人，其中高级工程师35人，大专以上学历250人，熟练技术工人912人，四个项目事业部，九个处室，技术中心，具有较强的自主研发和生产能力，公司的主导产品有大型农业装备（麦稻联合收割机、玉米联合收割机），发动机曲轴，液压举升油缸，桃胶/阿拉伯胶等，公司占地面积50万平方米，建筑面积25万平方米，拥有800多台（套）机械加工设备和十几条生产线。是聊城市“5513”重点工程企业，2009—2012年润源牌液压油缸被评为“山东省名牌”产品，“RY”商标被评为“山东著名商标”，企业被评为“山东省消费者满意单位”，山东省“守合同、重信用”企业，山东省高新技术企业，中国铸造协会会员单位、银信系统信用企业。国家产品质量监督抽查合格企业，通过ISO9001：2008质量管理体系。

山东恒圆精工部件股份有限公司。前身为山东恒圆活塞环有限公司，成立于1994年6月，于2012年10月改制为股份公司，主营活塞环、气缸套、活塞、气缸盖及农机配件、手扶拖拉机、五金工具、非普通通用轴承、轴承钢管的生产、销售。职工1100人，其中工程技术人员95人；公司占地面积9万平方米，其中建筑面积6.5万平方米。总资产8500万元。生产加工手段完备，拥有从德国、日本、美国、瑞士等国家引进先进的加工、控制和检测设备600多台（套），具有年产7000万片活塞环，280万只气缸套的生产能力。生产经营Φ50mm-Φ200mm区间的300多个品种规格的活塞环、气缸套，为莱动、泰柴、常柴、时风、潍柴、亚美柯等二十余家国内著名主机厂配套产品。

【特色村简介】 一村一品韭菜种植专业村后丁村。老赵庄镇后丁村是远近闻名的韭菜种植专业村，全村总人口890人，共260户，耕地面积978亩，其中种植韭菜的户有230户，种植面积870亩。2015年每亩韭菜收入9200余元。近年来，镇党委政府大力扶持发展后丁村韭菜种植，积极引导农民向规模化经营、区域化布局、社会化服务发展，使韭菜种植向周边王集村、十八里村、找军营等村扩展，逐步形成品牌效应，已注册“禾兴牌”韭菜品牌，扩大影响力，“韭菜”逐渐成为当地市场的“抢手货”。为扩大销售渠道，成立韭菜交易市场，并成立禾兴韭菜种植专业合作社，已有社员50人。该村的韭菜远销河北、济南、德州等地，韭菜种植成为全村的支柱产业。

一村一品蔬菜种植专业村谭庄村。谭庄村位于临清市东部，新临高路北侧，距市区13公里，是老赵庄镇发展蔬菜种植的示范村。全村222户，754人，耕地面积972.56亩。共有134户从事蔬菜种植，种植面积达到585亩，亩均年收入达到7200元。为进一步做大做强蔬菜种植产业，在老赵庄镇党委、政府的大力支持下，在原有青椒、大白菜种植的基础上，积极引进新品种，推广新技术，实施青椒、春播玉米和大白菜间套连作的耕作，并进行示范推广，很大程度提高经济效益。按照“政策扶持，龙头带动，市场拉动，科技驱动，服务促动”的发展方式，注册成立“谭庄蔬菜种植协会”和“谭庄蔬菜种植专业合作社”，增强发展“一村一品”的组织化，专业化程度，提高该村青椒和大白菜种植的知名度。

【领导人更迭】

中共老赵庄镇委员会

书　记：李汝梅（女）

副书记：王　宏
郑中华
成　员：彭传华
张玉森
董朝阳
赵　磊
王瑞武
李　源
中共老赵庄镇纪律检查委员会
书　记：张玉森
老赵庄镇人大主席团
主　席：赵维平
老赵庄镇人民政府
镇　长：王　宏
副镇长：董朝阳
王　鑫
田永华
老赵庄镇人民武装部
部　长：李　源
政协临清市老赵庄镇工作委员会
主　任：彭传华

（袁　博　李以峰）

松林镇

【概况】 松林镇位于临清市东北部15公里处，北与德州市的夏津县接壤，西距临高高速公路路口5公里，东距德商高速公路路口3公里，镇域2小时经济圈覆盖德州、济南、石家庄、邢台等地，省道315线、临高高速公路、德商高速公路均从境内穿过，地理位置优越，交通十分便捷，具有得天独厚的区位优势。镇区版图南北长约10公里，东西长约5.1公里，总面积51.3平方千米，耕地4.7万亩，人均耕地1.35亩。2015年辖3个管理区，共26个行政村，总人口3.5万人，男性17724人，占50.64%；女性17276人，占49.36%，其中农业人口3.4万人。人口出生率2%，人口死亡率1%。2013年以来相继荣获“山东省文明镇”“山东省棉花高产创建示范镇”“平安聊城建设先进乡镇”“聊城市招商引资先进乡镇”“聊城市民营经济特色产业镇”“聊城市文明村”“聊城市教育示范镇”“聊城军分区民兵基层组织建设先进单位”“聊城市五四红旗团支部（总支）”和临清市级的等多项工作表彰和奖励。

【自然环境】 松林镇位于北纬36°39′—36°55′、东经115°27′—116°02′，地处黄河冲积平原，地势南高北低，地面海拔29—38米。属于暖温带季风区中的大陆性气候，其特点是四季分明，雨季集中在7、8月份，光照充足，无霜期长。春季干旱多风，夏季雨量集中，秋季温和凉爽，冬季干冷。年平均气温12.8℃，年平均降雨量590.4毫米，全年无霜期为194天左右。属黄河水系，境内有裕民渠、庞丁渠等河流。主要自然灾害有冰雹、旱涝、风灾、低温、霜冻、雷击等。

【区划沿革】 春秋属齐地。西汉初属清渊县。1950年属清平县第三区（王集区）。1956年划归临清县后仍属王集区辖。1958年建立松林人民公社。1962年改为松林区。1971年撤区并社后仍为松林公社。1984年由松林公社改建制镇至今。2015年松林镇所辖村庄有：松北村、松南村、梁庄村、马张村、张四道村、亢庙村、刘斗村、前尚村、西尚村、东尚村、西丁村、后丁村、东丁村、海军张村、王常刘村、姚庄村、郝庄村、段郝庄村、石槽村、姚楼村、仓上村、麻佛寺村、王大人村、田庄村、由集村、张庄村。

【经济发展】 松林镇按照“巩固、发展、提高”的方针，大力实施工业化发展战略，经济增长速度不断加快，经济结构不断优化，经济效益明显提高。

民营经济形成农机件加工、轴承加工、棉花加工及纺织和仿古家具几大主导产业，农业经济形成棉花、西瓜、蔬菜特色种植和蛋鸡养殖5大生产基地。松林镇产业工业园区已建成,占地9公顷并由数个市场和数条商业街。松林镇上有北方最大的木材交易市场、松林牲畜饲料厂、林城棉业纺织公司、腾工轴承有限公司等企业,计划建设古典家具产业园、农机件产业园等。2015年固定资产投资完成10.5亿元,同比增长12.9%;招商引资完成3.2亿元,同比增长38.46%;财政收入完成1370万元,同比增长20.3%;税收完成2400万元,同比10.8%。农民人均纯收入14243元。

大力开展招商引资。加大对外宣传、推介力度,先后组织企业赴北京、浙江、青岛和瓦房店参加招商活动。截至2015年,全镇落地招商项目9个,完成到位资金4.5亿元,占项目年度计划的79%,分别是年产35000台电机项目、年产5万只内燃机水泵项目、年产轮毂轴承锻件100万件、连杆螺栓300万只项目、年产3万吨山楂食品项目、1万只湖羊养殖项目、服装加工项目、年产150万米棉白布项目、年产2万根多缸曲轴铸件项目和磷化及车加工项目;已经签约待建项目3个,分别是力诺现代农业产业园暨15兆瓦光伏发电综合经济示范项目、古典家具市场项目和轴承加工项目;正在跟踪接洽的项目线索3个,分别是磁力吸盘、废旧物资拆解、架子鼓和吉他板项目。

农机配件和棉纺织产业加快转型升级。鼓励引导林城纺织、龙源纤维纺织、亚美机械、通亿动力等23家企业加大技改投入和创新力度,设备、技术更新改造资金达到3亿元,实现产业和产品的提质增效;2015年两次邀请中国内燃机协会林总来松林指导农机配件产业发展;有35家企业参加昆明、武汉和浙江全国汽车配件博览会;星宇布业2015年5月新上38台剑杆织布机;腾工轴承完成老车间到无尘车间的改造,又开拓巴西、土耳其等国际市场,获得3项专利;腾发滚动体一期新上设备25台。

【农业】 认真落实中央“一号文件”精神,围绕“农业增效、农民增收、农村发展”三大工作重点,在稳定粮食生产的基础上,以调整农业种植结构为总抓手,大力发展高效现代农业,努力提高农业机械普及程度,增加农业的产出率和经济效益。不断丰富农业产业结构。通过近三年的努力,形成由集、王大人、西丁等村西瓜、大葱、白萝卜、山药等5大蔬菜特色种植基地,种植面积达到2万亩,蛋鸡规模养殖小区13个,存栏量50万只,年人均收入提高2500余元。大力加强农村基础设施建设。实行路桥井渠治理,持续增强农业发展后劲,促进农业全面丰收,重点完成斗松路、松金路、由姚路等主干路路面硬化,近年来共计完成路面硬化110公里,村通公路里程达到230多公里,实现村村通公路;新修建扬水站1座,新建桥涵60座,改造危桥6座,新打机井300眼,清理沟渠50千米,完善道路林网和片林8000亩;亢庙、西丁等14个村的低压线路改造正在施工,年年底完工;道路交通、农田水利、镇容村貌变化巨大。示范引路大力发展现代农业。围绕抓特色、调结构、增效益,实施土地流转,积极发展壮大特色优势产业,推动传统农业向现代农业转变,实现农业增产、农民增收。邢临高速两侧10个村庄实施土地流转,种植竹柳8000亩;亢庙、刘斗、松南优质核桃基地1000亩,法国梧桐400亩,西丁、松南优质山药基地800亩。这一批高效特色农业亮点纷呈,示范辐射作用逐年上升。成立5家种养加专业合作社,并以此为平台,积极推行“公司+基地+合作社+农户”的生产经营模式,不断延伸农业产业链,增强农业产业发展后劲。加大新型农民科技培训力度。大力发展农村二、三产业,加快转移农村劳动力,提高农产品的科技含量和农产品附加值,实现农业向产业化和集约化生产发展,先后培训农民1000户,辐射带动4000户,拓宽农民增收渠道。

【工业】 2016全年实现工业增加值49803.8万元，工业总产值15.37亿元，利税6532.6万元。民营经济销售收入14.4亿元，利税5875.24万元。

【人民生活】 松林镇把工作的基点确立在提高广大人民群众的生活水平上，加快实现全面建成小康社会的奋斗目标。松林镇积极开展道德荣辱教育，普及与农村群众生产生活相关的文明礼仪知识。深入开展孝德、诚德、爱德、仁德“四德”教育活动，引导农村群众自觉遵守社会公德、家庭美德，养成良好的个人品德和道德修养。积极开展各类创评活动，开展“致富能手”“好媳妇好婆婆”“文明信用户”、文明一条街等评比活动，在农村形成文明乡风，着力塑造干净整洁、环境优美、和谐宜居、文明向上的良好村镇形象。

【科技教育文化卫生】 有松林镇中学1处，在校生950人，有一完小、二完小、三完小、四完小、五完小、田庄小学6处，在校学生2960人，教职工216人，适龄儿童入学率100%。公办幼儿园1所，在园幼儿486人，专职教师8人。初中适龄人口入园率、小升初升学率、九年义务教育覆盖率均达到100%。全镇8处学校，两处地规学校，3处市规学校，1处地级一类幼儿园；1处地级教学示范校，3处市级教学示范校；2013年创建为聊城市教育示范镇。文化站1处，村文化活动大院25处，农家书屋25处，藏书10万余册。有松林镇卫生院等1处医院，总床位30张，卫生技术人员31人，卫生室22处。

【城乡环卫一体化】 按照全市城乡环卫一体化工作推进安排部署，全镇上下联动，强化宣传、舍得投入、常抓不懈，先后共投入400余万元，对辖区26个村庄和镇村道路进行集中整治。为26个村配备垃圾桶1200个，垃圾箱50个，达到每10户一个垃圾桶的标准；按照每500人至少配备1名保洁员的标准，26个村共配置保洁员100名，镇驻地6名，镇统一为保洁员购买保洁服装，配备106辆保洁三轮车。建立长效机制，组建3支垃圾清运队伍，加大平时督导考核力度，“村收集、镇统运、市处理”的运行模式高效运作，全镇人居环境大为改观，群众满意度大幅提升，在聊城市、临清市社会满意度调查中多次位列前茅。

【基础建设】 松林镇按照“高起点规划、高标准建设、高效能管理”的原则，科学定位，准确布局。不断完善城镇基础设施，加快镇村建设步伐。

2013年以来，镇驻地省道315线两侧的平房基本全部改造建设成为两层以上商住楼房。结合省道315线的改造建设，积极争取上级资金扶持，先后投入400多万元，完成镇驻地省道南侧的排水、两侧绿化，新建垃圾中转站、污水处理厂各一处，镇驻地提升工程弱电管网入地改造、两侧硬化等工作，驻地服务功能更加齐全强大，环境实现靓丽洁净美化，宜居质量大幅提升。

乡村道路交通日趋完善，实现“村村通”，并积极争取各级帮扶资金，有麻石路、亢庙村、松北村、松南村等30公里公路硬化计划已经申请指标，批复后即动工建设。

【社会事业】 在加快发展经济的同时，松林镇对各项社会事业也始终给予高度重视，注重协调推进，统筹发展，社会管理、科教文卫等事业健康快速发展。

社会管理综合治理扎实推进。近年来镇党委政府始终紧绷维稳这根弦，把维稳工作贯穿于全年工作的始终。成立专门的综治信访维稳中心，强化干部责任，突出督促检查，加强情报信息和隐患排查，明确重点控管目标，特别是涉及群体上访、安全生产等重点问题实行包保责任制和责任追究制。不断加大社会管理创新力度，探索社会管理创新路子，重点加强科技创新和技防镇建设，提高电子监控设备覆盖面，全镇26个村先后投入300多万元安装电子监控系统，共安装监控探头400多个，极大地降低治安刑事案件的发生，保障群众的生命财产安全；成立社会管理服务中心，推动服务中心规范操作、高效运转，充分发挥为民服务、促进社会和谐稳定的功能，方便群众“一站式”办事，拉近融洽干群关系，促进社会安定和谐。

计生工作不断加强。稳定低生育水平，严格落实人口目标管理责任制，抓好服务阵地建设、季度健康查体、避孕节育措施落实、流动人口管理、社会抚养费征收等基础工作，进一步提升合法生育率，全面降低出生缺陷率，平衡出生性别比，打造人文和谐计生，近三年以来全镇计划生育工作在全市计划生育各项考核中，成绩均名列中上游。

民政工作稳步发展。2015年，松林镇党委政府全面落实优抚、低保、和慈善救济等各项民生政策，与扶贫工作相结合，让困难群众实实在在感受到党和政府的关怀和温暖。对贫困群众做到“应保尽保”，最低生活保障救助797人；加大殡葬改革力度，提倡文明的丧葬新风，大力推进移风易俗工作。新型农村养老保险参保率达到80%以上，近6000人60岁以上老人享受基础养老金待遇；2004年自新型农村合作医疗实施以来，参保率不断提高，2015年，新型农村合作医疗参合率达到100%，极大地改善广大农民看病难和因病致贫、因病返贫的窘况；五保、低保、残疾人补贴等工作全部落到实处。

【党建工作】 切实加强镇党委自身建设，打造经济社会发展的坚强领导核心。2013年以来，按照“五好”党委建设标准，切实加强思想政治建设、提高执政水平、提高依法行政能力，着力解决领导班子和个别领导干部中存在的发展能力弱、民主作风差、工作责任心不强、创新意识差、群众威信不高、为政不廉等问题，内强素质、外树形象，切实增强班子的凝聚力和战斗力，从而在镇党委内部形成一种“乐于学习、勤于谋事、善于干事、能干成事”的良好干事创业氛围。同时，通过制定完善落实机关管理、党员干部考核等各项工作制度，切实加强对机关党员干部的管理和建设，深化机关效能建设，不断转变干部作风，提高党员干部的自身素质和服务群众工作能力。在党的群众路线教育实践活动和“践行三严三实惠民强基促和谐”活动中，班子成员带头积极转变作风，率领110多名机关干部深入基层、蹲点调研，密切联系群众，为群众发放便民服务卡，认真征求听取关乎群众切身利益的意见建议，对收集的意见建议及时有效进行整改落实，赢得群众的普遍好评，群众的满意度和幸福感与日俱增，党委政府的威信在群众心目中得到极大提升，班子凝聚力、战斗力得到全面增强。

加强村级党组织建设，着力提高农村党员干部的整体素质和创新发展能力。在2014年两届村两委换届选举工作中，镇党委始终坚持“两推一选”“三高三强”原则，坚持“好人加能人”选优配强村两委班子，两次换届选举工作总体上都实现稳定推进、成功顺利，都没有发生一起集体上访事件；按照“五好”村党组织建设标准，在农村党员干部中着重开展以实施“三项教育”、提高“三种能力”为主要内容的执集中教育培训活动；利用党员现代远程教育网络基地和聘请党校专家教授，采取以会代训、专题会议、集中培训等形式，每年分4次对村“两委”成员进行教育培训，通过培训，努力培养建设与时俱进的新型现代农村党员干部队伍，最大限度地提高他们为人民群众服务能力和水平。同时，结合各村两委班子和工作实际，立足“三个双向兼职”原则，加大对村两委班子的建设力度，有近1/3的村两委班子成员、特别是主要负责人进行适时调整充实，选优配强，使一大批政治素质好、年富力强、能带领群众致富奔小康的优秀党员进入村级领导班子；制定落实《支部书记绩效考核办法》，加大对支部书记的考核建设力度，全镇26个行政村两委班子齐全强壮，其中致富能手、经营大户占到95%以上，村两委班子的稳定、实干、人心思上，为松林镇各项事业的持续健康发展夯实的组织保障根基。

全面加强农村党的阵地建设。积极开展创先争优活动，不断加大对村级党组织阵地建设的投入，通过近几年的努力，共投入600多万元，全镇26个村党组织阵地全部实现标准化、规范化。

【特色条目】 古典家具。松林镇的古典家具产业主要集中在尚官营村，尚官营村由东尚、西尚、前尚三个行政村组成，地处松林镇中部，交通便利，现有总人口4122人，1070户。尚官营村是松林镇及周边县市乡镇最早从事古旧家具收购经营的村庄，始于20世纪70年代，距今已有40多年的历史，尤其是对明清时期的“轿车”（马车）、宫廷家具研究颇多。近年来，随着民间留存的古旧明清家具越来越少，价格也越来越高。在这种情况下，人们开始将目光转向古典家具，尤其钟情于那些选料精良、做工精细、形神兼备的仿古家具精品，因为无论就其珍稀名贵木材的价值，还是其艺术价值都具有增值的潜力。特别是随着市场经济和家具市场的发展，人们对古旧家具的追捧、热衷和收藏日益升温，全国各地亦竞相开展生态游、古迹游等，仿古式茶楼瓦舍建筑增多，对古典家具的需求与日俱增。2008年以后，松林镇的古家具修复和仿明清古典家具制作搭上市场的“便车”，尚官营村的古典家具产业也由从前的简单收购经营，逐步转变为收购和仿古制作相结合的路子，并引进修复、雕花、烤漆等古旧家具的再修复技术和古典家具制作高端技术，不断拓展发展空间，延伸产业链条，实现连锁经营、品牌打造、联姻高端等新的经营模式，所产仿明清古典家具销往北京、上海、天津等大中城市，大受欢迎，并远销到日本、韩国。这一产业也逐渐成为尚官营村群众发家致富的主导产业。

家具加工产业已成为松林镇新的经济增长亮点，全镇有古典家具企业40多家，个体加工户350家，注册自有品牌30个，一般纳税人14户，从业人员7000多人，年产值达8亿多元，上缴税金500万元，骨干企业有华盛轩、古韵祥、榆木阁、诚信木业、思逸轩、古韵榆香古典家具等15家，产品有太师椅、小姐椅、官帽椅、贵妃榻、橱柜、条案、书桌、茶桌、餐桌椅等仿明清家具和韩式家具，热销全国各地和日本、韩国，主要为茶楼酒店、影视基地和部分家庭提供产品。正在努力争创聊城市古典家具文化产业园和省级古典家具产业集群及制造业基地，打造集加工、销售、文化、物流一体化的产业园区。

田庄吹腔。田庄吹腔是流传于临清松林田庄一带的古老戏剧曲种，至今已有近三百年的历史，据考是由秦腔、徽戏、明清时曲吸收当地民歌而形成。田庄吹腔始于乾隆二十六年（1761）前后由河北南宫侯姓者传入，乾隆三十年（1765）南巡回銮驻跸临清州，观看此剧，龙颜大悦，并赐名为“吹腔”流传至今。

“田庄吹腔”从俗曲小令到化妆演唱再到舞台表演，经过长期实践，吸收其他剧种的表演特长，最后形成一套独特的表演程式，展现出粗犷豪放的音乐风格。如武将亮相，必须先进行踢腿、飞脚、翻身等一系列动作，以双脚齐跳表示发怒。我国戏曲特有的“虚拟化”“写意化”的表演在“吹腔”表演中也得到体现，如《龙舟会》表演，在空无一物的舞台上屈膝虚坐，纹丝不动，以及整个演出只有小姐、丫环和书生三人，通过细腻的表演和身段动作的配合，却表现出三人在人山人海拥挤不堪的情景。

“吹腔”程式化表演较为固定，如旦行讲究“青衣走，大甩手，小旦走，起风摆柳”。“推圈”要边推边走：“花脸过顶，红脸与眼齐，小生与嘴齐，旦角齐胸，小丑单指”，也有“小丑似小生，小生似小旦”的说法。除此还有翘腿、劈叉、打飞脚等功夫。

20世纪50—60年代，田庄吹腔多次参加省地汇演并获奖，呈现又一个繁盛期。1953年，主演赵连仲在山东青年艺术汇演中获得奖章一枚。同年，艺人赵金铸等进京演出受程砚秋夫妇接待，听唱多段吹腔曲牌后高兴地答应支持他们成立专业剧团的要求，命名山东清评剧，并给演员铸颁发铜质奖章，为他们演唱的传统曲目《挂龙灯》进行录音，组织讨论，不少专家学者给予很高的评价以表鼓励与支持，临别赠送六莽六靠八套官衣和头饰。

田庄吹腔曲牌古朴典雅，吸收秦腔、弋阳腔、汉调、徽调等特点，形成多种吹腔的吹腔戏，所用曲牌有山坡羊、朝阳歌、锁南枝等百余种。传统剧目数量甚多，分大中小三类，共70余个，内容涉及春秋战国、三国两晋、隋唐五代、唐宋明清多个朝代，代表作有：《王玉荣思夫》《貂蝉思夫》《王小赶脚》《补缸》《十字坡》等。1964年以后，临清剧团利用吹腔曲牌排演了不少现代戏，如《夺印》《红灯记》《朝阳沟》等。

田庄吹腔是我国古老唱腔的代表，对研究我国戏曲声腔的发展有着不可估量的作用。该团体人员至今保留相当一部分手抄本剧目（有些已存入中国戏曲研究院），对研究中国传统剧目和戏剧的发展有重要价值。

【重点企业】 临清市林城纺织有限公司。临清市林城纺织有限公司坐落松林镇驻地，北靠省道315线，东邻斗松路，占地面积63亩，建筑面积4万平方米。公司现有生产规模10万纱锭，员工410余人，拥有国内较先进的生产设备和生产工艺，主导产品为40—80支高档优质棉纱，年产值2.1亿元，利税1100万元。

山东腾工轴承有限公司。山东腾工轴承有限公司成立于2012年，现已成为设计、研发、生产制造、国际销售一条龙的轴承高新技术企业。我公司生产的向心关节轴承是轴承行业的一个细分行业，现在无论生产规模还是产品档次均排名在山东省第一，全国第四。

公司主要生产内径4mm—400mm的各类润滑型、自润滑型向心关节轴承、角接触关节轴承、推力关节轴承、杆端关节轴承，并可定做非标关节轴承。产品已广泛应用于食品化工、矿山冶金、工程机械、汽车等工业领域，畅销国内20多个省市、并出口俄罗斯、美国、德国、意大利、巴西、土耳其等多个国家和地区，获得国内外用户的广泛赞誉。

【领导人更迭】

中共松林镇委员会

书　记：李怀国

副书记：高长芳

　　　　潘庆军

委　员：刘晓静（女）

　　　　腾兴旺

　　　　张春阳

　　　　赵百奎

　　　　王延云（女）

　　　　韩增岗

中共松林镇纪律检查委员会

书　记：滕兴旺

松林镇人大主席团

主　席：姜炳旭（2014.11止）

松林镇人民政府

镇　长：高长芳

副镇长：张春阳

　　　　周广峰

　　　　扈　晓

松林镇人民武装部

部　长：韩增岗

政协临清市松林镇工作委员会

主　任：刘晓静（女）

（潘庆军　吴国栋）

新华路街道

【概况】 新华路街道位于临清市区中东部，辖区面积70平方千米，辖8个社区，43个居委会，10个居民小区，总人口12万。城区部分占全市市区总面积的2/3，是临清政治、经济、文化、物流、人流中心，也是全市重点工业规划区，现有两大工业园区、十大批发市场和十大产业。

【经济发展】 2015年固定资产投资完成53.9亿元，同比增长9.5%;招商引资完成25.6亿元;民营经济税收完成56723万元；财政收入完成35774万元。

2015年建设总投资10亿元的顾家欧亚达城市综合体、投资5亿元的铁临物流铁路专用线、投资5亿元的中融电动车年产30万套电动汽车机电耦合控制系统及5万台整车、投资3亿元的三利纺织1000台喷气织机、投资3亿元清港国际物流海铁联运及内陆监管场站、投资3亿元的秋华纺织人棉印染面料布等一批大项目，在项目建设上实现突破，支撑全街道的经济发展。

【招商引资】 在招商引资工作中，细化奖励机制，掀起全员招商热潮，突出以商招商、园区招商，引进一批牵动全局、影响力强的好项目。其中奥博特铜箔及铜合金材料、三利纺织1亿米白胚布、顾家家居综合商贸体、青港物流等10个项目已经投产达效。

【园区建设】 按照“一心、一核、两带、三轴、七组团”的规划布局，完善基础设施建设。园区内新修道路21公里，管网配套同时进行。配有污水处理厂、电厂等，提升园区的综合承载能力。同时,强化对各方面入园企业的优质服务，达到镇（街道）、企业双满意,促进更多的大项目、好项目落户园区。

【城市建设】 为城乡居民打造良好生活环境，先后实施红星路北东关片区、经二路西东关片区的改造。改造中，坚持“公平、公正、公开”的原则不动摇，做到“一把尺子”量到底，维护群众利益，并通过聘请专业法律顾问进行全程指导，走出一条依法征收的“新华模式”，形成“和谐拆迁、无震荡拆迁”的良好局面。通过加大教育宣传力度，群众观念由“要我拆”变成“我要拆”，在东关片区创造日签约249户，排队交钥匙的“新华奇迹”。

【特色农业】 搞好经济林建设，在原有葡萄种植、樱桃栽培的基础上，重点发展葡萄、樱桃产业，通过杨八里千亩樱桃园、东胡千亩大樱桃园、胡里庄千亩葡萄园“三千工程”的园区示范带动，樱桃葡萄种植已形成杨八里大樱桃园、东胡大樱桃园、西胡百果园、林园樱桃园、东胡宝清樱桃园、龙庄樱桃园等园区，面积2000多亩；葡萄种植由东西胡向周边村居延伸，已达到3000亩。新华百果园樱桃种植增加科技含量，原种植的陆地樱桃全部改造成大棚种植。樱桃、葡萄产业已由单纯的种植销售向加工、采摘以及生态旅游方向发展。是种植业形成规模的专业村11个，蔬菜种植面积达8000余亩，品种有西红柿、茄子、黄瓜、豆角、大葱、莴苣、青椒、尖椒、芹菜、大白菜、西瓜等。新建冬暖式大棚50亩、高标准大拱棚100亩、小拱棚800亩。畜牧养殖业有较大发展，奶牛存栏1500余头,肉牛存栏700余头,养猪小区8个，涉及养殖户27户，存栏生猪1.2万余头，母猪500余头，养鸡小区9个，存栏20万余只，养兔小区2个，存栏2万只，养羊小区5个，存栏3000只。农田水利建设圆满完成省市县统一部署的农田水利建设三年会战工作，共计完成新开、疏通沟渠24890米、动土方量137220方，修建桥涵26座、截水闸6座，新打机井76眼，办事处扬水站进行改造维修。全力推进农民专业合作社、家庭农场、种植大户、土地流转的培育发展工作，取得可喜成效。全处发展建成合作社77个，注册家庭农场1个，种植大户21个，完成土地流转5000多亩。宝清果蔬种植专业合作社被评为省级示范合作社，宝清果蔬、田野葡萄被评为市级示范社。新华路街道被评为省级一村一品水果示范村镇。

【社会事业】 计划生育低生育水平保持稳定。年平均人口出生率为6.1‰，年平均人口自然增长率为6‰，全街道人口与计划生育工作基本走上低出生、低死亡、低增长的健康发展轨道。严格生育审批和违法生育处理，实现以行政手段为主向依法管理为转变，共计依法征收社会抚养费500多万元。

信访稳定。主动改变工作模式，变上访为下访，把矛盾化解到萌芽状态，2015年共排查各类上访苗头18起。受理各类案件12起。并一一处理化解。处理进京赴省非访人员17人次。全部得到妥善处理，未造成不良影响。

养老保险。2015年，利用10个月的时间圆满完成市委、市政府下达的4000万的任务。

治安防控和综治巡防。投资360万元建立视频监控系统，实现村居高清视频监控全覆盖。加强街道社会管理服务中心监控平台的建设，实现与村居监控信息共享，发挥较强的技防作用；按照“科学规划、合理布局、点线巡逻、整体防控”的原则，精心推进巡防工作。建设巡防中队3处，录用平安志愿者40人，并与铁路护路实现陆路联防，治安案件明显减少。

城乡环卫一体化。2015年按照市委市政府的要求，对各村居的卫生进行彻底的清理整治，并积极建立完善工作长效机制，实现村居卫生的彻底改善。明确规定村居是本辖区卫生管理的主体，明确要求居委会主任担任本村居卫生主任，各社区主任兼任辖区卫生专职主任，负责所属村居卫生管理，街道城管委负责城乡卫生及保洁员、清运员的监督考核。同时机关人员分包到村居，一包到底，长期负责，确保城乡环卫工作有人管、有人干，分工明确、责任到人。为巩固城乡环卫一体化活动成果，街道在原有新华保洁公司的基础上，进一步扩大业务面，选聘120名身体健康、工作负责的保洁员、清运员，加强卫生保洁队伍，并按照日检查、日反馈、日分析、日考核、日工资的工作模式，对各村居的保洁员、清运员工作情况进行督导检查，确保每天清扫、定时清运，每年清运20万方的生产生活垃圾。为满足卫生保洁、垃圾处理的资金需求，在按照每人每月2元收取卫生费的同时，街道每年拿出70余万元，划拨到街道城乡卫生管理专户，用于保障城乡环卫一体化工作运转。为满足群众需要，按照每10户配备一个垃圾桶的标准，在临博路、临高路、东二环“三线”和33个居配备垃圾桶900个。2015年年初，为保障垃圾清运及时，投入90余万元，购置5辆挂臂式垃圾清运车，共拥有大型垃圾清运车12辆，确保生活垃圾日产日清。

综合治理。治安保险机制是新华路街道的首创经验，自2003年9月开始运行。中央、省、聊城以及临清市领导都给予深切厚望。基本做法是：每户居民每年交纳10元治安保险费，享受社区的治安保险服务。一旦家庭财产被盗、被损等将获得保险公司最高1万元的赔付；各社区、各居委会分别成立社保分队、收缴治安保险费，社区协同办事处综治办、派出所招聘社保队员并负责培训指导社保队的工作，协助居民群众投保和事后理赔事宜。保险公司免费为每名社保队员提供每年1万元的人身安全保险。

该机制运行后，通过宣传造势、强化管理、严格巡逻，收效十分明显。作为一种先进经验，不仅受到省、市和临清市主要领导的称赞，而且新华街道负责人在全省平安山东建设会议上作典型发言，许多县市政法系统领导到此参观学习。从效果上看，治安保险机制启动后，由于治安人员昼夜24小时的不间断巡逻，被盗事件明显减少；在治安人员夜间巡逻时，经常遇见乱倒垃圾和乱写小广告的行为，都进行有效制止，有的被带到派出所，由公安人员进行教育和处罚；由于巡逻人员的巡逻，居民的心理安全感普遍提高。

在取得经验、得到广大基层干部和居民一致认可的基础上，为进一步扎实推进保险联防机制，2009年制定《关于进一步推广完善保险联防机制的意见》，明确操作流程、规章制度，使治安保险推行工作更加规范，运行范围也扩大到其他村居。保险费的金额统一提高到每户30元，其中10元用于投保，20元用于综治巡防工作。2015年年底辖区有43个村居、9000户居民加入治安保险，推行的村居和参保户比例均达到100%。

在治安保险扩面上，重点抓参保“四进”：进商场、进超市、进企业、进小区，实现“应保尽保，努力拓宽参保覆盖面”的工作要求。其中，参保的商场达到25家，超市12家，企业23家，小区10个。参保覆盖率达到90%。

【社区建设】 古楼社区党建服务中心是新华路街道党委于2015年11月投入资金350余万元打造的一站式新型社区服务中心，建筑面积400平方米，于2015年12月16日正式投入使用。中心一楼综合服务大厅，设立有计划生育、老年人服务、劳动保障、治安保险、法律援助等服务窗口，涵盖社区所有为民服务功能，并由信息发布机对服务功能的标准、流程等信息进行公开，投资6万元购置的“服务e家亲”操作平台，能通过手机微信扫码功能与居民进行快速便捷的网络互动，及时掌握群众在餐饮、物业管理等方面的需求，做到及时为民服务。为打造平安社区，中心设立警务室和监控平台，由公安民警常驻，并对居民小区纳入监控范围，有效震慑和打击各类犯罪，创造良好的社区治安环境。社区设立的多功能厅，已经为辖区居民提供3次讲座、培训，同时能为居民提供丰富多彩的文化娱乐活动和心理咨询与心理疏导。

宝清果蔬种植专业合作社。该合作社位于新华路街道东胡里庄村，注册资本2000万元，于2011年12月，由徐宝清同志联合4名农民注册成立，由当地农民以土地入股形式加入合作社。旨在大力发展现代农业，积极推进农业产业化经营，生产安全、高效、优质农产品。以种植蔬菜、水果为主，同时开展产品加工，储藏、包装、产品销售等业务。2015年年底合作社社员已由注册时的30名发展到现在的110余户。种植基地面积扩大到1500亩。已申请樱桃、葡萄、西红柿、西葫芦、黄瓜、茄子、青椒、芹菜8个农产品的绿色食品认证。合作社先后荣获聊城市农民合作社示范社、聊城市农民林业合作社示范社等荣誉称号。

2014年，合作社年经营收入达1700余万元，销售利润500余万元，投资利润率达36%。合作社成员比未入社农户收入高达35%，带动农户人均增收2000元以上。合作社主要生产资料统一购买率、主产品统一销售率和成员的标准化生产率均达到65%以上。可分配盈余按交易额比例返还给成员达到60%以上。

【领导人更迭】

中共临清市新华路街道委员会

书　记：刘明峰

副书记：任庆远

谷　雨

委　员：朱　亮

方纪红（2015.12止）

张长军

谢德强

马　静（女）

刘　涛

中共临清市新华路街道纪律检查委员会

书　记：朱　亮

临清市新华路街道人大工作办公室

主　任：张广生

临清市新华路街道办事处

主　任：任庆远

副主任：张长军

李继伟

叶立涛

临清市新华路街道人民武装部
部　长：刘　涛
政协临清市新华路街道工作委员会
主　任：方纪红（2015.12 止）

（马　静　朱红光）

青年路街道

【**概况**】位于临清市中部，辖区东西最大距离 9 千米，南北最大距离 13 千米，总面积 80 平方千米，耕地面积 3340 公顷。2016 年辖 11 个管理区，48 个行政村。总人口 8.9 万人，其中城处常住人口 5.3 万人，城镇化率 63.2%。总人口中男性 4.62 万人，占 52%，女性 4.28 万人，占 48%。人口出生率 10.2%，人口死亡率 4%。地势平坦起伏较小，部分村庄受黄河故道影响形成河滩地貌，属温带大陆性季风气候。

【**农业**】2015 年农林牧渔业总产值 17142.65 元；全年粮食作物播种面积 6372 公顷，总产值 51118 吨；瓜菜总产 2062 吨；棉花 601.73 亩，总产 137 吨；全年造林 3200 亩；林果总产 2811.5 吨，林业产值 671 万元。年末大牲畜存栏 599 头，猪存栏 4782 头，羊存栏 4521 只，家禽存栏 335429 羽；畜牧业总产值 2911.23 万元。有高科技农业示范园 2 处，育苗基地 3 处。各种大棚 92 亩。专业合作社 97 家。

【**工业**】2015 年实现工业增加值 56682 万元，比上年增长 9.6%。工业总产值 300538 万元，利税 29122 万元。民营经济销售收入 340119 万元，利税 30878 万元。

【**社会事业**】医疗保险全年参保 55698 人，缴纳保费 8254700 元；新型农村养老保险参保农民 15326 人；参加新型农村合作医疗农民 56617 人。全处最低生活保障救助 2124 人，5870020 元，农村特困救济 2012 人。累计发放各类优抚、救助款 421 元，1509830 元。受助群众 3729 人。小麦补贴发放 47191.6 亩，5898950 元。农机补贴发放 54 户，1786240 元。

【**科技教育文化卫生**】有临清市青年路街道中学 1 处，在校生 679 人，临清市青年路街道大三里小学、临清市青年路街道旧县小学、临清市青年路街道李堂小学、临清市青年路街道十里坞小学、临清市青年路街道里官庄小学、临清市青年路街道薛店小学、临清市青年路街道房村厂小学、临清市青年路街道民族小学 8 处，在校学生 4233 人，教职工 139 人，适龄儿童入学率 100%。公办幼儿园 6 所，私立幼儿园 0 所，在园幼儿 429 人，专职教师 20 人。初中适龄人口入园率、小升初升学率、九年义务教育覆盖率均达到 100%。文化站 1 处，村文化活动大院 48 处，农家书屋 30 处，藏书 1.1 万余册。有临清市人民医院分院 1 处，总床位 30 张，卫生技术人员 22 人，卫生室 32 处。

【**经济概况**】 2015 年工业总产值 57622 万元。辖区投资 5000 万元以上的项目 17 个，计划总投资 17.6 亿元；其装备制造业基地项目中的哈大地轴承办公楼已经竣工；鼎裕汽车轴承项目及飞翔油箱项目已投入生产；华美医院教育培训楼及综合楼建成启用；豪翰商贸城一期建设完毕，入住商户 200 余家；南部新城区文化体育公园项目土地进行平整。

【**招商引资**】 建立和完善签约项目落实责任制，成立签约项目落实督查领导小组，明确每一个项目一名科级领导负责的工作机制。临清豪翰商贸城建设项目：项目占地 240 亩，总投资 20 亿元，总建筑面积 22 万平方米，建设商铺 2000 套。一期 10.6 万平方米 1050 套商铺建设及配套设施建设完成，商户入住经营聊城华美医院医疗健康产业园项目：项目占地 342 亩，建筑面积 30 万平方米，总投资 15 亿元。一期 13 万平方米门诊、医技、病房楼建设及所需医疗设备运行，教学宿舍楼及综合服务楼建设完工并投入使用。

【交通运输邮电】 辖区有315省道、临冠路、临莘路等主干道，交通便利，运输发达；辖区村村通公路。2015年年底有中国邮政集团有限公司山东省临清朱庄支局1处，邮政业务总量500余万元。报纸、杂志累计发行2.3万份。电信服务网点50余处，电话普及率达到98%。

【基础建设】 辖区公共交通系统发达，多路公交环绕全境，日均客流量7200余人。城区主要道路，雨污水管网健全，配有朱庄乡变电站、自来水厂，电网、水利系统完善。

【村庄（社区）名录】

里官庄社区辖：里南　里北　薛店　东鸭　西鸭　里东　里后。

十里坞社区辖：十里坞　姬庄　前坑　兴庄　孙庄　汪庄　贾庄　后坑。

临卫社区辖：江庄　于楼　付庄　朱庄　李堂　寺上　陈厂。

马庄社区辖：唐庄　马庄　车庄　房厂　东窑　西窑　张堂。

古城社区辖：西屯　吴刘庄　于林头　西旧县　东屯　东旧县。

胡家湾社区辖：夹道　南厂　北关　新华南街　胡家湾　临馆街　小三里。

迅力社区辖：土桥村　南关村　南关街　职工新村　南厂街　龙山南街。

济津社区辖：河洼　济津街　三里堡　大三里。

曹岗社区辖：窑口村　曹岗街　育新街　窑口街　古楼南街。

温泉社区辖：顺河街　车营村　龙华街　九龙街。

龙山社区辖：马市街　光明街　会通街　车营街　考棚街　前关街　后关街　东夹道街　西夹道街　教场村。

【特色文化】 临清运河钞关。始设于明宣德四年（1429），宣德十年（1435），临清钞关升为户部榷税分司，由户部直控督理关税，下设五处分关，直控督理关税。万历年间征收税银8.3万余两，多于京师崇文门税关，居全国八大钞关之首，占全国税收的四分之一。清光绪二十七年(1901年）运河漕运停止，钞关署治遂废。临清运河钞关为一组建筑群，自运河而西依次为河口正关、阅货厅、“国计民生”坊、关堞、仪门、正堂等。南北三进院落，置设穿厅、船料房、鼓铸坊等，占地四万平方米，厅堂坊舍室四百余间。占地东西长130米，南北宽96米。现存两进院落，前院为公署办公区，后院为仓储区，南部住宅区现大部分成为民居。主要古建筑为仪门、南、北穿厅、科房、船料房等80余间，面积6000余平方米。此外尚有原钞关官员住宅若干，保存较好。建筑大都为硬山建筑，青色灰瓦屋面。

临清县治遗址。阁楼位于临清市区考棚街西侧，始建于明洪武二年（1369），为明初临清县治所，又称“文昌阁”，现为聊城市重点文物保护单位。阁楼用临清大砖垒砌基座，高3米，占地42.3平方米，基座辟有南北向门洞，直通街巷，北达会通河的临清闸（今称会通桥）。门楣上镌刻“县治遗址”四字。阁楼面阔3间，进深2间，歇山卷棚顶，抬梁式木构梁架，筒瓦覆顶，飞檐挑角，整体结构巧妙，和谐得体。临清县治在此处存在800余年，代表明代北方建筑风格，是临清城复迁的重要纪念性建筑物，是研究临清历史沿革的重要实物资料。

临清胡家湾瓷窑遗址。位于临清市临东处胡家湾村西侧漳卫河河床内，现为聊城市重点文物保护单位。遗址在河道中呈带状，东北－西南向长约2公里，河床中心距河坡两地西北－东南向宽60米。该遗址距地表6—7米，占地12万平方米。西南部为生活遗址(出土有房基础、灰坑、大部分生活器物），中间部分为古墓葬遗址（出土有骨器、随葬品等），东北部为瓷窑遗址（出土大量瓷器、碗范、支钉等）。1972年对卫运河退堤展宽、裁弯取直工程时暴露出来的。瓷窑遗址地表遍布陶瓷器物残片。经整理分析，可分为：窑具、器物、作坊器具、烧结块、铁釜、动物骨殖等。窑具有：匣钵、支钉、垫饼；作坊器具有陶范、研磨器、臼、碾、陶范等；陶瓷器物可辨认的有盆、碗、碟、杯、盏、罐、坛、缸、瓮、瓶、壶、豆等；釉色主要有白、青、白地褐花、黑、天兰、紫等。

临清头闸口。大致呈东西走向，全长几十米。闸堤由闸体、闸柱、闸槽三部分组成。闸体由石块横竖交错叠砌而成闸槽呈“凹”字形，用于船只进出闸口时提放闸门用。目前该处已全部整修，仅沟渠大致走向保持原貌。

三元阁。是临清著名的道教观阁，其始建于明代，具有典型的道教建筑风格。三元阁倚卫运河东岸而建，顺河垒石，青砖梯砌为坝，台高丈余。阁建于台上，与现存的登瀛楼形似，前后两进。《临清州志》：阁下垒石为台，居卫津最高，扩登其上，樯帆满目，颇饶风景。大殿供奉有，武财神关帝，大士观音，妈祖海神娘娘等神灵。三元应：上元赐福、中元消灾、下元解祸而来。京杭大运河沿途除北京、杭州外，唯有临清三元阁供奉有妈祖海神娘娘之神位，显示了临清宗教风俗的包容性。临清卫运河两大码头，一是三元阁码头，一是浮桥口码头（俗称水簸箕）。南来北往的漕运商贾一在码头停靠，就会到三元阁烧香祈求所愿。清末，漕运逐渐停航，三元阁香火也日稀，到民国时期，三元阁彻底失去它的宗教用途，成为民国临清水上警察所。三元阁码头基本消失。

【领导人更迭】

中共临清市青年路街道委员会

书　记： 李传兴（2014.03止）
　　　　王培峰（2014.03起）

副书记： 王　超
　　　　刘瑞彦

委　员： 于安会
　　　　江传宾
　　　　王　勇
　　　　贾永峰
　　　　商爱华（女）
　　　　胡　楠

中共临清市青年路街道纪律检查委员会

书　记： 江传宾

临清市青年路街道人大工作办公室

主　任： 李树茂

副主任： 张成喜

临清市青年路街道办事处

主　任： 王　超

副主任： 王　勇
　　　　高　燕（女）
　　　　于清祥

临清市青年路街道人民武装部

部　长： 胡　楠

政协临清市青年路街道工作委员会

主　任： 于安会

副主任： 孙亚斌
　　　　李以安
　　　　杨序荣

（刘建文　唐广楠）

先锋路街道

【概况】 位于临清市区北部，辖区东西最大距离14.75千米，南北最大距离8.1千米，总面积65平方千米，耕地面积2812公顷。2015年辖7个社区，辖35个行政村。总人口63547人，其中城镇常住人口63547人，城镇化率100%。总人口中男性38186人，占60.1%，女性25361人，占39.9%。人口出生率3.3%，人口死亡率0.51%。境内为鲁西北平原，地势平坦，起伏较小，略为东高西低地形，辖区东部部分村庄由于受黄河故道和决口泛滥的影响，形成河滩高地的地貌。地势略为东高西低地地处温带季风气候，具有明显的季节变化和季风气候特征，属半湿润大陆性气候。2013年获得“聊城市南水北调局征迁工作先进单位”“临清市民政工作优秀单位”“临清英才”等称号；2014年获得“省级规范化司法所”“临清市民政工作特别优秀单位”、聊城市“最美民政人”等称号；2015年获得临清妇联“最美家庭”、聊城“市五好文明家庭”、临清市“民政工作优秀单位”“聊城市宗教工作先进集体”“聊城市民族团结进步模范集体”“山东省民族团结进步创建活动示范单位”“临清市工会工作先进单位”等称号。

【经济发展】 先锋路街道2015年实现工业总产值141.2亿元（现价，下同），比上年增长9.01%，现有工业企业305家，固定资产总投资36.5亿元，规模以上工业企业主营业务收入119.4亿元，利润9.1亿元。先锋路街道2015年列入市属重点项目共8个，完成投资35.76亿元，招商引资到位资金11.3亿元，民营经济税收完成1.97亿元，地方财政收入完成11953.76万元。各项经济综合指标在全聊城市乡镇（街道）中处于领先位置。

【民营经济和招商引资】 先锋路街道党委在“全党抓经济，突出抓工业，重点抓项目”的主体思路下，把民营经济、招商引资作为富民强处的强效措施来抓，依托棉纺织、制药、造纸及纸制品、机械加工大主导产业，整合力量，不断创新，进一步加大招商引资力度，使民营经济得到健康快速的发展。

围绕加快民营经济发展这一中心，突出骨干企业扩张、特色产业拉长、运行质量提升三个重点，在骨干企业数量及规模、产品科技含量及附加值、大项目引进、民营经济税收增幅等4个方面实现新突破。

先锋路街道紧紧扭住招商引资，借助路路交通和产业优势、开发区这个平台，继续加大招商力度，把招商任务细化落实到人。党政班子带头走出去，广招商、招大商，重点是北上、南下、东联，对比较熟悉的长三角、珠三角、京津唐发达地区去招商，念活“盯靠粘”三字诀，实现招商引资更上新台阶。

【农业】 2015年全年粮食作物播种面积2318公顷，总产值35456吨；棉花9601亩，总产768吨；全年造林2200亩；林果总产6500吨。年末大牲畜存栏2178头，猪存栏11411头，羊存栏4217只，家禽存栏35000羽。

【社会事业】 2015年先锋路街道人均可支配收入16691元，增长9.2%；农民人均纯收入10490元，比上年增加600元；医疗保险全年参保41683人，缴纳保费62.5万元；新型农村养老保险参保农民16422人。全街道最低生活保障救助704人，农村特困救济1234人。累计发放各类优抚、救助款378.9万元，受助群众678人。小麦补贴发放434.3万元。

【科技教育文化卫生】 小学有先锋路街道中心小学、徐庄小学、胡八里小学、东柴庄小学、孟店小学、范尔庄小学、郭堤小学等7处，在校学生2271人，教职工150人，适龄儿童入学率100%。公办幼儿园2所，私立幼儿园25所，在园幼儿1760人，专职教师79人。初中适龄人口入园率、小升初升学率、九年义务教育覆盖率分别达到100%。文化站1处，村文化活动大院28处，农家书屋26处，藏书9.5万册。有先锋卫生院等1处医院，总床位18张，卫生技术人员21人，卫生室26处。

【多种经营】 在政府引导、项目支撑、社会参与、群众自愿的机制下，先锋路街道以范尔庄、孟店为主轴，扩大建设短枝型、高密度新桃园、新苹果等新型经济作物带，成立东兴林果农业合作社，开展短枝型大棚桃树种植试验；举办8

期果树新品种种植农民培训，申报成功2个绿色食品，加快果品种植新型化、特色化、科技化步伐。同时，先锋路街道以科技为先导，在郭堤、杨存庄通过土地流转，建设300亩的现代农牧业科技示范园和占地100亩的南方水果种植园，成立一个种植农庄，新建冬暖式大棚60个，让群众看得见、感受深、触动大、接受快，为发展现代高效农业开辟一条新经。

为引导群众走科技兴农新路子，先锋路街道成立66个农业合作社，经营范围囊括种植、养殖、蔬菜、林果、加工、销售等多个领域，入社家庭达1500余户，社员达2500余人。合作社在科技知识传授、新品种引进推广上做大量积极有效的工作，变分散经营向规模经营发展，起到科技示范带动作用，增强抗风险能力，提高土地效益，增加农民收入。

【交通运输】 境内有京九铁路、邢临高速、省道008、省道315，西经临清大桥直通河北省326省道，交通便利，运输发达；境内村村通公路。

【邮政电信】 邮政行业持续发展，形成宽带、高速率、大容量的信息网络平台，宽带接入覆盖全处。2015年年底邮政业务总量580万元。报纸、杂志年累计订阅1.2万份。电信企业两家，服务网点36个，电话交换机总容量4万门，固定电话用户1.6万户，电话普及率85%；移动电话用户1.7万户，互联网用户1.1万户。

【基础建设】 水利建设。农田水利基本建设三年会战清淤疏浚沟渠20公里；饮用自来水管道改造，新增用户2500余户，涉及东兴社区全部村庄；新打机井42眼；城北水库工程征地以及实物调查工作完成。

城乡环卫一体化全力推进。先锋路街道按照全市城乡环卫一体化市场化运作工作会议的有关要求和统一部署，每年固定投入110余万元用于支付诚洁垃圾服务中心管理费用，将35个村居的环境卫生保洁工作统一交接给市诚洁垃圾服务中心管理，顺利完成交接工作。街道利用20天的时间在全处范围内深入地开展城乡环卫一体化集中治理活动，制定可行的整治办法并及时实施，实现标准化、专业化、常态化、规范化管理目标。建立城乡环卫督导曝光机制，定期组织督导考核人员进行暗访巡查，开展月评比季考核，达到“三分安排、七分落实”，扎实推动城乡环卫一体化向标准化、正规化，长效化发展。开展环境整治和路域提升，群众满意度不断提升。

【学习教育】 党的群众路线教育实践活动。在全党深入开展以为民务实清廉为主要内容的党的群众路线教育实践活动，临清市先锋路街道按照中央、省委、市委的统一部署，高度重视、周密安排、迅速行动，紧紧围绕“走访一线接地气，下沉基层转作风”的主题，按照中、省“照镜子、正衣冠、洗洗澡、治治病”的总体要求，扎实认真地组织街道机关干部和村干部开展教育实践活动。党的群众路线教育实践活动结束之际，街道完成学习教育、听取意见，查摆问题、开展批评，整改落实、建章立制环节三个环节的各项工作，教育实践活动重点突出、特色鲜明、成效明显。

“三严三实”专题教育。临清市先锋路街道从2015年4月底开始，在机关副科级以上领导干部中开展。专题教育开展以来，聚焦忠诚干净担当，强化问题导向，贯彻从严要求，着力深谋细化，坚持以上率下，着重讲求实效。先锋路街道通过三次专题研讨和专题民主生活会，切实使领导干部坚定理想信念，明确党的政治纪律和政治规矩，使领导干部真抓实干，自觉做政治上的明白人。

【社会管理】 计划生育工作稳中有升。2013年以来，计划生育工作顺利推进，计生工作村为主水平有效提高。坚持抓服务惠民生，奖励扶助实现提标扩面。全面实施“单独两孩”政策，实行“首问负责、一次告知、温馨服务、集体审核、限时办结”制度，大大提高群众满意率。

民政事业。街道党委、办事处在民政工作上按照“以民为本、为民解困”的工作宗旨，认真贯彻落实党的各项惠民政策。2015年城乡低保户共发放低保金约474万元，其中城市低保金约213万元，农村低保金约261万元。农村五保对象72人，其中集中37人，分散供养35人，共发放分散供养资金13.5元。发放救灾面粉27吨。抚恤、救助各类优抚对象182人，抚恤事业费支出131.9万元。农村籍、无工作单位60周岁以上退役老军人及烈士子女共计279人，发放生活补助共计25.3万元。

综合治理。三年来以服务经济发展为主线，重点在“完善社会治安综合治理领导责任制，深化平安先锋建设、法制先锋建设，提升科技创安、矛盾化解、网格化管理、基层基础、综治信息化建设水平，实现流动人口服务管理新突破、特殊人群服务管理新突破、两新组织服务管理新突破、信息网络服务管理新突破”上下功夫，为街道经济发展创造更加优良的社会环境。

【人民生活】 先锋路街道在抓好村庄绿化、经济林建设的同时，重点进行高速路两侧、315两侧及乡间道路的绿化工作，新植补植杨树苗18万株，绿化面积2000亩，开挖沟渠30千米，修建田间道路路10公里，硬化村级道路15千米，极大的改善和提升农村生产生活条件。

【企业推介】 大唐临清2×350MW级热电联产项目。大唐临清热电联产项目由央企中国大唐集团公司的分公司——大唐山东发电有限公司投资建设，地址位于临清市先锋路街道东三环北首，占地700亩。

项目计划总投资36亿元，其中固定资产投资32.5亿元。资金来源为企业资本金5000万元，企业自筹6.7亿元，银行贷款28.8亿元。计划建设两台350MW超临界燃煤锅炉、抽气凝汽式热电联产机组，同步安装脱硝、脱硫装置和高效除尘器，同步建设项目配套热网工程。项目于2015年6月18日正式开工建设，建设工期为18个月，计划2016年竣工投产。项目投产后，具备700吨/时工业供汽和900万平米供暖能力，可以满足整个临清市区居民冬季采暖和工业生产用蒸汽需求；可以有效替代城区14台高能耗小热电机组和34台燃煤供热锅炉房，每年减少二氧化硫排放约1600吨，减少粉尘排放约1400吨，减少氮氧化物排放约400吨，为改善临清市区环境，提升聊城市电网供电可靠性。该项目符合国家电力工业“上大压小、节能减排”有关政策，符合山东省电源发展规划和临清市城市总体规划和城市热电联产规划。

该工程的建设是临清市人民政府和大唐山东发电有限公司贯彻落实科学发展观、建设资源节约型、环境友好型社会，落实“节能减排”战略目标的具体体现。不仅可替代供热区域内现有的中小型供热锅炉房和热电机组，提升临清市的供热质量和可靠性，改善投资环境，还能有效带动当地加工制造业、运输业、服务业、地方材料供应业等多种产业的发展。为把临清建设成经济、文化、旅游强市提供强有力的能源保障。

临清三和纺织集团。三和纺织集团有限公司创建于1988年，现已经发展成为集纺、织、染为一体，占地2100亩，建筑面积76万平方米，总资产62亿元，年产值115亿元，利税15.9亿元，进出口总额4亿美元，职工1.3万人的大型纺织企业，已进入全国纺织行业前十名。

现拥有环锭纺纱65万锭、高档气流纺纱2万头，各类织机8000台，两条色织布生产线，26条蜡印生产线，22条仿蜡印生产线以及与之配套的一座10万千瓦自备供热电厂和两座大型污水处理厂。

公司有各类棉纱、色织布、白坯布、蜡染布四大类6000多个花色品种，其中主导产品纯棉真蜡印花布为山东省名牌产品。公司年生产棉纱8万吨，白坯布4亿米，蜡印布4亿米，色织布6000万米。蜡印布生产规模居全球首位，产品全部销往非洲市场，市场占有率高达30%。

在市委、市政府“东融西借，跨越赶超”战略思想的鼓舞下，经过认真研究，审慎考察，确定上马大型纺织项目——临清三和纺织工业园区项目。2014年初开始筹建，项目占地710亩，新建厂房40万平方米，总投资56亿元。园区内汇集纺纱、织布、印花三大系列产品：包括新上50万锭纺纱、5000台喷气织机、年产3.6亿码印花布等项目。全部引进国际一流的先进设备，按照“高端设备，高端技术，高端人才，高端产品”要求和“高标准起步，高速度上马，高质量运行，高利润回报”的目标建设。

聊城继东华明机械有限公司。始建于1996年，2008年6月由三位股东共同出资组建临清华明机械有限责任公司。2013年5月企业进行改制，成立聊城继东华明机械股份有限公司，并于6月成功在淄博齐鲁股权托管交易中实现“股权挂牌”。公司主要生产各类拖拉机配套及炊事机械产品，现拥有职工86人，其中高级工程师2人，技师25人，熟练技术工59人，拥有高精数控机床30台、普通数控机床16台、专用机床1台、普通机床23台、立式加工中心4台、卧式加工中心6台，固定资产达2820万元，库存销售产品960万。公司通过十几年的专业积累及市场拓展，凭借自身雄厚技术，塑造华明技术与设备的优势，已生产拖拉机配件产品11大类50余种，销售网络覆盖国内山东、山西、江苏、河南、黑龙江、新疆、内蒙古、广东、上海、天津等省市，产品远销售到欧洲、非洲、东南亚。2010年、2011年连续两年被江苏省清拖农业装备有限公司授予先进供应商，2012年晋升为优秀供应商，至2013年连继两年被评为优秀供应商。2012年被聊城市工商行政管理局、聊城市个体私营企业协会评为先进民营企业。董事长、总经理郑继东2012年被临清市委、市政府推荐为临清市十佳明星企业厂长、经理。

山东鲁磁工业科技有限公司。山东鲁磁工业科技有限公司始建于2008年，坐落在临清市经济开发区银河路南、东二环路中段，占地110亩，资产上亿元。公司现有员工80余人，其中高级工程师2人，中级职称人员5人；拥有现代化办公楼及标准化厂房，有各类机械加工设备150台套，建有产品展室、理化检测室、电气安装试验室和磁力研究中心；建有内部研发中心，主要从事新产品的研发，是集科研、开发、生产、销售为一体的高科技企业。公司在全国设有东莞、上海、大连、重庆、天津5个办事处，在各省市设有多名专员，全方位为客户及时提供服务，赢得广大客户的普遍认可。

公司秉承“以质量求生存、以信誉求发展”的经营理念，以“实业报国、反哺社会”为使命，严格按照ISO9001：2008版国际质量认证标准及欧洲CE认证标准要求，不仅为用户提供完善的产品设计、技术方案、技术培训及技术咨询等，而且能够及时解决产品使用过程中遇到的各种难题。

公司主导产品有电永磁吸盘、除铁器、永磁起重器，并可根据用户需求定做专用磁力吸盘产品。已成功服务于江南重工、三一重工、山船重工、中国北车、中国一重、海尔模具、海信模具、美的空调、软控装备、大连机床、沈阳机床、济南二机等30多个国内知名企业。目前公司是全国磁力吸盘行业规模最大、研发能力最强的企业，为国内铁路、航空、造船、钢铁、机械制造等行业提供高实用性、高先进性、高性价比的磁力吸盘产品，产品已销往全国二十多个省市自治区，还远销欧洲、美国、日本、韩国、东南亚等国家。公司曾被国家互联网平台授予“中国百强牛商示范基地”，被山东省经信委授予“好品CA实地认证企业”，被聊城市安监局授予“安全生产标准化三级企业”，被临清市总工会授予“劳动关系和谐企业”先进单位等称号。

山东康宁药业有限公司。前身为山东临清东风制药厂，创建于1974年年底，1999年成功改制为山东康宁药业有限公司，GMP认证企业，现注册资金为1231.6万元，是一家生产大容量注射剂为主的专业化制药公司。公司在组织架构、产品、销售、市场研发等方面都有成熟的管理团队。公司区位优势明显，位于临清市北郊，毗邻京九铁路，邢（台）高（唐）高速，交通十分便利，市场潜力大。立足山东，辐射华北，华东，西北等周边省市市场。公司占地面积15万平方米，建筑面积8万平方米。

公司能够生产各种营养型及各类输液89个品种规格，年生产能力4.5亿瓶；能够生产小容量注射剂21个品种规格，年生产能力为2亿支，市场网络覆盖全国近30个省市的近千家医疗机构和商业营销公司。公司总资产1.37亿元，现有员工400人，其中工程技术人员268人，取得国家执业药师资格人员5名。

2015年公司完成产值2亿元，净资产3626万元，负债率62.4%，利润270万元，实缴税金962万元。公司拥有国内最先进的大容量注射剂生产线10条，小容量注射剂生产线1条。其中，2013年年底已经通过国家GMP认证的生产线8条，分别是塑料瓶输液生产线5条，年生产能力可达3.6亿瓶。

临清联创实业有限公司。临清联创实业有限公司创建于1994年，是以手工羊毛地毯、高档羊绒面料和棉纱等为主要产品的生产企业，是江北最大的高档羊绒面料生产基地。先后荣获“全国轻工行业先进集体”“山东轻工50强企业”“山东省轻工业建国六十周年功勋企业”“全国轻工系统劳动模范”“山东省轻工业优秀企业家”“山东省轻工业建国六十周年功勋企业家”等多项称号。

公司总占地面积200亩，现有总资产15000万元，职工1200人，其中工程技术人员72人。企业拥有先进的生产设备1000余台套，现已形成年产各种地毯20万平方米、高档羊绒面料150万米、棉纱4000吨的生产能力。

2010年以来公司累计投资1.58亿元，先后购进国内领先的粗纱机、细纱机、并条机、日本产村田自动络筒机、剑杆织机、倍捻机、合线机、轮经机等设备300余台套，从而为提高产品产量，扩大生产规模，提升产品质量等次。2015公司实现主营业务收入2.1亿元，利税4800万元。

联创公司将进一步坚持“三个创新”的经营理念，以市场和客户需求为中心，外拓市场，内强管理，质量兴企，诚信经营，优质服务，不断实现企业的新跨越。

【特色文化】 京杭大运河和漳卫河在先锋辖区交汇，悠久的历史和灿烂的文明使其物华天宝，人杰地灵。境内有全国重点文物保护单位鳌头矶、舍利宝塔、清真寺等；有雄浑震撼的省级非物质文化遗产——临清架鼓；有稀有珍贵的临清狮猫；有地域特色的黄河故道省级地质公园。

鳌头矶。全国重点文物保护单位，始建于明嘉靖年间，鳌头矶之名缘于特定的地理环境。临清是会通河和通惠河的连接处，当年的会通河在靠近卫河附近分为两支，分别在南北两处流入卫河。因此，在会通河与卫河之间形成一块周围环水的狭长陆地，人称“中洲”。明永乐十五年（1417），平江伯陈瑄开凿南支新河，为绝水患筑石为堰，横亘数丈，高埠宛若鳌头，北支旧河临清、会通二闸与南支新河板闸、砖闸分列左右如鳌足，广济桥尾其后，正德初年临清知州马纶题曰“鳌头矶”，并筑“观音阁”于其上，后又续建其他建筑于院中，久而久之，这一组明清古建筑便被习称为“鳌头矶”。现尚存古建筑一组，周围楼阁环抱。北殿称“甘棠祠”；南楼名“登瀛楼”；西殿曰“吕祖堂”；东楼谓“观音阁”。阁建于楼上，呈方形，正檐挑角，木隔落地，玲珑别致。整个建筑结构严谨，布局得体，玲珑纤巧，古色古香，是明代北方地区典型的木结构建筑群。明清两代，运河漕运鼎盛之时，文人骚客常登临楼阁眺望运河，见船来舟往、帆樯如林，即寄情抒怀、赋诗唱和。鳌矶凝秀遂成为运河繁荣时期临清的一景。

舍利宝塔。建于明万历三十九年（1611），是全国重点文物保护单位，塔高61米，九级八面，楼阁式，通体近垂直，仿木结构，刹顶呈将军盔形，属省内仅见。与通州的燃灯塔、杭州的六和塔、镇江的文峰塔并称“运河四大名塔”。舍利塔“塔岸闻钟”是临清人文景观舍利塔的美誉，是临清十景之一，在乾隆《临清州志》中就有记载。2015年对舍利宝塔进行维修，本次更换的72个新风铃为铜合金质地，重量适中，声音清悦，安装完后，一公里外能听到舍利宝塔的风铃声，生动再现“塔岸闻钟”这一京杭大运河畔的临清历史胜景。

清真寺。阿拉伯语称为“麦斯吉德”，意为“礼拜的场所”。临清清真寺建于明初，现为国家级重点文物保护单位，是临清回族群众进行宗教活动的重要场所。临清原有三座清真寺，现保存完整的是北寺和南寺，均属国家重点文物保护单位，先锋路街道辖区的北寺始建于明代弘治年间，规模最大，保存也较完整，至今已有400余年的历史，占地面积约有2万余平方米，已载入《中国名胜大辞典》，有资料称其为“江北五大寺”之一。其建筑形式为中国古典宫殿式。寺院内古柏参天，肃穆幽雅，宏伟秀丽，为一组完美的建筑佳构。

黄河故道地质公园。位于先锋路街道郭堤村，占地2000余亩，境内主要遗迹为黄河故道形态各异的风蚀地貌，黄河决口后主河流急流沉淀物，伴随着部分固定和半固定沙丘，地形复杂，质地便沙。古沙丘连绵起伏，宛若一条苍龙盘旋而卧，蔚为壮观；近2公里长的古堤和古驰道至今仍保留着原始风貌；1万多株古椹树蓊郁苍翠，覆盖率高达80%，树龄大多在300年左右。园内有九龙潭、探花桥、听涛亭、龙围岗、陈公堤和“树王”等景点。公园是名副其实的“秦汉古河道、明清椹果园”，被人们誉为“天然氧吧”“世外桃源”，此外有三道岭、十二座峰，至今仍流传着大禹曾在此治水、秦始皇由此东巡等古老的风俗传说。街道已成功举办四届黄河故道地质公园葚果采摘节。

宛园。项目占地100亩，总投资5亿元。园内有人工湖、假山、精品园林、仿古建筑和文化宣传设施等。宛园依照徽派建筑风格规划设计，是具有江南水乡特色的精品园林、运河文化宣传、临清历史宣传和企业文化宣传为一体的文化、旅游场所。建设完成后，进一步丰富临清的旅游产品品种，有效改善临清的旅游休闲环境，提升临清文化旅游产业整体竞争力，为将临清旅游资源融入“江北水城”乃至“文化圣地，度假天堂”的山东省休闲度假旅游大格局打下坚实基础。

胡姚河人工湿地项目。三和集团承建的临清市胡姚河人工湿地，地面积1236亩，设计处理能力10万吨/天计划投资2.25亿元，其中湿地建设投资7500万元，湿地公园投资1.5亿元，是严格按照市政府“千亩表流、百亩潜流”的要求建设的一处标准化湿地项目，已列入国家节能减排财政政策综合示范城市重点项目之一。表流部分已经完工，潜流部分基本竣工，氧化塘部的土方开挖基本完成。该项目以社会效益为主，是按照生态环保要求，人工创造生态环境，提升环境自净能力，对海河流域水污染防治工作起到积极的作用。

【村庄（社区）名录】

桃园社区：太平街、天桥街、桃园街；

福德社区：箍桶巷、白布巷、锅市街、商场街、吉士口、福德街、竹杆巷、大寺街；

银河社区：更道街、健康街、大桥街、大桥村；

塔东社区：徐庄、李庄、胡八里、五里庄、唐窑、什方院、张窑北园社区：杜庄、路庄、王井、权庄、护国寺、张官屯、郭堤、石佛、孙庄；

石槽社区辖：大屯、小屯、朱庄、蛤蜊屯、西小、东小、西石槽、东石槽、东柴庄、杨庄；

东兴社区：上堤、下堤、孟店、杨存、宋庄、马庄、管辛庄、范尔庄。

【领导人更迭】
中共临清市先锋路街道委员会
书　记：左朝兴（回）
副书记：常朝福
　　　　付凌云（女）
委　员：姜万福
　　　　王雨珠（回）
　　　　刘　新
　　　　王晓雨
　　　　李永振
　　　　姜金强
中共临清市先锋路街道纪律检查委员会
书　记：刘　新（2015.04 止）
　　　　王雨珠（回，2015.04 起）
先锋路街道人大主席团
主　席：彭跃广
先锋路街道办事处
主　任：常朝福
副主任：王雨珠（回，2015.04 止）
　　　　刘　新（2015.04 起）
　　　　张昌明
　　　　宛天乐（回）
先锋路街道人民武装部
部　长：李永振
政协先锋路街道工作委员会
主　任：姜万福

（徐秀美　张丹丹）

大辛庄街道

【概况】 大辛庄街道位于临清市东南部，辖区东西最大距离 10 千米，南北最大距离 12 千米，总面积 47.7 平方千米，耕地面积 3196.1 公顷。街道辖 5 个社区，38 个行政村。总人口 40207 人，其中城镇常住人口 1301 人，城镇化率 3.25%。总人口中男性 20365 人，占 50.7%，女性 19842 人，占 49.3%。人口出生率 1.66%，人口死亡率 0.5%。

地形地势平坦，地貌属黄河中下游冲积平原、气候属温带大陆性季风气候。2015 年获得“山东省平安家庭示范街道”“聊城市家庭示范农场”“山东省无公害农产品基地”“国家无公害农产基地”“聊城市优秀乡村”“省老年人公益维权示范站”“聊城市卫生先进单位（2012—2015）”“聊城市舆情信息工作先进直报点”等称号。

【经济状况】 2015 年实现国内生产总值 140.861 亿元，比上年增长 9.7%；工业总产值 138.211 亿元。财政收入 5807 万元。居民人均纯收入 15701 元，比上年增加 1450 元。

【农业】 2015 年，农林牧渔业总产值 3.6 亿元，全年粮食作物播种面积 5500 公顷，总产 9.05 万吨；瓜菜总产 3245 吨；棉花 350 亩，总产 82 吨；全年造林 1550 亩；林果总产 20 吨，林业产值 1248 万元。年末大牲畜存栏 55 头，猪存栏 11280 头，羊存栏 6430 只，家禽存栏 35 万羽；畜牧业总产值 1435 万元。有高科技农业示范园 4 处，育苗基地 3 处。各种大棚 70 亩。专业合作社 45 家。

【工业】 2015 年实现工业增加值 27.24 亿元，比上年增长 11.3%。工业总产值 138.2 亿元，利税 9.5 亿元。民营经济销售收入 140 亿元，利税 1.17 亿元。

【社会事业】 2015 年，大辛庄街道人均可支配收入 15701 元，增长 9.2%，比上年增加 1450 元；人均住房建筑面积 25 平方米；居民人均纯收入 15701 元；人均生活消费支出 9820 元；医疗保险全年参保 34418 人，缴纳保费 150 元；新型农村养老保险参保农民 14700 人；参加新型农村合作医疗农民34293人。街道最低生活保障救助1101人,农村特困救济60人。累计发放各类优抚、救济款100.4万元,受助群众3210人。小麦补贴发放515.7万元,畜牧补贴发放0.5万元。

【科技教育文化卫生】 大辛庄街道现有中学1处,在校学生460人,小学有柳坟、大辛庄、王坊、五里庙等4处,在校学生2629人,教职工163人,适龄儿童入学率100%。公办幼儿园4所,私立幼儿园22所,在园幼儿1362人,专职教师32人。初中适龄人口入园率、小升初升学率、九年义务教育覆盖率分别达到100%。文化站1处,村文化活动大院35处,农家书院23处,藏书2万册。有大辛庄卫生院1处医院,总床位30张,卫生技术人员21人,卫生室35处。

【多种经营】 大辛庄街道依托区位优势积极发展多种经营,大力实施农业产业化结构调整,林果、畜牧、西瓜、食用菌等主导产业初具规模。截至2015年年底共发展永莲蜜桃种植380余亩,高标准养殖小区新增4处,总数达到57处,蔬菜大棚74个,种植韭菜800亩,西瓜1000余亩,养殖野猪730头,贵妃鸡2万只,鸡鸭鹅等禽类110万只,猪牛羊等畜类8800头;新发展农民专业合作社18家,总数达到45家,有力推动大辛庄街道农村经济的快速发展。

【水利建设】 2015年新打、维修机井78眼。维修桥涵4处。结合扶贫项目对省定贫困村前八里、中周店、千户营三个居全部实施小农水改造工程。2015年协调辖区14个村居,迁占160亩耕地埋设1.8万米饮水安全管网,水库饮水管网在辖区36个村居的埋设任务基本完成,共计4.8万余米。

【交通运输邮电】 大辛庄街道东靠聊临路、西有临莘路、南有S315三条省道在境内穿过,交通便利。公路通车总里程85公里,2015年新修硬化道路49公里。

【社会管理】 2015年符合政策计划怀孕的农村育龄妇女孕前免费健康查体756人;35—64周岁农村妇女“两癌”免费筛查1267人;60周岁以上农民免费健康查体3550人。2015年大辛庄街道享受农村低保家庭共654户,1101人;现有五保对象60人(其中集中供养27人),街道失能老人正常申报15人,高龄老人补贴55人,其中80岁以上51人,90岁以上4人,对低保户档案统一整理,每村每户严格存档,及时录入电子信息。牢固树立“大安全”理念,制定《大辛庄街道平安建设和综合治理年度计划》,对巡逻、治保、普法、帮教、调解、消防、“处法”等工作明确目标,统一职责。

依据建设、传输、维护全部服务外包的方式招标,投资100万元,与电信公司签订5年承包期限施工合同,5年内保证视频监控的正常使用和维护。依据人口比例在辖区重点区域安装摄像头217个,视频监控平台由专人负责查看和监管,发现问题、及时反馈、迅速行动,为维护辖区社会稳定发挥重大作用。

【人民生活】 2015年大辛庄街道加强城乡环卫一体化和小城镇提升工程的监督管理,深化农村环境治理,优化道路通行环境,积极打造宜居乡村,不断提高群众幸福指数。

【村庄(社区)名录】

辛鑫社区:孟庄、杨庙、近古、王坊、高坊、千户营、王刘、颜刘、董庄、姜堂;

歇马亭社区:高庄、方辛庄、郭屯、后八里、景福庄、邱屯、歇马亭、刘顶坟、柳坟;

辛和社区:石槽、杏元、仁和、窑地头、五里庙、江庄、秦刘、曹庄、西周店;

丰源社区:大辛庄、小辛庄、黄官屯、崔庄、前八里;

辛盛社区:孙庄、中周店、东周店、治庄、

长屯。

【其他工作】 大辛庄街道以科学发展为主题，以转变经济发展方式为主线，以重点项目建设为抓手，大力推进工业化、城镇化、农业现代化，着力“扩总量、提质量、保民生、促和谐”，争当经济建设、政治建设、文化建设、社会建设、生态文明建设“五位一体”的排头兵，实现经济持续健康发展和社会和谐稳定，努力打造富裕文明和谐美丽的幸福大辛庄。围绕玉米深加工产业，突出抓好德能金玉米新上项目建设。德能金玉米作为玉米深加工龙头企业，建设30万吨玉米糖醇及糖项目。项目总投资18亿元，占地80亩，项目建成后，年主营业务收入达35亿元，利税3亿元。推进重点项目建设，提升招商引资质量。大辛庄街道围绕支撑产业确定投资15亿元的德能金玉米30万吨糖及糖醇项目、投资10亿元的黑马集团房地产项目、投资4.5亿元的鲁联机械入园项目、投资5亿元的通达物流产业园入园项目、投资1亿元的雷神电焊机项目、投资6000万元的华鑫汽车配件等项目作为2015年的重点项目，严格落实帮包责任制，解决企业困难，推进项目顺利实施，增强经济发展后劲。强化城乡建设管理，加快新型城镇化进程。坚持高起点规划、高标准建设、高水平管理，不断完善城市功能，统筹城乡一体化发展，持续扩大宜居宜游城市和历史文化名城的影响力。推进特色农业发展。以农业增效为核心，加快发展特色农业，实施“一居一品，一居一特色”工程，逐步形成食用菌种植、千亩果品基地以及绿色畜禽养殖基地。推进民生优先战略，开展全民创业活动。增加就业岗位，扩大收入来源；落实各项惠农政策，完善社会保障措施；加强社会管理和服务，化解矛盾，预防和打击各类违法犯罪行为，努力做到富民、惠民、安民。切实保障和改善民生，促进社会公平正义。坚持新上项目向民生聚集、新增财力向民生倾斜，加快发展社会各项事业，促进公共服务均等化，提升社会保障水平，维护社会和谐稳定。

【领导人更迭】

中共临清市大辛庄街道委员会

书　记：张福志

副书记：王东明

侯德昆

成　员：李之倞

金　鑫（女）

李　勇

李西会

张国元

刘　亚

中共临清市大辛庄街道纪律检查委员会

书　记：李　勇

临清市大辛庄街道人大主席团

主　席：张凯震

临清市大辛庄街道办事处

主　任：王东明

副主任：金　鑫（女）

刘京伟（女）

马传健

临清市大辛庄街道人民武装部

部　长：刘　亚

政协临清市大辛庄街道工作委员会

主　任：李之倞

（田宗正　张丹丹）

人物

中共临清市委

王建鹏　男，汉族，山东阳谷人，1963年02月出生，大学学历，1981年12月加入中国共产党，1978年09月参加工作。1978年09月阳谷县百货公司；1980年08月任阳谷县委办公室办事员；1989年03月任聊城地委办公室干事；1992年02月任聊城地委办公室副科级秘书；1994年11月任聊城地委办公室正科级秘书；1998年01月任莘县县委常委、办公室主任；2002年12月任临清市委副书记、纪委书记；2007年01月任临清市委副书记；2007年11月任临清市委副书记、副市长、代市长；2007年12月任临清市委副书记、市长；2010年12月任临清市委书记、党校校长；2011年01月任临清市委书记、党校校长、市人大常委会主任。

李新阁　男，汉族，山东青岛人，1971年04月出生，研究生学历，公共管理硕士。1997年01月加入中国共产党，1994年07月参加工作。1990年09月至1994年07月在山东工业大学土木工程系工业与民用建筑专业学习；1994年07月至1997年05月任聊城地区房产管理处科员；1997年05月至1999年05月任聊城地区房产管理处房改科副科长；1999年05月至2002年06月任聊城市房产局房管科科长；2002年06月至2008年03月任聊城市建设委员会副主任、党委委员（其中2001年09月至2004年06月在武汉大学公共管理专业学习）；2008年03月至2010年12月任聊城市规划局局长、党组书记；2010年12月至2011年01月任临清市委副书记，市政府副市长、代市长；2011年01月任临清市委副书记、市长。

祁学兰　女，汉族，河南范县人，1971年08月出生，1993年12月加入中国共产党，1991年07月参加工作。1989年09月至1991年07月在南阳师范专科学校地理系地理专业学习；1991年07月至1998年01月任聊城广播电视报社编辑（其间：1993年07月至1996年07月在聊城师范学院汉语言文学教育专业学习）；1998年01月至1999年07月任聊城广播电视报社副社长；1999年07月至2003年01月任聊城广播电视报社社长；2003年01月至2004年07月任聊城广播电视报社社长、主任编辑；2004年07月至2007年01月任聊城人民广播电台副台长；2007年01月至2008年03月任临清市委常委、

宣传部长；2008年03月至2011年11月任临清市委常委、组织部长(2007年09月至2010年06月在山东省委党校在职干部研究生班经济管理专业学习；2008年09月至2010年06月在北京航空航天大学公共管理专业学习，2010年07月获得公共管理硕士学位)；2011年11月任临清市委副书记。

韩德振 男，汉族，山东东昌府人，1970年02月出生，1992年01月加入中国共产党，1993年07月参加工作。1989年09月至1993年07月在山东农业大学农学系作物专业学习；1993年07月至1996年02月任东昌府区侯营镇管区副书记、团委书记；1996年02月至1998年09月任东昌府区侯营镇党委委员兼管区书记；1998年09月至2000年08月任东昌府区北杨集乡党委副书记；2000年08月至2002年12月任临清市市长助理、政府党组成员；2002年12月至2003年1月任茌平县委常委；2003年01月至2006年11月任茌平县委常委、肖庄乡党委书记；2006年11月至2007年02月任茌平县委常委（其间：2004年03月至2006年12月在山东农业大学农业推广专业学习）；2007年02月至2011年03月任茌平县委常委、政法委书记；2011年03月至2011年11月任茌平县委常委、纪委书记；2011年11月任临清市委常委、副市长、党组成员。

李汝山 男，汉族，山东临清人，1966年12月出生，1991年11月加入中国共产党，1988年07月参加工作。1986年09月至1988年07月在山东工商行政管理学校工商行政管理专业学习；1988年07月至1994年03月任临清市工商局干事（其间：1990年08月至1993年06月在中央党校函授学院大专班党政管理专业学习）；1994年03月至1996年01月任共青团临清市委副书记；1996年01月至1998年03月任共青团临清市委书记；1998年03月至2001年03月任临清市临东镇党委副书记、镇长；2001年03月至2003年02月任临清市戴湾乡党委书记（其间：2000年09月至2001年12月在山东省委党校业余本科班法律专业学习）；2003年02月至2006年03月任临清市唐园镇党委书记；2006年03月至2007年02月任中共临清市委副秘书长、轴承工业园党委书记；2007年02月至2010年11月任临清市委常委、秘书长（其间：2005年09月至2008年06月在山东省委党校在职研究生班经济管理专业学习）；2010年11月任临清市委常委、办公室主任。

张子明 男，汉族，山东阳谷人，1965年10月出生，1985年07月加入中国共产党，1985年08月参加工作。1985年08月任阳谷县政府办公室科员；1995年12月任阳谷县政府办公室副科级秘书；1998年01月任阳谷县范海镇党委副书记、镇长；2000年03月任阳谷县范海镇党委书记；2001年03月任阳谷县高庙王乡党委书记；2003年02月任阳谷县石佛镇党委书记；2007年11月任临清市委常委；2008年03月任临清市委常委、宣传部长；2011年11月任临清市委常委、纪委书记。

秦生春 男，汉族，山东茌平人，1963年01月出生，1987年05月加入中国共产党，1981年07月参加工作。1979年09月至1981年07月在聊城师范专科学校中文专业学习；

1981年07月至1982年12月任茌平县韩屯中学教师；1982年12月至1984年12月任茌平县财政局科员；1984年12月至1986年02月任茌平县税务局科员；1986年02月至1987年09月任茌平县胡屯乡政府管区主任（挂职）；1987年09月至1991年09月任茌平县税务局助理经济师；1991年09月至1993年02月任茌平县信访局科员；1993年02月至1994年11月任茌平县委组织部科员；1994年11月至1995年11月任茌平县委组织部副科级秘书；1995年11月至1998年03月任茌平县郝集乡党委副书记(1993年09月至1996年07月在山东省经济管理干部学院业余本科班经济管理专业学习）；1998年03月至2002年01月任茌平县孙桥乡党委副书记、乡长；2002年01月至2003年01月任茌平县茌平镇党委副书记、镇长；2003年1月至2007年2月任茌平县菜屯镇党委书记；2007年02月至2008年03月任茌平县乐平铺镇党委书记；2008年03月至2011年11月任冠县人民政府副县长；2011年11月至2015年08月任临清市委常委、组织部长；2015年08月任临清市委常委、组织部长、统战部长。

冯子峰 男，汉族，山东冠县人，1970年09月出生，1995年02月加入中国共产党，1992年07月参加工作。1988年09月至1992年07月在聊城农校农业经济专业学习；1992年07月至1993年02月任莘县农业局农经站干部；1993年02月至1997年03月任莘县朝城派出所干警（其间：1993年08月至1995年12月在中央党校函授学院本科班经济管理专业学习）；1997年03月至1998年08月任莘县妹冢乡副乡长；1998年08月至2001年03月任莘县妹冢乡党委副书记、乡长；2001年03月至2003年03月任莘县柿子园乡党委书记；2003年03月至2007年05月任莘县王庄集乡党委书记；2007年05月至2008年03月任莘县朝城镇党委书记；2008年03月至2008年05月任莘县古云经济技术开发区管委会主任、朝城镇党委书记；2008年05月至2011年03月任莘县古云经济技术开发区管委会主任、大张家镇党委书记（其间2006年09月至2009年07月在中央党校研究生院行政管理专业学习）；2011年03月至2011年11月任莘县古云经济技术开发区党工委书记、大张家镇党委书记；2011年11月任临清市委常委、副市长。

衣述光 男，汉族，山东聊城人，1974年10月出生，1999年07月加入中国共产党，1998年07月参加工作。1994年09月至1998年07月在青岛大学汉语言文学专业学习；1998年07月至1999年07月任莘县单庙乡乡长助理、冯东村驻村干部；1999年07月至2000年08月在莘县县委组织部工作（借调）；2000年08月至2001年10月任莘县县委组织部干事；2001年10月至2001年12月任莘县县委组织部副科级组织员；2001年12月至2002年08月任山东省纪检委宣传教育室干部；2002年08月至2002年12月任山东省纪检委宣传教育室科员；2002年12月至2006年08月任山东省纪检委宣传教育室副科级检察员；2006年08月至2008年11月任山东省纪检委宣传教育室正科级检察员；2008年11月至2011年11月任茌平县人民政府副县长（挂职）；2011年11月任临清市委常委、宣传部长(2009年09月至2012年07月在中央党校研究生院经济管理

专业学习；2011年09月至2013年06月在山东财经大学公共管理硕士学习）。

韩 青 女，汉族，山东莱州人，1964年11月出生，1987年02月加入中国共产党，1985年07月参加工作。1983年09月至1985年07月在山东省工商行政管理学校工商行政管理专业学习；1985年07月至1986年02月任临清市工商局科员；1986年02月至1987年09月任临清市新华路街道团委书记（挂职）；1987年09月至1993年02月任临清市新华路街道团委书记（期间1988年09月至1990年07月在山东省青年干部管理学院行政管理专业学习）；1993年02月至1998年03月任临清市新华路街道党委委员；1998年03月至2002年01月任临清市新华路街道党委副书记；2002年01月至2003年02月任临清市新华路街道经委主任；2003年02月至2006年03月任临清市新华路街道党委副书记、办事处主任；2006年03月至2011年04月任临清市新华路街道党委书记；2011年04月至2011年11月任临清市副市长、新华路街道党委书记；2011年11月至2012年01月任临清市副市长；2012年01月任临清市委常委、政法委书记。

马培虎 男，汉族，山东鱼台人，1971年10月出生，1994年03月加入中国共产党，1990年12月参加工作。1990年12月至1994年09月为信阳陆军学院战士；1994年09月至1996年07月为济南陆军学院通信士官训练大队学员；1996年07月至1998年06月任67集团军通信团2营4连军士长；1998年06月至1999年02月为26集团军教导大队学员；1999年02月至2001年03月任26集团军高炮旅指挥1连无线排副连职排长；2001年03月至2002年02月任26集团军高炮旅政治部保卫科副连职干事；2002年02月至2003年11月任26集团军高炮旅政治部保卫科正连职干事；2003年11月至2004年06月任26集团军防空旅政治部保卫科正连职干事；2004年06月至2005年01月任26集团军防空旅政治部保卫科副营职干事；2005年01月至2006年06月任26集团军防空旅政治部保卫科副科长；2006年06月至2008年01月任26集团军防空旅政治部保卫科科长；2008年01月至2011年03月任26集团军防空旅政治部副主任；2011年03月至2011年05月任临清市人武部政委；2011年05月任临清市委常委、人武部政委。

临清市人大常委会

王建鹏 （见“中共临清市委”目）

王晓华 女，汉族，河北威县人，1960年01月出生，1984年05月加入中国共产党，1977年12月参加工作。1977年12任临清市轻工机械厂会计、财务科副科长；1985年06月任临清市财政局科员；1989年01月任临清市财政局企财科副科长；1991年11月任临清市财政局企财科科长；1996年01月任临清市财政局副局长、党组成员；1998年04月任临清市财政局副局长、党组副书记；2002年07月任临清市财政局局长、党组书记；2003年01月任临清市财政局局长、党组书记，市纪委委员；2005年05月任临清市市长助理，市纪委委员，财政局局长、党组书记，农税局局长；2006年02月任临清市人民政府副市长、党组成

员；2012年01月任临清市人大第一副主任（正县级）、党组书记。

赵孝洪 男，汉族，山东临清人，1963年10月出生，1985年12月加入中国共产党，1983年07月参加工作。1981年09月至1983年07月在济南市供销学校财务会计专业学习；1983年07月至1984年12月任临清市戴湾乡供销社财务科会计；1984年12月至1989年11月任临清市戴湾乡团委书记、管区书记；1989年11月至1990年04月任临清市戴湾乡党委委员；1990年04月至1993年06月任临清市戴湾乡组织委员；1993年06月至1995年11月任临清市戴湾乡副乡长；1995年11月至1998年03月任临清市康盛庄乡党委副书记（其间：1994年03月至1996年12月在山东省委党校农村干部业余大专班农业经济管理专业学习）；1998年03月至1999年12月任临清市松林镇党委书记；1999年12月至2003年02月任临清市烟店镇党委书记；2003年02月至2006年03月任临清市轴承工业园党工委书记；2006年03月至2007年12月任临清市交通局局长、党委书记；2007年12月至2010年04月任临清市建设局局长、党委书记；2010年04月至2012年01月任临清市住建局局长、党委书记；2012年01月至2012年02月任临清市人大常委会副主任，市住建局局长、党委书记；2012年02月任临清市人大常委会副主任。

孙玉璞 男，汉族，山东临清人，1963年03月出生，1988年01月加入中国共产党，1982年07月参加工作。1980年09月至1982年07月在聊城师范专科学校中文系学习；1982年07月至1982年08月待分配；1982年08月至1989年10月任临清康庄中学教师（其间：1982年12月至1987年12月在聊城师范学院高师函授中文专业学习）；1989年10月至1990年12月任针织厂办公室干事；1990年12月至1994年11月任临清市委办公室科员；1994年11月至1996年01月任临清市委办公室副科级秘书；1996年01月至1999年01月任临清市委办公室副主任；1999年01月至2001年03月任临清市委办公室副主任、政研室主任；2001年03月至2003年02月任临清市松林镇党委书记；2003年02月至2007年12月任临清市金郝庄乡党委书记；2007年12月至2010年04月任临清市劳动和社会保障局局长、党组书记；2010年04月至2012年01月任临清市人社局局长、党组副书记；2012年01月至2012年02月任临清市人大常委会副主任，人社局局长、党组副书记；2012年02月任临清市人大常委会副主任。

宋加利 男，汉族，山东临清人，1960年02月出生，1985年06月加入中国共产党，1982年07月参加工作。1982年07月任临清农业局干事；1987年07月任临清市审计局科员；1994年03月任临清市审计局副局长；1996年01月任临清市审计局副局长、副书记；2002年07月任临清市审计局副局长、副书记，经济责任审计办主任；2003年02月任临清市审计局局长、书记；2006年03月任临清市财政局局长、党组书记；2010年04月任临清市政府副秘书长、市财政局局长、党组书记；2010年11月任临清市财政局局长、党组书记；2012年01月任临清市人大常委会副主任。

张学庚　男，汉族，河北清河人，1964年03月出生，1985年07月参加工作。1981年09月至1985年07月在合肥工业大学化学工程系粉末冶金材料专业学习；1985年07月至1990年02月为济南市仪表厂技术员；1990年02月至1996年01月任临清市计委信息中心干事、科员；1996年01月至1998年04月任临清市科委工业研究所所长；1998年04月至2008年09月任临清市机械工业办副主任；2008年09月至2012年01月任临清市机械工业办公室主任；2012年01月任临清市人大常委会副主任。

刘占海　男，汉族，河北临西人，1958年08月出生，1978年05月加入中国共产党，1973年12月参加工作。1973年12月部队服兵役；1984年05月任临清发电厂秘书、办公室主任、厂长助理、党委副书记；1998年06月任临清市热电厂厂长、党委副书记；2001年09月任临清彩虹集团总经理，临清彩虹热电公司董事长、党委书记；2010年07月任临清市人大党组副书记；2012年02月至2014年03月任临清市人大党组副书记（正县级）。

袁　磊　男，汉族，河北大名人，1959年09月出生，1977年07月加入中国共产党，1976年06月参加工作。1976年06月临清市老赵庄乡知青、县团委常委、县农业学大寨工作队队员；1978年12月青岛警备区20团战士、班长；1980年01月任济南军区通信训练大队学员、班长；1981年01月任青岛警备区二十团特务连技工；1982年01月任临清公安局交警队民警、技术员、中队长；1989年07月任临清市人大法制科干事；1990年07月任临清市人大法制科副科长；1994年03月任临清市人大法制科科长；1995年09月任临清市临东镇党委副书记、镇长；1998年03月任临清市临东镇党委书记；2001年03月任临清市先锋路街道党委书记；2002年12月任临清市运河开发区工委书记；2007年11月任临清市委特邀顾问；2012年02月任临清市委特邀顾问，市总工会主席、党组书记；2014年09月任临清市人大党组副书记。

李凤义　男，汉族，河北馆陶人，1959年10月出生，1990年11月加入中国共产党，1981年07月参加工作。1981年07月任临清市烟店小学教师；1990年03月任临清市烟店政府科员；1993年04月任临清市烟店乡党委委员；1995年09月任临清市烟店镇党委副书记；1996年01月任临清市烟店镇党委副书记、镇长；1998年03月任临清市烟店镇党委书记；1999年12月免烟店镇党委书记；2000年11月任临清市委政策研究室副主任（正科）；2001年03月任临清市八岔路镇党委书记；2003年02月任临清市建设局局长、党委副书记；2005年11月任临清市建设局局长、党委书记；2007年12月任临清市运河开发区工委副书记、主任；2011年04月任临清市人大党组副书记。

临清市人民政府

李新阁 （见“中共临清市委”目）

韩德振 （见“中共临清市委”目）

冯子峰 （见“中共临清市委”目）

王　磊　男，汉族，山东高唐人，1977年04月出生，1997年01月加入中国共产党，1998年07月参加工作。1994年09月至1998年07月在山东工业大学管理科学与工程系工业管理工程专业学习；1998年07月至2001年12月任东昌府区原道口铺乡科员；2001年12月至2003年11月任东昌府区原道口铺乡党委委员；2003年11月至2004年09月任东昌府区道口铺办事处党委委员；2004年9月至2005年08月任聊城市委宣传部理论教育科科员；2005年08月至2005年09月任聊城市委宣传部副主任科员；2005年09月至2006年10月任聊城市委宣传部办公室副主任；2006年10月至2008年06月任聊城市委宣传部主任科员、办公室副主任；2008年06月至2010年12月任聊城市委宣传部主任科员、办公室副主任，挂职冠县县长助理；2010年12月至2011年11月任聊城市委宣传部主任科员、办公室副主任，冠县政府党组成员；2011年11月任临清市政府副市长、党组成员。

秦荣菊　女，汉族，山东临清人，1966年12月出生，1991年12月加入中国共产党，1987年07月参加工作。1985年09月至1987年07月在青岛轻工业学校工业企业电气化专业学习；1987年07月至1988年08月为临清毛纺厂职工；1988年08月至1995年11月任临清市老赵庄乡财所会计、副所长；1995年11月至1996年08月任临清市老赵庄乡党委委员；1996年08月至1998年03月任临清市老赵庄镇党委委员；1998年03月至2002年01月任临清市老赵庄镇党委副书记（其间：1998年9月至2000年12月在山东省委党校业余本科班经济管理专业学习）；2002年1月至2006年3月任临清市八岔路镇党委副书记、镇长；2006年3月至2007年12月任临清市唐园镇党委书记；2007年12月至2010年12月任临清市金郝庄乡党委书记；2010年12月至2011年12月任临清市金郝庄镇党委书记；2011年12月至2012年1月任临清市政府党组成员；2012年1月任临清市政府副市长、党组成员。

周志雯　女，汉族，河北故城人，1964年03月出生，1982年06月参加工作。1980年09月至1982年06月在聊城供销技工学校摄影专业学习；1982年06月至1991年01月任临清市针织厂财务科会计（1983年09月至1986年11月在山东广播电视大学工业会计专业学习）；1991年01月至1998年6月任临清市纺织工业局财务科长；1998年06月至2002年07月任临清市体改办工业科科长；2002年07月至2008年09月任临清市体改办副主任；2008年09月至2010年11月任临清市人大财经委副主任；2010年11月至2012年1月任临清市人大财经委主任；2012年01月至今临清市人民政府副市长。

王庆瑞　男，汉族，山东阳谷人，1963年09月出生，1987年02月加入中国共产党，1984年07

月参加工作。1984年07月至1990年05月任临清市统计局统计员；1990年05月至1993年03月任临清市政府办公室秘书；1993年03月至1995年09月任临清市烟店乡党委副书记；1995年09月至1998年03月任临清市康庄镇党委副书记、镇长；1998年03月至2003年02月任临清市大辛庄镇党委书记；2003年02月至2008年01月任临清市经济开发区工委副书记、主任；2008年01月至2010年11月任临清市市长助理；2010年11月至2011年04月任临清市副市级领导干部；2011年04月任临清市人民政府党组副书记。

李衍博　男，汉族，山东临清人，1963年06月出生，1985年09月加入中国共产党，1981年07月参加工作。1979年09月至1981年07月在聊城师范学院数学专业学习；1981年07月至1983年09月任临清三中教师；1983年09月至1984年12月任临清二中教导员；1984年12月至1990年12月任临清二中团委书记；1990年12月至1991年05月任临清市委宣传部干事、科员；1991年05月至1995年04月任临清市委宣传部党教科副科长；1995年04月至1995年11月任临清市委宣传部党员教育室主任；1995年11月至1998年03月任临清市肖寨乡党委副书记；1998年03月至1999年01月任临清市潘庄镇党委副书记、镇长；1999年01月至2001年3月任临清市潘庄镇党委书记；2001年03月至2003年2月任临清市康庄镇党委书记；2003年02月至2007年11月任临清市青年路街道党委书记；2007年11月至2012年02月任临清市工业园区党工委书记；2012年02月任临清市政府党组副书记、运河开发区党工委书记。

刘明峰　男，汉族，山东临清人，1964年10月出生，1987年12月加入中国共产党，1985年07月参加工作。1983年09月至1985年07月在山东省人民警察学校公安专业学习；1985年07月至1999年01月任临清市公安局科员（1988年09月至1991年07月在山东省政法管理干部学院公安专业学习；1993年07月至1996年06月在山东干部函授大学本科班法律专业学习）；1999年01月至2001年10月任临清市公安局经侦大队长；2001年10月至2003年03月任临清市公安局副局长、经侦大队大队长；2003年03月至2006年03月任临清市公安局副局长（正科级）；2006年03月至2011年03月任临清市烟店镇党委书记；2011年03月至2011年11月任临清市运河经济开发区管委会主任、烟店镇党委书记；2011年11月任临清市运河经济开发区管委会主任、新华路街道党委书记。

王志刚　男，汉族，山东冠县人，1963.10出生，中共党员。1982年09月至1984年07月在山东警察学院学习；1984年07月至1998年08月历任刑警支队科员、办公室主任（副科级）；1998年08月至2005年05月任国保支队支队长（正科级）；2005年05月至2008年05月任国保支队支队长（副县级）；2008年05月任临清市政府党组成员、公安局党委书记、局长。

魏禄建　男，汉族，山东阳谷人，1962年10月出生，1985年04月加入中国共产党，1981年07月参加工作。1981年07月任冠县公安刑警大队科员；1989年09月任冠县公安刑警大

队副大队长；1993年05月任冠县公安局城关派出所所长；1995年05月任冠县公安局副局长（副科级）；1999年04月任冠县公安局副局长（正科级）；2005年08月任冠县公安局党委副书记、政委；2008年11月任临清市公安局政委、副书记；2011年04月任聊城市公安局副调研员，临清市公安局政委、副书记。

政协临清市委员会

汪保远 男，汉族，山东临清人，1958年09月出生，1976年11月加入中国共产党，1975年11月参加工作。1975年11月在临清市唐园公社、潘庄公社工作；1983年10月任济南师专学员；1985年08月任临清市纪委干事；1987年08月任临清市委组织部干事；1990年02月任临清市石槽乡党委副书记；1993年03月任临清市刘垓子镇党委副书记、镇长；1995年09月任临清市戴湾乡党委书记；1998年04月任临清市人事局局长、党组书记；2002年07月任临清市人事局局长、党组书记，市委组织部副部长；2003年01月任临清市委常委、宣传部长；2007年01月任临清市委常委、政法委书记；2012年01月任临清市政协主席。

王俊山 男，汉族，山东临清人，1961年11月出生，1982年07月参加工作。1980年09月至1982年07月在聊城师专英语专业学习；1982年07月至1987年10月任国营临清棉纺织厂教师；1987年10月至1991年06月任临清华临纺织有限公司技术员、资料员、译员、报关员、助理工程师；1991年06月至1994年03月任临清市人民政府外经委科长；1994年03月至2005年05月任临清市人民政府外经委副主任（外经贸局副局长）；1998年03月至2002年06月任临清市政协副主席（期间1999年09月至2001年12月在中央党校函授学院法律专业学习）；2002年06月任临清市政协副主席

许朝生 男，汉族，山东莘县人，1960年01月出生，1984年12月加入中国共产党，1981年07月参加工作。1981年07月任临清市林业局技术员；1983年09月任临清市政府办公室干事；1990年09月任临清市农委副主任；1994年02月任临清市多办主任；1995年09月任临清市肖寨乡党委书记；2001年03月任临清市青年路街道党委书记；2003年01月任临清市政协副主席、市委统战部部长；2012年02月任临清市政协副主席、党组副书记，市委统战部部长。2015年08月任临清市政协副主席、党组副书记。

贾艳华 女，汉族，山东临清人，1960年02月出生，1977年07月参加工作。1977年07月至1979年08月为临清市松林镇知青；1979年08月至1983年01月在临清市供销系统工作；1983年01月至1991年02月任临清市水利局会计；1991年02月至1996年01月任临清市水利局财务科副科长（其间：1994年09月至1995年12月在山东省委党校干部大专专业证书班经济管理专业学习）；1996年01月至2003年01月任

临清市水利局副局长（副科级）；2003年01月至2008年09月任临清市政协副主席、市水务局副局长；2008年9月任临清市政协副主席。

宛秋生　男，回族，山东临清人，1962年01月出生，1979年08月参加工作。1979年08月至1988年10月为临清色织厂工人；1988年10月至1991年04月任临清市天桥织布厂厂长；1991年04月至2005年12月任临清市第二色织厂厂长（1994年07月聘为先锋路街道办事处副主任）；2005年12月至2007年12月任临清三和纺织集团董事长；2007年12月至2008年09月任临清市政协副主席；2008年09月任临清市政协副主席、市工商业联合会会长。

徐宝福　男，汉族，山东临清人，1964年01月出生，1990年01月加入中国共产党，1982年07月参加工作。1980年09月至1982年07月在山东商业学校商业统计专业学习；1982年07月至1982年08月待分配；1982年08月至1990年12月为临清市五交化公司职员；1990年12月至1995年04月任临清市委宣传部干事；1995年04月至1996年01月任临清市委宣传部新闻报道室主任；1996年01月至1998年03月任临清市委宣传部副部长；1998年03月至2001年03月任临清市唐园镇党委副书记、镇长；2001年03月至2003年02月任临清市唐园镇党委书记；2003年02月至2005年05月任临清市烟店镇党委书记；2005年05月至2006年03月任临清市烟店镇党委书记、人大主任；2006年03月至2007年11月任临清市先锋路街道党委书记；2007年11月至2007年12月待安排；2007年12月至2012年01月任临清市交通运输局局长、党委书记；2012年01月任临清市政协副主席。

王保粮　男，汉族，山东高唐人，1960年08月出生，1984年07月加入中国共产党，1977年07月参加工作。1977年07月临清石槽乡杨存庄知青；1979年10月任临清师范学员；1981年07月任临清八小学教师、工会主席、城关联校少先队总辅导员；1984年09月任临清市团市委干事；1985年09月任聊城市委党校电大班学员；1988年03月任临清市委组织员办公室科员；1991年02月任临清市委组织部办公室副主任、主任；1994年11月任临清市委组织部副科级秘书；1996年01月任临清市委组织部副部长；1999年01月任临清市委组织部副部长、组员办主任；2007年12月任临清市委组织部常务副部长、组员办主任；2008年09月任临清市委组织部常务副部长；2012年01月任临清市政协副主席，市委组织部常务副部长；2012年02月任临清市政协副主席；2015年03月任市政协副主席，总工会主席、党组书记。

临清市人民武装部

马培虎（见“中共临清市委”目）

宋继刚　男，1973年10月出生，1990年03月入伍，1992年03月入党，山东安丘人。历任战士、排长、政治指导员、油料股股长、营房科科长、供应科科长等职。2012年03月至2015年02月任临清市人民武装部部长。

付培俊 男，1973年04月出生，1990年03月入伍，1990年11月入党，山东东阿人。历任战士、排长、连长、营长、团参谋长、副团长等职。2015年02月任临清市人民武装部部长。

临清市人民法院

马国栋 男，汉族，山东莘县人，1970年02月出生，1990年11月加入中国共产党，1987年10月参加工作。1987年11月在聊城武警支队服役；1991年08月任聊城市中级人民法院司法警察；1998年08月任聊城市中级人民法院助理审判员；1998年12月任聊城市中级人民法院司法警察支队副支队长（副科级）；2003年04月任聊城市法院司法警察支队支队长（正科级）；2006年06月任聊城市法院司法警察支队支队长（副县）；2007年02月任临清市人民法院院长、党组书记。

临清市人民检察院

杨 青 女，汉族，山东聊城人，1969年02月出生，1991年12月加入中国共产党，1989年07月参加工作。1987年09月至1989年07月在山东省司法学校法律专业学习；1989年07月至1990年10月在聊城检察分院工作；1990年10月至1992年12月任聊城检察分院书记员；1992年12月至1998年03月任聊城检察分院科员级助理检察员（1991年09月至1994年07月在山东省政法管理干部学院法律专业学习）；1998年03月至1999年10月任聊城市检察员科员级助理检察员；1999年10月至2000年04月任聊城市检察院副科级助理检察员；2000年04月至2002年10月任聊城市检察院副科级检察员；2002年10月至2003年06月任聊城市检察院控告申诉检察处副处；2003年06月至2006年08月任聊城市人民检察院控告申诉检察处副处长（正科）；2006年08月至2008年11月任聊城市人民检察院控告申诉检察处处长；2008年11月至2011年11月任聊城市人民检察院控告申诉检察处处长（副县）；2011年11月至2012年02月任临清市人民检察院党组书记、代理检察长；2012年02月任临清市人民检察院党组书记、检察长。

临清市市委党校

王建鹏 （见“中共临清市委”目）

张守群 男，汉族，1963年7月出生，1983年7月加入中国共产党，1984年7月参加工作，大学学历，中共临清市委党校常务副校长、党委书记。1984年7月任临清一中教师、副校长；1997年7月任临清市第五中学支部书记、校长；2002年7月兼任市教育局副局长、党委副书记；2003年2月任市教育局局长、党委副书记；2005年2月任市教育局局长、党委书记；2011年11月任中共临清市委党校常务副校长、党委书记。

（组织部 卢兴刚 各单位）

索 引

说明：

本索引为综合性主题索引，标示正文部分的内容。索引标目按汉语拼音字母顺序，标目后数字为页码。

A

B

C

D

E

F

G

H

J

K

L

M

N

P

Q

R

S

T

W

X

Y

Z